Militärgeschichtliches Forschungsamt (Hrsg.)

Deutsche Militärgeschichte in sechs Bänden 1648–1939

Begründet von Hans Meier-Welcker

Herausgegeben vom Militärgeschichtlichen Forschungsamt
durch Friedrich Forstmeier, Wolfgang von Groote, Othmar Hackl,
Hans Meier-Welcker und Manfred Messerschmidt

Projektleitung und Gesamtredaktion:
Gerhard Papke und **Wolfgang Petter**

1983 Lizenzausgabe für
Manfred Pawlak Verlagsgesellschaft mbH, Herrsching

Umschlag- und Kassettengestaltung: Bine Cordes, Weyarn
Abbildungen auf Umschlägen und Kassette:
Interfoto-Pressebild-Agentur, München
ISBN: 3-88199-112-3

Band 1

Abschnitt I
Von der Miliz zum Stehenden Heer. Wehrwesen im Absolutismus

von Gerhard Papke

Abschnitt II
Vom Stehenden Heer des Absolutismus zur Allgemeinen Wehrpflicht

von Rainer Wohlfeil

Abschnitt III
Militärverwaltung und Heeresaufbringung in Österreich bis 1806

von Jürg Zimmermann

Gliederung der sechs Bände

Band 1,	Abschnitt I:	Von der Miliz zum Stehenden Heer. Wehrwesen im Absolutismus (1979)
	Abschnitt II:	Vom Stehenden Heer des Absolutismus zur Allgemeinen Wehrpflicht (1964)
	Abschnitt III:	Militärverwaltung und Heeresaufbringung in Österreich bis 1807 (1965)
Band 2,	Abschnitt IV:	Militärgeschichte im 19. Jahrhundert (1975/76)
Band 3,	Abschnitt V:	Von der Entlassung Bismarcks bis zum Ende des Ersten Weltkrieges (1968)
	Abschnitt VI:	Reichswehr und Republik (1970)
Band 4,	Abschnitt VII:	Wehrmacht und Nationalsozialismus (1978)
Band 5,	Abschnitt VIII:	Deutsche Marinegeschichte der Neuzeit (1977)
Band 6,	Abschnitt IX:	Grundzüge der militärischen Landkriegsführung (1979)

Gesamtregister

Vorwort

Das Handbuch zur deutschen Militärgeschichte 1648–1939, das nunmehr in sechs Bänden abgeschlossen vorliegt, ist das erste seiner Art. In der kaum mehr übersehbaren Literatur zur deutschen Kriegs- und Militärgeschichte gibt es zwar umfangreiche Darstellungen von Feldzügen, Truppengeschichten vieler militärischer Verbände in Krieg und Frieden, Untersuchungen des Militärwesens der einzelnen Staaten, Monographien zu Problemen der Taktik und Strategie, der Organisation und Bewaffnung sowie unzählige Erinnerungswerke von Soldaten und schließlich Lexika, die alle Bereiche des Militärwesens zu erfassen suchen. Ein Handbuch zur deutschen Militärgeschichte, das die Ergebnisse der wissenschaftlichen Literatur kritisch zusammenfaßt und in lesbarer Darstellung eine Gesamtschau ermöglicht, hat es bis zum Jahre 1960 noch nicht gegeben, auch nicht für Österreich, Preußen, Bayern und die übrigen deutschen Einzelstaaten.

Mehrere Faktoren haben zusammengewirkt, daß Anfang der 60er Jahre der Plan für dieses erste Handbuch zur deutschen Militärgeschichte gefaßt und vom Bundesministerium der Verteidigung der Auftrag zu seiner Erarbeitung an das Militärgeschichtliche Forschungsamt erteilt wurde.

Schon das allgemeine Bedürfnis unserer Zeit nach schneller Information und Orientierung verlangte nach einem solchen Werk. Mit ihm war ein wichtiger, die interdisziplinäre Zusammenarbeit fördernder Beitrag zur Geschichtswissenschaft im ganzen zu leisten. Im besonderen bestand dieses Bedürfnis aber auch für die erst wenige Jahre alte, im Aufbau befindliche Bundeswehr und die in ihr dienenden Soldaten. So schufen Weisungen der beiden ersten Generalinspekteure der Bundeswehr, der Generale Heusinger und Foertsch, aus den Jahren 1960 und 1963 die äußeren Voraussetzungen für das Werk, das im Rahmen der Bundeswehr insbesondere der Ausbildung an der Führungsakademie sowie an den Offizierschulen des Heeres, der Luftwaffe und der Marine, aber auch der Weiterbildung in den Standorten dienen soll.

Hierzu kam die Entwicklung der Militärgeschichte. Geistige Auseinandersetzung mit vergangenen kriegerischen Ereignissen hat es so lange gegeben, wie die Kriege selbst. Ähnliches gilt für die Beschäftigung mit den Streitkräften, die an ihnen beteiligt waren. Inhalt und Formen, Ziele und Methoden dieser Auseinandersetzung waren jedoch Wandlungen unterworfen. Das hing sowohl mit den Veränderungen des Kriegsbildes als auch – insbesondere in neuerer Zeit – mit der Entwicklung der Geschichtswissenschaft zusammen. Solange die Führung von Kriegen auf den räumlich, zeitlich und kräftemäßig begrenzten Einsatz von Heeren in Feldzügen, Schlachten und Gefechten beschränkt blieb, das Volk und die Hilfsquellen eines Landes noch nicht vollständig in die Kriegführung einbezogen waren, solange richtete sich das historische Interesse nahezu ausschließlich auf taktisch-operative Probleme. Obwohl bereits im späten 19. und frühen 20. Jahrhundert Max Jähns und Hans Delbrück Ansätze zu einer umfassenden Militärgeschichte gezeigt hatten, herrschte in Deutschland zumindest bis zum Beginn des Ersten Weltkrieges diese auf Probleme der militärischen Führung begrenzte engere Auffassung vor. In diesem Sinne wurde Kriegsgeschichte auf den Kriegsakademien in Berlin und München im Rahmen der Generalstabsausbildung in applikatorischer Methode als Hilfswissenschaft der Taktik gelehrt.

Seitdem im Ersten Weltkrieg die Völker insgesamt, die Hilfsquellen der Länder sowie Wirtschaft und Technik in extensiver Weise in die Kriegführung einbezogen wurden, erweiterten und verfeinerten sich das Problembewußtsein, die Fragestellungen und Methoden der bisherigen Kriegsgeschichte. Sie erforschte jetzt über die Untersuchung der Feldzüge, Schlachten und Gefechte auf ihren taktisch-operativ-militärstrategischen Gehalt hinaus auch das Militär als eine Institution des Staates und seine Wechselbeziehungen zu Politik, Gesellschaft, Wirtschaft, Rüstung und Technik. So sprengte sie ihre bisherigen Grenzen und wurde in unserer Zeit zur breit angelegten Militärgeschichte, zu einer Teildisziplin der Geschichtswissenschaft. Für sie gelten damit in Forschung und Lehre ausschließlich die Methoden der Geschichtswissenschaft.

Für das Militärgeschichtliche Forschungsamt war es daher Anfang der 60er Jahre eine reizvolle Aufgabe, eine Gesamtdarstellung der deutschen Militärgeschichte vom Ende des Dreißigjährigen Krieges bis zum Vorabend des Zweiten Weltkrieges aus einer veränderten Sicht, mit neuen Fragen, in Angriff zu nehmen. Hierfür wurde eine Konzeption erarbeitet, die vom modernen Verständnis der Militärgeschichte bestimmt ist und zugleich der gestellten Aufgabe entspricht. Danach sollte das Handbuch so umfassend angelegt sein, daß es sowohl für den militärischen Bereich als auch für Wissenschaft und Öffentlichkeit Fakten und Zusammenhänge vermittelt. Es sollte außerdem in gleichem Maße als Nachschlagewerk wie als Geschichtsbuch dienen können.

Auf die wissenschaftliche Konzeption des Gesamtwerkes, auf Gliederung und Arbeitsteilung wird der Leitende Historiker in seiner Einleitung näher eingehen.

Die Fülle des Stoffes und die Vielfalt der Thematik konnte nur von einer größeren Zahl von Mitarbeitern in mehrjähriger Tätigkeit bewältigt werden. Einige von ihnen sind inzwischen verstorben und erleben die Veröffentlichung des gesamten Handbuches nicht mehr. Allen gilt mein Dank für stille und hingebungsvolle Arbeit an diesem Projekt. Danken möchte ich aber auch meinen Vorgängern im Amt, den Herren Obersten im Generalstabsdienst Dr. Meier-Welcker, Dr. von Groote, Dr. Schottelius und Kapitän zur See Dr. Forstmeier, die die Arbeit am Handbuch nicht nur in die Wege geleitet, sondern auch tatkräftig gefördert haben.

Dr. Othmar Hackl
Oberst i. G.
Amtschef des
Militärgeschichtlichen Forschungsamtes

Einführung

Der Auftrag an das Militärgeschichtliche Forschungsamt, ein Handbuch zur deutschen Militärgeschichte zu erarbeiten, fiel in eine Phase der Umorientierung der deutschen Geschichtswissenschaft. Angesichts der für die deutsche nationale Geschichte epochalen Bedeutung der Katastrophe des erst einige Jahrzehnte alten Nationalstaats, dem die Bemühungen der prominentesten politischen Historiker gewidmet worden waren, setzte eine kritische Bewußtmachung seiner geschichtlichen, sozialen und ökonomischen Grundlagen und seiner Wirkungsgeschichte ein. Der innere Druck und die Temperatur dieses Prozesses kritischer Vergegenwärtigung des nationalen Weges bis 1945 wurde in den Kontroversen um die Vorgeschichte des Ersten Weltkrieges besonders faßbar, aber auch in den Diskussionen um die Weimarer Republik und um das nationalsozialistische Deutschland. Es zeigte sich, daß die deutsche Geschichtswissenschaft noch auf dem Wege ist, Beurteilungsmaßstäbe zu gewinnen. Sichere Distanz ist bislang nicht erreicht worden.

In dieser wissenschaftlichen Situation, ja von ihr herausgefordert und befruchtet, suchte sich die Militärgeschichte als Teildisziplin der Geschichtswissenschaft zu konstituieren. Sie wurde sich bewußt, daß die Rolle, gesellschaftliche Verankerung und Verantwortung, institutionelle Entwicklung, das politische und ökonomische Schwergewicht des deutschen Militärs aus der nationalen, ja europäischen Geschichte nicht weggedacht werden können, daß es aber unmöglich ist, diesen seinen Beitrag mit den Mitteln der älteren Kriegsgeschichte oder den Fragestellungen der gegen Ende der Weimarer Republik erfundenen sog. „Wehrgeschichte" zu erfassen. Gerade die Wehrgeschichte war an dem Pervertierungsprozeß nach 1933 besonders beteiligt, als sie versuchte, ihre historische Arbeit dem Gesichtspunkt der „Wehr" unterzuordnen und als Teildisziplin der sog. „Wehrwissenschaften" ihre Aussagen an dem selbstgewählten, zeitgemäßen Ziel einer Erziehung zum „Wehrwillen" auszurichten.

Die Konzeption des Handbuches zur deutschen Militärgeschichte ist mitten in diesem Prozeß der Konstituierung der Militärgeschichte als Disziplin der Geschichtswissenschaft erfolgt. Sie ist das bleibende Verdienst des ersten Projektleiters, Gerhard Papke. In den frühen Auseinandersetzungen um Aufgabenstellung und Begriff der Militärgeschichte tauchte der Gedanke auf, Militärgeschichte habe auch unmittelbaren Nutzen für die Bundeswehr abzuwerfen – eine Vorstellung, die sich offenbar der Problematik der ehemaligen Wehrgeschichte nicht bewußt war. Demgegenüber stellte eine Formulierung Rainer Wohlfeils im ersten Heft der Militärgeschichtlichen Mitteilungen fest, was der Gegenstand der militärgeschichtlichen Betrachtung sein könne, nämlich „die bewaffnete Macht als Institution und aller ihrer Erscheinungsformen in ihren Beziehungen zueinander und zu den Gegenständen der allgemeinen Geschichte". Sie, die Militärgeschichte, fragt nach dem „Militär als Mittel der Politik in der Hand der Staatsgewalt und nach der bewaffneten Macht als Faktor und politische Kraft im Rahmen des Staates". Ihr Nutzen kann nach Auffassung des ersten Amtschefs und Begründers des Handbuches nur ein innerer sein.

Solchen grundsätzlichen Ortsbestimmungen wußte sich die Konzeption des Handbuches von den ersten Überlegungen an verpflichtet. Sie konnte daher den Anregungen des ersten Generalinspekteurs, der eine Art „Ploetz der Militärgeschichte" gewünscht hatte, um dringendsten Bedürfnissen der Unterrichtung abzuhelfen, nicht dienen. Eine handbuchartige Kurzgeschichte war wissenschaftlich nicht zu vertreten. Der neue interpretatorische Hintergrund ließ sich so nicht darbieten. Und es ist wohl mit Recht die Meinung vertreten worden, daß ein pädagogischer Leitfaden erst der zweite Schritt sein dürfe im Anschluß an eine historisch-kritische Darstellung. Hans Meier-Welcker sah vor, im Lauf einiger Jahre ein Handbuch entsprechend der wissenschaftlichen Diskussion in mehreren Lieferungen erscheinen zu lassen. Die junge Bundeswehr stand im Kreuzfeuer der aus der Vergangenheit genährten Meinungen. Es ergab sich daher zwangsläufig, daß zunächst eine sachlich fundierte Diskussionsgrundlage erarbeitet werden mußte.

Das Unternehmen rief nämlich nicht das eigentlich erwartete begeisterte Echo hervor, eher eine erneute Diskussion, wobei sich die Meinungen dafür oder dagegen nicht repräsentativ für die Bundeswehr oder die Wissenschaft als Ganzes einordnen lassen; jede Seite hatte nicht nur ihre Wünsche, sondern auch ihre Vorbehalte. Auch im Arbeitsstab des Forschungsamtes bestanden keineswegs einhellige Ansichten über Anlage und Inhalt des Handbuches. Diese Auseinandersetzungen sind nicht allein als die obligaten Schwierigkeiten anzusehen, die am Anfang jeder Team-Arbeit stehen, sie erklären sich aus der Einsicht, daß hier etwas Neues angefangen wurde, das sich auf keinen früheren Vorgänger berufen konnte. Denn bisher war das Militär weder in Deutschland noch im Ausland einer derart kritischen Analyse unterzogen worden, wie sie hier geplant wurde.

Die dreijährige Bestandsaufnahme der Historiker im Amt ergab, daß die einzelnen Zeiträume und Sachgebiete extrem unterschiedliche Literaturdecken aufwiesen, weil in der einschlägigen Geschichtsschreibung bislang vieles hochstilisiert, vieles abgewertet und auch manches richtiggehend tabuisiert gewesen war. Tendenziell vergleichbare Befunde lassen sich in anderen Forschungsbereichen auch nachweisen, aber kaum sonstwo haben ideologische Prämissen den Einsatz eines wissenschaftlich strukturierten Fragenrasters derart behindert, daß das Gesamtergebnis wie im Kaleidoskop zusammengeschüttelt erscheint, wie Wolfgang Petter, der zweite Projektleiter des Handbuches, es einmal formuliert hat. Die Zusammenfassung des Forschungsstandes in arbeitstechnischer Folge erwies sich deshalb als unmöglich. Vielfach mußte Grundlagenwissen von den Autoren überhaupt erst erarbeitet, bisweilen mußte das Erscheinen bestimmter Literatur abgewartet werden. Zudem wirkten sich Personalprobleme aus, da das Militärgeschichtliche Forschungsamt eigentlich auf die Bearbeitung der neuesten Militärgeschichte zugeschnitten war und geblieben ist. Unter diesen Umständen entschied sich die Projektleitung des Handbuches, die einzelnen Abschnitte in bewußt beweglicher Einstellung auf Forschungsstand und Mitarbeiterlage in Angriff nehmen zu lassen.

Recht zügig konnten in einer ersten Halbserie vier Abschnitte zu den relativ gut dokumentierten Militärepochen der Revolutions- und Freiheitskriege (1964), der Wilhelminischen Ära (1968) und der Reichswehr (1970), sowie zu Österreich als deutscher Kaisermacht (1965) veröffentlicht werden. Dann trat eine mehrjährige Pause ein, die durch die genannten arbeitstechnischen Hauptwiderstände veranlaßt war. In der zweiten Halbserie folgten sechs weitere Abschnitte, und zwar über die Ära des Kampfes gegen Liberalismus und Sozialismus und um Preußens Großmachtstellung (1975/76), die Wehrmacht bis zum Kriegsbeginn (1978) und über Landesverteidigung und Stehendes Heer im Absolutismus

(1979), sowie zu den übergreifenden Themen Marinegeschichte (1977) und Grundzüge der militärischen Kriegführung (1979). Diese 10 Abschnitte werden jetzt in 5 Bände zusammengefaßt.

Das Handbuch zur deutschen Militärgeschichte stellt in sich ein Dokument des Weges dar, den das Forschungsamt beschritten hat, um mit einer neuen Auffassung von Militärgeschichte Anschluß an die Geschichtswissenschaft zu finden. Es hat diesen Prozeß weiter gefördert mit zahlreichen Monographien und mit seiner Zeitschrift, den Militärgeschichtlichen Mitteilungen, an der Historiker aus vielen Ländern mitarbeiten. Aber ein Gesamtaufriß der deutschen Militärgeschichte stellte doch eine besondere Aufgabe dar.

Bisher war das Militärwesen weder in Deutschland noch im Ausland einer so umfassenden geschichtswissenschaftlichen Analyse unterzogen worden. Gewiß gab der eine oder andere den Historiker interessierende Aspekt Anlaß zu einer Untersuchung von Fragen der Heeresverfassung und -verwaltung oder der politischen Ambitionen des Offizierkorps – erinnert sei an Arbeiten von Karl Demeter, Eckart Kehr und Eberhard Kessel. Auch das mehrbändige, breitangelegte Werk „Staatskunst und Kriegshandwerk" von Gerhard Ritter gehört darunter –, aber in der Regel hatten diese Publikationen zum Inhalt nicht das Militär, sondern Probleme der Politik, wie sie sich im Zusammenhang mit dem Militär ergaben.

Im Handbuch findet sich ohne Konkurrenzanspruch noch eine mögliche Unterkonzeption von Militärgeschichtsschreibung verwirklicht. Sie hat sich aus der historischen Rang- und Quartierliste und der Truppengeschichte entwickelt; um Elemente der historischen Führungslehre und der Traditionskultur erweitert, bildet sie auch den Rahmen für Uniform-, Waffen- und überhaupt Militärkunde. Im Handbuch wurde für diese Unterkonzeption – die einem breiten Publikum als „eigentliche", „reine" Militärgeschichte genügt – die Bezeichnung „Organisationsgeschichte" gewählt. Ihr kommt vorzugsweise lexikalische Funktion zu. Als Autoren der einschlägigen Unterabschnitte zeichnen fast durchweg aktive Offiziere der entsprechenden Teilstreitkräfte verantwortlich. Bei im allgemeinen günstigem Forschungsstand, den eine reiche Liebhabertätigkeit nährt, liegt das Problem hier bei dem laufenden darstellerischen Wechsel zwischen Quer- und Längsschnitten.

Entgegen der ursprünglichen Absicht, endlich einmal eine größere Veröffentlichung allein über den historischen Gegenstand Militär und nicht über den historischen Vorgang Krieg herauszubringen, wurde auch ein Beitrag über die Grundzüge der militärischen Kriegführung eingeplant, weil operatives Denken und Handeln nur vor dem Hintergrund der allgemeinmilitärischen Situation verständlich darzustellen ist. Die Einführung der Wehrgeschichte hatte in den 30er Jahren diesen Ansatz, der in der Schule Hans Delbrücks entwickelt wurde, verschüttet. Der Abschnitt über die Kriegführung, dessen Verfasser sich mit einer außerordentlich problematischen Quellen- und Literatursituation konfrontiert sah, kann daher als wichtige, moderne historische Arbeit über dieses Thema gelten.

In einigen Kapiteln greift das Handbuch bis in die frühe Neuzeit zurück, weil bereits dort die Wurzeln späterer Erscheinungen zu finden sind. In seiner Grundkonzeption beschränkt es sich aber auf die dreihundert Jahre vom Westfälischen Frieden bis zum Beginn des Zweiten Weltkrieges, also auf die Zeit der Stehenden Heere. In diesem Zeitraum heben sich deutlich als Epochen ab: der Absolutismus mit seinen Stehenden Söldnerheeren – die parlamentarisch beschränkten, konstitutionellen Monarchien des 19. Jahrhunderts – die

Weimarer Republik mit der sich als Kaderheer verstehenden Reichswehr – endlich das nationalsozialistische Regime und die Wehrmacht.

Die Epocheneinteilung mußte allerdings in zwei Fällen verlassen werden. Dem Zeitraum um 1806, der vor allem mit dem Namen Scharnhorst verbunden ist, wurde ein besonderer Abschnitt vorbehalten, da die Reformen nicht als Ausklang des 18. und nur teilweise als Basis des 19. Jahrhunderts angesehen werden dürfen. Der jungen Bundeswehr der fünfziger Jahre, soweit sie historisch interessiert war, schwebten sie zwar als das historische Symbol ihres Neuanfanges vor. Doch gerade das Handbuch muß nachweisen, daß die Reformen bei aller Modernität ihrer Inspirationen kein neues Zeitalter eingeleitet haben, sondern eine Phase geblieben sind.

Einen eigenen Abschnitt erhielt auch die Marinegeschichte – nicht weil sie schwer in die Epocheneinteilung einzuordnen gewesen wäre, sondern weil die Marine zum einen als „technische Waffe" bestimmten Gesetzmäßigkeiten unterworfen gewesen und zum anderen niemals aus der Aufrüstungsphase herausgekommen ist.

Die anfangs angesetzten kurzfristigen Termine haben sich erheblich verschoben. Dies lag einmal daran, daß bei ständiger Fluktuation der Mitarbeiter erst im Laufe von Jahren ein fester Kern sich zu Militärhistorikern (nicht nur der Zeitgeschichte) heranbilden konnte. Ebenso gravierend machte sich bemerkbar, daß auf weiten Gebieten nur spärliche Unterlagen zu beschaffen waren. Ein Handbuch faßt den Forschungsstand zusammen, wird demzufolge aus der Literatur erarbeitet, ist also auf Vorarbeiten angewiesen. Da es in ganzen Bereichen an Spezialliteratur fehlt, mußten zum Teil Publikationen völlig anderer Provenienz im Hinblick auf militärgeschichtliche Aussagen hin gesucht und ausgewertet werden; zum Teil mußte der Zugang direkt zu den Quellen gesucht werden.

Die Abschnitte zur neuesten Geschichte konnten sich auf eine ausgedehnte, moderne Literaturbasis beziehen, während die anderen Abschnitte weitgehend von spürbar veralteten und daher stark umzuinterpretierenden Veröffentlichungen des 19. Jahrhunderts leben. Der unterschiedliche Forschungsstand spiegelt sich zwangsläufig nicht nur in den Bibliographien, sondern auch im Text wider; dadurch wird aber auch angezeigt, wo neue Forschungsansätze notwendig sind oder wo zumindest noch weiter in die Tiefe gegraben werden muß.

Bei einer Aufteilung in Epochen und der Bearbeitung jeden Abschnittes durch einen anderen Autor muß die überlagernde Gesamtschau notwendigerweise zu kurz kommen. Dieser Mangel, der jedem Handbuch eigen ist, soll von einer weitausgreifenden und dennoch nicht zureichenden Einleitung nicht vertuscht werden. Aber vielleicht gibt er Anlaß zu Monographien, die das Defizit abdecken werden.

Eine Frage soll noch kurz angeschnitten sein. Gibt es wirklich eine deutsche Militärgeschichte, in dem Sinn, wie es zweifellos eine französische gibt? Im 17. und weitgehend auch im 18. Jahrhundert hatte nicht nur das kriegerische, sondern auch das militärische Geschehen noch weitgehend übernationalen Charakter. Die Einflüsse des Auslandes waren unübersehbar, ebenso die Dienste für das Ausland. Der preußisch-österreichische Dualismus änderte nichts daran. Erst das Deutsche Bundesheer brachte deutsche Probleme und damit eine deutsche Militärgeschichte, aber diese wird bereits deutlich von dem preußischen Schwergewicht überlagert. Die „deutsche" Militärgeschichte des 19. Jahrhunderts ist – anders als die des 18. – so gut wie „preußische" Militärgeschichte. Inwieweit das Deutsche Reich von 1871 gerade im Militärwesen etwas anderes als „preußisch" gewesen ist, bleibt in der Forschung nach wie vor umstritten; noch gab es kein Reichsheer, sondern nur eine Reichsmarine. Die anschließende, seit 1919 wirklich deutsche Militärgeschichte nimmt noch teil an dem Forschungsproblem der Zeitgeschichte und wird stärker von neuen Arbeiten erschlossen.

Insgesamt bietet das Handbuch neben dem Versuch der typologischen Beschreibung des Krieges und der „Kriegskunst" im wesentlichen einen Ansatz, nicht den Krieg, Schlachten und Feldzüge zu erfassen, sondern den Personenverband, das Militär. Der Krieg als geschichtliche Triebkraft und retardierende Potenz wird nicht ausgeklammert – aber im eigentlichen Sinn gezeigt werden kann er in seiner Langzeitwirkung auf Militär und Gesellschaft im wesentlichen am Beispiel der Nachkriegsverhältnisse. Für die deutsche Geschichte ist der Satz, daß das Militär gerade im Frieden geschichtsmächtig gewirkt hat, in den Längs- und Querschnitten eines Handbuches besonders anschaulich zu belegen.

Dem so oft schon verarbeiteten Aspekt „Das Militär als Kriegsinstrument" konnte im Handbuch deshalb nicht mehr der Monopolcharakter zugestanden werden, den er für das Militär selbst und im älteren militärischen Schrifttum besitzt. Ja er muß zugegebenermaßen quantitativ hinter die zeitgemäßen Fragen nach dem Militär als ein Strukturelement der Gesellschaft und als ein in Rückkoppelung von der Gesellschaft strukturiertes Element zurücktreten, die Fragen, die aus den anderen Sektoren der Rahmendisziplin Geschichtswissenschaft an die Militärgeschichte gestellt werden.

In dem Bewußtsein, daß das Handbuch in mancher Hinsicht verbesserungsfähig ist, daß es angesichts seiner Entstehungsgeschichte und der langen Erarbeitungszeit unterschiedliche Forschungsstände repräsentiert, übergeben es die Autoren nun abgeschlossen der Öffentlichkeit, auf freimütige Kritik hoffend. Ein Gesamtregister wird als Anhangband nachgeliefert; mit seiner Hilfe wird sich das Handbuch auch als schnelles Orientierungsmittel erschließen lassen.

Ich danke allen Mitarbeitern herzlich für ihr großes Engagement, und besonders den externen Kollegen, die mit ihrem Entschluß zur Mitarbeit zugleich ihre Zustimmung zu der Art von Militärgeschichte zum Ausdruck gebracht haben, der das Handbuch dienen will. Vor allem möchte ich aber die Leistung der beiden Projektleiter hervorheben. Gerhard Papke und sein Nachfolger Wolfgang Petter haben das Handbuch zur deutschen Militärgeschichte 1648–1939 in seiner jetzigen Gestalt erst möglich gemacht. Ihnen ist zu danken, daß es jetzt der Öffentlichkeit abgeschlossen vorgelegt werden kann.

Manfred Messerschmidt
Leitender Historiker
am Militärgeschichtlichen Forschungsamt

I

Von der Miliz zum Stehenden Heer. Wehrwesen im Absolutismus

Inhalt

Von der Miliz zum Stehenden Heer. Wehrwesen im Absolutismus

von Gerhard Papke

Von der Miliz zum Stehenden Heer. Wehrwesen im Absolutismus

von
Gerhard Papke

A. Das Zeitalter

1. Die Staatenwelt

a. Der Westfälische Frieden, das Reich und Europa

Der Zeitraum vom Westfälischen Frieden bis zur Französischen Revolution – von 1648 bis 1789 – wird im allgemeinen als eine geschlossene Epoche angesehen und das Zeitalter des Absolutismus genannt. Wie jede Zäsur, jede historische Periodisierung, ist auch diese angreifbar. Schon der Begriff Absolutismus läßt sich nicht auf einen so genau begrenzten Zeitraum beschränken, absolutistische Regierungsformen hat es früher und später ebenso gegeben. Trotzdem ist es zu vertreten, das Ende dieser Epoche mit dem Ausbruch der Revolution in Frankreich oder, auf den Raum des späteren Deutschen Reiches beschränkt, mit dem Tode Friedrichs des Großen 1786 zu kennzeichnen, auch wenn sich die Regierungsform in den meisten deutschen Ländern – von Österreich oder gar Rußland gar nicht zu sprechen – bis weit in das 19. Jahrhundert hinein nicht änderte.

Zum 18. Jahrhundert gehörte der unpolitische, dienende Untertan, der – auf die militärische Szene übergeblendet – als Söldner im Stehenden Heere diente. Der Untertanengeist des 19. Jahrhunderts und insbesondere der Restaurationszeit aber war bereits ein Anachronismus. Scharnhorst brauchte für seine Heeresreform den Staatsbürger, nicht den Untertan, wie auch die preußische Allgemeine Wehrpflicht von 1814 nur eine staatsbürgerliche und keine Untertanenpflicht sein konnte. Mit dem ausklingenden 18. Jahrhundert ging also trotz aller weiterreichenden Traditionen und Überlagerungen eine Epoche zu Ende. Weit schwieriger ist die Frage zu beantworten, ob sie in der Mitte des 17. Jahrhunderts mit dem Westfälischen Frieden begann.

Der Westfälische Frieden – der Frieden von Osnabrück zwischen Kaiser Ferdinand III. und Königin Christine von Schweden und der Frieden von Münster zwischen dem Kaiser und Ludwig XIV. von Frankreich – wurde 1648 als »ein ewiges Grundgesetz des Reiches« geschlossen und bis zum Ende des 18. Jahrhunderts auch als ein solches betrachtet und anerkannt. Neben der Klärung der außerordentlich gravierenden konfessionellen Probleme und der Verkündung einer allgemeinen Amnestie bestätigte er den Reichsständen ihre Privilegien, sprach ihnen das Stimmrecht in allen Reichsangelegenheiten zu und räumte ihnen die Befugnis ein, untereinander und mit auswärtigen

Mächten Bündnisse zu schließen. Jeder Reichsstand durfte Truppen aufstellen, sollte jedoch nur soviel Soldaten im Lande halten, wie er zu seiner Sicherheit bedurfte.

Die praktisch schon existierende Trennung der Niederlande und der Schweiz vom Reich fand ihre rechtliche Fixierung – die Unabhängigkeit der Niederlande im spanisch-niederländischen Frieden von Münster im Januar 1648, die Souveränität der Schweiz im Frieden von Osnabrück. Schweden erhielt Vorpommern, Wismar und die Bistümer Bremen und Verden als Reichslehen und damit die Reichsstandschaft. Frankreich wurden die Herrschafts- und Besitzrechte über das Elsaß, den Sundgau, Breisach und zehn elsässische Reichstädte zugesprochen, allerdings ohne die Reichsstandschaft. Brandenburg, das Erbansprüche auf ganz Pommern äußern konnte, wurde mit Cammin, Minden, Halberstadt abgefunden, Mecklenburg-Schwerin erhielt für Wismar das Bistum Schwerin.

Diese Hauptdaten sind äußere Zeichen eines höchst bedeutungsvollen Wandlungsprozesses der deutschen Geschichte. Ohne revolutionären Bruch, eher in der Bestätigung bereits bestehender oder der vorsichtigen Inauguration neuer politischer und sozialer Normen hat das Friedenswerk das öffentliche Leben der letzten 300 Jahre bis in die Moderne hinein zu einem beträchtlichen Teil mitbestimmt.

Schon das recht dezidierte Urteil der politischen wie auch der wissenschaftlichen öffentlichen Meinung dieser Jahrhunderte versieht es mit auffälligen Akzenten. Für 150 Jahre – bis zum Ende des alten Reiches – galt das Friedensinstrument nicht allein als der langersehnte Abschluß eines verheerenden Krieges, sondern vornehmlich als das unbestrittene rechtliche Fundament des Zeitalters. Fritz Dickmann, der Autor der ersten fundierten historischen Analyse des Friedens, weist darauf hin, daß noch Friedrich Schiller ihn als »das interessanteste und charaktervollste Werk menschlicher Weisheit und Leidenschaft« bewundert hat. Mit den Freiheitskriegen und dem Erwachen des Nationalgefühls in Deutschland kehrte sich diese Meinung in ihr absolutes Gegenteil. Das Jahr 1648 bedeutete mit einem Male einen Tiefpunkt der deutschen Geschichte, die formale Fixierung einer Katastrophe, in der die letzten Stützen der alten Reichsherrlichkeit zerbrachen. Deutschland schien um Jahrzehnte in seiner Entwicklung zurückgeworfen, das Reich in ein politisches Vakuum verwandelt zu sein, das den national bereits geeinten Großmächten ausgeliefert war. Der Westfälische Frieden wurde a posteriori als eine Fessel empfunden, die gesprengt werden mußte, wenn Deutschland seine Kräfte entfalten und die ihm zukommende Rolle im Welttheater wieder übernehmen sollte. Das gesamte Friedenswerk wurde auf zwei verdammenswerte Ergebnisse zusammengestrichen: erstens auf den Sieg des Libertätsdenkens, das die Reichsstände gewissermaßen aus dem Reichsverband herauslöste und damit die »Einheit des Reiches« aufhob, und zweitens auf den Verlust von Reichsgebiet, speziell an den »Erbfeind« Frankreich.

Eine gerechtere Beurteilung ließ lange auf sich warten. Wenn schon Erdmannsdörffer als guter Kenner der Materie 1865 die polemische Behandlung des Gegenstandes anprangerte, so verharrte die übrige deutsche Geschichtsschreibung doch weiterhin in ihrer eigentümlichen Befangenheit, die durch den Versailler Vertrag noch einmal ihre Begründung zu erfahren schien. Erst nach 1945 wurde das Trauma überwunden, die Wissenschaft beschäftigte sich eingehend mit dem Vertrag und damit begann die Revision des Urteils. Ein föderalistisch orientiertes Deutschland vermochte auch die Vorteile einer dezentralisierten Staatenwelt zu sehen und in dem Maße, wie der Traum vom »Reich« verblaßte, verlor auch das aus dem Mittelalter herüberreichende alte Römische Reich deutscher Nation seine nationalstaatlichen Konturen. Da es als politisches Gebilde nicht mehr mit den modernen Nationalstaaten in Vergleich gesetzt wurde, trat es auch nicht mehr in Konkurrenz zu ihnen, konnte weder etwas von ihnen gewinnen noch an sie verlieren. So ist die Zeit gekommen, die den Westfälischen Frieden aus dem Odium nationaler Schandbarkeit herauslöst und ihm seinen wirklichen historischen Stellenwert zuteilt.

Werden die Ergebnisse des Friedens nach ihrem Gehalt bemessen, so ist tatsächlich weder für den Kaiser noch für das Reich als Institution eine Stärkung herauszulesen. Die Beschlüsse beschnitten dem Kaiser keine seiner altüberlieferten Rechte, gewährten ihm aber auch keine neuen, zeitentsprechenden Kompetenzen. Noch konnte er als oberster Schiedsrichter Recht sprechen – wohl sein wichtigstes Amt –, doch den Herrschaftsanspruch, den ein Karl V. oder auch noch Ferdinand II. mit dem Titel verbunden hatte, durfte er nicht mehr stellen. Jeder kaiserliche Machtzuwachs bedeutete in den Augen der auswärtigen Mächte wie auch der Reichsterritorien nichts anderes als eine Stärkung des Hauses Österreich. Wem war damit gedient?

Ein wenig anders stand es um das Reich, und zwar als Institution, als Imperium. Gewiß, der mittelalterliche Gedanke einer Universalmonarchie – der allein dem Bestehen des Reiches einen Sinn zu geben vermochte – war bereits hundert Jahre begraben. Doch neben der schon damals aufkommenden verklärten Erinnerung an eine große Vergangenheit war noch etwas geblieben – eine Rechtsapparatur mit bestimmten Einrichtungen, die den verschiedensten Interessen dienstbar sein konnten: der Reichstag, das Reichskammergericht und die mit der Verwaltung des Reichskriegswesens betrauten Reichskreise, um die wichtigsten zu nennen. Eigenständiges politisches Leben war diesem überalterten Körper nicht mehr einzuhauchen, aber als Träger und Mittler fremder Interessen hat er noch anderthalb Jahrhunderte lang brav gedient. Sei es, daß die Reichseinrichtungen dem Kaiser Einfluß auf die Reichsstände ermöglichen sollten, sei es, daß die Reichsstände auf dem gleichen Weg umgekehrt den Kaiser auszuschalten suchten, sei es endlich, daß die Stände unter sich, mit- oder gegeneinander, ihre Planungen über das Reich zu verwirklichen dachten – gebraucht wurde es immer wieder. Seine Institutionen verfielen auch nicht. Im Gegenteil, der Reichstag vermochte die Flut der Anträge nicht mehr in einzelnen »Tagen« zu bewältigen und wandelte sich in den »Immerwährenden Reichstag« zu Regensburg, der ununterbrochen bis 1806 tagte. Im Kammergericht verschleppten sich die angesammelten Fälle um Jahre und Jahrzehnte. Die Reichskreise, die als Inhaber der Wehrhoheit noch so etwas wie einen Machtfaktor darstellten, boten den kleinen Territorien gelegentlich einen Weg, sich in die Militärpolitik einzuschalten. Nur darf über all dem nicht übersehen werden, es war nicht das Reich, das hier Rechte vertrat und Macht ausübte, es waren seine Nutznießer.

Nur im Südwesten ist dem Reichsgedanken so etwas wie politisches Leben zuzusprechen, zumindest bei einzelnen Territorialfürsten und bei einzelnen Gelegenheiten. In den südwest- und westdeutschen, sogenannten Vorderen Reichskreisen, die eine große Zahl kleiner und kleinster Staatlichkeiten umfaßten, gab es Vorstellungen vom Reich als einer Dritten Gewalt, die ein Gegengewicht gegen die selbstherrliche Politik der großen deutschen Länder abgeben oder auch Möglichkeiten einer eigenen Position zwischen den beiden Großmächten Frankreich und Österreich bieten sollte. Der Rheinbund des Mainzer Erzbischofs Franz von Schönborn von 1658 kann als ein

Beispiel angesehen werden. Genau besehen handelt es sich aber auch hier nicht um Reichs-, sondern um Territorialpolitik.

Die Frage, ob im Reichsdenken des 17. Jahrhunderts bei so vielen sich überschneidenden Interessen dem nationalen Element nicht bereits ein wichtiger Platz einzuräumen ist, kann nicht einfach verneint werden. Zweifellos gab es zur Zeit des Westfälischen Friedens einen Reichspatriotismus, nur ist diese geistige Bewegung später vom nationalen 19. Jahrhundert falsch eingeschätzt, das heißt weit überschätzt worden.

Der Barockpatriotismus, wie er vielfach genannt wird, nährte sich aus anderen Quellen als der moderne Nationalismus. Er verhielt sich zum Beispiel nicht progressiv, sondern war noch stark dem mittelalterlichen renovatio-Denken verhaftet. Wenn mit dem Historismus die Geschichtlichkeit der Zeit selbstverständlich geworden ist und der Gedanke einer wirklichen Erneuerung der »guten alten Zeit« kaum noch diskutabel erscheint, so wollten die Sprachgesellschaften des 17. Jahrhunderts noch das Rad der Zeit im Rahmen des Gelehrtenpatriotismus einfach zurückdrehen. Wie weit es freilich nach einem Wort von Erdmannsdörffer »die verwirrende Macht der Phrase des 17. Jahrhunderts« war oder ein echtes Bemühen, ist heute schwer zu entscheiden.

Neben diesem gelehrsamen Nationalismus, der bis in den Humanismus zurückreichte, sich stark in der Literatur widerspiegelte, aber wohl kaum volkstümlich gewesen ist, kann eine zweite Wurzel reichspatriotischer Haltung in der Unterwerfung des privaten Wohls unter die res publica oder res salus, unter den »gemeinsamen Nutzen« gesehen werden, also unter das Reich als dem »gemeinen Vaterland«. Wandruszka gibt dafür ein Beispiel aus dem militärischen Bereich: Deutsche Offiziere in schwedischen Diensten sollten 1635 und in den folgenden Jahren auf die kaiserliche Seite herübergezogen werden. Sie erklärten, sie wollten nicht gegen ihr eigenes Vaterland kämpfen, könnten aber auch Schweden gegenüber ihre Pflicht und ihre Ehre nicht verletzen. Eine entgegenkommendere Verhandlungsweise der kaiserlichen Vertreter hätte in dieser Situation sicher Erfolg gehabt und damit die schwedische Armee erheblich geschwächt.

Drittens endlich weckte die persönliche Not, die Bedrückung durch ausländisches Kriegsvolk oder später auch die Türkengefahr ein gemeinsames Nationalgefühl, das bereits moderne Akzente trug. Trotzdem wäre es verfehlt, eine Kontinuität zum 19. Jahrhundert konstruieren zu wollen. Rationalismus und Aufklärung vermittelten der gelehrten Welt bald den unpatriotischen Kosmopolitismus, der für das 18. Jahrhundert so typisch geworden ist. Für den gemeinen Mann aber schob sich der erstarkende Territorialstaat in den Mittelpunkt und ließ für ein gesamtdeutsches Nationalgefühl wenig Raum. Aber auch für ihn blieb als Soldat der Tod fürs Vaterland noch eine leere Formel. Der Soldat kämpfte, wenn er überhaupt eine moralische Verpflichtung dieser Art anerkannte, nicht für sein Land, sondern für seinen Landes- und Kriegsherrn.

Doch die damalige Zeit unterlegte dem Wort Reich – was gelegentlich übersehen wird – noch einen anderen Sinn. Diese zweite und in der politischen Umgangssprache eigentlich allein gültige Bedeutung erscheint zum Beispiel in der Formel »Kaiser und Reich«. Sie erfaßt nicht das Reich als Institution sondern als die Summe der Reichsstände, also alle reichsunmittelbaren Territorialherren mit Ausnahme des Kaisers und oft genug sogar im Gegensatz zu ihm. Dieses »ständische« Reich allerdings ist aus den Verhandlungen von Münster und Osnabrück unzweifelhaft als Sieger hervorgegangen. Zumindest die größeren Reichsstände – Sachsen, Bayern, Brandenburg, Braunschweig-Lüneburg (das spätere Hannover) – spürten den Morgenhauch einer neuen Zeit und versuchten, ihr gerecht zu werden, der eine im politischen Abenteuer, der andere im systematischen Aufbau und in überlegter Bündnispolitik. Der Vertrag hatte für sie nicht grundsätzlich Neues geschaffen, auch nicht Überlebtes zu den Akten gelegt. Es geschah nichts weiter, als daß er das im Augenblick als gültig Bestehende in einer Reihe zum Teil recht verklausulierter Paragraphen festlegte, eine gewachsene Ordnung fixierte. Verfassungsrechtlich bedeutet dies, daß aus flexiblem, ständig umstrittenem Gewohnheitsrecht jetzt positives Recht wurde, das die Eigenentwicklung der Reichsverfassung wohl weitgehend erstarren ließ, das aber für die Territorialstaaten eine bisher nicht gekannte Rechtssicherheit schuf. Sie erhielten über die einzelnen Bestimmungen ihre Souveränität und ihre Gleichberechtigung im Kreis der europäischen Mächte garantiert. Innenpolitisch sicherte er ihnen die Basis, die für die Errichtung eines eigenständigen Staatsapparates mit einer zentralistischen Verwaltungshierarchie und einem eigenen, auf Dauer angelegten Militärwesen notwendig war. Außenpolitisch verbriefte er ihnen das Recht zum freien Verkehr mit allen anderen Staaten, öffnete ihnen das Tor nach Europa.

Die Beziehung zum europäischen Ausland wird durch einen Vorgang deutlich, der dem Friedenswerk tatsächlich eine eigentümliche Note gibt und sogar als ein fremder Eingriff in deutsche Belange verurteilt worden ist. Der Sprung in die garantierte Eigenständigkeit gelang den deutschen Ländern nicht aus eigener Kraft. Es war der Druck Frankreichs und Schwedens, der die hegemonialen Ansprüche des kaiserlichen Habsburgs – die bereits im Prager Frieden von 1635 recht greifbare Formen angenommen hatten – scheitern ließ. Ebenso sorgten beide ausländischen Mächte dafür, daß allen deutschen Ländern ihr Besitzstand erhalten blieb oder daß Besitzansprüche anderweitig vergolten wurden, so etwa Brandenburgs Erbansprüche auf ganz Pommern. Nur Österreich – nicht das Reich – mußte unentschädigt Gebiete an Frankreich abtreten, mußte sich also für den einzigen Verlierer halten. Um so verständlicher ist die geradezu ablehnende Haltung des Kaisers in Fragen einer Vergrößerung besonders der bedeutenderen Reichsterritorien, zumal seine Reichspolitik im Grunde auf zielstrebige österreichische Territorialpolitik hinauslief.

Doch noch weit über solche Initiativen hinaus ist der Westfälische Frieden in einem anderen Sinne nicht allein eine deutsche, sondern auch eine europäische Angelegenheit. Der abgebrauchte mittelalterliche Universalismus – eben das Reich – wurde durch die Pluralität der modernen europäischen Staatenwelt ersetzt. Dies geschah nicht expressis verbis, vielmehr spiegelte sich in dem Vertrag als dem ersten internationalen Gesetzestext die Struktur einer neuen, übernationalen Ordnung. Als das Grundgesetz der neuen Staatengesellschaft (Dickmann) ging er von der Gleichberechtigung und Unabhängigkeit aller Staaten aus und suchte die weithin noch fehlenden völkerrechtlichen Grundsätze durch Verträge, Beistandsversprechungen und Garantien zu ersetzen. Dabei hat er weder das Völkerrecht begründet, noch seine Entwicklung zu einem irgendwie gearteten Abschluß gebracht. Aber er hat zum ersten Male die bereits bestehenden Grundsätze zu einem Ganzen vereint und in die Praxis umgesetzt.

Wenn – um ein Beispiel zu geben – bis dahin Friedensschlüsse in den Konfessionskämpfen ein bloßes zeitweiliges Anhalten der Kampfhandlungen bedeuteten, keine

Respektierung der gegnerischen Argumente, sondern nur das Eingeständnis, sie im Augenblick nicht mit Gewalt aus dem Weg räumen zu können, so wollte dieser Frieden nicht allein den Dreißigjährigen Krieg beenden, er wollte Europa wirklich befrieden, die Gegner zur gegenseitigen Anerkennung nötigen, Streitpunkte nicht einfrieren sondern beseitigen, das Gegeneinander von einem Nebeneinander ablösen lassen. Es steht dazu nur in scheinbarem Widerspruch, daß die folgenden 150 Jahre zu den kriegerischsten der gesamten Neuzeit gehören. Die »Kabinettskriege« des Absolutismus entstanden aus Ursachen, die zu einem wesentlichen Teil nicht von den Paragraphen des Friedens erfaßt wurden. Diplomatie und Publizistik der Zeit haben nicht aufgehört, in jedem neuen Krieg die Wiederherstellung der Friedenspraxis von 1648 zu fordern und den Krieg zu verurteilen.

Es wäre jedoch falsch, das Werden nicht eines geeinten aber doch eines gemeinsamen Europas und die darin eingeschlossene Europäisierung des Reichsgebietes als ein Ergebnis des Westfälischen Friedens anzusehen. Bereits der Friedensvertrag selbst ist eine Erscheinung dieses umfassenden Vorgangs. In seiner Fortsetzung wird z. B. die Diplomatie, das Verhältnis zum Nachbarn, zum Verbündeten oder Gegner, wichtiger als früher, wenn auch nicht für alle Staaten gleichmäßig und für die kleineren Territorien in sehr einseitiger Form. Auf die mannigfachen Gemeinsamkeiten speziell auf kulturellem Gebiet kann hier nur hingewiesen werden.

Das 19. Jahrhundert hat nicht nur wieder Brücken abgebrochen und neue Barrieren errichtet, es hat auch aus zeitgebundener Notwendigkeit heraus dem ganzen Geschehen ein negatives Vorzeichen verliehen, jedenfalls soweit es die deutsche Sache betraf. Es war nämlich mit der nationalen Haltung nur schwer zu vereinbaren, daß dies Gemeinsame in Europa einen unübersehbaren französischen Akzent trug. Das Französische wurde zur europäischen Verkehrssprache nicht nur in der sich langsam herausbildenden Diplomatie; das höfisch orientierte Kulturleben suchte in seinen verschiedenen Zweigen sein Vorbild in Frankreich; der die Wirtschaft der Zeit prägende Merkantilismus fand in Colbert – dem Minister Ludwigs XIV. – seinen ersten und großartigsten Interpreten; das Militär der europäischen Staaten kann in seinen Einrichtungen und seiner Fachsprache seine französiche Phase noch heute nicht verleugnen. Die Mängel der französischen »Kulturhegemonie« sind schon damals herausgestellt worden – etwa mit der Karikierung des à-la-mode-Wesens –, ihre Vorteile sollten nicht verschwiegen werden, zumal die französierte Oberfläche doch lediglich ein Mittel der Kommunikation blieb und genügend Raum für eine innere individuelle Entwicklung ließ.

Wie aber paßt der Begriff Deutschland in diesen Zusammenhang? Im Hinblick auf die spätere historische Entwicklung zum Deutschen Reich von 1871 soll hier Deutschland als ein Ganzes betrachtet werden, zu dem mit bestimmten Einschränkungen die Länder deutscher Sprache des alten Reiches gehören. Dieses Deutschland war also eine Ländergruppe, umgeben von europäischen Mächten, die sich bereits als Staaten mit stark nationalem Gepräge ausgebildet hatten.

Benutzt man den Begriff Reich und seine Grenzen als Kriterium für die Aufteilung Europas in Deutschland und Ausland, so muß man sich der Unzulänglichkeit dieser Gegenüberstellung bewußt sein. Einzelne Länder – wie die Franche Comté oder die Spanischen Niederlande (das heutige Belgien) – gehörten formal zweifellos zum Reich, aber sicher nicht zu Deutschland. Preußen im damaligen Sinn dagegen, ein deutsches, die deutsche Geschichte stark beeinflussendes Herzogtum, war nicht Reichsgebiet. Einer politischen Verwirklichung des Reichsgedankens standen außerdem nur die kleinen Reichsstände im Westen und Südwesten aufgeschlossen gegenüber, nicht aber der kaiserlich-habsburgische Hof in Wien oder die Häuser der Hohenzollern, Wittelsbacher, Wettiner und Welfen. Reichskriege oder Reichsexekutionen waren nicht mehr Ausdruck der Kraft und Einheit des Reiches; sie dienten im wesentlichen der Austragung innerdeutscher Machtkonkurrenzen und dem Interesse Österreichs, des kaiserlichen Stammlandes. Das gilt sowohl für den Siebenjährigen Krieg als Exekution gegen Preußen, wie für die Türkenkriege oder auch für die Kriege gegen Frankreich. In jedem Reichskrieg mit Ausnahme der Türkenkriege – die Türken galten als nicht bündnisfähig – fanden sich ein oder mehrere Reichsstände aktiv auf der antikaiserlichen Seite. Soll also nicht jedes einzelne der größeren deutschen Länder – einschließlich Brandenburg-Preußens – als gelegentlicher Verräter und Reichsfeind klassifiziert werden, muß dem Reich selbst der Charakter eines verbindlichen politischen Verbandes abgesprochen werden.

Tatsächlich hat die politische Geschichtsschreibung auf die Darstellung einer geschlossenen »Deutschen Geschichte« dieser Epoche verzichten müssen. Für die Zeit von 1648 bis ins 19. Jahrhundert gibt es nur Landesgeschichte. Hand- oder Lehrbücher, die auf Kontinuität angewiesen sind , überbrücken ein Jahrhundert, indem sie die europäischen Kriege der Zeit als Leitlinien nehmen, also die französischen Eroberungskriege, die Türkenkriege, den Spanischen Erbfolgekrieg, den Nordischen Krieg und den Polnischen Thronfolgekrieg, an denen die deutschen Länder zumindest teilweise in irgendeiner Form beteiligt oder interessiert waren. Mit dem Ausbruch des Österreichischen Erbfolgekrieges 1740 und den darin eingeschlossenen Schlesischen Kriegen fand sich im preußisch-österreichischen Dualismus wieder ein weiterführendes intern deutsches Problem, so daß der Anschluß an die endlich gesamtdeutschen Freiheitskriege gewährleistet war.

Auf diese Weise erhielt die so geschickt konstruierte deutsche Geschichte ihren bekannten kriegerisch-martialischen Anstrich, obgleich sie in Wirklichkeit in diesen Jahrhunderten unkriegerischer ablief als die Geschichte Rußlands, Österreichs, Frankreichs, Englands oder Schwedens.

Hinzu kommt allerdings die so überaus kriegerische preußische Fama. Da die kleindeutsche Lösung Österreich von einer Deutschland-Konzeption ausschloß, fiel es Preußen und seiner Geschichte zu, dem politisch dezentralisierten deutschen Raum zum wenigsten einen historiographischen politischen Kern zu geben. An die Stelle deutscher Reichsgeschichte trat für über 200 Jahre brandenburgisch-preußische Landesgeschichte, vom Großen Kurfürsten bis zur Kaiserkrönung von Versailles. Die brandenburgisch-preußische Kriegsgeschichte – an Stelle einer deutschen Militärgeschichte – ist vielleicht etwas planvoller durchkonstruiert, auch etwas glücklicher verlaufen als die anderer deutscher Länder, ereignisreicher ist sie genau besehen auch nicht. Preußen hat nur mehr aus ihr gemacht, denn preußischer Schlachtenruhm hatte die fehlende nationale deutsche Solidarität wenigstens im Rückblick zu ersetzen.

Wenn es keine echte gemeinsame politische Geschichte der deutschen Länder dieser Zeit – die unter dem Oberbegriff Deutschland zusammengefaßt werden können – zu geben scheint, so können doch andere historische Disziplinen diesen Mangel durchaus ersetzen. Gemeinsames, die Länder Verbindendes, das ihrer Eigenart gerecht wird und ihnen gleichzeitig ihren Platz in Europa zuweist, in dem sie nehmend und gebend erscheinen, finden wir etwa in der deutschen Literatur- und Geistesgeschichte, auch in unserer Wirtschafts- oder Sozialgeschichte und nicht zuletzt in der Militärgeschichte.

In der Kabinettspolitik und im Kabinettskrieg entstanden neue Formen der Verständigung oder Auseinandersetzung zwischen den Staaten. Für beide Bereiche wurde jetzt eine Einrichtung, die solange nur für Ausnahmesituationen benötigt worden war, zum unübersehbaren Bestandteil – das Militär. Nur die stärkeren Staaten konnten sich, wenn auch mit vielen Unzulänglichkeiten, im Stehenden Heer eine beständige Institution aufbauen und erhalten; erstrebt haben dies alle. Charakteristisch für alle Stehenden Heere und Truppen war ihre augenfällige Ähnlichkeit, wenn nicht Gleichheit. Ähnlich waren die Formen der Finanzierung und Erhaltung, der Aufbringung und Ergänzung, der Löhnung und Ausrüstung, ähnlich waren die Gliederung, die Reglements, die Rangordnung, die soziale Struktur bei den Mannschaften und in den Offizierkorps, das Verhältnis zur Bevölkerung auf der einen und zum Kriegsherrn auf der anderen Seite. Auch blieben die Heere der einzelnen Staaten untereinander im Frieden und Krieg in einem gewissen Kontakt. Fremdwerbung und Truppenvermietung gaben den Mannschaften Gelegenheit, sich in jeder Armee zurechtzufinden. Der häufige Wechsel der Koalitionen verwischte die Freund-Feind-Atmosphäre; es gab nur noch zeitweilige Gegner, Neutrale oder Bundesgenossen. Die Offizierkorps und die »Generalstäbe«, d. h. die Generalität, waren landsmannschaftlich so bunt zusammengesetzt, daß sie die gleichen sprachlichen und fachlichen Verständigungsschwierigkeiten wie -möglichkeiten hatten, sei es im eigenen Lager, sei es im Gespräch mit dem Gegner. Man lebte nach dem gleichen Ehrenkodex und tat seinen Dienst nach Reglements, die zwar streng geheim gehalten wurden, aber nicht selten voneinander abgeschrieben waren. Kurz, das Militärwesen gehörte zu den eindruckvollsten gesellschaftlichen Gemeinsamkeiten der Zeit, hat ihr sogar einen unverkennbaren Stempel aufgedrückt.

Diese Tatsache hat dazu geführt, daß in der historischen Literatur älterer Provenienz Militär und Krieg des Absolutismus und speziell des friderizianischen Preußens eine alles überdeckende Rolle spielten, während die Literatur der jüngsten Vergangenheit umgekehrt das Militär gelegentlich ganz oder doch beinahe zu übersehen scheint und gewissermaßen eine militärgereinigte Geschichte liefert. In beiden Fällen mag das aus der jeweiligen Gegenwart resultierende erkenntnisleitende Interesse die Feder geführt haben. Dabei wird weitgehend verkannt, daß Militär und Krieg – die den Absolutismus weder beherrschten noch aus ihm herauszumanipulieren sind – im 17. und 18.Jahrhundert einen anderen Stellenwert, einen anderen Bezug zu Staat und Gesellschaft hatten als später im 19. oder gar im 20.Jahrhundert.

b. Die europäischen Staaten

Deutschland war also existent: geographische, ethnische, sprachliche, verfassungsrechtliche, auch politische und nicht zuletzt militärische Gemeinsamkeiten verbanden seine Glieder. In einer Eigenschaft unterschied es sich grundsätzlich von den Staatengebilden der Zeit: es war offen nach allen Seiten. Ihm fehlte ein Mittelpunkt, der eine zentrale Ausrichtung ermöglichte, und ihm fehlte die Grenze, die nach außen abschloß. Damit erhielt das außerdeutsche Europa in seiner wechselnden Wirkung auf die innerdeutschen Zustände ein ganz anderes Gewicht als im 19. und 20.Jahrhundert. Es muß daher hier mit einem kurzen Blick in seiner historischen Entwicklung gestreift werden, soweit dieses Verhältnis militärische Auswirkungen zeigte.

In grober Vereinfachung kann das politische Europa in der zweiten Hälfte des 17.Jahrhunderts in zwei sich überschneidenden Kraftfeldern gesehen werden, von denen das eine durch das Streben nach Hegemonie, das andere durch das Bemühen um Gleichgewicht gekennzeichnet war. Hegemoniale Ambitionen zeigten zwei Europa beherrschende Großmächte, auf der einen Seite Frankreich und auf der anderen Österreich zusammen mit dem ebenfalls habsburgischen Spanien. Beide verfügten über eine stattliche Militärmacht und bildeten die Pole eines Spannungsfeldes, nach dessen Kraftlinien sich die übrigen Staaten im positiven und negativen Sinne ausrichteten, speziell die mittleren und kleinen deutschen Territorien. Nur am Rande dieses Feldes existierten Mächte mit eigenen, wenn auch gegenseitig bestrittenen Interessengebieten – so etwa die Kontrahenten England–Niederlande, Schweden–Rußland, Rußland–Türkei –, die sich jedoch in der Regel so der europäischen Mächtegruppierung anschlossen, daß die Nachbarn Frankreichs Bundesgenossen Österreichs, die Anrainer Habsburgs Parteigänger Frankreichs waren. Erst das ab 1740 arrivierte Preußen verschob durch seine Existenz die ausbalancierte Mächtegruppierung in der »Umkehr der Bündnisse« 1756.

Weniger auffällig als der hegemoniale Konkurrenzkampf, aber auf die Dauer erfolgreicher lief daneben die auf Ausgleich der Kräfte und Erhaltung des status quo zielende Politik der Seemächte England und Holland, die auf ein befriedetes, ihre Existenz und imperiale Überseepolitik nicht gefährdendes Europa angewiesen waren. Ebenso waren die deutschen Territorialstaaten daran interessiert, das mit dem Westfälischen Frieden geschaffene Kräfteverhältnis aufrechtzuerhalten, weil jede Veränderung den eigenen Bestand in Frage stellen konnte.

Die Seemächte

Spanien, Land- und Seemacht zugleich und das erste Weltreich der neueren Geschichte, hatte seine Vormachtstellung bereits zur See an England, zu Lande an Frankreich abgetreten. Der Spanische Erbfolgekrieg sah es nur noch als Objekt der europäischen Politik, im 18.Jahrhundert hatte das Königreich kaum noch einen nachweisbaren aktiven Einfluß.

Spanien hatte für die Erhaltung seiner überseeischen Besitzungen zuviel Substanz geopfert. Besonders das Kernland Kastilien mußte Menschen über Menschen für die Armee und den riesigen kolonialen Verwaltungsapparat abgeben. Die Entvölkerung zog den wirtschaftlichen Verfall und damit die absolute Abhängigkeit von den Außenbesitzungen nach sich. Es genügte, daß die auf der Lauer liegenden jungen konkurrierenden Seemächte ein paar »Silberschiffe« kaperten, um das verwundbare Mutterland in eine Krise zu stürzen (vgl. Band 4, Abschnitt VIII, S. 16).

Bis an die Schwelle des Absolutismus galt Spanien nicht nur als führende Militärmacht, sondern war wegweisend in der Auffassung und Durchführung von Kriegführung und Taktik; in den spanischen Tercios ist eine Vorform der neuzeitlichen Infanterie zu sehen, also der nach einheitlichen Kommandos geschlossen kämpfenden Fußtruppe. In der Zeit dann, in der die europäischen Mächte sich mit dem Stehenden Heer die Grundvoraussetzungen für ein neues Militärwesen erarbeiteten, trat Madrid mehr und mehr zurück. Plötzlich jedoch, zu Beginn des 19. Jahrhunderts, waren wieder alle Augen Europas auf Spanien und seinen Freiheitskampf gegen Napoleon gerichtet, auf eine völlig neue Form der Kriegführung, die dann wiederum Geschichte machen sollte – den Guerillakrieg.

Die Republik der Vereinigten Niederlande – die durch die Generalstaaten vertretenen sieben freien Provinzen, die auch nach der Hauptprovinz Holland genannt wurden – waren nach dem langjährigen und krisenvollen Freiheitskampf gegen Spanien im Waffenstillstand von 1609 praktisch bereits als selbständiger Staat anerkannt worden. Unter der Statthalterschaft der Oranier bildete die reiche Seehandelsmacht sich zu einem Musterland moderner Verwaltungspraxis heran. In der zweiten Hälfte des Jahrhunderts hatte Holland alle Hände voll zu tun, seine Position als See- und Handelsmacht gegenüber England einigermaßen zu behaupten, bis die »glorious revolution« und die Übernahme des englischen Königstitels durch Wilhelm III. von Oranien die Konkurrenz des Inselstaates vorläufig neutralisierte.

Die Kriege, die Holland in Europa führen mußte und in denen das Haus Oranien eine so hervorragende Rolle spielte, dienten der Erhaltung des europäischen Gleichgewichts gegen ein französisches Übergewicht. Es wahrte seinen Besitzstand gegen Frankreich in den Eroberungskriegen Ludwigs XIV. und im Spanischen Erbfolgekrieg durch eine erfolgreiche Koalitionspolitik und das Mieten von Subsidientruppen oder Fremdwerbung. Die deutschen Territorien stellten Soldaten in jeder Form, so daß die Republik trotz andauernder kriegerischer Verwicklungen ihren verehrten, aber gleichzeitig auch mißtrauisch beobachteten Statthaltern niemals ein Heer auf so lange Zeit zu überlassen genötigt war, daß es zuverlässig genug erschien, einen Staatsstreich zu decken. An Versuchen, die Republik in eine absolutistische Monarchie umzuwandeln, hat es nicht gefehlt.

Bestimmend für das Militärwesen Hollands waren zwei Tatsachen: es gab erstens immer nur begrenzte Zeiträume, in denen das Vorhandensein einer schlagkräftigen Armee für die Republik lebensnotwendig war, und sie hatte die Mittel, eine solche Armee gewissermaßen aus dem Boden zu stampfen.

Zweitens erlaubte die großzügige und für die damalige Zeit einmalig komplette Versorgung der Truppen ihren Befehlshabern – den oranischen Statthaltern – um die Wende vom 16. zum 17. Jahrhundert eine Musterarmee zu errichten, ein Vorgang, der als oranische Heeresreform in die Geschichte eingegangen ist und Epoche gemacht hat. Zweifellos ist in diesen gut einexerzierten, erstaunlich disziplinierten Söldner-Regimentern eine der Wurzeln des späteren Stehenden Heeres zu suchen; Gerhard Oestreich geht jedoch erheblich zu weit, wenn er meint, auf den niederländischen Exerzierplätzen seien die entscheidenden Regeln erprobt und die maßgeblichen Schritte getan worden, die das gesamte absolutistische Kriegswesen charakterisieren und erklären.

England, wie Holland auf Welthandel und Kolonialerwerb ausgerichtet, trieb auch die gleiche Festlandspolitik, also Erhaltung des europäischen Gleichgewichts. Ähnlich wie in den französischen Eroberungskriegen Holland, so bildete im Spanischen Erbfolgekrieg England den Kern der Koalitionen gegen Frankreich und bestimmte mit seinem Festlandsheer unter Marlborough auch die Hauptlinien der

Kriegführung. Die Auseinandersetzungen zwischen England, Holland, Frankreich und Spanien auf den Meeren und den anderen Kontinenten beeinflußten immer wieder die Koalitionen und damit auch die politischen Spannungen und Kriege auf dem europäischen Festland. Besonders deutlich wurde dies bei der »Umkehr der Bündnisse« 1756, als der Kampf um Weltgeltung England auf die Seite Preußens und damit Frankreich auf die Seite seines alten Feindes Österreich trieb.

Die englische Krone (Wilhelm III.) hatte in der Declaration of Rights 1689 ausdrücklich auf ein Stehendes Heer im eigenen Lande verzichtet, was sie jedoch nicht hinderte, auf dem Festlande oder in Übersee Landkriege zu führen wie die anderen Staaten. Dabei darf die Tatsache, daß England seine Gesamtkriegführung dem Seemachtdenken unterordnete, nicht zu der Schlußfolgerung verleiten, es hätte dem Landkriegswesen unerfahren gegenüber gestanden. Gerade die irischen und schottischen Offiziere waren seit dem Dreißigjährigen Kriege in den Armeen aller Herren Länder als Routiniers des Krieges berühmt, wenn nicht berüchtigt. Das Parlament gab für Fremdtruppen, speziell im Spanischen Erbfolgekrieg, später namentlich im Siebenjährigen Krieg für Preußen und die eigene Armee in Amerika enorme Summen aus; es verfügte durchaus über Organe, die gemieteten Truppen zu überprüfen und einzutaxieren. Ähnlich wie in den Niederlanden hat die rationale, nüchtern kaufmännische Art, die Truppenangelegenheiten in Krieg und Frieden zu behandeln, zu größeren Erfolgen geführt als die oft so konventionellen, repräsentationsbeflissenen kriegerischen Veranstaltungen der festländischen Potentaten.

Im allgemeinen wird das Verhältnis der Seemächte Holland und England zum europäischen und speziell zum deutschen Kriegswesen doch recht einseitig beurteilt. Zweifellos ist schwer zu schätzen, wieviele deutsche Regimenter den Interessen der großen Handels- und Kolonialmächte gedient und sich für sie auf europäischen und überseeischen Schlachtfeldern geschlagen haben. Darüber darf jedoch nicht vergessen werden, daß alle diese militärischen Leistungen bezahlt worden sind, und zwar nicht allein durch politische Versprechungen, sondern in der Regel in klingender Münze. Über die Subsidien wurden die deutschen Staaten nicht nur erst in die Lage versetzt, einen militärischen Apparat aufzubauen, sondern sie wurden auch dazu gezwungen, ihn rationell und zweckvoll einzurichten, weil nur gute Truppen auch gut bezahlt wurden.

Der Norden und der Osten

Dänemark mit Norwegen im Norden hatte seine großen Szenen unter Christian IV. im Dreißigjährigen Krieg, danach nur noch lokale Bedeutung als Bündnispartner oder -gegner Schwedens.

Schweden dagegen blieb seit den militärischen Erfolgen seines großen Königs Gustav Adolf bis in die Zeit nach dem Siebenjährigen Kriege ein gefürchteter, wenn auch wohl überbewerteter Friedensstörer. Vor allem Brandenburg bzw. das junge Preußen bekam in ihm den langen Arm Frankreichs zu spüren. Aber Schweden war nicht nur zerstörender und brandschatzender Feind. Die neuen Errungenschaften der oranischen Heeresreform in Organisation und Taktik hat Brandenburg trotz seiner engen Beziehungen zu den Niederlanden nicht direkt übernommen, sondern auf dem Umweg über die schwedische Armee. Gustav Adolf hat im Dreißigjährigen Krieg mit seiner nicht nur gut geführten, sondern auch disziplinierten, vorbildlich organisierten und ausgerüsteten Armee den deutschen Territorialfürsten und insbesondere dem Zwangsverbündeten Brandenburg vorgeführt, wie eine Armee zu funktionieren hat, und was auch ein relativ kleiner Staat mit einer gut funktionierenden Armee erreichen kann. Karl X., im ersten Nordischen Krieg Gegner Polens, zwang Brandenburg als Freund wie als Feind zu den ersten bedeutenden militärischen Anstrengungen. Karl XII. konnte als Gegner Rußlands im Nordischen Krieg ganz nebenbei dessen Verbündeten Sachsen–Polen schlagend davon überzeugen, daß militärisches Gepränge und Kriegstüchtigkeit zwei sehr verschiedene Dinge sind. Dabei ist zu bedenken: Schweden war kein armes Land, aber es erreichte erst 1751 eine Bevölkerungszahl von 1,8 Millionen, während das blühende Kursachsen 50 Jahre früher bereits 2 Millionen Einwohner zählte. Dieser letzte strahlende Aufbruch Schwedens mit dem Einfall in Sachsen und dem Frieden von Altranstädt (1706) bewies wohl die Verwundbarkeit der deutschen Territorien, wenn sie alleingelassen eigene Politik machten, zeigte aber im ganzen gesehen die Fragwürdigkeit einer auf Krieg ausgerichteten Militärpolitik, und zwar sehr viel deutlicher als die – mit den schwedischen Ambitionen verglichen: – geradezu realpolitisch ausgewogenen preußischen Bemühungen.

Das meteorhafte Erscheinen eines Gustav Adolf und noch mehr eines Karl XII. entsprach so sehr den Vorstellungen der Zeit von ihrem Idealbild, dem schlachterprobten, von gloire überhäuften roi connétable, daß erst im Vergleich mit dieser Apotheose des barocken fürstlichen Leitbildes so manche Entscheidungen oder Reaktionen, wenn nicht der ganze Lebensweg einzelner deutscher zeitgenössischer Potentaten dem heutigen Betrachter verständlich wird. Kriegsglück, Ruhm, pomphaft repräsentative Größe und auch jäher Fall gehörten in die barocke Vorstellungswelt, die – wie das schwedische Beispiel zu belegen schien – eine durchaus realisierbare Welt verkörperte.

Polen, die Adelsrepublik mit Wahlkönigtum, gab nur noch als Objekt der europäischen Politik Anlaß zu Streitigkeiten. Sein letzter militärischer Auftritt im Kreise der europäischen Mächte bei der Entsetzung Wiens 1683 – der alte Türkenbesieger und polnische König Jan Sobieski hatte formal den Oberbefehl in der Schlacht am Kahlenberge – war mehr ein Akt der internationalen Konvenienz als wirklicher Machtentfaltung. Die Wahl des sächsischen Kurfürsten zum polnischen König am Anfang und die polnischen Teilungen am Ende des 18. Jahrhunderts umschlossen eine Zeit mit ausreichend politischem und militärischem Zündstoff, aber nicht mehr.

Stand das Königreich Polen am Ende, so stand Rußland am Anfang. Aber noch war es der Drang zum Meer, zur Ostsee und zum Schwarzen Meer, der die russische Politik seit Peter dem Großen bestimmte. Von einem Druck auf die europäische Mitte, also auf Deutschland, war noch nicht viel zu spüren, solange Polen noch als schützender Riegel dazwischen lag. Erst im Siebenjährigen Krieg betraten russische Soldaten, die Verbündeten Österreichs, zum ersten, und für weitere 150 Jahre auch zum letzten Mal als Feinde deutschen Boden. Imperialistischer Eroberungsdrang und erfolgreiche militärische Aktivität dürfen nicht den Eindruck erwecken, das Rußland des 17. und 18. Jahrhunderts habe im Kriegswesen eine irgendwie führende Rolle gespielt oder auch nur bestimmte Vorbilder abgegeben. Noch war es vornehmlich der lernende und nachahmende Schüler des Westens. Wo es eigene militärisch-politische Organisationsformen fand, wie etwa in den Kosakensiedlungen an der Südgrenze als Schutz gegen die Turkvölker, blieben dies Besonderheiten, die in Europa keine Nachahmung fanden. Die österreichische Militärgrenze fußte auf anderen Voraussetzungen, und ist auch in der Idee nicht von Rußland übernommen worden.

Das Verhältnis der Türkei zu Deutschland in dieser Zeit ist, ähnlich wie das Frankreichs, von der nationalen Geschichtsschreibung etwas verzeichnet worden. Die Tage Suleimans des Großen, der sich nach der Belagerung Wiens 1529 vom Reich Tribut zahlen ließ, waren lange vorüber. In den Jahrzehnten nach dem Westfälischen Frieden bemühte sich die Türkei noch zweimal, die verworrenen Zustände im Reich zu nutzen und ihre Position auf dem Balkan zu verbessern. Beide Versuche mißlangen.

Im Jahre 1664 schlug Montecuccoli das türkische Heer bei St. Gotthard a. d. Raab vernichtend, als es die Reichsgrenze überschreiten wollte. Der zweite Versuch, der in der Belagerung Wiens 1683 gipfelte, leitete mit der Entsetzungsschlacht am Kahlenberge bereits die dann nicht mehr aufzuhaltende rückläufige Bewegung ein, denn die anschließenden Türkenkriege spielten sich auf osmanischem Reichsboden ab.

Noch am Ende des 16.Jahrhundert hielt Lazarus von Schwendi den deutschen Ständen, und insbesondere dem Adel, Disziplin und Kriegstüchtigkeit des türkischen Heeres als Vorbild vor Augen, und die Türkengefahr diente speziell in den süd- und südostdeutschen Territorien – Österreich, Bayern, Sachsen – um die Wende zum 17.Jahrhundert als Begründung für die Einrichtung der Defensionswerke (im übrigen Deutschland mußte der konfessionelle Gegensatz zwischen Katholiken und Protestanten dafür herhalten). Wie weit alle diese Vorstellungen von einer Lebensbedrohung aus dem Südosten tatsächlich begründet waren, mag dahingestellt bleiben. Sicherlich ist in den Türkenkriegen Großartiges geleistet worden, aber dem heutigen nüchternen Betrachter muß doch auffallen, daß die als so schrecklich beschriebenen, gewaltigen Türkenscharen eigentlich niemals eine Chance hatten, wenn »das Reich« sich wirklich ernsthaft bemühte, ihnen Widerstand zu leisten.

Der Süden

Italien hatte seinen Beitrag zur Militärgeschichte bereits in der frühen Neuzeit geliefert, als erstes der europäischen Länder.

Das Condottierewesen der italienischen Renaissance wird von der Militärliteratur zumeist nur in seinen negativen oder negativ gewerteten Auswüchsen beschrieben, als das abschrekkende Gegenbeispiel für die vorbildlich geordneten und disziplinierten Konskriptionsheere einer späteren Zeit. Tatsächlich vollzog sich mit dem Entstehen der Condotta der Übergang vom Mittelalter zur Neuzeit, jedenfalls auf dem Gebiet des Kriegswesens. Sicherlich kämpften die italienischen Berufskrieger um Geld allein – wie übrigens alle übrigen europäischen Heere der nächsten 300 Jahre auch –, ihre Anführer, die Condottieri, verbanden jedoch mit ihrer Tätigkeit oft genug politische Ambitionen, die den Heerführern der späteren Söldner nicht mehr zugestanden wurden.

Die frühe führende Rolle Italiens im Militärwesen zeigt sich auch auf anderen Gebieten. Hier wurden die ersten militärischen Fachschulen – etwa für die Artillerie – gegründet, hier gab es die erste als System faßbare Festungsbaukunst. In Italien wirkte auch der erste große Gegner des Condottieri- und Söldnerwesens, der Florentiner Machiavelli, auf dessen geistiger Konzeption das Milizwesen der modernen Staaten in seinen frühen Formen als Defensionswerk zurückgeht.

Hier also liegen die Anfänge der Konskription und der Allgemeinen Wehrpflicht, nicht in den mittelalterlichen Volksaufgeboten, von denen schon damals die Fama mehr wußte als die gesicherte Überlieferung.

In der zweiten Hälfte des 17.Jahrhunderts war von dieser fruchtbaren Substanz kaum noch etwas geblieben. Die reiche Handelsrepublik Venedig trat als erster Mieter von deutschen Soldtruppen auf, konnte die Insel Kreta zwar nicht gegen die Türkei halten, sicherte sich aber die Insel Korfu mit Hilfe eines kriegserfahrenen deutschen Heerführers, von der Schulenburg. Darüberhinaus blieb Oberitalien ähnlich wie die Spanischen Niederlande einer der großen Kriegsschauplätze Europas, auf dem die Feldherrn aller Staaten ihre Kräfte maßen.

Die Schweiz hatte ebenso wie Italien eine große Vergangenheit in der europäischen Militärgeschichte aufzuweisen. Die Gewalthaufen des schweizerischen Fußvolkes verursachten in den Burgunderkriegen des späten 15.Jahrhunderts einen geradezu revolutionären Umbruch des Kriegswesens. Sie wurden das Vorbild der deutschen Landsknechte, können also als der Prototyp des Söldnertums gelten. In der zweiten Hälfte des 17.Jahrhunderts stellte die Schweiz immer noch Söldner gegen bare Münze für jeden Kriegsherrn, und zwar immer noch ausgezeichnete Regimenter – speziell die stehenden Fremdtruppen der französischen Armee. Eine gestaltende Kraft ging aber nicht mehr von ihnen aus.

Frankreich

Frankreich hatte seit den Tagen Heinrichs IV. (1589–1610) unter der Regierung seiner beiden großen Staatsmänner, Richelieu und Mazarin, die letzten Wirren der Konfessionskämpfe überwunden und die Opposition der Fronde aufgefangen. Ludwig XIV. übernahm 1661 die Regierung des reichsten und am dichtesten bevölkerten Landes Europas. Der junge König verfügte über eine zentralisierte, wenn auch noch nicht einheitlich durchgebildete Verwaltung. Seine Flotte war größer als die der Holländer und Engländer zusammengenommen, sein unvergleichlich gutes und diszipliniertes Stehendes Heer wurde von den berühmtesten Feldherren seiner Zeit geführt.

Die Annexions- und Kriegspolitik Ludwigs XIV. war zumindest in der Anfangszeit noch stark vom Defensivdenken bestimmt, d. h. während des ersten und vielleicht auch noch zweiten Eroberungskrieges. Späterhin weiteten sich die Ziele aus, aber der Hegemonieanspruch stieß auf den Widerstand der europäischen Allianzen, deren gesammelte Kraft das Überschreiten des zugestandenen Machtbereichs verhinderte. In den letzten Jahren des Spanischen Erbfolgekrieges war Frankreich ausgeblutet und am Ende seiner Kraft. Es verdankte die Erhaltung des status quo einmal dem Einwirken Englands, dessen Gleichgewichtspolitik sich hier zum ersten Mal bestimmend durchsetzte, zum anderen jedoch ebenso der Egozentrik der deutschen Einzelstaaten, auch Österreichs, das sich durch seinen Anteil an dem spanischen Erbe in den Niederlanden und in Italien ausreichend entschädigt sah.

Für das gesamte 18.Jahrhundert war Frankreich dann zu schwach und viel zu sehr mit inneren Schwierigkeiten und der Verteidigung seines Kolonialreiches beschäftigt, als daß es sich wesentlich in die deutschen Angelegenheiten einmischen konnte. Im Siebenjährigen Krieg hat es, als Verbündeter Österreichs einer der Gegner Preußens, keinen entscheidenden Einfluß ausüben können.

Um das Verständnis der militärischen deutsch-französischen Beziehungen zu erleichtern, muß hier jedoch ein Punkt deutlich herausgestellt werden. Ludwig XIV. führte Kriege gegen Österreich, genauer gegen Habsburg – also gegen Österreich, Spanien und die Spanischen Niederlande – das Frankreich wie ein tödlicher Ring umklammerte. Er führte auch Krieg gegen die habsburgischen Verbündeten: die Niederlande, England, einzelne deutsche Länder – aber nicht gegen das Reich. Die Reichsordnung des Westfälischen Friedens konnte nämlich bei geschickter Politik den Ambitionen der französischen Könige eine nützliche Operationsbasis gegen den habsburgischen Kaiser bieten. Frankreich hat immer versucht, die Partei des Reiches – d. h. der Reichsstände – gegen den Kaiser zu halten, darauf weist schon seine Unterstützung des ersten Rheinbundes. Wenn es dem Kaiser wiederholt gelang, den Reichstag wegen Verletzung der Interessen einzelner Reichsstände für einen Reichskrieg gegen Frankreich zu gewinnen, so stand der eine oder andere doch immer wieder auf Seiten des französischen Königs und lieh ihm seine Regimenter, wie auch die deutschen Parteigänger des Kaisers ihre Reichskontingente möglichst nur gegen bares Geld auf Österreichs Seite kämpfen ließen. Die Konstellationen wechselten dauernd. Gewiß, es gab bei bestimmten Gelegenheiten so etwas wie eine nationale Empörung, so beim Einmarsch französischer Truppen in Straßburg 1681 oder beim Bekanntwerden der Verwüstungen in der Pfalz im dritten Eroberungskrieg. Auf die zwischenstaatlichen Beziehungen – d. h. auf die Beziehungen Frankreichs zu den einzelnen deutschen Staaten – hatten solche Vorgänge nur einen beschränkten und sehr kurzfristigen Einfluß.

Im ganzen gesehen war die Ausstrahlung nicht Frankreichs, aber des französischen Hofes auf die deutschen Länder, ihre Residenzen und die von den Residenzen abhängigen Institutionen in den Jahrzehnten nach dem Westfälischen Frieden bis in die erste Hälfte des 18. Jahrhunderts hinein unerhört stark und wurde höchstens von den Wirkungen der Französischen Revolution übertroffen. Auf dem militärischen Sektor war die Abhängigkeit nicht ganz so unbeschränkt wie das äußere Bild glauben machen möchte. Auf jeden Fall wird jedoch Aufbau, Verwaltung und geistige Struktur der einzelnen deutschen Armeen erst wirklich verständlich, nachdem man einen Blick auf die gleichzeitigen oder ein wenig älteren französischen Verhältnisse geworfen hat.

c. Die deutschen Länder

Konnte die Situation der einzelnen europäischen Staaten nur skizziert und ihre militärgeschichtliche Rolle nur mit wenigen Sätzen gekennzeichnet werden, um damit einen äußeren Rahmen für die schwer zu systematisierenden Vorgänge zu erhalten, die als deutsche Militärgeschichte dieser Zeit bezeichnet werden können, so soll ebensowenig die politische Geschichte Deutschlands – genauer die Geschichte der deutschen Länder – bis ins einzelne verfolgt werden. Doch einige Konstellationen und Entwicklungslinien politischer, ökonomischer, wie auch ideengeschichtlicher Art müssen hier nachgezeichnet werden, weil militärgeschichtliche Zusammenhänge erst vor diesem Hintergrund deutlich zu verstehen sind.

Deutschland ist zu jener Zeit ein landschaftlicher, ethnologischer oder sprachlicher, als Reich auch noch ein verfassungsrechtlicher Begriff, aber kein staatlicher. Lenken wir den Blick daher nur auf die deutschen Territorialstaaten oder auf zusammengehörige Gruppen der Territorialstaaten. Dabei darf nicht vergessen werden, daß die Politik und insbesondere die Militärpolitik nicht von den Ländern, sondern von ihren regierenden Fürstenhäusern gemacht wurde. Bayern steht also in der Regel für Wittelsbach, Sachsen für Wettin und Österreich für Habsburg. Eine Gliederung, die sich nach der politischen Relevanz der einzelnen Dynastien und ihrer Staaten richtet, ist nicht zwingend, da sich die Gewichte im Laufe der zu behandelnden 150 Jahre verschieben, bietet aber doch eine gewisse Ausgangssituation.

Österreich

Die »österreichische Monarchie« – diese Bezeichnung ist seit Anfang des 18. Jahrhunderts für das Konglomerat von Staaten unter der Herrschaft Habsburgs im Südosten des Reiches überliefert, das keinen offiziellen gemeinsamen Namen trug und mißverständlich, aber allgemeingebräuchlich auch »Österreich« genannt wurde – konnte bis zur Mitte des 18. Jahrhunderts als die einzige deutsche Großmacht gelten. Zum mindesten war sie allein befähigt, eine autonome Politik und damit auch eine autonome Kriegführung zu betreiben. Mit dem Prager Frieden von 1635 schien ein letztes Mal der Weg zu einem kompakteren Reich unter Österreichs kaiserlicher Führung erzwungen worden zu sein. Im Westfälischen Frieden jedoch wurde es offenbar, daß die Bevollmächtigten des Kaisers nicht die Interessen des Reiches, sondern nur noch die Österreichs vertraten.

Österreich mußte bis 1740 nur mit einem wirklich ernst zu nehmenden Rivalen rechnen – Frankreich. Der europäische Dualismus, der im Spanischen Erbfolgekrieg seinen Höhepunkt erreichte und mit dem Österreichischen Erbfolgekrieg in eine mehrpolige Konfliktsituation auslief, hatte 150 Jahre lang bis zum Auftreten Preußens auf der deutschen Bühne die politische Hochspannung geliefert, an der sich die übrigen Staaten orientierten. Auch das Verhältnis Österreichs zu den übrigen deutschen Ländern war weit weniger von der Tatsache der gemeinsamen Zugehörigkeit zum Reich bestimmt, als von ihrer gerade vorhandenen Koalitionsbereitschaft für oder gegen Österreich oder Frankreich.

Wenn Österreich, das sich selbst als den Mittelpunkt des Reiches ansah und als Träger des Kaisertums auch von den übrigen deutschen Ländern nicht nur als Vormacht, sondern auch als der Traditionsträger alter deutscher Reichsherrlichkeit respektiert wurde, sich in Wirklichkeit aus einem deutschen in einen europäischen Großstaat wandelte und aus Deutschland herauswuchs, so hat dies seine verschiedenen Gründe – darunter auch einen militärpolitischen. Der kontinuierliche und oft genug mit Waffen ausgetragene Gegensatz zwischen Bourbon und Habsburg zehrte nicht nur an den Kräften Frankreichs, sondern ließ auch die beiden habsburgischen Mächte Spanien und Österreich in diese Kontroversen mehr Substanz investieren, als sie zu gewinnen hatten. Da war die Auseinandersetzung mit dem ewigen Verbündeten Frankreichs im Südosten – der Türkei – wesentlich unproblematischer und erfolgreicher. Wenn auch keiner der Feldzüge in Norditalien, in Holland und den Spanischen

Niederlanden, in Süddeutschland oder in Ungarn und Serbien isoliert gesehen werden kann, so blieben in der Endabrechnung doch nur die Gebietsabtretungen des Osmanischen Reiches ein reeller Ertrag, der die unsägliche Mühe der Türkenfeldzüge rechtfertigte.

Der für die Zeitgenossen schier unfaßliche Sieg am Kahlenberge 1683 legte die Schwächen der türkischen Kriegsmaschinierie offen zutage und leitete eine Phase von Eroberungsfeldzügen ein, die das Kartenbild Südosteuropas wesentlich verändern sollten. Es besteht kein Grund, die großartigen Leistungen der Türkenbezwinger – Franz von Lothringen, »Türkenlouis« Ludwig Wilhelm von Baden, »Blauer König« Max Emanuel von Bayern und Prinz Eugen von Savoyen – in Zweifel zu ziehen, zumal sich diese Heerführer auch auf anderen Kriegsschauplätzen bewährten. Doch die oft abenteuerlichen, wenn auch aus einer Zwangssituation geborenen Eskapaden, die zu den ruhmvollen Siegen führten, hätten sich die kaiserlichen Feldherren auf den westlichen Kriegstheatern gegenüber einem Luxembourg, Vendôme oder Villars niemals leisten können. Die Türkenkriege waren Eroberungskriege. Sie sicherten und verankerten die österreichische Südwestgrenze. Ihre Erfolge stellten die Donaumonarchie vor Kulturaufgaben europäischen Ranges, wenngleich türkische Historiker über diese Frage anders denken mögen, aber sie haben weder das Reich vor Schaden bewahrt noch das Abendland gerettet. Zweifellos schwang in ihnen noch etwas von der alten Kreuzzugsidee des Kampfes gegen die Ungläubigen mit, eine Vorstellung, die auch im Zeitalter der Kabinettskriege noch propagandistisch zu nutzen war; realpolitisch betrachtet war die Türkengefahr für Österreich ein Geschenk des Himmels.

Der Kaiser hatte es immer wieder verstanden, die Reichsstände in seine kriegerischen Verwicklungen im Osten wie im Westen hineinzuziehen, aber er hat mehr genommen als gegeben. Es boten sich ihm vier verschiedene Möglichkeiten, die deutschen Länder zu engagieren, die jedoch nur formal getrennt werden können. Erstens konnte er den Reichstag veranlassen, an einen fremden Staat – Frankreich oder die Türkei – den Reichskrieg zu erklären, oder an einem Reichsstand – etwa an Brandenburg im Siebenjährigen Krieg – die Reichsexekution vollziehen zu lassen. Die Rolle der echten Reichstruppen darf jedoch nicht hoch bewertet werden, weil die größeren armierten Stände an Stelle ihres Reichskontingents fast immer reguläre Soldregimenter gegen Subsidien für einen Feldzug stellten. Daher zog die »Reichsarmee« in der Regel – Ausnahmen gab es natürlich immer – als kaiserliche, d. h. österreichische Armee ins Feld. Miettruppen gegen Subsidien sind also eine zweite Form, die Bevölkerungskapazität der deutschen Länder für die habsburgische Kriegführung zu nutzen – übrigens eine Rekrutierungsart, die auch den ausländischen Staaten möglich war und von ihnen eifrig genutzt wurde. Ebenso war die dritte Form, nämlich die Koalitionskriegführung, eine damals gängige Ausnutzung fremden Kriegspotentials, die sich schwer vom Subsidienwesen trennen läßt. Viertens endlich hatte die kaiserliche Armee erweiterte, gelegentlich sogar privilegierte Möglichkeiten der freien Werbung im Reichsgebiet, etwa in den Reichsstädten. Auch Österreich zahlte nicht sehr pünktlich, aber es herrschten dort noch weit geordnetere Verhältnisse als in den sehr viel kleineren und meist auf Risiko zusammengestellten Regimentern und Bataillonen der übrigen Reichsstände, Preußen ausgenommen. Außerdem lockte das Abenteuer des Türkenkrieges.

Gewisse traditionsgebundene und ständisch orientierte Wertvorstellungen spielten hier ebenfalls mit, speziell bei den Bewerbungen um Offizierstellen. Die Söhne des süd- und westdeutschen Adels, insbesondere der Reichsritterschaft, nahmen, soweit es sich bewerkstelligen ließ, Kriegsdienste in der kaiserlichen Armee und nicht bei den mehr oder minder fragwürdigen Truppenteilen des Territorialherrn, zu dem ohnehin oft genug ein recht gespanntes Verhältnis bestand.

Bei einem solchen Kontakt ist es ganz natürlich, daß sich bestimmte Ordnungs-, Rechts- und Ehrvorstellungen, die in der kaiserlichen Armee üblich waren, auch anderen Verbänden mitteilten. Kursachsen zum Beispiel, zeitweise auch Bayern, mußten sich in der Organisation ihrer Regimenter dem großen Nachbarn mehr angleichen als etwa Hannover. Eine typenbildende Wirkung aber ist von Österreich nicht ausgegangen. Sondererscheinungen wie die Militärgrenze blieben auf Österreich beschränkt. Es ist daher durchaus gerechtfertigt, die österreichische Militärgeschichte isoliert zu betrachten (vgl. Abschnitt III).

Die Kurfürstentümer

In Bezug auf Größe, Macht und politischen Einfluß deutlich von der österreichischen Monarchie abgesetzt, bestand neben ihr eine Gruppe von Territorialstaaten, die weder durch ihre Interessen noch durch ihr historisches Schicksal miteinander verbunden erschienen, die aber doch bestimmte charakteristische Gemeinsamkeiten zeigten und staats- und verfassungsrechtlich im Jahre 1648 aus einer annähernd gleichen Ausgangsposition ihren politischen Weg antraten. Zunächst einmal fällt bei einer allgemeinen, vergleichenden Betrachtung auf, daß diese Territorien – jedes von ihnen war Kurfürstentum – in ihrer Struktur, ihren Funktionen, ihrer politischen Aktion und Relevanz wesentlich stärker auf die egozentrischen Bedürfnisse des regierenden Fürstenhauses und speziell auf den gerade regierenden Landesherrn zugeschnitten waren als die Großmächte oder auch die europäischen Mittelstaaten.

Frankreich und Österreich besaßen eine eingespielte Verwaltungsmaschinerie, einen ganzen Stamm politischer und militärischer Fachleute, unter deren Händen die Staatsaktionen fast automatisch abliefen. Der Herrscher hatte ein dem absolutistischen Regime eigenes Eingriffsrecht, das sich jedoch nur mittelbar auswirkte. Auch seine Person, seine Entschlüsse und Handlungen waren zwangsläufig im Staatsapparat eingeordnet, seine Haus- und Familienpolitik wurde wie selbstverständlich zur Landespolitik; die Bemühungen der Habsburger um die Anerkennung der Pragmatischen Sanktion und damit der weiblichen Erbfolge des Hauses geben dafür ein gutes Beispiel.

Die deutschen Territorialherren dagegen waren – trotz ihrer erstaunlich engen Abhängigkeit von den Beschlüssen ihrer Landstände – in ihren Entscheidungen weit ungebundener und auch unbedenklicher. Die im allgemeinen noch von den Vätern übernommene patriarchalische Herrschaftsstruktur darf nicht darüber hinwegtäuschen, daß die Kurfürsten nicht nur für ihr Land, sondern auch mit ihrem Lande und ohne jede Rücksicht auf ihr Land Hauspolitik betrieben. Der so oft benutzte Vergleich mit einem Gutsbetrieb vereinfacht die Verhältnisse vielleicht ein wenig, trifft aber den Kern. Natürlich war der Landesherr an der wirtschaftlichen Blüte seines Landes interessiert, er sorgte auch für den rechten Glauben, für Recht und Ordnung, soweit ihm der Sinn danach stand. Aber wenn es sein Ehrgeiz oder die Interessen seiner Familie verlangten, trug er keine Bedenken, es aufzuteilen, einzutauschen, zu verhandeln oder in einen Krieg zu führen.

Weiterhin hatten diese Potentaten im Unterschied zu den Mächtigen ihrer Zeit die Möglichkeit – immer vorausgesetzt, sie waren daran interessiert – direkt in die

Staatsgeschäfte einzugreifen oder in irgendeiner Form ihrer persönlichen Initiative Raum zu gewähren. Dies gilt sowohl für die Staatspolitik wie für die Familienbelange – Heiratspolitik, Erbfolgeansprüche – und ganz besonders für die Militärpolitik. Die »Soldatenspielerei« der gekrönten Häupter dieser Zeit ist nicht zuletzt darauf zurückzuführen, daß sie auf den Exerzierplätzen ihrer Garnisonen ein standesgemäßes und kaum beschränktes Betätigungsfeld fanden, auf dem sich zugleich so etwas wie die Ausübung der Exekutivgewalt darstellen ließ. Darüberhinaus ist das 17. und 18. Jahrhundert besonders reich an Truppen- und Heerführern aus regierenden Häusern, eine Tatsache, die auch in anderem Zusammenhang recht aufschlußreich ist. Mit einem Wort, die persönliche Veranlagung und der persönliche Ehrgeiz des regierenden Fürsten spielten weniger für die politische oder wirtschaftliche Geschichte des Landes eine ausschlaggebende Rolle, als insbesondere für das Erblühen oder Vergehen einer so unmittelbar von ihrem Kriegs- und Landesherrn abhängigen Institution, wie für den militärischen Apparat.

Doch handelt es sich hier nicht um eine absolute, sondern lediglich um eine »absolutistische« Handlungs- und Entscheidungsfreiheit. Einmal war das Verfügungsrecht über das Land, seine Bewohner und seine Mittel, also die innenpolitische Handlungsfreiheit, sehr stark eingeschränkt durch die Privilegien und das Steuerbewilligungsrecht der Landstände und konnte nur durch zum Teil abenteuerliche politische und besonders finanzielle Manipulationen einigermaßen abgestützt werden. Zum zweiten – und in diesem Punkt unterscheiden sich die bedeutenden Reichsstände recht auffallend von den größeren Mächten – war auch die außenpolitische Entscheidungsfreiheit mehr oder minder Fiktion. Die Kurfürsten waren nicht in der Lage, eine eigenständige, unabhängige Politik oder als Voraussetzung dafür einen eigenen Krieg zu führen. Soweit sie sich nicht mit Familien- und Erbschaftsgezänk begnügten, waren sie gezwungen, entweder eine meist fragwürdige Neutralität zu bewahren, oder aber mit einer der Großmächte oder mehreren anderen Mächten zu koalieren, wobei ihnen günstigenfalls noch die Wahl des Partners blieb. Als Bündnispartner aber waren ihre Länder im Grunde genommen nur militärisch interessant – als Durch- oder Aufmarschgebiet, als Winterquartier, vor allem aber als Lieferant von Kriegsvölkern.

Im Dreißigjährigen Krieg hatten die Landesherren gelernt, daß die militärische Kapazität ihres Territoriums politisches Kapital bedeutete, sehr oft sogar als der einzige gültige und akzeptable Einsatz die Zulassung zum politischen Spiel ermöglichte. Es blieb dabei der Geschicklichkeit des Einzelnen überlassen, wo und was er setzte, ob er mit hohem Risiko oder um den halben Einsatz spielte. Die Skala der Möglichkeiten reichte von der Durchmarscherlaubnis über die Genehmigung von Fremdwerbung im eigenen Land, Vermietung oder Verkauf von Kontingenten bis zu ausgeklügelten Subsidien- und Koalitionsverträgen. Verständlicherweise hatten die größeren Länder mehr zu bieten – nicht nur Subsidienregimenter, sondern notfalls eine ganze kleine Armee – und konnten dementsprechend mehr fordern. Praktisch wirkte sich eine solche starke Position dahingehend aus, daß diese Kriegsherrn auch militärisch in Erscheinung traten, nämlich als Befehlshaber der eigenen Truppen oder gar einer Koalitionsarmee, und daß sie sich neben dem finanziellen Gewinn, oder an seiner Stelle an Absprachen, beteiligen durften, die für sie – wohlgemerkt in der Regel nicht als Landesherr, sondern als Mitglied und Oberhaupt einer Dynastie – bestimmte Vorteile in Aussicht stellten. Zur Diskussion standen meistenteils bestimmte Standeserhöhungen, Unterstützung in Erbansprüchen oder auch einfache Gebietserweiterungen. Diese letzte, gänzlich unverschleierte Form von Bereicherung kam relativ selten ins Gespräch und wurde noch seltener über das Gespräch hinaus realisiert.

Standeserhöhungen heben sich dabei als ein auffälliges und geradezu zeittypisches Phänomen heraus. In einem relativ kurzen Zeitraum von 30 Jahren bot sich allen diesen deutschen Herrscherhäusern die Gelegenheit, in die große europäische Politik hinüberzuwechseln, jedem winkte eine Königskrone – eine Verlockung, der, bedenkt man den Geist der Zeit, keiner der regierenden Fürsten zu widerstehen vermochte. Sei es, daß sich diese Möglichkeit geradezu selbstverständlich ergab, etwa als Erbfolge, sei es, daß sie mühsam durch politische Koalition, finanziellen Einsatz und militärischen Druck zustande gebracht wurde, sie forderte fast ausnahmslos die kriegerische Demonstration, d. h. eine mit einer Reorganisation verbundene Neuaufstellung größerer Truppenkontingente, oft ihren Kriegseinsatz, in einigen Fällen sogar für fremde Kriegsziele und eine für das Herrscherhaus selbst höchst gleichgültige Politik.

Da das Gefüge des Reiches ihnen keine ihren Vorstellungen entsprechende Möglichkeit der Entfaltung bot, hat jedes versucht, diese Barriere zu sprengen, also außerhalb des Reichsgebietes eine Königskrone zu erwerben. Auch der preußische König hat sich seine Krone im alten Herzogtum Preußen, also außerhalb der Reichsgrenzen aufs Haupt gesetzt. »Zerstörer des Reiches« sind die Hohenzollern deshalb nicht geworden, auch wenn sie gelegentlich Krieg gegen das kaiserliche Österreich geführt haben.

Sachsen, das reichste und politisch bedeutendste Kurfürstentum, hatte den durch den großen Krieg verursachten Rückschlag in den 80er Jahren überwunden. Zu Beginn des 18.Jahrhunderts war es dicht bevölkert, die Leipziger Messe hatte europäischen Ruf, und sächsische Waren wurden von Frankreich bis Skandinavien und Rußland gehandelt. Die gesunde Basis der wirtschaftlichen Blüte überdauerte die das Land überziehenden Kriegsläufte wie die Eskapaden des kurfürstlichen Hauses der Wettiner ohne sonderliche Einbuße, während das politische Renommee nach anfänglichem Glanz doch erheblichen Schaden erlitt.

Wie viele andere deutsche Fürstenhäuser machten auch die sächsischen Wettiner noch in der zweiten Hälfte des 17.Jahrhunderts eine Phase der Landesteilungen durch; erst 100 Jahre später waren alle Teile wieder vereint. Ganz im Gegensatz zu dieser altväterlichen Familienpolitik verkörperte der 1694 zur Regierung gekommene Friedrich August – offiziell August I. (1694–1733), bekannter unter dem Namen August der Starke – eine Politik wahrhaft europäischen Formats. Bei aller Kritik an den nach heutigen Maßstäben verstiegenen, unklaren Wunschvorstellungen und den Versuchen zu ihrer Verwirklichung ist diesem Idealtyp eines deutschen Barockfürsten ein genialer Zug nicht abzusprechen. Geblieben ist die kulturelle Leistung, wie sie namentlich die Residenzstadt Dresden widerspiegelte. Dagegen hatte der Traum eines osteuropäischen wettinischen Großreiches keine Chance einer Realisierung. Die Wahl Augusts des Starken 1697 zum König von Polen (August II.), bei der neben den guten Beziehungen zum Wiener Hof und den nach Warschau und Krakau geflossenen Bestechungsgeldern auch die kleine, aber kriegsbereite kursächsische Armee ins Gewicht fiel, leitete zwar kein nur kurzes politisches Abenteuer ein, lief aber auf nichts anderes als einen dauernden Aderlaß hinaus. Der – jedenfalls soweit es August I. und Sachsen angeht – unglücklich verlaufende Nordische Krieg zeigte dem Kurfürst-König die Grenzen seiner Macht. Nicht der schmachvolle Frieden von Altranstädt, sondern die danach folgende fast bedingungslose Unterordnung unter den mächtigen Verbündeten, den russischen Zaren Peter den Großen, begründete das Ende des sächsisch-wettinischen Großmachtstrebens. Ohne eine starke Brücke nach Polen, d. h. ohne den Besitz Schlesiens, mußte die Vorstellung eines osteuropäischen Wettinergroßreiches Utopie bleiben.

Sachsen ist an dem polnischen Engagement keineswegs zugrunde gegangen, es blieb so etwas wie der kulturelle Mittelpunkt des damaligen Deutschlands. Der alternde August I. vermochte sich nur noch mühsam gegen das als politischer und militärischer Faktor mächtig aufkommende Preußen zu halten, das allerdings in den Augen der Welt erst jetzt Sachsen überholte. Unter dem kunstsinnigen, aber schwachen Sohn Friedrich August II. (1733–1763), der wieder die polnische Krone trug, geriet Sachsen in den drei Schlesischen Kriegen zwischen die beiden Rivalen Preußen und Österreich und wurde zum Schlachtfeld. Es bedurfte schon der risikoreichen Politik des skrupellosen, aber befähigten Ministers Brühl, um diese Jahre relativ ungeschoren zu überleben.

In ihrer Militärpolitik haben sich die Nachfolger Augusts des Starken klugerweise betont zurückgehalten, zum mindesten haben sie ihren Militäretat trotz des Bemühens um die notwendigsten Umorganisationen das ganze 18. Jahrhundert hindurch nicht mehr überlastet.

In seiner Anlehnung an das ungeliebte, aber brauchbare Preußen stolperte Sachsen in die Niederlage von Jena und Auerstedt 1806, schwenkte dann zu Napoleon über, wurde Königreich und Rheinbundmitglied, hielt sich aber etwas zu lange in der französischen Freundschaft. Sein König wurde in der Schlacht bei Leipzig 1812 von den Alliierten gefangen. Sachsen verlor im Wiener Kongreß die Hälfte seines Areals an Preußen, aber es überlebte.

Bayern, im Vergleich zu Sachsen ein armes Land ohne namhafte Industrie mit vorwiegend bäuerlicher Bevölkerung, blickte doch auf eine große Vergangenheit zurück. Sein Herzog Maximilian I., der wohl größte Wittelsbacher und als Oberhaupt der Liga einer der führenden Köpfe während des Dreißigjährigen Krieges, erwarb die Oberpfalz und den Kurhut. Sein Enkel Max Emanuel – wie August der Starke von Sachsen ein Prototyp barocker Fürstenherrlichkeit, nur diesmal nicht der Kavalier, sondern der Soldat – hatte die feste Absicht, den Ruhm des großen Ahnherrn weit zu überstrahlen, und dem Hause Wittelsbach die Königskrone zu erringen. Den üblichen Weg: Familien- und Erbschaftspolitik, suchte er durch erhebliche militärische Aufwendungen gangbar zu machen. Zwischen den beiden um die Hegemonie kämpfenden Großmächten Österreich und Frankreich eingekeilt, mußte er Partei ergreifen, wollte er sein Land nicht beiden Gegnern gleichzeitig schutzlos ausliefern. Als Schwiegersohn des Kaisers führte er im Türkenfeldzug von 1688 sogar den Oberbefehl über die österreichische Armee, den er durch die Eroberung von Belgrad rechtfertigte. Gerade Max Emanuel mußte es jedoch besonders intensiv erfahren, daß Habsburg eine eigene Hauspolitik betrieb. Nach dem Türkenkrieg und nach dem Pfälzischen Erbfolgekrieg (1688–1697) kam Österreich seinen Versprechungen gegenüber dem Kurfürsten nur sehr unvollkommen nach.

Doch schien sich die Verwandtschaft mit den spanischen Habsburgern segensreich auszuwirken. Karl II. von Spanien ernannte Max Emanuel zum Statthalter der Spanischen Niederlande und den Kurprinzen 1698 zum Erben der spanischen Monarchie. Da verwehte mit dem Tode des Kurprinzen 1699 jede Hoffnung auf die schon so sichere spanische Krone – eine Erbschaft, die das Haus Wittelsbach gleichberechtigt neben das Haus Habsburg gestellt hätte. Enttäuscht über Österreich schlug sich Max Emanuel im Spanischen Erbfolgekrieg auf die französische Seite, die mit einer Königskrone in Italien oder mit der Statthalterschaft in den Spanischen Niederlanden winkte. Zu Beginn des Krieges verfügte Bayern über eine Armee, die den Vergleich mit der gleichzeitigen preußischen nicht zu scheuen brauchte. So nahe beieinander lagen damals die Kräftepotentiale. Die Niederlage bei Höchstädt 1704 machte alle Hoffnungen zunichte. Habsburg rächte sich bitter, der Kurfürst mußte von Frankreich als Statthalter der Spanischen Niederlande ausgehalten werden und durfte sich glücklich schätzen, daß er 1714 seine Stammlande wieder erhielt, sein Bayern, das er so liebend gern gegen ein Königreich eingetauscht hätte.

Damit trat Bayern für ein Jahrhundert in die Reihen der unbedeutenden, politisch von außen lenkbaren Territorien zurück. Wie stark es, zum reinen Objekt der Politik geworden, zwischen den beiden Großmächten zerrieben wurde, zeigte sein zweites, noch spektakuläreres Hervortreten in der europäischen Politik. Die Kaiserwahl des Sohnes Max Emanuels (Karl VII.) war für die Handelnden – Frankreich und Preußen – ein politisches Manöver gegen Österreich, aus dem Bayern ausschließlich Nachteile erwuchsen.

Das Haus Wittelsbach hat in diesen Jahren seinem Land Bayern wenig Glück gebracht. Einzelne, wenig bekannte Herrscher haben ausgesprochen erfolgreich und ausgleichend gewirkt, so Ferdinand Maria im 17. oder Max III. Joseph im 18. Jahrhundert. Aber alle Gestalten, die in irgendeiner Form hervorgetreten, zu einem historischen Begriff geworden sind, wurden dies auf Kosten des Landes und seiner Bewohner. Nachdem – ein letztes Beispiel – der pfälzische Wittelsbacher Karl Theodor 1777 Bayern geerbt hatte, wurde das Land zur Handelsware degradiert; es sollte gegen die Arrondierung der Pfalz ausgetauscht werden, also an Österreich fallen.

Von der Militärpolitik hat Bayern von der Mitte des 18. Jahrhunderts bis zur Zeit Montgelas die Finger gelassen. Wofür brauchte es auch eine Armee? Im Bayerischen Erbfolgekrieg 1778 marschierten Preußen und Österreich, Rußland drohte zu marschieren. Bayern traf keinerlei Anstalten zu irgendeiner kriegerischen Unternehmung.

Das Kurfürstentum Brandenburg unter den Hohenzollern, dem seit 1618 in Personalunion das polnische Lehen Preußen verbunden war, blieb im Dreißigjährigen Krieg im Gegensatz zu Sachsen oder Bayern zumeist im Hintergrund und im Schlepptau des großen Schwedenkönigs. Seit 1640 wurde es von dem jungen, agilen Friedrich Wilhelm – dem »Großen Kurfürsten« – regiert, der in der Familienpolitik ähnlich seinen zeitgenössischen Mitkurfürsten ebenfalls keine glückliche Hand zu haben schien. Von Pommern, das ihm durch Erbschaft zugefallen war, erhielt er nur den armseligen Ostteil, das übrige behielten die Schweden, gestützt durch eine starke Armee und

Frankreich. Ehepläne mit Christine, der Tochter Gustav Adolfs, die ihm eine Königskrone hätte einbringen können, zerschlugen sich.

Wenn auch reichlich entschädigt, hörte er nicht auf, um seine Ansprüche auf Restpommern zu kämpfen. Der handgreifliche Erfolg blieb ihm versagt, obleich er in seiner von einer kleinen aber schlagkräftigen Armee unterstützten Koalitionspolitik eine so außergewöhnliche Wendigkeit an den Tag legte, daß er als »des Heiligen Römischen Reiches Wetterfahne« apostrophiert wurde. Schweden, Polen, Österreich, Frankreich, die Niederlande waren bei stetig wechselnden Fronten seine Partner oder auch Gegner. Ihm ist das Verdienst zuzusprechen, daß er sein so verstreutes Staatsgebiet sicher durch die Krisen- und Bewährungszeit gesteuert hat, in der ein Menschenalter später Sachsen und Bayern ihre besten Kräfte für eine Chimäre geopfert haben. Sein Sohn Friedrich III. (I.) konnte sich 1701 die preußische Königskrone aus eigener Macht aufs Haupt setzen, nachdem seine Regimenter für die Interessen des Kaisers marschiert waren und weiterhin für Habsburgs Interessen kämpfen sollten.

Hob sich der erste König in Preußen in seiner Lebenshaltung und seinen politischen Zielsetzungen kaum aus dem Kreise der deutschen Landesfürsten heraus, so gehen die Urteile über seinen Sohn Friedrich Wilhelm I. – den »Soldatenkönig« – weit auseinander. War er der naiv biedere, wenn auch strenge Hausvater, der mit der »Soldatenspielerei« nur einem Laster seiner Zeit frönte, dies aber in außergewöhnlich intensivem Maße, oder aber ist in ihm der weitschauende Politiker zu sehen, der durch Reformierung der Finanzverwaltung und Errichtung einer bedeutenden Heeresmacht seinem berühmten Nachfolger die Voraussetzungen für eine preußische Großmachtpolitik geschaffen hat? Die Zeitgenossen schienen vorwiegend der ersten Version den Vorzug gegeben zu haben, und tatsächlich hat Friedrich Wilhelm seine Armee gehegt und gepflegt, ohne sie jemals, sei es auch nur als politisches Druckmittel, einzusetzen. Von der borussophilen Historiographie wird die zweite Version verteidigt und darauf verwiesen, daß die Größe des Sohnes ohne die Arbeit des Vaters nicht möglich gewesen sei.

Der Einmarsch des mit Frankreich verbündeten Friedrichs II. in Schlesien 1740 und der preußische Sieg bei Mollwitz über Österreich veränderten die deutsche Situation grundlegend: der österreichisch-preußische Dualismus war geboren, der die deutsche Politik über hundert Jahre beherrschen sollte. Damit erhielten Preußen und seine Geschichte in den Augen der Nachwelt jedoch ein Gewicht, das den tatsächlichen Zuständen nicht entsprach. Friedrich II. ist der einzige deutsche Souverän – immer vom Habsburger abgesehen –, der, wenn auch in Koalition mit anderen Mächten, seine Armee in eigener Initiative und zu einem eigenen Zweck für die Erreichung eines politischen Zieles – die Gewinnung Schlesiens – eingesetzt hat, und der, was noch wichtiger ist, das Erreichte mit Hilfe der Armee gegen die Interessen anderer Mächte behalten hat. Die Vertretung einer irgendwie gearteten »deutschen Sache« hat er weder beansprucht noch ausgeübt. Zweifellos bestand Preußen im Siebenjährigen Krieg seine Bewährungsprobe als größte deutsche Macht neben Österreich. Doch gerade der Ausgang dieses Krieges wurde von Friedrich II., als dem eigentlich Betroffenen, nicht bloß als eine der notwendigen Stufen zu künftiger Größe verstanden, sondern vielmehr als ein risikoreicher und keinesfalls fest fundierter und durch glückliche Umstände erzwungener Zustand, der nur durch eine konsequente status quo-Politik zu halten war.

Die preußische Armee galt als die beste der Welt; die eine oder die andere Einrichtung ist auch von einigen Staaten übernommen worden; doch irgendwelche vorwärtsweisenden Impulse sind von ihr nicht ausgegangen. Als gewaltige Militärmaschinerie wurde sie bestaunt, aber auch glossiert; jedoch zum vollendeten und effektiven Ausdrucksmittel des militärischen und militärpolitischen Denkens der Epoche stempelte sie erst die Kriegsgeschichtsschreibung des folgenden Jahrhunderts.

Hannover unter den Welfen hat im Grunde kaum Zeit gefunden, eine eigenständige Militärpolitik zu betreiben. Teilungen hatten das welfische Gebiet immer wieder in den Zustand schwächlicher Kleinstaaterei zurückgeworfen. Seit 1635 bestanden zwei Fürstentümer: Calenberg mit Hannover und Lüneburg mit Celle als Residenz, abwechselnd regiert von vier Brüdern des Hauses Lüneburg. Sie verfügten zwar schon seit Mitte des großen Krieges über eine gemeinsame »Armatur« mit Merkmalen eines Stehenden Heeres, aber ihre Stärke und Schlagkraft wechselte stark.

Erst mit Ernst August, der von 1679–1698 in Hannover residierte, begann der neuzeitliche Aufstieg des Welfenhauses. Nach Brauttausch mit seinem Bruder erheiratete er mit Sophie von der Pfalz, der Enkelin Jakobs I. von England und einer der faszinierendsten und gebildetsten Frauen der Zeit, die große Zukunft des Welfenhauses, nämlich die Anwartschaft auf die englische Krone. Seine enge Anlehnung an den habsburgischen Kaiser leitete eine jahrzehntelange hannoverisch-österreichische Freundschaft ein und legte einen gefährlichen Sperrgürtel um das aufstrebende Preußen. Die Zuneigung des Kaisers brachte ihm 1692 den lange erstrebten Kurhut ein.

Die korrekte Bezeichnung »Kurfürstentum Braunschweig-Lüneburg« wurde bald im allgemeinen Sprachgebrauch durch den Ausdruck »Kurhannover« ersetzt, der Name der Residenz trat also an die Stelle des komplizierten Landesnamens.

Über lange Jahre hinweg hat diese Standeserhöhung die Emotionen der deutschen Fürstenhäuser, nicht zuletzt auch der welfischen Nebenlinien wachgehalten. Zumindest die formale Anerkennung erreichte sein Sohn Georg Ludwig 1708 durch Einführung ins Kurfürstenkolleg, dem 1710 die Verleihung des Erzschatzmeisteramtes und auf dem Frieden zu Utrecht die internationale Bestätigung folgte.

Kurfürst Georg Ludwig (1698–1727) konnte den Ruhm des Hauses erheblich mehren. Nicht nur vereinigten sich unter ihm Lüneburg und Calenberg endlich zu dem bekannten Kurfürstentum Hannover, er bestieg 1714 als Georg I. den englischen Königsthron. Die Personalunion zwischen Hannover und Großbritannien, die bis 1837 anhielt, verhinderte wohl eine selbständige deutsche Politik des Kurfürstentums, wirkte sich jedoch keineswegs so negativ aus, wie die so kostspieligen Versuche des bayerischen und sächsischen Herrscherhauses, eine Königskrone zu erringen, vermuten lassen. Gewiß, Hannover wurde für die Feinde Englands über ein Jahrhundert lang der Prügelknabe anstelle des unangreifbaren Inselreiches, und die hannoverschen Truppen kämpften auf deutschem Gebiet, wie auch auf Gibraltar, Menorca oder gar in Ostindien vornehmlich für englische Interessen, dafür aber blieben dem

Kurfürstentum doch eine Reihe von kostspieligen Experimenten und Extravaganzen erspart, durch die andere Landesherren bekannt geworden sind.

Zu Preußen stand das Kurfürstentum Hannover trotz der verwandtschaftlichen Bindungen zwischen den Herrscherhäusern – Sophie Charlotte, die Schwester Georg Ludwigs, heiratete Friedrich I., König in Preußen – in einem eigentümlichen aber begreiflichen Spannungsverhältnis. Der Gegensatz ist nicht zuletzt daraus zu erklären, daß die starke ständische Komponente in der Landesverwaltung dem hannoverschen Adel und dem Bürgertum ein Überlegenheitsgefühl gegenüber der absolutistisch regierten, auf den Militärdienst ausgerichteten preußischen Adelsschicht geben mußte. Auch die mehr zufällige Partnerschaft während des Siebenjährigen Krieges hat an diesem Zustand kaum etwas geändert.

Dafür hielt jedoch die Nebenlinie Braunschweig-Wolfenbüttel-Bevern steten Kontakt mit den Hohenzollern, da sie bei ihren sehr intensiv ausgetragenen Verwandtschaftszwistigkeiten mit der kurfürstlichen Hauptlinie einen Rückhalt brauchte. Friedrich II. von Preußen war mit einer braunschweigischen Prinzessin, seine Schwester mit dem regierenden Fürsten verheiratet. Der Schwager des preußischen Königs, Ferdinand von Braunschweig, deckte als preußischer Heerführer im Siebenjährigen Krieg mit recht gutem Erfolg die Westflanke gegen Frankreich ab; sein Neffe Karl Wilhelm Ferdinand von Braunschweig führte die preußischen Truppen bei Valmy und Jena.

Die Kurpfalz – auch regiert von Wittelsbachern, die jedoch mit ihren bayerischen Vettern in steter Feindschaft lebten – hatte als deutsche Vormacht des Calvinismus noch im 16. Jahrhundert sehr viel stärker im Mittelpunkt des politischen Geschehens gestanden, als ihre spätere Rolle vermuten läßt. Auch einem Friedrich III., dem wohl bedeutendsten Pfälzer Wittelsbacher, mißlang der Sprung in die große Politik trotz seiner engen Beziehungen zu den französischen Hugenotten, den Niederlanden und den calvinistischen Reichsständen und trotz der militärischen Anstrengungen seines Sohnes Johann Casimir, einem der großen deutschen Söldnerführer vor dem Dreißigjährigen Kriege. Nach einem letzten Triumph der Pfälzer – sie sind die eigentlichen Gründer der evangelischen Union von 1608 – folgte die politische Einbuße im Jülich-Klevischen Erbfolgestreit, folgte der Zusammenbruch aller machtpolitischen Konstruktionen mit dem Scheitern Friedrichs V.

Die Pfälzer Wittelsbacher wagten als erstes deutsches Fürstenhaus den Griff nach der Königskrone. Kurfürst Friedrich V. (1610–1632) war mit einer Tochter des Königs Jakob I. von England verheiratet. Er hoffte daher auf den Schutz seines Schwiegervaters, dazu des gesamten evangelischen Europas und ließ sich von den gegen die katholischen Habsburger sich empörenden Böhmen zum »Winterkönig« wählen. Mit der Schlacht am Weißen Berge 1620 verlor er die Königskrone, damit den Kurhut und die Oberpfalz an den bayerischen Verwandten Maximilian. Auch die Rhein(hinter-)pfalz wurde seiner Herrschaft entzogen, er starb als Flüchtling. Erst im Westfälischen Frieden erhielt sein Nachfolger die Rheinpfalz mit einer neuen, achten Kur zurück.

In der zweiten Hälfte des 17. Jahrhunderts verzichtete die Pfalz auf die Erfüllung aller politischen Machtträume und versuchte, sich durch betonte Neutralität aus dem Spiel herauszuhalten. Aber allein schon ihre geographische Lage im Schnittpunkt der Interessen aller Mächte und Bündnisse verurteilte sie dazu, zumindest passiv an fast jedem Konflikt teilzuhaben. Mit dem Pfälzischen Erbfolgekrieg (1688–1697), der planmäßigen Verwüstung des ganzen Landes und der Zerstörung des Heidelberger

Schlosses, erreichte diese Phase ihrer Geschichte den Tiefpunkt. Das 18.Jahrhundert schien eine Wende zu bringen. Einmal wurde die territoriale Basis im Reich erheblich erweitert, da die durch Erbfolge zur Regierung gelangte Neuburger Linie außer ihrem Stammland noch Jülich und Berg mitbrachte. Außerdem löste sich Johann Wilhelm (1690–1716) von der traditionellen französischen Freundschaft – sie hatte dem Lande in den letzten 40 Jahren auch keinen Segen gebracht – und suchte im Spanischen Erbfolgekrieg an der Seite Habsburgs dem bayerischen Vetter die Oberpfalz wieder abzunehmen. Der Rastatter Frieden stellte den status quo wieder her, und die Pfälzer wechselten wiederum die Front, schlossen außerdem mit Bayern und Köln die Wittelsbacher Hausunion ab, ein vornehmlich gegen den Kaiser gerichtetes Militärbündnis, das die jahrhundertalte Feindschaft zwischen den Wittelsbachischen Häusern beendete. Der letzte Pfälzer Kurfürst, Karl Theodor (1742–1799), durch seine kulturellen Verdienste bekannt, trat 1777 auch das bayerische Erbe an. Sein Versuch, rein pfälzische Interessen durchzusetzen und Bayern gegen Kompensationen im Westen an Österreich zu verhandeln, scheiterte am preußischen Widerspruch. Als bayerisches Nebenland verfiel die Pfalz dann der Bedeutungslosigkeit.

So unterschiedlich das Schicksal der einzelnen deutschen Kurfürstentümer gewesen sein mag, nur eines – Brandenburg-Preußen – ist aufgestiegen, während alle übrigen nicht gerade scheiterten, aber doch ein Mittelmaß nicht überschritten, obgleich es ihnen weder an Ambitionen noch an Gelegenheiten fehlte.

Bei einem Vergleich sollten Hannover und die Pfalz ausscheiden. Das erste Land hatte eine zu kurze Anlaufzeit als vereinigtes Kurfürstentum, bis sein Herrscherhaus, durch eine auswärtige Krone saturiert, keinen speziell hannoverschen Ehrgeiz mehr entwickeln konnte. Das zweite hatte in den entscheidenden Jahrzehnten nach dem Westfälischen Frieden bereits alle großangelegten Hoffnungen begraben. Doch die übrigen drei hatten von der Substanz her gesehen ungefähr die gleiche Ausgangsbasis, mit leichten Vorteilen für das reiche Sachsen.

Zur Erklärung für den preußischen Durchbruch genügt nun keinesfalls der Hinweis auf die moralischen Qualitäten, die aus dem »Preußenmythos« bekannt sind und sich in den Satz zusammenfassen lassen: Preußen hat sich in pflichtbesessener Arbeit großgehungert. Gearbeitet und gehungert wurde auch in anderen Ländern. Es ist durchaus möglich, die Besonderheiten, die Brandenburg-Preußen seinen Weg machen ließen, in einer nüchternen Rechnung zusammenzustellen.

Erstens lag das Kurfürstentum Brandenburg mit dem Herzogtum Preußen im Randgebiet der deutsch-europäischen Staatengesellschaft, hatte also bildlich gesprochen im Frieden wie im Kriege den Rücken frei – gelegentliche Ausnahmen, wie der russische Einfall kurz vor dem Ende des Siebenjährigen Krieges, schufen sofort eine Krisensituation. Es vermochte also weitgehend neutral zu bleiben, sich seine Bundesgenossen und den Zeitpunkt einer engeren politischen oder kriegerischen Aktion auszusuchen, während Bayern oder Sachsen, zwangsläufig in jedem europäischen Konflikt engagiert, in Abhängigkeit von einem mächtigeren Koalitionspartner, im Laufe der Zeit zwischen den Parteien zerrieben wurden.

Zweitens hatten die Hohenzollern nicht nur eine überlegte Heiratspolitik getrieben, sondern auch glücklich geerbt. Kein Stück des Preußens von 1740 war erobert, es war zusammengeerbt; Schlesien wurde die erste Eroberung. So konnte sich der Kurfürst die Königskrone im Herzogtum Preußen, also in einem eigenen Land, aufsetzen. Es gab sie nicht umsonst, sie kostete einige Regimenter, die dem Kaiser gestellt wurden, aber sie wurde auch zum einigenden Symbol für die weitverstreuten Länder. Sie schuf erst Preußen, die königlich-preußische Armee, den königlichpreußischen Beamten. Familienpolitik und Landespolitik liefern in ihr zusammen. Für Bayern und Sachsen dagegen bedeutete die Jagd nach der Krone eine Ausbeutung des Landes um einer einseitigen und geradezu antiquierten Familienpolitik willen, die zu keiner Zeit zu einem realen Erfolg für das Land führte.

Drittens endlich wies das Geschlecht der Hohenzollern in der hier angesprochenen Zeit in fast ununterbrochener Reihenfolge drei Herrscher vor, die nicht dynastische, sondern tatsächlich Landespolitik betrieben haben und in dieser Häufung schon eine Ausnahme darstellen. Hinzu kam, daß der mittlere, Friedrich Wilhelm I., als bestaunter und belächelter Sonderling sich einer Verwaltungs- und Militärpolitik befleißigte, die allen Vorstellungen barocker Fürstenregierung ins Gesicht schlug, aber für die damalige Zeit kaum begreifbare Erfolge zeitigte. Noch dem heutigen Historiker bringt er jede Schematisierung des Absolutismus durcheinander, da er sich schwer klassifizieren läßt. Er hinterließ einen Staatsschatz und eine schlagkräftige Armee, wobei schwerer ins Gewicht fiel, daß diese Armee nicht auf fremden Subsidiengeldern, sondern aus eigenen Mitteln aufgebaut war, also zur freien Verfügung des Herrschers stand.

So ausgerüstet wagte sein Sohn und Nachfolger Friedrich II. (»der Große«), als dritter deutscher Reichsfürst 1740 die kriegerische Auseinandersetzung mit der habsburgischen Vormacht Österreich, in der Friedrich V. von der Pfalz 1620 am Weißen Berge und Max Emanuel von Bayern 1704 bei Höchstädt gescheitert waren. Eine Entscheidung brachte erst der Siebenjährige Krieg. Sie war nicht in so starkem Maße vom unbezweifelbaren Feldherrntalent Friedrichs II. abhängig, wie es uns die preußische Kriegsgeschichte glauben machen möchte, denn die so ruhmreichen Siege von Roßbach und Leuthen hätte der preußische König gar nicht nötig gehabt, hätte er nicht die Niederlage von Kolin verschuldet. Der glückliche Ausgang hing letztlich von Imponderabilien ab, die zusammengesehen nur belegen, daß auch der Aufstieg Preußens nicht als ein planvoll angelegter, kalkulierter Vorgang anzusehen ist, sondern als ein risikoreiches Vabanquespiel.

Die mittleren Territorien

Neben diesen fünf größeren Territorialstaaten bemühten sich eine ganze Anzahl mittlerer Territorien, im politischen Spiel mitzuhalten. Eine eindeutige Trennung zwischen beiden Gruppen läßt sich nicht vollziehen, wie überhaupt eine starre Systematisierung bei dem ständigen Auf und Ab ein falsches Bild ergeben müßte. Auch sie gehörten zu den »armierten Ständen«, hielten also eine stehende Truppe unter Waffen, waren aber nur bei engem Zusammenschluß mit gleichgestellten oder größeren Mächten imstande, ihr militärisches Gewicht mit in die Waagschale zu werfen. Für sie also bedeutete die in den Reichskreisen manifestierte Militärorganisation des Reiches eine echte Möglichkeit, sich zu Wort zu melden und mit den Kreisassoziationen sogar den größeren Ländern pari zu bieten. Auch der erste Rheinbund ist nichts weiter als eine solche militärische Konföderation mit politischem Ziel gewesen.

Zum weitaus größten Teil aber erschöpfte sich die militär-politische Aktivität in dem Abschluß von Subsidienverträgen mit kriegführenden Mächten oder gar in einfachen Soldatenvermietungen gegen Geld. Das heißt also, diese Gruppe von Landesherren verzichtete schon auf eine echte Außenpolitik zugunsten finanzieller Vorteile.

Eines fällt bei der Betrachtung der historischen Abläufe auf: die meisten können sich – abhängig weniger von der politischen Konstellation als von der Ambition eines der Landesherren – gelegentlich auf einen politischen, mindestens jedoch auf einen militärischen Höhepunkt oder Schwerpunkt ihrer Landesgeschichte berufen, der über das heimatkundliche Interesse hinaus für die deutsche oder sogar europäische Entwicklung Impulse vermittelt hat oder von exemplarischer Bedeutung ist. Sie müssen daher einerseits in eine Gesamtbetrachtung eingeordnet, dürfen aber wiederum andererseits nicht als die Summe der deutschen Militärgeschichte dieser Zeit genommen werden, denn es handelt sich um Einzelphasen innerhalb der Territorialgeschichte. Mit anderen Worten gesagt: abgesehen von ganz bestimmten bekannt gewordenen Ausnahmen existierte in den deutschen Ländern ein Militärwesen, das sich ohne große Originalität in der Imitierung bestimmter Vorbilder eine Funktionsfähigkeit erhielt, die den gerade vorhandenen, meist nicht einmal kriegerischen Bedürfnissen genügte, das jedoch in keiner Weise geeignet ist, die so oft aufgestellte Behauptung, das 18. Jahrhundert sei besonders militärfreundlich oder -hörig gewesen, zu belegen. Die Vorstellungen der verschiedenen Fürstenhäuser von ihren Haustruppen war allgemein gesehen recht uniform, die Umstände, unter denen sie sich ihre kleine Kriegsmacht erhielten, sehr verschieden, die Schwierigkeiten beträchtlich. Doch darf die Größe der Länder nicht als Maßstab für die Bedeutung oder Aussagekraft ihrer Militärgeschichte genommen werden.

Hessen blickte in Erinnerung an Philipp den Großmütigen auf eine große Vergangenheit zurück, der die beiden aus den vielen Teilungen erhalten gebliebenen Landgrafschaften Hessen-Darmstadt und Hessen-Kassel nicht gerecht zu werden vermochten. Darmstadt versank dank der kostspieligen Ambitionen seiner Landgrafen – zu denen in Verbindung mit Ludwig IX. auch die Soldatenspielerei gehörte – in schuldenüberlastete Kleinstaaterei, was jedoch dem kulturell hohen Niveau der Residenz keinen Abbruch tat. Kassel hingegen hatte das Glück, von einer ganzen Reihe befähigter Herrscher regiert zu werden. Geradezu berühmt und in der letzten Phase leider auch berüchtigt wurde es durch seine zielstrebige und auch recht lukrative Militärpolitik. Die zuverlässigen hessischen Truppen kämpften in allen Kriegen gegen Frankreich, sei es auf österreichischer oder preußischer Seite, dann als Miettruppen Englands im Amerikanischen Freiheitskrieg – ein Faktum, das den Namen Hessen-Kassel in den deutschen Geschichtsbüchern in einen unlösbaren Zusammenhang mit dem »Soldatenhandel« gebracht hat.

Die Geschichte Württembergs ist nicht ganz so spektakulär, aber nicht weniger deutlich von der Militärpolitik seiner Herzöge bestimmt, hier allerdings in der innenpolitischen Auseinandersetzung mit der »Ehrbarkeit«, der Vertretung der Landstände. Konnten sie nach langem Ringen 1724 mit der rigorosen Einführung einer absolutistischen Regierungsform auch die Anerkennung eines Stehenden Heeres durchsetzen, so mußte Karl Eugen 1770 die immer höher geschraubten Budgetforderungen annullieren und resignierend sich dem Ständeausschuß beugen. Auch unter seinen Nachfolgern blieb der Militäretat das kontinuierliche Streitobjekt. Württemberg hat die großzügige Arrondierung seines Gebietes und den Weg über das Kurfürstentum zum Königreich um die Jahrhundertwende nicht erstritten, sondern durch geschickte, frankreichfreundliche Politik erreicht.

Das benachbarte Baden gehört genau genommen nicht in diesen Kreis der mittleren Territorien hinein, denn es wuchs erst 1771 durch die Vereinigung von Baden-Durlach und Baden-Baden endgültig zusammen. Beide Markgrafschaften hatten während des Dreißigjährigen Krieges – zu schwach, um eine eigene Politik führen zu können, und daher in voller Abhängigkeit von dem Auf und Ab der großen kriegführenden Parteien – eine geradezu abenteuerliche Geschichte erlebt, erfüllt von Erbstreitigkeiten der beiden Häuser und dem eng damit verbundenen Konfessionswechsel. Das Grenzland zu Frankreich diente in den folgenden Jahrzehnten immer wieder als Auf- und Durchmarschgebiet, erholte sich langsam im 18. Jahrhundert, nahm aber erst dank der Freundschaft Napoleons, der sich in ihm ähnlich wie in Württemberg einen Verbündeten gegen Österreich sichern wollte, die heutige Gestalt an, d. h. vergrößerte seinen Landbesitz um das Vierfache. Es ist daher auch nicht die Landesgeschichte, sondern die Militärgeschichte, die Baden hier einen Platz sichert. Ludwig Wilhelm von Baden-Baden hat im dritten Eroberungskrieg ein letztes Mal versucht, mit den Truppen des Schwäbischen Kreises, also im Rahmen der Reichskriegsverfassung, Politik zu machen – und dies nicht ohne Erfolg.

Die beiden Mecklenburg konnten ihre Randlage – im Gegensatz zu Brandenburg-Preußen – nicht ausnutzen. Mecklenburg-Strelitz war zu unbedeutend, Mecklenburg-Schwerin hat die ständische Opposition niemals überwinden können und daher auf eine konsequente dynastische Politik verzichtet.

Nicht vergessen werden dürfen die geistlichen Fürstentümer. Das Erzbistum Mainz rettete zwar nur noch einen Bruchteil seiner politischen Bedeutung im Hochmittelalter aus der Mainzer Stiftsfehde und der Reformation, aber nach dem Westfälischen Frieden waren es auch nicht mehr die territorialen Ansprüche als vielmehr das Spiel der hohen Politik, in dem etwa der Erzbischof Johann Philipp von Schönborn, der Initiator des ersten Rheinbundes, das Spannungsfeld zwischen Österreich und Frankreich für eine Stärkung der »dritten Kraft« zu nutzen versuchte – das heißt im Bemühen um eine Wiederbelebung der Reichsgewalt.

Die beiden anderen geistlichen Kurfürstentümer Köln und Trier, das erstgenannte fast durchgängig mit Angehörigen des Hauses Wittelsbach besetzt, trieben eine dynastiegebundene Politik. In allen Händeln zwischen Frankreich, Österreich, den Niederlanden und den deutschen Ländern spielten beide Erzbistümer ihre Rolle als Mitglieder der verschiedensten Militärbündnisse, wobei eine vermittelnde oder auch frankreichfreundliche Tendenz gegen die bestimmenden Mächte im deutschen Raum (Kaiser, dann auch Preußen) nicht zu übersehen ist.

Bekannt aber wurde vor allem das Fürstbistum Münster unter dem streitbaren Christoph Bernhard von Galen, der 1665 den englisch-holländischen Seekrieg zum Anlaß nahm, um mit Unterstützung Englands mit einem aus eigener Macht aufgestellten Heer in Holland einzufallen mit dem Ziel, den calvinistischen Ring um das katholische Münster zu sprengen. Das energische Eingreifen der benachbarten Landesherren, besonders der Brandenburger, beendete den Konflikt, der die ganze Unsicherheit der interterritorialen Verhältnisse deutlich vor Augen führt.

Die kleinen Territorien und Reichsstände

Selbstverständlich ist es nicht möglich, die kleinen und kleinsten Reichsstände und ihre Dynastien – die Herzogtümer, Grafschaften, geistlichen Territorien, freien Reichsstädte oder die Reichsritterschaft – im einzelnen zu erfassen. Doch die generalisierende Überschau, die sie zu statistischen Werten degradiert und zumeist darauf hinausläuft, ihre politische, kulturelle, wirtschaftliche und auch militärische Abhängigkeit von den größeren Ländern nachzuzeichnen, wird ihnen mit summarischen Feststellungen selten gerecht. Das Bild der Epoche erhält notwendigerweise unechte Farbeffekte und falsche Schattierungen, wenn dieser große, aber in seinen latenten Auswirkungen vielfach unbeachtete Komplex nur so nebenbei zur Kenntnis genommen wird.

Es ist nicht so sehr das historische Einzelschicksal als vielmehr die geschichtliche Existenz aller dieser Staats- und Gemeinwesen überhaupt, die gerade eine Sonderdisziplin wie die Militärgeschichte wird entdecken müssen. Wenn sie die Haupt- und Staatsaktionen oder bestimmte, nachgerade ausreichend ergründete Themen, wie etwa das preußische Offizierkorps, einmal vernachlässigt und ihre Forschung unter sozial- und wirtschaftsgeschichtliche Aspekte stellt, wird sich die Erkenntnis durchsetzen, daß nicht nur die preußischen Bauern gute Soldaten abgaben und nicht nur das ostelbische Junkertum den idealtypischen Offiziersersatz stellte. Auch Sachsen-Weimar-Eisenach, Hessen-Homburg oder Anhalt-Dessau haben ihre zumindest zeitweilig auch militärisch interessante Vergangenheit. Daß nicht nur Nachahmungstrieb und willige Bereitschaft zur Rekrutenlieferung, sondern auch originäre Initiative in den Duodezfürstentümern zu finden sind, belegen Nassau-Dillenburg mit seiner geradezu bahnbrechenden Einrichtung des Defensionswesens am Anfang des 17., oder Schaumburg-Lippe mit seinem zukunftsträchtigen Wehrpflichtsystem am Ende des 18. Jahrhunderts.

2. Staat und Gesellschaft im Absolutismus

a. Die Epoche

Dem bunten Nebeneinander der einzelnen Landesgeschichten des deutschen Absolutismus steht nun nicht etwa ein eindeutig zu definierender, klar eingegrenzter Epochenbegriff gegenüber. Im Gegenteil, keine Epoche hat sich bisher der geistigen Einordnung und Aufgliederung so entschieden entzogen wie das 17. und 18. Jahrhundert. Sicherlich versäumt kein historisches Handbuch, die geistigen Grundbegriffe auf einigen einleitenden Seiten zusammenzustellen, dies aus der richtigen Erkenntnis heraus, daß die politischen, sozialen und wirtschaftlichen Vorgänge ohne den geistigen Hintergrund schwer zu erklären sind. Aber ein paar Namen und Schlagworte reichen nicht aus, zumal die Wissenschaft seit rund hundert Jahren nicht müde wird, immer neue innere Strukturen und äußere Gliederungen zu finden und damit die Offenheit der Problematik weiterhin unter Beweis stellt.

Das Datum für den Beginn des Absolutismus ist in diesen verschiedenen Abgrenzungs- und Definitionsversuchen in dem Zeitraum von der Mitte des 15. bis zur Mitte des 17. Jahrhunderts zu suchen; das Ende wird in die Zeit zwischen der Französischen Revolution von 1789 und dem Ersten Weltkrieg gelegt. Für die Periodisierung schlug Roscher 1874 eine Gliederung in einen konfessionellen, einen höfischen und einen aufgeklärten Absolutismus vor. Koser hielt die Einteilung in einen praktischen, grundsätzlichen und aufgeklärten Absolutismus für richtig. Da im Grunde jeder der europäischen Staaten eigene Formen entwickelte, blieb keine der Periodisierungen ohne Widerspruch. In der Folgezeit erschienen weitere begründete und wieder verworfene Benennungen wie Parteien- oder despotischer, germanischer und romanischer, werdender und reifer Absolutismus oder es wurden Typen und Perioden ohne eine spezielle Bezeichnung beschrieben. Als diskutable Ausweichmöglichkeit bot sich auch die der Kunst-und Literaturgeschichte entlehnte Bezeichnung Barockzeitalter an.

Trotzdem sind wir es gewöhnt, den Absolutismus als eine in ihrem chronologischen Ablauf vielleicht etwas umstrittene, in ihrem geistig politischen Inhalt aber klar umgrenzte Ära anzusehen. Sie gehörte nicht zum Mittelalter, denn es fehlte die enge Bindung zur Kirche, und es fehlte der hierarchische Feudalismus, die Autonomie der vielen kleinen Reichsbezirke. Sie ist aber auch nicht Moderne, denn es fehlte die Teilung der Gewalten in Legislative, Exekutive und Jurisdiktion, es fehlten der Staatsbürger und der Parlamentarismus. Ein Hauptcharakteristikum des Absolutismus ist die stark herausgebildete monarchische Zentralgewalt mit einem von ihr abhängigen durchorganisierten, verbeamteten Verwaltungsapparat und einer die monarchische Gewalt nach innen und außen repräsentierenden Militärmacht. Seine größte Leistung ist die Organisation des modernen Staates.

Zumeist wird der geistig–politische Inhalt des Absolutismus mit drei Begriffen umrissen: Souveränität, Staatsräson und Merkantilismus. In der Tat lassen sich in ihrer Auslegung die Hauptzüge des Zeitalters erklären und begründen – Abkehr von der Gottesstaatsidee und Hinwendung zum säkularisierten, durchorganisierten Machtstaat mit Heer, Beamtentum und Staatskirche; die absolute, also unabhängige Gewalt des Herrschers und die Unterwerfung des unmündigen Untertanen unter seine höhere Vernunft. Hier kann auf eine eingehende allgemeine Einführung in Struktur und Begriffswelt des Absolutismus verzichtet werden. Doch es ist notwendig, einige seiner Elemente herauszuheben, Elemente, die auf das Militärwesen der Epoche, wie es speziell in Gestalt des Stehenden Söldnerheeres zum Ausdruck kam, einen bestimmenden Einfluß ausübten.

Als erstes ist der absolutistische Herrscher zu nennen, der als Kriegsherr das Stehende Heer oder zumindest stehende Truppenteile begründete, diesen militärischen Apparat nach seinen Bedürfnissen zu formen suchte und über ihn in Krieg und Frieden verfügte. Um die Position des Souveräns und sein für heutige Vorstellungen recht fremdartig anmutendes Verhalten zu erklären und verständlich zu machen, muß einmal die für die Zeit typische Regierungsform – Kabinettsregierung und landesherrliche Zentralverwaltung – skizziert werden. Außerdem ist ein wirklicher Zugang zum absolutistischen Herrschaftsdenken nur zu gewinnen, wenn auch der geistige Untergrund mit vom Blick erfaßt wird: das Gottesgnadentum und sein Niederschlag in der Residenz und dem höfischen Leben.

Als zweites Element soll eine Institution beschrieben werden, die in historischen Abrissen des Absolutismus oft zu kurz gekommen ist, weil gerade ihre angebliche Ausschaltung als Kriterium des Absolutismus angeführt wurde: die adelige Landstandschaft. Die neuere Forschung sieht die Zusammenhänge wesentlich differenzierter. Der Adel trug, wie Otto Brunner nachgewiesen hat, einen erheblichen Teil des kulturellen Lebens und hatte mit bestimmten regionalen Unterschieden auch politischen Einfluß aus der Zeit des dualistischen Ständestaates herüberretten können. Unübersehbar aber ist sein Einwirken auf den militärischen Bereich. Mit seinem Steuerbewilligungsrecht hatte er die Möglichkeit, Errichtung, Aufbau und Lebensdauer der stehenden Kontingente mitzubestimmen. Noch weit mehr fiel ins Gewicht, daß er sich aus der Zeit des militärischen Unternehmertums in den freien Söldnerheeren die Besetzung der Offizierstellen erhalten und mit Wissen und Willen des landesherrlichen Kriegsherrn diesen Einflußbereich weiter ausbauen konnte, so daß im 18. Jahrhundert die weitaus meisten Offiziere dem Adel entstammten. Die Stehenden Heere des Absolutismus wurden, wenn nicht gerade finanziell – denn die Landstände bewilligten zwar die Steuern, zahlten sie aber nicht – so doch in Geist und Haltung vom Adel getragen.

Dieser Feststellung widerspricht es nicht, daß die Soldaten – also die eigentliche Substanz der Armee – von einer ganz anderen Schicht gestellt wurden. Damit ist nun nicht das besitzende Bürger- und Bauerntum gemeint, das die Steuern zahlte und sich langsam auch in der Politik zu Wort zu melden versuchte – etwa als »Dritter Stand« in Frankreich –, das aber außer den finanziellen Lasten in keinerlei Kontakt zur Truppe stand, es wurde auch nicht mit Rekrutierungen behelligt. Werbung, Zwangswerbung und Aushebung der Soldaten betraf so gut wie ausschließlich nur die keine Steuern zahlende unterste Bevölkerungsschicht, die für das öffentliche Leben weder politisch noch geistig, sondern höchstens biologisch als Wirtschaftspotential existierte und dadurch im Staat wie in der Armee einen wichtigen Platz einnahm, aber eine völlig passive Rolle spielte.

Endete auch die im weiteren Sinne politische Meinungsäußerung bereits beim Adelsstand, so gab es natürlich auch im absolutistischen Zeitalter so etwas wie eine allgemeine öffentliche Meinung, die ihre besonderen, zeitgemäßen Züge trug und als barocker Zeitgeist bezeichnet werden soll. Dieses Zeitdenken, das insbesondere von Oestreich untersucht worden ist, muß als drittes Element einführend behandelt werden, denn mit ihm erklärt sich das Untertanenethos, ohne das die strenge Disziplinierung der militärischen Welt gar nicht möglich gewesen wäre.

Mit den drei Komplexen Herrschertum, adlige Landstandschaft und barocker Zeitgeist werden nur Hauptphänomene des Absolutismus erfaßt, die auch dem Militärwesen ihre Charakteristika aufgeprägt haben.

Eine Beschreibung der Epoche selbst ist nicht beabsichtigt und in dieser Form auch nicht möglich. Es wird nicht einmal gelingen, die Rätsel und Widersprüche aufzulösen, an denen dies Zeitalter genau so reich ist wie jedes andere. Aber mit Hilfe einer solchen Generalisierung wird der Blick auf allgemeinverbindliche Erscheinungen gelenkt, deren Kenntnis erst historische Aussagen ermöglicht, werden Gemeinsamkeiten und Allgemeinplätze der damaligen Zeit aufgespürt, die dem heutigen Betrachter fremdartig, wenn nicht gar widersinnig erscheinen, und die doch so manch abstruses Verhalten für zeitgemäß und daher normal erklären.

b. Der Landesherr

Der souveräne Herrscher

Das Wort Absolutismus ist vom Liberalismus des frühen 19. Jahrhunderts geschaffen worden, entstammt also einer Zeit und einer Zeitströmung, die Abstand von der Epoche gewinnen wollte und sie entsprechend verzeichnete. Es wurde als ein Synonym für Despotismus gebraucht, »verabsolutierte« also die Herrschergewalt beträchtlich. Späterhin verlor es wohl seinen pejorativen Sinn, behielt aber auch als neutrale Epochenbezeichnung die Tendenz, die zentrale und zentralisierende, alles durchdringende Macht, die keine andere Gewalt neben sich gelten ließ, als historisch allein wirksame Erscheinung zu sehen. Erst der Vergleich mit den totalen Regimen unseres Jahrunderts hat dann gezeigt, wie eingeschränkt noch die Regierungsformen des Absolutismus gewesen sind.

Es steht jedoch außer Zweifel, daß der absolutistische Landesherr eine zentrale, bestimmende Stellung innehatte und sich dieser Stellung voll bewußt war. Begründet war seine Herrschergewalt in der Souveränität, sowohl der Souveränität nach außen: Unabhängigkeit von äußeren Gewalten, insbesondere von Kaiser und Papst, als auch Souveränität im Innern: Unabhängigkeit von der Zustimmung oder Mitwirkung innerstaatlicher Gewalten, wie der Landstände.

Hergeleitet wird der Souveränitätsbegriff von dem französischen Staatsrechtstheoretiker Jean Bodin (1530–1596), der ihn in der kurzen Formel faßte: »Maiestas est summa in cives ac subditos legisbusque soluta potestas«. Für Bodin war der Souverän allein Gott verantwortlich, und er stand über den Gesetzen; sein Wille war Gesetz. Doch war er dabei dem Recht (ius) unterworfen, dem Völkerrecht nach außen, dem gemeinen Rechtsdenken nach innen. Nur in seinem Rahmen konnte er Gesetze erlassen und Recht sprechen. Ein Widerstandsrecht gegen den Souverän, das damals viel diskutiert wurde und das allein eine Rechtsverbindlichkeit gesichert hätte, lehnte Bodin wiederum ab.

Die deutschen Landesherrn besaßen formalrechtlich nicht die Souveränität. Der Westfälische Friede hatte ihnen lediglich das ius territorii et superioritatis zuerkannt, das ausdrücklich nicht als »souveraineté« definiert wurde und soviel wie »Landeshoheit« bedeutete. Sie blieben also dem Reiche untergeordnet, hatten in einem Reichskrieg Truppen zu stellen oder auch Urteile des Reichskammergerichtes und des Wiener Hofgerichtes anzuerkennen. Inwieweit sie diesen Pflichten nachkamen, hing allerdings zumeist von den augenblicklichen Umständen ab. In der Wirklichkeit ihrer Politik handelten sie als Souverän. Erinnert sei in diesem Zusammenhang an die berühmte, gegen die ostpreußischen Stände gerichtete Marginalglosse Friedrich Wilhelms I. von 1716: ».. ich komme zu meinen Zweg und stabiliere die Suverenitet und setze die Krohne fest wie ein Rocher von Bronse und lasse die herren Juncker den windt von Landt dahge.«

Der relativ klaren Theorie entspricht jedoch nur eine unzulängliche Praxis. Es hat zu keiner Zeit den absolutistischen Staat, der durch eindeutige Kriterien gekennzeichnet war, gegeben. Erstens hat sich die absolutistische Regierungsform in den einzelnen europäischen wie auch deutschen Ländern sowohl regional als auch chronologisch verschieden geäußert; zweitens hat kein Staat den staatstheoretisch reinen Absolutismus erreicht. Selbst im Frankreich Ludwigs XIV., das in der Regel als Muster und zur Erklärung des reifen oder klassischen Absolutismus herangezogen wird, sind die Generalstände nicht aufgehoben worden, ihre Einberufung 1789 gilt als Beginn der Französischen Revolution. Übrigens haben auch die deutschen Landesfürsten allgemein bei der Erweiterung ihrer innenpolitischen Machtsphäre möglichst keine altüberlieferten Institutionen oder Privilegien aufgehoben, sondern lediglich ihre Rechte eingeschränkt oder durch eigene Einrichtungen abgedrängt, so zum Beispiel die Befugnisse der landständischen Regierungen durch die Kompetenzen der neuerrichteten landesherrlichen Kammern überlagert und auf weniger wichtige Gebiete verengt.

Die Zentralisierung und Festigung der monarchischen Staatsgewalt manifestierte sich in den größeren Ländern – wobei die kleineren bemüht waren, Schritt zu halten – vornehmlich von der Mitte des 17. Jahrhunderts ab in den verschiedensten Institutionen, als einer der wichtigsten im Stehenden Heer. Von ähnlicher Relevanz ist die zentrale landesherrliche Behördenorganisation, die zugleich einen Einblick in die absolutistischen Regierungsformen gibt.

Zentralverwaltung und Kabinettsregierung

Begriffe wie Regierung oder Verwaltung sind nicht im modernen, sondern im zeitentsprechenden Sinne zu verstehen. Die Regierung kannte noch nicht die Trennung in die Gewalten Legislative, Exekutive und Jurisdiktion; im Gegenteil, Verwaltung, Gesetzgebung, Rechtsprechung, im Frühabsolutismus sogar Hofhaltung gingen noch ineinander über; alle waren letzten Endes abhängig von den Entschlüssen und der Initiative des Landesherren.

Zu Beginn der Neuzeit lag die Regierung in den Händen eines fürstlichen Rates, der als kollegiale Behörde bereits weitgehend aus Juristen bestand, ursprünglich zur Beratung des den Vorsitz führenden Fürsten diente, sich allmählich aber zu einer entscheidenden Behörde unter dem Vorsitz des Kanzlers oder Marschalls als Stellvertreter des Herrschers wandelte. Da dieses Kollegium bald den bereits auf Selbstregierung ausgerichteten Interessen des Landesherren entgegenstand, auch unter den Einfluß der Stände geriet, wurde seine Tätigkeit auf bestimmte Bereiche, wie etwa die Justiz beschränkt, während politisch relevantere Aufgaben dem Geheimen Rat zufielen.

Der Geheime Rat entstand Anfang des 17., in einigen Territorialstaaten bereits im 16. Jahrhundert, indem der Landesherr Vertrauenspersonen aus dem allgemeinen Rat oder aus der »Kammer« auswählte und zu einem neuen Gremium vereinte. Der Ausdruck Kammer bezog sich auf das Arbeitszimmer des Fürsten, bezeichnete also bereits einen Kreis von Vertrauten, die ihm bei wichtigen Anlässen zur Beratung zur Verfügung standen. Die Kammer verfügte über Sekretäre und eine Kanzlei, und diese Kanzlei kann wiederum als bürokratischer Ursprung des Geheimen Rates angesehen werden.

Dem Geheimen Rat wuchsen die gleichen Aufgaben zu, die einst der allgemeine fürstliche Rat besessen hatte. Auch er konstituierte sich als Kollegium unter dem Vorsitz des Landesherren. Diese »Regierung im Rat«, die eine Abstimmung kannte, wenn auch die fürstliche Stimme den Ausschlag gab, hielt sich jedoch nicht lange. In den kleinen Territorien erlebte der Geheime Rat seine Blütezeit erst im 18. Jahrhundert, in den größeren Ländern verlor er seine Bedeutung als zentrales Verwaltungsorgan bald. Der mit der wachsenden Bürokratisierung sich erweiternde Arbeitsbereich führte zur Aufspaltung in Departements regionaler, dann auch fachlicher Art und zur Gründung neuer selbständiger Verwaltungsstellen. Dazu war ihm in der sogenannten Kabinettsregierung eine nicht zu überwindende Konkurrenz erwachsen.

Die Kammer, einmal die Gründungszelle des Geheimen Rates, blieb für einen eigenwilligen Herrscher immer die geeignetere Ausgangsbasis für eine Willenserklärung. Der Große Kurfürst hielt sich beide Möglichkeiten nebeneinander offen, er benutzte auch 1651 zum ersten Mal das Wort Kabinett für Kammer in einem amtlichen Dokument. Es vollzog sich also in der Mitte des Jahrhunderts kein plötzlicher Bruch, sondern ein langsamer Übergang, der Geheime Rat verlor oder änderte seine Bedeutung, das Kabinett gewann an Gewicht. In Preußen fand die Kabinettsregierung in Deutschland wohl ihre reinste Ausdrucksform, den ersten technischen Apparat dafür stellte jedoch Sachsen zusammen, wo August der Starke 1704 die Errichtung »einer besonderen Geheimen Kabinettsexpedition, so immediate von Uns dependieren soll« anordnete. Aber auch in anderen deutschen Staaten wurde die Regierung im Rat durch die »Regierung aus dem Kabinett« überholt.

In Preußen wurde die Regierung aus dem Kabinett von Friedrich Wilhelm I. streng durchgeführt – die Einrichtung selbst war schon vorhanden – und von Friedrich II. übernommen. Der König verkehrte mit seinen Ministern, das heißt den Spitzen der obersten Landesbehörden, nur schriftlich; lediglich das Generaldirektorium erstattete ihm einmal im Jahr persönlich Rapport über den Etat. Anhand der ministeriellen Berichte entschied der König in allen wichtigen Fragen persönlich. Die Entscheidungen wurden als Marginalien in den Berichten oder als Aktennotizen festgehalten und in kurzer Form als »Kabinettsorder« den Adressaten zugesandt. Angelegenheiten aus dem diplomatischen Bereich bearbeitete der König in heiklen Fällen sogar selbst. Er war gewissermaßen in allen Angelegenheiten sein eigener Minister.

Zu einer Gefahr für den Staat aber konnte die Entscheidungszentralisierung werden, wenn Kabinett und Herrscher nicht mehr konform gingen. Unter dem jungen Friedrich Wilhelm III., der sich nicht nur von den Ministern, sondern, um dem Entscheidungszwang zu entgehen, auch von seinem Kabinett distanzierte, erhielt dieses in den Kabinettsräten Lombard und Beyme einen völlig ungerechtfertigten und unkontrollierten Einfluß. Die Regierung aus dem Kabinett war zu einer »Regierung durch das Kabinett« abgesunken.

Natürlich war die Selbstherrlichkeit in der Entscheidungsgewalt bei der Kabinettsregierung im Grunde zu einem guten Teil Fiktion, denn die gründliche Vorbereitung und damit einen Teil der Entscheidung bereits vorwegnehmend trafen auch hier die Minister. Die bunte Vielfalt ihrer Titel und Befugnisse soll hier übergangen werden. Eingeteilt nach ihrem Verhältnis zum Herrscher heben sich für den Verwaltungshistoriker Hans Otto Meisner drei Typen ab. Erstens gab es die große Zahl der Ressortchefs, die – wie eben erwähnt – in ihren Ressorts die eigentliche Verwaltungsarbeit verantwortlich aufrecht erhielten. Nimmt man hinzu, daß der »conseil« – der Fürst im Kreise seiner Minister – sein Dasein in den meisten Ländern bewahrte, die Kabinettsregierung lief nur in Preußen in so strengen Formen ab, so verliert allgemein gesehen das absolutistische Regime viel von seiner Absolutheit.

Die zweite und wohl bedeutendste Form ministerieller Gewalt verkörperte sich im Premierminister. Das Amt ist nicht etwa als das Produkt verwaltungshierarchischen Denkens anzusehen, das eine Ministerspitze fordert, es entstand vielmehr aus der Initiative der Fürsten selbst oder ihrer Dynastie: ein Ersatz für den Herrscher, der nicht herrschen wollte oder konnte. Sei es, daß der Fürst in seiner einsamen Höhe eines Gesprächspartners bedurfte, der Verantwortung mittrug, sei es, daß er sich dem ständigen Entscheidungszwang entziehen und in ebenso wichtig erscheinenden Repräsentationspflichten aufgehen wollte, sei es, daß eine Überbrückung notwendig wurde, wenn der Träger der Krone noch zu jung oder krank war, aus was für Gründen immer, der Premierminister rettete das auf die Regierungsgewalt der Majestät zugeschnittene System, wenn es den Anforderungen nicht gerecht wurde.

Als Prototypen dieses Genres sind die beiden französischen Kardinäle Richelieu und Mazarin in die Geschichte eingegangen, beide zugleich Meister in der Kunst, unentbehrlich zu erscheinen, ohne die Rechte des Souveräns zu beschränken.

Während der Premierminister als ein normales oder sogar unverzichtbares Element einer zentralistischen Regierung den Regeln nicht widerspricht, werden mit seinem negativen Spiegelbild, dem Günstlingsminister als drittem Typus doch ihre Schwächen sichtbar. Mag der einzelne Günstling seine Verdienste gehabt haben, mit ihm als Phänomen widerlegte sich das System selbst. Zweifellos sind die Grenzen zwischen dem arrivierten Favoriten und dem honorigen Staats- und Fürstendiener fließend und schwer abzustecken, aber kaum eine Zeit ist vom Kriterium Günstlingswirtschaft so gezeichnet wie der Absolutismus.

All die Unzulänglichkeiten, die bei näherer Betrachtung der Fürstenposition offenbar werden, lassen erkennen, daß es nicht das politische Können des Souveräns, etwa der politische Sieg über die Stände, allein sein konnte, das die Gestalt des Herrschers trug und daß die politischen Vorgänge allgemein sich nur auf einer Oberfläche abspielten. Unter der Dynamik dieser Oberfläche bestand eine statische Kraft, die allen Personen und Dingen ihren Wert und ihren Platz zumaß. Damit wird ein Phänomen angesprochen – die barocke Fürstenherrlichkeit – das in seiner facettenreichen Zeitgebundenheit rational schwer zu erkennen und zu beschreiben ist und hier unter dem Begriff des Gottesgnadentums zusammengefaßt werden soll. Es verlieh dem Herrscher von Geburt, auch dem schwachen, Sicherheit, die seinen Untertanen den Abstand und Respekt abverlangte, der alle persönlichen Mängel als unwesentlich erscheinen ließ. Gewiß gab es hier und da Widerstand auf der einen, versteckte oder offene Gewalt auf der anderen Seite – Randerscheinungen, die die gesetzte, von Gott gesetzte Ordnung in ihrem Kern nicht stören konnten.

Das Gottesgnadentum

Von Gottes Gnaden = dei gratia war als Demutsbezeichnung, die die Abhängigkeit von Gott, die Ruhe in der Gnade Gottes zum Ausdruck brachte, eine Eigenheit der frühen kirchlichen Würdenträger. Bereits die Karolinger übernahmen sie in ihren Titel und während des Mittelalters verbanden sich mit ihr charismatische Züge, die nicht unbedingt christlichen Ursprungs waren und von denen sich die Kirche auch distanzierte. Dieses Charisma, die Ausstrahlung wunderbarer Kräfte, die den Träger vor allen Menschen auszeichnete, hielt sich bis in die Neuzeit. Noch im 18. Jahrhundert heilte der französische König Kranke durch Handauflegen mit den Worten: »Der König berührt dich, Gott heile dich«.

Neben dem Charisma sammelten sich im Gottesgnadentum weitere Elemente, die zu einer mythisch-sakralen, heidnisch-christlichen Überhöhung des Herrschers beitrugen. Unverzichtbar waren für ihn zum Beispiel die Rechte und Eigenschaften seiner hohen Geburt, die Fähigkeiten, die ihm kraft seiner Zugehörigkeit zu einem königlichen oder fürstlichen Geschlecht zuwuchsen und die seiner Herrschaft gegenüber anderen Regierungsformen, die etwa durch Wahl oder Usurpation zustande gekommen waren, den Charakter der Unverletzlichkeit verliehen. Ebenso vermittelten Salbung und Krönung, die aus dem Regierenden erst den König werden ließen, eine geheiligte, nur ihm eigene Gewalt, die ihm auch in Recht und Verfassung eine herausgehobene Stellung garantierte. Der halbheidnische Königsmythos des Mittelalters hat nach Percy Ernst Schramm für das absolutistische französische Königtum »mehr geleistet als die verstandesklaren Theorien, die aus der Geschichte der Staatstheorien nicht wegzudenken sind, aber doch immer nur bestimmte Schichten gewinnen konnten«.

Der hier gegebene Überblick kann nur generalisieren; tatsächlich müssen die Zusammenhänge wesentlich differenzierter gesehen werden, so wie es sich zum Beispiel in dem Gegenüber von Gottesgnadentum und Widerstandsrecht darstellt. Für das Mittelalter war das Recht noch weitgehend ein sakraler Begriff; es berief sich immer wieder auf die alte Formel »Gott und das Recht«. Auch die dei gratia vermittelte dieses Recht, dessen der Herrscher also teilhaftig war und das er nicht verletzen durfte. Das rechte Handeln aber fand der Herrscher nicht allein, sondern »im Rat«, durch den Rat anderer, vor allem seiner Stände. Erst »Rat und Hilfe« der Stände sicherten die Rechtmäßigkeit des Handelns. Entzog er sich dem Rat oder handelte er wider ihn, so entzog er sich auch der Gnade Gottes und überließ das Recht der anderen Seite, die von ihrem Widerstandsrecht Gebrauch machte, um den Rechtszustand wiederherzustellen.

Der Humanismus brachte eine Veränderung und damit eine Steigerung des dei-gratia-Mythos. War solange der Königsglaube noch pure Wirklichkeit, reales Geschehen wie als Beispiel die Heilung der Kranken, so wandelte er sich jetzt mehr zum Symbolhaften hin, verschwamm jedoch nicht zur bloßen Allegorie. Die engen Bindungen zwischen dem sakralen und dem rechtlichen Bereich lösten sich, so trat der Zweikampf als Gerichtsentscheidung, der Krieg zwischen Königen als Gottesurteil zurück; Fehde und Widerstandsrecht erhielten mit dem Erstarken der fürstlichen Macht einen negativen Akzent. Die Trennung in eine religiöse und eine weltliche Sphäre wurde nun dadurch aufgefangen, daß der Monarch nicht mehr nur in der Gnade Gottes lebte, Gottesgnadentum bedeutete jetzt Stellvertretung Gottes, der Herrscher fühlte sich nicht mehr auch dem Recht oder dem Rat, sondern allein Gott verantwortlich.

Diese vom Christentum noch vertretbare Erhöhung erfuhr nun eine weitere Steigerung in der Vergöttlichung des Herrschers, die allerdings nicht mehr eigentlich auf christlicher Tradition fußte, sondern in der vom Humanismus übermittelten Klassik ihren Ursprung suchte. Aus dem demütigen, in der Gnade Gottes ruhenden Monarchen wurde Apoll, wurde der roi soleil, der divino, der göttliche Mensch. Von diesem Aspekt her gewinnen die großen Eigenschaften, deren der Barockherrscher wie selbstverständlich teilhaftig war, erst Substanz: Würde, Repräsentation, »gloire«, Vollkommenheit. Die Wissenschaft hat sich um rationale Erklärungen für den Vorgang der Vergöttlichung bemüht, der mit der Renaissance begann und am Ausgang des 17. Jahrhunderts seinen Höhepunkt fand, und sieht vornehmlich in der Säkularisierung des Denkens, das jetzt Idole für seine Verehrung und Anbetung brauchte, eine mögliche Antwort. Trotzdem ist es für den heutigen Menschen schwierig, sich die Vergöttlichung des Monarchen in ihrer ganzen Intensität vorzustellen, sofern er nicht überhaupt den ganzen Komplex als Überspanntheit und grenzen- wie sittenlose Übertreibung abtut.

Eine Möglichkeit, diesem weithin unbegreiflichen Phänomen etwas näher zu kommen, ist der Blick auf die Praxis, auf die Verwirklichung der Vergöttlichung. Drängte sie doch geradezu, um sich auch damals verständlich zu machen, auf eine begreifbare, mit den Sinnen aufnehmbare Darstellung. Vor allem zwei Bedingungen mußte eine solche Darstellung erfüllen. Um den großen Eigenschaften, die dem vergöttlichten Monarchen zukamen, zu entsprechen, hatte er in einer Vollkommenheit zu leben, die in einer allgemein menschlichen Umgebung niemals zu erreichen war, zumal der Monarch unleugbar zugleich als Mensch menschlichen Bedürfnissen, Neigungen, Schwächen verfallen war – ein sündiger Gott. Es war also erstens eine Sphäre zu schaffen, in der der Herrscher als die Verkörperung der Vollkommenheit erschien und anerkannt werden konnte. Um aber diese Vollkommenheit zu erhalten, ohne sie der Welt völlig zu entrücken, war es zweitens nötig, eine bestimmte Form von Distanzen zu schaffen, Distanzen, die einerseits eine deutliche Trennung zwischen dem zu verehrenden Herrscher und den ihn verehrenden, sich ihm unterwerfenden Untertanen garantierten, die andererseits auch den notwendigen Kontakt gewährleisteten, der für die Erledigung der Regierungsgeschäfte und sonstiger Pflichten unumgänglich war. Das Medium, das alle diese komplexen Vorgänge in sich vereinigen konnte, wurden der Hof, das höfische Leben und als erweiterter Rahmen die Residenz.

Hof und Residenz

Noch in der Renaissance war der landesherrliche Hof nichts weiter als der Mittelpunkt des Landes. Er hatte seine Bedeutung als Regierungs- und Verwaltungssitz – Hofhaltung und Verwaltung gingen noch eng ineinander über – und übte naturgemäß auch seine kulturelle Anziehung aus: teils derb-bieder, teils auf hochgezüchtetem Niveau, nicht ohne Prachtentfaltung, im ganzen aber bunter, unverbindlicher, zufälliger als etwa der strenge, disziplinierte Stil am Hofe des französischen Königs Ludwigs XIV., der sich bei allen Schilderungen der Barockzeit als das hervorragende, überall imitierte Beispiel in den Vordergrund schiebt. In Deutschland brachte offensichtlich der Dreißigjährige Krieg den Umbruch mit sich, in den anderen europäischen Ländern war es weniger spektakulär einfach die Zeit um die Jahrhundertmitte, die neue Maßstäbe zu setzen begann.

Der Hof war nun nicht mehr eine Stätte der Kunst, der Unterhaltung und Begegnung, er wurde ausschließlich zum Kultraum des Helios, diente der Verklärung des Sonnengottes, der in seiner Mitte thronte und dessen Thron Park und Schloß als feierliche Kulisse umgaben. Die langen, sternförmig auf den Palast zulaufenden Alleen fingen den sich Nahenden wie Sonnenstrahlen ein, der dann über Freitreppen, Treppenhäuser, durch Säle und Galerien sich langsam dem Erhabenen nähern durfte.

Eine unübersehbare Rolle spielte in diesem großartigen Dekor die antike Götterwelt, die in Standbildern, Gemälden und Fresken, wie Hans Sedlmayr feststellt, aus der Zeit von 1470–1830 nicht wegzudenken ist, »keine geglaubten Numina«, aber »mehr als die blassen figuralen Allegorien des 19. Jahrhunderts und auch mehr als die Allegorien des Mittelalters«. Jedes ist bis ins Einzelne ausgewogen, auf das Andere abgestimmt, steht in Beziehung zur Gesamtanlage und zum Herrscher; für sich gesehen hat das Einzelstück, die Einzelanlage nur eine beschränkte und vielleicht falsche Aussagekraft.

Einen eigentümlichen Platz nahm das Hoftheater in dieser Staffage der Erhabenheit ein. In der Mitte des ersten Ranges war der Platz des Herrschers, umgeben von seinen Vertrauten und Günstlingen, in den weiteren Rängen saßen der Hofadel und die Angehörigen des Hofes, anteilnehmend an dem heroischen Spiel auf der Bühne, das nichts anderes darstellte, als eine gesteigerte Schaustellung des Hofes selbst. Das Volk im Parkett genoß einmal das Schauspiel auf der Bühne, doch mehr noch das Schauspiel des Hofstaates auf den Rängen – alles glanzvolle Repräsentation. Die Theateratmosphäre muß noch aus anderen Gründen etwas Faszinierendes für den gottbegnadeten Fürsten gehabt haben. Hier befand er sich in einem Raum, in dem das gesteigerte, das dem Gewöhnlich-Menschlichen entrückte Sein, seine eigentliche Welt, für Wirklichkeit genommen werden konnte.

Letzten Endes aber blieb das Theater doch im Symbolhaften stecken, es zeigte nur, ohne zu sein. Das eigentliche Erheben über das Allgemein Menschliche konnte nur im höfischen Geschehen selbst erlebt werden, vor allem in seinem intensivsten Erlebnis, im Hoffest, dessen innerer Gehalt und dessen Ausstrahlungskraft von einer nüchternen Nachwelt kaum richtig eingeschätzt werden können. Diese Feste dürfen nicht als Ausnahmeereignisse betrachtet werden, sie bedeuteten vielmehr konzentriertes Hofleben; sie konnten Tage und Wochen dauern, und wenn der ausgeklügelte, pünktlich funktionierende Ablauf nicht ebenfalls Wochen an technischer und organisatorischer Vorarbeit bedurft hätte, wären sie ihrem Sinne gemäß zu einer Dauereinrichtung geworden. Sie boten nämlich dem Herrscher die Gelegenheit, sich zumindest zeitweise in der ihm angemessenen Vollkommenheit zu zeigen, sei es im Kostüm eines antiken Gottes, Heros oder Königs – das heißt eben als antiker Gott –, sei es en gala als divino seiner Zeit. Trennte ihn schon die Residenz und noch mehr Hofstaat und Schloß vom Allerlei des Alltags ab, so daß er und seine Umgebung eigene Lebens- und Verhaltensformen finden konnten, so gaben ihm die Feste immer wieder die Möglichkeit, in seine eigene und eigentliche Wirklichkeit emporzusteigen.

Das höfische Fest war ein Ereignis in einer geschlossenen Gesellschaft, nur der Hof hatte Zutritt. Zur Außenwelt bestand eine beabsichtigte, aber ganz natürlich wirkende Distanz, die bei dem allgemeinen Ansehen von Rang und Stand nicht ernsthaft in Frage gestellt wurde. Wesentlich schwieriger war das Problem zu lösen, wie innerhalb des Hofes Distanz zu schaffen und zu halten war, nicht nur zwischen dem Monarchen und dem Hofstaat, sondern aus bestimmten Gründen auch zwischen einzelnen Gruppen des Hofes. Es war ein aristokratischer Hof, jeder Adlige war hoffähig und nutzte dieses Privileg, wurde sogar von seinem Landesherren angehalten, es zu nutzen. Auch der Monarch war ein Mitglied der Aristokratie, wenn auch des Hochadels, das wußte er wohl. Sein Staat brauchte den Adel als führende Gesellschaftsschicht; er selbst brauchte ihn als einzig gemäße Umgebung und schon damals als »Stütze von Thron und Altar«, wenn auch in anderer Konstellation. Nur war es für den absolutistischen Landesvater selbstverständlich, jeden, auch den geringsten Anspruch auf Gleichberechtigung abzulehnen, speziell in Fragen der Regierung. Der Adel war willkommen, er wurde sogar poussiert, aber nicht als Partner wie in früheren Zeiten, als der Monarch noch den primus inter pares verkörperte, sondern als gehorsamer Diener, als distanzierter Höfling. Der Hof war der Ort, der das Verhältnis zwischen Monarch und Aristokratie geradezu repräsentierte, die Mittel waren Titelwesen und Rangordnung , also das Hofzeremoniell oder die Etikette.

Mit seiner Zugehörigkeit zur Hofgesellschaft wurde dem Adel also zunächst einmal seine Exklusivität bestätigt, er war auch im absolutistischen Staat privilegierter Stand; zugleich aber mußte er sich in eine Reglementierung fügen, die durch die Gnade oder Ungnade des Herrschers ihre Ordnungskriterien erhielt, ihn damit deutlich vom Monarchen distanzierte und die einzelne Distanz in einer öffentlichen Rangordnung festlegte, mit der die bereits vorhandene Struktur – etwa höherer und niederer Adel – überdeckt wurde. Der verliehene Rang – sei er mit einem Amt am Hofe, in der Verwaltung oder in der Armee oder mit einer Sinecure verbunden, sei er ein bloßer Hoftitel – entsprach einer genau bestimmten Ehrenstellung in dem unendlich differenzierten Mosaik der Hofgesellschaft.

Damit erhielt er seinen Platz und seine bestimmte Aufgabe im Ritual des Herrscherkultes, die zu erfüllen ihm vornehmste Pflicht wurde. Das Hofzeremoniell mit seinen vielfältigen und zeitraubenden Ehrendiensten degradierte die Privatsphäre des Einzelnen zu einem unbeachteten Randereignis, und zwar nicht nur die der Höflinge, sondern auch besonders die des Monarchen, dessen Leben den Charakter eines streng geregelten öffentlichen Schauspiels angenommen hatte. Man denke nur an die Zeremonie des Lever und Coucher, des Aufstehens und Zubettgehens des Fürsten, das nach langwierigem Ritus unter der ehrenvollen, tätigen Teilnahme eines ausgesuchten Kreises stattfand und als erste und letzte Regierungshandlung des Tages auch echten politischen Entscheidungen den gebührenden Rahmen gab.

Von diesen Vorgängen und ihren Inhalten, die wie ein Theaterspiel in ihrer Zeit stattfanden und mit ihrer Zeit vergingen, sind nur gewisse Relikte übriggeblieben – der militärische Formal-, Wach- und Paradedienst bis 1945 hatte viele Kennzeichen eines solchen Reliktes –, dazu die großartige Kulisse, die Schloß- und Parkanlagen. Vielleicht geben uns die weitflächig angelegten religiösen Barockgemälde einen Einblick, da sie in einer Art »Säkularisation des Himmels« die irdische Hofrangordnung in den Himmel übertragen haben. Gottvater über allem schwebend wird angebetet von Engeln, Aposteln, Märtyrern, Heiligen und frommen Erdenbürgern, in einzelnen Stufen zu ihm hinauf angeordnet.

Natürlich gab es Versuche des Hofes ebenso wie des Herrschers, aus dem Zwang des Zeremoniells zeitweise auszubrechen und die Anekdoten wie die Skandalgeschichten der Zeit lebten von den gelungenen Beispielen dieses menschlich verständlichen Triebes. Neben manch interessantem Zeitvertreib, wozu auch das Sammeln von Raritäten, naturwissenschaftliche Experimente, Baulust, künstlerische oder philosophische Zirkel gehörten, war es vor allem die Jagd, die zu einem standesgemäßen Abbau angestauter Kräfte dienlich war. Im allgemeinen jedoch war es der Etikette gelungen, auch diesen Freiraum einzufangen und speziell das edle Waidwerk mit der Feierlichkeit geregelter Handlungen auszustatten, die ihm noch heute anzumerken sind.

Wie selbstverständlich alle Willensäußerungen und Handlungen des Monarchen ins Verbindlich-Halbgotthafte gerückt wurden, läßt sich recht überzeugend am Mätressenwesen ablesen. Die Gewohnheit, Mätressen zu halten, erklärt sich aus den ausschließlich politischen Heiraten, mit denen sich ein Fürstenhaus seine Zukunft zurechtzurücken suchen mußte. Daß aber der Umgang mit ihnen zu einem geradezu um des Prestiges willen notwendigen Staatsakt hochstilisiert wurde, war nur im Barock möglich. Bekannt ist, daß der erste König in Preußen, der gar nicht viel von dieser Sparte seines Pflichtenkataloges hielt, sich natürlich eine Mätresse hielt, dann aber sich nur in angemessenen Zeiträumen in Staatskarosse mit Gefolge zu ihr begab und nach einer knappen Teestunde wieder ins Schloß zurückkehrte.

Die moderne Geschichtswissenschaft beschäftigt sich vornehmlich mit den rationalen oder teleologischen Elementen, da es auf diese Weise leichter vonstatten geht, den Geschichtsverlauf in Interessen und ihre Widersprüche, Kontinuitäten und Diskontinuitäten aufzugliedern und damit zu klären. Sie sind zweifellos in den Kultbräuchen des Hofes und der Verherrlichung des Landesoberhauptes auch zu finden. Innenpolitisch ging es für den Fürsten darum, den Adel als den einzigen potentiellen Rivalen so in die zeremoniale Maschinerie einzuflechten, daß er weder über die Zeit noch über die Ambition verfügte, sich in das Regierungsgeschäft einzumischen. Die kostspieligen Aufwendungen zu denen der Höfling gezwungen war, machten ihn wirtschaftlich abhängig; er war auf Zuwendungen von fürstlicher Seite angewiesen und wurde damit manipulierbar. Aber es war nicht nur die Ämter und Geschenke verteilende Gnade des Monarchen, die ihn am Hofe hielt, es war auch die Überzeugung, daß einzig das Leben in der Residenz als dem kulturellen und gesellschaftlichen Mittelpunkt wahrhaft aristokratisches Format hatte. Nur hier war man unter Seinesgleichen, stellte etwas dar, lebte also wirklich und versank nicht in der Anonymität der Provinz. Es wäre verfehlt, Hof mit Residenz als eine Institution anzusehen, die konstruiert war, um den Adel durch den Fürsten zu manipulieren. Auch der Fürst wurde im Rahmen des höfischen Lebens manipuliert; die Frage ist nur, durch wen? Unbestreitbar haben jedoch sowohl der Landesherr als auch seine adligen Landstände bestimmte Zeitströmungen, denen sie beide unterworfen waren, dazu benutzt, ihre soziale und politische Position gegen- und miteinander zu festigen und auszubauen.

Außenpolitisch gesehen gehörte die spektakuläre Hofhaltung unabdingbar zur Aufrechterhaltung eines Prestiges, ohne das diplomatischer Verkehr gar nicht zu denken war. Die staatliche Gewalt nach außen hin wurde dem Stil der Zeit gemäß durch höfische Repräsentation dargestellt. Eigentümlich mutet dabei der Wettlauf zwischen den Höfen der beiden europäischen Großmächte an, wobei zunächst Wien, dann vom zweiten Drittel des 18. Jahrhunderts ab Versailles zum unerreichbaren Vorbild für die deutschen Fürstenhöfe wurde. Ludwig XIV. avancierte also erst nach seinem Tode zur »Signalfigur der Epoche«. Auffällig ist auch die aufwendige Pracht, die Max Emanuel in Bayern und August der Starke in Sachsen zur gleichen Zeit mit dem gleichen Ziel entfalteten, nämlich um ihre Würdigkeit für den erwarteten Königsthron zu dokumentieren.

Abschließend muß allerdings gesagt werden, daß die Analysen und Schlußfolgerungen sowohl unter dem spirituellen als auch unter dem materiellen Aspekt in ihrer generalisierenden Tendenz die Wirklichkeit nicht genau erfassen. Das Wort, daß der Absolutismus nirgends ganz vollendet worden ist, trifft auch für den Ehrgeiz der einzelnen Residenzen zu, dem die Unzulänglichkeiten des Lebens seine Grenzen setzten. So konnten sich die kleinen deutschen Höfe den luxuriösen Aufwand, auch wenn sie weit über ihre Verhältnisse lebten, gar nicht leisten. Außerdem blieb es trotz eines so ausgeprägten Zeitgeistes eine Tatsache, daß einerseits sich so mancher deutscher Landesvater schwer aus der patriarchalischen Regierungsweise seiner Väter, aus der Ära des Ständestaates zu lösen vermochte und den Anforderungen der neuen Zeit nur unvollkommen entsprach, und daß andererseits die adligen Landstände noch auf viel zu kräftigen Füßen standen, als daß sie sich ohne greifbare Gegenleistung als gehorsame Fürstendiener mit Beschlag belegen ließen.

c. Die Landstände

Innenpolitisches Gewicht

Bei einem Vergleich der landständischen Verfassungen der einzelnen deutschen Länder, wie sie sich in der Blütezeit des Ständestaates gebildet hatten, ergibt sich ein so abwechslungsreiches Bild, daß es fast vermessen erscheint, verallgemeinernde Linien herauszustellen, es sei denn, bei jeder Aussage würden eine oder mehrere, zum Teil schwerwiegende Ausnahmen ausgeklammert. Da Regierung, Verwaltung einschließlich Justiz und private Interessen des Fürsten sich schwer trennen lassen, ist es möglich, die gesamte Herrschaftsstruktur in drei oder gar nur in zwei Ebenen darzustellen. Die höhere Ebene umfaßte die Landesregierung und -verwaltung, die mittlere regionale und provinzielle Instanzen – sie spielte nur in größeren Ländern und in späterer Zeit eine Rolle und kann hier umgangen werden – und die untere lokale oder kommunale Verwaltung und Rechtsprechung.

Als Organe der höheren Ebene standen sich gegenüber der Fürst mit seinem Hofstaat, dem Rat und der Zentralverwaltung auf der einen und die »Landschaft«, das heißt die im Landtag versammelten Landstände auf der anderen Seite. Der Landtag setzte sich zusammen aus den Kurien der Prälaten, des Adels und der Bürger (Städte), in Einzelfällen auch der Bauern, wobei die Kurie der »Herren und Ritter« die anderen so stark an Gewicht übertraf, daß man für diese Zeit tatsächlich von einem adelständischen Landtag sprechen kann. Allerdings kam es auch vor, daß der Adel seine Landstandschaft aufgab und sich als Reichsritterschaft dem Kaiser unmittelbar unterstellte, so etwa in Württemberg.

Die Rechte der Landstände beruhten auf altem Gewohnheitsrecht, auf verliehenen Privilegien und nicht zuletzt auch auf der Situation der Zeit. So wirkten die Stände bei Landesteilungen mit oder auch bei fürstlichen Manifesten über die Unteilbarkeit des Landes. Da Teilungen sich in der Regel aus Erbabsprachen ergaben, nahmen sie auch bereits Einfluß auf die fürstlichen Heiraten. Sie hatten ein Mitspracherecht bei der Besetzung der Landesbehörden und -gerichte. Ohne ihre Zustimmung durften keine neuen Gesetze erlassen, vor allem keine Steuern ausgeschrieben werden.

Im Laufe des 16. und 17. Jahrhunderts hat es das Landesfürstentum verstanden, die ständischen Rechte einzuschränken oder aufzuheben. In späterer Zeit ging es Auseinandersetzungen einfach dadurch aus dem Wege, daß es den Landtag gar nicht einberief und eine Selbsteinberufung verhinderte. Als Schwerpunkt hob sich dabei die Kontroverse um das wichtigste ständische Recht heraus, das Recht der Steuerbewilligung.

Während des langsamen Überganges von der Natural- zur Finanzwirtschaft im 16. Jahrhundert, die Gerhard Oestreich als die Phase des Finanzstaates bezeichnet, gerieten die Landesfürsten in eine bis dahin nicht gekannte Verschuldung. Da es keine allgemeinen Landessteuern gab und ihre schmalen Einkünfte aus dem Kammergut und den Regalien zur Deckung der wachsenden Kosten für Hofhaltung, Verwaltung und gelegentliche Rüstungen bei weiten nicht ausreichte, waren sie gezwungen, die Stände um Ausschreibung von Sondersteuern zu bitten, um die Schulden abzutragen. Die Stände zeigten sich durchaus entgegenkommend, wie überhaupt bei ihnen in dieser Zeit noch Sinn für Allgemeinwohl zu finden ist. Sie benutzten aber die Gelegenheit, um die Steuererhebung und -verwaltung in eigene Hände zu nehmen und neben der landesherrlichen eine ständische Finanzverwaltung aufzubauen – so etwa das Kreditwerk in Brandenburg oder die Landschaftskasse in Württemberg. Damit hatte die Zweigleisigkeit des dualistischen Ständestaates auch verwaltungspolitisch ihren Höhepunkt erreicht.

Lange hielt sich diese Situation nicht, den sichtbaren Umbruch brachte der Dreißigjährige Krieg, der die Landstände Substanz gekostet hatte. Die Landesherren jedoch erhielten nicht nur ihre außenpolitische Freiheit verbrieft und versiegelt, auch innenpolitisch hatten sie, im Besitze einer intakten Verwaltung und stehender Truppenkontingente gegenüber ihren Landständen erheblich an Boden gewonnen. Speziell die Reichsgesetzgebung nach dem Westfälischen Frieden spiegelt als neutrale Quellenaussage die starke Position der Landesherren wider. Der so oft zitierte § 180 des Jüngsten Reichsabschiedes von 1654 berechtigte sie, ihre Stände zu Leistungen für die Verteidigung des Landes – also für Einrichtung und Erhaltung von Festungen und Garnisonen – heranzuziehen. Dieser Paragraph sollte später die formalrechtliche Stütze für die Aufstellung stehender Truppen hergeben. Vier Jahre später mußte dann Kaiser Leopold I. den Reichsständen in seiner Wahlkapitulation zugestehen, daß ihre Landstände weder den Landtag selbständig einberufen noch über die Steuern verfügen durften. Als jedoch die Reichstände auf dem Immerwährenden Reichstag zu Regensburg 1671 ihre alleinige Steuergewalt über die Untertanen beschlossen, versagte der Kaiser die Zustimmung. Der Beschluß wurde nicht Reichsgesetz, was seine praktische Durchführung in Ländern mit starker landesherrlicher Gewalt natürlich nicht hinderte.

Es wäre jedoch ein zu einseitig gefärbtes Bild, wollte man die Landesherren als die unumschränkten Sieger, ihre Stände als die eindeutig Besiegten klassifizieren. Das Mosaik der ständischen Zuständigkeiten in Landesangelegenheiten auf das ganze Deutschland bezogen ist viel zu bunt, als daß es so uniforme Aussagen zuließe. In den meisten Ländern behauptete der Adel zumindest seine eigene Steuerfreiheit; in Kursachsen behielt er das Steuerbewilligungsrecht, als Ausschuß auch in Bayern und anderen Territorien; in Hannover gab es nicht nur in den einzelnen Grafschaften eine ständische Steuerverwaltung, es wurde sogar die Landesregierung in Abwesenheit des Landesherrn, der zugleich König von England war, von den »hübschen« Familien stellvertretend weitergeführt; ja in Württemberg holten sich die Stände ihre Rechte im »Erbvergleich« von 1770 sogar wieder zurück, als ihr Kurfürst Karl Eugen zu sehr über die Stränge schlug.

Alle diese Beispiele – und sie könnten noch vermehrt werden – ändern nichts an dem allgemeinen Zug der Zeit, der auf die Verabsolutierung der landesherrlichen Gewalt, auf die Zentralisierung der Verwaltung hinzielte, den frühneuzeitlichen »Militär-, Wirtschafts- und Verwaltungsstaat seit der zweiten Hälfte des 17.Jahrhunderts«, um Oestreich noch einmal zu zitieren. Die Gründe dafür sind mannigfaltig, die Ergebnisse keineswegs so eindeutig, wie sie die ältere, am preußischen Beispiel orientierte Verfassungsgeschichte gerne darstellt.

Anscheinend hat die Aristokratie als Korporation, die ständische Vertretung, die Auseinandersetzung mit dem Landesherrn auf der oberen Ebene zu vermeiden gesucht, sogar bewußt auf Rechte verzichtet – die Steuerverwaltung blieb eine Ausnahme –, da sie in anderer Form und an anderer Stelle die öffentlichen Angelegenheiten mit den eigenen Interessen zu verbinden wußte.

Während also progressive Landesherrn unter Berufung auf die Staatsraison und unter möglichst weitgehender Ausschaltung aller ständischen Mitwirkung ihren Militär- und Beamtenstaat errichteten, in dem der Fürst den Staat nicht nur repräsentierte, sondern zum Staate wurde, zog sich der Adel auf eine Bastion zurück, die ihm angemessen war, die er immer besessen hatte und die er noch lange halten sollte: die Ebene der lokalen Eigenverwaltung und Rechtsprechung.

Es liegt nahe, Vergleiche zwischen Absolutismus und Totalitarismus anzustellen, zumal die Staatsrechtstheorie leicht dazu verführt, das Eine für eine etwas verfrühte Vorform des Anderen zu halten. Doch schon die Staatstheorie selbst eines Bodin setzte dem absolutistischen Herrschaftsvolumen dadurch Grenzen, daß sie es in das allgemeine Recht einbettete.

Löst sich der Blick von den Theorien, muß er eine ganz erstaunliche Diskrepanz zwischen den Ansprüchen absolutistischen Herrschaftsdenkens und der praktischen Durchführung feststellen. Zugegeben, auch im Herrschaftsraum totalitärer Regime hat es immer noch eine private Sphäre gegeben, aber das Verlangen und der Zwang zu Gleichberechtigung und Uniformität haben die Einwirkungsmöglichkeiten zentralisierender Kräfte so radikal gefördert, daß zumindest das gesamte öffentliche Leben – Verwaltung, Rechtswesen, Schule und Erziehung – völlig von ihnen durchdrungen werden konnte. Dagegen ist die Penetrationskapazität jedenfalls des klassischen Absolutismus sehr viel enger begrenzt und relativ leicht abzustecken. Sie umfaßte den Bereich, der als die obere Ebene – die unmittelbare Regierung des Landesherrn – beschrieben wurde, also Hof, Zentralverwaltung und -ämter.

Die untere Ebene, also lokale Verwaltung, Kirche und Schule, Gerichtswesen – wobei die Enklaven aus städtischem Besitz und landesherrlichem Kammergut nicht unbedingt als Ausnahme angesehen werden müssen – war seit altersher und blieb bis zum Ende der Epoche eine Domäne des Adels. Wenn nach einem berühmten Wort der preußische Staat beim Landrat aufhörte, so ist damit auch für das als so absolutistisch verschrieene Preußen genau der Grenzpunkt markiert. Der Landrat war ein noch vom Landesherrn ernannter, aber schon von den Ständen vorgeschlagener Beamter. Die Sphäre unterhalb des Landrates, also die Sphäre des Volkes, des Untertanen, ist als eine Aristokratie im echten Sinne des Wortes anzusprechen, als eine Adelsherrschaft. In dieser vorwiegend landwirtschaftlich strukturierten Welt der Grund- und Gutsherrschaft, der Patronate über Kirche und Schule und der gutsherrlichen Gerichtsbarkeit, in der jeder seinen durch die Geburt bestimmten Platz in der Gesellschaft kannte und gar nicht auf den Gedanken kam, ihn zu verändern, und in die das große Welttheater der Fürstenherrlichkeit nur ein gelegentliches Glanzlicht herüberwarf, erfüllte der Adel eine Funktion, an die er seit Jahrhunderten gewohnt war und die sich wesentlich vom höfischen Dienst in der Residenz unterschied. Es ist das Geheimnis seines Aufstiegs im 17. und 18. Jahrhunderts, daß er beide Rollen zu vereinigen wußte.

Das »Ganze Haus« und die soziale Position des Adels

Die neuere Verfassungsgeschichte hat für die Staatsformen des Absolutismus den Ausdruck «Aristokratische Monarchie» gefunden. Damit unterstreicht sie die Rolle des Adels als ein wenn nicht staatsbildendes so doch staatserhaltendes Element. Gleichzeitig widerspricht sie damit aber der eingeführten Interpretation des Begriffs Absolutismus als eines Vorganges, der die Brechung und Vernichtung der adelsständischen Mitherrschaft zum Inhalt hat. In der Tat geht die Geschichtswissenschaft in den letzten Jahren daran, »das Nichtabsolutistische im Absolutismus« zu entdecken, nicht nur auf dem Gebiet der Verfassungsgeschichte, sondern auch besonders, inauguriert durch Otto Brunner, in sozial- und wirtschaftsgeschichtlicher Argumentation. Noch kaum landsmannschaftlich oder patriotisch gebunden, sondern über alle Grenzen hinausgreifend, erscheint die »alteuropäische Adelswelt« bis ins 19. Jahrhundert hinein als eine statische Kraft mit einem für ihre Zeit selbstverständlichen, heute kaum noch abschätzbaren Einfluß auf die politischen, wirtschaftlichen, kulturellen und nicht zuletzt militärischen Belange.

Militärischer Bereich hieß für den Adel Offizierbereich. Es sind vor allem zwei Phänomene der Adelswelt, die dem Offizierdasein ihren Stempel aufgedrückt haben und auf die deshalb ein kurzer Blick geworfen werden muß: es handelt sich um das Ganze Haus – den Oikos – und um den honnête homme.

Die mittelalterliche rechtliche Ordnung – um nicht Staat des Mittelalters zu sagen – war aus den verschiedensten neben- und übereinander liegenden Rechtssphären aufgebaut. Die kleinste dieser selbständigen in sich ruhenden Ordnungen war das Ganze Haus, – der schon aus der Antike bekannte Oikos, die Urzelle menschlich-rechtlichen Zusammenlebens –, das erst durch die Theorien und Praktiken der absolutistischen Regime in Frage gestellt wurde, jedoch mit den damaligen Vorstellungen von Recht und Ordnung so verwachsen war, daß es die Epoche überdauerte und erst den Errungenschaften der französischen Revolution – Freiheit und Gleichheit – zum Opfer fiel.

Heute erinnert noch der eine oder andere rechtliche oder auch nur sprachliche Begriff, dessen Bedeutungsinhalt sich schon sehr gemindert hat oder gar zur Diminuitivform abgesunken ist, an die einstige Institution. Der »Hausvater« ist nicht mehr der absolute Herr über sein Haus, sondern nur noch der besorgte, etwas ergraute und leicht senile Großpapa, und Begriffe wie »Hausrecht« und »Hausfrieden« haben wohl noch einen Rechtsinhalt, bezeichnen aber nicht mehr ein Rechtsverhältnis, in dem ein Mensch sein ganzes Leben verbringt.

Betont werden muß, daß das Ganze Haus tatsächlich eine Ganzheit umfaßte, die mit dem heutigen analysierenden Denken gar nicht mehr begriffen werden kann; es war Rechtseinheit, Wirtschaftseinheit – in der bäuerlichen Sprache bedeutet »Wirtschaft« immer noch Haus und Hof –, Finanzeinheit und Familieneinheit, wobei das Gesinde zur erweiterten Familie rechnete. Doch die nach außen so geschlossene Einheit schuf innen keine Gleichheit, sondern – wie im Verhältnis Familie-Gesinde schon angedeutet – eine wohlgeordnete, aber überaus reiche Verschiedenartigkeit. Das Kriterium für den Platz und den Rang des Einzelnen war sein Verhältnis zum Hausvater und Hausherrn, der an der Spitze des Verbandes das für alle Personen und Bereiche schlechthin bestimmende Element darstellte.

Er war nicht gerade Herr über Leben und Tod der Mitglieder seiner Hausgemeinschaft, denn die Kriminalgerichtsbarkeit war der einzige von außen einwirkende Faktor, dem jeder als Einzelner unterworfen war, aber er vertrat doch die rechtliche Gewalt, konnte Bußen und Strafen, auch die Prügelstrafe verhängen, war unbezweifelte Autorität in allen internen Streitigkeiten, bestimmte die Wirtschaftsführung des gesamten Hauses und die Pflichten des Einzelnen, soweit sie nicht durch Herkommen bereits bestimmt waren. Ebenso aber hatte der Hausvater für den Hausfrieden zu sorgen – das Haus war ein eigener anerkannter und geachteter Friedensbezirk –, er schützte jeden seiner Hausgenossen vor Angriffen von innen und außen, sorgte für die Wahrung seiner Rechte und seiner Ehre und garantierte ihm seinen angemessenen Lebensstandard.

Nach außen hin, das heißt in der Regel höheren Herrschaftsbereichen gegenüber, wurde das Haus ausschließlich vom Hausherrn vertreten. Übergeordnete Gewalten hatten also kaum unmittelbaren Kontakt mit den Hausbewohnern und waren immer auf die Vermittlung des Hausvaters angewiesen, nur in seiner Gestalt war das Haus nach außen und oben existent. Es sei daran erinnert, daß Steuererhebungen oder damit zusammenhängende Volkszählungen noch im 18. Jahrhundert ein für heutige Vorstellungen immer nur ungefähres Bild der Volkszahl ergaben, weil nicht die Individuen erfaßt wurden sondern die Herdstellen.

Die eigentümliche Selbstherrlichkeit des Ganzen Hauses blieb nun nicht auf das Bauern- und Bürgertum beschränkt. Historisch relevant im Sinne einer politischen Konzeption wurde es erst in den überlagernden Herrschaftsbezirken, die nach ähnlichen Regeln und Ordnungen als Hausgemeinschaft strukturiert waren. Die Entwicklung läßt sich bis hinauf in die regierenden »Häuser« verfolgen, als erhabenstes Beispiel sei die Casa d'Austria erwähnt. Von diesem Aspekt her läßt sich auch leicht ein Zugang zum Verhalten und zu den Regierungsmaximen der deutschen Duodezfürsten finden, die in biederer Rechtschaffenheit und mit harter Hand besorgt um das christliche Wohl ihrer Untertanen, um die liebe Justiz und um den wachsenden Fortbestand des eigenen Hauses selbst den Verlockungen des absolutistischen Machtrausches widerstanden und deren Idealbild Veit Ludwig von Seckendorff in seinem »Teutschen Fürsten-Staat« 1656 gezeichnet hat.

Sein eigentliches politisches Gewicht erhielt das Ganze Haus jedoch als Herrschaftsinstrument der Zwischenschicht zwischen dem Bauern- und Bürgertum auf der unteren und dem Landesfürstentum auf der oberen Ebene – der Aristokratie. Als eine Schicht von Herren des Ganzen Hauses, gleichzeitig im Besitz der Landstandschaft übte sie eine Doppelfunktion aus, die ihr eine einmalige Position auch im absolutistischen Regime verlieh. Dem Landesherrn gegenüber vertrat der Adel das Land gemäß der unbestrittenen Leitformel: »Die Stände sind das Land«; dem Lande – das heißt als Hausherr den ihm nachgeordneten Untertanen – gegenüber vertrat er den Landesherrn, jedenfalls soweit er sein Vertrauen genoß, und er hat sich ständig bemüht, es nicht zu verlieren. In dieser gewachsenen, von beiden Seiten als natürlich empfundenen Ordnung war der Adel unersetzlich.

Der wissenschaftliche Streit um die wahre Rolle des landständischen Adels hat in den letzten zwei Jahrzehnten eine Reihe von Argumenten zu seinen Gunsten ergeben. Man sieht in ihm nicht mehr nur das retardierende Element, das dem Monarchen beim Aufbau des modernen Staates im Wege war, auch nicht mehr den ausschließlich selbstsüchtigen Nutznießer deutschen Bauernfleißes. Es werden ihm im Gegenteil nicht nur staatserhaltende Bemühungen zugebilligt, sondern auch das Verdienst, bei aller Sicherung des eigenen Vorteils die Bevölkerung vor den Auswüchsen absolutistischer Maßlosigkeit geschützt zu haben. Verschiedene Autoren weisen darauf hin, daß die statische, aber sehr differenzierte ständische Ordnung die Staaten vor Konformismus, Despotismus und Totalitarismus bewahrt hat, und Dietrich Gerhard schließt einen in dieser Hinsicht richtungweisenden Aufsatz, indem er hervorhebt, »daß Landschaftsbewußtsein und ständische Ordnung konstitutive Elemente des alten Europa gewesen sind – nicht um sie gewaltsam wiederzubeleben oder künstlich zu bewahren, wohl aber um sich klar zu bleiben, daß, in welchen Formen auch immer, Vielfältigkeit und Stetigkeit zu den Grundlagen aller Kultur gehören«.

Der »Honnête Home«

Seine herausgehobene Position mit ihren Rechten und Pflichten leitete der Adel von seiner Geburt ab; aber dieser biologisch-genealogische Weg der Legitimierung allein hat ihm nie ausgereicht, es kam ein ethisches Moment hinzu. Von Adel zu sein hieß: tugendsam zu sein, und es war ein ganzer, im Laufe der Jahrhunderte allerdings variierter Tugendkatalog, den er für sich beanspruchte. Der Katalog spiegelte sich in bestimmten, einander ablösenden Idealtypen wieder, die, obwohl landschaftlich gebunden, doch europäische Bedeutung besaßen.

Für das Barockzeitalter war es der französische honnête homme, der im späten 18. Jahrhundert vom englischen gentleman abgelöst wurde, wenn auch nur in der privaten Sphäre; im dienstlichen und vor allem im militärischen Bereicht blieb der honnête homme noch lange Leitbild.

Zwar ging der Adlige davon aus, daß nur er allein adlige Tugenden besitzen konnte; dies schloß aber nicht aus, daß er sie sich in stetem Streben und Bemühen erwerben und erhalten mußte. Der honnête homme war also immer ein Edelmann, ein Edelmann aber hatte sich in der Auseinandersetzung mit seinem inneren Ich und äußeren Anfechtungen täglich zu bewähren. In der Tat bebte diese wahrhaft barocke Gestalt innerlich vor Spannungen, Leidenschaften und Affekten, die jedoch, in einer äußerlich zur Schau getragenen Disziplin gebändigt, niemals durchbrachen. »Dieser honnête homme«, sagt Paul Hazard, »bestand aus nichts als Gegensätzen, aber sie waren so geschickt miteinander ins Gleichgewicht gebracht, daß er letzten Endes die vollkommenste Harmonie verkörperte: eine Versöhnung der Ansprüche des Denkens mit denen des Lebens, der Seele mit dem Körper, des Alltäglichen mit dem Erhabenen. Er erzog sich durch eine dauernde Disziplin und einen wachsamen Willen: es ist eine schwierige Sache, das Ich daran zu hindern, über seine Grenzen zu treten, es zu zwingen, nur als Teil eines allgemeinen Wertes etwas zu gelten. Eine solche Verpflichtung verlangt einen diskreten Heroismus; und der honnête homme erscheint nur deshalb so restlos anmutig, weil er seine innere Kraft in Schranken hält und sie harmonisch wirken läßt« (Carl Hinrichs).

Das Phänomen honnête homme läßt sich kurz beschrieben mit zwei Begriffen fassen: Ehre und Würde. Ehre bedeutete Unantastbarkeit eines erhöhten Lebens. Es war eine Gruppen- oder Standesehre, denn sie kam nur dem honnête homme zu und ihr eigentlicher Wert beruhte eben darin, daß sie ihn von dem gewönlichen Volke trennte. Sie gab aber auch dem Leben des Einzelnen einen Sinn und vermittelte ihm die Gewißheit, unter Seinesgleichen etwas darzustellen. Wenn sich der honnête homme an die Maxime hielt, nicht zu übertreiben, nicht einmal das Gute, sondern überall im rechten Maß zu bleiben, so galt dies nicht für die Ehre. Der geringste Zweifel an ihr war nur mit Blut abzuwaschen.

Sichtbarer Ausdruck dieser Ehre aber war die repräsentative Würde, die der barocke Adlige auszustrahlen bemüht war. Nichts gibt dem heutigen Betrachter davon einen lebendigeren Eindruck als die Portraits jener Zeit: die imposante, das Selbstgefühl unterstreichende Perücke; der feierlich-ernste Gesichtsausdruck, der in nichts an das fröhliche Festetreiben erinnert, das der Zeit sonst zugeschrieben wird; die gespannte, aufrechte Haltung; der Glanz des unter den schweren Falten eines prächtigen Oberkleides hervorleuchtenden Brustpanzers. Alles in allem scheint jedes dieser Bilder die Idealfigur des honnête homme einfangen zu wollen, einzig die individuellen Gesichtszüge geben ihm eine persönliche Note. Trotzdem wirkt das Ganze nicht gestellt, die Würde ist nicht Pose, sie wird mit allem Wissen und Wollen verkörpert.

Die Frage, ob die Entwicklung des honnête homme im Absolutismus und speziell am absolutistischen Hofe ihre Krönung erfahren hat, wie Hinrichs es darlegt, oder ob eben dieser Hof ihn bereits abgewandelt und denaturiert hat, wie Brunner argumentiert, sollte nicht zu einer Kontroverse ausgeweitet werden. Zweifellos trat ein Wandel ein. Verloren ging das persönliche Treueverhältnis zwischen Lehnsherr und Lehnsmann. Aus dem unabhängigen Landadel wurde nicht nur höfischer Adel, sondern, wie noch zu schildern sein wird, weitgehend auch Dienstadel; die Treue ersetzte der Gehorsam, an die Stelle persönlicher Ungebundenheit trat die Disziplin des militärischen Dienstes. Doch die Umorientierung trat nicht plötzlich ein, und es gibt auch keine Zeugnisse darüber, daß sie als Entwicklungsbruch empfunden worden wäre. War doch der honnête homme in seiner Haltung bereits zur Angleichung, Einordnung und zur Disziplin vordisponiert, und die ganze Mannigfaltigkeit der Titel und Ränge, Ehren und Ehrenstellungen, die in den neuen Dienstverhältnissen auf ihn warteten, kamen seinem Gefühl für würdige Repräsentation sehr entgegen.

Der Adel als erster Stand

Doch weder seine verfassungspolitischen Rechte auf der unteren Verwaltungsebene, weder sein soziales Prestige als Hausherr in seinem Eigentumsbereich als Grund- oder Gutsherr, noch seine ethischen Prinzipien, die ihn als honnête homme zur Leitfigur seiner Zeit stempelten, hätten den Adel vor dem Absinken in die Bedeutungslosigkeit provinziellen Krautjunkertums retten können. Sein Konkurrent, das Bürgertum, hatte ihn in finanzieller Hinsicht bereits im 16.Jahrhundert eingeholt wenn nicht überholt. An die Naturalwirtschaft gebunden, brachte ihm auch die erhöhte Belastung seiner bäuerlichen Hintersassen keine namhaften Kapitalerträge. Der Dreißigjährige Krieg, der im ganzen gesehen das flache Land weit mehr auspowerte als die Städte, tat ein übriges. Die kulturelle Substanz des Adels war, gesamteuropäisch gesehen, wie Otto Brunner nachgewiesen hat, erheblich stärker als man bisher annahm, aber dem Bürgertum waren – ganz abgesehen von urbanen Kulturinseln wie Holland – Einbrüche gelungen, etwa mit den Universitäten, die ihm über die Jurisprudenz den Weg in die höhere Verwaltung und Justiz öffneten. Auch die Erziehung des honnête homme verlangte die Bildungsreise, die aber selten mehr als eine Begegnung mit der Wissenschaft vermittelte.Das humanistische Bildungsideal kannte die Wissenschaften zwar, war aber noch nicht von ihnen beherrscht.

Wenn das Zeitalter trotzdem als das aristokratische in die Geschichte eingegangen ist, dann lag dies weniger an der Substanz, die der Adel einbrachte, als an seiner Anpassungsgabe, es lag an dem Bund, den er mit der Krone schloß und mit dem er sich ihr unterwarf. Der Landesherr war auf einen Bundesgenossen im Lande angewiesen. Zur Wahl standen der Bürger und der Edelmann. Sein Verhältnis zum Adel war das natürliche und engere, denn der Fürst gehörte selbst dem Adel an. So wurde aus dem getreuen Partner zur Zeit des dualistischen Ständestaates der gehorsame Diener in der absolutistischen Epoche.

Gelegentlich hat es in diesem Unterwerfungsprozeß hier und da Schwierigkeiten gegeben. Am bekanntesten wurde die rigorose Form, in der sich der Große Kurfürst von Brandenburg und sein Enkel König Friedrich Wilhelm I. in Preußen mit den Ständen auseinandersetzten. Ihr sollte jedoch kein paradigmatischer Charakter zugesprochen werden. Speziell die preußischen Stände, die jahrzehntelang die brandenburgische gegen die polnische Oberhoheit ausgespielt hatten und keine Form einer autoritativen Gewalt über sich gewöhnt waren, brauchten schon einen Ordnungsruf. Im übrigen war gerade in Preußen seit dem zweiten Drittel des 18. Jahrhunderts das Verhältnis des Adels zur Krone sehr eng und es wäre naiv zu glauben, er wäre in dieses Verhältnis gezwungen worden und wußte nicht seine Vorteile aus eigenem Antrieb zu wahren. Auch die Querelen in anderen deutschen Ländern – Beschwerden über die Nichteinberufung der Landtage u. ä. – ließen den Adel lediglich sein Gesicht wahren, die Zeit der Fronden war vorbei.

Es handelt sich dabei auch weniger um eine Entrechtung des Adels als um eine Verlagerung der Gewichte von der politischen auf die soziale Ebene. Der Verzicht auf die Mitwirkung in der großen Politik als ständische Vertretung mußte ihm relativ leicht fallen, soweit nicht eigene Belange betroffen waren, da er in der vorabsolutistischen Zeit noch deutlich überterritorial orientiert war. Das Wohl und Wehe der mit ihm verwandten und verschwägerten Adelssippen in benachbarten Ländern hatte ihm näher gestanden als das Schicksal seines Fürsten. Erst der Fürstendienst im absolutistischen Territorialstaat weckte seinen Patriotismus und lenkte das Interesse auf die Geschicke des Staates und seines regierenden Hauses.

Wenn sich nun der Adel auch unter dem absolutistischen Herrscher als der erste Stand im Staat präsentierte und bis weit in die parlamentarischen Monarchien des 19. Jahrhunderts als die führende Gesellschaftsschicht anerkannt wurde, so ist damit keine Restauration, keine Wiederbelebung des feudalen Mittelalters verbunden gewesen. Er verzichtete auf einen kooperativen Herrschaftsanspruch in der Landespolitik, obgleich er nach wie vor eine erstaunliche korporative Geschlossenheit bewahrte, stellte sich ostentativ in den Dienst der Krone, ordnete sich in die Hierarchie ein, machte sie zu der seinigen, übte dann aber auch über sie einen Einfluß auf die öffentlichen Angelegenheiten aus, der ihm seit Jahrhunderten nicht mehr zugestanden hatte. Die Anschauung also, der absolutistische Staat sei erst durch das gewaltsame Niederzwingen der adelständischen Herrschaft möglich geworden, ist in dieser Form nach dem heutigen Forschungsstand nicht mehr haltbar. Ein erzwungener Übergang ist, von Ausnahmen abgesehen, auch nicht zu belegen und erscheint schon von der späteren Situation her beurteilt höchst unglaubwürdig.

Erstens waren bestimmte Bereiche von Angehörigen der Adelsgesellschaft weiterhin mit Beschlag belegt. Als Grund- oder Gutsherr agierten sie als Hausherr über Besitz und Hintersassen; außerdem gehörte die untere Verwaltungsebene zu ihrer unbestrittenen Herrschaft und ermöglichte ihnen als einziger Instanz den unmittelbaren Kontakt mit dem gewöhnlichen Untertanen. Im Dienste ihrer Fürsten besetzten sie zweitens die entscheidenden Ämter in der Zentralverwaltung. Bürgerliche Juristen, gelegentlich als Konkurrenz gegen sie angesetzt, verschoben das Bild nicht wesentlich und wurden in den höheren Rängen auch durch Nobilitierung assimiliert. In diesen Bereich sind auch die Offizierstellen der Armee einzuordnen, das wohl umfangreichste und wichtigste Feld adliger Dominanz. Drittens endlich war der Adel von Geburt hoffähig, ein unersetzbarer Teil im Ritus des Herrscherkults und hatte als einziger Stand bei aller gebührenden Distanz kontinuierlichen unmittelbaren Kontakt mit dem Landesherrn. Alles in allem, der Absolutismus war ein von der Adelsgesellschaft geprägtes Zeitalter.

Es ist eine Eigentümlichkeit der Epoche, daß sich unter dieser führenden Gesellschaftsschicht Subkulturen eigener Provenienz kaum zu entfalten vermochten. Das gehobene Bürgertum suchte sich in Wohnstil, Lebenshaltung und Ambitionen der höfischen Gesellschaft anzugleichen. Selbst die höheren Stände des so urbanen Holland gaben sich, wie Jakob Burckhardt bemerkt, eher aristokratisch als bürgerlich. Wissenschaftler und Künstler waren notwendigerweise auf den Hof ausgerichtet, dort fanden sie ihre Mäzene. Wie weit das einfache Bürgertum – bis auf die ebenfalls vom Hof abhängigen »Hoflieferanten« – seine Vorbilder im Adel sah, wird heute nur noch aus musealen Kleidungs- und Möbelstücken zu erschließen sein. Bei den Bauern lassen sich dagegen ganz konkrete Bezüge nachweisen. Die heutigen bäuerlichen Trachten entstammen hauptsächlich dem Barock, und man kann in den meisten Fällen bis auf das Jahrzehnt genau bestimmen, wann sie der modischen Kleidung der Schloßbewohner nachgeschneidert sind.

Um ein Fazit zu geben: das absolutistische Staatswesen stellt sich in der Historiographie keinesfalls in einer übersichtlich geordneten Pyramide mit sauber abgegrenzten Kompetenzen dar. Der in einer nur seiner Zeit begreifbaren Apotheose allem Ordinär-Menschlichen entrückte Herrscher von Gottes Gnaden und die ihm unmittelbar zur Verfügung stehende Zentralverwaltung sind in ihrer Bedeutung als zentralisierendes Kernstück absolutistischer Regierungspraxis wohl nicht gerade überschätzt, aber doch als zu alleingültig gesehen worden. Eine unerwartete Rechtfertigung dagegen erfährt der landständische Adel als zweiter Faktor, der sozial noch sicher im Ganzen Haus verankert, in seiner Sphäre einen relativ unabhängigen Herrschaftsbereich in Verwaltung, Erziehung und Rechtsprechung für sich beanspruchen konnte.

Außerhalb dieser beiden Komplexe scheinen sich der Forschung keine historisch relevanten Ereignisse oder Zusammenhänge mehr angeboten zu haben. Natürlich hat es ein Bürgertum gegeben, dessen Gewerbefleiß die Staaten ihre Prosperität verdankten, oder ein Bauerntum, das dem Adel seine wirtschaftliche Basis garantierte. Beide Stände zusammen brachten fast die gesamten Steuern für den Staatshaushalt auf. Aber das ändert nichts an ihrer historisch passiven Rolle; sie traten erst unter dem Banner der französischen Revolution als Dritter Stand voll in das Licht der Geschichte. Bis dahin blieben sie in der Anonymität und wurden nur dort zur Kenntnis genommen, wo sie die Grenze zu den beiden genannten Komplexen überschritten, etwa als »Bildungsbürgertum«, dem sich interessierte Adelskreise öffneten und das sogar Zugang zum Hofe fand.

Es mag erstaunlich klingen, aber auch für die Militärgeschichte dieser Zeit bleiben oder blieben die niederen Stände – Bürger und Bauern – eine Randerscheinung. Sie beteiligten sich weder an der Diskussion über Größe, Struktur, Finanzierung und Einsatz der Streitkräfte oder ihr Verhältnis zur Krone und zum Land, noch hatten sie einen legitimen Einfluß auf den inneren Dienst, die Behandlung und Haltung der Truppe und beanspruchten ihn auch nicht. Sie stellten nur die Soldaten und genau besehen taten sie nicht einmal das. In der Regel rekrutierten sich die Mannschaften nämlich aus dem sonst nicht verwendbaren Überhang der besitzenden Stände, den zweiten oder dritten Söhnen, Stellungslosen und Arbeitsscheuen.

Der Zeitgeist

Die moderne Absolutismusforschung, um neue Aspekte bemüht, beschränkt sich noch auf Schwerpunkte. Ihre Ergebnisse stehen daher – ohne sich zu widersprechen – gelegentlich etwas unvermittelt nebeneinander, doch gerade dank dieser äußerlichen Uneinheitlichkeit wird der Eindruck einer geschlossenen, in sich ruhenden Epoche vermieden, der unberechtigt ist. Mittelalterliche Ordnungsvorstellungen existierten noch sehr lebendig neben modernen Einrichtungen und Regelungen und bewirkten, daß sich Staatsauffassung und Staatswirklichkeit nur sehr unvollkommen zur Deckung bringen ließen. Das schloß nicht aus, daß so etwas wie eine Zeitströmung, ein gemeinsamer Zeitgeist bestand, der die Länder, Stände und Generationen miteinander verband. Nachzuweisen ist er nur mittelbar – für seine Zeit war er zu selbstverständlich, um besonders formuliert zu werden – und so kann er nur aus Thesen, die ihn begründeten, oder aus Verordnungen für oder gegen ihn erschlossen werden, aus Reaktionen der Obrigkeit oder der Untertanen, die ohne ihn nicht zu erklären wären.

Max Weber führte zeittypische Lebensäußerungen dieser Epoche auf die allgemeine Tendenz zur »Rationalisierung der Lebensgestaltung« zurück. Gerhard Oestreich, der das Phänomen in verschiedenen Arbeiten behandelt, sieht die Zusammenhänge, ohne Weber zu widersprechen, mehr als ein allgemeines Streben nach Zucht und Ordnung, das er unter dem Begriff „Sozialdisziplinierung" zusammenfaßt.

Er sieht in der Sozialdisziplinierung eine Reaktion auf die Wirrnisse der konfessionellen Spannungen und Kriege des 16. und 17. Jahrhunderts. Die Verflechtung von Politik und Religion, der konfessionelle Fanatismus, der sogar die Familien zerriß, hatte die politische wie auch die soziale Ordnung zerstört und ein Chaos erzeugt, in dem der Einzelne sich jeder Gewalt und Willkür ausgeliefert fühlte. Das einzige Mittel, der Angst und dem Terror zu entgehen, sah die Staatstheorie des Späthumanismus in der völligen Enttheologisierung der Politik und der Errichtung des rein auf Zucht und Ordnung aufgebauten Staates. In den Leitwerten des alten Rom: auctoritas, temperantia, constantia und disciplina, fanden sie das moralische Gerüst, um das der neue Staat aufzubauen war. Es sei dahingestellt, ob die Gelehrten des Späthumanismus dem Absolutismus seine ersten moralpolitischen Regeln aufgestellt oder ob sie lediglich bereits vorhandenene Vorstellungen mit einem Rückgriff auf die Antike untermauert haben. Zusammenhänge sind jedenfalls vorhanden.

In der Tat scheint der Absolutismus nicht als Zwangsregime eingeführt worden zu sein. Die Bevölkerung erwartete geradezu Autorität, Obrigkeit und Unterordnung, das Denken in Befehl und Gehorsam, eine funktionsgerechte Bürokratie und eine disziplinierte Armee. Es lebte sich leichter, gefahrloser und geordneter unter einer befehlsgewohnten Verwaltung, sie garantierte Sicherheit. Doch es sind nicht nur rationale Gründe; aus den überlieferten Zeugnissen spricht geradezu ein Bekenntnis zu Ordnung und Disziplin: die strengen Regeln der Dichtkunst, die Symmetrie der barocken Architektur, die Mathematik der Gartenanlagen, die höfische Etikette, der selbst der Herrscher unterworfen war, die gesellschaftlichen Umgangsformen allgemein, die Lebensformen des honnête homme und nicht zuletzt das Reglement des Exerzierplatzes. Die zahllosen Polizeiordnungen, die das Kleiden und Benehmen des einfachen Mannes zumindest in der Öffentlichkeit bis ins Detail festlegten – übrigens einer der Einbrüche in den Bereich des Ganzen Hauses – sind vielleicht nur ein Beispiel für den Ordnungsfanatismus der Behörden, denn aus ihnen spricht unüberhörbar der Obrigkeitsstaat. Anders die Zunftsatzungen und das Zunftzeremoniell: ihre ebenso detaillierten wie ausgeklügelten Regeln entsprachen schon einem eigenen Ordnungssinn des Bürgers, was nicht hinderte, daß sie von einer späteren Zeit als die große Fessel der Gewerbefreiheit verworfen wurden.

Der Sinn für Disziplin ist einer der bleibenden Werte, den der Absolutismus in die Geschichte eingebracht hat, wenngleich ihm die Auswüchse schwer angekreidet worden sind. Er gehört zu den unverzichtbaren Voraussetzungen nicht nur des absolutistischen Staates sondern des modernen Staates überhaupt. Demokratie ist ohne Disziplin undurchführbar.

So gravierend das Einwirken der Disziplin auf die allgemeine Lebenshaltung und insbesondere auf Sitten und Gebräuche des Militärs gewesen sein mag, sie war nicht das einzige öffentlich-sittliche Gebot für den barocken Menschen, vor allem nicht seine einzige Bindung an den Staat. Mit ihr zusammen muß der Pflichtenkanon des Neustoizismus genannt werden, der dem neuerrichteten Stehenden Heer ebenfalls seine Spuren eingezeichnet hat. Auch das religiöse Leben bot gewichtige Anstöße. Alle Konfessionen verkündeten eine lebensnahe und praktisch anwendbare Moral, die der Weberschen Rationalisierung der Lebensgestaltung in keiner Weise im Wege stand.

Von diesem Katalog aus war der Schritt nicht weit zum merkantilen Denken, das als das Gegengewicht zum Gottesgnadentum und zur Fürstenverehrung die rationale Komponente voll zur Geltung brachte.

Merkantilismus ist die wirtschaftswissenschaftliche Bezeichnung für die Epoche des Absolutismus. Dem Wortsinn zufolge – neulat.: mercari = Handel treiben – nahm der Merkantilismus seinen Ursprung in den Seestaaten, wo die großen Handelskompanien, von den Regierungen stark gestützt, riesige Reichtümer sammelten. Begünstigt wurden die Einfuhr von Rohstoffen, auch durch die rigorose Ausbeutung von Kolonien und durch hohe Schutzzölle, und die Ausfuhr von Fertigwaren mit dem Ziel einer möglichst hohen aktiven Handelsbilanz. In Frankreich und im binnenländischen Europa wirkte sich das Merkantilsystem als ein die gesamte Volkswirtschaft umfassender staatlicher Dirigismus aus. Speziell in Frankreich suchte der Finanzminister Colbert neben seiner weitgreifenden Seehandelspolitik Binnenhandel und Gewerbe durch eine kaum überschaubare Fülle von Verordnungen zu aktivieren. Der »Colbertismus« scheiterte zum Teil an dem Mangel an Initiative in der französischen Bevölkerung, vor allem jedoch an der völlig anders ausgerichteten barocken Vorstellungswelt von König Ludwig XIV. In Frankreich meldeten sich auch die ersten Gegner des kompromißlosen Merkantilismus, die Physiokraten zu Wort, indem sie eine auf der Landwirtschaft basierende und auf einen nicht vom Staat gelenkten Handel hinauslaufende »Harmonie« der Wirtschaft propagierten.

In Deutschland und Österreich kamen die Versuche, Handelskompanien zu installieren oder sich anderweitig im Schutze landesherrlicher Initiative am Welthandel zu beteiligen, zu keinem Dauererfolg (s. dazu Band 4, Abschnitt VIII, S. 18 ff). Als deutsche Variante des Merkantilismus löste der »Kameralismus« eine Flut an Literatur aus, darunter die Schriften der ersten namhaften Wirtschaftstheoretiker deutscher Zunge: Becher, Hörnigk, Schröder, Justi, Sonnenfels. In der Praxis vereinheitlichte der Kameralismus die Staatsverwaltung. Er lenkte und förderte Handel und Gewerbe, um damit die Voraussetzung für geordnete und erhöhte Steuereinnahmen zu schaffen.

Die dem Merkantilismus eigene enge Verflechtung von Politik und Wirtschaft ermöglichte es dem Landesherrn, für den Wohlstand seines Landes und das Wohlergehen seiner Untertanen Sorge zu tragen. Bekannt sind die Bemühungen um die Aufhebung des Zunftzwanges, die Hilfen zur Industrialisierung, die »Peuplierung« bevölkerungsarmer Landstriche und der auf Anregungen der Physiokraten beruhende Schutz der Bauern, den selbst das adelsfreundliche friderizianische Preußen praktizierte. Es darf aber nicht übersehen werden, daß in dieser letzten Phase des Frühkapitalismus das Geld, sein Bestand und sein Umlauf, als die »unmittelbare Grundlage der Staatsmacht« angesehen wurde, und daß alle diese Förderungen und Investitionen ausschließlich auf fiskalischen Gewinn zielten. Der Staat wurde sogar selbst zum Unternehmer, sei es durch Beteiligung an Industriebetrieben, sei es durch eigene – möglichst durch ein Monopol gestützte – Gründungen. In dieses Bild fügt sich nahtlos die Errichtung stehender Regimenter als Kapitalanlage und Voraussetzung für Subsidienverträge (»Soldatenhandel»). Selbst die Bewirtschaftung einer größeren Truppenmacht konnte sich positiv auf den Fiskus auswirken, wofür der großartige Aufschwung der preußischen Wollindustrie ein beredtes Beispiel gibt. Alles und Jedes hatte seinen Preis, jede Standeserhöhung, jede Heirat – besonders die politische –, jeder politische Vertrag. Die Bestechung war eine übliche, allgemein bekannte Form der politischen Verhandlung, und Dank und Gnade des Landesherrn drückten sich noch nicht ausschließlich in Ordensverleihungen aus, sondern in Dotationen. Deshalb die Zeit als besonders geldgierig oder auch nur materialistisch einzustufen, hieße, sie gründlich mißzuverstehen, sie hatte lediglich ihre eigenen Maßstäbe und ihre eigenen Tugenden.

Der Aufgeklärte Absolutismus

Die Anfänge des modernen Staates sind bereits im Hohen Mittelalter zu suchen, seine erste greifbare Ausprägung fand er dann im klassischen Absolutismus. Doch im Vergleich zu den »iura et libertates«, den Rechten, Privilegien und Freiheiten der Korporationen und sich überlagernden oder miteinander konkurrierenden Rechtsbereichen des Mittelalters mutet die neue absolutistische Ordnung bereits wie ein gewaltiger Schritt zum Heute an; im Vergleich zum Heute erscheint sie in einer eigentümlichen Fremdheit.

Es muß daher eine Phase des Umbruchs gegeben haben. Die Geschichtswissenschaft ist gerade dabei, dem »Aufgeklärten Absolutismus« die Aureole eines fin de siècle zu nehmen und in ihm die neuen Denkansätze aufzuspüren, aus denen das Zeitalter der Reformen dann die praktischen Konsequenzen gezogen hat.

Ohne eine Analyse des Zeitalters zu geben, sollen doch einige Bemerkungen die Zusammenhänge erklären, die für das Verständnis seiner Militärgeschichte dienlich sind. Allgemein bekannt ist die humanitäre Komponente des Aufgeklärten Absolutismus. Angeregt durch die menschheitsbeglückenden Grundsätze der Aufklärung, sah es der Monarch als seine Hauptaufgabe an, seine Untertanen glücklich zu machen, dies aber nicht mit dem christlich verbrämten, patriarchalischen Besorgtsein der »Betefürsten« der frühen Neuzeit, sondern in ausgeklügelter Wohlfahrtspolitik, die »das größtmögliche Glück der größtmöglichen Zahl« erreichen wollte. Da nun aber der Untertan als Einzelwesen gar nicht in Erscheinung trat und außerdem die Masse der Untertanen weder als Korporation noch in sonst einer Form aktiv politisch wirksam werden konnte, sondern immer nur als Objekt der Politik behandelt und benutzt wurde, konnte ihm das Glück auch nicht als individuelle Gabe übermittelt werden, es wurde ihm vielmehr als Verordnung oktroyiert. In einer Zeit, in der die Kirche gleich welcher Konfession den Segen von Arbeit und Pflichterfüllung predigte, in der die Philosophie Ordnung und Disziplin gebot und die Wirtschaftstheorie des Merkantilismus rein auf Gewinn ausgerichtet war, hieß Glück auch nicht Sich-Verlieren in privatem Genuß. Es mußte einen greifbaren, verwertbaren Inhalt haben, von Nutzen sein – zum Wohle aller und das hieß zum Wohl des Staates. Nach der Theorie von der Unmündigkeit der Untertanen waren diese jedoch gar nicht fähig, allein den richtigen Weg zum Glück zu finden. Hier mußte die Obrigkeit mit Verordnungen und Kontrolle eingreifen, dem Ausbau des Obrigkeits- und Polizeistaates waren also keine Grenzen gesetzt.

Vom humanitären Aspekt her war ein nicht mehr zu überbietendes Endstadium erreicht: die alles durchdringende Behördenaufsicht und Polizeigewalt diente dem Glück der Untertanen und dem Nutzen des Staates. Aufgeklärter Absolutismus bedeutete daher in den Augen des gebildeten Deutschlands – nicht einhellig und nicht ohne Vorbehalte, aber doch als gängiger Allgemeinplatz – nicht bloße Endphase sondern die reife Ernte, Vollendung und Höhepunkt eines ganzen Zeitalters. Der Vergleich zwischen Friedrich dem Großen – dem »Philosophen auf dem Throne« und Prototyp des aufgeklärten Monarchen – und Ludwig XIV. – dem prägnantesten Vertreter des klassischen Absolutismus –, der in keinem der älteren Geschichtsbücher fehlt, mußte zwangsläufig zugunsten des Preußenkönigs ausfallen.

Anders als die humanitäre bietet die rationale Komponente des Aufgeklärten Absolutismus Ansätze zu einer differenzierteren Beurteilung, in der sich zudem die Akzente nicht unwesentlich verschieben. Aufklärung, nicht mit dem Ziel des Wohlergehens sondern des Sieges der Vernunft, stellte vor allem die Position des Herrschers von Gottes Gnaden in Frage und überprüfte sein Verhältnis zu den Untertanen und zum Staat. Kritik an den Auswüchsen absolutistischen Herrschergebarens meldete sich schon früh, Ende des 17.Jahrhunderts sogar am französischen Hof etwa aus dem Munde des Prinzenerziehers Fénelon oder des Festungsbaumeisters Vauban. Auch deutsche Stimmen wandten sich gegen die Gewinn- und Genußsucht oder Gier nach Kriegsruhm, zu dem die Herrschertugenden leicht pervertieren konnten. Die Krise trat aber erst mit der Säkularisierung des Herrscherbildes ein und zwar in dem Augenblick, als der Herrscher selbst sein Amt nicht mehr als Stellvertretung Gottes auffaßte, sondern auf dem Staatsvertrag begründete.

Der Staats- oder Gesellschaftsvertrag kann bis in die klassische griechische Philosophie zurückverfolgt werden. Er schließt jede göttliche Einwirkung auf das Recht, insbesondere das Staatsrecht aus. Recht beruht seiner Theorie nach auf menschlicher Übereinkunft zur Gründung und Sicherung politischer Gesellschaften, also Staaten. Die Leitung eines solchen Staates kann von der Gesellschaft – dem Volk – nach dem Prinzip der Volkssouveränität einer ihr verantwortlichen, von ihr einzusetzenden und absetzbaren Regierung oder aber einem Einzelnen – dem Monarchen – unwiderruflich übertragen werden. Auch der Monarch hat sich jedoch an die Normen des Rechts zu halten.

Mit der Anerkennung der Vertragstheorie, die im 18. Jahrhundert weiter verfeinert und präzisiert wurde, verlor der Herrscher nicht nur sein Gottesgnadentum, er verzichtete auch auf seine Identifizierung mit dem Staat. Im klassischen Absolutismus waren die Untertanen aller Stände, nicht unter sich, aber in ihrem Verhältnis zum Herrscher und Staat, gleich; sie dienten dem Staat, indem sie dem Herrscher dienten, denn der Herrscher war der Staat. Der aufgeklärte Monarch dagegen fühlte sich den Menschen gleich und war ebenfalls ein Diener des Staates. Es änderte sich damit nichts an seiner absoluten Regierungsgewalt, sie wurde sogar noch kompromißloser. Trotzdem leitete die Trennung von Staat und Monarch einen radikalen Wandel ein. Bei aller überspannten Eigenwilligkeit, Rigorosität und Fremdartigkeit war der Absolutismus des 17. und beginnenden 18. Jahrhunderts doch etwas natürlich Gewordenes, das bruchlos aus der vergangenen Epoche hervorgewachsen war. Er akzeptierte noch Einrichtungen, die ihm widersprachen, wie etwa die patrimoniale Ständegewalt, er erkannte noch Grenzen innerhalb seines Machtbereiches an, die der moderne Staat nicht respektiert. Mit der Verselbständigung und Erhöhung des Staates, seinem Wandel vom Machtinstrument zum Machtinhaber wurde eine ganz neue Form von Untertanenschaft geschaffen. Noch gab es keine Teilung der Gewalten, keine öffentliche Kontrolle, aber den Anspruch, jeden Einzelnen aus den altgewohnten lokalen Bindungen zu lösen und einer möglichst alles durchdringenden anonymen Gewalt zu unterwerfen. Selbst der Monarch geriet in eine bis dahin nicht gekannte Abhängigkeit. Er herrschte nicht mehr unbeschränkt, sondern war dem Wohle des Staates und den Prinzipien der Staatsraison betont verpflichtet, hatte keine Rechenschaft abzulegen, mußte aber, denn er wollte vernünftig regieren, in der Lage sein, jede Regierungsmaßnahme, jede Reform sachgerecht zu begründen. Eine verständliche Begründung jedoch war nur aus der Zeitströmung – der Aufklärung – heraus möglich. Hier aber begann das Dilemma, häuften sich die Unausgeglichenheiten und inneren Widersprüche, die den Aufgeklärten Absolutismus zu einer Staatstheorie degradierten, die sich in der Praxis selbst widerlegte.

Der erste Widerspruch lag schon in der Person des Monarchen selbst. Wenn er ein Mensch wie alle anderen war, dann hieß für ihn vernünftig regieren: entweder mit einer Befähigung und einer Hingabe regieren, die ihn vor allen anderen Menschen seines Landes auszeichnete, oder aber sein Regieren etwa im Rahmen einer konstitutionellen Monarchie auf bestimmte, von ihm persönlich erfüllbare Fähigkeiten beschränken. Die erste Möglichkeit war für den nicht durch erwiesene Tüchtigkeit sondern durch Geburt mit einem solch hohen Amt Versehenen eine unerfüllbare Forderung, die zweite bedeutete das Aufhören der absolutistischen Monarchie. Soweit sich die Monarchen überhaupt von solchen Zeitproblemen angesprochen fühlten und sich nicht durch Tradition und eingefahrene Gewohnheiten weitertragen ließen, haben sie ihre Stellung durch betonte und erhöhte Pflichtauffassung zu rechtfertigen gesucht. Symptomatisch sind für die Zeit außerdem neben den zumindest in Angriff genommenen Verwaltungsreformen die Rechtskodifikationen in einzelnen Ländern, die einer durch Vernunft begründeten Herrschaftsgewalt ein gewisses Hilfsgerüst zu bieten schienen.

Andere Widersprüche sind einfach aus der Tatsache zu erklären, daß es sich beim Aufgeklärten Absolutismus um eine contradictio in adjecto handelt. Aufklärung und Aufgeklärter Absolutismus beriefen sich zwar auf dieselben Ursprünge, aber Aufklärung und Absolutismus waren eine sehr künstliche Bindung und schlossen gelegentlich einander sogar aus. Letzten Endes wurde die Aufklärung vom Bürgertum getragen, und der Absolutismus blieb eine Regierungsform feudalistischer Provenienz. Zwischen beiden bestand gewissermaßen ein Vertrag auf Zeit. Die Aufklärer sahen in den despots éclairés eine Möglichkeit, zum mindesten einen Teil ihrer Vorstellungen in die Wirklichkeit umzusetzen, und die Landesherren spürten, daß mit den neuen, zweifellos nicht ganz ungefährlichen Ideen, die stürmisch allem Antiquierten den Kampf ansagten, tatsächlich so manche alten Einrichtungen, die ihnen im Wege waren, abgebaut oder Neuerungen, die etwa die Staatseinnahmen vergrößerten, eingeführt werden konnten.

Absolutismus und Aufklärung waren europäische Bewegungen, und sie haben sich in jedem der europäischen Länder auf eine besondere Weise geäußert; Zusammenhänge oder Divergenzen sollten also vor dem europäischen Hintergrund betrachtet werden. Die Wissenschaft ist sich darüber einig, daß drei Staaten wohl eine intensive Phase der Aufklärung, aber keine des Aufgeklärten Absolutismus erlebt haben: England, Holland und Frankreich. Hier existierte ein selbstbewußtes, wirtschaftlich fundiertes gehobenes Bürgertum, das die Aufklärung in ihrer ganzen Breite diskutierte und auf sich wirken ließ. Für eine absolutistisch dirigierte »Revolution von oben« bestanden weder die Voraussetzungen noch das Bedürfnis, auch nicht in Frankreich, wo königliche Regierung und Dritter Stand aneinander vorbeilebten.

Den übrigen europäischen Staaten stellte sich – soweit sie absolutistisch regierte Monarchien waren – das Problem in einer ganz anderen Weise. Aufklärung bedeutete in die Praxis umgesetzt Durchführung von Reformen. Jedes der einzelnen Staatsoberhäupter bemühte sich um Reformen, die seiner speziellen Situation am ehesten gerecht wurden, besonders nützlich waren, so daß nicht ein Programm dem anderen glich. Verallgemeinert zielten die Reformen auf eine antiständische, zentralistisch bis nach unten durchbürokratisierte, steuerlich abgesicherte, absolute Monarchie. Es ist dem Aufgeklärten Absolutismus gelungen, im katholischen Europa den geistigen wie wirtschaftlichen Einfluß der Kirche zugunsten der staatlichen Autorität einzuschränken. Als weiteren Erfolg konnte er auf ganz Europa bezogen Verwaltungs- und Steuerreformen für sich buchen, die ihm ein stärkeres Erfassen der unteren Untertanenschichten und eine Erhöhung der steuerlichen Einnahmen einbrachten. Ebenso sorgte er, angeregt durch die Theorien der Physiokraten, für Einschränkung des Zunftzwanges, Gewerbefreiheit, Steuerbegünstigung des Handels und erste, wenn auch begrenzte Maßnahmen zur Bauernbefreiung. Im späten 18. Jahrhundert haftete den Republiken und verfassungsmäßig beschränkten Monarchien der Geruch veralteter Verwaltungspraktiken an, während die absolutistisch regierten Staaten als modern und progressiv eingeschätzt wurden. Trotzdem sollten die Fortschritte nicht überschätzt werden, manches blieb in den Anfängen stecken oder mußte wieder aufgehoben werden. Die eigentlichen Reformen wurden erst durch die französische Revolution ausgelöst.

Diese doktrinären Formen der Umsetzung der Aufklärungsprinzipien in rationale Verwaltungspraxis bedeuteten nun nicht, daß die Potentaten keine innere Beziehung zu dem neuen Ideengut gehabt hätten. Nur haben sie sich nicht klar gemacht, wie weit sie durch die originären Maximen der Aufklärung selbst in Frage gestellt wurden. Sie haben sich eine eigene Regierungsaufklärung zurechtgestutzt – eben den Aufgeklärten Absolutismus – die ihre Position nicht antastete und sogar einen Ausbau absolutistischer Verwaltungspraxis ermöglichte. Zweifellos hat der Absolutismus Gedankengut der Aufklärung übernommen und zumindest Ansätze für ein politisch engagierfreudiges Bürgertum geschaffen, Ansätze also, die sich erst Jahrzehnte später zur politischen Relevanz auswuchsen. Ohne seine Vorleistung hätte die Idee der Französischen Revolution niemals das Verständnis und den Widerhall gefunden, aus dem ein neues Europa hervorwachsen sollte.

Trotzdem bildet der Aufgeklärte Absolutismus keine Stufe in der historischen Entwicklung. Auf ihm war nicht mehr weiterzubauen; er ist die Endphase eines Zeitalters, das zu überleben versuchte, indem es sich mit den Errungenschaften einer neuen Zeit schmückte, ohne verhindern zu können, daß gerade die Neuerungen zerstörende Kraft besaßen.

Diese Diskrepanz kann – wie Aretin, Raumer u. a. belegen – an dem Verhältnis zur Freiheit verdeutlicht werden. Noch für den Absolutismus war politische Freiheit nur als korporative Freiheit, als ständische »Libertät« zu verwirklichen, die nicht allein dem landständischen Adel sondern auch seinen Hintersassen zugute kam. Sie gewährte auch ihnen gewisse Rechte und schützte sich vor Übergriffen der staatlichen Autorität, etwa vor steuerlicher Überbelastung oder, um im militärgeschichtlichen Rahmen zu bleiben, vor überhöhten Quartierlasten und zu rigoroser Söldnerwerbung. In dem Maße jedoch, in dem der Reformeifer die von der Libertät auf der lokalen Ebene gesicherte patriarchalische Ordnung durch eine zentral dirigierte Beamtenbürokratie abzulösen versuchte, schränkte sie eben diese Libertät ein, ohne an ihre Stelle etwas Neues zu setzen. Freiheit im Sinne der Aufklärung, also die von Rousseau so nachdrücklich verkündete persönliche Freiheit, die als einziges äquivalentes Gegengewicht eine bis zum Untertanen herabreichende staatliche Zentralverwaltung erträglich gemacht hätte, widersprach automatisch den Ordnungsvorstellungen des absolutistischen Regimes, wonach allein der Monarch und sein Apparat bestimmten, was zum Wohle der Untertanen zu tun und zu lassen sei. Das Zurückdrängen der ständischen Libertät – übrigens auch eine Forderung der Aufklärung, die ja unter Freiheit etwas anderes verstand – erweiterte nicht den Freiheitsraum, sondern grenzte ihn weiter ein: ein Beispiel dafür, daß der Aufgeklärte Absolutismus die Französische Revolution, die »Revolution von unten«, nicht zu ersetzen vermochte, sondern sie im Gegenteil herausforderte.

Der inneren Widersprüchlichkeit entsprach eine geradezu beispielhafte Unfertigkeit, ein Steckenbleiben in halben Maßnahmen, ein Zurücknehmen übereilter Reformen. Reformen waren nur möglich in der Auseinandersetzung mit der feudalen Grundstruktur in den einzelnen Ländern, also mit dem landständischen Adel. So ist es noch verständlich, daß in Preußen unter dem adelsfreundlichen Friedrich dem Großen nicht viel von Reformen zu spüren war, die Bauernbefreiung auf die Domänen beschränkt blieb und das preußische Landrecht ständische Gliederung und ständische Rechte fixierte. Wenn aber in Staaten, in denen die Monarchie dem Adel mit deutlicher Zurückhaltung, wenn nicht gar Feindschaft gegenübertrat – Österreich unter Joseph II. und Schweden unter Gustav III. sind exponierte Beispiele –, dieser auf die Dauer dennoch seine gesellschaftliche Position behielt und seinen politischen Einfluß wiedergewann, so sind die Ursachen hierfür letzten Endes im feudalen Charakter des Absolutismus zu suchen.

Natürlich hat der Adel in diesen Dezennien auch gelernt, sich anzupassen, das gehobene Bürgertum als einen möglichen politischen Faktor zur Kenntnis zu nehmen, hat zum Beispiel die Bildung, vor allem juristische Examina, als Kriterium für höhere Dienstposten akzeptiert – für den adligen Offiziersnachwuchs wurden die ersten Kadettenanstalten gegründet –, er war aufgeschlossen, modern, den Anforderungen seiner Zeit gewachsen, ohne seine ständische Sonderstellung aufgeben zu müssen. Es waren also nicht zuletzt die Anforderungen und Anreize des Aufgeklärten Absolutismus, die die Adelsgesellschaft befähigten, ihre im 17. Jahrhundert errungene Position weit über die Zeit des ancien régime hinaus zu verteidigen.

Während die Bezeichnung »Aufgeklärter Absolutismus« für die auslaufende Phase der Epoche allgemein gebilligt wird, bestehen doch Kontroversen wegen ihrer zeitlichen Einordnung. Als Endpunkt bietet sich die französische Revolution von 1789 an, denn schon in der Napoleonischen Ära richtete sich Denken und Handeln nach anderen Maximen. Der Beginn ist ganz formal in den einzelnen Staaten durch den Regierungsantritt des Monarchen festgelegt, der als »aufgeklärt« bezeichnet wird, denn der Monarch bestimmte, was Aufklärung war. Nach diesem Schema begann der Aufgeklärte Absolutismus mit Friedrich II., dem Großen, König in Preußen 1740.

Die Fixierung des Beginns ausgerechnet auf den Regierungsantritt Friedrichs II. könnte Widerspruch hervorrufen. Zweifellos hatte Friedrich eine intensive Beziehung zur Aufklärung, aber seine Verwaltungspraxis spiegelt, wenn auch mit Ausnahmen, ein doch nur schwaches Abbild aufklärerischen Denkens wider, eher eine ideenlose Weiterführung des väterlichen Erbes. In seinen letzten Regierungsjahren zeigte er sich etwa im Vergleich zu seinem Zeitgenossen Karl Friedrich von Baden ausgesprochen reformfeindlich, wenn nicht reaktionär. Dagegen war sein Vater Friedrich Wilhelm I., der Soldatenkönig, mit seinen Verwaltungsreformen der Zeit weit voraus. Er distanzierte sich auch von dem zeitgemäßen Herrscherkult, suchte den unmittelbaren Kontakt zu seinen Untertanen und schuf eine subsidienfreie Armee, die seinen Nachfolger instandsetzte, Großmachtpolitik zu treiben. Mit anderen Worten, es scheint so, als ob die Geschichte des Absolutismus in Preußen – und Preußen war das Beispiel für Deutschland – die modernen Periodisierungsversuche Lügen straft und nachweist: es war alles ganz anders.

Nun muß zugegeben werden, daß sich Friedrich Wilhelm I. als ein historisches Ärgernis jeder Typisierung entzieht, jedem Strukturmodell der Zeit im Wege steht und dazu verleitet, entweder eine preußische Geschichte ohne Europa oder eine europäische Geschichte ohne Preußen zu schreiben. Eine sachliche Analyse aber wird feststellen, daß auch er ein Kind seiner Zeit war, wenn auch ein protestierendes. Sein Verhältnis zu den Untertanen resultierte nicht aus der an die Aufklärung gebundenen Menschwerdung des Herrschers, der sich wie alle anderen als Diener des Staates sieht, sondern aus der noch vorabsolutistischen Gemeinschaft des Ganzen Hauses. Sein Selbstverständnis als Herrscher war noch nicht gebrochen, für ihn waren Staat und Herrscher noch identisch – man denke an seine Beschlagnahme der Untertanen mit dem Ausspruch: »die Seele ist for Gott, alles andere ist for mir« – und als Ersatz für den Herrscherkult huldigte er dem Soldatenkult, wie so mancher seiner regierenden Zeitgenossen. Bei Verzicht auf den borussophilen Akzent gliedert sich die preußische Geschichte zwanglos in die europäische ein.

B. Die überlieferten Wehrformen

In seinem berühmten Aufsatz »Staatsverfassung und Heeresverfassung« aus dem Jahre 1906 teilte Otto Hintze die Geschichte in drei Großkategorien ein: »die Epoche der Stammes- und Geschlechtsverfassung in der Urzeit, die Epoche des Feudalismus im Mittelalter und die Epoche des Militarismus in der neueren Zeit, die uns das doppelte Bild einerseits des absolutistischen Militärstaates, andererseits freierer Verfassungen mit vorwiegend milizartiger Wehrordnung zeigt«. Die militaristische Epoche zerlegte er wiederum in drei Abschnitte, in die Zeit der noch nicht dauernd mit dem Staat verbundenen Soldheere, in die Zeit des ausgebildeten absolutistischen Militärstaates von der Mitte des 17. bis zur Wende des 18. zum 19. Jahrhundert und in die Zeit der Allgemeinen Wehrpflicht. Absolutismus und Militarismus hängen für ihn eng zusammen, denn »in den kontinentalen Staaten wird die Armee geradezu zum Rückgrat des neuen zentralisierten Großstaates«.

Auch unter der Voraussetzung, daß hier dem Begriff Militarismus noch nicht der pejorative Sinn unterliegt, den er sich in der neuesten Zeit erworben hat, ist die entschiedene Unbedingtheit, mit der die dominierende Rolle des Militärischen herausgestellt wird, heute nicht mehr ganz vertretbar. Doch es gehört als ein unübersehbares Element zum Erscheinungsbild des Absolutismus. Neu war an ihm allerdings, daß es nicht mehr nur in Kriegs- und Spannungszeiten als eine zusätzliche Belastung in Erscheinung trat, sondern daß es auch im Frieden existierte, eine Einrichtung auf Dauer, die damit naturgemäß ein ganz anderes Gewicht beanspruchte als die auf Zeit geworbenen Söldnerfähnlein oder -regimenter. Stehende Truppen wurden zwar ähnlich wie die früheren Söldner auch weiterhin möglichst isoliert, wie ein Staat im Staat gehalten. Trotzdem ließ es sich nicht vermeiden, daß sich die Verwaltungsapparatur auf sie einstellte, daß Wirtschafts- und Finanzfragen Neuregelungen erzwangen, daß die Bevölkerung ein anderes Verhältnis zur Truppe gewann, daß die Truppe selbst sich änderte in ihrer sozialen Struktur, in Haltung und Gesinnung, in ihrem Verhalten gegenüber dem Kriegsherrn und den Untertanen. Auch die Gründe für die Errichtung Stehender Heere ausgerechnet in der zweiten Hälfte des 17. Jahrhunderts sind aus politischen und ideologischen Konstellationen abzuleiten, die neu oder anders waren als vorher und die ihr Gewicht haben mußten.

Selbstverständlich standen die sich konsolidierenden Staatswesen, die großen und kleinen Souveräne, zu keiner Zeit in einer Situation, die es ihnen gestattete, das Vergangene zu vergessen und neu anzufangen. Schon im einleitenden Kapitel ist betont worden, daß auch der Westfälische Frieden keinen Schnitt bedeutet, sondern daß die Übergänge sehr verschiedenartig, zeitlich verlagert, zumeist recht langsam vonstatten gingen und von den Zeitgenossen kaum zu spüren waren. Es hat bereits lange vor 1648 Pläne, Maßnahmen, Institutionen gegeben, die nur moderiert, weiter entwickelt werden mußten oder auch unter neuen Bedingungen nur neu zu durchdenken waren, um Anregung, Ausgangspunkt oder gar Richtlinie und Vorbild für das Zukünftige abzugeben. Es wird daher notwendig sein, einige militärische Komplexe der früheren

Neuzeit sogar relativ eingehend zu behandeln. Vielleicht wäre es etwas zu großzügig konzipiert, wollte man gleich von Frühformen des absolutistischen Kriegswesens oder des Stehenden Heeres sprechen, auf jeden Fall aber werden nicht wenige Erscheinungen der Epoche erst wirklich verständlich, wenn bekannt ist, wo und bei welcher Gelegenheit sie ihren Anfang genommen haben.

In drei Erscheinungsformen der neuzeitlichen vorabsolutistischen Militärgeschichte soll versucht werden, das Erbe der Vergangenheit einzufangen. Das Defensionswesen um die Wende vom 16. zum 17. Jahrhundert führte dem Territorialherrn die Möglichkeiten vor Augen, zu denen sich ein modern organisiertes Volksaufgebot eignete, zeigte ihm aber ebenso seine Mängel als bewaffnete Macht eines souveränen Fürsten. Zu gleicher Zeit offerierte die oranische Heeresreform eine hochdisziplinierte, durch einen neuhumanistischen Sittenkodex gefestigte Söldnertruppe, die im Gegensatz zu der üblichen, allgemein gefürchteten Soldateska sich als Stehendes Heer und Repräsentant fürstlicher Staatsgewalt geradezu anbot, zu deren Unterhalt aber eines unbedingt vorhanden sein mußte – Geld. Als drittes Beispiel gab die verhaßte und bewunderte »kaiserliche« Armee Wallensteins den Modellfall ab für zwei Voraussetzungen der Stehenden Heere: die auf Dauer berechnete Unterhaltung der Regimenter aus dem Lande und den Einsatz als im weitesten Sinne politisches Mittel, und dies nicht unbedingt in der Schlacht.

Selbstverständlich können diese Muster ihrerseits wieder auf Vorbilder zurückgeführt werden, die ebenfalls mit einem kurzen Blick gestreift werden sollen. Das Volksaufgebot läßt sich mit der florentinischen Miliz Machiavellis vergleichen. Stehende Söldnerformationen – natürlich an die Vorstellungen ihrer Zeit gebunden – finden wir bereits in den französischen Ordonnanzkompanien, den italienischen Condottas, den schweizerischen Reisläufern und den deutschen Landsknechten.

Alle diese Beispiele für Vorformen oder Ansätze für ein Stehendes Heer sind zeitlich begrenzte, einmalige, selbst in ihrer Zeit auffällige Erscheinungen, deren exemplarischer Charakter erst vor dem Hintergrund des seine Zeit beherrschenden Landläufigen sichtbar wird. Die übliche Heeresaufbringung der Neuzeit läßt sich auf zwei Grundformen zurückführen – das Aufgebot und die Werbung. Die Kriege wurden also mit zwei Typen von Kriegern geführt. Der eine Typ zog auf Grund bestimmter rechtlicher Verpflichtungen gegenüber dem Landesherren, dem Stand, dem er angehörte oder untertan war, oder dem Gemeinwesen, dem er zugehörte, in den Krieg, wenn er aufgeboten wurde. Der andere nahm Kriegsdienste, wenn er geworben und bezahlt wurde. Dem Pflichtigen stand der Söldner oder Berufskrieger gegenüber, dem Gezogenen der Freiwillige.

Die Einteilung in Aufgebots- und Söldnerwesen ist allerdings eine theoretische und entspricht der Praxis nur recht unvollkommen. Ausgesprochene Aufgebotsheere tauchten nur in der Zeit des Übergangs vom Mittelalter zur Neuzeit auf, etwa in Gestalt der Schweizer- oder Hussitenheere, und auch sie nahmen bald den Charakter von Soldheeren auf freiwilliger Basis an. Die Söldnerheere, vor allem der späteren Zeit, dagegen ergänzten sich keineswegs immer aus geworbenen Söldnern, sondern auch aus gezogenen Landeskindern. Der Söldner war also durchaus nicht immer als

Freiwilliger geworben, der Pflichtige dagegen erhielt oft genug Handgeld und Sold, wurde wie ein Söldner behandelt und von reinen Berufssoldaten ausgebildet und geführt.

Trotz seiner vielen Mängel wurde der Söldner als der eigentliche Soldat anerkannt. Die Tendenz zum Söldnertum hin, zur Festigung und Verbesserung eines Berufskriegertums, ist eine unübersehbare Tendenz der Zeit vom 15. bis zum 18. Jahrhundert. War der Pflichtige für den Kriegsherren vor allem ein billiger Soldat, so war er jedoch weit beschränkter zu verwenden als der geworbene Söldner, der für jeden Kriegsdienst zur Verfügung stand, aber teuer war. Die ideale Lösung – der billige, aber gute Soldat – wurde erst in der Allgemeinen Wehrpflicht oder in den Konskriptionssystemen des 19. Jahrhunderts gefunden. Doch schon in den Stehenden Heeren des 18. Jahrhunderts ist zweifellos eine Art Kompromiß zwischen Aufgebot und Söldnertum zu sehen. Beide Wehrformen sollen daher in ihren Grundzügen skizziert werden, allerdings ohne den Versuch einer eindeutigen Definition, die ein verwirrendes Bild nicht klären könnte, sondern nur eine historisch unwahre Ordnung hineindeuten würde.

1. Aufgebot und Defensionswesen

a. Frühe Formen der Dienstpflicht

Das Rittertum

Das Rittertum kann mit bestimmten Vorbehalten dem Aufgebot zugerechnet werden, wenn der mit dem Lehnswesen verbundene Kriegsdienst als eine Aufgebotspflicht gesehen wird. Die wenigen Bemerkungen zum Rittertum, die hier notwendig sind, sollen es jedoch nicht in eine unangemessene Ordnung hineinzwingen, sondern im Gegenteil seine Eigentümlichkeit herausstellen. Nach einer oft geäußerten Auffassung steht das Rittertum am Anfang einer langen Tradition soldatischen Führertums, was bedeuten würde, daß es die Entwicklung des Militärwesens bis in die Moderne beeinflußt hat. Zweifellos bestimmte es nicht nur die Wehrverfassung, sondern das gesamte politische und kulturelle Leben des hoch- und spätmittelalterlichen Abendlandes über Jahrhunderte. Den heutigen Betrachter berührt es jedoch mit einer eigentümlichen Fremdheit, steht ihm ferner als das zeitlich sogar früher zu datierende Volksaufgebot oder das gleichzeitige und spätere Söldnertum, denn es gehört zu den Erscheinungsformen des Mittelalters, zu denen das moderne Denken keine oder nur eine romantisierende Beziehung hat.

Wenn trotzdem ritterliches Denken bis in die moderne Zeit hinein als das Idealbild gerade soldatischer, oder genauer: offiziermäßiger Haltung gegolten hat, so beruht diese Vorstellung auf der Fiktion, daß das Rittertum – ungeachtet seiner Vielschichtigkeit und Zeitgebundenheit – als ein ungebrochenes und geschlossenes Ganzes, gebildet aus den Edlen des Volkes, allen anderen Ständen übergeordnet, in enger Verbindung mit dem Gefolgs- und Kriegsherren und in einer besonderen Verpflichtung ihm gegenüber, nach einem nur ihm zukommenden Ehrenkodex lebend und in besonderen, ritterlich-kriegerischen Tugenden geübt, einen Jahrhunderte alten und damit unverrückbaren Wert darstellte. Doch der Ritter lebte in einer wesentlich anderen Begriffswelt als der Offizier des 18. und 19. Jahrhunderts. Um daher die Kontinuität und Geschlossenheit der Tradition herzustellen, mußten zeitgenössische Vorstellungen in Begriffe des Rittertums projiziert werden. Dies geschah, um ein Beispiel zu geben, mit dem Wort »Treue«. Im Lehnsverhältnis des Rittertums bezeichnete es eine durch viele Umstände bedingte Verpflichtung auf Gegenseitigkeit nach vorherigem Übereinkommen zwischen Lehnsherrn und Lehnsmann. Im militärischen Bereich des Absolutismus wird Treue jedoch dem soldatischen Gehorsam gleichgesetzt, also einer einseitigen Unterwerfung unter den Willen eines Vorgesetzten.

Mit ein Grund für das Festklammern an der ritterlichen Tradition ist in der Tatsache zu suchen, daß das Offizierkorps seine entwicklungsgeschichtlich klar zu verfolgende Herkunft aus dem Söldnertum zu überspielen trachtete.

Die Zeit des Rittertums reichte vom 9. bis zum 15. Jahrhundert, verteilt war es über das ganze Abendland. Dementsprechend bietet es sich dem Historiker in einer Fülle von Variationen dar, so daß eine Analyse oder auch nur eine Beschreibung sich möglichst auf einen bestimmten Zeitpunkt, eine Region und vielleicht auch noch einen Typ beschränken sollte. Der Lehnsritter – er ist in der Regel mit dem Ausdruck Ritter gemeint – stand aufgrund seines Lehnsbesitzes im Rahmen der Heerschildordnung in einem Vasallitätsverhältnis zu seinem Gefolgsherrn, nicht etwa direkt zum König, dem nur Träger von Reichs- oder Kronlehen pflichtig waren. Neben dem Lehnsritter kannte etwa die späte Stauferzeit noch den besoldeten Lehnsritter, der über seine kurze Pflichtzeit hinaus Dienst gegen Entgelt leistete, den ritterlichen Ministerialen, den Soldritter, der aufgrund vertraglicher Abmachungen diente, und nicht zu vergessen den Ordensritter, der analog zum Mönchsgelübde kein vasallitisches Treueverhältnis einging, sondern seinen Ordensoberen Gehorsam schwor.

Auch heute sind noch eine ganze Reihe von Fragen zum Rittertum ungeklärt. Nach neueren Forschungen bildeten die Ritter zunächst gar keinen Stand, sondern eine Berufsklasse, die für bestimmte Stände, nämlich die Ministerialen, die Freien und die Adligen offen stand; erst relativ spät identifizierte sich der Adlige mit dem Ritter. Unter Friedrich Barbarossa wandelte sich das Rittertum dann nachweislich zum Stand, indem es sich nach unten abschloß und nicht mehr die Form des kriegerischen Einsatzes, sondern die Ritterbürtigkeit als Voraussetzung für den Ritterschlag forderte. Aus diesem Sicherheitsbedürfnis läßt sich bereits der beginnende Niedergang ablesen, es verlor den lebendigen Kontakt mit der militärischen Wirklichkeit und nahm die Änderungen des Kriegsbildes nicht mehr auf. Der Übergang zum mächtig aufkommenden und im 15. Jahrhundert das Kriegsgeschehen bereits beherrschenden Fußsöldnertum gelang ihm nur in Ansätzen. Kaiser Maximilians Bemühen, ritterbürtige Adlige als Doppelsöldner – Söldner mit doppeltem Sold – in die Landsknechtfähnlein einzuschleusen, gewann keine Kontinuität. Lediglich die schweren Reiter, die Kyrisser, die als »Deutsche Reiter« auch in Frankreich einen guten Ruf behielten, setzten die Tradition des Soldrittertums im 16. Jahrhundert fort, wie überhaupt die Reiterei mit ihrem besonderen Reiterrecht noch lange einen gewissen eigenständigen ritterlichen Charakter zu wahren verstand. Mit der Bildung einer neuen militärischen Führungsschicht – den späteren Offizierkorps – haben diese Relikte eines überlebten elitären

Kriegertums nichts zu tun. Die Kriterien für das sich bildende Offiziertum – Handeln in Befehl und Gehorsam, Verantwortungsbewußtsein, präzise Ordnungsvorstellungen, wirtschaftliches Denken – lagen nicht mehr in der Ebene ritterlicher Tugenden.

Die Lehnskriegspflicht bestand jedoch weiter, und in den neuzeitlichen Aufgebotskontingenten fanden sich bis ins 18. Jahrhundert hinein die kleinen Gruppen der Ritter- oder Lehnspferde neben den Aufgeboten der Städte und Landschaften, allerdings nur dann, wenn der Reichstag oder der Landtag des Territoriums einen Krieg beschlossen hatte. Im allgemeinen nahmen die Ritter nicht selbst an den Feldzügen teil, sondern stellten Ersatz. Da die «Lehnspferde» – die Reiterei wurde im 17. Jahrhundert nicht nach Menschen, sondern nach Pferden gezählt – militärisch so gut wie wertlos waren, jedenfalls keinen Vergleich mit den stehenden Söldnertruppen aushielten, lag den Landesherren daran, die Gestellungspflicht durch eine Steuer abzulösen.

Das Bürgertum

Anders als das Lehnsrittertum, das sich über die Vasallität als ein Standeskriegertum herauskristallisierte, hat das Bürgertum der Städte im späten Mittelalter die Idee eines echten Volksaufgebots verwirklicht, wenn auch nur für kurze Zeiträume und nur in einzelnen Gebieten. Es ist recht aufschlußreich, daß sich gerade in der Blütezeit des Rittertums in den Städten ein politisches Kriegertum bilden konnte, das durchaus den Vergleich mit dem modernen Soldaten aushält. Der Bürger kämpfte für seine Stadt als ein politisches Gemeinwesen, dem er angehörte, nicht wie der Ritter aus lehnsrechtlichen Verpflichtungen oder für Sold im Dienste eines Gefolgsherrn. Aber diese so modern anmutende Eigenart konnte nicht weiterentwickelt werden. Die Städte haben sehr bald und wo immer sie es vermochten mit steigender Kapitalkraft das Aufgebot durch gemietete Söldner ersetzt. Die eigentliche Bedeutung des Bürgeraufgebotes und der Städte für die neuzeitliche Militärgeschichte bleibt darauf beschränkt, daß sie das Söldnerwesen merklich beeinflußt und vorangetrieben haben.

Die Zusammenhänge zwischen Bürger- und Söldnertum sind vielgestaltig. Das städtische Aufgebot war eine Fußtruppe, die zunächst nach Vierteln, später meist nach Zünften unterteilt, auf jeden Fall in einer Ordnung kämpfte, für die, anders als in den Ritterheeren, bestimmte Ordnungsprinzipien unumgängliche Voraussetzung waren. Disziplin und Gehorsam, die tragenden Grundlagen des schlagkräftigen Söldnerheeres, und die »Tugenden« des künftigen Soldaten bestanden hier bereits als notwendige Forderungen. Bedenkt man weiterhin, daß die ersten bedeutsamen Söldnertruppen, die tatsächlich eine neue Epoche des Kriegswesens begründeten – die Schweizer –, sich aus dem im Kern städtischen Aufgebot entwickelten, dann wird auch der zünftlerische oder allgemein handwerkliche Zug verständlich, der dem Söldnerwesen bis in die Zeit der Stehenden Heere innewohnte.

Auf die Tatsache, daß – unabhängig von diesen inneren Beziehungen – die Kapitalkraft einzelner Bürger oder ganzer Städte, die von den Territorialherren wie von den Kaisern weitgehend ausgenutzt wurde, ein geordnetes Soldkriegwesen überhaupt erst ermöglichte, soll nur hingewiesen werden.

Das Aufgebotswesen hat im innerdeutschen Raum vom späten Mittelalter bis zur Wende vom 16. zum 17.Jahrhundert keine nennenswerte Bedeutung erlangt. Die Wirtschafts- und Gesellschaftsstruktur und das politische Denken der Zeit forderten andere Formen der Heeresaufbringung.

Auch die Truppenkontingente, die von den einzelnen Reichs- oder Landständen für einen vom Reichstag beschlossenen Krieg zu stellen waren, hatten mit dem mittelalterlichen bürgerlichen Aufgebot kaum noch etwas zu tun. Die Stände kamen ihrer Gestellungspflicht im Laufe der Jahrhunderte immer seltener dadurch nach, daß sie einen »Ausschuß« auslosten und auch tatsächlich stellten, also etwa den 20. oder 50. Mann aus der waffenfähigen Bevölkerung einberiefen. Der Ausgeloste konnte einen Ersatzmann stellen, oder er konnte sich freikaufen. Im allgemeinen lief die Kriegsdienstpflicht auf eine reine Zahlungspflicht hinaus. Für die zusammengebrachte Summe wurden minderbemittelte Bürger, Gutsknechte oder gar landfahrendes Volk ausgerüstet und besoldet, wurden Söldner angeworben, oder aber es wurde dem Kriegsherrn – dem Landesherrn oder dem Kaiser – ein bestimmter Betrag zur Verfügung gestellt, für den dieser nach eigenem Gutdünken Söldner anwarb. Bei einem ausreichenden Angebot guter Söldner nahm der Landesherr lieber das Geld, fehlten freie Söldner, legte er Wert auf die Stellung von Mannschaften. Wenn diese vielfältigen Formen der Heeresaufbringung allgemein in der Literatur als Aufgebot bezeichnet werden, dann nur in der Gegenüberstellung zur reinen Söldnerwerbung. Sie waren nach Stärke und Ausrüstung genau bestimmt, meist recht klein, und eher als eine Art Steuer anzusehen, die sich aus personellen, sachlichen und finanziellen Leistungen zusammensetzte.

Militärgeschichtlich sind für diese Zeit die Söldner bereits weit interessanter, und die Forschung hat sich erst in den letzten Jahrzehnten über die Landesgeschichte dem Aufgebotswesen zugewandt. Sie hat in einzelnen Ländern eine Reihe von zum Teil recht differenzierten Verordnungen ausgegraben, aber es muß dabei gefragt werden, wie weit sich in diesen Akten die Wirklichkeit widerspiegelt, wie weit reines Wunschdenken. Rechtlich wurde die Gestellungspflicht nicht von einer über die Jahrhunderte überlieferten Allgemeinen Wehrpflicht aller Freien abgeleitet, wie in der älteren Literatur gelegentlich zu lesen ist, sondern von dem ius sequelae, der Land-und Gerichtsfolge dem Landesherren gegenüber. Schon die Frage, ob und wie weit sich Lehnspflicht des Adels und Aufgebotsrecht der Städte damit in Einklang bringen ließen, blieb ungeklärt.

Nun standen einerseits die Landstände – Adel und Städte – dem Aufgebotswesen gar nicht einmal so ablehnend gegenüber, da sie nicht nur die Aufstellung, sondern auch die Kontrolle und Verfügungsgewalt darüber in der Hand behielten. Andrerseits erschien es ihnen nach dem großen Schock des Bauernkrieges von 1525 als ein geradezu selbstmörderisches Unterfangen, dem gemeinen Mann Waffen in die Hand zu geben. So ist es in der Regel beim Anlegen von festen Plätzen, Magazinen und Rüsthäusern, bei Schanz- und Spanndiensten geblieben und gelegentlich zu Musterungen gekommen. Ein durchorganisiertes »Volk in Waffen« wurde von niemandem begrüßt.

Die große Ausnahme bildete das Defensionswesen in den österreichischen Grenzlanden, in Tirol und die »Landsrettung« im Breisgau, die bereits lange vor den Bauernkriegen in Blüte standen (s. dazu Abschnitt III, S. 18 ff). Auch für Gerhard Oestreich, der die Landesgeschichte auf Aufgebotsversuche überprüft hat, ist Österreich das eklatante Beispiel. Daneben verweist er auf Philipp von Hessen, der im Feldzug gegen Braunschweig 1545 neben Söldnern an die 7000 Mann organisiertes Landvolk aufgeboten haben soll, eine Zahl, die wohl nur aus der konfessionell überhitzten Atmosphäre des Schmalkaldischen Bundes zu erklären ist. Darüberhinaus gibt es aus den übrigen Ländern eine Fülle von Daten über die Verquickung von lokalen Verwaltungsinstanzen und Aufgebotsregulativen, die wohl Zeugnis davon ablegen, wie die Landesherrschaften in den politisch-konfessionellen Spannungszeiten des 16. Jahrhunderts um eine wenn auch noch so fragwürdige Stärkung der militärischen Effizienz ihrer Herrschaftsbereiche bemüht waren, von einsatzfähigen Aufgeboten sagen sie kaum etwas.

Das heißt jedoch keineswegs, daß Volksaufgebote grundsätzlich als Kriegsinstrument unbrauchbar waren. Im Gegenteil, die Hussitenheere im Anfang und die Schweizer im Verlauf des 15. Jahrhunderts waren beide zunächst reine Volksaufgebote und galten als unbesiegbar. Beide aber leiteten nicht eine Ära der Wehrdienstpflicht ein, sondern mündeten im Berufskriegertum, im Söldnerwesen.

b. Das Defensionswesen

Eine besondere Art des Aufgebotswesens entstand noch einmal im 17. und 18. Jahrhundert in dem Ausschuß, der in der Form der Defensionswerke und Milizen als ein Charakteristikum der Zeit anzusprechen ist. Der Ausschuß diente der Verteidigung – der Defension – des Landes. Zunächst wurde seine Aufstellung mit dieser Aufgabe begründet. Der Ausdruck Defension oder auch Landesdefension ist dementsprechend ein zeitgenössischer Terminus technicus, der die zeitlich und regional verschiedenen Einrichtungen wie Landesausschuß, Landfahnen, Defensionswerke, Miliz, »regulierte« Truppen u. ä. abdeckt, so daß sie von den »regulären« stehenden Soldtruppen unterschieden werden können. Das Aufbieten des Ausschusses fußte wie auch die früheren Aufgebote auf dem ius sequelae, der Land- und Gerichtsfolge.

Die Landfolge diente ursprünglich nur der Abwehr eines feindlichen Angriffs auf das Land – der »Landwehr«, beschränkte sich also rein auf Schutz und Verteidigung. Die Gerichtsfolge bezeichnete die Polizeimaßnahmen bei der Verfolgung von Rechtsbrechern. Aufgeboten werden durften alle Männer des Landes, die eine Waffe handhaben konnten, Freie wie Unfreie. Aus der Land- und Gerichtsfolge entwickelte sich schon im Mittelalter ein allgemeines Aufgebotsrecht des Landesherrn für jede Art von Krieg, auch für den Feldzug in fremdes Gebiet. Der ursprünglich rein defensive Charakter der Einrichtung – die eigentlich nur der Verfolgung von Friedensbrechern dienen sollte – geriet nicht in Vergessenheit und wurde von den Landständen in den mannigfachen Auseinandersetzungen mit dem Landesherrn um die Folgepflicht immer wieder ausgespielt.

Dies auf mittelalterlichem Rechtsdenken beruhende Aufgebotsrecht erfuhr dann durch die Staatsrechtslehrer des 16. und 17. Jahrhunderts eine neuzeitliche theoretische Festigung. Mit neustoizistischen und vor allem naturrechtlichen Argumenten (ius divinum et naturale) wurde die Pflicht zur Landesverteidigung sowohl für den Landesherrn als auch für die Untertanen begründet. Damit ergab sich bereits ein Übergang zu den Rechtsvorstellungen der aufkommenden absolutistischen Staaten, für die der Souveränitätsanspruch und die Gebote der Staatsräson vollauf genügten, die Folgepflicht der Untertanen zu erzwingen. Auch der § 180 des Reichsabschiedes von 1654 (s. u.) und die Wahlkapitulation von 1658, die den Territorien das ius armorum offiziell zugestanden, müssen dem Wortlaut nach auf das Aufgebot bezogen werden, wenn sie auch von den »armierten Ständen« dazu benutzt wurden, dem Reiche gegenüber die Aufstellung stehender Söldnerheere zu rechtfertigen.

Machiavelli und die Diskussion in Deutschland

Die erste, grundlegend und eindringlich formulierte Konzeption einer neuzeitlichen Miliz war beim Entstehen der deutschen Defensionswerke bereits fast 100 Jahre alt. In betonter Ablehnung des italienischen Condottierewesens und als Bestätigung des eigenen Staatsdenkens hatte kurz nach 1500 Machiavelli in Florenz seine Theorien über das Kriegswesen entwickelt.

Niccolò Machiavelli, 1469 in Florenz geboren, in seinem Bildungsgang stark von dem aufblühenden Humanismus bestimmt, wurde nach juristischem Studium 1498 Sekretär und später Chef der Kanzlei des Rates der Zehn. Häufige diplomatische Missionen vermittelten ihm Einblick in die politischen Spielregeln seiner Zeit. Beim Sturz der Republik Florenz durch die Medici 1513 wurde er nach kurzer Gefangenschaft entlassen. In den folgenden Jahren verfaßte er, in dürftigen Verhältnissen lebend, seine staatstheoretischen Schriften, die eine geradezu epochemachende Wirkung ausstrahlten. Machiavelli gilt als der Begründer der neuzeitlichen Staatsrechtslehre. Auch den Republikanern verdächtig, konnte er nach der Vertreibung der Medici keine einflußreiche Position mehr erringen, er starb nach einem wechselvollen Leben verbittert und abgekämpft 1527.

Seine Begeisterung für das Volksheer wurde getragen von einem sehr starken patriotischen Denken und dem Willen zum Kampf um die Freiheit der Vaterstadt und die Einigung Italiens. Doch die Befürchtungen der Republik, der Befehlshaber einer solchen Miliz könnte sich zum Tyrannen aufschwingen, lähmte jeden planmäßigen Aufbau. Wenn Machiavellis Entwurf zur Bildung der Volkswehr zu Fuß (1506) und zu Pferde (1511) auch vom Rat erlassen wurde, dann nur unter Vorbehalten. Die Aushebung wurde auf Teile des flachen Landes beschränkt, zum Befehlshaber sollte möglichst kein Florentiner bestellt werden und die gesamte Organisation unterlag einer hinderlichen, von Mißtrauen diktierten Kontrolle. Es ist daher nicht erstaunlich, daß die Miliz beim ersten Zusammenstoß mit den Söldnern der Heiligen Liga zusammenbrach. Für Machiavelli blieb die intensive Arbeit, die er beim Aufbau der Miliz geleistet hatte, insofern von Bedeutung, als er, wie in den politischen so auch in den militärischen Schriften und Bemerkungen auf praktischen Erfahrungen fußen konnte.

Machiavellis Gedanken über die Miliz sind in drei größeren Werken enthalten, in »Il Principe« (Der Fürst), seiner wohl berühmtesten Schrift, in den »Discorsi« (Reden über Livius), die seine Staatstheorie begründen, und in dem 1521 veröffentlichten »Dell'arte della guerra« (Über die Kriegskunst), dessen sieben Bücher sich in Form der zeitgenössischen Kriegsbücher mit allen Fragen des Kriegswesens befassen.

Das militärische Reformwerk Machiavellis ist in der Theorie wie in der Praxis von zwei Tendenzen bestimmt: der radikalen Ablehnung der Söldner und der fast blinden Nacheiferung des antiken Kriegsaufgebotes. In beiden Fällen decken sich seine Anschauungen und Feststellungen nicht mit der historischen Wirklichkeit. Die italienischen Condottierebanden, die condotte, – in dieser Form hatte der Florentiner das Söldnerwesen kennengelernt – waren um 1500 zweifellos bereits überholt und als Kriegsinstrument mangelhaft. Der beißende Spott, mit dem Machiavelli die Unzulänglichkeiten geißelte, traf in seinen anekdotenhaften Pointierungen nur die Auswüchse, nicht den Kern. Dabei übersah er, daß sich das Söldnertum allgemein bereits gewandelt hatte und daß die Schweizer Reisläufer und deutschen Landsknechte einen hochwertigen Söldnertyp darstellten, dem in seiner Zeit nichts Gleichwertiges entgegengestellt werden konnte.

Die florentinische Miliz sollte nun nach der Meinung Machiavellis sowohl den angeblich zucht- und morallosen, nur auf den eigenen Vorteil bedachten Söldnerhaufen als auch den Schweizern und Landsknechten mit ihrer neuen, nur einem Volksaufgebot innewohnenden Kampfmoral nicht nur gleichwertig, sondern sogar überlegen sein. Die Belege dafür suchte er als Humanist, dem die Antike unerreichbares Vorbild war, naturgemäß in der Kriegsgeschichte der Alten, vornehmlich der Römer. Aber auch hier vermochte er nicht zu differenzieren. Er nahm die Antike nebst ihren einzelnen Erscheinungen, wie etwa das römische Legionärwesen, als ein in sich geschlossenes Ganzes, das ihm aus jeder Zeit geeignete Beispiele lieferte. So waren ihm die Legionen schlechthin die Verkörperung der lebendigen römischen Volkskraft, die ideale Verbindung von Bürgersinn und Wehrwillen, denen gegenüber Söldnertruppen, sei es des alten Karthago, sei es des Italien der Renaissance keinen Vergleich aushielten.

In Anlehnung an die historisch oft verzeichneten, aber idealisierten und daher recht einprägsamen Beispiele entwickelte er den Charakter einer zeitentsprechenden Miliz in ihrem Gegensatz zum Söldnertum. Als ihre Hauptmerkmale lassen sich herausstellen:

– ein natürliches, enges Verhältnis zwischen Bürgertum und Kriegertum, das die damals üblichen Konflikte mit der Soldateska ausschaltete,
– Rekrutierung der Miliz ausschließlich aus den Bürgern des Landes, die damit Verteidiger ihres Vaterlandes waren und für die der Krieg nicht Zweck, sondern Mittel war,
– Liebe zum Landesherrn, Bindung an das Staatsganze, Ehrfurcht vor dem Gesetz als moralischer Halt der Milizionäre, die nicht völlig freiwillig, aber auch nicht unter reinem Zwang, also unter einer ausgleichenden und natürlichen Mischung von Zwang und Freiheit ihrer Pflicht nachkamen.

Um die Auswahl der Wehrfähigen zu erleichtern, vor allem aber um der Gerechtigkeit willen, sollte die gesamte junge Mannschaft zu den Waffenübungen herangezogen werden. Die Übungen waren keine wirtschaftliche Belastung, da sie nur an den Feiertagen abgehalten wurden. Sie dienten vielmehr als eine Schule der körperlichen und geistigen Ertüchtigung für das Volk, der sich jeder aus Verantwortungsgefühl gegenüber der Allgemeinheit zu unterwerfen hatte. Unbegründet war für ihn die Furcht, daß der Bürger mit den Waffen, die ihm das Gesetz in die Hand gibt, den Staat stürzen könnte. Dagegen war eine in den Waffen geübte Bürgerschaft für ihn der zuverlässigste Garant der Freiheit eines Staates über Jahrhunderte.

Diese Gedanken schrieb Machiavelli nieder, nachdem die florentinische Miliz bereits zusammengebrochen, das eigentliche Reformwerk also gescheitert war. Die Gründe für den Zusammenbruch sind wohl in erster Linie darin zu sehen, daß er die Kampfkraft der Söldnerheere weit unterschätzt hatte, deren Routine und Waffenfertigkeit nicht durch Vaterlandsliebe und Bürgersinn allein zu überwinden waren. Aber auch die politisch-moralischen Voraussetzungen eines in sich gefestigten Bürgertums fehlten der Miliz, die nicht aus Bürgern, sondern aus Untertanen bestand, und die sowohl die politische Führung als auch die Bevölkerung mit mißtrauischem Widerstreben beobachtete.

Trotzdem tragen seine Ideen einen Wahrheitsgehalt in sich, den er zwar in seiner Zeit nicht zu realisieren vermochte und daher mit Beispielen aus der Vergangenheit zu belegen suchte, der aber späteren Generationen durchaus vorstellbar war und von ihnen wieder aufgenommen werden konnte. Es ist bemerkenswert, in wie starkem Maße bereits diese erste neuzeitliche Konzeption einer Volksbewaffnung die Grundsätze und Voraussetzungen für das »Volk in Waffen« nennt oder zum mindesten andeutet. Mit Machiavelli begann die Diskussion um den Bürger und Bauern als Verteidiger des Vaterlandes. Seine Gedanken, zeitgemäß abgewandelt, halfen bis in die heutige Zeit hinein, die vielfältigen Formen von Landes- und Volkswehren geistig und politisch zu begründen.

Es wäre jedoch verfehlt, Machiavelli oder auch den späteren Lazarus v. Schwendi als »erste Verkünder der Allgemeinen Wehrpflicht« zu proklamieren, wie es Jähns oder Frauenholz getan haben. Natürlich gibt es Parallelen zwischen den einzelnen aus der Geschichte bekannten Volksheeren. Wenn man jedoch den Begriff »Allgemeine Wehrpflicht« nicht auf jede Art von Volkswehr bezieht, sondern mit ihm ein bestimmtes, Anfang des 19. Jahrhunderts in Preußen entstandenes und heute noch gültiges Institut bezeichnet, dann sollten Vergleiche mit der Vergangenheit streng überprüft werden. Machiavelli hat die Grundzüge und Grundsätze der Landesverteidigung durch Landesbewohner, also der späteren Defensionswerke, eindringlich formuliert. Die Allgemeine Wehrpflicht fußte jedoch nicht auf dem Defensionswesen, das am Ausgang des 18.Jahrhunderts eine überholte und unbedeutende Einrichtung war, sondern wesentlich auf politischen Ideen und staatsrechtlichen Vorstellungen der Französischen Revolution. Sie hat daher in der deutschen Geschichte keine Parallele.

Die von Machiavelli vertretene Wehrform entsprach einer politischen Konzeption; sie ist ein früher Versuch, das Kriegswesen in die politische Struktur eines Staatswesens einzuordnen und aus ihr zu begründen. Deshalb war sie für die politisch orientierte Schicht, für den politisch denkenden Militär interessant oder doch diskutabel. Die Republik Florenz hatte sogar Gelegenheit geboten, wenn auch in bescheidenem Maße, solche Ideen zu verwirklichen. Die Praktiker der Kriegführung dagegen, insbesondere die Söldnerführer, standen so umwälzenden Neuerungen ausgesprochen skeptisch gegenüber. In der Regel ist diese Haltung allerdings nur mittelbar zu belegen, denn von den Fachleuten des Kriegshandwerks oder der sich gerade entwickelnden Kriegskunst griffen nur wenige zur Feder.

Ein so erfahrener, aber auch zugleich belesener Kriegsmann war Reinhard von Solms (1491–1562), kaiserlicher Rat und Feldmarschall, der in seinen letzten Lebensjahren die erste Enzyklopädie des gesamten Kriegswesens in deutscher Sprache in acht Bänden veröffentlichte. Er berief sich dabei nicht nur auf eigene Erfahrungen, sondern auch auf eine ganze Reihe von Söldnerführern, darunter bekannte Namen, wie Georg von Frundsberg und Marx Sittich von Embs. Trotz seiner geringen Auflage scheint das Werk allgemein Anerkennung gefunden zu haben. Lienhard Fronsperger hat ganze Abschnitte in sein berühmtes Kriegsbuch wörtlich übernommen, auch Lazarus von Schwendi hat es stark benutzt.

Reinhard von Solms sagt im ersten Buch seiner Enzyklopädie – und gibt damit wohl der landläufigen Meinung über Aufgebote Ausdruck –, »daß ein Herr sich nit soll bereden lassen, daß er sein Landvolk dazu gebrauche, Krieg zu führen. Denn er fährt nit wol damit, vnd solches volk, das also ausgeführt wird, das tuts nit gern, gedenckt wider hindersich zu seinem Weib, Kindern, Gütern vnd handtirungen, die es verseumpt vnd wan man vor den feindt kompt vnd etwas ernstliches zugehn will, das seindt sie nicht gewohnt, lauffen davon vnd wan einem Herrn also sein Landvolck geschlagen wirdt, wie will er sich wieder erholen mit Schatzung u. dgl. Steuer, wan sein Volk erschlagen were. Derhalben thut es einem Herrn nicht so wehe oder ist jm so nachttheillig, wan jm ein frembd Volck zweimal geschlagen, als daß sein Volck geschlagen wirt«. (Zitiert bei Max Jähns)

Das Kriegsbuch des ersten Herzogs von Preußen, Albrecht von Brandenburg-Ansbach (1490–1568), das nach Jähns »den Höhepunkt der deutschen Kriegswissenschaft des 16. Jahrhunderts« bildet, ging wohl auf das Rittertum ein, ließ aber die Einrichtung des Landesaufgebots unberührt. Erst der politisch interessierte kaiserliche Feldhauptmann Lazarus von Schwendi (s. S. 123), der mit einer inneren Erneuerung des Reiches auch eine Reorganisation seines Heerwesens erstrebte, setzte sich wieder mit der Frage auseinander, ob und wie die Landesbevölkerung zum Wehrdienst herangezogen werden könnte. Aber auch er ist ein viel zu erfahrener Söldnerführer, um einer Umstellung des Wehrwesens auf Landesaufgebot das Wort zu reden.

Der betreffende Abschnitt in Schwendis »Kriegs Diskurs« ist etwas unbestimmt formuliert und hat daher schon zu verschiedenen Interpretationen Anlaß gegeben. Er lautet: »An dem ligt das maist, das die Underthanen in ain Kriegsordnung und übung gebracht werden, und von Natur bestendig und herzhaft seyen. Wann sy aber von Natur waich, und darzu noch roch und ungeübt sein, so hats gefahr auf sich, den krieg darauf zu stellen, dann gewenlich khomen sy nit gern vom haus ins feldt, könden hitz, kälte und mangel übel leiden, gedenckhen anhaimbs, erschreckhen baldt, wurd ain heer geschlagen, so ist das Landt entblöst und in desto größerer gefahr. Draumb wil man etwa rathsamer achten, der Kriegsherr gebrauch sich nun seiner Ritterschaft am maisten zum Raisigen Zeug, lasse das Landvolckh dahaim, oder fürr doch nur ain anzal aus und nemme bestalte kriegsleutt darfür an. So hab er sich auch desto mehr der schazungen, Proviant und anders aus sein Landt zu getrösten. Und solches ist ain zeit her von yetzigen Potentaten in der Christenheit vast also gebraucht worden. Aber im grundt ist das sicherist und beste sich seiner underthanen zum Krieg, sowiel man immer gelegenheit und mittel darzu gehaben mag. fürnehmlich zu gebrauchen, und sy bewert zumachen, in ain Austailung, aufbott und ordnung zu bringen, und zum Krieg anzufüeren. Dann die frembden besoldten leutt, sein schier nimmer so trew, gehorsamb und so fertig, als die Underthanen, und kosten viel mehr aufzubringen und zu underhalten«.

Schwendi wollte also das Landesaufgebot als Notbehelf gelten lassen. Das Schwergewicht legte auch er auf die Söldnertruppe, die jedoch möglichst aus zuverlässigen Untertanen gebildet werden sollte. Das ist ein Gedanke, der zwanzig Jahre später von Justus Lipsius, dem geistigen Initiator der oranischen Herresreform, wieder aufgegriffen wurde, aber nicht in die Wirklichkeit übersetzt werden konnte. Mit Lipsius setzte dann die Spaltung von Theorie und Wirklichkeit, die sich bei Machiavelli schon angedeutet hatte und die für das Militärwesen des Absolutismus eigentümlich ist, offensichtlich ein. Während in der Praxis die armierten Stände – also die Territorialherren, die ausreichend Mittel hatten, um eigene Truppen aufzustellen – sich bemühten, einen möglichst isolierten militärischen Apparat aufzubauen, der frei zu ihrer Verfügung stand und für den das freie Söldnertum in seiner Weiterentwicklung zum Stehenden Söldnerheer die geeignete Grundlage bot, suchten die Staatstheoretiker und Rechtsphilosophen des 17. und 18. Jahrhunderts die Einheit oder doch eine innige Verbundenheit von Staatsform und Wehrform.

Die Staatstheorie konnte daher in ihren Vorstellungen vom Staat nicht auf einen Untertanen verzichten, zu dessen Verpflichtungen dem Gemeinwesen und dem Landesherrn gegenüber auch der Waffendienst gehörte. Spinoza forderte im sechsten Kapitel seines »Tractatus politicus« von 1670, das Heer soll »bloß aus Bürgern, keinen ausgenommen und aus niemand anderem« bestehen, da Söldner die Freiheit des Bürgers bedrohen und zur Quelle des ewigen Krieges werden. Andererseits könne nur derjenige die Bürgerrechte erwerben, der sich zum Waffendienst verpflichte. Leibniz dagegen stand der Staatswirklichkeit etwas näher. In seiner Schrift »Allerhand Gedanken, so zum Entwurf der Teutschen Kriegsverfassung gehören« (um 1700, ungedruckt) konnte er sich unter »rechten Soldaten« nur Söldner vorstellen. Trotzdem plädierte auch er für einen ausgewählten Ausschuß, allerdings »kann er zwar dienen zu einer Schule junger Leute, daraus Soldaten mit der Zeit zu machen, nicht aber zu einer Kriegsverfassung, darauf man sich gegen den Feind zu verlassen«.

Alle diese Gedanken und Entwürfe zielten darauf hin, den Untertanen zum Wehrdienst zu verpflichten, die Werbung durch Aushebung zu ersetzen, das überlieferte Söldnertum durch eine Wehrform, die der neuen Staatstheorie entsprach, abzulösen. Sie blieben im wesentlichen akademischer Natur. Übereinstimmungen mit den Zwangsaushebungen oder dem preußischen Kantonsystem des 18. Jahrhunderts sind sehr äußerliche Merkmale. Enger sind tatsächlich die Beziehungen zur späteren Allgemeinen Wehrpflicht und den Konskriptionsverfassungen der deutschen Länder nach 1815. Auch mit dem Defensionswesen besteht kein eigentlicher Zusammenhang. Aussagen in dieser Richtung finden sich natürlich auch hier und dort bei den Staatstheoretikern, so etwa in der »Geschwinden Kriegsverfassung« von 1688, mit der Leibniz eine Ordonnanz Ludwigs XIII. kommentiert und Kaiser Leopold im Falle dringender Not ein allgemeines Aufgebot vorschlägt. Eine eingehende Begründung hat das Landverteidigungswerk von seiten der Wissenschaft jedoch nicht erfahren. Auch hierin zeigt sich, daß es eine Nebenerscheinung geblieben ist. Unleugbar hat jedoch der spätere Landesausschuß zahlreiche Anregungen aus der allgemeinen Diskussion um eine neue Wehrordnung empfangen.

Die geistigen Väter des eigentlichen Defensionswesens waren zugleich seine praktischen Initiatoren. Sei es als Territorialherren, wie Johann VII. von Nassau-Siegen oder Moritz von Hessen, sei es als Beauftragte eines Landesherrn, wie Abraham zu Dohna, gaben sie mit ihren Defensionsentwürfen und Ordnungen theoretische Begründung und praktische Durchführungsbestimmung in einem, wie es auch Machiavelli getan hatte. Im Gegensatz zu dem Florentiner waren sie sich jedoch sehr klar der Tatsache bewußt, daß Söldnerheere nicht zu ersetzen waren. Wenn sie in ihren Schriften Nachteile des Söldnerwesens und Vorteile des Defensionswesens gegenüberstellten, wie es immer wieder geschah, so muß dahinter die Notsituation gesehen werden, die ihnen gar keine andere Wahl ließ. Als unbestrittene Vorteile der Ausschüsse erwiesen sich auf die Dauer nur ihre Billigkeit und ihre relativ schnelle Einsatzbereitschaft für begrenzte Schutzmaßnahmen.

Unbedeutend für die weitere Entwicklung, aber interessant wegen seines direkten Bezuges zur florentinischen Miliz ist ein »discurs.. das Landvolckh zur Whör geübtzemachen«, den der spätere Obristlandzeugmeister Hans (bei Jähns: Franz) Albrecht von Sprintzenstein 1584 dem Herzog Wilhelm V. von Bayern einreichte. Sprintzenstein hatte einige Jahre am Hofe des Großherzogs Cosimo I. de'Medici in Florenz verlebt und dort die neben den Söldnertruppen noch bestehende Miliz, die allerdings nur noch mittelbar an Machiavelli erinnerte, kennen gelernt. Auf Grund dieser Erfahrungen erbot er sich, die bayerische Landbevölkerung im Wehrdienst zu üben. Die Denkschrift selbst wirkt aufdringlich und besserwisserisch, man gewinnt den Eindruck, als ob der Verfasser eine Patentlösung suggerieren möchte. Sprintzenstein gilt – sieht man von der früh einsetzenden Entwicklung in Österreich ab (s. Abschnitt III, S. 25ff) – als der erste Verfasser einer deutschen Defensionsordnung. Einen Einfluß hat er kaum ausgeübt. Das bayerische Ausschußwesen wurde erst unter Herzog Maximilian I. auf breiterer Grundlage aufgebaut und beruhte auf anderen Vorbildern.

Die Theorie

Der eigentliche Anstoß für den Ausbau der Landesdefension kam aus dem Westen. Die erfolgreichen Verteidigungsaktionen aus dem niederländischen Freiheitskampf lieferten die Vorbilder, auf die sich die deutschen Denkschriften gerne bezogen. Wichtiger war jedoch, daß die geistigen Grundlagen der oranischen Heeresreform – nicht so sehr die Reform selbst – in erheblichem Maße auch für das Ausschußwesen der deutschen Territorien galten.

Von den Niederlanden laufen die Wurzeln zurück zu den französischen Kriegstheoretikern des 16.Jahrhunderts. Schon Guillaume du Bellay, stark von Machiavelli beeinflußt, riet dem König in seinen 1535 erschienenen Instructions sur le faict de la guerre, keine Fremden, sondern nur Untertanen für den Kriegsdienst heranzuziehen, wobei er anscheinend an die légions Franz I. dachte. Vor allem aber ist in diesem Zusammenhang der Hugenottenführer François de la Noue zu nennen, der seinerseits wieder auf das spanische Muster zurückgriff, wenn er in seinen Discours politiques et militaires, 1587 in Basel veröffentlicht, vorschlug, neben den berittenen Ordonnanzkompanien auch eine kleine Menge Fußvolk ständig unter Waffen zu halten, das die festen Plätze besetzen sollte. Im Kriege konnte es durch eine Milizinfanterie in Stärke von drei Legionen verstärkt werden, deren Führerstellen der Adel zu besetzen hatte.

Der Leydener Professor Justus Lipsius, der sich in stark utilitaristischer Absicht, aber doch sehr viel intensiver, wissenschaftlich genauer und schlüssiger als achtzig Jahre früher Machiavelli, mit den Kriegslehren der Antike beschäftigte, forderte nicht nur aus rationellen, sondern auch aus staatsethischen Gründen eine Umstellung des Wehrwesens von der Söldnerwerbung auf die Auswahl eines Ausschusses von Untertanen. Wenn er mit solchen Theorien in den Niederlanden nicht durchdrang, weil die oranischen Statthalter es sich leisten konnten, Söldnertruppen aufzustellen, so fielen sie doch bei einzelnen Kriegsherren dieser Zeit, die auf eine Armierung ihrer Territorien ohne ausreichende Mittel bedacht sein mußten, auf fruchtbaren Boden. Dies galt nicht für die Frage der Volksbewaffnung allein, sondern für den ganzen Komplex der Neuerungen, die von den oranischen Prinzen für ihr Söldnerheer übernommen wurden, obgleich sie von Lipsius her gesehen auf ein Stehendes Heer von Untertanen übertragen werden sollten. Neben der Dienstpflicht der Untertanen sind auch das Elitebewußtsein, die neue Auffassung von Disziplin, das Exerzieren, die militärisch geschulte Befehlshaberschicht – der Anfang des Offizierkorps – und die »oranische Taktik« Teile einer in sich geschlossenen Wehrkonzeption, die, wie auf das Söldnerwesen, mit den notwendigen Änderungen auch auf das Defensionswesen angewandt werden konnte. (Über die oranische Heeresreform s. u.).

Die enge verwandtschaftliche Bindung der Oranier an das Haus Nassau (s. S. 127) brachte es mit sich, daß eine ganze Reihe nassauischer Grafen in den Niederlanden Kriegsdienste nahm. Unter ihnen kann Graf Johann VII. (der Mittlere) von Nassau-Siegen als die Schlüsselfigur angesehen werden. Auf der einen Seite entscheidend an der Oranischen Heeresreform beteiligt, auf der anderen Seite als der Inspirator des Defensionswerkes berühmt weit über die Grenzen seiner heimatlichen Grafschaft hinaus, nahm er die Stelle eines Mittlers zwischen beiden Bewegungen ein. Sie sind auch lange Zeit von den Historikern als ein einziger Vorgang angesehen worden, zumal die nachgelassenen Schriften Johanns von Nassau als beste Quelle für beide Bereiche anzusehen sind.

Von seinen zahlreichen Schriften zur Landesverteidigung ist wegen des grundsätzlichen Inhalts ein Diskurs besonders herauszuheben: »Motiven wie die underthonen zue dem defension werckh willig zu machen und zu underweisen« aus dem Jahre 1595. Die Schrift ist nicht etwa ein Aufruf zur Ablösung des Söldnertums durch Volksheere, wenn auch einzelne Passagen diesen Eindruck erwecken. Johann hat an einer Stelle eindeutig festgestellt, daß »in einem ›öffentlichen Krieg‹ Söldnertruppen gebraucht werden«. Das Verteidigungswerk ist vornehmlich für eine »geschwinde und unvorsehnliche defension« gedacht und die »Motiven« sind vielmehr eine Unterweisung, wie den Untertanen eine Landesdefension erklärt und nahegebracht werden soll. Ihre Argumentation und ihre praktischen Hinweise sind beispielhaft für die Zeit und sind in vielen ähnlichen Denkschriften wiederzufinden.

Die »Motiven« gehören zum ersten Teil einer Sammlung von Defensionsanweisungen, dem »Verteidigungsbuch für Nassau-Dillenburg«, wie Oestreich es nennt. Einleitend wird festgestellt, daß Verteidigung iuris divini und naturalis sei und die Obrigkeit die Verpflichtung habe, ihre Untertanen vor Gewalt zu schützen. Den vielfältigen Mängeln der Söldner werden die Vorteile der Untertanenbewaffnung, mit Beispielen belegt, gegenübergestellt. Die Untertanen müssen jedoch auch von der Notwendigkeit des Werkes überzeugt und zur Mitarbeit gewonnen werden. Musterungspflicht besteht für jeden, doch sollen nur die »geradesten und wackersten ausgewählt werden«. »Die Obrigkeit mus sonderlich im anfangk liberal und freundlich gegen sie sein«, niemand soll gezwungen werden, niemand soll in seinem Gewerbe gehindert werden. Die den Untertanen entstehenden Kosten können durch Steuernachlässe und Stundung der Beträge gemildert werden. Die Jugend, schon mit 10 oder 12 Jahren zu den Schießübungen herangezogen, dazu die Älteren als Schützen, Musketiere und endlich als Doppelsöldner (Spießträger) müssen Freude an dem Werk haben, erwachsene Söhne der Herrschaften führen die Aufsicht bei den Übungen. Ansehnliche, bis ins kleinste beschriebene Soldatenbekleidung und gut brauchbare, von der Obrigkeit zu beschaffende Luntengewehre geben den Schützen Vertrauen und Selbstbewußtsein. Eine detaillierte Ausbildung vom Drill der Ladegriffe bis zur Schlachtordnung, Preisschießen, Wachen, Alarmübungen und die Generalmusterung alle 5 bis 6 Jahre mit dem Beschwören des Artikelbriefes, alles dies besorgt die Obrigkeit, die keine Mühe scheut, das Werk fortzusetzen und zu vervollkommnen, »dieses ist also das mitell, dadurch aus bauren soldaten gemacht werden«.

Der letzte Abschnitt beschäftigt sich mit den Lasten der nicht aufgebotenen Untertanen,

Geldzahlungen und Feldarbeit für die Defensioner, also mit dem Verhältnis zwischen dem »Auszug« und den Daheimbleibenden. Dabei wird ausdrücklich betont, daß beiden Teilen erklärt werden muß, jeder habe seine Last zur Verteidigung des Vaterlandes zu tragen und keiner werde benachteiligt. Am Ende des Abschnittes wird das Verhältnis zwischen den bewehrten Untertanen und der Obrigkeit aufgegriffen, und zwar an dem aufschlußreichen Beispiel eines möglichen Aufstandes, eines Bauernkrieges. Gegen eine solche Gefahr sprechen sachliche und moralische Gründe. Die klare Trennung der bewaffneten Defensioner einerseits von der Masse der Untertanen, andererseits von ihrer Führung – es gibt keine bäuerlichen Führer – verhindert jeden Aufruhr, dem die Reiterei, das Geschütz und die festen Häuser ohnedies gewachsen wären. Wesentlicher ist jedoch, daß der Auszug eine Auswahl bewährter Männer darstellt. Die Obrigkeit muß dafür sorgen, »daß solch werck viel mehr ein gutt vertrauen zwischen den underthonen und der obrigkeit bringe, und einen bauren kriegk verhüten sollte, wan die underthonen sehen und spüren, das Ihre Obrigkeit sich Ihrer so treulich und vätterlich annimpt und Ihnen selbst die wehr in die handt gibet, sich gegen ohnpillichen gewalt zu defendiren«. Es ist zu bedenken, »das es eine mutua obligatio ist, da die underthanen der obrigkeit das Ihrige mit allem thun, das dargegen die obrigkeit sie auch zu defendiren schuldig«.

Johann VII. hat die Werke von Machiavelli, de la Noue und natürlich auch von Lipsius, wie aus seiner Korrespondenz hervorgeht, gut gekannt und vieles daraus verwertet. Aber es klingt in seiner Defensionsordnung ein neuer Ton mit, der einmal seinen nüchternen, lebensnahen Wirklichkeitssinn verrät, mit dem er etwa die genaue Form des Einexerzierens oder etwa die Art der Soldatenstrümpfe abhandelt, und der zweitens eine grundsätzlich andere Einstellung zum Volksaufgebot erkennen läßt. Voraussetzung seines Defensionswerkes war eine Art Wehrerziehung der Bevölkerung, speziell des ausgewählten »Auszuges«. Er verband damit jedoch nicht das Ziel, ein nationales Volksheer zu schaffen, wie Machiavelli es geplant hatte. Er hatte auch nicht die Absicht, die militärische Elite der Bevölkerung in einem Untertanenberufsheer zu sammeln, das als eine den Söldnerheeren in jeder Hinsicht überlegene Neuerung mit dem Landesherrn an der Spitze die Souveränität des Staates repräsentierte, wie es Lipsius in seinen Schriften projektierte. Das Defensionswerk hatte ausschließlich die Aufgabe, die Grenzen des Landes zu verteidigen, das heißt, das Land vor dem Durchzug fremder Soldtruppen und die Städte und Dörfer vor den Raubzügen marodierender Soldateska zu schützen.

Der nationale Gedanke als moralische Verpflichtung zur Verteidigung der Freiheit des Vaterlandes war noch nicht ausgeprägt formuliert. Noch bedeutete Defension ganz im Sinne der alten Landfolge Abwehr von Friedensbrechern. Trotzdem fehlte die ethische Begründung nicht, wie die Berufung auf das ius divinum et naturale in der Einleitung der »Motiven« zeigt. Das natürliche Recht des Einzelnen und der Gemeinschaft, sich gegen Angriffe zu wehren, erhielt dadurch noch einen besonderen Akzent, daß nach dem Willen Gottes die Sache der Evangelischen gegen den Ansturm des »Papismus«, das heißt, gegen die spanischen Truppen zu verteidigen war. Diese Zusammenschau von naturrechtlichen und religiösen Beweggründen wurde ergänzt durch den Appell an die »mutua obligatio«, die gegenseitige Verpflichtung von Landesherrschaft und Untertanenschaft, deren Wurzeln ebenfalls religiösen Ursprung haben. Der Begriff ist dem Pflichtenkodex des Calvinismus entnommen. Durch Gottes Gebot war es dem Landesherrn auferlegt, mit aller Kraft für das Wohl seiner gläubigen Untertanen einzustehen. Die Untertanen hatten die moralische Pflicht, ihrem Landesherrn zu gehorchen und mit Leib und Leben das Gemeinwesen zu schützen.

Eindrucksvoll ist die überlegte Form, in der ein erfahrener Kriegsmann und sorgender Landesvater wie Johann VII. mit psychologischem Geschick und einem klaren Sinn für das Mögliche die Idee der Volksbewaffnung in die Praxis des Defensionswerkes zu übersetzen weiß. Und dieses Können war es wohl, das von den Zeitgenossen vor allem anerkannt wurde, und dessen Auswirkungen weit über die Grenzen der Grafschaft Nassau-Siegen zu spüren sind.

Die »Motiven« sind nur ein beispielhaftes Zeugnis seiner geistigen, organisatorischen und technisch-praktischen Vorstellungen und Leistungen. Nachweisbar ist sein Wirken im Defensionswerk der Wetterauer Grafenkorrespondenz und der Kurpfalz, beide hat er persönlich organisiert. Unmittelbar beeinflußt sind von ihm die Volksbewaffnungspläne in den evangelischen Reichsständen der protestantischen Union von 1608 allgemein, besonders in Hessen-Kassel. Aber auch für das ferne Preußen hat er 1616 auf Wunsch der preußischen Landstände einen »Kurtzen Discurs, die Landrettung im Lande zur Preußen betreffend« verfaßt. Auch die »Landfahnen« des katholischen Bayerns unter Maximilian I. tragen verwandte Züge, wenn auch unmittelbare Beziehungen nicht nachzuweisen sind.

Neben Johann von Nassau darf sein Schwager Moritz (der Gelehrte) von Hessen-Kassel (1572–1632) als ein Verkünder der Volksbewaffnung nicht übersehen werden. Moritz – ebenfalls ein betonter Calvinist, allerdings mit starken absolutistischen Ambitionen, historisch gleichermaßen bedeutsam wegen des kulturellen Aufschwungs, den er seiner Residenz Kassel verschaffte, und wegen seiner vielfältigen politischen Händel – betrachtete das Ausschußwesen unter einem anderen Blickwinkel als Johann VII.

Im Jahre 1600 ließ Moritz in Kassel eine »Instruction: Was sich vnsere bestellte Kriegsräthe vnd Diener verhalten sollen« drucken, eine Art Wehrordnung mit Übungsvorschriften für den Landesausschuß. Im Laufe der Diskussion um die Instruction sah er sich veranlaßt, seine Gedanken zur Begründung und Durchführung der Defension seinem Onkel, dem Landgrafen Ludwig zu Marburg, in einem umfangreichen Sendschreiben zu unterbreiten. Mit der umfassenden Belesenheit und Gelehrsamkeit des gebildeten Humanisten entwickelte Moritz, wie viele seiner Vorgänger auf diesem Gebiet, den Gedanken der Landesdefension aus der Antike. Auch bei ihm findet sich der Hinweis, daß die Verteidigung Gott wohlgefällig sei und der Verfassung nicht widerspreche. Klar durchdacht und begründet sind die Weisungen zur Auswahl des Ausschusses, zur Ausrüstung und Gliederung, die Bestimmungen über die Exerzitien, über die Taktik beim Marsch, in der Schlacht und im Lager, die Maßnahmen zum Einbringen der Kriegsmittel – der Kontribution, und die abschließenden Bemerkungen über Disziplin und Kriegsrecht.
Im Sendschreiben sind viele Gedanken Johanns von Nassau verarbeitet. Es kann aber auch die nahe Verwandtschaft zur Oranischen Heeresreform nicht leugnen. Jähns sieht in ihm »ein vollständiges Kompendium der Kriegswissenschaft um die Wende des 16. und 17. Jahrhunderts«, und es greift in seiner allgemeinen Tendenz tatsächlich weit über den Rahmen einer reinen Defensionsordnung hinaus.

Moritz erstrebte mit dem Ausschuß weit mehr als eine eilende Hilfe in Notzeiten. Der machtpolitischen Pläne gegenüber so aufgeschlossene, absolutistisch ausgerichtete Reichsfürst wollte auch über eine ständig bereite, ausreichende militärische Gewalt verfügen. Für ein längere Zeit bei den Fahnen gehaltenes Söldnerheer fehlten verschiedene Voraussetzungen, vor allem die Mittel. Ein stehendes oder zum mindesten stets einsatzfähiges Milizheer aus Untertanen schien einen erreichbaren Ersatz zu bieten. Das ist der Zeitgedanke des Sendschreibens, das wohl allein für die Verhältnisse in Hessen-Kassel berechnet war, aber auch für jedes andere Territorium als Muster herangezogen werden konnte. Dieser Hintergrund gibt ihm, vielleicht unbeabsichtigt, seinen allgemeinverbindlichen und grundsätzlichen Charakter. Der Dreißigjährige Krieg verschüttete auch hier die Ansätze und drängte in eine wesentlich andere Entwicklung.

Die späteren Denkschriften für Defensionswerke erreichten nicht die Bedeutung der Motive oder des Sendschreibens. Es sind zumeist Entwürfe für die Defensionsordnung eines bestimmten Territoriums, die sich weniger mit der grundsätzlichen Problematik befassen, sondern klare Hinweise für die Durchführung geben, zugeschnitten auf die vorhandenen Möglichkeiten. Ihre Verfasser sind erfahrene Kriegsleute, die im Auftrage eines Landesherrn Vorschläge unterbreiten, die nicht ohne Originalität zusätzlich Variationen vorschlugen.

Als überzeugter Verfechter des Defensionsgedankens, fußend auf den Erfahrungen, die er als Mitarbeiter Johanns von Nassau in der Kurpfalz gesammelt hatte, verfaßte der Burggraf Abraham zu Dohna 1614 einen »Vnvorgreifflichen Entwurff wie das Landrettungswerck in der Chur Brandenburg dies vnnd jenseit der Oder anzufangen«, in dem er – wie auch Moritz von Hessen – für die Reiterei die Ritterpferde, für das Fußvolk des Ausschusses aber merkwürdigerweise keine Bauern, sondern Städter vorschlug. Auch Johann Jacobi von Wallhausen, der wohl berühmteste Kriegstheoretiker dieser Zeit, fand schon in seinem Corpus militare von 1617 überzeugende Worte für seine stehende Miliz. Nach seiner kurzen und nicht sehr ruhmvollen Tätigkeit als Leiter der von Johann VII. eingerichteten ersten deutschen Kriegsschule in Siegen veröffentlichte er 1621 eine Schrift mit dem Titel »Defensio Patriae oder Landrettung«, die ganz den Geist des nassauischen Defensionsdenkens atmet.

Außerhalb dieses engen Kreises um Johann von Nassau sind noch drei Namen zu erwähnen. Der Hauptmann Georg Fuchs zu Gastein hat bei der Abfassung der »Landtsdeffensionortnung für Böhmen, Mähren, Österreich unter und ob der Enns« 1612 sehr wahrscheinlich auch die Arbeiten von Johann und Moritz herangezogen. Fuchs verzichtete allerdings auf eine weitausholende Begründung und gab nur straff gegliederte Anweisungen für die Durchführung. Interessant sind in diesem Zusammenhang noch zwei Vorschläge, die den begrenzten landesherrlichen Standpunkt verließen und betont eine überterritoriale Lösung anstrebten. Der Diskurs des Hauptmanns Matthias Freiberger von 1604 skizzierte eine Reichsmiliz, die auf der Grundlage der Reichskreise errichtet werden und – in Anlehnung an ältere Vorbilder – das leidige Söldnerwesen ersetzen sollte. Der Schweizer Oberst Johann Ludwig von Erlach zu Castelen – Sproß einer alten Berner Familie, der nach einem wildbewegten Soldatenleben 1650 als französischer General starb –, schlug in einem »Project und Gutachten .. Über die anstellung eines gemeinen Defensionalwerks« 1629 ausgesprochen nationale Töne an, wenn er die Schweizer Kantone insgesamt in Erinnerung an ihre heldenhafte gemeinsame Vergangenheit dazu aufrief, in einer alle verbindenden Miliz die konfessionellen Gegensätze zu überwinden und einträchtig den äußeren Feinden Trotz zu bieten.

Gründe für das Entstehen und den Verfall der deutschen Defensionswerke

In der Geschichte des Defensionswesens sind deutlich zwei Phasen zu unterscheiden. Die erste begann im letzten Dezennium des 16. Jahrhunderts mit der Errichtung sogenannter Defensionswerke und endete mit ihrer Zerschlagung in den einzelnen Ländern im Dreißigjährigen Kriege. Die zweite Phase, die Zeit der Milizen, setzte sofort nach Beendigung des großen Krieges ein und reichte bis in die napoleonische Ära.

Sie sah in der Maschinerie einexerzierter und disziplinierter Soldaten die einzige Möglichkeit für eine erfolgreiche Kriegführung und damit überhaupt den Sinn von Streitkräften. Der Ausschuß war lediglich zweitrangiger Ersatz oder Rekrutenreservoir für die Soldtruppen. Originäre Züge und eine eigentümliche zeitgerechte Eigenständigkeit zeigte vornehmlich die erste Phase, die daher etwas eingehender zu behandeln ist.

Die Initiatoren dieser Phase mit ihren Denkschriften sind für die historische Betrachtung aufschlußreicher als die einzelnen Werke selbst, denn in ihren Plänen und Vorschlägen tritt das Originäre der Konzeptionen deutlicher vor Augen als in der oft recht mangelhaften Durchführung. Ihre Motive und Begründungen hatten keine einhellige Linie, sind auch nicht immer konsequent und geben daher zu verschiedenen Deutungen Anlaß.

Fasziniert vom Gedanken der Allgemeinen Wehrpflicht fand die Literatur der 30er Jahre unseres Jahrhunderts bei ihnen auch die Argumente für diese Institution:
- erstens Besinnung auf die Idee der Wehrpflicht, die sich angeblich wie ein kontinuierlicher Faden durch die deutsche Geschichte zieht und die in den Defensionswerken eine Erneuerung und den Zeitumständen entsprechende Verwirklichung fand;
- zweitens die Aversion gegen das Söldnertum, das teuer, unzuverlässig und disziplinlos mehr als Bedrohung denn als Schutz empfunden wurde.

Beide Argumente halten einer Prüfung nicht stand. Die mittelalterliche Wehrpflicht – soweit sie überhaupt als eine allgemeine Einrichtung bestanden hatte – war so stark in Vergessenheit geraten, daß sich die geistigen Begründer des Ausschußwesens als Beleg ihrer Thesen Beispiele aus der vom Humanismus entdeckten Antike holten. Die Landesherren bezogen sich in ihrem Rechtsanspruch an die Dienstpflicht der Untertanen auf die Landfolge, die nicht mit dem Institut einer Kriegsdienstpflicht identisch ist.

Eine grundsätzliche Ablehnung des Söldners als Kriegsmittel finden wir nur bei dem Italiener Machiavelli. Die Haltung eines Johann VII. von Nassau oder Moritz von Hessen war schon wesentlich differenzierter. Der deutsche kleine Territorialherr spürte die Unzuträglichkeiten nur deshalb zu stark, weil er nicht ordnungsgemäß zahlen konnte. Es darf außerdem nicht übersehen werden, daß die schwarzen Farben, mit denen die Auswüchse des Söldnertums in verschiedenen Denkschriften ausgemalt sind, ihre propagandistische Tendenz kaum verleugnen können. Um 1600 war das Aufgebot keine Konkurrenz mehr für die Söldnerregimenter.

Disziplinierte Stehende Söldnerheere als das bewährte Ergebnis einer jahrhundertelangen Entwicklung gab es noch nicht, doch hatte sich um die Wende vom 16. zum 17. Jahrhundert das Söldnertum bereits seit langem zum ausschlaggebenden Faktor des Kriegswesens entwickelt. Die oranische Heeresreform, die etwa zur gleichen Zeit ins Werk gesetzt wurde, lief nicht auf eine Überwindung oder Beseitigung des Söldnertums hinaus, sondern auf seine Reorganisation. Daher tauchte gerade in den kleineren Territorien, die den Belastungen und Schrecken eines Krieges oder auch nur eines Truppendurchzuges besonders stark ausgesetzt waren, der Gedanke auf, das Aufgebot durch neue Impulse wieder zu beleben und es in der Weise umzugestalten, daß es die Vorzüge des Söldnertums in sich aufnahm, nicht aber seine Nachteile. Es spielte auch wohl die Hoffnung mit, daß die Bindungen an den Herrscher und das Vaterland und der moralische Zwang zur Verteidigung der Heimat die mangelnde Kampferfahrung ausgleichen würden.

Doch war man sich durchaus der Tatsache bewußt, daß die Defensionswerke eine

Söldnertruppe nicht ersetzen konnten, wenn auch bestimmte Versuche in der Aus- und Weiterbildung weit über das bisherige kriegshandwerkliche Brauchtum hinausführten. Als Schutz gegen marodierende Banden und vornehmlich gegen den Durchzug fremder Truppenkontingente, die eine kriegerische Auseinandersetzung mit den zahlenmäßig keineswegs schwachen Defensionern als unnötiges Risiko zu scheuen pflegten, waren die Ausschüsse durchaus brauchbar. Größere Territorien, wie etwa Bayern, haben sogar versucht, eingeübte Defensionstruppen auch gegen den Einspruch ihrer Landstände den gemieteten Soldregimentern anzugliedern, um so die Landesstreitmacht zu vermehren. In den offenen Feldschlachten des Dreißigjährigen Krieges haben die Defensionsverbände diesen euphemistischen Hoffnungen nicht entsprochen. Sie wurden zusammengeschlagen oder sie desertierten angesicht des Feindes in hellen Haufen.

Löst man sich von der Fiktion einer vom Mittelalter bis in die neueste Zeit reichenden Wehrpflichtkontinuität und sucht die tatsächlichen Gründe für das Entstehen der Defensionswerke, dann ergeben sich Argumente für ihre Begründung, die sich überzeugend aus in der Situation der frühabsolutistischen Territorialstaaten ableiten lassen.

Erstens brauchten die deutschen Landesfürsten einen sinnfälligen Ausdruck für ihr erwachendes Souveränitätsbewußtsein, das in einer wenn auch fragwürdigen Wehrhoheit am besten repräsentiert schien. Die Ausschüsse waren von Anfang an eine reine Angelegenheit der Territorien. Sie gehörten also auch nicht in den Rahmen der Reichskriegsverfassung hinein. Die wenigen Versuche, eine Reichsdefension in die Wege zu leiten, sind über den Ansatz nicht hinausgelangt. Das gilt für die Bemühungen Maximilians I. von Bayern, der den bayerischen Reichskreis veranlaßte, 1605 von dem ihm zugehörenden Reichsständen die Musterung ihrer Untertanen zu verlangen, und der darüber hinaus um 1600 eine Umgestaltung der überlieferten Reichskriegsverfassung anstrebte, indem er sie auf dem Aufgebot jedes 30. in Notzeiten jedes 5. Mannes begründen wollte. Das gilt auch für das mißglückte Unternehmen Ludwig Wilhelms von Baden 100 Jahre später, im Reichskrieg gegen Frankreich eine Defension des schwäbischen und fränkischen Kreises ins Leben zu rufen.

Kleinere politische Einheiten wie Landstädte, Dörfer oder Gutsbezirke hatten kaum Möglichkeiten für eine organisatorisch vorbereitete Selbstverteidigung. Es entsprach dem Wesen der Einrichtung, daß nur der Territorialherr im Bereich seiner Hoheitsrechte und seines Verwaltungsapparates, wenn auch mit Hilfe der ständischen Verwaltung, in der Lage war, Defensionswerke zu errichten. Eine rechtliche Basis bot die Reichsexekutionsordnung von 1555, die den Landesherren zwar nicht das ius armorum zusprach und sich ausdrücklich gegen jegliche Ansammlung von Söldnern richtete, aber andererseits forderte, »daß ein jeder Kurfürst, Fürst und Stand in guter Bereitschaft sitze, auf daß er und die Seinen in solchen Notfällen zusammenlaufen und gegen die Versammlungen eines jeden Kriegsvolks seinen Genachbarten förderliche und fürträgliche Rettung leisten und hinwider von anderen tröstlichen Beistand und Entsatzung erwarten möge«. Wenn die einzelnen Territorialherren diesen Aufruf zur Wahrung des Landfriedens dahingehend erweiterten, daß sie mit den überlieferten Mitteln des Landesaufgebotes eine bescheidene »Armatur« errichteten, so war augenscheinlich der Hang nach Ruhe und Ordnung nicht die alleinige Triebfeder. Friedensstörer gab es zu allen Zeiten, die Defensionswerke entstanden jedoch fast alle in dem Jahrzehnt um 1600, und zwar ohne einen akuten Anlaß von Friedensbruch. Bis dahin war die Aufstellung von Streitkräften immer nur in direkter Verbindung mit Kriegsereignissen vorstellbar. Es ist daher zu verstehen, wenn der Anspruch auf Verwirklichung der Wehrhoheit, d. h. auf bewaffnete Formationen allein zur Wahrung der den Frieden sichernden Landeshoheit, noch nicht schlüssig artikuliert wurde. Aber die auffällige Bereitschaft, mit der die Anstöße von fast allen Territorialherren aufgenommen wurden, und die Selbstverständlichkeit, mit der die noch bei weitem nicht funktionsbereiten Ausschüsse ins politische Spiel gebracht wurden, nicht allein von Moritz von Hessen, belegen doch das Bedürfnis nach einer »militärischen Gewalt«.

Zweitens wurde mit der Einrichtung der Landesausschüsse der erste Versuch in Deutschland unternommen, Stehende Truppen aufzustellen.

Diese Feststellung wirkt auf den ersten Blick etwas verwirrend, weil nach allgemeiner Ansicht speziell Landesausschüsse und Milizen gerade als nichtstehende Truppen in die Geschichte eingegangen sind, als die andere Lösung, die mit dem Stehenden Heer, der Linie, gerade in Konkurrenz stand. Tatsächlich war der »Defensioner« auch das genaue Gegenteil des »miles perpetuus«, des lebenslänglich unter Waffen stehenden Söldners und Idealbildes eines Soldaten bis zur endgültigen Einrichtung der Stehenden Heere. Werden jedoch die wirklichen Kriterien für stehende Formationen, wie sie sich in stetem Wechsel der Anforderungen und Leistungen im Laufe der Jahrhunderte herauskristallisierten, an die Defensionswerke angelegt, erweisen sich die Übergänge als so fließend, daß von einer stehenden Miliz gesprochen werden könnte. Es ist eine Frage der Relation: im Verhältnis zu Verbänden von Berufssoldaten wären die Ausschüsse als Miliz anzusprechen, im Verhältnis zu den für die Dauer eines Feldzuges geworbenen Söldnerkompanien ihrer Zeit käme ihnen der Status einer stehenden Truppe zu.

Um 1600 und in dem Jahrhundert davor wurden Kriege ausschließlich mit auf Zeit geworbenen Söldnern geführt, die nur für den Krieg gebraucht wurden; Söldner und Söldnerwerbung bedeuteten Krieg. Deutschland hatte seit den Hussitenstürmen, also fast 200 Jahre lang, nur wenige Kriege erlebt: den Bauernkrieg 1525 und den Schmalkaldischen Krieg 1546/47. Der Freiheitskampf der Niederlande, die Hugenottenkriege in Frankreich und die Schlachten zwischen Karl V. und Franz I. oder zwischen den Schweizern und Karl dem Kühnen von Burgund blieben für die deutschen Territorien Nebenerscheinungen, auch die Auseinandersetzungen mit den Türken im Südosten wurden wohl als Bedrohung aber nicht als Krieg empfunden. Ein erhebliches Ärgernis bildeten allerdings die lokalen Fehden, die mit Hilfe von Söldnern durchgefochten wurden und den Landfrieden ganzer Regionen in Frage stellten, so etwa die Eskapaden des Markgrafen von Ansbach Albrecht Alkibiades. Mit den durchziehenden Söldnerbanden waren Raub, Brandschatzung und Kontributionen verbunden, und es gab kaum Mittel, sich dagegen zu schützen. Aus den konfessionellen Spannungen, die bereits lange vor dem Abschluß der katholischen Liga und der evangelischen Union spürbar waren, erwuchsen neue Bedrohungen, so daß die Landesherrschaften, wie die Stände und die Bevölkerung dem Gedanken eines finanziell tragbaren Landesschutzes sehr aufgeschlossen gegenüber standen.

Der Hauptunterschied der Defensionswerke zum Aufgebot im 16. Jahrhundert bestand im Anspruch auf Kontinuität. Die tauglichen Pflichtigen wurden nicht mehr durch Musterung nur für einen bestimmten Feldzug herausgesucht, sondern der Ausschuß, eine bereits im Frieden zusammengestellte Gruppe waffenfähiger Männer, wurde im Frieden unterwiesen und gedrillt, um im Kriegsfall für die Verteidigung des Landes eingesetzt zu werden.

Der Ausschuß bildete eine durchgegliederte Formation mit einheitlicher Bewaffnung und war zum Teil sogar schon uniformiert. Finanziert wurde er teils durch Mittel des Landes, teils durch Umlagen der Stände, teils auch durch Eigenleistung der Ausschußmitglieder. Unter seinen Führungskräften fanden sich erfahrene Söldnerführer, Mitglieder des landständischen Adels und der landesherrlichen Beamtenschaft. Der Landesherr ernannte oder bestätigte sie und verfügte auch über die Verwendung des Ausschusses, allerdings nicht so selbstherrlich, wie es bei Soldtruppen hätte möglich sein können, sondern zweckgebunden, d. h. zur Verteidigung des Landfriedens, und oft auch erst nach Absprache mit den Landständen.

Jeder Ausschuß umfaßte eine festumrissene Zahl ausgewählter und gemusterter Landesbewohner. In den einzelnen Ländern variierten wohl die Kriterien der Auswahl, das Prinzip der Auswahl nicht. Der Defensioner war auf Dauer in Dienst genommen, er gehörte dem Ausschuß entweder bis zu seinem Tode oder eine festgesetzte längere Zeit an, wenn er auch nur zeitweise – an Wochenenden, bei Übungen oder Einsätzen – wirklich Dienst verrichtete. Er war auf den Landesherrn verpflichtet, nicht wie der Söldner auf seinen Fähnlein- oder Regimentsführer, den Obersten. Die Mannschaften entstammten achtbaren Familien, die Führungsschicht setzte sich aus Männern zusammen, für die kraft ihres Standes oder auch ihres außermilitärischen Dienst-und Treueverhältnisses zum Landesherrn eine loyale Haltung selbstverständlich war, so daß die Landregimenter als voll in den Staat integriert anzusehen sind.

Alles in allem waren die Defensionswerke eine Form der bewaffneten Macht, die nach damaligen Maßstäben den Erwartungen des Landes auf Sicherheit und Landfrieden entsprach. Dazu kam, daß sie sich im Gegensatz zu den Söldnerregimentern auch wirtschaftlich kaum als Belastung auswuchsen. Da sie auf Dauer konzipiert waren, mußte die Finanzierung natürlich auch in einem erträglichen und ausgewogenen Maß gehalten werden.

Für den Bewegungskrieg und die offene Feldschlacht waren sie nicht geeignet. Sollte der Landesherr tatsächlich einmal in die Lage geraten, einen wirklichen Krieg zu führen, dann mußte er dazu Söldner mieten oder werben. Es sei hier noch einmal darauf verwiesen, daß es ein schiefes Bild gibt, wenn die Ausschüsse einfach als ein billiger Ersatz für Soldaten angesehen werden. Solche Überlegungen mögen mit im Spiel gewesen sein, wie Neuerungen in der Regel von mehreren Komponenten getragen werden, auch sind später ein guter Teil der Landfahnen im regulären Krieg verschlissen worden, ausschlaggebend aber war das Streben des frühabsolutistischen Territorialfürsten nach einer für ihn tragbaren und vertretbaren Verwirklichung des Wehrgedankens. In diesem frühen Stadium der Staatskonsolidierung lag der Versuch nahe, die Streitkräfte unmittelbar aus der Landesbevölkerung herauszukristallisieren.

So bemerkenswert die Entschlüsse der deutschen Landesfürsten bei der Einrichtung der Defensionswerke gewesen sind, ebenso aufschlußreich sind ihre Gründe, die Landrettung bald wieder zu vernachlässigen oder sie bedenkenlos als Söldnerersatz zu opfern. Auch hier machte es sich die fühere kriegsgeschichtliche Literatur zu leicht, wenn sie den Niedergang des Defensionswesens mit militärischem Versagen zu begründen suchte.

Es wurde gerade im Vergleich mit den stehenden Armeen des 19.Jahrhunderts davon gesprochen, daß die Bevölkerung vor 300 Jahren noch nicht reif gewesen wäre für eine Wehrpflicht, wie sie auch für das Ausschußwesen Voraussetzung gewesen sei, da noch jedes Nationalgefühl gefehlt hätte; es wurde darauf verwiesen, daß Milizformationen, wie etwa auch die Landwehr, nicht nur wegen ihrer Haltung sondern auch in Bezug auf Ausbildung und Ausrüstung immer ein sehr unzureichender Ersatz für die Linie seien, und daß sich also die Landesherrn zwangsläufig auf stehende Söldnerkontigente hätten umstellen müssen, wann immer ihnen die Möglichkeit dazu gegeben war. Der Dreißigjährige Krieg, der nur mit richtigen Soldaten geführt werden konnte, hätte dann die militärische Unbrauchbarkeit der Ausschüsse deutlich vor Augen geführt und als eine Fehlentwicklung gekennzeichnet.

Diese Argumentation verschiebt die Fragestellung einseitig vor allem dadurch, daß sie ihre Begründung ausschließlich bei den Ausschüssen sucht und dazu von falschen Voraussetzungen ausgeht. Sicherlich fehlte das Nationalgefühl, und es ist eine alte Weisheit, daß Volksaufgebote sich in der Regel auf eine gemeinsame geistige Ausrichtung, sei sie politischer, religiöser oder nationaler Provenienz, zu berufen pflegen. Aber für den Willen, die Familie, das Dorf und das Land gegen einen feindlichen Einbruch zu verteidigen, benötigten sie kein besonderes Sendungsbewußtsein, und die regulären Soldaten der folgenden 200 Jahre, die Söldner der Stehenden Heere, haben ohne Einbuße ihrer Schlagkraft ebenfalls darauf verzichtet. Mängel in der Ausbildung und Ausrüstung sind kein Charakteristikum für Milizformationen als solche, sondern müssen als Folge der nachlässigen Fürsorge der ständischen und vor allem der landesherrlichen Verwaltung gesehen werden. Die ganze Versagens-Theorie, die anscheinend stark von der Polemik in der Linie-Landwehr – Problematik des späten 19.Jahrhunderts getragen wurde, berücksichtigt zwei entscheidende Punkte nicht: erstens waren die Ausschüsse nicht für die offene Kriegführung gedacht, sondern für die Sicherung des Landfriedens, und zweitens begann ihr Niedergang bereits vor Ausbruch des Dreißigjährigen Krieges, als also die Frage ihrer Bewährung im Kriege noch gar nicht zur Diskussion stand.

Die Defensionswerke haben sich nur zu einem sehr geringen Teil selbst getragen, sowohl ideologisch als auch materiell. Bei ihrer augenfälligen Abhängigkeit von der Initiative und den Finanzen äußerer Faktoren – des Landesherren und der Landstände – ist es nur natürlich, dort auch die Ursachen für ihren Niedergang zu suchen. Den Landständen ist dabei zu bescheinigen, daß sie im allgemeinen als Fürsprecher auftraten und daß sie, wenn sie schon Mittel für Rüstungsvorhaben bewilligten, den Ausschüssen in der Regel vor den Soldregimentern den Vorzug gaben. Dies geschah nun nicht etwa, weil sie den Denkschriften Glauben schenkten, die den Defensionern im Vergleich zu den Söldnern gleichen oder gar höheren militärischen Wert zubilligten, sondern eher im Gegenteil, weil sie wußten, daß ihr Landes- und Kriegsherr mit den Landfahnen das Land möglicherweise vor Kriegswirren bewahren, aber keinesfalls selbst großartige Kriegszüge zu eigenem Verdienst unternehmen konnte. Sie kontrollierten außerdem – da sie ja maßgeblich in die Funktionen des unteren Verwaltungsapparates eingeschaltet waren – die Aushebung, die Bewirtschaftung, die Besetzung der Führungsstellen und zum Teil sogar den Einsatz der Heimattruppe. Es trifft durchaus zu, daß gelegentlich ihr kurzsichtiges Verhalten erst eigentlich zum Unheil ausschlug, weil der Landesherr wegen des Fehlens eigener Söldnerregimenter nicht die Bündnispolitik betreiben konnte, die sein Land aus dem Operationsgebiet hätte heraushalten können. Andererseits hat der Mangel an kriegstüchtigen Truppen sicher manches Land vor fürstlichen Kriegsabenteuern bewahrt.

Nun zeitigte die hier beschriebene Grundhaltung des ständischen Adels nicht ein uniformes, in allen Territorialstaaten gleiches Verhalten. Die in jedem Lande anderen Umstände – die außenpolitische und militärische Situation, das recht diffizile und viele Variationen zulassende Verhältnis zwischen Ständen und Landesherrn u. a. m. – relativierten die Initiativen und Reaktionen erheblich. So konnte es auch dazu kommen, daß die Stände ein Landrettungswerk ablehnten oder jede Unterstützung versagten, sei es, daß sie Verteidigungsmaßnahmen sowie die mit der Errichtung eines ganzen Apparates verbundenen Kosten und Anstrengungen für unnötig hielten, sei es, daß sie über den Ausschuß doch eine Machtausweitung des Fürsten auf ihre Kosten zu fürchten hatten, sei es endlich, daß sie – wie die altpreußische Adelsschicht, die unter polnischer Oberhoheit an eine fast schrankenlose Libertät gewöhnt war – jede Zusammenarbeit mit dem Landesherrn als Einmischung in ihre Rechte empfanden und sich ihr daher widersetzten.

Für die Landesherren dagegen trugen alle diese Gründe das entgegengesetzte Vorzeichen. Was auf dem adligen Gutshof als positiv bewertet wurde, gab im fürstlichen Schloß der Residenz Anlaß zur Ablehnung oder zumindest zur dilatorischen Behandlung. Auf die ersten Monate der Gründerzeit, in denen durch die verschiedenen Memoranden und Planungen die Hoffnung geweckt wurde, daß sie die Ausschüsse für ihre persönlichen landesherrlichen Zwecke benutzen oder gar über sie mehr Einfluß auf den landständischen Adel und seine Hintersassen gewinnen könnten, folgten lange Jahre der Ernüchterung. Die Fürsorgepflicht für das Land verbot es ihnen zwar, die Werke wieder aufzulösen, es gelang ihnen aber nur in Ausnahmefällen, sie durch Angliederung an die Söldnerkontingente – zumeist als Rekrutenreservoir – für die eigene Verfügungsgewalt wirklich nutzbar zu machen. Im allgemeinen blieben die Ausschüsse eng mit der unteren, der adligen Verwaltungsebene verwachsen, können also trotz allen anscheinend verwandten Zügen mit modernem Wehrdenken als eine typische Ausdrucksform des dualistischen Ständestaates angesehen werden.

Daher ist es auch verfehlt, in ihnen eine unvollkommene Ausprägung der Allgemeinen Wehrpflicht zu sehen. Eher ist es möglich, von einer durch Dienstleistung abzugeltenden Steuer zu sprechen, und diesen Gedanken haben die Fürsten auch aufgenommen, um ihn später im absolutistischen Sinne zu verwenden. Von den Defensionswerken um 1600 führt ein wenn auch etwas überdeckter Weg über die Milizorganisationen nach dem Dreißigjährigen Kriege zu den Praktiken der Aushebung von Landeskindern für das Stehende Söldnerheer des 18. Jahrhunderts, unter denen das preußische Kantonsystem als die wohl am gründlichsten geordnete Erfassung der Pflichtigen bekannt geworden ist.

Die historische Relevanz der Ausschüsse ist also nicht in ihren Erfolgen oder Mißerfolgen als Heimwehr zu suchen. Das geradezu epochenhaft Neue an ihnen war, daß sie die Möglichkeit gaben, eine begrenzte Zahl von Landeseinwohnern zum Kriegsdienst für das Land zu verpflichten oder die Landstände zu veranlassen, eine bestimmte Zahl von Untertanen für den Kriegsdienst zur Verfügung zu stellen. Im Rahmen des aufkommenden Absolutismus war es dann ein Leichtes, an Stelle des Dienstes für das Land den Dienst für den Herrscher zu setzen.

Diese Zusammenhänge sind aus der äußeren Entwicklung nur schwer zu erkennen, weil der direkte Übergang fehlt. In den Augen der Kriegsherren waren die Defensionsregimenter für den fürstlichen Militärdienst ungeeignet, ganz abgesehen von ihrem engen Verhältnis zu den Landständen. Dabei war das Fehlen der Schlagkraft nicht einmal ausschlaggebend, denn es zeigte sich, daß in den regulären Solddienst übernommene Einheiten, die also unter den gleichen Bedingungen ihren Dienst verrichteten wie die übrigen Söldnertruppen, auch die gleiche Effizienz aufwiesen. Schwerer wogen andere Mängel: die Defensioner hatten zum großen Teil Haus und Hof zu versorgen und waren daher nicht unbegrenzt verfügbar, die Landfahnen durften außerdem nicht außerhalb der Landesgrenzen eingesetzt werden. So ließ der Landesherr die Ausschüsse verfallen oder verbrauchte sie als zweite Garnitur und formierte seine stehenden Truppen grundsätzlich aus Söldnern, über die er frei verfügen konnte. Aus eben diesem Grunde blieben die Stehenden Heere des Absolutismus bis zum Ende der Epoche Söldnerheere, was jedoch die einzelnen Kriegsherren nicht hinderte, sich die Praxis der Defensionswerke später zunutze zu machen und einen großen Teil ihrer Söldner nicht zu werben, sondern auszuheben.

c. Die Defensionswerke des frühen 17. Jahrhunderts

Die Erforschung der praktischen Durchführung und Auswirkung des Defensionalwesens steht insofern vor einem Dilemma, als die zahlreichen Defensions- und Ausschußverordnungen wohl offenbaren, was nach dem Willen des Territorialherrn geschehen sollte, aber in der Regel nur vage Aussagen darüber zulassen, was wirklich geschehen ist. Nichts wäre falscher, als die klaren Bestimmungen für bare Münze, für ein Abbild der Wirklichkeit zu nehmen. Die erhaltenen internen Berichte über den Aufbau und die Leistung von Defensionswerken, wie auch die mahnenden Vorwürfe einzelner Landesherren gegenüber ihren Landständen, sprechen eine andere Sprache. Ein relativ zuverlässiges Kriterium bilden nur die Ereignisse selbst, also die Art des Einsatzes, in dem sich der Ausschuß zu bewähren hatte.

Die Grafschaften Nassau und die Wetterauer Grafenkorrespondenz

Vergleicht man die Erscheinungsdaten der einzelnen Defensionsordnungen, dann überrascht die verhältnismäßige Kürze der Zeitspanne, in der ganz Deutschland von der Bewegung erfaßt wurde. Den entscheidenden ersten Anstoß gaben wohl die Pläne und Bemühungen Johanns VI. von Nassau-Dillenburg, seine kleine Grafschaft aus den kriegerischen Auseinandersetzungen zwischen den Vereinigten Niederlanden unter seinem Bruder Wilhelm von Oranien und den spanischen Truppen unter Herzog Alba – dem beginnenden niederländischen Freiheitskampf – herauszuhalten, ohne dabei die engen Verbindungen zu den Oraniern aufzugeben. Er hatte die ersten Rüstungen der Oranier großzügig unterstützt, verfügte also über keinerlei Mittel, um eigene Truppen zu werben und versuchte nun, die Mitglieder der Wetterauer Grafenkorrespondenz und darüber hinaus die evangelischen Reichsstände der weiteren Umgebung für einen »Landrettungsverein« zu gewinnen.

Die Wetterauer Grafenkorrespondenz, ein genossenschaftlich ausgerichteter Verband, fußte auf einer bis ins Mittelalter zurückreichenden Tradition. Sie erreichte in den konfessionell-politischen Auseinandersetzungen in der Wende vom 16. zum 17. Jahrhundert, als der größte Teil ihrer Mitglieder zum Calvinimus übergetreten war, eine gewisse Bedeutung. Zu ihren bekanntesten Mitgliedern gehörten die einzelnen Zweige der Häuser Nassau, Solms, Isenburg und Sayn-Wittgenstein.

Der Weg zu einem solchen Landrettungsverein, der eine nachbarliche Hilfe in Kriegszeiten garantieren sollte und der sich im Elsaß schon bewährt hatte, war noch weit und beschwerlich. Einem gemeinsamen Aufgebot der Grafschaften Nassau-Dillenburg und Wittgenstein 1572 gelang es zwar, die Grenzen vor durchziehenden frischgeworbenen Truppen Albas zu schützen, wenn auch die vorsorglich verbreiteten Gerüchte über die große Kampfkraft der Landwehr dabei den Ausschlag gegeben haben mögen. Auf Grund der Erfahrungen mit Aufgeboten aus dem niederländischen Freiheitskampf – Johann hatte jahrelang das Amt eines Statthalters von Geldern innegehabt und war daher mit den Verhältnissen durchaus vertraut –, Unzuträglichkeiten des eigenen Landesaufgebotes, das nicht dauern einsatzbereit zu halten war, nicht zuletzt auch die Erkenntnis, daß ungeübte Bauernheere den Söldnern weit unterlegen waren, wie die Schlacht auf der Mooker Heide 1574 bewiesen hatte, entstand allmählich in ihm die Vorstellung, daß es notwendig sei, neben und aus dem allgemeinen Aufgebot einen Ausschuß, eine Art stehende Miliz von einigen hundert oder tausend Mann zu bilden, die gleichmäßig ausgerüstet und ausgebildet als Kern des Verteidigungswerkes jederzeit verfügbar waren und als »eilende Hilfe« auch dem Nachbarn oder dem gesamten Grafenverein besser dienten als eine mehr oder minder zufällig zusammengestellte schlecht ausgebildete Mannschaft.

Mit der Aufstellung, der Organisation und dem Einüben des Ausschusses betraute der Graf seinen begabten Sohn Johann VII., den Mittleren, (s. S. 73 ff) der seinem Auftrag mit viel Geschick nachkam und heute als der eigentliche Begründer des Defensionswesens gilt. Von Johann VII. ist der bereits erwähnte Diskurs «Motiven» verfaßt, den der Graf anscheinend unter den Mitgliedern der Korrespondenz kursieren ließ, um sie zu ähnlichen Maßnahmen anzuregen. Von ihm stammen auch die Ausbildungs- und Organisationsweisungen, die einen genauen Einblick zum mindesten in die Planung geben. Was Johann der Mittlere an Anregungen von seinem Vater übernommen, was er an Eigenem beigesteuert hat, ist heute nicht mehr zu unterscheiden. Schriftliche Zeugnisse sind fast ausschließlich nur vom Sohn erhalten, das Werk des Vaters mag dadurch zu Unrecht in den Hintergrund gedrängt sein.

In diesen Weisungen sind Einflüsse aus den Niederlanden, und zwar aus dem oranischen Söldnerheer, durchaus spürbar, wie umgekehrt auch die gleichzeitige oranische Heeresform mannigfache Anregungen aus dem nassauischen Verteidigungswerk empfangen hat. Die Musterung lehnte sich eng an die Gepflogenheiten in der Söldnertruppe an. Sie diente dazu, erstens aus der Masse des musterungspflichtigen Landesaufgebotes die Tauglichen für den Ausschuß herauszusuchen, und zweitens in Form einer halbjährlichen Besichtigung die Vollzähligkeit, Ausrüstung und Bewaffnung der Mannschaft zu überprüfen. Mit den einzelnen Musterungen, besonders mit der alle 5–6 Jahre abzuhaltenden Generalmusterung, waren größere taktische Übungen verbunden. Die Ausschüsser wurden mit 17 Jahren verpflichtet, dienten 7 Jahre als Schützen, dann 10 Jahre als Musketiere und, wenn sie kräftig genug waren, bis zum 40. Lebensjahr als Hellebardiere oder Doppelsöldner. Die Befehlshaberstellen – Befehlshaber war die damals übliche Bezeichnung für alle militärischen Führer vom Kapitän an aufwärts – wurden möglichst mit kriegserfahrenen Männern besetzt. Einige der Kapitäne hatten bereits im oranischen Heer gedient. Aber auch gräfliche Beamte, die über eine gewisse Autorität verfügten, wurden nach einer kurzen militärischen Schulung als Kapitän oder Leutnant verwandt. Für das »Trillen« – Griffe mit der Luntenflinte, der Muskete und der Hellebarde, Scheibenschießen, Exerzier- und Marschübungen – waren die Sonntagnachmittage vorgesehen. Außerdem dienten ein 14tägiger Wachdienst auf dem Schloß mit täglichen Übungen und Schanz- und Befestigungsarbeiten an der Grenze in den arbeitsärmeren Jahreszeiten der weiteren Ausbildung. Es sind recht eingehende und detaillierte Ausbildungsvorschriften erhalten. Während der Übungen erhielten die Ausschüsser Verpflegung von der nichtpflichtigen Bevölkerung und eine Geldentschädigung für verlorene Arbeitstage. Im Kriege sollte der übliche Sold nach den Sätzen der Kreisordnung gezahlt werden.

Die Kosten für die Aufrüstung wurde nicht mehr, wie es bei dem früheren Aufgebot üblich war, nur im Notfall als einmalige Kriegssteuer erhoben, sondern als jährliche Abgabe in einer nach Besitz und Amt gestaffelten Belastung aus den Familien eingezogen, die kein Mitglied zum Ausschuß stellten, und in einem Aerarium, einer Kriegskasse, gesammelt.

Neben der Fußtruppe – dem eigentlichen Ausschuß – gab es noch die Karabiner, eine relativ kleine Reiterabteilung, die aus gräflichen Beamten gebildet war und für Kundschafterdienste, zur Nachrichtenübermittlung, aber auch zur schnellen Besetzung taktisch wichtiger Plätze diente. Dem defensiven Charakter der ganzen Einrichtung entsprechend, wurde die Artillerie ganz erheblich vergrößert und zur Bestückung der festen Häuser in der Grafschaft verteilt. Als Bedienung waren Angehörige des Ausschusses, möglichst Handwerker, zugewiesen. Unter einem Oberbüchsenmeister, möglichst einem Niederländer, sorgten 36 neuernannte Büchsenmeister für die sachkundige Bedienung. Da die Hauptaufgabe des Ausschusses darin bestand, befestigte Stellungen zu verteidigen, war jedem Fähnlein eine Gruppe von Schanzgräbern und Zimmerleuten zugeteilt; dazu kamen Heerwagen und Spießkarren, die auf dem Marsch Zelte, Proviant und Munition beförderten, in der festen Stellung aber vor allem als Wagenburg einen festen Rückhalt gaben. Ein Zeughaus auf der Dillenburg – ein zweites Zeughaus in Siegen ist von geringerer Bedeutung – wurde im Laufe der Jahre mit einem relativ starken Geschützpark, mit Handwaffen und Pulver ausgestattet.

Es ist anzunehmen, daß der Ausschuß von Nassau-Dillenburg diesen Forderungen und Planungen zur Zeit seiner Blüte – also etwa in den Jahren um 1600 – recht nahe gekommen ist. Genauere Daten darüber sind ebensowenig erhalten wie über seine tatsächliche zahlenmäßige Stärke. Formal war der Ausschuß in Fähnlein zu 200

Mann, diese in Rotten zu 10 Mann gegliedert. Da aber die Stärke der Einheiten von den örtlichen Gegebenheiten abhing und niemals genug brauchbare Befehlshaber zur Verfügung standen, war ihre Zahl in der Regel kleiner, ihre Mannschaftsstärke aber größer als geplant. Die Musterungslisten von 1606, die allerdings nicht alle Ämter enthalten, ergeben eine Zahl von 2644 Mann. Ein so kleines Kontingent, das auch niemals voll einsatzfähig war, hatte selbstverständlich nur im Rahmen des Gesamt- oder eines Teilaufgebotes der Grafenkorrespondenz sein Gewicht. Für dieses Gesamtaufgebot war eine Sollstärke von 27 Fähnlein, hier zu je 300 Mann – also 8100 Mann – festgelegt worden. Nassau-Dillenburg war daran mit 1200 Mann beteiligt, der Rest diente als Festungsbesatzung innerhalb der Grafschaft. Für die »eilende Hilfe«, die in sehr kurzer Zeit einsatzbereit sein mußte, hatte Dillenburg 300 Ausschüsser zu stellen.

Der Landrettungsverein, der allein ein Gesamtaufgebot und damit eine gegenseitige Hilfe garantierte, der aber immer nur zur Diskussion stand, wenn sich fremde Truppen näherten, und nur von den Grafschaften gewünscht wurde, die sich gerade bedroht fühlten, kam nach vielfältigen Verhandlungen endlich 1594 zustande.

Außer Ludwig von Nassau-Saarbrücken, der seine Unterschrift noch ein Jahrzehnt lang verweigerte, verpflichteten sich die Mitglieder zu folgenden Bedingungen: Der Verein dient nur zur Verteidigung; jedes Mitglied richtet einen starken Auszug nach dem Muster von Nassau-Dillenburg ein, übt ihn jährlich verschiedene Male und rüstet ihn gut aus; in Notfällen wird eine eilende Hilfe gestellt, für deren Besoldung und Verpflegung allerdings der Bedrängte aufzukommen hat; an der Spitze des Gesamtausschusses der Korrespondenz steht ein Obrist, der seine Pflichten ehrenamtlich versieht, aber jährlich wechselt – in der Praxis hat dann Johann VII. dieses Amt Jahr um Jahr verwaltet. Für die laufenden Geschäfte wird ein besoldeter Oberstleutnant angenommen; in jeder Grafschaft übernimmt ein Adjunkt die Verwaltung des Ausschußwesens; Oberst und Oberstleutnant sind zur Kontrolle der Ausschüsse verpflichtet, für das reibungslose Funktionieren des Apparates verantwortlich und haben Differenzen mit fremden Truppen, etwa bei einem Durchmarsch von Söldnertruppen, zu klären, und zwar möglichst auf friedlichem Wege.

Der Erfolg der organisatorischen Bemühungen ließ nicht auf sich warten. Schon 1592 hatten es einige Fähnlein des aufmarschierten nassauischen Ausschusses erreicht, daß niederländisch-englische Soldateska unter dem Oberst Vere beim Durchmarsch die aufgestellten Bedingungen streng einhielt und sich dafür an den Nachbargebieten schadlos hielt. Vornehmlich dieses Beispiel bewog dann zwei Jahre später die Korrespondenzgrafen, als aus dem ganzen Reich Truppen nach Ungarn für den geplanten Türkenzug zusammenströmten, den Landrettungsverein zu begründen. Und allein das Vorhandensein des Vereins – die meisten Grafen hatten noch gar keinen organisierten Ausschuß aufgestellt – bewirkte, daß Graf Mansfeld seinen Weg von Koblenz nach Ungarn nicht über die Wetterau, sondern durch die Soester Börde nahm, und daß Schwarzenberg den Westerwald mied und nach Hessen auswich. Allerdings wurden die Verhandlungen durch einige geldliche Zuwendungen wesentlich gefördert. Außerdem konnte der westfälische Kreis unter Hinweis auf die zu erwartenden Schwierigkeiten dazu überredet werden, seinen Musterungsplatz für den Türkenzug nicht in den Westerwald zu verlegen. Drei Jahre später, 1597, bestand der Korrespondenzausschuß seine Bewährungsprobe im Einsatz gegen die Truppen des kaiserlichen Kommissars Hell, denen der Durchzug, wiederum nach Ungarn, aus Rücksicht auf den Kaiser nicht verwehrt werden konnte, die aber die stark bewachte Grenze an keiner Stelle zu durchbrechen vermochten und zur ausgemachten Zeit auf einer ausgemachten Straße, die an den entscheidenden Stellen zum Landinnern abgesperrt war, das Gebiet passierten und beim Grenzübertritt das wenige geraubte Vieh wieder abliefern mußten.

Den Höhepunkt seiner Entwicklung erlebten der Landrettungsverein und insbesondere die Landrettung in Nassau-Dillenburg, als 1598 ein Einfall spanischer Truppen drohte. Im Laufe der weiteren Verhandlungen tauchte sogar der Gedanke an einen großen Landrettungsverein aller westdeutschen protestantischen Reichsstände auf. Da in dieser Zeit bereits die an die Oranier gezahlten Subsidien zurückflossen, konnte der Nassauer Ausschuß sogar durch Soldtruppen verstärkt werden. Zu dem gefürchteten Zusammenstoß mit den Spaniern kam es jedoch nicht.

Nach 1600, sichtbar dann nach dem Tode Johanns VI. 1606, zerfiel das Defensivbündnis langsam. Es wurden kaum noch Musterungen abgehalten, die Ausstattung der Ausschüsser nicht mehr ergänzt. Die Interessen der Korrespondenzgrafen waren in dieser politisch so spannungsreichen Zeit kurz vor dem großen Krieg nicht mehr auf längere Dauer zu vereinigen. Auch der ideenreiche, organisatorisch so begabte Johann VII. war den doch recht engen Verhältnissen seiner heimatlichen Grafschaft bereits seit langem entwachsen. Als Mitarbeiter seiner oranischen Vettern bei der Reorganisation der Söldnertruppe, als Organisator des Defensionswerkes der Kurpfalz, als Befehlhaber der schwedischen Armee unter Karl XI. und als Unionspolitiker konnte er seine Kräfte dem nassauischen Defensionswerk nur noch gelegentlich widmen, wenn er auch formal die Leitung als Oberst behielt. Zu Beginn des Dreißigjährigen Krieges spielte der Landrettungsverein keine Rolle mehr.

Einer Erscheinung des nassauischen Defensionswerkes gerade aus der Zeit des Verfalls muß allerdings noch gedacht werden – der Kriegsschule in Siegen. Schon die Begründung der calvinistischen Hohen Schule in Herborn 1584 zeigt, daß die Nassauer nicht nur allgemein an einer geistigen Ausrichtung ihrer Untertanen interessiert waren, sondern daß es ihnen darum ging, sich in Fragen der Bildung und Erziehung möglichst auf eigene Füße zu stellen. Daher ist es gar nicht so erstaunlich, wenn sie auch auf dem Gebiete des Militärwesens neue Wege einschlugen und als erste Territorialherren in Deutschland versuchten, die Ausbildung des militärischen Führungsnachwuchses gewissermaßen staatlich zu normieren und zu fördern.

Der bisherige Söldnerführer – und genau genommen auch der Offizier der nächsten 200 Jahre – erwarb sich seine Kenntnisse in der Praxis des Krieges. Der nassauische Ausschuß verfügte jedoch über keine eigentliche Kriegserfahrung und bezog seine Fachleute möglichst vom niederländischen Kriegsschauplatz. Doch diese Versorgung aus zweiter Hand hatte ihre Mängel. Wirklich brauchbare Söldnerführer verpflichteten sich nicht dem Defensionswerk und eigene Leute höheren Standes, die in fremde Dienste geschickt wurden, kehrten oft nicht zurück, wie in den Denkschriften des öfteren beklagt wird. Als dann nach dem Waffenstillstand von 1609 auch in den Niederlanden keine Erfahrungen mehr zu sammeln waren, griff Johann VII. zur Selbsthilfe. Seine ersten eigenen militärischen Kenntnisse hatte sich Johann durch das Studium der klassischen Kriegstheoretiker erworben, seine Tätigkeit im Rahmen der oranischen Heeresreform vollzog sich nicht in Schlacht und Krieg, sondern in der Sphäre der Diskussion, des Lernens und des Lehrens; so lag es nahe, daß gerade er die Kriegsschule als ein Äquivalent für Kriegserfahrung ansah.

Die »Kriegs- und Ritterschule« wurde 1617 von Johann VII. als eigene nassauische Einrichtung in Siegen begründet, nachdem er bei anderen Territorialherren wohl auf Interesse, aber auf keine Zustimmung zur Errichtung einer größeren gemeinsamen Institution gestoßen war. Als Leiter verpflichtete er Johann Jacobi von Wallhausen, der aber wahrscheinlich sein Amt nie ausgeübt hat, da aus moralischen Gründen von vielen Seiten Bedenken gegen ihn erhoben wurden. Aus dem Schriftwechsel geht hervor, daß ein Johann Ehrenholt als Rektor amtierte.

Die Schule sollte auch den Hochdeutschen die niederländische Kriegskunst vermitteln. Aus einem gedruckten Werbeschreiben geht hervor, daß nur Herren, Adlige und Angehörige vornehmer Geschlechter von 17–25 Jahren mit einer bestimmten elementaren Vorbildung aufgenommen werden sollten. Junge Fürsten könnten auch lernen, wie sie ihr Land mit eigenen Untertanen defendieren. Die »Kriegsstudenten« wurden täglich von einem niederländischen Drillmeister in der »Waffenhandlung« – dem Exerzieren mit der Waffe – geübt, außerdem über die Ordnung beim Marsch, in der Schlacht und im Lager, das Fortifikationswesen, die Artillerie, Heeresaufbringung und -verwaltung unterrichtet. Fecht-, Reit- und Sprachunterricht vornehmlich im Französischen, aber auch Latein und Italienisch gehörten zur Erziehung des Edelmanns. Für einen einjährigen Kursus waren 50 Gulden, bei Teilnahme am Kavaliersunterricht 50 Taler zu zahlen. Die Schulordnung bestimmte, daß ein junger Edelmann nur mit Wissen seiner Eltern eintreten konnte, sich züchtig zu benehmen, Unterkunft, Wäsche und Verpflegung mindestens vierteljährlich zu bezahlen hatte, und von keinem Siegener Bürger mehr als 5 Gulden borgen durfte.

Kurz nach 1620 hat die Siegener Kriegsschule wahrscheinlich den Lehrbetrieb eingestellt. Einen Einfluß auf die Entwicklung der Kriegskunst wird kaum nachzuweisen sein. Sie kann als die erste Kriegsschule der europäischen Geschichte bezeichnet werden, wenn darunter eine Anstalt verstanden wird, in der alle Disziplinen der Kriegsführung unterrichtet werden. Spezialschulen, etwa für die Artillerie, gab es schon früher. Auch besitzt der Plan zu ihrer Gründung nicht die Originalität, die ihm gelegentlich in der Literatur zugesprochen wird. Schon de la Noue hatte in seinen 1587 veröffentlichten »Discours politiques et militaires« vorgeschlagen, in jeder Provinz eine Schule für junge Edelleute einzurichten, in denen sie neben den allgemeinen Wissenschaften auch in der Kriegskunst und besonders der Fortifikation ausgebildet werden sollten. Einen ähnlichen Vorschlag machte auch Dionysius Klein in einem 1603 in Stuttgart veröffentlichten »Discours« über das Volksaufgebot. In beiden Vorschlägen trat, anders als in der Siegener Schule, die Kavalierserziehung gegenüber der militärischen Ausbildung stärker in den Vordergrund. Auch zwei spätere, ebenfalls sehr kurzlebige Gründungen – das Ritterliche Collegium, 1618 von Moritz von Hessen in Kassel ins Leben gerufen, und die Friedländische Akademie von 1628, die Wallenstein in seiner Residenz Gitschin stiftete – sind nicht eigentlich als Kriegsschulen anzusprechen, wenn sie auch vornehmlich der Erziehung künftiger Offiziere dienen sollten.

Im Nassauer und Wetterauer Ausschuß ist der Gedanke des Defensionswesens am ursprünglichsten und reinsten verkörpert. Die klare Begrenzung auf die Verteidigung, verbunden mit einer rationalen Beurteilung der Leistung und der Einsatzmöglichkeiten, die durchdachte und auf ein erreichbares Ziel hin ausgerichtete Ausbildung und Ausrüstung der Mannschaften, nicht zuletzt auch die Übereinstimmung von politischer Konzeption und militärischer Wirklichkeit geben diesem Defensionswerk trotz aller seiner Unzulänglichkeiten eine Geschlossenheit, wie sie kaum eine der ähnlichen

Einrichtungen in anderen Territorien erreichte. Es brauchte seine Kräfte niemals in einem Gefecht oder gar in offener Feldschlacht mit regulären Soldtruppen zu messen. Das war Glück, aber sicher kein Zufall, und es ist kein Kriterium, auch nicht im Denken der damaligen Zeit.

Kurpfalz

In der Kurpfalz, einem größeren Territorium mit höheren politischen Ansprüchen, stand das Ausschußwesen unter anderen Maßstäben. Auch hier wurde mit der Einrichtung der Landesdefension verhältnismäßig früh begonnen. Pfalzgraf Johann Kasimir begann, unterstützt von seinem langjährigen militärischen Berater Fabian von Dohna, schon 1583 mit der Umgestaltung des alten Landrettungswerkes, indem er die Untertanen in Listen erfassen ließ und jeden dritten Mann zum Ausschuß einzog. Die Dienstpflicht dauerte vom 20. bis zum 60. Lebensjahr. So entstanden 12 Fähnlein zu je 300 Mann, die 1588 bei einem drohenden französischen Einfall zu einem Landregiment unter dem altbewährten Obrist Schlegel zusammengezogen und zur Unterstützung eines neugeworbenen Soldregiments für den Kriegseinsatz einexerziert wurden. Die Kriegsgefahr ging diesmal vorüber, trotzdem wurde bis 1590 ein zweites Landregiment aufgestellt.

Unter Kurfürst Friedrich IV. (1592–1610) wurden die Ausschußfahnen verkleinert, also nach niederländischem Vorbild beweglicher gemacht. Im Jahre 1599 verließ Fabian zu Dohna, der eigentliche Vater der erneuerten Landrettung, die Pfalz, sein Name taucht später im Zusammenhang mit dem preußischen Defensionswesen wieder auf. Im selben Jahre jedoch trat Johann VII. von Nassau als Generalobristleutnant in kurpfälzische Dienste, wenn auch zunächst nur für kurze Zeit, und übernahm neben anderen Aufgaben auch die Fortführung der Landrettung. Der nach seiner »Instruction« eingeübte und nach dem Dillenburger Vorbild umorganisierte Ausschuß wurde in den folgenden Jahren in Kurpfalz auf 12000, in der Oberpfalz auf 18000 Mann vergrößert und erlebte im ersten Jahrzehnt des 17. Jahrhunderts seine Blütezeit.

In der kurpfälzischen Hauptstadt trafen die protestantischen Reichsstände Kurpfalz, Pfalz-Zweibrücken, Brandenburg-Ansbach, Hessen-Kassel, Baden und die Wetterauer Grafenkorrespondenz 1603 eine Übereinkunft – die Heidelberger Landrettungsnote –, in jedem Territorium einen gut ausgebildeten und ausgerüsteten Ausschuß einzurichten. Diese Einigung – eine Art militärischer Vorwegnahme der späteren protestantischen Union – entstand als einer der vielen Versuche, dem Protestantismus einen demonstrativen militärisch-politischen Rückhalt zu geben, und war noch von dem Glauben getragen, daß aus den Defensionswerken mehr zu machen sei, als eine Institution zur Sicherung des Landfriedens. Sie bedeutet rein äußerlich nicht nur den Höhepunkt der kurpfälzischen Landrettung, sondern des gesamten protestantischen Defensionswesens.

In Ermangelung von Soldtruppen, die sich die Kurpfalz nur für den Krieg leisten konnte, diente der Ausschuß in Friedenszeiten auch dem Repräsentationsbedürfnis des Hofes. So hören wir von großen Schaumanövern im Jahre 1608, an denen insgesamt 26 Fähnlein zu Fuß und zu Pferde beteiligt waren, oder von prunkvollen Paraden beim Empfange des jungen Friedrich V., als er nach seiner Hochzeit in London 1613 in die Pfalz zurückkehrte. Die prächtige äußere Fassade täuschte eine Kriegstüchtigkeit vor, die der Ausschuß niemals erreichen konnte.

In beschränkten Einzelaktionen zur Wiederherstellung des Landfriedens genügte er voll seinem Zweck. Ein Aufgebot von 1500 Mann konnte 1601 einen Straßburger Schiffzug vor unberechtigten Rheinzollforderungen der Stadt Speyer bewahren und 1615 stellten 400 Mann, in aller Eile zusammengerufen, in Worms die Ordnung wieder her, als die Bürgerschaft sich einer Reihe von Gewalttätigkeiten gegenüber den Juden schuldig machte. Als bei Beginn des Jülich-Kleveschen Erbfolgestreites der Kurpfalz im Rahmen der protestantischen Union die Aufgabe zufiel, 1610 gegen die Kaiserlichen Werbeplätze im Elsaß vorzugehen, wurde zunächst der Landesausschuß aufgeboten. Da aber die Fähnlein und besonders die Reiterkompanien angesichts eines Feldzuges außer Landes auseinanderliefen, mußten Soldtruppen angeworben werden. Der Dreißigjährige Krieg bedeutete dann den Zusammenbruch der Landrettung. Kurfürst Friedrich V., der »Winterkönig«, nahm kaum Anteil an den kriegerischen Ereignissen in seinem Territorium. In der Rheinpfalz leitete Johann von Nassau die Verteidigung. Er bot neben den Soldtruppen 12000 bis 20000 Mann als Landesausschuß auf, von dem in der Anfangsphase rund 1000 Mann als Besatzung fester Plätze und bei der Befestigung der Hauptstadt Heidelberg noch Erwähnung verdienen, als Kampftruppe jedoch nicht eingesetzt wurden. In der Oberpfalz wagte man es, Ausschuß- und Soldtruppen zu mischen, ein Versuch, der völlig fehlschlug.

Trotz ihrer doch relativ engen Beziehungen zum Nassauer Ausschuß trug die Entwicklung der kurpfälzischen Landrettung wesentlich andere Merkmale. Nur im Anfang, unter Johann Kasimir, ist sie als echtes Defensionswerk anzusprechen. Unter Friedrich IV. und Friedrich V. gewann sie mehr und mehr den Charakter eines Ersatzes oder einer Ergänzung der Soldtruppen, wobei sie ihre ursprünglichen Aufgaben behielt. Die Landesherren hatten keine direkte oder gar persönliche Beziehung zu ihrem Ausschuß, überließen Organisation, Ausbildung und Einsatz alten und routinierten Militärs, wie Fabian zu Dohna und Johann von Nassau, die aber gerade in Krisenzeiten vor allem damit betraut waren, Soldtruppen aufzustellen und zu führen. Daraus ergab sich zwangsläufig, daß der Ausschuß als Hilfsorganisation und Lückenbüßer angesehen wurde. Es ist daher verständlich, wenn die Landstände das Verteidigungswerk, das für sie eine erhebliche Belastung bedeutete, immer mit kritischen Augen betrachteten und darauf achteten, daß hier nicht eine landesherrliche Söldnertruppe ohne landesherrlichen Sold entstand. Die Ausschüsser selbst machten das Spiel mit, solange es sich um Übungen, Manöver, kleinere Exekutionen oder repräsentative Schaustellungen handelte, gingen aber jeder echten kriegerischen Auseinandersetzung möglichst aus dem Wege, zumal bei Operationen, die über die Grenzen des Territoriums hinausführten.

Hessen-Kassel

In keinem deutschen Territorium ist der ursprüngliche Plan des Defensionswerkes voll in die Praxis umgesetzt worden, nirgends aber war der Unterschied zwischen

Theorie und Wirklichkeit so frappierend wie in Hessen-Kassel. Das Sendschreiben Moritz' des Gelehrten zusammen mit einer Instruktion für die Kriegsräte und der Ordonnanz für den Ausschuß von 1601 – insgesamt differenzierte Anweisungen zur Organisation, Bewaffnung, Einübung des Ausschusses und vor allem zur Taktik der damaligen Zeit – sind vornehmlich als gedankliche Konstruktion zu werten, nicht als ein Spiegel der wirklichen Verhältnisse. Wie weit der »fußgehende Ausschuß« in Hessen danach eingerichtet war, ist bei dem Mangel an Unterlagen kaum zu ergründen; glaubt man den zeitgenössischen Argumenten der Landstände und der Ritterschaft, dann haben die Defensionskontingente nirgends auch nur annähernd die geplanten Aufgaben erfüllen können.

Neben der sehr widersetzlichen Lehnsreiterei, die schon einer Einteilung in Fähnlein widerstrebte, und dem allgemeinen Aufgebot wurde bereits 1600 ein Landesausschuß von 4 Regimentern eingerichtet. Das Land war in vier Bezirke eingeteilt, aus denen der 10. Mann für den Ausschuß ausgehoben wurde. So entstanden, benannt nach den Flußsystemen, das Diemelsche, Werrische, Fuldische und Schwalmsche Regiment. Aus den 1605 von Moritz geerbten oberhessischen Gebieten rekrutierte sich später das Lahnsche Regiment. Die Rheinprovinz stellte 4 Fähnlein. Ausrüstung, Bewaffnung und Ausbildung waren dem nassauischen Beispiel angeglichen. Wahrscheinlich fehlten auch hier geeignete höhere Befehlshaber als Ausbilder. Aus einer Musterrolle des Jahres 1608 geht hervor, daß die Fähnlein inzwischen in der Kopfstärke stark vermehrt, in der Zahl von 9 auf 5 vermindert worden waren. Ob der Landgraf jemals über einen Effektivbestand seines Ausschusses von 8500 Mann, wie er in der Musterrolle verzeichnet steht, hat verfügen können, muß sehr bezweifelt werden.

Moritz der Gelehrte – ideenreich, aber sprunghaft in seinen Plänen, herrisch und überheblich in seinem Verhalten und seine Möglichkeiten weit überschätzend – geriet bald in scharfen Gegensatz zu seinen Ständen, die insbesondere seinen Ausschußplänen mißtrauisch gegenüberstanden. Sollte doch das Defensionswerk nicht allein »zur Verteidigung des Vaterlandes gegen Spanier und andere auswärtigen Feinde« dienen, sondern auch, wie schon aus der Konzeption des Sendschreibens hervorgeht, die militärische Gewalt darstellen, die er als Stütze seiner weitgreifenden politischen Pläne brauchte. In Wirklichkeit haben die Ausschußregimenter das Land nicht einmal in den ersten Kriegsjahren, in denen Hessen-Kassel neutral war, auch nur notdürftig schützen können. Als Moritz 1627, ein gescheiterter Mann, der Regierung entsagte, hatte der Ausschuß keine Bedeutung mehr.

Kursachsen

Kursachsen ist das einzige größere Territorium, in dem sich das Defensionswerk über den ganzen Zeitraum des Dreißigjährigen Krieges erhalten hat. Sein Beginn liegt dafür recht spät. Kurfürst Christian II. ließ 1609 ein Verzeichnis der Wehrfähigen der Städte und Ämter anfertigen. Eine erste Defensionsordnung, 1610 von dem Oberst Centurius Pflug verfaßt, wurde von den Ständen verworfen, da sie zu deutlich auf ein »kontinuierliches Regiment« und nicht auf eine Verteidigungseinrichtung hinzielte.

Nach vielfältigen Verhandlungen mit den mißtrauischen Ständen wurde endlich unter Georg I. am 1. Januar 1613 eine gültige Defensionsordnung erlassen. Das bald darauf folgende kurfürstliche Ausführungsdekret unterschied ausdrücklich das überlieferte und weiterhin bestehende Aufgebot, das rund 90000 wehrfähige Untertanen zählte, von dem Defensionswerk, das mit 9360 Mann jeden zehnten Aufgebotspflichtigen erfaßte. Von den 18 Fähnlein zu je 520 Mann dienten 2 zur Besetzung der Festung Dresden, 16 – aufgeteilt in zwei Regimenter – als mobile Truppe. Als Befehlshaber fungierten in den unteren Rängen tüchtige Defensioner, vom Hauptmann aufwärts verdiente Söldnerführer, die in Friedenszeiten ein Wartegeld bezogen, im Kriege dann allerdings in der Regel für die Werbung und Aufstellung von Soldtruppen benötigt wurden.

Ausrüstung und Bewaffnung des »Defensionsvolkes« war Sache der Städte und Ämter. Die Ausbildung beschränkte sich auf die notwendigsten Bewegungen und Griffe – ein Exerzierreglement für Defensioner von 1615 ist erhalten – und wurde in Musterungen überprüft, die zunächst recht häufig, dann aber immer seltener abgehalten wurden.

Schwierig und verwickelt gestaltete sich die Aufbringung der Defensionsmannschaften. Da in der Kriegszeit die einzelnen Fähnlein über Jahre hinaus im kontinuierlichen Waffendienst blieben, konnte sich die Defensionspflicht zu einer ernsthaften, wirtschaftlich schwerwiegenden Belastung auswachsen. Es waren wohl alle Städte, aber nur die Amtsdörfer – also die nicht dem Adel, sondern dem Kurfürsten unterstehenden Dörfer – dienstpflichtig. Da die Amtszugehörigkeit an die Gerichtsfolge, die Gestellungspflicht dagegen an die Mannsfolge gebunden war, ergaben sich bei einzelnen Dörfern jahrelange Streitigkeiten. Die Städter beriefen sich auf die zahlreichen, zum Gewohnheitsrecht gewordenen Exemptionen, die ganze Berufsgruppen von der Dienstpflicht ausklammerten. Ebenso waren die Nichtansässigen – Handwerksgesellen, ledige Söhne u. ä. – von der Defensionspflicht ausgeschlossen. Reiche Bürger pflegten sich außerdem durch »Geschenke« an den Rat oder an die Musterungskommissare loszukaufen. So blieb die Defensionspflicht auf einen engen Kreis Angesessener, also in der Regel Familienväter, beschränkt, die dafür, waren sie einmal gemustert, ohne Altersbeschränkung jederzeit wieder aufgeboten werden konnten und zwangsläufig nicht allzu dienstfreudig waren.

Neben den Defensionsregimentern gab es auch eine Defensionsartillerie. Sie bestand in ihrem Kern aus 36 Büchsenmeistern, wurde nur im Kriegsfall aufgestellt und war in Ausrüstung und Ausbildung stark abhängig von der Hausartillerie des Kurfürsten – d. h. der Festungsartillerie – und dem Zeugwesen der einzelnen Städte.

Der Adel hatte als einzigen wirklich bedeutsamen Beitrag zum Defensionswerk 1500 Schanzgräber aus seinen Untertanen zu stellen. Sie dienten – und darin lag ihre eigentliche militärische Bedeutung – dem Landesherrn als eine billige Festungsbautruppe.

Die eigentliche Glanzzeit des kursächsischen Defensionwerkes fällt – wie in anderen Territorien – in die wenigen Jahre bis zum Beginn des Dreißigjährigen Krieges. Aber schon 1619 sah sich der Kurfürst genötigt, Soldtruppen anzuwerben. Damit wurden die Landregimenter wohl von dem etwas hochgestochenen Anspruch, die militärische Exekutive des Landes darzustellen, befreit und ihrer Aufgabe – dem Schutz der Bewohner und des Landes – wieder zugeführt. Aber auch dieser so begrenzten Tätigkeit konnten sie kaum gerecht werden, denn alle Berufssoldaten und insbesondere die höheren Offiziere waren jetzt vertragsgemäß mit der Aufstellung der Söldnertruppen beschäftigt, behielten zwar ihre Kommandos im Defensionswerk, konnten sich jedoch nicht darum kümmern. Auch die für den Kriegsfall vorgesehene und notwendige Besoldung ließ sehr zu wünschen übrig. Ein Aufgebot auf längere Zeit war von den größtenteils verheirateten und ansässigen Defensionern auch wirtschaftlich kaum durchzustehen. Nur in sehr wenigen Fällen wurden ein oder mehrere Fähnlein bei kriegerischen Operationen eingesetzt. Doch auch als Wach- und Besatzungstruppe in Städten oder Festungen haben einzelne Kontingente schwer unter Krankheit und Seuchen gelitten. Desertionen und Dienstverweigerungen ganzer Amtsbezirke häuften sich im Fortgang des Krieges, so daß man 1631/32, als mit dem Einfall der Schweden der Krieg wieder in Bewegung geriet, zu Zwangsaushebungen schritt, also zu einer Rekrutierungsform, die eigentlich einer viel späteren Zeit angehört. Soweit die Dörfer ihren Verpflichtungen überhaupt noch nachkamen, stellten sie in zunehmendem Maße Ersatzleute für die pflichtigen Bauern; 1634 sollen 70–80% der Mannschaften aus Stellvertretern bestanden haben.

In den 40er und 50er Jahren war das Defensionswerk praktisch nicht mehr zu verwenden. Es bestanden nicht einmal mehr geschlossene Fähnlein. In Verhandlungen mit den Landständen, die das kostspielige und unbrauchbare Werk ablehnten, wurden verschiedene Lösungen diskutiert und auch beschlossen – so die Einschränkung auf 4000 Mann oder der Ersatz durch ein kleineres Kontingent geworbener Truppen –; ein wirkliches Ergebnis wurde nicht erzielt. Vom Jahre 1658 ab wurden selbst die von den Ständen bewilligten Gelder für Werbungen nicht mehr bezahlt, das Defensionswerk hatte zu bestehen aufgehört.

Auffällig, aber nicht verwunderlich ist, daß sich gerade die Kurfürsten immer energisch für den Fortbestand des Werkes einsetzten. Die Lasten trugen fast ausschließlich die Stände und die Bevölkerung, während der Landesherr eigentlich nur Nutzen aus der Einrichtung zog. Abgesehen davon, daß die Defensionsfähnlein seine festen Plätze besetzten und die Schanzgräber einen Teil der Befestigungen errichteten oder in Ordnung hielten, diente das Defensionswerk, auch wenn es nur formal bestand, als Versorgungseinrichtung für verdiente Offiziere, die gerade nicht in Sold standen und auf Wartegeld gesetzt oder nicht mehr voll dienstfähig waren. So konnten mit den Steuergeldern der Stände Offiziere auf Jahre hinaus zur Disposition gestellt werden.

Neben dem eigentlichen Defensionswerk, einer reinen Fußtruppe, wurde auch die Lehnsreiterei 1613 neu organisiert und mit ihm verbunden. Die rund 1600 Ritterpferde waren ebenfalls in zwei Regimenter zu je sechs Cornets eingeteilt. Diese Reiterei focht zwar in der Schlacht bei Breitenfeld 1632 mit, war aber im Ganzen gesehen noch weniger für den militärischen Einsatz geeignet als die Landfähnlein. Das noch nach lehnsrechtlichen Regeln ablaufende Aufgebot war so kompliziert und langwierig, daß ihre Verwendung als »eilende Hilfe«, wie ursprünglich vorgesehen, illusorisch blieb. Reiter wie Pferde waren von schlechtester Qualität – nur 2 % der Reiter waren wirklich Adlige. Sie bestand nur aus Offizieren und Mannschaften, verfügte also nicht über einen Unterführerstamm, kannte keine Übungen, sondern nur Musterungen. Auch hier scheiterte jede organisatorische Aufbauarbeit an den fehlenden Mitteln. Im Laufe des Krieges wurde die Reiterei immer seltener, ab 1639 nicht mehr aufgeboten.

Württemberg

In Württemberg entwickelte sich der Landesausschuß, wie in den anderen Territorien, aus dem allgemeinen Landesaufgebot, erhielt jedoch wesentlich schwierigere Aufgaben. Organisiert, gemustert und eingeübt ähnlich den üblichen Defensionsregimentern, wurde er vornehmlich als landständisches Truppenkontingent benutzt und eingesetzt. Die ständische Vertretung, die »Landschaft«, hatte ihre im Tübinger Vertrag von 1514 erworbenen Rechte im Laufe der Jahre weiter ausgebaut und wußte ihr politisches Schwergewicht gerade in Fragen der militärischen Rüstung ins Spiel zu bringen. Dem zu Beginn des Dreißigjährigen Krieges regierenden Johann Friedrich (1608–1628) wurden in Krisenzeiten immer wieder die Landregimenter aufgenötigt und nur ein Teil der geforderten Soldtruppen bewilligt. Seine militärischen Verpflichtungen gegenüber der protestantischen Union, der er 1608 mit Wissen der Stände beigetreten war, änderten nichts daran. Im Jahre 1611 wollte er einen Ausschuß von 6000 Mann aufbieten und einüben, dazu aber auch 1000 Mann »versuchter« – d. h. kriegserfahrener – Truppen werben. Die Soldtruppen wurden jedoch von den Ständen nicht bewilligt. Dafür sollte der zum Generalleutnant beförderte Graf Kraft von Hohenlohe eine Landesdefension zu Roß und zu Fuß einrichten und von bewährten Trillmeistern einexerzieren lassen. Wie weit diese Vorschläge durchgeführt wurden, ist nicht bekannt. Zu Beginn des großen Krieges bestand jedoch ein Ausschuß, der für Schanzarbeiten und zur Grenzverteidigung eingesetzt wurde. Noch 1622 erklärte sich die Landschaft nicht bereit, die Mittel für ein Reiterregiment und zwei Fußregimenter geworbener Truppen bereitzustellen, sondern glaubte, daß es genüge, wenn neben einem Söldnerkontingent eine »beständige Defensionsanstalt« errichtet würde, die aus vier Regimentern zu je 3000 Mann bestehen sollte.

Gegen die Raubzüge des Ligaheeres unter Tilly oder der Wallensteinschen Truppen boten die ungeübten Defensionsregimenter keinen Schutz und erst die schwedischen Kriegserfolge gaben auch Württemberg für kurze Zeit eine gewisse Sicherheit. Als dann nach dem Tode Gustav Adolfs auch die schwedische Armee in Schwierigkeiten geriet und von dem verbündeten Württemberg Truppen forderte, mußten in Ermangelung von Söldnern die eilig zusammengezogenen, schlecht ausgerüsteten Landregimenter zur Verfügung gestellt werden. Sie trafen gerade noch rechtzeitig ein, um in der Schlacht bei Nördlingen 1634 zusammengehauen zu werden. Unter den 12 000 Toten auf evangelischer Seite waren die 4000 württembergischen Defensionssoldaten an ihren weißen Bauernhemden leicht zu erkennen. Nördlingen bedeutete das Ende des Landesausschusses.

Braunschweig-Wolfenbüttel

Unter den Landesaufgeboten der welfischen Territorien hat nur das von Braunschweig-Wolfenbüttel bisher eine eingehende literarische Würdigung erfahren. Herzog Heinrich Julius (1589–1613) hatte sich schon früh den protestantischen Fürsten angeschlossen, die eine Union der evangelischen Reichsstände anstrebten, und war dadurch mit den Defensionsplänen Johanns des Mittleren von Nassau und Friedrichs IV. von der Pfalz bekannt geworden. Die Landrettung jedoch, die er Anfang des 17. Jahrhunderts ins Leben rief, sollte nicht eigentlich der Verteidigung dienen, sondern einem bestimmten und begrenzten offensiven Unternehmen: der gewaltsamen Einnahme der Stadt Braunschweig, mit der er in Fehde lag. Mit der Organisation, Ausbildung und Führung des Ausschusses beauftragte der Herzog den General-Kriegskomissarius David Sachse, der im Dienste der Generalstaaten seine ersten Kriegserfahrungen gesammelt hatte und dem es nach unsäglich mühevollen Verhandlungen gelang, zum mindesten organisatorisch ein Lehns- und ein Landesaufgebot in Gestalt eines Ausschusses einzurichten. Die Offiziere entstammten dem fürstlichen Beamtenkörper oder waren aus niederländischen Diensten übernommen. Wurden alle Verwaltungsanordnungen durchgeführt und die 1605 erlassenen »Artikel für die getreuen Untertanen des löblichen Ausschusses bei dem Exercitie« befolgt, konnte der Herzog eine kriegsbereite Armee von 15 000 Mann aufbieten. Eine Generalmusterung im September 1605 erbrachte aus dem Lehnsaufgebot drei Reiterregimenter mit zusammen über 1200 Pferden und aus dem Landesaufgebot sieben Regimenter mit rund 14 000 Mann.

Das Unternehmen gegen die Stadt Braunschweig einen Monat später schlug allerdings völlig fehl, da der Ausschuß für einen Feldzug nicht brauchbar war. Auch eine 1606 erlassene Ausschußordonnanz hinderte nicht, daß die Landrettung mehr und mehr an Bedeutung verlor. Sie hat noch Jahre hindurch bestanden, 1609 und 1613 erlebte sie sogar Erneuerungsversuche, von einem Einsatz ist jedoch nicht mehr berichtet.

Baden

In Baden konnte unter Georg Friedrich von Baden-Durlach (1604–1622; † 1638) ein einheitliches Defensionswesen entstehen, weil dieser Markgraf für kurze Zeit alle zähringischen Lande beherrschte. Er vereinigte nicht nur das kurz vorher dreigeteilte Baden-Durlach in seiner Hand, sondern hielt auch die Markgrafschaft Baden-Baden besetzt. Der Markgraf verfügte – wie alle kleineren Territorialherren – an militärischen Kräften im Frieden über eine geworbene Leibwache zu Pferde und zu Fuß, im Kriege über ein Fähnlein Lehnsreiterei und das allgemeine Aufgebot.

Schon im Jahre seines Regierungsantritts erließ er eine Landordnung, mit der er eine neue Wehrverfassung einführte. Dabei knüpfte er an Einrichtungen an, die bereits vorher in Baden entwickelt worden waren. Aus dem allgemeinen Aufgebot zog er als Ausschußorganisation das »ordinäre Aufgebot« heraus, das eine ständig verfügbare mobile Truppe darstellen sollte. Jeder Untertan über 14 Jahre mußte Erbhuldigung leisten, d. h. sich zur Verteidigung des Landes verpflichten. Aus diesem allgemeinen Aufgebot wurde unter Aufsicht des Befehlshabers der Leibwache je nach Stärke der den Ämtern zugewiesenen Fähnlein der 5. bis 8. Mann ausgewählt und in die Musterungsrolle eingetragen. Hintersassen, Knechte und Juden waren vom

Wehrdienst befreit. Für Bekleidung und Bewaffnung mußte der einzelne oder die Gemeinde aufkommen, eine gewisse Uniformierung wurde angestrebt.

Eingeteilt war das ordinäre Aufgebot zu Fuß in drei, seit 1618 in vier Landregimenter – das (weiße) Landregiment Unterbaden oder Durlach, das (schwarze) Landregiment Oberbaden und das (rote) Landregiment Hochberg, aus dem zu Beginn des 30jährigen Krieges noch das Landregiment Rötteln hervorging. Jedes Regiment bestand aus einem Stab und 10–12 Fähnlein, die, je nach der Bevölkerungszahl der Ämter, aus denen sie sich rekrutierten, papiermäßig 100–300 Mann stark waren. Die höheren Befehlshaber bis zum Hauptmann sollten »versuchte« Söldnerführer sein, die mit Bestellungsbrief vom Markgrafen ernannt wurden, die niederen Befehlshaber wurden gewählt und vom Landesherrn bestätigt. Für die Ausbildung, die auf die Sonn- und Feiertage beschränkt blieb, war für jedes Regiment noch ein besonderer Trillmeister angestellt.

Ähnlich war das ordinäre Aufgebot zu Pferde, die Landreiterei, organisiert. Jeder der drei Landesteile stellte zwei Fähnlein zu 100 Mann. Die besondere Liebe des Markgrafen galt der Artillerie, die er neu geschaffen hatte und im Laufe der Jahre auf 40 Feldstücke ausbaute.

Das badische Aufgebot war nicht als ausschließliche Verteidigungseinrichtung gedacht, die Landesdefension sollte dem allgemeinen Aufgebot überlassen bleiben. Es sollte vielmehr dem stark militärisch ausgerichteten Markgrafen Georg Friedrich die im Frieden unerschwingliche Söldnertruppe ersetzen, der es daher in der Organisation stark angeglichen war. So mag es ebensogut, wenn nicht besser als die übrigen Defensionswerke ausgebildet und geführt worden sein. Trotzdem war es unverantwortlich, daß der Markgraf mit seiner bescheidenen, wenn auch durch zwei geworbene Regimenter verstärkten Armee als überzeugter Parteigänger des Winterkönigs 1622 bei Wimpfen eine offene Feldschlacht gegen die ligistischen und spanischen Truppen unter Tilly annahm. Die entscheidende Niederlage machte die jahrelange Aufbauarbeit zunichte.

Brandenburg-Preußen

Auffallend ist, daß es im Kurfürstentum Brandenburg in den Jahren um und nach 1600 nicht zur Einrichtung eines Defensionswerkes gekommen ist. Wahrscheinlich fühlten sich der Landesherr und vor allem die Stände nicht so bedroht wie die westdeutschen Territorien, die sich einmal vor Truppendurchzügen während des niederländischen Freiheitskampfes zu sichern hatten und zweitens von den Spannungen zwischen den beiden heranreifenden großen konfessionellen Bündnissen – der protestantischen Union und der katholischen Liga – weit mehr betroffen waren als das am Rande des Geschehens liegende Brandenburg. Lediglich eine Reform des Lehnsdienstes durch die Anlage eines Musterregisters für Adel und Städte wurde versucht. Erst als Johann Sigismund im Verlaufe des Jülich-Klevesschen Erbfolgestreites Verbündete brauchte und 1610 der Union beitrat, mußte er sich, wie alle übrigen Mitglieder, verpflichten, einen Ausschuß aufzustellen. Die Bemühungen einer Musterungs-Kommission scheiterten an der ablehnenden Haltung der Stände. Zur eigentlichen treibenden Kraft wurde dann Fabian von Dohna, der schon in der Pfalz die Anfänge des Defensionswerkes organisiert hatte (s. S. 89) und mit seiner Denkschrift von 1614 (s. S. 76) ausreichende Richtlinien gab. Aber nicht einmal ein abgeänderter Entwurf, der die Tätigkeit des Ausschusses auf den Wachdienst in den festen Plätzen beschränkte, fand 1615 die Billigung der Stände.

Damit war die Begründung eines Defensionswerkes endgültig gescheitert. Es kam zwar späterhin gelegentlich zum Einsatz kleinerer Aufgebotskontingente, organisierte Landesverteidigung als Dauereinrichtung war nicht möglich. Stärker als in anderen Territorien ist die Bereitwilligkeit der Stände anzutreffen, die Gestellungspflicht durch Geld abzulösen, für das Söldner geworben werden konnten.

Auch in dem noch unter polnischer Lehnshoheit stehenden Herzogtum Preußen kam ein durchorganisiertes Ausschußwesen nicht zustande, wenn auch aus anderen Gründen als in Brandenburg. Die selbstbewußten Landstände, die über die Regimentsräte sogar Einfluß auf die Exekutive hatten, und die immer der Unterstützung Polens gegen den Herzog sicher waren, bekämpften im Defensionswerk ein Machtinstrument des Landesherrn und verhinderten auf die Dauer jeden planvollen Aufbau. Der zweite Herzog, Albrecht Friedrich (1568–1618) war schwachsinnig. Die an seiner Stelle regierenden Hohenzollern, ab 1603 die Kurfürsten von Brandenburg, weilten selten im Lande und waren auch zunächst nicht an einem grundsätzlichen Streit mit den Ständen interessiert. Es blieb also bei halben Maßnahmen.

Dabei waren die allgemeinen Voraussetzungen für die Errichtung einer Landesdefension gerade in Preußen außerordentlich günstig. Über Jahrzehnte hinweg hatte kein Krieg oder sonstige Belastung die aufblühende wirtschaftliche Entwicklung gestört. Die noch aus der Zeit des Ordens erhaltene, für das Aufgebot notwendige Verwaltungseinteilung – drei Großkreise mit 47 Amtshauptmannschaften, den früheren Komtureien – bot sich als Organisationsgerüst geradezu an. Als mit Beginn des schwedisch-polnischen Erbfolgekrieges polnische Truppen das östliche Grenzgebiet durchzogen und drangsalierten, erhielt Fabian von Dohna den Auftrag zur Neuorganisation des Landesaufgebotes. Sein Generalmusterungsbefehl von 1601 und seine Instruktionen an die Amtshauptleute von 1602 und später enthielten alle notwendigen Vorschriften. Erfaßt werden konnten allerdings nicht die Untertanen des Adels, der sich unter Berufung auf seine Lehnspflicht jeder Neuerung widersetzte, sondern nur die Amtsuntertanen des landesherrlichen Gebietes. Dohna erreichte es, daß Rittmeister und Instrukteure angestellt und Waffen angekauft wurden, um die Amtsmusketiere oder Wibranzen (aus dem Polnischen: wybrancy = die Auserwählten), wie der Ausschuß in Preußen genannt wurde, einsatzfähig zu machen. Es fehlte an ausgebildeten Befehlshabern, an Geld und vor allem an Bereitschaft bei den Ständen wie bei den Untertanen.

Wolf von Kreytzen, wie Fabian von Dohna auf Erfahrungen im niederländischen Kriegsdienst fußend und als sein Nachfolger 1610 bestellt, unternahm es dann, wenigstens in den sieben Grenzämtern »einen Anfang der Defension anzustellen«. Er ließ je nach Dichte der Bevölkerung für 4–10 Huben einen Mann ausheben und brachte tatsächlich einen Ausschuß von 3366 Wibranzen zusammen, für deren Ausbildung jedoch nur fünf Wachtmeister vorhanden waren. Aber auch sein Eifer scheiterte an dem allseitigen zähen Widerstand. In den folgenden Jahrzehnten ging der

Ausschuß nicht unter, aber er bewährte sich auch nicht. Sein Vorhandensein wird erst wieder im Zusammenhang mit der Aufstellung stehender Truppen erwähnenswert.

Bayern

Die Defensionswerke der bisher angeführten Territorien erhielten im Grunde alle ihre Konzeption, ihr Organisationsschema und ihre Vorbilder aus einem bestimmten Bereich – aus den Grafschaften Nassau und in weiterem Zusammenhang aus den gegen Spanien kämpfenden Niederlanden. Für alle kann irgendeine Beziehung zu dem großen Initiator Johann VII. von Nassau nachgewisen werden, der sogar einen Diskurs über die Landrettung in Preußen verfaßt hatte. Die Trillmeister und versuchten Befehlshaber bezog man möglichst aus den Niederlanden. Die Sache des Protestantismus, vertreten durch die »Korrespondierenden«, aus deren Bestrebungen 1608 die protestantische Union hervorging, bildete den politischen Hintergrund der gesamten Bewegung.

Bayern, in gewisser Beziehung auch schon Sachsen, waren dagegen von Österreich her beeinflußt. Die dauernd drohende Türkengefahr, die in den österreichischen Ländern schon sehr früh Landwehren entstehen lassen und erhalten hatte (vgl. dazu Abschnitt III, S. 18 ff und 28 ff), erzwang auch in Bayern eine kontinuierliche Abwehrbereitschaft. Das Landesaufgebot wurde im Laufe des 16. Jahrhunderts recht oft gemustert. Wirkliche Gestalt erhielt das Landvolksbewegungswerk erst unter Herzog Maximilian I. (1597–1651), dem damals mächtigsten deutschen Territorialherrn, der seine Regierung spürbar nach absolutistischen Maximen ausrichtete. Neben Söldnertruppen, die später im Dreißigjährigen Krieg gewaltig vermehrt wurden – Maximilian war der eigentliche Kriegsherr des Ligaheeres unter Tilly –, versuchte er von Anfang an, sich in einer gut organisierten Landwehr einen Rückhalt zu schaffen. Die Türkengefahr war für ihn allerdings schon mehr Vorwand als Anlaß.

Im Vergleich zu anderen Defensionswerken ist das bayerische keine neue Einrichtung, sondern nur eine Intensivierung alter, schon bestehender Verteidigungsorganisationen. Durch ein Generalmandat ließ er 1600 eine allgemeine Musterung vornehmen, in der der 30., 10., 5. und 3. Mann für den Ausschuß aufgeboten und nach genauen Instruktionen einexerziert wurde. Der gesamte Ausschuß war also in verschiedene Klassen eingeteilt. Die ersten beiden galten als erstes Aufgebot und wurden auch als erste mit Waffen und Gerät ausgerüstet. Insgesamt verfügte der Herzog über 22 000 Waffenfähige, aus denen im Laufe der Zeit 39 »Landfahnen« – die bayerische Bezeichnung für den Ausschuß – in einer Stärke von 16 000 Mann gebildet wurden. Daneben bestanden in München, Ingolstadt, Landshut und Straubing von alters her Stadtfahnen.

Zur Überwachung der Musterungen und organisatorischen Maßnahmen war ein Defensionsrat eingesetzt, der auch gelegentlich Verbesserungen vorschlug. Widerstand erfuhr der Herzog nicht von den Ständen, deren Vertretung von ihm, nachdem die Mittel bewilligt waren, nach 1612 gar nicht mehr einberufen wurde, wohl aber von der Bevölkerung, die zum Beispiel gegen das »Hosenmandat« mit bayerischer Hartnäckigkeit Sturm lief. Jede Landfahne war entsprechend der Größe des Rekrutierungsbezirks 200–500 Mann stark. An ihrer Spitze stand ein

Landhauptmann, zumeist ein herzoglicher Beamter oder Landrichter, der für die Verwaltung, Ausrüstung und Abrichtung verantwortlich war. Die militärische »Abrichtung« und die Führung in einem Feldzug oder in anderen Einsätzen lag in den Händen der Landleutnante. Für diesen Posten wurden möglichst abgedankte oder stellungslose »versuchte« Söldnerführer ernannt, alte Oberstleutnante, Oberstwachtmeister und Hauptleute, die für eine jährliche Besoldung von 100 Gulden nebst Deputat und freiem Quartier die Kriegsbereitschaft der einzelnen Fahnen garantieren sollten.

Auch Maximilian sah in seinen Landfahnen, um deren Ausrüstung und Ausbildung er sich jahrzehntelang sehr intensiv bemühte, keine ausschließliche Verteidigungsorganisation. Sie sollten vielmehr die mobilen Soldtruppen ersetzen oder zum mindesten ergänzen und außerdem – hier kam schon ein sehr moderner Gedanke in seine Überlegungen – als eine Art vorgeschultes militärisches Kräftereservoir die Aufstellung oder Auffüllung regulärer Soldregimenter erleichtern. Als zum Beispiel der Bayerische Kreis 1601 ein Regiment gegen die Türken aufstellte, forderte er in einem Mandat die Ausschüsser auf, sich anwerben zu lassen, um in einem Feldzug Erfahrungen für das Leben und auch für die Verteidigung der Heimat zu sammeln. Im Jahre 1607 hatte er im kaiserlichen Auftrag die Reichsacht an der Reichsstadt Donauwörth zu vollziehen. Er stellte dafür ein Heer von 6000 Mann zusammen, indem er 20 Fähnlein zu je 300 Mann derart formierte, daß jedes aus einem Kern von 50 Söldnern und 250 Mann Landausschuß bestand. Das Unternehmen verlief unblutig und erfolgreich, über die Bewährung der Ausschußtruppen gingen die Meinungen allerdings sehr auseinander. Nachweislich hat der Herzog späterhin stärkeres Gewicht auf die militärische Ausbildung gelegt, besonders auf das Schießen, und angeordnet, daß niemand als Bürger aufgenommen werden oder ein Handwerk ausüben dürfe, der nicht vom Landhauptmann eine Bescheinigung über seine militärische Abrichtung beibrachte.

Im Laufe des Dreißigjährigen Krieges setzte Maximilian seine Landfahnen des öfteren auch außerhalb des Landes ein, so 1621 bei der Eroberung der Oberpfalz oder bei der Belagerung und Besetzung fester Plätze in Böhmen. Auch griff er bei der Rekrutierung der regulären Soldregimenter immer wieder auf sein Aufgebot zurück. Im Ganzen gesehen erfüllten die Landfahnen jedoch bei weitem nicht seine Erwartungen. Beim Einbruch der Schweden 1632 versagten sie völlig, und in einem Mandat gibt Maximilian offen zu: »Es hat die erfarung gezaigt, welcher gestalt sich bisher der ausgewelten Landsunderthonen mit schlechtem oder gar khainem nutz und effect bedient werden köndten, und also die uff sye gewente spesa fast vergeblich und umbsonnst geschehen.«

Nach 1632 bestanden die Landfahnen zwar formal weiter, es wurden auch unter Maximilian und seinem Nachfolger Ferdinand Maria gelegentliche Versuche zu einer Reorganisation unternommen, ohne daß man zu einem fruchtbaren Ergebnis gelangte. Erst der kriegerische Max Emanuel suchte das Aufgebot als Rekrutierungsbasis wieder zu beleben.

Kleine Reichsstände

Ähnlich den großen Territorien bemühten sich auch die mittleren und kleinen

Reichsstände im Anfange des 17. Jahrhunderts um eine organisierte Landesverteidigung, sei es, um einen plötzlich drohenden Einfall oder Durchmarsch zu verhindern, sei es auch nur, um dem allgemeinen Zug der Zeit zu folgen. Militärgeschichtlich ist keine dieser frühen Einrichtungen bedeutsam, sie bringen auch keinen neuen Akzent in das bisher gezeichnete Bild.

Allgemein gesehen hatte der Dreißigjährige Krieg jeden Territorialherrn davon überzeugt, daß sein Defensionswerk nur ausgesprochen bescheidenen Aufgaben militärischer Art gerecht werden konnte. Die neuerliche Reorganisation des Aufgebotswesens in den Jahrzehnten nach dem Westfälischen Frieden stand daher unter einem wesentlich anderen Vorzeichen, wenn auch der Übergang von der ersten zur zweiten Phase in einzelnen Ländern fließend und ohne spürbaren Einschnitt vonstatten ging.

d. Die Milizen

Vom Defensionswerk zur Miliz

Das Ausschußwesen in seiner zweiten Phase – von der Mitte des 17. bis zum Ende des 18. Jahrhunderts – stand merklich im Schatten der neuen, endlich zu verwirklichenden Wehrkonzeption – des Stehenden Söldnerheeres. Es war nun nicht mehr Defensionswerk, also eine Einrichtung, die den Krieg und seine Zerstörung vom Lande fernhalten sollte, sondern eine Milizorganisation zur Ergänzung und Entlastung der stehenden Kontingente. Nicht der sorgende Landesvater Johann VI. von Nassau-Dillenburg, sondern der bereits absolutistisch ausgerichtete Maximilian von Bayern hatte den Weg in die Zukunft gewiesen. Auffällig ist, daß der Ausschuß im letzten Drittel des 17. Jahrhunderts noch einmal eine kurze Blüte erlebte oder zum mindesten stark von sich reden machte, um dann späterhin zu einer bloßen Hilfsorganisation abzusinken. Die deutschen Territorialherren verfügten zu Beginn ihrer absolutistischen Epoche weder über die Macht noch über den Verwaltungsapparat, die sie insbesondere für die Finanzierung und Rekrutierung einer stehenden Truppe notwendig brauchten. So wich man noch einmal auf die überlieferte Form der Truppengestellung aus dem Lande aus.

Für die armierten Stände ergab sich im Ganzen gesehen überall das gleiche Bild. Der Territorialfürst versuchte als Kriegsherr die Dienstpflicht durch eine Steuer abzulösen oder den Ausschuß an sein stehendes Kontingent heranzuziehen und beides zu vereinigen. Dies war nötig, weil die »Defensioner« in der Regel von einer Dienstpflicht im Stehenden Heer befreit waren. Sie bedeuteten also für die echte Armierung des Landes eine Belastung. Es wurden in den einzelnen Ländern daneben auch durchdachte und erfolgversprechende Pläne entwickelt, eine Landesverteidigung zu organisieren, die in Krisenzeiten neben dem Stehenden Heer Aufgaben zufriedenstellend hätte lösen können. Aber gerade die Krisenzeiten mit ihren Werbungen und Zwangsrekrutierungen neben und vor allem aus den Milizverbänden zerstörten die mit viel Mühe erreichten Ansätze. Diese Übergriffe des Landesherrn bestätigten wieder und wieder das ohnehin wache Mißtrauen der Bevölkerung und der Landstände, die – weitgehend zu

Recht – in den Milizorganisationen lediglich ein Mittel zur Verschleierung illegaler Truppenbeschaffung aus dem Lande sahen und sich den Maßnahmen möglichst entzogen.

In den kleineren Territorien, die sich keine stehende Truppe leisten konnten und in denen sich die Landstände noch ein gewisses Mitspracherecht erhalten hatten, bildeten die Milizverbände während des gesamten 18. Jahrhunderts die alleinige bewaffnete Macht. Diese Bürgerwehren und Schützenformationen sind es, auf die das bewaffnete Vereinsleben der kommenden Jahrhunderte zum Teil seinen Ursprung zurückführt, und die einen eigenen Soldatentyp entwickelten, der – nicht allzu ernst genommen oder sogar belächelt – ebenso in die Zeit hineingehört, wie die disziplinierten preußischen Grenadiere.

Auf eine lexikalisch komplette beschreibende Aufzählung der deutschen Milizen muß verzichtet werden. Sie könnte bei dem unterschiedlichen Forschungsstand in den einzelnen Ländern auch keinen Anspruch auf Ausgewogenheit erheben. Die hier gegebenen Beispiele genügen jedoch, um die allgemeinen und wesentlichen, besonderen Charakteristiken zu erfassen, soweit sie bekannt sind.

Sachsen

Das sächsische Defensionswerk war in den Jahrzehnten nach dem Dreißigjährigen Krieg trotz vieler Bemühungen kaum lebensfähig. Johann Georg III. (1680–1691), der »sächsische Mars«, setzte dann 1689 durch die berühmt gewordenen »Puncta, wornach sich die zum Defensions-Werck bestellte Obristen zu achten« dem alten Defensionswerk ein Ende und errichtete zum mindesten formal eine ständige Miliz.

Die Puncta bestimmten: der Ersatz wird aus den Pflichtigen zwischen 20 und 45 Jahren durch die Ortsobrigkeit und einen Offizier ausgelesen, die Zahl durch das Los bestimmt. Loskauf und Stellvertretung sind ausgeschlossen; Hand- und Werbegelder fallen weg, Landesdefension ist ein jeder zu leisten schuldig, die Defensioner sind von Fronen und Kopfsteuer befreit.

Ein ergänzendes Patent aus dem gleichen Jahre regelte die Besoldung der Offiziere und der unteren Befehlshaber, legte die Exerzitien auf dreimal 6 Tage im Jahre fest und bestimmte, daß Waffen und Uniformen in den Exerzierorten aufzubewahren seien.

Die Puncta, die nicht mehr wie frühere Defensionsbestimmungen von der Geheimen Kanzlei, sondern von der Geheimen Kriegskanzlei ausgestellt waren, sind ein bemerkenswertes Zeugnis für den Übergang vom Defensionsdenken zu den neuen Vorstellungen einer Rekrutierung aus dem Lande zunächst für eine Miliz, später für das Stehende Heer.

Kurfürst Johann Georg IV. versuchte den bereits modernen Weg und forderte von den Ständen eine geldliche Ablösung der Defensionspflicht, um Mittel für die Anwerbung von Soldtruppen zu erhalten. Jedoch sein Nachfolger August der Starke war wiederum sehr um die Miliz als militärischen Schutz für Sachsen besorgt, da seine regulären Truppen in Ungarn und später in Polen standen. Trotzdem bedeutete die Regierung Augusts des Starken nicht eine neue Blüte, sondern den endgültigen Niedergang der »Landmiliz«. Neben der mangelnden Versorgung waren es vor allem die ab 1702 wiederholten Komplettierungen der stehenden Infanterieregimenter aus Defensionern, die der Miliz mehr und mehr die Rolle eines Rekrutierungsreservoirs zuwiesen und sie für ihre eigentliche Aufgabe unbrauchbar machten. Die Besetzung des Landes durch die Schweden, der durchaus begründete Widerstand der Stände und der Untertanen besonders gegen die unhaltbaren Zustände in der Ernährung und Besoldung, gegen Ungerechtigkeiten in der Kontingentsverteilung und gegen die Verwendung der Defensioner als reguläre Soldaten führten 1708 zur Aufhebung des Defensionswerkes. Ein späterer Reorganisationsversuch durch Aufstellung von Landkreisregimentern blieb eine halbe Maßnahme, so daß die endgültige Auflösung der Miliz mit der Besetzung des Landes durch Preußen 1756 nur noch als formaler Akt anzusehen ist.

Bayern

In Bayern führte erst Max Emanuel, der als »Blauer Kurfürst« bekannte Heerführer aus den Türkenkriegen, die entscheidenden Neuerungen ein, indem er zunächst die Miliz 1688 in Bataillone und Regimenter einteilte. Bei Beginn des Spanischen Erbfolgekrieges existierten die alten Landfahnen als weiterer Ausschuß, für den jeder fünfte Mann aufzubieten war. Er schuf jedoch 1702 mit dem engeren Ausschuß, zu dem jeder 10. Mann eingezogen wurde, eine neue Einrichtung. Dieser engere Ausschuß, bestehend aus ledigen, kriegsbrauchbaren Männern, diente anscheinend nach dem württembergischen Vorbild (s. S. 105) zur Aufstellung von drei »regulierten Landregimentern« und zwei Bataillonen von insgesamt 4300 Mann. Die Regimenter waren zunächst wohl nur als Festungsbesatzung gedacht, die Ausschüsser sollten aber zwei Jahre als Garnison ständig unter Waffen bleiben und wurden wie die regulären Feldtruppen ausgebildet und besoldet. Sehr bald jedoch, schon 1702, dann wieder 1704, war Max Emanuel gezwungen, seine reguläre Truppe aus den regulierten Landregimentern aufzufüllen. Ebenso schwächte er den weiteren Ausschuß durch Zwangsrekrutierungen, so daß den Landregimentern die Möglichkeit genommen war, sich zu ergänzen. Verschiedene Erlasse, die alle waffenfähigen Untertanen zum Kriegsdienst aufboten, hatten keinen Erfolg. Mit dem Ilbesheimer Vertrag, der nach der Schlacht bei Höchstedt 1704 das Land den Kaiserlichen auslieferte, wurden die Landregimenter, wie auch die Landfahnen, aufgelöst.

Die »Kurbayerische Landesdefension des Unterlandes« von 1705, die bald auf das Oberland übergriff, ist eine Volkserhebung, die sich gegen die schwer lastende Bedrückung und die zahlreichen Zwangsrekrutierungen durch die Österreicher wandte. Dieser Bauernaufstand, der von den kaiserlichen Truppen Weihnachten 1705 bei Sendling und im Januar 1706 bei Aidenbach blutig unterdrückt wurde, war keine Aktion der landesherrlichen organisierten Defension. Die Anführer beriefen sich allerdings auf fingierte Aufrufe des Kurfürsten Max Emanuel, der jedoch nicht mehr im Lande weilte und nachweislich nichts mit dem Aufstand zu tun hatte.

Nach der Rückkehr des Kurfürsten wurden die Landfahnen in den 20er Jahren des 18. Jahrhunderts wieder aufgestellt, blieben aber eine reine Hilfsorganisation zur Aufrechterhaltung der öffentlichen Ordnung.

Brandenburg – Preußen

In Brandenburg-Preußen nahm die Entwicklung nicht den gleichen Weg wie in den übrigen größeren Territorien. Friedrich Wilhelm, der Große Kurfürst (1640–1688), aufgrund der Erfahrungen seiner Vorgänger mit dem Defensionswesen mißtrauisch geworden, suchte, wo immer es möglich war, die Milizpflicht durch Geldzahlungen abzulösen, um das kleine Stehende Soldheer auf eine gesunde Basis zu stellen und zu kräftigen. Schon seine ersten Verhandlungen mit den Ständen über das Defensionswerk von 1654 wie auch sämtliche Verordnungen zum Aufgebot zeigen, daß er Zeit seiner Regierung nicht daran dachte, Mittel und Mühen an die Aufstellung einer ständigen Miliz zu wenden. Gelegentliche Rückgriffe auf das Landesaufgebot, wie der Aufruf von 1674, »allen Schweden, wo sie solche bekommen können, die Halsse entzweizuschlagen«, sind aus dem plötzlichen Notstand heraus entstandene Ausnahmen. Auch in Preußen, wo er seit dem Frieden von Oliva 1660 als souveräner Landesherr regierte, erreichte er die Ablösung der persönlichen Dienstleistung oder die Umwandlung der Miliz (Wibranzen) in geworbene Regimenter.

Dagegen hat Friedrich Wilhelm versucht, festere Beziehungen zwischen den Söldnern und dem Lande herzustellen, indem er einzelnen Regimentern bestimmte Distrikte zuwies, in denen sie hauptsächlich ihre Soldaten zu werben hatten und in die abgedankte Soldaten zurückkehren konnten, um bei Neuaufstellungen verfügbar zu sein. In die gleiche Richtung weisen seine Bemühungen von 1654 und 1661, »etzliche Völker zur Landesdefension in Wartegeld zu nehmen«, d. h. altgediente Söldner in Dörfern anzusiedeln und sie durch ein Deputat und ein kleines Wartegeld zu verpflichten, jederzeit wieder Dienst zu leisten.

Sein Nachfolger Friedrich III. (1688–1713; ab 1701 als Friedrich I. König in Preußen) war nicht so ausgesprochen auf die Armatur des Landes durch ein Stehendes Söldnerheer bedacht und in dauernden Geldschwierigkeiten. Die Soldtruppen standen zudem meist in fremden Diensten, waren zum Teil nur für diesen Zweck angeworben worden. Für die Erhaltung der Ordnung und für die Verteidigung des Landes schien eine Miliz auszureichen. In den ersten Jahren seiner Regierung entstanden eine ganze Reihe von Plänen, Entwürfen und Ansätzen, deren Durchführung möglich gewesen wäre, wenn sich die Landstände entgegenkommender gezeigt hätten. Der Plan einer 3000 Mann-Miliz in der Kurmark scheiterte 1692 daran, daß die Städte nicht miteinbezogen waren. Nach dem Frieden von Rijswijk 1697 sollte die Heeresreduktion dadurch aufgefangen werden, daß aus den entlassenen Söldnern eine »Landmiliz« gebildet wurde, die auf Abruf stand. Neue Werbungen im folgenden Jahr machten das Projekt unnötig. Mit dem Beginn des Nordischen Krieges und des Spanischen Erbfolgekrieges bedurfte die Frage der Milizaufstellung einer grundsätzlichen Klärung. Der Widerstand der Stände – nicht nur des Adels, sondern auch der Städte – gegen jede Form der Milizorganisation erwuchs letzten Endes nicht aus pekuniären Bedenken, sondern aus dem Gefühl, daß der Ausschuß mehr und mehr den Charakter einer ständischen Verteidigungseinrichtung verlor und durch die immer enger werdende Verflechtung mit den stehenden Söldnerkontingenten zu einem Kriegsinstrument des Landesherrn wurde. So mußte auch der große Plan von 1701, der, ursprünglich für Kleve und die Mark erarbeitet, auf alle Gebiete außer (Ost-)Preußen ausgedehnt wurde und eine Miliz von 28 000 Mann vorsah, daran scheitern, daß die adligen Untertanen eximiert blieben. In den folgenden Jahren wurde dann eine Miliz ausschließlich aus den königlichen Amtsuntertanen und den Immediatstädten errichtet. Aus den verschiedenen Erlassen geht hervor, daß alle Ledigen zwischen 18 und 40 Jahren enrolliert, d. h. in Listen erfaßt, Milizkommissare (meist höhere Offiziere) in den Provinzen eingesetzt, die Dienstzeit auf 6 Jahre festgelegt, ein Exerzierreglement verteilt und die Reorganisation der Bürgerkompanien den Bestimmungen über die Landmiliz angeglichen wurden. Typisch für die Zeitumstände ist es, daß 1703 nicht gediente Offiziere, sondern die Beamten und Förster der königlichen Ämter auf die Offizierstellen gesetzt wurden, um dem Mißtrauen der Bevölkerung zu begegnen, die in der Landmiliz nur eine verschleierte Truppenwerbung sah.

Aus den in langer Zeit zusammengeschriebenen 20 000 Mann auf den Enrollierungslisten sollte 1704 eine Landmiliz in vier »Nationalregimentern« zu insgesamt 10 000 Mann aufgestellt werden. Neue Werbungen störten auch diesmal erheblich den Aufbau. Da die Milizionäre von der Werbung für das Stehende Heer, die in dieser Zeit schon einer Aushebung gleichkam, befreit waren, flüchteten einerseits die Bauernsöhne in die Miliz, um dem Soldatsein zu entgehen, andererseits mußten die Werbeoffiziere, um ihre Regimenter zu füllen, zur Zwangsrekrutierung übergehen, die auch die Enrollierten nicht verschonte. Die Tatsache, daß den Ausschüssern beim Übertritt in den Söldnerstatus bestimmte Vergünstigungen eingeräumt wurden – Kapitulationen auf kurze Zeit, Befreiung vom späteren Milizdienst – schafften keine Entspannung, sondern nur neue Möglichkeiten für Übergriffe der Werber.

Allgemein gesehen kann die Organisation der preußischen Landmiliz unter König Friedrich I. als ein verfehltes Unternehmen eingeschätzt werden. Wenn 1705 auch 20 000 Mann listenmäßig dazugehörten (Nationalregimenter und Wibranzen), so sagt diese Zahl doch nichts über ihre Brauchbarkeit aus. Da der Adel sie für seine Untertanen gesperrt hatte und damit der größte Teil der bäuerlichen Bevölkerung ausgeschlossen war, entwickelte sie sich zu einer rein monarchischen Einrichtung. Ihre eigentliche Bedeutung liegt wohl darin, daß in ihrem Rahmen, also im Raum der königlichen Ämter, die Erfassung der Untertanen für den Wehrdienst – Enrollierung, Musterung, Rekrutierung – eingerichtet und erprobt werden konnte, so daß für die spätere Zeit schon bestimmte Erfahrungen gesammelt waren.

Friedrich Wilhelm I., der »Soldatenkönig« (1713–1740), löste als konsequenter und kompromißloser Anhänger des Stehenden Söldnerheeres bald nach seinem Regierungsantritt die Landmiliz auf (Order vom 7. 3. 1713) und stellte in späteren Erlassen den Gebrauch der Worte »Miliz« und »Militär« unter Strafe. Für ihn war es klar, daß die Bauernburschen in den Nationalregimentern nicht Wehrdienst leisteten, sondern sich durch den Eintritt in die Landmiliz geradezu dem Dienst in der in seinen Augen einzig brauchbaren Wehrorganisation, dem Stehenden Heer, entzogen.

Als während der Mobilmachung gegen Hannover 1729 die regulären Truppen aus den Festungen gezogen wurden, griff Friedrich Wilhelm I. auf entlassene, aber noch garnisonsdienstfähige Offiziere und Mannschaften zurück und verwandte sie zusammen mit den »Überkompletten« als Besatzungstruppe. Ab 1730 wurden diese Wachformationen – nach dem Siebenjährigen Kriege wurden sie »Landregimenter« genannt – jährlich für 4 bis 6 Wochen zu dem gleichen Dienst zusammengerufen, wenn die Feldtruppe zu Übungen ausrückte. Offiziere und Unteroffiziere blieben gegen halben Sold ständig im Dienst, die Mannschaften erhielten nur während der Wachzeit Sold. Die vier Landregimenter in Stärke von fast 7000, später 5000 Mann, zu denen im Kantonsystem auch »mindermäßig Enrollierte« eingezogen wurden, erinnern stark an die Planungen Kurfürst Friedrichs III. von 1697. Sie sind nicht mit den eigentlichen Garnisonsregimentern zu verwechseln, die zwar ebenfalls aus minder qualifizierten Soldaten bestanden, aber doch zum Stehenden Heer gehörten.

Trotz aller Ablehnung erinnerte sich aber auch der Soldatenkönig in Krisensituationen des alten Landesaufgebotes. Im Polnischen Thronfolgekrieg erhielt eine Geheime Landesverteidigungskommission 1733 weitreichende Vollmachten, dabei auch die Berechtigung, in Ostpreußen die Adligen, Bauern, Förster und Landreiter aufzubieten und die alten Stadtmilizen zu reorganisieren.

Auch König Friedrich II., der Große (1740–1786), organisierte in den Schlesischen Kriegen das Landesaufgebot, in Pommern unter Anlehnung an das Stettiner Landregiment. Erwähnenswert ist noch die Sonderregelung für die sechs schlesischen Gebirgskreise, die als Träger der notwendigen Leinenindustrie vom Militärdienst weitgehend eximiert waren und laut Reglement von 1743 eine Landmiliz von 20 Kompanien auf freiwilliger Basis aufstellen durften. Es wurden jedoch nur angesehene Männer evangelischer Konfession angenommen.

Die kleineren Territorien

Sieht man von den Milizorganisationen in Brandenburg-Bayreuth und im späten 18. Jahrhundert in Schaumburg-Lippe ab, dann weisen die kleineren Territorien in der Entwicklung ihrer Milizen wohl Eigenheiten, aber keine historisch wichtigen Besonderheiten auf. Wo die Mittel für Soldtruppen fehlten, repräsentierten sie wohl allein die bewaffnete Macht, aber ihre Tätigkeit beschränkte sich auf Schießübungen und kleinere Aufgaben zur Wahrung der Sicherheit im Lande. Militärisch hatten sie kaum Bedeutung. Konnte sich der Landesherr ein geworbenes stehendes Kontingent leisten, dienten sie vor allem als Hilfsorganisation und Rekrutierungsreservoir.

Württemberg richtete seine Landesdefension nach dem Dreißigjährigen Kriege wohl wieder ein, aber die den neuen Maßstäben entsprechende Umorganisation wurde erst nach dem Frieden zu Nimwegen 1679 im Zuge der allgemeinen Truppenreduktion durchgeführt. Herzog Administrator Friedrich Karl (1677–1693) teilte das Aufgebot in zwei Auswahlen ein. Aus der ersten Auswahl – sie umfaßte die Pflichtigen von 18 bis 30 Jahren – wurde eine ständige Defensionsmiliz von vier Regimentern zusammengestellt, die in der Organisation den regulären Truppen entsprachen und mit ihrer Stärke von insgesamt rund 4000 Mann neben der Landreiterei von 1000 und einem kleinen geworbenen Kontingent von 700 Mann die eigentliche Wehrkraft des Landes darstellen sollten. In den Jahren 1690/91 gelang es ihm trotz des lebhaften Widerspruches der Stände, eine »regulierte« (= ständige) Landmiliz in voller Stärke aufzustellen und sie in drei Infanterie-, ein Reiter- und ein Dragonerregiment regulärer Soldtruppen umzuwandeln. Der Übertritt in den neuen Status war den Ausschüssern wohl formal freigestellt, faktisch jedoch blieb dem Einzelnen keine Wahl. Die zweite Auswahl – Männer von 31 bis 55 Jahren – sollte nur in Notzeiten einberufen werden und wurde als militärisch bedeutungsloses Relikt des alten Defensionswesens kaum noch berücksichtigt.

In den welfischen Fürstentümern, die später zum Kurfürstentum Hannover zusammenwuchsen, hatte Georg von Braunschweig-Calenberg nicht nur eine »Armatur« des Gesamthauses – schon eine Art Stehendes Heer vornehmlich aus Landeskindern, sondern auch eine gut organisierte Miliz – geschaffen. Bekannt wurde vor allem sein 1639 aus berittenen Bauernsöhnen aufgestelltes Dragonerkorps. Ernst August (1679–1698), der 1692 die Kurwürde erreichte, erließ 1680 eine Ausschußordnung, die einen großen Teil der bewährten Vorschriften früherer Jahre übernahm und sich nicht wesentlich von anderen Ordnungen der Zeit unterschied. Da die hannoversche Armee relativ oft außerhalb der Grenzen kämpfte, erwuchsen der Miliz im Lande eine Reihe von Ordnungsaufgaben, die ihr eine lange Lebensdauer sicherten, obgleich auch sie bei Werbungsschwierigkeiten Mannschaften an die Soldregimenter abzugeben hatte.

Die beiden badischen Markgrafschaften – Baden-Durlach und Baden-Baden – behielten wohl die Milizpflichtigkeit bei, kamen aber nach dem Dreißigjährigen Kriege nicht mehr zu einem brauchbaren Ausschußwesen.

Nur für das kleine Brandenburg-Bayreuth bedeutete die Miliz mehr als eine bloße Hilfsorganisation. Markgraf Christian Ernst (1661–1712), einer der militärisch begabtesten Landesherren seiner Zeit, zog aus dem schon bestehenden »Miliz-Ausschuß« einen »reißenden Ausschuß« heraus, den er später in »selegirte Landregimenter« und eine Leibgarde umbildete und als kampfkräftige stehende Truppe verwandte. Als Preußen das Gebiet 1790 durch Kauf erwarb, besaß es eine gutorganisierte Miliz, die bis zu 5 900 Mann mobilisieren konnte und fest im Lande verwurzelt war.

Unter die Bemühungen zur Mobilisierung des Landesausschusses fallen auch die Versuche, auf der Basis der Kreisverfassung des Reiches Kontingente aus den Ländern herauszuziehen, um in den französichen Eroberungskriegen und dem Spanischen Erbfolgekrieg den Mangel an regulären Regimentern auszugleichen. Während des Pfälzischen Krieges ging der Schwäbische Kreis – der am schwersten betroffen war – 1690 daran, ein allgemeines Aufgebot aufzustellen. Aber dieser, wie auch der 1693 von Ludwig Wilhelm von Baden unternommene Versuch, als Reichsfeldherr den 20. oder gar 10. Mann aufzubieten, schlugen fehl. Ebenso konnte der Reichstagsbeschluß von 1707, ein »General-Aufbott allen Landvolks« zu erlassen, zu keinen greifbaren Ergebnissen gelangen. Die Autorität des Reiches und seiner Vertreter reichte bei weitem nicht mehr aus, eine rein territorial ausgerichtete Institution für allgemeine Belange zu nutzen.

Geistliche Territorien

Eine gewisse Sonderrolle spielten die geistlichen Territorien. Da die Landesherrschaft nicht in den Händen einer im Lande fest verwurzelten Dynastie mit geregelter Erbfolge ruhte, sondern bei jedem Fürstenwechsel von der Wahl durch das Domkapitel und damit indirekt von den Ständen bestimmt wurde, erhielten sich die Landstände ein erheblich größeres Einspruchsrecht. Es gelang den geistlichen Fürsten daher erst spät, stehende Truppenkontingente aufzustellen, in der Regel aus den bereits bestehenden Milizverbänden.

In Trier stieß 1650 sogar der Versuch auf Widerspruch, aus dem Landesaufgebot eine Landesmiliz herauszuziehen, da das Domkapitel in ihm die Begründung eines stehenden regulären Verbandes sah. In Köln dagegen erreichte es der Erzbischof 50 Jahre später, gestützt auf ein Bündnis mit Frankreich, die Miliz in eine Soldtruppe umzuwandeln.

In Mainz bestand unter Lothar Franz von Schönborn (1694–1729) wie in den größeren Territorien eine regulierte Miliz mit Dienstpflicht von 18–36 Jahren, einer dreijährigen Dienstzeit, Enrollierung, Musterungen und festgelegten Exerzierzeiten, die bereits in den 50er Jahren des 17. Jahrhunderts von Johann Philipp von Schönborn in den Hauptzügen eingerichtet worden war. Schon Johann Philipp hatte aus abgedankten Ausschußtruppen eine stehende Reiterkompanie gebildet (wahrscheinlich 1664). Wie weit der »mobile Landesausschuß« unter Lothar Franz – auf die Kriegsartikel vereidigt, ausgerüstet wie die reguläre Truppe und unter dem Kommando gedienter Offiziere – als Teil des Stehenden Heeres bezeichent werden kann, wie stark besonders in den Jahren nach 1700 die Übernahme von Milizionären in Solddienst anzusetzen ist, kann im einzelnen nicht festgestellt werden. Auf jeden Fall hat unter diesem kriegerischen Kirchenfürsten eine spürbare Umwandlung stattgefunden.

Die Unterschiede zwischen der alten und der neuen Landesdefension sind an den Verhältnissen im Bistum Münster besonders deutlich zu demonstrieren, weil hier beide Phasen gewissermaßen nebeneinander bestanden. Bischof Ferdinand, ein Bruder Maximilians von Bayern, hatte 1633 ein Edikt zur Organisation der Landesverteidigung erlassen, das die Aushebung an die Steuer band. Für je 5 Taler Schatzung sollte ein Mann ausgehoben werden. Auf diese Weise kam ein »Ordinari-Ausschuß« von 4800 Mann zusammen. In seiner Organisation lehnte sich der Ausschuß an die Gaueinteilung des Landes an. Die Abteilungen wurden von Kriegskommissaren geführt, an der Spitze stand ein General-Kriegskommissarius. Die Offiziere wurden als geworbene Kriegsleute für ihre gesamte Dienstzeit vom Bischof in Eid genommen, die Ausgehobenen nur während der Aktionszeiten. Dieser Ausschuß, der neben der Landesverteidigung im wesentlichen Polizeifunktionen zu versehen hatte, blieb mit geringen Abänderungen bis zum Jahre 1803 – dem Einzug Blüchers in Münster – bestehen, ist allerdings niemals entscheidend hervorgetreten.

Der ehrgeizige und kriegerische Fürstbischof Bernhard von Galen (1606–1678, ab 1650 Bischof) ist vor allem wegen seiner Versuche zur Bildung eines stehenden Soldheeres bekannt geworden. Er hat sich jedoch daneben auch bemüht, seinen Landesausschuß zu einer kriegsbrauchbaren Truppe umzugestalten. Durch Edikt stellte er 1667 den »Ausschuß zu Fuß und zu Pferd« auf, dem nur freiwillige Aufgebotspflichtige angehören sollten, möglichst Bauernsöhne, die schon gedient hatten. Auch sie wurden regional in Amtskompanien zusammengefaßt, im übrigen wurden Organisation und Ausbildung, soweit die Umstände es zuließen, der stehenden Truppe angeglichen. In der Stadt Münster standen mehrere Ausschußkompanien als Garnisonstruppe. Sie wurden von erfahrenen Offizieren einexerziert, um dann Seite an Seite mit geworbenen Kontingenten auch in Feldzügen eingesetzt werden zu können.

Der Ausschuß zu Fuß zählte rund 4000, der Ausschuß zu Pferde 1200 Mann. Wie aus den Quellen hervorgeht, wurde der formale Grundsatz der Freiwilligkeit des öfteren durchbrochen. Es kam zu Zwangsaushebungen, gegen die sich die Bauern in einzelnen Fällen sogar mit Forken und Flegeln verteidigten. Im Einsatz dezimierten Desertionen das Kontingent. Trotzdem trug der Bischof keine Bedenken, dem münsterschen Hilfskorps für Spanien 1677 auch Ausschußtruppen einzugliedern, ebenso der dänischen Expedition. Der Landtag von 1677 beschwerte sich darüber, daß »der Ausschuß soweit außer Landes und gar über das Meer geführt und für Geld verkauft werde«. Hier wehte also schon ein sehr viel schärferer Wind, als in den doch recht liberalen Defensionswerken vor dem großen Kriege.

Maßgeblich für die Erhaltung des Ausschusses trotz mannigfacher Mißerfolge waren wohl rein materielle Vorteile. Die Ausschüsser erhielten geringeren Sold als die reguläre Truppe, sie konnten während des Winters und in ruhigen Zeiten, ebenso zu Erntearbeiten im Sommer nach Hause entlassen werden, kosteten dann keinen Unterhalt und standen immer auf Abruf zur Verfügung. Mit dem Tode des Fürstbischofs Bernhard verschwand auch dieser besondere Ausschuß, der mit seinen Zwangsrekrutierungen und Saisonbeurlaubungen schon wie ein Vorläufer des preußischen Kantonsystems aus dem 18. Jahrhundert erscheint.

Neben dem umorganisierten Ausschuß schuf Bernhard von Galen in den »Wartschützen« noch eine Einrichtung, die ebenfalls auffällig den Verhältnissen im 18. Jahrhundert gleicht. In ruhigen Zeiten beurlaubte er aus seinen stehenden Kompanien alle im Stiftgebiet Münster beheimateten Söldner, außerdem Kranke oder Arbeitswillige und setzte sie auf Wartegeld, das in bar oder in Naturalien gezahlt wurde. Wurde ein Feldzug vorbereitet, wie etwa 1660 zur Belagerung der revoltierenden Stadt Münster, konnten die Wartschützen zur Auffüllung der alten stehenden oder zur Aufstellung neuer Kompanien verwandt werden. Im Unterschied zum Ausschuß erhielten sie jedoch während eines Feldzuges den vollen Sold.

Städte

In den freien Reichsstädten, die stark genug waren, ein eigenes Wehrwesen aufzubauen und zu erhalten, beruhten Bürgerwehren in der Regel auf einer Tradition, die bis ins Mittelalter zurückreichte, d. h. bis in eine Zeit, in der sie tatsächlich die Wehrkraft verkörperten. Gerade in den geldreichen Städten setzte jedoch schon sehr früh die Ablösung der Aufgebotspflicht für den wirklichen Kriegsfall durch Geldzahlung ein und damit die Aufstellung von Söldnerkontingenten. In der Neuzeit hing die Bedeutung einer Stadt als fester Platz ausschließlich von der Stärke der geworbenen Truppen ab, die für die Verteidigung zur Verfügung standen. Die Bürger suchten sich dem Kriegsdienst möglichst zu entziehen.

Trotzdem blieben die Bürgerwehren, die fest in der Verfassungsstruktur der Städte verankert waren, überall bestehen. Nur hatten sich ihre Tätigkeiten und Kompetenzen in der Praxis nicht unwesentlich verschoben.

Als Beispiel mögen die in einer jüngeren Arbeit untersuchten Verhältnisse in der freien Reichs- und Hansestadt Hamburg dienen. Neben der geworbenen Truppe von rund 1500 Mann im Frieden – sie wurde in Hamburg merkwürdigerweise »Miliz« genannt –, bestand im 17. und 18. Jahrhundert eine »Bürgerwache«, die in den Kirchspielen entsprechenden Regimentsbezirken zusammengefaßt war und 15 bis 20 % der Bevölkerung erfaßte (1679: 9769 Mann). Zur Wache war jeder Einwohner verpflichtet, der »bürgerlicher Nahrung« nachging; für Kranke,

Alte und Verstorbene mußte ein Wachgeld gezahlt werden. Sie hatte die Aufgabe, nachts im Wechsel der Kompanien die Wälle zu besetzen, außerdem wurde sie bei Feuer, Unruhen und bei jeder Form eines öffentlichen Notstandes (z. B. bei Pest) aufgeboten.

Der militärische Wert der Bürgerwache als Verteidigungseinrichtung war gering. Das Urteil eines Milizobersten kurz nach 1600, »das man sich uff der bürger wacht nicht verlassen (könne), so woll ihres unuffhörlichen sauffens, als anderer desordren halber«, traf in noch stärkerem Maße auch auf das 18. Jahrhundert zu. Ihre eigentliche Bedeutung lag mehr auf stadtpolitischem und administrativem Gebiet. An der Spitze der Bürgerwache standen fünf »Colonell-Herren« oder Obristen, die gleichzeitig Mitglieder des Rates und des Kriegsrates waren und für die allgemeine Sicherheit verantwortlich zeichneten. Als Kern der Bürgerwache muß jedoch das Kollegium der 57 Bürgerkapitäne angesehen werden, das als festgefügte Korporation in seiner Zwischenstellung zwischen Rat und Bürgerschaft sich das notwendige Schwergewicht erhielt, auch den Bestand der gesamten Wache bis in den Anfang des 19. Jahrhunderts zu sichern, obgleich über ihre Mängel als Verteidigungsorganisation keinerlei Zweifel bestanden. Die Kapitäne führten Listen über die Einwohnerschaft ihrer Kompaniebezirke, waren genau über jeden Zu- und Abgang, über das Einkommen und die soziale Stellung der einzelnen Familien unterrichtet, wurden zur Festsetzung der Steuertaxen herangezogen, besaßen eine Art Polizeigewalt und dazu bestimmte Exekutivrechte, vor allem das Pfändungsrecht bei Ausbleiben des Wachgeldes – alles Pflichten und Rechte, für die der ursprüngliche militärische Auftrag nur noch den formalen Rahmen abgab.

Parallelen in den europäischen Ländern

Die Formen des Aufgebotswesens in den nichtdeutschen Ländern hatten – abgesehen von den durch das Haus Nassau-Oranien bewirkten engen Bindungen zwischen den Niederlanden und den naussauischen Grafschaften – nur wenige direkte Beziehungen zu dem Defensionswesen der deutschen Territorien. Die Größen- und Machtverhältnisse waren zu verschieden, die einzelne historische Entwicklung zu individuell, als daß der eine vom anderen hätte etwas übernehmen können. Im Gegensatz zu den aus den landsmannschaftlich wenig gebundenen Söldnertruppen herauswachsenden stehenden Kontingenten und Heeren, die wegen ihres übernationalen Habitus einander von vornherein stark ähnelten oder sich bald anglichen, zeigten die Ausschüsse und Milizen wohl bestimmte Parallelen, die sich aus ihren überall gleichen Aufgaben erklären, verleugneten dabei aber niemals ihre landschaftliche oder gar provinzielle Eigenständigkeit.

Beginnend im letzten Drittel des 17. Jahrhunderts machten einige europäischen Länder, die eine starke Landstreitmacht anstrebten, ebenfalls eine Phase durch, in der Milizen oder milizartige Einrichtungen nicht mehr unmittelbar der Verteidigung dienten, sondern zur Rekrutierung oder Stabilisierung des Stehenden Heeres benutzt wurden. Dabei blieben die Übergänge zwischen Aufgebot, Zwangsgestellung und Werbung recht fließend, bis sich bestimmte Formen der Heeresergänzung herausbildeten, die für längere Zeit Gültigkeit behielten.

England erlebte unter Cromwell, wie schnell sich Miliztruppen, wenn sie im Kriege als Soldaten verwandt wurden, zu einer Söldnertruppe wandeln konnten. Vor und nach dieser Episode führte es seine Kriege ausschließlich mit geworbenen Söldnern, während die Verteidigung der Insel – nach Lage der Dinge eine pseudomilitärische Aufgabe – der Miliz anvertraut war, die wohl als die einzige verfassungsmäßig begründete Streitmacht galt, aber für die Kriegführung ohne Bedeutung war.

Spanien war im Verlaufe seiner vielen Kriege des öfteren gezwungen, ganze Milizverbände in die reguläre Armee zu überführen. Eine 1691 einsetzende Reform sollte den Provinzialmilizen wieder eine feste Form und klare Verteidigungsaufgaben geben. Das radikal durchgeführte Aushebungsdekret von 1693 erfaßte naturgemäß zunächst die Miliz, die in der folgenden Zeit nur noch ein Scheindasein führte.

In Frankreich hat sich der Gedanke eines Landesausschusses nie recht durchsetzen können. Seine Kriege führte der König mit Söldnern, darunter eine große Zahl von Schweizern und Deutschen. Nicht so sehr der Mangel an Geld, sondern an Soldaten nach zwei blutigen Kriegen veranlaßte Louvois, den Kriegsminister Ludwigs XIV., die Dienstpflicht vor allem der bäuerlichen Untertanen neu zu statuieren und eine Miliz aufzustellen.

Durch königliche Ordonnanz wurde 1688 die Aufstellung von Landregimentern zu Fuß verfügt, für die jedes Kirchspiel einen ledigen Mann zwischen 20 und 40 Jahren zur Verfügung zu halten und auszurüsten hatte. Der Milizionär konnte nach zwei Jahren ausscheiden, mußte aber durch einen anderen ersetzt werden. Nachdem die Stärke der Miliz auf 25 000 Mann berechnet war, wurde die Gestellung nicht mehr nach der Zahl der Dörfer, sondern nach dem Steuersatz festgelegt. Es durften jedoch nur Gemeindeangehörige, keine Fremden, gestellt werden. Die Landregimenter hatten die Aufgabe, in Kriegszeiten die festen See- und Grenzplätze zu besetzen. Sie sollten nur im Kriege zusammengezogen und nicht außer Landes verwendet werden.

Tatsächlich wurden die Landregimenter schon 1688 ausschließlich zur Ergänzung der regulären Armee verwandt. Bei späteren Aushebungen verzichtete man auf den Rahmen der Miliz, die 1697 nach dem Frieden von Rijswijk auch formal aufgehoben wurde.

Dagegen fallen die bereits im 16. Jahrhundert entstehenden militärischen Grenzsiedlungen in einzelnen Ländern aus dem Rahmen der Defensionswerke oder Milizeinrichtungen heraus, wenn sie auch ausschließlich der Verteidigung dienen sollten. In Österreich, wo die ständige Bedrohung durch die Türken eine dauernde Verteidigungsbereitschaft forderte, wurden Flüchtlinge vornehmlich aus dem Balkan längs der gefährdeten Zone angesiedelt und übernahmen als eine spezielle Organisation, ausgestattet mit besonderen Rechten und Pflichten, den Schutz der »Militärgrenze«. (Die Militärgrenze wird in Abschnitt III., S. 28 ff ausführlich behandelt). In ähnlicher Weise schützten die Kosakensiedlungen das russische Zarenreich vor Türkeneinfällen und Streifzügen der Turkvölker aus dem Schwarzmeergebiet. Auch späterhin sind in Rußland bis in die Zeit Peters des Großen hinein Versuche gemacht worden, Soldaten in bestimmten Orten anzusiedeln, die, ähnlich dem Kosakenkordon, die Südgrenze sichern sollten. Die Kolonisten waren wohl Angehörige der regulären Armee, aber sie kämpften nicht nur als Söldner, sondern auch als Verteidiger ihres eigenen Hab und Guts, das in der gefährdeten Zone lag.

Das schwedische Indelningsverk – Vergabe von Siedlerstellen gegen Gestellung von Mannschaften und Offizieren im Kriegsfall – war keine Verteidigungseinrichtung. Hier handelt es sich vielmehr um eine klare Ergänzungseinrichtung des Stehenden Heeres. Nur war die Soldzahlung, oder genauer die Zahlung des Wartegeldes, ersetzt durch Landzuteilung.

e. Das Verteidigungswerk des Grafen Wilhelm von Schaumburg-Lippe

Weniger als eine interessante Spielart des Milizwesens, denn als eine eigenwillige und selbständige Schöpfung soll hier die kleine, aber schon zu ihrer Zeit viel beachtete Verteidigungseinrichtung des Grafen Wilhelm zu Schaumburg-Lippe betrachtet werden.

Graf Wilhelm Friedrich Ernst von Schaumburg-Lippe, 1724 in London geboren, studierte in Genf, Leyden und Montpellier, nahm dann Kriegsdienste, focht als Fähnrich der englischen Garde 1743 bei Dettingen. In Oberitalien begegnete er seinem Großonkel, dem Feldmarschall der Republik Venedig, Reichsgrafen von der Schulenburg, der selbst an Verbesserungen der venezianischen Armee arbeitete und dem jungen Grafen wohl die ersten Anregungen für seine späteren Reformpläne des Heerwesens vermittelt hat. Im Siebenjährigen Krieg bewährte er sich in hannöverschen Diensten unter Ferdinand von Braunschweig, so daß ihm Georg III. von England 1762 den Oberbefehl in Portugal übertrug, wo er sich dem französisch-spanischen Heer gegenüber behauptete und die portugiesische Armee reorganisierte.

Als Landesherr von 1748 bis zu seinem Tode 1777 war er vorbildlich um den industriellen, sozialen und kulturellen Aufstieg seines kleinen Territoriums besorgt. Welterfahren, musisch begabt und hochgebildet – er beherrschte fünf Sprachen, stand in engem Kontakt zu dem Philosophen Mendelsohn, zog Thomas Abbt und Johann Gottfried Herder an seinen Hof in Bückeburg, und war stark vom Rationalismus seines Geburtslandes England beeinflußt, – gehört Graf Wilhelm zu den eindruckvollsten Fürstenpersönlichkeiten des 18.Jahrhunderts.

Die kleine Grafschaft Schaumburg-Lippe mit ihren knapp 20000 Einwohnern bot einem rational planenden Kopf alle Möglichkeiten, die in einer klaren Beschränkung liegen und die persönliche Initiative eines Mannes für alle Details gestattet. Es ist daher verständlich, daß die Heeresorganisation des Grafen Wilhelm von den Zeitgenossen wie ein gelungener kriegswissenschaftlicher Versuch, wie ein Kabinettstück bewundert und gleichzeitig als Kuriosität und militärische Spielerei eines absolutistischen Landesherrn angesehen wurde, die in anderen, vor allem größeren Territorien nicht zu verwirklichen war.

Im formalen Aufbau zeigte das Verteidigungswerk, abgesehen von der größeren Geschlossenheit, keine grundsätzlichen Unterschiede zu anderen Milizorganisationen. Von seinen Vorgängern hatte Wilhelm einen Landesausschuß übernommen, der nach der grundlegenden Wehrordnung von 1665 insgesamt 484 Mann umfaßte, jedoch nicht mehr als ständiger Ausschuß fungierte, sondern beurlaubt war. Ebenso bestand bei seinem Regierungsantritt eine kleine geworbene Schloßwache von 70 Mann.

Er begann sein Reformwerk 1749 mit einer Enrollierung aller Wehrfähigen seines Landes. Die listenmäßige Erfassung geschah durch die zivilen Behörden der drei Ämter und der Städte und wurde jährlich wiederholt. Die Enrollierten mußten sich dem Grafen durch Eid verpflichten und bildeten das Reservoir für die Miliz und das stehende Kontingent.

Neben einer allgemeinen Bauernbewaffnung – jeder Hofbesitzer hatte sich mit einem »wohlgeladenen Schießgewehr« zu versehen – gründete Wilhelm 1751 einen »Ausschüß der Land-Miliz« oder auch »Land-Ausschuß« von 200 Mann, dessen Organisation durch ein Reglement aus demselben Jahre genau festgelegt wurde. Die

Städte waren aus wirtschaftlichen Gründen eximiert. Die personelle Aufstellung bzw. die Ergänzung des Mannschaftsbestandes lag in Händen der Ämter, also landesherrlicher ziviler Behörden, die den Überblick über die soziale Struktur des Landes und die wirtschaftliche Abkömmlichkeit der Ausschüsser hatten. Verpflichtet wurden aufgrund der Enrollierungslisten in der Regel ledige Bauern- und Kätnersöhne, sie durften weiterhin ihrem Beruf nachgehen, sogar ohne Konsens heiraten und genossen im öffentlichen Leben gegenüber der Bevölkerung bestimmte Vergünstigungen. Ausschüsser, die nicht mehr voll verfügbar waren, etwa wegen Untauglichkeit, Heirat oder Übernahme eines Hofes, schieden aus und wurden ersetzt.

Die militärische Ausbildung leitete ein Landleutnant, der aus dem stehenden Kontingent übernommen war. Für das Exerzieren waren die Sonn- und Feiertage im Frühjahr und Herbst bestimmt. Einmal im Jahr, im Exerziermonat, wurde der ganze Ausschuß zusammengezogen und erhielt in dieser Zeit das gewöhnliche Soldaten-Traktament.

Der Land-Ausschuß war wohl zum Zwecke der Landesverteidigung aufgestellt worden, aber keineswegs mehr als selbständige Organisation im Sinne der alten Defensionswerke oder auch einiger Milizen. Eine kriegsgemäße Verwendung war nur in enger Anlehnung an die stehende Truppe vorgesehen. In erster Linie diente der Ausschuß der vormilitärischen Ausbildung und als Nachschubbasis für die Soldkompanien. Jedoch bewährte sich der Landausschuß anscheinend während des Siebenjährigen Krieges nicht, nach 1756 taucht der Name nicht mehr auf.

Nach dem Kriege wurde für kurze Zeit der Stand der »Überkompletten« geschaffen, die als Angehörige der stehenden Truppe galten. Die 1766 erlassene Depotordnung knüpfte dann wieder an den Landausschuß an. Das »Depot« in Stärke von 100 Mann wurde von den Städten und Ämtern unter Berücksichtigung der Wirtschaftssituation zusammengestellt, »gewaltsame Arretierung« war dabei untersagt, und diente der Ergänzung des stehenden Regiments. Überkomplette wie Depotangehörige trugen militärische Abzeichen (rote Halsbinde und Hutbüschel) waren also Soldaten, gingen jedoch frei ihrem Beruf nach.

Das stehende Kontingent – Infanterie, Carabiniers, Jäger zu Fuß und Artillerie – brachte Wilhelm in den ersten Regierungsjahren auf über 600 Mann, während des Siebenjährigen Krieges wuchs es dank der hannoverschen Subventionen auf rund 1250 Mann an, nach dem Kriege hielt es sich bis zum Tode des Grafen 1777 auf einer Stärke von etwas über 500 Mann. Zur Rekrutierung wurden anfangs die freie Werbung, gelegentlich auch Zwangswerbung, später daneben die bereits erwähnten Ergänzungseinrichtungen benutzt. Die kleine Truppe war, zumindest in den letzten 10 Regierungsjahren des Grafen, ausschließlich auf die Verteidigung des Ländchens eingerichtet. Die besondere Sorge Wilhelms galt daher seiner vorzüglichen Artillerie – die über 50 % des Gesamtbestandes ausmachte – und der Festung Wilhelmstein im Steinhuder Meer als dem Angelpunkt eines geplanten umfassenden Befestigungssystems.

Das Besondere und Einmalige der schaumburg-lippischen Verteidigungsorganisation liegt in der engen Verbindung von stehender Truppe und Landeswehr. Doch ein großer Teil der Bevölkerung war eximiert, Stellvertretung war zugelassen und wer einmal als Soldat verpflichtet war, blieb es bis zur Dienstuntauglichkeit. Allerdings beschränkte Wilhelm 1775 als erster deutscher Territorialherr durch Edikt die

Dienstpflicht auf 6 Jahre. Wenn ein Vergleich mit preußischen Verhältnissen möglich ist – Wilhelm war ein Verehrer Preußens –, dann eher mit dem Kantonsystem als mit dem späteren Wehrpflichtheer. Äußerlich gesehen lief die schaumburg-lippische Wehrorganisation tatsächlich auf nichts anderes hinaus als auf eine von absolutistischem Geist getragene Zwangserfassung der Landesbevölkerung zum Wehrdienst. Die Untertanen reagierten auch entsprechend. Über 50 % der Enrollierten oder zur Enrollierung Anstehenden gingen Jahr für Jahr außer Landes. Weder drakonische Strafen – Beschlagnahme des elterlichen Erbteils, Inhaftierung der Eltern – noch gelegentliche Generalpardons beeinflußten den Protest der Untertanen gegen diese einschneidende Beschränkung ihrer persönlichen Freiheit. Nach dem Tode des Grafen wurde das Enrollierungssystem sofort aufgegeben.

Andererseits stand hinter diesem Zwangssystem eine Konzeption, die – einmalig in ihrer Zeit – keineswegs den gängigen Vorstellungen von einer stehenden Söldnertruppe entsprach, sondern doch als eine Art Zwischenglied zwischen der früheren Idee der Defensionswerke und den Leitgedanken der späteren Allgemeinen Wehrpflicht angesehen werden kann. Die kleine Armee sollte nach der Absicht des Grafen Wilhelm den Verteidigungswillen seiner Landesbewohner verkörpern. Getragen werden sollte der Verteidigungswille von einer rechtschaffenen Liebe zum Vaterland und von einer inneren Freiwilligkeit, die auf der Überzeugung beruhte, das Richtige zu tun. Diese Überzeugung wiederum konnte nur aus der Vernunft erwachsen, die den Einsatz des Lebens und die soldatische Unterordnung als notwendig ansah, um die Güter des Lebens zu verteidigen.

Die soldatische Haltung war durch die untrennbaren Begriffe Subordination und Ehre gekennzeichnet. Das Offizierkorps unterschied sich von den Mannschaften nicht als bevorrechtigter Stand, es gab keine Adelsprivilegien in der Truppe, sondern nur eine aufgrund der moralischen Eigenschaften und der Leistung vollzogenen Auslese.

Unerläßlich war für Graf Wilhelm ein bestimmtes Bildungsniveau des Offiziers. »Für den Offizier ist der Krieg kein Handwerk, sondern eine Wissenschaft«, die ihren Wert nicht in theoretisierender Vielwisserei, sondern in der Anwendung auf die Praxis erhält, sagte er in einer Denkschrift von 1773, in der die Ausbildungsgrundsätze der 1766 auf dem Wilhelmstein begründeten Militärschule festgelegt waren. Die Schule wurde von Mannschaften und Offiziersaspiranten besucht und vermittelte Kenntnisse vornehmlich auf dem artilleristischen und fortifikatorischen Gebiet. Scharnhorst, der Reformator des preußischen Heeres, wurde hier als Offizierschüler von 1773–1778 mit den Gedanken des Grafen Wilhelm konfrontiert.

Die Hinweise auf das preußische Reformprogramm sind unübersehbar. Wie Varnhagen von Ense berichtet, hatte Gneisenau ihm über den Grafen Wilhelm erklärt: »Unsere ganze Volksbewaffnung vom Jahre 1813, Landwehr und Landsturm, das ganze neuere Kriegswesen, hat der Mann ausführlich bearbeitet, von den größten Umrissen, bis auf das kleinste Einzelne, alles hat er schon gewußt, gelehrt, ausgeführt«. Ganz so unmittelbar sind die Zusammenhänge jedoch nicht (vgl. Abschnitt II).

Graf Wilhelm hat sich als einziger Landesherr des 18.Jahrhunderts im Geiste der Aufklärung und mit absolutistischen Mitteln bemüht, eine staatstreue Landesbevölkerung zu erziehen, deren Wehr- und Verteidigungsbereitschaft die Aufstellung eines kampffähigen stehenden Kontingentes ermöglichte, also eine tragfähige Brücke zwischen Landesausschuß und stehender Truppe zu schaffen. Alles in allem kann seine Wehrorganisation als einer der ganz wenigen Versuche gelten, die Wehrkonzeption des aufgeklärten Absolutismus in die Praxis umzusetzen. Sein Versuch, auf kleinstem Raum und unter günstigsten Bedingungen unternommen, ist gescheitert. Nach dem Tode des Grafen zerfiel die zwangsmäßig aufrechterhaltene Organisation. Die Stehenden Heere seiner Zeit waren nach anderen Prinzipien aufgestellt und ausgerichtet und das Wehrpflichtheer der kommenden Zeit war eine Einrichtung, die ein neues politisches Denken voraussetzte.

2. Das Söldnertum

a. Die Entwicklung in der frühen Neuzeit

Grundzüge und Voraussetzungen des Söldnertums

Die Ursachen für das Entstehen des Söldnertums, vor allem aber für sein stetes Anwachsen und seine beherrschende Stellung in der frühen Neuzeit, sind recht verschiedener Natur. Zudem ist eine klare Abgrenzung nur schwer möglich, da die Übergänge zum Aufgebots- oder Lehnskrieger fließend blieben. Auch der Wehrpflichtige erhielt schon in früher Zeit Vergütungen in Naturalien oder Geld, besonders, wenn eine Kriegsfahrt den rechtlich zulässigen Termin überschritt. Daneben nahm der kriegführende Landesherr schon sehr früh Soldritter und besoldete Fußknechte in seine Dienste, über die er viel freier verfügen konnte, solange er sie ordnungsgemäß bezahlte.

Für die weitere Entwicklung des Söldnertums von der Hilfstruppe bis zur ausschließlichen Grundlage des Stehenden Heeres waren eine Reihe von Faktoren maßgebend.

Eine Voraussetzung war wirtschaftlicher Art: die Ablösung der Naturalwirtschaft durch die Geldwirtschaft. Der seit dem 12.Jahrhundert von den Städten und insbesondere von einzelnen Handelshäusern getragene und geförderte Kapitalmarkt beschaffte die Geldmittel, mit denen die Städte selbst, ebenso aber auch die Landesherren über Steuern oder Anleihen Söldnertruppen anwerben und halten konnten. Mit der wachsenden Söldnerzahl wurde das gesamte Kriegswesen abhängig vom Geldmarkt. Kriegsrüstung und Kriegführung wurden zu einer Finanzfrage und beeinflußten dadurch erheblich auch die politische Struktur. Die Landesherren, angewiesen auf die Steuern ihrer Stände, mußten als Gegenleistung Rechte bewilligen oder anerkennen, die den Ständeversammlungen – den Reichs- oder in ähnlichem Maße den Landtagen – eine hervorragende Bedeutung zubilligten und den Ständen selbst den auch politisch bedeutungsvollen korporativen Zusammenschluß ermöglichten. Aus der mittelalterlichen Lehnshierarchie entwickelte sich die Ständeverfassung. Ebenso ist die Überwindung des neuzeitlichen Ständestaates durch den fürstlichen Absolutismus zu einem wesentlichen Teil aus der steuerpolitischen Zwangslage der Landesherren zu erklären. Die inzwischen zu gewaltiger Höhe angewachsenen Summen zur Unterhaltung der Söldnertruppen für einen Feldzug oder gar für ein stehendes Friedensheer ließen eine Abhängigkeit von dem Steuerbewilligungsrecht der Stände nicht mehr zu.

Die Struktur und das Funktionieren des damaligen Kriegswesens wird nur dem wirklich verständlich, der den durch und durch merkantilen Charakter in seiner vollen Bedeutung erkennt. Wie jedes andere Geschäft, so beruhte auch der Kriegsdienst auf einer soliden, rechtlich verbindlichen Grundlage, auf Kapitalkraft oder Kreditwürdigkeit des Kriegsherrn wie auch des Obersten und Werbeherrn, und auf der Kalkulation von Gewinn und Verlust. Spekulation führte auch hier zu einem erhöhten Risiko, brachte also erheblichen Gewinn oder völligen Ruin. Der Chef eines Regiments – das Regiment hatte sich bis zum Beginn des Dreißigjährigen Krieges zu der das Militärwesen beherrschenden Verwaltungseinheit entwickelt – war also ein Unternehmer.

Unter diesem Blickwinkel verliert das freie Söldnertum viel von seiner wilden und zuchtlosen Abenteuerlichkeit, die ihm eine spätere, sehr viel disziplinertere Zeit als alleiniges Charakteristikum zugestehen wollte. Zweifellos gehören Abenteuer, Gewalttat und Verwüstung mit zu seinen Merkmalen, jedoch Abkommen und Verträge, Handel mit Waffen, Ausrüstung und Verpflegung, Beutemachen oder das Feilschen um Lösegeld bei Gefangennahme ebenfalls. Werben und Halten eines Regiments oder einer Kompanie war nichts weiter als eine Kapitalanlage, die ihren Gewinn abwarf. Zweifellos waren auch in dieser Zeit Unternehmergeist und materieller Gewinn keinesfalls der alleinige Maßstab für Leistung und Erfolg, aber sie bildeten die allgemeinverbindliche Basis, auf der das Kriegswesen aufgebaut war. Für die wirklich bedeutenden Söldnerführer gab es immer auch moralische Bindungen – ein gewisses Vertrauens- oder gar Treueverhältnis sowohl zu den Söldnern als auch zum Kriegsherrn. Gemessen aber wurde die Stärke dieser Bindung an der Pünktlichkeit, mit der der jeweilige Schuldner seinen Verpflichtungen nachkam.

Qualität wie Quantität des Söldnertums waren nicht vom Geld allein, sondern auch von der Bevölkerungszahl und bestimmten Änderungen der Bevölkerungsstruktur abhängig. Zweifellos bildeten die Söldner eine neue und sogar recht umfangreiche Berufsgruppe, die zu Zeiten einer starren, sich selbst genügenden Sozial- und Wirtschaftsordnung gar nicht hätte entstehen können. Aber schon im 12. Jahrhundert war die Bevölkerung soweit angewachsen, daß eine große Zahl von Menschen in den überkommenen Berufen keinen Platz mehr fand. Dieser Überschuß wanderte ab – es ist die Zeit der beginnenden Besiedlung der Ostgebiete –, oder er war dazu verurteilt, sozial abzusteigen. So bildete sich eine Schicht wirtschaftlich Unbefriedigter, für die das Berufskriegertum seine anziehenden Seiten hatte. Hinzu kam, daß im späten Mittelalter der Krieg selbst zahllose Menschen aus ihren angestammten oder erlernten Berufen herausriß, die nicht mehr in normale Lebensverhältnisse zurückfanden, sondern das abenteuerliche und gewinnversprechende Leben eines Söldners vorzogen.

Allgemein gesehen war bis in die Zeit über den Dreißigjährigen Krieg hinaus immer ein genügend großes Menschenreservoir für die Söldnerwerbung vorhanden.

In der Glanzzeit des freien Söldnertums konnten die genossenschaftlich organisierten und auf Reputation bedachten schweizerischen Reisläufer ebenso wie die deutschen Landsknechte aus einem Überangebot den geeigneten Nachwuchs wählen. Erst im 18. Jahrhundert, als einerseits der Mensch im Lichte der merkantilen Populationspolitik einen geläufigen Marktwert darstellte und der ausgebildete oder sogar der neu geworbene Soldat gehandelt wurde, als andererseits der merkantilistisch wertvolle, sozial aber verachtete Soldatenberuf keine Anziehungskraft mehr besaß, begannen die berüchtigten Zwangsrekrutierungen, die in ihren vielfältigen Formen in einzelnen Staaten zu einem streng durchkalkulierten System ausgebaut wurden.

Der Söldner war ein Berufskrieger und sah seinen Beruf wie eine Art Handwerk an. Damit ist nun nicht gesagt, daß es eine Zunft von Kriegshandwerkern gab – abgesehen etwa von der noch rein handwerklich organisierten und betriebenen Artillerie – sondern es ist mehr ein Verhalten angesprochen, in dem sich das Söldnertum doch recht greifbar von dem früheren Lehens- oder Aufgebotswesen (und der späteren Allgemeinen Wehrpflicht) unterschied. Der Dienst für Geld, die Fertigkeit im Umgehen mit Waffen, vor allem mit den langen Spießen, das an das Handwerk erinnernde Brauchtum und nicht zuletzt ein Berufsethos und eine gewisse Zuverlässigkeit, das waren die Elemente, die dem späten Söldnerwesen seinen bürgerlich-handwerklichen Zug gaben.

Erst die handwerkliche Ausrichtung, das Kriegshandwerk, vermochte die Grundlage abzugeben, aus der sich eine Kriegskunst entwickeln konnte. Mit einer geschulten und disziplinierten Truppe, in der jeder Mann an der Waffe, mit der er focht, ausgebildet, »gedrillt« war, konnte der Feldherr erst wirklich »operieren«. Es konnten Lehren aus der Kriegführung gezogen und Lehrbücher verfaßt werden. Man konnte also nicht nur allein den Gebrauch der Waffe, sondern auch den Krieg lehren. Es genügte für den Heerführer nicht mehr, daß er unerschrocken und begabt war, er mußte auch über ein erhebliches Maß an Routine verfügen, die ihm nicht allein das Erlebnis der Schlacht vermittelte, sondern auch das Studium kriegstheoretischer Schriften und alter Schlachtberichte.

Die Herausbildung lehrbarer Kriegstheorien führte naturgemäß zu einer starken Vereinheitlichung des Kriegsbildes und der Kriegführung, zumal mit der Erfindung der Buchdruckerkunst die Lehrbücher jedem Interessierten zugänglich wurden. Die Kriegsartikel, die Ansichten über Fortifikation oder das Führen einer Schlacht glichen sich an, Neuerungen wurden im eigenen Bereich erprobt und übernommen. Selbstverständlich aber konnte die Kriegskunst, die sich im Zeitalter des Rationalismus zu der Vielfältigkeit der sogenannten »Kriegswissenschaften« entwickelte, nur dann angewandt werden, wenn der Söldner als Berufssoldat, als form- und berechenbares Kriegsmittel zur Verfügung stand. Die europäische Wissenschaft vom Krieg hat sich auf der Basis des Söldnertums entwickelt.

Der handwerklichen Verhaltensweise – die am deutlichsten in der Blütezeit des Landsknechtstums hervortrat – stand nun allerdings eine durchaus ständisch orientierte soziale Gliederung entgegen. Die Söldner bildeten als Grundtyp nicht etwa eine allgemeine Basis, aus der sich aufgrund von Leistung oder Vermögen die notwendige Verwaltungs- und Führungsschicht als Auslese heraushob, sondern blieben eine Art militärischer »Arbeitskraft«, wie Redlich es ausdrückt, mit dem verfahren wurde. Der einfache Kriegsknecht konnte, im Ausnahmefall, in bestimmte Ämter hineinwachsen, die zur Aufrechterhaltung der Ordnung entstanden waren: er konnte also Rottmeister oder gar Wachtmeister werden. Bis zum Hauptmann oder auch nur Leutnant, dem Stellvertreter des Hauptmanns, sind Knechte nur in Ausnahmefällen aufgestiegen.

Schon die niederen Verwaltungsämter, so das des Fouriers, des Regimentsschreibers oder des Pfennigmeisters, verlangten eine gewisse Vorbildung – Lesen und Schreiben – und wurden daher von außen besetzt von gescheiterten bürgerlichen Existenzen wie entlaufenen Schülern. Daraus erwuchs naturgemäß eine gewisse Spannung, wie überhaupt das Verhältnis zwischen Knechten und Amtsinhabern im allgemeinen nicht von Vertrauen getragen war. Der Profoß, der Vertreter der richterlichen Gewalt, mit seinen Steckenknechten und dem Freimann (Scharfrichter), auch der Hurenweibel, der für die Ordnung im riesigen Troß zu sorgen hatte, und sogar militärische Amtsinhaber erhielten bei Auflösung eines Regiments oft einen Tag früher Urlaub, damit sie sich vor der Wut der Knechte aus dem Staube machen konnten, wenn diese nach Ablauf des Soldvertrages nicht mehr unter der barbarischen Strenge der Kriegsartikel standen.

Die Ämter des Hauptmanns (Rittmeisters) und seines Stellvertreters, des Leutnants, waren nicht durchgängig, aber doch in überwiegendem Maße eine Domäne des gehobenen Bürgerstandes und des Adels. Bloße Kriegstüchtigkeit genügte für diesen Posten im allgemeinen nicht mehr. Der Hauptmann mußte entweder eigenes Vermögen haben oder zum mindesten kreditwürdig sein, denn er war seinem Brotherrn, dem Regimentschef und -inhaber, für erhebliche Mengen an Bargeld, etwa während der Werbung, für Ausrüstung und Bewaffnung und für die Knechte selbst verantwortlich.

Die Obersten und Regimentsinhaber und die Generalität entstammten mit wenigen Ausnahmen dem Adel und in vielen Fällen sogar dem Hochadel. Schertlin von Burtenbach im 16. und Jan van Werth im 17. Jahrhundert gehören zu den berühmt gewordenen Söldnerführern bäuerlichen Ursprungs.

Für die soziologische Analyse des Söldnertums ist also kein eigener Schlüssel notwendig. Es rekrutierte sich aus allen Schichten und Ständen des Landes, spiegelte daher die allgemeine Sozialstruktur regelrecht wider, allerdings – und das ist für die Gesamtsituation recht bedeutungsvoll – als ausgeprägt redundante Erscheinungen. In den Söldnerregimentern sammelten sich nicht gerade immer verkrachte Existenzen, aber doch zweite und dritte Söhne, die nicht erbberechtigt waren und im Wirtschaftsleben schwer unterkamen, Abenteurernaturen, Außenseiter, kurz Glieder der einzelnen Gesellschaftsschichten, auf die diese Schichten ohne Substanzeinbuße verzichten konnten, und die sich in einem betonten Gegensatz zur bestehenden Gesellschaftsordnung sahen.

Bedeutete doch der Name Regiment – vom 17. Jahrhundert bis heute die Bezeichnung für einen militärischen Verband – ursprünglich nichts weiter als Gewalt, und zwar nicht nur die militärische Befehlsgewalt, sondern auch die legislative, exekutive und richterliche Gewalt zusammengenommen, die der Oberst, Werbeherr und Regimentschef über seine Söldner ausübte. Die Söldnerhaufen, insbesondere auch die Regimenter, führten also dieser Ausdeutung nach rechtlich gesehen ein Sonderdasein außerhalb der Hoheitsrechte der einzelnen Territorien.

Nun hat in der Praxis eine solche militärische Selbstherrlichkeit niemals bestanden, abgesehen von ganz bestimmten Ausnahmefällen, die aber auch von den Zeitgenossen als Rechtsbruch angesehen wurden, wie etwa die selbständige Kriegspolitik des Markgrafen Albrecht Alkibiades von Brandenburg-Kulmbach im 16. Jahrhundert, der zwar Landesherr war, seine Feldzüge jedoch mehr als Söldnerführer unternahm. In der Regel warb der Oberst im Auftrage und mit dem Kredit seines Kriegsherrn, des Kaisers oder eines Landesherrn, ein Regiment an, stand daher in Abhängigkeit von seinem Auftraggeber, der ihn mit der Kapitulation nicht nur zu Dienstleistungen, sondern auch auf bestimmte Rechtsnormen verpflichtete. In der Rechtsprechung hatte er sich an die Kriegsartikel zu halten. Seine Wirtschaftsführung wurde von Muster- und Kriegskommissaren überwacht. Trotzdem ist es nicht zu leugnen, daß Söldner und Söldnerführer einem eigenen Rechts- und Wirtschaftsverband angehörten, der innerhalb des Territoriums, in dem er sich gerade aufhielt, wie ein Fremdkörper wirkte. Die Beweglichkeit, die Schlagkraft, die ganze Kriegstüchtigkeit der Söldnerhaufen beruhten in ganz erheblichem Maße auf ihrer Unabhängigkeit von den landgebundenen Gewalten, Gerechtsamen und Einrichtungen und auf ihrer alleinigen Abhängigkeit vom Kriegsherrn. Gerade diese Unabhängigkeit also machte sie als Kriegsinstrument erst wirklich brauchbar. Die so weit gehende Eigenständigkeit der Söldnerregimenter war also weder eine Verfallserscheinung, noch eine Pervertierung des Kriegswesens, sondern eines seiner natürlich begründeten Merkmale. Der Söldner kostete nur Geld, wenn er gebraucht wurde, war für jede Art Kriegszug verwendbar, nicht nur für den Verteidigungskrieg, lebte für Krieg und Beute und war in seiner bald entwickelten Berufsehre viel zuverlässiger als der Lehnskrieger, dem jeder Feldzug eine lästige Verpflichtung und wirtschaftliche Einbuße bedeutete.

Wie der Söldner über den Soldvertrag und die damit verbundenen Dienste hinaus keine Bindungen an den Kriegsherrn anerkannte, so hatte auch der Kriegsherr keine Verpflichtungen sozialer, wirtschaftlicher oder gar politischer Art seinen Söldnern gegenüber. Hier schon liegen die Anfänge des unpolitischen Soldatentums, das brauchbare Kriegsinstrument fürstlicher Machtpolitik. Oft genug mußte die Soldateska aus dem Lande leben, das bedeutete: plündern, weil sie über Monate weder Sold noch Verpflegung erhielt. War ein Feldzug beendet und der Soldvertrag abgelaufen, dann blieben die Söldnerscharen samt ihren Verwundeten und Kranken sich selbst überlassen, sie füllten die Siechenhäuser, bettelten an den Straßen oder beschafften sich als organisierte Banden durch Stehlen und Rauben ihren Lebensunterhalt, bis ein neuer Kriegsherr sie wieder in Verpflichtung nahm. Das so gut bekannte Söldnerunwesen – das Plündern und Brennen, die Raubzüge der entlassenen Söldner, die als »gartende Knechte« ganze Landstriche verwüsten konnten – war im Grunde ein Ausfluß der kriegsherrlichen Unverbindlichkeit den Söldnern gegenüber.

Es zeigt sich als ein Merkmal der zwischen dem lehnsrechtlichen Mittelalter und der absolutistischen Neuzeit stehenden Epoche, daß die veraltete Kriegsverfassung das neue Kriegswesen nicht mehr in die öffentlich-rechtliche Ordnung einzugliedern vermochte. Erst der moderne Staat hat es verstanden, die Armee wieder in den Staat aufzunehmen. Er brauchte dabei auf die Vorteile des Söldnertums – freie Verfügung des Kriegsherren über eine schlagkräftige Truppe – nicht zu verzichten und konnte die Nachteile – betonte außerstaatliche Eigenständigkeit der Söldnerhaufen – in einer sublimierten Form im Stehenden Heer dem Staat nutzbar machen.

Die Anfänge des Söldnertums liegen – läßt man die Antike unberücksichtigt – bereits im 11.Jahrhundert. Für jede Heerfahrt, die über die Grenzen des Landes hinausging, stellten die Söldner, als Reiter und Fußkrieger einen beachtlichen Teil des Heeres. Schon Wilhelm der Eroberer mietete für seinen Zug gegen England Soldtruppen. Bekannt wurden aus den Kriegen der Staufer und Welfen späterer Zeit die »Brabanzonen«, die auf allen Schlachtfeldern Europas zu finden waren.

Einen ersten großen Aufschwung nahm das Söldnerwesen mit den Kreuzzügen, wo sich zum ersten Male die Bedeutung der Geldwirtschaft für das Kriegswesen bemerkbar machte. Am Ende dieser Epoche stand das erste modernere Staatswesen Europas, das italienische Reich Friedrichs II. mit seiner zentralisierten Verwaltung, seinen Steuern und einer ersten Vorform des stehenden Heeres, den auf ihn eingeschworenen sizilianischen Sarazenen, einer ausgesprochenen Söldnertruppe.

In den folgenden Jahrhunderten nahm das wilde Söldnertum besonders in Frankreich bis in die letzten Jahre des Hundertjährigen Krieges seinen gewaltigen Anteil an der blutigen Geschichte dieses Landes. Hier tauchte in der Regierungszeit Philipps II. August (1180–1223) schon der Name »soldats« (oder auch »soudoyers«) auf als eine Bezeichnung für Söldner in geordnetem Königsdienst im Gegensatz zu den kleinen wilden Söldnerbanden der »routiers«. Im Anfang des 14.Jahrhunderts bildeten sich in Frankreich die »compaignies« (compagnium: Brotgenossenschaft, italienisch: compagnia, deutsch: Kumpanei), später die »großen Compagnien«, Banden von einer Stärke über 10 000 Mann, deren adlige Kapitäne nicht nur in der Kriegführung sondern auch in der Politik ein gewaltiges Wort mitredeten. Erst mit dem Erstarken der französischen Königsmacht im letzten Drittel des 15.Jahrhunderts erhielt auch das Kriegswesen wieder geregelte und überwachte Formen.

Eine besondere Gestalt entwickelte das freie Söldnerwesen im Raum der italienischen Stadtrepubliken. Aus den brigate oder compagnie di ventura des frühen 14.Jahrhunderts entstanden die condotte, deren capitani unter der Bezeichung condottieri als ein bestimmendes Element der oberitalienischen Geschichte während der Renaissance bekannt geworden sind. Teils als wilde Söldnerführer, teils im Dienste der reichen Handelsstädte, teils aber auch als Usurpatoren der politischen Macht, die – wie die Visconti oder Sforza – ganze Dynastien begründeten, verkörperten sie wohl am eindringlichsten den Segen und zugleich den Fluch des Söldnerwesens.

Die condottieri sind die Erfinder der Kriegskunst in ihrer ursprünglichen, ganz bestimmten Bedeutung, wie sie im Laufe der folgenden Jahrhunderte verstanden und geübt wurde. Die condotta – ebenso wie später das Stehende Heer – als das kostbare und kaum zu ersetzende Instrument der Politik des Eigentümers wurde nur ungern dem Risiko einer Schlacht ausgesetzt. Kriegskunst bedeutete also Manövrierkunst. Der Sieg war mehr das Ergebnis einer gut gewählten Position und der darauf aufgebauten glücklichen Verhandlungstaktik und nicht etwa der Erfolg blutiger Kämpfe.

Die condotte waren Privattruppen und können als eine Art Kapitalanlage, vielleicht sogar ein Spekulationsobjekt angesehen werden, das allerdings nur im Kriege seinen wirtschaftlichen und politischen Gewinn abwarf. Daraus erklären sich viele Merkmale neuzeitlicher Kriegführung, die bis weit in das 18.Jahrhundert hinein zu beobachten sind, und die dem heutigen Betrachter so eigentümlich pervertiert erscheinen. Der Krieg ist nicht Mittel zum Zweck, sondern wird um seiner selbst willen geführt, die Spielregeln dafür liefert die »Kriegskunst«, er ist für eine bestimmte Gruppe von Menschen – eben die militärischen Unternehmer – ein risikoreiches Geschäft, in dem der Gewinn durch Spekulation, regelrechten Betrug und Repressalien beträchtlich erhöht werden kann.

Die Schweizer

Mit den Schweizer Söldnertruppen, die sich aus dem ursprünglichen Volksaufgebot bildeten und als geschlossene Verbände vermietet wurden, setzten sich die taktisch gegliederten und diszipliniert kämpfenden Gewalthaufen der Fußtruppe als das schlechthin siegreiche Element durch. Sie genossen in ganz Europa den Ruf einer unvergleichlichen Elitetruppe. Die Schweizer begründeten keinen neuen Berufskriegertyp, aber sie machten ihn zum Beherrscher des Schlachtfeldes und des Kriegswesens allgemein. Sie hatten einen anderen Ursprung als die bisherigen Söldnerbanden und brachten damit auch ein neues Element in die weitere Entwicklung hinein. Es war dies eine gewachsene Ordnung, die gewisse Regeln setzte – im Bereich der Verwaltung, der Taktik ebenso wie in der ethischen Haltung. Damit wurde die Kriegführung nicht etwa humaner. Gerade die Schweizer hatten den Ruf – und sie waren auf diesen Ruf bedacht – in der Schlacht keine Gefangenen zu machen. Die Fußtruppentaktik mutet im Vergleich zur Kriegskunst der italienischen Condottieri oder der späteren Söldnertruppen sehr einfach an; die Wucht der mächtigen, von Spießen starrenden Gevierthaufen kannte keinen Vergleich. Verwaltung und Versorgung lagen in den Händen einer durchgegliederten Führungshierarchie. Rechtsprechung und Strafvollzug beruhten auf festen Satzungen. Aus dem Vertrauen auf die eigene Ordnung und die eigene Kraft erwuchsen auch dem Einzelnen ethische Bindungen an das Ganze, so daß es nicht erstaunlich ist, wenn die Schweizer nicht nur wegen ihres legendären berserkerhaften Mutes, sondern auch vor allem wegen ihrer Verläßlichkeit als Kriegsvolk allgemein gesucht waren.

Alle diese Merkmale waren nun nicht etwa eine Originalität der Schweizer Fußtruppen, aber sie waren bei ihnen besondern ausgeprägt. Ein wesentlicher Grund für diese epochemachende Kriegstüchtigkeit muß darin gesehen werden, daß die Schweizer ihrem eigentlichen Status nach gar keine in Sold genommene, sondern aufgebotene Kriegsvölker waren. Der Bevölkerungsüberschuß des wirtschaftlich armen Landes war so groß, daß die einzelnen »Orte« eine Art besoldetes Aufgebot von Freiwilligen entwickeln konnten, das dann entweder innerhalb der Eidgenossenschaft an in Kriegsnot geratene andere Orte oder dann auch in steigendem Maße an andere Länder, besonders an Frankreich vermietet wurde. Die Schweizer wurden also nicht von einzelnen Werbeherren im Auftrage fremder Kriegsherren geworben, sondern als geschlossenes Kontingent in fremde Dienste gegeben. Sie blieben staatsrechtlich wie auch in der Jurisdiktion unter der Gewalt ihrer Heimatkantone, in die sie nach Ablauf der Mietverträge auch wieder geschlossen zurückkehrten. Das waren Voraussetzungen, die den üblichen Söldnerbanden fehlten, und die den Schweizern ihre eindeutige Überlegenheit verschafften. Einerseits hatten die Kontingente Rückhalt bei den Heimatorten gegenüber dem Kriegsherrn, der sich zum Beispiel erheblich auf den regelmäßigen Fluß der Soldzahlung auswirken konnte. »Point d'argent, point de Suisse!« war ein damals gängiges Sprichwort. Andererseits unterlagen sie aber auch der Aufsicht ihrer Heimatbehörden. Eine gemessen an der Zeit auffallend gute Disziplin, geregelte Verwaltung und geordnete Führungsverhältnisse waren die Folge.

Die Schweizer Söldnerkontingente in fremden Kriegsdiensten bildeten also sogar formal so etwas wie einen Staat im Staate, wenn das Schlagwort schon für das 15. oder 16. Jahrhundert angewandt werden kann. Dabei ist bemerkenswert, daß ihre Kriegstüchtigkeit von eben diesem Zustand wesentlich abhängig war.

Allerdings dürfen auch die Mängel des Schweizer Söldnersystems nicht übersehen werden. Die »Pensionen« – Zahlungen, die den Orten oder auch einflußreichen Persönlichkeiten gezahlt werden mußten, und die neben der eigentlichen Miete und dem Sold liefen – zeigen, in welch starkem Maße das Kriegführen vom Kapital abhängig wurde.

Aber auch die Leistung, die für das gute Geld verlangt wurde, ließ mehr und mehr zu wünschen übrig. Die lange im Fremddienst stehenden Söldner verwilderten, meuterten oder erpreßten Zulagen in Krisenzeiten – etwa vor einer Schlacht – und wurden mit ihrem ungezügelten Gebaren, in die Heimat zurückgekehrt, eine Bedrohung von bürgerlicher Ordnung und Sicherheit. Die Führer versuchten – sich ihrer Macht bewußt – oft genug, sich in die Politik des Kriegsherrn einzuschalten.

In der Theorie stellen die Schweizer trotz allem eine Idealform des Söldnerwesens dar, jedenfalls nach den Maßstäben ihrer Zeit. In der Praxis sind auch sie, oder gerade sie, ein Beispiel dafür, daß bei einer Kriegsmacht ohne eine ethische oder zum mindesten politische Bindung an den Kriegsherrn die Mängel auf die Dauer doch überwiegen.

Die Landsknechte

Als eine Art Konkurrenzunternehmen zu den Schweizer Söldnern entwickelten sich im letzten Drittel des 15. Jahrhunderts auf deutschem Boden die Landsknechtshaufen. Kaiser Maximilian, der in der Literatur vielfach als ihr Gründer bezeichnet wird, gab den Landsknechten die äußere und innere Gestalt, mit der sie als der Prototyp deutschen Söldnertums in die Geschichte eingegangen sind. Sie können jedenfalls in der Zeit von 1490 bis rund 1530 als Höhepunkt des deutschen freien Söldnertums angesehen werden. Mit ihnen sollte ein neuer Kriegerstand – nämlich ein an den Kaiser gebundenes Söldnertum – geschaffen werden. Daher wurden ihm Menschen aus sozial höheren Schichten – dem Rittertum und dem freien Bürgertum – zugeführt. Auf dieser Grundlage konnte sich nicht nur ein Brauchtum, sondern auch ein Rechtsbewußtsein entwickeln, das in einem bestimmten Ordnungsdenken und eigener Rechtsprechung seinen Ausdruck fand.

Genau besehen waren die Landsknechte nicht das Ziel der heeresreformatorischen Bestrebungen des Kaisers, sondern nur das im Grunde noch recht unvollkommene Ergebnis. Angesichts der Unzuträglichkeiten der Lehnskriegsverfassung versuchte Maximilian in den Landsknechten eine Art Reichssöldnertruppe zu schaffen, die in deutlicher Anlehnung an die Schweizer Verhältnisse nicht nur privatrechtlich als Söldner, sondern auch öffentlich rechtlich an ihren kaiserlichen Kriegsherrn gebunden sein sollten. Es ist für Maximilian – den »letzten Ritter« und »ersten Landsknecht« – eigentümlich, daß er sich bemühte, in den Landsknechten Mittelalter und Neuzeit zu koppeln. Um seiner Ritterschaft ein Beispiel zu geben und sie zum Eintritt in die Landsknechtshaufen zu bewegen, zog er selbst mit dem langen Spieß auf dem Rücken zu Fuß an der Spitze seiner Truppen in Köln ein. Tatsächlich ist den Landsknechten ein nicht nur kämpferisches, sondern auch sittliches Niveau nicht abzusprechen. Aufgenommen wurden in dieser Zeit nur freie Leute, die sich selbst kleiden und ausrüsten konnten. Knechte von höherem Stand oder mit kostspieliger Ausrüstung erhielten Doppelsold. Im Anfang des 16. Jahrhunderts waren die Landsknechte unter der Führung eines Georg von Frundsberg den Schweizern gleichwertig, in der Schlacht bei Pavia 1525 ihnen sogar überlegen.

Der »sacco die roma« – die Plünderung Roms unter maßgeblicher Beteiligung deutscher Landsknechte 1527 – zeigte dann doch aller Welt, daß auch sie nur Söldner waren, die plünderten, wenn der Sold ausblieb. In den Religionskriegen kämpften die Landsknechte für jeden Kriegsherrn und jede Partei, die ihnen Sold bot. Ähnlich den Schweizern haben auch viele Landsknechte französische Dienste genommen, allerdings nicht als Miettruppen, sondern als freie Söldnerbanden.

Auf die heutige Zeit wirkt die Rechtssituation der Landsknechte außergewöhnlich und atypisch für eine militärische Institution. Die zeitgenössische Literatur sprach von einem »Staat der Landsknechte« – und erfaßte damit die charakteristische Rechtsordnung der Landsknechte mit ihrem Rechtsdenken, ihrer eigenen Rechtsprechung, dem »Regiment« – der Exekutivgewalt – des Feldhauptmanns und der »Gemeine« der Knechte, dem demokratischen Element.

Die Gemeine, eine Versammlung aller Landsknechte, war als Prinzip von den Schweizern entlehnt. Sie wählte die niederen Funktionsträger – so zum Beispiel den Fourier und den Gemeinweibel (die höheren Chargen wurden vom Feldhauptmann ernannt) – und einzelne Schöffen für die Gerichtssitzung. Der Gemeinweibel vertrat die Landsknechte vor den Führern, etwa bei Soldforderungen. Das »Recht der langen Spieße« – die Exekution eines Delinquenten durch alle Landsknechte – zeigt ebenfalls den genossenschaftlich-demokratischen Zug, der dem Landsknechtstum in seiner Blütezeit anhaftete. Im Laufe des 16. Jahrhunderts wurden diese stark mit dem Brauchtum verwachsenen Rechte mehr und mehr aufgehoben und die Exekutivgewalt ging ausschließlich in die Hand des Führers über. Allein die Gemeine als Herd von Aufruhr und Meuterei in Krisenzeiten war eine ernstzunehmende Bedrohung der Regimentsgewalt.

Alle diese Erscheinungen einer eigenen und unabhängigen Ordnung sind mit dem politischen Schlagwort »Staat im Staate« nicht zu charakterisieren, weil ihnen der politische Akzent fehlt, und weil ganz allgemein der politische Staat noch gar nicht in der genau abgegrenzten Form bestand, die eine solche Gegenüberstellung rechtfertigen könnte. Trotzdem zeigt sich im Staat der Landsknechte ein Charakteristikum des Söldnertums und also auch der Stehenden Söldnerheere, das dem Militärwesen bis in die neueste Zeit seinen Stempel aufgeprägt hat: das Bewahren der Autonomie nicht allein in verfassungsrechtlicher Hinsicht, sondern auf allen rechtsabhängigen Gebieten, in der Führung und Verwaltung, in der Rechtsprechung und auch in der Bewirtschaftung.

Dem Verfall dieses Landsknechtstums, wie es der Idee Kaiser Maximilians nahekam, im Verlaufe des 16. Jahrhunderts ist nicht ein Verfall des Söldnertums allgemein gleichzusetzen. Die Drangsale, denen die Bevölkerung während der Religionskriege des 16. Jahrhunderts und besonders während des Dreißigjährigen Krieges durch die Kriegsvölker ausgesetzt waren, sind unbestritten. Aber wertende Vergleiche mit der disziplinierten Kriegführung des 18. und 19. Jahrhunderts werden der wirklichen Bedeutung des freien Söldnertums nicht gerecht. Die Söldner waren und blieben das einzige wirklich brauchbare Kriegsinstrument ihrer Zeit. Der Dreißigjährige Krieg wurde so gut wie ausschließlich mit Söldnern geführt.

b. Die Oranische Heeresreform

Frühere Reformversuche

Versuche, das Heer- und Kriegswesen vor 1648 zu verbessern, verliefen in zwei Richtungen, die sich in der Praxis wohl gelegentlich überdeckten, in der Theorie aber auseinanderzuhalten sind. Die erste Richtung hatte das Ziel, das beherrschende Söldnerwesen möglichst abzuschaffen und durch ein geschultes Volksaufgebot abzulösen, bedeutete also eine völlige Revolutionierung des Kriegswesens. Als das hervorragende Beispiel ist das von Machiavelli eingerichtete florentinische Volksaufgebot anzusehen. Aber auch die oranische Heeresreform, vor allem in Verbindung mit dem nassauischen Defensionswesen um 1600, zeigt solche revolutionären Züge, zum mindesten in ihren Ansätzen. Diese Versuche mußten, wie auch die einzelnen Defensionswerke, als Erneuerungsbewegung allesamt scheitern, und zwar aus den mannigfachen Gründen, die im Abschnitt über das Defensionswesen erläutert worden sind.

Die zweite Richtung hielt sich in den Grenzen einer Reform oder einer Weiterentwicklung des bestehenden Kriegswesens. Ihre Vertreter betrachteten das Söldnertum als das im Grundsatz beste Kriegsinstrument und suchten lediglich seine Auswüchse und Mängel zu beseitigen oder wenigstens einzuschränken. Auch diese Bemühungen sind in den meisten Fällen über Ansätze oder gar nur über theoretische Forderungen nicht hinausgekommen. Reformpläne, die tatsächlich in die Praxis umgesetzt werden konnten, hielten der harten Wirklichkeit nicht lange stand. Trotzdem sind sie von Wichtigkeit, da sie in der Idee weiterlebten, als nachzuahmendes Beispiel von Land zu Land weitergegeben wurden, als Anregung immer wieder neue Verbesserungsversuche einleiteten und schließlich in dem Institut des Stehenden Heeres in den verschiedensten Abwandlungen doch ihre endgültige Form und Bestätigung fanden.

Die Reformversuche des 15.Jahrhunderts betrafen nicht speziell das Söldnerwesen, sondern das Kriegswesen allgemein. Noch herrschte nicht einhellige Klarheit darüber, welche Wehrform vorzuziehen sei. So erschöpften sich die Versuche der Kriegsherren in dem meist erfolglosen Bemühen, die Kriegsmittel, vor allem die Kriegssteuern, und die Truppenaufbringung unter eine überprüfbare Ordnung zu bringen. Eine erste Reform des Söldnerwesens in Deutschland nahm Maximilian I. mit seinen Landsknechten in Angriff, die als qualifizierte ständige Reichstruppe dem Kaiser als Kriegsherrn zur Verfügung stehen sollte. Doch ihr Ruhm verblaßte bald. An Kriegstüchtigkeit und Disziplin war ihnen zum Beispiel zum Ende des Jahrhunderts die spanische Infanterie weit überlegen.

Es sind vor allem folgende Punkte, die im 16.Jahrhundert für eine notwendige Reform zur Diskussion standen:

1. Festere, möglichst moralisch fundierte Bindung der Söldner und Söldnerführer an den Kriegsherrn,
2. Vereinfachung und Verbilligung bei der Aufbringung und Haltung der Truppenkörper,
3. Festigung der Disziplin und Vereinheitlichung der Rechtsnormen,
4. Ausbau und Verbesserung der Truppenkörper als Kriegsinstrument durch Drill, Kommandosprache, einheitliche Reglements, später auch durch Schulung der Führer.

Die Reformversuche ab Mitte des Jahrhunderts sind in Deutschland in der Literatur vornehmlich mit dem Namen Lazarus von Schwendi verknüpft.

Lazarus von Schwendi, geb. 1522 in Mittelbiberach, gest. 1584 in Kirchhofen bei Freiburg i. Br., wird 1546 als Kriegskommissar beim Heere Karls V. erwähnt, 1552 als Hofrat und oberster Kriegskommissar des Kaisers. Im spanisch-französischen Krieg übernahm er 1557 ein Regiment in den Niederlanden und gewann die Freundschaft Egmonts und Wilhelms von Oranien. Von

1565 bis zum Ende des Türkenkrieges 1568 führte er das kaiserliche Heer in Oberungarn. Damit endete seine Tätigkeit als Soldat. Er beschäftigte sich fortan, wie auch schon in früherer Zeit, mit Denkschriften und Entwürfen zur Reform des Heerwesens.

Schwendi vertrat in dieser Zeit der religiösen Gegensätze in seinen Schriften zwar stark den Gedanken der Toleranz, leugnete jedoch nicht seine bewußte Parteigängerschaft für den Kaiser. Seine militärischen Schriften berühren die verschiedensten Gebiete, befürworten aber zusammengenommen die Stärkung der kaiserlichen Kriegsgewalt. In seinem 1577 abgeschlossenen »Kriegs-Diskurs«, seinem bedeutendsten Werk, sind die wichtigsten Gedanken noch einmal aufgenommen.

Neben seinen recht drastischen Schilderungen der Mißstände bei der Musterung und seinen Vorschlägen für die Kriegführung gegen die Türken, von denen er mit größter Achtung spricht, also Schriften, die aus der Praxis des Kriegshandwerks entstanden, entwickelte Schwendi ein Programm für die innere Reform des Kriegswesens. Auffällig ist das nicht nur kaisertreue, sondern fast national anmutende Denken, das alle Memoria und »Gutbedünken« durchzieht. Scharf wandte sich Schwendi gegen den Kriegsdienst im Ausland, Werbungen sollten nur mit Erlaubnis des Kaisers gestattet sein. Die Hinrichtung des Hauptmanns Vogelsberger, nach einem Prozeß wegen Übertritts in französische Dienste, war vornehmlich auf das Betreiben Schwendis zurückzuführen und trug ihm den Haß der Landsknechtsführer ein. Die Errichtung eines Volksaufgebotes, besonders in den türkischen Grenzgebieten, hielt er für ein erstrebenswertes, aber auch utopisches Ziel. Dafür wollte er jedoch unter die deutschen Soldaten möglichst wenig Ausländer eingestellt sehen und vor allem den Adel zum Kriegsdienst heranziehen. Hier beschwor er noch einmal die alte ritterliche Tradition, die in diesem Sinne schon lange nicht mehr bestand. Vor allem lag ihm die kriegsmäßige Ertüchtigung und Ausbildung des Adels am Herzen. Zur Stärkung der kaiserlichen Kriegsgewalt forderte er das Oberkommando und die Aufsicht über die Musterungen durch den Kaiser, dazu eine Zentralisierung und Vereinfachung der Finanzierung und Versorgung des Heeres durch die Anlage von Kriegskassen und Zeughäusern.

Die Forderungen Schwendis sind als Zeitdokument recht bedeutsam, zumal hier ein erfahrener Kriegsmann nicht in oberflächlichen Verbesserungen hängen blieb, sondern eine durchdachte Reorganisation des gesamten Kriegswesens in die Wege zu leiten versuchte. In die Praxis ließ sich allerdings sein Programm nicht umsetzen. Der Appell an die Bevölkerung und den Adel blieb ungehört, die zugunsten der kaiserlichen Gewalt vorgeschlagenen Umordnungen wurden auf dem Reichstag zu Speyer 1570 von den Ständen abgelehnt. Geblieben sind von dem gesamten Werk Schwendis nur die mit seiner maßgeblichen Mitarbeit entstandenen Kriegsartikel, die als »Kaiser Maximilians II. und des Heiligen Römischen Reiches Reutter-Bestellung« mit dem Anhang »der teutschen Knecht Articel« als für das ganze Reich verbindlich 1570 im Reichsabschied von Speyer erlassen wurden.

Es ist bezeichnend für das Zeitdenken, daß noch einmal gesonderte Artikel für Reiter und Fußknechte erlassen wurden. Die Reutter-Bestellung nahm noch betont auf den Ehrenkodex, die Rechte und Pflichten des Adels Rücksicht, der vornehmlich angeworben werden sollte. Die Artikel für die Fußknechte stellen eine bearbeitete und erweiterte Ausführung des von Maximilian I.

erlassenen Artikelbriefs von 1508 dar, allerdings in erheblich strengerer Form. Die »Gemeine« der Landsknechte wird nicht mehr erwähnt, dafür ist die Befehlsgewalt der höheren Ämter – der späteren Offiziere – stärker betont. Verfehlungen auf dem Gebiet des Gehorsams und der Disziplin sind mit strengen Strafen belegt.

Die Kriegsartikel von 1570 waren wohl Reichsrecht, aber sie setzten keine anderen bestehenden Rechtsordnungen außer Kraft. Trotzdem ist ihnen eine erhöhte Bedeutung zuzumessen. Jähns sieht in ihnen den rechtlichen Ausdruck für das Erlöschen des Lehnskriegswesens, Frauenholz die offizielle Liquidierung des Landsknechtstums. Sie haben bis in die Zeit Gustav Adolfs hinein nicht nur in Deutschland als Vorbild bei der Abfassung von Kriegsartikeln gedient.

Der Kriegs-Diskurs Schwendis gehört seiner Form nach zu den »Ämterbüchern«, so genannt, weil sie im Kern eine Beschreibung der Rechte, Pflichten und Tätigkeiten aller Kriegsämter boten. Die meisten dieser Bücher sind kompiliert und als »Kriegsbuch« oft auf mehrere Bände ausgeweitet, die den Leser in umständlicher Form mit allen Sparten des Kriegswesens bekannt machten. Am bekanntesten wurde das wenig originelle Kriegsbuch von Lienhard Fronsperger, einem Zeitgenossen Schwendis. Daneben gibt es eine Reihe weniger bekannter, aber weit originellerer Kriegsbücher, die keine Reformen, aber doch Verbesserungen vorschlugen und die Entwicklung des Kriegswesens nicht unwesentlich beeinflußt haben.

Das letzte, weitläufig angelegte Kriegsbuch vor dem großen Krieg stammt von Johann Jacobi von Wallhausen.

Johann Jacobi, der unter dem Namen seiner wahrscheinlichen Heimatstadt Wallhausen in die Literatur eingegangen ist, hat nach eigenen Angaben in den Niederlanden die Kriegskunst erlernt, stand dann als »Oberstwachtmeister und Hauptmann« in den Diensten der Stadt Danzig, leitete 1617 für kurze Zeit die kurzlebige Kriegsschule in Nassau-Siegen und trat im selben Jahre in die Dienste des Kurfürsten von Mainz.

Von seinem in sechs Teilen geplanten Kriegsbuch erschienen 1615–17 nur die ersten drei: die »Kriegskunst zu Fuß« (1615), »die Kriegskunst zu Pferd« (1616) und die »Kriegskunst der Archeley« (1617). Außerdem sind an Werken des fruchtbaren Schriftstellers noch zu nennen: das »Corpus militare« (1617) – Kurzfassung des ursprünglich geplanten Kriegsbuches, die »Ritterkunst« (1616), und schließlich die »Defensio Patriae oder Landrettung« (1618), ein zusammenfassendes Werk über das Defensionswesen.

Wallhausen ist vor allem bekannt geworden, weil seine Schriften einen einmalig umfassenden und gründlichen Einblick in das Kriegswesen zu Beginn des Dreißigjährigen Krieges geben. Mit seinen in der modernen Literatur so oft zitierten Reformvorschlägen fand er, genau wie Schwendi, kaum ein Echo. Aber sie reißen die Probleme an, die damals zur Diskussion standen, und sie zeigen die Widersprüchlichkeit, mit der einzelne Fragen behandelt wurden, die für eine solche Umbruchszeit symptomatisch sind. In vielem erinnert Wallhausen an den 50 Jahre älteren Schwendi, so, wenn er im Ritterbuch den Adel zum Reiterdienst aufruft und ihm die türkischen Janitscharen als vorbildlich hinstellt. Wirbt er einerseits für den adligen Reiterdienst, so ist bei ihm andererseits die Reiterei schon Kavallerie geworden, also einfach berittene Truppe, deren Bedeutung er wiederum stark einschränkt. »Denn die zu Pferd müssen sich vor denen zu Fuß förchten vnd zusehen, daß die Pferd sie nicht abwerffen, vnd die zu Fuß streitten viel fröhlicher von nahem als die zu Pferdt vnd von fernem mit größerer Sicherheit«, sagt er im Corpus militare.

Mit seinen eigentlichen Reformgedanken stand Wallhausen mitten in seiner Zeit, ging also weit über Schwendi hinaus. In seiner Kriegskunst zu Fuß sprach er sich ausdrücklich für die Errichtung Stehender Heere aus, also rund 60 Jahre vor Montecuccoli, der die Forderung allerdings weit überzeugender formulierte. Seiner Meinung nach können »in steter und continuirlicher Besoldung« mehr Soldaten in größerer Disziplin und für weniger Geld gehalten werden. Mit diesen Ansichten stand Wallhausen ebensowenig allein, wie mit seiner Forderung, die Kriegskunst auf dem Studium der Antike aufzubauen. Hier werden Gedanken ausgesprochen, die einer Bewegung entsprungen waren, deren Bedeutung für die kommenden Jahrhunderte kaum überschätzt werden kann – der oranischen Heeresreform.

Die Ausgangssituation der Reform

Bei aller fachliterarischen Erneuerungsfreudigkeit ist die Stagnation in den Streitkräften selbst nicht zu übersehen. Wenn also alle Reformvorschläge in der Theorie stecken blieben, so dies vornehmlich aus drei Gründen.

Einmal konnte sich kaum jemand von den veralteten Vorstellungen lösen, daß Kriegsvölker ein notwendiges Übel seien, das nur für Ausnahmefälle, also den Krieg, aufgerufen oder gemietet werde und darüberhinaus keiner weiteren Sorge bedürfe. Der Gedanke, daß eine schlagkräftige Armee eine durchorganisierte Einrichtung sein müsse, ein wirkliches Instrument des Krieges, das der Pflege und Wartung bedurfte, brach sich trotz vieler Ansätze nicht Bahn. So wurde der Adel immer wieder aufgerufen und ermahnt, sich in den Kriegsdiensten zu üben. Auf den Gedanken jedoch, diese Schulung in die Armee selbst zu verlegen und auf diese Weise eine qualifizierte Führungsschicht heranzubilden, kam niemand. Gegen die Disziplinlosigkeit und Ausschreitungen der Söldner suchte man sich durch härteste Strafen zu sichern. Eine besondere soldatische Ordnung, die dem Söldner ein natürliches Maß an Rechten und Pflichten zusicherte, war nach den gegebenen Umständen nicht zu finden.

Solche entscheidenden Änderungen aber wären auch gar nicht durchzusetzen gewesen, denn es fehlten zweitens die notwendigen Voraussetzungen dafür – die Macht eines einsichtigen Kriegsherrn, also die zentrale Autorität und Gewalt, und vor allem das Geld, eine so grundsätzliche Reform durchzuführen. In einer Zeit, in der der gemietete Soldat den ganzen Charakter des Kriegswesens prägte, benötigte der Kriegsherr nicht nur Mittel, um einen Krieg zu führen, er brauchte auch Geld, und vor allem Bargeld, um seinen kriegsherrlichen Einfluß auf seine Truppe bereits in Friedenszeiten, zumindest ohne den Druck eines unmittelbar bevorstehenden Einsatzs so weit geltend machen zu können, wie es die Einführung von Reformen voraussetzte.

Drittens endlich mußte der unmittelbare Zwang zur Reform so stark sein, daß er die traditionsgebundene eigene Schwerkraft, ein Charakteristikum aller Heere zu allen Zeiten, durchbrechen konnte. Gerade die freien Söldnerhaufen des 16. und 17. Jahrhunderts, die tatsächlich einen Staat im Staat darstellten und weder eine ethisch noch rational fundierte Bindung an ein politisches Gemeinwesen als vorhanden anerkannten, lebten und bestätigten sich in ihrer soldatischen Tradition, ihren überlieferten Rechten, Ordnungen und Gebräuchen. Es konnten also nur außergewöhnliche Bedingungen einen Wandel schaffen.

Diese Bedingungen ergaben sich während des Freiheitskampfes der Niederlande gegen Spanien im letzten Drittel des 16. Jahrhunderts. Die oranischen Fürsten als Statthalter der einzelnen Provinzen vermochten eine erhebliche Gewalt in ihrer Hand zu vereinigen. Die Generalstaaten – so nannten sich die sieben nördlichen Provinzen in der Zeit des Freiheitskampfes – waren eine der ersten Handelsmächte und verfügten über erheblich mehr Bargeld als der spanische Gegner. Die spanische Infanterie galt jedoch als die beste der Welt, und es mußte schon eine reformierte, neu aufgebaute Armee sein, die ihr auf die Dauer widerstehen konnte. Die eigentlichen Initiatoren der Reform wurden die Oranier, mit ihrem Namen ist sie als historischer Begriff verknüpft.

Im Jahre 1544 erbte das Haus Nassau-Dillenburg das Fürstentum Orange in Südfrankreich. Wilhelm I. von Nassau-Dillenburg, »der Schweiger«, nannte sich dabei Prince d'Orange, fand als katholisch erzogener Erbe engen Anschluß an Karl V. und wurde von Philipp II. zum königlichen Statthalter von Utrecht, Seeland und Holland ernannt. Bei seinem Gegensatz zum Generalkapitän Alba von seinen nassauischen Verwandten dem Calvinismus gewonnen, wurde Wilhelm I. der Führer des niederländischen Aufstandes gegen Spanien, kämpfte mit wechselndem Erfolg bis zur Abberufung Albas, verband in der Utrechter Union von 1579 die nördlichen Provinzen. Sein Versuch, hier ein absolutistisches oranisches Staatswesen zu gründen, endete mit seiner Ermordung 1584.

Sein Sohn und Nachfolger Moritz (1567–1625) ist der große Kriegsmann, der die erarbeiteten Grundsätze in die Praxis umsetzte, er gilt als der Vater der so berühmt gewordenen »oranischen Taktik«, mit der er in der denkwürdigen Schlacht bei Nieuwpoort 1600 die spanische Infanterie zum ersten Male in freiem Felde schlug. Auf ihn als Lehrer der neuen Kriegskunst beriefen sich namhafte Feldherren aus drei Generationen, auch sein jüngerer Bruder und Nachfolger im Amt der Statthalterschaft Friedrich Heinrich (1584–1647).

Sehr wesentliche Impulse erhielt die oranische Heeresreform auch von seiten der Nassau-Dillenburgischen Linie, die daneben in ihrer Grafschaft ein großartig angelegtes Defensionswerk anlegte und aus dieser Tätigkeit mannigfache Anregung für die Reform in den Niederlanden schöpfte. So eng aber auch oranische Heeresreform und nassauisches Defensionswesen miteinander zusammenhängen, sie bilden keine Einheit.

Johann VI. (der Ältere) von Nassau-Dillenburg, der jüngere Bruder Wilhelms des Schweigers, widmete sich vornehmlich seiner Grafschaft. Dagegen ist sein ältester Sohn, Graf Wilhelm Ludwig von Nassau (1560–1620) als Statthalter von Friesland einer der großen Träger der Reform. Eine ebenso große Bedeutung kommt dem jüngeren Sohn Johann VII. (dem Mittleren) von Nassau-Siegen (1561–1623) zu, der außerdem als der Begründer des nassauischen Landrettungswerkes zu den bekannten Gestalten der Militärgeschichte gehört.

Der Ausdruck »Heeresreform« ist für die Vorgänge in den Niederlanden aufgrund der Initiative der oranischen Prinzen und nassauischen Grafen berechtigt, weil es sich hier, ähnlich wie in der preußischen Heeresreform unter Scharnhorst 200 Jahre später, nicht um rein technische Verbesserungen handelte, sondern um grundsätzliche Veränderungen des Heeresgefüges, die nur in engem Zusammenhang mit den geistig-politischen Vorstellungen der Zeit verständlich werden. Die Militärgeschichte jedes Zeitraumes wird immer auch der geistesgeschichtlichen Ausdeutung bedürfen, hier aber wird sie für eine kurze Zeit zur Geistesgeschichte selbst.

Die theoretische Begründung durch Lipsius

Der Wille zur Zucht, Disziplin und zum Gehorsam, die Aufgeschlossenheit gegenüber einer staatlich gelenkten Ordnung, wichtige Voraussetzungen des entstehenden Absolutismus, mußten sich auch auf das Militär auswirken, wenn es auch als freies Söldnertum im Grunde noch außerhalb der gesellschaftlichen Ordnung stand. »Besonders der militante Geist des Jesuitentums wie des Calvinismus mußte der Ausbildung und Hochschätzung soldatischer Werte und Tugenden entgegenkommen« (Gerhard Oestreich). Diese stark vom konfessionellen Denken bestimmte Haltung bot wohl die Grundlage, der eigentliche Anstoß zur Reform kam aus der Gedankenwelt des Späthumanismus. Schon Machiavelli hatte sich 100 Jahre früher für sein Reformprogramm auf Beispiele aus der Antike bezogen.

Das ganze 16. Jahrhundert hindurch gaben dann die römischen und vor allem spätrömischen Vorbilder für die Kriegstheoretiker das Muster, aber erst zum Ende des Jahrhunderts gelang der Durchbruch von der Theorie zur Praxis. Als die zentrale Figur dieses Vorganges ist, wie Oestreich überzeugend nachgewiesen hat, der Lehrer des Prinzen von Oranien, der Späthumanist Lipsius anzusehen.

Justus Lipsius, 1547 in Isque zwischen Brüssel und Löwen geboren, besuchte die Jesuitenschule in Köln, studierte Jura in Löwen und wurde 1567 Sekretär des Kardinals Granvelle in Rom, wo er die Praxis der Politik kennen lernte. Nach kurzer Lehrtätigkeit an der lutherischen Universität Jena und in Löwen war er von 1579–90 Professor an der 1575 von Wilhelm dem Schweiger gegründeten Universität Leiden, der Hochburg des Calvinismus. Lipsius bildete in diesen Jahren den geistigen Mittelpunkt dieser wohl bedeutendsten Hochschule des gegenkatholischen Lagers. Da seine Stellung an der Universität unhaltbar geworden war, emigrierte er 1590 nach Mainz, trat dort zum katholischen Glauben zurück. Den ehrenvollen Rufen verschiedener katholischer Fürsten und ihrer Universitäten leistete er nicht mehr Folge, sondern blieb in seiner engeren Heimat und übernahm 1592 eine Professur in Löwen. Dort starb er 1606.

Aus der Fülle seiner Werke sind für die Militärgeschichte besonders wichtig: De constantia libri II (1584), in der er sich als ein Anhänger der Stoiker ausweist; Politicorum seu civilis doctrinae libri VI (1589), das seine Staatslehre enthält; De militia romana (1595) und Poliorceticon libri IV (1596), die sich speziell mit dem römischen Heerwesen als Vorbild für eine Heeresreform beschäftigen.

Lipsius gehört mit dem Franzosen Bodin und dem etwas jüngeren Niederländer Grotius zu den großen Staatsrechtslehrern des Späthumanismus, die in einer offensichtlichen Gegenbewegung gegen die politischen Machtansprüche der Konfessionen einen Staat begründen wollten, der aus eigener Machtvollkommenheit bestand und herrschte. Sah Bodin die Lösung in der »Souveränität« des Fürsten, so Lipsius vor allem in der Stärkung der militärischen Macht. In Abwendung von dem militanten Konfessionalismus suchte der Leidener Professor die ethische Grundlage des Staatswesens wie seiner militärischen Machtmittel in den Tugendbegriffen der stoischen Philosophie. Vis und virtus, Gewalt und sittlich begründete Tüchtigkeit, sind die beiden Säulen, auf denen Lipsius seinen Staat aufbaut. Vis bedeutete ihm die militärische Macht – Soldaten und Festungen –, virtus die das ganze Staatsleben, den Fürsten wie den Untertan, den Beamtenapparat wie die Heeresmaschinerie durchdringende moralische Haltung. Vor allem in der »Constantia« hat Lipsius die stoische Pflichtenlehre zusammengefaßt – Selbstverantwortung, Selbstbeherrschung (Disziplin), Mäßigkeit, Enthaltsamkeit münden ein in eine Standhaftigkeit, die wohl jeden Fanatismus ablehnt, sich aber in einer unerhört kämpferischen Dynamik äußert. Hier findet sich schon fast vollständig der soldatische Tugendkatalog, wie er in den folgenden Jahrhunderten gültig geblieben ist.

Der Pflichtenkatalog öffnet auch den Zugang zu seinen sechs Büchern der »Politik«, von denen das fünfte die militärischen Mittel des Staates behandelt. Eine gesunde Steuerpolitik, eine jährliche Heeressteuer, stellen die Mittel nicht allein für das Kriegführen, sondern insbesondere für den Aufbau und die Erhaltung eines Heeres bereit. Nur ein ausreichend und in geordneter Weise gelöhnter Soldat ist ein williges Werkzeug in der Hand eines Kriegsherren, der eine Neuordnung des Heerwesens anstrebt.

Für diese Neuordung sind zwei Leitgedanken entscheidend: dilectus et disciplina – Auswahl und Disziplin. Lipsius will das Söldnerwesen nicht verbessern, nicht seine Fehler ausmerzen wie noch Schwendi, er lehnt den gewohnten Söldner als Soldatentyp radikal ab. Sein Ziel ist ein kleines stehendes Heer von Berufssoldaten, in das aber nur zuverlässige und charakterlich einwandfreie Männer aufgenommen werden sollen, die in strenger Auswahl unter den Landeskindern gefunden werden. Daneben soll eine größere Reservearmee, ebenfalls nach bestimmten militärischen Prinzipien ausgewählt, den Garnisondienst in Festungen und Städten versehen, um im Kriege das Berufsheer zu unterstützen und zu ergänzen.

Wichtiger für die Zukunft wurde der zweite Grundgedanke, die »militaris disciplina«, die auf vier Wegen zu verwirklichen ist:

Erstens sollte tägliches Exerzieren und Üben den Soldaten zu Gehorsam und einer selbstverständlichen Ordnung führen. Exerzieren bedeutet Drill beim Waffengebrauch und bei den Gefechtsbewegungen, Üben bedeutet Schanzarbeiten und Lagerbefestigung.

Zweitens war auf der Exerzierdisziplin eine differenzierte Gliederung der Truppe aufgerichtet. Eine neue klar gegliederte Ordnung im Lager und im Gefecht forderte eine Vermehrung der höheren Ämterstellen, schaffte aber auch eine gut funktionierende Befehlshierarchie und machte die Truppe beweglicher für den taktischen Einsatz.

Die mehr äußerlichen Disziplinmittel Exerzieren und Ordnung hängen eng zusammen mit inneren Mitteln, die sie nicht nur ergänzen, sondern ihre Anwendung erst ermöglichen.

Drittens nämlich verlangte Lipsius vom Soldaten auch eine neue Haltung, die in den Grundsätzen der römischen Stoa wurzelt: Selbstbeherrschung, Mäßigung, ein Verhalten, wie er es in der Constantia bereits herausgestellt hatte. Ins Militärische übersetzt, münden diese Tugenden in einen willigen Gehorsam, der nicht Unterwerfung bedeutet, sondern sittliches Handeln.

Viertens endlich sollte diese Haltung gestützt und gekräftigt werden durch ein wohldurchdachtes System von Belohnungen und Strafen. Die strengen Strafen der Zeit wurden keineswegs abgelehnt, der Soldat sollte aber durch Ermunterung und

Anerkennung – Beförderung, öffentliche Belobigung, Geldprämien – davon abgehalten werden, ihnen zu verfallen.

Eigentümlich und charakteristisch für die damalige Heeresstruktur war es, daß Lipsius in Bezug auf seinen Pflichten- und Tugendkatalog keinen wesentlichen Unterschied zwischen dem Soldaten und dem Amtsträger – dem späteren Offizier – sah. Er verlangte von der mittleren Führungsschicht lediglich eine bessere Ausbildung, wegen der größeren Pflichten auch ein erhöhtes Verantwortungsbewußtsein und bei Versagen eine schärfere Strafe. Gesondert beschäftigte er sich dagegen mit dem eigentlichen militärischen Führer – dem Feldherrn –, von dem er Kenntnisse, Tüchtigkeit, Umsicht, Ansehen und Glück verlangte.

Die in dem analogie- und metapherreichen Latein der Zeit vorgetragenen Theorien mögen heute banal wirken, für den Zeitgenossen bedeuteten sie etwas radikal Neues. Seine Zeit gab ihm auch keine Beispiele und Belege dafür, er holte sie sich aus der Antike. Wie weit er selbst durch frühere Humanisten oder die oranischen Prinzen dazu angeregt wurde, oder wie weit er selbst anregte, stehe dahin. Auf jeden Fall begann mit ihm an der Universität Leiden eine Intensivierung des Studiums der antiken Militärschriftsteller, wie nie vordem. Es war nicht so sehr die philologische Beschäftigung mit der antiken Welt als vielmehr die Suche nach praktischen, nachahmenswerten Beispielen.

Für die Reform speziell wurden vor allem die von dem in Rom lebenden Griechen Ailianos verfaßte »Theorie der Taktik« (106 n. Chr.) und die »Taktik« des byzantinischen Kaisers Leo VI. (†911) als Lehrbücher verwandt, wie Hahlweg nachgewiesen hat. Beide Schriften vertreten eine Auffassung der Elementartaktik, die auf das Heerwesen um 1600 unmittelbar angewandt werden konnte. Darüber hinaus studierte und übersetzte ein ganzer Kreis von Gelehrten antike kriegstheoretische Schriften, angeregt und gefördert von den Nassau-Oraniern. Heeresorganisation, Taktik und Kriegstechnik (Festungsbau) waren die Hauptgebiete der Forschung, die in direktem Auftrag der niederländischen Feldherrn auch nach dem Ausscheiden von Lipsius betrieben wurden. »Die Verwissenschaftlichung des Krieges« nahm hier ihren Anfang; Oestreich geht so weit, die moderne »Wehrwissenschaft« oder allgemeiner die Grundlagen der neuzeitlichen Kriegführung auf die Lehrmeinungen zu begründen, die in den Leidener Studierstuben geschaffen wurden.

Die praktische Durchführung

Das unmittelbare Interesse, ja die Teilnahme der Soldaten an den Studien und Diskussionen, drängte zur Verwirklichung, zur praktischen Anwendung des Erlernten auf das Heer, seine Organisation und seine Taktik. Es ist natürlich, daß dabei die Reformvorschläge, die Lipsius, in seine Staatstheorie eingebettet, vorgeschlagen hatte, nicht en bloc übernommen werden konnten. So blieb vor allem seine erste Grundforderung, die Auswahl der Soldaten unter den Landeskindern, auf die oranische Heeresreform bezogen, reine Theorie. Das Söldnerheer galt dem militärischen Fachmann ohne Diskussion als das bestmögliche Kriegsinstrument. Die Generalstaaten waren nicht bereit, ein Volksaufgebot auszuschreiben, und sie wären damit auch wohl auf den Widerstand weiter Kreise der Bevölkerung gestoßen. Aber sie stellten die ausreichenden Mittel zum Unterhalt eines Söldnerheeres zur Verfügung, das nach neuen

Grundsätzen organisiert und ausgebildet werden sollte. In der Durchführung lief also auch die oranische Heeresreform nicht auf eine Neuordnung des Kriegswesens, sondern auf eine Reform des Söldnerwesens hinaus.

Wie weit dabei eine »innere Reform«, also die Einführung des stoischen Pflichtenkatalogs Wirklichkeit wurde, kann heute im einzelnen kaum nachgewiesen werden. Aber eine unmittelbare geistige Neuorientierung war auch gar nicht notwendig. Es genügte schon, wenn jedermann den praktischen Forderungen der militaris disciplina nachkam, um das neue militärische Ordnungsdenken Wirklichkeit werden zu lassen. Und auf diesem Gebiet, im täglichen praktischen Dienst, ist viel erstrebt und auch viel erreicht worden, wenn auch Unverständnis und Widerborstigkeit gleichermaßen bei Söldnern und Söldnerführern nur schwer zu überwinden waren. Das Exerzieren wurde als neumodisch und überflüssig, das Schanzen als unsoldatische Bauernarbeit abgelehnt. Aber die regelmäßige Soldzahlung – auch ein Novum in der damaligen Zeit –, die militärische Autorität der oranischen Heerführer und ihre Erfolge, vor allem im Belagerungskrieg, und nicht zuletzt wohl auch das allgemeine Streben der Zeit nach Zucht und Ordnung ließen die Dienste unter den Generalstaaten so attraktiv erscheinen, daß es gelang, eine Art Musterarmee aufzubauen.

Als Exercitium war den Söldnern das Üben bestimmter Waffengriffe und Bewegungen seit langem vertraut, das moderne Exerzieren bedeutete jedoch eine bis dahin unerhörte Differenzierung der Übungen und die Einführung eines unmißverständlichen Kommandos für jeden Einzelgriff und jede neue Bewegung. Diese Kommandos wurden nun, wenn sie paßten, wörtlich aus den antiken Mustern übersetzt oder etwa für den Gebrauch der Feuerwaffen abgewandelt, also keineswegs schematisch übernommen. Noch waren die Kommandos recht umständlich, zumal die komplizierte Bedienung der Waffen auch eine komplizierte Kommandosprache verlangte. Für das Abfeuern einer Muskete waren zum Beispiel 43 Kommandos nötig. Aber die entscheidenden Voraussetzungen für den Drill, der in den kommenden Jahrhunderten eine so maßgebliche Rolle spielen sollte, waren geschaffen, also etwa die Unterscheidung von Ankündigungs- und Ausführungskommando oder die Zerlegung der Waffenbedienung in einzelne, besonders einzuübende Griffe.

Mit einer so einexerzierten Mannschaft war es möglich, kleine, leicht bewegliche Einheiten zu bilden, die eine neue Taktik erlaubten. Auch für diesen Bereich griff man auf die antiken Lehrmeister zurück. Der Grieche Polybios (geb. vor 200 v. Chr., gest. nach 120 v. Chr.), ein Freund des römischen Feldherrn Scipio Aemilianus, wurde als der Ausdeuter der römischen Legionstaktik gewissermaßen neu entdeckt und besonders vom Prinzen Moritz geschätzt. Wilhelm Ludwig von Nassau berief sich dagegen mehr auf die taktischen Vorschriften Kaiser Leos. Vor allem aber lieferten die Schriften des Ailianos auch die Vorbilder für das Exerzieren. Von Wilhelm Ludwig ist überliefert, daß er mit kleinen Bleifiguren die Evolutionen auf einem Tisch beim Studium durchprobierte, ehe er sie in der Truppe anwandte. Das Ergebnis dieser Studien und Versuche wurde die in ihrer Zeit hochberühmte oranische Taktik, die sich als »niederländische Ordonnanz« in der Kriegsgeschichte niederschlug. Die Oranier stellten ihr Heer nicht mehr in den großen Vierecken auf, die schon die Schweizer kannten, in denen auch die Landsknechte kämpften und die als spanische Tercios bis in den Dreißigjährigen Krieg hinein durch die Wucht ihrer Masse die Entscheidung zu erzwingen suchten, sondern in relativ flachen, 10 später 5 Mann tiefen, unterteilten Treffen, die »geschacht« waren, also auf Luke standen, und daher bei großer

Beweglichkeit nicht auf die Tiefe der Schlachtordnung zu verzichten brauchten. Als weiteres Novum kam hinzu, daß sie Schützen und Pikeniere, also Fern- und Nahwaffe, voneinander trennten ohne die gegenseitige Unterstützung auszuschließen, und sogar die Regimenter in einzelne »Troups« aufteilten – eine moderne Nachbildung der römischen Manipel- und Kohortentaktik.

Ausbildung und Taktik verlangten naturgemäß eine erweiterte und geschulte Führerschicht, die Anfänge der späteren Offizierkorps zeichneten sich ab. Nicht nur, daß die Führung der Armee in der Schlacht damit sehr viel fester in der Hand des Feldherrn lag als vordem, auch die Zucht auf dem Marsch und im Lager verbesserte sich in ungewöhnlichem Maße. Zeitgenössischen Berichten ist zu entnehmen, daß in der Bevölkerung der Niederlande die seit Jahrhunderten bestehende Furcht vor der Soldateska geschwunden war.

Die Theorien des Gelehrten Lipsius und ihre praktische Anwendung unter Ausnützung der antiken Vorbilder durch seine Schüler Moritz von Oranien und Wilhelm Ludwig von Nassau können durchaus als der Kern der oranischen Heeresreform angesehen werden. Es wäre aber falsch, diesen Vorgang als Einzelerscheinung zu isolieren und aus der Zeit herauszunehmen. Kaum eine andere Zeit war so erfüllt von Reformplänen und Reorganisationsvorschlägen wie die zweite Hälfte des 16. Jahrhunderts. Die gerade erfundene Buchdruckerkunst erleichterte die Verbreitung der kriegstheoretischen Schriften und Schlachtenschilderungen, die Schlachten der Religionskriege in Deutschland und Frankreich boten Material für analysierende Vergleiche, und die antiken Schriftsteller wurden nicht nur in Leiden gelesen.

Was die nassau-oranischen Heerführer auszeichnete, war die Konsequenz ihres Vorgehens. Genährt wurde es aus den verschiedensten, eng verschlungenen Wurzeln, die weit vor das Jahr 1589 zurückreichen, das allgemein als der Beginn der Reform angesehen wird.

Eine der Wurzeln geht über Lazarus von Schwendi zurück bis zu Maximilian, dem Vater der Landsknechte.

Der Kreis der Kriegstheoretiker und -praktiker des späten 16. Jahrhunderts, die dem Kriegswesen neue Impulse zu geben versuchten, war natürlich nicht auf die Niederlande und Deutschland beschränkt. So schlug zum Beispiel auch der französische Hugenottenführer François de la Noue (1531–1591) in seinen 1587 veröffentlichten Discours politiques et militaires vor, Schulen für Adlige anzulegen, wo sie für den Kriegsdienst vorbereitet werden sollten, ein stehendes Heer aus Fußvolk einzurichten und dieses durch Milizlegionen zu ergänzen.

Von de la Noue führt ein gerader Weg zu dem Hugenottenführer Gaston de Coligny, dem Großvater des Prinzen Friedrich Heinrich. Die weitaus größte Bedeutung hatte jedoch der Einfluß des nassauischen Defensionswesens über die nassauischen Grafen, die in den Diensten der Generalstaaten standen. Johann VII. hatte schon vor Beginn der Reform für die Ausschußtruppen der Grafschaft Nassau eine überlegene Feuertaktik entwickelt, die nachweislich in den Niederlanden als Vorlage für die Schießausbildung diente.

Ergebnisse und Auswirkungen

So erregend die Reform und ihre Ergebnisse dem Zeitgenossen auch erscheinen mochte, die Summe des Erreichten ist schwer zu ziehen. Wird das politische Ergebnis – die Befreiung der Niederlande – ausgeklammert, dann sind es in militärgeschichtlicher Sicht zwei deutlich zu unterscheidende Bereiche, in denen sie auf die Mit- und Nachwelt eingewirkt hat: der militärisch-praktische Bereich und der geistige Bereich.

Als unmittelbar praktisch verwertbar oder nachahmenswert waren drei Vorbilder entstanden: der 1590 erlassene, von Petrus Papus von Tratzberg verfaßte Articulsbrief der niederländischen Generalstaaten; die »Wapenhandelinghe van Roers Musquetten ende Spießen«, 1607 im Haag herausgegeben von Jakob de Geyn, also das auf Johann VII. zurückgehende Exerzierreglement; und schließlich die »Niederländische Ordonannz«, wie sie der militärischen Welt in der Schlacht von Nieuwport 1600 eindrucksvoll vorgeführt wurde.

Die Kriegsartikel, in denen der humanistische Disziplinbegriff seinen juristischen Niederschlag gefunden hatte, stellten auch insofern ein Novum dar, als sie ein einheitliches Kriegsrecht aufstellten. Die Trennung in gesonderte Artikel für ritterbürtige Reiter und Fußknechte, die noch Schwendi für notwendig hielt und die von den übrigen europäischen Staaten erst im Laufe des 17. Jahrhunderts aufgegeben wurde, war hier bereits überwunden.

Es sind vor allem die protestantischen Reichsstände, die wesentliche Gedanken und Formulierungen aus dieser Vorlage für ihre Artikelbriefe übernahmen. Aber auch für die von Gustav Adolf 1621 für die schwedische Armee verfaßten Kriegsartikel bildete das holländische Kriegsrecht die nachweisbare Grundlage. Die für die schwedischen Fremdregimenter umgearbeitete Fassung von 1632 wurde dann wiederum die Grundlage der brandenburgischen Kriegsartikel von 1656, die bis 1713 in Kraft blieben.

Die »Wappenhandelinghe«, das erste brauchbare Exerzierreglement, erschien sehr schnell als Übersetzung oder auch Umarbeitung in dänischer, hochdeutscher, französischer und englischer Sprache. »Das Werk blieb«, wie Jähns sagt, »das ganze Jahrhundert durch in Geltung und wurde die Grundlage sämtlicher anderer Arbeiten, welche sich mit den Griffen der Fußtruppen beschäftigten«. Das Exerzieren gewann in den kommenden Jahrhunderten als das A und O militärischer Ausbildung eine Bedeutung, die es während der oranischen Heeresreform noch nicht besessen hatte.

Die Versuche auf diesem Gebiet in den Niederlanden kamen in ungeahnter Weise einem Bedürfnis vor allem der späteren Zeit entgegen. Es ist also nicht die Schuld der Oranier, daß der Drill, herausgelöst aus dem geistigen und pädagogischen Rahmen der Reform, zum wesentlichsten Bestandteil der Ausbildungsmaschinerie in den Stehenden Heeren wurde. Die späteren Generationen akzeptierten nicht die Reform als Ganzes, sondern sie nahmen sich heraus, was ihnen für den eigenen Bedarf als geeignet erschien. Die Entwicklung des Exerzierreglements ist dafür ein eindruckvolles Beispiel.

Die oranische Taktik hat, ähnlich den Kriegsartikeln, besonders in den protestantischen Staaten Schule gemacht, während das katholische Lager noch lange an der spanischen Ordonnanz festhielt.

Gustav Adolf hat die neuen Gefechtsformen weiterentwickelt, indem er die Tiefe der einzelnen Treffen verminderte und die Schlachtaufstellung weiter auseinanderzog. Allerdings verfügte er auch über eine Truppe, die in Haltung und Ausbildung solchen Anforderungen gewachsen war.

Auf dem niederländisch-spanischen Kriegsschauplatz trafen sich die Feldherren aller Lager, und eine ganze Reihe bekannter und unbekannter Söldnerführer des Dreißigjährigen Krieges lernte hier die Regeln der Kriegskunst. Die praktischen Ergebnisse wurden diskutiert, fanden ihren Niederschlag in der Literatur – es sei nur an Wallhausen erinnert – und in der Kriegführung.

Die Wege auf denen die Erfahrungen und Erkenntnisse im einzelnen vermittelt wurden, sind schwer nachzuzeichnen. Da jedoch fast alle Feldherren der damaligen Zeit einer bestimmten soziologischen Schicht zugehörten – den regierenden Häusern und dem Hochadel – läßt sich, um ein Beispiel zu geben, in einer genealogischen Übersicht über die Militärs des Hauses Nassau-Oranien die Strahlungsintensität eines solchen Kraftfeldes nachzeichnen.

Die erste Generation bietet mit vier bekannten Namen die breite Ausgangsbasis. Moritz von Oranien (1567–1625), die zentrale Figur des Aufstandes wie auch der Reform, ist der begnadete Lehrer seines jüngeren Bruders Friedrich Heinrich (1584–1647), der dann die Geschicke der Niederlande während des Dreißigjährigen Krieges leitete und sich im Kampf gegen die Habsburger als Meister der Belagerungskunst erwies. Sein Heerlager bildete geradezu eine Schule der Kriegskunst. Von den gleichaltrigen nassauischen Vettern nahm sich Wilhelm Ludwig (1560–1620) vornehmlich der Ausbildung der Truppe an, der Einführung des disziplinierten Exerzierens und der Neugliederung der Schlachtordnung. Er soll es vor allem gewesen sein, wenn man den zeitgenössichen Stimmen trauen darf, der immer wieder auf das Studium der antiken Kriegstheoretiker verwiesen und die Anwendung der alten Vorbilder auf die moderne Kriegskunst praktisch erprobt hat. Sein Bruder Johann VII. (1561–1623) lernte ab 1592 bei seinem Vetter Moritz von Oranien die neuen Formen des Söldnerkrieges, besonders in der Belagerungskunst, und nahm ebenfalls recht tätigen Anteil an dem Reformwerk, für das er auch Anregungen aus dem Defensionswesen seiner nassauischen Heimat mitbrachte.

Von Johann stammen die »Annotationes« und »Observationes« aus dem Jahre 1597, Notizen und Bemerkungen zur Kriegskunst seines Vetters und Lehrers Moritz; auf ihn geht auch das Exerzierreglement, die Wappenhandelinghe von 1607/8 zurück. Der berühmte niederländische Feldherr wurde 1601 zum Feldoberst – das heißt zum obersten Feldherrn – der schwedischen Armee ernannt, wo er sich im Krieg gegen Polen bemühte, das schwedische Heer zu reorganisieren. Wahrscheinlich lernte bei ihm Gustav Adolf, der sich selbst als Schüler von Moritz bezeichnete, die Anfänge der Kriegskunst. Nach der Übernahme der Grafschaft Nassau-Siegen 1606 machte er sich mit dem Ausbau des Landrettungswerkes und der Begründung der ersten Kriegsschule in Siegen einen Namen.

Die zweite Generation greift nun erheblich weiter aus. Allein von den 14 Söhnen Johanns VII. haben sich acht als Soldaten einen Namen gemacht. Zu ihnen gehört Johann der Jüngere (1583–1638), der sechs Jahre in niederländischen Diensten stand, dann aber zum Katholizismus übertrat und als kaiserlicher General der Kavallerie starb. Bekannter wurde sein Bruder Johann Moritz »Americanus« (1604–1679). Wie fast alle seine Verwandten trat er in niederländische Dienste, genoß dort das besondere Vertrauen Friedrich Heinrichs, wurde 1636 Gouverneur der Westindischen Kompanie in Brasilien, bewährte sich als Verwaltungsbeamter und Militär, trat 1647 als Statthalter von Cleve, Mark und Ravensberg in die Dienste Friedrich Wilhelms von Brandenburg, übernahm 1665 wieder das Kommando im Krieg der Niederlande gegen Münster und führte 1672–76 den Oberbefehl über die holländischen Truppen im zweiten Eroberungskrieg. Der wohl berühmteste Schüler Friedrich Heinrichs wurde der Sohn seiner Schwester Elisabeth und des Herzogs von Bouillon, der spätere Marschall von Frankreich Henri de Latour d'Auvergne, Vicomte de Turenne (1611–1675). Er wurde als Halbwaise von seinem Oheim Moritz von Oranien erzogen, trat 1630 in französische Dienste und gilt als einer der größten Feldherrn des 17. Jahrhunderts. Zur gleichen Generation gehört auch Friedrich V. von der Pfalz, der Winterkönig (1596–1632), der militärisch allerdings keine Rolle gespielt hat und nach der Schlacht am Weißen Berge bei seinem Onkel Friedrich Heinrich Schutz suchen mußte. Ebenfalls ist ihr, jedenfalls dem Geburtsjahr nach, Friedrich Wilhelm von Brandenburg, der Große Kurfürst, (1620–1688) zuzurechnen, dessen Großmutter und auch dessen Frau eine Oranierin war (Luise Henriette, Tochter Friedrich Heinrichs). Sein Aufenthalt in den Generalstaaten 1634–37 und sein enger Kontakt mit Friedrich Heinrich legte nicht nur die Grundlage für den späteren Feldherrn, sondern auch für den profilierten Staatsmann.

Aus der dritten Generation seien noch die Namen zweier bekannter Enkel Friedrich Heinrichs genannt. Wilhelm III. von Oranien (1650–1702), mehr Staatsmann als Feldherr, hatte seine militärischen Erfolge in der zähen Verteidigung gegen Frankreich und beim Erwerb und der Sicherung der englischen Krone 1688 doch im wesentlichen der niederländischen Schule zu verdanken, in der er selbst und seine Feldherren erzogen waren. In seinem Vetter Leopold I. von Anhalt-Dessau (1676–1747), dem »Alten Dessauer« und berühmten Exerziermeister der preußischen Armee, entfaltete sich das oranische Erbe der Liebe zur Kriegskunst und zum Kriegshandwerk noch einmal zur vollsten Blüte. Eine direkte, wenn auch nur schwache Beziehung zur oranischen Heeresreform kann darin gesehen werden, daß er die kriegsgeschichtlichen Memoiren des Prinzen Friedrich Heinrich 1732 in französischer Sprache drucken ließ.

Die Wirkung der Heeresreform im geistigen Bereich – also die Ernte, die von den Zeitgenossen oder den späteren Generationen aus den theoretischen Schriften des Justus Lipsius eingebracht wurde – ist weit schwieriger zu fassen und im einzelnen zu bestimmen. Die Forschung – Roloff, Hahlweg, Oestreich – hat sich dieses Komplexes erst in den letzten Jahrzehnten angenommen und über allgemeine Feststellungen hinaus nur vereinzelt mit Detailfragen befaßt. Unbestreitbar sind die engen Zusammenhänge zwischen Lipsius und der Reform selbst. Es läßt sich außerdem nicht leugnen, daß Lipsius darüber hinaus in ganz Europa gelesen wurde, denn die Verbreitung seiner Schriften im 17. und 18. Jahrhundert ist erstaunlich weit. Seine Constantia wurde 75 mal, die Bücher seiner Politik 74 mal neu aufgelegt oder übersetzt. Selbst eine so speziell militärische Schrift wie die militia romana erlebte 11 Auflagen. Der Einfluß des Leidener Gelehrten auf die kriegswissenschaftliche Literatur läßt sich bis zum Ende des 18. Jahrhunderts aufspüren (Montecuccoli, Fleming, Beust).

Eine bemerkenswerte Variante der lipsianischen Militärtheorie findet sich im ersten Buch der »Principes de l'art militaire« des Franzosen Jéremie de Billon, die 1612 erschienen. Billon hatte unter Friedrich Heinrich gedient, setzt sich aber nicht nur mit der Praxis des Militärdienstes auseinander, sondern auch mit dem Tugendkatalog. Dabei verschiebt er jedoch die Schwerpunkte, indem er erstens den soldatischen Gehorsam sehr viel eingehender behandelt, zweitens den Begriff der Ehre stärker in den Vordergrund rückt und drittens für die Inhaber der Ämter (offices), also die Offiziere, besondere Tugenden und Pflichten vorschreibt.

Lipsius war kein ausgesprochen originärer Theoretiker, seine Gedanken finden sich, angefangen bei Machiavelli, bei vielen Militärschriftstellern seines Jahrhunderts, wenn auch in anderen Bezügen. Was ihn kennzeichnet, ist die Folgerichtigkeit, mit der er das Militärwesen in den Staat hineinzieht und durch die Verpflichtung der Untertanen zum Kriegsdienst seinen Staat gewissermaßen militarisiert. Die Auswahl (dilectus) der Untertanen zum Kriegsdienst wurde zwar von der eigentlichen Reform gar nicht in Erwägung gezogen, sie war aber eine unbedingte Voraussetzung für das Funktionieren seiner Theorie. Eben diese Theorie konnte als Programm daher auch nur vom Staat oder von einem Staatsoberhaupt übernommen werden, nicht allein von Militärs. Die Oranier waren als Feldherren wie auch als Statthalter immer nur Beauftragte der Generalstaaten; das Bestreben Wilhelms des Schweigers und Wilhelms II., unter Einführung eines absolutistischen Regimes an die Spitze des Staates zu treten, war gescheitert. Die Oranier besaßen also wohl die Macht, ein bestehendes Söldnerheer zu reformieren, aber nicht die Stellung, Staat, Untertanen und Heer in dem Maße zu verschweißen, wie es den Reformideen eines Lipsius entsprochen hätte, selbst, wenn sie es gewollt hätten.

Ansätze für eine solche grundsätzliche Reform finden sich allerdings in anderen Ländern. Zunächst einmal haben die Defensionswerke durch Lipsius verschiedene Anregungen und vielleicht auch eine gewisse theoretische Begründung erfahren. Die Einrichtung der ersten deutschen Kriegsschule in Siegen 1617 im Rahmen des Verteidigungswerkes der Grafschaft Nassau begründete Johann VII. damit, daß er auch den Hochdeutschen die niederländische Kriegskunst vermitteln wolle.

Ebenso können in der Organisation des schwedischen Militärwesens über die Humanisierung der Kriegsartikel hinaus Einflüsse der lipsianischen Reformideen gesehen werden, vor allem in der Einrichtung des für Schweden typischen Indelningsverkes.

Das Indelningsverk (Einteilungswerk) reichte in seinen Ursprüngen bis ins Mittelalter zurück und war aus dem Bestreben entstanden, an die Stelle des Aufgebotes eine Art aufrufbereites Berufsheer zu setzen. Da der schwedische Bauer nur einmal zur Heeresfolge verpflichtet war, gewährte der König ihm Steuerfreiheit, wenn er als Altgedienter an einem zweiten oder dritten Kriegszug teilnahm. In der späteren Entwicklung übernahmen die Bauern die Unterhaltspflicht für einen Kriegsknecht, der in Naturalleistungen entlohnt wurde.

Unter Karl IX. (ab 1595 Reichsverweser, 1604–11 König) und seinem Sohn Gustav Adolf (1611–32) wurde dieses System der Heeresaufbringung als Indelningsverk ausgebaut. Im Jahre 1600 beschloß der Reichstag eine bestimmte Heeresstärke und teilte den einzelnen Läns (Provinzen, Landschaften) ihr Kontingent zu. Um den Mißbräuchen und Willkürakten bei der Aushebung entgegenzuwirken, schloß die Landschaft Dalarne 1612 einen »Knechtskontrakt« mit der Krone, in dem sie sich verpflichtete, eine feste Zahl kriegstüchtiger Männer zu unterhalten. Andere Landschaften folgten dem Beispiel. Abgeschlossen wurde die Entwicklung unter Karl XI., der 1683 die Knechtskontrakte als für das gesamte Reich verbindlich erklärte und jeder Landschaft die Stellung und Unterhaltung eines Regiments von 1200 Mann auferlegte.

Innerhalb der Landschaften bildete sich eine in den Grundzügen einheitliche Form des Truppenunterhalts heraus. Zwei volle Bauernhöfe oder eine größere Zahl kleinerer Anwesen bildeten eine »Rote«, die einen Kriegsknecht zu besolden und auszurüsten hatte. Als Löhnung erhielt der Fußknecht von den Rotehaltern ein »torp«, das heißt ein Häuschen mit Garten, ein Morgen Akker und Wiese, dazu Naturalleistungen und neben dem Handgeld noch eine kleine Entlöhnung. Der Fußknecht mußte jährliche Übungen ableisten und wurde erst nach einer bestimmten Bewährung »approbiert«. Ähnlich den Rotehaltern hatten die Rusthalter einen Reiter mit Pferd zu stellen und zu unterhalten. Ursprünglich wurde der Dienst der Reiter mit Besitz der Krone vergütet, wie auch die Offiziere entsprechend ihrem Rang mit Krongütern ausgestattet wurden. Als Offizier dienten Landrichter oder Adlige, also Mitglieder sozial gehobener Schichten.

Das Indelningsverk bestand mit einigen Abänderungen bis in die zweite Hälfte des 19. Jahrhunderts. Ab 1873 wurde es langsam durch die allgemeine Wehrpflicht abgelöst. Die »Indelta« (Eingeteilten) bildeten den Kern des schwedischen Heeres, aber schon Gustav Adolf war gezwungen, daneben Söldnerregimenter zu werben, die zum Ende des Dreißigjährigen Krieges ein erdrückendes Übergewicht besaßen.

Bei den engen politischen und geistigen Beziehungen Schwedens und insbesondere Gustav Adolfs zu den ebenfalls protestantischen Niederlanden liegt es auf der Hand, daß die dort diskutierten Reformideen auch Eingang in das nordische Königreich fanden. Mit seiner eigentümlichen Verkettung von Wehrpflicht und Stellvertretung im Wehrdienst, Söldnerwesen und landsässigem Berufskriegertum entsprach das Indelningsverk, ähnlich der österreichischen Militärgrenze, weit mehr den Vorstellungen des Gelehrten Lipsius als das nicht zu überbrückende Nebeneinander von reinem, wenn auch reformiertem Söldnerheer und Untertanenschaft in den Generalstaaten. Allerdings dürfen die Zusammenhänge auch nicht überschätzt werden; in ihren Grundzügen blieb die schwedische Heeresorganisation eigenständig.

Auch das englische Parlamentsheer unter Cromwell, eine relativ kleine, festbesoldete und disziplinierte Armee aus Landeskindern, zusammengehalten von einer religiösen Idee, zeigt, daß der Gedanke an ein berufständisches Untertanenheer keineswegs utopisch war. Die kurze Lebensdauer der New Model Army zeigt jedoch wiederum, wie isoliert solche Bestrebungen in dieser Zeit doch noch bleiben mußten.

Damit sind die Bedeutung der oranischen Heeresreform und ihre Grenzen bereits abgesteckt. Heute findet sie ihre Bewunderer, nicht weil sie die überragende Funktion des Drills entdeckt und verwirklicht und damit einen neuen Disziplinbegriff und eine neue Taktik begründet, sondern weil sie dem Militärwesen eine neue Orientierung und einen politischen Gehalt zu geben versucht hat. In ihrer Zeit konnten wohl ihr praktischen Auswirkungen verwirklicht werden; ihre soziologisch-politischen Forderungen blieben den Zeitgenossen unverständlich oder zumindest undurchführbar. Das Militärwesen in Gestalt des Söldnerheeres wurde noch grundsätzlich als selbständiger Organismus angesehen, der wohl vom Staat zum Zwecke der Kriegsführung ins Leben gerufen und genährt wurde, der aber als Fremdkörper außerhalb des Staatslebens stand. Der Gedenke, daß das Militärwesen dem Staat zugehört, eine Funktion des Staates ist, die seine Macht repräsentiert, daß der Staat sich gewissermaßen zum Zwecke der Kriegsführung selbst militarisiert, war den allgemeinen Vorstellungen der Zeit fremd. Aber der entstehende moderne Machtstaat fußte auf seiner militärischen Macht. Damit behielt Lipsius recht. Nur der Weg, auf dem das Militär in den Staat überführt wurde, war ein wesentlich anderer. Der absolutistische Staat übernahm das Militärwesen in der Form des Stehenden Söldnerheeres als einen selbständig funktionierenden Organismus, der nur über die Person des Herrschers in den Staat integriert wurde.

Für die weitere Entwicklung des Heerwesens, auch besonders in seiner Beziehung zum Staat, war noch ein anderer Faktor maßgebend, – die dem Söldnertum selbst innewohnenden traditionellen Kräfte, die von Erscheinungen wie der oranischen Heeresreform wohl beeinflußt, aber nicht erschüttert werden konnten. Der große Krieg hat in den 30 Jahren seiner Dauer zweifellos so manchen fruchtbaren Ansatz vernichtet, doch er schärfte auch den Blick für das Brauchbare. Das freie Söldnertum erlebte in ihm ungeachtet der klar hervortretenden Mängel seine deutliche Bestätigung. In der Heeresorganisation Wallensteins, die ausschließlich auf dem Söldnertum aufbaute und das rationell Erreichbare beispielhaft darstellte, ist die weiterführende Entwicklung zu beobachten, von der die Zukunft manches übernehmen sollte.

c. Das Heer Wallensteins

Wallenstein in seiner Zeit

Der Dreißigjährige Krieg wird als eine Zeit des Niedergangs und der chaotischen Auflösung registriert, die besonders im Vergleich mit den folgenden Epochen des Aufbaus und der vom Absolutismus geprägten Ordnung ihr makabres Gewicht erhält. Militärgeschichtlich ist diese Ansicht nicht haltbar. Unter dem alles überdeckenden Bild der allgemeinen Zerstörung sind Ordnungsprinzipien und -entwicklungen zu erkennen, die – pointiert ausgedrückt – einen Übergang vom Kriegs- zum Militärwesen darstellten und mit denen sich deshalb die kommende Zeit in irgendeiner Form auseinandersetzen mußte.

Bis 1648 gab es eigentlich gar kein Militärwesen, sondern nur ein Kriegswesen. Für den Krieg wurde ein Heer versammelt und erhalten, und erst im Kriege tauchten die Fragen der Aufbringung, Organisation und Führung der Truppe auf und konnten für die Praxis diskutiert werden. Auch die oranische Heeresreform wäre ohne den niederländisch-spanischen Krieg nicht möglich gewesen. Der Dreißigjährige Krieg bezeichnet wohl nicht radikal das Ende der Improvisationen in der Kriegführung, offenbarte jedoch den Zeitgenossen die Vor- und Nachteile des bisherigen Kriegssystems, das heißt des Kriegführens mit freien Söldnertruppen sehr nachhaltig. Der Umbruch ist besonders deutlich zu erfassen in dem Planen und Wirken eines Mannes, der wohl umstrittensten und bekanntesten, vielleicht sogar der bedeutendsten Gestalt des Dreißigjährigen Krieges, in dem Wirken Wallensteins.

Albrecht Wenzel Eusebius von Wallenstein (eigentlich: Waldstein) wurde 1583 als Sohn eines verarmten utraquistischen, also protestantischen, tschechischen Adligen in Hermanitz in Mähren geboren. Sein Übertritt zum Katholizismus entsprach wohl mehr seiner politischen Haltung als seiner religiösen Überzeugung. Seine erste Ehe brachte ihm einige Güter ein und versetzte ihn in die Lage, durch private Truppenaufstellungen die Gunst Ferdinands II., des späteren Kaisers, zu erringen. Er erhielt zeitweise ein Regiment und trat im böhmischen Aufstand 1618 endgültig auf die Seite der Habsburger über. Durch Münzverschlechterungen, Finanz- und Güterspekulationen und den billigen Ankauf konfiszierter böhmischer Güter sammelte er ein riesiges Vermögen und umfangreichen Landbesitz, den er zum Fürstentum Friedland zusammenfaßte. Die Verwandten seiner zweiten Frau vermittelten ihm 1625 das Amt des »Capo« (Generals) über alle kaiserlichen Truppen im Reich. Schon während dieses sogenannten ersten Generalats (1625–30) verstand es Wallenstein, die mißliche politische und finanzielle Lage des Kaisers in jeder Weise für sich zu nutzen. Seit 1625 war er Herzog von Friedland, 1627 wurde ihm Friedland als erbliches Lehen übertragen. Als Äquivalent für vorgeschossene Gelder und Heereslieferungen erhielt er 1627 das Herzogtum Sagan und 1628 das Herzogtum Mecklenburg. Seine Gleichgültigkeit gegenüber katholischen Belangen, seine Selbstherrlichkeit und seine Übergriffe bewirkten seine Absetzung auf dem Kurfürstentag zu Regensburg 1630.

Nach dem Tode Tillys erzwang die Notlage 1632 seine neuerliche Berufung, die er als »General-Oberster-Feldhauptmann« erst annahm, nachdem ihm weitgehende Sonderrechte zugebilligt worden waren. Seine undurchsichtige und konspirative politische Haltung während des zweiten Generalats (1632–34) weckte das Mißtrauen des Kaisers und führte zu seiner Ermordung 1634 in Eger.

(Zum maritimen Aspekt s. Bd. 4, Abschnitt VIII, S. 12 ff).

Als historische Größe wird Wallenstein unter die politischen Gestalten gerechnet. Streng genommen gehört er jedoch unter die Soldaten und Feldherrn. Dabei wird sein Können als Truppenführer, seine Feldherrnkunst im engeren Sinne, keineswegs als genial angesehen, nicht einmal als originell. Es reichte bei weitem nicht an das Format eines Bernhard von Weimar oder Gustav Adolf von Schweden heran. Auch der Aufbau seiner Truppen zeigte keine auffälligen Besonderheiten. Was ihn auszeichnete, war seine Meisterschaft nicht in der Truppen-, sondern in der Kriegführung, in der Zusammenschau und Zusammenfassung von Geschäft, Truppenführung und Politik. Nicht zu befriedigender Ehrgeiz, hemmungsloser Erwerbssinn und eine im Vergleich zu zeitgenössischen Heerführern einmalige Begabung für Planung und Organisation, barocker Sinn für Prunk, Repräsentation und Selbstherrlichkeit waren die hervorstechenden Charaktermerkmale dieses letzten und größten Condottiere auf deutschem Boden. Das Eigene und Neuartige seiner Kriegführung ist am eindringlichsten auf drei Gebieten zu fassen: im Kontributionssystem, im Kriegswirtschaftssystem und in der Politik.

Das Kontributionssystem Wallensteins

Die Kontribution war ursprünglich eine Kriegsschatzung, die feindlichem, besetztem Gebiet auferlegt wurde, um die Versorgung der Truppe mit Lebensmitteln und Futter sicherzustellen. Der Soldat hatte, wie die Reuterbestallung von 1570 bestätigt, nur Anspruch auf Sold, mit dem auch sein täglicher Lebensbedarf abgegolten war, und der nicht aus dem besetzten Land, sondern vom Kriegsherrn gezahlt wurde. Fehlte es an Geld oder Lebensmitteln, was allerdings die Regel war, so konnte der Feldherr im Auftrage des Kriegsherrn Herrschaften, Stifte, Städte, Landesteile oder Länder des Feindes mit genau bestimmten Kontributionen belegen.

Daneben gab es noch eine Reihe anderer, nach Kriegsrecht möglicher Mittel für den Söldner, vor allem aber für den Söldnerführer und den Kriegsherrn, Gewinne zu erzielen, die dann aber nicht mehr direkt der Versorgung dienten, sondern der Bereicherung. Dazu gehören die Brandschatzung, die eine feindliche Stadt zahlen mußte, wenn sie nicht »gebrannt« werden wollte, die Beute in der Schlacht und das Lösegeld für Gefangene, letzten Endes auch die Plünderung eines im Sturm genommenen Platzes. Unter Todesstrafe stand dagegen das freie Plündern, also Diebstahl, Raub, Erpressung.

Im Kriege verwischten sich die Grenzen, und im Grunde konnte es der geplagten Bevölkerung gleich sein, ob sie ihrer Habe mit oder ohne Anordnung beraubt wurde. Aber wenn auch bestimmte Praktiken der Kontributionseintreibung gerade im Wallensteinschen Heer der freien Plünderung zum Verwechseln ähnlich sahen, so ist es doch notwendig, die rein kriminellen Vorgänge auszuklammern und die Maßnahmen auf ihren Zweck und ihr Ziel hin zu betrachten. Vom Standpunkt Wallensteins und seiner Obersten her gesehen, hatten sie einen Sinn, ein verantwortbares System und einen klar zu berechnenden Erfolg, sowohl in wirtschaftlicher als in politischer Hinsicht; die dabei zutage tretende rohe Gewalt war eine Nebenerscheinung.

Zu Beginn des großen Krieges herrschten im großen und ganzen noch die bis dahin üblichen, also normale Verhältnisse. Wurde in einem bestimmten Landesteil eine Armee aufgestellt, so fielen der Bevölkerung zwei Lasten zu. Sie hatte erstens für die geworbenen Söldner Quartier und das dazugehörige »Servis« – Licht, Holz und Salz, später auch Brotaufstrich und Rauhfutter – zu stellen. Zweitens wurde »eine Commiß« aufgerichtet – das Wort »Kommißbrot« stammt aus dieser Einrichtung –, das heißt eine Vorratssammlung von Verpflegung für die Soldaten und Futter für die Pferde, die in Rationen verteilt und nach einer verordneten »Kriegstaxe« abgerechnet wurde. Die »Ration« für den gemeinen Söldner – also den Söldner ohne besonderes Amt – betrug pro Tag 1 Pfund Fleisch, 2 Pfund Brot und 3 Kannen Bier. Eingesammelt wurden die Vorräte von den Landesbehörden, die der Bevölkerung auch für die Bezahlung haftete. Diese Regelung galt im Grunde für eigenes, neutrales und feindliches Gebiet, sie ist aber auch, ganz abgesehen von den Ausschreitungen, nie eingehalten worden, zumal die Abrechnungen erst bei Abdankung der Truppe, also nach Friedensschluß, erfolgen sollten. Der Krieg mit seinen immer gewaltiger anwachsenden Heeren, die der Kriegsherr in keiner Weise mehr zu unterhalten vermochte, erzwang andere Maßnahmen. Es wurden höhere Leistungen gefordert und im feindlichen Gebiet war keine Abrechnung mehr vorgesehen, das Heer lebte also aus dem Lande, in dem es sich gerade befand. Trotzdem hätte der einzelne Söldner oft Mangel gelitten, wenn er sich nicht auf andere Weise schadlos hielt, denn die offiziellen Forderungen wurden meistens nicht eingehalten und der Soldrückstand war in der Regel beträchtlich. Erst Wallenstein schuf hier eine gründliche Abänderung, und zwar in der Erweiterung und willkürlichen Überschreitung der alten Regeln durch eine neue Form der Kontribution.

Grundlage der Wallensteinschen Kontributionsforderungen waren die »Ordinanzen«: Listen, in denen die Verpflegungsansprüche für jede Rangklasse in Geld oder Menge der Lebensmittel angegeben war. Nach der Halberstädter Ordinanz, die Wallenstein im November 1625 erließ und nach der sich alle späteren Verpflegungsordnungen richteten, erhielt der Oberst eines Infanterieregiments 500 fl (»Florin« = Gulden), ein Hauptmann 100 fl, ein Leutnant 35 fl wöchentlich, ein Fußknecht Verpflegung (Brot) und Geld zusammen in Höhe von 9–10 fl monatlich. Die Beträge der Ordinanz, umgerechnet auf die Sollstärke des Regiments, ergab die Kontributionsforderung.

Ursprünglich wurden diese Kontributionen von den Landesbehörden und Magistraten der Städte bewilligt und in Form einer Kriegssteuer erhoben. Es bildete sich in den einzelnen Ländern sogar ein neues Verwaltungssystem mit Kreiskommissarien und »Kommisschreibern«. Aber die Gewalt der eingefallenen Soldateska überdeckte bald die zivile Organisation, nutzte sie für ihre Zwecke oder schritt zur Selbsthilfe – Requisition und Exekution – mit all den damit verbundenen Willkürakten. Der Haß der Reichsstände gegen den Emporkömmling Wallenstein erwuchs nicht so sehr aus der Sorge um die bedrückte Bevölkerung und das zerstörte Land – solche Dinge ereigneten sich in jedem Kriege –, sondern aus der Tatsache, daß das selbstherrlich funktionierende Kontributionssystem die Hoheitsrechte des Landesherrn negierte und einer fremden Militärdiktatur gleichkam.

Wallenstein stellte sein Heer aus eigenen Mitteln auf und hatte dem mittellosen und von ihm abhängigen Kaiser gegenüber eine ungewöhnlich starke Position, die er immer mehr auszubauen verstand, so daß er zum Beispiel im zweiten Generalat nicht nur das Recht zugesprochen erhielt, sämtliche Offiziere zu ernennen und die Werbepatente auszustellen, also das Heer nach eigenem Ermessen zu vergrößern, sondern auch die Freiheit zu selbständiger Kriegführung und zu Friedensverhandlungen. Während des ersten Generalats nahm er einen Teil der Rechte bereits willkürlich in Anspruch. Für die Erhaltung der Armee war ihm durch die Instruktion vom 27. Juni 1625 auferlegt worden, nur im eroberten Gebiet Kontributionen aufzuerlegen und für Brandschatzungen und ähnliche Sondererhebungen die Befehle des Kaisers einzuholen. Wallenstein dagegen hat es verstanden, das gesamte Reichsgebiet mit Ausnahme Bayerns und mit Einschränkungen auch der kaiserlichen Erblande mit seinen Kontributionen und Zwangsabgaben heimzusuchen.

Das revolutionierende Neue an dem Eintreibungssystem ist die Umwandlung der Sachforderung in eine Geldforderung. Wallenstein zog also selbständig eine Art Kriegssteuer ein, die zwar sehr hoch und in der Regel noch willkürlich überhöht, aber nicht unbegrenzt war und ein weiteres Funktionieren des Wirtschaftslebens gestattete. Mit den Geldern bestritt er die Werbung, die Besoldung, den Unterhalt und zu einem gewissen Teil die Ausrüstung der Armee.

Allerdings reichte die einfache Kontribution dafür nicht aus, wenn sie in der rechtmäßigen Form erhoben wurde, zumal die Eintreibung immer wieder auf Schwierigkeiten stieß und von zahlreichen Imponderabilien abhing. Wallenstein verfügte über ausreichende Mittel, um große Summen vorzuschießen und damit Engpässe überwinden zu können; aber auch aus diesen Spekulationen errechnete er sich einen Gewinn. Wenn aber Kontributionen die laufenden Ausgaben decken und dazu Überschüsse erzielen sollten, mußte er radikaler vorgehen und seine Kompetenzen weit überschreiten.

Für die Anwerbung von Regimentern – also bei der Neuaufstellung und den späteren Erweiterungen der Armee – schoß Wallenstein im allgemeinen die Mittel für die Ausrüstung vor. Das Werbegeld dagegen – Handgeld und Laufgeld – hatten die Obersten bereitzustellen, die dafür die Freiheit erhielten, selbständig Kontributionen zu verhängen. Um den Obersten flüssige Mittel in die Hand zu geben und die Auslagen zu ersetzen, vervierfachte er in der Halberstädter Ordinanz den bisher üblichen Soldsatz für die höheren Ämter. Die Regimentschefs hatten die Gewalt im Lande und erfanden ihrerseits Praktiken zur Aufbesserung der Einkünfte, von denen nicht bekannt ist, wie weit sie verbreitet waren, die aber den Beschwerdeschriften nach schnell Schule machten. Diese Entwicklung wurde dadurch begünstigt, daß sich die Regimentschefs jederzeit auf die Ordinanz berufen konnten, daß sie bei der Mischung von Geld- und Verpflegungsforderungen – die Söldner erhielten einen Teil ihres Soldes nach wie vor in Nahrungsmitteln – die Möglichkeit hatten, die Forderungen zu verschleiern, und daß sie mit dem Recht der Exekution Willkürakte tarnen konnten.

So weisen zum Beispiel die zahllosen Beschwerden der Landeshoheiten und Behörden darauf hin, daß schon bei der Aufstellung eines Regiments – also beim Beginn der Werbung – der künftige Sollbestand nach der Ordinanz als Grundlage der monatlichen Kontribution festgelegt wurde. Daneben blieb eine alte Gewohnheit der militärischen Unternehmer bestehen, dem Kriegsherrn gegenüber während des gesamten Feldzuges oder Krieges den Sollbestand zu berechnen und aus der Differenz zum meist sehr viel niedrigeren Istbestand Profit zu ziehen. Darin liegt auch der Grund, weshalb die Stärke der Söldnerheere oft stark überschätzt wird, denn die erhaltenen Unterlagen überhöhen gewöhnlich den effektiven Truppenbestand.

Der monatliche Kontributionsbetrag – Montecuccoli verlangte, um ein Beispiel aus einer späteren Zeit mit normalisierten Zuständen zu geben (um 1660/70), 29 520 fl für das Regiment und zusätzlich 1 440 fl für den Stab – konnte erhöht, in gelegentlichen Fällen sogar verdoppelt werden, indem man den Stab auf verschiedene Quartiere verteilte und jedem Quartier die Kosten für den Gesamtstab auferlegte, indem man bei einem Quartierwechsel des Regiments, der sich längere Zeit hinzog, gleichzeitig vom alten und neuen Quartier Kontributionen einzog oder indem man den monatlich fälligen Betrag alle vier Wochen einzog und dadurch im Jahr einen zusätzlichen Monatsbetrag herauswirtschaftete.

Eine recht wesentliche Erhöhung der Kontribution, die auch dem einfachen Söldner zugute kam, entwickelte sich aus der Anordnung der Ordinanz, den Fußknechten und Reitern einen Teil des Soldes in Brot, beziehungsweise in Pferdefutter zu liefern. Diese Forderung wurde in der Form ausgeweitet, daß die Kontribution erstens sowohl den vollen Sold als auch die volle Naturalversorgung und zweitens auch die Versorgung der höheren Ämter einschloß. Wenn die Angaben in den Beschwerdeschriften, ein Oberst lasse sich zu einer Mahlzeit 40–60 Speisen auftragen oder selbst ein Kapitän unterhalte als Kompaniechef 30–40 Pferde, auch übertrieben sein mögen, so läßt doch der Hang der Zeit zur Völlerei, zu Prunk und Repräsentation darauf schließen, daß die Lieferungen ein kaum vorstellbares Ausmaß hatten.

Aus dem groß angelegten und über Jahre laufenden Geschäft zog Wallenstein selbst naturgemäß den höchsten Profit. Schon sein Anteil aus den Regimentskontributionen muß beträchtlich gewesen sein. Ein Oberst will ihm zum Beispiel allein für das Jahr 1626 gegen 200 000 fl gezahlt haben. Wahrscheinlich handelte es sich dabei auch um Vergütung vorgeschossener Gelder oder Lieferungen, denn Wallenstein war in starkem Maße mit eigenem Kapital an seiner Armee beteiligt. Erheblichen Gewinn brachte auch die Besteuerung einzelner Gebiete und insbesondere der Reichsstädte, die sich durch feste Beträge davon loskauften, daß sie als Werbe- und Musterplätze oder als Quartiergebiete benutzt wurden. So zahlte Nürnberg 1625–30 insgesamt 440 000 fl.

Wesentlich höhere Summen ergaben sich aus dem Geschäftsverkehr mit Kaiser Ferdinand II. Da Wallenstein von der Voraussetzung ausging, daß er 1625 nur die Kosten für die Aufstellung des Heeres von 24 000 Mann zu stellen, das heißt vorzuschießen hatte und daß alle weiteren Kosten für Versorgung und Besoldung Sache des Kaisers waren, setzte er sie ihm auf Rechnung. So wurde der mittellose Kaiser, der nur gelegentlich relativ kleine Summen für den Unterhalt beisteuern konnte, zum Schuldner seines Generals. Wie weit die Kontributionen, die ja formal nur in eroberten Gebieten erhoben werden sollten, berücksichtigt wurden, ist nicht ersichtlich. Anton Gindely berechnet die Summe der Darlehen, die Wallenstein dem Kaiser allein bis zum Jahre 1628 für den Unterhalt seiner eigenen Armee gewährt hatte, auf 6 950 000 fl. In diesem Betrag ist wahrscheinlich auch der persönliche Sold Wallensteins – 6 000 fl monatlich – enthalten. Das ist jedenfalls die Summe, für deren Ablösung Ferdinand dem General Landbesitz übereignet hat, neben einer Anzahl konfiszierter Güter das Bistum Schwerin für 750 000 fl und das Herzogtum Mecklenburg für 4 Millionen fl.

Daß sich nicht nur für Wallenstein, sondern auch in etwas bescheidenerem Maße für seine Obersten als militärische Unternehmer das Kriegführen als lukratives Geschäft erwies, ist aus der Tatsache zu ersehen, daß bei der Auflösung und »Reformierung« einiger Regimenter – das Zusammenlegen mehrerer nicht mehr einsatzfähiger Regimenter zu einem Regiment mit normaler Stärke nannte man »Reformieren« – im Jahre 1628 den Regimentschefs für ausstehende Forderungen Obligationen von mehr als einer Million Gulden ausgestellt wurden. Diese Forderungen bezogen sich zu einem wesentlichen Teil auf rückständige Kontributionen. Damit ergibt sich auch ein Blick auf die Finanzierungstechnik. Die besteuerten Bezirke hatten in der Regel gar nicht die Mittel flüssig, die ihnen zwar auferlegt waren, die aber auch mit Hilfe der Exekution nicht einzutreiben waren. So erstreckten sich die Zahlungen über Monate oder gar Jahre und wurden auch dann nicht in der geforderten Höhe geliefert. Während der Einquartierung Wallensteinscher Regimenter in der Mark Brandenburg 1627–28 waren nach acht Monaten erst vier Monatsbeträge bezahlt. Nachdem dann die Kaiserlichen Truppen von den Schweden hinausgedrängt waren, erhoben die brandenburgischen Regierungsstellen noch über Jahre hin die fälligen Kontributionszahlungen, jetzt natürlich zu eigenen Gunsten. Es gibt eine ganze Reihe solcher Beispiele, die darauf hinweisen, daß die Finanzierung des Heeres auf einem variablen aber durchkalkuliertem Plan beruhte, der Aufschübe vorsah und Verluste mit einberechnete. Von den betroffenen Ländern und der Bevölkerung her gesehen tritt vor allem in den zahlreichen Beschwerdeschriften – oft die einzigen Quellenbelege – nicht zu Unrecht das Gewaltsame und Willkürliche, die erpresserische persönliche Bereicherung bei den Maßnahmen in den Vordergrund. Sie überdecken aber die Leistung der für damalige Verhältnisse einmaligen Wallensteinschen Organisation und Planungswirtschaft. War es in früheren Jahrzehnten und Jahrhunderten nur sehr schwer möglich, Söldnerheere in der üblichen Stärke von 20 bis 30 000 Mann auch nur über mehrere Monate zu erhalten, so hat es Wallenstein verstanden, eine operationsfähige Armee von 60 bis 70 Regimentern mit einem vom Lande zu bezahlenden Sollbestand von 130 bis 150 000 Mann in Rechnung zu stellen. Da der tatsächlich einsatzfähige Istbestand wohl 90 000 Mann nie überschritten hat, konnte er für sich und seine Unternehmer, die Regimentsobersten, zusätzlich einen ungewöhnlich hohen Gewinn herausschlagen.

Obgleich die Kontributionen bei den eingeführten Geschäftspraktiken keine Überschüsse ergaben, wie Moriz Ritter errechnet hat, konnte Wallenstein aus Nach- und Sonderzahlungen einen Fond bilden, den er »Generalkontribution« nannte. Dieser Fond, die Krönung des ganzen Systems, diente der Beschaffung der »Kriegsbedürfnisse«, der Bezahlung von Artilleriestücken, Munition, Getreide, der Seebefestigungen an der Ostsee und der Ausrüstung von Schiffen.

Das Wallensteinsche Kontributionssystem ist nach zwei Seiten hin bedeutsam. Einmal zeigt es die Finanzierungspraxis in der Kriegführung mit freien Söldnern in einer bis dahin nicht erreichten Vollkommenheit. Der privatwirtschaftliche Charakter der Heereshaltung wurde bei der Schwäche und Mittellosigkeit des kaiserlichen Kriegsherrn bis ins Groteske gesteigert. Dem Söldner, der als Spekulationsobjekt nur geringen Sold erhielt – der einfache Fußknecht monatlich 9 fl einschließlich Verpflegung – stand die in sich gestaffelte Gruppe der Unternehmer gegenüber, deren Sold unvergleichlich höher angesetzt war – ein Oberst erhielt 2000 fl monatlich – und von denen jeder, vom Hauptmann und Kompaniechef bis zum Generalissimus und Armeechef durch Finanz- und Sachspekulationen laufende Gewinne erzielte.

Zweitens erwies sich, und das ist für die weitere Entwicklung wichtig, daß dieses System mehr darstellte als einen Notbehelf zur Überbrückung von Zahlungsschwierigkeiten. Wallenstein hatte das System zwar nicht erfunden, aber durchorganisiert und so ausgeweitet, daß es einen tragfähigen Wirtschafts- und Finanzierungsplan für das Söldnerheer darstellte, also für die Wehrform, die nachweislich militärisch allen anderen überlegen war. Über die Kontribution war es möglich, ein für damalige Verhältnisse riesiges Heer über Jahre, sogar Jahrzehnte zu besolden und zu bewirtschaften, ohne das Wirtschaftspotential des Landes völlig auszuschöpfen und die gesamte Wirtschaft zum Erliegen zu bringen. Die Kontribution mit der verbindlichen Ordonanz, den Formen der Eintreibung, sei es durch die Behörden der Landeshoheit, sei es durch Exekution der Armee wurde im weiteren Verlauf des Krieges von allen Heeren, Freund wie Feind, übernommen, in den Formen etwas abgeändert, in den Bedingungen gemildert, aber im allgemeinen als eine bewährte Einrichtung anerkannt.

Das Kriegswirtschaftssystem

So erfolgreich und zukunftweisend das Kontributionswesen auch erscheinen mag, es war ein Ausbeutungssystem, nicht nur wegen der mit ihm verbundenen Plünderungen und Erpressungen. Land und Leute wurden nicht aus volkswirtschaftlichen oder gar humanen Gründen geschont, sondern um möglichst lange und möglichst gründlich ausgesaugt werden zu können. Es ist nun recht instruktiv, einmal der Frage nachzugehen, ob sich Wallenstein als Landesherr im eigenen Lande ähnlich verhielt. Auch diese Gebiete wurden außerordentlich intensiv zur Versorgung des Heeres herangezogen, aber in einer völlig anderen Form. Das eindrucksvollste Beispiel bietet das Herzogtum Friedland; die Maßnahmen in Mecklenburg und Sagan sind über Anfänge nicht hinausgelangt.

Wallenstein hat es verstanden, bis zu seinem Tode, also über ein Jahrzehnt, Aufbau und Tätigkeit seines friedländischen Wirtschaftsapparates gegen äußere und innere Störungen in einer Weise abzusichern, die für diese Zeit ohne Beispiel ist. Eigenen Truppen hat er nur in Ausnahmefällen den Durchmarsch gestattet, fremde, insbesondere feindliche Heere sind mit größeren Kontingenten nie in das Herzogtum eingedrungen. Der Hauptursache innerer Unruhen, den Reinigungsbestrebungen der Gegenreformation ist er dadurch begegnet, daß er in seinem Lande – ebenso wie in seiner Armee – keine konfessionellen Spannungen duldete. Handarbeiter und Facharbeiter, die er in das Land zog, wurden nicht nach ihrem Bekenntnis gefragt. Diese Haltung entsprang nun nicht etwa einem abgeklärten Toleranzdenken: der Katholik und kaiserliche General erwies sich als ein sehr konsequenter Exekutor der Gegenreformation, wenn ihm daraus Vorteile erwuchsen. Der Konfessionsstreit bot ihm wiederholt Ansatzpunkte in seinen politischen Ambitionen, die Schlagkraft seiner Armee und die Wirtschaftseinheit seines Landes ließ er dadurch nicht stören.

Das Herzogtum Friedland, in der Nordostecke Böhmens gelegen, umfaßte auf einem Areal von fast 1 200 km^2 9 Städte und 57 Dörfer und Schlösser. Es war ein Konglomerat von ererbten, gekauften oder eingetauschten und vom Kaiser als Lehen übernommenen Herrschaften und Gütern, die erst Wallenstein zu einem Fürstentum verband. Als Landesherr niemals ausdrücklich anerkannt – er besaß nur die persönliche Herzogswürde – übte er die damit verbundenen Rechte de facto seinen Untertanen gegenüber aus. Nach der Ermordung des Begründers teilte der Kaiser den Herrschaftskomplex wieder auf.

In seinem Herzogtum schaffte sich Wallenstein ein Nachschubgebiet für Heeresbedürfnisse, vor allem für Getreide und Bekleidung, daneben auch für andere Produkte der Rüstungswirtschaft, soweit Natur und Industrie des Landes sie hergaben. Die Einführung eines einheitlichen Maß- und Gewichtssystems, einer eigenen Münze und die Einrichtung eines streng und einheitlich gegliederten zentralisierten Verwaltungsapparates bildeten die Voraussetzung für eine die gesamte Produktion umfassende Planwirtschaft.

An der Spitze der Verwaltung stand der Landeshauptmann – zunächst der frühere Oberstleutnant Gerhard von Taxis, im zweiten Generalat Dietrich von Malowetz –, dem als beratende Körperschaft für die Rechnungskontrolle die Kammer beigegeben war. Als nächstniedere Instanz standen die Hauptleute oder Burgvögte den Herrschaften und Gütern vor und kontrollierten die Zunftwirtschaft in den Städten. Unter den Hauptleuten wurden die einzelnen Wirtschaftszweige – Forsten, Vorwerke usw. – von besonderen Verwaltern betreut. Die Hauptleute hatten in den Wochenzetteln der Kammer Rechnung zu legen und erhielten bei einer Zusammenkunft am 1. September jeden Jahres ihre Generalanweisungen. Im Laufe der Jahre wurde die Verwaltung mit einem eigenen Amtseid, einer Kanzleiordnung und einem einheitlich gegliederten Gehaltsschema mehr und mehr bürokratisiert.

Für die Wirtschaft erging 1628 eine besondere Ordnung, die in 22 Abschnitten genaue Anweisungen über Anbau und Ablieferungssoll, Saatbegehungen u. ä. brachte. Sie galt zunächst nur für die Kammergüter, wurde dann aber auf das ganze Land ausgedehnt. Sogar ein Landeskataster wurde in den letzten Jahren der Wallensteinschen Herrschaft in Angriff genommen.

Der Getreideüberschuß eines Herrschaftsbezirks – also alles Getreide bis auf das Saatgut und den Eigengebrauch – mußte in einem Speicher abgeliefert werden, wurde dort gemahlen und lagerte auf Abruf. Traf von der Armee ein Lieferbefehl ein, dann gaben die einzelnen Speicher eine nach einem Verteilungsplan der Kammer berechnete Menge Mehl an eine Sammelstelle in der nächsten Stadt. Dort wurden daraus Brot oder die damals üblichen Biskoten (Zwieback) gebacken, die an die Fassungsstelle – in der Regel wird Reichenberg dafür genannt – geliefert und der Armee übergeben wurden. Termin und Höhe der Lieferungen richteten sich nach den Forderungen der Armee, zumeist wurden 20 bis 30 000 Strich auf einmal geliefert (1 Strich = 93,36 Liter, aus 1 Strich wurden 70 Portionen Biskoten gebacken).

Konnten die Lieferungen nicht erfüllt werden – wie besonders in den ersten Jahren, als noch keine Vorräte gespeichert wurden – mußten die Hauptleute auch hier rigoros das Letzte aus dem Lande herausholen. Eiserner Zwang und glückliche Improvisationen halfen über kritische Zeiten hinweg, allmählich wurde die Wirtschaft krisenfest. Es wird berichtet, daß 1634 beim Tode Wallensteins 300000 Strich Getreide gespeichert waren.

Nicht ganz so umfangreich, aber immer noch erheblich, war die Produktion der Tuch-, Bekleidungs- und Leinenindustrie. Auch sie zeigten sich den plötzlichen Massenaufträgen in den meisten Fällen gewachsen. Heimarbeit, Handwerksbetrieb und Manufaktur ergänzten sich. Sogar jede Kuhmagd hatte die Auflage, über den Winter 24 Pfund Werg zu verspinnen, ein Vollhufer 8, ein Kleinbauer 4 Pfund. Jede freie Hand erhielt ihre Beschäftigung. So hat zum Beispiel das Herzogtum Friedland der Armee insgesamt über 10000 Zentner Lunte geliefert. Den in Zünften zusammengefaßten Handwerkern waren schwere Strafen angedroht, wenn sie ihr Plansoll nicht erfüllten. Die Manufaktur in der Landeshauptstadt Gitschin, in der über 80 Schneider arbeiteten, stellte 1632 in sieben Wochen 6000 Soldatenkleider her.

Daneben waren eigentlich nur noch die Eisengruben und -hämmer so gut wie ausschließlich für die Kriegswirtschaft eingespannt. Vor allem das Eisenwerk Raspenau hat außer Geräten und Werkzeugen (Nägel, Klammern, Hacken, Schaufeln, Äxte) Tausende von Stückkugeln an die wallensteinsche Artillerie geliefert.

Die Viehwirtschaft dagegen stellte nur in Notfällen Schlachtvieh für die Armee, ihre Produkte – für 5 Kühe waren jährlich 1 Zentner Fett und 4 Zentner Käse abzuliefern – standen dem Handel, insbesondere dem Außenhandel zur Verfügung. Ähnliches galt von dem monopolisierten Brauereiwesen, der Pferdezucht und anderen Wirtschaftszweigen.

Genaue Grenzen lassen sich naturgemäß nicht ziehen, die Armee wurde überall berücksichtigt, aber die Landwirtschaft erhielt neben der Kriegswirtschaft ebenfalls ihren Platz. Zur Befriedigung seines Dranges nach Gepränge und Repräsentation benötigte er nicht nur erhebliche Geldmittel, sondern auch Handwerker und Künstler. Das Bauhandwerk, notwendig für den prachtvoll geplanten Ausbau seiner Hauptstadt Gitschin, nahm unter ihm einen gewaltigen Aufschwung.

Wenn auch die Projekte Wallensteins als Landesherr über Anfänge oder auch nur über Planungen nicht hinausgelangt sind, so müssen sie doch mitgesehen werden, da sie das Bild des späteren absolutistischen Landesfürstentums in bestimmten Linien widerspiegeln. Konnte auch zum Beispiel der Plan, eine Landesuniversität zu errichten, nicht verwirklicht werden, so zeigte doch die Gründung der Friedländischen Ritterakademie 1628, neben der Siegener Kriegsschule der älteste Versuch einer Offizierbildungsanstalt, wie weit dieser Mann seiner Zeit voraus war.

Das Kriegswirtschaftssystem wie das Kontributionssystem waren für seine Zeit nicht ausgesprochen originell, aber doch einmalig in Planung und Konzentration. Die Angehörigen der Kammergüter leisteten ihren Frondienst, den »Robot«, Bauern und Handwerker, die dem Robot nicht unterlagen, arbeiteten und produzierten nicht auf eigene Rechnung und Gewinn, sondern im Rahmen eines Zwangswirtschaftsplanes, in dem sie für das Leistungssoll eine Vergütung erhielten, die einer Entlöhnung gleichkam. Natürlich warf die Planwirtschaft einen Gewinn ab, alle Armeelieferungen wurden selbstverständlich mit den Regimentschefs und über sie mit den Kompaniechefs und Söldnern abgerechnet, aber in der an den Merkantilismus der kommenden Jahrzehnte erinnernden aktiven Handelsbilanz lag nicht ihr eigentlicher Zweck. Wallenstein war nicht Merkantilist, sondern Soldat und Feldherr. Ernstberger, der bisher als einziger wirklich grundlegende und brauchbare Arbeiten über den Wirtschaftsplaner Wallenstein vorgelegt hat, hat wohl mit dieser These recht. Die Armee ging in allem voran, und die Wirtschaft war auf die Bedürfnisse der Armee eingestellt, nicht auf das Aufblühen des Landes selbst.

Wie stark das soldatische Denken sein wirtschaftliches Handeln beeinflußte, wird besonders deutlich an der Form, in der er die Wirtschaftsgüter für die Armee bereitstellte und sicherte, nämlich in dem Getreidespeichersystem. Hier war in kleinem Maßstabe das Magazinsystem vorweggenommen, das, großartig ausgebaut, dann den Heeren Ludwigs XIV. ihren Rückhalt gab und, von allen Staaten übernommen, der gesamten Kriegführung der nächsten 150 Jahre seinen Stempel aufprägen sollte.

Allerdings muß das System zusammengesehen werden mit Großlieferungen von Material – Waffen und Ausrüstung –, das nicht im eigenen Land hergestellt werden konnte, jedenfalls nicht in der erforderlichen Menge. Mit Hilfe des Prager Bankiers Hans de Witte, der mit erheblichem Eigenkapital an den Lieferungen beteiligt war, bezog Wallenstein von allen Handelsplätzen und Rüstungsstätten Europas Kriegsmaterial. Vor allem Nürnberg, Suhl, die Niederlande und Köln tauchen in den Abrechnungen über Musketen, Piken und Rüstungen immer wieder auf. Pulver oder Salpeter wurden vornehmlich aus Süddeutschland, Schlesien und Polen bezogen. Die Abwicklung dieser Großhandelsgeschäfte konnte Wallenstein nicht mit der diktatorischen Gewalt betreiben, wie er es bei den Kontributionsforderungen und der friedländischen Kriegswirtschaft gewohnt war. Die Geschäftspartner blieben unabhängig und seinem Zugriff entzogen. Um der Konkurrenz – allen kriegswilligen Fürsten und Ländern Europas – zuvorzukommen, genügten nicht allein Organisation und geschickte Verhandlung, es war das Bargeld, das Wallenstein präsentieren konnte und das ihm in den meisten Fällen die Lieferungen sicherte.

Die wallensteinische Armeebewirtschaftung war – alles zusammengenommen – keineswegs zu dem reibungslos funktionierenden Verwaltungsapparat ausgebildet, wie er etwa hundert Jahre später in Preußen zu finden ist. Die verschiedensten Faktoren wirkten in- und gelegentlich auch wohl noch neben- oder gar gegeneinander. Traditionsgebundene Rechte, neuer Kriegsbrauch und rationelle Geschäftspraxis waren innig miteinander vermischt. Die Obersten blieben theoretisch auch weiterhin Privatunternehmer und für Werbung, Beköstigung, Besoldung, Bekleidung und Ausrüstung der Söldner ihres Regiments verantwortlich. Praktisch aber waren sie weiterhin auf die Belieferung durch Wallenstein angewiesen und von seinen Weisungen abhängig.

Theoretisch stand ihnen Wallenstein nur als kaiserlicher Feldherr gegenüber, der jedoch dieses Amt erhalten hatte, weil er als Finanzier und Großunternehmer das Heer aus eigenen, dem Kaiser vorgeschossenen Mitteln aufgestellt hatte. In der Praxis dagegen okkupierte er die Stellung eines Kriegsherrn, dessen Rechte von der Ernennung der höheren Offiziere und Generale bis zur Festlegung der Feldzugspläne und

Winterquartiere er für sich in Anspruch nahm, dessen Pflichten zur Ausrüstung und Versorgung der Truppe er aber auch in einer so großzügigen Weise erfüllte, wie es weder dem Kaiser noch einem anderen Kriegsherrn der Zeit möglich war. Ermöglicht wurde ihm diese kontinuierliche Betreuung durch die Koppelung des Kontributionssystems, das neben der täglichen Verpflegung bares Geld erbrachte, mit seiner Kriegswirtschaft, dessen Magazinalwesen in Verbindung mit den Großhandelslieferungen eine gewisse Kontinuität der Versorgung garantierte. Der ganze Komplex läßt sich zweifellos als ein zwar grandioses aber doch rein privatwirtschaftliches Unternehmen erklären. Durchführbar war dieses Unternehmen allerdings nur dann, wenn die kriegsherrliche Gewalt, also Hoheitsrechte in Anspruch genommen wurden. Damit wird ein Problem angesprochen, das zu den bekanntesten und zugleich rätselhaftesten dieser Zeit gehört, Wallensteins Rolle in der Politik.

Die Politik Wallensteins

Wenn Wallenstein unter den historischen Persönlichkeiten nächst Napoleon in der Literatur am häufigsten behandelt worden ist, so liegt dies weder an seinen militärischen, noch an seinen wirtschaftlichen Erfolgen, sondern an der Rätselhaftigkeit seiner Politik. Anders als der Nur-Feldherr Tilly war er ein durch und durch politischer Mensch. Als Entgelt für seine militärischen und militärisch-finanziellen Dienste sind ihm vom Kaiser ganze Fürstentümer übereignet oder verpfändet worden, er selbst wurde in den Reichsfürstenstand erhoben – alles Erfolge, die jedoch ohne politische Ambitionen nicht denkbar sind.

Es lassen sich, ohne der organischen Geschlossenheit Gewalt anzutun, aus der wallensteinischen Politik drei Interessensphären oder Schwerpunkte herauslesen. Verhältnismäßig einfach zu ergründen ist seine Finanz-, Wirtschafts- und Personalpolitik, die vor allem der Sicherung seiner eigenen Position und der Armee diente, ihm zugleich aber die Basis für seine weiteren politischen Wirkungsbereiche bot. Rigoros und skrupellos zeichnete sie sich dadurch aus, daß sie ähnlichen Bestrebungen anderer Feldherren auf der eigenen wie auf der Gegenseite zweifellos weit überlegen war. Trotzdem sind es nicht die Erfolge auf diesem Gebiet, die ihm seinen Platz in der Geschichte sichern.

Als zweite Sphäre kann seine reichsständische Politik angesehen werden, also die Politik, die er als ernannter, wenn auch nicht akzeptierter reichsständischer Fürst, gestützt auf das Vertrauen des Kaisers und vornehmlich auf die eigene Kriegsmacht, im Rahmen des Reiches betrieb. Sie schaffte ihm einige wenige Freunde im kaiserlichen Lager, aber viele unerbittliche Gegner im Lager der alten, »echten« Reichsstände. Diese Politik hob ihn eindeutig aus dem Kreis der Condottieri und Feldherrn heraus. Wie sich herausstellte, überstieg sie aber auch die eigenen Kräfte, führte zu seiner Absetzung auf dem Regensburger Kurfürstentag, dem Ende des ersten Generalats, und letzten Endes auch zu seiner Ermordung in Eger.

Eng mit der reichsständischen Politik verwachsen sind die Bestrebungen Wallensteins, dem Reiche selbst eine neue Struktur zu geben. Diese Vorstellungen sind es, die ihn zu einer der interessantesten und zugleich undurchsichtigsten historischen Persönlichkeiten werden ließen. Soweit die spärlichen Quellen eine einheitliche Auffassung zulassen, können die folgenden Fakten wohl als allgemein anerkannt gelten. Wallenstein hat geglaubt, daß es möglich wäre, die zerbröckelnde Reichseinheit und die schwindende Reichsgewalt wiederherzustellen. Als Staatsform scheint ihm eine Art »aufgeklärter Despotismus« (Wostry) vorgeschwebt zu haben, der seinem Hang nach diktatorischer Organisation und Verwaltung entsprach. Zentralisierung der

Macht in der Hand des Kaisers, der durch eine starke Reichsarmee gestützt werden sollte, dementsprechend Schwächung der reichsständischen Gewalten, insbesondere der Kurfürsten, unbedingte und schnelle Wiederherstellung des Reichsfriedens, Befreiung des Reichgebietes und seine Sicherung gegenüber fremdländischen Heeren, aber auch Eroberungskriege nach außen, vor allem gegen die Türken – das ist, schlagwortartig zusammengestellt, das Programm, das sich aus seinen Äußerungen herauslesen läßt. Er stieß mit einer solchen Reichspolitik nicht nur auf die unbedingte Opposition der Reichsstände, sondern auch auf das völlige Unverständnis des Kaisers, der in ganz anderen Kategorien dachte. Ausgesprochen suspekt wurde dann die Stellung Wallensteins während seines zweiten Generalates. Er erzwang in dieser Zeit nicht nur unerhörte Machtbefugnisse vom Kaiser, sondern konspirierte in Verkennung der eigenen Situation mit den feindlichen Parteien, um die böhmische Königskrone zu erringen. Intrigen und gegenseitiges Mißtrauen führten dann zu seinem Sturz und zu der Ermordung, die die deutschen Länder von einem Alpdruck zu befreien schien.

Die politischen Ambitionen Wallensteins sind militärgeschichtlich insofern aufschlußreich, als sie zeigen, wie weit ein Söldnerführer des 17. Jahrhunderts in die Politik eindringen, ja, die Politik beherrschen konnte, wenn er die Möglichkeiten seiner Zeit zu nutzen verstand. Der beginnende Absolutismus bot durchaus Voraussetzungen dafür, daß einzelne starke Persönlichkeiten neben einem schwachen Herrscher einzigartige und ausschlaggebende Positionen einnehmen konnten – man denke an Richelieu in Frankreich oder Oxenstjerna in Schweden. So gesehen bildete der Aufstieg Wallensteins eher ein Symptom der Zeit als eine Ausnahme. Aber es war in der neueren Zeit – abgesehen vom italienischen Condottierewesen des 14. und 15. Jahrhunderts, das sich jedoch in viel kleineren Verhältnissen entwickelt hatte – noch nicht vorgekommen, daß ein Söldnerführer, gestützt auf die Gewalt seiner Soldtruppen, politische Ansprüche erhob und durchsetzte, die zu einer erheblichen Verschiebung der Machtverhältnisse führten, wenn nicht gar die gesamte überkommene Struktur des Reiches bedrohten. Noch standen die besoldeten Streitkräfte und ihre Führer außerhalb der gewachsenen politischen Ordnung. Man bediente sich ihrer als Mittel einer gewaltsamen Politik, aber man fand sie ab und beteiligte sie nicht an den politischen Erfolgen oder Mißerfolgen. Vor dem Hintergrund des großen Krieges zeichneten sich nun neue Ordnungsvorstellungen ab. Die Söldnerarmeen besaßen nicht mehr nur den Stellenwert eines bloßen politischen Hilfsmittels, sondern gerieten als realer politischer Faktor in das Spiel hinein, wenn ein politisch so agiler Kopf wie Wallenstein an ihrer Spitze stand. Das Zusammenspiel von Finanz- und Wirtschaftspolitik mit der Militärpolitik war nicht mehr allein für die Kriegführung notwendig, das Militär schien einen dauernden Platz in der Politik einzunehmen und zwar an hervorragender Stelle.

Trotzdem wäre es verfehlt, in Wallenstein und dem von ihm organisierten Kriegswesen eine Entwicklungsstufe zum Stehenden Heer des Absolutismus zu sehen. Schon die Tatsache, daß sein ganzes System mit seinem Abtritt zusammenbrach, legt den Schluß nahe, daß die militärische Gewalt allein als Ausgangsbasis nicht ausreichte. Seinen politischen Vorstellungen ist von vornherein bei der gegebenen Struktur des Reiches ein utopischer Gehalt nicht abzusprechen. Aber es kam auch niemand auf den Gedanken, sein durchorganisiertes und gut funktionierendes Kriegswirtschaftssystem als Fundament der kaiserlichen Kriegspolitik zu erhalten. Das Herzogtum Friedland wurde konfisziert, die Herrschaften und Güter einzeln an seine Gegner verteilt. Sein 1632 vorgelegter Plan, für die kaiserlichen Erblande eine Rüstungsindustrie zu schaffen, die Habsburg vom Ausland unabhängig machen sollte, blieb ebenfalls eine Fiktion. Nur sein Kontributionssystem, aus dem ursprünglichen Söldnerkrieg entwickelt und ihm daher sehr nahe, fand unmittelbare Nachahmung.

3. Ausschuß- und Soldtruppen im Vergleich

Die Defensionswerke, das oranische Heer der Reform und das Heer Wallensteins waren keine Vorstufen zum Stehenden Heer – etwa als Teile einer Entwicklungsreihe – sondern lediglich Phänomene einer Zeit, die nach Formen einer ständigen Kriegsmacht suchte. Allerdings hatten sie damit einen gemeinsamen Nenner: sie waren alle als Kontinuum konzipiert, bildeten jedes für sich zum mindesten in der Theorie die Lösung für eine stehende Truppe. Sie konnten also von der späteren Zeit als Versuchs- oder Erprobungsreihen ausgewertet werden, so daß die im späten 17. Jahrhundert in Erscheinung tretenden Stehenden Heere gar keinen eigenen Entwicklungsgang benötigten.

Als Kriterium für eine Auswertung ist als erstes – wie immer bei militärischen Einrichtungen – der Komplex der Finanzierung und Bewirtschaftung heranzuziehen. Ausschußtruppen waren für den Landes- und Kriegsherrn die mit Abstand billigsten und wirtschaftlichsten Streitkräfte. Es entstanden keine Werbekosten, sie beköstigten sich weitgehend selbst, Sold und Quartier waren nur während eines Einsatzes aufzubringen, wobei die Landstände die Finanzierung abdeckten. Lediglich Ausrüstung, Bekleidung und Bewaffnung gingen zu Lasten des Landesherrn, der sich durch Steuerumlagen schadlos zu halten versuchte. Räubereien oder gar Brandschatzungen und gewaltsame Eintreibungen waren von den Ausschußtruppen nicht zu befürchten. Aber sie konnten die heimische Wirtschaft dadurch schädigen, daß sie ihr bei längeren Einsätzen Arbeitskräfte entzogen.

Dagegen war die Söldnerarmee der Oranier eine ausgesprochen kostspielige Angelegenheit und setzte ihrer ganzen Anlage nach einen zahlungskräftigen Kriegsherrn voraus, da sie nur unter der Voraussetzung einer geregelten Besoldung und Bewirtschaftung in dieser Form funktionierte. Dafür wurde die Bevölkerungs- und Wirtschaftspolitik des Landes nicht belastet, die disziplinierten Truppen bestanden ja aus freiwilligen und zum großen Teil ausländischen Söldnern und waren dafür bekannt, daß sie sich der Bevölkerung gegenüber auch nicht die kleinsten Übergriffe leisteten.

Die wallensteinische Soldateska wiederum erwies sich für ihren formalen Kriegsherrn – den Kaiser – als über Gebühr teuer, für den eigentlichen Kriegsherrn – Wallenstein – jedoch als selbst für die zeitgemäßen Verhältnisse außergewöhnlich gewinnbringend. Land und Bevölkerung allerdings wurden als systematisch auszubeutende Wirtschaftsbasis betrachtet, deren Existenz lediglich zwecks Erhaltung der Armee nicht zerstört wurde.

Als zweites Kriterium fällt neben der Finanzierung genau so schwer das Verhältnis ins Gewicht, das die genannten militärischen Erscheinungsformen zum Staat oder besser – da der Staat als der die öffentlichen Angelegenheiten integrierende Faktor noch nicht bestand – zum Landes- und Kriegsherrn und vielleicht auch zur ständischen Gesellschaft zugestanden erhielten. Die Defensionswerke wurden vom Landesherrn errichtet und durchorganisiert, er besetzte die »Befehlshaber«-Stellen – zumindest die höheren – und entschied über ihren Einsatz. Allerdings geschah dies vielfach nur nach Absprache mit den Landständen, die sorgsam darüber wachten, daß die Ausschüsse im Interesse des Landes und nicht nur des Landesherrn ihren Pflichten nachkamen und die aus der von ihnen beherrschten unteren Verwaltungsebene her maßgeblich Dienst und Zweck der Landesverteidigungsorganisationen mitbestimmten. Die Praktik, die Ausschüsse den landesherrlichen Soldtruppen an- oder einzugliedern, lief auf den umstrittenen Versuch hinaus, die Landesausschüsse aus dem ius sequelae heraus- und in den Fürstendienst zu übernehmen. Dieses Verfahren gehört jedoch erst einer späteren Zeit an.

Anders stellte sich das Problem während der oranischen Reform in den Niederlanden. Die Streitkräfte der Prinzen von Oranien als den niederländischen Statthaltern waren Söldnerregimenter, die von den Generalstaaten bewirtschaftet und besoldet und von den Statthaltern lediglich befehligt wurden. Darüberhinaus waren sie in keiner Form in den Staat oder die Gesellschaft integriert. Gerade das von Lipsius geforderte enge Verwachsensein von Staat, Gesellschaft und Armee war der Zustand, der von den Oraniern als den Herren der bewaffneten Macht mit aller Entschiedenheit vermieden wurde. Sie waren eifrig darum bemüht, die Armee nach taktischen Gesichtspunkten durchzuorganisieren, ihr einen starken moralischen Halt zu geben, sie zu disziplinieren, eben als eigenständige Söldnertruppe zu verbessern, waren sich jedoch immer der Tatsache bewußt, daß in dem Maße, wie sich die Armee dem niederländischen Staatsvolk öffnete – etwa in der Koppelung von Wehrdienst mit Bürgerrechten – sie ihrer Verfügungsgewalt entzogen wurde: aus der oranischen wäre eine niederländische Armee geworden. So blieben speziell die heute so modern anmutende Reformvorschläge des Justus Lipsius unausgeführt.

Trotzdem ist es den oranischen Statthaltern nicht gelungen – sie haben es verschiedentlich versucht – als Inhaber der militärischen Gewalt auch die politische Gewalt an sich zu reißen und die Niederlande in ein absolutistisches oranisches Fürstentum zu verwandeln. Die Generalstaaten haben sehr genau darauf geachtet, daß in ihrem Land kein Stehendes Heer entstand, sondern daß nur Truppen zur Fortführung des Freiheitskampfes gegen Spanien gehalten wurden, die außerdem in der Versorgung ständig von ihnen abhängig blieben.

Selbstverständlich hatte das Halten von Truppen nicht nur militärische und kriegsmäßige sondern auch politische Auswirkungen; Truppen dienten der »Fortsetzung der Politik mit anderen Mitteln«, aber als ein tragendes Element der Politik waren sie nicht gesehen worden. Diesen Übergang vom Militär als dem Mittel, dem Instrument der Politik zu einem lenkbaren, aber auch selbsttätigen politischen Faktor, hat Wallenstein zu finden versucht. Dabei sollten die Unterschiede nicht zu stark akzentuiert werden. Sicherlich hat der Generalissimus oft genug seine Armee als Druckmittel zur Erzwingung politischer Entscheidungen eingesetzt, damit stand er in einer unendlich langen militärischen Tradition. Aber es ist festzuhalten, daß in der Konzeption einer Reichspolitik, wie sie Wallenstein von namhaften Wissenschaftlern nachgesagt wird, das Militär einen integrierten unverzichtbaren Bestandteil bildete, und zwar als frei verfügbare Dauereinrichtung.

Für das Zusammenspiel von militärischen und politischen Ambitionen in der Kulisse des bereits als Dauerzustand empfundenen Kriegstreibens ist Wallenstein nicht das einzige Beispiel. Zumindest das Streben nach Landbesitz, einem Fürstentum, das nicht nur wirtschaftlich Sicherung zu garantieren schien, sondern auch persönliches Prestige und eine politische Position vermittelte, ist bei vielen, speziell dem Hochadel zugehörigen Söldnerführern zu finden, etwa bei Ernst von Mansfeld. Doch es gab auch neben dieser stark an das italienische Condottieretum erinnernden, von Egozentrik bestimmten Haltung einzelne Gestalten, die – ohne den eigenen Vorteil zu vergessen – in übergeordneten politischen Kategorien zu denken und zu handeln bemüht waren. Unter diesem Aspekt darf neben Wallenstein, der bei aller Undurchsichtigkeit doch als ein Vertreter kaiserlich-habsburgischer Reichspolitik gelten kann, die nicht minder glanzvolle Gestalt des großen Parteigängers der protestantischen Sache und erklärten Feindes Habsburgs nicht übersehen werden, eines der militärisch begabtesten Heerführer des Dreißigjährigen Krieges: Bernhard von Weimar (1604–1639).

Erzogen zu einem streitbaren, für seine Überzeugung kompromißlos eintretenden Lutheraner, schloß sich der bereits seit seinem 18. Lebensjahr auf protestantischer Seite kämpfende jüngste Sohn des Herzogs von Sachsen-Weimar sofort nach der Landung des schwedischen Heeres Gustav Adolf an, wurde im selben Jahr schwedischer Oberst und ein halbes Jahr später General. Er galt als ein recht schwieriger und eigenwilliger militärischer Führer, der jedoch mit dem Sieg in der Schlacht bei Lützen 1632, in der er nach dem Tode des Schwedenkönigs das gesamte Heer befehligte, seinen ersten anerkannten großen Erfolg errang. Spannungen mit der schwedischen Generalität und dem Kanzler Oxenstierna, vor allem aber der Verlust der Schlacht bei Nördlingen 1634 zwangen ihn, das speziell für ihn zusammengestellte und ihm von der schwedischen Krone als Lehen überlassene Herzogtum Franken aufzugeben und 1635 als schwedischer General in französische Dienste zu treten und eine von Frankreich unterhaltene Armee am Oberrhein zu befehligen. Dazu erhielt er die Landgrafschaft Elsaß und konnte von dieser Basis aus seinen Kampf gegen Habsburg systematisch und mit erheblichem Erfolg weiterführen. Nach der Eroberung der Festung Breisach zeichneten sich die Konturen eines von ihm beherrschten Machtkomplexes ab, mit dem sich die politischen Gewichte im deutschen Raum zu verschieben begannen, wenn sich auch die Beziehungen zum Frankreich Richelieus damit merklich abkühlten. Das protestantische Deutschland sah in Bernhard von Weimar seine neue zentrale Gestalt. Wie weit er den Forderungen gerecht zu werden vermocht hätte, bleibt ungewiß. Er starb 1639 mit 34 Jahren an den Blattern. Seine Landgrafschaft geriet völlig unter französische Herrschaft; seine Armee wurde durch geschickte Manipulationen in französische Dienste überführt und bildete dort den Grundstock des späteren Stehenden Heeres.

Es ist also – um ein Fazit zu ziehen – weder den Oraniern noch Wallenstein oder Bernhard von Weimar gelungen, ihre Armeen als politisches Vermögen einzubringen und sich auf diese Weise einen Platz in der großen Politik zu erkaufen. Aber sie haben das Beispiel abgegeben. Die regierenden Fürsten spürten, daß die Armeen einen neuen Stellenwert im politischen Getriebe erhielten, daß sie einerseits zu einer übermächtigen Gefahr für die bestehende Staatenwelt anschwellen konnten, daß ihnen andererseits aber auch als immanenter und unverzichtbarer Bestandteil des sich neu strukturierenden absolutistischen Staates eine bleibende Existenzberechtigung zugesprochen werden mußte.

Ebenso schälte sich die Erkenntnis heraus, daß für den absolutistischen Landesherrn nur das frei verfügbare, das heißt an keine andere politische Potenz gebundene Söldnerheer den Ansprüchen genügte. Die passende Heeresform war also bereits gefunden. Probleme ergaben sich noch aus Fragen der Aufstellung, Haltung und Finanzierung, des Schutzes der einheimischen Wirtschaft und der Untertanenschaft, der Engagierung des Adels ohne eine – wie bisher übliche – Zubilligung von Privilegien und ähnliche notwendige Regelungen. Besonders auf dem Gebiet der Rekrutengestellung konnte auf erprobte Praktiken der Defensionswerke zurückgegriffen werden, so daß die Heeresaufbringung sogar als verfassungsrechtlich vertretbare Maßnahme von der Kriegsgeschichtsschreibung anerkannt worden ist. Wenn späterhin das Stehende Heer Züge gewann, die es merklich von den Söldnerarmeen des 17. Jahrhunderts unterschieden – etwa der stark milizartige Charakter speziell der preußischen Armee – dann ist darin die gelungene Einpassung des Aufgebots zu sehen, nicht etwa eine bewußte Veränderung des Söldnercharakters, wobei natürlich der Gang der Entwicklung Modernisierungen nicht ausschloß. Der Zeitgeist der Aufklärung zum Beispiel bewirkte besonders in der Phase des Aufgeklärten Absolutismus Humanisierungstendenzen etwa in der Behandlung und Haltung der Mannschaften oder in der Versorgung. Darin sollten jedoch nicht Anzeichen für den natürlichen Übergang zu einer spezifisch neuen Auffassung vom Wesen des Soldaten oder des Wehrwesens gesehen werden, sondern lediglich das Bemühen, das Söldnerheer an die neuen Zeitumstände anzugleichen. Selbst die Konskriptionssysteme einschließlich der Allgemeinen Wehrpflicht im frühen 19. Jahrhundert, die doch tatsächlich unmittelbarer Ausdruck eines neuen politischen Denkens sein sollten, erfaßten den Soldaten – der ja immer noch einem absolutistischem Regime diente – eher als kurzfristigen Kapitulanten denn als »Bürger in Uniform«.

Mit einem Wort, für die zu errichtenden stehenden Kontingente und Heere des frühen Absolutismus waren die Söldnerregimenter in ihrer Grundstruktur nicht nur eine brauchbare, sondern die ideale Wehrform. Es mußte nur noch die geeignete Form gefunden werden, sie in das vorhandene Staatswesen zu integrieren – das heißt sie in die alleinige Gewalt des Landes- und Kriegsherrn und aus dem Kriegszustand in den möglichen permanenten Friedenszustand zu überführen.

C. Das Stehende Söldnerheer

1. Voraussetzungen für die Begründung und den Bestand

a. Definition und Diskussion des Begriffs

Zur Definition

Die historische Erscheinung des Stehenden Heeres hat die letzten dreihundert Jahre militärischen Geschehens grundlegend bestimmt. Es hat diese Ära jedoch nicht als unveränderliches Kontinuum bis in die Gegenwart überdauert, sondern hat sich in recht verschiedenartigen Daseinsformen offenbart, so daß selbst das Herausarbeiten eines Grund- oder Idealtyps auf Schwierigkeiten stößt.

So erscheint schon der allgemein gebräuchliche Ausdruck »Stehende Söldnerheere des Absolutismus« bei strenger Auslegung fragwürdig. Die Heere des 18. Jahrhunderts bestanden – zumindest nach heutigen Vorstellungen – weder vorwiegend aus Söldnern noch waren sie stehend. Ein Söldner wird geworben, dient also freiwillig; die Söldner dieser Zeit waren zumeist gepreßt, dienten offenbar nicht aus freien Stücken, wie das gravierende Desertionsproblem beweist. Im übrigen war die überwiegende Zahl der Soldaten nicht geworben, sondern aufgeboten, gezogen, kantoniert – in Preußen rund die Hälfte, in den übrigen deutschen Ländern über drei Viertel des Bestandes. Sie wurden zwar wie Söldner gehalten, etwa im Gegensatz zu den Angehörigen der Milizen oder Landwehren, entsprachen aber sonst kaum der allgemeinen Vorstellung von diesem Soldatentyp. Zum Zweiten standen außerhalb der zwei- oder dreimonatigen Exerzierzeit vor den Revuen nur soviel Soldaten unter Waffen, wie für die Wachen benötigt wurden, alle übrigen waren beurlaubt oder erwarben als Freiwächter einen wesentlichen Teil ihres Lebensunterhalts durch zivile Arbeit. Die wirklichen Zustände erinnern also mehr an Milizsysteme als etwa an die tatsächlich »stehende« Linie des 19. Jahrhunderts. Trotzdem hat der Ausdruck »Stehende Söldnerheere« für das reguläre Militär dieser Zeit Gültigkeit erlangt, denn im Unterschied zu der nur für einen Feldzug geworbenen Soldateska ist es als stehende Truppe, im Unterschied zu den Konskriptions- und Wehrpflichtheeren des folgenden Jahrhunderts, als Söldnertruppe zu bezeichnen.

Bereits der Status der Heeresangehörigen ist nicht eindeutig zu definieren: welche Kriterien sind an ihn als Pflichtigen, welche an ihn als Söldner anzulegen? Die auf Lebenszeit Kantonspflichtigen oder Zwangsausgehobenen des 18. Jahrhunderts sind den Wehrpflichtigen zur Zeit des Deutschen Bundes und des Kaiserreiches (1815–1918) in der Wehrmacht (1935–1945) und in der Bundeswehr mit kurzer, gesetzlich festgelegter Dienstzeit kaum an die Seite zu stellen. Die Geschichtsschreibung hat sich, wenn sie sich überhaupt auf eine Begründung einließ, mit der Behauptung aus der Affaire gezogen, die Kantonspflicht sei entweder eine Weiterentwicklung der früheren Landfolge oder eine Vorform der Allgemeinen Wehrpflicht.

Ebenso fragwürdig, wenn nicht fragwürdiger wird das Modell des Söldners als durchlaufender Typus. Der normale Söldner des späten 17. und 18. Jahrhunderts wurde geworben – er trat also durch einen freiwillig geschlossenen Vertrag in die Dienste eines Kriegsherrn, dies allerdings nur in der Theorie – und diente ein ganzes Leben gegen festen Sold. Demnach wäre Söldner ein antiquiertes Synonym für Berufssoldat. Doch gerade den lebenslang dienenden Soldaten fehlte – wenn auch nicht durchgängig und keineswegs prinzipiell – eine Eigenheit, die speziell den Berufssoldaten auszeichnen sollte: die Freiwilligkeit bei der Verpflichtung zum Diensteintritt und für eine begrenzte Dienstdauer.

Demgegenüber wurde mit der offiziellen Einführung der Allgemeinen Wehrpflichtigen einer bestimmten Gruppe von Pflichtigen, nämlich den Einjährig-Freiwilligen, Vergünstigungen zugestanden: Wahl des Truppenteils, Wahl der Dienstzeit u. ä., die einen Typ des freiwilligen Nicht-Berufssoldaten oder gar als Paradoxon den freiwilligen Pflichtigen einführten.

Ebenso ist die Gestalt des Kapitulanten nicht deutlich festzulegen. In den Anfangsjahren der Stehenden Heere wurden mit gezogenen Milizionären Kapitulationen abgeschlossen, die ihnen bei Übertritt zur regulären (stehenden) Truppe eine festbegrenzte Dienstzeit von zehn oder zwölf Jahren zusicherten, sie also gegenüber der Masse der geworbenen, lebenslänglich dienenden Soldaten durch Garantie einer kürzeren Dienstzeit begünstigten. Dagegen erhielten im 19. Jahrhundert die Unteroffiziere – die erst nach zwölfjähriger Dienstzeit einen Anspruch auf den Zivilversorgungsschein hatten – Kapitulationen, die jeweils nach ein oder zwei Jahren verlängert wurden, die also die Kapitulanten durch eine gewährte längere Dienstzeit aus der Masse der Wehrpflichtigen heraushob. Sie gerieten damit aber in völlige Abhängigkeit von ihren Kompaniechefs, die ihnen ihre Befähigung und damit die Anwartschaft auf einen künftigen Zivilberuf immer wieder neu bestätigen mußten. Für die Soldaten der Reichswehr wiederum war die Kapitulation auf zwölf Jahre die einzige Möglichkeit, Berufssoldat zu werden, eingeschlossen ein erleichterter Übergang in einen Zivilberuf. In der Bundeswehr endlich bilden die Kapitulanten – die Z-Soldaten – mehr eine Zwischenlösung, sie sind Wehrpflichtige im Status eines kurzfristigen Berufssoldaten.

Es kann leicht in die Irre führen, moderne Begriffe wie »Berufssoldat« auf die Zeit des Söldnertums anzwenden. Der große Teil der Soldaten gehörte bereits entweder durch Geburt, wie die Bauernsöhne, oder durch Ausbildung, wie die Handwerker, einer Berufsgruppe an und arbeitete während und nach der Soldatenzeit in diesem Beruf. Es wird daher nicht vom Soldatenberuf, sondern vom Soldatenstand gesprochen.

Lediglich auf die Offiziere wäre der Ausdruck Berufssoldat anwendbar: sie versahen täglich ihren Dienst und sie dienten freiwillig und den größten Teil ihres Lebens, gehörten auch keiner anderen Berufsschicht an. Nur ist auch hier eine tiefgreifende Einschränkung zu beachten. Der Offizier sah sich bis weit ins 19. Jahrhundert hinein nicht einer Berufsgruppe, sondern einem Stande zugehörig und meinte damit keineswegs den Soldatenstand allgemein, sondern sehr betont den Offizierstand, denn es war speziell das ständische Denken, das den Offizier vom Soldaten trennte. Die äußerlich gleichmachende Uniform überdeckte unüberbrückbare Unterschiede.

Die historische Würdigung all dieser Zusammenhänge wird zusätzlich durch eine moralische Komponente beeinflußt. Die Gewohnheit, die Vergangenheit mit modernen Begriffen zu interpretieren, führt leicht dazu, daß Ausdrücke der Gegenwart in die Vergangenheit projiziert, aber auch Ausdrücke der Vergangenheit mit einem gegenwartsinadäquaten und zumeist pejorativen Inhalt in die Gegenwart übernommen und wieder auf die Vergangenheit zurückprojiziert werden: die Vergangenheit wird damit zur unvollkommenen, überwundenen Vorgeschichte der Gegenwart. Die Bezeichnung »Söldner« hatte für den Soldaten der letzten anderthalb Jahrhunderte, der sich als der alleinige Verteidiger des Vaterlandes aus dem Volke herausgehoben und mit einer besonders ehrenvollen Aufgabe betraut sah, die diffamierende Bedeutung eines bindungslosen Strauchdiebes und Hasardeurs. Auch die öffentliche Meinung klassifizierte eine auf Geldgewinn, Karriere und Abenteuer ausgerichtete Haltung, die sie Angehörigen ziviler Berufe als durchaus positiv konzedierte, beim Soldaten als »Landsknechtsdenken«. Die heutige Zeit, die aus den Erfahrungen der letzten Kriege dem Soldaten nicht mehr das Monopol des Opferns für das Vaterland zuspricht und die gelernt hat, soldatische Tätigkeit im Frieden als schlichte Berufsausübung zu werten, wird auch dem früheren Söldner wenn nicht Wohlwollen, so doch Gerechtigkeit angedeihen lassen.

Die Vielfalt der Stehenden-Heeres-Typen zeigt sich nicht nur in ihrer personellen Zusammensetzung. Mit jedem Aspekt ergeben sich neue Verschiedenartigkeiten. Eine vergleichende Analyse etwa ihrer Funktionsfähigkeit – Mobilität, Kriegsbereitschaft, Schlagkraft – zeigt ein noch stärker differenziertes Bild.

Die bewaffnete Macht des deutschen Kaiserreiches (vgl. Bd. 2 und Bd. 3, Abschn. V) galt bis weit ins 20. Jahrhundert hinein als der Prototyp eines Stehenden Heeres, denn die stets kriegsbereite Linie hätte ohne die Reserve einen Feldzug durchstehen können. Landwehr oder gar Landsturm, der die Masse der Wehrfähigen angehörten, waren von der militärischen Führung für den Kriegsfall gar nicht eingeplant.

Doch das Sicherheit ausstrahlende Bewußtsein der Kraft, das ihr als dem die Macht des Reiches auf Dauer repräsentierenden Waffenträger eigen war, beruhte im Grunde auf einem militärpolitischen Irrtum. Sie genoß mit der Allgemeinen Wehrpflicht bereits die für sie vorteilhaften Voraussetzungen eines Volks- und Massenheeres, verfügte z. B. über ein schier unerschöpfliches Menschenreservoir für zuverlässige Rekruten, bewegte sich aber noch weitgehend in den Denk- und Planungskategorien der Kabinettsheere, deren Rekrutierungssorgen sie überwunden hatte. Die scharfe Absetzung der Linie von der Landwehr und damit die Konsolidierung eines repräsentativen Stehenden Heeres gegenüber dem unzuverlässigen Volksaufgebot – schienen durch die siegreichen Einigungskriege – noch als Kabinettskriege geführt – gerechtfertigt zu sein.

Es mußte erst der Weltkrieg mit seinen Massenheeren und Materialschlachten begriffen werden, um das Antiquierte in dieser Konzeption des Stehenden Heeres zu offenbaren (vgl. Bd. 3, Abschnitt V).

Wenn die Reichswehr der zwanziger Jahre – wieder eine Form des Stehenden Söldnerheeres – noch effizienter als die stehenden Landeskontingente des kaiserlichen Deutschlands wirkten, so beruht auch dieser Eindruck auf einer Fehleinschätzung. Der Eindruck berücksichtigt nämlich lediglich ihren Status als Polizeitruppe zur Aufrechterhaltung der inneren Ordnung. Als ein mögliches, vollgültiges Kriegsinstrument konnte sie nur Kaderfunktionen haben, das Jahre für eine ausreichende Auffüllung benötigte (vgl. Bd. 5, Teilabschnitt Borgert C).

Diese Auffüllung vollzog sich dann in der Wehrmacht. Aber gerade sie kann nicht als Grundtyp eines Stehenden Heeres angesehen werden, da sie sich im ständigen Ausbau befand (vgl. Bd. 4, Abschn. VII Schottelius-Caspar). Ihr fehlte eine Voraussetzung, die als eine der wenigen gemeinsamen Eigenschaften bei allen übrigen Spielarten stehender Truppen zu finden ist: die Anlage als Dauereinrichtung, die ihnen eine wenig veränderte Existenz im Kriege wie im Frieden sichert. Ihr fehlte das Maß an Statik, das eine auf Kontinuität eingerichtete Institution braucht, um dauern zu können. Ihr hektischer, improvisierter, rein auf einen bereits eingeplanten Krieg ausgerichteter Aufbau im Zusammenhang mit der zunehmenden Militarisierung des ganzen Volkes weist ihr Beurteilungskriterien zu, die der neueren deutschen Militärgeschichte bis dahin nicht bekannt waren.

Es ist also nicht so, daß das Stehende Heer als ein erratischer Block in gewachsener Eigenständigkeit und Umwandelbarkeit drei Jahrhunderte überdauert hat. Im Gegenteil, keine Institution war so abhängig vom öffentlichen Leben und den herrschenden Gewalten wie das Militär in Gestalt des Stehenden Heeres. Es hat nicht an Bestrebungen gefehlt, die Streitkräfte aus diesen Bindungen zu lösen und zu verselbständigen. Die Distanzierung des Offizierkorps, seine so berühmte unpolitische Haltung, alle Bemühungen um das Aufrechterhalten der Armee als »Staat im Staate« finden ihre Erklärung in der Tendenz, eine eigene militärische Welt aufzubauen. Trotzdem hat dieses Militär zu keiner Zeit die Beständigkeit und Integrität aufgewiesen, wie sie für andere Bevölkerungs- und Berufsgruppen – den Bauern, dem Handwerkertum, der Beamtenschaft – selbstverständlich waren. Nicht zuletzt aus diesem Grunde ist der »soldatischen Tradition« eine solche Bedeutung zugewachsen; sie betonte die Eigenständigkeit, überbrückte die Brüche zwischen den verschiedenen politischen Perioden, die sich naturgemäß auch auf die Streitkräfte auswirkten, und stilisierte militärische Verhaltensweisen zu ständigen und also absoluten Werten hoch und verlieh ihnen so zugleich politische wie sittliche Berechtigung.

Aber trotz Uniform und Tradition, trotz eigener Gerichtsbarkeit und eigenen Ehrbegriffen blieb es die politische und soziale Umwelt, die das Gesicht des Stehenden Heeres geprägt hat, das damit in jeder Epoche andere Züge annahm. Mit anderen Worten, die stehenden Armeen, Truppen oder Kontingente der einzelnen Länder und Epochen sind weniger aufgrund irgendwelcher, dem Militär immanenter Strukturen oder Gesetze zu analysieren, sondern vornehmlich als ein ins Militärische übersetztes Spiegelbild der Zeit, und dies in weit stärkerem Maße als es die ältere Militär-und Kriegsgeschichte wahrhaben wollte.

Natürlich ist die militärisch-fachliche Komponente nicht außer acht zu lassen. Neben gelegentlichen, zukunftsgerichteten Reformbewegungen – inauguriert durch einen fortschrittsgläubigen Potentaten sind sie in jedem Land einmal anzutreffen – zeigte sich als Regel ein statisches Beharren an überkommenen Praktiken und Haltungen, das sowohl aus den Vorteilen wie aus den Fehlern der Vergangenheit zu lernen bemüht war. Aber es gab vor, das Alte zu verbessern, nicht zu verändern. Politische, soziale Verschiebungen wurden aufgefangen und überspielt. Wenn dann in relativ kurzer Zeit auch die Streitkräfte ein wesentlich verändertes Bild boten, dann schien rein militärisches Denken der Anlaß zu sein.

Für die Bildung der ersten stehenden Truppenkörper bedeutet dies, daß die Zeitgenossen kaum bemerkten, wie hier etwas Neues entstand. Die Geschichte der Anfänge der Stehenden Heere ist also in Vorgängen der früheren Geschichte zu suchen und in der Geschichte ihrer Vorläufer. Dreißig oder fünfzig Jahre später allerdings erinnerten die einheitlich uniformierten, streng disziplinierten und gedrillten Regimenter mit ihren auf den Landesherrn eingeschworenen Offizierkorps – zumindest in den Staaten, die Wert auf eine geordnete Streitmacht legten – kaum noch an das freie Söldnertum, aus dem sie sich vor nicht allzu langer Zeit geformt hatten.

Trotz aller Uniformität in der Entwicklung fehlt es daher an durchlaufend anwendbaren Kriterien für eine verbindliche Definition des Stehenden Heeres. Es sind mehr allgemeine Charakteristika, die in anderer Zusammensetzung in anderen Epochen auch bei anderen Streitkräften zu finden sind. Allgemein verbindlich für die Neuzeit insgesamt sind nur zwei Merkmale: die Konzeption der Kontinuität der Kontingente, womit nicht gesagt ist, daß sie tatsächlich über einen längeren Zeitraum existierten, und die unmittelbare Bindung der Kontingente an den Repräsentanten der herrschenden politischen Gewalt eines Staates, d. h. an den Kriegsherrn.

Für die Zeit des Absolutismus kommt als drittes Kriterium hinzu, daß nur Söldner als Soldaten gehalten und in Rechnung gestellt wurden, die zur freien Verfügung des Kriegsherrn standen – und zwar unabhängig von der Form ihrer Verpflichtung.

Die zeitgenössische Diskussion um den »Miles Perpetuus«

Die Frühe Neuzeit hat in ihrem Streben nach Disziplinierung und einer erträglichen Fixierung der militärischen Zustände immer vom »miles perpetuus«, von dem »Soldaten auf Dauer« als einer Idealform gesprochen. Dieser Ausdruck ist von der Militärliteratur der letzten hundert Jahre ausnahmslos als ein wohl antiquierter aber angemessener Ausdruck für Stehendes Heer benutzt worden. Dabei ist jedoch ein recht gravierender Unterschied unbeachtet geblieben. Miles perpetuus bedeutet Domestizierung des einzelnen freien Söldners, damit erhöhte Militärausgaben, aber auch Erlösung von der Landplage der vagabundierenden Soldateska, geregelte Ausbildung zum Soldaten, überschaubare militärische Verhältnisse, mit einem Wort: Ordnung und Sicherheit im militärischen Bereich (von der allerdings auch Landesherr und Bevölkerung profitierten).

Stehendes Heer bedeutet Schaffung einer ständigen bewaffneten Macht, damit ständige Steuern – wie sich erweisen sollte: eine der stärksten innenpolitischen Stützen der Landesherrn –, es bedeutete weiterhin: Ausschaltung oder doch weitgehende Zurückdrängung anderer, für unzuverlässig angesehener militärischer Organisationen wie der Miliz oder der Landwehr, Schwächung der ständischen und Stärkung der landesherrlichen Zentralgewalt, Repräsentation der Staatssouveränität, dauernde Kriegsbereitschaft – also Macht im politischen Bereich. Erstaunlicherweise hat gerade das Stehende Heer sogar, nachdem es erst einmal etabliert war, weitgehend auf den miles perpetuus zugunsten kurz dienender Pflichtiger und Kapitulanten verzichtet und dies nicht allein aus finanziellen sondern auch aus politischen Gründen.

Bei der Diskussion um den miles perpetuus sind zwei Richtungen zu unterscheiden. Eine ganze Reihe von Stimmen wollte das unsichere, teure und lästige freie Söldnertum durch einen miles perpetuus abgelöst wissen, der die Söldnerbanden nicht aufbesserte, sondern ersetzte. Ihre Vorschläge liefen im Grunde alle auf eine Art ständiges Volksaufgebot hinaus, also auf eine Miliz, die nach heutigen Vorstellungen nicht als stehendes Heer, sondern gerade die als dem Stehenden Heer kontroverse Lösung angesehen wird. Die Hauptvertreter sind bereits genannt: Machiavelli, Johann VI. von Nassau, Moritz der Gelehrte von Hessen.

Für eine zweite Richtung hieß miles perpetuus nicht Ersatz, sondern Weiterentwicklung des Söldnertums. Zu ihr gehört der in seiner Zeit bekannteste und in allen

Sätteln gerechte Militärschriftsteller Johann Jacobi von Wallhausen, der zwar, der Mode entsprechend, 1621 mit seiner »Defensio patriae oder Landrettung« auch einmal das Ausschußwesen pries (s. S. 76 und 125 f), aber in seiner sechs Jahre früher erschienenen »Kriegskunst zu Fuß« für die »continuirliche Besoldung« der Kriegsleute eintrat, um die Unverträglichkeiten der Musterung und Abdankung und das »Garten« der Abgedankten zu vermeiden. Wallhausen war im Übrigen kein origineller Theoretiker, seine Stärke lag in der geschickten Kompilierung fremder Meinungen und er verdankte seinen literarischen Erfolg nicht zuletzt dem Bestreben, die Ansichten der schreibunlustigen Fachleute seiner Zeit wiederzugeben.

Ein halbes Jahrhundert später brachte nun ein wirklicher Fachmann und erfahrener Heerführer seine Meinungen über die »großen Vorteile der stets unterhaltenden Kriegs-Heere« zu Papier, der kaiserliche Generalissimus und Präsident des Hofkriegsrates Raimund Graf Montecuccoli, Sieger über die Türken 1664 bei St. Gotthard a. d. Raab. Er war ein Feldherr – vielleicht der einzige seiner Zeit –, der seine Karriere nicht als Oberst und Regimentschef begonnen, sondern buchstäblich von der Pike auf gedient hatte, mit der Problematik also von Grund auf vertraut war und der – was für uns heute von Wert ist – zu den wenigen Praktikern gehörte, die ihre Erfahrungen schriftlich niedergelegt haben.

Nach Montecuccoli bringen stehende Truppen einem Fürsten folgende Vorteile: 1. Er ist geachtet und in Stand gesetzt, entweder den Frieden zu erhalten oder auf der Stelle Krieg zu führen, einen Hilfesuchenden zu unterstützen und die Verlegenheit eines Feindes schnell zu nutzen. 2. Er hat eine rechte und unsterbliche Armee, recht, weil die Soldaten alt und versucht (d. h. geübt, erfahren) sind, unsterblich, weil sie nicht abgedankt wird. Sie sind der Wall eines Staates, die Sicherheit des Vaterlandes, anders als »neue frisch angeworbener Soldateska«. Er ist imstande, einen Entschluß sofort in Taten umzusetzen, zu marschieren »und den Donner-Strahl empfinden lassen ehe man den Blitz gesehen habe«.

Den Landständen gegenüber bestritt er, daß eine beständige Armee eine unerträgliche Last für das Land und die gemeine Kasse sei, ihr wohl schwerwiegendstes Gegenargument. Aufschlußreich für die Situation ist es, daß er sich genötigt sah, zwei besondere Punkte nachdrücklich zu widerlegen. Er bestritt, daß »eine immerwährende Armee der Freiheyt und den Privilegien der Stände nicht geringen Eintrag thät«, mit dem Argument, daß den Privilegien kein Eintrag getan wird, wenn die Stände auf einmal bewilligen, was sie sonst jedes Jahr bewilligen müssen. Außerdem – so setzte er rigoros hinzu – sei die Macht, sich der Errichtung einer beständigen Armee zu widersetzen, ein schädliches Privileg und sollte daher abgeschafft werden. Den dritten Einwand, die Möglichkeit eines Aufstandes der auf Dauer angenommenen Soldaten, tat er mit den Bemerkungen ab, daß gegen solches Unheil viele Mittel vorhanden seien und daß man unter zwei Übeln immer das geringste wählen soll.

Für den alten Kriegsmann Montecuccoli war es selbstverständlich, daß die beständige Armee aus geworbenen Söldnern zu bestehen habe. Doch offerierte er auch einen weiterführenden Vorschlag, der beweist, daß er sowohl die Reformversuche der Nassau-Oranier kannte, als auch mit der Heeresstruktur seines türkischen Gegners vertraut war. Man sollte, nach seinen Worten, eine Kriegs-Schule (gemeint ist hier aber Soldatenschule) in jeder Provinz einrichten, wie sie für die Janitscharen im Serail bestand. Dort könnten die »Waysen«, die unehelichen, Bettel- und andere armen Kinder«, die in den Hospitälern untergebracht waren, in Kriegsübungen unterrichtet werden. (Nach: Afforismi ... della guerra col Turco, ... 1670, in der deutschen Übersetzung von 1736).

Im Gegensatz zu den militärischen Fachleuten – wie Wallhausen oder Montecuccoli – die recht wirklichkeitsnahe Projekte für die Einrichtung des miles perpetuus entwickelten, aber doch lediglich eine Verbesserung der bestehenden Kriegsmaschinerie erstrebten, indem sie den vorhandenen Söldner in ein dauerndes System einzufügen versuchten, gab es noch eine zweite Gruppe von Verfechtern des Stehenden Heeres ganz anderer Provenzienz, die Staatsrechtler. Sie wurden bei dem Bemühen um eine wirklichkeitsnahe Staatstheorie mit dem Problem der Praktizierung der Wehrhoheit und der militärischen Repräsentation des Staates konfrontiert.

Besonders eindringlich lassen sich diese Zusammenhänge an den Schriften des Leidener Professors Justus Lipsius demonstrieren. Er forderte – wie bereits im Kapitel über die oranische Heeresreform dargelegt worden ist (s. o.) – eine moralisch und staatsrechtlich begründete, eigene, sehr modern anmutende Form des Stehenden Heeres, die allerdings für die nächsten Jahrhunderte wirklich Theorie blieb. Lipsius hielt im Prinzip am Söldner fest, wollte ihn aber durch Auslese aus den Untertanen gewinnen – er lehnte also fremde Kriegsvölker ab – und suchte ihm eine aus der Schule des Neostoizismus begründete neue Auffassung von Pflicht und Disziplin zu geben.

Zu ähnlichen Ergebnissen kam 1670, also ein gutes halbes Jahrhundert später als Lipsius, der deutsche Philosoph und Staatsrechtslehrer Gottfried Wilhelm Leibniz, der es dabei verstand, seine grundsätzlichen Vorstellungen in die damalige reale politische Welt einzupassen, wenn auch, wie Lipsius, ohne unmittelbaren Erfolg.

In den »Bedenken von der Sekurität des deutschen Reiches« von 1670 schlug er als Ersatz für die unzulängliche Reichsverfassung und unter Ausschluß von Österreich und Brandenburg ein Bündnissystem der übrigen Reichsstände vor, in dem jeder Stand bereits im Frieden ein Regiment zu Fuß und eines zu Pferd aufzustellen hatte und damit eine Stimme in dieser Union erwarb. Kleinere Stände könnten sich zu einer solchen Einheit zusammenschließen. Damit wäre eine Allianz von 14 bis 15 Stimmen und ein ständig unterhaltenes Reichsheer von rund 17000 Mann erreicht worden.

Die Begründung des Sekuritätsvorschlages mit weiteren Erläuterungen sind enthalten in den »Allerhand Gedanken, so zum Entwurf der Teutschen Kriegsverfassung gehören«. Dort heißt es: »Wenn wir im Reiche sicher gehen wollen, müssen wir unsere Rechnung darauf machen, daß wir für uns selbst ,auch ohne fremde Hilfe bestehen können. Dazu nun gehören zwei Dinge: Vorrath von Geld und Munition und wohlgeübtes Volk«. Den Adel, mit dem er sich eingehend beschäftigte, rechnete er zeitentsprechend keineswegs zum Kriegsvolk, sondern glaubte, ihn nur in Form eines Ordens, wie die Johanniter oder Malteser, für Kriegszwecke einsetzen zu können, wobei er eine Klärung offen ließ. Die von alters her umstrittene Frage, ob Aufgebot oder Soldknechte besser seien, entschied er eindeutig zugunsten der letzteren. In früheren rauhen Zeiten, so meinte er, sei das Aufgebot sinnvoll gewesen. Durch Christentum, Künste und Wissenschaften seien aber die Leute »in einen anderen Stand geraten;.. haben weder die Kräfte und Herz noch den Willen, es bis aufs Äußerste kommen zu lassen und ihr Leben ohne Not zu wagen, und sind also nur diejenigen zu den Waffen recht tüchtig, die man dazu ausersehen, darin geübt und oftmal in die Gefahr und wieder herausgeführet«.

Trotzdem rechnete er einen Ausschuß zum »ordentlichen Kriegsvolk« jedoch nur als Schule junger Leute, um aus ihnen Soldaten zu machen, »also wären die Übungen oder Drillungen des Ausschusss gleichsam die Akademie der gemeinen Knechte«. Die eigentlichen Streitkräfte sollten aus »rechten Soldaten oder besoldeten Knechten« bestehen, nicht zu alt, unverheiratet und im Gebrauch der Waffen geübt.

Doch die eigentlichen Leitgedanken bei der Errichtung stehender Truppen sind weder aus den Theorien akademischer Staatsrechtslehrer noch aus den Erfahrungen praxisbefangener Troupiers oder ihrer Kompilatoren gewonnen worden. Alle diese in sich logischen, rational begründeten, moralisch gerechtfertigten, politisch notwendig erscheinenden Prospekte spiegeln die Diskussion wider, haben sicherlich Einfluß auf die Planungen, möglicherweise sogar auf den tatsächlichen Verlauf der Entwicklung genommen. Errichtet worden sind die Stehenden Heere jedoch von den Landes- und Kriegsherren nach Maßstäben, die sie selbst zu setzen glaubten.

Dabei spielten Einwendungen von außen, etwa vom Kaiser als dem eigentlichen Inhaber des ius armandi, dem Reichstag und dem Reichskammergericht als höheren Instanzen, nur eine theoretische Rolle. Der Landesherr besorgte oder kontrollierte die Besoldung, Bewirtschaftung, Unterbringung und Bewaffnung der Truppe, die Annahme, Ausbildung und Entlassung (Beurlaubung) der Soldaten und die Leitung der Befehls- und Verwaltungshierarchie wie der Jurisdiktion. Dennoch wurde damit die absolute, durch nichts eingeschränkte Abhängigkeit der stehenden Truppe vom Landesherren nur demonstriert, denn auch seine Pläne und Anstrengungen wurden nicht nur eingegrenzt, sondern auch in ihrer Richtung von fremden Kräften und Zwängen bestimmt. Speziell zwei Faktoren, die sich ebenso in der allgemein politischen Struktur als gravierend abzeichneten, regelten auch weiterhin Aufbau und Bestand der Armeen: erstens die Finanzierung der Truppen und zweitens das Verhältnis des landständischen Adels zur Truppe, wobei die enge Verkoppelung beider Probleme keineswegs so zeittypisch ist, wie das preußische Beispiel zu zeigen scheint. Trotzdem, in dem Maße, wie die Vorstellung vom auf Dauer dienenden, kriegserfahrenen Söldner als einer Verbesserung der Kriegsmaschinerie abgelöst (wenn auch nicht aufgehoben) wurde von der Erkenntnis, daß eine kontinuierlich funktionsbereite Streitmacht ein hervorragendes Instrument der Politik in der Hand des Landesherren darstellte, sei es im inneren oder äußeren Bereich, im Krieg oder im Frieden, wurde der Begriff des miles perpetus ersetzt durch den des Stehenden Heeres.

Es gab also in Deutschland des 15. bis 17.Jahrhunderts wohl eine Diskussion um den Söldner auf Dauer und seine Problematik, es gab auch immer wieder Erscheinungen mit bestimmten Merkmalen einer stehenden Truppe, aber es gibt keine deutsche Entwicklungsgeschichte des Stehenden Heeres. Dazu fehlten in den deutschen Territorialstaaten – den Reichsständen – die Voraussetzungen, auch in dem aus mehreren Territorien gebündelten Österreich, ganz zu schweigen von den noch nicht zur staatlichen Einheit zusammengewachsenen Ländern Brandenburg und Preußen. Der Reichstag als das gemeinsame Organ der Reichsstände kam zwar über die dauernde Diskussion hinaus gelegentlich zu allgemeingültigen Bestimmungen, wie etwa der Wormser Matrikel von 1494 (s. u.), mußte es aber zulassen, daß ihre Verbindlichkeit außerordentlich bedingt blieb. Ebenso sollte der Versuch des Kaisers Maximilian nicht übersehen werden, aus den Landsknechten eine Art Reichstruppe zu formen. Nur erwiesen sich alle diese Beispiele, die von der Literatur sicherlich angeführt werden müssen, in der Praxis ihrer Zeit von einer geradezu bedrückenden Bedeutungslosigkeit.

An wirkungsvolleren historischen Vorbildern hat es nicht gefehlt, stehende Truppen sind keine Erfindung der Neuzeit. Bereits in der Antike lassen sich eine Fülle von Spielarten nachweisen. Ebenso bietet das Mittelalter, dessen Kriegswesen in viel stärkerem Maße vom Söldnergewerbe geprägt worden ist, als die Geschichte des Gefolgschafts- und Lehnswesens glauben machen möchte, mehrere Ansatzpunkte für die Entwicklung eines, wenn auch bald wieder zerfallenden, herrschertreuen stehenden Söldnerkontingents; bekannt geworden ist vor allem das Sarazenenheer Kaiser Friedrichs II. (1212–1250) in Sizilien. Werden im Mittelalter die Anfänge des modernen Staates und die ihm adäquate militärische Gewalt aufgespürt, dann fällt der Blick auf den französischen König Philipp II. August (1180–1223), der bereits mit Hilfe einer Landeskriegssteuer Söldnerbanden auf längere Zeit in einem Soldverhältnis hielt. Frankreich war es dann auch, das in der frühen Neuzeit auf seine Weise als einzigartiges Beispiel die Beziehungen zwischen politischer und militärischer Macht richtungweisend durchgespielt hat.

b. Das französische Beispiel

Wenn im einleitenden Kapitel darauf verwiesen wurde, daß es für die Zeit des Absolutismus und seiner Vor- und Frühformen wohl die Geschichten der deutschen Länder gibt, aber als übergeordnete Kategorie keine deutsche sondern nur eine europäische Geschichte, so geschah dies insbesondere im Hinblick auf die militärpolitischen Zusammenhänge. Deutschland hat seinen gemessenen Teil am Werden des neuen Europa beigetragen, der Weg zum zentral gelenkten Großstaat wurde von ihm nicht gefunden. Daher brauchte von ihm die Frage nach der bewaffneten Gewalt eines solchen staatlichen Gebilde nicht ernsthaft gestellt zu werden.

Für Frankreich gelten andere Maßstäbe. Philipp II. kann noch als Einzelfall gesehen werden; doch diese Fälle mehrten sich. In dem langwierigen Kampf um den zentralistischen Staat hat sich das französische Königshaus zwangsläufig um eine ständige königstreue Wehrmacht bemühen müssen. Die Armeen des absolutistischen Frankreich unter Ludwig XIV. fußten auf den Erfahrungen von Generationen. Sie galten bis zur Schlacht von Höchstädt 1704 für unbesiegbar. Den deutschen Landesfürsten blieb gar keine andere Wahl, sie konnten sich mit oder gegen Frankreich engagieren, Vorbild blieb es für sie immer.

Vorstufen

Im Vergleich zu Deutschland hat Frankreich im späten Mittelalter und in der frühen Neuzeit unsagbar blutige Epochen erlebt, die ihm alles Militärische schlechthin als apokalyptische Plage erscheinen lassen mußten. In der bedrückenden Erinnerung des Volkes blieben nicht allein die Schlachten und Verwüstungen der Feldzüge seiner so bunten und reichen Kriegsgeschichte vom Hundertjährigen Krieg gegen England bis zu den Hugenottenkriegen. Selbst in den krieglosen Zwischenperioden drangsalierten die entlassenen, bindungs- und einkommensfreien Söldnercameraderien das

Land in einem kaum vorstellbaren Maße, seien es die »Großen Kompanien« des 14. Jahrhunderts, seien es ganz allgemein die écorcheurs – die Schinder –, die Jahrzehnt um Jahrzehnt ganze Landstriche ausplünderten. Keiner der Großen des Landes, auch nicht der König, verfügte über die militärischen Mittel, dem Treiben Einhalt zu gebieten. So blieb nur die Möglichkeit, sie gegeneinander auszuspielen oder sie in einem neuen Feldzug zu dezimieren.

Schwerer noch als diese die Existenz der Bevölkerung bedrohende Situation, für die sich jedoch niemand verantwortlich zu fühlen schien, wog das politische Bedürfnis der Krone, sich in dem Parteienstreit eine auf längere Dauer mit Sicherheit königstreue Truppe zu verpflichten. Aber erst Karl VII. (1412–1461) den die Jungfrau von Orléans vom »König von Bourges« zum König von Frankreich gemacht hatte (wie Weygand sagt), konnte die Zeit nutzen und die ersten stehenden Streitkräfte konstituieren – die berühmten Ordonnanzkompanien.

Ihre Anfänge hatten die Ordonnanzkompanien bereits unter Karl V. (1364–1380) dem Weisen, als einer der Versuche des Königtums, sich durch Aufstellung eigener Kontingente der Abhängigkeit von den Söldnerhaufen der Feudalmächte zu entziehen. Durch königliche Ordonnanz überließ Karl 1373 ständig von ihm besoldeten Hauptleuten – den Capitaines ordonnés – die selbständige Errichtung von Kompanien aus Gensdarmen – aus adliger Reiterei – und zahlte ihnen dafür eine jährliche Pauschale. Nach dem Tode Karls V. blieben die Zahlungen aus und die Kompanien fielen bald wieder in den Status der übrigen Söldnerbanden zurück. Karl VII. erließ dann auf der Reichsversammlung von Orléans 1439 in Übereinstimmung mit den Ständen die »Lettre pour obvier aux pilleries et vexations des gens de guerre«, in der Max Jähns den Schritt aus dem Mittelalter in die Neuzeit sieht. Die Ordonnanz sicherte den Unterhalt neu zu errichtender königlicher Truppenteile durch Steuern, sprach ausschließlich dem König das Recht zu, Truppen zu halten und bestimmte Größe und Zusammensetzung der neuen Kompanien.

Jede der 15 Kompanien, die später erheblich vermehrt wurden, sollte aus 100 Lanzen bestehen, die Lanze (lance garnie) setzte sich zusammen aus einem schwergepanzerten Ritter als dem Inhaber und Führer und fünf leichtbewaffneten Reitern als Gehilfen. Genau besehen waren es also noch ausgesprochen feudal strukturierte Kampfscharen – nicht etwa die Anfänge der modernen Kavallerie –, die sich nur dadurch vor anderen, ähnlichen Verbänden auszeichneten, daß sie tatsächlich eine Elite bildeten, daß sie ausschließlich auf den König verpflichtet waren und daß sie nicht nur für einen Feldzug, sondern auf Dauer unter Waffen zur Verfügung blieben. Unterbringung und Verpflegung war Sache der Städte, für eine relativ korrekte Soldzahlung sorgten dazu speziell eingesetzte Zahlmeister. Möglich wurde das Ganze, weil die Bevölkerung, vor allem Adel und Städte, ein Interesse daran hatten, das Treiben der freien Söldnerbanden endlich einzudämmen und den dauernden Kriegszustand mit England zu beenden. So fand sich in dem reichen Kaufmann Jacques Coeur der Finanzier, ohne den ein solches Unternehmen nicht hätte begonnen werden können.

Außerdem gelang es dem König, 1439 die taille – eine Grund- und Personensteuer – an sich zu ziehen. Da mit der taille ursprünglich die Feudalherren ihre Untertanen besteuert hatten, erfaßte sie auch als königliche Reichssteuer weder den Adel noch die Geistlichkeit.

Wenn auch mit den Ordonnanzkompanien Elemente des modernen Staates verkoppelt waren – Wehrhoheit der Staatsführung, stehende Truppe, Unterhalt und Ausrüstung durch ständige Reichssteuer –, die Einrichtung selbst war und blieb bei aller Modernität ein Relikt der feudalistischen Epoche, denn ihren Kern formierten schwergepanzerte Ritter, die nach Ritterart lebten und kämpften und sich kaum den taktischen Forderungen und der strengen Befehlsstruktur einer späteren Zeit hätten einordnen können. Wenn auch eine Reihe von Modernisierungen die äußere Erscheinungsform wesentlich veränderte, die Kontinuität zu den späteren stehenden Regimentern konnte nicht gewahrt werden. Sie lieferten einen großen Teil des Offizierbestandes der neuen Infanterieverbände und gingen in ihrem Kern in den Adelskompanien des 17. Jahrhunderts auf, den Garden z. B. in Gestalt der Grands Mousquetaires, die auch in Deutschland – in Brandenburg und Sachsen – parallele Erscheinungen hervorriefen und ihrerseits als die letzten monarchischen Maßnahmen anzusehen sind, feudales Kriegs- und Kriegerwesen in geschlossenen Formationen – also nicht als Führungskader wie die Offizierkorps – aufzufangen und für die Neuzeit zu übernehmen.

Die Anfänge stehender Verbände moderner Prägung müssen beim besoldeten Fußvolk gesucht werden, denn nur dort waren die Merkmale und Eigenschaften des echten und brauchbaren miles perpetuus zu finden: Gehorsam, Disziplin, Vertragstreue, unbedenkliche Einsatzbereitschaft für jeden Kriegsfall, billige Ausrüstung, relativ unkomplizierte Werbung und Einstellung ohne Nachschubsorgen, und dies alles nicht gegen Ansprüche auf Zugeständnisse und Sonderrechte, wie sie beim Feudalkriegertum gang und gebe waren, sondern ausschließlich gegen Geld. Zweifellos hat sich auch die Reiterei im Laufe der Jahrhunderte den meisten dieser Kriterien angepaßt, ihre eigentlich feudale Herkunft war jedoch bis über das 19. Jahrhundert hinaus in vielen Eigenheiten zu spüren; in Preußen gab es noch bis 1713 gesonderte Kriegsartikel für die Kavallerie, die ihrem besonderen Ehrgefühl entsprachen.

Die Franzosen waren recht ungern Soldat, jedenfalls in der Anfangszeit der Stehenden Heere, wie General Weygand bedauernd feststellt. Es mag dahingestellt sein, warum die Bauern- und Handwerkersöhne Frankreichs keine Kriegsdienste nahmen oder warum sie nicht geworben wurden – es waren sicher weniger emotionale als soziale und wirtschaftliche Überlegungen, die dabei den Ausschlag gaben –, jedenfalls bezog das französische Königtum seit den Tagen Philipps des Schönen (1285–1314) bis zum Ende des 17. Jahrhunderts die Fußtruppen seiner Armeen in außergewöhnlich starkem Maße aus dem Ausland. So setzte sich, um ein Beispiel zu geben, das Heer Ludwigs XII. (1498–1515) in der Schlacht bei Agnadello 1509 aus 10000 Franzosen und 20000 Ausländern zusammen.

Die berühmteste Ausländertruppe der französischen Armee wurden die Schweizer (s. S. 120f). Bereits Ludwig XI. (1461–1483) zahlte den Schweizer »Pensionären« und einzelnen Orten Zehntausende von Francs, allein um im Geschäft mit den Fußknechten zu bleiben. Neben den wilden Reisläufern, die auf eigenes Risiko in fremde Dienste gingen, vermieteten die Obrigkeiten zumindest vom 16. Jahrhundert ab geschlossene Formationen. Die französische Krone ernannte die Obersten, die Schweizer Obrigkeiten setzten die Hauptleute ein, wie ein Vertrag von 1552 bezeugt. Daher spricht die Literatur (Jähns) sogar von »stehenden schweizer Regimentern«. Von 1474 bis 1715 sollen nach einer schweizerischen Berechnung rund 700 000 Mann gegen 1 146 Millionen Gulden Sold, allerdings einschließlich der Pensionen, für die französische Armee gestellt worden sein. Zu Beginn der französischen Revolution verfügte sie noch über 12 Regimenter mit insgesamt 14 000 Mann.

Rein französische Fußtruppen erschienen in den francs-archers, den Freischützen, so genannt, weil sie als Entschädigung von Steuern befreit waren. Gestellt wurden sie unmittelbar von den Städten und Dörfern, also ohne Einschaltung des Adels; sie bildeten reine Milizformationen, bedeuteten allerdings insofern einen Fortschritt, als mit ihnen das feudale Kriegsinstrumentarium bereits überspielt war. Nach schlechten Erfahrungen, wandelte Ludwig XI. die Dienstpflicht zum Teil in Steuern um und mietete Fremdtruppen. Doch ein Experiment bleibt erwähnenswert. Er zog um 1480 rund 15 000 Freischützen und »Lanzen« zusammen, ließ sie von 6000 Schweizern wie eine stehende Truppe ausbilden und legte sie nach drei Jahren als Besatzung in neuerworbene Gebiete, in das Artois und in die Picardie. Die als »bandes de Picardie« bezeichneten Verbände wurden von der französischen Militärgeschichte als die erste stehende reguläre französische Infanterie vermerkt. Die Krone hat sie vorsichtigerweise in keinem Krieg und schon gar nicht in einer Schlacht eingesetzt. Aber das System wurde weiter ausgebaut. Im Gegensatz dazu blieben die Provinziallegionen, die Franz I. (1515–1547) als Soldaten auf Zeit, also als eine Kompromißlösung aufstellte und die ausnahmslos versagten, Episode. Die in den einzelnen Landschaften – Champagne, Guyenne, Piemont u. a. – angesiedelten und nach ihnen benannten Banden überstanden dagegen sogar die turbulenten Jahrzehnte der Religionskriege, wurden in Regimenter umgewandelt, damit straffer organisiert. Selbst Heinrich IV., der nach dem Frieden von Verona mit Spanien 1609 sein Heer stark verminderte, hielt neben einigen Ordonnanzkompanien und den Schweizern auch die »alten« Regimenter unter den Fahnen. Sie bildeten einen der Sockel, auf dem das berühmte Stehende Heer Frankreichs aufgebaut werden konnte.

Neben dieser für die französische Nationalgeschichte bedeutsamen Entwicklung ist etwas später ein mehr am Rande liegender Vorgang für die Konstituierung eines Stehenden Heeres wichtig. Im Jahre 1639 starb plötzlich der protestantische Partei- und Heerführer Herzog Bernhard von Weimar. Seine in Breisach stehenden Truppen wurden daraufhin einem französischen General unterstellt und damit in unmittelbare französische Dienste übernommen. Es sei dahingestellt, wie weit diese von Richelieu geschickt lancierte Truppenüberführung im Sinne Bernhards war, der zwar seit 1635 als schwedischer General in französischen Diensten stand, aber mit seiner Armee durchaus eigene Pläne verfolgte. Ein Teil der Soldaten lief zu den Schweden über; die Masse der Regimenter zu Fuß und zu Pferd akzeptierten den Wechsel. Sie boten alle Voraussetzungen einer stehenden Truppe, die sich Frankreich in seiner innen- wie außenpolitischen Situation nur wünschen konnte und gaben in der Phase des aufsteigenden militärischen Ansehens des Königreichs und seines Königtums die Kader für die Armee Turennes ab.

Zur Zeit des Kardinals Richelieu (1624–1642 leitender Minister unter Ludwig XIII.), der sich in seiner kriegsauslösenden Außenpolitik wie in seinen absolutistischen antifeudalen innenpolitischen Maßnahmen auf eine möglichst stabile königstreue Armee stützen mußte, ergaben sich keine spektakulären militärischen Neuerungen. Zukunftsträchtig erwiesen sich seine Verwaltungsmaßnahmen, nämlich die Umwandlung der bisher landschaftlich orientierten Staatssekretariate in Fachressorts, so daß er einen speziellen secrétaire d'Etat de la guerre schuf, eine Art Kriegsminister. Der Staatssekretär – ein ziviler Beamter – stand an der Spitze einer zivilen Hierarchie von Intendanten und Kommissaren, die für die Bewirtschaftung, Ausrüstung und Besoldung der Armee verantwortlich zeichneten, aber in keinem Abhängigkeitsverhältnis zu irgend einer militärischen Stelle standen. Aufgrund ihres besonderen, unbeschränkten Dienstweges konnten sie naturgemäß eine empfindliche wirtschaftliche Überprüfung der Truppenführung in jeder Ebene wahrnehmen. Kontrollierte und damit geordnete Bewirtschaftung und Besoldung mußte sich wiederum positiv auf die Disziplin und Schlagkraft der Truppe auswirken.

Richelieu hat also nicht mehr mit der Armee und ihrer Form herumexperimentiert. Für ihn war sie als königliche stehende Truppe bereits ein fester Bestandteil des Staates, den es nicht mehr zu verändern, sondern lediglich zu festigen und zu verbessern galt; auch die Vereinnahmung der Armee Bernhards von Weimar paßt in das Bild. Sein Nachfolger im Amt, der Kardinal Mazarin (1642–1661), folgte ihm auf diesem Wege konsequent. Grund genug dafür bot ihm schon der Aufstand der Fronde, der ihm die Gefährlichkeit einer unzuverlässigen Truppenführung noch einmal drastisch vor Augen führte.

Der Aufstand der Fronde (1648–1653) – ursprünglich von bürgerlichen Kräften in Paris, vor allem vom Gerichtshof, dem Parlament – getragen, weitete sich zu einer aufrührerischen Bewegung der feudalistisch-restaurativen Aristokratie gegen das absolutistische Regime Mazarins aus. Nachdem auch Condé, Sproß einer bourbonischen Seitenlinie, also Prinz von Geblüt – und neben Turenne als einer der größten Feldherrn Frankreichs im 17. Jahrhundert gefeiert –, sich gegen Mazarin und den Hof stellte und das Heer rüstete, war es für den Kardinal Hilfe in größter Not, als ihm in dem zunächst noch schwankenden Turenne ein wertvoller Parteigänger erwuchs, der Condé in seine Schranken wies. Mazarin konnte, die Gunst der Stunde nutzend, die Ruhe wiederherstellen. Condé, zunächst in spanischen Diensten, wurde 1659 wieder in Gnaden aufgenommen. Als militärisches Ereignis hat der Frondeaufstand nicht nur dem französischen Königtum, sondern allen größeren europäischen Fürstenhöfen die Problematik der feudalistischen Wehrverfassung im sich modernisierenden Staat deutlich vor Augen geführt.

Le Tellier und Louvois

Doch es war weniger Vorsicht und Abwehr, sondern die zielbewußte, rein auf die Stärkung und gloriose Erhöhung der monarchischen Zentralgewalt eingerichtete Politik, die das öffentliche Leben Frankreichs in den nächsten Jahrzehnten beherrschte. Das Zeitalter des roi soleil fand neben einem Mann wie Colbert für Wirtschaft und Handel, insbesondere für die Armee und den Krieg talentierte, wenn nicht geniale Fachleute. Europa hatte zur Zeit des jungen Ludwigs XIV. (1643–1715) einem Condé oder Turenne keinen gleichwertigen Feldherren entgegenzusetzen. Namen wie

Marlborough oder Prinz Eugen hatten noch keinen Klang und bis zur Niederlage von Höchstädt 1704 galt die französische Armee als unbesiegbar. Für den Festungsbaumeister Vauban gab es keine Konkurrenz. Verwaltung, Ausrüstung und Bewirtschaftung des Heeres, die im Rahmen der Strategie und des Kriegsbildes noch eine wesentlich größere Bedeutung hatten als etwa im 19. Jahrhundert, lagen in den Händen von zwei routinierten Verwaltungsmännern, deren Tätigkeit hier speziell interessiert – Vater und Sohn Le Tellier (der Sohn nannte sich nach seinem vom Vater für ihn erworbenen Marquisat Louvois).

Michel Le Tellier (1603–1685) wurde, nachdem er verschiedene höhere Ämter in Paris versehen hatte, 1639 Intendant der Armee in Piemont. Dort lernte ihn Mazarin kennen und schätzen und berief ihn 1643 als Staatssekretär für Kriegsangelegenheiten (secrétaire d'Etat à la Guerre) nach Paris. Er erwarb sich das volle Vertrauen des Kardinals, hielt auch zur Zeit der Fronde kompromißlos zu ihm. Dem jungen König war er nach dem Tode des Kardinals eine anerkannte Stütze. Auch nachdem er 1666 vom Staatssekretariat zugunsten seines Sohnes zurückgetreten war, blieb ihm die volle Gunst des Königs erhalten, der ihm die verschiedensten Missionen übertrug und 1677 sogar das Staatssiegel anvertraute.

Sein Sohn François Michel Le Tellier, Marquis de Louvois (1639 oder 1641–1691) wurde bereits in jungen Jahren sein Gehilfe, 1668 Minister. Sein stetig wachsender Einfluß auf den König wirkte sich nicht nur auf militärfachlichem, sondern auch auf rein politischem Gebiet aus. Ihm werden maßlose Arroganz, rigorose Kälte, ja Grausamkeit nachgesagt, aber ebenso ein klares Urteil, eine geradezu geniale organisatorische Begabung und eine unerschöpfliche Arbeitskraft.

Vater und Sohn arbeiteten so eng zusammen, daß eine Trennung der einzelnen Tätigkeiten und Verdienste voneinander nicht sinnvoll erscheint, wahrscheinlich auch die Rolle des bescheiden zurückstehenden Vaters unterbewerten würde. Sie unterschieden sich jedoch in ihren Zielen. Le Tellier, im Verwaltungsdienst groß geworden, wollte Mängel ausmerzen und Möglichkeiten ausbauen. Es war ihm um die Effizienz der Armee zu tun, dies aber doch nur in einem abgesteckten und überschaubaren Rahmen. Louvois dagegen wollte in seinen sehr viel weiter gespannten Ambitionen erstens den durchorganisierten Heeresapparat konstruieren, der es Frankreich ermöglichte, seinen Platz als unbesiegbare Vormacht Europas einzunehmen. Zweites aber ist es ihm gelungen – und damit erhält diese auch politisch sehr ehrgeizige Persönlichkeit wohl ihren interessantesten Zug –, die Armee nicht über die Truppenführung, sondern über die Truppenverwaltung in die Hand zu bekommen, so daß er, natürlich im Namen des Königs aber praktisch in eigener Entscheidung, weitgehend über sie zu verfügen vermochte – eine den künftigen Jahrhunderten unverständliche Situation.

Die Reformen führten keinen originären Umbruch herbei, sondern müssen als Weiterführung schon früher in Angriff genommener Veränderungen gesehen werden. Es wurden auch beileibe nicht alle Reformen abgeschlossen. Auch führten sie in eine Phase kräfteverzehrender Kriege hinein – d. h. sie ermöglichten erst die Intensität dieser Kriege –, die im letzten Dezennium der Regierung Ludwigs XIV. Frankreich politisch, wirtschaftlich und militärisch zu einer Macht zweiten Ranges absinken ließ. Trotzdem sind die Reformen unter Le Tellier und Louvois für die europäische Militärgeschichte von einschneidender Bedeutung. Sie gaben einer ganzen Epoche ein Beispiel, nicht als nachzuahmendes Muster – die französischen Verhältnisse waren viel zu eigentümlich, als daß sie auf andere Staaten, insbesondere auf die deutschen Territorien hätten übertragen werden können –, aber als ein Zeichen dafür, daß das Militär einen neuen Stellenwert erhalten hatte.

Aus den sich vielfach überschneidenden Maßnahmen lassen sich drei Gruppen herausheben. Von den allgemein militärtechnischen, die Armee und insbesondere auch die Mannschaften betreffenden Erneuerungen und ihren Ergebnissen wären als erstes zu erwähnen die Sicherstellung einer dauernd, in Krieg und Frieden, funktionierenden Bewirtschaftung der Truppe: die Entwicklung einer kontrollierbaren Rüstungsindustrie, die Anlage von Magazinen und Arsenalen speziell auch in den Grenzregionen, die das Operationsfeld der Armee erweiterten, und die Einrichtung eines detailliert festgelegten Nachschubwesens. Zusammen mit dem großangelegten Festungskordon Vaubans waren damit die Voraussetzungen für die später so umstrittene, aber die damalige Zeit doch beherrschende Manöverstrategie (vgl. Bd. 5, Abschnitt IX.) hergestellt. Ebenso konnte die Modernisierung der Taktik auf einer Reihe von Verbesserungen fußen.

Das Bemühen, die Armee unter die Kontrolle des Königs oder besser der königlichen Verwaltung zu zwingen – eines der hervorstechenden Merkmale des gesamten Reformkomplexes –, zeigt sich in vielen Einzelheiten, so zum Beispiel bei der Mannschaftsrekrutierung. Auch noch die Armee Ludwigs XIV. war nur zur Hälfte stehend, blieb also im Frieden nicht vollständig unter Waffen. Nach Beendigung eines Krieges wurde rigoros entlassen, bei Planung oder Durchführung eines neuen Feldzuges intensiv geworben. Zur Zeit Richelieus lieferten Werbespekulanten gegen Pauschalen eine bestimmte Kopfzahl von Rekruten. Louvois sah noch keine Möglichkeit für ein landumspannendes, geordnetes Rekrutierungssystem. Doch legte er die Werbung in die Hände der Regimenter; sie wurde von Offizieren geleitet und unterstand einer Kontrolle. Für die Bevölkerung und speziell für die gepreßten Rekruten ergaben sich daraus keine Vorteile, sie waren den Machenschaften der berüchtigten racolage – der gewaltsamen Werbung – schutzlos ausgeliefert, wenn auch gesagt werden muß, daß die racoleurs, die ebenfalls ein Kopfgeld erhielten, in der Masse den Abschaum der Gesellschaft mit ihren Werbekniffen erfaßten. Aber die Armee erhielt einen relativ zuverlässig funktionierenden Ersatzapparat in eigener Regie.

Einig sind sich die zeitgenössischen Aussagen in der Betonung der Ordnung und Disziplin, die diese Armee im Vergleich zu ihren Vorgängern in allen Bereichen auszeichnete. Erreicht wurde dieser Standard einmal durch die ständige Kontrolle jeder Dienstobliegenheit und strenge Bestrafung aller Unterschleife, zum zweiten durch eine möglichst gleichartige und fürsorgliche Behandlung aller Soldaten. So unterstützten die zentralen Gewalten die Tendenz der Obersten zur einheitlichen Bekleidung ihrer Regimenter, zur Uniform, die mehr und mehr die gesamte königliche Armee als geschlossenes Ganzes erscheinen ließ. In der Verpflegung konnte über die Magazine eine gewisse Regelmäßigkeit erreicht werden; der Sold wurde, wenigstens innerhalb der Waffengattungen, vereinheitlicht – vorher hatte jedes Regiment seinen eigenen Soldsatz – und alle 10 Tage pünktlich gezahlt. Kasernen waren geplant; zu den Bauten, die von den Gemeinden finanziert wurden, kam es allerdings erst in den neunziger Jahren.

Während der Kriege wurden große Militärhospitäler eingerichtet; zur Versorgung Alter und Kranker wurde 1670 der Bau des Hôtels des Invalides in Paris in Auftrag gegeben – Maßnahmen, die aufs Ganze gesehen wohl mehr der Repräsentation als der Effizienz dienten, aber doch den Willen des Königs zur Verantwortung für seine Armee ausdrückten.

Parallel zu den Reformen und aufbauend auf ihrem tragfähigen Gerüst lief eine enorme Vergrößerung der Armee, wobei allerdings die Friedens- von den Kriegsstärken zu unterscheiden sind. Aus den ursprünglichen 30000 wurden im Devolutionskrieg (1667–68) bereits über 100000 Mann. Während des Holländischen Krieges (1672–78) stieg die Kopfzahl von anfangs 120000 bis auf fast 400000, sank nach dem Friedensschluß dann auf 150000 ab. Im Pfälzischen Erbfolgekrieg (1688–97) erreichte die Armee in den Jahren 1691–93 eine Stärke von 440000 Mann, nicht gerechnet die 25 000 Mann Provinzialmilizen, deren Aufgebot 1688 bereits anzeigt, daß die Kräfte des bislang so reichen Frankreichs durch die aggressive Kriegspolitik eines Louvois allmählich aufgezehrt waren.

Die riesigen finanziellen Aufwendungen für die Heeresvermehrungen haben wesentlich das Scheitern der Finanz- und Steuerreform Colberts, des großen Gegenspielers von Louvois, mitverursacht. Colbert beabsichtigte, die ungeheuerliche Steuerlast der Bauern – bis zu 53% ihres Ertrages ohne die Sonderabgaben – auf Handwerk und Gewerbe mitzuverteilen, die taille, die im 17. Jahrhundert um das Vierfache erhöht worden war, zu senken, die partisans – private Steuerpächter – und ihre Eintreiber abzuschaffen und einen überschaubaren jährlichen Etat einzuführen. Die rein auf Repräsentation bedachte, volkswirtschaftlichen Erwägungen gegenüber völlig gleichgültige Haltung Ludwigs XIV. begünstigte den verschwenderischen Gebrauch der Gelder für Hof und Armee, der dann zu der tiefen Verelendung Frankreichs im 18. Jahrhundert führte.

Neben den allgemeinen Verbesserungen der Armee schob sich als ein zweiter Komplex der Reformen ein Problem in den Vordergrund, das bereits in der oranischen Reform diskutiert worden war und die Entwicklung in den nächsten Jahrhunderten entscheidend bestimmte: die Fixierung der wirtschaftlichen, sozialen und politischen Struktur der militärischen Führungsschicht, der Offiziere. In dem Maße, in dem sich die angemieteten Söldnerbanden zu königlichen Regimentern wandelten, gewannen ihre Offiziere einen neuen Stellenwert. Für die nächsten 300 Jahre wurde nicht nur in Frankreich die Militärgeschichte zu einer Geschichte des Offizierstandes oder der Offizierkorps. Aber in Frankreich setzte dieser Prozeß erheblich früher ein als im übrigen Europa. Der Offizier war nicht mehr nur ein militärischer Anführer, er wurde Repräsentant verschiedener wirtschaftlicher, sozialer oder politischer Kräfte, die ihm eine noch nicht genau bestimmbare Relevanz verliehen. Wie weit war er noch geschäftstüchtiger militärischer Unternehmer, wie weit unbeirrt treuer Diener des Königs, Vertreter des feudalistisch orientierten Adels, In- und Machthaber der bewaffneten Gewalt oder reiner militärischer Fachmann? Nur die Frage, ob königstreu oder verfassungstreu, stand noch nicht zur Diskussion.

Nicht behoben werden konnte der Ämterkauf, der Handel mit den Stellen der Obersten und Kapitäne als Inhaber von Regimentern und Kompanien. Sie wurden wie Wirtschaftsunternehmen behandelt, bis 1660 konnten sogar Frauen solche Stellen erwerben. Ihr Besitz bedeutete in der Regel sozialen Aufstieg. Außerdem warfen sie erhebliche Gewinne ab. Die Stellen waren also sehr begehrt und durch gute Beziehungen und königliche Gnade gelangten noch im 18. Jahrhundert sogar Zwanzigjährige in den Besitz einer Oberstenstelle. Doch hatte es die Reform erreicht, die Ämterkumulation, also die Sammlung mehrerer Ämter in einer Hand, zu unterbinden.

Es wäre möglich gewesen, den Stellenhandel abzuschaffen, indem der Staat die Stellen aufkaufte und in Dienstränge ohne Besitzanspruch umwandelte; dazu fehlte aber das Geld. Er fiel übrigens keineswegs als außergewöhnlich aus dem Rahmen, auch in der Verwaltung war er üblich. Außerdem wird nicht zu Unrecht gesagt, daß er dem reichen Bürgertum, das durchaus den ständischen Frondegeist zu unterwandern vermochte, einen Weg in den Offizierstand öffnete. Doch setzte sich im 18. Jahrhundert die Dominanz des Adels wieder entschieden durch.

Auch soziale Verschiebungen in der Offiziersschicht hat die Reform nicht veranlaßt, wohl auch nicht beabsichtigt; es blieben drei gesellschaftlich deutlich voneinander zu trennende Gruppen bestehen. Die höheren Positionen besetzte der begüterte Hofadel, der seine Söhne angemessen versorgen konnte. Die langdienenden Routiniers, die, ohne eigenes Vermögen, mit 50 Jahren soviel erspart hatten, daß sie in der Lage waren, eine Kapitänsstelle zu kaufen und mit Glück bis zum Oberstleutnant aufstiegen, entstammten dem armen Provinzadel. Ein großer Teil der Subalternoffiziere – in Ausnahmefällen erreichten sie den Hauptmannsrang – waren bürgerlich und hatten sich als Offiziere von »Fortune« hochgedient.

Doch es hat Ansätze gegeben, den feudalen Aufbau in einer militärischen Rangordnung einzufangen. Der Versuch, in Kadettenkompanien wenigstens dem Nachwuchs einen uniformen, königstreuen Geist einzuimpfen, mißlang zunächst. Die 1682 eingerichteten zwei Kompanien wurden zwar bald auf neun vermehrt, verfielen aber nach dem Tode von Louvois. Erst 1726 erfolgte eine dauerhafte Neugründung. Für den Dienstbetrieb suchte eine Reihe von Vorschriften eine gewisse militärische Ordnung in das Herrenleben zu bringen: Residenzpflicht, Festlegung des Urlaubs, des Exerzier- und des Wachdienstes oder auch der Ehrenbezeigungen. In den höheren Rängen ergaben sich aus einer geschickten Doppelbesetzung der Dienstposten mit täglichem Wechsel der Befehlsgewalt gegenseitige Kontrolle und Neutralisierung.

Der entscheidende Einbruch in die feudale Militärhierarchie geschah durch zwei sich ergänzende Maßnahmen. Während noch bis in die sechziger Jahre das Recht der Ernennung und Beförderung von Offizieren bei den in der Regel hochadligen Marschällen oder Generalleutnanten als Befehlshabern der einzelnen Waffengattungen, speziell für die Regimentsoffiziere bei den Obersten (früher mestres de camp) lag, zog der König – das heißt in Wahrheit Louvois – diese Rechte an sich und löste damit den einzelnen Offizier aus der absoluten Abhängigkeit von seinen Vorgesetzten und band ihn an die Autorität des Souveräns. Zum zweiten ließ er die Beförderung nur in Ausnahmefällen von seinem Wohlwollen bestimmen, unterwarf sie vielmehr einem fast selbsttätigen Mechanismus – dem Dienstalter innerhalb einer bestimmten Rangstufe, der Anciennität. Natürlich funktionierte das System nicht reibungslos, schon der Stellenkauf wirkte als schwer zu umgehendes Hindernis, aber es waren neue Normen gesetzt. Doch nicht nur die Ordnung innerhalb der Ränge, auch die Ordnung der Ränge selbst wurde neu geregelt, so etwa 1654 die Rangordnung unter den Regimentern, die nun ihren Platz in einer Parade, in der Schlachtordnung oder auch nach einem Feldzug bei der Entlassung nicht mehr nach der Adelswürde ihres Chefs, sondern nach seinem Dienstalter einnahmen. Zu gravierenden Spannungen kam es nicht bei den Subaltern- oder Stabsoffizieren, sondern in den höheren Rängen, wo Adelsprädikat und militärische Stellung zueinander in echter Konkurrenz standen. Hier schaffte der »Ordre du Tableau« von 1675, der in der Literatur gerne als das greifbare Beispiel für die Umwertung der Werte angeführt wird, die notwendige Klarheit, indem er das Kommandorecht zwischen Marschällen in einem Feldzug nach ihrem Dienstalter als Generalleutnant festlegte. Da der Rang des Generals ausschließlich dem Monarchen als Kriegsherrn zustand, besaß der Generalleutnant faktisch die höchste militärische Stellung; Ehrentitel, wie der des Marschalls, bedeuteten nicht automatisch eine Erweiterung des Befehlsbereiches.

Die Bedeutung der Anciennität hat sich in dem folgenden Jahrhundert in bemerkenswerter Weise verschoben, ohne daß sie ihre Qualität eingebüßt hätte. Erst über sie gewannen die späteren Offizierkorps ihre politisch-gesellschaftliche Homogenität und Exklusivität, die ihnen ihre tragende Rolle im öffentlichen Leben vermittelten. Wurde sie im 17.Jahrhundert von der Monarchie dazu benutzt, adlig-ständische Selbstherrlichkeit zu unterlaufen, so diente sie hundert Jahre später einem durch sie bereits gleichgerichteten Offiziersstand, zumindest in den deutschen Ländern, als Bollwerk gegen Übergriffe des Monarchen und gewann um die Wende zum 19.Jahrhundert geradezu weltanschaulichen Charakter in der siegreichen Auseinandersetzung mit dem Leistungsprinzip, dem umstrittenen Auswahlkriterium des aufkommenden Bürgertums. Als »Regelbeförderung« konnte sie sich bis in die jüngste Gegenwart erhalten.

Da ein Generalleutnant auch als Befehlshaber einer Armee während eines Feldzuges immer nur als Vertreter des Souveräns fungierte, blieb seine Entscheidungsfreiheit eingeschränkt, nicht nur in Frankreich, aber hier ganz besonders stark. Aus der Sicht des Königs schadete es dem monarchischen Prestige und minderte seinen Anspruch auf gloire, wenn die königliche Armee in eine mißliche Lage geriet oder gar eine Schlacht verlor. Jede, auch kleinere Entscheidung über den Fortgang von Operationen wurde im Staatsrat in Paris, also im Kriegsministerium getroffen und es kam nicht nur einmal vor, daß der Feldherr im Angesicht des Feindes erst per Kurier die Erlaubnis einholen mußte, sich zu schlagen. In Paris sprach aber in jedem Falle Louvois das entscheidende Wort.

Mit der »Kriegführung aus dem Kabinett« wird ein dritter Komplex und damit der wohl hervorstechendste Punkt des Reformwerkes angesprochen. Von den bisher skizzierten Neuerungen war vieles bereits in Ansätzen in anderen Armeen vorhanden – Frankreich fand zum Beispiel Vorbilder in den Niederlanden –, oder aber sie wurden vom übrigen Europa übernommen, zum wenigsten als Anregung, verloren sehr bald ihr originär-französisches Kolorit und rechneten zu den dem Militär immanenten Erscheinungen, in denen sich die Streitkräfte allgemein von der zivilen Welt unterschieden. Nur ein Ergebnisbereich der Reformen – die Dominanz der Verwaltung – leitete keine europäische Entwicklung ein, obgleich in einigen zeitgenössischen anderen Armeen – in Österreich, auch in Bayern – ähnliche Praktiken den Zorn der Obersten und Generale hervorriefen. Die Vorstellung vom Vorrang der zivilen Militär-Verwaltung vor der militärischen Führung hatte keinen Platz in der preußischen Militärtradition, die den Gang der deutschen Entwicklung bestimmte, und wurde nur als eine typische französische Eigenart des Zeitalters mit vorsichtiger Distanz zur Kenntnis genommen.

Le Tellier und Louvois intensivierten den von Richelieu geschaffenen Verwaltungsmechanismus und verliehen ihm durch die nachdrückliche Berufung auf seine Immediatstellung über die Befugnisse eines reinen Kontrollorgans hinaus eine unangreifbare innenpolitische Machtposition, die sie persönlich als die eigentlichen Beherrscher des Apparates auch für ihre Zwecke zu nutzen wußten. Die bürgerlichen Intendanten und Kriegskommissare – Verwaltungsfachleute, die nichts mit der adligen Offiziersschicht verband und die in ihrer völligen Abhängigkeit vom Staatssekretär diesem und über ihn dem König absolut ergeben waren – überwachten alle militärischen Maßnahmen mit Ausnahme taktischer Vorgänge. In ihrer mittelbaren Verbindung über den Staatssekretär zum König stellten sie sich nicht nur als Kontrollorgane sondern als Repräsentanten der Krone dar. Vornehmlich dem Wirken dieser Verwaltungshierarchie war es zu verdanken, daß sich das feudalistisch orientierte Heer langsam zu einer königlichen Einrichtung wandelte. Allerdings gilt die Einschränkung, daß sich die Identität von militärischem und monarchischem Denken, wie sie dem preußisch-deutschen Offizierkorps nachgerühmt wird, bis in die Tage der französischen Revolution hinein nicht durchgesetzt hat.

Allein es genügte dem Machthunger des Kriegsministers Louvois nicht, daß selbst die hohe Generalität offiziellen Zutritt zum König nur über ihn erlangen konnte, um in heeres- und kriegswichtige Entscheidungen einzugreifen. Er nutzte seine selbstgeschaffene Unentbehrlichkeit dazu, als Generalinspekteur auch die Kontrolle über rein militärische Angelegenheiten zu usurpieren und als »stratège en chambre« die gesamte Kriegführung maßgebend zu bestimmen. Da er auch in der Diplomatie seinen Einfluß geltend zu machen wußte, hat er in seinem letzten Lebensjahrzehnt – immer im Namen und in Vertretung des Königs – die Geschicke nicht nur der Armee sondern ganz Frankreichs gelenkt.

Ähnlich dem absolutistischen Regierungssystem Ludwigs XIV. hat auch das militärische Reformwerk Kritik und scharfen Widerspruch hervorgerufen, wie Gembruch mit vier einprägsamen Beispielen belegt. Laut wurden die Gegenstimmen mit zum Teil recht modernen Akzenten allerdings erst zur Zeit der ersten Rückschläge. Einig waren sich alle Kritiker in der Ablehnung einer zivilen, materiefremden Herrschaft über das Militär, wobei für den einen bereits die eigenständige Bürokratie, für den anderen der allmächtige secrétaire d'Etat de la guerre als Stein des Anstoßes zu beseitigen war. Vertreter des geistigen Frankreichs, wie der Prinzenerzieher und spätere Erzbischof von Cambrai Fénelon (1651–1715) oder der Literat Abbé de Saint-Pierre (1658–1743) waren von der Verwirklichung der gerade in diesen Jahrzehnten heftig diskutierten Friedensidee enthusiasmiert. Beiden erschien Louvois als eine akute Bedrohung des Friedens, den zu sichern Fénelon – von der Philosophie herkommend – als moralische Pflicht, Saint-Pierre – mit dem praktischen Sinn des frühen Aufklärers – durch Gründung eines Staatenbundes und eines internationalen Schiedsgerichts als politische Aufgabe sah. Für den Herzog von Saint-Simon (1675–1755), einen späten, aber betonten Vorkämpfer der alten feudalistischen Gesellschaftshierarchie, waren ein ziviler Staatssekretär des Krieges, ebenso wie die Kriegführung aus dem Kabinett und die Ordre des tableaux skandalöse Neuerungen; er verlangte, nach wie vor alle maßgeblichen Kommandostellen ausschließlich der hohen Aristokratie vorzubehalten.

Vauban (1633–1707) dagegen, von niederem Adel und in Überwindung aller sozialen Schranken vom Ingenieuroffizier zum Marschall von Frankreich aufgestiegen, trat für den subalternen Offizier aus unbegütertem Adel, auch für die Unteroffiziere und Mannschaften ein, d. i. nicht für eine soziale, sondern für die Leistungshierarchie. Darüberhinaus formulierte er bereits Gedanken, die stark auf eine Allgemeine Wehrpflicht hinwiesen und den Praktiken der Reform, wie der Zwangsrekrutierung, widersprachen.

Kritische Stimmen zur Reform spiegelten zweifellos zu einem beträchtlichen Teil die Interessen bestimmter Gruppen wider, machten jedoch deutlich, daß die Neuerungen nicht den zwangsläufigen Fortschritt zur militärischen Vollkommenheit repräsentierten und daß auch andere Wege der Entwicklung denkbar und praktisch durchführbar gewesen wären.

Trotzdem sind die Reformen ein Markstein in der neueren europäischen Geschichte. Nicht im revolutionären Bruch mit der Vergangenheit, sondern als der Höhepunkt einer langen, mit der französischen politischen Geschichte eng verbundenen Entwicklung forcierten sie erstens die Lösung der Streitkräfte aus ihrer feudalistischen Struktur und übertrugen die sich in allen Bereichen des öffentlichen Lebens vollziehende radikale Zentralisierung – die Ausrichtung auf den König oder seine Stellvertreter – auf die Armee. Parallel dazu festigten sie oder schufen sogar zweitens die Voraussetzungen dafür, daß dieses königliche Heer zu einer Dauereinrichtung, einem Stehenden Heer werden konnte. Bedingt durch ein natürliches, althergebrachtes Spannungsverhältnis zwischen dem König und der ständisch orientierten Offiziersschicht wurde eine Neuordnung erleichtert, wenn nicht überhaupt erst möglich drittens durch Rückgriff auf einen immediaten zivilen Kontroll- und Verwaltungsapparat der Armee, der mit erheblich weiteren Kompetenzen ausgestattet wurde, als der Ausdruck »Militärverwaltung« mit seinem heutigen Begriffsinhalt umfaßt.

Dieser dritte Komplex ist speziell für die deutsche Geschichtsschreibung interessant. Letzten Endes war es doch die enge Verflechtung von wirtschaftlichem Denken, politischer Zielsetzung und militärischer Gewalt, die hier im Beginn des Zeitalters der Stehenden Heere bereits projektiert wurde und die den militärischen Führungsspitzen nur einen begrenzten Freiraum absteckte. Die deutsche Entwicklung nahm einen anderen Weg, eben den der Unterstellung der Militärverwaltung unter die militärische Führung. Die Tatsache, daß die frühe und frühvergessene französische Lösung vom überzogenen politischen Ehrgeiz eines Louvois ebenso wie von dem machthungrigen Repräsentations- und gloire-Denken Ludwigs XIV. diskreditiert wurde, hat die Diskussion über das angemessene Verhältnis von »Verwaltung« und »Führung« in der deutschen Militärgeschichte sogar in der Wissenschaft weitgehend ausgeschlossen.

Damit wird ein Punkt angerührt, der zur Reform nur einen indirekten Bezug zu haben scheint, in Wirklichkeit als eine ihrer wichtigsten Begründungen angegeben werden muß: die Garantie einer starken Armee als Demonstration und Verklärung königlicher Größe. Ludwig XIV. war kein Militär und hat sich in seinen späteren Regierungsjahren kaum bei der Armee sehen lassen. Darum sind die engen Zusammengänge zwischen der Apotheose des Herrschers, seiner militärischen Repräsentation und seinem kriegerischen Ruhm auf den ersten Blick nicht so offenkundig, wie sie die damalige Zeit auch in Frankreich gesehen hat. Jeder Sieg seiner Armee erhöhte die »gloire« des Königs, bestätigte sein Gottesgnadentum, jede Niederlage bedeutete Einbuße des monarchischen Ansehens. Weygand will sogar die vorsichtige, risikenscheuende Kriegführung der Zeit, zum mindestens auf französischer Seite, auf Vorstellungen zurückführen, die jede mißglückte Operation als einen unverzeihlichen Prestigeverlust des Königs verurteilten.

2. Kriegsherr und Armee

Für die deutschen Landesfürsten mag das Heer des frühen Ludwigs XIV. eine faszinierende Erscheinung gewesen sein – es gab keine gleichwertige Streitmacht in Europa –, auf jeden Fall war es ein Faktor, mit dem jeder von ihnen zu rechnen hatte und rechnete. Viele hatten es in jungen Jahren auf ihrer Kavalierstour oder später während eines Staatsbesuchs in Paris als glanzvolles Schauobjekt erlebt, viele seine Schlagkraft als Gegner oder als Koalitionspartner auf einem Feldzug erfahren. Trotzdem wäre es falsch, von einer einfachen Übernahme französischer Vorbilder für die eigene kleine Truppe zu sprechen. Das Stehende königliche französische Heer und damit das französische Militärwesen war – von Äußerlichkeiten abgesehen – in Deutschland nicht zu imitieren. Für die deutschen Länder existierten andere Voraussetzungen, sie waren damit einer anderen Problemstellung unterworfen. Schon allein die Tatsache, daß die historische Entwicklung zum Stehenden Heer in Frankreich stattgefunden hatte und nicht in Deutschland, kennzeichnet die Verschiedenartigkeit der Situation, denn Geschichte läßt sich nicht nachholen. Aufgaben wie die Verteidigung oder Erweiterung landesherrlichen Territoriums waren den stehenden Kontingenten etwa Sachsen-Weimars, Hessen-Kassels oder Baden-Durlachs nicht zuzumuten, für eine zentralisierende Ausrichtung des Territoriums auf den Landesherrn waren keine Truppen nötig, und die Auseinandersetzung mit einer antiquierten feudalistischen Struktur vollzog sich hier in anderen Proportionen und mit anderen Ergebnissen. Es sei daran erinnert, daß die Anciennität, die in Frankreich als eines der entscheidenden Kampfmittel gegen die Feudalstruktur durchgesetzt wurde, im deutschen Königreich Preußen – wenn auch über ein Jahrhundert später – gerade als das Bollwerk des feudalen Elements im Offizierkorps verteidigt wurde.

Das französische Heer gab also nicht das Muster für deutsche Nachschöpfungen ab. Es wirkte allein, und das sehr intensiv, durch seine Existenz; es demonstrierte, daß eine Armee zu den unverzichtbaren Realitäten der absolutistischen Regierungsform gehörte und daß diese Regierungsform befähigt war, eine Armee auf Dauer zu unterhalten. An Erfahrungen verfügten die Landesherrschaften über die Experimente mit den Defensionswerken. Als Ansatzpunkte für eigene Versuche konnten die Praktiken der Söldnerführer des Dreißigjährigen Krieges dienen, an Substanz waren vorhanden zum Teil noch intakte Söldnerregimenter, zum mindesten jedoch eine große Zahl altgedienter Söldner, routinierter Funktionäre und Offiziere bis zum Oberst und General.

Der formale Vorgang der Begründung stehender Truppen in den einzelnen Ländern ist, auf seine historische Relevanz hin beurteilt, unwichtig, ebenso die genaue Datierung. In der Regel konnte diese Fixierung erst im historischen Rückblick vorgenommen werden, denn sie bezieht sich auf die mehr oder minder zufällige Einrichtung der Regimenter oder Kompanien, die später nicht wieder aufgelöst wurden, sich aber sonst von anderen Söldnerformationen der Zeit nicht unterschieden.

In der Literatur finden sich vornehmlich zwei Erklärungen für den Beginn der Einrichtung, soweit überhaupt nach einer Ursache gefragt wird. Nach der einen Ansicht behielten die Landesherren über den Westfälischen Frieden hinaus die von ihnen geworbenen Truppen im Dienst, machten so »Kriegsvolk« bei guter Gelegenheit zu stehender Friedenstruppe; nach einer anderen Version verstärkten sie ihre Truppen »von Haus«, da nach dem Westfälischen Frieden gute Söldner leicht zu gewinnen waren.

Beide Behauptungen mögen für den Einzelfall oder für wenige Einheiten zutreffen, entsprechen aber nicht dem allgemeinen Verhalten. Aus Geldmangel wurde die Soldateska nach Kriegsende entlassen. Die ersten stehenden Kontingente entwickelten sich dann neu aus kleinsten Anfängen und wuchsen erst in Jahrzehnten zu einer nennenswerten Stärke heran. Brandenburg oder Bayern geben dafür ein gutes Beispiel. Die Truppen »von Haus« dagegen bestanden als Eliteformationen an allen Fürstenhöfen; die französischen Kompanien der »maison du roi« zum Beispiel wurden von den verschiedenen Waffengattungen der früheren Ordonnanzkompanien gestellt. Sie hatten Repräsentations- und Sicherheitsaufgaben, standen in einem engen Verhältnis zum Fürstenhaus und im persönlichen Dienst des Fürsten, wurden im Rahmen des Stehenden Heeres zwar vergrößert und auch zu Kriegsdiensten herangezogen, genossen aber als Garden eine privilegierte und in mannigfacher Form aus den übrigen Verbänden herausgehobene Sonderstellung.

Soll die Errichtung stehender Truppen mit einem bestimmten Rechtsvorgang identifiziert werden, dann wäre die »Entmachtung der Obersten« – ein terminus der modernen Militärgeschichte – der geeignetste. Regimenter, die aufgrund von Kapitulationen errichtet wurden, die den Oberst nicht mehr als Inhaber und Chef auswiesen, sondern nur noch als Kommandeur, und die dem Landesherrn alle Rechte des Eigentümers vorbehielten, können als »stehend« bezeichnet werden. Diese Umänderung des Verhältnisses zwischen Truppe und Kriegsherr zog sich in einer erheblichen Variationsbreite, verbunden mit Korrekturen und Rückschlägen über Jahrzehnte hin und ist als Ereignis wenn überhaupt, dann nur landesgeschichtlich einzuordnen. Zudem war mit der Kapitulationsänderung nur eine Ausgangssituation erreicht. Bis zum Stehenden Heer des Absolutismus mit seiner staatlichen Zwangswerbung, seiner unerschütterlich harten Disziplin und seinem homogenen Offizierkorps, wie es uns im 18. Jahrhundert entgegentritt, war es noch ein weiter Weg.

Gravierender als die Frage nach dem Wann erscheint die Überlegung über das Warum – den Gründen für die Errichtung, die vornehmlich aus dem Verhältnis des Landes- und Kriegsherrn zu seiner Streitmacht und seinen Vorstellungen über ihren Gebrauch und ihren Nutzen zu erschließen sind.

a. Die ideologische Komponente

Das Zeitalter der Stehenden Heere wird militärgeschichtlich als eine eigene Epoche angesehen, basiert demnach auf einer grundsätzlichen Umorientierung im militärischen und militärpolitischen Denken. Ein bestimmter irrationaler Komplex wird dabei leicht außer acht gelassen, obwohl einige bemerkenswerte Erscheinungen ohne seine Berücksichtigung nicht ausreichend erklärt werden können. Es gehört zu den Rätseln dieses rationalen Zeitalters, daß es neben dem Kalkül und den Nützlichkeitserwägungen noch genügend Raum freihielt für Haltungen und Handlungen, die nicht in die Regeln bloßer Vernunft hineinpaßten. So fand das im einleitenden Kapitel unter dem Begriff Gottesgnadentum umrissene fürstliche Selbstverständnis in der dem Herrscher eng verbundenen Armee besonders intensive Ausdrucksformen. Zwei Schwerpunkte heben sich aus dem vielfältig schimmernden Bild heraus: Repräsentation und gloire kennzeichnen die eine, Ordnungsdenken die andere Tendenz. Beide finden eine eigenartig rationale Verwirklichung in der Soldatenspielerei.

Repräsentation

Militärische Repräsentation bedeutete zweifellos mehr als bloße, äußere Darstellung landesherrlicher Macht. Ähnlich den parallelen Bestätigungen fürstlicher Herrlichkeit – Schloßarchitektur, Etikette, Hoffeste – war auch das Militär Teilhaber der barocken Apotheose. Es war Eigentum des Fürsten, gewissermaßen ein Teil von ihm, repräsentierte ihn als öffentliche Einrichtung sehr viel direkter als zum Beispiel die Verwaltung, die doch immer noch zum Teil Landesangelegenheit war. Hier konnte er seiner Würde Glanz verleihen, von der Bestimmung der Uniformen bis zur Verleihung von Generalsstellen honoris causa. Anders als Hof und Residenz, die in ihrer Abkapselung von der Landesbevölkerung erst die Erhöhung und unbestrittene Geltung des fürstlichen Daseins ermöglichten, zog die Armee in ihrer überall spürbaren Gegenwart auch den gemeinen Mann in den Bannkreis der landesherrlichen Krone. Sei es bei der Revue oder Parade, sei es auf der Wache in ihrer vielerlei Gestalt – die Hauptbeschäftigung des Soldaten dieser Zeit bestand nicht im Exerzieren, schon gar nicht im Geländedienst, sondern im Wache-Stehen oder -Gehen –, sei es selbst auf dem Feldzug, der Soldat trat als Repräsentant des Landesherren und seiner allgegenwärtigen Macht auf. Nicht zu vergessen, seine Regimenter boten ihm den Weg zum höchsten Gewinn des barocken Füsten, zur »gloire«, zum Kriegsruhm.

Einschränkend muß jedoch gesagt werden, daß die Erringung von gloire als roi connétable – das heißt als Kriegsherr und Feldherr zugleich – wohl ein viel beschworenes, aber doch recht theoretisches Ziel blieb. Bei den Großmächten, die aus eigener Verantwortung einen Feldzug oder gar einen Krieg unternehmen konnten, hielt sich der Herrscher als der Oberbefehlshaber nur selten bei seinen Armeen auf. Die mittleren und kleinen, also insbesondere die deutschen Fürsten vermieteten zumeist ihre Regimenter gegen Subsidien oder führten bestenfalls Koalitionskriege, und es war die Ausnahme, nicht die Regel, daß sich ein- oder gar zweimal die Gelegenheit für eine eigene, ruhmbringende Operation ergab. So heftete etwa Friedrich Wilhelm von Brandenburg, der Große Kurfürst (1640–1688),in seinen Feldzügen gegen die Schweden mit der Schlacht von Fehrbellin 1675 Ruhm an seine Fahnen, und von der Eroberung Belgrads 1688 durch den »Blauen Kurfürsten« Max Emanuel von Bayern (1679–1726) zehrte die bayerische Kriegsgeschichte Jahrhunderte. Friedrich der Große bildet eine Ausnahme, im Beginn allerdings war auch er nicht frei von den Ambitionen barocken gloire-Denkens.

Ordnungsdenken

Das Ordnungsdenken als eine zweite Motivation für landesherrliche Militärfreundlichkeit trat nicht so offen und glanzvoll in Erscheinung wie das Bedürfnis nach Repräsentation, hat aber das Verhältnis Kriegsherr – Streitmacht stärker beeinflußt und geprägt. Es sei daran erinnert, daß die neuere Forschung die Regierungsgewalt des barocken Fürsten keineswegs mehr als so absolut einschätzen kann, wie es das 19. Jahrhundert noch zu glauben gewöhnt war (s. o.). Der Fürst herrschte, aber nur in der Residenz und in der höheren Verwaltung; mit anderen Worten, er hatte auf das Geschehen in seinem Lande nur einen indirekten, vermittelten Einfluß. Die Mediatisierung von Landesbevölkerung und Verwaltung ließ auch ihn seine Grenzen spüren.

Gab auf der einen Seite das Repräsentationsbedürfnis der Fürsten dem Militär seine erhöhte Position, so erkannte auf der anderen Seite erst das Militär mit der Hierarchie seiner klar geordneten Struktur den Fürsten als eine natürlich funktionierende Führungspitze an, bestätigte gewissermaßen sein Gottesgnadentum als Ergebnis einer geordneten irdischen Wirklichkeit. Hinzu kommt, daß ein Landesvater, der ja seine Position nicht kraft Leistung, sondern kraft Geburt einnahm, jedoch als Regierender, d. h. als aktiv Handelnder nur mit Fachleuten und qualifizierten Talenten in Berührung kam, also irrationale Fürstenhoheit und rationale Herrschergewalt nur unvollkommen zur Deckung bringen konnte. Es gab Ausnahmen, aber der Landesfürst als zeitgebundener Typ blieb in Verwaltung und Politik Laie, war von Beratern abhängig und stieß auf Opposition.

Gelegenheit, sich zu bestätigen, das heißt wirklich und direkt über Menschen zu herrschen, boten ihm seine stehenden Regimenter. Sie repräsentierten eine Ordnung, die – überschaubar, effektiv und erlernbar – ihn ohne jede Einschränkung als den Alleinbestimmenden respektierte. Der einfache Mechanismus von Befehl und Gehorsam funktionierte bis in die letzten Glieder des Apparats und erlaubte ihm gleichzeitig, seine Macht zu demonstrieren, denn diese Regimenter waren keine Kulisse, sie beinhalteten die militärische und oft auch politische Potenz, die ihm zur Verfügung stand. Die Regimenter vermittelten ihm als ihrem Befehlshaber und Eigentümer zudem den Eindruck, nach den immer noch gültigen Hierarchiemodellen des »Ganzen Hauses« in der militärischen Ökonomie Hausherr zu sein, alle Fäden in der Hand zu halten, den Weg jeder Einheit, das Schicksal jedes Offiziers und Soldaten umsorgen, ihn loben oder strafen zu können, eben: Ordnung im Hause zu halten.

»Soldatenspielerei«

Unter diesen ideologischen Aspekten zeigt die heute meist nur karikierte »Soldatenspielerei« des Barock einen recht bedeutsamen neuen Akzent, sie verliert das Fluidum der Marotte gelangweilter Fürsten und erhält die Qualität eines Maßstabes für Ordnungs- und Wertvorstellungen. Es gab sie in allen Schattierungen, in vielen Variationen und in jedem Herrscherhaus, für gewöhnlich akzeptiert als eine Sonderform landesherrlichen Herrschergebahrens, allerdings in ihren extremen Fällen selbst zu ihrer Zeit amüsiert belächelt.

Als ein solcher Extremfall war Ludwig IX. (1719–1790, ab 1768 Landgraf) von Hessen-Darmstadt, bekannt. Seine Gemahlin Karoline Henriette, die »Große Landgräfin«, schuf in Darmstadt durch Förderung von Kunst und Wissenschaft und persönliche Kontakte zu Gluck, Wieland, Herder und Goethe einen Mittelpunkt höfischen Geistes- und Kulturlebens. Ludwig dagegen war ausschließlich Militär, in offenem Widerspruch zur habsburgfreundlichen Tradition seines Hauses ein Verehrer Friedrichs II. von Preußen. Er trat in preußische Dienste als Regimentskommandeur, später als General, und nahm dort am Zweiten und ein Jahr lang am Dritten Schlesischen Kriege aktiv teil, obgleich sein landgräflicher Vater mit Frankreich und Österreich verbündet war. Nach seinem Regierungsantritt stellte er in der Garnison Pirmasens seine eigene stehende Truppe auf, für die er alle ihm erreichbaren Mittel opferte. Er lebte betont soldatisch-spartanisch, schlief auf einem Feldbett, kümmerte sich nicht um Politik, verkehrte ausschließlich mit Offizieren und baute eine für damalige Verhältnisse riesige Halle, um seine Soldaten auch bei schlechtem Wetter exerzieren zu können. Die anscheinende Sinnlosigkeit der Soldatenspielerei kann in kaum eindringlicherer Weise demonstriert werden, denn es stand nicht das kleinste politische Ziel hinter diesem kostspieligen und anstrengenden Zeitvertreib. England – angeregt durch seine guten Erfahrungen mit dem benachbarten Hessen-Kassel – versuchte des öfteren, die kleine aber ausgezeichnete Streitmacht gegen Subsidien zu mieten, stieß jedoch auf die empörte Ablehnung des Landgrafen, für den »Mencheverkauf vir (für) Blutgeld« nicht mit seiner Ehre zu vereinen war.

Im Gegensatz zu dieser doch recht friedfertigen Soldatenspielerei gab es eine andere Form, die vornehmlich der Befriedigung des persönlichen militärischen Ehrgeizes diente, also einen Grenzfall darstellt, stark an die Subsidienpolitik der Zeit erinnert, jedoch nicht automatisch mit ihr gleichgesetzt werden sollte. Als Beispiel bietet sich der »Soldatenherzog« Ernst August von Sachsen-Weimar (1688–1748) an, der durch eine das Land schwer belastende Vermietung schlecht ausgebildeter Regimenter Gelder für seine in Nachahmung Ludwigs XIV. relativ großartige Hofhaltung beschaffte, aber über die Vermietung in erster Linie eine Karriere als kaiserlicher Offizier erstrebte. Der Kaiser ernannte ihn 1733 zum General der Kavallerie – ein Titel, mit dem weder Rechte noch Pflichten verbunden waren. Obgleich die Subsidien spärlich flossen, blieb der Herzog bis 1739 mit dem Kaiser in Verhandlungen. Sein Ziel, »wirklicher Oberst«, also Kommandeur eines Regiments zu werden, hat Ernst August nicht erreicht, dafür waren Karl VI. seine Regimenter zu schade.

Als Prototyp fürstlicher Soldatenspielerei ist die »Potsdamer Wachtparade« Friedrich Wilhelms I. in die Geschichte eingegangen, und dies nicht zu Unrecht. Gemeint ist die »Riesengarde«, ein teures und bestauntes Ergebnis dieser Manie, aber es mehren sich auch die Stimmen, denen die Errichtung seiner gesamten, ohne jeden Zweifel großartigen Armee – am Ende seiner Regierung 80000 Mann – erst unter dieser Überschrift verständlich und erklärbar wird. Mag der Ausdruck »Spielerei« für die preußischen Dimensionen unangebracht erscheinen – es war eben doch das Ordnungsdenken, das neben der Garnison in Potsdam manch andere entstehen ließ, auch die von Pirmasens, und das durch zwei Eigentümlichkeiten ausgezeichnet ist: Der Landes- und Kriegsherr sah sich erstens im Rahmen seiner Armee nicht mehr als der distanzierte Herrscher, sondern als der höchste Offizier einer militärischen Hierarchie in einer Position, in der er auf das Charisma des Gottesgnadentums verzichten konnte; für ihn war zweitens die Armee nicht mehr nur ein Instrument der Kriegführung, sie wurde im Gegenteil möglichst aus allen zerstörenden Kriegseinwirkungen herausgehalten, um als die Verkörperung eines geordneten und durch seine Ordnung funktionierenden Organismus wirken zu können, der geeignet war, Maßstäbe für das gesamte öffentliche Leben zu setzen.

»Soldatenspielerei« und »Kriegslüsternheit« waren also, im Widerspruch zu bestimmten Theorien über den »deutschen Militarismus«, eigentlich einander ausschließende Tendenzen.

Im weiteren Gang der Entwicklung verschoben sich die Relationen jedoch. Es fiel weniger ins Gewicht, wie sich der Landesherr mit Hilfe seiner Armee als Herrscher profilierte, sondern umgekehrt, welche Vorteile und Eigenheiten den neuen, geschichts- und traditionslosen stehenden Truppen aus der ihnen übertragenen Rolle des Fürstendienstes zuwuchsen.

Das so oberflächlich wirkende Prestigegehabe verbarg einen für die Zukunft recht effektvollen Wandel innerhalb der Streitkräfte.Die außerhalb der bürgerlichen und bäuerlichen Gesellschaft stehenden Söldner entwickelten sich zu Repräsentanten landesherrlicher Macht und Ordnung. Natürlich ging diese Umstellung zunächst nur sehr unvollkommen und keinesfalls plötzlich vonstatten, aber das Militär spürte, daß ihm eines neuer, höherer politisch-sozialer Stellenwert zugefallen war. Von jetzt an trug es einen Wert in sich, war nicht mehr das nur zerstörende, gesellschaftsfeindliche Medium, zeitweilig ins Leben gerufen, um Kriege austragen zu helfen und dann verworfen zu werden; es wurde als ein Kontinuum in die Gesellschaft eingeordnet und zwar an herausgehobener Stelle.

Mit der neuen Einordnung änderten sich nicht die kriegerischen Wertvorstellungen, der Tugendkatalog der Söldner blieb bestehen, aber bestimmte sittliche Gebote, die zur Erhaltung der Ordnung und Erfüllung der Aufträge auch für den früheren Landsknecht und Söldner wichtig gewesen waren, wie Gehorsam oder Dienstwilligkeit, erhielten im repräsentativen Fürstendienst eine eigentümliche Weihe, die sie über den allgemein menschlichen moralischen Wertkodex heraushoben. So unbedeutend die soziale Stellung des Soldaten blieb, sein dienstliches Dasein gab ihm, jedenfalls in der Konfrontation mit der Öffentlichkeit, die Gewißeit, alles was er tat, im Dienste eines von Gott eingesetzten Höheren und also mit sittlichem Gewicht zu tun.

Ein so gesteigerter Dienst- und Lebensinhalt forderte – ähnlich dem Hofleben – seine Riten und Symbole. Als ein solches Symbol, das sich seine Eigenschaft lange erhalten hat, war neben der Waffe, deren Verehrung auf noch ältere Zeiten zurückzuführen ist, die Uniform, der ein geradezu sakraler Wert zukam. Ihre profane Herkunft – sie setzte sich allgemein durch, weil die uniforme Massenproduktion staatlicher Manufakturen am billigsten kam – änderte nichts daran, daß sie, einmal auch als Symbol der Regimentsehre, dann aber auch als kriegsherrliche Ehrung, erst den Soldaten ausmachte. Sie demonstrierte nicht den Soldaten allein dem äußeren Bilde nach, sie symbolisierte die soldatischen Wertvorstellungen als Ganzes.

Erst die Uniform erschuf den »Zivilisten« – den Nichtuniformierten und damit außerhalb der soldatischen Wertordnung Stehenden – den es vor ihrer Erfindung nicht gegeben hat.

Aus der Überhöhung soldatischer Haltung und Umgangsformen erklärt sich auch die Verabsolutierung der soldatischen Ordnung zu einem ethischen Begriff, der weitgehend Allgemeingültigkeit beanspruchte, sich über die Jahrhunderte als Wertmaßstab erhielt und als eine der Wurzeln des Militarismus anzusprechen ist.

Doch sollten die soldatischen Wertvorstellungen weder als bestimmend noch als isoliert gesehen werden; zweifellos sind noch andere Faktoren und Vorgänge beim Einordnen des militärischen Gewichts mitzuerfassen. Zum ersten ergab sich für den Landesherrn aus der Notwendigkeit, dauernd Truppen zur Wahrung seiner innen- wie außenpolitischen, nicht zuletzt auch finanziellen Interessen bereit zu halten, eine erhöhte Einschätzung dieses dafür so geeigneten Instrumentes. Zum zweiten waren die Streitkräfte für den Adel nicht mehr nur eine letzte Möglichkeit der Unterbringung für verlorene Söhne, sondern er begriff die sich herauskristallisierenden Offizierkorps als eine Einrichtung, die sich zu einem dem aristokratischen Denken und Verhalten adäquaten Lebensstil kultivieren ließ, darüberhinaus für eine spätere Zeit auch die Plattform zu einem neuartikulierten Führungsanspruch abgegeben hat. Zum dritten endlich hat auch das Bürgertum die fürstlichen Regimenter akzeptiert – es hat sie ja auch zum großen Teil bezahlt – und ihnen gegenüber eine leicht skeptische, aber immerhin neutrale Haltung eingenommen.

Das Bemerkenswerte ist, daß sich die stehenden Kontingente nicht lediglich zu einem fürstlichen Gebrauchsgegenstand entwickelten und die Offizierkorps sich nicht zu einem aristokratischen Herrenclub veredelten. Vielmehr haben sich die dominierenden Elemente – soldatisches Denken und Brauchtum, soldatische Ehre und Ordnung – in der durch den Fürstendienst charismatisierten Form der so schillernden soldatischen Tradition über Jahrhunderte hinweg mit einer schwer zu begreifenden, archaisch anmutenden Konsequenz erhalten .

Es sollte eine Zeit kommen, in der sich sogar die Kriegsherrn unter den Schutz dieser Tradition stellten, der Adel in ihr seinen politischen Lebenswillen auszudrücken suchte und selbst das Bürgertum in ihr den Garanten seiner nationalen Einheit und Freiheit zu sehen glaubte (vgl. Band 2).

b. Stehendes Heer und Innenpolitik

Die Armee als fürstlicher Freiraum

Reale innenpolitische Gründe für die Errichtung stehender Truppen liegen nicht so offen auf der Hand, wie der Umbruch vom dualistischen Ständestaat der frühen Neuzeit zum absolutistischen Regime vermuten läßt. Ein Komplex ist nicht allein für die damalige Situation, sondern auch besonders für die spätere Geschichte der Streitkräfte von eminenter Bedeutung geworden: die Einrichtung stehender Truppen als Wirtschafts- und Herrschafts-Domäne des Landes- und Kriegsherrn. Die Tatsache selbst ist natürlich bekannt, in ihrer historischen Relevanz speziell für die Truppe jedoch kaum gewürdigt; gestattete doch erst die neuere Forschung, die den Absolutismus als eine keineswegs radikal absolute Regierungsform entdeckt hat, neue Maßstäbe auch für die Militärgeschichte zu finden. Anders als auf dem Gebiet der Verwaltung und zum Teil auch der Rechtsprechung, die in der Sphäre des direkten Verkehrs mit den Untertanen weitgehend in den Händen der Stände lag, anders als bei den Defensionswerken, bei deren Einrichtung und Einsatz die Stände ebenfalls eine Mitwirkung beanspruchten, anders auch als bei den bisher auf Zeit geworbenen Söldnerregimentern, die nur über ihren Oberst und Inhaber ansprechbar und verfügbar waren, unterstanden die stehenden Regimenter dem Landesherrn direkt als sein Eigentum, bei dem keine andere Person oder Institution Ansprüche auf Mitbestimmung anmelden konnte, weder die Stände aus dem äußeren, noch die Obersten aus dem inneren Bereich. Hier stand es ihm frei, sich seine eigene, in sich geschlossene Welt einzurichten, die bis in ihre letzten Glieder von ihm abhängig und lenkbar blieb, ihre eigene Verwaltung und Rechtsprechung bewahrte, ihre eigene Sprache sprach, eigene Moral- und Ehrbegriffe aus der Vergangenheit übernommen hatte und in seinem Sinne weiterentwickelte.

Enge Zusammenhänge mit dem fürstlichen Repräsentationsbedürfnis und Ordnungsdenken sind unübersehbar. Trotzdem sollten die ideologischen Komponenten nicht als das grundsätzlich Dominierende angesehen werden, da die nachhaltige Wirkung des fürstlichen Eigentumsanspruches dabei leicht verfremdet wird. Es sind vornehmlich zwei Momente, die in ihm ihre vielleicht nicht ausschließliche aber doch zureichende Erklärung finden: die Entwicklung des militärischen Elementes zum Staat im Staate und die Domestizierung des Adels im landesherrlichen Dienst.

Der »Staat« der ersten stehenden Regimenter oder auch nur Kompanien – »Staat« bedeutete noch bis ins 17. Jahrhundert weitgehend nichts weiter als eine Verwaltungs- oder Finanzeinheit, entsprechend dem französischen Etat – überlagerte bei seiner Gründung keine Kompetenzen oder Rechte anderer „Staaten" und Institutionen. Es erhob sich daher auch kein Widerspruch dagegen – von den obligaten Vorbehalten in der Frage der Finanzierung abgesehen –, daß der Landesherr ihn ausschließlich für seine Interessen in Anspruch nahm. Während aber die übrigen »Staaten«, Justiz, Verwaltung, Kirche, Schule, allmählich zum modernen Staat zusammenwuchsen, sorgte der Fürst erfolgreich für die Wahrung seiner militärischen Eigentumsrechte, die ihm von den Ständen auch gar nicht ernsthaft bestritten wurden.

Erstaunlich ist schon die großzügige Weise, in der die Stände ihrem Herrscher diesen Freiraum seiner Gewalt zustanden und sogar finanziell ermöglichten. Gründe für diese Generosität sollten nicht in der Liebe zum Landesherrn gesucht werden, obgleich die umfangreichen Ausgaben für die Herrschaft – Hofhaltung und Militär wurden in den meisten Territorien noch gemeinsam veranschlagt – als notwendige und natürliche Last akzeptiert worden sind. Es ist jedoch nicht zu bezweifeln, daß es ohne die Unterstützung oder auch nur Indifferenz der Stände den Fürsten nicht möglich gewesen wäre, sich ihren Militär-»Staat« aufzubauen und zu erhalten.

Die Gründe für das Verhalten der adligen »Landschaft« oder ihrer die Mittel bewilligenden Ausschüsse sind noch nicht ausreichend untersucht. Doch wäre es eine außerordentlich schiefe Erklärung, ausgerechnet die militärgeschichtliche Entwicklung in Preußen mit ihrer zentralistisch dirigierten Finanz- und Steuerregulierung für das deutsche Musterbeispiel zu proklamieren. Jede Landesgeschichte zeichnet ein anderes Bild und einige von ihnen vermitteln den Eindruck, als ob gerade die Gewährung dieses militärischen Eigenraumes, dessen Erhalten Geld kostete, den Landesvater finanziell den Ständen neu verpflichtete und überhaupt eine neue Form der Affinität einleitete. Aber bei aller Komplexität und Verschiedenartigkeit der Beziehungen blieben die absolutistischen Herrschaftsnormen bestimmend und garantierten dem Herrscher seine zentrale und einmalige Position und die Verfügung über die Armee, gleichgültig ob er als energiegeladener Kraftmensch alle Kompetenzen an sich zog oder als genießerischer Gourmet die Dinge treiben ließ.

Die adeligen Landstände und die Armee

Die Sammlung der Macht in der Hand des Landesherrn und die landespolitische Entmachtung der Stände war – von wenigen Ausnahmen und bald bereinigten Zwischenfällen abgesehen – kein gewaltsamer Vorgang und es war auch keineswegs ein so plötzliches und gründliches oder kompromißloses Ereignis, daß zu seiner Durchführung Truppen benötigt wurden. Die Auseinandersetzungen fanden am grünen Tisch statt, in den Sitzungen der Landtage, soweit der Landesfürst sie überhaupt, oder wenigstens in Abkürzung des Verfahrens, wie etwa in Bayern, als Ausschuß einberief.

Tatsächlich haben die adelsständischen Landesvertretungen den zum Teil recht beträchtlichen und letztlich auch willkürlichen finanziellen Aufwendungen der Fürsten weiten Spielraum gelassen, und nicht nur Steuern bewilligt, sondern sogar wiederholt die aufgehäufte Schuldenlast durch Kredite oder Umschuldungen abgetragen. Auch den Protesten gegen die Nichteinberufung der Landtage oder die damit verbundene ungebilligte und damit willkürliche Ausschreibung von Steuern fehlte das Feuer echter Empörung. Eine verständliche, wenn auch einseitige Erklärung bietet der Inhalt des berühmten brandenburgischen Landtagsabschiedes von 1653. Gegen die Bewilligung von zunächst 530000 Talern »Kontributionen«, also Militärsteuern, jährlich handelten die Adelsstände die Bestätigung ihrer alten Rechte und Privilegien ein, wobei sie zusätzlich weitgehend freie Hand gegenüber der Bauernschaft erhielten. Danach wurden sie nicht mehr als Landtag einberufen, schieden also als mitbestimmende Korporation in der Landespolitik aus. Mit anderen Worten, der Adel suchte allgemein gesehen die Absicherung seiner sozialen und die Verbesserung seiner wirtschaftlichen Position, nicht mehr den Konflikt mit dem Landesherrn. Die Zeit der politischen Polarität war vorbei. Es war also keine Waffengewalt, und damit auch kein Stehendes Heer, notwendig, um eine zentral gesteuerte landesherrliche Militär- und Finanzpolitik durchzusetzen oder gegenüber einer adligen Fronde zu behaupten, wie in Frankreich. Wenn gelegentlich in der Literatur die Errichtung stehender Truppen als innenpolitische Sicherheitsmaßnahme hingestellt worden ist, so geschah das in Übertragung der französischen Zentral-Großstaats-Politik auf die deutsche Kleinstaaterei oder aber in Überschätzung bestimmter Vorkommnisse im Vielterritorienstaat Brandenburg-Preußen.

Die gerade zum späteren Preußen zusammenwachsenden hohenzollernschen Territorien lieferten nämlich die entsprechenden, immer wieder zitierten Gegenbeispiele. So konnten die 1648 neuerworbenen westdeutschen Grafschaften zunächst durchsetzen, daß in ihren Grenzen keine Garnisonen eingerichtet oder Festungen gebaut wurden. Erst 1661 im Verlaufe des ersten Nordischen Krieges unterwarfen sie sich der kurfürstlichen Militär- und Finanzplanung. Auch die preußischen Stände verweigerten die Huldigung und erst der Anmarsch von 2000 Mann verhinderte die offene Empörung und öffnete den Weg für Verhandlungen. Ebenso war die 1648 an Brandenburg gefallene Stadt Magdeburg – im Gegensatz zum dazugehörigen Herzogtum – erst 1666 geneigt, Erbhuldigungen zu leisten und eine Garnison anzunehmen, nachdem der Kurfürst eine Differenz mit dem Fürstbischof von Münster dazu benutzt hatte, mit seinen Truppen über

Magdeburg zu marschieren. Hier wurde also ganz real mit Waffengewalt gedroht, wie der – im übrigen keineswegs panegyrische – Hohenzollernhistoriograph Otto Hintze sagt: »In diesem Kampf mit den ostpreußischen Ständen, wie mit den Ständen überhaupt, war das formale Recht nicht immer auf seiten der Regierung. Es war mehr ein Kampf um die Macht als um das Recht; es handelte sich um die Begründung eines neuen Rechtszustandes an Stelle des alten, der einer vergangenen Epoche des Staatslebens angehörte. Die Praxis der Regierung war dabei vielfach wichtiger als grundsätzliche Bestimmungen«.

Diese Differenzen sind Sonderfälle, die nicht die allgemeine deutsche Situation widerspiegeln. Sie spielten sich in neuerworbenen Randgebieten ab, in denen sich die Stände noch Rückhalt an älteren politischen Bindungen erhofften – die westdeutschen Grafschaften bei Holland, (Ost-) Preußen bei der polnischen Krone –, Stände, die in einer auch für damalige Verhältnisse recht freien Atmosphäre zu leben gewohnt waren und sich gegen die Ansprüche eines zentral gelenkten Staatswesens wehrten. Es ist außerdem nicht zufällig, daß die namentlich bekannten Vorkämpfer für die ständischen Freiheiten den städtischen und nicht den adligen Ständevertretungen angehörten, nämlich der Bürgermeister von Madeburg Otto Guericke und der Schöppenmeister Hieronymus Roth aus Königsberg-Kneiphof.

Als dann rund fünfzig Jahre später Friedrich Wilhelm I. sein bekanntes Wort von der Stabilisierung der »souverainité« gegen die Junker sprach, geschah dies aus einer anderen Situation heraus. Damals opponierte der ostpreußische Adel recht energisch, aber nicht wegen Fragen der Erbhuldigung oder politischer Rechte, sondern weil ihm, zweifellos mit Hilfe eines Manipulation, ungewohnte Steuern aufgebürdet wurden.

Zur Umorientierung eher gewillt als gezwungen, ist es dem landständischen Adel gelungen, ohne Unterwerfung aus dem Oppositions- in ein Kooperationsverhältnis zum Landesherrn zu gelangen und mit der Einordnung in das nun nicht mehr dualistisch, sondern zentralistisch strukturierte Staatswesen die zunächst zögernde, dann aber recht intensive Nutzung der neuen Situation zu verbinden, und zwar speziell in der Armee. Brandenburg-Preußen bietet dafür ein anschauliches Beispiel, weil hier das Militär als tragender Exponent des absolutistischen Regimes besonders deutlich hervortrat.

In den übrigen deutschen Ländern zeigte sich die gleiche Entwicklung, wenn sich auch, bedingt durch einschneidende Veränderungen der außenpolitischen Konstellationen, die einzelnen Vorgänge verschleiert darstellten. In den kriegsarmen Zeiten des späten 18. Jahrhunderts zum Beispiel wußten die meisten der kleinen und mittleren Potentaten nur wenig mit ihrer Militärmacht anzufangen. So vernachlässigten die sächsischen und noch stärker die bayerischen Kurfürsten ihre Regimenter in einer Weise, wie sie sich von der monarchiefreundlichen späteren Militärliteratur nur sehr gewunden rechtfertigen ließ. Dies geschah dann bereits in einer Zeit, in der die Prinzipien des Aufgeklärten Absolutismus einen ausschließlich persönlichen Gebrauch der Armee durch ihren Kriegsherrn nicht mehr duldeten, und allein ihren Nutzen für den Staat gelten lassen wollten, eine Forderung, die in der allerdings schon recht trügerischen Geborgenheit des ancien régime in beiden Ländern lediglich zu landesherrlichen Experimenten anregte, was nicht dazu beitrug, den Adel stärker für die Armee zu engagieren.

Daß der Adel die Armee, den Freiraum des Landesherrn, gleichermaßen für sich vereinnahmte oder zum wenigsten sich einen eminent bestimmenden Einfluß auf sie sicherte, ist weder als sensationell noch anmaßend empfunden worden. Er beanspruchte nämlich keine neuen Rechte, sondern besetzte lediglich die Offizierstellen und dies hatte er seit jeher getan. Aus seiner Landstandschaft leitete der Adlige keinen Anspruch ab, außer dem einen, daß er vom Heeresdienst im eigenen Lande befreit sein und seinen Kriegsherrn frei wählen wollte. Die deutsche Aristokratie war gemeineuropäisch orientiert – der Ausdruck international paßt noch nicht für die Zeit –, nationale oder patriotische Bindungen erkannte sie nicht an, jedenfalls noch nicht in den Gründungsjahrzehnten der Stehenden Heere. Der Soldatenkönig Friedrich Wilhelm I. hatte in Preußen alle Mühe, sich den dringend benötigten jungen Offiziersersatz von den Gütern zu holen, und der süd- und westdeutsche Adelsnachwuchs zeigte keine Neigung, in den oft doch recht provisorisch zusammengestellten heimischen Regimentern oder gar nur Kompanien in einer wirtschaftlich recht ungesicherten Position mit außerordentlich beschränkten Aufstiegsmöglichkeiten auf den täglich möglichen Abschied zu warten, und suchte Dienste in der kaiserlichen, das heißt österreichischen, der preußischen oder einer anderen größeren Armee, wo nicht nur eine Lebensstellung, sondern auch eine Karriere lockten.

Ausschlaggebend für die Situation und das Verhalten des künftigen Offiziers wurden zwei Veränderungen. Mit der eidlichen Verpflichtung auf den Kriegsherrn – sei es nun sein Landesherr oder nicht – und nicht mehr auf den Regimentschef wurde aus dem Söldnerführer und Amtsinhaber der fürstliche Repräsentant und Offizier im modernen Sinne. Mit diesem Status bürdete der Kriegsherr ihm eine ganze Reihe von Verpflichtungen auf, gestand ihm aber auch das Recht oder besser die Freiheit zu, ein neues Standesgefühl mit mannigfachen Konsequenzen zu entwickeln. Die Bindung zwischen Kriegsherr und Offizier ist zu einer der umstrittensten und zugleich stabilsten Stützen der deutschen Monarchie und des späteren Kaiserreiches geworden.

Zum zweiten fand der Adel in der landesherrlichen Wehrmacht die Einrichtung, in der es ihm gelang, sich in Gestalt der Offizierkorps der Regimenter eine Plattform sozialer, wirtschaftlicher und politischer Daseinsbestätigung zu verschaffen. In dem Maße aber, wie sich die Armee aus einem zusammengewürfelten, wenn auch diszipliniert geordneten Konglomerat von Ausgestoßenen und Überflüssigen, an das auch der Adel bisher nur seine verlorenen Söhne abgegeben hatte, und das nur zum Zwecke des Krieges, daß heißt letzten Endes zum Verbrauch zusammengestellt war, zu einer Domäne des Landesherrn wandelte, bot sie dem Adel ein anerkannt standesgemäßes Betätigungsfeld. Dazu gab sie den Rahmen ab für die Einstimmung der beiden bisher so kontroversen Gewalten Fürst und Adel, deren enge Gemeinsamkeit das staatliche und gesellschaftliche Leben der nächsten beiden Jahrhunderte maßgeblich mitbestimmen sollte. Für den Souverän sollte aus dem Zusammenschluß das letzte Bollwerk seiner Souveränität erwachsen.

Es war nur natürlich, daß in den stehenden Regimentern das traditionelle Elitedenken und die Ehrbegriffe aristokratischer Provenienz neu formuliert wurden, soweit sie nicht bereits in ähnlicher Weise vorgeformt waren. Es entstanden also erst jetzt die stereotyp offiziergemäßen Haltungen und Verhaltensweisen. Sicherlich gab es eine ganze Reihe von Landesvätern, denen die militärische Welt nicht fremd, aber gleichgültig blieb ist. Ebenso sind Monarchen bekannt, die militärisch stark engagiert waren, wie etwa Friedrich II. von Preußen, sich aber bewußt distanzierten und ihre isolierte Souveränität dagegen ausspielten. Die Masse jedoch war militärfreundlich, in Einzelfällen bis zur Soldatenspielerei, die, wenn sie echt war, auf eine Identifizierung mit soldatischen Lebensformen hinauslief. So begannen neue Gewohnheiten ein neues Denken widerzuspiegeln. Als offizielle Bekleidung des Staatsoberhauptes wurde die Uniform nicht nur in Preußen, wenn auch dort zuerst, zum Ehrenkleid schlechthin. Hohe Persönlichkeiten des In- und Auslandes erhielten ehrenhalber militärische Ränge.

Alle diese Dinge haben noch wenig mit dem Militarismus des späten 19. Jahrhunderts zu tun, wenn sie auch schon zu seiner Vorgeschichte gehören. Noch waren es Schablonen, aber unter diesem militärischen Gepränge sammelte sich, namentlich als Reaktion auf die nach 1789 aufkommenden bürgerlich-politischen Ordnungsprinzipien, ein »militärischer Geist«, der die adelsständischen Gesellschaftsnormen, geläutert durch den disziplinierten Dienst für den Souverän, bis an die Schwelle des Ersten Weltkrieges trug. Für das 18. Jahrhundert bedeutete diese Entwicklung bereits, daß sich dort, wo das Zusammenspiel einmal lief, die korporativen Denkkategorien der Offizierkorps gegenüber einsamer Fürstenherrlichkeit durchsetzten, daß Geist und Haltung in dieser Liaison nicht mehr der Kriegsherr bestimmte, sondern seine Offiziere.

Armee und Arbeitspolitik

Ein keineswegs nebensächlicher Grund für die Unterhaltung stehender Truppen ergab sich aus der merkantilistisch orientierten Arbeitspolitik. Band die Aufbauarbeit nach dem Dreißigjährigen Krieg noch die Arbeitskräfte, so bestand im 18. Jahrhundert, und besonders in seiner zweiten Hälfte, ein Mangel an sicheren Arbeitsstellen, das heißt ein nicht unbeträchtlicher Teil der ärmeren Bevölkerung wurde auf dem Arbeitsmarkt nicht oder nur saisonweise benötigt. Es gab keine öffentlich unterstützten Arbeitslosen im heutigen Sinn, denn jedermann mußte sich auf irgendeine Weise seinen Lebensunterhalt selbst verschaffen, zumeist durch Versorgung im Familienverband oder durch private oder kirchliche Almosen, aber – und diese Tatsache schlug in der staatlichen Wirtschaftslenkung zu Buche – diese Subsistenzproduktivität warf keinen der fürstlichen oder öffentlichen Kasse dienenden Ertrag ab, und die Staatsführung hielt es daher für recht und billig, solche Individuen als Soldaten dienstbar, also zu einem nützlichen Glied der Gesellschaft, zu machen. Utilitaristische Überlegungen dieser Art, die auf die Heranziehung aller Untertanen zum Staatsnutzen zielten, bürgerten sich allerdings erst ein, als das Stehende Heer zu einer festen Einrichtung geworden war. Als Gegengewicht wurden alle Landesbewohner, die einer das Staatseinkommen fördernden Beschäftigung nachgingen – darunter ganze Berufsgruppen und Landschaften – vom Militärdienst eximiert.

Die Vorstellung von Trick- und Zwangswerbung und gewaltsamen Rekrutierungen entspricht als Summe unzähliger Einzelfälle der Wahrheit, ergibt aber als Prinzip aufgefaßt doch ein falsches Bild. Das »Pressen« zum Soldaten war – abgesehen von der hier nicht zur Diskussion stehenden Auslandswerbung – eine regional und zeitlich sehr begrenzte Ausnahmeerscheinung, etwa zur Notrekrutierung im Kriege oder zur Auffüllung von zu vermietenden Regimentern. Selbst in Staaten mit einem außergewöhnlich großen Soldatenbedarf, wie Preußen, wirkte sich der Militärdienst im Frieden als eine ausgleichende Regulierung des Verhältnisses von Arbeitskräften und -stellen aus. Es liegen sogar Eingaben der Bauern vor, in denen sie sich darüber beklagen, daß ihre jährlich 10 Monate vom Dienst beurlaubten Söhne ihnen auf der Tasche liegen ohne etwas zu tun oder zu tun zu haben. Ebenso beschwerten sich die Zünfte über den unlauteren Wettbewerb der handwerklich vorgebildeten Soldaten, die als Freiwächter ihren kargen Lohn durch Facharbeiten außerhalb der Zunftordnung aufbessern wollten.

Nach den letzten Dezennien des 18. Jahrhunderts ergaben sich verschiedene Möglichkeiten, Soldaten wirtschaftlich produktiv anzusetzen, u. a. als Arbeitskräfte bei landesherrlichen und öffentlichen Bauten – Festungen, Straßen, Parks –, als Landgendarmerie oder auch als Stafettenreiter für den Depeschendienst. Doch muß hier der Kausalzusammenhang richtig gesehen werden. Die stehenden Truppen wurden nicht in den Wirtschaftsprozeß eingesetzt, weil sie für diese Verwendung geeignet waren, sondern, weil in der Zeit des Aufgeklärten Absolutismus, als die Bevölkerung die Begriffe Fürst und Staat bereits bewußt trennte, zumindest in den Klein-und Mittelstaaten im Frieden gehaltene Truppen vor der Öffentlichkeit nicht nur als landesherrliche Extravaganz sondern als allgemein nutzbringend demonstriert werden mußten, denn es war in dieser recht unkriegerischen Zeit schwierig, ihnen sinnvolle militärische Staatsaufgaben zuzuweisen.

c. Stehendes Heer und Außenpolitik

Der Kabinettskrieg

Verständlicher als die zum Teil recht diffizilen innenpolitischen Beweggründe für das Halten stehender Truppen – auch leichter mit Fakten zu belegen – sind die außenpolitischen Ursachen. Sie können alle auf eine Voraussetzung zurückgeführt werden: unter dem Aspekt des Verhältnisses zum Ausland haben und hatten Soldaten und militärische Einrichtungen im letzten Grunde nur den einen Zweck, Krieg zu führen, sei es einen gerechten oder ungerechten, einen Verteidigungs- oder Angriffskrieg; selbst für die Verhinderung eines Krieges ist das Militär ja nur soweit geeignet, als es zum Kriegführen befähigt ist.

Jedes Zeitalter hat, was angesichts der Ideologieverhaftung vieler geschichtlicher Perspektiven ganz und gar keine Binsenweisheit ist, seine besondere Kriegsform und seine besondere Art von Militär. Im Absolutismus wurden mit Stehenden Söldnerheeren »Kabinettskriege« geführt, das heißt Kriege, die ihre Begründung aus der alleinigen Initiative des Souveräns im Rahmen oder als Ergänzung und Fortsetzung seiner Kabinettspolitik in seinem zumeist dynastischen Interesse fanden, mit eindeutig begrenztem Kriegsziel, ohne politische Anteilnahme oder Zustimmung der untertänigen Bevölkerung. Wie andere Idealtypen des Absolutismus ist auch der Kabinettskrieg in der Praxis nie ganz verwirklicht worden; es hat auch neben ihm andere Arten kriegerischer Auseinandersetzungen gegeben – etwa die Türkenkriege am Anfang oder der Nordamerikanische Unabhängigkeitskrieg am Ende der Epoche –, aber er blieb das bestimmende Phänomen. Unterstrichen wird der dynastisch-genealogische Akzent durch die Erb- und Thronfolgekriege, die sich in der Phase zwischen dem Dreißigjährigen Krieg und den Napoleonischen Kriegen in einer weder vor- noch nachher erreichten Fülle drängten. Es wurde ein Rechtstitel benötigt, um einen Krieg führen zu können, und zwar ein Titel aus der dynastischen Sphäre. Erbfolgeansprüche, seien sie auch noch so fadenscheinig, boten sich als Kriegsgrund also geradezu an, denn Erbstreitigkeiten und Heiratspolitik – neben und gelegentlich zusammen mit der Militärpolitik in all ihren Schattierungen – stellten den Hauptteil der landesherrlichen Beziehungen zum Ausland dar.

Die Reihe der Erbfolgekriege begann mit dem ersten Nordischen Krieg 1655–60, in dem das polnisch-katholische Haus Wasa vergeblich Ansprüche auf Thron und Reich von Schweden zu verwirklichen suchte. Es folgte der »Devolutionskrieg« Ludwigs XIV. gegen die Spanischen Niederlande 1667–68, der mit recht eindeutig künstlich herbeigezerrten Erbansprüchen in der weiblichen Linie begründet wurde. Die »Glorious Revolution« in England 1688 paßt nur formal in diesen Rahmen; Wilhelm III. von Oranien bestieg nach bewaffneter Landung den Thron seines Schwiegervaters Jakob II., aber hier war nicht fürstlicher Ehrgeiz die treibende Kraft, sondern Interesse und Wille des englischen Parlaments. Dagegen führte Ludwig XIV. seinen Krieg um die Pfalz 1688–97 auf, wenn auch unberechtigte, Ansprüche seines Hauses aufgrund der Ehe der Lieselotte von der Pfalz mit seinem Bruder Philipp von Orléans zurück. Verwickelte Erbverhältnisse ergaben auch den zumindest äußerlich-rechtlichen Grund für den Ausbruch des Spanischen Erbfolgekrieges 1701–14 zwischen den Häusern Bourbon und Habsburg, dem wohl berühmtesten Beispiel dieses Genres. Demselben Gegensatz entsprang der Polnische Thronfolgekrieg 1733–35, der nach dem Tode Augusts des Starken seinem Sohn August III. die Nachfolge bestätigte. Vertrauend auf mächtige Verbündete glaubten Bayern und Sachsen im Österreichischen Erbfolgekrieg 1740–1748 Ansprüche gegen die Pragmatische Sanktion, also die Thronbesteigung Maria Theresias durchsetzen zu können; in den Krieg wurde fast ganz Europa verwikkelt. Den etwas schalen Ausklang der Serie bildet der Bayerische Erbfolgekrieg 1778, schon zu seiner Zeit als »Katoffelkrieg« belächelt: Karl Theodor von der Pfalz erbte 1777 Bayern und war geneigt, größere Teile davon an Österreich zu verhandeln; Friedrich der Große wollte eine territoriale Vergrößerung seines alten Gegners verhindern und rettete Bayern für die Wittelsbacher.

Daneben gibt es vereinzelt Beispiele für den emotionalen Kabinettskrieg, der nicht ohne Berufung auf ein Recht und damit auf einen gerechten Krieg geführt wurde, aber deutlich als Ausdruck des Machtwillens erkennbar war. Mit dem französisch-holländischen Krieg 1672–78 wollte Ludwig XIV. in einem Racheakt die Niederländische Republik als Parteigänger der Spanischen Niederlande strafen. Der zweite Nordische Krieg 1701–21 lief auf eine Machtprobe zwischen König Karl XII. von Schweden und Zar Peter I. von Rußland hinaus. Der Erste Schlesische Krieg 1740–42 ist nicht aus der Folgerichtigkeit einer langjährigen politischen Spannungseskalation zwangsläufig herausgewachsen, sondern der junge, ehrgeizige Preußenkönig Friedrich II. glaubte, eine glückliche Situation mit einem Coup nutzen zu müssen. Der Siebenjähriege Krieg, äußerlich noch ganz als Kabinettskrieg geführt, paßt in das Schema nicht mehr hinein.

Eine Eigenheit des Kabinettskrieges, die Gerhard Ritter mit dem Symbol der »Gezähmten Bellona« kennzeichnet, gibt trotz ihrer Fragwürdigkeit einen Eindruck weniger von dem Kriegswesen als von dem militärischen Denken der Zeit. Friedrich der Große schrieb noch in seinem Testament von 1768, also am Ende der Kabinettskriegsära, daß » der friedliche Bürger in seiner Behausung ruhig und ungestört bleibt und gar nicht merkt, daß sein Land im Kriege ist, würde er es nicht aus den Kriegsberichten erfahren. .. Unter dem Schutz der edlen Vaterlandsverteidiger bestellt der Landwirt seine Felder; die Gesetze werden von den Gerichten aufrechterhalten; der Handel blüht und alle Berufe werden ungestört betrieben.« Damit ist die Friedfertigkeit des Kabinettskrieges zweifellos überzeichnet. Es gibt Beispiele nicht nur zufälliger roher Ausschreitungen, sondern planmäßiger Verwüstung und Bedrückung. Erinnert sei an die Schaffung »verbrannter Erde« in den französischen Eroberungskriegen, für die die Zerstörung des Heidelberger Schlosses als Musterbeispiel bekannt ist, oder an das rigorose Vorgehen der Österreicher gegen die bayerische Bevölkerung nach der Schlacht bei Höchstädt, das 1705 sogar zu einem Volksaufstand führte. Auch die Raubzüge leichter Reitereinheiten während des Siebenjährigen Krieges gehören in diesen Zusammenhang. Doch gerade die Tatsache, daß solche Vorkommnisse als Sonderfälle in der Erinnerung haften blieben, beweist ihren Ausnahmecharakter. Das Zeitalter war bemüht, nicht nur den Soldaten, sondern auch den Krieg zu disziplinieren, ihn zur Verkörperung von Repräsentation und Ordnung zu erheben. Er bedeutete in einem heute kaum noch verständlichen wörtlichen Sinne Fortsetzung der Politik mit anderen Mitteln, und es wurde alles getan, um ihn – wie die ganze Armee – von der Bevölkerung zu isolieren und als eine ausschließliche Sache des Landesherrn zu klassifizieren. Aus diesen Gedankengängen wird erklärbar, daß der Krieg nicht mehr als eine Geißel der Menschheit begriffen zu werden brauchte, und im 19. Jahrhundert zum Stahlbad emporstilisiert werden konnte, in dem die ritterlichen Soldatentugenden von den Schlacken menschlicher Unzulänglichkeiten reingewaschen wurden.

Die Koalitionen

Wenn es einerseits auch möglich ist, zumindest die Anlässe der Kabinettskriege auf ausgeklügelte Hauspolitik, rigorosen Eigentums- und Erwerbssinn, rein menschliche Emotionen und zeitgebundenes Geltungsbedürfnis einzelner Potentaten zurückzuführen, so lassen sie sich andererseits nicht ausschließlich als eine Art potenzierten Fürstengezänks erklären. Die Feldzüge und Friedensschlüsse von 1660 bis 1748 haben die politische Landkarte Europas – wenn nicht der Welt – gezeichnet und für die Zukunft programmiert. Dieses Zementieren einer überstaatlichen, europäischen Ordnung, das den Kriegen und den Friedensschlüssen ihren eigentlichen historischen Stellenwert gab und in den historischen Handbüchern gewöhnlich unter der Überschrift »Hegemonie und Gleichgewicht« zusammengefaßt wird, ist das Ergebnis einer weniger genealogisch als wirtschaftlich, handels- und raumpolitisch orientierten Interessenpolitik, die sich des Kabinettskrieges lediglich bediente, weil er die zeitgegebene Form des Kriegführens war. Dem die europäische Vormacht ansteuernden Frankreich Ludwigs XIV., das sich im weiten europäischen Raum immer wieder Bundesgenossen zu verschaffen wußte, standen größere oder kleinere Koalitionen aus den übrigen Staaten gegenüber, die den vom Westfälischen Frieden geschaffenen Zustand durch Ausbalancierung zu erhalten suchten. Das Zeitalter der großen Allianzen und Koalitionskriege begann.

Militärgeschichtlich sind diese Koalitionen von ihrer Konsistenz und ihrer Struktur her recht aufschlußreich. Die meisten Bündnisse zeigten eine außerordentlich geringe Haltbarkeit, währten oft nur über Monate. So mancher der großartig angelegten Kriege hörte einfach auf, weil einzelne Partner das Interesse verloren hatten, und es kam zu Friedensverhandlungen, vielleicht sogar mit jedem Gegner gesondert zu mehreren Friedensschlüssen nebeneinander. Aus dem gleichen Grunde zogen sich Kriege über Jahre hin, ohne daß auch nur versucht wurde, mit einer gemeinsamen Operation eine Entscheidung herbeizuführen. Die Egozentrik der einzelnen Koalitionspartner und die damit gegebene Verschiedenartigkeit ihrer Kriegsziele gestatteten gleichgerichtete Zielsetzungen auf Dauer nur in Ausnahmefällen. Ein unverhältnismäßig großer Teil der Verträge war auf Subsidien gegründet, hatte unter einer dünnen Decke politischer Verbindlichkeitserklärungen das Ab- und Vermieten von Truppen gegen Geld oder andere Entschädigungen zum Inhalt. Die vertragsschließenden Mächte oder Herrscher gaben sich als politische Partner aus, oft genug waren sie nur Handelspartner.

Nur größere Herrschaftsgebilde, die aus eigener Kraft über die nötigen Mittel für die Kriegführung verfügten, waren in der Lage, politische wie auch wirtschaftliche Ziele über Jahrzehnte hinweg, das heißt von Krieg zu Krieg, zu verfolgen. Die übrigen mußten bei der Suche nach dem für ihre Erwartungen richtigen Partner unter den eigentlichen kriegführenden Mächten ein zusätzliches Risiko eingehen.

Als die profilierteste kriegführende Schwerpunktmacht hob sich das Frankreich Ludwigs XIV. heraus. Sein Anspruch auf die Vorherrschaft in Europa war durch die weitgehend in die Wirklichkeit umgesetzten absolutistischen Herrschaftsmaximen noch potenziert und moralisch untermauert. Seine für die Zeit gewaltigen, modern ausgerüsteten und versorgten eigenen Armeen ebenso wie seine Bereitschaft, für Parteigänger in ganz Europa mit Subsidien und politischen Versprechungen nicht zu sparen, garantierten ihm die dominierende Rolle.

Militärische Verbündete fand es in der europäischen Randzone: zunächst noch im England der Stuarts, dann auch in Schweden und in der Türkei. Französischer Diplomatie und französischem Geld ist es aber auch immer wieder gelungen, landesherrliche Regiments- und Armeeinhaber aus Deutschland für Frankreichs Interessen zu binden, sei es in geschickter Ausnützung des Gegensatzes zum Kaiser oder des Konkurrenzneides gegenüber Standesgenossen, sei es in der in Aussicht gestellten Befriedigung ihres Hungers nach Geld, Land und Standeserhöhung.

Wesentlich blasser zeichnet sich die militärische Rolle des kaiserlichen Österreichs ab, blasser jedenfalls als sein politisches Gewicht. Ihm fehlte die zentrale Steuerung des Bourbonenreiches, vor allem fehlten ihm die finanziellen Ressourcen.

Im Spanischen Erbfolgekrieg wie in den anderen Kriegen mietete Österreich von den deutschen Ländern Subsidientruppen, gab sich also ähnlich Frankreich als Schwerpunktmacht. Doch auch auf die Reichsstände durfte es als Bundesgenossen nur rechnen, wenn es seinen Preis zahlte. Bei seinem chronischen Geldmangel blieb es ein säumiger Zahler. Das Fürstbistum Würzburg zum Beispiel konnte es für drei 1701 gemietete Regimenter endgültig erst 1735 nach einem Vergleich mit rund 300000 Gulden abfinden. Um überhaupt in dem großen Subsidienhandel dieses Krieges geschäftsfähig zu bleiben, nahm es bei den Seemächten Jahr um Jahr Anleihen auf, insgesamt von England 1750000, von den Niederlanden 2950000 Reichstaler. Finanzielle Verpflichtungen nach allen Seiten bedeuteten aber auch politische Zugeständnisse und Kompromißbereitschaft. Der Kaiser strahlte sicher eine repräsentative, aber keine einigende Wirkung aus. Er hat das Seine dazu getan, indem er – um keine Konkurrenz aufkommen zu lassen – das eine Fürstenhaus gegen das andere ausspielte. Die wenigen Militärbündnisse deutscher Fürsten dieser Zeit untereinander waren eher gegen als mit dem Kaiser geschlossen. Die nationale Geschichtsschreibung des 19./20. Jahrhunderts hat im historischen Verständnis dieser Zeit so manche falschen Konturen gesetzt, und speziell militärisch dem Kaiser eine deutsche Aufgabe zugesprochen. Er hat jedoch mit Fug und Recht im Frieden wie im Krieg österreichische, also habsburgische Hauspolitik getrieben, und sonst nichts.

Ein gewisses nationales Verdienst ist dem Kaiser paradoxerweise nicht abzusprechen. Dadurch, daß er den Welfen in Braunschweig-Lüneburg 1692 zur Kurwürde und den Hohenzollern in Brandenburg-Preußen 1701 zur Königswürde verhalf, band er die militärischen Kräfte beider Häuser für Jahrzehnte an das Kaiserhaus, das sie im Spanischen Erbfolgekrieg für seine Interessen einsetzte. Damit jedoch waren beide Häuser gehindert, sich im gleichzeitigen, für sie eigentlich interessanteren Nordischen Krieg zu engagieren, was zweifellos eine Kopplung beider Kriege nach sich gezogen und Deutschland wie im Dreißigjährigen Krieg zum zentralen Schlachtfeld gemacht hätte. Frankreich hat viel getan, um diese Entwicklung einzuleiten; England ist es gelungen, sie zu verhindern.

Bis zur »Umkehr der Bündnisse« 1756 galt Österreich als der natürliche Gegner Frankreichs, aber es hat keinen seiner Kriege gegen die Bourbonen ohne Rückversicherung bei den großen Seemächten geführt. Nach dem Sieg über das osmanische Heer am Kahlenberg bei Wien 1683 nahm es die Möglichkeit wahr, sich nach dem Südosten zu orientieren. Damit schied es aus dem Wettstreit mit den Seemächten von vorneherein aus und bot sich ihnen als Bündnispartner gegen Frankreich geradezu an.

Eine besondere und von der Militärliteratur oft übersehene Stellung nahmen die Seemächte Holland und England als kriegführende Staaten ein. Beide wurden nicht in barocker Fürstenherrlichkeit, sondern von ständisch orientierten Parlamenten regiert, die eine sehr rationale und ausgewogene Realpolitik betrieben. Für diese Regierungsform ist später der Ausdruck »parlamentarischer Absolutismus« erfunden worden. Beide hatten grundsätzliche Bedenken gegen ein eigenes Stehendes Heer, weil sie es – ganz folgerichtig – als ein ausschlaggebendes antiparlamentarisches Machtinstrument eines absolutistischen Landesherrn fürchteten, denn beide lebten mit fürstlichen Landesoberhäuptern und blickten auf einschlägige Erfahrungen zurück. Ihre Kriege führten sie daher möglichst mit Fremdtruppen und nur für den Krieg neu aufgestellten eigenen Regimentern. Als Handelsmächte verfügten aber beide über die Mittel, ihr außenpolitisches Programm auch durch Kriege konsequenter zu verfolgen als die landesherrlich-absolutistisch regierten Landmächte Europas. Beide schließlich hatten – wenn auch erst nach der recht kriegerischen Austragung der

Spannungen untereinander – nur ein europaorientiertes Ziel: Verhinderung der französischen Hegemonie und Erhaltung des herrschenden Gleichgewichts, dabei möglichst eindeutige Neutralisierung der für beide Mächte als Aufmarschgebiet so gefährlichen habsburgischen Niederlande.

Es waren also, vereinfacht gesagt, auf der einen Seite die Seemächte, die den um Erb- und Thronfolgerechte angezettelten Kabinettskriegen ihr politisches Gewicht und ihren Platz in der europäischen Geschichte gaben. Sie führten ihre Kriege als kostspielige, aber nicht zu umgehende Notlösungen und mit einer strategischen Konzeption, die für Holland gelegentlich einen dem totalen Krieg angenäherten Notstand miteinbezog, im allgemeinen jedoch dem wirtschafts- und handelspolitischen Kalkül den ersten Platz einräumte. Auf der anderen Seite ist aber auch der Kriegspolitik Ludwigs XIV. oder seiner Minister eine einheitliche Linie nicht abzusprechen. Österreich dagegen ist, soweit es den mitteleuropäischen Raum angeht, in Hauspolitik und dynastischen Problemen hängen geblieben – Fragen der spanischen Erbfolge, Anerkennung der Pragmatischen Sanktion – und über die Rolle eines wichtigen Bündnispartners nicht hinausgewachsen.

Ein Überblick über die Allianzpolitik dieser Zeit vermag nicht die Gesamtproblematik zu erfassen, aber er vermittelt einen notwendigen Einblick in die Praxis. Im Devolutionskrieg stieß Ludwig XIV. auf die Tripelallianz England, Holland und Schweden. Das Streitobjekt, die Spanischen Niederlande, gehörte formal als Burgundischer Kreis zum Reich, doch lehnte der Kurfürstenrat eine Einmischung ab. Auch der Kaiser hielt sich zurück, da er gerade in Verhandlungen mit Ludwig XIV. wegen des spanischen Erbes stand.

Bei Beginn des Holländischen Krieges hatte der französische König das noch von dem Stuart Karl II. absolutistisch regierte England auf seiner Seite. Auch Schweden war durch Subsidien an Frankreich gebunden. Holland war mit dem noch habsburgischen Spanien verbündet. Der Kaiser, Leopold I., verhielt sich abwartend, hatte sich auch Ludwig gegenüber verpflichtet, in keinen Krieg außerhalb Deutschlands und Spaniens einzugreifen. Auf Druck Spaniens erklärte er dann doch den Krieg und schloß ein Bündnis mit Spanien und Holland zur Erhaltung des Westfälischen Friedens. Ein glücklicher Feldzug zog die deutschen Fürsten zur antifranzösischen Koalition hinüber. In den Friedensgesprächen ab 1676 gelang es Frankreich, die Verbündeten zu trennen. Holland, dessen Rettung ursprünglich alle Anstrengungen gegolten hatten, schloß 1678 den ersten Separatfrieden zu Nimwegen ab, es folgte Spanien, dann der Kaiser, endlich die kleineren Territorien.

Der Angriff Ludwigs XIV. auf die Pfalz mitten im Türkenkrieg 1688 leitete im Magdeburger Konzert eine Sammlung der deutschen Länder um das kaiserliche Österreich ein, wie nie vor- oder nachher. Österreich und die Niederlande fanden sich 1689 in der »Großen Allianz« gegen Frankreich – nach der alten Formel zur Wiederherstellung des Westfälischen Friedens – zusammen; England, seit einem Jahr unter Wilhelm von Oranien, ein Jahr später auch Spanien und Savoyen schlossen sich an. Im Frieden von Rijswijk 1697 einigten sich Holland, England und Spanien mit dem französichen König in Geheimverhandlungen, nachdem Savoyen bereits einen Sonderfrieden erhalten hatte, und ließen dem Kaiser und dem Reich den Beitritt zum Vertrag offen.

Im Spanischen Erbfolgekrieg ging die Initiative einmal von der antifranzösischen Koalition aus. Die Haager Allianz von 1701 zwischen den Seemächten und Österreich zielte auf eine Teilung des spanischen Erbes unter die drei Interessenten. Die deutschen Länder traten nolens volens der Allianz bei. Nur Kurfürst Max Emanuel von Bayern und sein Bruder Clemens, Kurfürst und Erzbischof von Köln, glaubten ihre Vorteile auf französicher Seite. Ab 1710 suchten die

Seemächte den Krieg zu beenden, doch erst 1713 schlossen sie zu Utrecht Frieden; der Kaiser folgte fast ein Jahr später in Rastatt, das Reich zuletzt in Baden.

Im Polnischen Thronfolgekrieg, in Wahrheit eine weitere Auseinandersetzung zwischen Österreich und Frankreich, ließen sich die beiden Seemächte für dies innereuropäische Problem von Kaiser Karl VI. nicht engagieren. Er erreichte wenigstens, daß der Reichskrieg erklärt wurde, aber die Wittelsbacher – Kurbayern, Kurpfalz, Kurköln – blieben von vorneherein neutral und das 50000 Mann-Angebot des militärisch schon starken Preußen lehnte der vorsichtige Kaiser ab.

Speziell die Koalitionen des Österreichischen Erbfolgekrieges fanden sich nicht wegen gemeinsamer Kriegsziele der Partner zusammen, sondern wurden als Bündelungen verschiedener Interessen mit Mühe zum Leben erweckt und wachgehalten. Nach dem Tode Kaiser Karls VI. vertraten Bayern, Sachsen und das jetzt bourbonische Spanien Erbansprüche gegen Maria Theresia, wagten aber ohne die Unterstützung einer militärischen Vormacht keinen Krieg, und Frankreich hielt sich zurück. In dieser Situation marschierte Friedrich II. von Preußen in Schlesien ein, nahm es in Besitz und setzte damit die Kriegshandlungen in Gang. Frankreich eröffnete die Feindseligkeiten im Bündnis mit Preußen, wurde aber in den folgenden Jahren dreimal von Friedrich II. im Stich gelassen – mit der Konvention von Klein-Schnellendorf 1741, dem Sonderfrieden von Breslau 1742 und dem Frieden von Dresden 1745 –, der auf diese Weise den Besitz von Schlesien und die Neutralität für lange Jahre bis zum endgültigen Frieden von Aachen 1748 wahren konnte. In den deutschen Geschichtsbüchern werden diese Vorgänge als Erster und Zweiter Schlesischer Krieg vom übrigen Kriegsgeschehen separiert. Ohne die preußische Bedrohung vermochte auch Österreich immer wieder initiativ zu werden, zumal auch England und Holland zu seinen Gunsten – das heißt mit deutschen Subsidientruppen – in den Krieg eingriffen.

Der Siebenjährige Krieg – der letzte der Koalitions-Kabinetts-Kriege – suchte für das durch die neue Großmacht Preußen veränderte Europa die Bestätigung oder die Revision. Die Konvention von Westminster 1756 zwischen England und Preußen leitete das große renversement des alliances – die Umkehr der Bündnisse – ein, die das inzwischen erstarrte Kräftefeld aufriß und neu formte. Österreich erreichte ein lange vorbereitetes Bündnis mit dem jahrhundertelangen Feind Frankreich, dem sich auch Rußland und Schweden verpflichteten. Preußen führte, unterstützt durch eine englische Observationsarmee in Hannover und von 1758–61 durch englische Subsidien, einen Existenzkampf. Der Tod der Zarin Elisabeth rettete Friedrich II. nicht nur sein Königreich, sondern auch den Besitz Schlesiens.

Die deutschen Länder als Koalitionspartner

Im Kriegstheater der militärischen Schwerpunktmächte spielten die deutschen Länder – auch Brandenburg-Preußen bildete in den entscheidenden Jahrzehnten keine Ausnahme – keine tragende Rolle und mußten sich, wollten sie überhaupt mitspielen, mit füllenden, aber verzichtbaren Nebenrollen begnügen. Eine vereinigende, staatsähnliche kriegsstarke Institution gab es nicht: das Reich, in diesem Zusammenhang immer wieder mit Bedauern ob seiner Schwäche genannt, war ein Rechtszustand, kein staatliches Gebilde; die Reichsstandschaft garantierte doch den Territorien gerade ihre Unabhängigkeit. Die Reichsarmee diente mehr als Verrechnungsobjekt für Subsidienregimenter, war im Höchstfalle Hilfstruppe und hat den Status eines eigenständigen, funktionsfähigen Truppenverbandes nie erreicht.

Nach dem Westfälischen Frieden hatten die deutschen Länder zwar das Recht, selbständig einen Krieg zu erklären oder Frieden zu schließen, aber einen Krieg führen konnten sie nicht, jedenfalls nicht allein, dafür waren sie zu unbedeutend. Der Krieg bot sich aber als das einzige Mittel an, um politisch ins Geschäft zu kommen, denn Politik war nur im Bündnis mit den großen Mächten möglich, den militärischen Schwerpunktmächten, und diese erwarteten und akzeptierten von den kleinen Bündnisverwandten nur einen Einsatz: Soldaten. Subsidienpolitik und -verträge, das heißt das Vermieten von Truppen gegen Geld, darf nicht – und diese Feststellung ist für eine korrekte Beurteilung der Militärgeschichte des deutschen Absolutismus entscheidend wichtig – als willkürliche Bereicherungsaktion einzelner, moralisch dubioser Landesfürsten eingestuft werden, sondern ist die allgemeingültige Form landesherrlicher Außenpolitik, die ausnahmslos in der Geschichte aller Länder nachzuweisen ist. Die Tatsache, daß einige Kriege oder Feldzüge, etwa gegen die Türken oder gegen Frankreich, in späterer Sicht einen nationalen Akzent erhielten, darf nicht überdecken, daß für die deutschen Regimenter in diesen Feldzügen eine fremde Macht Subsidien gezahlt hat oder auch schuldig geblieben ist.

Das Verhältnis der Schwerpunktmächte zueinander blieb über Generationen hin konstant. Bestand hatten nicht immer die Verträge, wohl aber die Beziehungen, wie etwa die Gegnerschaft Frankreich-Österreich und die Freundschaft England-Österreich. In ihren großen Koalitionen vertraten sie die gleichen oder doch korrespondierende Ziele, so zum Beispiel in der Großen Allianz von 1689 die Verhinderung der französischen Vorherrschaft oder in der Haager Allianz von 1701 die Verteidigung und Aufteilung des spanischen Erbes.

Für die kleinen Koalitionen dagegen – die Subsidienverträge zwischen den großen und den kleinen Staaten – ist das Unstete charakteristisch. Jede Seite hatte ihre eigenen Interessen. Auch die kleinen Landesherren verfolgten ihre politischen Ziele, die gelegentlich sogar dem Zweck der Allianzen entsprachen und sie zum berechtigten Beitritt veranlaßten, so etwa 1674 oder 1689 ihre Wendung gegen den französischen Eroberungsdrang. Ihren Ambitionen fehlte jedoch jeder europäische Akzent. Ein deutsches Bewußtsein gab es sowieso nur erst in der Literatur, nicht in der Politik. In einigen, wenigen Ausnahmefällen stand Landerwerb zur Diskussion: die Hohenzollern beanspruchten Vorpommern, um das sie sich 1648 betrogen glaubten, die bayerischen Wittelsbacher hofften auf die Spanischen Niederlande. Im übrigen marschierten die Soldaten der deutschen Länder, falls sie tatsächlich einer politischen Aufgabe nachkamen, für oft sehr großspurige, aber recht eindeutige Haus-und Familienpolitik ihrer Landesherren, für Erbansprüche, für Kurfürstenhüte, Königskronen und Kaiserthrone, wo und wie auch immer sie zu vergeben waren.

Die deutschen Länder wechselten, soweit sie nicht zwangsläufig gebunden waren, wie das mit England in Personalunion vereinigte Hannover, ihre großen Partner häufiger. Bayern gibt dafür das einprägsame Beispiel. Wie die politische Karte zeigt, hatte es die Wahl zwischen Österreich und Frankreich. Maximilian I. (1597–1651), die längste Zeit des Dreißigjährigen Kriegs über der mächtigste und sicherste Parteigänger des Kaisers, verband sich in den letzten Jahren des Krieges und seiner Regierung eng mit Frankreich. Sein Sohn Ferdinand Maria (1651–1679) behielt die frankophile Linie bei und schloß mit Ludwig XIV. mehrere gegen Österreich gerichtete Subsidienverträge. Max II. Emanuel (1679–1726) warf das Steuer wieder herum und unterstützte Habsburg im Türkenkrieg und im Pfälzischen Krieg mit Subsidientruppen, schlug sich aber sehr zum Schaden des Landes im Spanischen Erbfolgekrieg auf die französische Seite. Nach dem Frieden fand er aufs neue die österreichische Freundschaft und Subsidienverträge, was ihn nicht hinderte, im Wittelsbachschen Hausvertrag habsburgfeindliche Tendenzen zu vertreten. Im Schutze Frankreichs und Preußens wagte sein Sohn Karl Albrecht (1726–1745) den großen Sprung und ließ sich 1742 als Karl VII. gegen Habsburg zum Kaiser krönen, lieferte damit aber Bayern den österreichischen Truppen aus. Max III. Joseph (1745–1777) war nach dem Frieden von Füssen 1745 gezwungen, einen österreichischen Vertrag und österreichische Subsidien gegen Frankreich zu nehmen, wählte aber im Siebenjährigen Krieg aus dem französisch-österreichischen Bündnis noch einmal Frankreich als Subsidienzahler. Sein Nachfolger, der Pfälzer Karl Theodor (1777–1799), zog sich die Empörung der bayerischen Bevölkerung zu, weil er das Land an das verhaßte Österreich verhandeln wollte.

Die brandenburg-preußische Konventions- und Subsidienpolitik läßt sich sehr viel gedrängter erfassen, nämlich in den Praktiken nur eines Herrschers, ihres agilsten und auch wohl politisch begabtesten Vertreters, des Großen Kurfürsten Friedrich Wilhelms I. (1640–1688). Der Hohenzoller verfügte räumlich über einen viel breiteren Aktionsradius als Bayern oder Sachsen und wußte auch seine geographisch günstige Lage zu nutzen. Im Ersten Nordischen Krieg zwischen Schweden und Polen stellte er 1656 seine gesamte Streitmacht für die Souveränität Preußens den Schweden gegen Polen zur Verfügung, ein Jahr später den Polen gegen Schweden zu den gleichen Bedingungen. Ein mit Frankreich im Devolutionskrieg geschlossenes Neutralitätsabkommen wurde 1669 in einen Subsidienvertrag im Kriegsfall umgewandelt. Im Holländischen Krieg stellte er 1672 den Niederlanden diesmal gegen Frankreich Truppen zur Verfügung, schloß aber wegen des Ausbleibens der holländischen Subsidien und der Haltung des Kaisers gegen eine beträchtliche französische Entschädigung 1673 den Sonderfrieden von Vossem. Das nächste Jahr sah ihn wieder auf der niederländisch-kaiserlichen Seite, er trat mit 16 000 Mann gegen Subsidien in den Krieg ein, fühlte sich erneut im Stich gelassen, da er 1679 isoliert in den schmachvollen Frieden von St. Germain einwilligen mußte und ging sofort danach gegen hohe Subsidien ein neues enges Bündnis mit Frankreich ein. Infolgedessen fehlte Brandenburg zunächst im 1683 ausbrechenden Türkenkrieg auf der Seite des kaiserlichen Österreich. Aber das Verhältnis zu Frankreich lockerte sich. Einem Bündnis mit Wilhelm von Oranien folgten 1686 Aussöhnung und Vertrag mit dem Kaiser, so daß brandenburgische Truppen noch in Ungarn gegen die Türken und auch nach dem Tode des Großen Kurfürsten im Pfälzischen Krieg gegen Frankreich ihre Brauchbarkeit unter Beweis stellen konnten.

Subsidienpolitik

Das entscheidende Kriterium für alle diese Truppenlieferungsverträge mit oder ohne politische Einkleidung waren die finanziellen Vergütungen, die Subsidien, die den Verträgen ihren Namen gaben. Sie wurden nach bestimmten, international bekannten Sätzen berechnet, setzten sich jedoch aus mehreren Faktoren zusammen, von denen in jedem Vertrag nur einzelne berücksichtigt wurden. Ursprünglich waren Subsidien Jahresgelder, die von einer Militärmacht an einen Landesherren gezahlt wurden, um ihn im Frieden bereits politisch zu binden, im Kriege zu wohlwollender Neutralität zu verpflichten oder auch zur Lieferung von Truppen, dies allerdings gegen erneute Bezahlung. Mit dieser Art von »Pensionen«, wie sie Frankreich bekanntlich an die einflußreichen Personen und Gremien in der Schweiz zahlte, wurden dann auch in Deutschland strategisch wichtige Länder militärisch festgelegt.

Als eigentliche Subsidiengelder galten dann Pauschalsummen, für die eine bestimmte Zahl von Regimentern über eine bestimmte Zahl von Jahren gemietet wurde und mit denen alle dem Vermieter entstehenden Kosten abgegolten waren. Frankreich bevorzugte eine solche großzügige Art der Zahlung, die dem Landesherrn in seinen Ansprüchen entgegenkam. Dagegen legten die Seemächte zumindest äußerlich auf eine genaue Abrechnung wert, indem sie die Einheiten oder Verbände, sogar die genaue Zahl der Soldaten, Funktionsträger und Offiziere – also eigentlich jeden Soldaten einzeln – bezahlten, und zwar aufgeschlüsselt nach Werbung, Ausrüstung, Besoldung, Verpflegung und Ersatz (Rekrutierung). So zahlten sie 1701 für Werbung und Ausrüstung eines schweren Reiters 80, eines Dragoners 60 und eines Infanteristen 30 Reichstaler. Bei vielen Verträgen wird lediglich das Werbegeld als finanzielle Vergütung angeführt, da der Mieter die Truppe in Sold und Verpflegung nahm und nur die Verluste ersetzte. War das Angebot an Regimentern breit genug, genügte den vermietenden Fürsten sogar alleine die Bewirtschaftung – Sold, Verpflegung – ihrer Regimenter durch den Mieter, da sie sich auf diese Weise ihre stehende Truppe ohne eigene Kosten erhielten.

Die Höhe der Subsidien richtete sich nach Angebot und Nachfrage, nach dem politischen Gewicht des Vermieters, nach der Zahlungsfähigkeit des Mieters, nach der Qualität der Truppen, nach persönlichen Verbindlichkeiten und mancherlei anderen Imponderabilien. Es sind eine Fülle von Eigentümlichkeiten, den Charakter der Zeit beleuchtenden Einzelfällen, von großen und kleinen Geschäften, Betrügereien oder auch betont korrekten Abwicklungen überliefert, alle die Spielarten, die bei einer über hundert Jahre geübten, allgemein bekannten Geschäftspraktik vorzukommen pflegen. Wie weit die einzelnen Vorkommnisse der Geschichte angehören, wie weit ganz oder in ausschmückenden Teilen der Fama, ist nicht immer klar zu erweisen. Selbst exakte Zahlen in den Verträgen oder Verhandlungsakten sagen nicht verläßlich aus, ob die Zahl der Soldaten wirklich geliefert, der Preis wirklich gezahlt worden ist.

Ihren Höhepunkt erreichte die europäische Subsidienpolitik zur Zeit des Spanischen Erbfolgekrieges. In den letzten Jahren des Krieges – ein Überblick über den gesamten Krieg von 1701–1712 wäre ungenau, da sich viele Truppengestellungen überlappten – stellten 16 deutsche Länder für Subsidien vornehmlich der Seemächte, zu einem geringen Teil auch Österreich, zur Verfügung:

in Flandern	97400 Mann
in Italien	10600 Mann
in Spanien	22000 Mann
zusammen also	130000 Mann.

Darunter sind auch 15000 Mann gerechnet, die der Kaiser 1711 in Italien in englischen Sold gab und für die (zuzüglich 3000 Italienern) er jährlich 300000 Pfund Sterling erhielt. (Zur Frage der Subsidienpolitik als Finanzpolitik s. u. S. 230ff).

Eigentümlicherweise ist das Subsidienwesen im deutschen Geschichtsbewußtsein vornehmlich auf die Truppenvermietung durch Landgraf Friedrich II. (1760–85) von Hessen-Kassel an England im Amerikanischen Unabhängigkeitskrieg 1776–83 eingegrenzt und mit dem Schlagwort »Soldatenhandel« zu einem Tiefpunkt deutscher Militärgeschichte degradiert worden. Da speziell diesem Ereignis bei sachlicher Betrachtung weder quantitativ noch qualitativ – das heißt weder in seinen Ausmaßen noch in seiner moralischen Verwerflichkeit – der Charakter eines sensationellen Auswuchses des Soldatengeschäftes zuzusprechen ist, erhebt sich die Frage, warum das deutsche Gewissen gerade an diesem Fall einen so lautstarken Anstoß genommen hat.

Auch hier lassen sich die reinen Fakten nicht lückenlos zusammenstellen, sie genügen aber als Beleg für einen ausreichenden Überblick. In einem Vertrag vom 15. Januar 1776 erhielt Großbritannien vom Landgraf Friedrich II. von Hessen-Kassel 12000 Mann gegen 30 kr Werbegeld pro Mann und 45000 kr jährliche Subsidien; spätere Zusatzverträge erhöhten das Kontingent auf 16992 Mann. Außer Hessen-Kassel stellten Hessen-Hanau, Braunschweig-Wolfenbüttel, Waldeck, Brandenburg-Ansbach und Anhalt-Zerbst Truppen, insgesamt 29867 Mann, von denen nach Abschluß des Unabhängigkeitskrieges 12554 nicht in die Heimat zurückkehrten. Von den Nicht-Zurückgekehrten waren genau 585 gefallen oder an ihren Wunden verstorben, etwa 6300 an Krankheiten gestorben und 5000 desertiert.

Der Vertrag und seine Durchführung heben sich im Vergleich zu gleichzeitigen Vermietungen in anderen Ländern oder früheren und späteren Vermietungen hessischer Truppen durch keinerlei anstößige Abmachungen oder Vorgänge hervor. Unter den 37 Subsidien-Verträgen samt Verlängerungen, die Losch für Hessen-Kassel von 1677–1815 zusammengetragen hat, läuft er unauffällig unter der Nummer 31.

Dazu kann dem Vertrag wie wenigen anderen sogar eine anerkannt politische Komponente zugesprochen werden. Der Landgraf stellte seinem Vetter, dem Kurfürsten von Hannover und englischen König Georg III., Truppen zur Verfügung für das Niederschlagen eines bewaffneten Aufstandes in Übersee gegen die bestehende monarchische Ordnung, denn in der absolutistischen Militärpolitik rangierte der Amerikanische Unabhängigkeitskrieg nun einmal unter diesem Aspekt.

Schon allein im weiteren Rahmen der hessischen Soldatengeschäfte gibt es Beispiele von wesentlich zweifelhafterer politischer Moral, die trotzdem kaum Ärgernis erregten, wenn sie auch als Besonderheit registriert wurden. Wilhelm VIII. (1730/51–1760), der Vater Friedrichs II., vermietete im Österreichischen Erbfolgekrieg 1740 an England 6000 Mann, 1742 an die Gegenseite – nämlich an den zum Kaiser Karl VII. gewählten bayerischen Kurfürsten – 3000 Mann, später weitere Regimenter, allerdings mit der Auflage, es solle dafür Sorge getragen werden, daß die Hessen nicht gegeneinander fochten. Oder aber, um auf eine andere Wertungsebene hinüberzuwechseln, der gleiche Landgraf vermietete 1755 und in weiteren drei Verträgen während des Siebenjährigen Krieges über 10000 Mann an England gegen Rekrutierungsgeld und erhebliche Subsidien, die damit auf preußischer Seite kämpften, obgleich der Reichstag die Exekution – den Reichskrieg – gegen Preußen beschlossen hatte, die Landgrafschaft Hessen sich also als Reichsstand offiziell gegen Preußen im Kriegszustand befand. Die spätere deutsche Militärgeschichte hat gerade für das letzte Beispiel keine rügenden Worte gefunden, im Gegenteil, Hessen hat noch ein wenig von der preußischen Glorifizierung mitgenossen, als eines der ganz wenigen deutschen Länder, die den um seine Existenz ringenden künftigen deutschen Kernstaat nicht im Stiche gelassen hatten.

Wie also ist es zu erklären, daß gerade der hessisch-englische Subsidienvertrag von 1776 nicht als das einzige, aber doch das eklatanteste Beispiel für die willkürlich-absolutistische, moralisch besonders verwerfliche, als »Soldatenhandel« abgestempelte Ausbeutungspraktik einer bedenkenlos selbstsüchtigen Duodezfürstenherrlichkeit angeprangert wurde, die als Ausnahmeerscheinung das überkommene, mit all seinen Fehlern doch geordnete und ordentliche Zeitbild nur verzerrte und daher in militärgeschichtlichen Darstellungen der Zeit übergangen oder um der historischen Wahrheit willen als nur pervertierende Randerscheinung zu erwähnen war?

Es treffen mehrere Gründe zusammen. Einmal galt es als anrüchig, Regimenter zum Einsatz in Übersee zu vermieten, denn von solchen Expeditionen waren in den meisten Fällen nur Trümmer zurückgekehrt. Das Paradebeispiel für derartige Vermietungen nach Übersee stellte allerdings nicht Hessen, sondern Württemberg mit dem »Kapregiment« von rund 2000 Mann, das seinem Herzog Karl Eugen, abgesehen von Zusatzzahlungen, 300000 fl einbrachte und – von 1786 bis 1808 in holländischen Diensten – samt allen Ersatzmannschaften in Südafrika und Indonesien so gut wie völlig aufgerieben wurde. Für die Hessen kam jedoch zweitens hinzu, daß sie nicht nur im Kolonialkrieg allgemein, sondern zur Unterdrückung einer Freiheitsbewegung eingesetzt wurden. Dieses Ereignis rief in Europa bereits ein lebhaftes Echo hervor, zumal die amerikanische Propaganda auch der späteren Jahrzehnte, übernommen und forciert von den französichen Publikationsorganen – Frankreich war und blieb der Feind Englands – wie das Fanal einer kommenden Zeit wirkte. Drittens endlich wurde es der Gesellschaft allgemein allmählich bewußt, daß die Subsidienpolitik höchstherrliche Geschäftemacherei bedeutete, wenn auch gelegentlich unter politischen Aspekten.

Für die berühmt gewordene landgräfliche Finanzpolitik hat dieser Vertrag allerdings nur den Grundstein gelegt. Friedrich II. hat das Geld noch verbraucht; unter ihm entstand mit Kassel einer der künstlerischen und kulturellen Mittelpunkte Deutschlands, ein Vorgang, der Unsummen verschlang. Für Bankgeschäfte blieb daher nur wenig Kapital übrig. Erst sein Nachfolger Landgraf/Kurfürst Wilhelm IX./I. (1785–1821), geizig und geschäftstüchtig, hat sich durch weitere Subsidienverträge mit Großbritannien und mit Hilfe des Hauses Rothschild zu einem der reichsten Fürsten seiner Zeit aufgeschwungen (zur politischen Seite s. Bd. 2, Abs. IV/2, S. 271).

Das auslösende Moment aber für die Erkenntnis all dieser plötzlich als anstößig empfundenen Ärgernisse ist nicht in den Ereignissen selbst zu suchen. Es war der sich ändernde Zeitgeist, der Aufgeklärte Absolutismus, der neue Akzentuierungen forderte, und bemüht war, sich von den Usancen der absolutistischen Herrschaftsstrukturen zu distanzieren. Im Herrscher wurde nicht mehr der Staat, sondern nur sein oberster Diener, nicht mehr der Eigentümer der Armee, sondern nur ihr oberster Befehlshaber gesehen.

Dieser Wandel im Denken geschah nicht abrupt und die Praxis trug keine revolutionären Züge, wie er überhaupt in der Geschichte der damaligen politischen Ideen sehr viel einprägsamer nachzuweisen ist, als etwa in den Truppengeschichten der einzelnen Länder. Bemerkenswert ist allerdings die Naivität, mit der die Zeitgenossen, besonders aber die spätere national orientierte Militärgeschichtsschreibung die Polarität zwischen der Fiktion einer einheitlichen, militärischen Reichsverteidigungspolitik und der Praxis der Vermietung deutscher Regimenter an die kriegführenden Großmächte Europas verarbeitet haben.

Durch die Ausklammerung der finanziellen Machenschaften, der landesherrlichen Interessenpolitik und durch die Einschränkung des Blickfeldes auf die deutschen Belange wurde es möglich, etwa in den Türkenkriegen oder in den Koalitionskriegen gegen Frankreich erfolgreiche deutsche Abwehrkämpfe zu sehen, zumal das Reich und der Kaiser in die Rolle einer wenn auch zeitgebundenen deutschen Staatsnation und ihres Oberhauptes rückten. Die euphemistischen Vorstellungen von einer kontinuierlichen Reichskriegspolitik wurden allerdings durch bestimmte Vorgänge gestützt. Am Beginn der Türkenkriege stand tatsächlich die echte Verteidigungsschlacht am Kahlenberg 1683, und der zweifelsfrei hegemoniale Imperialismus Frankreichs schien eine Reichsverteidigung geradezu herauszufordern. Daß die eigentlichen Türkenkriege unter dem Türkenlouis und Prinz Eugen eine rein österreichische Angelegenheit blieben und keinem der deutschen Staaten einen Vor- oder Nachteil einbrachten, daß ebenso die französischen »Raubkriege« oder besser ihre Friedensschlüsse im Endeffekt keinem deutschen Herrscher etwas nahmen oder gaben außer den Subsidien, wurde durch das unbezweifelbare Faktum überdeckt, daß in all den Feldzügen und Schlachten vornehmlich deutsche Regimenter gegen ausländische Feindkräfte standen.

Ein typisches Beispiel für die nationale Umortung eines recht international ablaufenden Ereignisses ist die Schlacht bei Höchstädt 1704, die in den frühen deutschen Geschichtsbüchern unter die großen Siege gerechnet wird, wobei ihnen allerdings der Irrtum unterlief, deutsche, kaiserliche und Reichs-Truppen miteinander zu identifizieren. Sicherlich gehörten der Prinz Eugen mit seinen kaiserlichen (d. h. österreichischen) Regimentern zu den Siegern, wenn auch unter dem Engländer Marlborough, der an diesem Tage den Oberbefehl innehatte. Eine Reichsarmee nahm an der Schlacht nicht teil. Zweifellos erlitt auch die französische Armee unter Tallart eine ihrer schwersten Niederlagen, mit ihr aber gleichermaßen die bayerische unter ihrem Kurfürsten Max Emanuel, der va banque gespielt und in dieser Schlacht seinen militärischen und damit auch politischen Konkurs zugegeben hatte. Dem vordem so imposanten Bayern genügte für hundert Jahre eine Nebenrolle, für das aufstrebende Preußen vermochte es sich nicht zu dem Schatten einer Konkurrenz zu verdichten. Wenn also nationale Wertung, dann doch wohl Niederlage, denn gesiegt haben bei Höchstädt nicht Länder des späteren Deutschen Reiches – nur die Soldaten ihrer Subsidientruppen.

Die höchst eigensüchtigen Ambitionen der einzelnen deutschen Landesherren in Bezug auf Repräsentation, Land und vor allem Geld erhielten eine euphemistische, in das nationale Geschichtsbild einordbare Tendenz, indem sie unter dem neutralen Oberbegriff Subsidien- und Allianzpolitik den Bestrebungen der Großmächte parallelgeschaltet, damit in eine höhere, national vertretbare Ebene gehoben wurden. War die Tatsache der Truppenvermietung trotzdem nicht wegzudiskutieren, so blieb sie als der Makel »Soldatenhandel« an den kleinen Territorien hängen, die nicht nur in den europäischen Erbfolgekriegen sondern auch noch in den kolonialen Auseinandersetzungen ihr Geschäft zu machen suchten – ein Geschäft, dem beim besten Willen keine nationalen Impulse mehr unterschoben werden konnten. Hessen-Kassel, das augenscheinlich den größten Gewinn einstrich, wurde zum bevorzugten Beispiel, über dem die weit größeren, aber früheren Geschäftsabschlüsse eines Bayern, Brandenburg-Preußen oder Sachsen ungenannt bleiben konnten. Aus einem allgemeingültigen Brauch absolutistischer deutscher Militärpolitik wurde so der verabscheuungswürdige Sonderfall, eine Perversion im Rahmen des sterbenden Absolutismus.

Der Ausdruck »Soldatenhandel« – der Verkauf von Menschen als eine Art »Kanonenfutter« – trifft als moralische Wertung in vielen Fällen zweifellos zu. Trotzdem ist er als Bezeichnung dieser Praktiken irreführend. Es handelte sich grundsätzlich nicht um Verkauf, sondern um terminierte Vermietung von Regimentern, wobei der laufende Ersatz der Ausfälle dem Vermieter noch eine zusätzliche Einnahme brachte. Handel mit oder Verkauf von Soldaten hat es daneben während der gesamten Zeit ebenfalls gegeben, nur fehlte diesem Brauch der makabre Sinn, der dem Wort Soldatenhandel in der Regel unterlegt wird. Als bekannte Randerscheinung ist der Verkauf oder die verkaufsähnliche Übereignung einzelner Soldaten besonders zur Zeit des klassischen Absolutismus zu beobachten. Schon die Erlaubnis zur Fremdwerbung fällt in diesen Rahmen. Auch die »Langen Kerls«, die verschiedene Landesherrn dem Soldatenkönig Friedrich Wilhelm I. in Preußen für seine Potsdamer Riesengarde als wertvolles und verpflichtendes Präsent verehrten, wechselten ihren Eigentümer wie eine Sache. Daneben kam es im Rahmen fürstlicher Verbindlichkeiten zum Besitzwechsel ganzer Regimenter. Dafür zwei Beispiele: Vor der Heirat des hessischen Erbprinzen Friedrich mit der schwedischen Prinzessin Ulrike Eleonore, der Schwester Karls XII., mußte sein Vater, Landgraf Karl, 1714 dem schwedischen König 6000 Mann als eine Art Morgengabe seines Sohnes überstellen. Die Ehe brachte dem hessischen Fürstensohn 1720 die Königskrone, eine, wie sich zeigen sollte, sehr fragwürdige Aquisition. Weit weniger politischen Hintergrund benötigte eine zweite Truppenübereignung: August der Starke tauschte 1717, als er in der anbrechenden Friedenszeit keine vernünftige Verwendung für seine Truppen sah, bei Friedrich Wilhelm I. gegen 600 Mann die chinesische Porzellansammlung aus preußischen Schlössern ein.

Außer solchen, auch für ihre Zeit spektakulären Fällen vollzog sich der Soldatenhandel unauffällig als eine Mischung von Miete und Kauf. Viele Regimenter waren von ihren Landesherren nur in fremden Diensten zu halten, wo sie sich selbst trugen. Von vorneherein für den Fremddienst bestimmt, hätten sie, in die Heimat zurückgekehrt, reformiert oder gar aufgelöst werden müssen, also die Zahl der nicht Steuern zahlenden subsistierenden Esser vermehrt. So kam es nicht selten vor, daß der alte Landesherr sich durch tatsächlich ausgezahlte Vertragssummen abgefunden sah, auf Eid, Rechtsprechung, Besetzung der Offiziersstellen, eigene Soldzahlung und andere ausbedungene Rechte verzichtete und damit seinen Eigentumsanspruch aufgab.

Es wird gelegentlich berichtet, daß es den Soldaten freigestellt war, beim Wechsel des Dienstherrn den Dienst zu kündigen. Nur ein geringer Prozentsatz machte davon Gebrauch, denn in der Regel verbesserte sich die Situation aller Dienstgrade. Sie behielten nicht nur ihren vordem in Frage gestellten Arbeitsplatz, sie konnten auch auf eine größere Schonung und bessere Versorgung hoffen. Das Eigene wird zumeist sorgfältiger behandelt als das Angemietete. So erstaunlich es klingt, der wirkliche Soldatenhandel hat sich in seiner Zeit eher als Segen denn als Fluch ausgewirkt.

Die Regimenter

Der Überblick über die Subsidienpolitik der deutschen Landesherren macht es verständlich, daß die Militärgeschichte – soweit sie nicht Landesgeschichte ist – gewöhnlich vom Beispiel Frankreichs als dem Vorbild nach einem kurzen Blick auf das mangelhafte Reichskriegswesen sogleich auf das Beispiel Preußen als dem eigentlichen Schwerpunkt hinüberwechselt. Es gab außer dem preußischen kein deutsches Stehendes Heer, nur stehende Regimenter, die gelegentlich zu einer kleinen Armee zusammengestellt wurden. Nun stellten aber diese deutschen Regimenter eine enorme militärische Substanz dar, von der die Mehrzahl der europäischen Kriege lebte. Sie alle bilden den Gegenstand einer deutschen Militärgeschichte, nicht die preußische Armee allein.

Die stehenden Regimenter sind allerdings nicht aus wilder Wurzel entstanden, sondern als das Eigentum eines Landes- und Kriegsherrn, um diesen Punkt noch einmal aufzunehmen, der über sie als Repräsentations- und Machtmittel verfügte wie über keine andere Institution seines Landes sonst. Sie boten ihm die Möglichkeit, sich in seinen Entscheidungen von der Mitwirkung der Stände zu lösen, da sie als politische Handelsware ihn in die Lage versetzten, eine beschränkte, aber doch selbständige Außenpolitik zu treiben. Vor allem erwiesen sie sich als eine von den Ständen nicht kontrollierbare Finanzquelle. Jeder machtbewußte oder auch nur politisch wache Kriegsherr mußte bemüht sein, die unmittelbare und völlige Abhängigkeit der Regimenter von seiner Person sicherzustellen. Er war das alleinbestimmende Element.

Mit der Stabilisierung der Regimenter fanden sich seine Amts- und Funktionsträger – die Offiziere – in den Regimentskorps zu Organismen zusammen, die nicht in Konkurrenz zum Kriegsherrn traten, aber doch ein die gesamte Militärgeschichte formierendes Eigengewicht erwarben. Das Gerüst der Offizerkorps war, wie sich später erweisen sollte, gründlicher fundiert als die absolute Monarchie. Die Korps gehörten als originäre Eigenentwicklungen der stehenden Truppen zu den Einrichtungen, die im 19. Jahrhundert eine politische Rolle zu spielen wußten.

Bereits im 18. Jahrhundert bestätigte diese Eigenentwicklung, und zwar als eine jedem Regiment eigene Entwicklung, eine Tendenz, die vom Kriegsherrn bewußt gefördert wurde: die Isolation der Regimenter. Bis ins späte 18. Jahrhundert hinein blieb das Regiment der höchste Verwaltungsverband, nur im Kriege wurden größere Verbände als Armeen zusammengestellt, jedes Regimet hatte seine eigene Verwaltung und Versorgung, Finanzierung, im Kriege sogar Rechtssprechung. Weniger aus innenpolitischen Gründen, etwa um einem Militärputsch vorzubeugen, als aus einsatztechnischen Erwägungen war jedes Regiment völlig auf sich gestellt, existierte tatsächlich als »Staat im Staate«. Für den Feldzug hatte die Einrichtung als selbständig funktionierender Organismus natürlich ihre Vorteile, sie blieb reines Werkzeug. Aus der Praxis lassen sich Ausnahmen nennen; die Regel aber war, daß die deutschen Regimenter weder für eine eigene Idee kämpften – es sei denn die Regimentsehre – noch für ein eigenes Land, und oft genug nur noch in der Theorie für einen eigenen Kriegsherrn, denn der konnte ja Freund und Feind nach seinem persönlichen Willen beliebig austauschen.

Ein Beispiel unter vielen: während des Österreichischen Erbfolgekrieges marschierten die kaiserlich-bayerischen Regimenter Karls VII. im Jahr 1745 im französichen Sold gegen Österreich. Mit dem Tode des wittelsbachischen Kaisers und dem Frieden von Füssen wechselte Bayern die Front, 1746 marschierten die sechs Regimenter für holländisches Geld gegen Frankreich. Nach Abschluß des Waffenstillstandes 1748 wurden die 1 500 Nichtbayern aus den Regimentern herausgezogen, um in österreichische Dienste gegeben zu werden, womit die letzte Rate einer Anleihe zurückgezahlt werden sollte. Da die Soldaten meistenteils desertierten, zerschlug sich diese letzte Transaktion.

Auf sich gestellt, hatten Soldat wie Offizier nur eine Heimat, das Regiment; das Regiment gab Sold, Rechtsschutz, Ansehen und Selbstbestätigung. Dieses Prinzip des In-Sich-Selbst-Ruhens, der Selbstgerechtigkeit ist aus der Zeit des freien Söldnertums übernommen. Mit allen Zeichen der dienenden Verbundenheit zum Landes- und Kriegsherrn aus den Berufen, Ständen und Institutionen herausgehoben, blieb das Söldnerregiment nur sich und seinem Kriegsherrn treu. Seine Gebräuche wurden verfeinert, seine Tugenden kultiviert, aber es blieben Söldnerbräuche und Söldnertugenden. Natürlich machten die Stehenden Heere und Truppen ihre Entwicklung durch. Offiziere wie Soldaten wurden domestiziert, die äußere Erscheinung änderte sich. Aus der Kontinuität der Einrichtung erwuchsen Routine und Gewohnheiten, Traditionen und bestimmte Verhaltensweisen.

Wie weit sich dieses Denken, zur Tradition verfestigt, bis ins 20. Jahrhundert hinein erhalten hat, ist an einer besonderen Spezies der Militärgeschichtsschreibung zu verfolgen, die in ihrer Art wohl keine Parallele in den weitverzweigten Disziplinen der Historiographie findet – der Regimentsgeschichte. All diesen Gedenkbänden vom dünnen Heft bis zur Prachtausgabe, von der naiven Datensammlung über das Ehrendenkmal für Leistungen in Feldzügen und Schlachten bis zum sorgfältig erarbeiteten, wirklich aussagekräftigen Forschungsergebnis, ist eine seltsame Unbekümmertheit gemeinsam, mit der die Kontinuität des Regimentsdaseins weitgehend unberührt von den wirtschaftlichen, sozialen und politischen Veränderungen der Zeitläufe als ein Wert an sich präsentiert wird. Als tragende und treibende Kraft für eine solche Form historischen Denkens bewährte sich, speziell später im 19. Jahrhundert der Korpsgeist der Offiziere.

Aufgestellt wurden die stehenden Regimenter in den zwei oder drei Jahrzehnten nach dem Dreißigjährigen Krieg. Abgeschlossen war die Umstellung auf diese neue Form der bewaffneten Gewalt spätestens in den Anfangsjahren des 18. Jahrhunderts. Unleugbar ist der Zusammenhang mit den zahlreichen Kriegen der Zeit. In diesen rund 60 Jahren wurden von den verschiedenen Landesherren eigentlich alle Möglichkeiten durchgeprobt, die für einen Gebrauch von stehenden Truppen von Nutzen waren.

Eine spürbare Zäsur brachte dann die Phase des Aufgeklärten Absolutismus, dessen Einwirken allerdings durch den Österreichischen Erbfolgekrieg und den Siebenjährigen Krieg verschoben wurde. Man führte keine Erbfolgekriege mehr und die öffentliche Meinung sprach dem Landesherren die Eigentumsrechte an seinen Regimentern ab. Er konnte also kaum noch Soldaten brauchen. Einige suchten die Zeichen der Zeit zu übersehen und vermieteten Regimenter nach Übersee oder an die kriegführenden Staaten der beginnenden Koalitionskriege, andere versuchten sich in Reformen. Unübersehbar war der allgemeine Verfall des Heerwesens. Bewußt oder unbewußt stellten sich die Truppen aktiv in Denkschriften oder passiv mit betonter Gleichgültigkeit in Frage. Selbst Preußen, das mißtrauisch nach dem gewonnenen Krieg ein großes diszipliniertes Heer unter Waffen hielt, sollte sehr eindringlich erleben, daß es mit seiner großartigen Militärmaschinerie die Epoche der Stehenden Söldnerheere weit über Gebühr verlängerte.

Der Sonderfall Preußen

Neben der Fülle der Gemeinsamkeiten mit den anderen deutschen Ländern zeigt die Militärgeschichte des absolutistischen Preußens bestimmte Eigentümlichkeiten, die es nicht zulassen, sie als das Musterbeispiel deutscher Militärgeschichte auszugeben. Ihr muß im Rahmen eines Gesamtüberblicks also ein Sonderabschnitt zugestanden werden. Dies geschieht weniger deshalb, weil sie als historischer Ereignisablauf einen entscheidenden Einfluß auf die deutsche Entwicklung allgemein genommen hat, sondern vielmehr deshalb, weil sie als Ideologie Tendenzen und Gegenbewegungen im innenpolitischen Leben Deutschlands bis ins Ende des Zweiten Weltkrieges hinein genährt, wie auch Reaktionen im Ausland hervorgerufen hat, die auf die Liquidierung des Staates Preußen hinausliefen; ihr allgemein erschreckender militärischer Gehalt hat sich jedoch weniger als eine Frucht der tatsächlichen Geschichte als vielmehr der propagandistischen Interpretation dieser Geschichte durch Preußen und Preußenfreunde entpuppt.

Es ist nicht notwendig, die doppelseitige Vorstellung vom mythisierten preußischen Militärstaat mit dem Zusammenspiel von militärischer Tüchtigkeit, verwaltungsmäßiger Sauberkeit, Fleiß, Sparsamkeit, Bescheidenheit und zugleich elitärem Führungsdenken einerseits, Kasernenhofmilieu, Kadavergehorsam und Kriegslüsternheit andererseits nachzuzeichnen, da auch sie bereits wieder Geschichte geworden ist. Nach dem Ende des Zweiten Weltkrieges bezog die Geschichtswissenschaft über ein Jahrzehnt keine Stellung zum Problem Preußen, bis zunächst in den angelsächsischen Ländern, dann auch in Deutschland – so von Gerhard Ritter mit dem ersten Band von »Staatskunst und Kriegshandwerk« – die Diskussion wieder aufgenommen wurde. Doch sollten die Fragen, warum Preußen eine so faszinierende Wirkung ausgeübt hat, und wie die Widersprüche – scheinbare und wirkliche – zwischen der preußischen und der gesamtdeutschen Entwicklung zu erklären sind, auch aus der alle deutschen Länder umfassenden Sicht überprüft werden.

Für das Eingeschworensein auf die preußische als »die deutsche« Militärgeschichte des 18. Jahrhunderts – das heute wie früher zu beobachten ist – gibt es verständliche konzeptionelle Gründe.

Der bunte Pluralismus der deutschen Länder sprengt jede geschlossene Konzeption und ist nur als ein ermüdendes Nebeneinander zu bewältigen. Daher braucht eine nicht an der spekulativen Zusammenschau, sondern an der Handlung orientierte Darstellung notwendigerweise einen den geschlossenen Handlungsablauf tragenden Gegenstand, also ein Land. Preußen bietet sich dafür geradezu an. In ihm vollzog sich als einzigem deutschen Staat anscheinend eine folgerichtige Entwicklung vom Territorialstaat zur Großmacht; seinen Königen allein gelang es, aus stehenden Regimentern das deutsche Stehende Heer zu errichten und zu erhalten. Ein wichtiges Argument bedeutet auch die Kontinuität, mit der Preußen über die Barriere der Napoleonischen Kriege hinweg durch die Scharnhorstsche Heeresreform Anschluß an das 19.Jahrhundert fand, in dem es nun tatsächlich die zentrale und bestimmende Rolle spielte, auf die es in der militärgeschichtlich entscheidenden ersten Hälfte des 18.Jahrhunderts noch keinen Anspruch erheben konnte. Außerdem darf nicht übersehen werden, daß die jahrzentelange politische Vormacht Preußens auch in der Militärhistoriographie einen Schwerpunkt setzte.

Angeboten wurde und wird preußische als deutsche Geschichte einmal in der Form des einen Beispiels für alle anderen. So korrekt der exemplarische Weg erscheinen mag, er vermittelt ein verzerrtes Bild, denn die preußische Militärgeschichte verlief nun einmal individuell, genau wie die der übrigen Länder. Diffiziler und damit noch verwirrender gibt sich eine zweite Form, die sich in ihren Beispielen und Belegen fast ausschließlich auf preußische Begebenheiten bezieht, ohne jedoch ihren landesgeschichtlichen Charakter und Inhalt ausdrücklich zu betonen, und damit vorgibt, in Preußen den Prototyp allen militärgeschichtlichen Geschehens gefunden zu haben. Das übrige Deutschland vermag dazu nur Spiegelbilder mit stärkeren oder schwächeren Unvollkommenheiten zu liefern. Es wird verschwiegen, daß sich auch in Preußen nur die Zeit widerspiegelte, wenn auch gelegentlich in einem eklatant vergröberndem Hohlspiegel.

Über die Problematik konzeptioneller Überlegungen hinaus bietet die preußische Militärgeschichte bestimmte Höhepunkte, in denen sie geradezu idealtypische Züge eines absolutistischen Militärstaates entwickelte, wobei allerdings offenbleibt, wie weit dieser Idealtypus von der preußischen Wirklichkeit bestimmt ist.

Zunächst jedoch, in den ersten sechs Jahrzehnten nach dem Dreißigjährigen Krieg, also in der eigentlich originären Phase, hob sich Brandenburg-Preußen nicht auffällig aus den übrigen Staaten heraus, hatte sich also mit den gleichen Unzulänglichkeiten und Finanzierungsschwierigkeiten auseinanderzusetzen. Seine besondere Rolle wurde eingeleitet durch die Besessenheit König Friedrich Wilhelms I. für das Militär und die militärische Ordnung. Der »Soldatenkönig« hatte ein persönlich sehr enges Verhältnis zu seiner Armee, die er in einer dreißigjährigen Friedenszeit aufbaute, ohne sie in einem kriegerischen Einsatz aufs Spiel zu setzen; er schnitt das gesamte Staatswesen und den zu diesem Zwecke reformierten Verwaltungsmechanismus auf die Einrichtung eines mustergültigen Heeres zu, das allein durch Landessteuern – also ohne Subsidien – erhalten wurde. Die zunächst selbst für die Zeit rigorosen Rekrutierungsmethoden erhielten mit dem berühmt gewordenen Kantonssystem die einzige wirklich brauchbare gewaltlose Aushebungspraktik des Zeitalters. Der Primat des Militärwesens vor allen anderen öffentlichen Einrichtungen war unübersehbar. Friedrich Wilhelm I. hat damit das Stehende Söldnerheer geschaffen, nach dessen Praxis der theoretische Idealtyp hätte bestimmt werden können.

Trotz seiner Einmaligkeit erhielt das Staatswesen des Preußenkönigs seine auf Anerkennung wie auf Ablehnung beruhende Würdigung erst lange nach seinem Tode. In den Augen der Zeitgenossen war und blieb die »Potsdamer Wachtparade« eine zweifellos zu bewundernde, aber ebenso zu belächelnde Marotte, die mehr der Exzentrik als der Staatsklugheit des Souveräns zugeschrieben wurde. Tatsächlich hat Friedrich Wilhelm I. seine Armee auch kaum als Mittel der Politik oder ihrer gewaltsamen Fortsetzung benutzt, wie es für die markanten Vertreter eines absolutistischen Europas, also Ludwig XIV. von Frankreich, Karl XII. von Schweden oder Peter den Großen von Rußland ganz natürlich war. Die preußischen Regimenter hätten, wären sie wirklich für einen kriegerischen Einsatz vorgesehen gewesen, im Nordischen Krieg den ausschlaggebenden Faktor darstellen können. Als Friedrich Wilhelm dann in der letzten Phase des Krieges, als keine Entscheidungsschlachten mehr zu schlagen waren, im Gefolge Rußlands 19000 Mann marschieren ließ, hat dieses Unternehmen die Welt eher von seiner grobschlächtigen Harmlosigkeit überzeugt als von seiner kriegsbereiten Stärke.

Den Charakter eines militärischen oder gar militaristischen Musterstaates nahm das Preußen Friedrich Wilhelms I. erst als die Ausgangsbasis seines Sohnes, Friedrichs II., an. Ohne das persönliche Engagement seines Vaters, benutzte er die ererbte Armee samt Kriegsschatz, um der durch seine Initiative in den österreichischen Erbfolgekrieg eingespannten Maria Theresia Schlesien zu rauben und den Raub in glücklichen, allerdings auch talentiert geführten Feldzügen zu verteidigen. Aber nicht die spektakulären Ereignisse der beiden ersten Schlesischen Kriege, die seinem politischen Renommee außerordentlich geschadet und seinen Feldherrnruhm begründet haben, heben das friderizianische Preußen aus der deutschen Militärgeschichte heraus; das einmalig großartige Ereignis der Epoche war das Durchstehen und siegreiche Beenden des Siebenjährigen Krieges.

Das Begeisternde an diesem Kriege für die sympathisierende Mit- und Nachwelt war sein aus dem Rahmen der bisherigen europäischen Kriegspolitik herausfallender Anachronismus. Er wurde nicht zum Ruhme oder um Erbfolgerechte der Hohenzollernkrone geführt, sondern um das Sein oder Nichtsein des preußischen Staates; er trug noch keine faßbaren nationalen, aber doch schon patriotische Züge. Damit erhielt er für das zeitgenössische Deutschland einen begreifbaren und akzeptierbaren Sinn. Er rechtfertigte nicht nur diese einmalige Armee in der Spätzeit des Absolutismus, sondern erhob sie vor aller Augen zu einer notwendigen Institution des Staates, ohne dabei ihre Abhängigkeit vom Kriegs- und Landesherrn zu diskreditieren. Dem 19. Jahrhundert, nicht nur dem militärischen sondern auch dem national bürgerlich-liberalen, bot er einen Schlüssel zum Verständnis, oder besser einen Maßstab zum Umwerten und Einordnen mancher Erscheinungen des vergangenen Absolutismus, dem man im allgemeinen mit einer betont skeptischen Beurteilung entgegentrat. Wie weit der Siebenjährige Krieg dazu beitrug, an Stelle der militärischen Reichsidee das arrivierte Preußen als Traditionsbasis und Kern eines neuen Deutschlands zu rücken, bedarf noch der Untersuchung.

Dabei ist recht interessant, daß der Kriegsherr und König Friedrich II. – und dies nicht zu Unrecht – seine bestimmende zentrale Stellung erhielt, ganz anders als die Könige und Feldherrn des bürgerlichen Jahrhunderts, die bereits hinter ihre Armeen zurücktraten. Schon der Frankfurter Bürgersohn Goethe erinnerte sich: »wir waren nicht preußisch sondern fritzisch gesinnt«, und es leuchtet ein, daß auch eine traditionshungrige bürgerliche Welt diesem König den Beinamen »der Große« zugestand.

In den Relationen der Geschichte betrachtet, verliert der Siebenjährige Krieg erheblich an Nimbus. Es war kein Freiheitskrieg, sondern die Folgeerscheinung eines Raubkrieges. Auch

Friedrich konnte auf namhafte englische Subsidien nicht verzichten, focht also auch für fremde Interessen. Der glückliche Ausgang wäre sicherlich nicht ohne das eigene Stehvermögen erreicht worden, war aber ebenso dem außerordentlich günstigen Zufall des russischen Thronwechsels zu verdanken. Außerdem sollte nicht übersehen werden, daß dieser Sieg preußischen Geistes später als Rückhalt für Verhaltensformen herangezogen wurde, die sich als ausgesprochen reaktionär auswirkten – von der völlig überzogenen Durchhalte-Auslegung des Nationalsozialismus ganz zu schweigen.

In der zweiten Hälfte oder zumindest im letzten Drittel des 18. Jahrhunderts haben die deutschen Mittelstaaten ihren stehenden Kontingenten – von Armeen ist kaum zu reden – keine engagierte Aufmerksamkeit geschenkt. Eigene Kriege standen nach wie vor nicht zur Diskussion und das europäische Theater der Kabinettskriege war beendet. Truppenvermietungen nach Übersee leisteten sich nur noch einige Duodezfürsten. Allein Preußen – ein echter Sonderfall – hielt eine disziplinierte Armee unter Waffen, nicht aus Prestigebedürfnis oder Soldatenspielerei, sondern aus Vorsicht. Friedrich II. – »toujours en vedette« – fühlte sich im Kreis der Großmächte noch keineswegs sicher.

Diese Armee war durch eine eigentümliche Zwiegesichtigkeit ausgezeichnet. Einerseits erblickte nicht nur Deutschland sondern ganz Europa in ihr das Musterbeispiel einer exellent funktionierenden Kriegsmaschinerie. Preußische militärische Einrichtungen wie das Kantonsystem wurden übernommen, preußische Offiziere erhielten in jeder Armee bevorzugte Einstellung und günstige Karriereaussichten. Mit ihrer unnachsichtigen Disziplin, ihren sicher funktionierenden Ordnungsmechanismen, ihren nach außen arrogant und selbstgerecht auftretenden Offizieren und nicht zuletzt mit ihrem menschenverachtendem Kriegsherrn weckte sie Bewunderung wie Erschrekken. Die drei Jahrzehnte zwischen dem Siebenjährigen Krieg und dem Ersten Koalitionskrieg – in denen außer dem bayerischen »Kartoffelkrieg« nichts geschah – haben das bleibende Bild vom preußischen Militärstaat geprägt.

Andererseits reichte die Existenz dieser Armee in einen Zeitraum, in den sie nicht mehr hineingehörte. Die siegreiche Beendigung des Krieges machte sie immun gegen progressive Entwicklungsversuche oder gar Reformen, denn sie hatte sich bestätigt. Im Gegenteil: der alternde König stand dem neuen Deutschland, das von ihm und seiner Armee Impulse zu empfangen glaubte, völlig fremd gegenüber und suchte durch radikale Ausmerzung aller kriegsbedingten Neuerungen den Vorkriegszustand wiederzugewinnen und zu konservieren. Gewiß hat der Nachfolger des großen Friedrich, der als unbedeutend meist übergangene Friedrich Wilhelm II., die extremsten Auswüchse der Restauration gemildert, etwa durch Beschränkung der Dienstzeit oder durch Entschuldung der durch die erbarmungslose Finanzwirtschaft seines Vorgängers maßlos überschuldeten Kompaniechefs als Kompanieinhaber – im Großen änderte sich nichts. Es blieben oder verfestigten sich das Selbstfunktionieren des Apparates, der autonome Charakter von Rechtssprechung und Verwaltung, die Absonderung von der Bevölkerung und Ablehnung jeder Form von Volksarmee, ebenso die ständische Erstarrung des sozialen Aufbaus unter Ausschaltung des Bürgertums. Die preußische Armee in den letzten Jahren des ancien régime ist eines der einprägsamsten

Beispiele für das Bemühen des Aufgeklärten Absolutismus, seine Einrichtungen dadurch der neuen Zeit einzupassen, daß sie im Sinne ihrer überlieferten Formen verbessert wurden, um dem als zerstörend empfundenen Einfluß echter Reformen zu entgehen.

Wenn die preußische Königin Luise nach der Niederlage von Jena und Auerstädt 1806 gemeint hat, „die preußische Armee ist auf den Lorbeeren Friedrichs des Großen eingeschlafen", so suchte sie damit eine Erklärung für einen ihr unverständlichen Vorgang. Wenn die weitere Kriegsgeschichtsschreibung diesen Ausspruch ständig wieder zitierte, so zeigte sie damit, daß auch sie diesen Bruch in der preußischen Kontinuität nicht zu erklären vermochte. Der disziplinierte aber starre Formalismus der „Zwangsanstalt des Heeres" rief in Preußen nicht nur eine ausgedehnte Diskussion über Reformansätze ins Leben, er stellte auch für die große „Preußische Heeresreform" nach 1806 die Kontrastsituation dar, der gegenüber das fortschrittliche Programm erst voll zur Geltung kam.

Dieser Umstand ist nicht allein von den Reformern selbst, sondern auch besonders von der späteren, sie beschreibenden Literatur genutzt worden. Die Reform unter Scharnhorst ist und bleibt wohl in der heutigen Sicht der Höhepunkt der älteren Militärgeschichte überhaupt, denn in ihr haben moderne Vorstellungen über den Zustand einer Armee – Allgemeine Wehrpflicht, Leistungsprinzip als Auswahl- und Aufstiegskriterium auch für die Offiziere, Integration der Armee in den Staat – ihren ersten Ausdruck gefunden. Aber bereits für die deutsche Wehrmacht des NS-Regimes als Volksarmee scheinen sich offensichtliche Parallelen gefunden zu haben. Die zu ihrer Zeit sehr weiträumig angestellten Untersuchungen von Reinhard Höhn – veröffentlicht 1944 unter dem Titel „Revolution, Heer, Kriegsbild" – münden in einem eindeutigen Bekenntnis zu Scharnhorst und illustrieren die hoffnungslose veraltete, irreparable innere und äußere Struktur der alten Armee.

Die Heeresreform unter Scharnhorst schien dann, als ein neuer Höhepunkt preußischer Allgemeingültigkeit, die Bankrotterklärung der friederizianischen Armee weit zu überstrahlen. Allein gerade die Widerlegung der alten Heeresordnung wirkte sich als Anstoß zu ihrer Rehabilitierung aus. Es gab noch genug Fürsprecher, und innerhalb der Armee blieb Scharnhorst eine recht umstrittene Persönlichkeit. Nach dem ersten Sturm der Reorganisationen verlor die Armee bald den Makel des überalterten Relikts einer vergangenen Epoche und wurde als bedeutsame Entwicklungsstufe in den Gang der Geschichte eingegliedert. Zweifellos hatte die Armee des ancien régime ein wesentlich größeres Gewicht, als die Reformer wie auch die spätere Literatur zur Reform ihr zubilligten, und immerhin eine hundertjährige und damit ausgereifte Erfahrung in sich aufgespeichert. Mochte sie dazu als Kriegsinstrument, also im taktischen und operativen Bereich, in katastrophaler Weise versagt haben – dieselben Offiziere und Mannschaften haben sich übrigens kein Jahrzehnt später in den Freiheitskriegen glänzend geschlagen –, als sozialpolitischer Organismus behielt sie eine von ihren Gegnern weit unterschätzte ideologische Potenz. Während allgemein in Deutschland die Glanzzeit der Stehenden Söldnerheere in der Frühzeit des 18.Jahrhunderts zu suchen ist, sah die preußische Armee bewußt ihren Höhepunkt – abgesehen von ihren kriegerischen Erfolgen – am Ende der Epoche. Preußen hatte bis dahin den Ruhm des Jahrhunderts gesammelt und die dunklen Flecken Staaten wie Hessen-Kassel oder Württemberg überlassen. In seinem Offizierkorps hatte, ähnlich wie in anderen Ländern, nur weit intensiver, das adlig-ständische Element als die tragende Säule des Staates das ihm gemäße Wirkungsfeld gefunden. So ist es zu erklären, daß das preußische Militär, dargestellt in seinen Offizieren, die scheinbaren Errungenschaften der Reform bald überlagernd und erstickend, in einer Restaurationsphase von erstaunlichen Ausmaßen sich noch einmal bestätigen und die letzten Jahrzehnte des 19. Jahrhunderts zu einer wirklich preußischen Ära machen konnte.

3. Wehrverfassung und Finanzierung

a. Zur Frage der Heeresverfassung

Die Begründung aus dem ius armorum und der Landfolge

Im Gegensatz zum Zeitalter des Konskriptions- und Wehrpflichtheeres, in dem verfassungsrechtliche Fragen in einem Maße zur Diskussion stehen, das die Militärgeschichte fast zu einer Spezialdisziplin der Verfassungsgeschichte werden läßt, bietet die Ära des Stehenden Söldnerheeres wenig Substanz auf diesem Gebiet. Nur dort, wo die Heeresverfassung die materielle Existenzsicherung der Armee berührte – Rekrutierung, Finanzierung und die damit zusammenhängende Verwaltung u. ä. –, hatten das 17. und 18. Jahrhundert schwierige Probleme zu lösen, während das 19. hier keine entscheidenden Streitpunkte fand.

Damit ist nicht gesagt, daß die stehenden Truppen aufgrund einer verfassungsrechtlich eindeutigen Situation errichtet worden sind. Schon die Kompetenzen des Reiches und der Länder waren nicht klar voneinander geschieden. War auch im Friedenswerk von Osnabrück den Reichsständen, das ius armorum – das Recht Truppen aufzustellen – zugestanden worden, das noch im Prager Frieden 1635 der Kaiser ausdrücklich für sich beansprucht hatte, so verfügten sie doch nicht über das ius belli ac pacis – das Recht, Krieg zu führen und Frieden zu schließen.

Wie viele Punkte des Friedens ließ sich auch dieser auf verschiedene Weise auslegen. Auf der einen Seite konnte behauptet werden, daß das ius belli oder ad bellum automatisch mit dem ius foederis, dem Bündnisrecht, gekoppelt und damit den Ländern zugesprochen war. Auf der anderen war es ein Ausdruck der Wehrhoheit und diese wiederum ein Bestandteil der Souveränität, die nach wie vor ausschließlich dem Kaiser zustand. Die Länder allein besaßen nur das ius territorii et superioritatis – die Landeshoheit –, das auf Einspruch des Kaisers nicht mit »souveraineté« bezeichnet werden durfte. Eine in die Landeshoheit integrierte Wehrhoheit hätte auch der Reichskriegsverfassung und dem Reichskriegswesen widersprochen, an dem die Reichsstände über die Kreisverfassung (s. dazu u. im Abschnitt Reichskriegswesen, S. 241 ff) Anteil hatten und das von ihnen in mancherlei Weise genutzt werden konnte.

Wenn die Landesherren in der Praxis auch die Souveränität beanspruchten und danach handelten, so haben sie die umstrittene Reichshoheit für ihre innenpolitischen Zwecke gegenüber den Landständen einzusetzen gewußt, also ihre landeshoheitliche

Militärpolitik nicht gegen sondern mit Hilfe der Reichshoheit betrieben. Eigentümlicherweise war es nämlich nicht ein landeshoheitlicher Akt, auf den sich die zeitgenössischen Streitschriften wie auch die spätere Literatur bei der rechtlichen Begründung der Errichtung stehender Truppen bezogen und beziehen, sondern der § 180 des »Jüngsten Reichsabschiedes« von 1654: »sonderlich aber sollen jedes Churfürsten und Standes Landsassen, Unterthanen und Bürger zu Besetz- und Erhaltung der einem oder anderrn Reichs-Stand zugehörigen nöthigen Vestungen, Plätzen und Guarnisonen ihren Lands-Fürsten, Herrschafften und Obern mit hülfflichen Beytrag gehorsamlich an Hand zu gehen schuldig seyn«.

Doch der Bezug erscheint nicht gerade schlüssig, denn der Inhalt sagte nichts über ein mobiles, kompromißlos verfügbares, fürstliches Söldnerheer aus, sondern zielte offensichtlich auf ein reines Verteidigungsinstrument, sei es als Reichsarmee, sei es als Landesausschuß oder Miliz, jedenfalls auf eine »Armatur«, die ausschließlich der Friedenswahrung diente. Außerdem gab es in Deutschland 1654 noch gar keine stehenden Truppen und es bestand auch kein Anlaß für den Reichstag, über diesen Punkt in einem Reichsabschied Aussagen zu machen.

Ähnlich steht es mit dem im Westfälischen Friedenswerk verankerten ius armorum mit dem einem Reichsstand lediglich das Recht zugesprochen wurde, Truppen mitzustellen.

Nach der literarischen Auslegung des 18. Jahrhunderts enthielt das ius armorum folgende Rechte:
- das ius muniendi = das Recht, Befestigungen anzulegen,
- das ius circa fortalitia = das Recht, diese Befestigungen zu besetzen,
- das ius sequelae = das Recht, von den Untertanen die Landfolge zu fordern, also Gerichts-, Jagd-, Feuerfolge, aber auch Heeresfolge in Form der Musterungsfolge,
- das ius lustrationis = die Musterungsfolge, die das Recht gewährt, im Falle der Not Kriegs- und Sachdienste von den Untertanen zu verlangen.

Bereits das Mittelalter kannte diese Rechte, die teilweise aus dem Lehnsrecht stammten. Das allgemeine Aufgebot oder auch die als Defensionswerke bekannten Ausschüsse lassen sich auf sie zurückführen. Sie berechtigten jedoch keineswegs den Landesherren, seine stehenden Söldnerregimenter aufgrund ihrer Bestimmungen mit Rekruten zu versorgen. Abgesehen von den in den einzelnen iura ausgesprochenen Einschränkungen – Aufgebot nur im Falle der »eilenden Not«, Dienstleistungen nur innerhalb der Grenzen des Territoriums –, die einer Verwendung der Folgepflichtigen als stehende Truppe entgegenstanden, mußte doch in Betracht gezogen werden, daß diese überlieferten Rechte und Pflichten einer inzwischen überholten Wehrverfassung angehörten, die stehende Kontingente gar nicht in ihre Kompetenzen einbezog. Im Gegenteil, sie wurden von einzelnen Landständen zur Begründung der Defensionen und damit als Argument gegen fürstliche Söldnertruppen herangezogen.

Offensichtlich genügte aber die innenpolitische Gewalt des absolutistischen Herrschers allein nicht, jedenfalls nicht in allen Ländern, um die Untertanen zum Militärdienst zu pressen. Da bot das ius sequelae und der ganze Komplex der dazugehörigen Rechte zumindest eine moralische Rückendeckung. Auch die häufig zu lesende Formel von der Pflicht der Untertanen, das Vaterland zu verteidigen, gehört in diesen Zusammenhang. Kabinettskrieg und Vaterlandsverteidigung sind zwei Begriffe, die sich nur in seltenen Zufällen zur Deckung bringen lassen.

Die reale Verfassungssituation des Stehenden Heeres in seiner Anfangszeit war von einer frappierenden Einfachheit. Sie hatte nichts gemein mit den Regelungen der Sicherung und Verteidigung des Landfriedens, wie sie der Ständestaat der frühen Neuzeit recht und schlecht zu vertreten suchte, sondern erwuchs aus eigener Wurzel.

Otto Hintze – gelegentlich als »Hohenzollernhistoriograph« abgewertet, jedoch als einer der ersten großen Verfassungshistoriker der neueren Geschichtswissenschaft einzuschätzen – sagt in seinem bekannten, 1906 erschienenen Aufsatz »Staatsverfassung und Heeresverfassung« dazu: »Diese Soldheere, die die Kriege des 16. und namentlich des 17. Jahrhunderts hauptsächlich geführt haben,.. führen hinüber zu den stehenden Heeren des 17. und 18. Jahrhunderts; [sie] sind im großen und ganzen noch nicht eine staatliche Einrichtung gewesen; wie sie nur außerordentlicherweise und zu bestimmten vorübergehenden Zwecken geworben wurden, so stehen sie auch noch in keinem dauernden und organisierten Zusammenhang mit dem Staat und seiner Verfassung.... Die Anfänge der neuen Heeresverfassung haben sich also außerhalb der Staatsverfassung gebildet. In der ständischen oder konstitutionellen Staatsordnung, die sich im Gegensatz zu der feudalen kriegerischen Anarchie seit Ende des 15. Jahrhunderts durchgesetzt hatte, war kein Platz für diese Soldheere; der Geist dieser Verfassung war friedlich, auf Wohlfahrt und Ordnung gerichtet, nicht auf militärische Macht«. Weiterhin in der Beschreibung des Stehenden Heeres: »Im ganzen ist der Umwandlungsprozeß gegenüber den alten Soldarmeen ganz deutlich: sein Resultat ist, daß die Armee verstaatlicht wird. Aber wie sie sich ausgebildet hatte, so behält sie noch eine abgesonderte Stellung im Staat, mit eigener militärischer Polizei, Gerichts- und Kirchenverfassung, unter völligem Ausschluß der bürgerlichen Behörden. Die Armee ist gleichsam ein Fremdkörper im Staate; sie ist ein Instrument des Monarchen, nicht eine Institution des Landes«.

Fritz Hartung, der bekannte Schüler Hintzes, unterstreicht diese Feststellung in einem Aufsatz gleichen Titels von 1936: »Damit war die Entwicklung zum Abschluß gebracht, die mit dem Lehnswesen angefangen hatte: der Soldatenstand war nun als besonderer Stand, als ein Staat im Staate, von der Masse der übrigen Bevölkerung völlig geschieden«.

Das Vertragsverhältnis des Obersten und Regimentsinhabers zum Kriegsherren wurde in ein Dienstverhältnis umgewandelt, aus dem Regimentschef wurde der Regimentskommandeur. Es wird in diesem Zusammenhang gelegentlich von der »Entmachtung der Obersten« gesprochen, denn an die Stelle des militärischen Großunternehmers mit eigenem Gewinn und Risiko trat der fürstliche Funktionär und Amtsträger – genau diese Position umschreibt der Ausdruck Offizier. Der Vorgang trug weder den Charakter eines plötzlichen Umbruchs noch eines gewaltsamen Eingriffs. Blieben Regimenter aus der freien Söldnerzeit erhalten, so blieben auch die Kapitulationen weiter in Kraft. Selbst bei Neuaufstellungen mußte sich der Kriegsherr gelegentlich zum Abschluß weiterer Kapitulationen bequemen, wenn er nicht ausreichend eigene Mittel aufzubringen vermochte. Ebenso konnte es vorkommen, daß der Landesfürst bei einem bereits seit Jahren bestehenden eigenen Regiment dem Regimentskommandeur die Ersatzwerbung und damit zusätzlichen Gewinn überlassen mußte. Auch kam es nicht nur in den ersten Jahren der Umstellung zu hohen Verschuldungen des Kriegsherrn bei dem einen oder anderen seiner Obersten.

Nun betrieb der Oberst eines Söldnerregiments sein Geschäft bereits in früherer Zeit niemals wie ein wirklich freier Unternehmer; nur aus den völlig anderen Verhältnissen des 19. und 20. Jahrhunderts war es möglich, ihm ein solches Prädikat zuzusprechen. Er hat immer die Rückendeckung eines Kriegsherren benötigt, in dessen Auftrag und zu dessen Verfügung er ein Regiment warb und erhielt. Trotzdem bedeutete die Errichtung stehender fürstlicher Regimenter mehr als Eigentumswechsel und eine Verschiebung der Kompetenzen. Speziell in diesen Jahrzehnten, in denen der moderne Staat seine bleibenden Ausdrucksformen fand – die verschiedenen »Staaten« Polizeistaat, Finanzstaat, Justizstaat, Kriegsstaat, oder wie auch immer sie sich nannten, zu dem einen Staat zusammenwuchsen – wurden Staat und Monarch als eine unteilbare Einheit begriffen. Die stehenden Regimenter demonstrierten also ein Stück Staat. Während sich jedoch die übrigen »Staaten« als Einrichtungen des einen, alles umfassenden Staates etablierten, wurden die Streitkräfte trotz ihrer Verstaatlichung nicht integriert. Das Militär blieb eine autonom funktionierende Domäne des Monarchen zu seiner freien Verfügung.

Verfassungsrechtlich ergab sich daraus für sie ein eigentümlicher Leerraum. In gewissem Umfange traf dies für die Finanzierung und den Unterhalt der Truppen, in umfassender Weise jedoch für die Rekrutierung und Ersatzstellung zu. Offiziell wurde die militärische Maschinerie wie zur Zeit des freien Söldnertums personell durch Kapitulationen und Soldverträge versorgt, die – zumindest in der Theorie – auf freiwilliger Basis geschlossen waren und gar keinen von der Verfassung gesetzten Rahmen benötigten. In der Praxis erwuchs aus der willkürlichen, sich gelegentlich bis zu Gewalttätigkeiten steigernden Zwangswerbung der Kriegsherren eine eigene, zeittypische Form einer Heeresverfassung.

Dabei blieb die Auslandswerbung eine Ausnahme. Dem verdienstvollen, aber 1770 gestürzten französischen Kriegsminister Choiseul wird das Wort zugeschrieben, der im Ausland geworbene Soldat habe den Wert von drei Menschen: desjenigen, der der eigenen Wirtschaft erhalten bleibe, desjenigen, der dem Gegner entzogen werde, und drittens seinen eigenen als Soldat. Natürlich war ein Ausländer – ganz abgesehen von solchen, aus dem merkantilistischen Peuplierungsdenken zu verstehenden Maximen – als Soldat besonders brauchbar, weil er, herausgerissen aus der ihn schützenden Sozial- und Rechtsstruktur in seinen Rechtsansprüchen auf keinen Rückhalt hoffen konnte und der militärischen Ordnung und ihren Funktionären auf Gedeih und Verderb ausgeliefert war. Doch außer Preußen, das einen Ausländerbestand von zwei Dritteln erstrebte und alles in allem die Hälfte erreichte, beschränkten sich die Länder schon aus finanziellen Gründen fast ausschließlich auf Landeskinder. Bei allen Kniffen und illegalen Machenschaften, die speziell den preußischen Werbeoffizieren nachgesagt wurden und in denen sich die ganze Fragwürdigkeit dieser Rekrutierungsmethode spiegelt, ist der Auslandswerbung nicht abzusprechen, daß sie im Prinzip auf freiwilliger Übereinkunft basierte und daher doch noch eine rechtmäßige

Form der Soldatenbeschaffung darstellte. Sie blieb bis zum Ende der Stehenden Söldnerheere in Gebrauch.

Werbung im In- oder Ausland unterschied sich ursprünglich kaum voneinander. Bald gewann sie jedoch im Inland einen entscheidend anderen Charakter. Solange nur die kleinen Rahmen- oder Kadertruppen der Friedenszeit mit Rekruten zu versorgen waren, vollzog sie sich als Abschluß normaler, nicht zu beanstandender Arbeits- und Dienstverträge. Komplikationen traten aber ein, wenn zwischen den Großmächten Krieg ausbrach oder sich anbahnte und der deutsche Landesherr seine bestehenden Regimenter auffüllte und neue aufstellte, um an dem groß einsetzenden Subsidiengeschäft teilzuhaben. Es konnte vorkommen, daß ganze Hochzeitsgesellschaften überfallen oder – wie in Bayern – am Sonntag vormittag während der Messe einzelne Dorfkirchen umstellt, die Männer auf ihre Kriegstüchtigkeit flüchtig überprüft und mitgenommen wurden. Solche Exzesse waren nicht die Regel, doch sie passierten und gaben über Jahrzehnte den Stoff für Spinnstubengeschichten. So wurde erzählt, daß junge Burschen Wochen und Monate in den Wäldern campierten, um von den Werbern nicht überrascht zu werden.

Die Landesherren erließen notgedrungen Verbote der Zwangswerbung. Auch die Landstände erhoben scharfe Proteste gegen solche Willkürakte, jedenfalls soweit ihre Arbeitskräfte davon betroffen waren. Aber von den Kompaniechefs wurde verlangt, daß sie ihre Einheiten bis zur Sollstärke auffüllten, und so mußten entweder die Gewaltsamkeiten übersehen oder andere Möglichkeiten der Rekrutierung gefunden werden. Es erschwerte die Ersatzbeschaffung beträchtlich, daß sich kaum noch Freiwillige fanden, denn das abenteuerliche Leben des Söldners hatte inzwischen dem disziplinierten Gamaschendienst Platz gemacht, und die wirtschaftliche Situation des Soldaten hatte sich erheblich verschlechtert. Glichen die Einkünfte eines Söldners um 1660 noch denen eines Handwerksgesellen, so reichten sie hundert Jahre später – ein Ergebnis der schleichenden Inflation – nicht mehr für die bloße Ernährung aus und zwangen den Soldaten, sich im Frieden durch Nebenarbeiten oder Betteln am Leben zu erhalten.

Allmählich pendelten sich Forderung und Leistung zu einem alle Teile befriedigenden Verfahren ein. Dies geschah vornehmlich mit Hilfe oder in Anlehnung an die Milizorganisationen, die in einer mehr oder minder ausgereiften Form weiterbestanden. In den Anfangsjahren übernahmen die »regulären«, das heißt stehenden Regimenter einzelne Milizionäre, die in den Kompanien »untergestoßen« wurden, oder auch ganze Einheiten. Dabei kam deutlich zum Ausdruck, daß die Betroffenen in ein anderes Rechtsverhältnis übernommen wurden. Der Milizionär trat aus seinen »landschaftlichen« Bindungen – etwa der Grundherrschaft oder in wessen Auftrag auch immer er seinen Milizdienst versah – heraus und als Soldat in den ausschließlichen Dienst des Monarchen. Bei der Übernahme mag es hier und da an Pressionen nicht gefehlt haben, grundsätzlich war aber auch hier der Übertritt freiwillig; der Rekrut schloß eine Kapitulation auf eine befristete Zeit und genoß wirtschaftliche Vorteile, die ihm als Milizionär nicht zuteil geworden waren.

Späterhin löste man den direkten Kontakt zu den Milizen – die Freiwilligkeit hatte ohnehin stark nachgelassen – und benutzte nur noch ihren Apparat, vor allem die zur Aushebung angelegten Kataster. Die einzelnen Verwaltungseinheiten – Amtsbezirke, Kreise, Kommunen – erhielten die Auflage, eine in der Regel nach Herdstellen berechnete Zahl von Rekruten zu stellen, die für den Kriegsdienst brauchbar sein mußten. Auch diese Aushebung trug nach damaliger Auffassung den Charakter der Freiwilligkeit, denn es kam nicht auf die Meinung des einzelnen Rekruten sondern auf die Zustimmung seines Dienstherrn oder der für ihn zuständigen Behörde an.

Es waren also nicht der Monarch, die Zentralverwaltung oder eine übergeordnete militärische Instanz, die Auswahl und Aushebung der Rekruten durchführten, sondern der untere Verwaltungsapparat, der noch weitgehend von den Landständen dirigiert wurde. In ihrer Hand lag es, die im Wirtschaftsprozeß stehenden, Steuern aufbringenden Untertanen vom Kriegsdienst freizustellen. Da bereits zu Beginn des Jahrhunderts die Arbeitsplätze für die wachsende Bevölkerung nicht mehr ausreichten, fehlte es nicht an zweiten, dritten oder vierten Söhnen, die von den Behörden als Last und von ihren Familien als zusätzliche Esser empfunden und nicht ungern zur Musterung abgestellt wurden, soweit sie sich nicht vorher durch Auswanderung ins Nachbarland oder nach Amerika dem Zugriff der Obrigkeit entzogen hatten. Natürlich gab es auch bei dieser Regelung Engpässe, die Stände erhoben gelegentlich sogar Klage beim Kaiser wegen einer zu rigorosen Ausschöpfung des Menschenreservoirs. Nicht gerade vorteilhaft für das Ansehen des Soldatenstandes wirkte es sich aus, wenn die Regimenter mit Zuchthäuslern, die keine ehrlosen Verbrechen begangen hatten, aufgefüllt wurden, oder wenn die Gerichte bei kleineren Delikten die Strafe »ad militiam« – zum Militärdienst – aussprachen. Andererseits war so mancher der jungen Burschen froh, als Soldat einen Arbeitsplatz und ein, wenn auch armseliges, Zuhause zu erhalten. Die Palette der Erwartungen und Pflichten, Zwänge und Freiheiten war so bunt, nach Zeiträumen und Ländern so verschieden, daß eine allgemein gültige Aussage über die Situation der Soldaten und ihren Status nur sehr bedingt ausgesprochen werden kann.

Nur ein Punkt muß mit aller Deutlichkeit herausgestellt werden. Trotz mancher Ähnlichkeiten mit den Aushebungsformen zur Miliz – es gab zum Beispiel auch Auslosung und Stellvertretung – hatte die Gestellung der Rekruten zur stehenden Truppe rechtlich nichts mit einer Dienstpflicht zu tun, wie sie etwa in den Landwehren der einzelnen Jahrhunderte oder in der späteren Konskription und der Allgemeinen Wehrpflicht verwirklicht wurde. Die Übergänge von der Zwangswerbung zur Zwangsaushebung waren fließend. Auch den Ausgehobenen wurde der Status des Söldners zudiktiert, um sie für den Monarchen frei verfügbar zu halten. Die Verfügbarkeit einschränkenden Rechte – auch das Einspruchsrecht der Stände – sollten von vorneherein ausgeschaltet werden. Behielten auf der einen Seite kleinere Territorien die Milizverfassung als die billigste Form der Truppenhaltung bei, so wurde sie von den »armierten Ständen« geradezu als störend empfunden. Bekannt ist, daß Friedrich Wilhelm I. in Preußen die Miliz verbot, sogar die Nennung des Begriffs Miliz unter Strafe stellte, weil sie in Konkurrenz zur Stehenden Truppe stand; die Bauernburschen meldeten sich zur Miliz, um gegen die Zwangsaushebung geschützt zu sein.

In der neueren Literatur wird die Aushebung zur regulären Truppe nicht mehr als die Folge einer Dienstpflicht, sondern als eine Art Steuer angesprochen. Damit kommt sie der Wahrheit erheblich näher als die fürstlichen Erlasse der Zeit, die sich in direkter oder umschriebener Form auf das ius sequelae beriefen. Wenn die Landstände nicht widersprachen, so taten sie das nicht, weil sie hier einen Rechtsanspruch anerkannten, sondern weil sie sich in ihren Rechten nicht beeinträchtigt sahen. Die Landesherren stießen mit der Zwangsaushebung also in einen verfassungsrechtlichen Leerraum vor. Solange sie sich bei der Rekrutierung auf Untertanen beschränkten, die nur in einem losen, unbeanspruchten Verhältnis zu anderen Gewalten standen, konnten sie sich den Söldnercharakter ihrer Armee erhalten. Das Aufbringen der Mannschaften war kein staatsrechtlicher, sondern ein ökonomischer Vorgang, der weniger der Verfassungs- als der Wirtschafts- und Sozialgeschichte angehörte.

Auch das preußische Kantonsystem bildete keine Ausnahme, obwohl es oberflächlich betrachtet eine Art Dienstpflicht zu beinhalten scheint. Die geordnete Aushebung war vom König befohlen, wurde von der Truppe ohne besondere Härten durchgeführt, umfaßte weite Teile der Bevölkerung und könnte daher unter dem Stichwort Kantonsverfassung als eine Vorstufe der Allgemeinen Wehrpflicht in eine kontinuierliche Entwicklung der Wehrverfassung eingeordnet werden.

In Wirklichkeit hatte speziell in den Anfangsjahren des Soldatenkönigs die inländische Zwangswerbung unhaltbare Formen angenommen, trotz strenger aber rein formaler Verbote von Gewaltanwendung. Aus dem Übereinkommen von Offizieren, die sich bei der Werbung nicht ins Gehege kommen wollten, entwickelte sich das gesamte System, das vom König übernommen und von ihm und seinem Nachfolger ausgebaut wurde. Die Wurzeln des Systems sind also in der Werbung zu suchen, nicht in der Landwehrpflicht der Milizen. Vom Soldatenkönig ist zwar das großspurige Wort überliefert, die junge Mannschaft in Stadt und Land sei ihm »nach ihrer natürlichen Geburt und des höchsten Gottes eigener Ordnung und Befehl mit Gut und Blut zu dienen schuldig und verpflichtet«; aber was bedeutete das schon? Nach der Willkür der ersten wilden Jahre ließ auch er jeden Bauern samt Erben auf seinem Hof, jeden Gesellen bei seiner Arbeit. Wirtschaftlich wichtige Berufe, ganze Städte und Landschaften waren vom Militärdienst eximiert. Erfaßt wurden nur Untertanen, deren Militärdienst – drei, später zwei Monate im Jahr – dem Wirtschaftsleben keinen Abbruch tat und die nach dem zeitgemäßen Utilitätsprinzip als Soldat den größten Nutzen abwarfen. Beurlaubung und Enrollierung waren die beiden Praktiken, die in der Kantonierung zu einem System verbunden wurden. Um Geld für die Auslandswerbung zur Verfügung zu haben, beurlaubten die Kompaniechefs ihre Soldaten bäuerlicher Herkunft für 9 bis 10 Monate des Jahres und sparten Sold und Verpflegung ein. Der König tolerierte diesen Brauch, und für den Soldaten wurde damit der Militärdienst zu einer tragbaren Belastung.

Um sich auf der anderen Seite Nachwuchs zu sichern, erfaßten die Kompaniechefs bereits die 14 bis 15jährigen Bauernburschen in Listen – enrollierten sie – händigten ihnen einen Urlaubspaß aus und machten sie damit als Rekruten für ihre Einheit »obligat«. Vom König gefördert weiteten sich die Verpflichtungen in den 20er Jahren zu einer Schrecken verbreitenden Massenenrollierung aus. Die später so bewährte Ordnung wurde durch eine Kabinettsorder vom 1. Mai 1733 erreicht, die jedem Regiment einen »Enrollierungskanton« von 5000 bis 8000 Feuerstellen zuwies. Jede Kompanie erhielt ihren Distrikt, aus dem sie im Frieden jährlich drei bis vier Kantonisten zog.

Das entscheidend Neue am Kantonsystem war nicht die Einteilung, sondern die leicht mit dem Milizsystem zu verwechselnde Durchführung.

Der preußische König verfügte über drei Arten von verpflichteten Inländern, von denen nur eine Art laufende Kosten verursachte: die große Zahl der Kantonisten, die bei der Fahne stehenden Soldaten und die beurlaubten Soldaten.

b. Finanzierung aus dem Lande

Forschungsproblematik

Dem Thema Finanzierung gebührt speziell in der Militärgeschichte des Absolutismus eine zentrale Stellung, denn die Umstellung von den für ein oder zwei Feldzüge angeworbenen Söldnerregimentern zum miles perpetuus, der auch im Frieden unterhalten werden mußte, war weniger eine Verfassungs- als eine Kostenfrage. Die Kriegsherrn als Eigentümer der Streitkräfte waren genötigt, den Etat auf erheblich höhere Ausgaben einzurichten, was sich in den meisten Ländern mit dem erstmaligen Versuch verband, einen Routinejahresetat aufzustellen. Von einer differenzierten Kalkulation konnte dabei noch keine Rede sein. In jedem Fall war die Finanzsituation ungewöhnlich diffiziler als im 19. Jahrhundert, in dem die Mittel für das Militärwesen ebenso wie für die noch als Feldzüge geführten Kriege wohl Debatten in den Parlamenten, aber keine Finanz- oder Wirtschaftskrisen auslösten. Es ist auch in der Historiographie spürbar, daß die Militärgeschichte noch nicht in ihrem direkten Zusammenhang mit der Wirtschafts- und Finanzgeschichte einerseits und der politischen Geschichte andererseits entdeckt worden ist, daß also der Komplex der Finanzierung in der Literatur wenn überhaupt, dann nur am Rande behandelt wird.

Die Forschungslücken in der Finanzgeschichte der deutschen Länder zwingen dazu, vornehmlich auf die einigermaßen geordneten und daher als wissenschaftlicher Beleg bevorzugten Verhältnisse in Preußen zurückzugreifen, auch wenn diese kein Spiegelbild der allgemeinen deutschen Finanzwirtschaft abgeben. Auch dort, wo exakte Zahlen ein klares Bild zu markieren scheinen, bleibt ein Unsicherheitsfaktor bestehen. Unüberschaubar verschlungene Finanzierungsgeschäfte, Münzverschlechterungen, Verschleierungen der Ein- und Ausgaben lassen nur generalisierende Aussagen zu. Doch trotz aller Fragwürdigkeiten bleiben bestimmte militärgeschichtliche Fragen, für die allein der Komplex der Finanzierung die Möglichkeit zu einer, wenn auch nur annähernden, Klärung bietet.

Einkünfte aus dem Lande

Bereits in der frühen Neuzeit waren die Einkünfte eingeteilt in das Camerale, das dem Herrscher aus seinem Eigenbesitz oder aus dem Lande ohne besondere Bewilligung zur Verfügung stand, und dem Contributionale, das von den Ständen als Steuer zu bewilligen war. Das Camerale sollte die Ausgaben für die fürstliche Hofhaltung und die Verwaltung, das Contributionale die Kosten für das Militär decken.

Zum Camerale gehörten erstens die Erträge aus dem landesherrlichen und staatlichen Grundbesitz, dem Domanium, wobei Grundherrschaften und Domänen nicht getrennt wurden. Speziell die Hohenzollern in Brandenburg-Preußen schufen sich in den Domäneneinkünften eine starke und ständige Stütze.

Hatte der Große Kurfürst auch noch erhebliche Domänenschulden einzulösen, so erwirtschaftete er am Ende seiner Regierung bereits jährlich 1 Million Taler (tlr). Unter seinem Sohn Friedrich III., als König Friedrich I., wuchs der Anteil aus den »Schatullgütern« weiter. Friedrich Wilhelm I., kein ausgesprochener Freund des adligen Großgrundbesitzes, erweiterte durch Ankauf von Rittergütern für insgesamt 5 Mill. tlr das Domanium auf ein Viertel des Staatsareals und erhöhte dadurch die Einnahmen daraus von 1,8 auf 7 Mill. tlr. Noch 1786, beim Tode Friedrichs II., betrug der Anteil der Domäneneinkünfte 30 % der Bruttoeinnahmen des preußischen Staates.

Auch dem Herzog von Württemberg standen Einkünfte aus beträchtlichem Grundbesitz zu. Da der Adel zur Reichsritterschaft gehörte, war der Herzog der einzige Grundherr des Landes. Wie weit er in den Genuß dieser Gefälle kam, ist bei der großen Verschuldung, die Verpfändungen und Beleihungen solcher Einkünfte nach sich zogen, schwer zu fixieren. Die Domänengewinne der übrigen deutschen Landesherren machten nur einen kleinen Prozentsatz aus, waren außerdem ebenfalls nicht selten verpfändet.

Ähnlich stand es mit der zweiten großen Einnahmequelle des Camerale, den Regalien, d. i. ursprünglichen Rechten des Kaisers oder genauer des Königs, der sie im späten Mittelalter den Reichsständen gegen politische und militärische Hilfen überlassen hatte. Sie garantierten ein exakt einzuschätzendes, sicheres Einkommen. Die Nutzungsrechte waren also relativ leicht gegen größere Anleihen auf Jahre und Jahrzehnte zu offerieren. Der Kapitalwert der einzelnen Regalien war – vielleicht mit Ausnahme des Salzregals, das die Lieferung eines in jedem Gebiet dringend benötigten Konservierungsmittels monopolisierte – nicht in allen Ländern gleich hoch. So zog Kursachsen mit seinen Silberbergwerken aus dem Bergregal zeitweise die Hälfte seiner Einkünfte, das Zollregal brachte den Rheinanliegern die gleichen Prozentsätze. Nur das Münzregal hatte zumindest ursprünglich mehr den Charakter eines Hoheitsrechtes ohne nennenswerten Gewinn. Mit der Möglichkeit der Münzverschlechterung – ein Ersatz für die Inflationen der modernen Geschichte – bot es Gelegenheit für eine ganz beträchtliche Bereicherung. Friedrich II. hat mit der Devalvation von 41 % während des Siebenjährigen Krieges einen Betrag gewonnen, der nach den niedrigsten Schätzungen die gesamten englischen Subsidien dieser Jahre von 28 Mill. tlr. mit Sicherheit überstieg.

Außerdem waren die Finanzbehörden recht erfinderisch in der Einrichtung regalienähnlicher Belastungen, so etwa des Tabak- oder Kaffeestaatsmonopols und bestimmter »Aufschläge«, wie des Biergeldes in Bayern und nicht nur dort.

Neben diesen Abgaben, die äußerlich noch wie Regalien anmuten, aber in Wirklichkeit bereits echte Steuern waren, bestanden noch eine ganze Reihe von Verpflichtungen, die aus dem ius sequelae abgeleitet wurden, also eigentlich nur für den Krieg und die Verteidigung vorgesehen waren, sich jedoch im Zuge der Errichtung stehender Truppen zu ständigen Belastungen entwickeln konnten. Sie wurden nicht immer und nicht überall erhoben, warfen auch keinen nennenswerten Gewinn ab, belebten aber die Buntheit und verstärkten die Unübersichtlichkeit der landesherrlichen wie der kommunalen Finanzierungsmöglichkeiten. Darunter fielen:

– die Defensions- oder Munitionssteuer, ein verschiedene Leistungen umfassender terminus, der vornehmlich die Quartier- und Servislasten für durchmarschierende Truppen betraf, weiter
– die Musterungssteuer, eine Ablösung für die Aufgebotsdienstpflicht,
– die Festungssteuer oder das Schanz-Geld für den Unterhalt von Befestigungen,
– das Wachgeld, mit dem die Bürger sich von der Wachpflicht am Tor ablösten.

Außerdem gab es die onera bellica, also echte Kriegsleistungen sowohl in Geld »Ranzionssteuer« für die Auslösung von Kriegsgefangenen, oder als Kriegskontribution, die vom Landesherrn oder einer Besatzungsmacht auferlegt wurde, oder als Brandschatzung zur Verhütung von Feuer und Plünderung, als auch in Dienstleistungen wie Schanzarbeit, Fuhren, Vorspann, Brennholzlieferung und -anfahrt u. ä.

Das Camerale, dem noch die Bede – eine aus dem Mittelalter überkommene, sehr geringe Steuer – und die Gerichtssporteln hinzuzurechnen sind, war noch in der frühen Neuzeit die alleinige normale Einnahmequelle der Landesherren, aus der sie alle Aufwendungen, auch militärischer Art im Frieden, zu bestreiten hatten. Im Kriegsfall wandten sie sich daher bei der vermehrten Anstellung von Söldnern bereits im 15. und 16. Jahrhundert an ihre Landstände, die ihnen gegen Abtretung oder Garantierung bestimmter Rechte und Privilegien – vor allem der eigenen Steuerfreiheit – einmalige oder zeitlich befristete Kontributionen bewilligten. Die Errichtung stehender Truppen brachte dann die Kontribution als eine ständige Einrichtung mit sich. Im Contributionale ist also der Beginn des neuzeitlichen Steuerwesens zu sehen und zwar als Folge des neuen Militärsystems.

Die Kontributionen waren Geldabgaben für Nutzungsrechte des Grundbesitzes, die durch Vermögens-, Feuerstätten- oder Gebäudesteuern ergänzt wurden. Anfangs beanspruchten die Stände das Einzugsrecht, schufen sich dazu sogar einen eigenen Apparat mit eigener Kasse. Allmählich gelang es den Landesherren, auch die Einziehung in ihre Hand zu bekommen oder zumindest zu kontrollieren, wobei der Verzicht der Landstände auf ihre Rechte – vielfach als der Sieg des absolutistischen Regimes im innenpolitischen Bereich beschrieben – erstens nicht überall so endgültig vollzogen wurde wie in den Ländern der preußischen Krone und zweitens weniger auf eine politische Niederlage als auf eine Verlagerung des Einflußbereichs von der politischen auf die sozial-wirtschaftliche Ebene hinauslief.

Nach holländischem Vorbild führte der Große Kurfürst 1667 probeweise die Akzise in den Städten der Kurmark anstelle der für das ländliche Gebiet weiter gültigen Kontribution ein. Die Akzise, eine kompliziert zusammengesetzte Verbrauchssteuer, belastete auch den Adel, benötigte aber als eine rein landesherrliche Steuer nicht seine Bewilligung. Sie kam bis 1720 in ganz Preußen in Gebrauch und entwickelte sich zur ertragreichsten »Goldgrube«. Später wurde sie von anderen Ländern übernommen, galt also mehr oder minder in ganz Deutschland.

Bis ins späte 17. Jahrhundert hinein überwogen die Einkünfte aus dem Camerale. Mit der Errichtung stehender Truppen gewann in den meisten Ländern das Contributionale das Übergewicht. Trotzdem reichte es sehr bald nicht für die Deckung der Militärausgaben, nicht einmal in Friedenszeiten. Auf der anderen Seite benutzten Herrscher, denen fürstliche Repräsentation angemessener erschien als ein militärischer

Apparat, die Kontributionen für Hofhaltung und Sonderausgaben, etwa als Mittel für Bestechungen.

Verständlich wird die Geschichte der Militärfinanzierung aus dem Lande erst durch einen, wenn auch fragmentarischen Überblick über die Praxis und die einzelnen Praktiken, das heißt speziell über das finanzpolitische Verhältnis der regierenden Häuser zu ihren Landständen. Als Beispiel bieten sich an: das Haus Hohenzollern in Brandenburg-Preußen, das Haus Wittelsbach in Bayern, das Haus Wettin in Sachsen und das Haus Württemberg. Preußen stellt den erfolgreichen absolutistischen Militärstaat dar. Den Hohenzollern gelang es nicht allein, ihre Streitkräfte trotz Subsidienempfang für eigene politische Ziele einzusetzen und diese – die Souveränität über das Herzogtum Preußen, die Königskrone, die Erwerbung Schlesiens – auch zu erreichen, sie verstanden es sogar, ihre ständig wachsende Armee nach einer schwierigen Übergangszeit aus dem Lande zu erhalten. Nicht zuletzt diese in Deutschland einmalige Leistung ermöglichte ihnen den Einsatz des Militärs für ausschließlich eigene Interessen.

Ein Eingehen auf die anderen Territorien ist angebracht, schon um der preußischen Entwicklung den Charakter des Musterbeispiels für das 18. Jahrhundert zu nehmen, das vom übrigen Deutschland erstrebt, aber wegen bestimmter Mangelerscheinungen nicht erreicht werden konnte. Jeder Staat, auch Preußen, traf auf seine besonderen Bedingungen, denen er angemessen gerecht werden mußte. Den Wittelsbachern ist es nicht gelungen, Kurbayern in einen Militärstaat zu verwandeln, aber auch ihre Regimenter standen, wenn auch auf etwas verschlüsselte Weise, unter einem politischen Auftrag. Kurfürst Max Emanuel hat über Jahrzehnte das ihm Mögliche an Streitkräften aufgeboten, um eine Königskrone zu erlangen, wobei es ihm letzten Endes gleichgültig war, von welcher Provenienz, und seinem Sohn Karl VII. Albrecht sollten sie die Kaiserkrone erhalten helfen, die ihm eher zufällig in den Schoß gefallen war. Da die Stände ihren Einfluß auf das Budget behielten, hatte der Landesherr den Kriegsherrn auf eigenes Risiko zu spielen, also mit Hilfe von Anleihen und Subsidien.

Bei der Einordnung der kursächsischen Wettiner in den Kreis der armierten Reichsstände wird leicht übersehen, daß die napoleonische Ära ihnen wohl die Königskrone einbrachte, daß aber ihr Zögern beim Hinüberwechseln aus dem Heerlager des kaiserlichen Frankreichs in das der antifranzösischen Koalition 1813 sie drei Fünftel ihres Landes kostete. Im 18. Jahrhundert war Sachsen ein relativ großes, reiches und stark bevölkertes Land. Mit zwei Millionen stützte es sich auf die gleiche Einwohnerzahl wie Preußen am Anfang des Jahrhunderts, während Bayern mit einer Million weit zurücklag. Wenn die Wettiner ihre Außenpolitik nicht oder nur in Grenzen auf ihre stehenden Regimenter begründeten, so nicht allein, weil ihre Landstände eine übermäßige Ausweitung des Militärpotentials gar nicht zuließen. Die Kurfürsten, als Könige von Polen dynastisch halbwegs saturiert, scheuten zudem nach ersten Mißerfolgen das Risiko, ihr Schicksal von einer Politik abhängig zu machen, die vornehmlich von Subsidien gestützt wurde. Dagegen waren sie sehr daran interessiert, neben dem großen politischen Spiel, wenn auch in seinem Rahmen und ohne es zu stören,

Truppen gegen dringend benötigte Münze zu vermieten, solange die öffentliche Meinung noch keinen Anstoß daran nahm.

Die Württemberger verdankten ihre Königskrone ebenfalls der Gnade Napoleons, dazu aber auch eine beträchtliche »Arrondierung« ihres Landes. Zählte das »Ländle« 1754 nach 477000 Einwohner, so 1802 trotz der Abtretung aller linksrheinischen Gebiete an Frankreich bereits 670000 und 1809 die runde Zahl von 1400000 die sich Herzog Friedrich II. (1797–1816, 1803 Kurfürst, 1805 König) durch rechtzeitiges Überwechseln auf die antinapoleonische Seite auch zu erhalten wußte. Württemberg gehörte im 18. Jahrhundert zu den kleinen Territorien und hat sich in seiner Militärfinanzpolitik auch wie ein Kleinstaat verhalten, vielleicht ein wenig exaltierter als andere, aber nicht atypisch.

Wenn das Kurfürstentum Hannover in dieser Zusammenstellung nicht erscheint, obgleich es seinem politischen Gewicht entsprechend durchaus ein Anrecht darauf hätte, so deshalb, weil es – kurz gesagt – für diese Jahrzehnte noch keine geschriebene hannoversche Militärgeschichte gibt. Die Streitkräfte haben, genau wie andere Länder, ihre ruhmvolle Vergangenheit, wie sie auch in Regiments- und Armeegeschichten der Nachwelt erhalten ist. Zweifellos besaß Hannover auch im Rahmen der Kriegspolitik Gewicht – als langjähriger Parteigänger des Kaisers, um die Dankesschuld für die Verleihung der Kurwürde 1692 abzutragen, als Festlandsdegen Englands und in diesem Rahmen als Gegner oder Verbündeter Preußens – aber es fehlte eine für die absolutistische Militärgeschichte des Festlandes unverzichtbare Komponente: der Landes- und Kriegsherr. Erst 1705 vereinigte das Welfenhaus nach dem Tode des Lüneburgischen Herzogs seine Lande zum Kurfürstentum Hannover. Bereits neun Jahre später wurde Kurfürst Georg Ludwig als Georg I. auch König von England, und Hannover blieb bis 1837 ohne residierenden Landesherrn. Damit neutralisierte sich das Spannungsfeld zwischen Landesherren und Landständen – den »hübschen Familien« in Hannover –; das agens für Militärpolitik, Militärgeschichte und letzten Endes auch -geschichtsschreibung ging verloren.

Brandenburg–Preußen

In Brandenburg sah sich Friedrich Wilhelm, der Große Kurfürst, bei seinem Regierungsantritt einer Schuldenlast gegenüber, die erst nach zwei Generationen abgetragen war. Dieser Zustand hinderte ihn nicht daran, stehende Truppen zu errichten, die er gelegentlich kurzfristig reduzieren mußte, auf längere Sicht aber konsequent vermehrte. Aus dem langjährigen Kampf um die Bewilligung eines ständigen Contributionale ist der bekannte Landtagsrezeß der Kurmark von 1653 hervorgegangen, der auf sechs Jahre je 530000 Taler (tlr) zum Unterhalt der Truppen bewilligte, dafür den Ständen ihre bereits etwas antiquierten Rechte bestätigte: Steuer- und Zollfreiheit, eine bestimmende Herrenposition gegenüber den leibeigenen Bauern, Ausdehnung der Rittergüter, weitere Billigung des »Bauernlegens«. Danach ist der Landtag nicht mehr einberufen worden und die Kontribution blieb als ständige Steuer bestehen, aber die verschärfte Erbuntertänigkeit der Bauern ebenfalls. Einen ihnen gemäßen Ersatz für den Landtag fanden die Stände in den in ritterschaftlicher Selbstverwaltung gebildeten Kreisen, in denen alle mit der neuen Armee zusammenhängenden Fragen von den Kontributionen bis zur Einquartierung und Gespannstellung geregelt wurden.

Der kurmärkische Landtagsabschied von 1653 ist insofern ein Markstein auch der deutschen Militärgeschichte, als er deutlich die Neuorientierung des landständischen Adels fixierte. Der Adel löste sich bewußt aus der großen Landespolitik, insbesondere der Außenpolitik – jedenfalls als Korporation, dem Einzelnen blieben als Vertrautem des Landesherrn weiterhin Möglichkeiten –, gab zwar formal seine Rechte nicht auf, bestand jedoch nicht auf ihrer Wahrnehmung, da der moderne absolutistische Staat ihm gar keine Zielvorstellungen und damit keine Ansatzpunkte für politische Initiativen zu bieten schien. Der neue Macht- und Militärstaat, auch kleineren Formats, wurde nicht ganz widerspruchslos, aber ohne ernsthafte Ablehnung zur Kenntnis genommen und sehr bald zur Untermauerung der eigenen Position in Rechnung gestellt.

Fürderhin beschränkte sich der Adel also auf den sozialen und wirtschaftlichen Bereich der unteren Verwaltungs- und Herrschaftssphäre, abgesetzt von der Befehlshoheit und dem Einfluß des Landesherrn, aber klar erkennbar als die herrschende Gewalt über die nichtständischen bäuerlichen Untertanen. Diese Akzentverschiebung innerhalb der Sozialstruktur ist schwer aus direkten Belegen nachzuweisen, auch nicht überall so spürbar wie in den Ländern der preußischen Krone. Zu erfassen ist sie erst als Ergebnis: in der gesellschaftlichen Vorherrschaft des Adels im 19.Jahrhundert speziell in der Form des Offizierkorps.

Komplizierter gestalteten sich zunächst die Auseinandersetzungen in den Ländern, die, noch nicht an die märkische Oberhoheit gewöhnt, sich in ihren Landständen eine echte politische Potenz erhalten hatten. In Kleve und Mark zwang ein Rezeß von 1653 den Kurfürsten neben politischen Zugeständnissen das Versprechen auf, ohne Erlaubnis der Stände keine Truppen im Lande zu werben, keine Truppen hereinzuführen und keine Festungen zu bauen. Doch schon im Ersten Nordischen Krieg konnte er Soldaten und Kontributionen aus dem Lande ziehen. Ein neuer Rezeß von 1660 leitete dann zu den Verbindlichkeiten über, wie sie bereits in der Kurmark existierten. Ähnlich pochten die preußischen Stände auf ihre alten Libertäten aus der Zeit der polnischen Lehnshoheit, allerdings mehr die Städte als der Landadel. Hier mußte der Kurfürst 1662 tatsächlich in Königsberg Soldaten aufmarschieren lassen und elf Jahre später noch einmal die Steuern durch Exekution eintreiben und damit der Geschichtsschreibung das – für die allgemeinen deutschen Verhältnisse gesehen irreführende – Beispiel dafür geben, wie notwendig stehende Truppen für die Zähmung der Stände gewesen seien.

Am Ende seiner Regierung 1688 unterhielt Friedrich Wilhelm bei einer Untertanenzahl von 1,5 Millionen ein Heer von 30000 Mann. Seine mannigfachen Feldzüge konnten jedoch durch das Kriegsgefälle – Contributionale und Akzise –, die seit 1674 von einer Sonderkasse, der Generalfeldkriegskasse, vereinnahmt wurden und am Ende 1,6 Millionen tlr betrugen, trotz zusätzlicher Subsidien und Anleihen nicht abgedeckt werden, so daß auch das ebenfalls 1,6 Millionen tlr einbringende Camerale ständig für Kriegskosten mitherangezogen werden mußte.

Unter Friedrich III. (seit 1701 als »König in Preußen«: Friedrich I.) erlebte die preußische Finanzwirtschaft nicht den chaotischen Zusammenbruch, der ihm gelegentlich in die Schuhe geschoben wird. Die erheblich erhöhten Einnahmen wurden lediglich anders verteilt; Hofstaat und Schuldzinsen verzehrten einen größeren Anteil als früher. Von den Gesamteinnahmen von ca. vier Millionen tlr erhielt die Kriegskasse 2,5 Millionen, womit sie die erhöhten Ausgaben für die vergrößerte Armee und die Truppenlieferung für den Kaiser im Spanischen Erbfolgekrieg nicht voll bestreiten konnte. Das Defizit wurde durch Subsidien ausgeglichen, so daß insgesamt keine Verbesserung aber auch keine Verschlechterung der Finanzlage zu verzeichnen ist.

Friedrich Wilhelm I. warf das Steuer wieder herum, strich die hohen Ausgaben für Hofhaltung und Verwaltung zusammen, verstand es, die Einnahmen aus dem Camerale und dem Contributionale zu steigern, zahlte die noch anhängigen Schulden ab, legte einen Staatsschatz an und vergrößerte dabei die Armee auf die doppelte Kopfzahl. Die beiden Zentralkassen verbesserten ihre Einnahmen, die Generaldomänenkasse um 100 %, die Generalkriegskasse nur um 50 %, obgleich die Akzise erhöht wurde und auch die Kontribution nach Überarbeitung des Katasters einen größeren Betrag abwarf. Nur der Adel war nicht voll zur Steuerzahlung heranzuziehen, wenn der König auch bei der Eintreibung des Generalhufenschoßes in Ostpreußen der Gewinner blieb und auch das Lehnspferdegeld – die Ablösung des illusorisch gewordenen Lehnsdienstes durch eine jährliche Zahlung von 40 tlr – durchsetzte. Für das Militär gab Friedrich Wilhelm im ersten Jahr seiner Regierung 3 132 124 tlr, im Endjahr 5 039 663 tlr aus, das heißt 66 bzw. 72 % der Gesamtausgaben. Für den Tresor, den berühmten »Kriegsschatz« – den sein Nachfolger, Friedrich II. so gut brauchen konnte – waren von den Zivilausgaben 18 Millionen tlr abgezweigt worden. Sein Sohn fand jedoch nur 8,7 Millionen tlr vor, das Übrige hatte der König für die Belebung der Wirtschaft verwandt. Das Heer war während seiner Regierung bei einer Bevölkerungszahl von 2,5 Millionen von 40 000 auf 83 000 Mann angewachsen.

Daß sich Preußen »unter der eisernen Faust des Soldatenkönigs großgehungert« hat, ist ein Märchen. Von den Randerscheinungen des Nordischen Krieges abgesehen, blieben seine Länder frei von Kriegslasten und -nöten. Landwirtschaft und Industrie nahmen einen langsamen, aber geförderten und ungestörten Aufschwung. Die Militärausgaben kamen zu einem nicht geringen Teil dem inländischen Gewerbe – der Tuch- oder Lederindustrie – wieder zugute. Waren schon die Zivilausgaben des Staates – für Hof und Verwaltung – niedriger gehalten als in anderen Monarchien, so blieben die Kosten für das Militär auf die Bevölkerung umgerechnet gleich und sogar unter den Ausgaben der europäischen Großmächte. Möglicherweise erwies sich wegen der geringen Einnahmen in den einzelnen Wirtschaftszweigen auch der Verdienst- oder Gewinnanteil der Bevölkerung schmaler als in Sachsen oder Hannover, aber die Auspowerung, wie sie die Bevölkerung Bayerns während der österreichischen Besetzungen 1705 oder 1741 erleiden mußte, haben die Preußen während des 18. Jahrhunderts nicht erlebt, selbst nicht in der letzten Phase des Siebenjährigen Krieges.

Auch Friedrich II. konnte trotz seiner Kriege die Finanzpolitik mit positivem Ergebnis fortsetzen, schon weil er anders als alle übrigen zeitgenössischen deutschen Herrscher dank der Sparsamkeit seines Vaters keinen Schuldendienst zu leisten hatte und weil er, mit wenigen Ausnahmen ebenso sparsam und im Alter sogar geizig, aus jeder Quelle zu schöpfen verstand. Die jährlichen Einnahmen der beiden Zentralkassen blieben zwar bis zum Siebenjährigen Krieg ungefähr gleich – rund 7,8 Millionen tlr –, aber das reiche Schlesien brachte in die Schlesische Provinzialkasse noch 3,1 Millionen tlr ein.

Für die Kriegsfinanzierung sind sich widersprechende Zahlenangaben überliefert. Auf jeden Fall gelang es mit Hilfe des Kriegsschatzes und einer Anleihe von 1 356 000 tlr bei den kurmärkischen Ständen die Ausgaben für die beiden ersten Schlesischen Kriege zu decken. Der Siebenjährige Krieg – er soll mindestens 104 Millionen und höchstens 140 Millionen tlr gekostet haben – verzehrte bereits im ersten Jahr die bereitstehende Summe von 18 Millionen tlr. Preußen wurde aber, anders als Österreich, dank der konsequent rücksichtslosen Finanzpolitik seines Königs nicht in Schulden gestürzt. Er bezog von 1758–1761 jährlich 7, also insgesamt 28 Millionen tlr Subsidien von England, belastete das besetzte Sachsen – daneben übrigens auch Mecklenburg – mit Kontributionen, die ein Drittel der Kriegskosten deckten (20 Millionen sind belegt, die wirkliche Summe wird auf 40 bis 50 Millionen geschätzt). Er nahm dazu eine nicht deutlich auszumachende Anleihe bei den Ständen seiner Länder auf und suspendierte alle Gehalts- und Pensionszahlungen ab Ende 1757 gegen Kassenscheine, die nur mit Verlust gegen bares Geld eingelöst werden konnten. Den Rest deckte die Münzverschlechterung; nach Kriegsschluß wurden die schlechten Münzen eingewechselt, allerdings nur gegen ihren realen Silberwert, so daß nicht die Staatskasse, sondern die Untertanen den Verlust als eine Art verspäteter Kriegssteuer zu tragen hatten. Mit all diesen Maßnahmen und Manipulationen wurde jedenfalls erreicht, daß der preußische Staatshaushalt den Krieg mit einem Ist-Bestand von 20 Millionen tlr Vorkriegswährung abschloß.

Da Friedrich II. nach dem Kriege die Stärke seiner Armee allmählich auf rund 200 000 Mann erhöhte, den Artilleriepark erweiterte und Mittel für den Festungsbau benötigte, wiederum einen Kriegsschatz anlegte und die Kriegsmagazine vermehrte und auffüllte, sich auch Gelder für private Interessen und Wirtschaftsinvestitionen zur Verfügung halten wollte, erschloß er neue Quellen. Mit der Einrichtung der Regie, der »Administration générale des Accises et Péages«, imitierte er das französische Steuereintreibungssystem, indem er die Akzise an französische entrepreneurs verpachtete, was ihm 1 Million tlr einbrachte. Außerdem richtete er 1763 eine Lotterie, 1765 ein Tabak– und 1781 ein Kaffeemonopol ein und verschlechterte noch einmal das umlaufende Geld, diesmal die Scheidemünzen. Alle diese Einnahmen erhielt die Königliche Dispositionskasse, die beim Tode des Königs 1786 jährlich über 7,5 Millionen tlr vereinnahmte. Die gesamten Staatseinnahmen stiegen in den Jahren nach dem Kriege bei jetzt 5 Millionen Einwohnern von fast 12 auf nicht ganz 20 Millionen tlr an. Die Landgewinne aus den polnischen Teilungen änderten den Etat zunächst nicht wesentlich. Die Armee und ihre Einrichtungen verbrauchten 1764 76 %, zehn Jahre später fast 80 % und am Ende der Regierung 65 %. Als Kriegsschatz überließ Friedrich seinem Nachfolger 35 Millionen tlr.

Unter Friedrich Wilhelm II. (1786–1797) wurde das in den letzten Jahren doch stark überzogene Finanzsystem normalisiert. Die Militärausgaben stiegen in den 11 Jahren um 2,5 Millionen, einmal wegen der Erweiterung der Armee auf 235 000 Mann, dann aber auch als Folge der Aufhebung der Kompaniewirtschaft, die eine Aufbesserung der »Offiziersalimentation« erforderlich machte. Dazu waren 1797 über 1,5 Millionen tlr Schuldzinsen zu zahlen, denn die Expedition gegen Holland 1787 zum Schutze des Erbstatthalters und Schwagers des Königs, das Engagement gegen den polnischen Aufstand unter Kosciuszko 1794, vor allem aber der Erste Koalitionskrieg gegen Frankreich verzehrten den Staatsschatz, zwangen zu Anleihen im Ausland, da mit Subsidien nicht zu rechnen war, und stürzten Preußen in eine Finanzkrise, so daß nur der vorzeitige Friedensschluß von Basel 1795 es vor dem Staatsbankrott rettete. Friedrich Wilhelm III. erbte eine Staatsschuld von 48 Millionen tlr, von der er 7 Millionen abtragen konnte, bis der Zusammenbruch von 1806 eine völlig neue Situation schuf.

Bayern

Die Finanzwirtschaft Bayerns unterschied sich von der Preußens nicht nur im Maßstab, sie war bei Ähnlichkeit vieler Formalia von anderen Schwerpunkten bestimmt. Die bayerische Feldarmee – also nicht die wenigen Leib- und Stadtgarden – wurde nach dem Westfälischen Frieden anscheinend vollständig abgedankt. Kurfürst Ferdinand Maria (1651/54–1679), der Sohn des großen Maximilian I., war sich seiner Grenzen zwischen den beiden konkurrierenden Großmächten Frankreich und Österreich bewußt. Er errichtete und reduzierte Regimenter oder gar nur Kompanien je nach der Spannungsintensität in seiner europäischen Umwelt. Seine 1657 geworbenen 37 Kompanien mit fast 6000 Mann reduzierte er 1660 auf 5 Kompanien, die mit Ausbruch des Türkenkrieges 1661 wieder vermehrt, 1662 vermindert, 1667 vermehrt, 1669 vermindert wurden. Er starb 1679 während der Friedensverhandlungen von Nymwegen, mußte daher seine letzte Verminderung von 91 auf 35 Kompanien seinem Nachfolger, dem Administrator Max Philipp überlassen. Die Landstände leisteten in den 70er Jahren bereits einen jährlichen Beitrag von 500000 Gulden. Der Hauptteil der Kosten konnte durch Subsidien gedeckt werden, so daß der Militäretat im Ganzen ausgeglichen blieb.

Entscheidendes Gewicht erhielten das Militär und seine Unterhaltskosten unter seinem Sohn Max II. Emanuel (1679/80–1726), der eine nicht sehr glückliche, dafür unvergleichlich hartnäckige und geradezu agressive Subsidienpolitik betrieb, die ihm nicht allein Kapital, sondern auch die Königskrone bringen sollte. Der 1683 beginnende Türkenkrieg, seine militärisch so ruhmvolle Zeit, kostete vielen Tausend bayerischen Bauernsöhnen unter dem Befehl ihres Kurfürsten, aber in österreichisch-kaiserlichen Diensten, das Leben. Im folgenden Pfälzischen Krieg kämpften die Bayern nicht einmal mehr als geschlossener Verband, sondern auf die einzelnen kaiserlichen Armeen verteilt. In den ersten Jahren des Spanischen Erbfolgekrieges brachte Max Emanuel 28000 Mann zusammen, diesmal in französischen Diensten gegen Österreich. Dem Höhepunkt bayerischer Rüstungspolitik folgte sehr schnell der Abstieg in den Rang eines militärischen Duodezstaates. Der »Blaue Kurfürst« hinterließ seinem Sohn und Nachfolger 1726 neben einem großen Berg Staatsschulden eine heruntergekommene bayerische Armee von rund 5000 Mann.

Für diese letzte Zeit sind bereits Zahlen aus dem bayerischen Steuerwesen bekannt, so daß sich der Militärzuschuß aus dem Lande wenn nicht genau registrieren, so doch ermessen läßt. Die Geldverwaltung besorgten drei Kassen: das Hofzahlamt für das Camerale und die Hof- und Verwaltungsausgaben; das Kriegszahlamt, das seine Gelder nicht nur aus dem Contributionale zog und trotzdem die Militärkosten nicht zu decken vermochte; und – anders als in Preußen – die Schuldentilgungskasse, die unzulänglich bemüht war, die Defizite der beiden anderen Zahlämter zu tilgen.

Die über das Hofzahlamt laufenden landesherrlichen Einkünfte aus dem Camerale beliefen sich netto – d. h. nach Abzug der Verwaltungskosten – am Anfang des 18. Jahrhunderts auf 1,3 und am Ende auf 1,8 Millionen fl. Dagegen lagen die offiziellen Lasten für Hof und Verwaltung in der ersten Hälfte des Jahrhunderts bei 2,2 Millionen fl, fielen unter der Regierung Max III. Joseph (1745–1777) auf 1,8 und erreichten dann unter dem Pfälzer Wittelsbacher Karl Theodor (1777–1799) runde 2,5 Millionen fl; der Hof machte jedes Jahr gut seine halbe Million fl Schulden.

Das Contributionale gehörte wie in Preußen zu den regelmäßigen Staatseinkünften, denn seit 1668 wurde auch der bayerische Landtag, die »Landschaft« – nicht mehr einberufen. Er hatte sich jedoch in der »Verordnung« einen landschaftlichen Finanzverwaltungsausschuß geschaffen, der zwar keine Steuern mehr bewilligte oder ablehnte, auch unter landesherrlicher Kontrolle stand, aber ebenfalls Kontrolle genug ausübte, um die Forderungen nicht ausufern zu lassen. Über die landschaftliche Zwischenkasse liefen die der preußischen Kontribution entsprechenden »Stand- und Landsteuern«, eine Einkommens- und Vermögenssteuer. Standsteuer – ein Neuntel des jährlichen Gesamtbetrages von etwa 1,8 Millionen fl – zahlten die »gefreiten«, das heißt landtagsfähigen Stände: Prälaten, Städte, Ritterschaft; Landsteuer, also alles übrige, die »ungefreiten«. Hinzu kam noch ein akziseähnlicher »Aufschlag« für Bier, Wein und Fleisch von jährlich 500000 fl.

Ein großer Teil der Landschaftseinkünfte ging an die 1728 eingerichtete Schuldentilgungskasse des Schuldenabtilgungswerkes der Verordnung (s. o.), dem es allerdings nicht gelang, neben der Verzinsung auch die Abtragung der Schulden zu bewerkstelligen. Sie stiegen von 20 Millionen fl 1720 auf 27 Millionen fl 1727, sanken bis 1778 auf 22 Millionen fl und stiegen unter Karl Theodor wieder an. Da Entschuldung und Neuverschuldung sich mit Schwankungen die Waage hielten, konnten die Bemühungen nur Schlimmeres verhüten, nicht zuletzt weil auch die Heeresausgaben die dafür vorgesehenen Einnahmen bereits im Frieden überschritten und im Kriege schon gar nicht unter Kontrolle zu halten waren.

Das Kriegszahlamt erhielt seine Einnahmen aus den von der Verordnung eingezogenen Steuern. Die Höhe dieser von der Schuldentilgung abgezweigten »Postulatsgelder« lag nicht fest, sie stieg bis zu 700000 fl jährlich. Auch der Bierpfennig und der Salzaufschlag gehörten in diese Sparte. Als zweite Quelle zur Deckung der Militärlasten war das oberpfälzische Rentgefälle – 200000 fl – vorgesehen. Hinzu kamen drittens einige kleinere Sondersteuern – Mühlen-Anlage, Tanzsteuer, Sperrsteuer für das nächtliche Passieren der Stadttore u. ä. – und viertens Militäranlagen, also Ablösungen für Militärleistungen wie Kasernierung, Fourage, Rekrutierungsunkosten und Vorspann. Die Gesamtsumme betrug ungefähr 1 Million fl, im Höchstfall 1,4 Millionen fl und reichte selbst im Frieden nicht aus.

Bei Etatberechnungen läßt das Wechselspiel zwischen exakten oder exakt erscheinenden Zahlen und bloßen Vermutungen Schlüsse auf den gesamten Militärhaushalt fragwürdig erscheinen. Berechnungsergebnisse auf Teilgebieten gibt es natürlich häufig. So ist zum Beispiel das Militärdefizit einzelner Jahre bekannt. Vor dem Spanischen Erbfolgekrieg 1699 betrug es 440000 fl, nach dem Kriege 1717 noch 1500000 fl; vor dem Österreichischen Erbfolgekrieg 1736 noch 1 Million fl, danach 1746 aber nur 600000 fl und mit Beginn der Einstellung des militärischen Spektakels 1758 nur noch 70000 fl.

Zahlen zur bayerischen Kriegsfinanzierung lassen sich aus der Literatur nur für bestimmte Zeiträume und Zeitpunkte entnehmen. Im französisch-holländischen Krieg bezog Ferdinand Maria zur Aufrechterhaltung der bewaffneten Neutralität gegen Österreich aus Subsidienverträgen mit Frankreich bis 1673 die Summe von 2 130 000 fl, dazu erhebliche Zahlungen in den späteren Jahren. Die Landschaft bewilligte anfangs einen Zuschuß von über 200 000 fl, der später auf mehr als 600 000 fl jährlich anwuchs. Mit diesen Mitteln warb und unterhielt der Kurfürst eine Armee von 10–15 000 Mann.

Während des Türkenkrieges und des französisch-pfälzischen Krieges, an denen Max Emanuel gegen Subsidien auf Seiten des Kaisers teilnahm, pendelten die Heeresaugaben um die Summe von zwei Millionen fl jährlich. Da die Landschaftskasse pro Jahr nur rund 700 000 fl zahlte und die österreichischen Hilfsgelder spärlich flossen, begann die schnell anwachsende Verschuldung, die auch durch eine Reihe außerordentlicher Kriegssteuern nicht wesentlich aufgehalten werden konnte. Im Spanischen Erbfolgekrieg erlitt Bayern als Verbündeter Frankreichs nicht nur politische, sondern auch erhebliche pekuniäre Einbußen. Aus dieser Zeit ist der Einnahmeetat für 1703 erhalten, der die Gesamtsumme von 3 946 144 fl aufwies, darin sind 2 563 778 fl Subsidien und 760 000 fl Überweisungen der Landschaftskasse eingeschlossen. Der Rest sollte durch Kriegs- und Sondersteuern, Anleihen u. ä. gedeckt werden.

Nach der Schlacht bei Höchstedt 1704 und der Flucht der Restarmee in die Spanischen Niederlande fiel der Heeresetat weg, dafür kostete die österreichische Besetzung immense Summen: in den Jahren 1706 und 1707 allein insgesamt 15 Millionen fl. Nach dem Kriege setzten dann die Versuche zur Normalisierung der Verhältnisse ein, einmal durch Einschränkung der Heeresausgaben, zweitens durch die Tilgungskommission der Landschaft. Es gelang, die Militärschulden von 8 Millionen fl 1719 auf 4 1/2 Millionen im Jahre 1724 abzutragen. In der letzten Summe waren jedoch noch 2 1/2 Millionen fl Soldrückstände aus den Jahren 1715–24 enthalten, ein Beleg für die Armut und den Hunger in der kleinen bayerischen Armee.

Karl Albrecht (1726–1745) hat keine eigene Militärpolitik mehr betrieben. Eine politische Figur ohne Eigengewicht, wurde er von fremden Mächten gehalten und fallen gelassen. Seine Wahl zum Kaiser Karl VII. 1742 war ein Schachzug der Gegner Habsburgs und löste ihn nicht aus seiner völligen Abhängigkeit von Frankreich. Zu militärischen Anstrengungen war er nur durch Subsidien zu bewegen: 1737 von Österreich gegen die Türkei, im Österreichischen Erbfolgekrieg zahlte Spanien auf Vermittlung Frankreichs. Nach seinem Tode und dem Frieden von Füssen 1745 zahlte und vermittelte wiederum Österreich Subsidien gegen Frankreich.

Max III. Joseph (1745–1777), keine auffällige Erscheinung, aber, wie aus seinen Regierungsprinzipien hervorgeht, bereits ein Anhänger der Aufklärung, suchte sich militärisch nur noch soweit zu engagieren, wie es die Umstände unbedingt erforderten. Bei Ausbruch des Siebenjährigen Krieges konnte er sich der plötzlichen österreichisch-französischen Bundesgenossenschaft nicht entziehen und stellte gegen französische Subsidien Truppen zur Verstärkung der österreichischen Armee. Daraus ergab sich die bemerkenswerte Konstellation, daß ein bayerisches Kontingent in französischen Diensten unter österreichischem Befehl gegen die preußische Armee kämpfte, obgleich Bayern sich, wie der Kurfürst energisch erklärte, nicht im Kriegszustand mit Preußen befindlich ansah. Max Joseph löste sich 1758 aus seinen Verpflichtungen Frankreich gegenüber. Für das Bayern des Absolutismus war damit das Kriegführen zu Ende und es konnten verstärkt Staatsschulden abgetragen werden.

Auch Karl Theodor (1777–1799) sind kaum militärische Ambitionen nachzusagen, obgleich seine Heeresmacht in der Literatur auf 30–35 000 Mann geschätzt wird.

Er hatte, als er das bayerische Erbe antrat, 12000 Mann aus der Pfalz zu den 8000 Bayern mitgebracht, so daß unter Hinzurechnung von noch bestehenden Landfahnen die »kurpfalzbayerische« Armee die stolze Zahl von 28941 Mann aufwies. Mit der Vereinigung war jedoch eine sehr viel Unzufriedenheit hervorrufende Reduzierung verbunden, so daß die Iststärke nur 16000 Köpfe betrug, die zahlreichen Beurlaubungen nicht einmal gerechnet. Obgleich Karl Theodor, abgesehen von seiner eklatanten Altersprüderie, einer antiquierten repräsentativ-barocken Lebenshaltung frönte, die den Schuldenberg wieder erhöhte – er starb als ein allseits verhaßter Landesfürst, zumal ihm auch der Versuch nicht verziehen wurde, Bayern an Österreich zu verhandeln –, huldigte er doch dem Zeitgeist des Aufgeklärten Absolutismus mit dem Rumfordschen Reformprogramm, das vor allem wegen seiner militärischen Sparmaßnahmen seine Zustimmung fand.

Der Reichsgraf Ritter von Rumford, ein als Benjamin Thomson geborener Amerikaner mit steilem militärischen Aufstieg, war 1784 aus englischen in kurbayrische Dienste getreten. Sein aufklärerisches »Neues Kriegssystem« wurde 1788 in die Armee eingeführt. Es bestand aus einer Mischung von Einsparungsmaßnahmen, wirtschaftlicher Nutzbarmachung von Militärpersonen, Humanitätstendenzen und moralischer Festigung der Soldaten, Versuchen zur Hebung der Bildung, echten militärischen Reformen und äußerlicher Effekthascherei. Wie weit das System wirklichkeitsfremde Theorie blieb, wie weit es bleibende Verbesserungen hätte ergeben können, ist nicht zu entscheiden, weil es in den Wirren der Koalitionskriege unterging. Militärgeschichtlich ist es von Bedeutung, weil es auf der einen Seite die zum Teil unglaublichen Verhältnisse innerhalb der Armee herausstellt (etwa die Verelendung der Mannschaften), und auf der anderen Seite die Reformbegeisterung der Zeit in ihren berechtigten Forderungen und ihren Irrwegen widerspiegelt.

Die Sparwirtschaft des Systems erwuchs aus der Utilitaritätsgläubigkeit, die jeden Menschen, auch den Soldaten, einer greifbar nutzbringenden Beschäftigung zuzuführen bestrebt war. Zum ersten wurde durch umfangreiche Beurlaubungen und Freistellungen die reale Iststärke weiter gesenkt, zum zweiten sollte die Kavallerie als Landgendarmerie, die Infanterie zu Melorations-, Straßen- und landwirtschaftlichen Arbeiten herangezogen werden, zum dritten endlich entstanden die in ihrer Zeit berühmten Militärgärten. Ein Regiment erhielt ein bestimmtes Areal zugewiesen, darin jede Kompanie eine bestimmte Fläche, aufgeteilt nach den Korporalschaften. Die Gärten mußten in Form einer Festung im Maßstab 1:4 eingerichtet sein, jedes Polygon nach anderem Grundriß, so daß sie auch zur Befestigungslehre und zum Üben des Festungskrieges genutzt werden konnten. In größeren Garnisonen kamen noch landwirtschaftliche Anlagen hinzu. Ein Nutzen ist den Gärten nicht abzusprechen. Sie dienten als Baumschulen, förderten die Verbreitung der Kartoffel und warfen auch Gewinn ab, so der Mannheimer Garten in einem Jahr Gemüse im Werte von 10000 fl.

Rumford wurde 1798 in allen Ehren verabschiedet, seine Reform mit vielen brauchbaren Ansätzen hatte sich in der eigenen Bürokratie festgelaufen. Als bleibend hinterließ er den Englischen Garten in München und die Rumfordsuppe, ursprünglich eine Art Sparsuppe für Soldaten und die arme Bevölkerung.

Vom Ende der 80er Jahre ist der Ausspruch eines bayrischen Ministers überliefert: »Was braucht der Kurfürst Soldaten? Zum Ernst sind sie doch zu wenig und zum Spaß zu viel. Wir werden keinen Krieg anfangen«. Ausgerechnet der Bayrische Erbfolgekrieg von 1778, der erste Feldzug seit langer Zeit, in dem es um echt bayrische Belange ging, war auch der erste Feldzug, an dem bayrische Truppen nicht teilnahmen.

Das reiche Kursachsen konnte selbst durch die aufwendige Lebenshaltung eines Augusts des Starken oder seiner Vorgänger und durch die zweimalige Besetzung – 1706–1708 durch die Schweden und 1756–1763 durch die Preußen – mit ihren hochbemessenen Kriegskontributionen nicht ruiniert werden. Wenn dabei die Staatsschulden trotzdem in den 40er Jahren die extravagante Höhe von 60 Millionen tlr erreicht hatten, so waren dafür der Glanz des »augusteischen Zeitalters« und seine politischen Folgen, wie etwa das Bestechungsspiel um die polnische Königskrone verantwortlich, nicht etwa anomal hohe Heeresaufwendungen. Speziell in Kursachsen hatte sich die »Landschaft« – die Landstände – trotz allen absolutistischen Gehabes ihrer Landesherren einen bestimmenden Einfluß auf die Steuererhebung bewahrt und hielt damit den Heeresetat in auffallend engen Grenzen. Anders als in Preußen, wo die Stärke der Streitkräfte im Krieg und zumindest als Rahmentruppe auch im Frieden gleich blieb, und ähnlich wie in Bayern, setzten in ruhigen Zeiten Reduktionen die Truppenstärke radikal herab, weil für die auf Rechnung und Gefahr des Landesherrn aufgestellten Subsidienregimenter keine Verwendung und also auch kein Sold zu beschaffen war.

Zur Heeresfinanzierung aus dem Lande – durch Steuern – sind nur wenige Daten greifbar. Kursachsen beendete den Dreißigjährigen Krieg mit dem Waffenstillstand von Kötzschenbroda 1645, die schwedische Soldateska verließ aber das Land erst 1650, nachdem es seine Schulden bezahlt hatte. Johann Georg I. reduzierte seine Truppen 1652 auf 1452 Mann.

Auch sein Sohn Johann Georg II. (1656–1680) sah das Militär nur in zwei Formen: kleinen Einheiten von Leibgarden und Hoftruppen für Repräsentationszwecke und Subsidientruppen zur Vermietung. Doch er dachte andererseits auch so wirklichkeitsnah, daß er die Landstände im Steuervergleich von 1686 dazu brachte, die völlig zerrüttete Finanzlage durch Schuldenübernahme zu klären. Dabei sicherte sich die Landschaft mit der Einrichtung eines Kammerpräsidenten und eines Kommerzkollegiums ein dauerndes Mitspracherecht. Johann Georg III., der »sächsische Mars« (1680–1691) legte dann 1681 der Landschaft einen Plan zur Errichtung stehender Truppen vor und forderte 1 Million tlr, bewilligt wurden jährlich 700000 tlr und ein Jahr später standen rund 10000 Mann unter Waffen. Zu größeren Summen scheint sich der betont protestantische Landtag gegenüber seinem wegen der polnischen Königskrone katholisch gewordenen Fürstenhaus auch späterhin nicht bereit gefunden zu haben.

Unter Kurfürst Friedrich August I. (1694–1733, seit 1697 als August II. König von Polen), bekannt unter dem Namen »August der Starke«, wurde die militärische Finanzierungspolitik wie die des gesamten Staates ausgesprochen unübersichtlich, zumal es keinen eigenen Heeresetat gab, nicht einmal einen eigenen sächsischen Etat. Da der Herrscher nicht nur für Armee und Hof, sondern ebenso für seine politischen Ambitionen Gelder zu beschaffen wußte – so kostete ihn die Wahl zum polnischen König mindestens 2 Millionen fl Bestechungsgelder, mit denen er nicht nur den viel ärmeren Ludwig Wilhelm von Baden-Baden, den »Türkenlouis«, ausstach, sondern auch den protégé Ludwigs XIV., den Prinzen von Conti –, ist das Verbleiben der von der Landschaft für das Militär überwiesenen Steuern nicht zu eruieren.

Neben Anleihen, Subsidien und der einen Million fl, die ihm später als König aus Polen zufloß, erschloß er sich eine weitere Quelle, indem er Rechte und Ansprüche auf nichtinnersächsische Gebiete verpfändete oder veräußerte, speziell wenn sie sowieso streitig waren. Um einige größere Summen zu nennen: für den Verzicht auf Lauenburg 1697 erhielt er 1 100 000 tlr, für Quedlinburg und einige Ämter 340 000, für Schwarzburg-Sondershausen 200 000, für Hanau 600 000, für Mansfeld ebenfalls 600 000. Trotzdem wuchsen die sogenannten Kammerschulden stetig an.

Im Gegensatz zu Bayern, in dem das Militärwesen nach der Katastrophe von 1704 keinen Höhepunkt mehr zu verzeichnen hatte, unterhielt Sachsen ein kleines, aber intaktes Stehendes Heer, das keinerlei finanzielle Komplikationen hervorrief. Nach dem Debakel des Nordischen Krieges entschloß sich August der Starke, das Schicksal seiner Dynastie und seines Kurfürstentums nicht mehr dem Schwerte anzuvertrauen. Aber er verfügte vor seinem Tode über 30 000 Mann, die ihm ein gewisses Mitspracherecht in finanziellen, wie damit gekoppelten politischen internationalen Fragen sichern sollten. Preußen hatte zur gleichen Zeit bei der ungefähr gleichen Einwohnerzahl von 2 Millionen 130 000 Mann unter Waffen.

Auch sein Sohn Friedrich August II. (1733–1763), als König von Polen Ausgust III., verwandte das weiterhin über Anleihen beschaffte Geld nicht für Rüstungen, sondern wählte zur Erlangung des polnischen Thrones ausschließlich den Weg der Bestechung, diesmal bereits 8 Millionen tlr. Im sogenannten Polnischen Thronfolgekrieg – einer Auseinandersetzung zwischen den Großmächten – spielte Sachsen eine bescheidene Rolle. Da die Staatsschulden wuchsen – in den vierziger Jahren sind sie auf fast 60 Millionen tlr zu beziffern – und die Stände nach wie vor nur einen schmalen Steueretat zuließen, dachte der damalige Leiter der sächsischen Politik, Graf Brühl, nicht an einen Rüstungswettlauf mit Preußen. Zu Beginn des Siebenjährigen Krieges bestand die kursächsische Armee aus ganzen 17 462 Mann.

Von den Lasten und Kontributionen der preußischen Besatzungszeit erholte sich das Kurfürstentum relativ schnell. Mit dem Auslaufen des Krieges begann die Zeit des »Retablissements«, von Reformansätzen, die aus dem Geist des Aufgeklärten Absolutismus eine letzte Bestätigung des Regimes anstrebten und auch auf das Militär übergriffen. Die 1763 aus französischem Solde zurückkehrenden 10 000 sächsischen Soldaten sollten die Kader für ein modernes 30 000 Mann–Heer bilden. Der Chevalier de Saxe – einer der legalisierten Söhne Augusts des Starken, die treibende Kraft der Neuorganisation und Reform – scheiterte sowohl an der reservierten Haltung des Regenten, Prinz Xaver, und des jungen Kurfürsten Friedrich Augusts III., des späteren ersten Königs von Sachsen, als auch an der Unnachgiebigkeit der Stände, die 1766 von den geforderten 1 677 333 tlr jährlich nur 850 000 bewilligten. Doch es gab einige Verbesserungen vor allem in humanitärer Hinsicht. Auf den Vorwurf, in Preußen koste der Unterhalt von 30 000 Mann 1 714 284 tlr, in Sachsen dagegen 2 022 163 konnte sich die Militärverwaltung mit Recht darauf berufen, daß der sächsische Soldat mehr Sold und bessere Bekleidung erhielt, und bettelnde Soldaten – damit wurde anscheinend auf die Zustände in Bayern verwiesen – gäbe es in Sachsen nicht. Die Stärkeangabe blieb sowieso Theorie, denn Sachsen verfügte gar nicht über 30000 Mann. Im Ersten Koalitionskrieg 1792 – einem Reichskrieg – stellte es 6000, im Zweiten 9700 Mann, sah sich allerdings als nicht mit Frankreich im Kriegszustand befindlich an. Die absolutistische Ära endete also auch hier mit einer Kapitulation in der Militärpolitik.

Württemberg

Das für die absolutistische Ära Württembergs auffälligste Phänomen ist die kontinuierliche, harte Auseinandersetzung zwischen Landesherrn und Landständen.

Die Landstände fußten in ihren Rechten auf dem Tübinger Vertrag von 1514 und seinen Ergänzungen, wodurch ihnen u. a. ständige Ausschüsse, das Kontrollrecht durch einen Landschaftskonsolenten und weitgehende Rechte in der Finanzverwaltung zugesichert worden waren. Zwei Merkmale zeichnen die württembergische ständische Vertretung aus: erstens fehlte die Ritterschaft, die sich nach allmählicher Distanzierung Mitte des 16. Jahrhunderts als Reichsritterschaft endgültig aus dem Landesverband löste; zweitens spielte die Vertretung der früheren 14 «Mannsklöster› – die aus dem Bürgertum stammenden Prälaten – insofern eine besondere Rolle, als das Kirchengut nicht in den Besitz der protestantischen Staatsführung überging, sondern über eine besondere Kasse, den Kirchenkasten, kulturellen und sozialen Zwecken diente. Im Landtag hatte also nicht der Adel sondern das Bürgertum den bestimmenden Einfluß. Neben der Landschaft – den Vertretern der Ämter – nahmen einmal die bürgerlichen Prälaten, vornehmlich aber die »Ehrbarkeit« – die Vertreter der Städte – die Interessen des Landes, als Interessen des Bürgertums wahr.

Wiederholt wurden die Rechte des Landtages oder seines Kleinen Ausschusses suspendiert, insbesondere das der Steuerbewilligung für militärische Zwecke. Er hat sie sich nicht nur immer wieder zurückholen, sondern sogar erweitern können, so daß Württemberg, obgleich es in Herzog Karl Eugen (1737/44–1793) den von Schiller sogar in die Literatur eingeführten Prototyp des deutschen absolutistischen Gewaltherrschers stellte, insgesamt gesehen kein wirklich absolutistisch strukturiertes Land gewesen ist, weil es seine absolutistische Ära als eine Art außergesetzlichen Notstand ansehen konnte.

Die Einkünfte aus dem Camerale setzten sich wie in anderen Territorien aus den in Württemberg beträchtlichen Erträgen aus dem Kammergut – dem landesherrlichen Besitz –, dazu aus verschiedenen Regalien und Monopolsteuern zusammen. Sie stiegen von rund 500000 fl Anfang der 30er Jahre bis auf fast 1 Million zum Ende des 18. Jahrhunderts, reichten aber nur in Ausnahmejahren für die Deckung der Hof-, Verwaltungs- und Militärkosten. Lösten in früheren Zeiten die Stände die zwangsläufig entstehenden Schulden durch einmalige Bewilligungen ab, so gelang es ihnen doch nicht auf Dauer, die finanzielle Hilfe in dieser Form aufrechtzuerhalten. Sie wandelte sich, wenn auch unter Beibehaltung des alten Namens »Ordinäre Ablösungshilfe«, in eine regelmäßige Steuer, die später durch eine »Extraordinäre Ablösungshilfe«, ebenfalls als ständige Steuer ergänzt wurde. Zusammen mit anderen Ablösungen und einer Akzise ergaben alle diese Steuern eine jährliche Summe von 800000 fl, von denen 450000 für das Militär, das Übrige für Hofhaltung und Schuldentilgung vorgesehen waren.

Auseinandersetzungen wegen des Militäretats gab es bereits Ende des 17. Jahrhunderts, aber erst Eberhard Ludwig (1693–1733) erreichte 1724 die Anerkennung und finanzielle Absicherung eines wenn auch kleinen Kontingents stehender Truppen. Dieser Herzog, unter dem der verrufene deutsche Kleinstaatabsolutismus schon reiche Blüten trieb, der neue bedrückende Geldquellen erschloß und trotzdem einige Millionen fl Schulden hinterließ, beließ es bei 3000 Mann. Erst Karl Eugen, der 1744 volljährig geworden die Regierung übernahm, erhöhte die Schulden auf 13 Millionen fl, indem er neben der Verschleuderung von Geldern für Hoffeste, Dotationen und Bauten mit der Errichtung einer stehenden Armee von 12000 Mann die Leistungsfähigkeit seines kleinen Landes weit überspannte. Trotz französischer Subsidien – im Frieden 387000 fl, im Kriege 479000 fl jährlich – waren die Militärkosten von 1634000 fl um 1750 nicht zu decken. Innerhalb von sechs Jahren holte er zusätzlich 10 Millionen fl durch Zwangsmaßnahmen – Beschlagnahmungen der Landschaftskasse, Plünderung des Kirchenkastens, Eintreibungen unter Militäreinsatz – aus dem Lande, von denen nur etwas über 3 Millionen vom Ausschuß bewilligt waren. Eine 1764 willkürlich ausgeschriebene Steuer führte endlich zur Klage beim Reichshofrat in Wien. Der Streit endete als voller Sieg der Stände im »Erbvergleich« von 1770, der nicht nur den vorhergegangenen, sondern auch die zukünftigen – daher »Erbvergleich« – Landtagsabschiede als bindend anerkannte und dem Landtag das Kontrollrecht garantierte, die Rückgabe von 550000 fl an den Kirchenkasten erzwang und eine neue Schuldentilgung in die Wege leitete. Er beschränkte den Militäretat auf 460000 fl und setzte die Stärke der stehenden Truppe einschließlich Reichskontingent auf 2600 Mann fest. Ausweitungen des Militärpotentials waren nur noch über Truppenvermietungen möglich, wie durch die Abstellung des »Kapregiments« 1787 an die Holländisch-Ostindische Kompanie.

Unter Karl Eugens unmittelbaren Nachfolgern ergaben sich keine besonderen Militärausgaben, es sei denn, die 11 1/2 Millionen fl Kriegskontributionen, die Württemberg außer den Plünderungen und Schäden der Einbruch der französischen Armee 1796 im Ersten Koalitionskrieg kostete, werden darunter gerechnet. Die Regierung seines Neffen Friedrich (1797–1816), Herzog, Kurfürst und schließlich König eines mehr als verdoppelten Württembergs, gehört bereits einem anderen Zeitalter an.

Die Budgetberechnung

Da es außer in Preußen oder in Österreich keine oder erst sehr spät Etataufstellungen gab, ist eine exakte Berechnung der Finanzierung nur schwer möglich. Ganz abgesehen von den bewußten Verschleierungen ist es weitgehend die Unbekümmertheit, mit der repräsentative Objekte, Dotationen oder Truppenhaltung je nach dem Grade der aktuellen Wichtigkeit finanziert wurden. Belege von militärischer Seite – Verpflegungsordonnanzen oder Soldlisten – klären, ihre Zuverlässigkeit vorausgesetzt, nur Sektoren.

Bezzel hat für seine Geschichte des Kurpfälzischen Heeres einen Überschlag gefunden, der die Großzügigkeit belegt, mit der Abrechnungen gehandhabt wurden. Die kurpfälzischen Oberämter, die Städte und die Ritterschaft hatten insgesamt 506000 fl »Militärische Gelder« aufzubrin-

gen. Davon waren vorgesehen für die Zeit von 1. 5. 1724 – 1. 5. 1725 für:
das kurfürstliche Kabinett 4600 fl
den Pfalzgrafen Erbprinz von Sulzbach 36500 und die Frau Pfalzgräfin 16000 fl als Deputate,
den Pfalzgrafen Christian von Sulzbach 3000 fl als Pension,
den Generalstab 23609 fl,
Pensionen, Gnadenzulagen und Wartegelder 8030 fl,
das Generalkriegskommissariat 4786 fl,
das kurpfälzische Kriegskommissariat 5171 fl,
die Subalternbeamten der Geheimen Kommission 2562 fl,
die Gesandtschaften beim Reichstag zu Regensburg 9150 fl, beim kaiserlichen Hof in Wien 14950, im Haag 9755, in Frankfurt 372, in Paris 2690, in London 1000 fl,
für Gewehre, Musterungen und Kasernen 4300 fl,
Brenn- und Schreibmaterial 6774 fl,
Wasserbau, Fuhren, Kommissariate und Pferdefutter 1662 fl, Knechte und Boten 190 fl;
das Übrige für Löhnung und Unterhalt für 4 Infanterie-, 3 Reiterregimenter und 1 Artilleriekompanie.

Die Höhe des Soldes geht aus einer Aufstellung von 1745 hervor, die für das Pfalz-Zweibrükkensche Leibregiment zu Fuß, bestehend aus 28 Offizieren und 379 Soldaten, jährlich 20570 fl + Zulage von 120 fl 12 Kreuzer (×) betrug. Davon erhielt – neben den allen Stabsoffizieren und Kompaniechefs als Kompanieinhaber zustehenden, hier nicht besonders aufgeführten Einkünften aus der Kompaniewirtschaft – ein Oberst 977 fl 42 ×, ein Hauptmann 474 fl 36 ×, ein Feldwebel 75 fl, ein Musketier 22 fl 24 × jährlich.

c. Finanzierung auf Risiko des Kriegsherrn

Subsidien

Wird das Preußen Friedrich Wilhelms I. und Friedrichs II. ausgeklammert, so läßt sich die zweifelsfreie Feststellung treffen, daß die eigentliche Basis aller militärischen Bestrebungen in der Subsidienpolitik zu suchen ist. Die Einkünfte aus dem Lande reichten, soweit sie für militärische Zwecke verwendet wurden, kaum aus, um Kaderformationen zu unterhalten, die für eine möglichst schnelle Aufstellung von Miettruppen in europäischen Spannungszeiten unerläßlich waren. In einzelnen Territorien wird die sparsame Verplanung der Einkünfte aus dem Lande auf lange Strecken erst verständlich, wenn daneben die unvergleichlich größere Summe der Mieteinnahmen mitgesehen wird. Eine Übersicht wird dadurch erschwert, daß sowohl von Camerale und Steuern, als auch von den Subsidien meistens nur kleine, aber in ihrer genauen Höhe nicht faßbare Prozentsätze dem militärischen Apparat zugute kamen.

Um nicht nur summarische Angaben über Subsidien – die ungenau sein müssen – zu geben, sollen hier beispielhaft für einzelne wenige Länder die in Verhandlungen und Verträgen fixierten Zahlen im Zusammenhang mit den Truppengestellungen für den Spanischen Erbfolgekrieg genannt werden. Auch sie sind nur als Anhalt anzusehen. Die Währungen stehen 1710 in folgendem Verhältnis: 1 Pfund Sterling (L) = 4 Kronen (kr) oder Reichstaler (rtl) = 10 1/2 Gulden holländisch (fl, europäische Hauptwährungsmünze seit 1679) = 8 Gulden rheinisch = 12 Livres.

Preußen hatte nach den 8000 Mann, die es dem Kaiser für die Anerkennung der preußischen Königskrone und 150000 fl jährlich bereits 1700 versprochen hatte, mehr und mehr Truppen zur Verfügung gestellt: 1709 standen in Flandern 23200, in Italien 8000, also über 31000

Mann, für die England 862000, Holland 458000 und der Kaiser 30000 kr, jährlich also 1350000 kr, zahlten, zum Teil auch schuldig blieben. Jany gibt für 1709 über 33000 Mann an, für die über zweieinhalb Millionen Kosten erwuchsen. Die Truppenvermietung ist für Preußen aber auf keinen Fall ein Zusatzgeschäft gewesen.

Der Kurfürst von Sachsen (und König von Polen), August der Starke, hatte sich nur zögernd und nach Verhandlungen mit Frankreich zum Bündnis mit dem Kaiser entschlossen, stellte ihm 1702 5000 Mann gegen jährlich 200000 rtl und die rückständigen Subsidien; er berief die Regimenter 1704 wegen des Kriegszustandes mit Schweden wieder ab. Sofort nach dem Frieden von Altranstädt stellte er den Seemächten wieder Truppen zur Verfügung, zunächst ein Kontingent von fast 5000 Mann, das er bis zum Ende des Krieges auf 10000 verstärkte und das ihm jährlich 150000 L einbrachte.

Hannover hatte, finanziell gesehen, das Unglück, daß die zukünftige Personalunion mit England und damit die unausweichliche enge Bindung bereits 1701 vertraglich fixiert war. England zahlte dem sicheren Partner wenig, nur den Unterhalt. Für 9374 Mann zahlte es für den »langen Monat« von 6 Wochen 203715 fl, während zum Beispiel Hessen-Kassel für 6000 Mann, die von den Seemächten besoldet und verpflegt wurden, 100000 kr Subsidien erhielt. Nach dem Regierungsantritt Georgs I. (1714) bewilligte das Parlament allerdings Nachzahlungen in Höhe von über 65000 L. Auch die Vermietungen an England zur Zeit Georgs II. während des Österreichischen Erbfolgekrieges waren für Hannover recht einträglich, während Georg III. keine »Electoral consideration« nachgesagt werden konnte. Er dachte bereits zu englisch, um die Hannoveraner zu begünstigen.

Anders als Kursachsen und einige kleinere Territorien, wie Sachsen-Gotha, die freiwillig oder genötigt bereits zu Beginn des Krieges ihre Bindungen an Frankreich aufgaben und zur Großen Allianz der Seemächte mit dem Kaiser überschwenkten, hielten Kurbayern und Kurköln ihre Verträge mit Frankreich aufrecht, wenn auch Max Emanuel von Bayern noch bis Mitte 1602 mit dem Kaiser verhandelte; die österreichischen Angebote erreichten bei weitem nicht die Qualität der französischen und hätten zudem noch von den Seemächten garantiert werden müssen, da dem Kaiser gar nicht die Mittel zur Verfügung standen. Mit Frankreich schloß Max Emanuel ein zehnjähriges Bündnis; in einem Geheimabkommen – die Subsidienverträge liefen in der Regel unter der Geheimhaltungsklausel – wurden ihm für zunächst 10000 dann 15000 Mann 40000 rtl Subsidien monatlich, dazu Einlösung spanischer alter Verbindlichkeiten, ein monatliches Gehalt als Statthalter der Spanischen Niederlande von 15000 rtl und politische Unterstützung zugesichert. Ein Jahr später wurde das Abkommen ergänzt. Für weitere 10000 Mann erhielt der Kurfürst die einmalige Summe von 200000 rtl Werbegeld und 26000 rtl monatlich Subsidien. Max Emanuels Ernte betrug also 792000 rtl jährlich, neben politischen und territorialen Versprechungen, bis die Schlacht von Höchstädt andere Bedingungen setzte.

Sein Bruder Kurfürst Josef Clemens, Erzbischof von Köln, schloß – verbittert durch nicht gehaltene Versprechen des Kaisers und eifersüchtig auf die Standeserhöhung der Welfen in Hannover und der Hohenzollern – ebenfalls mit den französichen Unterhändlern ab: für ein Jahr lang 40000, dann 25000 rtl monatlich stellte er 10000 Mann. Auch für ihn brachte der Krieg im Endeffekt keinen Gewinn, doch hat Ludwig XIV. immerhin noch dafür sorgen können, daß der abschließende Friedensvertrag beiden Wittelsbachern wieder zu ihren alten Rechten als Landesherren verhalf.

Kleinere Territorialherren wurden zumeist billig abgefunden, ihre Regimenter oder gar nur Kompanien waren auch nicht in bester Verfassung. Einzelnen gelang zuweilen ein guter Schnitt, so zum Beispiel Friedrich II. von Sachsen-Gotha. Er hatte sich zunächst auf der Seite und auf Veranlassung des Herzogs Anton Ulrich von Braunschweig-Wolfenbüttel für Frankreich entschieden. Aber genau wie der Wolfenbütteler – der nur aus nicht zu zügelndem Haß auf die hannoversche Verwandtschaft und ihre neu vom Kaiser verliehene Kurwürde die Gegenpartei gewählt hatte und bald dem Zwange der Umstände folgend seine Truppen der Allianz und dem Kaiser zur Verfügung stellte – wechselte auch Friedrich die Front und gab nach dem Abbruch der Beziehungen zu Frankreich seine Truppen 1702 zunächst in die Dienste Preußens, dann 1703

2 600 Mann in die der Seemächte. Dabei ergab sich für ihn folgendes Geschäft: Er besaß bereits eine für sein kleines Land ansehnliche Truppenmacht, erhielt laut Vertrag mit Frankreich von 1701 allein für den Unterhalt von 6 000 Mann – also für den Zustand der bewaffneten Neutralität – 200 000 Livres Werbegeld und monatlich 57 000 Livres Subsidien, nicht gerechnet 12 000 rtl Bestechungsgeld für die Spitzen der Verwaltung und des Militärs. Die Seemächte – wie vorher auch Preußen – zahlten zwar keine Subsidien, aber für die bereits stehende Truppe noch einmal 105 000 kr Werbegeld, übernahmen sie in Sold und Verpflegung und hatten sich auch zur Rekrutierung – also für den Ersatz der Ausfälle – verpflichtet, so daß die Kontingente 1713 zumindest theoretisch unbeschädigt zurückkehrten.

Belegt auch der Spanische Erbfolgekrieg nur als zeit- und situationsgebundener Querschnitt die Subsidienhungrigkeit so gut wie aller deutscher Territorien, so darf er trotzdem nicht als etwas Einmaliges gesehen werden. Noch in der zweiten Hälfte des 18. Jahrhunderts, als sich die deutschen Mittelstaaten bereits betont zurückhielten und den Duodezfürsten das große Soldatengeschäft überließen, zahlte England noch 46 696 576 Pfund und Frankreich 137 226 152 Livres an deutsche Herrscherhäuser.

Das Hoffaktorentum

Eine historische Einordnung des Subsidienwesens ist nicht möglich ohne einen Blick auf das Hoffaktorentum, das ebenso wie der Soldatenhandel als eine abartige Nebenerscheinung des Absolutismus das deutsche Geschichtsbild zu verzerren scheint, nichtsdestoweniger aber zum notwendigen Bestandteil dieser Epoche gehört. Hoffaktorentum bedeutete Privatfinanzierung oder besser – da private und öffentliche Sphäre schwer zu trennen waren – nichtständische und nichtsteuerliche Finanzierung der landesherrlichen Pläne und Bedürfnisse.

Finanzierung aus oder durch Privathand läßt sich in jeder Epoche nachweisen. Mit Beginn des Frühkapitalismus gewann sie gelegentlich eine staats- oder herrschaftstragende Funktion; das bekannte Beispiel dafür ist die pekuniäre Fundierung der Militär- und Kriegspolitik Karls V. durch das Haus Fugger. Das Hoffaktorentum sollte jedoch nicht lediglich als Übersteigerung eines lange geübten Brauches angesehen werden. Dem deutschen absolutistischen Herrscher brachte es die Realisierung oder auch nur die Fiktion der Realisierung des wahren Absolutismus, nämlich die Freiheit vor der ständischen und allgemein behördlichen Kontrolle in allen Finanzierungsfragen.

Hier ist auch die Begründung dafür zu suchen, daß die Hoffaktoren Juden waren. Zweifellos erscheinen die Juden – durch das Verbot Land zu erwerben oder ein Handwerk zu erlernen auf den Broterwerb durch Handel und Geldverleih eingeschränkt – für diese Funktion prädestiniert. Verfügten auch einzelne jüdische Familien über die Mittel und die überterritorialen Verbindungen, um den Ansprüchen zu genügen, die Ausschließlichkeit, mit der der Platz des Hoffaktors durch Juden besetzt wurde – denn es gab natürlich auch christliche Finanzmakler und Banken – setzt eine über alle sachlichen Gründe hinausgehende Besonderheit des Verhältnisses von Landesherr und Hofjude voraus. Im Besitze des Judenregals sah sich der Landesfürst bei aller finanzieller Abhängigkeit von seinem jüdischen Finanzier doch als Herr, da ihm keine Schuldenlast je als Einschränkung seiner Herrschaftsgewalt erscheinen konnte. Der Jude, auch der Hoffaktor, war und blieb ein Fremder im Lande, er stand unter besonderen Schutzbestimmungen: eine Verbindung mit ihm machte den Herrscher nicht gemein mit seinen eigentlichen Untertanen. Außerdem gab die Distanz zwischen den Juden und den Ständen des Landes dem Landesherrn die Gewißheit, daß er bei aller sich zwangsläufig ergebenden Vertrautheit zu seinen Hoffaktoren sich seine eigene Welt bewahren konnte. So merkwürdig es klingen mag, aber von diesem Aspekt her lassen sich Parallelen zum Stehenden Heer ziehen. Jüdisches Hoffaktorentum wie stehende Regimenter vermittelten dem Landesfürsten wie kaum eine andere Institution das Gefühl absolutistischen Selbstverständnisses.

Zweifellos ist es richtig, daß die Hoffaktoren als allezeit bereitwillige Geldgeber einer zum Teil maßlosen Verschwendungssucht die Wege ebneten. Ebenso ist nicht zu leugnen, daß Deutschland in seiner ganzen bunten Fürstenherrlichkeit zu Recht von Heinrich Schnee als »das klassische Land des Hofjudentums« bezeichnet wird. Trotzdem zeugt es von einer Verkennung der Zusammenhänge, wenn das Faktorenwesen – wie gelegentlich geschehen – als eine Art Krebsgeschwür einer sonst organisch gesunden Entwicklung verdammt wird. Schon die Tatsache, daß kein deutsches Land, selbst nicht das sonst so »ordentliche« Preußen – von Österreich ganz zu schweigen – auf sie verzichten konnte, spricht für die Selbstverständlichkeit ihrer Existenz.

Auf militärischem Gebiet sind es – soweit die Vielfalt der Leistungen überhaupt eine Einteilung gestattet – vier Formen der pekuniären Vermittlerdienste, die den Hoffaktor unentbehrlich machten. Als erste, einfachste und bekannteste Form sind die Anleihen zu nennen, die wohl kaum einmal für militärische Zwecke allein in Anspruch genommen wurden, die wirtschaftspolitisch noch zu vertreten waren und den Kreditoren auch noch ein gewisses Maß an Sicherheiten boten. Als Gegenleistung und Pfand erhielten sie oft über Jahre hinaus die Einkünfte aus dem Camerale, also aus dem Kammergut und aus Regalien wie dem Zoll; aber auch Steuern wurden ihnen verpfändet. Die sich daraus ergebenden Überlappungen von Einkünften aus dem Lande und aus privater Hand erhöhten den Wirrwarr im Finanzwesen. Hofguthaben der Faktoren erreichten Millionenhöhe, in Einzelfällen noch weit größere Summen, besonders zum Ende des Jahrhunderts. Nahm Max Emanuel von Bayern bei seinem Hoffinanzier Isaak 1722 nicht mehr als 950 000 fl auf, so lieh der bayrische Kurfürst 80 Jahre später, 1802, bei seinem Hoffaktor 3 Millionen und 1808 noch einmal 4 Millionen fl. Der Kaiser hatte bei seinem Oberhoffaktor Samuel Oppenheimer schon um 1700 rund 7 Millionen fl Schulden. An Zinsen wurden 20 bis 30 % gezahlt; in Preußen waren den Hofjuden seit 1726 nur noch 12 % und seit 1755 allein der übliche Zinssatz erlaubt. Allerdings gingen die jüdischen Gläubiger auch ein hohes Risiko ein, denn bei überzogenen Krediten drohten Staatsbankrotte oder doch recht ungünstige Vergleiche.

Als zweite und deutlicher mit dem Militärwesen verbundene Form finanzieller Hilfe erscheinen die Kredite, die im Zusammenhang mit den Subsidienzahlungen gewährt wurden, wenn sie in der Regel der Truppe auch nur in Bruchzahlen zugute kamen. Bereits für die Bestechungsgelder, die jeden diplomatischen Akt einleiteten und wirksam machten und speziell bei Finanzverträgen, bei denen unter Umständen ein Partner gegen den anderen ausgespielt wurde, ein ausschlaggebendes Gewicht erhielten, mußten als Vorauszahlung beträchtliche Summen zur Verfügung stehen. Da dann die Mietgelder sofort und möglichst in ganzer Höhe erwünscht waren, ihre Auszahlung sich aber zumeist über Jahre erstreckte, darüberhinaus verschleppt oder storniert wurde – auch der vertraglich zugesicherte stete Fluß des Geldes bedurfte zusätzlicher Dotationen –, ermöglichten die Hoffaktoren mit ihren Krediten die kostspielige, aber unerläßliche Zwischenfinanzierung, bei der sie außer den Zinsen noch zusätzliche Provisionen, und beim Währungswechseln oder durch banktechnische Finessen weitere Gewinne erzielen konnten. Nicht zuletzt diesen Transferierungen hat das Haus Rothschild – u. a. auch Hoffinanzier von Hessen-Kassel – seine Stellung auf dem Finanzmarkt zu verdanken.

Ein dritter Weg, am Militär Gewinne zu erzielen, bot sich in den Heereslieferungen. Bereits im Dreißigjährigen Kriege wurden die zwischenstaatlichen Beziehungen der jüdischen entrepreneurs von den Kriegsherrn genutzt, und bis zu den Napoleonischen Kriegen, in denen ein dichtes, alle Staaten überspannendes Handelsnetz einer großen Zahl von Militärfaktoren unglaublich hohe Gewinne verschaffte, ist in dieser Branche wohl in kürzester Zeit am meisten Geld gemacht worden. Es fällt dabei auf, daß sie – außer in Österreich – nicht mit Waffenlieferungen betraut wurden. Ein Land wie das spätere Preußen, das auf ständige Zufuhr von Heeresmaterial angewiesen war und in dem der rein monarchische Verwaltungsmechanismus keine ständischen Einmischungen zuließ, bemühte sich daneben auch um eigene staatliche oder staatlich kontrollierte Lieferungen. In Ausnahmefällen lag der Verpflegungsnachschub auch in der Hand nur eines Faktors, wie 1799 in Bayern, wo allein der Pfälzer Aaron Elias Seligmann für den Proviant sorgte. Allgemein gesehen ist die Zahl unüberschaubar. Einen gewissen Überblick geben die Kontenbücher der Wiener Hoffaktorenfamilie Oppenheimer, die anscheinend fast die gesamte Hofjudenschaft Deutschlands zu ihren Zulieferern zählte.

Die mit der Umorganisierung der Heeresverwaltung verbundene Verstaatlichung der Heeresausrüstung und -versorgung nach den Freiheitskriegen bedeutete das Ende der jüdischen entrepreneurs wie auch des gesamten ausgeprägten Hoffaktorentums. Für die Heeresfinanzierung wurde der staatliche Verwaltungsapparat verantwortlich. Damit zerbrachen jedoch nicht die Beziehungen der deutschen Fürstenhöfe zur jüdischen Hochfinanz. Aus den Faktoren waren Bankiers geworden und auch im 19. Jahrhundert sind noch illustre Namen der jüdischen Geldaristokratie innerhalb der Hofgesellschaft nachzuweisen.

Neben diesen Kreditgeschäften wurden die Hofjuden in einem vierten lukrativen Tätigkeitsbereich zu Finanzmanipulationen angesetzt, speziell als Münzentrepreneure zum Zwecke der »Münzmalversation«, zu dem sie bei ihrer fast monopolartigen Position im Silberhandel außerordentlich geeignet waren. Münzverschlechterungen hat es in vielen Territorien gegeben, nur dienten sie zumeist nicht der Kriegsfinanzierung wie in Preußen, wo die Hofmünzer Ephraim, Itzig und Isaak bei allem persönlichen Gewinn sich damit noch Verdienste um den Staat erwarben, wenn auch nicht gerade direkt um die Bevölkerung.

Bei einem solchen Repertoire ist es zu verstehen, daß die Hoffaktoren keineswegs ein taktvoll übersehenes Hintertreppendasein führten, sondern als sicherlich nicht ganz zugehörige aber doch geachtete Mitglieder der höfischen Gesellschaft auftraten. In einer Zeit, in der sich auch im Rahmen des strengen Ehrenkodex viele Angelegenheiten des Lebens, der Gesellschaft, Verwaltung und Politik mit Geld regeln ließen, unterhielt nicht nur der Landesfürst, sondern auch sein gesamter Hofstaat enge und durchaus offene Beziehungen zum Hofjuden. Trug die Bezeichung »Hofjud« auch keinen hämisch abwertenden Nebenton, so bemühten sich die Betroffenen, die trotz allem doch außenstehende Kreditgeber blieben, auch um formale Anerkennung und Eingliederung. Es gelang ihnen weitgehend, beamtenähnliche und sogar echte Beamtentitel verliehen zu erhalten, ebenso ein Beamtengehalt, das ihnen vor allem als Anerkennung ihrer Position wertvoll war. Soweit sie in der Militär- und Kriegsfinanzierung engagiert waren, finden sich Titel wie Milizfaktor, Kriegsfaktor, Oberhof- und Kriegsfaktor, Intendant und Generalintendant, Kommissar bis hinauf zum Geheimen Kriegsrat. Da sie sich auf ihre Geldgeschäfte beschränkten und sich nicht in die Politik und Verwaltung einmischten, zumindest nicht direkt, ergaben sich kaum Spannungen.

Unter den wenigen Ausnahmen ist eine berühmt und damit bekannt geworden und hat das gesamte Hoffaktorentum in ein nicht gerade verkehrtes, aber doch schiefes Licht gerückt: der »Jud Süß«. Joseph Süß Oppenheimer (1698–1738), Hof- und Kriegsfaktor des Herzogs Karl Alexander von Württemberg, stieg zum Residenten in Frankfurt, zum Geheimen Finanzrat und 1736 zum Kabinettsfiskal in Württemberg auf, war Direktor des Münzwesens, Steuerpächter und als Heereslieferant einer der bedeutendsten Unternehmer südlich des Mains, huldigte einem beispiellos aufwendigen Lebensstil und wurde nach dem Tode des Herzogs nach einem schon in seiner Zeit umstrittenen Prozeß gehängt. Er hatte sich bei allen seinen Maßnahmen im Rahmen seiner landesherrlichen Aufträge bewegt und sah auch die fürstliche Beamtenschaft auf seiner Seite. Gestürzt wurde er von den Ständen, also vom Bürgertum, denn der Adel war als Reichsritterschaft aus der württembergischen Ständevertretung ausgeschieden. Das eigentliche »Verbrechen« Oppenheimers ist in seinem Versuch zu sehen, mit allerdings rigorosen, moralisch anstößigen Mitteln eine Art Finanzabsolutismus einzuführen, durch Ämterhandel und Manipulationen mannigfacher Art Finanzmacht in politische Gewalt umzumünzen und die alteingeführte »Ehrbarkeit« auszuschalten. Der Tod des Landesfürsten – ein Ereignis, das auch in manchem anderen Territorium oft den Ruin oder doch die Entlassung des gerade in Amt und Würden befindlichen Hoffaktors mit sich brachte – beraubte ihn jeden Schutzes, so daß dem zweifellos äußerst fähigen, aber zügellosen Finanzier als württembergischem Beamten einer der spektakulärsten Prozesse der deutschen Geschichte gemacht werden konnte.

Den Hoffaktoren ist selbstverständlich nicht das Prädikat einer zusätzlichen Einnahmequelle zuzusprechen, wenn die Landesfürsten sie auch als solche empfunden und behandelt haben mögen. Im Gegenteil, sie entzogen dem Finanzaufkommen des Territoriums beträchtliche Beträge zu eigenen Gunsten. Ihre Hauptfunktion bestand darin, dem Landesherrn Gelder in einer gewünschten Höhe und zu einem gewünschten Zeitpunkt zu vermitteln, die er auf dem gesetzlichen Wege nicht erhalten konnte, und über deren Verbrauch er keiner Stelle Rechenschaft abzulegen hatte. Zweifellos sind die »barocken« Erscheinungsformen im Deutschland dieser Epoche, speziell auch auf dem militärischen Sektor, erst durch ihre Mitwirkung möglich geworden, aber es wäre falsch, sie als böse Frucht übersteigerter absolutistischer Willkür zu sehen. So überzeugend absolutistisch können die Regime nicht gewesen sein, wenn sie dieser Hilfsmittel bedurften, um sich in ihrem Selbstverständnis zu repräsentieren.

Das Urteil der deutschen Geschichtswissenschaft ist nicht einheitlich. Ältere Darstellungen verschwiegen den Komplex als nebensächlich. Dagegen bewertete die frühe Wirtschaftsgeschichte den Einfluß der Hofjuden sehr hoch. Werner Sombart übertrug, nicht ohne starken Widerspruch zu finden, ihre unbestritten relevante ökonomische und finanzielle Rolle auf politische Zusammenhänge, wenn er schrieb: »Ich erblicke in den Juden namentlich während des 16., 17. und 18. Jahrhunderts die einflußreichsten Heereslieferanten und die leistungsfähigsten Geldgeber der Fürsten und glaube, diesem Umstande eine überragende Bedeutung für den Entwicklungsgang des modernen Staates zumessen zu sollen«. In den zwanziger Jahren klärten einige Arbeiten, auch Dissertationen, Einzelfragen. Nach dem Zweiten Weltkrieg hat allein Heinrich Schnee versucht, in einer großangelegten sachlichen Analyse das Thema wieder zur Diskussion zu stellen, ist jedoch bisher auf kein Echo gestoßen.

4. Reichskriegsverfassung und Reichsheer

a. Die Reichskriegsverfassung

Einordnung in die Geschichte

Im Anschluß an die Wehrverfassung der deutschen Länder muß noch eine Erscheinung dem historischen Geschehen eingeordnet werden, die in merkwürdiger Erstarrung neben der tragenden Entwicklung herlief, deren militärische Bedeutung gelegentlich zu hoch, gelegentlich zu tief, deren Sinn und Ziel aber häufig falsch eingeschätzt wird: das Reichskriegswesen. Es gehört auch zur Geschichte des Absolutismus, man kann sogar behaupten, daß es erst für diese Zeit als historisches Phänomen entdeckt worden ist, entdeckt gewissermaßen als die im wörtlichen Sinne pazifistische – d. h. auf die Sicherung des Landfriedens gerichtete – Antithese des, wie Hintze es bezeichnet, militaristischen Zeitalters.

Die Reichskriegsverfassung war charakterisiert durch verfassungsrechtliche Zustände, die aus dem Mittelalter hinaus in die Neuzeit herüberreichten, und die den modernen Staaten nur sehr unvollkommene Grundlagen für den Aufbau einer modernen Armee hätten liefern können. So stand sie dem absolutistischen Fürsten als das Beispiel vor Augen, das bei der Aufbringung eines eigenen schlagkräftigen Truppenkontingents möglichst zu vermeiden war. Trotzdem hat sie ihren Platz in der Militärgeschichte dieser Zeit. Bevor sie sich selbst ad absurdum führte, sind über sie die Experimente durchgeführt worden, die nach dem Verfall des Lehnswesens im Rahmen der politischen Zustände möglich waren. Alle diese Ideen waren zum Scheitern verurteilt – auch der Gedanke an ein stehendes Reichsheer ist wiederholt aufgegriffen worden –, weil es mehr und mehr ins Gewicht fiel, daß dem Reich im Gegensatz zu den sich stabilisierenden modernen Staatsgebilden die territorial-politische Potenz fehlte. Die Reichskriegsverfassung war gar nicht dazu geschaffen, das Reich als solches zu schützen, denn das Reich war kein territorial- oder machtstaatliches Gebilde und in diesem Sinne gar nicht schützbar. »Das Reich« war eine mittelalterliche Rechtsordnung, für die es keine moderne Parallele gibt. Mit dem Dahinschwinden des Reichsdenkens auch im südwestdeutschen Raum verlor die Reichskriegsverfassung jede praktische Bedeutung. Bis dahin ist ihr jedoch ein recht realer Wert zuzusprechen, der allerdings nur dann richtig einzuschätzen ist, wenn zwei Voraussetzungen berücksichtigt werden:

Erstens sollte sie ausschließlich der Sicherung des auf dem Wormser Reichstag von 1495 verkündeten Landfriedens dienen. Sie war also ihrer ganzen Anlage nach ungeeignet, ein Stehendes Heer als Aggressionsmittel der Politik zu begründen, wie es die armierten Stände ebenso wie der Kaiser für ihre Territorial- und Machtpolitik so dringend wünschten. Sie sollte vielmehr die Reichsstände, ihre Rechte und Territorien gegen Friedensbruch von innen und außen sichern.

Wiederholt wurde versucht, ihre Funktionen umzudeuten, sei es durch den Kaiser, sei es durch einzelne oder mehrere Reichsstände. Nicht zuletzt ihre Unbrauchbarkeit für machtpolitische Zwecke mag viel dazu beigetragen haben, daß in Verbindung mit der Reichskriegsverfassung und in Bezug auf das 16., 17. und 18. Jahrhundert so viel von Verfall und Versagen gesprochen wird.

Aus der mittelalterlichen Tradition heraus wäre eine andere, die – durch den Kaiser verkörperte – Zentralgewalt des Reiches stützende Entwicklung möglich gewesen. Darauf deuten zwei kaiserliche Funktionen hin, die sich aus der Zeit der Reichsreformen und des Universaldenkens eines Karls V. erhalten haben und in der frühen Neuzeit ihr Gewicht behielten. Neben gewissen Repräsentationsrechten – wie dem meist belächelten, zu damaliger Zeit jedoch recht wirksam benutzten Recht der Standeserhöhung – behielt der Kaiser die Wahrung der Rechtsordnung, damit der höchsten Rechtssprechung, und die Wahrung der bereits erwähnten Friedensordnung. Praktisch stellte schon der Ewige Landfriede eine Beschneidung des Widerstandsrechtes dar und der kaiserliche Hofrat in Wien gab als oberste Gerichtsinstanz neben dem ständischen Reichskammergericht dem Kaiser wiederholt die Möglichkeit, das Verhältnis zwischen einem Reichsstand und den Landständen in seinem Sinne zu regeln. Zur Wahrung dieser Funktion hätte ihm das Reichsheer zur Verfügung stehen müssen. Dies aber haben die Reichsfürsten aus wohlbedachten Gründen nicht zugelassen.

Zweitens war das neuzeitliche Reichskriegswesen, soweit es funktionierte, ausschließlich Sache der Reichsstände. Der Kaiser war wohl sehr bemüht, durch institutionelle Regelungen, also durch Einschaltung der ursprünglich zur Reichszentrale hin ausgerichteten Reichskreise in die Kriegsorganisation, eine gewisse Kontrolle auszuüben. Doch erhielten diese Reichskreise überhaupt erst Einfluß, nachdem sie geradezu ein Instrument der Stände geworden waren.

Reichsheer bedeutete also nicht kaiserliches Heer – ein immer wieder aufkommendes Mißverständnis. Es bestand aus Kontingenten der Reichsstände oder später der Reichskreise. Wie weit und in welcher Form die Stände oder Kreise, oder die Stände innerhalb der Kreise, ihren Verpflichtungen zur Kontingentstellung nachkamen, hing von verschiedenen Imponderabilien ab. Ein Reichsheer, das von allen Kreisen zur gleichen Zeit kontingentiert wurde, hat es niemals gegeben. Man spricht daher auch besser von »Reichsvölkern«.

Der Gedanke, dem Reiche angesichts des verfallenen und für eine Kriegführung schon völlig unbrauchbaren Lehnswesens eine der Zeit und ihren Möglichkeiten entsprechende Kriegsordnung und -verfassung zu geben, tauchte in den Stürmen der Hussitenkriege auf, die seit 200 Jahren als die erste wirkliche Bedrohung angesehen werden mußten.

Auf dem Reichstag zu Nürnberg 1422 wurde von den Reichsfürsten vorgeschlagen, den »hundertsten Pfennig« zu erheben und damit ein Söldnerheer anzuwerben, das in der Lage war, einen »täglichen« Krieg zu führen, also für die ganze Dauer des Krieges erhalten blieb. Die Städte lehnten den Vorschlag ab, weil sie nicht zu Unrecht fürchteten, durch eine solche Einkommenssteuer im Verhältnis zu den anderen Reichsständen zu stark belastet zu werden. Wichtig ist der Vorgang deshalb, weil er schon die Idee eines Stehenden Reichsheeres enthält. Man einigte sich schließlich auf eine Matrikel – übrigens die erste erhaltene Reichsmatrikel –, also ein Verzeichnis der Kontingente der einzelnen Reichsstände, die wieder stark feudalistische Züge trug und ebenso ungenügend in die Praxis umgesetzt werden konnte, wie der »Anschlag« von 1426. Die Not des Krieges erzwang 1427 auf dem Reichstag zu Frankfurt den Beschluß zu einer Reichskriegssteuer, dem »Hussengeld«. Es kam jedoch nicht zur Aufstellung eines einheitlichen Söldnerheeres, das den Ständen zu gefährlich erschien; auch gingen die Steuergelder spärlich ein. Der Reichstag von 1431 griff dann wieder auf die alte Matrikel von 1422 zurück, also auf die veralteten feudalen Vorstellungen einer Truppenaufbringung. Das so mühsam zusammengebrachte Heer erlebte dann die vielgenannte Niederlage durch die Hussiten bei Taus, und diese nicht einmal im Kampf, weil die Reichstruppen vorher »selbständig abzogen«. Der Tag von Taus gilt allgemein als das Ende des Lehnskriegswesens (14. August 1431).

In den Auseinandersetzungen um die Reichskriegsverfassung während der Hussitenkriege sind bereits alle die Momente zu finden, die auch die weitere Entwicklung bis zum Ende des Reiches bestimmten: die Matrikeln, die dem Aufgebot zugrunde lagen, die Steuern, aus denen ein Söldnerheer aufgestellt werden sollte, die egozentrische Haltung der Reichsstände, die jeder Vereinheitlichung entgegenstand. Auch die Vorschläge, das Reich in Kreise einzuteilen, die 1427 und 1431 ins Gespräch kamen, stießen auf leidenschaftliche Ablehnung.

Die folgenden Jahrzehnte waren angefüllt mit Versuchen, teils unmittelbaren Gefahren zu begegnen, teils eine allgemeine Regelung einzuführen: 1467 wurde eine Reichsmatrikel auf 20000 Mann beschlossen, 1471 die Auflegung einer Vermögenssteuer, des »gemeinen Pfennigs«, 1474 wiederum ein Reichsanschlag, also eine Matrikel, gegen den Herzog von Burgund, 1486 ein Geldanschlag. Matrikeln sind außerdem erhalten aus den Jahren 1481, 1486, 1487, 1489, 1491, 1492. Neu und für die Zukunft bestimmend bildete sich in diesen Jahren die Gewohnheit heraus, Aufgebote durch Geld, und umgekehrt Steuern durch Truppengestellungen abzulösen. Auch die Regierungszeit Maximilians I. brachte außer der Diskussion um den Gemeinen Pfennig als allgemeine Reichssteuer nur den Gedanken einer allgemeinen Aushebung – 400 Einwohner hatten einen Fußknecht auszurüsten – als Neuerung. Seine Kriege hat dieser Kaiser im wesentlichen mit Söldnern aus eigenen Mitteln, also mit geliehenen Geldern und Steuern geführt.

Erst der Reichstag von Worms 1521 brachte unter Kaiser Karl V. eine grundsätzliche und beständige Ordnung. Die »Wormser Matrikel« ist die erste schriftlich überlieferte Reichskriegsverfassung, die allerdings nur in voneinander abweichenden Abschriften erhalten ist.

Sie setzte das einfache Reichsaufgebot, das »Simplum«, auf rund 4000 Reiter und 20000 Fußknechte fest, deren Gestellung nach einem bestimmten Schlüssel auf die Reichsstände verteilt war. Zur Entlohnung des Kriegsvolkes – monatlich 10, später 12 Gulden für den Reiter, 4 Gulden für den Fußknecht – wurde ein »Anschlag« von rund 128000 Gulden festgesetzt. Die Matrikel war wegen des bevorstehenden Romzuges Karls V. beschlossen worden. Daraus erklärt sich der Ausdruck »Römermonat«, der also den Sold für das Simplum für einen Monat bezeichnet. Das Simplum als die »allzeit neue erste Matrikel« und der Römermonat konnten verdoppelt, verdreifacht – Duplum, Triplum – oder weiter vervielfacht ausgeschrieben werden und behielten bei allen späteren Veränderungen und Einschränkungen ihren Charakter als Rechnungseinheit bis zum Ende des alten Reiches. Der Römermonat wurde dabei zu einem so festen Zahlungsbegriff, daß er für jede Steuerausschreibung in Wehrangelegenheiten verwandt werden konnte.

Mit dem Wormser Reichstag begann auch die Einrichtung einer Kreisordnung und die Übernahme des Reichskriegswesens durch die Kreise. Hervorgegangen waren sie aus den Einigungs- und Landfriedensbündnissen des späten Mittelalters. Das beiderseitige Mißtrauen von Kaiser und Ständen verhinderte jedoch über lange Jahrzehnte ein tatsächlich wirksames Gesetz, das sie zum Träger der Landfriedensexekutive gemacht hätte. Auch Maximilian scheiterte 1512 mit einem solchen Plan und selbst nach dem Wormser Reichstag wurden sie noch nicht ständig, sondern von Fall zu Fall mit militärorganisatorischen Aufgaben betraut, so zur Aufstellung der Türkenhilfe 1530, 1532 und 1542.

Die »Ordnung der zehn Kreise« von 1521 zählte endlich einmal die Kreisstände auf, d. h. alle zu einem Kreis gehörenden Reichsstände. Das Reichsregiment – eine vorübergehend von den Reichsständen erzwungene Institution zur Einschränkung der kaiserlichen Befugnisse – übertrug formal 1522 den Kreisen die Durchführung des Landfriedens und der Reichsgerichtsurteile und forderte im Namen des Kaisers je zwei Fürsten in jedem Kreis auf, einen Kreistag einzuberufen, dem die Wahl der Kreishauptleute zufiel. Mit diesem mehr improvisierten Vorgang wurde ein für die spätere Zeit wichtiges Gewohnheitsrecht geschaffen, das als Kreisausschreibungsamt den größeren Reichsständen ein Übergewicht im Kreise gab. Doch die Anordnungen des Reichsregiments blieben zunächst Fassade.

Erst der Augsburger Reichstag von 1555 brachte neben dem Religionsfrieden als zweites wichtiges Ergebnis eine durchkonstruierte und auch wirksame von den Ständen beschlossene Kreiskriegsordnung, die unter dem Namen Reichsexekutionsordnung in die Geschichte eingegangen ist und bis zur Auflösung des alten Reiches Gültigkeit als Reichsgesetz behielt. Die laufenden Beschwerden über die ungerechte Verteilung der Verpflichtungen für die Türkenhilfe der letzten Jahre hatten eine endgültige Regelung gefordert; den unmittelbaren Anlaß gaben die wüsten Raubzüge des Markgrafen Albrecht Alkibiades, die weitere, ähnliche Vorkommnisse befürchten ließen – kurz, auch diese Ordnung diente der Sicherung des Landfriedens. Nach ihren Bestimmungen wählten die Stände eines Kreises einen ständigen Kreiskriegsoberst, der im Falle von Aufruhr oder Kriegsnot die Kreistruppen aufbieten konnte, jedoch keine Hoheitsrechte gegenüber den Kreisständen besaß. War ein Kreis zu schwach, dem Friedensbruch zu begegnen, konnten bis zu fünf Reichskreise aufgeboten werden, ohne daß der Kaiser darauf einen Einfluß hatte. Genügte auch die Kriegsmacht von fünf Kreisen nicht, dann war auf Gutachten der Kurfürsten ein Reichstag einzuberufen. Damit war die Exekutivgewalt völlig dezentralisiert. Nach einem Beschluß aus dem Jahre 1564 konnte die Möglichkeit der selbständigen Bewaffnung auch ohne vermittelnde Reichsinstanz durch einfache Konföderation auf alle Kreise ausgedehnt werden.

Mit der Augsburger Exekutionsordnung war die formale Entwicklung im Grundsätzlichen abgeschlossen. Die folgenden Jahrzehnte und Jahrhunderte brachten die verschiedensten Modifikationen – darunter auch wiederholt Ansätze zu einer Zentralisierung und Vereinheitlichung unter dem Kaiser –, jedoch keine wirkliche Reform. Im Gegenteil, je mehr das Ansehen der Reichszentralgewalt in Frage gestellt wurde, je stärker sich die Einzelinteressen überschnitten und je weniger die Grenzen der sich dauernd ändernden Territorien mit der alten Kreiseinteilung übereinstimmten, desto unübersichtlicher und unbrauchbarer wurde der Apparat der Reichskriegsverfassung allgemein.

Der Prager Friede von 1635, mit dem das Haus Habsburg noch einmal seinen Machtanspruch als Träger der Kaiserkrone zu verwirklichen suchte, setzte fest, daß ein Heer von 80000 Mann aufgestellt werden sollte. Unklar, und damit politisch variabel, war das Unterstellungsverhältnis geregelt: 50000 Mann unter dem tatsächlichen Befehl des Sohnes des Kaisers, Ferdinands (III.), 30000 unter dem Oberbefehl des Kurfürsten von Sachsen. Diese Bestimmungen stießen auf den verständlichen Widerstand der Reichsstände, besonders der protestantischen, wie ihn, wahrscheinlich von schwedischer Seite angeregt, der Staatsrechtler und Historiograph Chemnitz in seiner »Dissertatio de ratione status in imperio nostro Romano-Germanico« von 1640 ausdrückte, der es als die natürliche Ordnung ansah, wenn die Gesamtheit der Reichsstände im Reichstag über dem Kaiser standen. Inzwischen hatte der Kaiser aber schon 1636 dem Kurfürsten von Bayern ein drittes und dem von Brandenburg ein viertes gleichberechtigtes, tatsächliches Reichs- »Generalkommando« zugestanden. Damit war dem Protest mangels potenter Interessenten der Wind aus den Segeln genommen.

Im Westfälischen Friedenswerk bemühte man sich um eine vermittelnde Lösung, räumt aber jedem der 370 Reichsstände das Recht ein, selbständig Bündnisse zu schließen, Truppen anzuwerben, Festungen anzulegen und Krieg zu erklären. Diese Maßnahmen durften nur nicht gegen das Reich gerichtet sein. Allerdings garantierte es auch in der »redintegratio circulorum« den Fortbestand der Exekutionsordnung von 1555 und bestimmte, daß die Kreisverfassung auf dem nächsten Reichstag beraten werden sollte. Dieser Reichstag von Regensburg 1654 regelte die »Sekurität« des Reiches wiederum mit der Berufung auf die Exekutionsordnung und forderte bei den Kreisen Reformvorschläge an.

Berühmt wurde der § 180 des Reichsabschiedes von 1654 als rechtliche Grundlage für die Wehrhoheit der Länder, der für die Zukunft insofern äußerst wichtig wurde, als die Landesherren hieraus das Recht entwickelten, auch ohne Berücksichtigung des Steuerbewilligungsrechtes der Landstände Truppen aus ihren Untertanen aufzustellen, sei es für einen Feldzug, sei es als stehendes Kontingent im Lande oder zur Vermietung an andere kriegführende Fürsten (s. S. 208).

b. Die Defensionalordnung von 1681

Der Inhalt

Der letzte großzügig angelegte Versuch, die Kriegsverfassung des Reiches zu einem brauchbaren Instrument zu machen, wurde in der Zeit der durch die französischen Reunionen hervorgerufenen Spannungen vom Kaiser versucht. Er inaugurierte ein Reichsgutachten, das nach vielen Kämpfen 1681 die Billigung des Reichstages erhielt und als »Reichsdefensionalordnung« die letzte Reform des Kriegswesens beinhaltete. Sie erhöhte das Simplum auf 40000 Mann und schrieb eine Verteilung nach der Größe der Kreise vor.

Es entfielen auf den

	Zu Pferd		Zu Fuß
Kurrheinischen Kreis	600		2707
Obersächsischen Kreis	1322		2707
Österreichischen Kreis	2522		5507
Burgundischen Kreis	1321		2708
Fränkischen Kreis	980		1902
Bayerischen Kreis	800		1494
Schwäbischen Kreis	1321		2707
Oberrheinischen Kreis	491		2853
Niederrheinisch-Westfälischen Kreis	1321		2708
Niedersächsischen Kreis	1322		2707
	12000	+	28000 = 40000 Mann

Dazu sollten Kreiskassen für den Unterhalt der Truppen, eine Reichskriegskasse für die Entlohnung des Generalstabs (die Generalität und ihre Bediensteten), der Artillerie und des Geniekorps, und im Kriegsfalle eine Reichs-Operations-Kasse zur Verfügung des Generalfeldmarschalls als dem Oberkommandierenden eingerichtet werden.

War in früheren Zeiten das Reichsheer einheitlich nach der Wormser Matrikel aufgeboten worden, so besaß nach 1681 jeder Kreis sein eigenes Korps mit eigener Kreiskasse, Kreisgeneralität, Kreisverfassung und eigener Kreismatrikel.

Eine genaue Beschreibung der durch die Kreisverfassung festgelegten Ämter ist nur mit Vorbehalt möglich, da sich Aufgaben und Einfluß der Ämter im Laufe der Zeit erheblich ändern konnten und außerdem die Entwicklung in den einzelnen Kreisen recht verschieden verlief. Auch die Bedeutung der Amtsinhaber ist nicht eindeutig zu bestimmen, denn die im Westfälischen Frieden festgelegte konfessionelle Parität schrieb zum Beispiel vor, daß in gemischt konfessionellen Kreisen zumindest die wichtigen Ämter doppelt zu besetzen waren. Ob dann der evangelische oder der katholische Amtsträger die führende Rolle spielte, hing von den verschiedensten Umständen ab.

An erster Stelle ist das Kreisausschreibamt zu nennen, dessen Inhaber allein berechtigt war, einen Kreistag einzuberufen und daher jede Tätigkeit initiieren oder blockieren konnte. Die beiden kreisausschreibenden Fürsten – von jeder Konfession einer – gehörten in der Regel zu den mächtigsten Kreisständen und versuchten außerdem, ihr Amt mit anderen wichtigen Funktionen, so der des Kreisobersten zu koppeln. Der Kreistag verkörperte die Legislative; das Abstimmungsverfahren war der Tradition und der Zeit entsprechend recht kompliziert – es gab Abstimmen nach Bänken, Kuriat- und Virilstimmen – und er delegierte einen großen Teil seiner Geschäfte an Deputationen (Ausschüsse), Konvente (verkleinerte Kreistage mit Ausschußcharakter), Direktorien (ausführende Organe) und spezielle Kreisbeamte. Dem Kreistag oblag neben den Beschlüssen von Aktionen die Aufstellung und vor allem Durchsetzung der Kreismatrikel, also die Aufteilung der Lasten auf die einzelnen Kreisstände.

Zwei Amtsbereiche waren ihres besonderen Charakters wegen der Beobachtung der Stände wie auch des Kreistages ausgesetzt, die des Kreisobersten und der Kreisgeneralität. Die Position des Kreisobersten, der ursprünglich die gesamte Militärgewalt verkörperte, war den Ständen so suspekt, daß sie sie möglichst unbesetzt ließen, obgleich seit 1654 eine Vergabe vorgeschrieben war. Mit der Truppenführung hatte der Kreisoberst schon sehr früh nichts mehr zu tun. Er war für die Aufstellung, Ausrüstung und Verpflegung verantwortlich, war – wie Jähns es ausdrückt – eine Art Kriegsminister und stand über der Kreisgeneralität. Die Kreisgeneralität blieb ausführendes Organ des Kreistages, selbst im Schwäbischen Kreis, wo für Ludwig Wilhelm von Baden das zentrale Amt des Kreisgeneralfeldmarschalls 1696 entstand, in das nach 1707 immer der württembergische Herzog hineingewählt wurde.

Praktische Auswirkungen

Betrachtet man den Apparat der Reichskriegsverfassung von der formalen Seite, so scheint alles wohlgeregelt und -geordnet zu sein, wenn auch die Bestimmungen oft mehrere Deutungen zuließen. Es gehört zu den Charakteristiken der Zeit und auch der von ihr getragenen Reichskriegsverfassung, daß die Zuständigkeiten und Kompetenzen, die Rechte und Pflichten oder einzelnen Gewalten in der Regel nicht eindeutig abgegrenzt waren und daß der politischen Initiative, der Macht, dem Verhandlungsgeschick und der Auslegung der Rechtsinstitute relativ viel Spielraum blieb.

Zum Beispiel gingen die Meinungen darüber auseinander, ob die Defensionalverfassung ein Stehendes Heer vorsah oder nur die Truppenstellung für den bevorstehenden Reichskrieg regeln sollte. Ebenso machten sich die Spannungen zwischen dem Kaiser als dem traditionellen Reichskriegsherrn, den Kreisen mit ihren Obersten als den theoretischen Trägern der Kriegsmacht und den Reichsständen, die Truppen stellten und Sold zahlten, in deren Hände aber auch die eigentliche Macht lag, deutlich bemerkbar. Über den Kompetenzwirrwarr hinaus sind eine ganze Reihe auch nach damaligen Maßstäben unbestreitbarer Mängel nicht zu leugnen.

Bedenkt man, daß zum Beispiel das Simplum des Schwäbischen Kreises von 93 verschiedenen Ständen gestellt wurde (4 geistliche, 13 weltliche Fürsten, 19 Prälaten, 26 Grafen und Herren, 31 Reichsstädte), daß viele dieser Stände mehreren Kreisen Truppen zu liefern hatten und innerhalb eines Kreises zu verschiedenen Regimentern, je nach der Streulage ihres Besitzes, daß weiterhin jedes ständische Kontingent möglichst seine eigene Kriegskanzlei, Verwaltung, Ausrüstung, Versorgung und sogar seine eigenen Kriegsartikel hatte, dann wird deutlich, daß eine wenn nicht einheitliche, so doch überschaubere Administration und eine geregelte taktische Führung des Reichsheeres kaum zu erreichende Ziele waren.

Die Auswahl der Mannschaften, Unter- und Oberoffiziere lag völlig in den Händen der Stände und geschah unter den verschiedensten Prinzipien. Haustruppen – also bereits stehende, einheitlich uniformierte und ausgebildete Kontingente – wurden ungern – und meistens nur unter bestimmten Auflagen – abgegeben. Der Hauptteil der Soldaten wurde durch Werbung zusammengebracht, wobei unter dem Wort Werbung die vielfältigsten Methoden von der freiwilligen Übereinkunft bis zum Aufgreifen von Landstreichern von der Straße und von Bauern vom Felde zu verstehen sind. Schwaben und Franken griffen auch den Gedanken des Volksaufgebotes auf und losten die Pflichtigen aus; Wohlhabende konnten sich allerdings freikaufen. Allgemein gesehen sammelte sich im Reichsheer alles, was »sonst, dem Lande zur Last, noch länger den Bettelstab geführt hätte«.

Die »Ämter« – also etwa Sergeant, Feldscher, Fourier – und die Offizierchargen waren, da sie mit bestimmten und in den höheren Chargen beträchtlichen Einnahmen verbunden waren, streng auf die einzelnen Stände verteilt. So stellte zum Beispiel für eine Kompanie eine Stadt den Kapitän, ein Kloster den ersten Leutnant, eine andere Stadt den zweiten Leutnant, ein nächster Reichsstand den Quartiermeister und so fort. Zumeist wurden diese Funktionen nach Gunst und Laune vergeben, so daß auch die Gruppe der Funktionsträger keinen festen Kern des so lokker zusammengesetzten Konglomerats eines Reichsheeres bilden konnte.

Unzulänglichkeiten in der Ausrüstung, Bewaffnung und Soldzahlung, Spannungen und Rüpeleien zwischen den ständischen Kontingenten innerhalb des Regiments oder gar der Kompanie, unübersehbare Rangstreitigkeiten zwischen den Offizieren vervollständigen als Randerscheinungen das Bild.

Der außerordentlich starke Kontrast zwischen der »Reichsarmee«, die dann im Siebenjährigen Kriege und mehr noch in den Koalitionskriegen gegen Napoleon den Spott der gesamten Welt auf sich zog, und den einheitlich gegliederten und streng disziplinierten Heeren und Heereskontingenten der »armierten« Stände ist für das Militär offenkundig und erklärbar, hat jedoch das Urteil der Nachwelt einseitig verschoben. Für den Historiker handelt es sich hier um nicht vergleichbare Institutionen.

c. Die Reichsstände und die Reichskreise

Eine Beurteilung der Reichskriegsverfassung und der Defensionalordnung wie auch ihrer Umsetzung in die Praxis – des Reichsheeres – führt völlig in die Irre, wenn sie unter dem Gesichtspunkt abgegeben wird, es handele sich um die Wehrform eines verfallenden politischen Gebildes. In Wirklichkeit war das Reichskriegswesen des 17. und 18. Jahrhunderts zwar eine aus dem Mittelalter übernommene Einrichtung des Reiches, es wurde aber von den Reichsständen nur zu neuem Leben erweckt, weil es bei einer möglichen gemeinschaftlichen Kriegspolitik von Nutzen sein konnte. Um freie Hand zu behalten, mußten sie immer bemüht bleiben, ihre Verpflichtungen einzuschränken oder doch wenigstens zum eigenen Vorteil zu nutzen. So waren die Kreise zum Beispiel an den Reichstagsbeschluß von 1681 – Simplum 40000 Mann – gebunden, die Reichsstände innerhalb der Kreise hielten sich dagegen nach wie vor an die Wormser Matrikel mit ihren weit niedrigeren Sätzen. Da sich der Gebietsumfang der Stände – sei es durch Erbfall, Verkauf oder Verpfändung – immer wieder verschob, während die Kreisgrenzen unverändert blieben, und da die häufigen – wenn auch gelegentlich unverschuldeten – finanziellen Krisen es dem einen oder anderen Reichsstand unmöglich zu machen schienen, sein schuldiges Kontingent aufzustellen und auszurüsten, boten sich viele Gründe, den Verpflichtungen auszuweichen. Im 18. Jahrhundert wurde schon allgemein die rechtsverbindliche Reichsmatrikel nur als »Idealfuß« anerkannt, der ein nicht zu erreichendes Optimum festsetzte. Die Truppengestellung dagegen richtete sich nach dem »Usualfuß«, der, von den Ständen selbst festgesetzt, ebenfalls nur eine Norm bildete, die oft genug nicht erreicht wurde.

Auch der zunächst feststehende Betrag der Römermonate – also der Kriegssteuer zur Unterhaltung der Reichstruppen – wurde im Laufe der Zeit auf Antrag »moderiert«, das heißt verkleinert. Als eine weitere Schwächung der Matrikelabgaben wirkten sich die »Exemptionen« aus, die den Ständen zugesprochen wurden, die ihre Reichszugehörigkeit oder -unmittelbarkeit verloren. Insgesamt gesehen hatte sich die Summe eines Römermonats – ursprünglich 128 000 Gulden – bis auf 50 000 Gulden zum Ende des 18. Jahrhunderts verringert.

Formal konnten die Reichsstände nur über den Reichstag auf die Kriegsverfassung und ihre Durchführung einwirken. Einschneidend war allerdings ihr praktischer Einfluß, der auf vielen mittel- und unmittelbaren Wegen die Verhältnisse bestimmte. Ihr Einfluß auf die Zusammensetzung des Reichskriegsrates, der aus sechs katholischen und sechs evangelischen Räten und je einem Direktor bestand, weiter auf die Reichs- und Kreisgeneralität, die ebenfalls in möglichst allen Rängen mindestens doppelt, also mit je einem katholischen und evangelischen General besetzt wurde, machte sich natürlich in der Aufstellung oder Dislozierung, wie auch in der gesamten Kriegführung stark bemerkbar.

Aber auch verfassungsrechtlich gab das Zusammenspiel zwischen Ständen und Kreisen Hilfen. Den Reichskreisen stand zum Beispiel nach der Defensionalordnung von 1681 das ius armorum zu – die Wehrhoheit – und sie galten in der Vorstellung der Zeit als echte Kriegsherren, konnten Truppen aufstellen und kriegerische Aktionen unternehmen, allerdings immer unter dem Vorbehalt der Friedenssicherung oder Wiederherstellung gebrochenen Rechts. Nach der Augsburger Exekutionsordnung konnten sich bis zu fünf Kreise zur Sicherung des Landfriedens zusammenschließen, aber ein eigentliches Recht, Bündnisse zu schließen, besaßen sie nicht. Dagegen war den Reichsständen das Bündnisrecht im Westfälischen Frieden ausdrücklich zugestanden worden, während ihre Wehrhoheit ein Streitpunkt blieb. Nun haben bestimmte Kreise seit dem ausgehenden 17. Jahrhundert mit ihren Assoziationen eine recht intensive Bündnispolitik betrieben, die nur mittels des engen Zusammenspiels zwischen Kreisen und Ständen möglich erscheint. Tatsächlich aber handelt es sich hier keineswegs um eine echte Partnerschaft, denn die militärische Macht wie auch die politische Initiative lagen so einseitig in den Händen der Reichsstände, daß die Kreisverfassung und ihre Institutionen lediglich als Mittel der reichsständischen Militärpolitik angesehen werden dürfen. Unter diesem Aspekt verschieben sich dann jedoch die Kriterien für die Beurteilung und Einordnung des Reichskriegswesens grundlegend. Es erscheint nicht mehr angemessen, von der Blüte und dem Verfall der Reichskriegsverfassung, der Bewährung oder dem Versagen der Reichsarmee zu sprechen, sondern nur von dem Maß ihrer Benutzbarkeit durch die verschiedenen Reichsfürsten zu verschiedenen Zeiten.

Die Reichskriegsverfassung ist daher nicht als Mittel oder Ausdruck der Zentralisierung aufzufassen, sie hatte im Gegenteil eine ausgesprochen antikaiserliche Tendenz. Ein Erstarken des Kaisertums, etwa unter Karl V. oder noch prägnanter unter Ferdinand II. mit dem Prager Frieden 1635, zog automatisch ein Überspielen oder Außerkraftsetzen einzelner Teile der Verfassung nach sich. Schwächemomente der kaiserlichen Gewalt dagegen schlugen sich leicht in gesetzlich fixierten Zugeständnissen an die Reichsstände und damit in einer Verfestigung der Verfassung nieder, so in der Exekutionsordnung von 1555 und auch in der Defensionsordnung von 1681. Dabei fand – um nicht mißverstanden zu werden – das Gutachten von 1681 auch die Zustimmung des Kaisers, jedoch weniger in seiner Eigenschaft als Reichsoberhaupt denn als mächtigster Reichsstand.

Zustande kam die Reichsdefensionalordnung, weil dieses Abkommen den Wünschen aller Reichsstände Rechnung zu tragen schien. Die großen, armierten Stände sahen folgende Vorteile: erstens gewährten die ihnen zufallenden Kreisämter – Kreisausschreibamt, Kreisoberst – zusätzlichen Einfluß und Prestigegewinn; zweitens kassierten sie auf legalem Wege Ablösungssummen von den nichtarmierten Ständen ihrer Kreise, die sich auf diese Weise von ihrer Stellungspflicht loskauften; drittens endlich fanden sie einen nicht gerade korrekten, aber alle Seiten befriedigenden Weg, im Falle eines Reichskrieges ihre stehenden Regimenter mit Gewinn ins Spiel zu bringen. Das Verhalten der einzelnen Reichsfürsten beweist dabei, daß für sie die Reichskriegsverfassung nur als gerade vorhandener Verfahrensmodus benutzt wurde, der jederzeit durch einen anderen hätte ersetzt werden können. Die Verfassung war auch gar nicht fähig, die stehenden Verbände der Territorialstaaten sinnvoll einzusetzen, denn sie hätte, exakt durchgeführt, die vorhandene Militärkapazität nicht gesammelt, sondern zersplittert.

So war es den armierten Reichsständen nicht zuzumuten, ihre wertvollen stehenden Formationen matrikelgerecht auf die Kreise aufzuteilen – die brandenburgischen Hohenzollern zum Beispiel stellten Truppen für vier Kreise – und damit sorgsam aufgestellte Verbände zu zerstören. In der Praxis vollzog sich die Truppenstellung auch nicht über die Kreise, sondern direkt. Reichskriege wurden wohl vom Reichstag beschlossen; da aber der Kaiser auf diese Beschlüsse wesentlichen Einfluß zu nehmen wußte, wurden sie, formal zum Schutze aller oder einzelner Reichsstände, praktisch immer im Interesse Österreichs geführt. Der Kaiser wurde dadurch jedoch weniger zum obersten Kriegsherrn als zum Vertragspartner der übrigen Territorialfürsten, die ihm ein Mehrfaches ihres Matrikelsolls in regulären Soldregimentern zuführten – allerdings gegen Subsidien. Selbstverständlich teilte der Kaiser diese Truppen der kaiserlichen Armee zu – er bezahlte sie ja schließlich. Unter diesen Voraussetzungen wäre es verantwortungslos gewesen, aus den bunt zusammengewürfelten »Reichsvölkern« der restlichen Reichskreise, die für den regulären Krieg nur eine Belastung bedeuteten und in der Regel für Milizaufgaben verwandt wurde, eine eigene Reichsarmee zu bilden.

Wesentlich andere Erwartungen als die großen knüpften die mittleren und kleinen Reichsstände der vorderen – d. h. westlichen – Reichskreise an die Möglichkeiten der Defensionalordnung. Speziell die Stände des Schwäbischen und Fränkischen Kreises verfolgten mit der Kreispolitik eine Tendenz, die sich bereits im ersten Rheinbund unter Anlehnung an Frankreich äußerte und sich um die Wende zum 18. Jahrhundert unter Anlehnung an den Kaiser endlich greifbare Ergebnisse versprach.

Wirken und Bedeutung der Reichskreise und der Reichskriegsverfassung ist aus der Beschreibung der Rechte, Pflichten und Mängel der einzelnen Institutionen und ihrer Kompetenzen nicht zu ersehen. Es muß daher hier ein – wenn auch nur summarischer – Überblick über den historischen Ablauf gegeben werden.

Reichspolitik der vorderen Reichskreise

Bis weit ins 18.Jahrhundert hinein hieß allein der badisch-schwäbisch-fränkische Raum »das Reich«, denn hier allein wurde noch Reichsgewalt praktiziert. Der Begriff der dritten Partei, des »dritten Deutschland«, fand hier nicht seine erste oder letzte, wohl aber seine eindrucksvollste Interpretierung. Im Grunde geschah nichts weiter, als daß die Reichsstände die Institutionen des Reiches, insbesondere die Reichskreise, als existent nahmen, weil sie auf sie angewiesen waren. Die traditionsschwangere, jede Rangnuancierung berücksichtigende Verhandlungsetikette kam dem auf Prestige bedachten Residenzgeist durchaus entgegen. Vor allem aber das Bewußtsein, mit Hilfe des Kreises im echten Sinne bündnisfähig zu werden, sowohl für andere Kreise als auch für die großen Territorialfürsten und ihre Allianzen als Vertragspartner auftreten zu können, vermittelte diesem »kleineren« Deutschland ein, wenn auch langsam verlöschendes, Gefühl lebendiger Reichswirklichkeit. Das kaiserlich-habsburgische Österreich offenbarte sich in einer solchen Situation als die vielleicht nicht immer zuverlässige, aber doch von anscheinend gleichen Interessen geleitete sammelnde Kraft, als der, wenn auch außerhalb liegende, natürliche Mittelpunkt. Dies aus zwei Gründen: erstens war dem Kaiser die Partnerschaft der ungefährlichen, weil nur auf Sicherung und Verteidigung des Bestehenden bedachten, vorderen Reichskreise als Gegengewicht gegen die großen Reichsstände gerade recht; zweitens bildeten sie eine wohl recht unbewegliche aber als Hilfsmittel geeignete Verteidigungsfront gegen Frankreich, so daß der türkische Kriegsschauplatz nicht vernachlässigt werden mußte.

Von der großen Politik her gesehen, stellt sich dieses Kapitel der Reichsgeschichte als die Zeit der Assoziationen dar. Da den Kreisen im Gegensatz zu den Reichsständen wohl die Wehrhoheit, nicht aber das Bündnisrecht zustand, beriefen sie sich auf die Augsburger Exekutionsordnung, die im Falle der unmittelbaren Bedrohung des Landfriedens den selbständigen Zusammenschluß bis zu fünf Kreisen ermöglichte. Nun konnten die Assoziationen natürlich aus einer Notsituation heraus entstanden sein, waren aber ihrem Wesen nach auf den Friedenszustand eingerichtet, d. h. auf die Dauer, und weckten daher leicht den gelegentlichen Widerspruch der großen, armierten Stände, insbesondere auch des Kaisers, was allerdings nicht zu konkreten Komplikationen führte.

Der Rheinbund

Unter den vielen Fürstenbündnissen, die zur Sicherung des Westfälischen Friedens und des Gleichgewichts zunächst gegen habsburgische dann auch gegen bourbonische Vormachtsbestrebungen geschlossen wurden, ist der Rheinbund von 1658 der bedeutendste.

Seine Anfänge sind in der Rheinischen Allianz zu sehen, zu der sich nach früheren Assoziationsbemühungen mit dem Oberrheinischen Kreis die Mitglieder des Kurrheinischen Kreises Trier, Köln, Pfalz-Neuburg, dann das niederrheinisch-westfälische Münster 1654 zusammenfanden. Ein Jahr später trat auch Johann Philipp von Schönborn, Kurfürst von Mainz, der Einigung bei. Diese rheinische Fürstenvereinigung wollte verhindern, daß Österreich mit militärischen Mitteln in den spanisch-französischen Krieg eingriff, wobei die Rheinlande leicht hätten zum Kriegsschauplatz werden können. Sie hatte also ausgesprochen defensiven Charakter. Auch im Norden hatten sich zur Erhaltung des status quo die welfischen Herzöge von Wolfenbüttel, Celle und Calenberg auf eine einheitliche Militärorganisation geeinigt und darüber hinaus mit Hessen-Kassel und dem Landesherrn von Bremen und Verden – Schweden – 1652 die Hildesheimer Allianz geschlossen, die vor allem die eben genannten Bistümer vor dem brandenburgischen Zugriff schützen sollte.

Nach längeren Verhandlungen in Frankfurt erreichte Johann Philipp von Schönborn 1658 den Zusammenschluß beider Allianzen zu der Rheinischen Allianz, die unter dem Namen »Rheinbund« bekannt geworden ist. Der Beitritt Frankreichs als Garantiemacht des Westfälischen Friedens wurde dankbar begrüßt. Auch für Brandenburg war der Anschluß an die offensichtliche Front gegen Habsburg verlockend. Sein Gegensatz zu Schweden im schwedisch-polnischen Krieg ließ es erst 1665 zum Eintritt kommen, als der Bund kaum noch Bedeutung hatte.

Die Mitglieder des Bundes sagten sich gegenseitig Hilfe zur Aufrechterhaltung des Westfälischen Friedens zu; dies galt auch für Schweden und Frankreich. Um den Auszug von Truppen aus dem Reich gegen Frankreich zu verhindern, sollte ein Kontingents-Bundesheer von 10 000 Mann aufgestellt werden, auf Frankreich fielen 2 400 Mann. Der Kriegsapparat dieses Militärbündnisses trat zweimal, jedoch in ganz anderer Weise als zu vermuten ist, in Erscheinung. Zur Unterstützung der kaiserlichen Armee nahmen Rheinbundtruppen zusammen mit einem Reichskontingent und einer kleinen französischen Armee am Türkenkrieg von 1663/64 teil. Zur selben Zeit, 1664, vollstreckte Johann Philipp an Erfurt die Reichsacht, die 1660 auf sein Betreiben ausgesprochen worden war. Mit Rheinbundtruppen und einem französischen Kontingent von 6 000 Mann zwang er die Stadt zur Übergabe und Huldigung, gewährte ihr aber Religionsfreiheit.

Die Politik des Bundes ist verständlich, wenn beachtet wird, daß die damalige Polarität nicht Reich/feindliches Ausland hieß, sondern Habsburg/Bourbon, und daß Bourbon als die schwächere Partei galt, denn Frankreich hatte seine ruhmvollen Feldzüge noch vor sich. Wollte ein Bund mittlerer Reichsstände, der sich das Ziel gesetzt hatte, den Frieden zu erhalten und sich nicht in die internationalen Verwicklungen hineinziehen zu lassen, der aber zugleich wußte, daß er für sich allein zu schwach war, um als ausgleichende dritte Kraft zu wirken, politisch eine Rolle spielen, dann mußte er sich logischerweise mit dem schwächeren der beiden Kontrahenten verbünden. Es klingt nur paradox, daß ein Bündnis gegen den Kaiser die Interessen des Reiches vertrat. In den Devolutionskrieg konnte Ludwig XIV. übrigens nur noch einzelne rheinische Fürsten hineinziehen, der Rheinbund löste sich auf.

In der Anlehnung des Rheinbundes an Frankreich sieht die ältere Fachliteratur wenn nicht gar Reichsfeindschaft, so doch ein Zeichen für Auflösungstendenzen des Reiches. Wenn Johann Philipp von Schönborn – der als Kopf der Allianz gilt – noch von Braubach unter Zubilligung patriotischer Motive vorgeworfen wird, er habe die Machtverhältnisse falsch eingeschätzt, so daß »der Bund zu einem Instrument der auf die eigene Leitung der Dinge im Reich zielenden französischen Politik wurde«, so stellt Oestreich dagegen fest: »Die schwierige Aufgabe, nicht zum Anhängsel der französischen Politik zu werden, wurde von dem Mainzer gemeistert«.

Bald änderte sich die Situation grundlegend. Frankreich erwies sich mehr und mehr als der große Friedensstörer, gegen den sich die verschiedensten europäischen Allianzen zusammenfanden, wenn die militärischen Interessengemeinschaften auch nie lange Bestand hatten. Österreich verteidigte seine Gebiete im Westen nur noch mit halbem Herzen, der Türkenkrieg versprach größeren und sicheren Gewinn. Die übrigen größeren Territorialstaaten trieben ihre dynastische Interessenpolitik in ständig wechselnden Koalitionen mit den beiden konkurrierenden Großmächten. Diese Situation gab den Rahmen für eine in ihrem anachronistischen Realismus geradezu imponierende Reichserneuerung im deutschen Südwesten.

Verursacht durch den französischen Druck, den auch der Friede von Nimwegen nicht zu beseitigen vermochte, hatten sich 1679 die kleinen Reichsstände der Wetterau, des Westerwaldes und der Eifel zu einer Defensivallianz zusammengefunden, der sich auch der armierte Stand Hessen-Kassel, der Fränkische und der Oberrheinische Kreis und die sächsischen Ernestiner anschlossen. Selbst der Kaiser trat 1682 dem Verteidigungsbündnis bei, das den Namen »Laxenburger Allianz« erhielt. Sie war auf drei Jahre befristet und sollte die Zeit bis zum Abschluß der Reichskriegsreform von 1681 überbrücken.

Das Ganze war großzügig projektiert. Es sollten drei Armeen aufgestellt werden: die erste durch den Kaiser, Kurbayern und den Bayerischen Kreis, die zweite in Mitteldeutschland im Raum der ursprünglichen Allianz von 1679, die dritte im Norden durch Kursachsen und Hannover. Dem Kaiser wurde das Direktorium übertragen gegen die Zusicherung, daß die Vertragspartner keine Winterquartiere zu stellen brauchten und die Frage der Durchmärsche klar geregelt werden würde. Allein, noch waren weder Bayern und sein Kreis, noch die nördlichen Territorialstaaten gewonnen. Dänemark als Reichsstand, Brandenburg und Münster schlossen sogar ein Abkommen, um sich gegen Schwierigkeiten bei einem möglichen Krieg gegen Frankreich zu sichern. Der Schwäbische Kreis schleppte die Verhandlungen hin, um sich als Grenzgebiet nicht in einem antifranzösischen Bündnis bloßzustellen. Auch dem Kaiser lag nichts an einer zu starken Ausweitung der Allianz, die sich seiner Kontrolle entziehen konnte. Außerdem benötigte er Winterquartiere. Mit dem 1683 beginnenden Türkenkrieg und vor allem mit dem im Jahr darauf mit Frankreich geschlossenen zwanzigjährigen Waffenstillstand erlahmten seine Bemühungen um eine Festigung des Bündnisses.

In der Nachfolge der 1685 auslaufenden Laxenburger Allianz wollte die Augsburger Allianz von 1686 zwischen Kurbayern, dem Bayerischen Kreis, dem Fränkischen Kreis, den Ernestinern und den östlich des Reichs befindlichen Ständen des Oberrheinischen Kreises wiederum ein Allianzheer von rund 40 000 Mann aufstellen. Aber auch diese Pläne gerieten über den Ereignissen des Türkenkrieges in Vergessenheit, bis der französische Angriff 1688 die Versäumnisse offensichtlich werden ließ. Auf die Hilferufe trafen kaiserliche und kursächsische Truppen relativ schnell ein und drückten die Franzosen über den Rhein zurück. Aber wie sich herausstellte, waren mehr die lockenden Winterquartiere als die Bündnispflicht der Anlaß ihrer Eile. Der hauptsächlich betroffene Fränkische Kreis löste sich aus der neuen Belastung, indem er fünf Regimenter – zwei Würzburger, drei der übrigen Kreisstände – samt 135 Römermonaten dem Kaiser überließ und dafür die Befreiung von Einquartierung und

Durchmärschen einhandelte. Da sich der Kaiser trotzdem schadlos hielt, lösten sich der Schwäbische und der Fränkische Kreis aus diesen Verpflichtungen, schlossen eine Assoziation und stellten 1691 insgesamt 16 Regimenter (19000 Mann) auf.

Der Fränkische Kreis mietete, um sein Soll von 9000 Mann zu erfüllen, zwei reguläre Soldregimenter des – fränkischen! – Stiftes Würzburg gegen 75000 fl Subsidien und Stellung der Winterquartiere. Als ein Jahr später die Armatur auf 12000 Mann erhöht wurde, nahm er zusätzlich vier Regimenter von Sachsen-Gotha und -Altenburg gegen Besoldung und Verpflegung, da sie als Kreiskontingent zählten. Die Übernahme galt bis zum Rastatter Frieden. Die Bedingungen waren inzwischen mehrfach geändert, die Subsidien erheblich erhöht, die Behandlung der Truppen ließ dafür zu wünschen übrig, die Rücknahme vollzog sich unter rechtlichen Komplikationen – alles Vorkommnisse, die als zeitgemäß nicht überzubewerten sind. Der Vorgang als solcher belegt jedoch die durchaus ernstzunehmende militärische Kapazität eines Kreises kleiner Reichsstände um die Jahrhundertwende.

Wollten die beiden Kreise während des Pfälzischen Erbfolgekrieges einen neuerlichen französischen Einbruch verhindern, waren sie trotz der beträchtlichen eigenen Armatur auf kaiserliche Regimenter angewiesen. Daher bemühten sie sich – als formale Anerkennung der Oberhoheit des Kaisers – um kaiserliche Generale als Inhaber der entscheidenden Kommandos. Es gelang ihnen 1692, in dem kaiserlichen Generalleutnant Markgraf Ludwig Wilhelm von Baden einen Befehlshaber zu finden, der ihren eigenen Interessen entsprach und auch dem Kaiser genehm war.

Ludwig Wilhelm von Baden-Baden, 1655 in Paris geboren, war durch seine savoyische Mutter Vetter des Prinzen Eugen und des »Blauen Kurfürsten« Max Emanuel von Bayern. Mit 19 Jahren erhielt er ein Regiment, nahm am Türkenfeldzug 1683 bereits als Feldmarschalleutnant teil und wurde nach dem Entsatz von Wien General der Kavallerie. Während der Belagerung Ofens 1685 zeichnete er sich aus, ebenso auf dem Feldzug 1688 gegen Belgrad unter Max Emanuel. Zu Beginn des Pfälzischen Erbfolgekrieges erhielten Karl von Lothringen und Max Emanuel die militärische Leitung am Rhein, Ludwig Wilhelm endlich den Oberbefehl in Ungarn über allerdings sehr reduzierte Truppen. Daher konnte er sich trotz kleinerer Erfolge nicht gegen die Türken halten, bis ihm 1691 bei Szlankamen ein entscheidender Sieg gelang, der mit der Ernennung zum Generalleutnant belohnt wurde, dem höchsten militärischen Rang der kaiserlichen Armee (der Titel General war dem Kaiser vorbehalten). Auf Bitten der schwäbisch-fränkischen Kreisassoziation erhielt der »Türkenlouis«, wie er allgemein genannt wurde, 1692 den Oberbefehl über die kaiserlichen und Reichs-Truppen im Westen, den er ein Jahr später antrat. Wieder wurde sein Operationsgebiet von Wien als Nebenkriegsschauplatz behandelt, so daß er sich auf die reine Defensive beschränken mußte. Enttäuscht von der Haltung des Kaisers zog er sich nach dem Frieden von Rijswijk mehr und mehr zurück und beschränkte sich auf die Regierung seiner kleinen Markgrafschaft, die er 1678 von seinem Großvater übernommen hatte. Seine Kandidatur für den polnischen Königsthron wurde vom Kaiser nicht gefördert. Trotzdem übernahm er im Spanischen Erbfolgekrieg wieder das Oberkommando im Reich. Seine Parteinahme für Max Emanuel, den er – um die Position des mächtigen Habsburgs zu schwächen – noch vor der Schlacht bei Höchstädt auf die eigene Seite zu ziehen hoffte, kostete ihn die langjährige Freundschaft des Prinzen Eugen und brachte ihm das Mißtrauen des Kaisers ein, der ihm noch den Rang des »katholischen Reichsgeneralfeldmarschalls« verlieh, sein Kommando aber ausschließlich auf den Oberrhein beschränkte. Er starb, verbittert und ein seit Jahren schwerkranker Mann, 1707.

Nicht zu bezweifeln sind sein organisatorisches Geschick, seine große taktische Begabung – er hat keine Schlacht verloren – und seine Beliebtheit bei den Soldaten. Hemmend wirkten sich aus seine Starrköpfigkeit, sein geradezu krankhafter Ehrgeiz, gepaart mit Überempfindlichkeit und sein Hang zur Konspiration, dieser insbesondere in der Verbindung zu seinem Onkel Hermann von Baden, dem Präsidenten des Hofkriegsrates. Ludwig Wilhelm hat es nie verwinden können, daß seine politisch zu verstehende Aversion gegen Frankreich in Wien nicht den gewünschten Widerhall fand und daß er trotz seiner militärischen Karriere als Markgraf bei Hofe, wie auch im Felde niemals eine allein führende Position einnehmen konnte.

Unter dem Türkenlouis, der sein Amt im Sommer 1693 antrat, erreichte das Kriegswesen beider Kreise eine bis dahin und auch später nie wieder erreichte Effektivität, die sie befähigte, die Deckung der Rheingrenze tatsächlich zu übernehmen. Es ist wahrscheinlich, daß der Markgraf über die militärische Stärkung hinaus zusammen mit dem württembergischen Rat Johann Georg von Kulpis politische Ziele zu verwirklichen suchte, die auch in der Richtung auf ein »drittes Deutschland« hin lagen, eine Tendenz, die im allgemeinen mit dem Namen des Kurerzkanzlers und Erzbischofs von Mainz, Lothar Franz von Schönborn, verbunden wird. Auf Anregung des Türkenlouis wurden nicht nur die Einführung des miles perpetuus neu diskutiert, sondern im Herbst 1696 auch der Beitritt der beiden assoziierten Kreise zur Großen Allianz (zwischen Holland, Österreich – also dem Kaiser –, England, Spanien und Savoyen) vollzogen.

Seit 1695 liefen auch Verhandlungen mit dem Ziel, die Assoziation möglichst auf alle Kreise auszuweiten. Doch gegen diese unerwünschte Initiative wehrten sich die armierten Stände ebenso wie der Kaiser. Dem Geschick Lothar Franz von Schönborns gelang dann Anfang 1697 in Frankfurt eine große Assoziation der vorderen Kreise Franken, Schwaben, Kurrhein, Oberrhein, Niederrhein-Westfalen und Bayern, das allerdings nicht ratifizierte. Da der »punctus securitatis publicae bis anhero auf kein zuverläßigen Fueß gesetzet worden«, sollte das Triplum des Gutachtens von 1681 aufgestellt werden, und zwar im Kriege 60000, im Frieden 40000 Mann. Für die sechs Kreise bedeutete dies wieder einmal den Anschlag für ein stehendes Heer. Zunächst schien die Vorfriedenssituation, die eine starke Militärbasis für die Verhandlungen forderte, alle Pläne zu begünstigen. Der Kaiser zeigte sich wohlwollend, zumal sein Generalleutnant, der badische Markgraf, den Oberbefehl erhalten sollte. Kurbrandenburg und Kursachsen – also der Obersächsische Kreis – sprachen schon von Beitritt.

Doch bereits im Frühjahr desselben Jahres zeigte sich der wahre Sachverhalt. Die einzelnen Kreise und damit Kreisstände machten ihre Zustimmung von Modifikationen – nach dem damaligen Sprachgebrauch Zusammenstreichung der Verpflichtungen – abhängig, die Verhandlungen wurden bewußt verschleppt, die Unterstellung unter das Oberkommando des Markgrafen nicht verneint, aber auch nicht bestätigt. Auf dem Friedenskongreß von Rijswijk im Herbst 1697 wurde es dann endgültig offenbar, daß die große Allianz der vorderen Reichskreise – das wohl einprägsamste und bedeutendste Phänomen der Geschichte des Reichskriegswesens überhaupt –, die als einzige Institution mit ihrem Barriereprojekt gegen Frankreich tatsächlich so etwas wie Reichsmilitärpolitik betrieb, in ihrer politischen Zielsetzung völlig außerhalb der Diskussion stand. Es gab kein Reich, sondern nur eine bestimmte Zahl von Landesfürsten – darunter den Kaiser –, die ihre dynastisch-territorialen Interessen vertraten.

Mit dem Friedensschluß, genauer mit dem Aufhören des Kriegszustandes, bestand auch das Reichsheer der assoziierten Kreise, formal zu einer nennenswerten Kriegsmacht angewachsen, nur noch theoretisch.

Die Kreisstände hielten ihre Kontingente zwar zum großen Teil unter Waffen, riefen sie aber sofort in ihr Territorium zurück, da sie sich im Frieden nicht verpflichtet fühlten, die Truppen zur Reichsarmee abzustellen. Es genügte nach ihrer Meinung, sie bereit zu halten. Nur wieder der Schwäbische und Fränkische Kreis hielten im Heidenheimer Rezeß vom November 1700 am miles perpetuus, an einer gemeinsamen stehenden Truppe von 14200 Mann fest. Gleichzeitig wurde beschlossen – der Ausbruch des Spanischen Erbfolgekrieges zeichnete sich ab –, die kleine Armee nur nach den Richtlinien der Augsburger Exekutionsordnung, also ausschließlich defensiv zu verwenden und im übrigen Neutralität zu bewahren.

Der defensive Charakter des Reichs- und Kreiskriegswesens fand auch dadurch seine Bestätigung, daß Kehl und Philippsburg 1697 von Frankreich als Reichsfestung übernommen und damit zur einzigen militärischen Reichseinrichtung auf Dauer wurden. Bis dahin gab es nur Landesfestungen; dem Kaiser war es aufgrund des Westfälischen Friedens und verschiedener Wahlkapitulationen verboten, auf dem Gebiet der Reichsstände Festungen zu bauen oder zu unterhalten. Die Kreise hatten kein Geld für den Festungsbau. Kehl war nach seiner Angliederung an Frankreich 1697 von Vauban stark ausgebaut worden. Es erhielt jetzt eine Besatzung aus schwäbischen Kreistruppen und wurde 1698 Markgraf Ludwig Wilhelm von Baden als Reichslehen übertragen. Während des 18. Jahrhunderts wurde es noch dreimal von den Franzosen erobert (1703, 1733, 1796). Für Philippsburg, von Philipp Christoph von Sötern, Erzbischof von Trier (1623–1652) als Festung erbaut, erhielt Frankreich 1648 das Besatzungsrecht. Es tauschte die Festung im Frieden zu Nimwegen gegen Freiburg ein, eroberte sie 1688 und trat sie 1697 wieder ab. Philippsburg erhielt 1714 fränkische Kreistruppen als Besatzung, fiel 1734 wieder in französische Hand, wurde im Frieden zu Wien zurückgegeben. Da die fränkischen Truppen 1772 die Festung verließen, übernahm der Bischof von Speyer den Platz, der aber Reichsfestung blieb.

Vom Spanischen Erbfolgekrieg bis zu den Koalitionskriegen

Der Spanische Erbfolgekrieg, dem von Anbeginn an nicht die Merkmale eines Verteidigungs- sondern vielmehr eines Kabinettskrieges zugesprochen werden müssen, warf für die Kreispolitik eine besondere Problematik auf. Ludwig Wilhelm, der vom Kaiser wieder mit der Sicherung der Rheinlinie betraut worden war, orientierte in seiner bekannten Frankreichfeindschaft den Schwäbischen Kreis auf die kaiserliche Seite hin, während der Fränkische Kreis alles tat, um die Neutralität zu erhalten, zumal es um Habsburg, in der Anfangsphase ohne namhafte Verbündete, nicht allzu gut stand. Auch Lothar Franz von Schönborn gelang es, alle Kreise der früheren großen Assoziation – es fehlte der Niederrheinisch-Westfälische, hinzugekommen war der Österreichische Kreis – im August 1701 zu einem Assoziationstag in Heilbronn zu versammeln, der wohl eine Verstärkung der Truppen in Aussicht nahm, dies aber nicht, um für den Krieg gerüstet zu sein, sondern um in gegenseitiger Hilfe die Assoziierten aus dem Kriegsgeschehen herauszuhalten und die Neutralität zu sichern. Der Wunsch des

Kaisers als Direktor des Österreichischen Kreises um Beistand wurde diesmal noch abgelehnt. Max Emanuel von Bayern – der Gegenspieler des Kaisers – erbot sich sogar, die Assoziation mit 15 000 Mann zu unterstützen, um sie auf eine neutrale Haltung festzulegen. Doch bald überholten die Ereignisse den schwerfälligen Verhandlungsgang.

Dem Kaiser gelang die Allianz mit den Seemächten, Bayern schlug sich auf die Seite Frankreichs und bedrohte die gerade noch umworbenen Kreise, der Kurfürst von Mainz und mit ihm die rheinischen Kreise schwenkten hinüber zum Kaiser und auch der Fränkische Kreis bezog Frontstellung gegen Frankreich. So kamen im März 1702 Kurrhein, Franken, Schwaben, Oberrhein und Österreich im Nördlinger Traktat überein, eine Armee von 44 000 Mann aufzustellen und der Haager Allianz zwischen dem Kaiser und den Seemächten beizutreten. Auch der Niederrheinisch-Westfälische Kreis trat dem Traktat bei. Als dann Ende des Jahres auch der Reichskrieg erklärt wurde, hatten sich die Fronten bereits geklärt, so daß dieser formale Akt des Reichstages nichts mehr an der Situation änderte.

Die Feldzüge und Schlachten des Spanischen Erbfolgekrieges waren eine Angelegenheit der kaiserlich-englisch-niederländischen Koalitionsarmeen und ihrer Subsidientruppen. Die Reichsarmee erfüllte ihre Aufgabe der Sicherung Südwestdeutschlands recht und schlecht. Wie üblich fehlten die militärischen Mittel, auch war das Bewußtsein, als drittes Deutschland eine politische Kraft darzustellen, bereits wieder weitgehend geschwunden. Trotzdem gelang dem Türkenlouis noch ein Vorstoß nach Landau; in seinen letzten Lebensjahren mußte er sich auf die Besetzung der Befestigungen des Schwarzwaldes und des Rheintales, darunter der bekannten Stollhofener Linien, beschränken. Seine Nachfolger Markgraf Christian Ernst von Bayreuth und der Kurfürst von Hannover konnten die Plünderung des schwäbisch-fränkischen Raumes durch ein französisches Heer 1707 nicht verhindern. Auf die Beschlüsse des Friedens von Utrecht konnte die Assoziation, die ihre alten Barriereforderungen vertrat, keinen Einfluß nehmen.

Bei allen Schwächen blieb die »ewige« Assoziation mit ihrem schwäbisch-fränkischen Kern bis fast zur Mitte des 18. Jahrhunderts die militärisch-politische Ausdrucksform des Reiches. Die Kreise hatten sich verpflichtet, auch im Frieden anderthalb Simpla beizubehalten; sie brachten ihre Streitkräfte sogar 1727 und 1733 auf Kriegsstärke, d. h. auf den weit unter dem Soll liegenden Usualfuß. Doch an dem 1740 ausbrechenden Österreichischen Erbfolgekrieg mußte die Assoziation zerbrechen. Österreich erwartete Beistand gegen Bayern, sollte aber nicht einmal am Frankfurter Assoziationstag 1742 teilnehmen, weil die übrigen vier Kreise sich nicht zu engagieren gedachten. Reichsrechtlich wäre eine Unterstützung Österreichs auch fragwürdig gewesen, da sie sich gegen das damalige Reichsoberhaupt, den ordnungsgemäß gewählten wittelsbachischen Kaiser Karl VII. Albrecht gerichtet hätte. Auch späterhin war keine Einigung mehr zu erreichen.

Die zum Reichskrieg erklärten Koalitionskriege am Ende des Jahrhunderts zeigten, daß die Kreise ihre Rolle ausgespielt hatten. Napoleon setzte dann dadurch den Schlußpunkt, daß er bestimmte deutsche Länder wie gerade Baden, Württemberg, Hessen und Darmstadt – um sich Bundesgenossen gegen Österreich zu verschaffen – stark vergrößerte. Dadurch wurde die Kreispolitik für sie unattraktiv, doch brauchten sie, immer noch zu schwach für eine eigenständige Linie, den Anschluß an Frankreich.

Bis dahin jedoch bemühten sich die Länder – da die Kreisverfassung der politischen Situation nicht mehr gerecht werden konnte – um andere Formen des Zusammenschlusses. Daraus erklärt sich, daß die von Friedrich II. von Preußen mit Sachsen und Hannover abgeschlossene Assoziation, der Fürstenbund von 1785, einen solchen Zulauf von Kleinstaaten hatte. Mitglieder des Bundes wurden Mainz, Zweibrücken, Hessen-Kassel, Braunschweig, Gotha, Weimar, Anhalt, Baden, Ansbach, Osnabrück und 1787 auch Mecklenburg. Der Fürstenbund setzte nicht mehr die Reihe der Kreisassoziationen fort, sondern gehörte in die Tradition des Rheinbundes von 1658, sicherte also die Libertät der kleinen Reichsstände gegen Übergriffe des Kaisers mit Hilfe einer Großmacht: diesmal nicht Frankreich, sondern Preußen. Er sicherte nämlich nicht nur die Integrität Bayerns, seinem Inhalt nach wandte er sich gegen Angelegenheiten, die »notwendig in Ansehung ihrer Beschaffenheit und Folgen auf eine Zerrüttung des Reichssystems hinausgehen«. Seine Bedeutung wurde lange erheblich überschätzt, weil die Kleinstaaten darin den Ansatz einer neuen Reichsreform sahen und die borussophile Geschichtsschreibung den frühen preußischen Versuch einer Reichseinigung.

e. *Reichsheer, Reichskriege und Reichsexekution*

Wenn wir uns dazu verstehen, die Geschichte der Kreise und Kreisassoziationen als die eigentliche »Reichskriegsgeschichte« anzusehen, dann rücken die Reichskriege, die in der Regel als die Krönung oder das beklagenswerte Ergebnis der Reichskriegsverfassung und des Reichskriegswesens eingestuft werden, plötzlich als eine Nebenerscheinung an die Peripherie des Gesichtsfeldes. In der Tat stellten die Reichskriege lediglich die äußere Form dar, in der die großen armierten Stände, insbesondere der Kaiser, die Möglichkeiten der Reichskriegsverfassung für ihre territorial-dynastischen Ziele zu nutzen wußten. Das ist der Grund, weshalb die Schlachten der Reichskriege nicht von der Reichsarmee, sondern mit geringen Ausnahmen von der kaiserlichen oder einer Koalitions-Armee geschlagen wurden. Die kaiserliche Armee umfaßte dabei auch neben den Subsidientruppen einiger Armierter die »Reichsvölker«, d. h. die zumeist nur fragmentarisch aufgestellten Kontingente einiger Kreise, die vor allem für Sicherungsaufgaben eingesetzt wurden, da sie für die operative und taktische Führung der damaligen Kabinettskriege mehr Belastung als Hilfe bedeuteten. Mit einer, wenn auch sehr naiven Berechtigung kann daher gesagt werden, daß kaiserliche Armee und Reichsarmee identisch waren, Prinz Eugen seine Siege also mit der Reichsarmee erfochten hat, obwohl er niemals etwas anderes als eine kaiserliche Armee geführt hat.

In diesem Zusammenhang ist das Verhältnis des Kaisers als der Zentralgewalt zum Reichsheer aufschlußreich. Alois Schulte spricht von drei Möglichkeiten der Erhaltung eines solchen Heeres: 1. ein kaiserliches Heer, wie es Maximilian I. zu verwirklichen suchte, 2. ein auf die Territorien verteiltes Reichsheer, wie es Lazarus von Schwendi vorschwebte, 3. ein kaiserliches Heer der habsburgischen Erblande und ein Reichsheer der übrigen Reichsstände.

Die dritte Lösung, die den Zustand nach dem Westfälischen Frieden wiedergibt, zeigt doch die Schwäche dieses zentralistisch aufgefaßten Systems. Das kaiserliche Heer der habsburgischen Länder war im Grunde nichts weiter als das Heer eines deutschen Territorialfürsten, der zugleich Kaiser war. Es genoß wohl gewisse Vorrechte – Werbung auch in den freien Reichsstädten, Rekrutierung der Offiziere aus dem freien Reichsadel –, aber es waren ihm kein Reichsstand und keine Reichsinstitution in irgendeiner Form verpflichtet. Sein territorialer Charakter kommt außerdem darin zum Ausdruck, daß auch die habsburgischen Länder außerhalb der Reichsgrenzen zu seinem Unterhalt herangezogen wurden.

Neben dem kaiserlichen Heer weist die Systematik von Schulte ein Reichsheer aus, das aus den Kontingenten der Reichskreise zusammengesetzt war. Es wurde nur aufgeboten, wenn der Reichstag einen Reichskrieg gegen eine Aggression von außen oder eine Reichsexekution gegen einen mit geringen Mitteln nicht zu bewältigenden Rechts- und Friedensbruch im Innern beschlossen hatte. Das kaiserliche ius armorum kam bei diesen Gelegenheiten insofern noch als Vorrecht zur Geltung, als der Kaiser die Reichsgeneralfeldmarschälle – davon mindestens einen evangelischen – und die übrige Reichsgeneralität zu einem erheblichen Teil aus dem österreichischen Heer herausnehmen konnte, wie sie auch über den Kaiser auf das Reich vereidigt wurden. Die Leitung des Krieges lag vornehmlich in den Händen des Hofkriegsrates in Wien. Im übrigen mußte der Kaiser auch als Kriegsherr während eines Reichskrieges die Bestimmungen des Westfälischen Friedens und anderer Verpflichtungen, wie der Wahlkapitulationen, einhalten, und durfte nur mit Erlaubnis des Reichstages fremdes Kriegsvolk in oder durch das Reich führen, für Rekrutentransporte keine Verpflegung fordern, sondern mußte bar bezahlen, und hatte für jeden Marsch durch nicht kaiserliches Gebiet Bürgschaft zu leisten, für die Bankhäuser oder Kaufleute in Reichsstädten einzustehen hatten. Natürlich blieb es eine Frage der jeweiligen Machtsituation, ob und wie weit die Bestimmungen eingehalten wurden, sie bestanden jedenfalls. Zu erklären sind alle diese Einschränkungen aus der einfachen Tatsache, daß ein Reichskrieg nicht Reichsgebiet, sondern reichsständisches Gebiet schützen sollte.

Die Erklärung des Reichskrieges war eine Sache des Reichstages. Wie weit der Kaiser als Kriegsherr in diese Aktion eingeschaltet war, hing von den Wahlkapitulationen, zu denen er sich verpflichtet hatte, ebenso ab wie von der Gunst der Verhältnisse. Die Pflichten und Rechte waren in den Texten nie eindeutig festgelegt. Die Art der Truppenstellung hing ebenfalls von den verschiedensten Imponderabilien ab. Zu keinem Reichskrieg stellten alle Reichsstände oder seit 1681 alle Reichskreise gleichrangig Soldaten. Wurden Truppen gestellt, so geschah dies in drei Formen:

– Die großen armierten Stände stellten nicht über den Kreis, sondern direkt an den Kaiser das Zwei- bis Vierfache ihres Solls, und zwar reguläre Soldregimenter ihrer stehenden Truppen im Rahmen von Subsidienverträgen. Diese Regimenter wurden der kaiserlichen Armee für die Zeit des Mietverhältnisses einverleibt.
– Die mittleren zeitweise oder teil-armierten und die kleinen nichtarmierten Reichsstände stellten, soweit sie einem assoziierten Kreis angehörten, ihr Kontingent zur »Reichsarmee«, die im wesentlichen den Südwestraum sicherte und in den Kriegen um die Wende vom 17. zum 18. Jahrhundert hervorgetreten ist.
– Die kleinen Reichsstände, die den Kreisen der Armierten angehörten, lösten – soweit sie sich überhaupt genötigt sahen, ihren Verpflichtungen nachzukommen – die Truppengestellung durch Geld ab oder stellten ihre moderierten Kontingente an die kaiserliche Armee ab, die sie zusammengefaßt einsetzte.

Reichskriege sind in der Neuzeit nur gegen die Türkei und gegen Frankreich geführt worden. Trotz der propagandistisch immer wieder stark hochgespielten Türkengefahr ist die vom Reich gestellte »Türkenhilfe« für das kaiserliche Heer niemals von entscheidender Bedeutung gewesen, es sei denn, man rechnet die Subsidientruppen der deutschen Länder zu den Reichsvölkern. Gegen Frankreich beschloß der Reichstag 1674 im Verlaufe des französisch-holländischen Krieges, gegen die Stimmen von Hannover und Bayern, den Reichskrieg. Auch der Pfälzische Erbfolgekrieg wurde bereits seit 1689 als Reichskrieg geführt, der Spanische Erbfolgekrieg seit 1702. Hier zeigen die einzelnen Friedensschlüsse die Verschiedenartigkeit der Interessen, die in einem Reichskrieg mühevoll für eine Zeitspanne vereinigt werden mußten. Preußen schloß 1713 in Utrecht Frieden, der Kaiser in Rastatt 1714 und das Reich, also die übrigen am Kriege beteiligten Reichsstände einige Monate später in Baden in der Schweiz. Auch am Polnischen Thronfolgekrieg nahm das Reich ab 1734 teil, da Frankreich Lothringen besetzt hatte. Doch das Mißtrauen des Kaisers gegen Preußen und die sehr zögernde Haltung der Wittelsbacher Höfe machten eine wirksame Hilfe illusorisch. In den Koalitionskriegen am Ende des Jahrhunderts spielte das Reich noch einmal Kriegspartei. Die 1793 und 1799 anlaufenden Operationen waren jedoch von vorneherein zum Scheitern verurteilt, weil die Hauptträger des Kriegsapparates, Baden und Württemberg, jetzt eigene Politik trieben und damit jede Aktivität der Kreise lahmlegten, jedenfalls seit 1796.

Zunächst erfüllten die Kreise bei der Truppenaufstellung formal ihre Reichspflichten. Nach dem Einfall in Süddeutschland aber schloß der Schwäbische Kreis einen Waffenstillstand; Württemberg und Baden schlossen mit Frankreich Sonderverträge und lösten ihre Truppen aus dem Kontingent heraus. Bei der Wiederaufnahme der Feindseligkeiten 1799 blieb Baden neutral, Württemberg schloß einen Sondervertrag mit dem Kaiser. Versuche der größeren Kreisstände, nicht nur Württembergs, das ursprünglich genossenschaftliche Verhältnis zu den übrigen Ständen in ein mehr obrigkeitsmäßiges zu verwandeln, führte zum Zerfall der Kreisverfassungen. Der Reichsdeputationshauptschluß von 1803 allerdings, der sich reich zugunsten der größeren Stände auswirkte, rechtfertigte die Umorientierung auf die Landespolitik auf Kosten des Kreises völlig.

Die Reichsexekution konnte nicht nur vom Reichstag beschlossen, sondern auch vom Reichskammergericht verhängt werden, wenn ein Reichsstand seinen Reichspflichten nicht nachkam – also etwa bei einem Reichskrieg die Stellung des Kontingents verzögerte oder verweigerte – oder einen Rechts- oder Friedensbruch verübte. Sie diente also der Aufrechterhaltung der Rechtsordnung und der Wahrung des Landfriedens. In der Regel wurde der Reichsstand mit der Vollstreckung der Exekution beauftragt, der durch die Wiederherstellung des Rechtes einen unmittelbaren Vorteil hatte. Verstöße gegen Reichsverordnungen erfuhren daher selten eine Ahndung, es sei denn, sie gaben dem Kaiser Gelegenheit, gegen einen oder mehrere kaiserfeindliche Stände vorzugehen. So lassen sich zwei Formen der Exekution unterscheiden: erstens beschränkte Unternehmen eines Reichsstandes oder Kreises gegen kleine Ordnungsstörer, etwa eine Stadt, die mehr Polizeicharakter trugen, zweitens machtpolitische Auseinandersetzungen mit kriegerischem Charakter, für die der Exekutionsbeschluß lediglich eine Art formaler Begründung bedeutete.

Als Beispiele für Exekutionen der ersten Art seien genannt: Donauwörth, über das 1607 wegen Störung der katholischen Glaubensausübung die Reichsacht verhängt wurde. Maximilian I. von Bayern, mit der Exekution beauftragt, nahm die Stadt ein und erreichte die Verpfändung der Stadt an seine Person zur Deckung der Exekutionskosten. Die Exekution führte zur Gründung der evangelischen Union und ist als mittelbarer Anlaß für den Ausbruch des Dreißigjährigen Krieges anzusehen. Erfurt, dessen Reichsfreiheit im Westfälischen Frieden nicht bestätigt war, verfiel dem Erzbischof von Mainz, der es 1660 besetzte. Lüttich im niederrheinisch-westfälischen Kreis hatte 1789 seinen Fürstbischof verjagt, der auf Grund eines Kammergerichtsmandats von Preußen wieder eingesetzt werden sollte. Preußen verhandelte aber aus politischen Gründen monatelang mit den Aufständischen und zog dann ab. Das Reichskammergericht forderte fünf Kreise auf, die Ordnung wiederherzustellen, jedoch keiner reagierte. Erst mit der Besetzung der Stadt 1791 durch österreichische Regimenter, die vorher offiziell zu burgundischen Kreistruppen erklärt worden waren, endete der im Grunde belanglose Aufstand. Der Fall Lüttich wird häufig als Beleg für die verfallene Reichsmilitärmacht am Abend des anciem régime herangezogen, in Wirklichkeit belegt er nur, daß kein Reichsstand oder Kreis sich in einer Angelegenheit zum Vorteil Österreichs, in dessen Interessengebiet des Bistum Lüttich lag, zu engagieren bereit war, zumal sich daraus kein materieller Gewinn errechnen ließ.

Für Exekutionen der zweiten Art wären im 17. Jahrhundert der sogenannte Pfälzische Krieg 1620, also die Abrechnung Habsburgs mit dem Winterkönig, und im 18. der Siebenjährige Krieg gegen Preußen zu nennen. Diese Exekution, wie auch speziell die Schlacht bei Roßbach 1757, werden immer wieder als das eklatante Beispiel für den Verfall des Reichskriegswesens und das Versagen der Reichsarmee herangezogen, obgleich sie bei Berücksichtigung der Voraussetzungen kaum etwas darüber aussagt.

Der Reichstag hatte die Exekution gegen Brandenburg beschlossen, weil Friedrich II. durch den Überfall auf Sachsen den Landfrieden gebrochen und den Kurfürsten seiner Rechte beraubt hatte. Die aus den Kreiskontingenten aufgestellte Reichsexekutionsarmee mußte, wie jede frühere Reichsarmee, auf den weitaus größten Teil der ihr zustehenden Truppen verzichten. Es fehlten naturgemäß die Regimenter Preußens und seiner Verbündeten Hannover, Hessen-Kassel, Sachsen-Gotha, Schaumburg-Lippe. Ebenso fehlten die österreichischen Verbände, da sie ja im Rahmen der kaiserlichen Armee kämpften. Auch die nach der Kapitulation von Pirna entflohenen sächsischen Truppenteile dienten in der kaiserlichen oder französischen Armee. Bayern hatte es verstanden, den Abmarsch seines Kontingents so zu verzögern, daß es zu spät zur Schlacht kam. So bestand die Reichsarmee aus zusammengewürfelten rund 10000 Mann, ungleichmäßig ausgebildet, mit den üblichen Kompetenzstreitigkeiten und Organisationsschwierigkeiten. Ihr Befehlshaber, der Prinz von Sachsen-Hildburghausen – übrigens ein namhafter Heerführer, den kein Vorwurf trifft – sah die Misere, ohne sie beheben zu können. Die Reichsarmee hat bei Roßbach nicht versagt, denn sie nahm, außer in Gestalt einiger für den regulären Krieg nicht brauchbarer Kreiskontingente, nicht an der Schlacht teil.

Da die Kreise den Kriegszustand mit Preußen als recht lästig und kostspielig empfanden, zumal er sich immer länger hinzog, bemühten sie sich um eine Beendigung. Der Versuch des Kaisers, Preußen zu Reichsfriedensverhandlungen zu nötigen, schlug 1761 fehl. Dagegen stieß das preußische Angebot, die Kreise als Neutrale zu behandeln, falls sie ihre Truppen zurückzögen, 1763 auf freudige Annahme.

5. Heeresverwaltung und Militärgerichtsbarkeit

a. Die Heeresverwaltung

Die Heeresreformen am Anfang des 19. Jahrhunderts – die in Preußen mit dem Namen Scharnhorst verbunden zu dem Höhepunkt deutscher Militärgeschichte abgestempelt wurden – haben ihre Hauptziele nicht erreichen können. Doch auf zwei Gebieten bewirkten sie einen so radikalen und grundsätzlichen Wandel, daß es den späteren Jahrzehnten kaum möglich war, die originären Verhältnisse des 18. Jahrhunderts zu erkennen und zu begründen. Mit der Einführung der Konskription und vornehmlich in Preußen der keine Stellvertretung zulassenden Allgemeinen Wehrpflicht haben sie erstens der Armee die Tore ins Bürgertum geöffnet und sie zu einer bürgerlichen Armee gemacht (wohlgemerkt die Armee, nicht das Offizierkorps). Mit der Ablösung der noch zum Teil aus der Zeit des freien Söldnertums stammenden, dem Militär übergeordneten Verwaltungsstruktur durch eine staatliche Heeres- und Truppenverwaltung haben sie zweitens zumindest die formalen Voraussetzungen dafür geschaffen, daß die Regimenter nicht mehr als landesherrliches Eigentum angesehen wurden und daß die Kompanien nicht mehr als landesherrlich sanktionierte Wirtschaftsunternehmen ihren Chefs das Haupteinkommen sicherten. Sie wurden staatliche Institutionen, wenn sie auch in der Kommandogewalt ihres obersten Kriegsherrn verblieben.

Der Übergang innerhalb der Verwaltung erscheint auf den ersten Blick nicht so umstürzlerisch wie die Einführung der Wehrpflicht, weil sich einmal die Verwaltungsorgane und ihre Kompetenzen bei aller Stabilität im Grundsätzlichen in der absolutistischen Ära je nach dem Verhältnis der einzelnen Kriegsherrn zu ihren Regimentern des öfteren zu ändern pflegten, so daß die endgültige Umorientierung nicht als einschneidend empfunden wurde. Nachhaltiger fiel ins Gewicht, daß zum zweiten die Verwaltung und die eng mit ihr verbundene Bewirtschaftung der Truppe in den Augen der Armee, das heißt des Offizierkorps, einen neuen Stellenwert erhielt. Wurde sie einerseits stärker als vorher in das Militärwesen integriert und damit zum Bestandteil der Streitkräfte, während sie vorher, jedenfalls in den höheren Instanzen, mehr als landesherrliches Leitungs-, Versorgungs- oder Kontrollorgan funktionierte, so formierte sie sich andrerseits innerhalb der Armee zu einem eigenständigen Instrument, das den Händen der Offiziere entglitten war, ihnen keine Einwirkungs- oder Verdienstmöglichkeiten mehr gab, und deshalb in ihrer Beurteilung zu einer zweitrangigen Randerscheinung des militärischen Lebens absank, deren große Vergangenheit übersehen und deren bleibende entscheidende Bedeutung von der Masse der Offiziere gar nicht mehr begriffen wurde. Die belächelte Figur des Zahlmeisters als Halbsoldaten in der Truppe bis 1945 gibt davon beredtes Zeugnis.

Sebastian Schröcker stellt in einem 1943 erschienen Aufsatz über die Stellung der Heeresverwaltung in der deutschen Verfassungs- und Verwaltungsgeschichte fest: »der äußere Dualismus zwischen Truppenführung und Verwaltung, der in der absolutistischen Zeit in dem Gegensatz des Söldnerheeres zur Landesverwaltungsbehörde bestanden hatte, war beseitigt. An seine Stelle trat der Dualismus von Truppenführung und Verwaltung im Heere selbst.« Damit pointiert er vielleicht etwas zu stark, denn zur Zeit des Söldnerheeres hob sich die Zweigleisigkeit keineswegs so ausgeprägt heraus, jedenfalls nicht immer und nicht in allen Territorien. Aber mit dem Hinweis auf den »Dualismus von Truppenführung und Verwaltung im Heere selbst« nach der Reform, also der Andeutung eines Neben- und nicht Ineinander – übrigens in der Literatur nirgends deutlich angesprochen, auch von Schröcker nicht –, wird eines der Schwächemomente des deutschen Heerwesens berührt, das sich bis in den Zweiten Weltkrieg hinein ausgewirkt hat: der ausschließliche Primat der Führung vor der Bewirtschaftung und Versorgung. Noch im 18. Jahrhundert konnte solch eine Regelung niemals zum Prinzip erhoben werden, wenn auch gelegentliche Krisensituationen diesen Eindruck erwecken.

Bei einer Betrachtung der Aufgaben und Ursprünge der deutschen Heeresverwaltungen des Absolutismus ist in Betracht zu ziehen, daß die Armeen oder besser die Regimenter nicht den Charakter einer öffentlichen Institution trugen, wie etwa Polizei, Kirche oder Schule. Sie besaßen als Eigentum des Fürsten einen speziellen Status, den zu erhalten eine der vornehmsten Pflichten gerade der Verwaltung war. Die Kompetenzen der Heeresverwaltung können in fünf Funktionsbereichen erfaßt werden. Erstens vertrat sie den Landesherrn, soweit er seine Rechte und Pflichten nicht eigenhändig wahrnehmen konnte oder wollte, gegenüber der Truppe, formulierte und übermittelte seine Weisungen und Forderungen. Zweitens unterstand ihr die Ausrüstung, Bewaffnung, Bewirtschaftung und Unterbringung der Truppe; außerdem nahm sie die Jurisdiktion wahr oder kontrollierte sie. Drittens diente sie als Kontrollorgan für die Bewirtschaftung innerhalb der Truppe und zum Teil für operative Vorgänge. Viertens vertrat sie im Ausland die Belage der Truppe gegenüber der Bevölkerung wie auch gegenüber dem Mietsherrn und seinen Behörden, im Inland sowohl die Forderungen der Truppe an die Behörden als auch die Rechte der Behörden und der Untertanen gegenüber der Truppe. Fünftens endlich gehörte die Regelung der Finanzierung – sowohl die Aufbringung als auch die Verteilung der Gelder – zu ihrem Geschäftsbereich.

Die auffallende Spannweite und Verschiedenartigkeit, ja Gegensätzlichkeit ihrer Wirkungsfelder erklärt sich aus der Tatsache, daß die Verwaltungsorgane, aus der Zeit des freien Söldnertums übernommen, ursprünglich zwei, streng genommen sogar drei Interessenbereiche zu vertreten hatten: die des Kriegs- und Landesherrn, die der Regimenter und auch die des Landes, also der Stände und damit auch der Untertanen, denn „die Stände sind das Land". Sie ist daher auch nicht als ein organisch gewachsener, geschlossener und übersichtlich durchstrukturierter Verwaltungsverband anzusehen – dazu wuchs sie erst im 19. Jahrhundert zusammen –, sondern bestand aus drei, trotz der Verknüpfung oder Verschiebung wichtiger Kompetenzen, deutlich voneinander zu trennenden und sogar zueinander in Konkurrenz stehenden Ämtern: dem Kriegsrat, den Kommissariaten und den Chefs der Regimenter und Kompanien.

Der Kriegsrat

Im Kriegsrat verkörperte sich eine der Spezialformen landesherrlicher Verwaltungsinstitutionen, die ihren Ursprung aus dem fürstlichen Rat der frühen Neuzeit oder aus dem späteren Geheimen Rat herleiteten (s. S. 34 f). Er besaß zunächst tatsächlich seinem Namen entsprechend, die Funktionen eines beratenden Gremiums militärischer und juristischer Fachleute, das der Landesfürst bei der Vorbereitung militärischer oder kriegerischer Entscheidungen zusammenrief, das sich dann zu einer ständigen Behörde kollegialen Charakters entwickelte, unter verschiedenen Namen verschiedene Phasen durchlief, gelegentlich wohl suspendiert wurde, in kritischen Zeiten aber auch über die militärischen Belange hinaus Kompetenzen in der Exekutive und sogar in den Außenpolitik erhalten konnte.

So führte zum Beispiel der Kriegsrat Subsidienverhandlungen mit fremden Mächten, regelte die Zuweisung der Winterquartiere im Ausland, traf im Falle eines Reichskrieges mit dem Kaiser oder anderen Reichsständen Abmachungen über die Stellung von Kontingenten oder Miettruppen und sorgte für die korrekte Durchführung der ausgehandelten Bedingungen. Innerhalb des Territorialstaates bemühte er sich um eine gerechte Verteilung der Kontributionen, Verpflegungs- und Quartiergelder, führte die Aufsicht über die ordnungsgemäße Belieferung mit Kriegsmitteln, Verpflegung und Sold und die Instandhaltung des Befestigungswesens. Einen weiten Raum nahm auch die Bearbeitung der Beschwerden über ungerechtfertigte Sanktionen eigener oder die Plünderungen und Requirierungen fremder Truppen ein. In der militärischen Jurisdiktion bildete der Kriegsrat die höchste Berufungsinstanz. Er regelte die Einstellung und Entlassung von Soldaten, soweit es sich um eine größere Zahl handelte, also die Errichtung neuer Regimenter oder auch Kompanien, ebenso wie ihre Auflösung oder »Reformierung«, also die Verminderung des Bestandes um eine bestimmte Zahl von Einheiten, wobei weniger kriegstüchtige Soldaten entlassen, die Offiziere auf Wartegeld gesetzt, und aus dem bleibenden Kader neue Kompanien formiert wurden. Er kontrollierte anfangs und entschied später die Einstellung und Beförderung der Offiziere, nachdem die Regimenter als Eigentum des Landesherrn aufgestellt wurden. Mit einem Wort, der Kriegsrat konnte mit allen militärischen Angelegenheiten befaßt werden, die eigentlich dem Landes- und Kriegsherrn zur Beurteilung und Entscheidung zustanden.

Mit diesen Kompetenzen waren nicht alle Kriegsräte betraut, sie wurden von ihnen auch nicht kontinuierlich wahrgenommen. Die Gründe dafür sind in der eigentümlichen Position des Rates zu suchen. In ihm ist weniger die höchste Vertretung der Armee gegenüber dem Landesherrn zu sehen, im Gegenteil, und hier liegt das entscheidende Kriterium, er vertrat die Interessen des Landesherrn gegenüber der Armee. Wenn in der Regel ein hochgeachteter, zumeist der dienstälteste das Kommando führende General als Präsident des Kriegsrates fungierte, Oberkommando und Präsidentschaft also in einer Person vereinigt waren, so war damit keine Spitze der Armee geschaffen, denn die Armee besaß im Frieden gar keine Spitzengliederung. Die Regimenter wurden erst im Kriege zu größeren Verbänden vereinigt. Der Präsident und Oberkommandierende war vornehmlich der Vertraute des Landesherrn und trat im Falle eines Feldzuges bei vereinigtem Einsatz der Truppe seine Position an den Landes- und Kriegsherrn ab, soweit dieser militärischen Ambitionen frönte.

Die ursprüngliche Funktion des Kriegsrats – Beratung des Kriegsherrn – läßt sich aus der Tatsache erschließen, daß die Kriegsräte oder Geheimen Kriegsräte, zumeist ziviler Provenienz, ihre Entschlüsse nach dem Kollegialprinzip faßten, also gleichberechtigt abstimmten. Er war also kein bürokratisch funktionierender Exekutivapparat, sondern ein entweder in Notfällen zusammengerufenes oder später auch ständig tagendes Gremium von Fachleuten, die in der unmittelbaren Umgebung des Kriegsherrn, das heißt in der Atmosphäre des Hofes landesherrliche Funktionen wahrnahmen.

Daraus erklärt sich auch die unterschiedliche Stellung und Bedeutung der einzelnen Ratsgremien in den verschiedenen Ländern. Nahm der Landesherr seine Obliegenheiten als Kriegsherr sehr intensiv selbständig wahr, oder legte er umgekehrt keinerlei Wert auf militärische Repräsentanz, dann verlor auch der Kriegsrat automatisch an Gewicht und konnte sogar von der politischen Bühne verschwinden. War dagegen der Landesherr, aus was für Gründen auch immer, persönlich nicht militärisch engagiert, das Land aber auf eine starke Armee angewiesen, dann konnte der Kriegsrat eine überragende Bedeutung gewinnen. Auch die kleineren Höfe beriefen in Nachahmung größerer Vorbilder zumindest zeitweise Geheime Kriegsräte soweit nicht die Mitglieder des allgemeinen fürstlichen Rates den militärischen Sektor mitbetreuten.

Mit einem generalisierenden Überblick ohne paradigmatischen Charakter werden seine Einwirkungen nur unscharf beschrieben. Für einen auf längere Zeit vollfunktionierenden, möglichst viele Ressorts abdeckenden Kriegsrat ist im Raum des späteren Deutschen Reiches jedoch kein Beispiel zu finden, denn das Stehende Heer und die für seine Verwendung notwendige Apparatur wurde in Deutschland nicht erfunden, sondern unvollkommen imitiert, wenn auch im Einzelfall Preußen dann wirkungsvoll ausgebaut. Da die Verhältnisse in Frankreich mit der Figur des übermächtigen Kriegsministers und Königsstellvertreters Louvois bereits eine Weiterentwicklung wenn nicht Pervertierung erfahren hatten, bietet sich als Beispiel nur das kaiserliche Österreich an. In Bayern ist eine Spielart der allgemein üblichen Form des Kriegsrates zu finden, während Preußen – auch hier wieder die Ausnahme – den Beweis dafür liefert, daß bei einem militärisch engagierten Herrscherhaus der Kriegsrat bald zu einer überflüssigen Institution absinken konnte.

Die absolutistischen Herrscher speziell der großen Militärmächte nahmen wohl ihre Rechte als Kriegsherr war, unterzogen sich aber sehr ungern den Mühsalen der organisatorischen Verwaltungsarbeit ebenso wie den Risiken der Truppenführung während eines Feldzuges. Ähnlich den Bourbonen verzichteten auch die Habsburger auf Feldherrnruhm und Kriegsherrlichkeit, Joseph II. vielleicht ausgenommen. Als militärische Führungsspitze entstand aus dem bereits seit 1556 tagenden »steten« Kriegsrat der Hofkriegsrat, der 1615 seine erste Instruktion erhielt, und dem der Kaiserliche Kriegsherr alle »zum Feld-, Grenz- und Kriegswesen gehörigen Ämter« unterstellte. Der schlechte Ruf, den ihm die Kritik der militärischen Troupiers einbrachte, war ungerechtfertigt. Er hat es immerhin verstanden, sich fast zwei Jahrhunderte lang auf zwei Ebenen als das bestimmende Amt gegen konkurrierende Institutionenen durchzusetzen: zum ersten gegen die gleichgeschalteten Räte in verschiedenen Ländern der österreichischen Krone und zum zweiten gegen andere zentrale oberste Behörden, wie die Hofkammer, das Generalkriegskommissariat und die Hofkranzleien. In welcher Form der Hofkriegsrat seine Position nicht nur hielt, sondern innerhalb der verwirrenden Vielfalt österreichischer Regierungsinstanzen sogar ausbaute, ist an anderer Stelle ausführlich dargestellt, (s. Abschnitt III, S. 53 ff, 68, 69, 83 f, 92, 94 und passim); für den Vergleich mit den deutschen Verhältnissen genügen einige Daten.

Der Hofkriegsrat war dazu ausersehen, und eingerichtet, als oberste kaiserliche Behörde alle militärischen Bereiche zentral zu dirigieren. Als Präsident fungierten grundsätzlich hochverdiente Generale, möglichst die Oberkommandierenden der gesamten Armee.

Montecuccoli vereinigte von 1668 bis zu seinem Tode 1680 als Generalleutnant – der Rang des Generals stand nur dem Kaiser zu – beide Ämter in seiner Person. Prinz Eugen erhielt seine Ernennung zum Hofkriegsratspräsidenten bereits 1703, den Rang eines Generalleutnants und damit das Oberkommando erwarb er erst 1707, hatte dann jedoch bis zu seinem Tode 1736 eine sehr bestimmende Position inne. Nach der Ära des Prinzen vereinigte erst Daun wieder beide Ämter. Oberbefehlshaber wurde er im Spätherbst 1756, Präsident 1762, vier Jahre vor seinem Tode. Sein Nachfolger Lacy wurde 1765 General-Inspektor der Armee und 1766 Präsident. Merkwürdigerweise hat Erzherzog Karl, der wohl bedeutendste Militär der neueren Geschichte aus dem Hause Habsburg, beide Ämter nicht gleichzeitig in seiner Hand vereinigt. Von 1801 bis 1805 stand er als Präsident an der Spitze des Hofkriegsrates, hatte zugleich aber das übergeordnete neue Amt des Kriegs- und Marineministers inne. Generalissimus der Armee wurde er 1806, dann noch einmal 1808, wobei ihm allerdings der von ihm nicht geschätzte und bereits entmachtete Hofkriegsrat untergeordnet war.

Prinz Eugen war es unter Joseph I. gelungen, dem Hofkriegsrat das gesamte Militärwesen weitgehend zu unterstellen, aber in der absolutistischen Ära war der Einflußbereich auch eines zentralen Amtes – nicht nur des Hofkriegsrates und nicht nur in Österreich, wenn auch hier besonders auffällig – nur sehr vage mit den offiziell zugestandenen Kompetenzen zu identifizieren. Sein Einfluß blieb außergewöhnlich weitgehend von den agierenden Persönlichkeiten abhängig. Die kontinuierlich aufeinander folgenden Reformen des Rates, angefangen bei den theresianischen Erneuerungsversuchen 1745 über die Bemühungen Dauns, die gesamte Militärverwaltung dem Rat zu unterstellen und die »Militaria« von Militärs entscheiden zu lassen, bis zur Neugliederung durch Lacy, – der Hofkriegsrat blieb das, was sein Präsident aus ihm machte. Die Tatsache, daß der neue Kriegsminister Erzherzog Karl ihm kurzerhand seine Immediatstellung nahm, offenbart, daß die jahrzehntelangen Bemühungen, ihm als zentrale oberste militärische Behörde ein fundiertes statisches Gewicht zu geben, umsonst gewesen waren.

Aber der Hofkriegsrat verlor seine exponierte Stellung als der die österreichische Militärpolitik doch weit über ein Jahrhundert bestimmende Faktor mit dem Auftreten des Erzherzogs nicht zufällig. Im Konkurrenzkampf mit gleichgewichtigen höchsten Staatsbehörden blieb er überlegen, denn das Kaiserhaus brauchte zwangsläufig eine alle Militärangelegenheiten koordinierende oberste Behörde, da es selbst nicht in der Lage war, einen dafür geeigneten de facto Kriegsherrn zu stellen. Maria Theresia hat zwar dafür gesorgt, daß ihr Gemahl Franz Stephan von Lothringen 1738 zum Generalleutnant und Oberbefehlshaber ernannt wurde, zum engagierten Militär konnte sie ihn damit nicht umwandeln. Auch die den Rat in seinen Entschlüssen dauernd hindernde und von militärischer Seite immer wieder beklagte innere Polarität – das gespannte Verhältnis zwischen der von Generalen besetzten Herrenbank und der von zivilen Räten besetzten Ritter- und Gelehrtenbank – war wohl in fachlicher, aber keineswegs in politischer Sicht als Mangel anzusprechen. Im Gegenteil, gerade die große Zahl gleichberechtigter Räte und das jede einseitige Entscheidung verhindernde Kollegialprinzip bot dem Kaiserhaus die Gewähr, daß sich der Hofkriegsratspräsident als Vertreter der militärischen Gewalt niemals in eine die Dynastie einengende Position zu manövrieren vermochte. Erst der Habsburger Kaisersohn Erzherzog Karl konnte es sich erlauben, den Hofkriegsrat zu mediatisieren und zu einer Verwaltungsbehörde unter anderen zu degradieren. Zu diesem Zeitpunkt – 1801 – wußte der Kaiserspröß noch nicht, daß auch er wenige Jahre später resignieren würde.

Auch das Herzogtum Bayern verfügte bereits seit 1583 über einen Kriegsrat, wenn auch in erheblich kleineren Maßen als das österreichische Vorbild. Die Räte, hauptberuflich Mitglieder der Hofkammer, kamen nur gelegentlich zu Beratungen zusammen. Ab 1620 besaß der Rat als »Kriegsdeputation« einen abgegrenzten Geschäftsbereich, nämlich die Armeeangelegenheiten außer Finanzierung und Bewirtschaftung; 1628 verlieh ihm der Kaiser die Bezeichnung „Hof- Kriegsrat" und Maximilian, nicht mehr Herzog, sondern Kurfürst, setzte seinen Bruder Albrecht als Präsidenten ein. Damit war der Kulminationspunkt in der Entwicklung dieser Institution erreicht. Mit der Abdankung des Heeres 1650 verzeichnete der Hofkriegsrat als Behörde seine erste Auflösung, wenn auch die Räte im „consilium bellicum" weiter ein formales Dasein fristeten.

Unter dem unkriegerischen Ferdinand Maria als »Defensionsrat« wieder ins offizielle Leben gerufen, betreute er die wenigen stehenden Kompanien, erfuhr dann jedoch Anfang der 70er Jahre, wieder in Hofkriegsrat umbenannt, eine bescheidene Regeneration als zentrale bayerische Militärbehörde. Justiz und Personalwesen gehörten zu den wichtigen eigenen Ressorts. Daneben kontrollierte er mit Ausnahme der mit der Besoldung und Versorgung betrauten Stellen alle militärgebundenen Ämter, die Kriegskanzlei, die Kriegshauptbuchhalterei, auch das Kriegskommissariat. Nach dem Regierungsantritt Max II. Emanuels, unter dem – wie Staudinger sagt – der Kriegszustand die Regel bildete, erfuhr zusammen mit der enormen Truppenvermehrung auch der Hofkriegsrat eine Erweiterung, doch nur seines Arbeitsbereiches, nicht seiner Entscheidungsgewalt. Während der Feldzüge begleiteten den Kurfürsten sein dienstältester General, zugleich Hofkriegsratpräsident, und der eine oder andere Hofkriegsrat in höherem militärischem Rang. Die »hinterlassenen Räte« – ein terminus, der in allen Territorien für den Kriegsrat ohne Truppe in Gebrauch war – hatten in München ausschließlich Verwaltungsfunktionen, und zwar nur für den Bereich der in Bayern stationierten Truppen. Für die Ausfertigung der kurfürstlichen Erlasse genügte die Feldkriegskanzlei, im übrigen verkehrte der Kriegsherr direkt mit seinen Truppenbefehlshabern, die ihrerseits weite Entscheidungsbefugnisse besaßen, soweit sie als Kommandant eines bayrischen Subsidienkontingents in fremden Diensten auf eigenen Füßen standen. Daneben verfügte der Landesherr im »Geheimen Kanzleidirektorium« oder der »Kameraldeputation« in den Niederlanden über geeignetere Exekutivorgane als den schwerfälligen Hofkriegsrat. Aus früherer Zeit daran gewöhnt, zumindest in Militärangelegenheiten selbst zu entscheiden, mußten die Räte erleben, daß ihnen 1667 direkte Eingriffe verboten und ihre Befugnisse auf die Berichterstattung an den Kurfürsten eingeschränkt wurden.

Nach der Reduktion der Truppen in der kurzen Friedenszeit zwischen 1697 und 1701 übergab der Hofkriegsrat seine wenigen Geschäfte 1699 der Hofkammer, wurde 1701 mit Ausbruch des Spanischen Erbfolgekrieges wieder ins Leben gerufen, erlangte aber bis zur Besetzung Bayerns durch die Österreicher 1705, also bis zu seiner erneuten Auflösung kaum Bedeutung.

Nach dem Frieden von Rastatt 1714, der Max Emanuel in sein Stammland Bayern zurückkehren ließ, begrub der ehrgeizige Kurfürst zwar keineswegs seine hochfliegenden politischen Ambitionen, wie die europäische Maße erreichenden Vorbereitungen für einen möglichen Erwerb des Kaiserthrones für seinen Sohn Karl Albrecht beweisen, aber ausgeprägtem militärischem Ehrgeiz frönte er nicht mehr. Dafür fehlten auch die Mittel. Es war also nur konsequent, wenn er dem 1715 wiedererrichteten Hofkriegsrat den Spielraum erweiterte.

Wie aus den Protokollen des Hofkriegsrats dieser Zeit hervorgeht, kontrollierte er nicht nur bestimmte Vorgänge, sondern griff in der langen Friedenszeit auch in Detailfragen des Personalbereichs ein – Einstellung und Entlassung einzelner Soldaten, Beförderung zum Unteroffizier u. ä. – und beließ den Truppenkommandanten, die bisher solche Regelungen völlig selbständig vorgenommen hatten, nur ein Vorschlagsrecht. Möglicherweise ließ sich das bunt zusammengewürfelte Offizierspotential aller Ränge, das in den abenteuerlichen Schicksalen der bayrischen Verbände während des Spanischen Erbfolgekrieges übriggeblieben war, so gravierende Unregelmäßigkeiten zuschulden kommen, daß nur eine radikale Beschneidung altüberlieferter Rechte und Gewohnheiten eine vertretbare Ordnung garantierte.

Erhalten blieben – auch das ist eine nicht nur bayrische Erscheinung – die Querelen über die Zusammenarbeit mit der Hofkammer in Fragen der Truppenbewirtschaftung. Auf dem Gebiet der Jurisdiktion konnte sich der Hofkriegsrat allerdings die Kompetenzen, die er während der Kriegszeit an die Truppenführung hatte abgeben müssen, wieder zurückholen. Unter den Nachfolgern Max Emanuels behielt er seine Stärke – Präsident, Vizepräsident und fünf Räte, später ebenfalls aufgeteilt in Generals- und Gelehrtenbank – und seine ursprüngliche Aufgabe: die Vertretung des Kurfürsten. Karl Albrecht, als Kaiser eine Marionette Frankreichs und Preußens, als Truppenführer ohne die geringste Bedeutung, hat als letzter bayrischer Kriegsherr eine Armee, zu der auch ein bayrisches Korps gehörte, im Felde geführt, und zwar einen Monat lang im Herbst 1744. Der nüchtern denkende Max Joseph versuchte zumindest eine den Zeitumständen angepaßte militärische Situation einzuleiten. Er beschnitt nicht nur radikal die Truppenstärke – die verfehlte Militärpolitik der letzten 50 Jahre und die hohe Verschuldung waren Anlaß genug –, er trennte auch zum ersten Mal den Oberbefehl vom Hofkriegsrat. Zwei Jahre später hatte der Rat wieder seinen alten Einfluß zurückgewonnen. In einem neuen Versuch, die eingefahrene Bürokratieherrschaft zu überwinden, übernahm der Kurfürst 1753 persönlich das Oberkommando und ernannte einen Kriegsminister als Leiter aller Angelegenheiten außerhalb des Kommandobereichs, dem speziell für die Koordinierung des Ökonomiewesens ein Obristkriegskommissar unterstellt wurde. Dem Hofkriegsrat wurde die Stelle des Präsidenten gestrichen, der Vizepräsident in einen Direktor umgewandelt, dem nur noch das Justizwesen und der Schriftverkehr mit dem Ausland und nichtmilitärischen Stellen überlassen blieb. Doch bereits fünf Jahre später, 1758, entfiel das Amt des Kriegsministers, der Hofkriegsrat bearbeitete wieder das gesamte »große Militärdetail«; 1771 wurde sogar das bis dahin der Hofkammer unterstehende Kriegsökonomiedepartement mit ihm unter einem Präsidenten vereinigt.

Karl Theodor, als Sulzbacher das Glied einer pfälzischen Nebenlinie einer wittelsbachischen Nebenlinie, vermehrte mit seinem Regierungsantritt zwar die bayrische um die pfälzische Streitmacht, war aber jedem militärischen Engagement auf das Entschiedenste abgeneigt. Die Gesamttruppenstärke wird unter ihm kaum mehr als 10000 Mann betragen haben, die zahlreichen Beurlaubten miteingerechnet. Trotzdem wuchsen die Befugnisse des Hofkriegsrates wie auch die Zahl seiner Mitglieder; 1783 unterstanden seinem Präsidenten drei adlige Räte – Generale und Obersten –, ein Direktor, fünf Justizräte und sieben Räte in oeconomicis, dazu zahlreiches Unterpersonal. Irgendwelche für die bayerische Militärgeschichte relevanten Entscheidungen sind aber auch in dieser Zeit nicht von ihm ausgegangen. Er vertrat wohl den Kurfürsten, entschied aber nicht für ihn. Nach verschiedenen Umgliederungen und Umbenennungen – auch unter Max Joseph, dem späteren König – zum Oberkriegskollegium, zum Geheimen Kriegsbureau, zum Departement des Kriegswesens des Ministeriums, ging sein Aufgabenbereich 1817 im Staatsministerium der Armee auf.

Nach Österreich und Bayern bestätigt auch der Kriegsrat in Brandenburg-Preußen als dritte Variante die Rolle dieser Institution als Korrelat des Kriegsherrn, nur diesmal in überraschend eingeengter Form. Während dem Wiener Hofkriegsrat in Vertretung des Kaisers oder der Kaiserin so tiefgreifende Einwirkungsmöglichkeiten auf das militärische Geschehen nachgesagt werden können, daß die gesamte österreichische Militärgeschichte dieser Epoche in dieser Institution erfaßt werden könnte, und während am kurbayrischen Beispiel das wechselnde Interesse innerhalb einer Dynastie zu verfolgen ist, wie es bei den armierten Ständen Deutschlands allgemein üblich war, erweckt der Kriegsrat unter den Hohenzollern eher den Eindruck einer kurzlebigen Modeerscheinung.

In Brandenburg wurde der Generalfeldmarschall Barfus 1698 »nach der bei andern Kaiser- und königlichen Höfen üblichen Observanz« zum Oberkriegspräsidenten ernannt. Der neue Titel und das damit bekundete neue Amt waren notwendig geworden, weil von diesem Jahre ab der Geheime Kriegsrat nicht mehr wie bisher nur aus bestimmten Anlässen zusammengerufen wurde, sondern von dem schon seit langem bestehenden Geheimen Rat getrennt zu regelmäßigen Sitzungen zusammentrat. Die Konstituierung als selbständige Behörde hat er anscheinend nie erreicht. Zu seinem Mitgliederkreis zählten die höhere Generalität, der Generalkriegskommissar und einzelne Mitglieder des Geheimen Rates. Den Vorsitz bei den wöchentlichen Sitzungen beanspruchte der Kurfürst und baldige König, der Präsident fungierte also ausschließlich als Stellvertreter. Wartensleben, der Barfus 1702 als Feldmarschall und damit auch als Präsident ablöste, hat in keinem Feldzug preußische Truppen geführt, sondern blieb als persönlicher enger Berater des Königs Friedrich I. bei Hofe. In Preußen erfolgte also die Trennung von Oberbefehl und Präsidialkompetenz erheblich früher als in Österreich oder auch in Bayern. Der Geheime Kriegsrat wurde zu einer rein höfischen Einrichtung, denn noch 1712 nahm der König von allen wichtigen militärischen Angelegenheiten einschließlich der Bewirtschaftung durch das Kommissariat und des Kassenwesens nur über ihn Kenntnis.

Mit dem Regierungsantritt Friedrich Wilhelms I. 1713 verschoben sich die Akzente in der gesamten Kommando- und Wehrverwaltungsmaschinerie. Der König sah sich als »Chef der Armee« und vereinigte alle Spitzenfunktionen in seiner Person. Durch eine Zirkularordre im April 1713 an alle Regimenter ordnete er an, daß die Berichte über »das Detail« – Offizierspersonalien, Werbungen u. ä. – an ihn zu richten waren, lediglich das Generalkriegskommissariat behielt in seinem Bereich – Verpflegung, Quartiere, Musterung – noch eine gewisse Selbständigkeit. Der Feldmarschall, ursprünglich die Bezeichnung des Oberbefehlshabers im Kriege, wurde ein reiner Ehrenrang; der Kriegsrat tagte nicht mehr regelmäßig, sondern wurde, wie früher, nur noch bei außergewöhnlichen Anlässen zusammengerufen. Der Übermittlung der königlichen Befehle dienten auch auf dem militärischen Sektor die Kabinettsordres, die den ausfertigenden Kanzleibediensteten – den Kabinettssekretären – bereits zu Anfang des 18. Jahrhunderts verwaltungstechnisch bedingte, aber zweifellos übersteigerte Einmischungsmöglichkeiten sicherte. Dagegen verdankte der Fürst Leopold von Anhalt-Dessau – bekannt geworden als »der alte Dessauer« und einer der qualifiziertesten Generale des frühen Preußens – seinen beträchtlichen Einfluß auf das Entstehen des preußischen Militärapparates keiner in der Hierarchie verankerten Position, sondern allein seinem persönlichen Vertrauensverhältnis zu dem jungen König.

Da jedoch die Zentralverwaltung nicht nur Entscheidungen, sondern auch ordnende Bearbeitung der Vorgänge verlangte, aber eine dazu befähigte kollegiale Behörde, die auch Entscheidungsbefugnisse beansprucht, wie sie der Kriegsrat nun einmal darstellte, nicht in das preußische Kabinettsregime hineinpaßte, mußte eine adäquate, aber dem absolutistischen Subordinationsgefüge integrierte Institution geschaffen werden, die den auf die monarchische Spitze zugeschnittenen Verwaltungsmechanismus regulierte, ohne ihn zu leiten. Sie fand sich in der Person des Generaladjutanten. Er war Stabsoffizier, hatte keine vom Rang her bestimmende, weder beratende noch gar exekutive Funktion, sondern diente als eine rein zuarbeitende Hilfskraft des Monarchen. Zu seinen wichtigsten Aufgaben zählten: die monatlichen Stärkerapporte der Regimenter, dann Angelegenheiten, die nicht den Routinedienst betrafen, wie etwa die Vorbereitung von Truppenbesichtigungen (Revuen), weiter Personalfragen der Offiziere, wie Einstellung, Beförderung, speziell bei Neuaufstellungen, und Versorgung, aber auch die Zusammenstellung der Rang- und Konduitenlisten. Um die zum Teil delikaten Meldungen, Berichte und königlichen Entscheidungen nicht über den allgemeinen Geschäftsgang laufen zu lassen, gab es bereits unter Friedrich Wilhelm I. ein Departement des Generaladjutanten, das vom Kabinett getrennt war, ebenso von der Geheimen Kriegskanzlei, die auch die Personalia betreffenden Schriftstücke ausfertigte und nicht formal, aber anscheinend in der Praxis in einer in der Intensität wechselnden Abhängigkeit vom Generaladjutanten stand. Unter Friedrich II. änderte sich in der Position des Generaladjutanten, wie übrigens auch in der übrigen Verwaltung, nichts Wesentliches. Wenn der König auch bei Regierungsantritt sofort sieben Generaladjutanten ernannte, so verringerte er die Zahl bald und begnügte sich seit 1758 mit einem Offizier in dieser Position.

Die ursprüngliche Zentralisierung wurde dadurch allerdings nicht erhalten. Das misanthropische Mißtrauen Friedrichs führte in seinen letzten beiden Regierungsdezennien dazu, möglichst viele Immediatstellen an möglichst wenige zu ihm in einem wechselnden Vertrauensverhältnis stehende Personen zu verteilen, ihnen Kompetenzen ohne Rücksicht auf ihr Amt zuzusprechen, ohne ihnen die dafür notwendige Selbständigkeit zuzugestehen, und sie unter einer wenn auch nur scheinbaren ständigen Kontrolle zu halten. Gerade diese Kontrollwütigkeit brachte Preußen den Ruf ein, die unkontrollierteste Verwaltung Europas zu besitzen. Speziell dem Ansehen des Generaladjutanten war es ungemein abträglich, daß er an den unterschiedlichsten Stellen ein Mitspracherecht erhielt, ohne wirklich verantwortlich zu sein.

Der Generaladjutant am Ende des Siebenjährigen Krieges war zum Beispiel seit 1763 mit dem Amt eines Generalinspekteurs betraut, während seine Geschäfte von Flügeladjutanten versehen wurden. Unter ihnen schob sich ein Herr von Anhalt in den Vordergrund, der seine Bezüge als Generalquartiermeister, das dazugehörige Patent jedoch erst 1765 zusammen mit seiner Beförderung zum Oberst erhielt. Seit 1770 Generalmajor, wurde er ab 1773 als Generaladjutant geführt, bis er 1781 ein Regiment erhielt. Neben diesen militärischen Pflichten besaß er seit 1766 als Hofjägermeister die nebem dem König ausschlaggebende Stimme bei der Stellenbesetzung in der gesamten Forstverwaltung (mit verabschiedeten Offizieren) und bei der Forstwirtschaft. Nachzuweisen ist außerdem sein erheblicher Anteil an dem großen Retablissement – der wirtschaftlichen Erschließung und Urbarmachung des Landes. Eine vollständige Zusammenstellung seiner Einwirkungsmöglichkeiten würde eine geradezu unglaubliche Vielfalt bezeugen. Trotzdem ist damit wenig über seinen tatsächlichen Einfluß gesagt. Ausschlaggebend dafür waren weniger die einzelnen Dienststellungen als die persönlichen Talente und mehr noch das persönliche Verhältnis zum König.

Dabei besaß der Generaladjutant speziell auf dem militärischen Sektor kraft seines Amtes keinerlei Entscheidungsgewalt. Neben ihm stand den Chefs aller Regimenter und den Gouverneuren aller Festungen immediater Zugang zum König zu. Vorgetragen wurden die Militaria auch nicht von ihm, sondern von einem Kabiettsrat. Der Generaladjutant bearbeitete sie nur im Auftrag des Königs.

Mit Friedrich Wilhelm II. fand auch Preußen seinen militärisch nicht ausdrücklich interessierten Monarchen, der um eine möglichst für sich funktionierende Kommandozentrale bemüht war, wobei die grundsätzlich alleinige Entscheidungsgewalt des Königs offiziell beizubehalten war. Zunächst erhielt der Generaladjutant für die Infanterie ein stärkeres Profil, ab 1787 hielt er selbst über alle militärischen Eingänge Vortrag und expedierte die königlichen Entscheidungen. Mit dem »expedierenden« oder später »vortragenden Generaladjutanten« als Chef gewann die Generaladjutantur den Charakter eines selbständigen Kabinetts. Doch auch in diesen Jahren der Anfänge des später so einflußreichen Militärkabinetts sollten seine Möglichkeiten nicht überschätzt, vor allem aber sein Mangel an Effizienz ihm nicht als Versagen angekreidet werden. Wenn den häufig wechselnden Generaladjutanten in der späteren Reform ebenso wie in der Literatur über die Reform ein gut Teil der Schuld am militärischen Niedergang Preußens in der napoleonischen Zeit zugeschoben wurde, so dienten sie in dieser Kritik lediglich als Sündenböcke für ein Verwaltungs-, Führungs- und Kommandosystem, dessen allgemein offensichtliche Unzulänglichkeiten nicht auf einen so einfachen Nenner zu bringen waren. Das Amt war schillernder, aber nicht gewichtiger geworden. So gab es unter Friedrich Wilhelm II. auch den Generaladjutanten für die Kavallerie, zwar ohne »expedierende« Funktion, aber eine Konkurrenz. Außerdem bekamen die Adjutanten als Stabsoffiziere in der doch stark vom Rang bestimmten militärischen Hierarchie unter den Generalen die mindere Wertigkeit ihrer Position zu spüren. Die gravierendste Einschränkung war aber zweifellos mit der Gründung des Oberkriegskollegiums geschaffen. Theoretisch schien sich damit eine Erweiterung seiner Kompetenzen anzubahnen, denn der Generaladjutant hatte auch die Beschlüsse des Oberkriegskollegiums vorzutragen, mediatisierte es also. Eine kraftvolle, ranghohe Persönlichkeit hätte als Generaladjutant die bestimmende Rolle im gesamten Militärwesen einnehmen können. In der Praxis jedoch degradierte das Oberkriegskollegium mit seinem umfangreichen Apparat und der Masse seiner Generale die Generaladjutantur zu einem nur expedierenden Büro.

Dieses Oberkriegskollegium war der – wie sich bald herausstellte: – mißlungene Versuch, eine den zeitgemäßen Vorstellungen angepaßte, d. h. nach Art der späteren Kriegsministerien aufgebaute Neuform des alten Kriegsrates als eine den Monarchen vertretende zentrale Behörde ins Leben zu rufen.

Konzipiert war das Oberkriegskollegium noch unter Friedrich II. als ein alle Spitzen der Heeresverwaltung vereinigendes Gremium, das dem bis ins hohe Alter selbstherrlichen König die erdrückende Arbeit abnahm, ohne seine Entscheidungsfreiheit zu beschränken. Dann aber erst nach seinem Tode als relativ eigenständiges Kollegium 1787 konstituiert und vom Monarchen durch den Generaladjutanten abgeschirmt, hat es den Sprung zum selbständigen Direktorium nicht geschafft und ist in der Routineverwaltung hängen geblieben.
Die Leitung des Oberkriegskollegiums lag in den Händen eines Präsidiums, bestehend aus dem Feldmarschall Herzog von Braunschweig als Oberkriegspräsidenten, einem Vizeoberkriegspräsidenten, einem die laufenden Geschäfte führenden Kriegspräsidenten, der auch den Titel »erster Kriegsminister« führte, und einem Vizekriegspräsidenten, alles Generalstellen. Dem bewährten Vorbild des Generaldirektoriums (s. u. S. 272) angeglichen war es in sieben Departements unterteilt, die ebenfalls von Generalen geführt wurden.

Ein Beispiel für den schwerfällig-komplizierten Kompetenzwirrwarr, der diese Neugliederung einer versteiften, reformreifen Verwaltungshierarchie beherrschte, bietet das Gezerre um das wichtige Militärdepartement des Generaldirektoriums, das vornehmlich Fragen bearbeitete, die mit der Finanzierung zusammenhingen. Es sollte dem Oberkriegskollegium als 5. Departement einverleibt werden. Da es jedoch dem zivilen Charakter seiner alten Rahmenbehörde entsprechend zivile Finanzräte als Mitglieder aufwies, also in das militärische Oberkriegskollegium nicht recht hineinpaßte, auch auf kollegiale Zusammenarbeit mit seinen früheren Nachbardepartements nicht verzichten konnte, blieb es ihr zunächst unterstellt. Im Oberkriegskollegium entstand dafür als Ersatz ein neues 5. Departement, das nur für Verpflegungssachen zuständig, daher aber auf Zusammenarbeit mit dem Militärdepartement angewiesen war. Um die zu erwartenden Überschneidungen auszuschalten, wurden beide Departements einem gemeinsamen Direktor unterstellt, einem General, der den Titel „zweiter Kriegsminister“ führte und zwei Zentralbehörden angehörte. Nachdem sich dieser Zustand als unhaltbar erwiesen hatte, wurde das Militärdepartement 1790 als 8. Departement doch dem Oberkriegskollegium zugeteilt und erhielt zur Angleichung zusätzlich zwei Stabsoffiziere, die zugleich zu Finanzräten ernannt wurden. Angelegenheiten, die auch das Generaldirektorium angingen, bearbeitete das Departement jedoch als seiner alten Überbehörde angehörig.

Bestätigt wurde die Ineffizienz des Oberkriegskollegiums als zentrales Koordinierungsdirektorium durch die Berufung der Immediat-Militär-Organisationskommission von 1785. Die Erweiterung des preußischen Staatsgebietes durch die beiden letzten polnischen Teilungen und die sich damit ergebende lange Grenze nach Rußland regten zu einer Heeresvermehrung und vor allem zu einer exakten Durchgliederung der Armee, verbunden mit einer neuen Dislozierung der Truppen, an. Planung und Durchführung dieses Projektes wurden einer aus Mitgliedern der Oberkriegskommission zusammengerufenen Kommission übertragen, die bis 1805 tätig blieb. Sie muß als der eigentliche Kopf der preußischen Heeresverwaltung angesehen werden – soweit überhaupt von einer zentralen Leitstelle gesprochen werden kann –, denn von ihr gingen alle Entwürfe und Vorschläge aus, die dann von der Oberkriegskommission im Detail ausgearbeitet und vom Generaladjutanten vorgetragen wurden. Die notwendigen und innerhalb der Armee bereits intensiv diskutierten Reformen sind allerdings auch von der Immediat-Militär-Organisationskommission weder angeregt noch gar eingeleitet worden.

Da der Kriegsrat und die späteren ihm entsprechenden Behörden in Preußen keine nennenswerten Einwirkungsmöglichkeiten finden konnten, sind sie in der früheren preußischen und damit automatisch auch in der deutschen Militär- und Kriegsgeschichte nur als nebensächliche Randerscheinungen behandelt worden. Eine genauere Untersuchung zum Beispiel des Oberkriegskollegiums würde sicherlich keine sensationellen Ergebnisse zutage fördern. Es könnte darin aber nachgewiesen werden, daß Preußens militärisches Versagen um die Jahrhundertwende nicht darauf zurückzuführen ist, daß »es auf den Lorbeeren Friedrich des Großen« eingeschlafen ist, sondern daß im Gegenteil neben den unhaltbar antiquierten sozialen, wirtschaftlichen und finanziellen Zuständen in der Armee nicht zuletzt die Unmöglichkeit, sich aus einer durcheinandergeratenen, keine Initiative zulassenden, im »exakten Schlendrian« erstarrten, aber von der Gloriole des großen Friedrich gerechtfertigten Verwaltungshierarchie zu lösen, zu dem Zusammenbruch geführt hat.

Wenn aber in Preußen speziell der Kriegsrat nicht zum Zuge gekommen ist, so nicht allein deshalb, weil überragende Herrscherpersönlichkeiten keine Stellvertretung zuließen, sondern auch weil hier der zweite für die militärischen Zustände relevante Verwaltungszweig einen einmaligen Ausbau erfuhr: das Kommissariat.

Das Kriegskommissariat

Das Kriegskommissariat war für die Finanzierung, im engeren Sinne für die Bewirtschaftung und Besoldung der Truppe zuständig; von seiner umsichtigen Sorgfalt hing

nicht nur das Wohlergehen, sondern, angesichts der nicht endenden Finanzkrisen, die Existenz der stehenden Regimenter schlechthin ab. Nach heutigen Verwaltungsgrundsätzen hätten sich damit seine Kompetenzen mit denen des Kriegsrates stark überschnitten. Es hat auch tatsächlich immer wieder Reibungen gegeben, selbst wenn eindeutige kriegsherrliche Weisungen über klare Trennungen oder Unterstellungsverhältnisse Friktionen auszuschalten suchten. Doch für die Praxis des täglichen Lebens war im Zeitalter des Absolutismus, das Legislative, Exekutive und Jurisdiktion noch nicht zu scheiden vermochte und eine einheitliche, durchstrukturierte Verwaltung nicht kannte, dieses Nebeneinander nicht nur möglich, sondern notwendig. Der Kriegsrat als ein residenzgebundenes Gremium beschränkte sich als leitende Behörde ausschließlich auf Weisungen an andere Behörden. Ihm fehlte das Instrumentarium für exekutive Maßnahmen. Es sollte daher auch mit Vorbehalt als Ursprung oder Vorläufer der späteren Kriegsministerien angesprochen werden, die doch die Spitze eines weitverzweigten Exekutivapparates darstellten. Im Kriegskommissariat dagegen ist – zumindest noch in der Frühzeit des Absolutismus – ein reines Instrumentarium zu sehen, unstrukturiert und ohne eigene Spitze. Es ist auch versucht worden, Kriegsrat und Kriegskommissariat zu koordinieren, indem der Generalkriegskommissar in den Kriegsrat aufgenommen wurde. Aber noch am Ende des 18. Jahrhunderts – das Kommissariat war schon völlig »verbeamtet« – bereitete eine Fusion der Nachfolgeorganisationen beider Institutionen kaum zu bewältigende Schwierigkeiten, wie die Transferierung des Militärdepartements in das Oberkriegskollegium in Preußen 1787 beweist.

Seiner ursprünglichen Bestimmung nach gehörte das Kommissariat gar nicht zur Verwaltung, sondern kontrollierte sie. Bereits im Frühabsolutismus wandelte es sich ebenfalls sehr schnell zu einer Verwaltungsbehörde.

Es gab zwei Formen, in denen dem Monarchen oder der herrschenden Staatsgewalt exekutive Dienste geleistet wurden. In der Neuzeit wurde die eine als »office« (officium), d. h. als Amt, die andere als „commission" (neulateinisch: commissio), d. h. als Auftrag, bezeichnet. Das office beruhte in der Regel auf einer rechtsstaatlichen Basis, war in der Landesverfassung verankert und daher nicht selten von den Landständen mit Beschlag belegt, galt in Einzelfällen sogar als vererbbar, trug jedenfalls alle Anzeichen einer Dauereinrichtung, konnte aber hier und dort einen Zug von antiquierter Selbstgerechtigkeit nicht leugnen. Der Amtsträger oder Amtsinhaber – im französischen Sprachgebrauch »officier«, im englischen »officer« genannt – ist unter Berücksichtigung zeitgebundener Modifikationen mit der deutschen Bezeichnung »Beamter« richtig gekennzeichnet. Sie wurde jedoch erst im 19. Jahrhundert als umfassender Oberbegriff üblich, vorher hieß der Beamte namentlich in Preußen »Zivilbedienter«. Nur der militärische Amtsträger erhielt und behielt die aus dem Französischen übernommene Bezeichnung, zunächst »Officierer«, dann scharf getrennt: Ober- und Unteroffizier.

Demgegenüber drückte die commission als ein außerordentlicher, zeitlich begrenzter Auftrag eine Willenserklärung des Monarchen aus. Sie verkörperte einen Auftrag zur Kontrolle und im Ergebnis auch der Reform der althergebrachten »offiziellen« Ordnung. Es ist daher nicht verwunderlich, daß ihr im Absolutismus eine tragende Rolle zufiel, speziell auf dem Gebiet des Militärwesens. Frankreich wurde mit seinen sich aus dem Kommissionen entwickelnden Intendanten, die zwar nicht ausschließlich für die Armee zuständig waren, aber den Heeresapparat unter eiserner Kontrolle hielten, das in keinem anderen Land erreichte Musterbeispiel für das gesamte Europa.

Auch in Deutschland waren Kriegskommissare als die eingeführten Kontrollorgane für die Söldnerregimenter eine bekannte Erscheinung. Doch erst mit der Inbesitznahme der Regimenter durch die Fürsten, also mit der Errichtung stehender Kontingente, konnten sie ihre das militärische Leben weitgehend bestimmende Rolle einnehmen.

In der Anfangszeit des Stehenden Heeres überdeckte der Auftragscharakter mit seinen vielfältigen Kontrollfunktionen noch den Amtscharakter und schuf ein auffälliges Nebeneinander von Kommissariaten und Sonderkommissaren. Ein Kriegsherr, der eigene Regimenter vermietete, benötigte – da Aufstellung und Ausrüstung der Regimenter weitgehend in den Händen der Obersten und Kompaniechefs lagen – »Musterungskommissare«, die Truppenstärke, Bewaffnung, Bekleidung, allgemeinen Gesundheitszustand der Soldaten überprüften, um Beanstandungen der von den mietenden und zahlenden kriegführenden Mächten eingesetzten Gegenkommissaren zuvorzukommen. Weiterhin waren Kommissare für die Besoldung und Verpflegung der Kompanien durch ihre Chefs verantwortlich. Drittens begleiteten »Feldkriegskommissare« die Regimenter ins Ausland, um die vertraglich zugesicherten Verpflichtungen des Mieters zu kontrollieren und der Truppe ihre Rechte zu sichern, für ausreichende Quartiere und ein tragbares Verhältnis zwischen der Truppe und der fremden – oder auch der eigenen – Bevölkerung sorgen. Sie erstatteten außerdem ihrem Landesherrn oder dem Kriegsrat regelmäßig Meldung über das Verhalten der eigenen Offiziere in Fragen der Bewirtschaftung und der Disziplin im Quartier, auf dem Marsch und in der Schlacht. Diese Berichte – etwa der bayerischen Kommissare zur Zeit Max Emanuels – sind zum Teil aufschlußreicher als die gleichlaufenden, zwangsläufig apologetisch gehaltenen Rapporte der Offiziere. Aus diesem gegeneinander-Ausspielen durch den Kriegsherrn – die Kommissare erhielten z. B. ein »recompens« für die Aufdeckung von Unregelmäßigkeiten – entwickelte sich ein natürlicher handgreiflicher Antagonismus zwischen Truppenführung und Kommissariat, der die Zeit der Stehenden Söldnerheere weit überdauerte.

Andere Kommissare hatten die Aufgabe, die Bewirtschaftung der Truppe durch das Land sicherzustellen, nicht nur im Feindesland sondern auch im eigenen Staatsgebiet. Sie sorgten also für die Bereitstellung und Zufuhr von Verpflegung, die Anlage von Magazinen, nicht zuletzt auch für das ordnungsgemäße Einziehen der Kontributionen, der für das Militär bestimmten Steuern.

Den landesherrlichen Kriegskommissaren standen die »Landkommissare« als Abgesandte der Landstände gegenüber, die bei Märschen, Quartiernahme, Verpflegungsbezug aus der Bevölkerung, Transporten mit oder ohne Vorspann die Interessen des Landes gegenüber der Armee wahrten. Auch sie wurden vom Landesherrn ernannt, handelten also zum mindesten formal mit seinem Einverständnis, kamen aber aus der Mitte der Stände und waren von ihnen vorgeschlagen.

Alle diese Kriegskommissare waren natürlich bemüht, ihre Position zu festigen, ihre zeit- und auftragsgebundene Tätigkeit in ein auf Dauer bestehendes Amt übergehen zu lassen und sich als Behörde zu konstituieren. Sie kamen damit den Vorstellungen ihrer Landesherren entgegen, denen sich die Gelegenheit bot, aus dem Stab der Kommissare eine zentral gelenkte, landesherrliche, also von ständischen Einflüssen unabhängige Verwaltungshierarchie aufzubauen. Die Kommissare selbst waren in den letzten Jahrzehnten des 17. Jahrhunderts in der Mehrzahl bereits Beamte oder Offiziere, d. h. sie waren aus einer Behörde unter Beibehaltung ihres Status und ihres Titels für eine Kommission auf Zeit oder auf Dauer abgeordnet. Ihnen fehlte nur die zusammenfassende Behördenstruktur und die gemeinsame Spitze.

Relativ früh entstanden daher die »Generalkommissariate« – in Brandenburg bereits 1655, in Bayern 1674, in Württemberg 1719 –, unter denen die verschiedenen Kommissariatskompetenzen in Kommissariaten vereinigt wurden. Während sich damit die Funktionen vornehmlich auf die Verwaltungsebene verlagerten, ohne jedoch die Kontrolle vollständig aufzugeben, konzentrierte sich das Tätigkeitsfeld mehr und mehr auf die Bewirtschaftung der Truppe. Bis auf eine Ausnahme allerdings ist es nirgends gelungen, den anfänglichen Aufschwung nutzend eine dauernde Eigenständigkeit zu erreichen. Auf der einen Seite beschnitt die Konkurrenz bereits bestehender Behörden, wie etwa die fürstliche oder auch ständische Finanzverwaltung, den für einen konsequenten Aufbau notwendigen Wirkungsbereich, auf der anderen machte sich das Gewicht der sich schnell festigenden Offizierkorps ebenso einschränkend bemerkbar. Schon um die dauernden Reibereien zu vermeiden, wurden die Stellen des Generalkommissars und wichtiger Kriegskommissare gerne mit Offizieren besetzt. Damit war dann die Polarität zwischen Truppe und Verwaltung, die ursprünglich aus Frankreich mit seiner Intendaturaufsicht übernommen worden war, weitgehend aufgehoben und die Kommissariatsverwaltung geriet unter die Befehlsgewalt der Armeeführung.

Auch ließ sich bei der Abhängigkeit von dem ständigen Auf und Ab eines auf Subsidienzahlungen angewiesenen Truppenkörpers kein konstanter Apparat erhalten. Bei Reduktionen aufgrund ausbleibender Subsidien verfiel das Generalkommissariat der Auflösung und die Zahl der bleibenden Kommissare wurde radikal vermindert; Neuaufstellungen erforderten den alten oder auch einen umorganisierten Nachschubapparat. Im Frieden ohne echtes Ressort, während eines Feldzuges trotz einer erheblichen Eigenverantwortlichkeit dem militärischen Oberbefehlshaber unterstellt, vermochte sich der Generalkriegskommissar nicht aus der engen militärischen Bindung zu lösen. Als daher die deutschen Länder in der zweiten Hälfte des 18. Jahrhunderts ihre stehenden Kontingente auf ein Mindestmaß einschränkten, versanken auch das Generalkriegskommissariat und seine Kriegskommissare in Bedeutungslosigkeit.

Eine auffallend andere Entwicklung nahm das Generalkriegskommissariat in Brandenburg-Preußen, der oben erwähnten Ausnahme. Unter dem Großen Kurfürsten zeigte sich ein ähnlicher Aufgabenkreis wie in den anderen deutschen Ländern. Sein Sohn Friedrich I., der erste preußische König – nicht erst der Soldatenkönig – öffnete ihm dann den Weg zur zivilen Verwaltungsbehörde.

Nach einer Instruktion von 1669 fielen in die Befugnisse des Generalkriegskommissars: Kontrolle der richtigen Besoldung der Mannschaften durch die Kompaniechefs, der Musterung und der Marschordnung, dabei Achten auf Belästigung von Untertanen durch Soldaten, Berichte über Zeughäuser und Magazine, Ausstellung von Offizierspatenten und Kapitulationen, Einzug und Verteilung von Kontributionen.

Im Jahre 1712 dagegen umfaßte das Ressort des eigentlichen Generalkriegskommissars – eines zivilen Beamten namens Blaspil – in den Hauptpunkten: Polizeiweisen (in der damals weiten Bedeutung), Städtewesen, Brau-, Manufaktur-, Commerzsachen und das Justizwesen. Formal unter, praktisch neben ihm leitete F. W. v. Grumbkow – er spielte später als Vertrauter Friedrich Wilhelms I. eine bedeutende, aber auch undurchsichtige Rolle in der preußischen Politik – als Direktor beim Generalkriegskommissar die Abteilung für militärische Angelegenheiten, deren Funktionen eine genaue Dienstanweisung regelte. In Wegfall kam die Ausstellung von Patenten und Kapitulationen, neu aufgeführt waren: Überwachung der Steuereinnehmer, der Kataster für die Grundsteuer, der außerordentlichen Ausgaben in den Provinzen und Kreisen und des gesamten Akzisewesens, Abnahme der Kreiseinnehmerrechnungen.

Friedrich Wilhelm I. übernahm 1713 das Generalkriegskommissariat als eine Finanz- und Verwaltungsbehörde. Seit 1702 arbeitete es kollegialisch und war keiner militärischen Stelle mehr unterstellt, auch nicht im Kriege. Es diente weder als Verwaltungsinstitution innerhalb der Armee, noch als Fachbehörde für militärische Angelegenheiten. Wie die Armee war es ein Instrument des Königs, jedoch nicht in oder in Verbindung mit der Armee. Mit dieser Behörde gelangen zwei entscheidende Durchbrüche: die Zentralisierung der Verwaltung aller preußischen Länder und die endgültige Überwindung altständischer Verwaltungshoheiten.

Das aufstrebende Generalkriegskommissariat, unterstützt von dem betont absolutistischen Machtanspruch des Königs, suchte teils im Einvernehmen mit den notgedrungen konzilianten ständischen Einrichtungen, teils mit kaum versteckter Gewalt die Kontrolle des gesamten Finanzwesens an sich zu ziehen, stieß jedoch in der landesherrlichen Domänenverwaltung, die 1689 als Geheime Hofkammer zusammengefaßt wurde und nach Überwindung eines kurzen Tiefs 1713 als „Generalfinanzdirektorium" ebenfalls eine zentrale Position beanspruchte, auf eine gleichgewichtige Finanzverwaltungsspitze mit eigener Generaldomänenkasse, die sich ebenfalls auf ihren Rückhalt beim König berief.

Die störenden Reibereien bereinigte der König, indem er 1723 beide Behörden zum »General-Ober-Finanz-Krieges- und -Domänen-Direktorium« vereinigte, das unter dem Kurznamen „Generaldirektorium" bekannt geworden ist. Damit waren das absolutistische Kammerprinzip, dessen Sieg über ständische Rechte der Verwaltungsgeschichte dieser Zeit allgemein ihr Gepräge gibt, und das ältere Kommissariatsprinzip, das bereits einen neuen Beamtentyp geprägt hatte, in einer Körperschaft verbunden, die sich zu der alle preußischen Länder vereinigenden Zentralinstitution konstituierte.

Ins Auge fällt im Vergleich mit den wenn auch kleineren Kommissariaten anderer deutscher Länder der deutliche zivile Charakter des Generaldirektoriums und der ihm nachgeordneten Kriegs- und Domänenkammern. Die militärischen Angelegenheiten, die im Generalkriegskommissariat noch in der Masse in einer Abteilung bearbeitet worden waren, litten unter der regionalen Aufgliederung in der Anfangszeit des Direktoriums. Friedrich II., der diesem allgemeinen Übel durch allmähliche Umgliederung der Bezirks- in Fachressorts abzuhelfen suchte, und damit die Zentralisierung erst verwirklichte, gründete 1746 das »Militärdepartement«. Sein Leiter trug wieder den alten Titel Generalkriegskommissar, ab 1760 nannte er sich »Kriegsminister«. Er handelte relativ selbständig, brauchte nicht im Kollegium vorzutragen, wie die anderen Ressortleiter des Generaldirektoriums, war für die meisten Militärsachen zuständig. Nur das Kantonwesen wurde weiterhin regional bearbeitet. In die Diskussion geriet das Militärdepartement, als sich später bei seiner Übernahme in das Oberkriegskollegium Friktionen ergaben (s. S. 267f).

Im Falle eines Feldzuges oder einer Truppenkommandierung ins Ausland stellte das Generaldirektorium ein Kriegskommissariat ab, das nach Beendigung des Unternehmens aufgelöst und personell wieder integriert wurde. Zu Beginn des Ersten Schlesischen Krieges 1740 gründete Friedrich II. das »Feldkriegskommissariat«, das in vielen Zügen den Generalkriegskommissariaten der anderen Länder glich, ohne ihre Labilität zu teilen, da es im Generaldirektorium einen festen Rückhalt besaß. Die Mitglieder dieser Feldkriegskommissariate wurden aus allen Departements des Generaldirektoriums zusammengezogen, waren also Beamte – Zivilbediente –, die zweifellos nicht allen Eventualitäten eines Feldzuges gewachsen waren. Friedrich II. unterwarf sie auch der strengen Kontrolle seiner Generalintendanten im Generalsrang. Doch sollten die variantenreichen Beschwerden über die Feldkriegskommissariate in den Schlesischen, besonders auch in den Koalitionskriegen nicht als eine pauschale Verifizierung unhaltbarer Zustände gewertet, sondern darauf überprüft werden, wie weit sie lediglich den alten Gegensatz zwischen Truppe und Verwaltung widerspiegeln.

Das Generaldirektorium stand, und darin liegt seine einschneidende Bedeutung, als Zentralbehörde an der Spitze eines umfassenden Staatsverwaltungsapparates. Bereits in den Zeiten des Generalkommissariats bestanden in den einzelnen preußischen Ländern und späteren Provinzen Kommissariate zur Eintreibung der Kontribution. Auch sie wandelten sich zu Kollegialbehörden und verbanden sich – analog den Spitzenbehörden in Berlin – mit den das domanium verwaltenden Kammern 1723 zu den Kriegs- und Domänenkammern. In ihrem Umkreis – in den Provinzen nämlich, weniger in der Hauptstadt Berlin – vollzogen sich die Auseinandersetzungen mit den ständischen »Regierungen« der Landesteile, die, eines Hoheitsrechtes nach dem anderen beraubt und in der Steuerpolitik überspielt, allein noch im Rückzug auf das Justizwesen Würde und Ansehen zu wahren vermochten und den Aufbau der neuen preußischen Verwaltung rein als Zaungäste miterlebten.

Nicht gelungen, auch wohl nicht konsequent betrieben, war der Einbruch in die kommunale Sphäre. Die königlich-preußische Regierungsgewalt reichte bis an die Kreisebene. Aus der Verkopplung des landständischen Kreisdirektors mit dem für die Belange der Armee zuständigen »Land- und Marschkommissar« entstand der »Landrat«, in den Städten der Steuerrat. Beim Landrat, der zivilen Personifikation der Einheit von landesherrlicher und landständischer Hoheit, endete die preußische Staatsgewalt des 18. Jahrhunderts.

Es ist vornehmlich das Werk der Kriegskommissariate, die freien Söldnerregimenter in die stehenden Truppen absolutistischer Fürsten umgewandelt zu haben. Auch sie waren nur ein Instrument, aber der finanzwirtschaftliche Vorgang der Ablösung des militärischen Unternehmers durch den fürstlichen Kriegsherrn ist weitgehend von ihnen gesteuert worden.

Dem Generaldirektorium und seinen nachgeordneten Ämtern als Sonderfall ist auch ein besonderes Ergebnis zuzuschreiben. Es hat einen Menschentyp geformt, der aus der sozialpolitischen Welt des deutschen 19. Jahrhunderts nicht wegzudenken ist: den preußischen Beamten.

Die Kompaniewirtschaft

Der dritte Verwaltungszweig war ebenfalls ein Erbe der Zeit des freien Söldnertums. Er wird als Kompaniewirtschaft bezeichnet, wobei nicht an eine Selbstbewirtschaftung der Kompanie zu denken ist, sondern an ihre Bewirtschaftung durch den Inhaber und Chef, den Hauptmann oder Rittmeister. Sie umfaßte den Bereich, der später von der Truppenverwaltung überdeckt wurde; mit anderen Worten: das Stehende Söldnerheer kannte gar keine Truppenverwaltung. Bei der Errichtung stehender Truppen behielten die fürstlichen Kriegsherrn die Inhaberschaft über die Regimenter, die Obersten wurden nicht mehr Regimentschef sondern nur Kommandeur. Sie genossen noch einige wirtschaftliche Vorteile, etwa bei der Beschaffung der „Großen Montur" – der Uniform – ober beim Werbegeschäft, bis der Dienstherr auch diese Verdienstquellen für sich in Anspruch nahm oder den Kompaniechefs überließ. Die Obersten führten also den größten militärischen Verband im Frieden – das Regiment, aber es gehörte ihnen nicht mehr. Den Hauptleuten dagegen blieb ihre Inhaberschaft, sie waren als Kompaniechef weiterhin Eigentümer ihrer Kompanien und bewirtschafteten sie auf eigenes Risiko und Gewinn. Aber sie blieben auch eingebunden in die Verwaltungshierarchie des Regiments also ihres Kriegsherrn, der ihnen die Regeln für ihre Inhaberschaft vorschrieb. Ihr Betriebskapital erhielten sie aus den Kassen der Kommissariate, zumeist zivilen Behörden – jedenfalls in Preußen –, die nicht zur Truppe gehörten. Der Landesherr befehligte also als Kriegsherr eine Truppe, die ihm gehörte, frei zu seiner Verfügung stand und wirtschaftlich völlig selbständig funktionierte auch wenn sie vom Staat bezahlt wurde.

Die Kompaniewirtschaft beruhte auf der Voraussetzung, daß die Soldaten – wie die früheren Söldner – vom Kompaniechef geworben waren und in einem privatrechtlichen Dienstverhältnis zu ihm standen; dabei mußte also die Tatsache, daß ein großer Teil von ihnen gezogen oder zwangsausgehoben war, außer acht bleiben. Außer Gebrauchsartikeln, die einheitlich für die gesamte Armee oder zumindest für das Regiment beschafft wurden – Waffen, Fahrzeugen, Großer Montur –, besorgte und verwaltete der Chef den gesamten pekuniären und materiellen Bedarf seiner Kompanie. Seine Kompaniebezüge waren in landesherrlichen »Ordonnanzen« genau festgelegt, setzen sich aus einzelnen Titeln – Werbegeld, Sold, Brot- und Fleischgeld u. ä. – zusammen, und waren auf die genaue Zahl der Kompanieangehörigen berechnet. Der Chef konnte jedoch pauschal über den Gesamtbetrag verfügen. Lieferten die Kommissariate Nahrungsmittel, mußte er sie von diesen Geldern bezahlen.

Der Kompanie gegenüber ergaben sich für den Chef folgende Verbindlichkeiten: »Komplett«-halten der Kompanie, also Erhalten des Sollbestandes durch Werbung; Besoldung und Verpflegung nach festgelegten Sätzen; Quartierbeschaffung; Versorgung mit »Kleiner Montur« (Vorschuhe, Sohlen, Stiefelklappen, Ober- und Unterhemden, Haarbänder, Halsbinden u. ä.). Kontrolliert wurde er durch die jährliche Revue und durch den Quartiermeister. Wenn auch die Kleidungsstücke durch Soldabzug allmählich in den Besitz der Soldaten übergingen, so gab es noch Chefeigentum innerhalb der Kompanie. Außerdem hatte jeder Soldat einen materiellen Wert, da Werbegeld und Ausbildung in ihn investiert waren. Daraus konnte für jede Einheit ein

Handelswert berechnet werden, der bei der Übergabe an einen neuernannten Chef oder bei Auszahlung an die Erben genannt wurde; er betrug rund 2000 tlr.

Kompaniewirtschaft hieß aber in erster Linie nicht kontrollierte Verwaltung, sondern Wirtschaft mit Gewinn. Die Einkünfte der Chefs sind nur zu schätzen. Nach den Berechnungen von Otto Büsch erwirtschaftete ein Eskadronschef Ende des 18. Jahrhunderts neben seinem Traktament, dem Sold von 1.284 tlr, rund 1.000 tlr jährlich aus der Kompanie bei relativ korrektem Geschäftsgebaren. Die Summen am Anfang des Jahrhunderts sind annähernd die gleichen.

Den größten Gewinn warf das Werbegeschäft in Verbindung mit der Beurlaubung ab. Die 36 tlr Werbegeld reichten bei weitem nicht für die Auslandswerbung – d. h. in anderen deutschen Ländern – nicht aus, da ein geworbener Soldat bis 200 oder gar 300 tlr Unkosten verursachen konnte. Daher war es erlaubt, bäuerliche Landeskinder für 9, später 10 Monate zu beurlauben und Ausländer als »Freiwächter« in städtischen Gewerbebetrieben arbeiten zu lassen, ihren Sold für diese Zeit also einzusparen. Die Kompensation der Werbungskosten durch das Urlaubsgeld sind wohl als der eigentliche Rückhalt einer ertragreichen Kompaniewirtschaft anzusehen. Als nämlich Friedrich II. von Preußen von 1763 bis zu seinem Tode 1786 den Chefs die Werbung aus der Hand und in eigene Regie übernahm, und ihnen die Beurlaubtengelder strich sparte er jährlich 500 000 tlr ein, während die Kompaniechefs stark verschuldeten.

Neben dem offiziell erlaubten Gewinn – wobei die Ermessensfrage allgemein recht großzügig ausgelegt wurde – bot sich Gelegenheit zu Praktiken, die von der Grenze der Legalität bis tief in das Gebiet krimineller Machenschaften reichten, und die weder in ihrem Ausmaß, noch in ihren Erträgen genauer einzuschätzen sind. Es scheint allgemein Brauch gewesen zu sein, die Zahl der Beurlaubten und Freiwächter über das erlaubte Maß zu erhöhen. Daneben gab es Praktiken, mit denen auf Kosten der im Grunde wehrlosen Soldaten Geld erpreßt wurde. Die bunte Palette reicht vom »Pressen« – also der gewaltsamen Werbung, die speziell den Preußen nachgesagt wurde – über das unerlaubte Erheben von Abgaben beim Ausstellen von Dokumente, der Heiratserlaubnis oder dem Entlassungsschein, bis zur Ausnutzung der wirtschaftlichen Abhängigkeit der Mannschaften. Diese Auswüchse gehören mehr noch als das berüchtigte Prügeln während der Ausbildung zu den bereits von den Zeitgenossen angeprangerten Makeln der Stehenden Söldnerheere.

Wie eng die Kompaniewirtschaft mit dem Militärwesen verwachsen war, läßt sich aus den verschiedensten Zusammenhängen herauslesen. Zum Ersten wurde bei der Beurteilung der Offiziere der Befähigung zum korrekten Wirtschaften höherer Wert zugemessen als militärischen Führungsqualitäten, die bei den der Zeit eigenen taktischen Vorstellungen auch kaum benötigt wurden.

So fordert Friedrich II. in seinem Reglement für die preußische Infanterie von 1743: »Und es muß den sämtlichen Officiers gesaget werden, daß Se. Königl. Majestät der festen Meinung sind, daß kein Officier der Companie gut vorstehen könne, wofern er nicht ein guter Wirth ist, und daß man allezeit finde, daß eine Compagnie, wovon der Capitaine ein Wirth ist, besser im Stande sey, als eine andere, wovon der Capitaine kein Wirth ist; Weshalb ein Lieutenant oder Fähndrich, welcher ein schlechter Wirth ist und sich nicht corrigiret, niemahls eine Companie zu gewarten habe.«

Zum Zweiten waren jeder Stabsoffizier (im heutigen Sinn), der im aktiven Dienst stand – also nicht die große Zahl der ehrenhalber ernannten Generale –, und der Landesfürst als höchster Offizier, Inhaber und Chef einer Kompanie und erhielt die Einkünfte. Verwaltung und Führung einer solchen Einheit lag in den Händen eines Stabskapitäns, der nur auf sein schmales Traktament angewiesen war. Sicherlich fielen die Bezüge zumindest bei den Stabsoffizieren noch ins Gewicht; allgemein gesehen ist die Kompaniewirtschaft aber vor allem unter einem zweiten Aspekt zu sehen: als das bewußte Aufrechterhalten eines Stückes alter Söldnerherrlichkeit. Im Stehenden Heer hatte sich jeder Offizier, gleichgültig welchen Ranges, in die strikte Befehlshierarchie einzuordnen, als Chef und Inhaber einer Kompanie konnte er sich noch in der Position des alten Söldnerkapitäns sehen – als »Herr im eigenen Haus«.

Zum Dritten war es gerade diese Antiquiertheit, der die »Alte Armee« ihre spektakuläre Ineffizienz gegenüber den französischen Revolutionstruppen verdankte. Dem Kapitän im Dreißigjährigen Kriege bot die Eigenwirtschaft speziell während eines Feldzuges enorme Möglichkeiten der Bereicherung. Verwaltung und Finanzierung waren auf den Krieg ausgerichtet und funktionierten im Krieg besser als im Frieden. Der Hauptmann des späten 18. Jahrhunderts hatte dagegen jeden Verlust an Mannschaften und Ausrüstung aus eigenen Mitteln zu ersetzen. Da während eines Krieges die Beurlaubten- und Freiwächtergelder wegfielen, die zusätzlich gewährten »Douceurs« den Verlust nicht ausglichen, drohte ihm mit jedem Feldzug der Ruin. Sparmaßnahmen des Kriegsherrn, die notwendig waren, um stehende Truppen im Frieden erhalten zu können, bewirkten, daß diese Truppe nur noch im Frieden zu erhalten war. Der Krieg wurde zur untragbaren Ausnahme und die Kompaniewirtschaft, ursprünglich einmal vorzüglich dafür geeignet, die Truppe beweglich und einsatzfähig zu halten, erwies sich als das nicht allein jede Aktivität, sondern den Geist der Truppe niederdrückende Hemnis.

b. Die Militärgerichtsbarkeit

Die Rechtsgrundlagen

Für das freie Söldnertum waren die Rechtsnormen im Artikelbrief niedergelegt, ein Patent, das der Kriegsherr dem Obersten und Regimentsinhaber erteilte und das als ein Vertrag auf Gegenseitigkeit die Rechte und Pflichten des Kriegsherrn auf der einen und des Obersten, aber auch seiner Amtsträger (Offiziere) und Söldner auf der anderen Seite fixierte. Da die Reiterei sich weitgehend aus dem Adel rekrutierte, wurden ihr als sozial höherwertig andere Rechtsverbindlichkeiten zugestanden als dem Fußvolk; das bekannteste Beispiel dafür ist „Kaysers Maximiliani II. und des Heil. Röm. Reichs Reuter=Bestallung: Item von Bestallung des Felds, erneuret Reuter-Recht, und der Teutschen Knechte Articul/... de anno 1570."

In den Briefen waren bestimmte Verbote, auch Strafen für Vergehen und Verbrechen ausgesprochen. Im Laufe des 17. Jahrhunderts wandelten sich diese Briefe in zweifacher Beziehung. Sie machten keinen Unterschied mehr zwischen Reitern und Fußknechten, und sie gewannen, da stehende fürstliche Regimenter keiner Vertragsbasis mehr bedurften, den Charakter eines einseitig diktierten ausgefeilten Strafgesetzbuches; aus den Artikelbriefen waren Kriegsartikel geworden. Am Anfang des 18. Jahrhunderts ist dann zumindest in Preußen wiederum eine Differenzierung zu bemerken. „Königs Friedrichs Wilhelms in Preussen neu approbirte Kriegs-Articul vor die Unter-Officierer und gemeine Soldaten, sowol von Infanterie und Dragoner als auch Cavallerie und Artillerie, de Anno 1713“ galten nicht mehr für die Offiziere, die damit auch offiziell als besonderer Stand innerhalb des Militärs anerkannt waren und für die das 1714 an die Regimenter verteilte „Reglement, nachdem die Offiziers hinfüro sich zu achten haben“ als verbindlich verordnet wurde.

Die Artikel waren ihrem Inhalt nach unter einzelne Titel oder einfach in der Reihenfolge nach Komplexen geordnet, so etwa: Religion – Gehorsam und Verbot des Widerstandes, aber auch des ungesetzlichen Befehls – Disziplin auf der Wache, dem Marsch und im Lager – Desertion – Meuterei und Duellieren – Hurerei und unerlaubte Heirat – Brandstiftung, Raub, Plünderung in Feindesland – korrekte Soldzahlung, aber Verbot, ausstehenden Sold vor versammelter Mannschaft zu fordern (Meuterei) u. ä. Nach Ablauf von zwei bis drei Jahrzehnten erschienen die Kriegsartikel modernisiert in neuer Auflage.

Da nicht nur die großen armierten Stände Artikel erließen, sondern auch Reichskreise und kleinere Territorien, die nur zeitweise ein stehendes Kontingent unterhielten, sind eine ganze Reihe solcher Strafbestimmungen erhalten. Hinzuzurechnen ist die kaum übersehbare Zahl der Ordonnanzen, Edikte, Verordnungen und Mandate über Verpflegung, Einquartierung, Werbung, Desertion, Duelle, Heiraten, Gewerbeaufnahme durch Soldaten u. ä., die einzelne Artikel ergänzten, moderierten, völlig oder zeitweise aufhoben – wie die Generalpardons für Deserteure – und die Normen der Rechtsprechung in ständigem Fluß hielten. Auch die verschiedenen Landesgesetze und die von Kaiser Karl. V. 1530/32 erlassene Constitutio Criminalis Carolina, kurz „Carolina“ genannt, die noch sehr weitgehend auch im zivilen Bereich die Strafjustiz des 18. Jahrhunderts mitbestimmte, wurden zur Urteilsfindung herangezogen.

Um Vergleichsmöglichkeiten für die Rechtsprechung zu gewährleisten, hatten Generalauditoren oder kriegsrechtlich interessierte Juristen die greifbaren Gesetze und Erlasse in dickleibigen Folianten zusammengefaßt. Diese Corpora iuris militaris, die auch einschlägige Rechtsgrundlagen früherer Jahrhunderte und ausländischer Mächte enthielten, wurden in den Jahrzehnten um 1700 von verschiedenen, in Konkurrenz stehenden Verlegern auf den Markt gebracht – das erste Corpus iuris militaris verlegte Hermsdorff 1674, zu den folgenden s. Bibliographie – und bieten dem heutigen Leser eine weitgreifende Dokumentation militärischer Rechtsgeschichte.

Das Kriegsgericht

Die Militärgerichtsbarkeit dieser Zeit unterschied zumindest formal drei Träger der richterlichen Gewalt: den Gerichtsherrn, den Auditeur und das Richterkollegium.

Als Inhaber der Wehrhoheit besaß der Landes- und Kriegsherr auch die Gerichtshoheit, die er jedoch in der Regel an die Truppenführung bis zum Oberst und Regimentskommandeur delegierte. Im allgemeinen trat also der Oberst als Gerichtsherr in Erscheinung und nahm damit in Stellvertretung Rechte wahr, die ihm zur Zeit des freien Söldnertums als Regimentsinhaber ohne Einschränkung zugestanden hatte. Er verfolgte strafrechtliche Delikte, beauftragte den Auditeur oder andere Personen mit den Ermittlungen, berief das Gericht, auch in „bürgerlichen“ – d. h. zivilrechtlichen –

Streitfällen seiner Untergebenen, bestätigte das Urteil, soweit sich nicht höhere Stellen die Bestätigung vorbehielten, und ließ es vollstrecken.

Das Bestätigungs- und Begnadigungsrecht bei Leib- und Lebensstrafen fiel dem Oberst nur noch im Felde zu. Er hatte dann jedoch unmittelbar dem Kriegsherrn Bericht zu erstatten. Nur bei den kaiserlichen Infanterieregimentern besaß der Oberst noch uneingeschränkt das Recht der Bestätigung und der Begnadigung, nicht das der Strafverschärfung (s. dazu Abschnitt III, S. 52).

Dem Auditeur stand nur insofern Entscheidungsgewalt zu, als er in Bagatellfällen im Namen des Obersten selbständig Lösungen finden durfte. War jedoch ein Offizier in den Fall verwickelt, mußte ein Gericht einberufen werden. Er wurde als ziviler „Bedienter" – die damalige Bezeichnung für den Beamten – vom Oberst angestellt und sollte umfassende Kenntnisse im Kriegs-, Zivil- und Naturrecht, auch Erfahrungen in der Führung von Prozessen vorweisen können. In Österreich wurde sogar der Doktor beider Rechte von ihm verlangt und in Preußen hatte er nach der Auditeur-Instruktion von 1712 immerhin eine Prüfung vor dem Generalauditeur abzulegen. In der Praxis jedoch bewarb sich kaum ein qualifizierter Jurist um die niedrig dotierte Position, in der er völlig vom Wohlwollen des Regimentskommandeurs abhängig blieb, in einigen Fällen die Geschäfte des Regimentsschreibers oder des Quartiermeisters mitübernehmen mußte und weder als Jurist noch als Militär anerkannt war. Bei Meinungsverschiedenheiten hatte sein Wort kaum Gewicht, in einigen Ländern, wie in Preußen, besaß er nicht einmal das Stimmrecht als Richter. Die einzige Institution also, die der Militärgerichtsbarkeit juristischen Inhalt hätte vermitteln können, wurde als Attrappe aufgefaßt und benutzt.

Formal waren dem Auditeur außerordentlich wichtige Aufgaben zugesprochen. Er fungierte als juristischer Berater des Obersten in allen Rechtsfragen, nahm weiterhin als Berater des die Gerichtsverhandlung leitenden Offiziers Einfluß auf die Prozeßführung und beriet auch die Assessoren – also die als Beisitzer berufenen Offiziere und Soldaten – vor der Abstimmung bei der Urteilsfindung. Außer der Beratung führte er Vermittlungen durch, klärte Bagatellangelegenheiten und schlug nach Prüfung der Rechtslage bei komplizierteren Fällen dem Oberst die Einberufung eines Gerichts vor. Neben den justitiären Obliegenheiten gehörte es zu seinen Pflichten, Rekruten vor der Vereidigung zu belehren, sie zu vereidigen und dem Regiment vierteljährlich die Kriegsartikel und die gerade gültigen Erlasse vorzulesen.

Die Stelle des Generalauditeurs war allerdings sehr oft mit einem versierten Juristen besetzt. Ihm fielen auf der Ebene der Armeeführung die entsprechenden Aufgaben zu, also Beratung beim Obergericht, jedoch mit eigenem Stimmrecht. Daneben vertrat er den Feldmarschall in bestimmten Rechtsgeschäften wie Auswechslung oder Auslösung von Kriegsgefangenen.

Allgemein Kriegsgericht wurde das Regiments- oder Untergericht genannt, vor dem die gewöhnlichen Verhandlungen stattfanden. Es wurde vom Regimentskommandeur einberufen und setzte sich aus Regimentsangehörigen zusammen. Als Präses fungierte der Oberstleutnant oder Major, falls der Oberst nicht selbst den Vorsitz übernahm. Neben dem Auditeur gehörten ihm mindestens sechs Beisitzer – Assessoren – an, denen kein Dienstgrad unter dem des Angeklagten angehören durfte. Jede Charge stellte zwei bis drei Assessoren, sodaß das Gericht außer dem Präses rund zwölf Mitglieder zählte; stand ein Hauptmann vor Gericht, mußten bei gleichem Prinzip Stabsoffiziere aus fremden Regimentern berufen werden.

Dieses Kriegsgericht tagte als „Kammergericht" bei Zivilprozessen zwischen Soldaten oder auch zwischen Soldaten und „bürgerlichen" Personen. Als „Malefiz-Recht" urteilte es in Strafprozessen gegen Angehörige der Streitkräfte. Das ihm übergeordnete Ober- oder Generalkriegsgericht wurde vom Feldmarschall als Gerichtsherrn einberufen. Bei Strafprozessen überprüfte, bestätigte oder revidierte es die Urteile des Kriegsgerichts, für Zivilprozesse war es Appellationsgericht. Außerdem war das Obergericht als erste und einzige Instanz zuständig für die Stabsoffiziere der Armee und für alle Personen, die keinem Regiment angehörten.

Daneben wurden in Ausnahmefällen Sondergerichte gebildet. Das Standgericht konnte im Kriege zur Aufrechterhaltung der Disziplin von jedem höheren Offizier einberufen werden, wenn ein Soldat bei einem Verbrechen auf frischer Tat ertappt wurde; das Verfahren war abgekürzt, das Urteil wurde sofort vollstreckt. Das Unparteiische Kriegsgericht trat zusammen, wenn ein Offizier sein Regimentsgericht für befangen erklärte, und das Garnisonsgericht tagte auf besondere Anordnung des Kriegsherrn, wenn sich ein Regimentsgericht innerhalb einer Garnison als unpraktisch erwies.

Die Verfahren

Der Prozeß vor dem Kriegsgericht sollte ordnungsgemäß aber ohne die mannigfachen Formalitäten geführt werden, wie sie im Zivilprozeß üblich waren und jahrelange Verschleppungen mit sich brachten. Da es nur wenige offizielle Verfahrensregulative gab – so die Preußische Kriegsgerichts-Ordnung von 1712 – waren die Auditeure bei der Suche nach Verhaltensmustern auf Anleitungen erfahrener Kollegen und auf die in einigen Corpora iuris militaris gegebenen Regeln angewiesen.

Ein Strafprozeß durfte nur auf Befehl des Gerichtsherrn eingeleitet werden. Er begann mit der Inquisition.

Ein Inquisitionsgericht – der Auditeur und zumeist zwei Offiziere als Zeugen – überprüfte den Tatbestand. In der Generalinquisition stellte der Auditeur fest, was für ein Verbrechen vorlag und welche Beweismittel vorhanden waren. Die anschließende Spezialinquisition – die Vernehmung des Angeklagten – wurde in Inquisitionsartikel aufgeteilt, die jeweils auf eine bestimmte Frage an den Delinquenten hinausliefen. „Leugnete er hartnäckig", konnte er „peinlich befragt" (d. i. gefoltert) werden, allerdings nur nach ausdrücklicher Genehmigung durch das Obergericht, da die Berührung durch den Henker den Soldaten unehrlich und damit dienstunfähig machte.

Aufgrund des Inquisitionsbefundes entschied der Gerichtsherr über die Einberufung eines Kriegsgerichts, das dann in nichtöffentlicher Sitzung vom Auditeur juristisch belehrt und über den Fall informiert wurde. Der Angeklagte wurde vorgeführt und noch einmal kurz befragt. Darauf zogen sich die Assessoren nach Chargen getrennt zur Beratung zurück und stimmten dann wiederum chargenweise über das Urteil ab, die niedrigste Charge zuerst. Jeder Charge stand eine Kuriatstimme zu, allein dem Präses eine Virilstimme. Lautete das Urteil auf eine Leibes-, Todesstrafe oder Kassation, wurde es dem Obergericht zur Überprüfung eingereicht, eine Berufung gab es daher nicht.

Die Strafen erwecken den Eindruck ungewöhnlicher Höhe und Härte, ja Grausamkeit. In Wirklichkeit fallen sie nicht aus dem Rahmen ihrer Zeit. Für allgemeine kriminelle Delikte zum Beispiel wurden die Sätze der Carolina zu Grunde gelegt, die für die zivilen Gerichte ebenso galten. In manchen Fällen genossen verurteilte Soldaten sogar eine Schonung, die zivilen Delinquenten nicht zuteil wurde. Denn der ausgebildete Soldat stellte einen berechenbaren Wert dar, den sich der Kriegsherr nicht durch Strafmaßnahmen mindern lassen wollte. Leibesstrafen, die verstümmelten oder vom Henker vollzogen wurden und dadurch ehrlos machten, standen wohl in den Gesetzestexten, wurden aber möglichst umgangen, sei es bereits im Urteil, sei es durch Begnadigung zu einer anderen Strafe. Üblich war die Prügelstrafe oder in schwereren Fällen das berüchtigte Gassen- oder Spießrutenlaufen, eine sehr harte Strafe, die der Abschreckung dienen sollte, aber den Soldaten nicht entehrte und ihn nicht aus der Gesellschaft ausschloß.

Andrerseits konnten die Disziplinarstrafen, die schon der Kompaniechef für leichtere Vergehen ohne Gerichtsverfahren verhängen durfte, das Leben des Soldaten zur Hölle machen. Das Gleiche gilt für das Prügeln im Dienst, das nicht als Strafe sondern als Erziehungsmaßnahme gesehen wurde. Doch es gab auch in Preußen ganze Regimenter, in denen nicht geprügelt wurde.

Im Zivilprozeß wurde nach vergeblichen Schlichtungsversuchen das Kammergericht – Präses und zwölf Assessoren – einberufen, das mit Stimmenmehrheit entschied. Das Bemerkenswerte an dieser Einrichtung sind weniger Eigentümlichkeiten des Prozeßablaufs als vielmehr das offensichtliche Bemühen, den Soldaten vor der nichtsoldatischen Welt abzuschirmen und zu schützen.

Das Kriegsgericht als Privileg

Das Militär unterlag einem besonderen Gerichtsstand, sowohl straf- als auch zivilrechtlich, doch lagen die Grenzen nach außen nicht eindeutig fest. Es gab verschiedene Auffassungen darüber, welche Fälle vor ein ziviles, welche vor ein Militär-Gericht gehörten, und welche Personen überhaupt zum Militär zu rechnen seien.

Nach der Exekutionsordnung von 1673, also gemäß Reichsrecht, waren alle nicht ausgesprochen militärische Verbrechen von einem zivilen Gericht abzuurteilen, besonders nach Festnahme auf frischer Tat. Auch zivilrechtliche Streitfragen, die „causae communes", konnten vor den lokalen Instanzen ausgetragen werden. Kursachsen zum Beispiel ließ die Frage offen: Zivilprozesse zwischen Bürgern und Militärpersonen sollten von zivilen Gerichten entschieden werden. Gerieten sie vor ein Kriegsgericht, sollte ein Bedienter des ordentlichen Gerichts hinzugezogen werden. Dabei wurde, wie aus der zeitgenössischen kritischen Literatur hervorgeht, die zivile Seite sehr oft überspielt. In Bayern bestimmte der Hofkriegsrat bei einem „Judicium mixtum" jeweils, ob es ziviler oder militärischer Gerichtshoheit unterlag. Preußen schützte seine Soldaten kompromißlos und ließ nur Militärgerichte zu.

Zu den Militärpersonen gehörten zunächst nur die aktiv dienenden Soldaten. Allmählich dehnte sich der Bereich aus auf die Militärbedienten, das Dienstpersonal und die Troßangehörigen, alle mit ihren Familien. In Bayern und Preußen blieben sogar die ehemaligen Soldaten mit Familien, sogar Soldatenwitwen den Militärgerichten unterworfen, da sie ihre Bezüge aus der Militärkasse erhielten.

In diesem Rahmen ist noch eine weitere Tendenz aufschlußreich: Offiziere suchten unnachsichtig Verstöße gegen Disziplin und Ordnung zu ahnden, zeigten sich jedoch ungewöhnlich tolerant in der Verfolgung außermilitärischer Delikte; sie wollten keinen Soldaten einbüßen. Daher ist zum Beispiel in Kursachsen mit seinen etwas fließenden Kompetenzverhältnissen festzustellen, daß der Schutz der militärischen Jurisdiktion geradezu gesucht wurde, auch in zivilrechtlichen Fällen.

Trotz all ihrer Härten wirkte sich die Militärgerichtsbarkeit in den deutschen Ländern, Preußen nicht ausgeschlossen, für die Militärpersonen samt ihren Familien nicht allein als eine grundsätzliche Bedrohung aus, sondern auch als ein schützendes Privileg. Sie unterstrich das fast außerstaatliche Sonderdasein des Soldaten, zog aber auch daraus die Konsequenzen, indem sie ihm eine eigene Rechtsposition gegenüber der zivilen Umwelt garantierte.

Bibliographie

I

Von der Miliz zum Stehenden Heer. Wehrwesen im Absolutismus

A. Das Zeitalter

1. Die Staatenwelt

a. Der Westfälische Frieden, das Reich und Europa

Der Westfälische Frieden von 1648 als Beginn einer Epoche erfährt in allen umfassenden Veröffentlichungen zum Absolutismus seine Würdigung. Die erste größere, fundierte Monographie von Fritz DICKMANN, *Der Westfälische Frieden, Münster ²1965*, ist in den Ergebnissen der ersten Auflage zusammengefaßt in Kurt von RAUMER, *Der Westfälische Frieden*, HZ 195 (1962).

b. Die europäischen Staaten

Über die europäische Staatenwelt nach 1648 unterrichtet das *Handbuch der europäischen Geschichte, hrsg. von* Theodor SCHIEDER, *Bd. 4: Europa im Zeitalter des Absolutismus und der Aufklärung, hrsg. von* Fritz WAGNER, *Stuttgart 1968*; zur Orientierung auf das Kapitel „Die überlieferten Wehrformen" ist nützlich *Bd. 3: Die Entstehung des neuzeitlichen Europa, hrsg. von* Josef ENGEL, *Stuttgart 1971*. Die Bände erfassen einmal die von ihnen behandelte Epoche als Einheit und gehen zum zweiten auf die geschichtliche Entwicklung Europas, d. h. die Geschichte der einzelnen Staaten ein. Der jedem Unterkapitel beigefügte bibliographische Apparat verweist auf die Detailfragen. Der 7. Bd. der *Propyläen Weltgeschichte, hrsg. von* Golo MANN *und* August NITSCHKE, *Frankfurt a. M. 1964*, beschäftigt sich vornehmlich mit dem europäischen Absolutismus, so auch der Abschnitt von Adam WANDRUSZKA, *Die europäische Staatenwelt im 18. Jahrhundert*. In der *Propyläen Geschichte Europas, Frankfurt a. M. 1976*, kommt mit Robert MANDROUX, *Staatsräson und Vernunft 1649–1775*, der französische Aspekt zu seinem Recht. Flüssig und allgemeinverständlich geschrieben bietet Fritz WAGNER, *Europa im Zeitalter des Absolutismus, München 1948*, eine ausgezeichnete Einführung. Zur allgemeinen Orientierung dient auch Walther HUBATSCH, *Das Zeitalter des Absolutismus 1600–1789, Braunschweig 1962*. Das zentrale außenpolitische Problem der Zeit wird erläutert in Ludwig DEHIO, *Gleichgewicht oder Hegemonie. Betrachtungen über ein Grundproblem der neueren Staatengeschichte, Krefeld 1948* und Rudolf STADELMANN, *Hegemonie und Gleichgewicht. Zum Problem der außenpolitischen Ordnung Europas*, in: *Geschichte und Politik, H.1, Laupheim 1950*. Zum gleichen Thema ist auch heranzuziehen Werner HAHLWEG, *Barriere – Gleichgewicht – Sicherheit. Eine Studie über die Gleichgewichtspolitik und die Strukturwandlung des Staatensystems in Europa* 1646–1715, in: *HZ 187 (1959)*.

c. Die deutschen Länder

Einen guten Überblick über die deutsche politische Geschichte bietet Max BRAUBACH, *Vom Westfälischen Frieden bis zur Französischen Revolution*, in Gebhardt,

Handbuch der deutschen Geschichte, 2. Bd., Stuttgart [9]*1970* (auch als Taschenbuch erschienen in der Wissenschaftlichen Reihe des Deutschen-Taschenbuch-Verlages dtv: Gebhardt, Bd. 10, München 1974). Wertvoll, wenn auch etwas veraltet, sind die beiden das Zeitalter betreffenden Beiträge im 2. Bd. des *Handbuches der Deutschen Geschichte, neu hrsg. von* Leo JUST: Reinhold LORENZ, *Die Grundlegung des Absolutismus* (erweitert von Heinrich SCHNEE), *Konstanz 1956*, und Leo JUST, *Der aufgeklärte Absolutismus, Darmstadt 1956*. Nicht zu vergessen ist das als photomechanischer Nachdruck neuaufgelegte Werk von Bernhard ERDMANNSDÖRFER, *Deutsche Geschichte vom Westfälischen Frieden bis zum Regierungsantritt Friedrichs des Großen 1648–1740, 2 Bde., Darmstadt* [2]*1962*. Darstellungen der Geschichte der einzelnen deutschen Länder sind realtiv veraltet. Abgesehen von Bayern, dessen ununterbrochener und gradliniger Weg durch die Geschichte als eine Ausnahme gesehen werden muß, läßt der Mangel an Kontinuität und die enge Verflochtenheit mit anderen Territorien regional begrenzte Landesgeschichten nur für bestimmte Phasen zu. Handbücher – wie der Gebhardt – weichen auf eine Darstellung der Länder in historischen Räumen aus: ähnlich auch Karl S. BADER, *Der deutsche Südwesten in seiner territorialstaatlichen Entwicklung, Sigmaringen* [2]*1978*. Eine andere Möglichkeit findet der „Territorien-Ploetz“: *Geschichte der deutschen Länder, 1. Bd.: Die Territorien bis zum Ende des alten Reiches, hrsg. von* Georg Wilhelm SANTE *und* A. G. PLOETZ-Verlag, *Würzburg 1964* (leider fehlt für dieses wichtige Buch die seit langem angekündigte Bibliographie). Hier wird jedes Territorium, ebenfalls eingeordnet in historische Räume, für sich behandelt, solange es immediat bestand. Eine Ausnahme machen lediglich die preußischen Länder.

Preußen erscheint im 1. Bd. nicht als selbständiges staatliches Gebilde, sicherlich aus wohlüberlegten Gründen. Trotzdem mutet es seltsam an, wenn die Geschichte der Provinz Ostpreußen unter der Überschrift „Deutschordensland Preußen“ in ihrem letzten Abschnitt mit dem Stichwort: „Das Herzogtum als Nebenland von Brandenburg 1660–1807“ gekennzeichnet ist. Vielleicht sollte es vermieden werden, das Rheinland seit 1815 oder Niedersachsen (Hannover) und Hessen seit 1866 unter preußischer Flagge leben zu lassen.

Genau umgekehrt bestehen Baden oder Württemberg erst seit der napoleonischen Zeit in den Grenzen, in denen das 19. und 20. Jahrhundert sie zu sehen gewohnt ist. Angesichts der Tatsache, daß die Geschichte des deutschen Absolutismus weitgehend aus Landesgeschichte besteht, wiegen diese Schwierigkeiten schwer. Damit ist nicht gesagt, daß die Landesgeschichte keinen umfassenden literarischen Niederschlag gefunden hätte, im Gegenteil. Doch sie ist mehr in den Archiven zu Hause als an den Universitäten; d. h. es stehen einer fast unüberschaubaren Masse fundierter Einzeluntersuchungen nur wenige zusammenfassende, das gesamte Land umgreifende Arbeiten gegenüber. Beispielhaft seien einige genannt, wobei zu beachten ist, daß in der Landesgeschichte Alter keine Qualitätsminderung bedeutet. Die welfischen Länder vor der Personalunion mit England beschreibt A. KÖCHER, *Geschichte von Hannover und Braunschweig 1648–1714, 2 Bde., 1884 und 1895* (Neudruck 1965). Für Kursachsen ist heranzuziehen Hellmut KRETSCHMAR, *Geschichte der Neuzeit seit der Mitte des 16. Jahrhunderts, 2. Bd.* der *Sächsischen Geschichte, dargestellt von*

Rudolf KÖTZSCHKE und Hellmut KRETSCHMER, *Dresden 1935* (Neudruck 1965). Aus dem reichen bayrischen Angebot seien genannt Siegmund RIEZLER, *Geschichte Baierns, 8 Bde, Gotha 1878–1914*, Karl BOSL, *Bayerische Geschichte, München 1971*, und – populärwissenschaftlich geschrieben – B. HUBENSTEINER, *Bayrische Geschichte, München* [5]*1967*. Für die preußische Geschichte ist das maßgebende Werk immer noch Otto HINTZE, *Die Hohenzollern und ihr Werk, Berlin* [6]*1915*. Hinter diesem Titel verbirgt sich eine gründliche, ausgewogen kritische Darstellung, die im Unterschied zu Publikationen neueren und neuesten Datums mehr das Geschehen, als seine Problematik behandelt. Als gut brauchbare Einführungen in die Geschichte einzelner Mittelstaaten werden genannt: Karl WELLER, *Württembergische Geschichte, Stuttgart* [5]*1963*, und Karl DEMANDT, *Geschichte des Landes Hessen, 1959*.

Da das Geschehen innerhalb der Länder in vielerlei Hinsicht auf den Landesherrn und das regierende Fürstenhaus ausgerichtet war, bieten Biographien der Herrschergestalten eine sehr ergiebige Ergänzung der Landesgeschichten, ergänzen sie sogar weitgehend. Preußische Geschichte spiegelt sich wider in: Ernst OPGENOORTH, *Friedrich Wilhelm, der Große Kurfürst von Brandenburg, 2 Bde.*, Göttingen 1971/78, dann in dem bedeutenden, leider nicht vollendeten Spätwerk von Carl HINRICHS, *Friedrich Wilhelm I. König in Preußen*, 1. Teil Jugend und Aufstieg mit Ergänzungen, *Darmstadt 1968*, weiterhin Reinhold KOSER, *Geschichte Friedrichs des Großen, 4 Bde., Stuttgart 1914–1925* (Neudruck Darmstadt 1963) und Gerhard RITTER, *Friedrich der Große, ein historisches Profil*, [0]*1954*. Der barocke Hohepunkt Sachsens ist wiedergegeben unter kulturellem Aspekt bei GURLITZ, *August der Starke, 2 Bde., 1926*, und mit politischem Schwerpunkt von P. HAAKE, *August der Starke, 1927*. Einen einmaligen Einblick in den Zusammenklang von höfischer Umwelt, Regierungspraktik, Finanzgebaren und militärischen Ambitionen vermittelt der Sammelband: *Kurfürst Max Emanuel. Bayern und Europa um 1700, Bd. 1: Zur Geschichte und Kunstgeschichte der Max-Emanuel-Zeit, hrsg. von* Hubert GLASER, *München 1976*. Daneben steht auch eine Biographie zur Verfügung mit Ludwig HÜTTL, *Max Emanuel. Der Blaue Kurfürst 1679–1726, München 1976*. Biographie anstelle von Landesgeschichte für ein kleines aber militärgeschichtlich nicht unwichtiges Territorium bietet W. KOHL, *Christoph Bernhard von Galen. Politische Geschichte des Fürstbistums Münster 1650–1678, 1964*.

2. Staat und Gesellschaft im Absolutismus

Als Einführung in das komplexe Thema könnte das geistreiche und fesselnd geschriebene Buch von Paul HAZARD, *Die Krise des europäischen Geistes, Hamburg 1939* dienen. Anregend sind auch Golo MANN, *Der europäische Geist im späten 17. Jahrhundert* und Fritz SCHALL, *Die europäische Aufklärung;* beide Arbeiten sind erschienen in der *Propyläen Weltgeschichte Bd. 7.* Zur sachlichen Orientierung sind die einschlägigen Abschnitte in den modernen Handbüchern geeignet. Im *Handbuch der europäischen Geschichte, Bd. 4* werden alle Fragen geordnet behandelt und mit Literatur belegt von Fritz WAGNER, *Europa im Zeitalter des Absolutismus und der Aufklärung. Die Einheit der Epoche.* Über die verfassungsrechtliche Situation geben Auskunft Fritz HARTUNG, *Deutsche Verfassungsgeschichte vom 15. Jahrhundert bis zur Gegenwart, Stuttgart* [7]*1959*, oder auch Hermann CONRAD, *Deutsche Rechtsgeschichte, Bd. 2: Neuzeit bis 1806, Karlsruhe 1966.* Im *Handbuch der deutschen Wirtschafts- und Sozialgeschichte, hrsg. von* Hermann AUBIN und Wolfgang ZORN, *Bd. 1: Von der Frühzeit bis zum Ende des 18. Jahrhunderts, Stuttgart 1971,* ist ein, wenn auch sehr gedrängter Überblick über die gesellschaftliche Struktur zu finden in dem Beitrag von Wolfgang ZORN, *Sozialgeschichte 1648–1800.*

a. Die Epoche

Die Fragen der Abgrenzung, Periodisierung und Phasenbenennung des Absolutismus waren und bleiben umstritten. Dabei widersprechen sich die Meinungen nicht unbedingt, nur die Argumentation ist immer eine andere. Hier werden vier Diskussionsbeiträge ohne Kommentar nebeneinander gestellt: Fritz HARTUNG, *Die Epochen der absoluten Monarchie in der neueren Geschichte,* in: Fritz HARTUNG, *Volk und Staat in der deutschen Geschichte. Gesammelte Abhandlungen, Leipzig 1940,* dann Leo JUST, *Stufen und Formen des Absolutismus. Ein Überblick,* in: *Historisches Jahrbuch 80 (1961),* weiter Stephan SKALWEIT, *Das Zeitalter des Absolutismus als Forschungsproblem,* in: *Deutsche Vierteljahrschrift für Literaturwissenschaft und Geistesgeschichte 35 (1961),* und endlich Gerhard OESTREICH, *Strukturprobleme des europäischen Absolutismus,* in: ders., *Geist und Gestalt des frühmodernen Staates, Berlin 1969.*

b. Der Landesherr

Über die oben angeführten Handbuchbeiträge hinaus werden einzelne durch Aufsätze erläutert. Den Begriff der Souveränität untersucht Hermann JAHRREISS, *Die Souveränität der Staaten. Ein Wort – mehrere Begriffe – viele Mißverständnisse,* in: Mod. Staat. Ihren Gegensatz zur ständischen Vertretung interpretiert Kurt von RAUMER, *Absoluter Staat, korporative Libertät, persönliche Freiheit,* in: Mod. Staat. Auf der Grundlage der oft unterschätzten, aber aussagekräftigen fürstlichen Testamente beschreibt Fritz HARTUNG, *Der deutsche Territorialstaat des 16. und 17. Jahrhunderts nach den fürstlichen Testamenten,* in: ders., *Volk und Staat in der deutschen Geschichte, Leipzig 1940* das Verhältnis des kleinstaatlichen Souveräns zu seinen Untertanen. Wichtig ist auch Gerhard OESTREICH, *Die verfassungspolitische Situation der Monarchie in Deutschland vom 16. bis 18. Jahrhundert,* in: ders., *Geist und Gestalt (s. o.)*

Mit Heinrich Otto MEISNER, *Staats- und Regierungsformen in Deutschland seit dem 16. Jahrhundert,* in: Mod. Staat kommt ein kompetenter Verwaltungshistoriker zu Wort. Mehr ideengeschichtlich wird die Zentralverwaltung gesehen bei Gerhard OESTREICH, *Das persönliche Regiment der deutschen Fürsten am Beginn der Neuzeit,* in: ders., *Geist und Gestalt (s. o.)* Den barocken Persönlichkeitskult deuten Stephan SKALWEIT, *Das Herrscherbild des 17. Jahrhunderts,* in: *HZ 184 (1957),* und Otto BRUNNER, *Vom Gottesgnadentum zum monarchischen Prinzip. Der Weg der europäischen Monarchie seit dem Hohen Mittelalter,* in: Mod. Staat. Der mittelalterliche Aspekt ist nachzulesen bei Fritz KERN, *Gottesgnadentum und Widerstandsrecht, Darmstadt ²1954.* Sozialgeschichtlich ist aber nicht nur der Landesherr, sondern – wie bei Meisner schon angedeutet – sein ganzer interner Wirkungskreis, die höfische Gesellschaft, Forschungsobjekt. Es mag jedoch die Frage erlaubt sein, wie weit das soziologische Vokabular etwa bei Norbert ELIAS, *Die höfische Gesellschaft. Untersuchungen zur Soziologie des Königtums und der höfischen Aristokratie, Neuwied 1969* der Hofatmosphäre wirklich gerecht wird. Auch Jürgen Freiherr von KRUEDENER, *Die Rolle des Hofes im Absolutismus, Stuttgart 1973* sind seine rein rational-teleologischen Schlußfolgerungen nicht diskussionslos abzunehmen. Drei Aufsätze im Max Em.: Jürgen Freiherr von KRUEDENER, *Die Rolle des Hofes im absoluten Fürstenstaat am Beispiel des bayerischen Hofes zur Zeit des Kurfürsten Max Emanuel,* dann Lorenz SEELIG, *Aspekte des Herrscherlobs. Max Emanuel in Bildnis und Allegorie,* endlich Reinhold BAUMSTARK, *Abbild und Überhöhung in der höfischen Malerei unter Henriette Adelaide und dem jungen Max Emanuel,* liefern der spekulativen Entdeckerfreude die empirisch gesicherten Belege.

c. Die Landstände

Den heute erkannten neuen Stellenwert der Landstände im Absolutismus belegt Dietrich GERHARD, *Regionalismus und ständisches Wesen als ein Grundthema europäischer Geschichte,* in: HZ 174 (1952). Eine ähnliche Meinung findet sich bei Rudolf VIERHAUS, *Ständewesen und Staatsverwaltung in Deutschland im späten 18. Jahrhundert,* in: *Dauer und Wandel der Geschichte, hrsg. von* Rudolf VIERHAUS und Manfred BOTZENHARD, *Münster 1966,* und ebenfalls recht pointiert bei Gerhard OESTREICH, *Städtetum und Staatsbildung in Deutschland,* in: ders., *Geist und Gestalt.*

Seine Lehre vom „Ganzen Haus" hat Otto Brunner zusammengefaßt in Otto BRUNNER, *Das „ganze Haus" und die alteuropäische „Ökonomik",* in: ders., *Neue Wege der Verfassungs- und Sozialgeschichte, Göttingen ²1968.* Josef ENGEL, *Die Vorstellung vom „Haus" und die zeitgenössischen Auffassungen von Staat, Sozialordnung und Ökonomie,* in: Europ. Gesch., Bd. 3 § 9 b, bietet weiterführende Literatur.

Auf den „honnête homme" gibt es in der Fachliteratur wiederholt Hinweise; als relativ geschlossene Abhandlungen in deutscher Sprache werden genannt Carl Jakob BURCKHARDT, *Der Honnête Homme. Das Eliteproblem im 17. Jahrhundert,* in:

Gestalten und Mächte, Zürich 1941, und Carl HINRICHS, *Staat und Gesellschaft im Barockzeitalter,* in: *Carl Hinrichs, Preußen als historisches Problem, hrsg. von* Gerhard OESTREICH, *Berlin 1969.*

Der Zeitgeist

Zum Begriff der Sozialdisziplinierung vgl. Gerhard OESTREICH, *Reichsverfassung und europäisches Staatensystem 1648 bis 1789,* in: ders., *Geist und Gestalt.* Über den Merkantilismus und Kameralismus geben die Handbücher Auskunft: Gebhardt, Bd. 2, und Europ. Gesch., Bd. 4. Eine umfassendere Darstellung ist zu finden bei Hans HAUSSHERR, *Wirtschaftsgeschichte der Neuzeit, Köln 1960:* Dritter Teil – Die Epoche des Merkantilismus.

Der Aufgeklärte Absolutismus

Die Diskussion über den Aufgeklärten Absolutismus wurde eröffnet durch Fritz HARTUNG, *Der Aufgeklärte Absolutismus,* in: *HZ 180 (1955).* Zwanzig Jahre später ist die Gesamtdiskussion zusammengefaßt worden in einer Sammlung von 15 Aufsätzen: *Der Aufgeklärte Absolutismus, hrsg. von* Karl Otmar Freiherr von ARETIN, *Köln 1974.* Besonders zu beachten ist die Einleitung des Herausgebers. Eine umfassende Bibliographie führt bis zum gegenwärtigen Forschungsstand.

B. Die überlieferten Wehrformen

(vgl. die Bibliographie zu Bd. 5, Abschn. IX, Beitrag Regling)

1. Aufgebot und Defensionswesen

Auf das spätmittelalterliche Volksaufgebot ist zwar gelegentlich als die Urform der Allgemeinen Wehrpflicht verwiesen, verwertbares Schrifttum darüber ist außer Einzelaussagen nicht bekannt. Wissenschaftlich faßbar wird das Kriegs- oder Militärwesen mit dem Rittertum und seinen Vorläufern, wobei die verfassungsrechtlichen und soziologischen Fragen mehr im Vordergrund stehen als die militärischen. Der Forschungsgegenstand zum Rittertum enthält noch mannigfache ungeklärte Probleme. Johanna Maria van WINTER, *Rittertum. Ideal und Wirklichkeit, München 1969,* versieht z. B. das Verhältnis von Rittertum und Adel mit bisher nicht beachteten Akzenten. Arno BORST (Hrsg.), *Das Rittertum im Mittelalter, Darmstadt 1976,* zieht eine Bilanz der bisherigen Forschung. Rainer WOHLFEIL, *Ritter – Söldnerführer – Offizier. Versuch eines Vergleiches,* in: *Geschichtliche Landeskunde 3 (1965),* widerlegt die so oft vertretene Kontinuität in der Entwicklung. Einen Überblick in Form einer Dokumentation gibt Eugen von FRAUENHOLZ, *Das Heer der germanischen Frühzeit, des Frankenreiches und des ritterlichen Zeitalters* (Entwicklungsgeschichte des deutschen Heerwesens Bd. I), *München 1935.* Auch Hans DELBRÜCK, *Ge-*

schichte der Kriegskunst, 2. Teil: Mittelalter, *Berlin ²1923* (Neudruck 1962), kann herangezogen werden. Die beiden letzten Werke informieren überzeugend, beinhalten aber einen veralteten Forschungsstand. Zu Unrecht in Vergessenheit geraten ist Max JÄHNS, *Heeresverfassungen und Völkerleben, Berlin 1885,* der, gleichfalls antiquiert aber interessant zu erzählen weiß, und auch diesem Abschnitt deutscher Geschichte Raum widmet.

Werner GEMBRUCH, *Zum Gedanken der Volksbewaffnung in der neueren Geschichte,* in: Wehrwissenschaftliche Rundschau, 13 (1963), trennt in seiner Aufteilung die „Miliz-Landesdefension" deutlich vom Volksaufgebot gegen Unterdrükkung und ebenso vom Stehenden Heer als Nationalarmee.

Das Defensionswesen hat seinen Anfang in den Ländern der österreichischen Krone genommen, es ist daher in Abschnitt III des vorliegenden Handbuches von Jürg Zimmermann behandelt und literarisch belegt. Die hier gegebene Bibliographie der deutschen Länder von Gerhard Papke hält sich, um zahlreiche Überschneidungen zu vermeiden, nicht an die Abschnittsgliederung, sondern an die Chronologie der Erscheinungsphasen. Sie läßt sich grob gesehen in drei zeitlich aufeinander folgende Gruppen einteilen.

In den solide gearbeiteten Untersuchungen aus der Zeit vor dem Ersten Weltkrieg werden die Defensionswerke vornehmlich als landesgeschichtliche Phänomene aufgefaßt. Zu diesem Kreis gehören Albert PFISTER, *Der Milizgedanke in Würtemberg und der Versuch zu seiner Verwirklichung, Stuttgart 1883;* Walther SCHÜCKING, *Die Organisation der Landwehr im Fürstbistum Münster,* in: *Festschrift d. Hansischen Geschichtsvereins, Leipzig 1900;* G. H. MÜLLER, *Das Lehns- und Landesaufgebot unter Heinrich von Braunschweig-Wolfenbüttel, 1905* und Rolf NAUMANN, *Das kursächsische Defensionswerk (1613–1709), Leipzig 1917.* Die Verhältnisse in Preußen hat Christian KROLLMANN in drei Arbeiten beschrieben: *Die Begründung des Defensionswerkes im Herzogtum Preußen, Diss. Berlin 1904,* weiter *Das Defensionswerk in Preußen, II. Teil: Das Defensionswerk unter dem Kurfürsten Johann Sigismund, Berlin 1909* und endlich *Das Defensionswerk im Herzogtum Preußen unter dem Kurfürsten Georg Wilhelm, Königsberg 1933.* Otto ZIMMERMANN veröffentlichte im gleichen Jahr eine Arbeit mit dem gleichen Titel. Bereits militärgeschichtlich orientiert, aber in den Ergebnissen umstritten ist Richard HARMS, *Landmiliz und stehendes Heer in Kurmainz namentlich im 18. Jahrhundert, Diss. Göttingen. 1909.*

In den dreißiger Jahren bis in den Zweiten Weltkrieg war es die Idee des Volksheeres, die ein gesteigertes Interesse an den Defensionswerken nehmen ließ. Dies schlug sich vor allem nieder in den Publikationen von Karl WOLF, *Aufbau eines Volksheeres in den Gebieten der Wetterauer Grafenkorrespondenz zur Zeit des Grafen Johann des Älteren und Johann des Mittleren von Nassau-Dillenburg, Wiesbaden 1937,* dazu der Aufsatz von der *Einführung der allgemeinen Wehrpflicht in Kurpfalz um 1600,* in: *Zeitschrift für die Geschichte des Oberrheins, NF Bd. 50 (1937).* Eugen von FRAUENHOLZ, *Das Heerwesen in der Zeit des Dreißigjährigen Krieges, Zweiter Teil – Die Landesdefension* (= Entwicklungsgeschichte des deutschen Heerwesens III, 2), *München 1939* gibt unter diesem Vorzeichen einen Überblick über die gesamte

Entwicklung. Wertvoll ist die als weiträumiger Anhang beigefügte Sammlung der Denkschriften, Defensionalordnungen und Mandaten aus verschiedenen Territorien. Vom selben Verfasser ist erschienen *Die Eingliederung von Heer und Volk in den Staat in Bayern 1597–1815, München 1940.*

Nach dem Zweiten Weltkrieg wurde das Defensionswesen als die Institution entdeckt, in der das Militär und die militärischen Einrichtungen der frühen Neuzeit verfassungsmäßig zu verankern waren. Die nur als maschinenschriftliches Manuskript verfügbare Dissertation von Albrecht LAMPE, *Der Milizgedanke und seine Durchführung in Brandenburg-Preußen vom Ausgang des 16. Jahrhunderts bis zur Heeresform nach 1807, Fr. Univ. Berlin 1951* geht über den Aspekt hinaus, da der Verfasser, um seine Arbeit einordnen zu können, einen großangelegten Überblick über das Geschehen in allen größeren deutschen Territorien zusammenstellt und bibliographisch belegt. Den allgemein verfassungsrechtlichen Rahmen gibt Gerhard OESTREICH, *Zur Heeresverfassung der deutschen Territorien von 1500 bis 1800*, in: ders., *Geist und Gestalt.* Auch das Standardwerk des deutschen Defensionswesens *Graf Johann VII., Verteidigungsbuch für Nassau-Dillenburg 1595. Der Unterschied der nassauischen von der oranischen Staats- und Wehridee*, in: *Nassauische Annalen, Bd. 69 (1958)* ist von Oestreich erläutert. Friedrich P. KAHLENBERG, *Kurmainzische Verteidigungseinrichtungen und Baugeschichte der Festung Mainz im 17. und 18. Jahrhundert, Mainz 1963* beschreibt auch die personellen Verteidigungsinstitutionen. Das Spezialgebiet der städtischen Wehrformen wurde im Text ausgeklammert. Joachim EHLERS, *Die Wehrverfassung der Stadt Hamburg im 17. und 18. Jahrhundert, Boppard a. Rh. 1966* erörtert die Diskrepanz zwischen den gemieteten Söldnerverbänden als dem eigentlichen Wehrpotential einer freien Stadt und dem städtischen Aufgebot, dessen militärische Funktion in dieser Zeit bereits geschwunden war. Bei Günter KNÜPPEL, *Das Heerwesen des Fürstentums Schleswig-Holstein-Gottdorf, 1600–1715. Ein Beitrag zur Verfassungs- und Sozialgeschichte territorialstaatlicher Verteidigungseinrichtungen, Neumünster 1972*, ebenso wie Winfried SCHULZE, *Landesdefension und Staatsbildung. Studien zum Kriegswesen des innerösterreichischen Territorialstaates (1564–1619)* weisen sich bereits im Titel als Studien zur Verfassungsgeschichte aus. Auch für die DDR bietet das Defensionswesen einen willkommenen Forschungsansatz; ihre neueste Veröffentlichung dazu: Helmut SCHNITTER, *Volk und Landesdefension,* (= Militärhistorische Studien 18 NF), *Militärverlag der DDR 1977.* Demnächst zu erwarten ist die Bonner Dissertation von Ullrich MARWITZ, *Staatsräson und Landesdefension. Studien zum Kriegswesen des Herzogtums Preußen (1640–1655)*, vs. 1980/81.

An Specialliteratur zur Person und zum Wirken der Initiatoren des Defensionsgedankens sind zu nennen Martin HOBOHM, *Macchiavellis Renaissance der Kriegskunst, Berlin 1913,* dazu ein kurzer, neuerer Aufsatz mit weiterführender Literatur von Piero PIERI, *Niccolo Macchiavelli*, in: *Klassiker der Kriegskunst, hrsg. von* Werner HAHLWEG, *Darmstadt 1960.* Die Nassauer Grafen erhalten ihre Würdigung durch L. PLATHNER, *Graf Johann von Nassau und die erste Kriegsschule, Diss. Berlin 1913.* In den *Nassauischen Lebensbildern, Bd. 1, Wiesbaden 1940* ist zu finden:

Karl WOLF, *Johann VI., der Ältere von Nassau-Dillenburg,* in *Bd. 2 (1943)* vom selben Verfasser *Johann VII., der Mittlere, Graf von Nassau-Siegen.*

Zum Experiment des Grafen Wilhelm vgl. E. HÜBINGER, *Graf Wilhelm zu Schaumburg-Lippe und seine Wehr, Diss. Heidelberg 1937* und F. WAHL, *Verfassung und Verwaltung Schaumburg-Lippes unter dem Grafen Wilhelm, Diss. Berlin 1938.*

2. Das Söldnertum

a. Die Entwicklung in der frühen Neuzeit

Das Söldnerwesen ist militärhistorisch erheblich intensiver erfaßt, als das lange Zeit vernachlässigte Defensionswesen. Max JÄHNS, *Geschichte der Kriegswissenschaften vornehmlich in Deutschland, 3 Bde., München 1889–1891* (Neudruck Hildesheim 1966) hat das gesamte von ihm erfaßbare militärische Schrifttum bis 1800 geordnet, die einzelnen Schriften mit einer kurzen Inhaltsangabe vorgestellt und in seine umfassende Militärenzyklopädie eingearbeitet. Er hat in seinem *1. Band: Altertum, Mittelalter, 15. und 16. Jahrhundert* sowohl die im Druck erschienenen Schriften zum Defensionswesen aufgeführt, die später von den genannten Autoren gründlicher ausgewertet worden sind, als auch dem Söldnertum einen breiten Raum zugestanden, soweit es in der Literatur bis 1800 Widerhall gefunden hat. Da er auch Schriften aufgenommen hat, die heute als verloren gelten, besitzen die Bände geradezu Quellenwert, sind jedenfalls für militärhistorische Arbeiten zu dieser Zeit unersetzlich. Als Sammelband sämtlicher Rechtsquellen steht als Neudruck jetzt zur Verfügung Johann Christian LÜNIG, *Corpus Iuris Militaris, 2 Bde., Faksimiledruck der Ausgabe 1723, Osnabrück 1968.* Nicht so vollständig und umfangreich faßt Eugen von FRAUENHOLZ, *Das Heerwesen des Dreißigjährigen Krieges, 1. Teil: Das Söldnertum,* in: Frauenholz, 3. Bd., 1. Teil, das amtliche Schriftgut der späteren Söldnerzeit zusammen. Max JÄHNS, *Heeresverfassung und Völkerleben,* widmet auch dem Söldner einen Abschnitt von über 100 Seiten. Fritz REDLICH, *The german military enterpriser and his work force. A study in european and social history, 2 Bde., Wiesbaden 1964 und 1965* untersucht das Thema unter wirtschaftsgeschichtlichem Aspekt, deckt damit ein lang entbehrtes Desiderat ab. Redlich schreibt keine Geschichte des Söldnerwesens, sondern arbeitet seine ökonomischen Grundlagen heraus, rehabilitiert aber gerade auf diese Weise eine lange in Verruf geratene Soldatenspezies. Daß es ihm nicht darum geht, die Leiden auch des Söldnerkrieges zu beschönigen, beweist er durch eine frühere Studie *De Praeda Militari. Looting and booting 1500–1815, Wiesbaden 1956.*

Die Sonderformen der Schweizer und Landsknechte sind in der genannten Literatur weitgehend berücksichtigt. An Spezialpublikationen ist zu nennen Frauenholz, Bd. 2: Das Heerwesen in der Zeit des freien Söldnertums. *1. Das Heerwesen des Reiches in der Landsknechtzeit, München 1936,* und, 2. *Das Heerwesen des Reiches in der Landsknechtzeit, München 1937.* Als der wohl beste Kenner der Materie hat Walter SCHAUFELBERGER, *Der Alte Schweizer und sein Krieg, Zürich* ²1966 die Anfänge des Schweizer Söldnertums beschrieben. Für die deutschen Verhältnisse setzt einen Anfang Hans-Michael MÖLLER, *Das Regiment der Landsknechte. Untersuchungen zu Verfassung, Recht und Selbstverständnis in deutschen Söldnerheeren des 16. Jahrhunderts, Wiesbaden 1976.* Nach Redaktionsschluß des Handbuches ist die Fallstudie erschienen: Reinhard BAUMANN, *Das Söldnerwesen im 16. Jahrhundert im bayerischen und süddeutschen Beispiel, München 1978,* die auf breiter Quellenbasis – ihrem Untertitel gemäß: – *Eine gesellschaftsgeschichtliche Untersuchung* durchführt.

Bei gründlicher Beschäftigung mit der Söldnerzeit wird der Leser immer auf die Namen JÄHNS und FRAUENHOLZ als Autoren stoßen. Dabei ist zu bedenken, daß beide von der Idee der Allgemeinen Wehrpflicht fasziniert sind und daher der Epoche nicht immer gerecht werden. Wie weit dieser Eifer gehen kann, zeigt Eugen von FRAUENHOLZ, *Lazarus von Schwendi. Der erste deutsche Verkünder der allgemeinen Wehrpflicht, Hamburg 1939,* eine Publikation, die schon in ihrem Titel der historischen Wirklichkeit widerspricht.

b. Die Oranische Heeresreform

Das Defensionswesen blieb – bei aller verfassungsmäßiger Eingebundenheit und den mannigfachen Anregungen für die stehende Söldnertruppe mit Milizcharakter und für die Allgemeine Wehrpflicht – letzten Endes eine gescheiterte Bewegung. Dagegen ist die eng mit ihm verwandte Oranische Heeresreform ohne Schwierigkeiten in die historische Kontinuität einzugliedern. Sie wird als die geistige Brücke zwischen dem freien Söldnertum und den domestizierten stehenden Söldnerkontingenten des absolutistischen Regimes, der ersten Verwirklichung des modernen Staates gewertet. Dabei kann das höchst merkantile Fundament dieser Brücke – die kriegsherrliche Regimentsinhaberschaft und die damit ermöglichte Subsidienpolitik – leicht übersehen werden.

Die Literatur spiegelt diese ersten greifbaren ideenpolitischen Inhalte des neuzeitlichen Militärapparates sehr deutlich und zum Teil begeistert wider. Schon relativ früh greift Gustav ROLOFF, *Moritz von Oranien und die Begründung des modernen Heeres,* in: *Preußische Jahrbücher 111 (1903),* das Thema auf. Werner HAHLWEG, *Die Heeresreform der Oranier und die Antike,* in: *Schriften der kriegsgeschichtlichen Abteilung im Historischen Seminar der Universität Berlin, 1941,* verankert den Vorgang in der humanistischen Tradition. *Die Heeresreform der Oranier. Das Kriegsbuch des Grafen Johann (VII.) von Nassau-Siegen, Wiesbaden 1973* ist ebenfalls von Werner HAHLWEG bearbeitet als Beispiel des Zusammenwirkens von Theorie und Praxis. Anders als diese doch recht praxisbezogenen Schriften leuchten die Arbeiten von Gerhard OESTREICH, in seiner Aufsatzsammlung *Geist und Gestalt des frühmodernen Staates* (Berlin 1969 neu herausgegeben) den philosophischen und staatstheoretischen Hintergrund aus: Der römische Stoizismus und die oranische Heeresreform, Justus Lipsius als Theoretiker des neuzeitlichen Machtstaates, Politischer Neustoizismus und Niederländische Bewegung in Europa und besonders in Brandenburg-Preußen. In seinem Beitrag *Soldatenbild, Heeresreform und Heeresgestaltung im Zeitalter des Absolutismus,* in: *Schicksalsfragen der Gegenwart, Bd. 1, Tübingen 1957,* gibt OESTREICH einen kurzen, instruktiven Überblick über die gesamte Reform, überschätzt aber doch erheblich ihre Bedeutung, in dem er das Heerwesen der absolutistischen Staaten allgemein ausschließlich aus ihr ableitet und erklärt. Um noch andere Namen zu nennen: Hans Wilhelm KIRCHHOF, *Militaris disciplina.* Kritische Ausgabe, *hrsg. von* Bodo GOTZKOWKY, *Stuttgart 1976,* macht als zeitgenössischer Autor deutlich, daß die Reform auch im militärischen Bereich ihre Vorgeschichte hat. J. W. WIJN, *Johann der Mittlere von Nassau-Siegen,* in: *Klassiker der Kriegskunst, hrsg. von* Werner HAHLWEG, *Darmstadt 1960* deutet diese so schillernde Gestalt einmal aus niederländischer Sicht.

c. Das Heer Wallensteins

Dem Phänomen Wallenstein sind nach Napoleon mehr Titel wissenschaftlicher und auch halbwissenschaftlicher Literatur gewidmet als jeder anderen historischen Persönlichkeit. Allerdings steht dabei der undurchsichtige, rätselhafte Politiker weit mehr im Schlaglicht als der nicht minder interessante Militär. Als Beispiel seien die beiden letzten großen Biographien genannt, in denen auch die bis dahin erschienene wichtige Literatur verarbeitet und genannt ist: Hellmut DIWALD, *Wallenstein, München 1969,* und Golo MANN, *Wallenstein, Frankfurt a. M. 1971.* Über den militärischen Apparat unterrichtet die als Diss. erschienene, in der Konzeption nicht zu Ende geführte und daher unbefriedigende Arbeit von Victor LOEWE, *Die Organisation und Verwaltung der Wallensteinschen Heere, Freiburg 1895.* Moritz RITTER, *Das Kontributionssystem Wallensteins,* in: *HZ 90 (1903),* bleibt die bisher einzige Untersuchung über die wichtige, geradezu epochemachende Praktik. Zur Wirtschafts- und Finanzpolitik sind grundlegend Anton ERNSTBERGER, *Wallenstein als Volkswirt im Herzogtum Friedland, Reichenberg i. B. 1929,* und vom selben Verfasser *Hans de Witte, Finanzmann Wallenstein,* in: *Vierteljahrschrift für Sozial- und Wirtschaftsgeschichte, Beiheft 38, Wiesbaden 1954.* Weniger spektakulär, aber militärgeschichtlich ebenso aufschlußreich: Gustav DROYSEN, *Bernhard von Weimar, Leipzig 1885.*

C. Das stehende Söldnerheer

Der Abschnitt »Absolutismus« fußt im Vergleich zu den folgenden Abschnitten des Handbuches auf einer relativ schmalen Literaturgrundlage. Der Grund dafür ist nicht im Mangel an Publikationen zu suchen. Die Summe der in den einzelnen deutschen Ländern erschienenen Aufsätze, Dokumentationen oder Monographien zum Thema Militär ist groß, doch die allen diesen Veröffentlichungen gemeinsame, für ein Handbuch verwertbare Aussage läßt sich stark eingrenzen. Zu erklären ist das spürbare Defizit an literarisch-wissenschaftlicher Substanz aus der Reserviertheit gegenüber dieser Epoche, die durch eine eigentümliche Zwiespältigkeit gekennzeichnet ist. Einerseits gehört der Absolutismus zweifelsfrei zu einer Geschichte der heutigen Staatenwelt, bildet ihre Basis und kann daher nicht ausgeklammert werden. Andrerseits waren gerade seine Maximen erst zu überwinden, um den heute gültigen politischen Ideen Raum zu geben. Während aber die politische Geschichte im Aufgeklärten Absolutismus noch einen Übergang zum ancien regime findet und sich anschickt, die Epoche noch einmal zu entdecken, steht die Militärgeschichte – auch wenn sie es nicht eingesteht – vor dem Dilemma, sich ostentativ zum Für oder zum Wider entscheiden zu müssen.

In der literarischen Praxis schlägt sich dieser Zwiespalt in einer Doppelform militärgeschichtlicher Darstellungen nieder. Für die truppengeschichtlich ausgerichteten Publikationen bildet der von der französischen Revolution eingeleitete Bruch nur ein politisches Ereignis unter anderen, das gewürdigt wird, dem 18. Jahrhundert aber durchaus seinen Platz neben dem 19. läßt. Da vornehmlich rein militärische Zustände und Vorgänge behandelt und nach militärischen Maßstäben beurteilt werden, gewinnen die originären Ereignisse in den Jahrzehnten der Errichtung stehender Truppen und der späterhin weiter gültigen landesherrlichen Dominanz sogar eine gewisse Bevorzugung vor den doch weitgehend uniformen Verhältnissen nach Einführung der Allgemeinen Wehrpflicht oder der Konskription.

Einige dieser Truppengeschichten geben neben der Schilderung der kriegerischen Ereignisse einen sorgfältig erarbeiteten, ausgedehnten und detaillierten Einblick in die militärischen Verhältnisse eines Landes, so die *Geschichte des bayrischen Heeres (1651–1777)*, auf der Grundlage von Textentwürfen mehrerer Autoren bearbeitet von Karl STAUDINGER, 3 Bde. (unterteilt in Halbbde.), hrsg. vom K. B. Kriegsarchiv 1901–1909. Die Fortsetzung besorgte Oskar BEZZEL, *Geschichte des bayrischen Heeres.* Bde. 4 und 5, München. Als ebenso korrekt gearbeitete Ergänzung dient Oskar BEZZEL, *Geschichte des Kurpfälzischen Heeres,* hrsg. vom Bayrischen Kriegsarchiv, 1. Bd. *Das Heerwesen in Kurpfalz-Neuburg und Jülich-Berg von seinen Anfängen bis zur Vereinigung von Kurpfalz und Kurbayern 1778 nebst Geschichte des Heerwesens in Pfalz-Zweibrücken, München 1925.*

Nicht ganz so umfangreich, aber für die Interna der reinen Heeresgeschichte nicht weniger brauchbar bleibt das Standardwerk Curt JANY, *Geschichte der Königlich Preußischen Armee bis zum Jahre 1807,* 3 Bde., Berlin 1928/29. Ältere Publikationen sind erheblich enger auf rein truppengeschichtliche Daten eingegrenzt, wie etwa Otto SCHUSTER und Adolf FRANKE, *Geschichte der Sächsischen Armee von deren Errichtung bis auf die neueste Zeit,* 3 Bde., Leipzig 1885/86. Da das sächsische Archivmaterial schwer zugänglich ist, bleiben Dissertationen, die einen Teilbereich aufschlüsseln, wertvoll. Für Sachsen ist zu nennen Walter THENIUS, *Die Anfänge des stehenden Heerwesens in Kursachsen unter Johann Georg III. und Johann Georg IV., Diss. Leipzig 1912,* und Johannes HOFMANN, *Die kursächsische Armee von 1769 bis zum Beginn des bayrischen Erbfolgekrieges, Diss. Leipzig (Rudolstadt) 1914.* Für das seit 1714 in Personalunion mit England verbundene Hannover sind drei Titel zu nennen, A. und R. von SICHART, *Geschichte der Königlich Hannoverschen Armee (1631–1803), 4 Bde., Hannover 1866–71, SCHÜTZ VON BRANDIS, Übersicht der Geschichte der Hannoverschen Armee von 1617–1866, Hannover 1903,* und Friedrich SCHIRMER, *Nec aspera terrent! Eine Herreskunde der hannoverschen Armee von 1631–1803,* Hannover 1929; in keinem der Bücher wird außer in wenigen Hinweisen der heereskundliche Rahmen verlassen.

Ähnliche Aussagen machen O. ELSTER, *Geschichte der stehenden Truppen im Herzogtum Braunschweig-Wolfenbüttel (1600–1806), 2 Bde.,* Leipzig 1899–1901, und Leo Ignaz STADLINGER, *Geschichte des württembergischen Kriegswesens von der frühesten bis zur neuesten Zeit, Stuttgart 1856.* Vom Thema her wichtig, wenn auch im Ergebnis nicht befriedigend: Karl PFAFF, *Geschichte des Militärwesens in Württemberg von der ältesten bis auf unsere Zeit und der Verhandlungen darüber zwischen der Regierung und den Landständen, Stuttgart 1842.* Für Baden, das erst 1771 zu einem Territorium vereinigt wurde, ist heranzuziehen Wilhelm PFLÜGER, *Die Badische Heeresverfassung von der Vereinigung der badischen Markgrafschaften im Jahre 1771 bis zum Regierungsantritt des Großherzogs Ludwig im Jahre 1818. Diss. Freiburg 1922.* Zu verwerten sind auch kleinere militärgeschichtliche Beiträge in den landesgeschichtlichen Blättern, so Theodor VERSPOHL, *Das Heerwesen des Münsterschen Fürstbischofs Christian Bernhard von Galen 1650–1678.* in: *Beiträge f. d. Gesch. Niedersachsens und Westfalens, Heft 18, Hildesheim 1909*, oder Kurt HAPPSTÄDTER, *Unter dem nassauischen Löwen. Das Militärwesen in der Grafschaft Nassau-Saarbrücken,* in *Mitteilungen des Hist. Vereins f. d. Saargegend, N. F., Heft 2, Saarbrücken 1957.* Von Hermann MÜLLER, *Das Heerwesen im Herzogtum Sachsen-Weimar von 1702–1775. Ein Beitrag zur Thüringischen Geschichte des 18. Jahrhunderts, Diss. Weimar 1935,* ist nur ein Teilstück ohne vollständigen wissenschaftlichen Apparat greifbar.

An Stelle der oft mangelhaften landesgeschichtlichen Publikationen sind gelegentlich die einschlägigen Regimentsgeschichten recht brauchbar, nicht nur die Prachtausgaben alter preußischer Regimenter, sondern besonders die liebevoll und mit aller Akribie verfaßten Geschichten der Stammregimenter in den kleinen Territorien. Als Beispiel sei genannt Leo von PFANNENBERG, *Geschichte des Infanterie-Regiments Großherzog von Sachsen (5. Thüringisches) Nr. 94 und seiner Stammtruppen 1702–1912, Berlin 1912.*

Eine kleine Gruppe von Arbeiten ist wohl noch truppengeschichtlich orientiert, aber um eine deutsche oder auch europäische Zusammenschau bemüht. Als erste wäre hier der 3. Bd. von H. MEYNERT, *Geschichte des Kriegswesens und der Heeresverfassungen in Europa, Wien 1869*, zu nennen, trotz des hohen Alters immer noch lesenswert als der Versuch einer vergleichenden europäischen Gesamtschau. Karl LINNEBACH, *Deutsche Heeresgeschichte, Berlin 1935*, handelt die größeren deutschen Länder durch verschiedene Autoren nebeneinander ab. Linnebach selbst, ein hervorragender Kenner der Materie, hat die Aufsätze über die stehenden Heere und die Reichskriegsverfassung geschrieben. Wegen seiner Kürze kann das kleine Sammelwerk nur der Orientierung dienen. In seiner Konzentration ebenfalls nur als

Einführung geeignet ist Hans MEIER-WELCKER, *Deutsches Heerwesen im Wandel der Zeit. Ein Überblick über die Entwicklung vom Aufkommen der stehenden Heere bis zur Wehrfrage der Gegenwart, Frankfurt/M. 1956.*

So umfangreich das Angebot an Truppengeschichte ist – hier ist nur eine Auswahl angeführt –, so begrenzt ist die Liste der Publikationen, die als moderne Militärgeschichte dieser Zeit anzusprechen sind. Dem 18. Jahrhundert mangelt es also an Themen, die dem 19. und 20. ihre eigentliche Spannung verleihen: Fragen der Heeresverfassung, der sozialen Struktur, des Verhältnisses der Truppe zu Staat und Gesellschaft. Die Epoche des Absolutismus bleibt nicht ausgeklammert – sie erfährt als die von den Scharnhorstschen Reformen zu überwindende Zeitsituation schon ihre Beachtung –, aber sie wächst selten über den Umfang eines Einleitungskapitels hinaus. Gerhard RITTER, *Staatskunst und Kriegshandwerk, 4 Bde., München 1959–1968,* ein Spätwerk, das für die Zeit von 1740 bis 1918 aus der Sicht nach dem Zweiten Weltkrieg die Bilanz zieht, räumt von seinen insgesamt über 2000 Seiten knappe 40 dem Absolutismus ein! Für Gordon A. CRAIG, *Die preußisch-deutsche Armee 1640 bis 1945. Staat im Staate, Düsseldorf 1960*, trifft Ähnliches im kleineren Maßstabe zu. Auch für Carl Hans HERMANN, *Deutsche Militärgeschichte. Eine Einführung, Frankfurt 1966 (Paperback: München 1979),* beansprucht der Absolutismus weniger Seiten als der darauf folgende „Reformversuch", ist allerdings mit einer kurzen, guten Bibliographie versehen. Verständlich, daß der in der DDR erschienene *Kurze Abriß der Militärgeschichte von den Anfängen der Geschichte des deutschen Volkes bis 1945, Berlin 1974*, dem „spätfeudalen Militärwesen" nur 5% seines Inhalts zugesteht.

Von den wenigen Arbeiten, die sich ausschließlich mit dem Thema Militär im Absolutismus beschäftigen, sind neben dem instruktiven Aufsatz von Eberhard KESSEL, *Der deutsche Soldat in den stehenden Heeren des Absolutismus,* in: *Die Deutsche Soldatenkunde, hrsg. von Schwertfeger und Volkmann, 1. Bd. Leipzig-Berlin 1937,* zwei sehr gegensätzliche Publikationen zu nennen: Otto BÜSCH, *Militärsystem und Sozialleben im alten Preußen, 1713–1807. Die Anfänge der sozialen Militarisierung der preußisch-deutschen Gesellschaft, Berlin 1962,* hat sich als ein für künftige Untersuchungen wegweisendes Standardwerk erwiesen. Aus einem völlig anderen Ansatz heraus schrieb Siegfried FIEDLER, *Grundriß der Militär- und Kriegsgeschichte. 1. Bd.: Die stehenden Heere im Zeitalter des Absolutismus 1640-1789, München 1972,* in dem Bemühen um eine sachliche Rechtfertigung des Militärstaates Preußen und um den Zusammenhang von Militär- und Kriegführung.

Auch wenn aus dem Titel nicht ersichtlich, beschrieben die genannten allgemeineren Publikationen – mit wenigen Blicken über die Grenzen – die preußischen Zustände. Allgemeindeutsche Militärgeschichte dieser Zeit spiegelt sich nur in Quellenwerken und Dokumentationen wider, in denen die deutschen Länder nebeneinander aufgeführt werden können. Nicht nur für die Rechtsgeschichte aufschlußreich ist Johann Christian LÜNIG, *Corpus iuris militaris, 2 Bde., Leipzig 1723, Faksimiledruck hrsg. von Lothar Paul, Osnabrück 1968*. Für eine erste Orientierung reicht aus FRAUENHOLZ, 4. Bd.: *Das Heerwesen in der Zeit des Absolutismus.* Max JÄHNS, *Ge-*

schichte der Kriegswissenschaften vornehmlich in Deutschland, 3 Bde., München-Leipzig 1889–1891, Neudruck Hildesheim 1966, bleibt unersetzlich, da ein großer Teil der mit Inhaltsangabe angeführten zeitgenössischen Schriften nicht mehr greifbar ist.

Zur Diskussion um den miles perpetuus bietet die Sekundärliteratur nur gelegentlich kurze Hinweise. Dafür finden sich bei Jähns, Bd. 1 (15. und 16. Jahrhundert) und Bd. 2 (17. und 18. Jahrhundert bis zum Tode Friedrichs des Großen) unter den Überschriften „Allgemeine Kriegswissenschaftliche Werke" und „Truppenkunde" die Meinungen und Kontroversen übersichtlich nebeneinandergestellt. Die Thesen Montecuccolis sind nachzulesen in seinen „Memorie della guerra" in deutscher Übersetzung bei Alois VELTZE, *Ausgewählte Schriften des Raimund Fürsten Montecuccoli, 3. Bd., Wien 1900.*

Der richtunggebende Einfluß Frankreichs auf die europäische Entwicklung ist schon früh erkannt worden. Max JÄHNS, *Heeresverfassungen und Völkerleben, Berlin 1885*, stellt die französischen Verhältnisse deutlich heraus. Auch Hans DELBRÜCK, *Geschichte der Kriegskunst im Rahmen der politischen Geschichte, 4. Bd.: Neuzeit, Berlin 1920* (Neudruck Berlin 1962), räumt vor Brandenburg-Preußen nur Frankreich ein militärgeschichtlich orientiertes Kapitel ein. Speziell der Zeit Ludwigs XIV. verleiht Siegfried FIEDLER, *Grundriß der Militär- und Kriegsgeschichte, 1. Bd., München 1972*, mit seinem Kapitel „Das stehende Heer im absolutistischen Staat, dargestellt am Beispiel Frankreichs" geradezu paradigmatischen Charakter. Eine umfassende kritische Darstellung der Zusammenhänge aus deutscher Feder fehlt aber immer noch. Werner GEMBRUCH, *Zur Kritik von Le Tellier und Louvois in der Spätzeit der Herrschaft Ludwigs XIV.*, in: *Militärgeschichtliche Mitteilungen 2/1972*, sieht sich daher genötigt, vor seine eigenen wichtigen Erkenntnisse eine einführende Zusammenschau der Zustände zu setzen. Zur Ergänzung ist noch heranzuziehen sein Kurzaufsatz *Vauban*, in: *Klassiker der Kriegskunst, Darmstadt 1960.* Die bereits von den Zeitgenossen als vorbildlich empfundene französische Heeresversorgung ist erst in jüngster Zeit durch die kritische Bestandsaufnahme von Bernhard KROENER, *Les Routes et les Etapes – Die Versorgung der französischen Armeen in Nordostfrankreich (1635–1666). Ein Beitrag zur Verwaltungsgeschichte des Ancien Régime, = Schriftenreihe der Vereinigung zur Erforschung der Neueren Geschichte e.V. Band 11, Münster 1979* gewürdigt worden. Aus der französischen Literatur sind als erstes zu nennen die Ansichten eines Militärs: General WEYGAND, *Die Geschichte der französischen Armee*. Deutsche Übersetzung von W. Violet, *Berlin 1939*. Für die mittelalterlichen Anfänge stehender Truppen hat Philippe CONTAMINE, *Guerre, état et société à la fin du moyen age. Etudes sur les armées des rois de France 1337–1494, Paris 1972*, mit stark sozialgeschichtlicher Tendenz nach Ansicht der Kritik eine „bahnbrechende Forschungsarbeit" geleistet. Zur Militärgeschichte des Ancien Régime in organisationsgeschichtlicher Hinsicht bietet die Arbeit von Léon MENTION, *L'armée de l'ancien Régime, Paris ²1908* wichtige Informationen. Dem Niedergang der französischen Armee und seinen Ursachen geht Emile G. LEONARD, *L'armée et ses problèmes au XVIIIᵉ siècle, Paris 1958* in einer knappgehaltenen Untersuchung nach. Sie wird ergänzt durch die Ergebnisse, die Lee KENNETT, *The French Army in the Seven Years War, Durham 1967* über den Zustand der französischen Truppen im Siebenjährigen Krieg vorgelegt hat, dessen Ausgang die Reformbestrebungen innerhalb der französischen Armee in den letzten Jahren des Ancien Régime maßgeblich beeinflußt hat.

Die breitangelegte Untersuchung von André CORVISIER, *L'armée française de la fin du XVIIe siècle au ministère de Choiseul – Le soldat – 2 Bde. Paris 1964* wird durch ihren strukturgeschichtlichen Ansatz die Militärgeschichtsschreibung auf Jahrzehnte bestimmen. Mit dem Wechselverhältnis von Armee und Gesellschaft beschäftigt sich auch seine neuere Untersuchung *Armées et sociétés en Europe de 1494 à 1789, Paris 1976*, in der er versucht, seine für die französischen Zustände erarbeiteten Thesen auch auf die Armeen anderer europäischer Staaten zu übertragen. Mit den Dienst- und Standespflichten des Offiziers beschäftigte sich die 1685 erschienene Schrift *La conduite de Mars, nécessaire à tous ceux qui font profession des armes; avec divers événements remarquables*, die mehrmals ins Deutsche übersetzt worden ist; am bekanntesten ist Johann Heinrich POSSELT, *Der Tapfere und Verständige Kriegsoffizier,* Dresden 1690.

2. Kriegsherr und Armee

a. Die ideologische Komponente

Über das Verhältnis des Kriegsherrn zu seiner Armee gibt es keine speziellen Untersuchungen. Hinweise auf die Rolle der Truppen als Repräsentationsobjekt, Versuchsfeld für Ordnungsdenken und Soldatenspielerei sind in den obengenannten Truppengeschichten der Länder zu finden. Einzelbeispiele für Soldatenspielerei, wie die genannten Ludwig IX. von Hessen-Darmstadt oder Ernst August von Sachsen-Weimar und andere, führte auch die Allgemeine Deutsche Biographie (ADB) an.

b. Stehendes Heer und Innenpolitik

Über die Armee als soziales und innenpolitisches Problem geben – soweit die Frage überhaupt diskutiert wird – die Landesgeschichten Auskunft. Als richtungsweisende Einzelveröffentlichung ist zu nennen Otto BÜSCH, *Militärsystem und Sozialleben im alten Preußen, Berlin 1962* (vgl. S. 309). Als stark überzeichnet, aber in einigen Ansätzen nicht uninteressant erweist sich der Aufsatz von Ottoheinz ROCHOLL, *Das stehende Heer als Stütze der feudalen Reaktion,* in: *Wissenschaftliche Zeitschrift der Karl-Marx Universität Leipzig, Gesellschafts- und Sprachwissenschaftliche Reihe, H. 9/10, Leipzig 1952/53.*

c. Stehendes Heer und Außenpolitik

Zur Beurteilung der Kabinettskriege ist Bd. 5, Abschnitt IX (Regling) heranzuziehen. Eine Übersicht über die Erbfolgekriege und die daraus resultierenden Koalitionen bietet neben den bekannten Handbüchern von Bruno GEBHARDT, Bd. 2: *Von der Reformation bis zum Ende des Absolutismus,* und Leo JUST, Bd. 2, Abschnitt 3: *Die Grundlegung des Absolutismus*, und Abschnitt 4: *Der Aufgeklärte Absolutismus*, das bereits erwähnte Werk von Bernhard ERDMANNSDÖRFER, *Deutsche Geschichte vom Westfälischen Frieden bis zum Regierungsantritt Friedrichs des Großen 1648–1740, 2 Bde., Leipzig 1932,* (Neudruck der unveränderten Auflage Darmstadt 1962). Aufschlußreich, wenn auch kritisch zu lesen, ist Wolfgang WINDELBAND, *Die auswärtige Politik der Großmächte in der Neuzeit, Essen* ^{5}*1942* (etwas bearbeiteter Neudruck Darmstadt 1963). Der heutige Forschungsstand ist am besten zusammengefaßt von Fritz WAGNER, Europa im Zeitalter des Absolutismus und der Aufklärung, § 3: *Internationale Beziehungen von 1648 bis 1789*, in: *Europ. Gesch.*

Subsidienpolitik

Das Subsidienwesen in Zusammenhang mit dem „Soldatenhandel" hat eine ganze Flut polemischer Literatur hervorgerufen. Als brauchbare Arbeit findet sich nur Alex KAUFMANN, *Deutsche Soldtruppen im Dienste der Republik Venedig,* in: *Zeitschrift für deutsche Kriegsgeschichte, N. F. 2(1873)* in dieser Gruppe. Als erste wichtige historisch-kritische Auseinandersetzung liegt vor: Max BRAUBACH, *Die Bedeutung der Subsidien für die Politik im spanischen Erbfolgekrieg, Bonn-Leipzig 1923*. An einem Spezialfall erläutert die Soldatenvermietung, ebenfalls als gesamtdeutsches Problem, Renate WIEBE, *Die Hilfeleistung der deutschen Staaten für Wilhelm III. von Oranien i. J. 1688, Diss. Göttingen 1939.* Die Masse der Publikationen beschränkt sich auf den landesgeschichtlichen Aspekt. Daraus bietet die jüngste und modernen Ansprüchen voll genügende Untersuchung: Peter Claus HARTMANN, *Geld als Instrument europäischer Machtpolitik im Zeitalter des Merkantilismus. Studien zu den finanziellen und politischen Beziehungen der Wittelsbacher Territorien Kurbayern, Kurpfalz und Kurköln mit Frankreich und dem Kaiser, München 1976.* Von demselben Verfasser stammt *Die Finanz- und Subsidienpolitik des Kurfürsten Max Emanuel von Bayern und der kurbayrische Gesandte in Paris Comte d'Albert – Fürst Grimberghen, Diss. München 1967;* ebenso der Aufsatz *Die Subsidien- und Finanzpolitik Kurfürst Max Emanuels von Bayern im Spanischen Erbfolgekrieg,* in: *Zeitschrift für bayr. Landesgeschichte 32 (1969)*.

Relativ häufig ist die Soldatenvermietung Hannover behandelt: Ernst von dem KNESEBECK, *Geschichte der churhannoverschen Truppen in Gibraltar, Menorca und Ostindien, Hannover 1845,* dann A. SCHWENCKE, *Geschichte der hannoverschen Truppen in Griechenland 1685–89, Hannover 1854*, und vom selben Autor *Geschichte der hannoverschen Truppen im Spanischen Erbfolgekriege 1701–14, Hannover 1862,* endlich Gert BRAUER, *Die hannoversch-englischen Subsidienverträge*, in: *Untersuchungen zur deutschen Staats- und Rechtsgeschichte, N. F. 1(1962)*.

Zu den mit Truppenvermietungen verbundenen Subsidienverträgen Brandenburg-Preußens dagegen gibt es keine namhafte Spezialliteratur. Für die militärischen Daten ist daher Jany, Bd. 1, heranzuziehen; die politischen Zusammenhänge können entnommen werden bei Otto HINTZE, *Die Hohenzollern und ihr Werk, Berlin* [3]*1915*, für die Zeit des Spanischen Erbfolgekrieges Carl HINRICHS, *Friedrich Wilhelm I. König in Preußen. Jugend und Aufstieg, Darmstadt 1968.*

Beispiele für die Soldatenvermietung deutscher Kleinstaaten beschreiben Georg FISCHER, *Die Subsidienverträge des Markgrafen Alexander von Ansbach-Bayreuth*, in: *Archiv für die Geschichte und Altertumskunde von Oberfranken XXX (1927), Nr. 1*, oder Hermann LÜBBING, *Deutsche Soldaten unter anhalt-zerbstischer Fahne in englischem Solde*, in: *Oldenburgische Jahrbücher für Landesgeschichte und Altertumskunde, Bd. 44/45 (1940/41)*, und als besonders eindrucksvolle Schilderung Johannes PRINZ, *Das Württembergische Kapregiment 1786–1808, die Tragödie einer Söldnerschar, Stuttgart* [2]*1932*. Eine beachtenswerte Umkehrung der Tendenz beschreibt A. von WELCK, *Schweizer Soldtruppen in kursächsischen Diensten 1656–1681*, in: *Neues Archiv für sächsische Geschichte 13 und 14 (1892/93).*

Das besondere Interesse an dem hessen-kasselschen „Soldatenhandel" während des amerikanischen Unabhängigkeitskrieges fand schon früh literarische Bewertung: Friedrich KAPP, *Der Soldatenhandel deutscher Fürsten nach Amerika, Berlin* [2]*1874*, fand bereits einen weiten Leserkreis. Auch Carl PRESSER, *Der Soldatenhandel in Hessen. Versuch einer Abrechnung, Marburg 1900*, und D. C. Freiherr von VERSCHUER, *Die Hessen und die anderen deutschen Hilfstruppen im Kriege Groß-Brittaniens gegen Amerika 1776–1783, Braunschweig 1901*, nahmen Partei. Ebenso kann Philipp LOSCH, *Soldatenhandel, Kassel 1933*, die apologetische Absicht nicht leugnen. Trotzdem ist das Büchlein wertvoll, denn es enthält alle hessischen Subsidienverträge und ihre Daten in Kurzfassung und gibt mit seinen 458 bibliographischen Titeln eine Überschau über die Gesamtdiskussion zum Thema Soldatenvermietung. Ein Amerikaner kommt zu Wort mit Edward J. LOWELL, *The Hessians and the other German Auxiliaries of Great Britain in the Revolutionary War, New York 1884.*

Die Haltung der anderen Seite, die eine Subsidienpolitik großen Ausmaßes erst ermöglichte, wird erklärt von Lois G. SCHWOERER, *No standing armies. The anti-army ideology in Seventeenth-Century England, Baltimore-London 1974.*

d. Die stehenden deutschen Regimenter und der Sonderfall Preußen

Einen differenzierten, sachlichen und trotzdem lebendigen Eindruck vom Wesen der Regimenter, ihren Funktionen und Funktionären vermittelt Fritz REDLICH, *The german military enterpriser and his work force, Vol. 2: The decay and demise of military entrepreneurship 1650–1800, = Beiheft 48 zu Vierteljahrsschrift für Sozial- und Wirtschaftsgeschichte, Wiesbaden 1965;* er liefert dazu eine ausgezeichnete Literaturübersicht.

Darüber hinaus gibt nur die bunte Fülle der Regimentsgeschichten, wie sie z. B. in der nahezu vollständigen Sammlung der Bibliothek für Zeitgeschichte (früher Weltkriegsbibliothek) in Stuttgart zur Verfügung steht, Auskunft über diese von der akademischen Historiographie ausgesparte neuzeitliche Erscheinung.

Der historische Sonderfall Preußen hat sich in der Nachkriegsliteratur zu einem festen Problem verankert, dessen Lösung immer noch aussteht. Davon zeugt eine Literaturübersicht von Stephan SKALWEIT, *Preußen als historisches Problem,* in: *Jahrbuch für die Geschichte Mittel- und Ostdeutschlands, Bd. 3, Tübingen 1954,* während die Aufsatzsammlung von Carl HINRICHS, unter demselben Thema, *Berlin 1964,* weniger die Problematik als die Farbigkeit preußischer Geschichte aufzeichnet. Auch die Sammlung *Preußen, Epochen und Probleme seiner Geschichte,* hrsg. von Richard DIETRICH, *Berlin 1964,* gehört in diesen Zusammenhang. Wie weit aber die Meinungen divergieren können, wird deutlich in der Kontroverse Gerhard RITTER, *Das Problem des Militarismus,* in: *HZ 177 (1954)* und Ludwig DEHIO, *Um den deutschen Militarismus,* in: *HZ 180 (1955).* Im Mittelpunkt der Betrachtung stehen Friedrichs II. Politik und Kriegführung. Es war zunächst weniger der König selbst als vielmehr die Diskussion um ihn, die zu Arbeiten anregte, wie Thomas ELLWEIN und Waldemar BRÜCKMANN, *Friedrich der Große im Spiegel der Nachwelt,* in: *Zeitschrift für Religion und Geistesgeschichte, 1 (1948)* oder Karl Erich BORN, *Der Wandel des Friedrich-Bildes in Deutschland während des 19. Jahrhunderts, Diss. Köln 1953.* Auch bei Colmar Freiherr von der GOLTZ, *Von Roßbach bis Jena, Berlin* ^{2}*1906,* ist es nicht das historische Geschehen, das zur Stellungnahme angeregt hat, sondern die Beispielhaftigkeit im Vergleich mit späteren Geschehnissen.

Erst in jüngster Zeit mehren sich die Publikationen, die das Problem Friedrich II. im Besonderen und Brandenburg-Preußen allgemein in nüchterner Forschungsarbeit angehen. Winfried BAUMGART, *Der Ausbruch des Siebenjährigen Krieges. Zum gegenwärtigen Forschungsstand, MGM 11 (1972),* zieht eine Bilanz. An neueren Monographien sind zu nennen Eckart OPITZ, *Österreich und Brandenburg im Schwedisch-polnischen Krieg 1655–1660, Boppard am Rhein 1969,* und Dieter Ernst BANGERT, *Die russisch-österreichische militärische Zusammenarbeit im Siebenjährigen Kriege in den Jahren 1758–1759, Boppard a. Rh. 1971;* beide erschienen in den vom Militärgeschichtlichen Forschungsamt herausgegebenen Militärgeschichtlichen Studien.

Darüber darf nicht übersehen werden, daß das historische Preußen heute Leserschaft wie Autoren fasziniert und daß in dem bunten Kranz der Publikationen von den wissenschaftlich fundierten Apologien eines Hans Julius Schoeps bis zu den feinsinnigen Recherchen eines Sebastian Haffner Erkenntnisse ausgesprochen sind, die ihr Gewicht haben.

3. Wehrverfassung und Wehrfinanzverfassung der Länder

a. Zur Frage der Heeresverfassung

Das Thema Heeresverfassung als Bezeichnung für die allgemeinöffentliche Situation der Streitkräfte ist relativ oft behandelt worden. Beispiele dafür sind Georg von BELOW, *Das deutsche Heerwesen in alter und neuer Zeit,* in: *Internationale Monatsschrift für Wissenschaft, Bd. 9 (1914),* ebenso Hermann AUBIN, *Wehrkraft, Wehrverfassung und Wehrmacht in der deutschen Geschichte, Breslau 1937,* und Hans

HERZFELD, *Staats-, Gesellschafts- und Heeresverfassung,* in: *Schicksalsfragen der Gegenwart Bd. 3, Tübingen 1958.* Eine besondere Sparte bilden Publikationen der dreißiger Jahre, die die Verfasssungsgeschichte betont als eine Entwicklung zum Volksheer und zur Allgemeinen Wehrpflicht auffassen. Sehr überzeugend und flüssig geschrieben – und daher kritisch zu lesen – ist: Ernst Rudolf HUBER, *Heer und Staat in der deutschen Geschichte, Hamburg 1938, ²1943.* Eine ähnliche Tendenz zeigt sich bei Eugen von FRAUENHOLZ, *Söldnertum und allgemeine Wehrpflicht,* in: *Jahrbuch der deutschen Geschichte für Volk und Wehrkraft, Wehrpolitik und Wehrwissenschaften, Hamburg 1936,* oder auch Otto-Heinrich FAULL, *Betrachtungen zur Entwicklung der Wehrgeschichte in Brandenburg-Preußen von 1500–1814, Diss. Rostock 1940.*

Unter den Darstellungen der Heeresverfassung im engeren Sinne, als Rechtsnorm, stehen zwei schon klassisch zu nennende Aufsätze an erster Stelle: Otto HINTZE, *Staatsverfassung und Heeresverfassung,* in: *Staat und Verfassung, Leipzig 1941,* und Fritz HARTUNG, *Staatsverfassung und Heeresverfassung,* in: *Volk und Staat in der deutschen Geschichte, Leipzig 1940.* Gerhard OESTREICH, *Zur Heeresverfassung der deutschen Territorien von 1500 bis 1800. Ein Versuch vergleichender Betrachtung,* in: *Oestreich,* geht von der richtigen Voraussetzung aus, daß verfassungsrechtliche Maßstäbe weniger an die Söldnerheere als vielmehr an die Ausschußtruppen anzulegen sind. Zur Ergänzung dient sein Aufsatz *Die verfassungspolitische Situation der Monarchie in Deutschland vom 16. bis 18. Jahrhundert,* ebd. Die Spätphase faßt zusammen Werner GEMBRUCH, *Zur Diskussion um Heeresverfassung und Kriegführung in der Zeit vor der französischen Revolution,* in: *Napoleon I. und das Militärwesen seiner Zeit, Freiburg 1968.*

Für die preußischen Verhältnisse ist nicht zu verzichten auf R. L'HOMME DE COURBIERE, *Geschichte der Brandenburgisch-Preußischen Heeresverfassung, Berlin 1852.* Speziell in der Frage des Kantonsystems stehen sich in den Meinungen doch etwas gegenüber: Max LEHMANN, *Werbung, Wehrpflicht und Beurlaubung im Heere Friedrich Wilhelms, I.,* in seiner Aufsatzsammlung *Historische Aufsätze und Reden, Leipzig 1911,* Curt JANY, *Die Kantonverfassung Friedrich Wilhelms I.,* in: *Forschungen zur Brandenburgisch-Preußischen Geschichte, Bd. 38/2, (1926),* und Otto BÜSCH (s. S. 309).

An Quellensammlungen zur Verfassungsgeschichte sind außer den bereits genannten FRAUENHOLZ und LÜNING noch zwei Werke zu nennen: *Corpus juris militaris novissimum oder neuestes Kriegs-Recht, ... Leipzig 1724,* und Johann Jacob MOSER, *Von der Landeshoheit in Militärsachen, Frankfurt 1773.* Die Aufschlüsselung eines weiteren zeitgenössischen bekannten Nachschlagewerkes bringt Eckart KUTSCHE, *Kriegsbild, Wehrverfassung und Wehrwesen in der deutschen Enzyklopädie des 18. Jahrhunderts, dargestellt an Zedlers Großem Universallexikon, Diss. Freiburg i. Br. 1975.*

b. Finanzierung aus dem Lande

Zum schwierigen Gebiet der Steuerpolitik – Formen der Einkünfte aus dem Lande, Einzugspraktiken und Verteilung der Gelder – ist an allgemeiner, zumeist handbuchartig aufgegliederter Literatur zu nennen: als erster, grundlegender Überblick Theodor MAYER, *Geschichte der Finanzwirtschaft vom Mittelalter bis zum Ende des 18. Jahrhunderts,* in: *Handbuch der Finanzwissenschaft, Bd. 1, Tübingen* [2]*1952*; dazu ergänzend G. DROEGE, *Die finanziellen Grundlagen der Territorialstaaten in West- und Ostdeutschland,* in: *Vierteljahrschrift für Sozial- und Wirtschaftsgeschichte 53 (1966).* Herbert HASSINGER, *Politische Kräfte und Wirtschaft 1350–1800,* = Kapitel e), Finanzwirtschaft, in: *Handbuch der deutschen Wirtschafts- und Sozialgeschichte, Bd. 1, Stuttgart 1971,* sieht das Finanzwesen im weiteren Rahmen der Wirtschaft. Ernst KLEIN, *Geschichte der öffentlichen Finanzen in Deutschland (1500–1870), Wiesbaden 1974* legt die für diesen Bereich ausführlichste Übersicht vor, muß sich aber nach einem kurzen Aufriß der allgemeinen Normen mit der Schilderung der Zustände in ausgewählten, nacheinander abgehandelten Ländern begnügen. Nicht übersehen werden sollte in diesem Zusammenhang Francis L. CARSTEN, *Princes and Parliaments in Germany, Oxford 1959.*

Unter den Ländern hat Brandenburg-Preußen die mit Abstand intensivste Bearbeitung erfahren. Eine umfassende Darstellung gibt Gustav SCHMOLLER, *Die Epochen der preußischen Finanzpolitik bis zur Gründung des Deutschen Reiches,* in: *Umrisse und Untersuchungen zur Verfassungs-, Verwaltungs- und Wirtschaftsgeschichte, besonders des preußischen Staates im 17. und 18. Jahrhundert, Leipzig 1898.* Für die brandenburgischen Verhältnisse im 17. Jahrhundert sind heranzuziehen Kurt BREYSIG, *Der Brandenburgische Staatshaushalt in der 2. Hälfte des 17. Jahrhunderts,* in: *Schmollers Jahrbuch 16 (1892),* und Friedrich WOLTERS, *Geschichte der brandenburgischen Finanzen in der Zeit von 1640–1697, 2. Bd.: Die Zentralverwaltung des Heeres und der Steuern, Leipzig 1916.* Besondere Aufmerksamkeit genießt die Zeit Friedrichs II. mit Hans HAUSSHERR, *Provinz und Staat in der altpreußischen Finanzwirtschaft. Westpreußen unter Friedrich dem Großen,* in: *Forschungen zu Staat und Verfassung, Berlin 1968.* Die früh einsetzende Kritik untersucht Dietmar STUTZER, *Das preußische Heer und seine Finanzierung in zeitgenössischer Darstellung 1740–1790,* in: *Militärgeschichtliche Mitteilungen 2/1978.* Einzelne Phasen behandeln August LOEHR, *Die Finanzierung des siebenjährigen Krieges,* in: *Numismatische Zeitschrift, Wien 1925,* und Reinhold KOSER, *Die preußischen Finanzen von 1763 bis 1786,* in: *Forschungen zur Brandenburgischen und Preußischen Geschichte 16 (1903);* in der gleichen Reihe als Bd. 55, (1944), Paul REHFELD, *Die preußische Rüstungsindustrie unter Friedrich dem Großen.* Für das Zusammenspiel von Wirtschafts- und Finanzpolitik geben Beispiele: Carl HINRICHS, *Die Wollindustrie in Preußen unter Friedrich Wilhelm I.,* in: *Acta Borussica, Berlin 1933,* und A. ZOTTMANN, *Die Wirtschaftspolitik Friedrichs des Großen mit besonderer Berücksichtigung der Kriegswirtschaft, Leipzig 1937.* Für Bayern, das neben den anderen größeren Ländern auch in den allgemeinen Publikationen seinen gesonderten Platz besitzt, sind an Literatur zu nennen Hans SCHMELZLE, *Der Staatshaushalt des Herzogtums Bayern im 18. Jahrhundert, Stuttgart 1900,* und ein Aufsatz von Peter Claus HARTMANN, *Die wirtschaftlichen Initiativen und die Finanzpolitik des Kurfürsten Max Emanuel,* in: *Max Emanuel.* Das Experiment des Grafen Rumford ist außer bei Staudinger (s. o. S. ...) behandelt in der Druckschrift Joseph von GAZA, *Betrachtungen über das alte und das von Generalleutnant Grafen von Rumford eingeführte Neue Churpfalz-Bayerische Kriegs-System,* Bayer. Kriegsarchiv II a 27.

Für die württembergische Steuerpolitik sind Daten zu entnehmen bei Karl PFAFF, *Geschichte des Militärwesens in Württemberg von der ältesten bis auf unsere Zeit und die Verhandlungen darüber zwischen der Regierung und den Landständen, Stuttgart 1842,* und Rudolf BÜTTERLIN, *Die merkantilistische Geldpolitik im Herzogtum Württemberg von der Reformation bis Napoleon, 1966.*

Über das Steueraufkommen in kleineren Territorien geben Auskunft Helmuth CROON, *Stände und Steuern in Jülich-Berg im 17. und vornehmlich im 18. Jahrhundert, Bonn 1929,* und Otto SCHÖNEWEIS, *Die Wirtschafts- und Finanzpolitik der Waldeckischen Landesherren, Diss. Würzburg 1932.*

Die Budgeberechnung ist zu finden in Oskar BEZZEL, *Geschichte des Kurpfälzischen Heeres,* 1. Bd.: *Das Heerwesen in Kurpfalz ..., München 1925.*

c. Finanzierung auf Risiko des Kriegsherrn

Über die Einnahmen aus der Soldatenvermietung sind Belege aus der Literatur über die Subsidienpolitk dem Kapitel Stehendes Heer und Außenpolitik zu entnehmen. Speziell genannt werden soll hier für Bayern Peter Claus HARTMANN, *Die Finanz- und Subsidienpolitik des Kurfürsten Max Emanuel von Bayern und der kurbayrische Gesandte in Paris Comte d'Albert-Fürst Grimberghen, Diss. München 1967,* und vom selben Autor *Geld als Instrument europäischer Machtpolitik im Zeitalter des Merkantilismus. Studien zu den finanziellen und politischen Beziehungen der Wittelsbacher Territorien Kurbayern, Kurpfalz und Kurköln mit Frankreich und dem Kaiser, München 1976.*

Das Hoffaktorenwesen ist eingehend bearbeitet von Heinrich SCHNEE, *Die Hoffinanz und der moderne Staat. Geschichte und System der Hoffaktoren,* vornehmlich Bd. 4: *Hoffaktoren an süddeutschen Fürstenhöfen nebst Studien zur Geschichte des Hoffaktorentums in Deutschland, Berlin 1963.* Eine kurze, einführende Zusammenfassung durch den Verfasser ist in den *Historisch-politischen Heften der Ranke-Gesellschaft* als *Heft 14* erschienen: *Das Hoffaktorentum in der deutschen Geschichte, Göttingen 1964.* Schnee behandelt auch eingehend den Fall Jud Süß Oppenheimer; dazu als Ergänzung Karl Otto MÜLLER, *Die Finanzwirtschaft in Württemberg unter Herzog Karl Alexander,* in: *Württembergische Vierteljahrshefte für Landesgeschichte 38 (1932).*

4. Reichskriegsverfassung und Reichsheer

a. Die Reichskriegsverfassung, b. Die Defensionalordnung von 1681

Karl LINNEBACH, *Reichskriegsverfassung und Reichsarmee von 1648 bis 1806*, in: *Deutsche Heeresgeschichte*, hrsg. von Karl Linnebach, *Hamburg* ^{2}*1943*, gibt auf zehn Seiten eine gut unterrichtende Einführung. Als beste Zusammenfassung des Komplexes ist immer noch nicht überholt Max JÄHNS, *Zur Geschichte der Kriegsverfassung des deutschen Reiches*, in: *Preußische Jahrbücher 39 (1877)*, Hanns WEIGL, *Die Kriegsverfassung des alten deutschen Reiches von der Wormser Matrikel bis zur Auflösung, Bamberg 1912*, geht nur in Detailfragen über Jähns hinaus. Die Entwicklung zur Reichsdefensionalordnung schildert H. ANGERMEIER, *Die Reichskriegsverfassung in der Politik der Jahre 1679–1681*, in: *Zeitschrift der Savignystiftung für Rechtsgeschichte, Germanistische Abt. 82 (1965)*; die Ergebnisse der neuen Ordnung analysiert Richard FESTER, *Die armierten Stände und die Reichskriegsverfassung 1681–1697, Diss. Straßburg 1886.*

c. Die Reichsstände und die Reichskreise

Die einzelnen Reichskreise sind in ihrer Struktur, ihrer politischen und militärischen Relevanz weitgehend – vornehmlich durch Dissertationen – untersucht. Dies trifft vor allem für den niederrheinisch-westfälischen Kreis zu mit den Publikationen W. ISAACSON, *Geschichte des niederrheinisch-westfälischen Kreises 1648–1667, Diss. Bonn 1933*, als Fortsetzung Karl HABERECHT, *Geschichte des niederrheinisch-westfälischen Kreises in der Zeit der französischen Eroberungskriege 1667–1697, Diss. Bonn 1935*, und in weiterer Fortsetzung Kurt ARNOLD, *Geschichte des Niederrheinisch-Westfälischen Kreises in der Zeit des Spanischen Erbfolgekrieges (1698–1714), Diss. Bonn 1937*; endlich als Spezialfall R. DUBOIS, *Die Reichsstadt Aachen als Stand des niederrheinisch-westfälischen Kreises in den Reichskriegen des ausgehenden 17. und 18. Jahrhunderts 1674–1794*, in: *Zeitschrift des Aachener Geschichts-Vereins 60 (1939).*

Daneben wurden ausschließlich den „Vorderen Reichskreisen" Arbeiten gewidmet: Gustav Adolf SÜSS, *Geschichte des oberrheinischen Kreises und der Kreisassoziationen in der Zeit des spanischen Erbfolgekrieges (1697–1714)*, in: *Zeitschrift für die Geschichte des Oberrheins Bde. 103 und 104 (1955/56)*, weiter Günther LOCK, *Der Kurrheinische Kreis von Ryswijk bis zum Frieden von Rastatt und Baden (1697–1714), Diss. Bonn 1951*, Ferdinand ANDRASCHKE, *Der Fränkische Kreis zu Beginn des 3. Raubkrieges 1688/89, Diss. Erlangen 1956*, dazu die ausführliche Untersuchung von Bernhard SICKEN, *Das Wehrwesen des fränkischen Reichskreises. Aufbau und Struktur (1681–1714)*, 2 Bde., *Nürnberg 1967*, und als Weiterführung vom selben Autor *Der fränkische Reichskreis. Seine Ämter und Einrichtungen im 18. Jahrhundert, Würzburg 1970.* Auch Schwaben ist mit zwei Arbeiten vertreten: Karl Siegfried BADER, *Der Schwäbische Kreis in der Verfassung des Alten Reiches,* in: *Mitteilungen des Vereins für Kunst und Altertum in Ulm und Oberschwaben 37 (1964)* und Peter-Christoph STORM, *Der Schwäbische Kreis als Feldherr, Untersuchungen zur Wehrverfassung des Schwäbischen Reichskreises in der Zeit von 1648–1732, Berlin 1974.*

d. Die Assoziationen

In den Kreisdarstellungen sind bereits die gegenseitigen Beziehungen und Verträge, die Assoziationen, behandelt. An Spezialliteratur ist nachzutragen: Roman SCHNUR, *Der Rheinbund von 1658 in der deutschen Verfassungsgeschichte, Bonn 1955,* und Pius DIRR, *Zur Geschichte der Reichskriegsverfassung und der Laxenburger Allianz, Diss. Erlangen 1901.* Ein Bezug zur Moderne versucht Hanns Hubert HOFMANN, *Reichskreis und Kreisassoziation. Prolegomena zu einer Geschichte des fränkischen Kreises, zugleich als Beitrag zur Phänomenologie des deutschen Föderalismus,* in: *Zeitschrift für bayerische Landesgeschichte, Bd. 25 (1962).*

Aus der vielfältigen Literatur um den Türkenlouis soll hier nur ein Werk genannt werden, das in seiner geradezu monotonen Eindringlichkeit ein plastisches Bild nicht nur des badischen Markgrafen und seines militärischen Bemühens sondern des gesamten Reichskriegswesens zeichnet: Alois SCHULTE, *Markgraf Ludwig Wilhelm von Baden und der Reichskrieg gegen Frankreich 1693–1697, 2 Bde., Karlsruhe ²1901.*

5. Die Militärverwaltung und -gerichtsbarkeit

a. Die Militärverwaltung

Die Literatur zur deutschen Verwaltungsgeschichte, insbesondere zur Militärverwaltung ist auf bemerkenswert wenige Publikationen begrenzt. Einen gut brauchbaren Überblick mit weiterführender Literatur bieten Hermann CONRAD, *Deutsche Rechtsgeschichte, Bd. 2: Neuzeit bis 1806, Karlsruhe 1966.* Das Eingebundensein in die Verfassung wird verdeutlicht in dem bekannten Werk von Fritz HARTUNG, *Deutsche Verfassungsgeschichte vom 15. Jahrhundert bis zur Gegenwart, Stuttgart ⁷1959.* Speziell zur Militärverwaltung liefert einen wichtigen, aber wenig bekannten Beitrag Sebastian SCHROECKER, *Die Heeresverwaltung, ihre Stellung in der deutschen Verfassungs- und Verwaltungsgeschichte,* in: *Reich, Volksordnung, Lebensraum, 6. Bd., Darmstadt 1943.* Auch der Aufsatz von Otto HINTZE, *Der Commissarius und seine Bedeutung in der allgemeinen Verwaltungsgeschichte. Eine vergleichende Studie,* in: *Otto HINTZE, Staat und Verfassung, Göttingen ²1962,* trägt viel zum Verständnis der Entwicklung bei. Verwaltung, Bewirtschaftung und Versorgung der stehenden Länderkontingente werden von den einzelnen Truppengeschichten miterfaßt. Daneben ist nur Brandenburg-Preußen mit einem außergewöhnlich reichen Literaturangebot ausgezeichnet. Daraus sind heute noch brauchbar Gustav

SCHMOLLER, *Preußische Verwaltungs-, Verfassungs- und Finanzgeschichte, Berlin 1921,* dann R. DE L'HOMME DE COURBIERE, *Grundzüge der deutschen Militärverwaltung,* darin als Einleitung: Historischer Abriß von der Entwicklung der preußischen Heeresverwaltung, *Berlin 1882,* endlich auch das bekannteste Werk zu diesem Thema: Hans HELFRITZ, *Geschichte der Preußischen Heeresverwaltung, Berlin 1938,* sehr materialreich, auch anregend geschrieben, aber doch recht unsystematisch aufgebaut. Einzelfragen werden untersucht von Burkhard von BONIN, *Der kurbrandenburgische Kriegsrat (1630–1641),* in: *Forschungen zur brandenburgischen und preußischen Geschichte, Bd. 25 (1912).* Als *Bd. 5 (1892),* erschien in derselben Reihe Kurt BREYSIG, *Die Organisation der brandenburgischen Kommissariate in der Zeit von 1660–1697.* Für die Endphase des ancien régime sind noch zu nennen Edith RUPPEL-KUHFUSS, *Das Generaldirektorium unter der Regierung Friedrich Wilhelms II.,* in: *Berliner Studien zur neueren Geschichte, H. 2, Würzburg 1937,* und R. SCHMIDT-BÜCKEBURG, *Das Militärkabinett der preußischen Könige und Kaiser. Seine geschichtliche Entwicklung und staatsrechtliche Stellung 1787–1918, Berlin 1933.*

Die Verhältnisse in der bayrischen Militärverwaltung werden für die Zeit ihrer größten Bedeutung untersucht von Wilhelm VOLKERT, *Regierung und Verwaltung Kurbayerns im Zeitalter des Kurfürsten Max Emanuel,* in: *Max Emanuel.*

F. W. HENNEMANN, *Die Kompaniewirtschaft in den deutschen Heeren des 17. und 18. Jahrhunderts und ihre Überwindung, Diss. München 1942,* ist – obwohl die einzige Arbeit, die sich speziell mit diesem Thema beschäftigt – unergiebig. Dafür bringt die außerordentlich wichtige, und für den Faktor „Militär“ in der modernen politischen Sozialgeschichte Maßstäbe setzende Untersuchung von Otto BÜSCH, *Militärsystem und Sozialleben im alten Preußen. Die Anfänge der sozialen Militarisierung der preußisch-deutschen Gesellschaft, Berlin 1962,* eine genaue Beschreibung und eine einleuchtende Begründung für die Einrichtung; kennzeichnenderweise glaubte man in Bundeswehrkreisen darin den „Geist der alliierten Kriegspropaganda gegen Preußen und ihr Nachkriegsecho“ zu erkennen („en.“, in: Soldat und Technik 1964, S. 661).

b. Die Militärgerichtsbarkeit

Einen Überblick über die Rechtssituation der Zeit mit weiterführenden Literaturangaben bietet Hermann CONRAD, *Deutsche Rechtsgeschichte, Bd. 2: Neuzeit bis 1806, Karlsruhe 1966.* Als zusammenfassende Darstellungen speziell der Militärgerichtsbarkeit sind immer noch nicht überholt C. FRICCIUS, *Geschichte des deutschen, insbesondere des preußischen Kriegsrechts, Berlin 1848,* und Ernst DANGELMAIER, *Geschichte des Militär-Strafrechts, Berlin 1891.* In Eckart KUTSCHE, *Kriegsbild, Wehrverfassung und Wehrwesen in der deutschen Enzyklopädie des 18. Jahrhunderts dargestellt an Zedlers Großem Universallexikon, Diss. Freiburg i. Br. 1975,* ist eine kurze, brauchbare Einführung neueren Datums zu finden.

Max JÄHNS hat die Gesetze und Erlasse in seiner Geschichte der Kriegswissenschaften übersichtlich geordnet und kommentiert. Von den zeitgenössischen Gesetzessammlungen – den Corpora Juris Militaris – ist neu aufgelegt und daher leicht greifbar Johann Christian LÜNIG, *Corpus Juris Militaris, Leipzig 1723, fotomech. Neudruck Osnabrück 1968.* Außerdem ist zu erwähnen C. FRICCIUS und E. FLECK, *Preußische Militärgesetzsammlung 1701–1862, Berlin 1836 ff.* Ferner Thomas FRITSCH, *Corpus Juris Militaris, Leipzig 1724.* Speziell für die preußischen Belange ist heranzuziehen Rupert VÖLCKER, *Corpus Juris Militaris. Darinnen insonderheit das Churfürstl. Brandenburgische Krieges-Recht..., Editio Novissima Frankfurt und Leipzig 1709.*

Aus der dünn gesäten Spezialliteratur, die sich zumeist mit einzelnen Rechtsfällen beschäftigt, muß genannt werden Wilhelm ERBEN, *Ursprung und Entwicklung der deutschen Kriegsartikel,* in: *Mitteilungen des Instituts für Österreichische Geschichtsforschung, Erg. Bd. VI, Innsbruck 1901.* Im übrigen geben die bereits genannten Truppengeschichten – Jany, Staudinger, Bezzel – Beispiele für die Rechtssituation und die Gerichtspraxis in den einzelnen Ländern.

Abkürzungen

Siglen

Europ. Gesch.	=	*Handbuch der Europäischen Geschichte,* hrsg. von Theodor SCHIEDER, *Bd. 4: Europa im Zeitalter des Absolutismus und der Aufklärung,* hrsg. von Fritz WAGNER, *Stuttgart 1968*
Frauenholz	=	Eugen von FRAUENHOLZ, *Entwicklungsgeschichte des deutschen Heerwesens, 5 Bde., München 1935–41*
Gebhardt	=	*Gebhardt, Handbuch der deutschen Geschichte,* 9. Auflage, hrsg. von Herbert GRUNDMANN, *Bd. 2, Stuttgart 1970*
HZ	=	*Historische Zeitschrift*
Jähns	=	Max JÄHNS, *Geschichte der Kriegswissenschaften vornehmlich in Deutschland, 3 Bde., München/Leipzig 1889–1891,* Neudruck Hildesheim 1966
Jany	=	Curt JANY, *Geschichte der Königlich Preußischen Armee bis zum Jahre 1807, 3 Bde., Berlin 1928/29*
Max Em.	=	*Kurfürst Max Emanuel. Bayern und Europa um 1700,* Bd. 1: *Zur Geschichte und Kunstgeschichte der Max-Emanuel-Zeit,* hrsg. von Hubert GLASER, *München 1979*
MGM	=	*Militärgeschichtliche Mitteilungen*
Mod. Staat	=	*Die Entstehung des modernen souveränen Staates,* hrsg. von Hanns Hubert HOFMANN, *Köln/Berlin 1967*
Oestreich	=	Gerhard OESTREICH, *Geist und Gestalt des frühmodernen Staates, ²Berlin 1969*

II

Vom Stehenden Heer des Absolutismus zur Allgemeinen Wehrpflicht

(1789-1814)

von

Rainer Wohlfeil

Inhalt

A. Das Zeitalter

1. Die politische Entwicklung

Die Epoche von 1789 bis 1815 ist durch die Französische Revolution, Napoleons Aufstieg, seine europäische Vorherrschaft und die nationale Reaktion darauf, die Erhebung der Völker, gezeichnet. Es ist ein Zeitabschnitt, der allgemein als eine eigene historische Epoche anerkannt ist, wenn auch seine Vorgeschichte und vor allem seine Nachwirkungen weit über seine datenmäßige Eingrenzung hinausgreifen. Noch die Gegenwart ist tief von Ideen und historischen Entscheidungen geprägt, die in jenem Zeitraum ausgesprochen und gefällt wurden. Die Grundgedanken der Französischen Revolution – Freiheit, Gleichheit und Volkssouveränität, denn darauf lief der praktische Gehalt des als Schlagwort bekannten Wahlspruchs „liberté, égalité, fraternité" hinaus – wurden zu Prinzipien, mit denen sich alle Staaten auseinandersetzen mußten und deren Bewältigung das Leben der Völker entscheidend bestimmte. Zugleich entband die Revolution die nationale Idee, die in die Forderung nach dem Nationalstaat einmündete. Noch die Gegenwart hat sich mit der Erbschaft der nationalen Idee auseinanderzusetzen.

Nationales und nationalstaatliches Erbe – womit allerdings nur eine der wesentlichen Folgen der Epoche genannt wird – erwuchsen aus einem Kampf der Geister und der Waffen, dessen Ausmaß und Intensität keinen Vergleich mit dem vergangenen Jahrhundert zuläßt. Es waren nicht mehr die Souveräne und ihre Kabinette oder bestimmte politische Gremien und Führungsschichten, die um Einfluß, um Prestige oder um eine Provinz stritten, jetzt waren es die Völker, die um ihre Rechte und ihre Freiheit kämpften.

Die Betrachtung der politischen und verfassungsgeschichtlichen Ereignisse, die für eine Darstellung der Militärgeschichte des Zeitraumes wichtig sind, darf nicht erst mit der Französischen Revolution einsetzen, sondern muß das Ereignis, das eine neue Epoche in der Militärgeschichte andeutete, die Amerikanische Revolution und den Unabhängigkeitskrieg der Amerikaner, mit erfassen.

a. Die Amerikanische Revolution

Mit dem Pariser Frieden von 1763 hatte das „ältere britische Weltreich" seinen Höhepunkt erreicht. Frankreich war bis auf wenige Restbesitzungen vom amerikanischen Kontinent verdrängt, der Besitz Nordamerikas schien gesichert. Doch dann war es gerade der englische Sieg, der wesentlich die Amerikanische Revolution heraufführte.

Die Ursachen der Amerikanischen Revolution lassen sich ideengeschichtlich in ihren Ursprüngen bis auf die englischen Revolutionen des 17. Jahrhunderts zurückverfolgen. Später, im 18. Jahrhundert, wurde Amerika auch stark von der Gedankenwelt der europäischen Aufklärung, insbesondere von Locke und Montesquieu, beeinflußt. Zu diesen geistig-ideologischen Gründen traten schwergewichtig reale politische und wirtschaftliche Ursachen. Sie wurzelten in der zunehmenden Eigenständigkeit und dem Selbstgefühl der Kolonisten, die den autoritären Vorstellungen des Mutterlandes bereits entwachsen waren. Dem grundsätzlichen Anspruch Englands auf die zentrale Lenkung des Gesamtreiches, stärker vom Parlament in Westminster als von der Krone vertreten, trat die sich bildende Gemeinschaft der Nordamerikaner mit der Forderung entgegen, direkt unter der Krone unter Ausschaltung der Parlamentssouveränität in föderativer Form als Selbstverwaltungskörper mit eigenen Volksvertretungen zu leben. Als die Minister der britischen Krone trotz vieler lokaler Zugeständnisse keine Bereitschaft erkennen ließen, die Souveränität Londons grundsätzlich preiszugeben, als sie vielmehr in mehrfach abgewandelter Form versuchten, die amerikanischen Kolonien zugunsten des englischen Handels stärker in ihre merkantilistische Wirtschaftsform einzubeziehen, führten die immer öfter und heftiger ausbrechenden Streitigkeiten endlich zur Unabhängigkeitserklärung vom 4. Juli 1776.

Als die dreizehn „Vereinigten Staaten" der britischen Krone formell den Krieg erklärten, waren die Kriegshandlungen bereits in vollem Gang. Aus dem Unabhängigkeitskrieg (1776–1783), der sich zu einem weltweiten Krieg erweiterte, gingen die Nordamerikaner als Sieger hervor. Der Pariser Frieden von 1783 trug den Vereinigten Staaten von Amerika die internationale Anerkennung ihrer Selbständigkeit ein.

Die Folgen des weltumspannenden Ringens blieben nicht auf Nordamerika beschränkt. Zwei Staaten verspürten sie besonders: England und Frankreich. Die britische Krone wurde veranlaßt, ihre Kolonial- und Reichspolitik auf neue Grundlagen zu stellen, Frankreich wurde auf seinem Weg in die eigene Revolution vorangetrieben.

b. Die Französische Revolution

Die Ursachen der Französischen Revolution waren noch vielschichtiger als die Vorgänge, die zur Amerikanischen Revolution führten. Sie lassen sich unter vier Aspekte einordnen: einen ideologischen, einen politischen, einen sozialen und einen wirtschaftlichen.

Seit der Mitte des 18. Jahrhunderts wurde das geistige Frankreich immer mehr von der Aufklärung bestimmt. Rationalismus und Empirismus untergruben mit ihrer Kritik des staatlichen und kirchlichen Lebens die Grundlagen, auf denen die absolutistische Erbmonarchie der Bourbonen beruhte. Die bedeutendsten Vertreter dieser das Ancien Régime zersetzenden Kräfte waren Montesquieu, Voltaire, Rousseau und die Enzyklopädisten.

Montesquieu (1689–1755), geistig bestimmt von der traditionellen Opposition des Parlaments (= Gerichts)-Adels und dem bürgerlich liberalen Staatsgedanken des englischen Aufklärungsphilosophen Locke (1632–1704), kritisierte in seinem Hauptwerk „De l'Esprit des lois" (1748) den bourbonischen Absolutismus. Er forderte, ausgehend von einem idealisierten Leitbild der englischen Verfassung, die Gewaltenteilung zwischen Exekutive, Legislative und richterlicher Gewalt.

Voltaire (1694–1778), der bedeutendste Schriftsteller der französischen Aufklärung, unterwarf vom Standpunkt des aufgeklärten Absolutismus aus alle politischen und sozialen Institutionen einer abstrakten Kritik und bekämpfte die Kirche. Er muß „zu den für die historische Form von Staat und Gesellschaft zerstörendsten Kräften des Jahrhunderts" (Herzfeld) gezählt werden.

Rousseau (1712–1778), Kind der Aufklärung und zugleich einer ihrer Überwinder, entzog in seiner Kultur- und Staatskritik mit der Proklamation des Rechts des natürlichen Menschen und seiner Freiheit, insbesondere mit seinem Werk „Du contrat social" (1762), den oberen Ständen der französischen Gesellschaft den Glauben an die Selbstverständlichkeit ihrer privilegierten Stellung im Staat. Seiner revolutionären Lehre von der Volkssouveränität zufolge ist jeder Bürger auf der Grundlage der Gleichheit aller Menschen in einem Gemeinwesen zugleich Untertan und Teilhaber an der Obrigkeit, die dadurch ihren Ausdruck im Willen der Gesamtheit aller Volksgenossen (volonté générale) findet. Diese Lehre wurde zum Ausgangspunkt der modernen Demokratie. Seine Auffassung von der Identität von Staat und Nation forderte von jedem Bürger, daß er mit allen Kräften für das Gemeinwesen eintrete, gegen innere und äußere Feinde also auch mit der Waffe auf der Basis einer Allgemeinen Wehrpflicht. Damit galt für Rousseau die Volksbewaffnung als die einzige Form des Militärdienstes, in der der Bürger nicht nur eine selbstverständliche Pflicht, sondern auch eine Ehre sehen sollte. Für diese politischen und militärischen Forderungen fand er aber erst nach 1789 eine größere Anhängerschaft, die sich auch dann nur zögernd zu ihm bekannte.

Die Enzyklopädisten stellten von 1751 bis 1772 unter der Führung von Diderot (1713–1784) und d'Alembert (1717–1783) das Wissen ihrer Zeit in 28 Bänden zusammen. Sie benutzten zugleich die Artikel der „Encyclopédie ou Dictionnaire raisonné des sciences, des arts et des métiers", um alle Themen unter dem kritischen Gesichtspunkt der Aufklärung zu behandeln. Das Werk wurde verboten. Trotzdem beeinflußte es breite Bevölkerungsschichten in ihrer Einstellung zu Königtum, Kirche und Gesellschaft.

Politisch war die zweite Hälfte des Jahrhunderts nicht nur durch außenpolitische Rückschläge gekennzeichnet, die das Ansehen der Monarchie erheblich schädigten. Das Königtum erwies sich unter Ludwig XV. (1715–1774) und dessen Nachfolger, dem schwachen Ludwig XVI. (1774–1792), außerdem auch nicht fähig, das Land innenpolitisch durch Reformen und den Übergang zur Regierungspraxis des aufgeklärten Absolutismus vor dem sichtbar drohenden Zusammenbruch des überlieferten Systems zu schützen. Es scheiterte vor allem am Widerstand der privilegierten Oberschicht, die nicht nur ihre Vorrechte erhalten, sondern darüber hinaus die Machtverhältnisse in der Monarchie stärker zu ihren Gunsten verschieben wollte.

Der Anspruch von Adel und Klerus auf verstärkte Mitherrschaft im Staat erschien dem Dritten Stand in zunehmendem Maße als soziale Ungerechtigkeit. Das aufstrebende Bürgertum – vor allem Bankiers, industrielle Unternehmer, Kaufleute und Advokaten – war infolge des merkantilistischen Wirtschaftssystems reich und selbstbewußt geworden. Es fühlte sich deshalb durch die Privilegien des ihm wirtschaftlich und geistig vielfach unterlegenen Adels besonders stark benachteiligt und drängte danach, der überlieferten Führungsschicht politisch und sozial gleichgestellt zu werden. Das waren Forderungen mit einer stark revolutionären Tendenz.

Die Entwicklung zur Revolution wurde auch begünstigt durch die soziale und wirtschaftliche, wenn auch nicht einheitlich schlechte, Lage des Bauernstandes und die steigende Not der breiten Schicht der Kleinbürger und der Arbeiter. Aber erst eine Industriekrise, Hungersnöte, Auflösungserscheinungen der Staatsgewalt in einzelnen Provinzen und vor allem Finanznot und drohender Staatsbankrott veranlaßten die Regierung, die Generalstände einzuberufen, die seit 1614 nicht mehr getagt hatten.

Am 5. Mai 1789 wurde die Sitzung der Generalstände in Versailles von der Krone eröffnet. Die Regierung sah sich einer alle Stände umfassenden und zunächst geschlossen wirkenden Opposition gegenüber. Sehr bald verlor sie die Initiative an den Dritten Stand, der sich als eigentlicher Vertreter der Nation betrachtete. Er erklärte sich am 17. Juni zur Nationalversammlung mit dem Ziel, Frankreich eine geschriebene Verfassung und mit ihr jedem einzelnen wie der Gesamtheit aller Franzosen eine neue politische Lebensform zu geben. Die Nationalversammlung wurde deshalb auch als Verfassunggebende Versammlung (1789–1791) bezeichnet.

In dieser ersten Phase der Revolution, in der bereits der Gedanke der legitimen Monarchie, nicht zuletzt infolge der Unentschlossenheit der Krone und taktischer Fehler ihrer Berater, stark in Frage gestellt wurde, lag die Führung beim Großbürgertum. Es bekundete seine Staatsauffassung mit der Konstitution von 1791. Geschehnisse wie der Sturm auf die Bastille (14. Juli 1789) und die Aufstände in der Provinz deuteten jedoch bereits an, daß mit einer Radikalisierung der Revolution Kräfte zur Macht drängten, die nicht mehr von den Ideen der Verfassung von 1791 bestimmt wurden.

Mit der Aufhebung des Feudalsystems und der Beseitigung verschiedener Privilegien in der Nachtsitzung des 4. August 1789, mit der Erklärung der Menschen- und Bürgerrechte am 26. August 1789 und mit der Einigung über die Grundzüge der neuen Verfassung, verwirklichte der Dritte Stand seine sozialen und politischen Grundforderungen. Nach dieser Verfassung war Frankreich eine konstitutionelle Monarchie mit Einkammersystem und Zensuswahlrecht, das die politischen Rechte in abgestufter Form mit dem Steueraufkommen koppelte. An die Stelle des Untertanen mit seinem beschränkten politischen Rechte- und Pflichtenkreis trat der Bürger, der aktiv am Staatsleben teilnahm, an die Stelle der geburts- und berufsständischen Gliederung die theoretisch ungebundene Bewegungsfreiheit in allen Bereichen.

Der Dritte Stand errichtete also zunächst eine individualistische Gesellschaftsordnung, die dem persönlich freigewordenen Franzosen Rechte am Staat eintrug, ohne ihm zugleich entsprechende Pflichten gegenüber dem Gemeinwesen aufzuerlegen. Erst der weitere Verlauf der Revolution zwang die Masse der Bürger dazu, das Schicksal des Staates als identisch mit dem persönlichen Wohl anzuerkennen und infolge einer neuen, erweiterten Staatsauffassung weit größere Aufgaben und schwerere Lasten auf sich zu nehmen als unter der absolutistischen Monarchie. Die Erkenntnis, daß der neue Staat den Bürger stärker verpflichtete als die gestürzte Herrschaftsform, war eine sehr wesentliche Folgerung aus der Revolution. Sie wurde nur langsam und widerstrebend gezogen, besonders als sie sich zu dem Zwang erweiterte, das neugewonnene Vaterland mit der Waffe zu verteidigen. An dem Problem der Landesverteidigung scheiterte denn auch wesentlich der Dritte Stand, dessen Vertreter außerdem mit den Beschlüssen des Jahres 1790 – der Erklärung der Kirchengüter zu Nationalgütern, der Abschaffung des erblichen Adels und vor allem dem Staatsgesetz über die Geistlichkeit vom 12. Juli – bereits die Bahn beschritten hatten, die letztlich die zunächst großbürgerlich gemäßigte Revolution radikalisierte. Zugleich wurden ihr damit Gesellschaftsschichten und sogar geschlossene Volksgruppen, wie die Bretonen, entfremdet, besonders seit dem einsetzenden Kirchenkampf.

Seit 1791 wurde der Verlauf der Revolution in zunehmendem Maße auch von der Haltung des Auslandes bestimmt. Übergriffe auf Rechte der Reichsstände im Elsaß und die gegenrevolutionäre Propaganda französischer Emigranten veranlaßten den zögernden Kaiser Leopold II. (1790–1792) aus seiner anfänglichen Zurückhaltung gegenüber den Vorgängen in Frankreich allmählich herauszutreten. Andererseits führte die unglücklich formulierte Pillnitzer Deklaration vom 27. August 1791 in Paris Männer zur Macht, die bald wegen innenpolitischer Schwierigkeiten den Krieg als Mittel zur Ablenkung und Aushilfe ansahen. In dieser Deklaration erklärten der Kaiser und auch der König von Preußen, Friedrich Wilhelm II. (1786–1797), unter Teilnahme der emigrierten Brüder Ludwigs XVI., in Frankreich zugunsten einer „den Rechten des Souveräns und den Interessen der Nation gleichmäßig angemessenen monarchischen Regierung" intervenieren zu wollen, wenn andere europäische Staaten an ihre Seite träten. Am 20. April 1792 erklärte die Gesetzgebende Versammlung (1791–1792) an Österreich den Krieg, der sich nach der Hinrichtung Ludwigs XVI. (21. Januar 1793) zum ersten Koalitionskrieg (1792–1797) ausweitete. Preußen hatte sich sofort an die Seite Österreichs gestellt.

Die ersten Kriegsmonate trugen Frankreich militärische Rückschläge ein. Sie führten innenpolitisch die „zweite Revolution" und den Sturz des Königtums herauf. An die Stelle der Gesetzgebenden Versammlung trat der Nationalkonvent (1792–1795), dessen Mandat auf Wahlen nach dem allgemeinen, aber weiterhin indirekten Wahlrecht beruhte. Militärisch entschärfte sich die Lage nach der Kanonade von Valmy (20. September 1792). Dem Rückzug des preußischen Heeres folgte die Eroberung von Speyer, Worms und Mainz durch die Truppen des revolutionären Frankreichs, die außerdem im Kampf gegen die Österreicher in Belgien bei Jemappes (6. November 1792) zum ersten Male in offener Feldschlacht ein Heer absolutistischer Prägung besiegten.

Als sich 1793 das militärische Übergewicht der Koalition der meisten europäischen Staaten auszuwirken begann und zugleich im Innern Frankreichs konterrevolutionäre Aufstände ausbrachen (Vendée, Lyon, Toulon), radikalisierte sich die Revolution. Höhepunkt dieser Phase war die sogenannte Schrekkensherrschaft von 1793/94, in der Frankreichs Geschick vom „Wohlfahrtsausschuß“ bestimmt wurde. Die Herrschaft des liberalen Großbürgertums war von der Diktatur des Exekutivorgans des Nationalkonvents unter Robespierre (1758–1794) abgelöst, dessen Radikalismus, von den Schriften Rousseaus inspiriert, in der Verfassung von 1793 seinen Ausdruck fand.

Eine folgenreiche Maßnahme dieser Revolutionsperiode war die „levée en masse“. Mit ihren Mitteln organisierte Carnot (vgl. S. 44 ff.) die neuen Heere, die unter der Führung militärischer Talente die Revolution über ihre Feinde siegen ließen. Noch bevor aus ihrer Mitte Napoleon Bonaparte aufstieg, schieden Preußen und Spanien im Jahre 1795 mit den Friedensschlüssen zu Basel aus dem Krieg aus. Frankreich aber kehrte nach dem Sturz Robespierres (27. Juli 1794) mit der Verfassung von 1795 und der Direktorialregierung bis 1799 zur Herrschaft des liberalen Großbürgertums zurück. Das Direktorium konnte dem Druck, der von der anwachsenden royalistischen Opposition, von unzufriedenen Teilen der Bevölkerung und von jakobinischen Kreisen ausging, nur mit Hilfe der republikanisch-revolutionär gesinnten Armee widerstehen. Als jedoch auch Teile der Armee der Regierung den Gehorsam aufsagten, wurde das Direktorium gestürzt. Der General Bonaparte nutzte die anfänglich ungünstige militärisch-politische Lage Frankreichs im zweiten Koalitionskrieg (1799–1802) aus. Seinem Staatsstreich vom 9. November 1799 kam zustatten, daß sich das Volk von einer Militärdiktatur äußeren Frieden und innere Ruhe erhoffte. Mit Napoleons Herrschaft über Frankreich auf dem Wege über die Konsularverfassung von 1799 fand die Revolution ihr Ende. Ihrem Überwinder war es vorbehalten, ihr Erbe an Europa weiterzugeben.

c. *Aufstieg und europäische Vorherrschaft Napoleons*

Von nun an, von 1799 bis 1815, wurden die Geschicke Europas weitgehend von Napoleon bestimmt. Durch seine militärischen Siege und ihre zielbewußte politische Ausnutzung zertrümmerte er die Staatenwelt des Ancien Régime und zwang Regierungen und Völker, sich mit den Ideen von 1789 auseinanderzusetzen. Es erwies sich jedoch schon sehr früh als unmöglich, auf der Basis eines neugeordneten Europa in dauerhaftem Frieden zu leben, weil Napoleon in zunehmendem Maße über die „natürlichen“ Grenzen Frankreichs hinausgriff.

Napoleon Bonaparte, geboren am 15. August 1769 zu Ajaccio auf Korsika, gestorben am 5. Mai 1821 auf St. Helena, führte Frankreich auf „einen Höhepunkt nationalfranzösischer Traditionen“, wurde aber dennoch im Innersten seines Wesens nicht zum Franzosen. Er trat 1779 in französischen Militärdienst und war beim Ausbruch der Revolution Oberleutnant der Artillerie. Bis 1792 war er korsischer Patriot. Im Jahre 1793 wandte er sich den Jakobinern zu und wurde 1794 wegen seiner Verdienste bei der Eroberung von Toulon zum Brigadegeneral ernannt. Sein Bekenntnis zur Diktatur des

Wohlfahrtsausschusses hätte seine Laufbahn bereits 1795 beinahe beendet. So machten erst seine Siege ab 1796, als Oberbefehlshaber in Italien, seine geniale Begabung aller Welt deutlich sichtbar. Jetzt konnte er es sich sogar leisten, selbständig Friedensschlüsse zu erzwingen, wie 1797 mit Österreich, ohne dabei auf den politischen Führungsanspruch des Direktoriums Rücksicht zu nehmen. Dem Frieden von Campo Formio (1797) war indessen keine lange Dauer beschieden. Bevor aber der zweite Koalitionskrieg ausbrach, schlug Napoleons Versuch fehl, England durch einen ägyptischen Feldzug (1798/99) kriegsentscheidend zu treffen So kehrte der General ohne seine Armee nach Frankreich zurück, was die breite Masse der Bevölkerung nicht abhielt, in ihm den Retter des Vaterlandes zu sehen.

Der Ausgang des zweiten Koalitionskrieges, der Frieden von Lunéville (1801), bestätigte Frankreich die Erfolge, die es schon im Frieden von Campo Formio eingebracht hatte: den Gewinn des linken Rheinufers und die Anerkennung des Kranzes von Republiken, die vor den französischen Grenzen geschaffen worden waren. Mit der Bestimmung, daß die Reichsstände, die auf dem linken Rheinufer Besitz und Rechte verloren, im Reiche entschädigt werden sollten, gelang es Napoleon, politische und rechtliche Grundlagen des Römischen Reiches deutscher Nation zu zerstören und sich einen entscheidenden Einfluß bei der Neuordnung Deutschlands durch den Reichsdeputationshauptschluß zu sichern.

Der Reichsdeputationshauptschluß (25. Februar 1803) säkularisierte unter maßgeblicher Anteilnahme der größeren weltlichen Reichsstände die geistlichen Territorien und hob die Reichsunmittelbarkeit der meisten Reichsstädte auf. Nur für den bisherigen Kurfürsten von Mainz als Reichserzkanzler wurde ein weltlicher Herrschaftsbereich beibehalten. Ein Jahr später mediatisierten die Fürsten die Reichsritterschaft. Während die begünstigten weltlichen Reichsstände in vielen Fällen um ein Mehrfaches ihrer Verluste „entschädigt“ wurden, verlor das Kaisertum seine wesentlichen Stützen. Kaiser Franz II. (1792–1806) zog daraus für sein Haus die Konsequenzen. Nachdem Napoleon sein Konsulat auf Lebenszeit (1802–1804) mit Hilfe einer Volksabstimmung in ein erbliches Kaisertum (1804–1814, 1815) umgewandelt hatte, erhob auch der Habsburger Österreich 1804 zum Kaiserreich.

Nur England, mit dem sich Frankreich nach knapp einjähriger Dauer des Friedens von Amiens (1802) seit 1803 wieder im Kriegszustand befand, konnte sich gegenüber Napoleon behaupten. Nach der Seeschlacht bei Kap Trafalgar (21. Oktober 1805), in der die französisch-spanische Flotte unterlag, mußte der Kaiser seine Absicht aufgeben, auf den britischen Inseln zu landen. England trug der Seesieg für ein Jahrhundert die unbestrittene Seeherrschaft ein.

Napoleon konnte diese Niederlage zunächst durch glänzende Siege auf dem Kontinent ausgleichen. Er zerschlug, im Bündnis mit Bayern, Baden und Württemberg, die dritte Koalition, für die England als wesentliche Partner Rußland und Österreich gewonnen hatte. Österreich verlor, als Folge seiner Niederlagen bei Ulm (17. Oktober 1805) und in der Dreikaiserschlacht von Austerlitz (2. Dezember 1805), im Frieden von Preßburg (26. Dezember 1805) weite Gebiete. Außerdem wurde Franz II. gezwungen, als deutscher Kaiser darin einzuwilligen, daß Napoleon Bayern und Württemberg zu Königreichen aufsteigen ließ.

Der staatsrechtliche Untergang des Heiligen Römischen Reiches trat ein, als 16 deutsche Fürsten im Sommer 1806 unter dem Druck Napoleons den Rheinbund abschlossen und vor dem Reichstag in Regensburg ihren Austritt aus dem Reich erklärten. Franz II. legte unter dem ultimativen Zwang Napoleons am 6. August 1806 die römisch-deutsche Kaiserwürde nieder. Der Rheinbund, der in seiner weitesten Ausdehnung alle deutschen Staaten außer Österreich und Preußen umfaßte, wurde jedoch institutionell nicht weiter ausgebaut. Die Verwirklichung der Bundesverfassung und ihre Ausgestaltung scheiterten nicht von vornherein daran, daß Napoleon als Rheinbundprotektor nur an seinen außenpolitischen Rechten und der Gestellung von Kontingenten infolge militärischer Unterstützungspflicht im Kriegsfalle interessiert war. Der Kaiser war vielmehr gezwungen, die Abneigung der formal durch den Rheinbundvertrag souverän gewordenen Staaten gegen jeden Ausbau der Confédération du Rhin zu berücksichtigen, weil er ihre Hilfe dringend gebrauchte.

Den äußeren Rahmen seiner Macht konnte der Kaiser auch jetzt noch erweitern. Die einzige Großmacht, mit der er bisher keinen Krieg geführt hatte, war Preußen, das 1795 aus dem ersten Koalitionskrieg ausgeschieden war. Es hatte Nord- und Mitteldeutschland in einen neutralen Bereich miteinbezogen, was wesentlich dazu beitrug, daß das deutsche Geistesleben in einer Atmosphäre des Friedens einen Höhepunkt seiner Entfaltung erreichte. Politisch hatte sich die Monarchie der Hohenzollern, ängstlich und entscheidungsscheu nach innen und außen, dagegen bemüht, ohne Einsatz und Risiko Erfolge zu erlangen. Zu Beginn des dritten Koalitionskrieges versuchte die unentschlossene Regierung, mit dem Mittel bewaffneter Neutralität eine entscheidende Position zu gewinnen, scheiterte aber an der überlegenen Diplomatie Napoleons. Preußen mußte in den Vertrag von Schönbrunn (12. Dezember 1805) einwilligen, der Friedrich Wilhelm III. (1797–1840) gegen seinen Willen zwang, das Kurfürstentum Hannover als Entgelt für die Abtretung althohenzollerscher Gebiete zu besetzen und sich dadurch mit England zu überwerfen. Der Versuch, sich gewaltsam diesem „Schutz- und Trutzbündnis“ zu entziehen, führte den vorher so umworbenen und dann isolierten Staat in den Krieg von 1806/07.

Am 14. Oktober 1806 verlor das „friderizianische“ preußische Heer die Doppelschlacht von Jena und Auerstedt, – eine Niederlage, die sich zur Katastrophe für den absolutistischen Staat ausweitete, weil die Masse der Truppen und die meisten Festungen keinen weiteren Widerstand wagten und weil Staatsverwaltung und Bevölkerung dem Geschehen teilnahmslos begegneten. Auch das russische Eingreifen konnte das Schicksal nicht mehr wenden. Beispiele von tapferer Verteidigung einzelner Festungen und Landesteile (Kolberg, Graudenz, Schlesien) oder das Verdienst preußischer Truppen an dem unentschiedenen Ausgang der Schlacht bei Preußisch-Eylau waren jedoch Zeichen dafür, daß der Staat Preußen nicht so schlecht war wie seine Politik.

Als Zar Alexander I. (1801–1825) nach der Niederlage bei Friedland (14. Juni 1807) mit dem Kaiser der Franzosen nicht nur Frieden, sondern sogar Freundschaft schloß, und beide Herrscher den Kontinent in Interessensphären aufteilten, mußte auch Preußen in den Friedensschluß von Tilsit (7./9. Juli 1807) einwilligen. Es verlor alle Besitzungen westlich der Elbe, aus denen Napoleon für seinen Bruder Jérôme das Königreich Westfalen errichtete sowie die meisten Gebiete, die es aus den polnischen Teilungen erworben hatte. Außerdem mußte es sich verpflichten, eine Kriegsentschädigung zu zahlen, deren Summe erst berechnet werden sollte. Diese Bestimmung erwies sich auf die Dauer als die schwerste Belastung.

Nach dem Frieden von Tilsit stand Napoleon auf dem Höhepunkt der Macht. Als wesentlicher und eigentlicher Gegner trat ihm nur noch England entgegen, das weiterhin allen seinen Feinden Rückhalt und Unterstützung gewährte. Er hoffte, es durch die Kontinentalsperre, die er am 21. November 1806 in Berlin verkündete, und der sich neben Preußen auch Rußland anschließen mußte, wirtschaftlich besiegen zu können. Diesem Ziel dienten die Besetzung Portugals am Ende des Jahres 1807 und der Versuch, Spanien im Frühjahr 1808 durch einen unblutigen Gewaltstreich stärker als bisher dem französischen Machtbereich einzufügen. Der Griff nach der spanischen Krone löste zum ersten Male eine Bewegung aus, an deren fortschreitendem Anwachsen seine Macht zerbrechen sollte – die Erhebung der Völker.

d. Die Erhebung der Völker

Die Erhebung der Völker gegen Napoleon – 1808 bis 1815 – ist dadurch gekennzeichnet, daß es nicht mehr nur die Fürsten, ihre Regierungen und Organe waren, die den Ablauf des historischen Geschehens bestimmten, sondern auch die Nationen. Anteilnahme und Einfluß der bisher politisch unmündig gehaltenen Untertanen wichen dabei von Staat zu Staat und sogar innerhalb einzelner Staaten voneinander ab. Der Terminus „Erhebung der Völker" umschließt also historische Prozesse, die untereinander zum Teil nur wenig gemeinsame Züge aufweisen.

Der spanische Unabhängigkeitskrieg

Eingeleitet wurde die Erhebung durch den Unabhängigkeitskrieg der Spanier (1808–1814). Er war im großen und ganzen ein unvorbereiteter ungewollter Ausbruch elementarer Volkskraft, dessen Gewalt erst allmählich in geordnetere Bahnen gelenkt wurde. In seinen Anfängen erfaßte er bei weitem nicht das ganze Volk, wie denn auch die Initiative zum Aufstand weniger bei der Masse lag, die aus eigenem Antrieb gehandelt hätte, als bei einzelnen zielbewußten Männern und ihren Agenten. Der Unabhängigkeitskrieg war ein Abwehrkampf, der zunächst nur von dem Ziel bestimmt war, die nationale Unabhängigkeit und die angestammte Dynastie zurückzugewinnen. Der Wille, die traditionellen Lebensgrundlagen zu erhalten, und ein starkes kirchlich-religiöses Moment prägten seinen Charakter. Auch lassen sich soziale Züge nachweisen, dagegen fehlte jene Verbindung von liberaler Ideenwelt und Nationalismus, die im 19. Jahrhundert die Freiheits- und Einigungskämpfe anderer europäischer Völker bestimmte. Die Volksaufstände in Spanien waren nicht vom Wunsch nach Reformen geprägt, sondern wurden getragen vom Widerspruch gegen den Geist der Französischen Revolution und gegen Napoleon als ihrem politischen Erben.

Der spanische Unabhängigkeitskrieg war die Erhebung der Epoche, die am längsten dauerte und die die größten Opfer forderte, weil sie am stärksten von der Masse eines Volkes getragen wurde und sich gegen einen übermächtigen Gegner wandte. Sie belastete Napoleon erheblich und trug wesentlich zu seinem Untergang bei, zumal sich England sehr stark auf der Pyrenäischen Halbinsel engagierte. Zu schwach, die kaiserlichen Heere in offener Feldschlacht zu besiegen, gelang es den Spaniern mit ihrer Guerillataktik (vgl. S. 181 f.) und dem Rückhalt bei der englischen Armee unter dem Herzog von Wellington, deren kampfentscheidende Bedeutung nicht ausdrücklich betont zu werden braucht, die Truppen Napoleons in eine kräfteaufreibende und zermürbende Defensive zu drängen. Aus ihr konnten sich die kaiserlichen Generäle trotz siegreicher Offensiven niemals befreien. Wenn auch die Iberische Halbinsel im Frühjahr und Sommer 1809 infolge des österreichisch-französischen Krieges und ab 1811/12 während des Rußlandfeldzuges Napoleons zu einem Nebenkriegsschauplatz absank, kam die spanische Front bis 1814 niemals zur Ruhe. Napoleon stand seit 1808 bei jedem neuen Feldzug außerhalb Spaniens vor dem Problem des „Zweifrontenkrieges".

Noch ungünstiger als der materielle Faktor wirkte sich das moralische Moment gegen Napoleon aus. Entscheidend hierfür waren zwei Ereignisse, deren Eindruck auf die Weltöffentlichkeit nicht überschätzt werden kann. Daß Napoleon im Mai 1808 in Bayonne die bourbonische Königsfamilie entthronte und seinen Bruder Joseph zum neuen König von Spanien erhob, war ein großer politischer Fehler, der seinem moralischen Ansehen sehr schadete. Die Gefangennahme von 18 000 französischen Soldaten durch „Insurgenten" bei Bailén im Juli 1808 aber zerstörte den Ruf der Unbesiegbarkeit der kaiserlichen Armee.

Österreichs deutsche Erhebung

Eine wesentliche und unmittelbare Folge der napoleonischen Spanienpolitik war Österreichs deutsche Erhebung von 1808/09. Im März 1808 führte die Revolution von Aranjuez zum Thronwechsel von Karl IV. auf Ferdinand VII. Nachdem dies bekannt geworden war, bestimmte der Außenminister des habsburgischen Kaiserreiches, Graf Stadion, seinen Kaiser sofort zu der grundsätzlichen Entscheidung, das Haus Habsburg und Österreich vor einem Schicksal zu bewahren, wie es die bourbonische Dynastie und Spanien erlitten.

Graf Johann Philipp Stadion (1763–1824), Sproß eines alten schwäbischen Reichsgrafengeschlechts, übernahm nach dem Frieden von Preßburg die Leitung der auswärtigen Angelegenheiten des habsburgischen Kaiserreiches und wurde zum eigentlichen Leiter der österreichischen Regierung. Als Außenminister stellte er die Innenpolitik gleichrangig neben die Außenpolitik, weil er mit innenpolitischen Mitteln die Voraussetzungen für eine nachfolgende aktive, von Aussichten auf Erfolg getragene Außenpolitik schaffen wollte. Nationale Innenpolitik bedeutete ihm dabei vor allem Wehrhaftmachung aller Untertanen, das heißt, er bemühte sich, alle unter der österreichischen Kaiserkrone lebenden Völker in das übernationale österreichische Heer einzubeziehen. Seine Regierung bekannte sich deshalb mit einem Aufruf des Kaisers vom 22. Januar 1806 eineinhalb Jahre vor Preußen als erste zu den Kräften des Volkes und leitete Reformen ein, deren Ausmaß jedoch hinter dem preußischen Reformwerk zurückblieb.

Stadion verfolgte vom Beginn seiner Ministerschaft an das Ziel, die Vorherrschaft Napoleons zu beseitigen und eine Wiedergeburt des deutschen Reiches heraufzuführen. Seit dem Frühjahr 1808 wurde die habsburgische Monarchie nicht nur militärisch aufgerüstet, sondern auch propagandistisch und geistig so auf eine Auseinandersetzung mit Frankreich vorbereitet, daß dieser Zeitabschnitt wohl zu Recht als „der Höhepunkt der deutschen Geschichte Österreichs“ angesehen wird. Für die Erhebung suchte Graf Stadion im Reich Verständnis und Zustimmung zu finden. Als er annahm, Napoleon sei durch seine Rückschläge in Spanien und deren Folgen gebunden und andererseits der weitaus größere Teil des deutschen Volkes außerhalb des Kaiserreiches geneigt, sich von der napoleonischen Vorherrschaft zu befreien, bewog er Franz I. zum Präventivkrieg. Der Ablauf des Krieges, der bewußt als gesamtdeutscher Kampf propagiert und eingeleitet wurde, zeigte aber sehr bald, daß Stadions Vorstellungen vom deutschen Volk und seinen führenden Schichten von Selbsttäuschung nicht frei waren.

Der Krieg von 1809 war ein Wagnis, dem der Erfolg versagt blieb. Stadion wollte wohl das Volk stark am Krieg beteiligen, aber nur in der Form eines staatlich organisierten Kampfes. Der Gedanke, im Bereich der habsburgischen Länder einen allgemeinen Volksaufstand nach spanischem Vorbild zu entfesseln, lag ihm fern, wenn er auch den Aufstand der Tiroler vorbereiten ließ und darauf baute, daß es in Deutschland zu Volksaufständen kommen werde, von denen er sich sogar eine bedeutende Unterstützung der österreichischen Truppen erhoffte. Bei der Masse der Deutschen fehlten jedoch die geistigen Voraussetzungen für eine Volkserhebung, wie die Aufstandsversuche in Nord- und Mitteldeutschland (Katte, Dörnberg, Schill, Herzog von Braunschweig) zeigten. Auch wenn man berücksichtigt, daß diese Insurrektionen mehr als unzureichend vorbereitet worden waren, haben sie bei weitem nicht den echten und breiten Widerhall in der Bevölkerung hervorgerufen, den Graf Stadion erwartet hatte. Bei aller Anerkennung seiner persönlichen Leistung blieben seine Ideen von Volkserhebung, die er mit einer kleinen Schicht von Patrioten teilte, ein Wunschbild, ein „geistiger Höhenflug“, ohne reale Kenntnis dessen, was im Bereich des Politischen möglich war.

Friedrich Karl v. Katte (1772–1836) geriet als preußischer Offizier 1806 in Lübeck in französische Gefangenschaft. Nach seiner Rückkehr setzte er sich zur Aufgabe, die deutsche Erhebung gegen Napoleon durch eine kühne, aufsehenerregende Tat, nämlich die Inbesitznahme Magdeburgs, einzuleiten. Sein Versuch, mit Hilfe von Einwohnern der Stadt die wichtige Festung mit seiner Schar, vornehmlich Bauern aus der Altmark, durch Überrumpelung einzunehmen, scheiterte rein äußerlich daran, daß der dilettantische Plan verraten wurde. Auch ohne diesen Fehlschlag würde es Katte kaum gelungen sein, sein größeres Ziel zu erreichen, wie die anderen Aufstandsversuche beweisen.

Der hessische Freiherr Wilhelm v. Dörnberg (1768–1850), 1806 ebenfalls preußischer Offizier, befehligte 1809 das Leibgardejägerregiment König Jérômes. Aus dieser Position heraus versuchte der Oberst, nach Ausbruch des österreichischen Krieges, das westfälisch-französische Regime zu stürzen. Seinem Aufstand versagten sich jedoch gerade die westfälischen Truppen, mit deren Anschluß er gerechnet hatte. Sie wandten sich vielmehr gegen die Haufen einiger Tausende von Bauern, die Dörnberg am 22. April 1809 zum Marsch gegen Kassel aufgeboten hatte, und schlugen sie. Das Unternehmen fand darüber hinaus bei anderen Bevölkerungsschichten keine aktive Unterstützung.

Der Versuch des preußischen Majors Ferdinand v. Schill (1776–1809), in Norddeutschland einen Volksaufstand auszulösen und auf diesem Wege seinen König in den Krieg gegen Napoleon hineinzuziehen, wurde wohl in patriotischen Kreisen begrüßt, verblieb aber auch ohne die erhoffte Volkserhebung, zumal Friedrich Wilhelm III. die „unglaubliche Tat" öffentlich verurteilte und jede Unterstützung verbot. Seine Truppen, ein Husarenregiment und eine Kompanie Jäger zu Fuß, erhielten zwar Zulauf und konnten am 5. Mai bei Dodendorf sogar eine Abteilung der Garnison von Magdeburg schlagen, wurden dann aber am 31. Mai in Stralsund vernichtet. Schill fiel im Straßenkampf im Angesicht dessen, daß auch die Masse der Bevölkerung ihm feindlich gesonnen war.

Wohl die stärkste Resonanz, aber auch nicht die entscheidende Unterstützung des Volkes, fand der Versuch des Herzogs Friedrich Wilhelm von Braunschweig-Oels (1771–1815), der 1806 als preußischer Offizier, wie Katte und Dörnberg, als Angehöriger der Truppen Blüchers erst in Lübeck in französische Gefangenschaft gefallen war, sein Herzogtum wiederzuerobern. Am 31. Juli, nach dem französisch-österreichischen Waffenstillstand, konnte „der Schwarze Herzog" mit seinem Freikorps, das er in Böhmen aufgestellt hatte, sogar seine Hauptstadt Braunschweig einnehmen. Stadt und Herzogtum zu behaupten, erwies sich aber als unmöglich, nicht nur wegen der Masse feindlicher Truppen, sondern auch, weil die Bevölkerung ihren angestammten ehemaligen Landesherrn wohl bejubelte, nicht aber bereit war, für ihn spontan und geschlossen zu den Waffen zu greifen. Wie Dörnberg und Schill erfuhr der Herzog, daß sich das spanische Vorbild in Deutschland nicht verwerten ließ. Die militärischen Handlungen der Aufständischen riefen vielmehr die Ablehnung breiter Volksschichten hervor, die von den Ereignissen unmittelbar betroffen wurden und Schaden erlitten. Der Herzog zog sich nach Norden zurück und setzte nach England über.

Nach anfänglichen Rückschlägen schien der Krieg Stadions Politik zu rechtfertigen. Der Aufstand der Tiroler verlief erfolgreich, und Napoleon wurde am 21./22. Mai 1809 bei Aspern und Essling zum erstenmal in offener Feldschlacht geschlagen. Der Sieger, Erzherzog Karl, verlor jedoch am 5./6. Juli bei Wagram die nächste Schlacht und schloß übereilt einen ungünstigen Waffenstillstand ab. Da sich außerdem der Krieg nicht zu dem erhofften gesamtdeutschen Kampf gegen Napoleon ausweitete, schwand in Österreich allmählich der Geist, der die Erhebung ausgelöst hatte. Franz I. schloß unter schweren Gebietsverlusten am 14. Oktober den Frieden von Schönbrunn. Seine Monarchie kehrte unter der

Führung Metternichs, dessen Außenpolitik von diplomatischem Realismus und rein österreichischen Gesichtspunkten sowie von der überlieferten Idee eines europäischen Gleichgewichts bestimmt wurde, in die Bahnen spätabsolutistischer, aufgeklärter Staatsauffassung zurück.

Preußen und die Deutsche Erhebung

Hatte der Unabhängigkeitskrieg der Spanier politisch und militärisch unmittelbar Österreichs Kampfentschluß bedingt, so war sein Einfluß auf die deutschen Freiheitskriege nur mittelbar. Da Napoleon in Spanien gebunden war, fanden die Träger der Erhebung Zeit, den Staat und das Volk auf den Kampf gegen Napoleon vorzubereiten. Ebenso wichtig aber war das spanische Beispiel, das bewies, welche Kräfte in einem Volk entfesselt werden konnten, das gewillt war, seine Unabhängigkeit zu verteidigen. Es zeigte, daß sich Mittel und Wege finden ließen, Napoleon zu widerstehen, wenn nur der Wille dazu vorhanden war. Das Fanal des Freiheitskampfes, in Spanien entzündet, wurde für die deutschen Patrioten ein Symbol und bedeutete in tiefer Not Hoffnung auf die Zukunft. Es war weniger der spanische Unabhängigkeitskrieg, der die Deutsche Erhebung beeinflußte, als seine Geschichte, so wie sie den Zeitgenossen bekannt war.

Die Deutsche Erhebung ging von Preußen aus. Dort war die Notwendigkeit des späteren umfassenden Reformwerkes, durch das sie eingeleitet wurde, bereits vor 1806 gesehen worden. Die allgemeinen Diskussionen beschränkten sich vor dem Krieg von 1806 allerdings zunächst weitgehend auf das Heer und das Problem der Kabinettsregierung. Nur ein Teil der Vorreformer erkannte schon, daß alle wesentlichen militärischen Reformansätze solange zum Scheitern verurteilt waren, wie im Bereich der Staatsverfassung alles beim alten blieb. Jede Änderung der Militärverfassung hätte zwangsläufig auch eine Änderung der Staatsverfassung bedingt. Eine so grundlegende Reform war aber im nachfriderizianischen Preußen, das nach dem Zusammenbruch von 1806/07 noch so viel Lebenskraft bewies, daß der Staat nur fortgebildet, nicht aber völlig neu aufgebaut werden konnte, gar nicht möglich. So wurden nur vereinzelt Reformen durchgeführt, beispielsweise die Befreiung der Domänenbauern aus ihrer Erbuntertänigkeit. Wichtiger erwies sich für die Reformjahre nach 1807, daß sich unter der Führerschaft von Persönlichkeiten wie Stein, Hardenberg und Scharnhorst, die bereits vor 1806 leitende Stellungen innehatten, zahlreiche jüngere Kräfte auf ihre zukünftige Reformtätigkeit vorbereiten und teilweise auch schon in wichtige Posten einrücken konnten. Sie waren zunächst die gegebenen Mitarbeiter des Freiherrn vom Stein, mit dessen Namen die Grundlegung der Reform verbunden ist.

Der Reichsfreiherr Karl vom und zum Stein (1757–1831), Sproß eines Reichsrittergeschlechts aus Nassau, trat 1780 in den Dienst des preußischen Königs. Im Westen der Monarchie tätig, bekleidete er zuletzt den Posten des Oberpräsidenten der westfälischen Kammer, bevor er 1804 nach Berlin als Minister für das Akzise- und Fabrikdepartement in das Generaldirektorium berufen wurde. Die politischen Erfahrungen und Vorstellungen langjähriger Tätigkeit im westdeutschen Raum und die Überzeugung, auch im Dienst des preußischen Königs an die höhere Verpflichtung gegenüber dem gesamtdeutschen Vaterland gebunden zu sein, bestimmten zusammen mit anderen geistigen Anregungen, vornehmlich aus England, das Wesen des Mannes, der als unbeugsamer Charakter mit energiegeladenem Willen erst im vorgeschrittenen Alter Zugang zur Zentrale der absolutistischen Monarchie der Hohenzollern fand. In Berlin trat er sehr bald in den Kreis der Männer, die Reformen forderten, und setzte sich besonders an die Spitze derer, die sich gegen das System der Kabinettsregierung wandten. Als ihm der König nach den Niederlagen von Jena und Auerstedt die Leitung der Außenpolitik anbot, forderte Stein in so schroffer Form, die Regierungsweise zu ändern, daß er sich mit Friedrich Wilhelm III. überwarf. Stein kehrte nach Nassau zurück, wo er die Zeit fand, seine Gedanken über eine Reform des absolutistischen Staates niederzuschreiben.

Am 10. Juli 1807 forderte Friedrich Wilhelm III. den Freiherrn vom Stein auf, an die Spitze der preußischen Staatsverwaltung zu treten. Der König gab damit einem Nichtpreußen die Möglichkeit, den zusammengebrochenen Staat nach den Grundsätzen wiederaufzubauen, zu denen sich Stein in seiner „Nassauer Denkschrift" bekannt hatte. Sie sahen vor, die Staatszentrale weitgehend zu reformieren und die Bevormundung des Untertanen durch den Staat mittels einer Selbstverwaltung der Provinzen, Kreise und Städte durch das besitzende und gebildete Bürgertum aufzulockern. Der Reichsfreiherr drückte seine Aufgaben mit den Worten aus, es sei sein Ziel, die „Belebung des Gemeingeistes und Bürgersinns, die Benutzung der schlafenden und falsch geleiteten Kräfte und der zerstreut liegenden Kenntnisse, den Einklang zwischen dem Geist der Nation, ihren Ansichten und Bedürfnissen und denen der Staatsbehörden, die Wiederbelebung der Gefühle für Vaterland, Selbständigkeit und Nationalehre" zu erreichen. Stein wollte den Bürger auf dem Weg des Bündnisses zwischen Regierung und Nation an den Staat heranführen, um ihn dann über eine repräsentative Verfassung Einfluß auf das öffentliche Leben gewinnen zu lassen. Das hielt er für unumgänglich, weil er im Staat keine Institution reiner Herrschaft und Macht sah, sondern ein lebendiges Gemeinwesen. Beteiligung am öffentlichen Leben sollte den Bürger davon abhalten, nur seinen Eigennutz zu suchen, und andererseits den Staat davor bewahren, von einer mechanischen und seelenlosen Bürokratie absolutistischer Prägung beherrscht zu werden. Ein „lebendiger, fest strebender, schaffender Geist und ein aus der Fülle der Natur genommener Reichtum von Ansichten und Gefühlen" sollte „an die Stelle von Formenkram und Dienst-Mechanismus" treten.

Stein eröffnete das Reformwerk mit der Bauernbefreiung, der die Städteordnung und, als letztes Gesetz während seiner einjährigen Ministerschaft, die Organisation der obersten Staatsverwaltung folgten. Züge, die dem Gedankengut der Französischen Revolution entlehnt waren, wurden nicht von Stein selbst, sondern von seinen Mitarbeitern in die Reformgesetze hineingetragen. Der Reichsfreiherr blieb von den revolutionären Ideen unabhängig. Nur die Beweise französischer Vaterlandsliebe beeindruckten ihn, und so ließ er sich dazu anregen, nach Mitteln und Wegen zu fahnden, auch in seinem Volk Patriotismus zu erwecken.

Mit seinen Gesetzen schuf Stein die politischen Voraussetzungen, die es den militärischen Reformern erst ermöglichten, das Militärwesen auf neue Grundlagen zu stellen, besonders mit dem „Edikt den erleichterten Besitz und den freien Gebrauch des Grundeigentums sowie der persönlichen Verhältnisse der Landbewohner betreffend" vom 9. Oktober 1807. Es brachte die Freiheit jedes Einwohners von persönlicher Dienstbarkeit und riß prinzipiell die ständische Gliederung und Abgeschlossenheit ein. Mit dem „Publikandum betr. die veränderte Verfassung der obersten Staatsbehörden" vom 16. Dezember 1808 – es war noch wesentlich das Werk Steins, auch wenn es erst nach seinem Sturz erlassen wurde – verschwand nach der Beseitigung des Kabinettsystems auch das Generaldirektorium. An seine Stelle trat ein Kollegium von fünf Fachministern, zu denen das neugeschaffene Kriegsministerium zählte. Damit wurde das Militärwesen enger als bisher mit der Staatsverwaltung verbunden.

Zum Unglück für die Staatsreform mußte der Freiherr vom Stein am 24. November 1808 seine Tätigkeit vor allem aus außenpolitischen Gründen einstellen. Die Staatsgeschäfte übernahm ein Kollegium von Fachministern, das meist als Regierung Dohna-Altenstein bezeichnet wird, so genannt nach dem Grafen Alexander von Dohna-Schlobitten als dem Minister des Innern und dem Finanzminister Freiherrn Karl von Stein zum Altenstein. Sie wurde aber der Schwierigkeiten nicht Herr. Erst am 4. Mai 1810 trat wieder eine Persönlichkeit an die Spitze der Staatsverwaltung, die sich durchzusetzen wußte und die auch das Reformwerk weiterführte. Es war der Freiherr v. Hardenberg, ebenfalls ein Nichtpreuße.

Der hannoversche Freiherr Karl August v. Hardenberg (1750–1822), ein Vertreter des aufgeklärten Absolutismus, der sich auch vom Ideengut der Französischen Revolution und ihres Überwinders beeinflußt zeigte, trat mit der Angliederung der Markgrafschaft Ansbach-Bayreuth (1791) in preußische Dienste. Der Friedensschluß von Basel war sein Werk. Friedrich Wilhelm III. betraute ihn 1803 mit der Leitung der auswärtigen Angelegenheiten. Als Vertreter strenger Neutralitätspolitik zog er sich die Feindschaft Napoleons zu. Er wurde deshalb 1806 beurlaubt und mußte – nach den Niederlagen von Jena und Auerstedt wieder ins Amt berufen – 1807 unter dem Druck Napoleons aus dem Dienst des Königs entlassen werden. Hardenberg schlug den Freiherrn vom Stein als seinen Nachfolger vor. Im Jahre 1810 stimmte der Kaiser Hardenbergs Wiederberufung zu, da der weltmännische, liebenswürdige und gewandte Freiherr der einzige Mann zu sein schien, der versprach, Preußen fähig zu machen, seinen finanziellen Verpflichtungen gegenüber Frankreich nachzukommen.

Hardenberg leitete die Staatsgeschäfte mit der Machtfülle eines Staatskanzlers. Sein klarer Blick für das, was möglich war, seine diplomatische Geschicktheit und seine unbekümmerte Wendigkeit lenkten Preußen außenpolitisch durch die Krisensituation von 1811/12 in den Kampf gegen Napoleon von 1813/15. Innenpolitisch führte Hardenberg die Staatsreform weiter, verfolgte aber mit ihr nicht die Ziele des Freiherrn vom Stein. Die bürokratische Staatsverwaltung wurde nicht eingeschränkt, sondern in ihrer Autorität gestärkt. Freiheit und Verantwortungsgefühl gewährte Hardenberg dagegen im wirtschaftlichen Leben, insbesondere mit der Einführung der Gewerbefreiheit im Jahre 1810, und im bürgerlichen Bereich, etwa mit dem Edikt über die Gleichberechtigung der Juden von 1812. Sehr deutlich trat die neue Linie in der Reformpolitik heraus, als der Staatskanzler die Agrarreform mit dem Regulierungsedikt vom 14. September 1811 weiterführte. Das Leitmotiv der Wirtschaftsfreiheit bewirkte, daß der Schutz der Bauern, an dem Stein festhalten wollte, wegfiel. Die Gemeinschaft, zu der der Freiherr vom Stein und auch die Militärs unter den Reformern den Bürger über ein Bündnis von Regierung und Nation hatten erziehen wollen, stand nicht mehr als eigentliche Aufgabe hinter den Reformmaßnahmen, sondern nur die Stärkung der Macht des Staates. Darin aber waren sich Hardenberg, Stein und das Ministerium Dohna-Altenstein einig, daß sich Preußen wieder ein möglichst starkes Heer schaffen mußte.

Das Ziel, das Heer zu einem lebendigen Organ der Nation zu formen, also Armee und Volk im Rahmen der Gesamtreform innig miteinander zu verbinden, strebten Staats- und Heeresreformer gemeinsam an. Die Pflicht, den Aufbau der bewaffneten Macht politisch zu verantworten und gegen französische Störversuche abzuschirmen, oblag den leitenden Staatsmännern Stein, Altenstein und Hardenberg, denn Napoleon bemühte sich sehr bald, die Wiedererrichtung der Armee zu verhindern. Sie kamen dieser Aufgabe aus innerster Überzeugung nach, auch gegen Widerstände aus den Reihen der Reformer (vgl. S. 121).

Ein Mittel Napoleons, das militärische Wiedererstarken Preußens zu verhindern, war die Kontribution. Die hohen finanziellen Verpflichtungen sollten Preußen zwingen, das Heer abzuschaffen. Der Kaiser bevollmächtigte seinen Unterhändler, zu verlangen, daß die Armee aufgelöst werde, wenn der Staat nicht zahlen könne. Der König von Preußen führe ja mit niemandem Krieg, lautete seine Begründung. Stein widerstand dem Druck, lieferte aber mit einem unvorsichtigen Schreiben an den Fürsten Wittgenstein Napoleon eine Handhabe, die preußische Aufrüstung unter Kontrolle zu bringen. Die Pariser Konvention vom 8. September 1808 zwang Preußen, sich zu verpflichten, das Heer für zehn Jahre auf eine Stärke von 42 000 Mann zu beschränken. Doch schien diese Armee dem Kaiser immer noch zu stark. Als Preußen infolge seiner Rüstung während des österreichisch-französischen Krieges von 1809 zahlungsunfähig war, verlangte Napoleon erneut die Abrüstung. Nur eine Garde von 6 000 Mann wollte er dem König zugestehen. Die Regierung Dohna-Altenstein zeigte sich jedoch in Übereinstimmung mit Scharnhorst eher geneigt, Schlesien abzutreten, als auf die Armee zu verzichten. In solcher Notlage berief Friedrich Wilhelm III. Hardenberg, der unbeirrt von französischem Mißtrauen die Heeresreform auf den eingeleiteten Bahnen fortführen und darüber hinaus in der Krise von 1811 die bewaffnete Macht über die Einschränkungen der Septemberkonvention von 1808 hinaus aufrüsten ließ. Die Rüstungen stellte er erst ein, als Napoleon drohte, seinen Gesandten binnen drei Tagen abzuberufen. An der zugestandenen Existenz und Stärke des Heeres ließ Hardenberg auch dann nicht rütteln.

Die Hälfte des Heeres nahm infolge des Allianzvertrages mit Frankreich vom 24. Februar 1812 am Rußlandfeldzug Napoleons teil. Einige militärische Reformer, an ihrer Spitze Boyen (vgl. S. 106f.), verließen mit anderen Offizieren den Dienst, weil sie nicht bereit waren, sich in die Unterwerfung zu fügen. Sie kehrten zurück, als der Feldzug in eine Katastrophe ausmündete. Mit der Konvention von Tauroggen (30. Dezember 1812) entzog der General v. Yorck dem französischen Oberkommando das Korps. Seine Tat leitete die preußische Erhebung gegen Napoleon und die Befreiung Deutschlands mit den Feldzügen von 1813–1815 ein – den Freiheitskriegen.

Die Feldzüge von 1813–1815 werden als „Freiheits-" oder „Befreiungskriege" bezeichnet. Der ursprüngliche, in der Zeit geprägte Ausdruck lautete Freiheitskriege. Als er nach dem Siege über Napoleon nicht nur als Kampf für die Befreiung Preußen-Deutschlands von französischer Vorherrschaft ausgelegt, sondern auch als Ausdruck des politischen Freiheitswillens der Deutschen gedeutet wurde, ersetzten ihn die Verfechter der wiedererstarkten alten Gewalten durch die Bezeichnung Befreiungskriege. Dieser Terminus repräsentierte also die Auffassung der herrschenden Kreise im Zeitalter Metternichs. Als Verkörperung des amtlichen Geschichtsbildes wurde er in der Literatur aber nicht nur bewußt vorwiegend von Offizieren angewendet, die sich mit Militär- und Kriegsgeschichte der preußisch-deutschen Erhebung befaßten, sondern bis in die Gegenwart auch von Historikern, ohne daß diese sich alle der reaktionären Bedeutung des Terminus Befreiungskriege klar gewesen zu sein scheinen. Die Gerechtigkeit gegenüber dem Zeitalter der Deutschen Erhebung fordert daher, die Feldzüge von 1813–1815 mit dem Ausdruck zu bezeichnen, den sie ursprünglich besaßen.

Die Leistungen der russischen Truppen und der bewaffnete Widerstand von Teilen der russischen Landbevölkerung leiteten die letzte Phase in der Erhebung der Völker ein. Zar Alexander I., beraten vom Freiherrn vom Stein, überschritt, entgegen den Wünschen zahlreicher Russen, die Westgrenze seines Reiches und setzte den Krieg fort. Rußland und Preußen schlossen am 28. Februar 1813 das Bündnis von Kalisch. Es war die Grundlage der Koalition, die sich gegen Napoleon bildete und bewährte, wenn auch ihre Teilnehmer aus unterschiedlichen Motiven zum Beitritt veranlaßt wurden. Nach dem Frühjahrsfeldzug trat am 12. August 1813 Österreich dem Bündnis bei. Weitere Bündnispartner waren England und Schweden. Im Herbstfeldzug fiel nach blutigen Schlachten die Entscheidung vom 16.–19. Oktober in der Völkerschlacht bei Leipzig. Bayern war schon vorher im Vertrag zu Ried (8. Oktober) auf die Seite der Gegner Napoleons getreten, jetzt löste sich auch der Rheinbund auf. Im Winter gelang es dem Kaiser noch einmal, neue Heere aufzustellen. Sein Widerstand und seine Weigerung, die günstigen Bedingungen anzunehmen, die ihm vor allem Österreich und England auf dem Kongreß von Châtillon anboten, band die bereits uneinig gewordenen Alliierten im Vertrag von Chaumont (9. März 1814) wieder fest zusammen. Am 6. April mußte Napoleon nach militärischen Niederlagen der Krone entsagen. Während er die Insel Elba als Fürstentum erhielt, übernahm der Bourbone Ludwig XVIII. (1814–1824) den Thron. Mit ihm schlossen die Verbündeten den ersten Pariser Frieden vom 30. Mai 1814, der Frankreich im allgemeinen die Grenzen von 1792 einräumte. Der gestürzte Kaiser spekulierte auf die Uneinigkeit seiner Gegner, wie sie auf dem Wiener Kongreß zutage trat, und auf die wachsende Unbeliebtheit der bourbonischen Restauration in Frankreich. Er landete am 1. März 1815 bei Cannes, seine „Herrschaft der hundert Tage“ endete nach der vernichtenden Niederlage bei Belle-Alliance (18. Juni 1815). Die Alliierten schufen im zweiten Pariser Frieden vom 20. November 1815 zusammen mit den Regelungen, die der Wiener Kongreß in der Schlußakte vom 8. Juni 1815 bestätigte, eine Friedensordnung, die über Jahrzehnte Bestand haben sollte. Allerdings war die Neuordnung vom Geist der überlieferten, wiedererstandenen Gewalten geprägt. Sie widersprach den Ideen, von denen die Französische Revolution getragen und die Erhebung der Völker mitbestimmt worden war.

2. Die geistigen Triebkräfte

Der Zeitabschnitt von 1789 bis 1815 deckt sich weitgehend mit einer der weltgeschichtlich folgenreichsten Epochen europäischen Geisteslebens, gekennzeichnet durch das Nebeneinander geistiger Bewegungen, philosophischer Ideen und Weltanschauungen. Für die deutsche Geschichte bedeutet dieser Abschnitt sogar einen Zeitraum, der in Vielfalt und Breite schöpferischen geistigen Lebens bisher nicht übertroffen wurde und dessen Reichtum und Mannigfaltigkeit an genialen Gestalten und Trägern der geistigen Entwicklung noch nicht wiederkehrte. Die Bedeutung wird dadurch gesteigert, daß zahlreiche Vertreter des Geistes unter dem Zwang des politischen Geschehens ihre Bindung an das Schicksal ihres Volkes erkannten und ihre Fähigkeiten und Gaben in den Dienst der Nation stellten. Sie wurden zu Kündern und sogar zu Vorkämpfern des politischen Nationalbewußtseins der Deutschen.

Im Gegensatz zu dem bereits vorhandenen politischen Nationbegriff der westeuropäischen Völker besaßen die Deutschen bis tief in die Epoche hinein für sich nur eine unpolitische Nationauffassung. Ihr überliefertes reichspatriotisches Bewußtsein konkurrierte mit einem stetig wachsenden politischen Staatsnationbewußtsein der deutschen Vormächte, insbesondere Preußens. Die mittelalterliche Reichsidee war unter der Einwirkung der Aufklärung säkularisiert worden, das vorhandene, mehr instinktive, elementare Nationalgefühl war vom Leitbild einer weltoffenen Kulturnation bestimmt und vom kosmopolitischen Gedankengut humanitärer Weltbürgerlichkeit geprägt. Unter diesen Gegebenheiten konnte sich ein gemeindeutsches Nationalbewußtsein nur auf dem Wege über Sprache und Literatur entwickeln.

Die Grundlagen für ein deutsches Nationalgefühl schuf die „Deutsche Bewegung“, ein geistig-kultureller und dann auch politischer Vorgang, in dem sich die Deutschen seit der Mitte des 18. Jahrhunderts ihres Wesens und der sich daraus ergebenden Aufgaben bewußt wurden. Dem Weltbürgertum, dem es geradezu als undeutsch gegolten hatte, nur deutsch zu sein, erwuchsen vor allem aus den Reihen der Feinde des Rationalismus und der Aufklärung Gegner. Sie verbanden ihr Eintreten für die Anerkennung irrationaler Kräfte mit einer zunehmend stärkeren Betonung nationaler Gefühle.

Die erste irrationale Umsturzbewegung war der Sturm und Drang. Eine seiner wesentlichen Wurzeln war die Antithese Rousseaus von ursprünglicher und moderner Menschheit. Wie er waren die Stürmer und Dränger Kinder der Aufklärung, gegen deren Herrschaft sich dann ihr Vorstoß richtete. Die Bewegung erreichte nicht ihr Ziel, aber sie fand am Ende des 18. Jahrhunderts einen Erben in der Romantik, die ihren unvollendet gebliebenen Kampf weiterführte. Mit dem Enthusiasmus hinterließ der Sturm und Drang der Epoche einen Begriff, der infolge seiner Bedeutung für das französische Tirailleurwesen nicht zuletzt im Bereich des Militärwesens zu einem zentralen Problem wurde, wie die Diskussionen in Preußen zeigen.

Der Sturm und Drang wurde unter maßgeblicher Anteilnahme der Klassiker überwunden, die in ihrer Jugend diese Periode selbst erlebt hatten, denen es jedoch gelang, in sich den Zwiespalt zwischen Ratio und Gefühl zu überwinden. Indem Goethe und Schiller die antike Kunst wiederbelebten, führten sie die Klassik zu höchster Vollendung. Im allgemeinen setzte ihr Schaffen nicht einen deutschen Nationalstaat als Grundlage voraus, verstärkte vielmehr die Vorstellungen des Weltbürgertums von der Wichtigkeit kosmopolitischer Aufgeschlossenheit der deutschen Kulturnation. Deutschland sollte nicht durch politischen Ehrgeiz, sondern durch sittliche Kultur und geistige Größe seinen Platz in Europa einnehmen. Durch den Verzicht auf die Tendenz, nationale Ausschließlichkeit anzustreben, sollte der deutsche Geist befähigt werden, sich noch größeren universalen Aufgaben zuwenden zu können.

Antikes Lebensgefühl bestimmte auch die Französische Revolution und besonders das napoleonische Frankreich. Der Stil des Empire war von antiken Formen in einem Ausmaße durchsetzt, wie es kaum von der Renaissance erreicht worden war. Dieser französische Klassizismus im Lebensstil, in Kunst und Literatur, entsprach dem Rationalismus und war wesentlicher Ausdruck der späten Aufklärung im geistigen Bereich, bedeutete aber zugleich auch einen Ausdruck von Selbstbestätigung der politischen Gewalten in Frankreich. Diese Verknüpfung mit der politischen Macht trug dazu bei, daß der Klassizismus im Bereich der europäischen Vorherrschaft Napoleons Fuß faßte. Er traf im deutschen Kulturkreis auf die Weimarer Klassik, die sich weitgehend unabhängig von politischer und militärischer Macht ausgebreitet hatte. Die Begegnung dieser beiden geistigen Strömungen trug trotz der Verschiedenheit ihres Wesens dazu bei, daß der Klassizismus zur äußerlich vorherrschenden geistigen Bewegung der Epoche wurde.

Ebensowenig wie die deutsche Klassik bedurfte der deutsche Idealismus der

Voraussetzung eines Nationalstaates. In der idealistischen Philosophie, die in ihrem Bereich das Geistesleben des Zeitalters bestimmte, trat die geistige Wandlung während des Zeitalters am klarsten heraus. An ihrem Anfang stand Kant, mit dem die Erkenntnis der emotionalen Seite des menschlichen Seins begann und der als Kind des Rationalismus dessen höchste Steigerung brachte, zugleich aber die philosophische Überwindung der Aufklärung einleitete. Es machte das Wesen des Idealismus als spezifisch deutscher Bewegung aus, daß er sich gegen die mechanische Erklärung der Welt wandte. Indem sich außerdem die idealistische Philosophie mit der Dichtung zusammenfand – das herausragende Beispiel ist Schiller – gewann der deutsche Idealismus seine prägende Wirkung auf die Bildung der Zeit.

Das Bildungsideal der Deutschen war also, entsprechend der geistigen Bewegung, ursprünglich nicht politisch und national, sondern weltbürgerlich. Aus der Tiefe der geistigen Auseinandersetzung, die alle Bereiche des Lebens in ihren Bann schlug, erwuchs dann der Neuhumanismus, dessen Bildungsziel es war, das Individuum allseitig zum Menschen zu entfalten. Der einzelne galt nicht als von Geburt aus zum echten Menschentum vorausbestimmt, sondern er mußte es erst durch Erziehung erlangen. Der Neuhumanismus gipfelte im Kultus der autonomen und in sich ruhenden Persönlichkeit, die als höchster Zweck und Inhalt alles irdischen Daseins angesehen wurde. Um diesem Drang nach Vervollkommnung gerecht zu werden, forderte er die harmonische Ausbildung aller Fähigkeiten, die im Menschen angelegt sind. Auch der Neuhumanismus sah im Altertum, und zwar bei den Griechen, die historischen Vorbilder, die den Weg zu einem harmonischen Menschentum weisen, aber er warf bei aller Betonung der Individualität zugleich die Frage auf, wie sich Persönlichkeit und Gemeinschaft zueinander verhielten. In der Persönlichkeit und dem Werdegang Wilhelm v. Humboldts findet sich die Antwort. Hatte er zu Beginn der Epoche mit seinen „Ideen zu einem Versuch, die Grenzen der Wirksamkeit eines Staates zu bestimmen" dem Staat nur die Aufgabe zuerkennen wollen, die persönliche Freiheit des Individuums zu sichern, so bekannte er sich nach seinem Eintritt in das Ministerium Dohna-Altenstein zum preußischen Staat und dessen Aufgabe, den Bürger durch Erziehung für die Gemeinschaft zu gewinnen. Damit gewann der Neuhumanismus den Zugang zur Nation als dem aufkommenden Ordnungsprinzip.

Aber schon vorher war das deutsche Weltbürgertum bitter enttäuscht worden, als die Französische Revolution nicht seiner Geisteshaltung entsprach. Dem geistigen Universalismus in der Idee von der Kulturnation der Deutschen trat mit Frankreich die westeuropäisch-französische Idee der Staatsnation und der expansive Nationalstaat gegenüber. Darüber hinaus zwang sie der politische Universalismus Napoleons, sich dem bisher verleugneten politischen Nationbegriff zuzuwenden. Auf diesem Wege leistete ihnen die Romantik Hilfestellung.

Auch die Romantik war eine Folge der Aufklärung. Sie begann als unpolitische, weltbürgerliche Bewegung, die den irrationalen Kräften, besonders dem Gefühl und der freischöpferischen Phantasie, gerecht werden wollte. Ihr Individualismus mit dem Ziel, die Persönlichkeit zu steigern und ihre Ganzheit wiederherzustellen, führte zunächst zu einem allgemeinen Subjektivismus. Aber nicht Vollendung des Individuums, sondern seine fortwährende Ausweitung bis ins Unendliche war das Ziel der Frühromantik. Im Gegensatz zur Aufklärung suchte sie die Einheit des Menschen und seiner Kultur so zu erneuern, wie sie diese im Mittelalter gegeben sah. Die ihr eigene Vergangenheitssehnsucht ließ sie zugleich Verständnis gewinnen für den historischen Eigenwert der Völker und Zeiten. Das half den Romantikern, ihren Gedankenkreis unter dem Eindruck des politischen Geschehens seit etwa der Jahrhundertwende in steigendem Maße auf das Vaterland zu richten und zu begrenzen. Die ursprüngliche Betonung liberal-individueller Tendenzen im politischen Denken trat zurück zugunsten eines Gemeinschaftsdenkens, das auf einem Volksbegriff beruhte, der alle Angehörigen eines Volkes einschließlich der Fürsten umfaßte. Die Romantiker begannen, ihre Aufgabe darin zu sehen, die Werte des deutschen Volkes vor Rationalismus und Revolution und deren Koppelung mit politischem Universalismus in der Person Napoleons zu retten.

Seit der Auflösung des Römischen Reiches deutscher Nation und dem Zusammenbruch Preußens setzten die Romantiker der Fremdherrschaft die Erkenntnis des eigenen Wesens und dessen Verteidigung entgegen. Ihre Mitwirkung bei der geistigen Vorbereitung von Österreichs deutscher Erhebung von 1809 stellte einen ersten Höhepunkt in diesen Bemühungen dar. Ein zweiter war die politische Lyrik der Freiheitskriege. Das romantische Nationalgefühl schloß sich stark an die überlieferte Reichsidee an, orientierte sich aber auch an der Sprache, weil es keinen politischen Organismus sah, an den es sich hätte halten können. Die Frage nach dem deutschen Vaterland beantwortete Ernst Moritz Arndt: Soweit die deutsche Zunge klingt. Alle deutschsprechenden Menschen sollten sich zusammenschließen und sich von der Fremdherrschaft befreien, um danach ein neues Reich politisch zu begründen. So sollten denn auch die Staatsgrenzen nach den Sprach- und Volksgrenzen gezogen werden. Dabei übersteigerte sich bei Arndt und Kleist das Nationalgefühl zum Nationalismus. Indem es überbetont wurde, drang es in den Bereich der Politik ein. Welche Gefahren diese Überbetonung des Nationalen in seiner Verbindung mit dem Irrationalismus und Subjektivismus in sich barg, sollte sich allerdings erst später offenbaren. Zunächst blieben die nationalistischen Gedanken auf einen kleinen Kreis von Männern beschränkt, die nur begrenzt auf die Masse der Deutschen wirken konnten.

Es war ein Nationalismus, der vor allem auf den Universitäten gepflegt wurde. Er erlangte in dieser Zeit bei weitem nicht die Bedeutung, die ihm die nationale Literatur der nationalstaatlichen Epoche zuschrieb. Manches Werk erfuhr wohl erst später die nationale Bedeutung, die ihr als ursprünglich und gewollt beigelegt worden ist. Von den formulierten Ideen und Werken des beginnenden Nationalismus, von ihren Verkündern, wie Fichte und Arndt, und ihren praktischen Vertretern, wie Jahn, ging keinesfalls die große Wendung aus. Sie wurde weitgehend von den Regierungen herbeigeführt. Andererseits darf die Bedeutung der geistigen Triebkräfte auch nicht unterschätzt werden. Eine der stärksten unter ihnen war für die Vorbereitung der Deutschen Erhebung die Romantik. Sie löste eine Summe geistiger Energien aus und trug wesentlich dazu bei, eine neue Wertung der Nation heraufzuführen.

Daß eine Nation eine Einheit sein konnte, die unabhängig von einer Dynastie bestand, hatte die Französische Revolution offenbart. Dieser Erkenntnis trat in Deutschland die Tatsache gegenüber, daß sich zunächst in Preußen, in Ansätzen aber auch in Österreich und Bayern, eigene Staatsnationen mit politischem Nationalgefühl zu bilden begonnen hatten. In Preußen hatte diese Entwicklung sogar bewirkt, daß führende Vertreter der geistigen Schicht, so Kant, Fichte und Humboldt, in der Monarchie der Hohenzollern die „Vorstufe einer Menschheitsrepublik freier Persönlichkeiten" zu erkennen meinten. Sie übertrugen, nachdem sich ihre Einstellung zum Staat gewandelt hatte, die preußischen Tugenden in die spätere deutsche Staatsethik. Zunächst aber bestätigten sie den Wert der preußischen Staatsnation und erschwerten damit die Bemühungen, ein deutsches politisches Nationalgefühl zu schaffen, das als Vorstufe zu dem Ziel dienen konnte, neben der Schicht der Träger der bisherigen Kulturnation auch die territorialen Staatsnationen, die sich im Zeichen der Vorherrschaft Napoleons um die Rheinbundstaaten zu vermehren begannen, mit einem gemeindeutschen politischen Nationalbewußtsein zu erfüllen. Es kam hinzu, daß beispielsweise die Reformen in Österreich und Preußen wohl nationale Empfindungen in den bisher abseits stehenden Bevölkerungsschichten auslösten, diese aber weniger dem deutschen Nationalbewußtsein zugute kamen als den Staatsnationen. So konnten sie sich nach Abschluß der Freiheitskriege behaupten.

B. Die Revolutionen und das Militärwesen

1. Revolution und Unabhängigkeitskrieg in der neuen Welt

Der Unabhängigkeitskrieg der jungen amerikanischen Armee gegen die Berufssoldaten der englischen Krone (1775–1783) deutete das Ende des Zeitalters der stehenden Heere absolutistischer Prägung und damit eine neue Epoche der Militärgeschichte an. Ihre ersten Anzeichen wurden in Europa kaum wahrgenommen. Aus vielen Staaten der alten Welt hatten Freiwillige auf seiten der Amerikaner mitgekämpft und dort eine neue, von der Lineartaktik abweichende Kampfesweise kennengelernt. Aber sie übten keinen Einfluß auf die leitenden Militärs aus. Nicht einmal im französischen Heer läßt sich eine nachhaltigere Auswirkung nachweisen, obgleich König Ludwig XVI. die republikanischen Vereinigten Staaten von Nordamerika mit geschlossenen Truppenverbänden unterstützt und französische Militärtheoretiker bereits vor dem Unabhängigkeitskriege Probleme erörtert hatten, wie sie in Amerika auftauchten und gelöst wurden.

Im ersten Koalitionskrieg (1792–1797) fochten die Heere des revolutionären Frankreich zwar in Gefechtsformen, die dem äußeren Anschein nach an die Kampfesweise amerikanischer Milizen und der leichten Infanterie der Bundesarmee erinnerten. Ihr Tirailleurkampf beruhte aber kaum auf taktischen Erfahrungen und Lehren des amerikanischen Unabhängigkeitskrieges. Das moderne Schützengefecht entwickelte sich in Europa aus eigener Erfahrung. Die Kampfesweise der Tirailleure entstand in der Notlage, in der sich die mangelhaft ausgebildeten revolutionären Soldaten Frankreichs befanden, also als Improvisation. Sie verwandten die Gefechts- und Kampfformen der leichten Infanterie europäischer Provenienz sowie der Freibataillone des Siebenjährigen Krieges und übertrugen sie gewissermaßen ins Große. In Frankreich, wie später auch in den Heeren anderer europäischer Staaten, kamen die Männer mit amerikanischer Kampfpraxis erst zum Zuge, als die Erfolge der improvisierten Revolutionsheere eine Stellungnahme erzwangen. Sehr langsam erst setzte sich die Überzeugung durch, wie sie der bedeutende Kritiker des absolutistischen stehenden Heeres, der Preuße Adam Heinrich Dietrich v. Bülow (vgl. S. 94 f.), der persönlich in Amerika war, ausdrückte: „Der amerikanische Krieg, unwichtig in mancher Rücksicht, ist außerordentlich merkwürdig und wichtig als der Anfang einer politischen und militärischen neuen Epoche."

Auch in Amerika wurde diese Epoche mit Improvisationen eingeleitet. Den Amerikanern fehlten nämlich zunächst für einen Krieg fast alle Voraussetzungen, welche die Kriegstheorie des 18. Jahrhunderts für unumgänglich hielt. Als englische Kolonialbürger verfügten sie über keine eigene Armee, als Bewohner eines Agrarlandes, das seine Rohprodukte an das englische Mutterland lieferte, über keine bedeutende Industrie. Die Industrie, Voraussetzung für eine eigene

Rüstung, erlebte einen sichtbaren Aufschwung. Aber Rüstungsaufträge wollten bezahlt, Soldaten für den Aufbau einer Armee angeworben und das Heer unterhalten sein. Dafür schuf sich der junge Staat eine neue Währung, die, weil die Maschinen zum Prägen des Edelmetalles fehlten, in Papiergeld ausgegeben wurde. So wurde der Unabhängigkeitskrieg in allen Bereichen zu einem „Triumph der Improvisation".

Eine der folgenreichsten Improvisationen war die „Demokratisierung" des Krieges. Welche Kräfte durch diese Demokratisierung und die mit ihr verbundene Nationalisierung der Armeen frei werden konnten, offenbarte sich allerdings erst in den französischen Revolutionskriegen. Die aufständischen Amerikaner wollten gar keinen „Volkskrieg" führen. Sie sahen nur das politische Ziel, die Vertreter der englischen Krone und deren Truppen zu vertreiben und die befreiten Gebiete vor einem Rückeroberungsversuch zu schützen. Die dafür notwendigen militärischen Maßnahmen hätte der erst nach dem Ausbruch des Unabhängigkeitskrieges berufene militärische Oberbefehlshaber, George Washington, gerne vom ersten Tage an mit einer Armee von Berufssoldaten durchgeführt, – also mit Truppen, die geformt nach dem Vorbilde des englischen Heeres unter den Voraussetzungen und nach den Methoden des 18. Jahrhunderts kämpften. Als er seinen Posten antrat, fand er jedoch eine wesentlich andere Armee vor. Farmer aus Massachusetts, in der Handhabung der eigenen Waffen geübt, waren es, die am 19. April 1775 bei Lexington und Concord englischer Linieninfanterie siegreich Widerstand leisteten. Männer, die teilweise bereits während des Siebenjährigen Krieges in Milizaufgeboten oder sogar als reguläre Soldaten der englischen Armee gekämpft hatten, die jetzt niemand zum Waffendienst befohlen hatte, griffen freiwillig zu den Gewehren. Sie fochten aber nicht nach den Regeln der Lineartaktik, sondern bekämpften die Truppen der englischen Krone als mehr oder minder gute Einzelkämpfer im offenen Schützengefecht. Ihre Erfolge in den ersten Kriegswochen wurden überall bekannt. Sie trugen dazu bei, daß die Einsatzmöglichkeiten bewaffneter Siedler gegen Linientruppen vielfach überschätzt und deshalb der militärische Wert des Milizsystems überbewertet wurde – besonders auch in Europa.

Dieses Milizsystem, aufgebaut als Selbstschutz gegen die Indianer, erwies sich dennoch während des Unabhängigkeitskrieges als eine der Stärken der Vereinigten Staaten. Ein großer Teil der Bevölkerung, bewaffnet und kampfgeübt, ließ sich im Falle eines plötzlichen Notstandes jederzeit von den Farmen oder Arbeitsplätzen zusammenrufen, um gemeinsam die Revolution zu verteidigen. Allerdings beanspruchten diese Männer infolge ihres freiwilligen Einsatzes für sich das Recht, heimkehren zu können, wenn sie es für richtig erachteten. In diesem Anspruch, der selbst in kritischen Situationen erhoben wurde, lag ebenso wie in der geringen Disziplin der Milizen eine gefährliche Schwäche des Systems. Nach einem Wort Washingtons verwechselten sie „Insubordination mit Unabhängigkeit" und zeigten einen „schrecklichen Mangel an Gemeinsinn". Im Gefecht nach Jägerart waren sie als meist gute Schützen vortrefflich einzusetzen;

Beschwerlichkeiten und Rückschläge wirkten sich jedoch oft infolge ihrer Disziplinlosigkeit verheerend aus. Sie erwiesen sich sehr bald als auf die Dauer wenig geeignet, stärkeren Verbänden der Engländer ohne Rückhalt an den Linientruppen der Bundesregierung siegreich zu widerstehen.

Wichtiger als der Einsatz gegen britische Truppen war die innenpolitische Bedeutung des Milizsystems. Da die britischen Truppen bei den Heeresstärken des 18. Jahrhunderts – ihre Höchstzahl während des Unabhängigkeitskrieges wird mit 35–40 000 Mann angegeben – das weite Land niemals besetzen konnten, beherrschten es die Milizen. Die Engländer hofften, nach militärischen Siegen bei der nicht geringen Zahl von Amerikanern Unterstützung zu finden, die den Unabhängigkeitsbestrebungen ablehnend oder gar feindlich gegenüberstanden. Aber gerade hier erwiesen sich die vom Geist der Unabhängigkeit beseelten Milizen – die englandfreundlichen Elemente waren in ihnen weitgehend ausgeschaltet oder ohne jeden politischen und militärischen Einfluß – als der Gegner, der jede gewonnene Schlacht bedeutungslos werden ließ. An ihnen scheiterten alle englischen Versuche, besonders in den späteren Kriegsjahren, die Vereinigten Staaten mit innenpolitischen Mitteln zu überwinden, vor allem durch eine Konterrevolution englandfreundlicher Amerikaner.

Als eigentliche Kampftruppe der Vereinigten Staaten ist die sogenannte „Kontinentalarmee" anzusehen. Es war das Verdienst Washingtons, sie geschaffen zu haben.

George Washington (1732–1799) wurde am 15. Juni 1775 vom Kongreß der amerikanischen Kolonien zu Philadelphia einstimmig zum Oberbefehlshaber aller Truppen gewählt. Die Versammlung ernannte ihn, den Delegierten Virginias, um in seiner Person die Südstaaten stärker an die gemeinsame Sache zu binden. Der General von 43 Jahren, der sich bereits in den englisch-französischen Grenzkämpfen und während des Siebenjährigen Krieges als Offizier hervorragend bewährt hatte und vom englischen Gouverneur der Kolonie Virginia zum Oberst ernannt worden war, genoß auch allseits Vertrauen. Wesentlich war vor allem, daß die Delegierten von ihm nicht befürchteten, er werde seine militärische Macht mißbrauchen. Washington erwies sich des in ihn gesetzten Vertrauens würdig. Er blieb unbeugsam trotz aller Schwierigkeiten, die sich vor ihm auftaten, und mancher Niederlage, die er erlitt. Im Kriege war er der Führer, von dem alle militärischen Aktionen ausgingen und der sich dennoch dem Kongreß unterordnete. Auch im Siege und nach Kriegsende als Oberbefehlshaber des siegreichen Heeres dachte und handelte er gegenüber der Staatsgewalt unbeirrbar loyal. Washington war kein großer Feldherr, aber er wurde der Organisator des militärischen Widerstandes und verstand es, Gehilfen wie Steuben (vgl. S. 34 f.) zu gewinnen. Die Bedeutung der Persönlichkeit Washingtons und sein moralisches Gewicht beim Überwinden aller Krisen können nicht leicht überschätzt werden. Als die Armee nach dem Abschluß des Versailler Friedens aufgelöst wurde, blieb sein Verdienst unvergessen. Im Jahre 1789 wurde Washington einstimmig zum ersten Präsidenten der Vereinigten Staaten gewählt.

Die Kontinentalarmee war eine vom Kongreß eingestellte und unterhaltene Bundesarmee, die sich aus geworbenen, längerdienenden Soldaten zusammensetzte. Wenn Washington auch immer wieder auf alle drei Aufgebote – neben der Bundesarmee und den Milizen gab es noch die aus jüngeren Milizpflichtigen zusammengestellten Streitkräfte der einzelnen Staaten – zurückgreifen mußte, so waren es doch die Linientruppen der Kontinentalarmee, die besonders in den offenen Feldschlachten den Kern amerikanischer Armeen bildeten.

Stehende Truppen erfüllten jeden Amerikaner mit Mißtrauen. Auch während des Unabhängigkeitskrieges bewegte daher die Amerikaner die Sorge, daß die bewaffnete Macht stärker werden könne als die zivilen Gewalten. Deshalb begrenzte der Kongreß die Zahl der Truppen, die Washington als Kontinentalarmee aufstellen sollte, auf 22 000 Mann. Aber nicht einmal diese Höchststärke konnte zunächst erreicht werden.

Als Voraussetzung für eine Umformung des Heeres bemühte sich Washington um gute Offiziere. Ihre Wahl durch die Mannschaften, wie es bei den Milizen üblich war, wurde für die Kontinentalarmee abgeschafft. Die höchsten Befehlshaber hatte schon bisher der Kongreß ernannt. Nun erhielt der Oberbefehlshaber das Recht, alle Stellen vom Brigadegeneral abwärts zu besetzen. Schwierig war es, eigentliche Linientruppen aufzustellen. Kontinuierliche Truppenteile entstanden erst, nachdem sich die Angeworbenen „auf drei Jahre oder Kriegszeit“ verpflichten mußten. Man verließ sich nicht nur auf das patriotische Gefühl, sondern zahlte einen hohen Sold und versprach den neuen Liniensoldaten, sie nach dem Kriege mit beachtenswertem Landbesitz zu belohnen. Diese Maßnahmen zeigen, daß sich in einem republikanisch-demokratischen Gemeinwesen eine Armee nicht mehr aus rein militärischem Denken und in der überlieferten Form eines Berufsheeres absolutistischer Prägung aufbauen ließ. Kongreß und militärischer Oberbefehlshaber mußten sich der antiabsolutistischen Haltung der Bürger beugen und sich bemühen, die unumgänglichen militärisch-technischen und taktischen Erfordernisse für den Kampf gegen eine intakte Linienarmee mit dem rationalen und materiellen Denken der Masse der Siedler zu verbinden. So schufen sie ein Bundesheer, das zwar an das Berufsheer des absolutistischen Staates anknüpfte, vor allem in der äußeren Gliederung und in den technisch-taktischen Formen. Die innere Struktur aber baute wesentlich auf neuen Grundlagen auf. Der amerikanische Liniensoldat unterwarf sich nur dann dem militärisch unumgänglichen Drill, wenn er rational begriffen hatte, warum solche Ausbildung nötig war. Daher wurde es erst, nachdem derartige Voraussetzungen geschaffen waren, möglich, die Linienverbände in mühsamer Arbeit scharf nach jenem Drill auszubilden, den der ehemalige preußische Offizier Friedrich Wilhelm v. Steuben ab 1778 nach friderizianischem, der amerikanischen Mentalität jedoch angepaßtem System vermittelte, und sie zu der disziplinierten Bundesarmee zu formen, die den Krieg für die Amerikaner militärisch gewann. Sie verfügte über eine ausgezeichnete leichte Infanterie, für die sich die Amerikaner besonders eigneten, und war in gemischte Divisionen gegliedert.

Friedrich Wilhelm v. Steuben (1730–1794) gehörte zu den preußischen Offizieren, die nach dem Siebenjährigen Krieg von König Friedrich II., dem Großen, aus seinem Offizierkorps entfernt wurden. Der entlassene Kapitän wurde zunächst Hofmarschall des Fürsten von Hohenzollern-Hechingen, trat 1775 in den Dienst des Markgrafen von

Baden und begab sich dann 1777 unter französischer Vermittlung nach Nordamerika. Washington stellte ihn als Generalmajor ein und übertrug ihm mit dem Posten des Generalinspekteurs der Armee die Ausbildung. Auch als Generalstabsoffizier bewährte sich Steuben. Er erwarb sich große Verdienste um die junge Armee, die sein Andenken, ungeachtet seiner charakterlichen Mängel (vgl. die Biographie von Palmer), noch heute bewahrt.

Diese Kontinentalarmee war für die Zeitgenossen der sichtbare Ausdruck des Unabhängigkeitswillens der Nordamerikaner. Sie verkörperte während des Krieges die Vereinigten Staaten, weil die Konföderation von 1779 nur provisorischen Charakter trug und eine starke, den einzelnen ehemaligen Kolonien übergeordnete Bundesgewalt fehlte. In der Bundesarmee bemühten sich Washington und Steuben, aus Amerikanern, die auch als geworbene Soldaten von ihrer persönlichen Freiheit möglichst wenig aufgeben wollten, ein „stehendes Heer" zu schaffen, das sich in Ausbildung und Kampfesweise der Technik des 18. Jahrhunderts anglich. Dennoch trugen sie, vielfach unbewußt, zu einer neuen Auffassung vom Militär und dessen Verhältnis zum Staat bei.

Wie weit auch Washington bereits von der Einstellung des absolutistischen Zeitalters sich entfernt hatte, beweisen seine Worte an einen Offizier, der den Dienst wegen einer Rangfrage verlassen wollte: „Bei den gewöhnlichen Kämpfen um Herrschaft und Ansehen ist das Gewissen eines Soldaten so wenig beteiligt, daß es ganz richtig sein mag, wenn er auf seinen Ranganspruchen besteht und sie sogar auf eine kleine Formsache ausdehnt; aber bei einer Sache wie dieser, wo es weder um Ruhm noch um Gebietserweiterung geht, sondern um eine Verteidigung all dessen, was das Leben teuer und wertvoll macht, sollte gewiß jeder Posten als ehrenvoll angesehen werden, auf dem ein Mann seinem Lande dienen kann."

Der Unabhängigkeitskrieg der Nordamerikaner wurde trotz der Bemühungen Washingtons, die Freiheit mit einer Linienarmee und im Rahmen der methodischen Kriegführung des 18. Jahrhunderts zu erkämpfen, zu einem Volkskrieg mit den ihm eigenen Bedingungen, dem nicht zuletzt die günstige geographische Lage und die Beschaffenheit des Landes den Erfolg brachten.

Altes und Neues standen sich gegenüber. Die britischen Generale kämpften mit Berufssoldaten, mit englischen Truppen und mit Kontingenten, die durch die englische Krone von deutschen Landesfürsten gemietet worden waren. Miettruppen waren, wie Subsidien, typische Erscheinungen des Militärwesens im absolutistischen Zeitalter. Damit blieben die englischen Führer gezwungen, starr an der Lineartaktik festzuhalten. Deren Nachteile konnte die leichte Infanterie, über die sie schon seit dem Siebenjährigen Kriege verfügten, nicht ausgleichen. Vor allem aber sahen sich die Engländer seit 1775 einer Situation gegenüber, die in der Kriegführung des 18. Jahrhunderts unbekannt war. Ihre Gegner waren nicht nur Soldaten, die den militärischen Vorstellungen der Zeit entsprachen, sondern auch eine bewaffnete Bevölkerung, getragen von einer politischen Idee und voller individueller Aktivität. Außerdem waren der Kampfraum unvorstellbar groß und die ehemaligen Kolonien mit ihrer demokratisch aufgebauten und lose verbundenen Verwaltung sehr locker organisiert, so daß den zahlenmäßig begrenzten Truppen der britischen Krone keine strategisch entscheidenden Schlüsselpunkte oder andere wesentliche Angriffspositionen für den konzentrierten Einsatz zur Verfügung standen. An diesen Schwierigkeiten sind die Engländer im wesentlichen gescheitert, ohne daß sie es klar erkannten. Die englische Krone verlor Amerika, weil ein solcher Feind mit den Mitteln und Möglichkeiten eines absolutistischen Heeres nicht mehr niederzuwerfen war.

Amerikanische Revolution und Unabhängigkeitskrieg erregten in der alten Welt von Anfang an starkes Aufsehen. Die Erregung wirkte sich in den einzelnen Ländern des europäischen Kontinents verschieden aus, doch läßt sie sich zumindest in Spuren überall nachweisen. Inwiefern allerdings das militärische Geschehen das Militärwesen in Europa beeinflußte, ist noch ein weitgehend offenes Problem der Militärgeschichte, das erst durch Einzelstudien geklärt werden kann. Alle Anzeichen deuten zur Zeit darauf hin, daß der Einfluß gering war. Für die Nachwelt bot der Unabhängigkeitskrieg das erste Beispiel eines Volkskrieges in der Geschichte der Neuzeit, der trotz größter Schwierigkeiten und schwerer Belastungen für die revolutionäre Nation siegreich verlief.

Der Volkskrieg in Amerika wurde allerdings von Mitlebenden und Nachwelt oft und sehr leicht mißdeutet. So sah Bülow im wesentlichen nur die äußerlichen neuen Merkmale, beispielsweise das offene Schützengefecht der Milizen, das „Tiraillieren", und schob deshalb die Schuld am Verlust der amerikanischen Kolonien den englischen Generalen und ihren Truppen zu. Die britischen und deutschen Truppen, die im amerikanischen Unabhängigkeitskrieg fochten, waren jedoch nicht schlechter als die Soldaten Marlboroughs im spanischen Erbfolgekrieg. Noch im ersten Jahrzehnt des 19. Jahrhunderts errang Wellington mit einem Heer, das in seinen Grundlagen, seiner Zusammensetzung und seiner Ausbildung den Truppen der englischen Krone im Unabhängigkeitskrieg der Amerikaner entsprach, im Unabhängigkeitskrieg der Spanier mit der Taktik des 18. Jahrhunderts den Sieg über französische Armeen, deren Kern Offiziere und Soldaten bildeten, die unter dem neuen Prinzip der Demokratisierung des Heeres zum Beruf des Soldaten gestoßen waren.

Nachweisbar folgenreich waren die unmittelbaren wirtschaftlichen, dazu aber auch die politischen Auswirkungen. In Frankreich war der Staatsbankrott der Monarchie der Bourbonen, der sechs Jahre nach dem Frieden von Versailles (1783) die Französische Revolution auslöste, eine wesentliche Folge der Intervention König Ludwigs XVI. im Unabhängigkeitskrieg. Sie kostete Frankreich etwa zwei Milliarden Franken.

Die Regierung Ludwigs XVI. hatte in der Vorstellung gehandelt, es sei schon deshalb ungefährlich, in Amerika eine antimonarchische Rebellion gegen die britische Krone zu unterstützen und dadurch dem eigenen Todfeind zu schaden, weil die Franzosen jenem Geschehen räumlich zu ferne ständen. Sie irrte sich. In Frankreich erweckten die Vorgänge in Amerika begeisterte Zustimmung, und zwar besonders stark in der Bildungsschicht, die in Amerika ihre politischen Ideale verwirklicht sah.

Aufsehen erregte besonders in Frankreich und darüber hinaus in der gesamten alten Welt die „Bürgerarmee" der Amerikaner. Der aufgeklärte Bürger las mit

Genugtuung den Artikel 13 der „Bill of Rights" Virginias vom 12. Juni 1776, in dem die Errichtung stehender Heere im Frieden als Gefahr für die innere Freiheit bezeichnet wurde. Eine in der Waffenhandhabung geübte, wohldisziplinierte Miliz aus den Reihen der Bürgerschaft schien der natürliche, sichere und geeignetste Schutz eines freien Gemeinwesens zu sein. Begeisterte Zustimmung fand vor allem auch die Forderung, daß jede Form des Militärs der zivilen Staatsgewalt eindeutig unterstellt und von ihr beherrscht werden müsse. Das alles waren jedoch keine neuen Gedanken. Dieser Passus der „Bill of Rights" entsprach wie der überwiegende Teil des Ideengehalts aller amerikanischen Verlautbarungen den weithin bekannten, in Europa entstandenen staatstheoretischen Vorstellungen der Aufklärung. Das Neue und Erregende lag darin, daß solche Erklärungen von gewählten Versammlungen verfaßt und dann als geschriebene Grundrechte und Verfassungen rechtskräftig wurden. Deshalb ließen die Geschehnisse in Amerika vielfach das Gefühl aufkommen, eine neue Epoche habe begonnen.

In der deutschen Staatenwelt, wo die Unzufriedenheit über die eigenen politischen Zustände nicht offen bekundet werden konnte, fand sie in der Begeisterung für die Amerikaner ein Ventil. In Deutschland waren es weniger die Schichten der Gebildeten und der gelehrten Welt als weite Kreise des in seiner Halbbildung von aufklärerischen Schlagworten stark beeinflußten, seichten Bürgertums und des einfachen Volkes, die sich für den Freiheitskampf der Amerikaner begeisterten. Eine Flut von journalistischen, literarischen, juristischen und philosophischen Druckwerken legt davon Zeugnis ab.

2. Französische Militärgeschichte im Zeichen der Französischen Revolution und der napoleonischen Vorherrschaft

In Europa begann nicht nur politisch, sondern auch militärisch die neue Epoche mit der Französischen Revolution. Mit ihr wandelte sich nämlich nicht nur die bewaffnete Macht Frankreichs, sie stellte auch das stehende Heer absolutistischer Prägung überhaupt in Frage und regte entscheidend die Entwicklung des Militärwesens anderer europäischer Staaten an. Das begründet, weshalb die französische Militärgeschichte dieses Zeitalters hier ausführlicher behandelt wird. In kriegerischer und geistiger Auseinandersetzung mit Frankreich gingen in allen Bereichen militärischen Lebens von den revolutionären Erscheinungen wesentliche Antriebe aus, sei es auf dem Gebiet von Taktik und Strategie, sei es vor allem auch in der Militärverfassung.

a. Militärverfassung und revolutionärer Dritter Stand

Das revolutionäre Frankreich experimentierte lange mit Formen einer Militärverfassung, die der neuen Staatsverfassung entsprach. Der Verlauf und die verschiedenen Stadien der Revolution gaben immer wieder Anlaß zu Veränderungen. Auch der Gedanke einer Allgemeinen Wehrpflicht tauchte bei den Diskussionen auf, ohne daß dieses Problem zukunftsentscheidend gelöst wurde.

Die bewaffnete Macht des Königreiches Frankreich setzte sich im Jahre 1789 aus drei Elementen zusammen: aus den Garden, aus der Linienarmee und aus der Miliz, die seit 1778 in der Form der Provinzialregimenter auftrat.

Die Garden, darunter die Schweizergarde, dienten der Repräsentation und dem Schutze des königlichen Hofes. Sie standen außerhalb der Linienarmee.

Die Linienarmee war ein stehendes Söldnerheer, das sich ausschließlich durch Werbung und freiwilligen Eintritt von In- und Ausländern ergänzte. Der Anteil der Ausländer betrug etwa ein Drittel der Gesamtstärke. Bei der Infanterie zählte man beispielsweise 79 französische und 23 Fremdenregimenter. In ihrer Mehrheit wiesen die Linientruppen demnach nationalen Charakter auf und ließen elementare Ansätze nationalen Empfindens erkennen. Dennoch waren sie kein Volksheer, sondern ein Machtmittel des Königs, als dessen Armee sie in der Theorie auch zum Kampf gegen die Nation eingesetzt werden konnten. Das Söldnerheer der Bourbonen war als Berufsheer dem Monarchen verpflichtet, nicht Frankreich. Vom stehenden Heer der Hohenzollern unterschied es sich vor allem darin, daß es in vielem noch den freieren Charakter des Soldatentums des 17. Jahrhunderts bewahrt hatte: persönlicher Stolz und Rauflust bei oft fehlender Disziplin, dafür aber auch ein empfindlich gebliebenes Gefühl für entehrende Erziehungsmittel und Strafen, die nie in dem Maße eingeführt und geübt werden konnten wie beispielsweise in Preußen. Diese gewissermaßen freikriegermäßigen Momente trugen jedoch dazu bei, die Armee für die Ideen der Revolution empfänglich zu machen.

Das dritte Element der bewaffneten Macht, die Miliz – genauer gesagt waren es die Provinzialmilizen, die im Kriegsfall einberufen werden konnten – beruhte auf rein nationaler Grundlage und verfassungsrechtlich auf einer zwangsweisen Aushebung, zu der die Pflichtigen, unverheiratete Männer zwischen 18 und 40 Jahren, durch das Los bestimmt wurden. Einzelne Städte und Provinzen stellten ihr Kontingent auch durch Werbung zusammen.

Wie in allen absolutistischen Staaten beruhte die königliche Macht der Bourbonen im wesentlichen auf dem stehenden Heer, also auf der Garde und den Linientruppen. Auch diese Armee stand jedoch 1789 in Opposition zur Krone (vgl. S. 51). Daher verfügte der König beim Ausbruch der Revolution nicht über die bewaffnete Macht, mit der er die Volksbewegung im ersten Keime hätte ersticken können. Aber auch der revolutionäre Dritte Stand war ihrer nicht sicher, falls das gegen die Krone frondierende adlige Offizierkorps erkannte, daß die Revolution seine Standesinteressen verletzte und daß deshalb seine Stellung nur an der Seite des Königs sein könnte. Die Verfassunggebende Versammlung (1789–1791) hätte es also als eine ihrer vordringlichsten Aufgaben ansehen müssen, das Militärwesen als integrierenden Verfassungsteil in den neuen Staat einzubauen.

Das Bürgertum, das die Verfassunggebende Versammlung beherrschte, war in seiner Haltung gegenüber dem Militär von den Ideen der Aufklärung bestimmt, besonders von Montesquieu und den Enzyklopädisten, und lehnte jede Form eines stehenden Heeres ab.

Besonders intensiv hatten Rousseau und Quesnay, ein führender Kopf der Physiokraten, die Auffassung des Dritten Standes geprägt. In den Augen Rousseaus glichen die stehenden Heere einer Pest, die Europa entvölkere. Als Feinde der Nationen wurden die Berufssoldaten bezeichnet, zu deren Unterdrückung sie den Fürsten ein entscheidendes Mittel an die Hand geben würden. Nach der Ansicht Quesnays waren die Berufssoldaten der stehenden Heere außerdem der volkswirtschaftlich unproduktivste und sterilste Stand.

Für den Verlauf der ersten Phase der Revolution, die unter dem Zeichen der Ideen von 1789 stand, war es weniger von Bedeutung, ob sich die Vertreter des Dritten Standes, das heißt des Großbürgertums, des Zusammenhanges von Staats- und Militärverfassung bewußt waren und die Gefahr erkannten, der sich die Revolution aussetzte, wenn die königliche Linienarmee unverändert beibehalten blieb. Ausschlaggebend war der Wille der überwiegenden Mehrheit des Großbürgertums, sich keine militärischen Verpflichtungen aufladen zu wollen. Der Dritte Stand war grundsätzlich nicht bereit, sich von seiner antiabsolutistischen Position und von seinem dadurch bestimmten Verhältnis zum Militär und von seiner ebenso allgemeinen Ablehnung einer Milizdienstpflicht zu lösen. Als er zur Macht gelangt war, zeigte er sich aus Standesinteressen und aus ideologischen und wirtschaftlichen Gründen nicht gewillt, den revolutionären Grundsatz der Gleichheit aller Bürger zu verwirklichen und für sich entsprechende militärpolitische Folgerungen zu ziehen. Mit dem Dekret vom 16. Dezember 1789 entschied das Bürgertum, daß der Gedanke der Allgemeinen Wehrpflicht nicht zu seinem Ideengut gehöre, weil sie mit der Freiheit und Würde des Individuums unvereinbar sei. Damit verzichtete der Dritte Stand auf die Möglichkeit, das königliche Söldnerheer in eine nationale Armee umzubilden. Das Bürgertum, das für sich Wahlrecht und Mitbestimmung im Staate beanspruchte, schob die Pflicht zur Verteidigung s e i n e s Staates gegen Angriffe auswärtiger Feinde auf jene Volksschichten ab, die durch das Zensuswahlrecht der Verfassung von 1791 von der eigentlichen Anteilnahme am Leben des Staates ausgeschlossen wurden. Der bewaffneten Macht wurde im Sinne der Gedanken Montesquieus über die Gewaltenteilung die Stellung eines Instrumentes der Exekutive eingeräumt, mit dieser Armee jedoch ein wesentlicher Bestandteil der absolutistischen Monarchie beibehalten.

Das Verhältnis von Staat und Heer wurde noch 1789 in einer Kommission der Nationalversammlung behandelt. Als hier der Gedanke zur Debatte gestellt wurde, eine nationale, dem Staat innerlich verbundene Armee auf der Grundlage einer Allgemeinen Wehrpflicht aufzubauen, wurde er fast einstimmig abgelehnt. Das Ergebnis der Beratungen war das Dekret vom 16. Dezember 1789. Das stehende Heer wurde beibehalten. Auch blieb es weiterhin ein Söldnerheer. Die Nationalversammlung ging jedoch noch einen Schritt weiter und beseitigte die letzten Überbleibsel des allgemein verhaßten Zwanges zum Wehrdienst. Mit einer Verordnung vom 20. März 1791 hob sie auf einstimmigen Antrag der Provinzen die Miliz als Institution des Ancien Régime auf.

Aber auch gegen das Berufsheer als ein Instrument der Exekutive blieb der Dritte Stand mißtrauisch. Er beschränkte den König, dem nach dem Grundsatz der Gewaltenteilung als Exekutive alle Verfügungsgewalt über die Armee allein zugestanden hätte, so weit es ging. Unter diesen Sicherheitsmaßnahmen gegen das Könіgtum wurde besonders die eine wichtig, daß Ludwig XVI. nur noch einen Teil der Offiziere ernennen durfte. Die anderen Offizierstellen sollten mit Hilfe eines ausgeklügelten Systems nach Anciennität und Wahl besetzt werden. Vor allem aber bemühte sich das Bürgertum, sich und seine Revolution dadurch zu schützen, daß es sich in der Nationalgarde eine Bürgerwehr, eine eigene bewaffnete Macht schuf. Sie unterstand nicht dem König, sondern den lokalen Obrigkeiten, die vom Volk gewählt wurden.

Die Nationalgarde wurde von der Pariser Bürgerschaft in den ersten Revolutionswochen zu dem Zweck ins Leben gerufen, die innere Ordnung aufrechtzuerhalten. Zu ihrem ersten Kommandanten wurde der Marquis de Lafayette gewählt, ein Offizier, der im amerikanischen Unabhängigkeitskrieg gegen die Engländer gekämpft hatte. Später wurde sie auf ganz Frankreich ausgedehnt. Die Verfassung vom 3. September 1791 räumte jedem Franzosen, der das aktive Wahlrecht besaß, das Recht ein, in die Nationalgarde einzutreten. Eine Dienstpflicht gab es nicht. Alle Offizier- und Unteroffizierstellen wurden durch Wahl besetzt.

In der Nationalgarde sah das Bürgertum das revolutionäre Prinzip der Gleichheit verwirklicht, das nach Rousseau fordert, daß der Bürger Soldat und der Soldat Bürger sei. Indem aber nur der Aktivbürger, also der Bürger, der infolge des Zensuswahlrechts Wahlmänner wählen und als unterste Stufe der politisch anteilnahmeberechtigten Staatsbürger sich legal und aktiv am öffentlichen Leben betätigen durfte, das Recht zugesprochen erhielt, der Nationalgarde anzugehören und dieses „Recht“ auf die Waffe nicht zum Dienst mit der Waffe verpflichtete, verwirklichte die „Schutztruppe der Revolution“ die Gedanken Rousseaus nicht echt. Sie hatte auch nur innenpolitische Bedeutung, als Machtmittel gegen meuternde Linientruppen oder auch gegen Volkserhebungen. Militärisch war sie – ohne verbindliche Ausbildung und Disziplin – vorerst ohne Wert. Bestimmungsgemäß sollte sie nicht einmal gegen einen äußeren Feind eingesetzt werden dürfen.

Dieser Grundsatz konnte nicht aufrechterhalten werden, weil das stehende Heer, das bis zum Ausbruch der Revolution immer noch als eine der besten Armeen gegolten hatte, im Verlauf der Revolution zu verfallen begann. Seit dem unglücklichen Verlauf des Siebenjährigen Krieges allerdings litt es schon unter mangelhafter Disziplin bei Offizier und Mann. Vergeblich hatte der Kriegsminister St. Germain versucht, das Übel zu beheben. Seit 1789 machte sich auch der Geist der Zeit bemerkbar. Die Liniensoldaten forderten, daß die Menschenrechte für sie ebenfalls gelten sollten. Vom Anschluß an die Revolution versprachen sie sich eine Verbesserung ihrer persönlichen Lage, neue Aufstiegsmöglichkeiten für den einzelnen und ein allgemein größeres Ansehen. Besonders radikale Tendenzen vertraten die Unteroffiziere. Als eigentliche Feinde des adligen Offizierkorps hetzten sie die Mannschaften gegen ihre Offiziere auf und zerstörten absichtlich die überlieferten Vorstellungen von Gehorsam. Disziplin und

Ordnung schwanden aus der Armee. Hinzu kam, daß viele Offiziere emigrierten und daß die Fremdenregimenter aufgelöst wurden. Diesen Verfallsprozeß aufzuhalten oder zu kompensieren, zeigten Verfassunggebende und Gesetzgebende Versammlung kaum Interesse. So wurde beispielsweise Mirabeaus Antrag abgelehnt, das alte Heer völlig aufzulösen und ein Heer mit neuen, der Revolution ergebenen Führern aufzubauen.

Die Auflösung des stehenden Heeres führte aber eine direkte Gefahr für das revolutionäre Frankreich herauf. Die Linientruppen waren, abgesehen von ihrer innenpolitischen Unzuverlässigkeit, beim Ausbruch des ersten Revolutionskrieges auch kein kriegstüchtiges Instrument der Außenpolitik mehr. Das Bürgertum war an der Militärpolitik gescheitert. Der Nationalkonvent (1792–1795) und die jakobinische Diktatur beschritten neue Wege.

Als der Verfallprozeß zu offensichtlich wurde, rief die Regierung mit einem Dekret vom 4. August 1791 Freiwillige aus der Nationalgarde auf. Aus ihnen errichtete sie Verbände, die in Theorie und Praxis auf nationaler Grundlage beruhten. Das waren die ersten der berühmten Freiwilligenbataillone, die bis 1793 neben den Linientruppen standen. Sie erhielten das Recht, ihre Offiziere und Unteroffiziere selbst zu wählen. Ihre militärische Bedeutung entsprach nicht dem legendären Ruhm und der Bewunderung, die ihnen die Nachwelt lange zollte. Sie trugen jedoch in das Militärwesen ein neues Element hinein, nämlich die Bereitschaft des einzelnen Soldaten, sich für die als gerecht empfundene Sache nicht nur ohne Zwang, sondern mit eigener Initiative einzusetzen. Es war ihr leidenschaftlicher Patriotismus und kämpferischer Enthusiasmus, der dem Militär- und Kriegswesen einen neuen zukunftsweisenden Zug verlieh. Die Freiwilligenverbände standen damit in einem gewissen Gegensatz zu dem noch immer übernational zusammengesetzten stehenden Söldnerheer, dessen Fremdenregimenter zwar mit Dekret vom 21. Juli 1791 abgeschafft worden waren, dessen noch vorhandene Ausländer aber dem Heer erhalten blieben, indem sie als französische Bürger naturalisiert wurden. Als begeisterte Anhänger der Revolution weigerten sich die Freiwilligen daher lange, sich mit den Liniensoldaten verschmelzen zu lassen. Erst Carnot gelang es, Linie und Freiwilligenbataillone 1793/94 in gemeinsamen Verbänden zu vereinigen.

Das Gemisch von zerrütteter Linienarmee und Freiwilligenbataillonen zeigte sich im ersten Koalitionskrieg (1792–1797) den stehenden Heeren der absolutistischen Staaten zunächst nicht gewachsen. Im Sommer 1792 wurden die Truppen durch unglückliche Gefechte, stärker aber durch Desertion zusammengeschmolzen, ins Landesinnere zurückgedrängt. Den später wieder gefestigten Linientruppen mangelte es an Ersatz. Dazu kam, daß man ihnen in Paris nach wie vor mißtraute. So sah sich die Regierung gezwungen, neue Freiwilligenbataillone zu errichten. Die Begeisterung zur freiwilligen Meldung ließ jedoch bald nach. Die Neuaufstellungen, nicht mehr vom Enthusiasmus der Freiwilligen von 1791 getragen, reichten nicht aus, den Abgang zu ergänzen. Versprechungen auf materielle Bereicherung im Krieg und versteckter Zwang sollten die revolutionäre Begeisterung ersetzen. Vor offener Gewalt und Zwangsaushebungen scheute dagegen die Gesetzgebende Versammlung zurück. Ihrem Versuch, mit moralischen Hilfsmitteln eine ausreichende Zahl von Freiwilligen unter die Waffen zu rufen, blieb der Erfolg versagt.

Als die Gesetzgebende Versammlung im Juli 1792 erklärte, „das Vaterland ist in Gefahr", verhallte die feierliche Demonstration ebenso wirkungslos, wie ein neues Dekret, das alle waffenfähigen Bürger anwies, sich als mobil anzusehen. Sie sollten diejenigen unter sich auswählen, die zuerst an die Front abrückten. Auch dieses Verfahren, das noch den Schein der Freiwilligkeit bewahren sollte, behob die Schwierigkeiten nicht. Dennoch konnte sich die Legislative weiterhin nicht entschließen, die Wehrpflicht einzuführen, obgleich die Zahl ihrer Befürworter seit 1789 mehr und mehr angestiegen war. Erst als sich die feindliche Koalition als Reaktion auf die Hinrichtung Ludwigs XVI. (21. 1. 1793) auf die große Mehrheit der europäischen Staaten ausdehnte und als die kritische Lage an den Fronten vorauszusehen war – die Truppen waren vom rechten Rheinufer zurückgedrängt und die Maaslinie von den Österreichern zurückgewonnen –, sah sich der Nationalkonvent (1792–1795) veranlaßt, den bereits auf Grund der letzten „Freiwilligen"-Einstellungen zur Fiktion gewordenen Grundsatz des freiwilligen Eintritts aufzugeben und zu zwangsweisen Rekrutierungen überzugehen.

b. Die Wehrpflicht

Also auch der Konvent handelte nicht unter dem ideologischen Einfluß des revolutionären Prinzips der Gleichheit in Rechten und Pflichten, sondern unter dem Druck der Notwendigkeit. Erst nachdem das Prinzip der Freiwilligkeit versagt und alle patriotischen Aufrufe an die Nation ohne nachhaltigen Erfolg verhallt waren, entschloß er sich zur Einführung der Wehrpflicht. Das Dekret vom 24. Februar 1793 erklärte alle Franzosen vom 18. bis zum vollendeten 40. Lebensjahr, die unverheiratet oder Witwer ohne Kinder waren „sont en état de réquisition permanente", also für militärpflichtig, bis das Heer auf eine Stärke von 300 000 Mann gebracht sei. Jede Gemeinde erhielt ein Kontingent zugeteilt. Drei Tage sollte sie abwarten, ob sich Freiwillige meldeten, dann zur zwangsweisen Einstellung übergehen. Die Bestimmungen wurden zur Milderung und Aufspaltung der Opposition des Volkes durch zahlreiche gesetzliche Befreiungen und die Zulassung der Stellvertretung durchlöchert. Auch wurden weiterhin Söldner geworben, die ein hohes Handgeld erhielten.

Das Aufgebot, das auf Grund des Dekrets unter Waffen trat, waren die berüchtigten „Sansculotten", ein Schrecken für Freund und Feind, aber ohne militärischen Wert. Im Sommer 1793 befand sich die bewaffnete Macht der französischen Republik auf ihrer tiefsten Stufe. Der allgemeine Widerstand gegen jede Form der Wehrpflicht ließ auch die Durchführung des so gemilderten Gesetzes auf bedeutende Schwierigkeiten stoßen. Eine schwerwiegende Folge war, daß diese wehrpolitischen Maßnahmen den seit langem drohenden gegenrevolutionären Aufstand der royalistischen Vendée veranlaßten. Nachdem aber der Konvent diesen Weg einmal eingeschlagen hatte, ließ er sich nicht mehr davon abhalten, auf ihm weiterzuschreiten. Zunächst handelte er verfassungsrechtlich.

Die zweite Verfassung des revolutionären Frankreich vom 24. Juni 1793, die allerdings niemals Wirksamkeit erlangte, setzte in den Artikeln 107 und 109 fest, daß alle Franzosen Soldaten seien. Damit kam zum erstenmal das politisch-militärische Prinzip demokratischer Staatsauffassung zum Ausdruck, das in dieser neuen Phase der Revolution zur Herrschaft gelangte. Bürgerliche und militärische Nation wurden als identisch angesehen. Dem Bürger sollten bürgerliche und militärische Pflichten obliegen: Allgemeines Wahlrecht und allgemeine und gleiche Wehrpflicht waren korrespondierende Mittel, um Freiheit und Vaterland mit allen Kräften zu verteidigen. Das alles bedeutete nichts anderes als die Durchsetzung der absoluten Geltung der volonté générale im Bereich des Militärwesens, zunächst jedoch nur in der Theorie als Verfassungsbestandteil. Zugleich waren die Verfassungsartikel ein Ausdruck der Revolutionsphase, in welcher der Radikalismus den Verlauf des weiteren Geschehens bestimmte, auch des militärischen. In konsequenter Weiterbildung der Revolution deckten sich Staats- und Militärverfassung. Mit anderen Worten: die Militärverfassung hatte die Form erhalten, in der sie das Staats- und Gesellschaftsbild der jakobinischen Epoche vollkommen zum Ausdruck brachte. Die Armee war nicht mehr ausschließlich Instrument der Exekutive, das Heer stellte einen Teil des Staates dar. Die Umsetzung des Ideengutes von 1793 in die Tat brachte das Gesetz vom 23. August 1793 über die allgemeine Volksbewaffnung, die „levée en masse".

Der Anstoß zu dem Dekret vom 23. August kam nicht aus dem Konvent und auch nicht vom Wohlfahrtsausschuß, sondern von den Jakobinern, die zur Proklamation der Verfassung von 1793 aus den Provinzen nach Paris gekommen waren. Hinter ihnen standen Kreise, die mit einer „levée en masse" ideologische und vor allem innenpolitische Ziele verfolgten. So wollten sie beispielsweise damit politisch unerwünschte oder als gefährlich für die eigene Macht angesehene Elemente an die Front abschieben. An großen Worten und schwungvollen Resolutionen fehlte es nicht. Als die Teilnehmer eines Festes vom 10. August aufgefordert wurden, das Vaterland zu retten, richteten sie an den Konvent eine Petition, in der es hieß: „Der Augenblick ist gekommen, der Welt ein großes Beispiel zu geben ... möge das Volk sich in Massen erheben ... seid schrecklich, aber rettet die Republik!" Das Ergebnis der Beratungen von Delegierten mit den Ausschüssen der Pariser Sektionen war eine erneute Adresse an den Konvent, die noch deutlicher die Vorstellungen von einer solchen allgemeinen Volksbewaffnung verriet: „Gesetzgeber", so hieß es da, „zeigt Euch der großen Geschicke Frankreichs würdig. Halbe Maßnahmen sind in schweren Krisen immer verderblich. Wenn Ihr tausend Soldaten verlangt, werdet Ihr sie vielleicht nicht zusammenbringen, wenn Ihr eine Million Republikaner anfordert, werdet Ihr sie haben ... Verordnet, daß man die Sturmglocke der Freiheit zu einer bestimmten Stunde in ganz Frankreich läute!"

Die Antwort des Wohlfahrtsausschusses, der erkannte, daß es sich in dieser Weise nicht durchführen ließ, ein ganzes Volk zu bewaffnen, war in dem berühmten Gesetz vom 23. August formuliert.

Dieses Gesetz erfaßte alle Franzosen und kam damit den jakobinischen Forderungen nach. Es bestimmte aber nicht alle zum Einsatz mit der Waffe, sondern gelangte zu einer zweckmäßiger erscheinenden Aufgabenverteilung. Nur die jungen Männer hatten in den Kampf zu ziehen. Die Verheirateten sollten Waffen schmieden und für den Nachschub mit Lebensmitteln sorgen, die Frauen Zelte und Uniformen herstellen und in den Lazaretten arbeiten, die Kinder aus altem Leinen Verbandszeug zupfen, und die Greise schließlich sollten sich auf die öffentlichen Plätze tragen lassen, um so den Mut der Krieger anzustacheln, den Haß gegen die Könige und für die Einheit der Republik zu predigen. Wichtiger als solche Proklamationen, die sich niemals in die Wirklichkeit umsetzen ließen, wurden manche Einzelbestimmungen, so der Artikel 7, der die Stellvertretung ausdrücklich verbot, und der Artikel 8, der das Aufgebot für allgemein erklärte und festsetzte, daß die unverheirateten Bürger und die kinderlosen Witwer zwischen 18 und 25 Jahren als erste an die Front gehen sollten. Es war das Verdienst von Carnot, alle realen Möglichkeiten, die sich aus dem Gesetz ergaben, in die Tat umgesetzt zu haben.

Lazare Nicolas Marguérite Carnot, der am 13. Mai 1753 zu Nolay als Sohn eines bürgerlichen Juristen geboren wurde, trat 1771 in das königliche Heer ein. Als die Revolution begann, war er Hauptmann im Geniekorps. Im Jahre 1791 wurde der überzeugte Republikaner in die Gesetzgebende Versammlung gewählt. Dem Konvent gehörte er ebenfalls an. Als Mitglied des Militärausschusses lernte er bei Inspektions- und Organisationsreisen das Heerwesen des revolutionären Frankreichs und seine Problematik kennen.

Carnot war bereits 1788 mit einer Denkschrift hervorgetreten, in der er sich für eine weitgehende Reform der französischen Militärverfassung einsetzte. Er forderte eine Nationalarmee mit einer Gesamtstärke von 300 000 Mann, von denen im Frieden jeweils nur 100 000 Soldaten aktiv dienen, dieses Drittel jedoch ständig durch neue Mannschaften ergänzt werden sollte. Bei den Beratungen zum Dekret vom 24. Februar 1793 ging er einen entscheidenden Schritt weiter: „Tous les citoyens âgées de vingt à vingt-cinq ans sont tenus de partir pour les frontières", lautete sein Vorschlag, den er in einer Denkschrift vom 10. März 1793 mit dem Grundsatz untermauerte: Tout citoyen est né soldat.

Am 14. August 1793 trat Carnot in den Wohlfahrtsausschuß ein; zwei Tage später übernahm er dessen militärische Sektion und damit die Leitung der militärischen Aufgaben. Dafür brachte der vierzigjährige Hauptmann dank seiner bisherigen Tätigkeit die notwendigen Voraussetzungen mit. Bis zum März 1795 war er der eigentliche Leiter der gesamten Heeresangelegenheiten der Republik. Er übernahm sie erneut, als er im Herbst 1795 in das Direktorium gewählt wurde. Infolge des Staatsstreiches vom 17. Fructidor (4. September 1797) wurde Carnot gestürzt. Damit fand die militärische und politische Rolle, die er seit dem Ausbruch der Revolution gespielt hatte, ein jähes Ende. Unter Napoleon gehörte er zeitweise politischen Körperschaften an, stand aber als überzeugter Republikaner dem System ablehnend gegenüber. Erst 1814, in der Stunde der Not, bot er erneut seine Dienste an und verteidigte ruhmreich Antwerpen. Während der Herrschaft der hundert Tage übernahm Carnot das Innenministerium. Nach 1815 wurde er als Königsmörder verfolgt und floh ins Ausland. Er starb als „politischer Flüchtling" am 2. August 1823 in Magdeburg.

Carnot – eine der aufrechten und integren Persönlichkeiten der Revolutionszeit – legte durch seine zielsichere Tatkraft und Beharrlichkeit mit außerordentlicher Arbeitsintensität die Grundlagen für den Sieg der französischen Heere. Er verkörperte als „organisateur de la victoire" den auf seinen Gipfelpunkt gelangten republikanischen Patriotismus des Jahres 1793. Eine solche Beurteilung wird auch nicht durch die Erkenntnis abgewertet, daß Carnot mehr Verwaltungsfachmann als Staatsmann war und daß das Werk, das Mit- und Nachwelt mit seinem Namen zu verbinden pflegen, stark kollektive Züge trägt. Gerade das machte einen bedeutenden Teil seiner Größe, daß er es verstand, die besten Mitarbeiter zu finden. Geschickt wertete er ihre Fähigkeiten aus, und ebenso gelang es ihm, alle Zweige des militärischen und kriegswirtschaftlichen Bereiches auf die Gesamtaufgabe abzustimmen.

Carnots historische Bedeutung liegt darin, daß er – sozusagen „im leeren Raum experimentierend" – die Aufgabe meisterte, das französische Heer aus dem anarchischen Zustande der Jahre 1792/93 herauszureißen. Aus den Resten des stehenden Heeres des Ancien Régime und aus den vielen revolutionären Einzelmaßnahmen auf dem Sektor der Landesverteidigung schuf er ein republikanisch ausgerichtetes Nationalheer. Indem er dem in seiner Gesamtkonzeption undurchführbaren Gesetz über die „levée en masse" die Möglichkeiten abgewann, die sich in die Wirklichkeit umsetzen ließen, gab er dem Nationalheer mit der allgemeinen und gleichen Wehrpflicht trotz deren zeitlicher Befristung gegen den Widerstand des größeren Teiles des Volkes seine Grundlage. Gewiß war er nicht der einzige, der aus dem Soldaten einen Bürger machen wollte und sich dabei auf Rousseau berief, daß „jeder Bürger Soldat aus Pflicht, keiner aus Beruf" sein dürfe. Lange vor der Verkündung der „levée en masse" hatte er die allgemeine und gleiche Wehrpflicht gefordert und jede Form der Stellvertretung abgelehnt. Er verhielt sich jedoch zunächst sehr skeptisch gegen die Form einer allgemeinen Volksbewaffnung, wie sie im August 1793 zur Debatte stand. Seinen Vorstellungen ist wahrscheinlich auch der einschränkende Passus des Gesetzes entsprungen, daß „die unverheirateten Bürger oder Witwer ohne Kinder zwischen 18 und 25 Jahren als erste marschieren". Carnot scheint auch nicht an ein stehendes Heer der Friedenszeit aus Wehrpflichtigen und Berufsoffizieren gedacht zu haben, was für die spätere Entwicklung der Institution der Allgemeinen Wehrpflicht bedeutungsvoll wurde. Aber er hat es verstanden, mit den Möglichkeiten des Gesetzes die Allgemeine Wehrpflicht als das zeitlich befristete Aushilfsmittel zu organisieren, mit dem die Freiheit Frankreichs und die Erfolge der Revolution gegen die Koalition der absolutistischen Mächte siegreich verteidigt wurden. Die Wehrpflichtigen verstärkten die Feldarmeen nicht nur für einen Augenblick, sondern gaben ihren Führern auch die Gewißheit, daß es der bewaffneten Macht nicht mehr an Ersatz fehlen werde. Das war eine der Grundlagen, die den aufsteigenden Generalen des revolutionären Frankreichs Sicherheit für ihre Aktivität und ihre kühne Entschlossenheit gab. Es kam hinzu, daß sich der Wert der Armee unter dem Einfluß der Reformen Carnots hob. Außerdem strömten ihr Männer zu, die nicht mehr, wie die Sansculotten, nur Abenteurersinn oder Beutelust unter die Fahnen führte, sondern die Erkenntnis, daß die Errungenschaften der Revolution verteidigt werden mußten. Die militärische Tüchtigkeit wuchs schnell an.

Das Gesetz über die „levée en masse“ erhielt mit der Grundsatzerklärung, daß „von diesem Zeitpunkt an bis zu dem, an dem die Feinde vom Boden der Republik vertrieben sein werden, alle Franzosen zum Heeresdienst aufgeboten sind“, von vornherein einen einschränkenden, gewissermaßen provisorischen Charakter. Seine Begrenzung auf die Dauer des Krieges und die Bestimmung, daß es seinem Wortlaut nach nur für die Aufgaben der Verteidigung gedacht war, sind für die Einordnung der „levée en masse“ in das Phänomen der Allgemeinen Wehrpflicht von entscheidender Bedeutung. Auch im August 1793 wurde die Allgemeine Wehrpflicht trotz ideologischer Untermauerung von den Zeitgenossen nicht als integrierender Bestandteil der spezifisch revolutionären Gesetzgebung angesehen. Falsch wäre es auch, in dem Gesetz über die „levée en masse“ oder in den Verfassungsartikeln von 1793 ein bewußtes Anknüpfen an die Kriegsdienstpflicht aller Wehrfähigen sehen zu wollen, wie sie in einer fernen, von dem aufgeklärten Jahrhundert als finster verworfenen Vergangenheit bestanden hatte. Die Allgemeine Wehrpflicht war 1793 eine notbedingte Zwangsmaßnahme, getragen vom Willen zur Verteidigung des Landes und der Errungenschaften der Revolution. Ihre provisorische Geltung wurde durch die Gesetze von 1794 und 1795 unterstrichen. Im Jahre 1794 ließ der Wohlfahrtsausschuß, weil es die Ersatzlage erlaubte, die Stellvertretung wieder zu, hob sie aber 1795 erneut auf, als die Kriegsverluste große Massen neuer Soldaten forderten. Außerdem bestätigte die Direktorialverfassung vom 22. August 1795, daß alle diese Gesetze Gebote der Not seien. Sie setzte im Artikel 286 fest, daß sich das Heer durch Freiwillige ergänze, im Falle der Not aber auch zu einem anderen Ergänzungsmodus geschritten werden könne. Diese Situation war 1798 gegeben, als sich die zweite Koalition gegen Frankreich bildete.

Die Konskription

Das Wehrgesetz vom 19. Fructidor VI (5. September 1798) brachte Frankreich die Konskription. Es war das erste Gesetz der Neuzeit, das die Allgemeine Wehrpflicht ohne Stellvertretung institutionell für ein stehendes Heer einführte. Für die Militärgesetzgebung gewann es dennoch keinen vorbildhaften Charakter, weil es nur sehr kurze Zeit galt. Obgleich dieses Gesetz 1798 für Frankreich gewissermaßen lebensnotwendig war, hatte es die gesetzgebende Körperschaft aus Furcht vor der öffentlichen Meinung lange hinausgezögert. Daß es nur die Not war, die zu ihm führte, und daß sich der Gesetzgeber ungern dazu entschloß, ging schon aus der Präambel hervor, in der das Gesetz durch Hinweise auf Artikel 9 der Erklärung über die Bürgerpflichten und auf Artikel 286 der Direktorialverfassung gewissermaßen gerechtfertigt wurde. Das Bürgertum stimmte dem Gesetz keinesfalls freudig zu.

Das Gesetz vom 19. Fructidor VI erklärte jeden Franzosen vom 20. bis zum 25. Lebensjahr für wehrpflichtig. Nur Verheiratete und gesundheitlich Untaugliche waren von der Dienstpflicht ausgeschlossen. Die „défenseurs conscrits" waren in fünf Altersklassen eingeteilt. Die Einberufung sollte mit der Klasse der Jüngsten beginnen, doch durften bei Bedarf alle fünf vollständig eingezogen werden. Ob einzelne Klassen nicht einberufen oder aus dem Wehrdienst vorzeitig entlassen wurden, hing vom Ermessen des Direktoriums ab, so daß der Wehrpflichtige während der fünfjährigen Dienstpflichtzeit nicht sicher war, ob er eingezogen würde. Außerdem gab es die Möglichkeit, freiwillig in die Armee einzutreten oder nach der Wehrpflichtzeit weiterzudienen.

Die Aushebung der dienstpflichtigen Mannschaft wurde im Gesetz als „conscription militaire" bezeichnet. Diesen Terminus, der durch die Wehrgesetzgebung der Französischen Revolution weltbekannt wurde, definierte der „Dictionnaire de l'academie française, édition de l'an VI (VII) de la République" als „Inscription par classes, de citoyens français, pour le service militaire". Er wurde aber nicht nur sehr schnell zur Bezeichnung der Form von Allgemeiner Wehrpflicht, die das Gesetz vom 19. Fructidor VI brachte, sondern zu einem Synonym für die Allgemeine Wehrpflicht überhaupt. Als „Konskription" fand der Terminus später auch in der Wehrgesetzgebung deutscher Staaten Verwendung.

Das Wehrgesetz vom 19. Fructidor VI wurde von dem Konsul Napoleon Bonaparte durch das Gesetz vom 17. Ventôse VIII (8. März 1800) abgelöst. Dieses Gesetz, das ursprünglich nur den einjährigen Ersatzbedarf des Heeres des Konsuls für das Jahr 1800 regeln sollte, wurde mit seinen sehr detaillierten Ausführungsbestimmungen und den formellen jährlichen Ergänzungsbewilligungen des Senats zur Grundlage der Militärverfassung und Heeresaufbringung während der gesamten napoleonischen Zeit. Es bildete den Abschluß in der Reihe sich ablösender Wehrgesetze seit Ausbruch der Revolution.

Jeder männliche Franzose, der das 20. Lebensjahr vollendet hatte, war prinzipiell militärpflichtig. Die Entscheidung darüber, ob er tatsächlich dienen mußte, hing von der Höhe des Kontingents ab, das der Jahrgang zu stellen hatte. Die zukünftigen Rekruten unter den Dienstpflichtigen wurden durch das Los gewählt. Das Gesetz erlaubte jedoch die Stellvertretung. Wenn der Unterpräfekt, in dessen Amtsbereich der Wehrpflichtige lebte, bescheinigte, daß es für den Staat nutzbringender sei, wenn der Dienstpflichtige seine zivilen Arbeiten oder Studien fortführe, wurde ihm erlaubt, einen Vertreter zu stellen. Diese Möglichkeit kam im wesentlichen nur dem Großbürgertum zugute, weil es über die bedeutenden Geldmittel verfügte, die ein Stellvertreter kostete. Das Gesetz gestattete und prämiierte außerdem den freiwilligen Eintritt und gewährte Weiterdienenden höheren Sold.

Die napoleonische Wehrgesetzgebung behielt das Konskriptionssystem bei, ließ aber im Gegensatz zur „levée en masse" oder zum Wehrgesetz vom 19. Fructidor VI die individuelle Exemtion, die Stellvertretung, zu. Damit wurde die Idee der allgemeinen und gleichen Wehrpflicht wiederum zu einer Fiktion. Auch Bonaparte konnte es nicht wagen, den Gedanken der Allgemeinen Wehrpflicht mit allen Konsequenzen durchzusetzen, sondern mußte besonders den Wünschen der besitzenden Klassen Frankreichs entgegenkommen. Gerade das wohlhabende Bürgertum, das sich anfangs das Recht vorbehalten hatte, in der Nationalgarde zu dienen, erhielt jetzt das Vorrecht, sich vom Heeresdienst befreien zu lassen. Hier zeigte sich ein Phänomen, das für die Herrschaftsweise Napoleons symptomatisch war. Staat- und Militärverfassung stimmten zwar im rechtlich fixierten Bereich theoretisch überein, in der Praxis aber wich das Leben von den normativen Bestimmungen der Verfassung ab.

Napoleons Siege und seine zielbewußte Politik ließen die Konskription für zahlreiche Staaten zum Vorbild ihrer Wehrordnung werden. Der Kaiser scheute auch nicht davor zurück, bei den Staaten auf Übernahme dieser Form von Wehrpflicht zu drängen, die mit ihm – wie die Rheinbundfürsten – durch Beistands- und Militärpakte verbunden waren, in Einzelfällen sie ihnen sogar aufzuzwingen, wie im Königreich Westfalen oder im Großherzogtum Berg.

Im Frankreich Napoleons belastete die Konskription die Bevölkerung in steigendem Maße und wurde dann als besonders drückend empfunden, als sie die politischen Voraussetzungen verlor, die während der Revolutionsjahre zur „levée en masse“ und zu dem später aus ihr hervorgegangenen Konskriptionssystem geführt hatten. In allen Stadien der Revolution bis einschließlich der Direktorialverfassung war trotz des teilweise schroffen Unterschiedes zwischen dem Ideengut von 1789 und dem von 1793 die Wehrgesetzgebung stets ein Gegenzug gegen die Bedrohung der Revolution von außen gewesen, ohne daß sich die grundsätzliche Einstellung zur Wehrordnung, wie sie noch 1789 die Nationalversammlung verkündet hatte, wesentlich wandelte. Die damals vertretene Auffassung – Werbung als Grundlage der Heeresaufbringung – entsprach nämlich den Vorstellungen des überwiegenden Teiles der Nation, und so kehrte das revolutionäre Frankreich nach zeitlich begrenzten Notlösungen immer wieder zu dieser Haltung in der Wehrfrage zurück. Die „levée en masse“, als Aufgebot ganzer Kategorien Dienstpflichtiger, war eine solche Aushilfsmaßnahme. Sie wurde keinesfalls jubelnd begrüßt, aber sie wurde von dem Teil des Volkes für politisch notwendig befunden, der sich der Revolution auch innerlich angeschlossen hatte.

Auch im zweiten Koalitionskrieg wurde von den europäischen Mächten noch die Revolution bekämpft. Napoleon verteidigte sie diesmal mit den Mitteln der Gesetze vom 19. Fructidor VI und 17. Ventôse VIII, darunter besonders der Konskription. Er fand dabei ebenfalls die Zustimmung des Volkes. Mit den Vertragswerken von Lunéville (1801) und Amiens (1802) erreichte Napoleon anscheinend das Ende der Kriegszeit. Das half ihm, die Revolution zu überwinden, deren grundsätzliche Errungenschaften endgültig gesichert schienen. Als wieder Kriege ausbrachen, schwand beim Volke das Gefühl, Napoleon kämpfe für die Angelegenheiten der Nation. Besonders seine Feldzüge seit dem Ausbruch des spanischen Unabhängigkeitskrieges (1808), die jedes Jahr höhere Kontingente an Konskribierten forderten – von 1806 bis 1812 wurden etwa 1 300 000 Soldaten eingezogen, etwa 41 % der Wehrpflichtigen –, entsprachen nicht mehr den politischen Vorstellungen der Franzosen. Von ihrem Gesichtspunkt aus verlor die Konskription ihre Grundlage, sie war nicht mehr ein notwendiges Übel, sondern eine verhaßte Last. Von Jahr zu Jahr stieg die Zahl der Dienstverweigerungen und Desertionen, nach Auffassung von Daniels eine der Ursachen für den

Verlust der Feldzüge von 1812 und 1813. Es war nur eine natürliche Folge der Wehrpolitik Napoleons, daß es nach seinem Sturz alle Bevölkerungsschichten Frankreichs freudig begrüßten, als die Konskription von König Ludwig XVIII. (1814–1824) in der Charte constitutionelle von 1814 aufgehoben wurde.

Etwa in der gleichen Zeit wurde das preußische Wehrgesetz vom 3. September 1814 mit der dauernden Einrichtung der allgemeinen gleichen Wehrpflicht erlassen. Wenn die Idee der Allgemeinen Wehrpflicht in Preußen geistige Anregungen aus Frankreich empfangen hatte, dann entstammten diese nicht der napoleonischen Wehrgesetzgebung oder dem seiner Form nach so klar gefaßten und vorbildlich wirkenden Gesetz vom 19. Fructidor VI (1798), sondern dem Gesetz vom 23. August 1793 über die „levée en masse". Dieses Gesetz, mit dem erstmals in Europa während der Geschichte der Neuzeit eine Nation ohne Einschränkungen in den Dienst der Landesverteidigung trat, einer der „Marksteine der modernen Geschichte", beeindruckte die Zeitgenossen tief mit seiner Wehrpflicht ohne Stellvertretung, obgleich ihm der Charakter einer vorübergehenden Maßregel sichtbar anhaftete.

c. Bürgertum und Nationalheer

Die Französische Revolution zwang spätestens mit dem Ausbruch der Koalitionskriege, also seit 1792, das revolutionäre Bürgertum dazu, seine negative Haltung zum Militärwesen, insbesondere auch zur persönlichen Anteilnahme an der Landesverteidigung, zu überprüfen. Die politischen Ereignisse hatten ihm seit 1789 bedeutende Vorteile eingetragen. Der Krieg konnte für den Bürger nicht mehr nur eine Angelegenheit der Regierung sein, da in ihm auch seine persönlichen Anliegen entschieden wurden. Er durfte sich nicht dem Zwang entziehen, seine in der Revolution errungenen Güter gegen die europäischen Mächte zu verteidigen, die zugunsten einer Restauration der Bourbonen und der weggefegten ehemals herrschenden Schicht intervenierten, und die ihn, den Bürger, als den maßgeblichen Träger der Revolution wieder und mit Gewalt der Herrschaft eines Königtums absolutistischer Prägung unterwerfen wollten. Dennoch handelte das Bürgertum sehr zögernd, weil es zunächst nicht anerkennen wollte, daß es in dem neuen Nationalstaat die Pflicht jedes Franzosen sei, Vaterland und Revolution zu verteidigen.

Zwei Gründe waren es, die vor allem das Bürgertum in seiner ablehnenden Haltung zu jeder Form einer Wehrordnung bestärkten, die alle Franzosen zur Landesverteidigung herangezogen hätte: Erstens fiel es dem Dritten Stand schwer, sich von seiner ablehnenden Haltung zum Militär zu lösen. Nachdem der Bürger die politische Macht im Staate errungen hatte, wollte er seine Rechte und Vorteile genießen, aber nicht Pflichten übernehmen, die ihn nicht einmal unter der Herrschaft der gestürzten absolutistischen Regierung bedrückt hatten und die ihn jetzt beim Genuß seiner politischen Stellung störten. Das Bürgertum glaubte, auch ohne ein stehendes Heer die Macht ausüben zu können. Es stützte sich auf seine Nationalgarde. Wenn eine Armee unumgänglich war, sollte sie als Söldnerheer aus Steuermitteln unterhalten werden.

Zweitens lehnte der Dritte Stand die Pflicht jedes Bürgers zum Waffendienst in der Linienarmee ab, weil er den politisch weiterhin minderberechtigten Volksschichten kein Mitspracherecht an „seiner" Revolution einräumen wollte. Wurden den vom absolutistischen Zwang befreiten Massen Pflichten aufgebürdet, so mußten ihnen auch neue Rechte gewährt werden, wenn eine weitere Revolution, diesmal gegen das herrschende Bürgertum, vermieden werden sollte. Der Bürger fürchtete nämlich das Volk, das seine furchterregende Kraft beim Sturm auf die Bastille (14. 7. 1789) und beim Sturz des Königtums, besonders im Kampf um die Tuilerien (10. 8. 1792), bewiesen hatte. Eine allgemeine und gleiche Wehrpflicht lieferte das stehende Heer diesem Volk aus, weil es die Mehrheit der Dienstpflichtigen stellte, und außerdem ermöglichte sie jedem Franzosen, gemäß den revolutionären Grundsätzen, bis zu den höchsten Stellen aufzusteigen.

Es gelang dem Dritten Stand nicht, zu verhindern, daß der Masse des Volkes weitere Rechte eingeräumt wurden. Aber es waren erst die schwere Bedrohung der Revolution und die nationale Gefahr, die allen Schichten der Bevölkerung das Recht eintrugen, als wahlberechtigte und vollgültige Bürger zu handeln. Frankreich wandelte sich in der zweiten Phase der Revolution zu einer Demokratie, in der dem Recht auf politische Mitbestimmung die Pflicht jedes einzelnen entsprechen mußte, das Vaterland zu verteidigen. Diese Einsicht wurde jedoch keinesfalls allgemein vertreten. Bei der Mehrheit aller Franzosen mußte sie unter dem Druck äußerer Gefahren gewaltsam erzwungen werden. Nicht einmal der Konvent stimmte vorbehaltlos der allgemeinen und gleichen Wehrpflicht als Dauereinrichtung zu. Zu stark war der Widerwille gegen das Militär, zu groß blieben Mißtrauen und Furcht vor der bewaffneten Macht und insbesondere vor ihren Führern. So bildete sich das Volksheer, das nach Carnots Ansicht zum Ausdruck der befreiten Nation im militärischen Bereich werden sollte, nur sehr langsam heran.

Das Volksheer als der bewaffnete Teil der französischen Nation erwuchs aus den Söldnertruppen des absolutistischen Staates der Bourbonen, deren Verbände seinen Grundstock bildeten. Als die Linienarmee ihren Ersatz nicht mehr anzuwerben brauchte, sondern mit den Gesetzen von 1793, insbesondere durch die „levée en masse", mit geschlossenen Jahrgängen wehrfähiger Franzosen aufgefüllt und dann mit den Freiwilligenbataillonen verschmolzen wurde und als sich die neuen Verbände im Kampf bewährten, war das nationale Volksheer geschaffen. Diese Nationalarmee bedurfte eines neuen, vom Geist der Revolution geprägten Offizierkorps schon deshalb, weil in der königlichen Armee Offiziere und Mannschaften in streng voneinander getrennten Bereichen gelebt hatten und die Mannschaften und Unteroffiziere vielfach dem Offizierkorps feindlich gesinnt gewesen waren. Stärker als in allen anderen staatlichen Lebensbereichen herrschte im Heer der Bourbonen schroffer Gegensatz zwischen Adel und Volk vor. Das neue Offizierkorps entstand zusammen mit der Nationalarmee.

d. Das Offizierkorps

Das Offizierkorps des königlich französischen Heeres wurde bis 1789 fast ausschließlich vom Adel gestellt. Bürgerliche bildeten darin eine seltene Ausnahme. Der Hofadel beanspruchte für sich die höheren und alle höchsten Kommandoposten und hielt den von ihm verachteten verarmten Provinzadel nieder, dessen Angehörige sich langsam über die Subalternoffizierstellen zum Rang eines Kapitäns als Inhaber einer Kompanie hochdienen mußten. Das Verhältnis zwischen beiden Adelsschichten war gespannt, doch fanden sie sich in der Opposition gegen das absolutistische Königtum.

Als die Revolution begann, standen besonders die Offiziere, die dem Provinzadel entstammten, in den Reihen der Stände, die sich zunächst im gemeinsamen Gegensatz zum Monarchen fanden. Mit ihren Standesgenossen forderten sie, die Gewalt der Krone zugunsten der Stände, speziell des Provinzadels, zu beschränken. Sie setzten sich sogar an die Spitze des Widerstandes, als sie forderten, die Offizierstellen sollten nach den Vorschlägen der Provinzialstände besetzt werden und das Heer den Eid nicht mehr nur dem König schwören, sondern auch der Nation, und das hieß: den Ständen. Aktuelle politische Bedeutung gewann ihr Verlangen, daß die Armee nur dann innenpolitisch eingreifen dürfe, wenn die Stände es anordneten. Solche Form der Opposition entzog natürlich der Regierung die Hilfe der bewaffneten Macht. Sie wurde praktisch nicht mehr wirksam, ihr Vorhandensein machte es aber möglich, daß im Endstadium der absolutistischen Monarchie das Offizierkorps zu einer Gewalt im Staate zu werden drohte, die ohne Befehl des obersten Kriegsherrn handelte oder die gar der Staatsführung ihren Willen aufzuzwingen versuchte.

Als dann jedoch die Offiziere begriffen, daß ihre ständischen Frondebestrebungen von einer revolutionären Richtung überspielt wurden, die sich auch gegen den Adel richtete, war es bereits zu spät. Versuche, sich an der Seite des Königs der unerwünschten Entwicklung entgegenzustemmen, schlugen fehl, weil die Truppen nicht mehr folgten und teilweise bereits gegen ihre Offiziere Stellung bezogen. Da andererseits die neuen Ideen und Zustände, besonders die Abschaffung des Adels, den politischen Vorstellungen der Masse der königlichen Offiziere in steigendem Maße widersprachen und sie außerdem von den kurz nach Ausbruch der Revolution ins Ausland emigrierten Brüdern des Königs aufgefordert wurden, sich ihnen anzuschließen und damit der Revolution ihre Dienste zu entziehen, verließen sie die Armee und gingen größtenteils ebenfalls ins Ausland. Nach Schätzungen waren das bis 1792/93 zwei Drittel des Bestandes von 1788.

Die kleine Anzahl Offiziere, die sich der Revolution anschloß, bestand aus Männern, die unter dem Vorrecht des Hofadels gelitten hatten, oder die infolge ihrer aufgeklärten Bildung die neuen Ideen und Möglichkeiten begrüßten. Es gab daneben aber auch die reinen Militärs und Fachleute, die nur ihren Aufgaben lebten und die revolutionären Vorgänge kaum begriffen. Als Spezialisten dienten sie jedem Herrn, der ihre fachlichen Qualitäten anerkannte und der ihnen die Möglichkeit gewährte, tätig zu sein.

Aber nicht nur der Mangel an Offizieren infolge der Emigration, sondern vor allem auch das wachbleibende Mißtrauen der Revolutionäre gegenüber den königlichen Offizieren zwangen dazu, die Offizierstellen nach neuen Grundsätzen zu vergeben, das heißt ein neues Offizierkorps aufzubauen. Die Offizierlaufbahn wurde jedem geöffnet, der sich als fähig erwies, Soldaten zu führen. Aus dem Offizierkorps sollte ein revolutionäres militärisches Führerkorps werden. In der Praxis wurde die Frage des Offiziersersatzes und -nachwuchses großzügig gelöst. Natürlich war es besonders wichtig, daß der Bewerber zur Revolution positiv eingestellt war. Diese Bedingungen erfüllten besonders die Unteroffiziere des überlieferten stehenden Heeres. In die unteren Offizierstellen rückten so viele Angehörige des Unteroffizier- und Mannschaftsstandes der alten Armee ein, daß sich 1793 zwei Drittel des Offizierkorps der Linientruppen aus früheren Angehörigen dieser Schichten zusammensetzten. Vielfach waren es Männer, die ihren Aufstieg mehr ihrem Draufgängertum als militärischem Können verdankten. Daneben aber gab es in der jüngeren Generation auch eine Schicht höherer Offiziere, die gebildet und militärisch hervorragend begabt waren. Das waren Männer, die zum großen Teil aus dem Bürgertum stammten und die vor 1789 niemals in den Militärdienst eingetreten wären.

Diese jungen gebildeten Bürgerlichen wurden seit 1792 Soldat, weil sie es als eine patriotische Pflicht ansahen, die Errungenschaften von 1789 zu verteidigen. Viele unter ihnen rückten sehr bald in Offizierstellen ein und überflügelten den Teil ihrer Kameraden, der aus der Schicht der Unteroffiziere hervorgegangen war. Sie brachten für ihre Aufgaben alle notwendigen Eigenschaften mit und lernten, die neuen Methoden praktisch anzuwenden. Vor allem waren sie auch bereit, Wagnisse einzugehen und Verantwortung zu tragen. Während den früheren Unteroffizieren im wesentlichen die Aufgabe zufiel, die Truppen auszubilden, nahmen die begabteren unter den Freiwilligen bald die Stabsoffizierstellen ein und ihre tüchtigsten und tapfersten Vertreter stiegen in die Generalität auf. Deutlich wirkte sich diese Entwicklung in der Blütezeit des napoleonischen Heeres aus. Neben älteren Bataillonskommandeuren, Hauptleuten und zahlreichen alten Leutnants, die in ihrer Masse alle aus dem Unteroffizier- und Mannschaftsstand der königlichen Armee hervorgegangen waren, standen junge höhere Führer. Im Lager von Boulogne (1804/05) waren die Obersten durchschnittlich 39 Jahre alt. In der Generalität zählte zu dieser Zeit der Jüngste 29 und der Älteste 58 Jahre. Unter den Marschällen reichte die Altersspanne von 34 bis zu 51 Jahren.

Napoleon verdankte also der Revolution ein Offizierkorps, das sich nicht mehr aus einer ständischen, begrenzten Schicht ergänzte, sondern aus der Masse aller Wehrpflichtigen. Es hatte eine breite, theoretisch ganz Frankreich umfassende und nationale Grundlage für seine Angehörigen gewonnen und kam der Idealforderung – ältere, erfahrene Hauptleute und junge, begabte und einsatzfreudige höhere Führer – nahe. An diesem Offizierkorps veränderte Napoleon strukturell wenig. Der revolutionäre General fesselte die revolutionären militärischen Führer an sich und verstand es, diese Bindung auf das Kaiserreich übergehen zu lassen, indem er die bisher weitgehend ungebundene Führerschaft wieder zu einem Offizierkorps wandelte. Das wesentliche Mittel dazu waren die Ernennung und die Beförderung.

In den ersten Jahren der Revolution war auch versucht worden, die Beförderung der Offiziere mittels neuer, politischer Grundsätze zu demokratisieren. Dazu gehörte, daß zeitweise zwei Drittel der Offizierstellen bis zum Brigadekommandeur aufwärts durch Wahl, das letzte Drittel nach Anciennität im Gesamtdienstalter besetzt wurden. Völlig ungeordnet waren Stellenbesetzungen und Beförderung in den Freiwilligenbataillonen gehandhabt worden, deren Angehörige ihre Unteroffiziere und Offiziere aus ihrer Mitte wählten. Das brachte teilweise ganz ungeeignete Männer in die Offizierstellen und führte außerdem dazu, daß es zu viele Offiziere gab. Carnot entsetzte nach seinen Angaben 23 000 Männer ihrer Offizierwürden. Dennoch hatten sich die revolutionären Regierungen nicht entschließen können, solche Auswüchse völlig abzuschaffen. Erst die Verfassung des Jahres VIII (1800) legte Ernennung und Beförderung sämtlicher Offiziere in die Hand der Exekutive zurück. Damit war für das Offizierkorps die Zeit der Experimente beendet.

Das napoleonische Offizierkorps vermochte jedoch niemals, seinen revolutionären Ursprung völlig zu verleugnen. In ihrer Masse waren die Offiziere noch ungebildeter als vor 1789. Diejenigen, die aus dem Unteroffizierstand hervorgegangen waren, verhehlten nur wenig ihre Herkunft aus den niederen Volksschichten. Das aber war ein Moment, das den Offizier, und mit ihm das Heer, in den Augen der breiten Volksmassen volkstümlich werden ließ. Nachteile, die aus der unzureichenden Bildung und Ausbildung der Offiziere erwachsen konnten, wurden insofern ausgeglichen, als die Revolution dem Talent den Weg zum Aufstieg freigemacht hatte und Napoleon daran nichts änderte. Jeder Soldat trug „den Marschallstab im Tornister".

Das königliche Heer hatte im Brennpunkt der revolutionären Angriffe gegen den absolutistischen Staat gestanden. Dieses Interesse galt aber im wesentlichen nur dem Machtmittel des Königs. An dem Schicksal der Soldaten, an ihren Leistungen und Sorgen nahm das Bürgertum kaum Anteil. Erst mit der Revolution wandelte sich sein Verhältnis zum Militärwesen. Seitdem Frankreich ein Nationalheer besaß, wurde die Armee nicht nur organisatorisch zu einem Mittelpunkt des staatlichen Lebens, sondern sie rief auch sehr stark ein öffentliches Interesse wach, das nicht nur von der Neugier am militärischen Geschehen und von der Freude über die Erfolge der revolutionären Truppen bestimmt wurde. Es war auch durch die persönlichen Beziehungen des Bürgers zum Heer bedingt, dessen Angehörige als Soldaten dienten, fochten und starben. Der Soldat andererseits wußte, daß er nicht mehr auf Befehl eines fernen Königs für eine Sache kämpfte, die ihn persönlich nicht berührte, sondern daß er die revolutionären Errungenschaften und mit ihnen seine eigenen Angelegenheiten verteidigte. Damit aber stand das Militär nicht wie bisher neben der Nation. Es ordnete sich ihr vielmehr ein und wurde zu einem Teil von ihr. Zugleich wurde das Militärwesen zu einer Kraft, die das politische Leben in zunehmendem Maße zu beeinflussen begann.

e. Das Militär als politische Kraft

Die Revolution hatte dem Bürger zunächst Rechte vermittelt, ohne daß seinem neuen Status ebenfalls Pflichten entsprachen. Es war vor allem die Gefahr von außen, mit der die Verteidigungs- und Wehrpflicht des einzelnen sichtbar wurde, die den Bürger sich seines Wesens als Staatsbürger erst richtig bewußt werden ließ. Als Staatsbürger fühlte sich aber auch der ehemalige königliche Soldat, der sich jetzt als Vaterlandsverteidiger seiner Bedeutung für Frankreich bewußt wurde. Schon bald nach Ausbruch der Revolution waren ihm für die Zeit, in der er nicht Dienst leistete, alle bürgerlichen Rechte verliehen worden. Da er von ihnen ausgiebig Gebrauch machte, wurde auch die Armee politisiert.

Vor 1789 hatte nur der Offizier als Mitglied des Adels politische Forderungen erhoben, jetzt stellten sie auch der Berufssoldat und der Wehrpflichtige als Angehörige der bewaffneten Macht. Das war etwas völlig Neues. Die ausgesprochen republikanisch gesinnte bewaffnete Macht wurde sogar politisch stärker aktiv als beispielsweise die Beamtenschaft. Das Nationalheer, das zunächst die neue soziale Ordnung nur verteidigt hatte, wandelte sich in den eigentlichen Träger der Revolution. Es führte den Kampf gegen die europäischen Mächte als Missionskrieg unter dem Schlagwort „Guerre aux châteaux! Paix aux chaumières!“, also „Krieg den Palästen! Friede den Hütten!“ Mit allen Mitteln – militärischen, geistigen und vor allem auch propagandistischen – trug die bewaffnete Macht die Revolution über die Grenzen Frankreichs nach Europa hinein. Dabei büßten die Ideen von 1789 auch dann nicht ihre Kraft ein, als sich das Heer nicht mehr in seiner Masse aus revolutionären Freiwilligen, sondern aus Wehrpflichtigen zusammensetzte und dann in seinem Kern eine Armee von Berufssoldaten revolutionärer Prägung umfaßte. Der Krieg verlor jede Ähnlichkeit mit den Kabinettskriegen der absolutistischen Epoche. Er wurde zum allgemeinen und unerbittlichen Volkskrieg, der im Soldaten den ganzen Menschen und in der bewaffneten Macht einen Teil der gesamten Nation mit allen Möglichkeiten, Leidenschaften und Kräften erfaßte, die ein Volk entwickeln kann.

Politische Kraft bedeutete aber auch politische Gefahren. Das Militär konnte sich der Staatsleitung entziehen und durch seine Führer den Anspruch erheben, selbst politische Entscheidungen zu fällen oder gar das Leben der Nation zu bestimmen. Carnot erkannte die Gefahr, die beispielsweise 1796 offenbar wurde, als der General Napoleon Bonaparte mit Sardinien und dem Papst Friedensverträge abschloß und ein Jahr später den Krieg mit Österreich durch den Vorfriedensvertrag von Leoben beendete, ohne Wünsche des Direktoriums zu berücksichtigen, sogar ohne es überhaupt zu befragen. Carnot hatte sich deshalb sehr früh bemüht, in allen seinen militärischen Aufgabenbereichen auch in der Stunde größter Not die Republik gegen Übergriffe des Militärs zu sichern. Er glaubte dieser Aufgabe dadurch am besten nachzukommen, daß er versuchte, weitgehende Identität zwischen Nation, Bürgertum und Militär zu erzielen und eine Republik aufzubauen, in der gemäß revolutionär-republikanischer Ideologie der Bürger seine militärischen Pflichten genauso erfüllte wie die bürgerlichen, in der er sein Vaterland und dessen politisches System mit dem Stimmzettel des allgemeinen Wahlrechts ebenso verteidigte wie mit dem Gewehr auf Grund einer allgemeinen und gleichen Wehrpflicht. So wollte er 1792 die Fronttruppen mit der Nationalgarde verschmelzen und damit die Trennung zwischen Bürger und Soldat aufheben, wenn der Krieg beendet sei. Da aber zu diesem Zeitpunkt das Kriegsende noch nicht abzusehen war, forderte Carnot dann als Mitglied des Wohlfahrtsausschusses, die Republik solle dem alten königlichen Heer nicht weiterhin von allen Seiten mißtrauisch entgegentreten. Obgleich er persönlich auch nicht frei war von Sorgen, daß das überlieferte Heer die Republik gefährden könne, brachte er doch den Soldaten und allen verbliebenen, republikanisch gesinnten Offizieren Vertrauen entgegen und gab ihnen damit ihr Selbstbewußtsein zurück. In den ersten Monaten des Krieges blickte die Öffentlichkeit nur auf die Freiwilligenbataillone als die republikanischen Musterkinder, denen aller Ruhm zuerkannt wurde. Die Linientruppen waren die Prügelknaben, denn sie wurden für alle Rückschläge verantwortlich gemacht. Carnot aber sprach sie als die militärischen Repräsentanten der Republik an und gewann sie dadurch für die Revolution. Der Soldat wandelte sich aus einem blinden Werkzeug des Fürsten zum „Bürger in Uniform", die bewaffnete Macht ordnete sich als integrierter Bestandteil der Nation ein. Die Armee wurde volksverbunden und damit volkstümlich. Das überzeugte wieder den Bürger, daß die Republik auch seinen militärischen Einsatz als Soldat fordern könne. Armee und Bürgertum fanden zueinander und bildeten in gewissem Maße die bewaffnete Nation.

Das neue monarchische Machtinstrument

Aber auch Carnot war es nicht gelungen, die Generale völlig der Staatsleitung unterzuordnen. Er scheiterte an dem bedeutendsten, dem General Napoleon Bonaparte, der am 18. Brumaire (9. November 1799) das Direktorium stürzte. Ihn unterstützten Teile der bewaffneten Nation – dazu zählten vor allem die Truppen seiner früheren italienischen Armee und die bürgerlichen Ordnungskräfte von Paris –, und breite Volksschichten stimmten dem Staatsstreich eines Soldaten zu. Seine neue Stellung befestigte Napoleon, indem er die Interessensphären von Bürger und Soldat voneinander schied und damit beide von neuem trennte. Dem Bürger versprach der Konsul den ersehnten Frieden, den Soldaten ließ der ruhmreiche General neue Siege erhoffen.

Napoleon sah in der Armee nicht mehr den militärisch sofort einsatzbereiten Teil der bewaffneten Nation, sondern wieder das Instrument des Staatsoberhauptes, das getrennt von der bürgerlichen Nation unabhängig neben ihr stand, Werkzeug seiner persönlichen Politik, ähnlich wie vor 1789. Der Kaiser wandelte das Wesen der revolutionären Armee. Das napoleonische Heer rekrutierte sich auch weiterhin durch Konskription aus der ganzen Nation. Ein Volksheer war es aber schon deshalb nicht mehr, weil sich Teile des Volkes mittels des Instituts der Stellvertretung der Dienstpflicht entzogen, die Stellvertreter aber meist Männer waren, die sich dem bürgerlichen Leben entfremdet hatten und daher nicht mehr in es zurückkehren wollten. Diese Soldaten, die nach ihrer gesetzlichen Dienstzeit in der Armee blieben, bildeten als Stamm von Berufssoldaten den Kern des napoleonischen Heeres. Insofern erhöhte das Stellvertretersystem die Kampfkraft der bewaffneten Macht. Politisch schuf es jedoch Prätorianer, die auf den Kaiser persönlich eingeschworen waren. Sie verliehen der kaiserlichen Armee besonders stark den Charakter eines monarchischen Machtinstrumentes. Dieses Heer behielt jedoch den in der Revolution erworbenen Charakter einer Nationalarmee, weil auch die zahlreichen Konskribierten, die, wie beispielsweise Holländer, Rheinländer oder später Norddeutsche, nicht dem französischen Volkstum angehörten, staatsrechtlich Bürger der Staatsnation des Empire Français waren.

Auf der Nationalarmee, hinter der die französische Staatsnation als ihr Reservoir stand, beruhte wesentlich die Macht Napoleons. Sie verdankte er, ebenso wie seinen Aufstieg, der Revolution. Die revolutionären Machthaber hatten auf militärischem Gebiet später als im politischen Bereich und dazu nur zögernd Folgerungen aus einer Entwicklung gezogen, die sich organisch aus den revolutionären Vorgängen ableitete. Auf den von ihnen gelegten Grundlagen baute Napoleon auf, nachdem er die Revolution überwunden und die Gefahren gebannt hatte, die ihm aus einer bewaffneten Nation erwachsen konnten. Bürgertum und bewaffnete Macht waren wieder zwei säuberlich getrennte Bereiche staatlichen Lebens.

C. Die Reichskriegsverfassung im Zeitalter der Volksbewaffnung

Das Militärwesen des Römischen Reiches deutscher Nation beruhte noch immer auf der Reichskriegsverfassung von 1681. Sie entsprach nicht den Anforderungen, die vom politischen und militärischen Standpunkt an sie gestellt werden mußten. Der Ruf nach einer Reichsreform wurde vielstimmig und sehr laut vorgetragen, besonders als die Französische Revolution und mit ihr der erste Koalitionskrieg das Reich stark bedrohten. Unter den vielen Vorschlägen, die in den neunziger Jahren Ideen für den Neubau des Reiches vorlegten, befanden sich auch Pläne, in denen gefordert wurde, das Reichskriegswesen zeitgemäß umzuwandeln.

Pläne zu einer Reform des Reichskriegswesens

Freiherr v. Bock, Hauptmann in einem westfälischen Kreisregiment, verlangte 1794/95 ein stehendes Reichsheer mit einheitlicher Organisation, in dem die Reichskontingente bereits im Frieden von den Haustruppen der Reichsstände getrennt sein sollten. Sein Vorschlag ist ein Beispiel für alle jene Pläne, deren Verwirklichung nicht möglich war, ohne die Reichsverfassung zu ändern. Hinter allen stand direkt oder zumindest indirekt die Erkenntnis, daß Reichsverfassung und Reichskriegsverfassung einander bedingten, und daß eine Änderung des einen Verfassungsteiles nicht möglich sei, ohne daß der andere auch berücksichtigt werde. Das führte zu so weitgehenden Forderungen wie der des Hofrats Hofmann in seiner Schrift „Das deutsche Staats-Kriegsrecht". Danach war es entgegen der herkömmlichen Lehre vom „ius armarum" der Landesherren und Reichsstände anzustreben, alle Glieder des Reiches dem unumschränkten Machtgebot des Kaisers zu unterwerfen.

Alle Reformvorschläge scheiterten am Widerstand der „armierten Stände", besonders der großen, die an einem Machtzuwachs des Kaisers nicht interessiert waren. Im Reichstag zu Regensburg wurden im letzten Jahrzehnt des 18. Jahrhunderts Reformvorschläge entweder durch Verfahrensfragen zu Fall gebracht oder ergebnislos diskutiert, oft sogar nicht beachtet.

Ideen zur Volksbewaffnung

Ein ähnliches Schicksal erlitten auch Anregungen zu einer Volksbewaffnung. Erst die französischen Erfolge in der zweiten Hälfte des Jahres 1793 – die Siege von Hondschooten und Wattignies und besonders die Schlacht an den Weißenburger Linien vom 26. Dezember 1793 –, ließen Pläne für eine allgemeine Volksbewaffnung zum mindesten Süddeutschlands jetzt als diskussionsnotwendig aufkommen. Anregungen und erste Ansätze gingen nämlich in der Markgrafschaft Baden und im habsburgischen Breisgau bis in das Jahr 1791 zurück, als der oberrheinische Raum vom Elsaß aus bedroht schien. Der Markgraf hatte ihnen jedoch nicht zugestimmt, und von den anderen Reichsständen wurden sie erst recht abgelehnt, obgleich derartige Vorstellungen im Geist der Zeit lagen. Die Ideen, die den badisch-vorderösterreichischen Plänen zu Grunde lagen, wurden schon vor 1789 diskutiert und bedurften nur eines Anstoßes, wie der Revolution und ihrer militärischen Auswirkungen, um in die Wirklichkeit umgesetzt werden zu können. Literarisch war jedenfalls im deutschen Bereich die Vorstellung bereits vertreten, daß alle Staatsbürger verpflichtet seien, den Staat als ihr Vaterland zu verteidigen. Beispielsweise hatte der aufsehenerregende Roman „Dya-Na-Sore“ solch einen Weg gewiesen.

Den Roman „Dya-Na-Sore“ veröffentlichte ein Franke im österreichischen Militärdienst, Wilhelm Friedrich v. Meyern (1759–1829), in den Jahren 1789–1790. Sein Name und seine Veröffentlichungen waren den politisch interessierten Zeitgenossen ein Begriff. In dem in romanhafter Form abgefaßten Werk forderte Meyern 1787 für den Staat – er sprach nicht von einem bestimmten Land oder gar vom Reich – ein „Nationalheer“. Es sollte sich aus stehendem Heer, Landwehr und Landsturm zusammensetzen. Nach seinen Vorstellungen erfaßte die aktive Armee die jungen Männer zu zweijährigem Dienst, in der Landwehr waren die Berufstätigen zur Verteidigung der Provinz zusammengeschlossen, der Landsturm – das Aufgebot der Alten – sollte nur die Heimat verteidigen. Die gesamte bewaffnete Macht war nur für Verteidigungszwecke gedacht. Eroberungskriege lehnte Meyern als Verbrechen ab.

Als gegen Ende des Jahres 1793 offenbar wurde, wie stark Südwestdeutschland von französischen Angriffen bedroht war, gingen die Vorschläge für eine Volksbewaffnung Süddeutschlands von österreichischer Seite aus. Der kommandierende österreichische General am Oberrhein hatte bereits im Frühjahr 1793, kurze Zeit nachdem er sein Kommando übernommen hatte, solche Pläne verfochten und mehrfach wieder vorgetragen. Erst seit dem Herbst 1793 stieß er auf wachsendes Verständnis. Jetzt war es sein Ziel, den infolge der Kriegsereignisse noch einmal auflodernden Reichspatriotismus einzufangen in einer über die einzelnen Territorien hinausgehenden Bewaffnung der männlichen Bevölkerung. Da in Baden schon während des Herbstes ebenfalls ein Verteidigungsplan auf der Basis der Volksbewaffnung aufgestellt worden war, dem Markgraf Karl Friedrich zugestimmt hatte, fand er im südwestdeutschen Raum positiven Widerhall. Der General schlug sogar seiner Regierung vor, eine allgemeine Volksbewaffnung Deutschlands durchzuführen. Die kaiserliche Regierung beschränkte sich aber darauf, am 20. Januar 1794 dem Reichstag die Bewaffnung der westdeutschen Grenzbewohner vorzuschlagen. Schwäbischer, fränkischer, oberrheinischer und kurrheinischer Reichskreis entschieden sich dafür.

Preußen erhob gegen die Volksbewaffnungspläne Einspruch, nicht nur aus grundsätzlichen Erwägungen, wie der Furcht des absolutistischen Regimes, dem „Volk“ Waffen in die Hand zu geben, sondern auch weil es befürchtete, die süddeutschen Staaten und vor allem der Kaiser könnten durch die Volksbewaffnung einen unerwünschten Machtzuwachs erfahren. Außerdem sah Preußen seine

Absicht gefährdet, die deutschen Staaten zu finanzieller Unterstützung seiner Truppen heranzuziehen. Es gelang ihm dann auch, einen Reichstagsbeschluß zu verhindern, der die Volksbewaffnung zu einer Angelegenheit des Reiches erklären sollte. Verhindern konnte Preußen dagegen nicht, daß als Ergebnis der Reichstagsberatungen im Reichsgutachten vom 5. Mai 1794 festgestellt wurde, es werde sehr empfohlen, die Bewohner zu bewaffnen, jedoch bleibe diese Maßnahme dem Ermessen der Landesherren überlassen. Preußen hatte aber entscheidend dazu beigetragen, die Idee einer Volksbewaffnung zu verwässern. An seinem Widerstand war der Versuch gescheitert, reichspatriotische Gesinnung weiter Kreise der Bevölkerung militärisch auszunutzen und damit auch der Idee des Reiches neuen Auftrieb zu geben. Die Volksbewaffnungsbewegung begann deshalb bald zu erlahmen. Nur in einzelnen Landschaften, wie in dem vorderösterreichischen Breisgau, im Kurfürstentum Mainz und in den Fürstbistümern Würzburg und Bamberg, wurden der Plan einer Volksbewaffnung weiterverfolgt und mehrfach auch Volksaufgebote eingesetzt. Allerdings blieb ihr militärischer Wert gering.

Diese Volksbewaffnungspläne waren erste Anzeichen dafür, daß es auch in Deutschland notwendig werden würde, alle Volkskräfte zum Zwecke militärischer Verwendung zu erfassen. Sie wiesen neben Zügen, die an die Landfolgen und Defensionswerke älterer Art erinnern – Züge, die sie dennoch auch schon zu Vorläufern einer von Frankreich unabhängigen Entwicklung moderner Volksheere auf der Basis Allgemeiner Wehrpflicht machen – auch Merkmale auf, die revolutionären französischen Einfluß beweisen. Wie stark sich die verschiedenen Motive verzahnten, zeigte sich beispielsweise in den österreichischen Niederlanden.

Dort beschloß 1793 der Generalgouverneur im Einvernehmen mit den Ständen, das Landvolk gegen die Franzosen zu bewaffnen. Maßgeblich war dafür die Idee, daß der Bauer als Untertan verpflichtet sei, seinem Landesherrn auch in der Form zu dienen, daß er als Bewaffneter Lücken in den Reihen der Verteidiger des Staates ausfüllte. Sie wurzelte noch ganz im staatlichen Denken des aufgeklärten Absolutismus.

Solche Ideen waren nur möglich, weil der aufgeklärte Absolutismus die Rechte der Stände bereits weitgehend ausgehöhlt hatte. Nicht nur in der Staatsidee, sondern auch in der Staatspraxis hatte er eine allgemeine Untertanenschaft begründet, in der Wehrprivilegien einzelner Stände – seien sie positiven oder negativen Charakters – der angestrebten Staatseinheit widersprachen.

Alle Formen von Volksbewaffnung, die im letzten Jahrzehnt des 18. Jahrhunderts zu beobachten sind, besaßen in ihrem militärischen Wert und in ihrem politischen Geist keine weittragende Bedeutung für die Zukunft. Es handelte sich wohl um nichts mehr als um ein erstes neues Erwachen des Wehrwillens, dem sich Erinnerungen an die niemals ganz vergessene Vorstellung von der Wehrpflicht jedes Mannes zugesellten. Hervorgerufen wurde diese Bewegung vor allem aus einer Mischung von Reichspatriotismus und Untertanentreue zum

Landesherrn. Außerdem blieben die Vorgänge in Frankreich nicht ohne Einfluß auf die Volksbewaffnungsbewegung.

Der Versuch, der Reichskriegsverfassung eine neue Grundlage zu schaffen, zumindest aber das Kriegswesen des Reiches auf eine breitere Basis zu stellen, war gescheitert. Das Reich besaß im Zeitalter der Volksbewaffnung auch auf militärischem Gebiet keine Möglichkeit mehr, sich mit der Zeit zu entwickeln. Die Zukunft gehörte den Volksheeren der Einzelstaaten.

D. Das Militärwesen der Rheinbundstaaten

In den Jahren nach 1789 blickten die stehenden Heere zunächst voller Verachtung auf die revolutionären Soldaten. Sie mußten jedoch bald erleben, daß sich das Neue gleichwertig und in vielen Beziehungen dann sogar überlegen zeigte. Die Wandlungen, die von der Begegnung ausgingen, lassen sich in ihren Auswirkungen im deutschen Bereich vor allem auf zwei Linien verfolgen.

Die eine verlief zeitlich mit dem napoleonischen Kaiserreich parallel. Sie war durch die Abhängigkeit von Frankreich und damit durch die unmittelbare Übernahme französischer Vorbilder gekennzeichnet. Dies traf besonders für die Rheinbundstaaten zu. Der Kaiser der Franzosen zwang sie, ihre Wehrkraft so zu verstärken, wie es die meisten unter ihnen ohne seinen Druck wohl niemals getan hätten. Sein Heer diente ihnen in Verfassung, Struktur, Organisation und vielfach auch in seinen geistigen und ideellen Grundlagen zum Vorbild.

Daß Frankreich nach und nach als geistige Anregung, noch stärker aber als indirekter Zwang zur Heeresreform eigenständiger Entwicklung auf andere Staaten einwirkte, war dagegen die Folge der Begegnung, die Napoleon zu verhindern suchte. Aber trotz seiner Bemühungen, den Aufbau eines neuen Militärwesens in Österreich und vor allem in Preußen zu hemmen, veranlaßten gerade seine Siege diese beiden Staaten, den Geist, die Vorstellungen und die Auffassungen zu entfachen, die erst die neue Militärverfassung Frankreichs ermöglicht hatten, nämlich den Geist des nationalen Enthusiasmus, die Vorstellung vom Volk in Waffen und die Auffassung von der Gleichsetzung der bürgerlichen Interessen mit denen des Vaterlandes durch dessen Verteidigung im freiwilligen, patriotischen Einsatz. Auch hier vollzog sich die Entwicklung gegen den hartnäckigen Widerstand der Masse der Fachleute. Besonders deutlich trat das im Kampf um die Grundlagen der Militärverfassung hervor. Das Ringen um das Problem „Berufsarmee aus langdienenden Söldnern oder Wehrpflichtheer von Vaterlandsverteidigern" war ein Vorgang, der unhistorisch gesehen wird, wenn er beispielsweise nur als Widerstand überalterter, reaktionärer Generale gegen den Geist der Zeit beschrieben wird. Es war der Niederschlag einer geistig-ideellen Auseinandersetzung größten Ausmaßes im militärischen Bereich.

1. Der Rheinbund

Infolge der französischen Siege über Österreich und Preußen in den Feldzügen von 1805 und 1806/07 wirkte sich im deutschen Bereich als Vorbild besonders das in der napoleonischen Militärverfassung eingefangene revolutionäre Militärwesen aus. Die Abhängigkeit von der französischen Form war unterschiedlich. Es waren vor allem die äußerlichen Merkmale, die übernommen wurden. Während auch in den napoleonischen Heeren ein Teil der Begeisterung und der Idee revolutionärer Volksarmeen lebendig blieb, fehlte es in den Rheinbundstaaten an den geistigen Voraussetzungen, aus denen heraus eine Volksbewaffnung zur Grundlage des Militärwesens hätte werden können. Die Einführung der Konskription war eine Maßnahme der Staatsräson, die in den meisten Rheinbundstaaten unter dem Druck des Protektors erfolgte. Das schloß nicht aus, daß das neue Militärwesen jeden einzelnen der so bunt zusammengewürfelten neuen Staaten in sich als Klammer zusammenschloß und als einer der mächtigsten integrierenden Faktoren im Staate wirkte. In der Truppe erwuchs zuerst ein bayerisches oder württembergisches Staatsbewußtsein.

Die französische Einwirkung läßt sich sehr gut an der Entwicklung der Militärverfassungen der bedeutendsten Rheinbundstaaten – der Königreiche Westfalen, Bayern, Württemberg und Sachsen – ablesen. Für alle war die Konskription, vielfach allerdings in modifizierter Form, eine zwangsläufige Maßnahme, doch standen die west- und süddeutschen Staaten dem Einfluß französischen Militärwesens weiter offen als Mittel- und Norddeutschland. Wie im politischen und verfassungsrechtlichen Bereich lassen sich die Rheinbundstaaten auch militärisch in drei Gruppen aufteilen: in die napoleonischen Vasallenstaaten – Königreich Westfalen, Großherzogtümer Berg und Frankfurt –, in eine süddeutsche Staatengruppe mit spätabsolutistischen Zügen – die Königreiche Bayern und Württemberg und das Großherzogtum Baden – und die mittel- und norddeutschen Staaten mit vorwiegend altständisch-monarchischem Herrschaftssystem, wofür das Königreich Sachsen besonders charakteristisch ist.

Alle diese Rheinbundstaaten waren in der Confédération du Rhin, dem Rheinbund, zusammengeschlossen, dessen Protektor der Kaiser der Franzosen war. Natürlich nahm Napoleon alle hieraus sich ergebenden Möglichkeiten indirekter Einflußnahme wahr, um zu veranlassen, daß die deutschen Staaten ihre Truppen dem französischen Vorbilde anglichen. Die militärischen Bestimmungen der Rheinbundakte und der Akzessionsverträge sahen kein stehendes Bundesheer vor. Das Heer der Confédération du Rhin war vielmehr, wie die ehemalige Reichsarmee, ein Kontingentsheer. Im Jahre 1808 sollte es im Kriegsfalle 118 450 Mann umfassen, während Frankreich 200 000 Soldaten zu stellen hatte. In Friedenszeiten brauchte nur ein Stamm der Kontingente unter Waffen gehalten zu werden. Die Akte enthielt auch keine Bestimmungen zur Vereinheitlichung der einzelstaatlichen Militärverfassungen oder der Kontingente untereinander. Nach dem militärischen Sieg über Preußen verfolgte Napoleon jedoch zeitweise das Ziel, über die militärischen Bestimmungen der Rheinbundakte hinaus die Truppen des Rheinbundes – fünf Armeekorps mit 156 000 Mann, gegliedert in 17 Divisionen sahen die Pläne vor – unter dem Oberbefehl eines französischen Marschalls als „Maréchal général de la Confédération" ausbildungs- und ausstattungsmäßig der französischen Armee anzugleichen.

Der Rheinbundprotektor war also gewillt, mit direkten Maßnahmen auf das Militärwesen der Rheinbundstaaten Einfluß zu nehmen. Dieser Plan, in dem genaue Vorschriften über die Zusammensetzung der Verbände, über die Vereinheitlichung des Exerzierdienstes und die innere Ordnung sowie über andere Organisationsfragen enthalten waren, gelangte aber nicht zur Ausführung. Napoleon verfügte selbst auf dem Höhepunkt seiner Macht nicht über genügend Mittel, um den widerstrebenden Rheinbundfürsten seinen Willen aufzuzwingen. Er benötigte seit 1808 ihre Unterstützung, besonders gegen Österreich, und gab sich deshalb zufrieden, wenn sie den vertraglich zugesicherten Verpflichtungen nachkamen. Die Rheinbundstaaten folgten ihrerseits indirekten Anregungen Napoleons, das Militärwesen an das französische anzugleichen, nur soweit, wie es ihnen mit ihren Souveränitätsvorstellungen vereinbar schien. Vielfach stellten sie sich damit in Gegensatz zur öffentlichen Meinung. Es fehlte nämlich nicht an Stimmen deutscher Publizisten und Staatsrechtler, die auf militärischem Gebiet eine Einheit im Bunde forderten, beispielsweise in der Gesetzgebung zur Konskription, denn in weiten Kreisen der Bildungsschichten in den Rheinbundstaaten herrschte während der ersten Jahre der Confédération du Rhin eine beachtenswerte Bundesfreudigkeit vor.

2. Die großen Bundesstaaten

a. Das Königreich Westfalen und die Großherzogtümer Berg und Frankfurt

Nach dem Frieden von Tilsit errichtete der Kaiser der Franzosen das Königreich Westfalen aus verschiedenen Gebieten, darunter dem bisherigen Kurfürstentum Hessen und abgetretenen Teilen des Königreiches Preußen. Die westfälische Krone übertrug er seinem jüngsten Bruder Jérôme als erblichen Besitz des Hauses Bonaparte. Das Königreich sollte zum Musterbeispiel eines Rheinbundstaates werden. Seine Staatsverfassung wurde unter Anteilnahme Napoleons nach dem Vorbild der Staatsverfassung des französischen Kaiserreiches ausgearbeitet und vom Kaiser vollzogen, bevor sie vom neuen König am 7. Dezember 1807 verkündet wurde. Ebenso wurde die Militärverfassung in direkter Anlehnung an Frankreich geschaffen.

Das Militärwesen basierte auf der Wehrpflicht. Ihre Grundlage bildete Artikel XII der Staatsverfassung, der die Militärkonskription zu einem Grundgesetz erhob und Werbungen für Geld verbot. Ein königliches Dekret vom 25. April 1808 enthielt die Ausführungsbestimmungen. „Jeder Westphale ist den Gesetzen der Conscription unterworfen“, lautete der Hauptartikel. Die Konskription erfaßte alle Männer vom vollendeten 20. bis zum vollendeten 25. Lebensjahre. Wie in Frankreich wurde die grundsätzliche Allgemeine Wehrpflicht durch ein System der Stellvertretung durchbrochen. Es wich insofern von der französischen Institution ab, als sich nur der Wehrpflichtige vertreten lassen konnte, der ein größeres Vermögen besaß. Eine Summe von 100 Franken war an den Staat zu zahlen. Außerdem erhielt der Stellvertreter gewöhnlich 5–7 000 Franken.

Das Militär – Westfalen hatte ein Rheinbundkontingent von 25 000 Mann zu stellen – entsprach in Organisation, Ausbildung und inneren Verhältnissen im wesentlichen dem französischen Vorbild. Die Truppenteile lösten sich auf, als das Königreich im Verlauf der Freiheitskriege unterging. Offiziere und Mannschaften wurden teilweise in die Armeen der Staaten übernommen, die zuvor das Gebiet des Königreiches beherrscht hatten und jetzt wieder hergestellt wurden. Das westfälische Heer hatte zu kurze Zeit bestanden, als daß es typenbildend werden konnte.

Genausowenig übten die Truppen der Großherzogtümer Berg und Frankfurt eine Nachwirkung auf das deutsche Militärwesen aus. Ihre Rheinbundkontingente von 5 000 beziehungsweise 2 800 Soldaten waren dazu viel zu klein. In beiden Staaten war die Konskription eingeführt. Das Militär erlitt nach 1813 ein ähnliches Schicksal wie das westfälische.

b. Das Königreich Bayern

Die altbayerische Militärverfassung basierte bis 1804 auf der Werbung in- und ausländischer Söldner, die auf eine Zeit von unterschiedlicher Dauer dienten. Versuche, die altbayerische milizartige Militärverfassung zu neuem Leben zu erwecken, scheiterten. Da der Rekrutenbedarf des stehenden Heeres durch die Werbung nicht gedeckt werden konnte, griff man auf Grund von „Landkapitulantenordnungen“ zur zwangsweisen Einstellung wirtschaftlich untätiger Untertanen, sogenannter „müßiger dienst- und mittelloser Burschen“. Im Jahre 1793 wurde sogar ausdrücklich verordnet, alles arbeitslose Gesindel in sämtlichen rechtsrheinischen Gebieten auszuheben. Unter solchen Voraussetzungen verlor das kurpfalz-bayerische Militär während der Regierungszeit des Kurfürsten Karl Theodor (1778–1799) sehr an Wert und sein Nachfolger Maximilian IV. Josef (1799–1825; ab 1806 König von Bayern) übernahm ein Heer, das kaum noch kriegsfähig war.

Der neue Kurfürst, ein schlichter und rechtlich denkender Mann, hatte während des Ancien Regime seit 1777 dem französischen Heer als Oberst und Inhaber des Regimentes d'Alsace angehört. Er war kein bedeutender Soldat, aber seine militärische Dienstzeit hatte ihm ein gesundes Urteilsvermögen in militärischen Fragen vermittelt. Nach seinem Regierungsantritt leitete er sofort Reformen ein, unterstützt von tatkräftigen Generalen und seinem leitenden Minister, Graf Maximilian Joseph Montgelas. Infolge des zweiten Koalitionskrieges, der Auswirkungen des Friedens von Lunéville und des Reichsdeputationshauptschlusses beschränkte sich die Heeresreform zunächst auf eine Reorganisation des Hofkriegsrats. Außerdem wurden die Truppen, die eine Stärke von 16 000 Mann aufwiesen, neu formiert und erste Bemühungen angestellt, das Offizierkorps zu verbessern. Im Jahre 1802 berief der Kurfürst dann eine Reorganisationskommission, der im Dezember 1803 die Aufgabe gestellt wurde, die gesetzlichen Grundlagen für eine neugestaltete Armee zu schaffen. Dieses Heer sollte 47 000 Mann stark sein, sein jährlicher Etat 4½ Millionen Gulden betragen. Diesen finanziellen Ansatz überstieg der Militärhaushalt jedoch sehr schnell. Die Unterhaltskosten des Heeres beliefen sich im Haushaltsjahr 1805/06 auf 5 935 369 Gulden und stiegen 1806/07 auf 8 839 808 Gulden an. Der Militärhaushalt des Friedensjahres 1810/11 betrug 7 133 371 Gulden.

Das „Militär-Kantons-Reglement" von 1804/05 gewährte der bayerischen Armee für die Reform des Militärwesens notwendige Voraussetzungen. Graf Montgelas, der sich nachhaltig für die neue Militärverfassung einsetzte, mußte zunächst die Abneigung einflußreicher hoher Offiziere und vor allem den Widerstand der Landstände überwinden, bis das „Allgemeine Reglement über die Ergänzung der kurfürstlichen Armee" vom 30. April 1804 als „Militär-Kantons-Reglement" vom 7. Januar 1805 Rechtskraft erlangte. Es galt bis 1812. Mit diesem Reglement änderte Bayern noch vor dem engeren Anschluß an Napoleon seine Militärverfassung grundsätzlich. Jeder kriegsdienstfähige Untertan wurde für militärdienstpflichtig erklärt. Die Wehrpflicht war jedoch nicht allgemein, denn sie wurde von vornherein durch zahlreiche Befreiungen, vor allem zum Schutz der Wirtschaft, so stark durchlöchert, daß nur die kleinen Bürger, die Handwerker und die Bauern ihre Söhne tatsächlich stellten. Dadurch erhielten auch die Bestimmungen, durch die Loskauf und Stellvertretung verboten wurden, nur deklamatorische Bedeutung. Das Neue lag vielmehr darin, daß Bayern prinzipiell auf die Auslandswerbung verzichtete und sich das Heer ausschließlich aus Landeskindern rekrutierte. Die Dienstpflichtigen konnten vom 16. bis zum 40. Lebensjahr ausgehoben werden. In der Praxis wurden sie zwischen dem 18. und 36. Lebensjahr zu einer achtjährigen Dienstzeit herangezogen. Jedes Kriegsjahr sollte für zwei Friedensdienstjahre gerechnet werden. Zur Ergänzung der Infanterie und der Kavallerie wurden die kurfürstlichen Lande in elf Kantone aufgeteilt. Die Artillerie rekrutierte sich wie bisher aus dem Bürgertum des ganzen Staates überregional.

Das „Militär-Kantons-Reglement" entstand also, weil der Kurfürst an einem starken Heer interessiert war, eine solche Armee sich aber nicht mehr anwerben und durch laufende Werbung ergänzen ließ. Ihre Kosten hätten die finanziellen Möglichkeiten Bayerns überstiegen. Außerdem trat als weitere Schwierigkeit hinzu, daß sich fast alle Herrschaftsgebiete als Folgen des Friedens von Lunéville und besonders des Reichsdeputationshauptschlusses fremden Werbern zu verschließen begannen. Daher griff Bayern konsequent auf seine Landeskinder zurück. Äußerlich wirkte das Reglement wie eine verbesserte Bearbeitung des preußischen Kantonreglements von 1792. Im Vergleich zu diesem zeigte es im Zusammenhang mit der gesamten bayerischen Wehrgesetzgebung jedoch eine bedeutende Neuerung auf. Bayern zog die notwendigen Folgerungen aus der Verschiebung der politischen Verhältnisse in Deutschland. Es verzichtete für seine Armee auf die unsicheren Ausländer und bemühte sich, eine Lösung zu finden, die auf den Kräften des eigenen Staates beruhte. Damit war eine wesentliche Grundlage für das zukünftige „nationale" bayerische Heer geschaffen.

Bayerns Anschluß an Frankreich mit dem Vertrag vom 28. September 1805, seine Abhängigkeit vom Kaiser der Franzosen nach der Erhebung des Kurfürstentums zum Königreich (1. Januar 1806) und vor allem die bayerische Mitgliedschaft im Rheinbund gaben Napoleon die Möglichkeit, auf das bayerische Militärwesen einzuwirken. Der Staat bedurfte des französischen Schutzes gegen Österreich, das nur widerwillig dem neuen Königtum zugestimmt hatte. Die militärischen Bestimmungen der Rheinbundakte verpflichteten den König, im Kriegsfalle ein Kontingent von 30 000 Mann zu stellen. Eine starke Armee war aber auch für das Königreich, das innerhalb weniger Jahre gegen den Widerstand Österreichs zum führenden süddeutschen Mittelstaat aufgestiegen war, eine der wichtigsten Voraussetzungen für die Erhaltung der neuen Position und der Souveränität. Zugleich erwies sich der Patriotismus des königlich bayerischen Heeres als wirksame Klammer. Er erfaßte die Soldaten aus altbayerischen genauso wie die Dienstpflichtigen aus den neuerworbenen Gebieten. Er schloß – abgesehen von dem speziellen Fall Tirol – alle Landesteile zusammen, die unter der am 16. Januar 1806 eingeführten weißblauen Nationalkokarde lebten. Gestaltung, Gliederung und Ausbildung dieser Armee wurden weniger durch Eingriffe des Rheinbundprotektors in die Militärhoheit des Königs von Bayern beeinflußt als durch den Kampf bayerischer Verbände im Rahmen kaiserlicher Armeen und durch das Vorbild, das von der siegreichen französischen Macht ausging.

Nach dem Frieden von Tilsit und der Errichtung des Königreiches Westfalen wurde den Regierungen der Rheinbundstaaten gerüchteweise bekannt, daß Napoleon den Rheinbund institutionell straffer ausbauen wolle. Um dieser Gefahr zu begegnen, verkündete Max I. Josef am 25. Mai 1808 eine Staatsverfassung, mit der sich Bayern dem napoleonischen und westfälischen Scheinkonstitutionalismus anpaßte. Die Konstitution behandelte auch das Militärwesen. In Titel IV wurde die Konskription in der Form einer allgemeinen bedingten Wehrpflicht zur Grundlage der Militärverfassung erklärt und zugleich angekündigt, daß eine Nationalgarde errichtet werden sollte. Die Verfassungsbestimmungen wurden nur langsam und zugweise realisiert. Ein Edikt vom 9. Februar 1809 hob die Befreiung auf, Stellvertretung blieb möglich. Die bisher freiwillige Bürgergarde, eine Institution mit polizeilichen Aufgaben, wurde am 6. April 1809 in eine Nationalgarde umgewandelt.

Die bayerische Nationalgarde erfaßte die Dienstpflichtigen, die nicht in den Linientruppen dienten. Sie setzte sich aus drei Klassen zusammen. Die Nationalgarde I. Klasse formierte Bataillone, die 1810 in das stehende Heer übernommen wurden. Die II. Klasse bestand aus den restlichen jungen Männern zwischen 17 und 25 Jahren, die nicht in der Linie oder in der I. Klasse Dienst leisteten, und aus allen unverheirateten, noch nicht ansässigen Männern von 26 bis 40 Jahren. Sie war nur zu Verteidigungsaufgaben innerhalb des Königreiches verpflichtet. Die Nationalgarde III. Klasse war eine Bürgerwehr, die den staatlichen Behörden unterstand und ausschließlich für polizeiliche Aufgaben bestimmt war. Sie setzte sich aus Männern bis zum 60. Lebensjahr zusammen. Die Nationalgarde war wesentlich eine Schöpfung des Ministers Graf Montgelas. Die aktiven Militärs waren ihr jedenfalls bis zum Untergang der Linienarmee in Rußland wenig gut gesonnen. Sie erkannten nicht die Möglichkeit, das Volk auf solchem Wege der Wehrpflicht geneigter zu machen und sich zielbewußt Reserve-, Landwehr- und Landsturmformationen zu schaffen.

Das „Konskriptionsgesetz" vom 29. März 1812, mit dem die Grundzüge der bayerischen Militärverfassung geschaffen wurden, wie sie im wesentlichen bis 1868 galt, schloß die Anpassung des Militärwesens an die Verfassung ab, die allerdings in anderen Bereichen niemals praktisch wirksam wurde. Das Gesetz und seine Ausführungsbestimmungen, die „Vorschriften zur Anwendung und Vollziehung des Konskriptions-Gesetzes" vom 18. Juni 1812, brachten im Vergleich mit dem Kantonreglement von 1805 einen bedeutenden Fortschritt auf dem Wege zur weiteren Ausbildung der Wehrpflicht. Sie führten jedoch nicht die allgemeine und gleiche Wehrpflicht ein, wie sie in Preußen bereits diskutiert wurde, und wie sie nach den Bestimmungen der Staatsverfassung gesetzlich auch zulässig gewesen wäre. Dafür brachten sie die allgemeine bedingte Wehrpflicht nach französischem Vorbilde mit der Möglichkeit zur Stellvertretung durch die sogenannten „Einsteher". Ein beschränkter Personenkreis wurde außerdem für vorläufig befreit erklärt.

Die bewaffnete Macht bestand somit aus der aktiven Armee und der Nationalgarde. Die Linientruppen einschließlich der ihnen einverleibten Nationalgarde I. Klasse waren von der II. und III. Klasse der Nationalgarde, die in den Augen der Militärs als suspekt galt, völlig getrennt. Die aktive Armee ergänzte sich grundsätzlich durch Konskription; Freiwillige anzuwerben war erlaubt. Die Konskription erfaßte alle diensttauglichen ledigen Staatsangehörigen vom vollendeten 19. bis zum zurückgelegten 23. Lebensjahr, getrennt in verschiedene Altersklassen. Die Dienstpflichtigen wurden je nach dem Abgang einberufen oder als Militärpflichtige der Reserve zugeteilt. Die Dienstzeit war schon seit 1809 auf sechs Jahre herabgesetzt.

Zur Durchführung der Konskriptionsgesetze war es notwendig, das Ansehen des bisher verachteten Soldaten zu heben. Diese Voraussetzungen versuchte die Regierung schon sehr frühzeitig zu schaffen, beispielsweise mit ihrer Verordnung vom 30. November 1801. Diebe und andere Verbrecher durften bei Kavallerie und Artillerie nicht mehr eingestellt werden. Am 28. Januar 1804 wurde die Verordnung auf die übrigen Waffengattungen ausgedehnt. Die Auffassung, daß es sittliche Pflicht eines jeden Bürgers sei, dem Staat als Soldat zu dienen, konnte sich aber schon deshalb unter den Wehrpflichtigen nur sehr langsam durchsetzen, weil es den „Staatsbürger" nicht gab und die Regierung in der Bevölkerung nur Untertanen sah. Sich positiv zum Wehrdienst einzustellen, wurde ihnen auch dadurch erschwert, daß besonders bei der Infanterie trotz der anderslautenden Verordnungen jeder Ersatz als geeignet galt. Abgeurteilte Leute und Fahnenflüchtige wurden bedenkenlos wieder neben die Konskribierten eingereiht. Auch waren die Kriege an der Seite Frankreichs, besonders der unpopuläre Feldzug gegen Rußland, wenig geeignet, die konskribierten Soldaten für den Wehrdienst zu begeistern. Sie desertierten in großer Zahl. Eine andere Haltung nahmen die alten Berufssoldaten und die Freiwilligen ein. Sie bildeten einen aktiven Stamm, der infolge der Siege unter dem „Kriegsgott" der Epoche, wie sie besonders gegen den „Erzfeind" Habsburg errungen wurden, bis zur Katastrophe in Rußland napoleonisch und kriegsfreudig gesinnt war. Ganz besonders traf das für das Offizierkorps zu.

Das Offizierkorps, dessen soziale Herkunft und Zusammensetzung als typisch für die süddeutschen Verhältnisse angesehen werden darf, litt stark unter den Mängeln, die es als Erbe des kurpfalz-bayerischen Heeres des 18. Jahrhunderts übernahm. In ihm war der Adel nicht annähernd so zahlreich vertreten wie im preußischen Offizierkorps. Stellenschacher und Stellenkauf wurden bis zum Regierungsantritt Max IV. Josef mehrfach verboten, scheinen aber erst etwa ab 1804 endgültig verschwunden zu sein. Seit dem 10. März 1804 wurde jede Ernennung und Beförderung in den neugeschaffenen „Armeebefehlen" öffentlich bekanntgegeben und damit weitgehend der Protektion vorgebeugt. Die seit dem Anschluß an Frankreich rasch aufeinander folgenden Kriege und die Verpflichtungen aus dem Bündnis mit Frankreich, die Truppen gegenüber der Zeit vor 1805 bedeutend zu vermehren, erforderten eine große Zahl von Offizieren.

Am 19. Januar 1805 wurde das Kadettenkorps gegründet, in dem die bisherige Militärakademie aufging. Im Gegensatz zu dem alten Institut sollte es nur noch Offiziere heranbilden. Von speziellen Ausnahmefällen abgesehen, sollte niemand mehr Offizier werden können, der nicht aus dem Kadettenkorps kam. Seine Präsenzstärke von 210 Zöglingen reichte aber nicht aus, den Bedarf zu decken. Das überlieferte, mehrfach verurteilte System der Regimentskadetten wurde deshalb beibehalten. Unteroffiziere, die geeignet schienen, wurden zu Offizieren befördert. Außerdem bemühten sich die verantwortlichen Stellen, Söhne des gebildeten Bürgertums zu veranlassen, die Offizierlaufbahn einzuschlagen. Im Jahre 1799 hatte sich das Offizierkorps aus 260 adligen und 279 bürgerlichen Offizieren zusammengesetzt, 1811 standen 902 adligen Offizieren 1 341 bürgerliche Offiziere gegenüber. Auf diesem Wege gelang es zwar, den Offiziersersatz zu sichern, aber es bildete sich nicht ein geschlossenes Offizierkorps wie beispielsweise in Preußen. Um die sich aus so verschiedenen Schichten rekrutierenden Offiziere zu einem geschlossenen Stand zu verschmelzen, fehlte in Bayern der integrierende Faktor. In der Armee des revolutionären Frankreich hatten das Ideengut von 1789 und die Not diese Rolle gespielt, in Bayern gab es eine solche Kraft nicht. Die Staatsidee war dazu nicht geeignet, die Krone wuchs erst langsam in diese Aufgabe hinein. Außerdem hielt sich die Masse der adligen Offiziere von ihren Kameraden, die anderen Volksschichten entstammten, fern. Sie fühlten sich zunächst als Adlige, dann erst als Offiziere, denn in Bayern nahm der Offizier keine so sichtbar bevorzugte Stellung ein, wie sie ihm in Preußen eingeräumt wurde.

c. *Das Königreich Württemberg*

Im Herzogtum Württemberg, das 1803 zum Kurfürstentum erhoben wurde und das bis 1805 ein dualistischer Ständestaat blieb, kam mit Herzog Friedrich II. (1797–1816; seit 1806 König) ebenfalls ein Fürst zur Regierung, der militärische Interessen besaß und das Militärwesen in preußischen und russischen Diensten kennengelernt hatte. Auch er eröffnete seine Regierungszeit mit Heeresreformen und schuf aus den wenigen, unter Herzog Karl Eugen (1737–1793) in ihrem militärischen Wert stark abgesunkenen Haustruppen trotz des Widerstandes der „Ehrbarkeit", der bürgerlichen Oberschicht, eine zwar kleine, aber wohlorganisierte bewaffnete Macht. Die Stände vertraten die Ansicht, daß Soldaten im Frieden „weder nötig, noch nützlich, noch herkömmlich, noch möglich" seien, im Kriege aber eine Miliz auf der Basis des Volksaufgebotes ausreiche, um das Land zu verteidigen. Dem Milizgedanken war der Herzog – abgesehen von militärischen Einwänden – aus politischen und machtmäßigen Erwägungen abgeneigt. Ihm dienten die preußische, vor allem aber die französische Armee als Vorbilder in organisatorischen Fragen der Heereseinrichtung.

Auch Herzog Friedrich II. hatte zunächst seinen inländischen Mannschaftsersatz durch „Rekruten-Auswahlen" ausheben lassen. Jedes Oberamt erhielt eine bestimmte Anzahl von Rekruten auferlegt, das bei der Gestellung die wirtschaftlichen Interessen des Landes zu berücksichtigen hatte. Dieses altwürttembergische Ersatzsystem, bei dem es manchmal recht willkürlich zuging und zu dem früher die Landstände nur im „Notfall" ihre Zustimmung erteilt hatten, reichte nicht aus, den militärischen Verpflichtungen nachzukommen, die sich nach dem Anschluß des Kurfürsten an Napoleon (3. Oktober 1805), der Erhebung Württembergs zum Königreich (1. Januar 1806) und dem Beitritt zum Rheinbund aus der Bundesakte ergaben. Württemberg sollte ein Kontingent von 12 000 Mann stellen. Auch entsprach das bisherige Rekrutierungssystem nicht der absolutistischen Herrschaftsweise, wie sie der König seit 1806 ungehindert ausüben konnte.

Am 6. August 1806 erging eine „Militär-Konskriptionsordnung", die jeden Untertan mit Ausnahme des Adels und eines Teiles des Beamtentums und seiner Söhne für militärdienstpflichtig erklärte. Da aber die Masse der Wehrpflichtigen aus den gebildeten und wirtschaftlich besonders wichtigen Bevölkerungskreisen bedingt befreit wurde und zugleich die Stellvertretung zugelassen war, konnten sich so ziemlich alle höheren und mittleren Schichten der Wehrpflicht entziehen. Sie erfaßte in der Praxis also nur die Armen und Ungebildeten, aus denen die Rekruten der Altersklassen zwischen dem 18. und vollendeten 26. Lebensjahr ausgewählt werden sollten. Die Dienstzeit betrug acht Jahre bei der Infanterie, zehn Jahre bei Kavallerie und Artillerie. An den aktiven Dienst schloß sich eine Reservedienstpflicht in „Land-Bataillonen" I. und II. Aufgebotes an. Sie sollten vornehmlich der Landesverteidigung dienen. Dieses Konskriptionsgesetz brachte demnach keine Allgemeine Wehrpflicht, sondern bildete nur eine rechtliche Grundlage des absolutistischen Staates zur Aushebung von Ersatz für das stehende Heer auf nationaler württembergischer Grundlage.

Das Konskriptionsgesetz von 1806 entsprach schon bald nicht mehr den militärischen Anforderungen. Während des Krieges gegen Österreich wurde daher am 20. August 1809 die tatsächliche Dienstpflicht erweitert. Da jeder Untertan zur „tätigen Mitwirkung" bei der Sicherung des Ganzen theoretisch verpflichtet war, verwarf die neue Militärkonskriptionsordnung alle Exemtionen. Nur der mediatisierte Reichsadel blieb von der Dienstpflicht ausgenommen. Die ehemaligen Reichsfürsten und Reichsgrafen verdankten die Freiheit von der Wehrpflicht einer Bestimmung der Rheinbundakte. Aber auch sie wurden zum freiwilligen Dienst aufgerufen. Die Militärpflicht erstreckte sich auf alle Männer zwischen dem 18. und dem vollendeten 40. Lebensjahr. Sie wurden in drei Klassen von Dienstpflichtigen eingeteilt, von denen die erste die vom 21. bis 24. Lebensjahr erfaßte. In die zweite wurden die Dienstpflichtigen vom 18. bis 20. und in die dritte alle Männer eingereiht, die zu den Altersstufen vom 24. bis zum 40. Lebensjahr gehörten. Entscheidend für die Aushebung war die Diensttüchtigkeit des Wehrpflichtigen. Zugleich wurden die letzten Reste der alten Volksbewaffnung beseitigt. Der Status einer Allgemeinen Wehrpflicht wurde aber nicht erreicht. Es gab bedingte Befreiungen, beispielsweise für Beamte, Verheiratete und Witwer mit Kind, die älter als 25 Jahre waren, und für Studierende. Die Juden konnten sich loskaufen.

Die Militärkonskriptionsordnung von 1809 schuf demnach kein Volksheer, wie es in Preußen mit dem Wehrpflichtgesetz von 1814 institutionell begründet wurde, sondern gab Württemberg nur die Möglichkeit, das Militärwesen noch über die Forderungen des Rheinbundvertrages auszubauen und die Landesverteidigung ganz in die Hand des Staates zu legen. König Friedrich I. schuf eine Armee, deren Geist königlich-württembergisch war. Er wünschte weder, daß sich seine Truppen infolge ihres Kampfeinsatzes im Rahmen des französischen Heeres für den Kaiser der Franzosen begeisterten und napoleonisch gesinnt wurden noch daß sie 1813 deutsches nationales Empfinden zeigten. Das Heer war ein Instrument seiner Politik, dem er in keinem Bereich Regungen von Eigenständigkeit erlaubte.

Ein Mittel zur Konzentration der Macht war das Offizierkorps, das auch vom Herrscher weitgehend neu geschaffen wurde. Obgleich es von vornherein nicht als Domäne des Geburtsadels gedacht war, sich vielmehr aus befähigten Vertretern aller Bevölkerungsschichten zusammensetzen sollte, blieb das Bürgertum aus seiner militärfeindlichen Haltung heraus dem Beruf des Offiziers abgeneigt. Weil ihm dann das eigene Land nicht eine ausreichende Anzahl tauglicher Offiziere stellte, berief der König Ausländer. Bei ihnen handelte es sich allerdings in starkem Maße um Angehörige des Geburtsadels, darunter besonders viele ehemalige preußische Offiziere, die König Friedrich I. nach dem Frieden von Tilsit in seinen Dienst zog. Mit dieser Aufnahme ausländischer Offiziere hängt es wohl zusammen, daß in Württemberg der Anteil des Adels am Offizierkorps in der zweiten Hälfte des 18. und zu Beginn des 19. Jahrhunderts größer war als in Bayern. Der Offiziernachwuchs aus dem Königreich, bei dessen Auswahl nur auf Bildung und Befähigung für den militärischen Dienst gesehen werden sollte, wurde im wesentlichen über die Regimenter eingestellt und ausgebildet. Allen Offizieren eröffnete der König die Möglichkeit, ohne Berücksichtigung von Herkunft und Vermögen in die höchsten militärischen Dienstränge aufzusteigen. Darüber hinaus erhielt seit dem 1. Dezember 1806 jeder Offizier vom Rang eines Hauptmannes an und bei den Gardetruppen sogar jeder Offizier den persönlichen Adel verliehen. Oberste, Generale und alle Gardeoffiziere vom Hauptmann an konnten für sich und ihre Familien ersuchen, in den erblichen Adel erhoben zu werden. Diese Möglichkeit sollte das Ansehen des Offizierkorps heben. Der ehemalige reichsständische Adel suchte nach 1816 wieder bevorzugt den österreichischen Dienst.

Das Schicksal jedes Offiziers hing in Württemberg weitgehend von seiner Ergebenheit und bedingungslosen Unterordnung unter den Willen des absolutistisch regierenden Königs ab, der in seiner Personalpolitik ebenso unumschränkt verfuhr, wie er sich auf der Grundlage seiner 1806 erworbenen Souveränität soweit wie irgend möglich von einer politischen, geistigen und militärischen Einflußnahme seines mächtigen französischen Bundesgenossen auf das Königreich zu befreien verstand. Ein wesentliches Mittel dieser Politik war die bewaffnete Macht, für die er dementsprechend aus eigenem Interesse in den Jahren 1810 bis 1816 etwa ein Drittel seines Haushaltes ausgab, nämlich 3,8 Millionen Gulden von 12 Millionen Gesamtetat.

d. Das Großherzogtum Baden

Die Markgrafschaft Baden war als unmittelbarer Nachbar Frankreichs am Oberrhein von allen süd- und südwestdeutschen Staaten dem französischen Einfluß am stärksten ausgesetzt. Das äußerte sich deutlich im Militärwesen während der Rheinbundzeit. Baden war mit seinem Kern in den seit 1771 vereinigten Markgrafschaften Baden-Baden und Baden-Durlach infolge der territorialen Vergrößerungen im Reichsdeputationshauptschluß von 1803 aus einem kleinen, gebietsmäßig zerrissenen Herrschaftsbereich zu einem Kurfürstentum aufgestiegen. Auf Grund des Bündnisses mit Napoleon und des Eintritts in den Rheinbund wurde es 1806 zu einem Großherzogtum mit fast einer Million Untertanen erhoben.

Baden besaß im Großherzog Carl Friedrich (1746–1811) einen Fürsten, der als Muster eines aufgeklärten Herrschers galt. Als Physiokrat und sparsamer Landesvater belastete er als Markgraf bis zur Französischen Revolution seine Untertanen nicht mit mehr Soldaten als es innenpolitisch die zersplitterte Lage und militärpolitisch die Verpflichtung der Markgrafschaft gegenüber dem schwäbischen Kreis an Kontingenten erforderten: etwa 2 000 Mann umfaßte das badische Militär im Jahre 1792. Die Mannschaften setzten sich aus Freiwilligen und ausgehobenen Untertanen zusammen, die lebenslänglich dienen mußten. Die Militärpflichtigkeit blieb durch weitestgehende Exemtionen auf die untersten Bevölkerungsschichten beschränkt.

Die Ereignisse von 1803 zwangen dazu, die Militärverfassung zu ändern. Der Kurfürst, der bisher alle Militaria mit Hilfe einer Militärkommission (gegründet 1773) aus seinem Kabinett geleitet hatte, übertrug mit dem Edikt vom 21. März 1803 die Führung sämtlicher militärischer Angelegenheiten seinem Bruder Ludwig, der bis 1795 Offizier des preußischen Königs und dort zuletzt Generalmajor gewesen war. Preußischer Geist und preußische Institutionen wurden mit Exerzier- und Dienstvorschriften, mit den preußischen Kriegsartikeln und der Geschäftsführung nach den Vorschriften des preußischen Militärrechtes in der Ausgabe von Cavan (Berlin 1801) nach Baden übertragen. Außerdem regelte Prinz Ludwig, der allerdings Anfang 1808 infolge französischer Intervention sein Amt aufgeben mußte, die Militärverfassung neu mit der Verordnung vom 23. März 1804, „die Miliz-Pflichtigkeit und Cantons-Einrichtung betreffend", und mit dem Kantonreglement vom 1. Dezember 1804. Bestimmte Gruppen von Landesbewohnern, vor allem die Söhne des Adels, der Beamten, dazu die Fremden und einige Städte wurden von jedem Wehrdienst ausgenommen. Aus der Schicht der Untertanen, die als prinzipiell wehrpflichtig angesehen wurden, waren breite Kreise von der Dienstpflicht befreit, vor allem aus wirtschaftlichen Gründen. Ein Vorschlag des ehemalig kurhessischen Offiziers Heinrich v. Porbeck (1771–1809), der wesentlichen Einfluß auf die Gestaltung der Heeresergänzung ausübte, alle Wehrpflichtigen, die vom persönlichen Militärdienst befreit waren, zu finanziellen Ausgleichsleistungen heranzuziehen, wurde nicht verwirklicht. Die Dienstpflicht der Nichteximierten dauerte vom beginnenden 16. bis zum vollendeten 25. Lebensjahr. Die Einberufenen brauchten jedoch nicht mehr lebenslänglich zu dienen, sondern sollten nach Ableistung ihres Militärdienstes in das bürgerliche Leben wieder zurückkehren. Für die Infanterie wurde die Dienstzeit auf acht, für die Kavallerie auf zehn und für die Artillerie auf zwölf Jahre eingeschränkt. Die Einführung der Kantonpflichtigkeit rief laute Proteste hervor, besonders in den neuerworbenen Landesteilen, obgleich doch nur die ärmeren Schichten der Untertanen zum Wehrdienst herangezogen werden sollten. Aber auch in Baden besaß die Regierung die Macht, Privilegien aufzuheben und das Land zu einem zentralistischen Staat auszubauen. Diesem Ziel kam nach 1806 zustatten, daß sich das Großherzogtum gezwungen sah, französische Institutionen zu übernehmen, beispielsweise den Code civil als Badisches Landrecht.

Noch stärker als in der Verwaltungsorganisation machte sich das französische Vorbild in allen Bereichen des Militärs geltend. Nachdem in den Jahren 1804/05 der Ersatzbedarf sehr gering gewesen war, so daß das Kantonreglement den Anforderungen genügte, erwies es sich ab 1806 in steigendem Maße als unzulänglich, weil Baden ein Rheinbundkontingent von 8 000 Mann zu stellen hatte.

Zunächst versuchte die Regierung, die Heeresergänzung dadurch zu verbessern, daß sie mit den Edikten vom 13. Februar und 15. März 1808 das System der Kantonverfassung aufhob und den Kreis der Dienstpflichtigen erweiterte. Als die Maßnahmen nicht ausreichten, rezipierte sie unter dem Druck französischer Forderungen mit dem Edikt vom 29. September 1808 unmittelbar Einrichtungen des Kaiserreichs, nämlich Bestimmungen des Gesetzes vom 8. Fructidor XIII, doch keineswegs das gesamte französische Konskriptionssystem. Baden zeigte sich bemüht, den „Wünschen" Napoleons entgegenzukommen, zugleich aber zu vermeiden, daß die militärischen Notwendigkeiten die Interessen des Landes zu stark berührten. Das zeigte sich bei der erstmals in ein Wehrgesetz aufgenommenen Proklamation, daß „kein Untertan ... in der Regel vom Kriegsdienst frei" sei. Die Grundsatzerklärung ließ zu, daß es weiterhin Ausnahmen von der Wehrpflicht, wenn auch in abermals eingeschränktem Umfange, und ebenso Exemtionen gab, dazu die bereits bestehende Möglichkeit, sich vertreten zu lassen. Die Regierung kam den Forderungen des Kaisers nach, vollzog ihre Maßnahmen aber in der Tendenz, den neuen Staat zu zentralisieren und zu bürokratisieren. Dieser Weg konnte nur nach und nach beschritten werden, wenn der Beigeschmack absolutistischer Willkür, wie er sich in Württemberg zeigte, vermieden werden sollte. Bei der Abneigung des Bürgertums gegen den Militärdienst konnte die Konskription nur Zug um Zug verwirklicht werden. Daß sich andererseits mit der Übernahme der Konskription auch bei der Regierung keine grundsätzlich neue Auffassung vom Wesen des Militärdienstes durchgesetzt hatte, zeigte der Widerstand des Kriegskollegiums, das überlieferte Straf- und Disziplinarsystem vorbehaltlos aufzugeben. Das Spießrutenlaufen wurde zwar mit den Kriegsartikeln von 1808 abgeschafft, beim Exerzieren und ähnlichem Dienst „aber blieben einige wenige Ermunterungshiebe auf den Rücken", also Stockschläge als Disziplinar- und Erziehungsmittel bis auf weiteres erlaubt. Daß die Absicht bestand, das Prügeln „nach und nach ganz abgehen zu lassen", durfte den Soldaten nicht bekanntgegeben werden.

Erst 1812 erhielt Baden eine Konskriptionsordnung, die weitestgehend alle bisherigen Befreiungen aufhob und keine Exemtionen grundsätzlich Wehrpflichtiger mehr kannte. Das Gesetz vom 28. Juli 1812 nahm nur noch die Söhne der Standesherren, der wirklich besoldeten Staats- und Hofbeamten, den einzigen Sohn eines 60jährigen Vaters oder einer Witwe, wenn er das Gewerbe erhielt, und die Livreediener der großherzoglichen Familie aus. Theologiestudenten sollten vorübergehend, nämlich solange noch Mangel an Geistlichen bestehe, befreit sein. Die neue Regelung, die bis 1819 in Kraft blieb, verbesserte die Lage der Wehrpflichtigen dadurch, daß sie die Dienstpflicht auf die Zeit vom vollendeten 19. bis zum 23. Lebensjahr einschränkte und daß diejenigen, die infolge der einmaligen Auslosung nicht unmittelbar aktiv dienen mußten, in die Reserve überführt wurden, aus der sie nur noch zu außerordentlichen Truppenergänzungen herangezogen werden konnten. Zugleich blieb die Stellvertretung zugelassen. Eine Allgemeine Wehrpflicht gab es also in Baden auch jetzt nicht.

Auch in Baden war der Beruf des Offiziers wenig gesucht, da er nicht als erster Stand galt. Staats- und Hofämter übten auf Adel und Bürgertum größere Anziehungskraft aus. Ausgebildet wurde der Offiziersersatz im Pagendienst am Hof oder in den Regimentern. Der Eintritt in die Offizierlaufbahn setzte nicht voraus, daß der Bewerber dem Geburtsadel angehörte. Im Jahre 1806 betrug der Anteil des Adels unter den Offizieren 56 %, war also wesentlich geringer als in Preußen. Nur die Leibgrenadiergarde besaß 1811 ein rein adliges Offizierkorps. Die Schwierigkeiten bei der Offizierergänzung nach 1803 behob Prinz Ludwig dadurch, daß er außer den Offizieren, die er aus den Truppen der gewonnenen Gebiete übernahm, Ausländer heranzog, besonders Preußen, Kurhessen und Hannoveraner, die meist jüngeren Alters waren. Sie übten einen starken Einfluß auf die Gestaltung des Offizierkorps aus. Nachdem sich noch 1805 einige Offiziere geweigert hatten, an der Seite der Franzosen gegen die Truppen des österreichischen Kaisers als ihren ehemaligen Kriegsherrn zu kämpfen, verschmolz das Offizierkorps infolge der Teilnahme an den napoleonischen Feldzügen langsam zu einer Einheit. Offiziere und Mannschaften, die an der Seite des Kaisers kämpften und siegten, waren ihm dadurch verbunden. Sie hatten keine nationaldeutsche Gesinnung. Das napoleonisch empfindende Offizierkorps und seine Truppen wurden jedoch 1812 in Rußland größtenteils vernichtet. Baden war daher 1813 gezwungen, für die Neuaufstellungen Unteroffiziere und Dienstpflichtige zu Offizieren zu ernennen. Die Notlösung war mit ein Grund dafür, daß Niveau und Ansehen des Offiziers Schaden nahmen.

Historiker mit nationaler Tendenz konnten es sich kaum erklären, daß auch die neuen Verbände dem Rheinbundprotektor treu dienten, bis sich Baden unter dem Zwang des Geschehens der Koalition gegen Napoleon anschloß. Es war unhistorisch, dieses Verhalten als ein Zeichen vaterlandsloser Gesinnung eines falsch geleiteten Söldnertums zu sehen, denn auch der badische Soldat besaß noch keine Vorstellung eines gemeindeutschen Vaterlandes, weil sein Nationalbewußtsein noch nicht angesprochen worden war. Sein Verhalten entsprach völlig der bisherigen Auffassung vom Militärdienst.

e. Das Königreich Sachsen

Den drei großen Vertretern der süddeutschen Staatengruppe stand als Exponent ähnlicher Größenordnung unter den mittel- und norddeutschen Staaten das Königreich Sachsen gegenüber. Kurfürst Friedrich August III. (1763–1827), dessen Truppen als Verbündete Preußens an der Schlacht bei Jena teilgenommen hatten, trat mit dem Friedens- und Akzessionsvertrag von Posen (11. Dezember 1806) als König Friedrich August I. dem Rheinbund bei. Sachsen wurde verpflichtet, ein Kontingent von 20 000 Mann zu stellen.

Das Militärwesen des Kurfürstentums Sachsen hatte beim Beginn der Französischen Revolution auf den organisatorischen Grundlagen beruht, auf denen es nach dem Siebenjährigen Kriege unter der Einwirkung des aufgeklärten

Absolutismus nach preußischem Vorbild wiederaufgebaut worden war. Es wurde bis in die Rheinbundzeit hinein wenig verändert. Die überkommene altständische Verfassung, die das Königreich beibehielt, verhinderte recht wirksam, daß französische Ideen in den militärischen Bereich eindrangen oder daß gar Institutionen des Kaiserreiches eingeführt wurden. Andererseits verzichtete auch Napoleon darauf, die Übernahme französischer Formen durch Druck zu erreichen. Erst 1810 versuchte König Friedrich August I., die Armee zu reorganisieren.

Das sächsische Offizierkorps setzte sich im 18. und zu Beginn des 19. Jahrhunderts zu einem sehr hohen Prozentsatz aus Adligen zusammen. Im Jahre 1808 bestand es beispielsweise aus 863 Angehörigen des Adels und 347 Bürgerlichen. Finden sich also bei der sozialen Herkunft der Offiziere ähnliche Verhältnisse wie in Preußen, so hatte das Heer seinen Ersatz an Mannschaften im Unterschied zu Preußen wesentlich aus dem Lande gezogen, und zwar durch Freiwilligenwerbung. Nur um den Restbedarf an Rekruten zu decken, waren die zivilen Verwaltungsbehörden verpflichtet, diensttüchtigen Ersatz zwangsweise zu stellen. An die Stelle dieses Systems sollte nun 1810 eine Landrekrutierung mit Kreiskommissionen treten und so die Militärverfassung auf die Basis der Wehrpflicht gestellt werden. Der Soldat, der bisher bis zur Invalidität gedient hatte, sollte nur noch einer begrenzten Dienstpflicht von zehn oder acht Jahren nachkommen müssen. Diese Neuerungen waren den Ständen jedoch schon zu weitreichend. Sie zögerten die Gesetzesvorlage hinaus und hielten damit an der überlieferten Militärverfassung fest.

Disziplin und Ordnung waren in der Armee infolge der homogenen Zusammensetzung des Mannschaftsstandes leichter als im preußischen Militär aufrechtzuerhalten gewesen. So waren Personen, die auf Grund ihrer Herkunft oder ihres Berufes als ehrlos galten, beispielsweise Scharfrichter und Henkersknechte, nur dann als Soldaten eingestellt worden, wenn sie zuvor in feierlicher Zeremonie ehrlich gemacht worden waren. Dennoch kannte die sächsische Armee die Zucht- und Strafmittel, die im preußischen Heer angewandt wurden. Aber auch hier bewirkte der Einfluß der vorrevolutionären Stände, daß es zu keiner grundlegenden Wandlung im Bereich der Militärjustiz kam. Nur die Stockprügel wurden abgeschafft. Die sächsische Armee blieb, abgesehen von einer Reform der Heeresverwaltung, in der überlieferten Tradition stehen.

3. Die übrigen Bundesstaaten

Die übrigen Rheinbundstaaten waren nicht nur ihrer Größenordnung nach deutlich zu unterscheiden, sondern differierten untereinander auch stark in ihren verfassungsrechtlichen Grundlagen. Beispielsweise zählte das Großherzogtum Hessen-Darmstadt zu der Staatengruppe mit spätabsolutistischen Zügen, während die mecklenburgischen Herzogtümer zu den Staaten mit vorwiegend altständisch-monarchischem Herrschaftssystem gehörten. Die Unterschiede zeigten sich nicht in den militärischen Pflichten, sondern in der Militärverfassung und besonders auch in der Größe der Kontingente, die infolge der Rheinbundakte oder der Akzessionsverträge aufzubringen waren. Das zeigt sich sehr deutlich in einem Vergleich. Den 4 000 Soldaten, die Hessen-Darmstadt stellte, entsprachen die 29 Mann des Fürsten von der Leyen.

Die Soldaten des Fürsten von der Leyen wurden mit anderen Kontingenten zu größeren Verbänden zusammengefaßt. Von den Gründungsmitgliedern des Rheinbundes hatten der Fürstprimas 968 Mann, das Gesamthaus der Herzöge von Nassau 1680, der Herzog von Arenberg 379, das Gesamthaus der Fürsten von Salm 323, der Fürst von Isenburg 291, der Fürst von Hohenzollern-Sigmaringen 193, der Fürst von Hohenzollern-Hechingen 97 und der Fürst von Liechtenstein 40 Soldaten zu stellen. Zu diesem Gesamtkontingent von 4 000 Soldaten traten dann die Kontingente der später aufgenommenen Staaten: Großherzogtum Würzburg 2 000 Mann; thüringische Staaten 2 800 Mann, davon Großherzogtum Sachsen-Weimar 800; anhaltinische Staaten 800 Mann; Fürsten von Schwarzburg 650 Mann; Waldeck 400 Mann; Gesamthaus Reuß 450 Mann; Gesamthaus Lippe 650 Mann; Herzogtümer Mecklenburg 2 300 Mann und Herzogtum Oldenburg 800 Mann.

Die Kontingente dienten Napoleon in allen Feldzügen, denn auch auf den spanischen Kriegsschauplatz mußten die kleineren und kleinen Rheinbundstaaten einschließlich des Großherzogtums Baden Soldaten schicken. Sie glichen sich infolge der ständigen Kampfgemeinschaft mit kaiserlichen Truppen im organisatorischen, technischen und taktischen Bereich sehr stark dem französischen Vorbild an. Aber auch auf dem Gebiet der Militärverfassung übernahmen die Kontingentsherren, vornehmlich in den Jahren 1808 bis 1810, Formen und Institutionen der kaiserlichen Armee. In der umfassenden Neuordnung des Militärwesens ging das Fürstentum Isenburg voran, dessen Fürst als Offizier im napoleonischen Heer diente. Noch 1807 wurde eine provisorische Konskriptionsordnung nach französischem Muster erlassen, die endgültige trat am 2. März 1812 ins Leben. Im Jahre 1808 wurden das französische Exerzierreglement und weitere Dienstvorschriften eingeführt. Andere Rheinbundstaaten entzogen sich zwar dem französischen Einfluß so gut es ging, beispielsweise das Großherzogtum Sachsen-Weimar, aber das Vorbild der kaiserlichen Armee bewirkte doch insgesamt, daß die Truppen der Rheinbundfürsten in den Jahren nach dem Krieg von 1809 bis zu ihrem Untergang in Rußland ihre größte militärische Leistungsfähigkeit und einen guten soldatischen Geist besaßen, dessen Grundlagen allerdings verschieden waren.

Als älteste und zugleich besonders selbstbewußte Verbündete Frankreichs konnten die Könige von Bayern und Württemberg ihr Militärwesen in vieler Hinsicht einer direkten Einwirkung Napoleons entziehen. Diese Möglichkeit stand der Mehrheit der anderen Rheinbundfürsten nicht offen. Während die bayerischen und württembergischen Soldaten infolge ihrer engen Bindung an ihre obersten Kriegsherren trotz des Übergangs von der persönlichen Herrschaft des Fürsten zur Regierung des Staates durch eine bürokratische Verwaltung stärker als die anderen Bereiche staatlichen Lebens deren Einfluß unterworfen blieben, ließ Napoleon die kleineren Rheinbundfürsten von Kontingentsherren zu reinen Söldnerlieferanten absinken. In den Armeen der großen Staaten ergriff auch die Mehrheit der Konskribierten ein patriotisches Gefühl. Dies, obgleich es in keinem Rheinbundstaat zu einem Bündnis zwischen Regierung und Nation kam und auch nicht das Ziel verfolgt wurde, ein politisches Staatsbürgertum zu erziehen. Daher war in den Augen der Untertanen die Konskription überall dort, wo sie eingeführt wurde, als ein Mittel des aufgeklärten Spätabsolutismus ein Übel. Das trotzdem entstandene patriotische Gefühl der Konskribierten trug wesentlich zur Bildung der Staatsnation bei. Das war vor allem deshalb möglich, weil Napoleon die größeren Verbände bayerischer, württembergischer und badischer Truppen, denen er als Soldaten zu schmeicheln verstand und die er bis 1812 von Erfolg zu Erfolg führte, im allgemeinen geschlossen und unter eigenen höheren Befehlshabern einsetzte. Einer solchen Entwicklung entzog der Kaiser bei den Kontingenten der kleineren Staaten die Grundlagen. Sie waren zwar fast vollständig in der sogenannten „Fürsten-Division" zusammengefaßt und besaßen deutsche Obersten, die jeweils einem der zu einem Rheinbundregiment zusammengezogenen kleineren Kontingente entstammten. Die Division wurde aber von einem französischen General geführt und die Truppen so dem Einfluß ihrer Kontingentsherren entzogen. Das trug dazu bei, daß diese Soldaten Vertreter eines unpolitischen Söldnertums blieben.

E. Das Militärwesen Österreichs im Zeichen der Volksbewaffnung

Der österreichischen Militärgeschichte ist ein eigener Abschnitt eingeräumt. Die Epoche von 1789 bis 1815 läßt sich jedoch nicht darstellen, ohne daß zumindest Rolle und Bedeutung der habsburgischen Monarchie und ihres Militärwesens für die Idee der Volksbewaffnung und der daraus entspringenden allgemeinen Wehrpflicht ganz kurz umrissen werden. Sie wurde nämlich von Österreich sehr früh und ernsthaft aufgegriffen.

Beim Ausbruch der Französischen Revolution war das österreichische Militärwesen nicht so sehr in Tradition erstarrt wie die preußische Armee. Daher wiesen die österreichischen Heeresreformen während der Epoche nicht so scharfe Züge auf wie die preußischen. Ganz allgemein begegneten die österreichischen Generale und die kaiserlichen Behörden der Idee der Volksbewaffnung zunächst aufgeschlossener als die preußischen. Die Österreicher versuchten sogar, die Reichsstände für diesen Plan zu gewinnen, zumal es sich sehr schnell erwiesen hatte, daß die Reichskontingente den revolutionären französischen Truppen noch weniger gewachsen waren als die stehenden Heere der großen Einzelstaaten. Diese Bemühungen zeitigten keine entscheidenden Ergebnisse. Dennoch gab die österreichische Regierung die Idee der Volksbewaffnung für ihren Einflußbereich nicht auf. Sie verfolgte weiter das Ziel, die Bevölkerung zur Verteidigung der Heimat heranzuziehen, handelte dabei allerdings nicht mit dem Blick in die Zukunft, sondern unter dem Zwang der französischen Erfolge.

Der Weg führte während des ersten Koalitionskrieges vom Versuch eines allgemeinen Volksaufgebotes in Süddeutschland zu der kurzfristigen allgemeinen Volksbewaffnung in Österreich von 1797. Hier mischten sich revolutionäre und josephinische Elemente zu einem aktiven Staatspatriotismus, der über den kurzfristigen Erfolg im militärischen Bereich hinaus zur Ausbildung der Staatsnation beitrug. Die Wechselwirkung von Staats- und Militärverfassung ist deutlich zu erkennen. Wenn auch die Wiener Ansätze zu einer Volksbewaffnung ein jähes Ende fanden, führte doch von ihnen ein direkter Weg zur österreichischen Heeresreform von 1808 mit ihrer politischen Krönung in der Landwehr. Die Persönlichkeit, die vor allem die Idee der Volksbewaffnung in das Jahr 1808 weitertrug, war Erzherzog Johann (1782–1859).

Den Anstoß zur Entwicklung von 1808 brachten die spanischen Ereignisse. Sie riefen besonders am Wiener Hof starke Bestürzung hervor. Der Schock und die von Graf Stadion bewußt hochgespielte Sorge vor einem ähnlichen Schicksal Österreichs ließen plötzlich eine Verstärkung der Wehrkraft als notwendig erkennen. Am 12. Mai 1808 erging ein kaiserliches Patent, das die Errichtung von zwei Reservebataillonen für jedes deutsche Infanterieregiment und entsprechenden Reserven für die Kavallerie anordnete. Die neuen Mannschaften wurden aus den der Konskription unterliegenden waffenfähigen Männern der deutschen Erblande ausgelost, zu Übungen einberufen und dann wieder beurlaubt. Vor allem aber griff Erzherzog Johann mit einer Denkschrift vom 17. Mai die Volksbewaffnungsidee wieder auf. Die Vorschläge stießen zwar auf den Widerstand der Generalität, fanden aber, von Graf Stadion unterstützt, die Zustimmung des Kaisers. Franz I. griff aus Sorge für seine Dynastie zu den Mitteln, die sich ihm boten. Am 9. Juni 1808 wurde das Landwehrpatent veröffentlicht.

Der Landwehr gehörten alle wehrfähigen Männer zwischen 18 und 45 Jahren an, die der Heeresdienstpflicht unterlagen, sofern sie nicht bereits im Heer dienten oder für die Reservebataillone ausgelost waren, besonders auch die „zeitlich Befreiten", die ausgedienten Soldaten und diejenigen Dienstpflichtigen, die wegen geringfügiger körperlicher Fehler bisher vom Militärdienst zurückgestellt waren. Die Mannschaften wurden durch Los bestimmt. Freiwillige Meldung war ebenso möglich wie Stellvertretung unter besonderen Voraussetzungen. Außerdem sollten in Kriegszeiten Bürgerkorps gebildet werden, die alle Männer zwischen 45 und 50 Jahren erfaßten. Sie waren für Ordnungsaufgaben im Landesinnern und zur Unterstützung des Militärs als Wachen, Transport- und Begleitkommandos vorgesehen. Die Landwehr gliederte sich in Bataillone von 800 bis 1200 Mann unter der Führung von Gutsbesitzern, Honoratioren und altgedienten Männern. Sie übte sonn- und feiertags. Die höhere Führung lag bei den Gouverneuren der Provinzen und den für jedes Land bestimmten Landwehrorganisatoren, meist landwehrfreudigen Erzherzögen. Der Aufruf zur Bildung der Landwehr und ihr Aufbau wurden von der Bevölkerung begrüßt und unterstützt. Durch ihre Leistungen – zahlreiche Landwehrbataillone bewährten sich im Kriege von 1809 – erwarb sich die Landwehr dann auch die Anerkennung des Erzherzogs Karl. Sie wurde infolge französischer Intervention nach dem verlorenen Kriege aufgelöst.

Österreich war also der erste deutsche Staat, der eine moderne Form des Volksaufgebotes einführte. Die Erfolge der Landwehr bewiesen, daß stehendes Heer und Volksaufgebot einander nicht ausschlossen, daß sie vielmehr gemäß den Vorstellungen des Erzherzogs Johann und des Grafen Stadion nur zwei verschiedene Ausdrucksformen des staatlichen Verteidigungswillens waren. Wenn die österreichischen Landwehrgesetze einen stark provinziellen und ständischen Charakter zeigten und sich dadurch von dem preußischen Landwehrgesetz von 1813 unterschieden, lag darin keine Schwäche, sondern die Stärke dieser Institution. Im Gegensatz zum übernationalen stehenden Heer trug die Landwehr der nationalen Verschiedenheit der Länder unter der habsburgischen Krone Rechnung. Damit waren Ansätze zu einem Volksheer geschaffen. Aber es waren nur Ansätze, denn noch wurden gesetzlich nur die Männer erfaßt, die der allgemeinen Heeresdienstpflicht unterlagen. Die angesprochenen Möglichkeiten wurden außerdem nicht weiterverfolgt. Der Gedanke an eine Weiterführung und Koppelung von Heeresreform und Landwehr, der zu einem stehenden Heer auf der Basis Allgemeiner Wehrpflicht hätte führen können, war schon deshalb nicht möglich, weil einer solchen Umgestaltung der Wehrkraft die Voraussetzung einer Staatsreform fehlte. Erst Preußen ging diesen Weg. Ihm vermittelten die österreichischen Vorgänge reiche Anregungen.

Österreich selbst kehrte nach dem unglücklichen Krieg von 1809 zum stehenden Heer alter Art als einzigem Kriegsmittel des Staates zurück und gab alle

Volksbewaffnungspläne mit der Demobilisierung der Landwehr preis. Während der Freiheitskriege wurde der Plan eines Volksaufgebotes nicht mehr erwogen. Die sogenannten Landwehrbataillone, die 1813/15 aufgestellt und eingesetzt wurden, waren also nicht vom Geist der Jahre 1808/09 geprägt. Bemerkenswert bleibt jedoch, daß das frühfranziszeische Österreich eher mit moderner Form aufgetreten war als der deutsche Rivale Preußen, dessen Heer vorgab, an der Spitze des militärischen Fortschritts zu marschieren. Der Ruhm, erstmalig im deutschen Raum für eine Volksbewaffnung eine gangbare Lösung gefunden zu haben, gehört Österreich.

F. Preußen.
Von der friderizianischen Militärverfassung zum Gesetz über die Allgemeine Wehrpflicht vom 3. September 1814

1. Das „friderizianische" Heer von 1786–1806

Das Militärwesen wird seit dem 19. Jahrhundert von der Allgemeinen Wehrpflicht bestimmt. Im deutschen Bereich erging in Preußen das erste Gesetz über eine allgemeine und gleiche Wehrpflicht. Es war der preußische Staat, in dem das Neue, was dann militärisch zur Wirksamkeit gelangte, zuerst und vor allem auch intensiver als in anderen deutschen Staaten diskutiert, geplant und realisiert wurde. Deshalb muß sich die Militärgeschichte besonders ausführlich mit der preußischen Armee und besonders mit ihrer Heeresreform befassen.

a. Staat und Militär im Zeichen der Auflösung königlicher Selbstregierung

In den letzten zwei Jahrzehnten preußischer Geschichte, bevor der altpreußisch-friderizianische Staat infolge der Schlachten von Jena und Auerstedt (14. Oktober 1806) zusammenbrach, ließ die staatliche Energie nach. Außerdem sah es die Regierung nicht mehr als ihre vorrangige Aufgabe an, die Bedürfnisse des Staates und die Staatsraison in den Mittelpunkt ihrer Tätigkeit zu stellen, sondern war bestrebt, die „Glückseligkeit" der Untertanen zu fördern. Sogar die bewaffnete Macht wurde von diesen aufklärerischen Tendenzen ergriffen. Die Armee friderizianischer Prägung geriet schon vor dem Ausbruch der Französischen Revolution in eine vorwiegend geistige Krise, die den gesamten Zeitabschnitt kennzeichnet. Das zeigte sich schon daran, daß ihre Organisation und ihr „inneres Gefüge", ihre Ausbildung und ihre Führung mangelhaft waren. Diese Mängel lagen in der Entwicklung seit 1763 begründet, traten allerdings erst mit der Katastrophe von 1806 offen zutage. Nach den eindeutigen Niederlagen des Heeres in der Doppelschlacht des 14. Oktober zeigten sich in Armee und Staatsverwaltung kraß die Schwächen und Fehler einer Staatsleitung, deren Wirksamkeit und Tatkraft erlahmt war.

Die überkommene Staatsverfassung, zugeschnitten auf die Persönlichkeit des 1786 verstorbenen Königs Friedrich II., des Großen, war in ihren staatstheoretischen Grundlagen unverändert geblieben. Der Monarch galt als der Ursprung jeder Willensäußerung des Staates. In der Praxis des Alltages waren jedoch die Könige Friedrich Wilhelm II. (1786–1797) und Friedrich Wilhelm III. (1797–1840), als Persönlichkeit gesehen, nicht in der Lage, als Mittelpunkt aller Regierungstätigkeit zu wirken. Es kam hinzu, daß sich das friderizianische Regierungssystem bereits in den letzten Jahren seines Vollenders überlebt hatte. Die Schwächen der Herrschaftsform zeigten sich aber erst nach dem Tode Friedrichs II., weil nun Monarchen an der Staatsspitze standen, die das System äußerlich unverändert beibehielten und die doch den Behörden einen Teil der Aufgaben überließen, die bisher der König versehen hatte. Sie versäumten aber, ihre Offiziere und Beamten – nur ihnen sprach die Staatsidee des aufgeklärten Absolutismus eine Anteilnahme am Staatsleben zu – zu größerer Selbständigkeit zu erziehen. Die staatstragende Schicht arbeitete in ihrer Mehrheit noch immer tüchtig und war unter normalen Bedingungen zuverlässig. Sie versagte aber, als sie sich 1806 plötzlich vor eine außergewöhnliche Situation gestellt sah. Gewöhnt, nur auf Befehl von oben zu handeln, gingen vielfach Offiziere und Beamte jeder Entscheidung aus dem Wege. So konnte es geschehen, daß viele Institutionen der Monarchie im Bereich des öffentlichen Lebens – man denke nur an die Festungen oder an den Regierungsapparat – in die Gewalt des Feindes übergingen, als die Krone ausfiel.

Das war die eigentliche politische Katastrophe des Staates der Hohenzollern nach dem vorangegangenen militärischen Zusammenbruch des Heeres. Sie offenbarte zugleich schlagartig eine andere Folge der friderizianischen Staatsverfassung. Erst jetzt wurde deutlich, daß diese Monarchie noch kein lebendiges Gemeinwesen war, sondern nur eine kunstvolle und jetzt erstarrte Staatsmaschinerie. Die Trennung von Regierung und Volk, also die grundsätzliche Ablehnung der Teilnahme anderer Untertanen als Offizierkorps und Beamtenschaft am Leben des Staates, besonders aber der Ausschluß des Bürgertums von jeglicher politischer Verantwortung, trugen vollends zu dem schmachvollen Zusammenbruch bei. „Der König hat eine Bataille verlohren. Jetzt ist Ruhe die erste Bürgerpflicht. Ich fordere die Einwohner Berlins dazu auf. Der König und seine Brüder leben!“ In diesem öffentlichen Aufruf des Ministers Graf v. d. Schulenburg-Kehnert vom 17. Oktober 1806, drei Tage nach den Schlachten von Jena und Auerstedt, zeigte sich einprägsam die preußische Staatsauffassung vor 1806.

Daran änderte nichts, daß diese Staatsauffassung – schon veraltet und schon zwischen den Zeitaltern, nämlich mehrere Jahre nach dem Ausbruch der Französischen Revolution – im „Allgemeinen Landrecht für die Preußischen Staaten“ (ALR) von 1794 einen kodifizierten, öffentlich-rechtlichen Niederschlag fand.

Das Allgemeine Landrecht sanktionierte die überkommene schroffe Gliederung in Geburtsstände, in Adel, Bürgertum und Bauernstand. Es lebte aber nicht nur jeder Stand in sozialer und rechtlicher Abgeschlossenheit, sondern der Staat schrieb sich auch das Recht zu, die äußeren Handlungen aller Einwohner zu reglementieren, also jedem Untertanen seinen nach Stand und Beruf festumrissenen Wirkungskreis bis in Einzelheiten bindend vorzuschreiben. Wenn dabei auf der Masse des Bürgertums die Pflicht zu bedeutenden Steuerzahlungen ruhte, wenn das Bauerntum neben seinem Anteil am Steueraufkommen auch noch Militärdienst leistete, und wenn der Adel bei weitgehender Steuerfreiheit dem König vor allem Offiziere zu stellen hatte, dann war das im wesentlichen der Ausdruck eines Verfassungszustandes, der sich aus der militärischen Staatsraison der Dynastie der Hohenzollern entwickelt hatte, der aber nicht mehr in die Zeit paßte.

Auch am Ende des 18. Jahrhunderts bedingten sich, wie in allen Epochen, Staats- und Militärverfassung in Preußen gegenseitig, denn beide Verfassungsbereiche beruhten auf dem Gegensatz von privilegierten und nichtprivilegierten Untertanen in der ständisch streng gegliederten und wirtschaftlich gebundenen Gesellschaftsordnung des bevormundenden Polizeistaates.

Die enge Verknüpfung trat in vielen Phänomenen deutlich heraus, beispielsweise im Staatshaushalt. So ließen es die finanziellen Mittel unmöglich erscheinen, die seit Friedrich Wilhelm I. unverändert gebliebene Löhnung der Soldaten zu verbessern, weil die Staatseinnahmen wegen der Steuerprivilegien des Adels nicht gesteigert werden konnten. Die Militärverfassung konnte also nur dann reformiert werden, wenn die Krone bereit war, auch in die Staatsverfassung einzugreifen. Dazu fehlte es jedoch an den Voraussetzungen. Friedrich Wilhelm III. besaß wohl ein Gefühl dafür, daß in Staat und Heer Reformen notwendig waren, aber er hatte zu wenig Selbstvertrauen und war zu unentschlossen, Maßnahmen gegen den Widerstand seiner Ratgeber durchzusetzen. Andererseits gestattete ihm auch, besonders vor 1806, sein stark ausgeprägtes Souveränitätsgefühl nicht, reformwilligen Persönlichkeiten die Freiheit des Handelns zu gewähren.

Trotz dieser gegenseitigen Bedingtheit von Staats- und Militärverfassung wurde jetzt erstmals die „Königlich preußische Armee“ von den Zeitgenossen vielfach als ein „Staat im Staate“ angesehen. Sie war nämlich mit eigener Polizei-, Gerichts- und Kirchenverfassung zugleich eine Institution, die als ein Instrument des Monarchen unabhängig neben den Staaten des Königs von Preußen stand. Diese eigentümliche, selbstverständliche Stellung der Armee fand ihren öffentlichen Ausdruck auch darin, daß sich die Könige traditionsgemäß als Offiziere fühlten. Sie gaben sich nicht nur als oberster Befehlshaber („chef-en-titre“) ihrer Armee, sondern übten die Kommandogewalt in Krieg und Frieden als „Oberster Kriegsherr“ tatsächlich aus. Dennoch kann Preußen in dieser Zeit nicht mehr als Militärstaat bezeichnet werden, auch wenn sich Friedrich Wilhelm III. nicht immer darüber im klaren gewesen zu sein scheint, daß „die Armee nicht bloß ein glänzendes Attribut der Staatsgewalt, sondern ein Instrument der Politik“ darstellte, und wenn ihn Ernst Moritz Arndt den „angestrengtesten und despotischsten Soldatenstaat voll der unleidlichsten monarchischen Aristokratie“ nannte. Beide Könige, besonders Friedrich Wilhelm III., bemühten sich, militärische und allgemeinstaatliche Interessensphären ihrer Monarchie sauber zu trennen. Sie gaben nicht selten nichtmilitärischen Belangen den Vorrang (vgl. das Kantonreglement vom 12. Februar 1792). Staats- und Militärverfassung hatten ihren wesentlichen Vereinigungspunkt in der Person des absolutistischen Monarchen. In ihm war der Einklang zwischen beiden Verfassungsbereichen gesichert.

Die Militärverfassung beruhte auf der altbewährten Trennung der Armee in zwei streng geschiedene Körper, nämlich in Offizierstand und Mannschaften. Das „Knochengerüst der Armee" war der Offizierstand, der bis auf unbedeutende Ausnahmen mit dem Adel identisch war. Den Soldaten und Unteroffizieren kam nur die Bedeutung von Rädern in der „Heeresmaschine" zu. Dabei läßt sich mit dem Begriff Maschine das Wesen der spätfriderizianischen Armee bildlich am besten erfassen. Auch von Zeitgenossen und Nachwelt wurden der systemvollendete und doch klare Aufbau und das präzise Funktionieren des Heeres als mechanisches Instrument in der Hand des Königs aufgefaßt. In diesem rationalen Kunstwerk konnte der gemeine Soldat nur Objekt sein. Viele aufgeklärte Vertreter des vernunftgläubigen Zeitalters sahen im Heer des Königs von Preußen ein Ergebnis rationalen Denkens und Handelns.

Der Offizier war, wie jeder Preuße, absoluter Untertan des Landes- und Kriegsherrn. Als adliges oder dem Adel gleichgestelltes Standesmitglied war er jedoch klar von allen anderen Untertanen geschieden, insbesondere auch von den Soldaten. Als Offizier war er nicht Beamter, sondern „persönlicher Diener" seines „Herrn". Diese unmittelbare Beziehung zum Kriegsherrn als dem absoluten Souverän – zugleich aber als dem „primus inter pares" – begründete ein einmaliges und eigenartiges Treueverhältnis zwischen Krone und Offizierstand, das diesen weit über alle übrigen Untertanen hinaus zum staatstragenden Stand erhob. Sein Standesgeist und seine Standespflicht waren das Fundament der absolutistischen Monarchie. Die Standespflicht war im „Allgemeinen Landrecht für die Preußischen Staaten" gesetzlich fixiert: „Dem Adel, als dem ersten Stand im Staate, liegt, nach seiner Bestimmung, die Verteidigung des Staates sowie die Unterstützung der äußeren Würde und inneren Verfassung desselben hauptsächlich ob" (ALR II, 9; § 1). Zugleich war das Offizier-Sein eine Ehrenstellung, auf die der Adlige einen Anspruch erhob und für die der Stand sein alleiniges Vorrecht betonte.

Diesen Anspruch erkannten die Könige grundsätzlich an. Mehrfach betonten Friedrich Wilhelm II. und Friedrich Wilhelm III., es sei ihre moralische Pflicht, die Offizierstellen dem inländischen Adel offenzuhalten, weil sie dessen Existenzgrundlage bildeten. Deshalb wurden in vielen Fällen Gesuche ausländischer Adliger um Aufnahme in den preußischen Dienst abgewiesen. Die Ausländer fanden jedoch noch leichter Zugang zum Offizierstand als nichtadlige Untertanen des Königs von Preußen, denn ein nichtadliger Offizier „verwischte" die klare Trennung der Stände. Er war in einem ständisch gegliederten Staat nur als notwendiger Spezialist tragbar. Hierin war die Haltung Friedrich Wilhelms II. besonders starr. Diesen Standpunkt behielt sein Nachfolger grundsätzlich bei, zeigte sich jedoch bereit, Ausnahmen zu genehmigen, obgleich das Offizierkorps keine Ersatzschwierigkeiten hatte. Besonders bei Füsilieren und Husaren wurden mit besonderer Erlaubnis Friedrich Wilhelms III. auch Bürgerliche zugelassen, doch mußten sie erschwerte Bedingungen auf sich nehmen, bis sie zum Offizier befördert wurden. Bürgerliche fanden außerdem seit jeher Zugang zu den Offizierstellen der Artillerie. Statistische Nachweise, daß 1806 immerhin 9 % der Offiziere bürgerlicher Abkunft gewesen seien, sind auch insofern irreführend, als sich unter diesen nichtadligen Offizieren eine größere Zahl ehemaliger Unteroffiziere befand, die vor allem auf Grund einer Kabinettsordre vom 27. Februar 1787 zum Offizier befördert worden waren.

Der Offizierstand, der unter Friedrich dem Großen ein „Werkzeug" in der Hand des Monarchen gewesen war, wandelte sich zwischen 1786 und 1806 zu einer Kraft, die sich neben der Krone bewußt als Träger des Staates fühlte und dementsprechend nicht mehr so „willkürlich" verwendet und behandelt werden konnte wie ehedem. Seine maßgeblichen Vertreter waren die Generale und höheren Offiziere, die zunächst für sich nur beansprucht hatten, als Schüler Friedrichs des Großen dessen militärisches Erbe zu verwalten. In diesem Sinne traten sie auch den Königen als Gralshüter entgegen. Andererseits bedurften Friedrich Wilhelm II. und Friedrich Wilhelm III. im Gegensatz zu Friedrich II. der Beratung durch ihre Generale, besonders im Felde. Aus ausführenden Organen im Rahmen des friderizianischen Heeres wurden Ratgeber, die sich infolge ihrer Kriegserfahrungen dem obersten Kriegsherrn gegenüber überlegen fühlten. Das steigerte nicht nur ihr Selbstbewußtsein, sondern das des ganzen Standes. Auf dem Wege über ihre Repräsentanten, die ihre Bedeutung und ihren Wert für die Krone auszuspielen begannen, stieg die Macht des Offizierstandes. Des damit verbundenen Anspruches suchten sich die Monarchen beispielsweise dadurch zu erwehren, daß sie die Zahl der rivalisierenden Immediatbehörden vermehrten. Ein Ausdruck der Entwicklung war der Generaladjutant (vgl. S. 109 f.).

Der Mannschaftsstand des stehenden Heeres rekrutierte sich aus kantonpflichtigen Inländern und geworbenen Ausländern. Das Kantonsystem war eine Maßnahme der militärischen Staatsräson. Kantonpflicht bedeutete eine aus volks- und staatswirtschaftlichen sowie staatspolitischen Motiven eingeschränkte Heranziehung wehrfähiger Untertanen zum Militärdienst. Das Wesen dieses Rekrutierungssystems ließ es zu, daß infolge einer neuen Regelung der Kantonverfassung, die mit dem Reglement von 1792 erfolgte, entgegen den Forderungen militärischer Stellen die etatistischen Exemtionen erweitert wurden. Dagegen mußte der nichtprivilegierte Kantonpflichtige in das stehende Heer eintreten. Dazu war er nicht aus ethischen Motiven gegenüber dem Staat verpflichtet, sondern aus der materiellen Erwägung, daß der Mannschaftsbestand des zuständigen Regimentes komplett blieb. Wie der Kantonist geistig zu Heer und Staat eingestellt war, interessierte die Heeresanstalt nicht. Der Soldat hatte sich nur als wesenloses Teilchen in die Maschinerie des militärischen Instrumentes einzufügen. Darin lag seine Verpflichtung gegenüber dem absolutistischen Staat, die allerdings trotz unbegrenzter Dauer der Dienstpflicht nicht in fortwährender Dienstzeit bestand. Der Wehrdienst der inländischen Mannschaften setzte sich im Frieden aus der Rekrutenzeit und der jährlich wiederkehrenden kurzen Übungspflicht von etwa eineinhalb bis zwei Monaten zusammen. Die Rekrutenzeit betrug durchschnittlich ein Jahr, manchmal aber auch nur drei Monate und reichte dann kaum dazu aus, den Mann im notwendigen Maße auszubilden. Bei dieser Form der Wehrpflicht drückte den Kantonpflichtigen vor allem, daß für ihn alljährlich der Zwang zum Dienst wiederkehrte, der ihn dem Zwang im Dienst unterwarf und der sein ziviles Leben belastete. Weil es einem sozialen Abstieg gleichkam, wenn jemand in den Mannschaftsstand eintrat, und weil außerdem nur der Kantonpflichtige im Kriege sein Leben einsetzen mußte, war der Heeresdienst im Rahmen der Kantonverfassung ausschließlich eine Last, die einem vom Staat bestimmten Teil der Untertanen durch Zwang auferlegt wurde.

Das Kantonreglement vom 12. Februar 1792, das – durch viele Einzelverordnungen ergänzt, aber nicht wesentlich abgeändert – bis 1814 galt, war das Ergebnis mehrjähriger Beratungen militärischer und staatlicher Behörden, in deren Verlauf sich deutlich entgegengesetzte Auffassungen erkennen lassen. Es war zugleich die erste Kodifikation aller Bestimmungen, auf denen das Kantonsystem beruhte.

Im Jahre 1788 hatte König Friedrich Wilhelm II. eine Immediatkommission mit dem Auftrag eingesetzt, das Kantonwesen zu regulieren und eine neue Kantonverfassung zu entwerfen. Hohe Offiziere hatten nämlich angeregt, den Kreis der Kantonpflichtigen auszudehnen und dadurch die Anzahl der wertvollsten Soldaten, der „Einländer", zu erhöhen. In einer Denkschrift wurde sogar gefordert, daß jeder Untertan ohne Ausnahme verpflichtet sein solle, eine bestimmte Zeit im Heer zu dienen. Andere Vorschläge zielten darauf ab, die Befreiungen vom Militärdienst weitgehend einzuschränken, zugleich aber die bisher zeitlich unbeschränkte Dauer der Wehrpflichtzeit zu begrenzen. Der militärische Präsident der Immediatkommission, General v. Möllendorff, setzte sich für eine Wehrpflicht von 20 Jahren ein, bei der die tatsächliche jährliche Dienstzeit, die Exerzierzeit, etwa zwei Monate dauern sollte.

Diesem Gedanken einer gewissermaßen allgemeinen Wehrpflicht stimmten die meisten Militärs zu, er stieß dagegen auf den geschlossenen Widerstand der Landesbehörden. Sie lehnten es ab, daß die Exemtionen aufgehoben würden und beriefen sich dazu vor allem auf wohlerworbene Rechte und Privilegien. Sie hielten es aber auch im Hinblick auf das Wirtschaftsleben im Staat für unumgänglich, breite Schichten der Bevölkerung vom Militärdienst zu befreien. Unausgesprochen blieb dagegen im offiziellen Behördenverkehr die Haltung, die geistig hinter diesen Begründungen stand, nämlich die von der Aufklärung stark geförderte allgemeine Ablehnung und Kritik des stehenden Heeres durch das Bürgertum. Besonders unzumutbar erschien es dem Bürger, sich vorzustellen, daß seine Söhne mit den größtenteils schlechtesten Elementen des Auslandes, die sich als Geworbene im preußischen Heer zusammenfanden, zusammenleben sollten. So war es das Ergebnis der Diskussionen, daß zu dieser Zeit in Preußen die militärischen Interessen keineswegs den Vorrang hatten.

Die Exemtionen, die das Kantonreglement von 1792 festlegte, waren noch zahlreicher als bisher. Die Militärpflicht erfaßte fast ausschließlich die ungelernten Arbeiter, die kleinen Handwerker und Söhne von Kleinbauern, daneben natürlich auch arbeitsscheues Gesindel. Sie belastete also den ärmeren Teil der Landbevölkerung und die mittleren und unteren Schichten der Bevölkerung in den Städten. Nicht nur Adel, Staatsdienst, Besitz und Bildung entbanden vom Militärdienst, sondern ganze Landschaften und Industriebezirke, wie die westdeutschen Gebiete und die Grafschaft Glatz, und große Städte, wie Berlin, Potsdam, Brandenburg und Magdeburg, blieben eximiert. Ein zeitgenössischer Statistiker schätzte 1799 die Zahl der persönlich Eximierten auf

530 000 Männer, die Gesamtheit der Personen, die durch ein landschaftliches oder örtliches Privileg eximiert waren, auf 1 170 000 Menschen. Bei einer Gesamtbevölkerung von 8 700 000 Einwohnern, darunter 2 200 000 Polen, bedeutete demnach die Summe von 1 700 000 Eximierten einen hohen Prozentsatz der Wehrfähigen. Zugleich beweist das Durchsetzen der zivilen Einwände, daß in diesem Preußen die militärischen Interessen keineswegs vorrangig bewertet wurden.

Andererseits brachte das Reglement auch einen Fortschritt auf dem Wege zur Allgemeinen Wehrpflicht, wenn es als öffentlich-rechtliche Pflicht der Untertanen gegenüber dem Staat die Regel aufstellte, die „Verbindlichkeit zu Kriegesdiensten ist eine Obliegenheit Unserer getreuen Untertanen, die mit der Erhaltung des Staats, zu dessen Wohlstand Wir eine zahlreiche Armee gebrauchen, und mit der Sicherstellung ihrer eigenen Habe und Güter in der allergenauesten Verbindung stehet". Dieser Wechsel auf die Zukunft verblieb jedoch solange wirkungslos, wie die Kantonverfassung nur als ein billiges Mittel ausgenutzt wurde, um Rekruten gestellt zu erhalten, und daneben weiterhin Ausländer geworben wurden. Allgemeine Wehrpflicht und Ausländerwerbung schlossen einander aus.

Die Ausländer, zum überwiegenden Teil Deutsche aus den nichtpreußischen Gebieten, bildeten fast die Hälfte des Heeres. Auf die Werbung von Ausländern – ein Element des stehenden Heeres, das von merkantilistischen Motiven bestimmt war, das aber auch auf dessen Entwicklung aus der Söldnerzeit hinwies – meinte die Staatsführung nicht verzichten zu können. Tatsächlich wäre es auch dann nicht möglich gewesen, die Armee auf der bisherigen Stärke zu belassen, wenn alle Exemtionen aufgehoben worden wären, weil die Wirtschaft infolge des Verlustes von Arbeitskräften nicht mehr in der Lage gewesen wäre, die finanziellen Mittel für das Heer aufzubringen. Nur wenn Militär- und Staatsverfassung grundlegend geändert und die merkantilistische Wirtschaftspolitik aufgegeben worden wäre, hätte sich eine nationale Armee aufbauen lassen, ein Ziel, das der absolutistischen Staatsidee unbekannt war. Seit 1763 war die Werbung vielmehr verstärkt und damit der Bestand an ausländischen Söldnern zunehmend erhöht worden. Die Söldner aber waren es, die das unsichere Element in der Armee darstellten und den Soldatenstand zu einer Ansammlung von „Ausländern, Vagabunden, Trunkenbolden, Dieben, Taugenichtsen und Verbrechern aus ganz Deutschland" abstempelten (Scharnhorst). Zu ihnen traten nach den Erwerbungen von 1793/95 polnische Kantonpflichtige, die nach der Staatstheorie als „Einländer" galten, sich in der Praxis aber als genauso unzuverlässig wie die Söldner erwiesen. Die ausländischen Söldner band keine Untertanenpflicht an den König, ihr Dienstverhältnis gründete sich vielmehr auf einen Werbevertrag. Da die Werber sehr oft unlautere Mittel anwandten, um eine Kapitulation abschließen zu können, blieb die Desertion eines der häufigsten Grundübel des stehenden Heeres. Neue Bestimmungen über die Werbung versuchten es zu beheben, ohne daß dadurch wesentliche Erfolge erzielt wurden.

Das „Reglement für die Werbung" vom 1. Februar 1787 und ein Regulativ über die Kapitulationen von 1791 bildeten die Grundlage der Ausländerwerbung, bis sie nach dem Frieden von Tilsit (1807) offiziell aufgehoben wurde. Sie versuchten, die rüden Methoden der Werbekommandos zu beenden. Gewaltsamkeiten, Überredungen und

Täuschungen wurden den Werbern unter Androhung hoher Strafen verboten. Um betrügerischen Machenschaften vorzubeugen, wurde vorgeschrieben, ein gedrucktes Kapitulationsformular zu verwenden. Die Kapitulationen sollten für die Infanterie über zehn Jahre und einen Tag, bei der Kavallerie auf zwölf Jahre und einen Tag abgeschlossen werden. Nach Ablauf der Vertragszeit war es möglich, die Kapitulation zu erneuern, dagegen zog Desertion den Verlust der Rechte nach sich, die dem Söldner infolge der Kapitulation zustanden, insbesondere das Recht, entlassen zu werden, wenn die Vertragszeit abgelaufen war. Das Werbegeschäft, das wieder den Regimentern übertragen wurde, beaufsichtigte ein General-Werbe-Inspekteur, der seinen Sitz bis 1806 in Frankfurt am Main hatte. Wie wichtig die Ausländerwerbung war, die besonders seit der Jahrhundertwende infolge der politischen Umwälzungen nach dem Frieden von Lunéville und dem Reichsdeputationshauptschluß immer schwieriger wurde, läßt sich durch einige Zahlen am besten erhellen. Im Jahre 1788 setzte sich die Infanterie ohne Offiziere aus 85 498 Inländern und 64 999 Ausländern zusammen und bei der Kavallerie befanden sich neben 20 426 Inländern 16 237 Ausländer. Bei einer Infanteriekompanie war beispielsweise das Zahlenverhältnis zwischen Ausländern und Inländern auf 76 Ausländer und 93 Kantonisten festgesetzt. Im Jahre 1802 betrug das Verhältnis der gesamten Armee 4 : 7, indem 80 496 Ausländer 139 324 Inländern gegenüberstanden.

Wie die Mannschaft zusammengesetzt war, spielte für die Bedeutung der Armee als eines Instrumentes des obersten Kriegsherrn keine Rolle. Der kantonpflichtige Untertan und der angeworbene Söldner waren beide Soldaten des Königs und standen gemeinsam unter dem „Zwang im Dienst". Dieses Zwangssystem war besonders durch die Unzuverlässigkeit der Ausländer und die Desertion bedingt, die vor allem durch sie in das Heer hineingetragen wurde. Gestützt wurde das Zwangssystem durch ein abgestuftes Strafensystem, das durch unmenschliche Züge gekennzeichnet war. Prügeln galt nicht als Strafe, sondern nur als förderndes Mittel zur Dressur des Mannes für seine Funktion als Rädchen innerhalb der Heeresmaschine. Allerdings herrschte im Heer nicht nur die Gewalt. Ruhm und die Erinnerung an die friderizianische Epoche ließen auch emotionale Bindungen des gemeinen Soldaten an die Armee zu. Sie waren besonders im zuverlässigen Unteroffizierkorps vorhanden. Das Zwangssystem jedoch, das der Idee der Menschenwürde widersprach – die Achtung der persönlichen Würde des Menschen war eine der Hauptforderungen des „philosophischen Zeitalters" –, mußte die Aufklärer noch vor Ausbruch der Französischen Revolution und unabhängig von politischer Sicht aus rein menschlichen Erwägungen in Widerspruch mit ihrer Weltanschauung bringen. Sie führten eine Diskussion herbei, die stetig sich steigernde Ausmaße annahm. Ihre Erörterungen lassen auch die Nachwelt erkennen, in welcher geistigen und materiellen Lage sich das Heer vor 1806 befand.

b. Reformbestrebungen im Zeichen der Aufklärung

Die Jahre vor der Französischen Revolution

Die Aufklärung, deren Vertreter sich in Preußen unter König Friedrich II. eng an den Staat angeschlossen hatten und als Voraussetzung ihrer „Mitarbeit" anerkannten, daß auch Soldaten notwendig seien, sah lange in ihrem Trieb, alles Gute und Fortschrittliche aufzugreifen und alles Sein zu höchster Vollendung zu führen, im stehenden Heer ein vortrefflich geeignetes Experimentier- und Arbeitsfeld. Unter diesem Zeichen wollte sie die Armee vervollkommnen und veredeln. In ihrem Geiste war zunächst die vorgegebene Mechanik in der Armee, beispielsweise die Lineartaktik, technisch stetig verbessert und das Heer zu dem „Kunstwerk" gestaltet worden, so daß es als Ausdruck einer bis an die Grenzen menschlicher Leistungsfähigkeit gesteigerten rationalistischen Ordnung galt. Zugleich priesen die Aufklärer Heer und Heeressystem als die Form einer Militärverfassung, die mit ihrer politischen, wirtschaftlichen und militärischen Zweckmäßigkeit nach Jahrhunderten barbarischer Zustände während kriegerischer Verwicklungen den kulturellen Fortschritt schlechthin widerspiegele. Jetzt war es möglich, wie Friedrich der Große nachdrücklich betont hatte, Kriege zu führen, „ohne daß Künste und Wissenschaften, Wirtschaft und Leben der Bürger bedroht seien".

Über ihre Freude, daß menschlicher Geist das rationale Kunstwerk der preußischen Armee zu schaffen verstanden hatte, hatten sich die Aufklärer nur der rationalistischen Komponente ihrer Weltanschauung angenommen. Sie schienen völlig vergessen oder bewußt ausgespart zu haben, daß die Aufklärung auch eine humanitäre Sicht einschloß und darin vor allem die Idee der Menschenwürde vertrat. Wahres Mensch-Sein widersprach der Forderung, daß sich der Soldat als wesen- und seelenloses Teilchen in das Räderwerk der Heeresmaschine einpaßte. Dennoch wandelte sich das Verhältnis der Aufklärung zum Soldaten erst nach dem Tode Friedrichs II. im Verlaufe einer geistigen Auseinandersetzung um den inneren Zustand der Armee. Sie hatte schon in den letzten Jahren des alten Königs eingesetzt, aber jetzt erst erschlossen sich ihr Möglichkeiten zur Diskussion in der Öffentlichkeit. Neben die Beschäftigung mit rein technischen Problemen, beispielsweise dem, wie die Schlagkraft der Armee weiter vervollkommnet werden könnte, trat das Fragen nach der „inneren Führung" des Heeres. Im Mittelpunkt des Interesses stand nicht nur, wie die Heeresinstitution in Vergangenheit und Zukunft funktioniere, sondern auch die Frage, welcher Geist im stehenden Heere vorherrsche. Der Soldat wurde als Mensch neu gesehen und mußte daher in das Militärwesen neu eingeordnet werden. Von diesem zentralen Problem aus interessierten sich Aufklärer für die bisher teilweise unmenschliche Behandlung der Mannschaften. Ihr maßgeblicher Vertreter war der Oberst v. Scholten, Kommandeur des Grenadierbataillons 1. Sie hatten ihr Sprachrohr in Zeitschriften, wie „Bellona", „Militärische Monatsschrift" und „Der Soldat". In ihren Diskussionen wurden sie sich des Widerspruchs bewußt, der zwischen der Erkenntnis, daß auch der Soldat ein Mensch sei, und seiner zwangsweisen Einfügung durch Drill-, Prügel- und Strafsystem in die Heeresanstalt bestand. Sie zweifelten nicht an der Institution selbst. Im Gegensatz zu den Diskussionen, die nach 1792 geführt wurden, hielten sich die Erörterungen der Aufklärer vor 1789 noch völlig an das Bild eines Heeres, das infolge seiner friderizianischen Tradition auch für sie als das Beste galt. Man sah in den Grausamkeiten entweder nur eine bedauerliche Nebenerscheinung oder Auswüchse, die so weit wie möglich abzustellen sie sich mit ganzer Kraft bemühten.

Das Interesse am Soldaten wurde vor allem durch die gemeinsame Auffassung aller Aufklärer bestimmt, daß jeder Mensch seine Würde habe und als ein vernunftbegabtes Wesen mit der Fähigkeit zu Einsichten ausgestattet sei. Hinter dem großen Vertrauen der Aufklärung auf die Macht der menschlichen Vernunft stand außerdem der Glaube an die Güte der menschlichen Natur und die Überzeugung, daß alles Böse leicht gebessert werden könne, weil es im wesentlichen durch Unwissenheit und Vorurteile bedingt sei, also auf Faktoren beruhe, die sich durch Mittel der Aufklärung – Bildung, Erziehung, Vernunft – abändern ließen. Weil auch jeder Soldat diese Eigenschaften besitze, sollte er demgemäß behandelt werden. Die Anteilnahme am Schicksal des Soldaten wurde aber auch von der Frage bestimmt, warum sich die Reibung zwischen Mensch und Heeresmaschine stetig vergrößerte, obwohl viel Geist und Kraft aufgewandt würden, den Mechanismus in der Armee weiter zu perfektionieren. Es war ein Problem, das so lange unerklärbar geblieben war, wie die Stellung des Soldaten rein technisch gesehen wurde. Trotz des Prügelsystems und eines immer stetig sich verschärfenden Zwanges im Dienst konnte das Heer der Desertion, die sich ständig steigerte, nicht Herr werden. Dazu war ein neues, andersartiges Mittel notwendig. Die Aufklärung versprach es. Sie führte alle Übelstände im Heer darauf zurück, daß die Menschenwürde des Soldaten mißachtet werde. Die Menschen sollten veredelt und damit der Soldatenstand zu einem ehrwürdigen und angesehenen Stand erhoben werden. Damit erhofften die Aufklärer, daß der Heeresanstalt neue, dem Zeitgeist entsprechende Bindungen zuwachsen würden. Dann könne sich die Rentabilität der Heeresmaschine so steigern, daß sich aus ihr die höchsten Leistungen, die überhaupt möglich sind, herausholen ließen. Es war also ihre Auffassung, daß der Soldat durch humanere Erziehungsmittel noch besser als bisher „in exakt funktionierende, taktische Maschinen und starre Automaten“ umgewandelt werden könne und daß „der durch das Licht der Aufklärung veredelte Krieger die Evolutionen der überkommenen Manöverstrategie und ihre Lineartaktik mit um so größerer Exaktheit vollziehen würde, wenn er infolge menschlicher Behandlung und unter Anwendung von humaneren Mitteln zu diesem Ziel geführt werde und keinen Grund zur inneren Auflehnung mehr besitze“. Auch das Problem der Desertion entfiel damit.

Welches waren nun die Mittel, die zu dem Ziele führen sollten, durch Veredelung des Soldaten das Heer zu verbessern? Kein Mensch sollte künftig mit Gewalt zum Dienst gezwungen werden, sondern aus Liebe zum Berufe dienen. Würde der gemeine Mann besser behandelt, Mißbräuche im Dienst abgeschafft, das Strafsystem humaner gestaltet und der Soldat einschließlich seiner Angehörigen besonders auch dann besser versorgt, wenn er aus seinem Dienstverhältnis ausscheidet, dann konnte er auch durch einen Anruf seiner inneren Eigenschaften für einen lebendigen, freudigen Einsatz in der Armee gewonnen werden. Die unterbreiteten Vorschläge, wie die Pläne durchzuführen seien, stießen aber schon in den Diskussionen sehr schnell an die Grenzen ihrer Möglichkeiten. So war beispielsweise bisher persönliche Ehre nur dem Offizier zuerkannt worden – die Ehre des Soldaten war keine persönliche Mannesehre, sondern war eingeschlossen in der Kollektivehre seines Verbandes und seines „ehrenvollen" Standes – und es erwies sich auch fernerhin als unmöglich, dem Soldaten persönliche Ehre einzuräumen. Ein solches Zugeständnis hätte nämlich die Militärverfassung gesprengt und darüber hinaus eine akute Gefahr für die Staatsverfassung des absolutistischen Staates mit ihrer ständischen Gliederung bedeutet. Das aber wollten auch die Aufklärer keinesfalls. Ihre humanitären Ziele betrafen nur den Inhalt, nicht die Form und sollten daher grundsätzlich innerhalb des überlieferten Heeressystems verwirklicht werden. So blieben nur die Vorschläge, den Soldaten besser zu behandeln und dadurch seine Dankbarkeit und Liebe zu erwecken.

Die Vorschläge ließen sich also weder durch eine Reform der Militärverfassung noch auf Grund befohlener Maßnahmen oder auf dem Wege der Einzelkorrekturen durchführen, der von vornherein verschlossen war. Daher versuchten die Aufklärer, die Offiziere für ihre Humanitätsideale zu gewinnen. Es war jedoch aussichtslos, sich an die Masse der Offiziere zu wenden. Sie stand dem Anliegen der Aufklärung, den Offizier zu bilden und ihn dann über die Bildung an ihre Ziele heranzuführen, uninteressiert, wenn nicht sogar feindlich gegenüber. Die Offiziere wollten nicht einmal sehen, daß die Aufklärer für sie eine Bildung forderten, die mehr sein sollte als eine bloße Anhäufung rein abstrakten Wissensstoffes, wie er dem Rationalismus nur zu oft eigen war. Das menschliche Vorbild, das den Aufklärern vorschwebte, war Friedrich der Große „als militärisch wie menschlich höchst entwickeltes aufgeklärtes Vernunftwesen". So bemühten sie sich nicht nur, den Offizier über die Kenntnis des Reglements und der militärischen Technik zu einer möglichst umfassenden Beherrschung reinen Fachwissens hinzuführen, sondern sie hofften, ihn durch Beschäftigung mit dem Geist der Zeit „denkend zu machen". Dabei sollte der Offizier Militär bleiben, nur in vollendeter und veredelter Form.

Der Offizier, der solche Bildung ablehnte, war in den Augen der Aufklärer von vornherein ungeeignet, über die Stellung eines „Prügeloffiziers" hinauszuwachsen. Denn der gebildete Offizier, vom Lichte der Aufklärung durchdrungen, sollte Verständnis besitzen für die Grundsätze von Humanität, Gesittung und Menschenwürde, weil der Mensch – gemäß den Vorstellungen des aufgeklärten Jahrhunderts – allein über die Bildung zu wahrem Menschentum vorstieß. Durch seine Bildung sollte er erkennen, daß im Bereiche des militärischen Lebens die richtige, menschenfreundliche Behandlung des Soldaten von entscheidender Bedeutung sei. Aus dieser Erkenntnis heraus konnte der Offizier als aufgeklärter Mann auch entsprechende Folgerungen für sein Auftreten gegenüber den Mannschaften ziehen und die edlen Regungen in jedem Soldaten so anzusprechen wissen, daß sich dessen Schicksal und damit das des Mannschaftsstandes verbessere und langsam dem Leben der anderen Stände anpasse. Die

Aufklärer stellten also dem „Prügeloffizier" den „gelehrten Offizier" entgegen und hofften, daß der Ehrentitel eines „aufgeklärten Offiziers" zum Streben nach Bildung anspornen werde.

Die Aufklärer erreichten mit keiner der vorgeschlagenen Einzelkorrekturen am stehenden Heer des absolutistischen Staates einen Erfolg. Das lag grundsätzlich an dem utopischen Charakter ihrer aufklärerischen Bestrebungen, denen auch bei besserem Willen der meisten Offiziere ein nennenswerter Erfolg kaum hätte beschieden sein können. Die Offiziere aber waren nicht einmal prinzipiell bereit, dem Soldaten die geforderte menschliche Anerkennung zuteil werden zu lassen, schon aus Furcht, das überkommene Heeressystem würde dann nicht länger funktionieren. Sie sahen in den Veredelungsbestrebungen nur höchst fragwürdige ideologische Machenschaften, denen zuliebe sie ihre überlieferten und erprobten Methoden der Behandlung des Soldaten nicht aufzugeben gedachten.

Außerdem war auch die Abneigung der Offiziere gegen jede Art von Bildung unüberwindlich. Der Forderung nach Bildung begegnete man sogar mit dem Einwand, Bildung könne schädlich sein. Beispielsweise wandte man ein, daß Bildung die Kritiklust fördere und dadurch die Subordination gefährde. Ein großer Teil der Militärs vertrat gegenüber der Öffentlichkeit die noch schroffere Auffassung, daß Bildung verweichliche, den Offizier von seiner eigentlichen Bestimmung abbringe und damit die Grundlage zur Auflösung des Heeres bilde. Das waren jedoch alles nur zweitrangige Einwendungen. Hinter der fast geschlossenen Ablehnung des Strebens nach Bildung stand neben der Verneinung der Bildung als bürgerlichem Elitebegriff vor allem die Meinung des Offizierstandes, daß er für seine Führungsaufgaben infolge seiner Adelssubstanz und seiner angeborenen Führerstellung keiner Hilfe durch Aufklärung und Bildung bedürfe. Der adlige Offizier fühlte sich aus eigener Kraft stark genug, alle Probleme der inneren Führung zu lösen. Seiner Auffassung nach benötigte nur der bürgerliche Offizier solche Stützen, denn ihm fehlte jenes wesentliche Medium, das dem adligen Offizier eigen war: die ererbte Substanz angeborenen Führertums.

Die Bestrebungen, den Offizier durch Bildung zu veredeln und dadurch auch die menschliche Lage der Mannschaften anzuheben, wurden von Männern verfolgt, die selbst als Offiziere der Armee angehörten und ihre Ideen im Rahmen des absolutistischen Staates und auf dem Boden seiner Militärverfassung mit dem Ziel vortrugen, das stehende Heer zu höchster Vollendung zu führen und die Monarchie zu stärken. Dabei waren auch sie bis in die Zeit des ersten Koalitionskrieges hinein fest davon überzeugt, daß das preußische Heer trotz ihrer Beanstandungen auf der Höhe der Zeit stand und unüberwindlich sei. Diese aufgeklärten Offiziere lehnten daher die Geschehnisse in Frankreich nach dem Ausbruch der Revolution eindeutig ab. Die Kritik an der bestehenden Militärverfassung und an der Institution des stehenden Heeres überhaupt, die nach 1789 schärfer als bisher aus bürgerlichen Kreisen laut wurde, fand bei ihnen keinen Widerhall, sondern rief sie vielmehr zu Verteidigern des stehenden Heeres auf.

Erst nachdem die Revolutionskriege ausgebrochen waren, entzündete sich an den Mißerfolgen von 1792 die Diskussion um das stehende Heer innerhalb der Armee erneut, genährt durch das Gefühl der Unterlegenheit gegenüber dem revolutionären Heeressystem. Sie erlosch in Preußen bis zur Katastrophe von 1806 nicht mehr. Jedoch standen jetzt nicht nur die Menschenwürde des Soldaten, seine Behandlung und die Verbesserung seiner wirtschaftlichen Lage im Mittelpunkt des Interesses, sondern die Militärverfassung direkt und damit indirekt die Staatsverfassung. Das ergab sich aus der Frage, ob Institutionen, wie der Offizierstand, die Kantonverfassung und die Auslandswerbung, noch zeitgemäß seien. Vor allem war fraglich, ob die Wehrkraft des absolutistischen Staates durch Bildung einer Reserve für den Kriegsfall, beispielsweise durch eine Miliz, verstärkt werden solle. Weitschauenden und einsichtigen Offizieren zwang sich aus den Erfahrungen der Revolutionskriege die bange Frage auf, wie weit und ob das stehende Heer absolutistischer Prägung zukünftig noch geeignet sei, die Monarchie zu stützen und ihr als Mittel der Politik zu dienen. Die Militärverfassung erschien nun plötzlich überholt, als mit den Heeren der französischen Republik zwei bisher unbekannte Faktoren in das Kriegsbild und in den Mittelpunkt der Diskussion traten: der Enthusiasmus und das Tirailleursystem.

Der Enthusiasmus entstand im Widerspruch zur Aufklärung, denn er stellte dem Vernunftglauben die Welt des Irrationalen entgegen. In der Französischen Revolution erweiterte sich dieser Begriff und wandelte sich ab zu revolutionärer Bedeutung. Im militärischen Bereich faßte er alle die Motive und Antriebe zusammen, die, wie eine patriotische Haltung und die Überzeugung, für eine gerechte Sache Krieg zu führen, den Franzosen freiwillig als Soldaten und begeistert in den Kampf für die Revolution ziehen und ohne Drill und Zwang fechten ließen. Er war der bestimmende geistige Faktor des Tirailleursystems (vgl. S. 171 ff.), der Kampfform, die sich unter den französischen Truppen zunächst ungewollt infolge mangelnder Ausbildung, zugleich aber unter Rückgriff auf die Gefechtsart des „Kleinen Krieges“ herausbildete und die dann, entgegen den „Gesetzen“ der Lineartaktik, den ganzen Krieg in eine Reihe von Tirailleurgefechten aufzulösen drohte. Enthusiasmus und Tirailleursystem waren für den Offizier des absolutistischen stehenden Heeres zuerst unfaßbare Phänomene. Bald wurde jedoch klar, daß sich hinter diesem Neuen moralische Kräfte verbargen, die aus der Revolution und ihrem Ideengut erwuchsen. Von jetzt ab rückten alle Reformvorschläge so vor einen Hintergrund der Weltanschauungen, daß jede Äußerung als Bekenntnis zum absolutistischen Staat oder zur Französischen Revolution gewertet oder abgewertet werden konnte. Dies trat besonders in der „Diskussion“ hervor, die zwischen Berenhorst, Bülow und dem Grafen v. d. Decken geführt wurde.

Georg Heinrich v. Berenhorst (1733–1814), ein ehemaliger preußischer Offizier, der zeitweise zum Gefolge Friedrich II. gehört hatte, galt als einer der bedeutendsten Sachkenner der absolutistischen Militärverfassung. In seinen „Betrachtungen über die Kriegskunst, ihre Fortschritte, ihre Widersprüche und ihre Zuverlässigkeit" (1797–1799) wies er im Geist und mit Methoden des durchbrechenden Historismus nach, daß das absolutistische Heeressystem mit allen seinen Ausdrucksformen, wie Lineartaktik und Manövrierkunst, Drill-, Straf- und Zwangssystem, historisch bedingt war und daß sich absolutistisches Staats- und Heeresprinzip entsprachen und ergänzten. Berenhorst entzog dem stehenden Heer den absoluten Anspruch, in seiner Verfassung höchster Ausdruck und letzte Vollendung des Militärwesens aller Zeiten und Staaten zu sein. Nachdem er so die wehrpolitische Grundvorstellung des aufgeklärten Absolutismus zerstört und deutlich gemacht hatte, daß jede Änderung des Heeres auch dessen Struktur und Wesen wandele, gab er in allerdings manchmal noch nicht ganz klaren und auch nicht zusammenhängend vertretenen Ausführungen seine Auffassung von einem reformierten Heer. Er erklärte „für das größte Unglück der Staatsverfassungen, daß sie noch immer den einen Stand [das Militär] ..., abgesondert von den anderen Ständen, unentbehrlich glauben". Dem könne nur dadurch abgeholfen werden, daß der Staatsbürger wie ehedem zugleich Staatsverteidiger sei. Hinter Berenhorsts Forderungen stand also folgende Idee: Der Staat muß die Herzen der Soldaten gewinnen, um dadurch moralische Kräfte beim Einsatz der Truppen zu entbinden.

Dieser neue Soldatentyp, mit dem das stehende Heer durch das Volksheer ersetzt und der Kabinettskrieg durch den Volkskrieg abgelöst werden sollte, verlangte einen neuen Offiziertypus. Ein Offizier neuen Typs hätte aber zusammen mit einer Realisierung der Vorstellung, daß das stehende Heer nur noch als Rahmenarmee von Berufsoffizieren und Unteroffizieren dem Zwecke dienen solle, die für eine bestimmte Zeit dienende junge Mannschaft für die Aufgaben eines Verteidigungskrieges auszubilden, das Ende des überlieferten absolutistischen Staates und der Eigenständigkeit seines Heeres bedeutet. Es war daher nur folgerichtig weitergedacht, wenn Berenhorst auch von der Notwendigkeit einer Verfassung sprach, die als Bindeglied zwischen dem Fürsten und seinen Untertanen dienen sollte, – alles Forderungen, die seitens des aufgeklärten Bürgertums begeisterte Zustimmung fanden, die aber vom Offizierstand fast einmütig abgelehnt wurden.

Berenhorsts Ausführungen beeindruckten besonders tief einen anderen ehemaligen preußischen Offizier: Adam Heinrich Dietrich v. Bülow (1757–1808). Gemeinsam war beiden, daß sie den absolutistischen Staat und dessen Heeres- und Kriegsbild ablehnten. Bülow hielt das stehende Heer bereits für geistig überwunden. Er wandte sich zuerst 1799 in seinem Buch „Geist des neuern Kriegssystems hergeleitet aus dem Grundsatze einer Basis der Operationen auch für Laien in der Kriegskunst faßlich vorgetragen von einem ehemaligen Preußischen Offizier" und dann mit weiteren Veröffentlichungen ähnlicher Tendenz dem Problem des zukünftigen Krieges zu. Während aber Berenhorst alle theoretischen Regeln für die Kriegführung verworfen hatte und dem Zufall eine entscheidende Rolle im Kriege zuschrieb, stellte Bülow neue Regeln auf. Den entscheidenden Faktor seines Systems und das wesentliche Element zukünftiger Kriege sah er in der Masse. Der Einsatz unendlicher Massen im Tirailleurkampf, die durch eine mit allen Mitteln hervorzurufende „Exaltation" der Soldaten – den Enthusiasmus – angetrieben würden, sollte den Zufall ausschalten. Als Dogmatiker eines solchen Massenkrieges – den Krieg betrachtete Bülow nicht mehr als Kunst, sondern als eine Wissenschaft, die er für jedermann lernbar in einem rationalistischen Lehrgebäude zusammenfaßte – beschäftigte er sich mit ihm einschließlich aller dazugehörigen Einzelheiten. Dem Bürgertum gab Bülow Vorschläge an die Hand, wie es seine Milizträume verwirklichen könne. Aber er wurde nicht verstanden, weil seine Beweisführung zu militärisch und dadurch dem Bürger im Grunde zu fremd war. Einhellig abgelehnt wurde Bülow von den Offizieren, die sein System als unbrauchbar für den absolutistischen Staat und dessen stehendes Heer abkanzelten. Eine Heeresreform in seinem Sinne hätte ebenfalls eine neue Staatsverfassung vorausgesetzt, weil in seinem System beide Verfassungsbereiche ganz eng zusammenhingen. Militär- und geistesgeschichtlich ist an Bülow vor allem interessant, daß ihn persönliche Kenntnisse der Milizen des amerikanischen Unabhängigkeitskrieges und die französische „levée en masse“ zu seiner Theorie bewogen hatten. Die anregende und gewissermaßen auch befreiende Wirkung beider Revolutionen läßt sich bei ihm klar nachweisen.

Berenhorst und Bülow fanden sehr schnell zahlreiche Kritiker, doch nur der hannoversche Offizier Graf Johann Friedrich v. d. Decken (1769–1840) vermochte, am Ende einer Epoche noch einmal Wesen, Funktion und Wert des stehenden Heeres absolutistischer Prägung begründet zu verteidigen. Es geschah in einem geschlossenen Bilde mit einer bedeutenden theoretischen Konzeption, die auf der Erkenntnis aufbaute, daß Staats- und Militärverfassung eng zusammenhängen. Seine „Betrachtungen über das Verhältniß des Kriegsstandes zu dem Zwecke der Staaten“ (Hannover 1800), die umfassendste und beste Verteidigung der absolutistischen Militärverfassung, gingen von den Gefahren aus, die auch den absolutistischen Staat bedrohten. Decken verteidigte die absolutistische Herrschaftsform, indem er ihre historische Notwendigkeit und damit auch die ihres Heeres nachwies. Er sah in ihm die höchste und letzte Stufe menschlicher und staatlicher Entwicklung und im stehenden Heer die reifste, fortschrittlichste und kultivierteste Form einer Militärverfassung. Er bezeichnete die allgemeine Volksbewaffnung als Erscheinungsform eines wenig hohen kulturellen Entwicklungsstandes. In der Vorstellung, daß der Staatsbürger zugleich Staatsverteidiger sein solle, das heißt also in der Forderung nach der allgemeinen Wehr- und Waffenpflicht, sah er einen Rückschritt in der Entwicklung der Menschheit, die zu einem Verzicht auf den bereits errungenen hohen Kulturstand führe.

Decken wandte sich besonders auch an das Bürgertum, da er es für seine Ideen gewinnen wollte. Als Vorteil der absolutistischen Staats- und Militärverfassung stellte er deutlich heraus, daß dem Bürger nur finanzielle Opfer abverlangt würden und er im übrigen seinem friedlichen Leben ungestört nachgehen könne. Um den Bürger aus dem politischen Geschehen herauszuhalten und ihn für ein Leben in Genuß und Wohlbefinden zu interessieren, sprach er von einer weisen Arbeitsteilung. Er stellte es als gefährlich für den Bürger hin, wenn diese Errungenschaft zugunsten einer Allgemeinen Wehrpflicht aufgegeben würde, weil der Gesamtlebensprozeß des modernen Staates viel zu kompliziert und differenziert sei. Vielmehr solle der Bürger dafür dankbar sein, daß das Militär getrennt vom Bürgertum lebe. Die Absonderung des Militärstandes hielt Decken infolge der Arbeitsteilung für eine historische Notwendigkeit, die nicht nur durch den Zwang herbeigeführt worden sei, das Militär wegen seiner Aufgabe von artfremden Einwirkungen fernzuhalten, sondern besonders auch um die Lage des Bürgers zu verbessern. Dafür forderte er andererseits vom Bürgertum als Gegenleistung, daß es dem Militärstand neidlos den ersten Rang im Staat einräume, weil er allein bereit sei, für die anderen Stände das kostbarste aller Güter, das Leben, hinzugeben.

Decken setzte sich in seiner Verteidigung des stehenden Heeres für alle Formen ein, die in der Diskussion angegriffen worden waren. Grundsätzlich trat er trotz einzelner Verbesserungsvorschläge dafür ein, daß der Soldat unter Zwang ins Militär eingestellt werde und daß im Dienst das System des Zwanges herrsche. Er forderte, daß Disziplin und Subordination verstärkt würden, und verteidigte den Drill zu „mechanischer Tapferkeit“ und „passivem Mut“. Besonders betonte er die Bedeutung des „esprit de corps“. Seinen Ausführungen stimmte der große Teil der Offiziere voll zu. Er bestätigte sie in ihrer Auffassung, jede Änderung der Militärverfassung abzulehnen. Aber auch Decken konnte nicht verhindern, daß die neuen Anregungen an Boden gewannen.

Die Diskussion der „Praktiker“ nach 1792

Neben dieser Diskussion gab es eine weitere, die nicht solche geistige Höhe erreichte, die sich dafür um so intensiver der Praxis zuwandte. Aber gerade hier erwies es sich, daß Probleme wie Tirailleursystem und Enthusiasmus nicht zu lösen waren, wenn sie als rein technische Aufgaben angesehen wurden.

Der Tirailleur war der Soldat, der aus politischer Überzeugung kämpfte. Dieses Phänomen kannte das stehende Heer nicht. Aber auch militärisch widersprach der Tirailleur der friderizianischen Überlieferung, weil er sich nicht in die Lineartaktik einordnen ließ. So waren alle Versuche, die neue Kampfart in der Weise zu übernehmen, daß man ihre weltanschauliche Bedingtheit unbeachtet ließ und sie nur technisch durch Instruktionen zum Gebrauch des dritten Gliedes für das Schützengefecht einführte, von vornherein zum Scheitern verurteilt. Sie waren es jedenfalls so lange, wie das Wesen des stehenden Heeres unverändert beibehalten werden sollte und dem Soldaten alle Voraussetzungen fehlten, die dem Kämpfertyp des Tirailleurs seine Grundlagen gaben. Dazu zählten die Befürworter des Neuen vor allem den Enthusiasmus.

Um den Enthusiasmus sind zahlreiche Diskussionen geführt worden. Sie zeigten deutlich die Schwäche der geistig-politischen Situation des stehenden Heeres und die Spaltung, die die Revolution unter den Offizieren hervorrief. Die reformwilligen Männer waren vielfach dieselben Offiziere, die sich schon vor 1789 im Geiste der Aufklärung betätigt hatten. Nur aus dem rationalistischen Denken ist es zu begreifen, daß sie die geistige Kraft, die dem Enthusiasmus zugrunde lag, losgelöst von ihrem ursprünglich gegen die Aufklärung gerichteten Sinn und vom Ideengut der Französischen Revolution zu einem technischen Hilfsmittel umformen wollten, das der Armee absolutistischer Prägung als „abstraktes Kriegsmittel" dienen sollte. Geistig blieben diese Offiziere in ihrer rationalistischen Weltanschauung stehen. Das Geschehen seit 1789 erweiterte ihre Gedankenwelt nur äußerlich formal. Es ging ihnen nicht mehr nur darum zu erreichen, daß dem gemeinen Soldaten seine Menschenwürde anerkannt werde. Jetzt beschäftigten sich die Aufklärer mit ihm direkt. Sie wollten im Soldaten bisher unterdrückte menschliche Eigenschaften und Leidenschaften erwecken, beispielsweise Einsicht darin, wie notwendig sein Dasein für den Staat sei, Liebe zu seinen Pflichten, selbständiges Handeln, persönlichen Ehrgeiz und Tapferkeit, vor allem aber, daß er zu sich und seinen Führern Vertrauen gewinne und sich für die Regierung „eines weisen und gerechten Fürsten" begeistere. Auf diese Weise erhofften sie, in den Angehörigen des stehenden Heeres einen politisch ungefährlichen Enthusiasmus wachzurufen und die in ihnen entfachte Kraft für die bewaffnete Macht des absolutistischen Staates nutzbar zu machen. Die Aufgabe, dem seines politischen und revolutionären Charakters entleerten Enthusiasmus im Heer den Weg zu bahnen und ihn an die Stelle des überlieferten Zwangssystems zu setzen, war dem Offizier zugedacht. Er selbst bedurfte des Enthusiasmus nicht, weil er persönliche Ehre besaß. Sie bestimmte, wie sich ein Offizier zu verhalten hatte. Den Mannschaften gegenüber aber sollte sich der Offizier so aufführen, daß sie für ihn Enthusiasmus empfinden konnten. Als Meister der Menschenkenntnis und Menschenbehandlung sollte er seine Untergebenen nicht mehr als Teile einer Maschine, sondern als Mitmenschen betrachten und ihr Ehrgefühl in den Mittelpunkt des militärischen Lebens stellen. Er sollte außerdem nicht nur als Erzieher wirken, sondern zugleich auch persönlich und bewußt für den absolutistischen Staat eintreten, beispielsweise indem er den Soldaten auf die Vorteile dieser Herrschaftsform hinwies. Besonders der Ausländer wegen schien es wichtig, den Soldaten fester und intensiver als bisher an den Staat zu binden, um damit Voraussetzungen zu schaffen, daß sich Enthusiasmus entwickeln könne.

Das Ziel, das die Aufklärung dem Offizier wies, setzte als wesentliche Bedingung für den Erfolg einen Typ voraus, der bisher im Offizierkorps wenig vertreten war: den gebildeten Offizier. Ihn hatten die Aufklärer schon vor 1789 gefordert, sie brauchten also ihre alten Anregungen nur zu erneuern. Dabei kam ihnen zustatten, daß der absolutistische Staat seit dem Regierungsantritt Friedrich Wilhelms III. bereit war, mit allen Kräften, die ihn stützen konnten, ein Bündnis zu schließen, besonders mit der Aufklärung. Mit stärkerem Nachdruck als früher forderten sie jetzt, daß die Aufklärung im Heer verbreitet werde. Dazu entwickelten sie praktische Vorschläge. So wollten sie zum Beispiel neue militärische Bildungsanstalten errichten, den Unterricht der Junker in den Regimentern verstärken und den Schwerpunkt von der Mathematik auf die Philosophie als der „Oberaufseherin aller geistigen Fähigkeiten" verlagern.

Es gab jedoch noch eine zweite Richtung, die dem Offizier keine aufgeklärte, sondern eine „arteigene" Bildung vermitteln wollte. Ihrer Auffassung nach war das Wissen nur von mittelbarer Bedeutung. Die Bildung sollte vor allem die Gesamtpersönlichkeit harmonisch formen, da nur auf dem Wege über sie der Offizier als Kristallisationspunkt für den Enthusiasmus seiner Soldaten wirken könne. Den Enthusiasmus deutete man nicht als künstliches Produkt, sondern als natürliches Empfinden, das allein aus der Polarität zwischen Offizier und Soldat entstehen könne.

Der abstrakte, teilweise völlig lebensfremde Charakter aller dieser Gedanken und Pläne ist offenkundig. Aber nicht deswegen wurden sie angegriffen. Die Anhänger des alten Systems gingen vielmehr von einer grundsätzlichen Position aus, wenn sie erklärten, daß es staatsgefährlich sei, Reformmaßnahmen mit der Notwendigkeit zu begründen, in der Armee müsse Enthusiasmus erzeugt werden. Sie erachteten Reformen für die innere Schlagkraft des Heeres als bedeutungslos und fanden, die Position des Soldaten sei keineswegs so schlecht, wie sie dargestellt werde. Wenn die Lage der Mannschaften verbessert werden sollte, dürften Reformmaßnahmen nur vom patriarchalischen Gesichtspunkt aus erfolgen, damit Geist und Wesen der Armee erhalten blieben.

Die grundsätzliche Ablehnung der neuen Ideen ging von der Immediat-Militär-Organisationskommission aus (vgl. S. 111). Die Kommission war 1795 mit dem Auftrag gebildet worden, Überlegungen darüber anzustellen, wie die Armee auf Grund der polnischen Erwerbungen und ihrer damit verbundenen Erweiterung neu organisiert werden könne. Unter der Leitung des Feldmarschalls v. Möllendorff, eines Mannes, der bei aller humanitären und aufgeklärten

Denkweise fest auf dem Boden der friderizianischen Tradition stand, befaßte sich die Kommission mit einer Anzahl kleinerer Verbesserungen. Sie wurden besonders nach dem Regierungsantritt Friedrich Wilhelms III. in die Wege geleitet. Dazu gehörten beispielsweise eine neue Kantoneinteilung (1798) und hinsichtlich der materiellen Lage der Soldaten die Brotverpflegung im Frieden (1799). Ein eigentliches Reformprogramm wurde dagegen nicht aufgestellt, obgleich viele erkannten, wie künstlich die überlieferte Militärverfassung war. In Denkschriften, anderen Eingaben und Stellungnahmen wurden jedoch bereits zahlreiche jener Probleme angeschnitten, die nach der Katastrophe von 1806 aufgegriffen werden sollten: Aufhebung der vielen Befreiungen von der Dienstpflicht und nationale Ergänzung des Heeres durch Wehrpflicht aller Staatsangehörigen, Vorbereitung von Volksaufgeboten, Milderung der militärischen Strafgesetzgebung, Verminderung oder gar Entlassung der Ausländer, Herabsetzung der Präsenzstärke im Frieden und der Dienstzeit, Änderung des Beurlaubungssystems und Bildung einer Reserve an Soldaten für den Kriegsfall, Abschaffung der Kompaniewirtschaft, Verjüngung des Offizierkorps, Anhebung der Bildung der Offiziere und Öffnung des Offizierberufes für die Bürgerlichen.

Wie fest die Kommission auf der überlieferten Militärverfassung bestehen wollte, zeigte sich besonders deutlich in der Frage der Heeresverstärkung. Am Problem der Miliz entzündete sich ihr offener Widerspruch gegen alle Reformpläne. Der Kommission war bereits eine Anzahl von Vorschlägen bekannt. Sie beruhten meist auf den Möglichkeiten, die das Beurlaubungssystem bot, denn alle Vorstellungen von einer Miliz galten von vornherein als suspekt. Eine der Denkschriften beschritt jedoch andere Wege. Sie stammte von Major Karl Friedrich Freiherr v. d. Knesebeck.

Knesebeck (1768–1848), der später bis zum Generalfeldmarschall aufstieg, hatte sich in den Revolutionskriegen von der Kraft überzeugt, die von der Französischen Revolution ausging und die sich im militärischen Bereich seiner Meinung nach darin ausdrückte, daß die friderizianische Militärverfassung der neuen französischen unterlegen war. Er war ein maßgebender Vertreter der Offiziere, die für Reformen auf dem Boden des absolutistischen Staates eintraten. Im Jahre 1803 beauftragte ihn der Generalleutnant v. Rüchel (1754–1823), dessen Adjutant er war, mit der „Ausarbeitung unterschiedener Ideen über eine formidable Landmiliz für den preußischen Staat auf den Fall der Not“.

In seinen „Ideen über Errichtung einer Vaterlandsreserve und Provinzial- oder Ehrenlegionen“ – die Bezeichnungen wurden an Stelle des diskreditierenden Terminus „Miliz“ vorgeschlagen – regte Knesebeck an, die Nation wehrhaft zu machen. Er wollte den Bürger, der mit dem Soldaten ausgesöhnt werden sollte, zum Staatsverteidiger erheben. „Im Falle der Not“, lautete seine Hauptforderung, „ist jeder Eingeborene Soldat und verpflichtet, zur Staatsverteidigung beizutragen, entweder als Offizier oder Waffenträger, solange er Kräfte hat und dazu berufen wird.“ Die Aussöhnung hielt er für möglich, weil seiner Meinung nach die Abneigung des Bürgers sich nicht gegen den Krieger, sondern gegen die innere Verfassung des stehenden Heeres richtete. Er schlug daher vor, im Frieden neben dem stehenden Heer eine Kriegsreserve, die sogenannte „Vaterlandsreserve“, auszubilden, eine Miliz mit einer Verfassung, die „entfernt von allem Pedantischen, Überflüssigen, Kleinlichen, von allem was bloß zum Glanz und zur Zierde gehört“ sein sollte. Durch sie sollte „dem Staat in der politischen Waagschale noch ein großes Gewicht mehr gegeben“ werden, aber sie müßte bereits im Frieden geschaffen und ausgebildet sein. Darüber hinaus sollten alle wehrfähigen und abkömmlichen Männer in sogenannten „Provinzial- oder Ehrenlegionen“ zur Verteidigung der Heimat eingesetzt werden. Die Miliz setzte er damit klar von allen Vorstellungen und Plänen ab, die bisher zur Diskussion gestellt worden waren. Seine Vorschläge, das Bürgertum davon zu überzeugen, daß das Vaterland mit allen, also auch mit den Kräften des Bürgertums verteidigt werden müsse, entsprach schon den Gedanken der späteren Reform. Ebenso wie später Scharnhorst hielt er es für notwendig, „patriotischen Geist“ in allen Bevölkerungskreisen zu entfachen.

Die Immediatkommission lehnte Knesebecks Denkschrift eindeutig ab. In der Miliz sah sie die friderizianische Militärverfassung gefährdet, insbesondere das Kantonsystem, weil sie eine „gänzliche Umwälzung des Militärs und seiner Verhältnisse gegen den Staat“ bringt. Besonders scharf wandte sie sich gegen die Forderung Knesebecks, die Miliz ohne den „Pedantismus in der Dressur“ auszubilden. Solche Kritik bestritt ihrer Meinung nach die Güte des überlieferten Heeres und rüttelte an den Grundpfeilern der Militärverfassung. Ihre Gegenvorschläge für eine Landmiliz von 50 000 Mann, die sogenannten „Landreservetruppen“, zum Schutz der Küsten und als Festungsbesatzungen im Kriegsfall, verblieben dann auch völlig auf der Grundlage des Hergebrachten. Mit Knesebecks Denkschrift verwarf die Militär-Organisationskommission aber zugleich alle Anregungen, die im Sinne der Aufklärung dazu hätten dienen können, im preußischen Heer die Grundlagen für den Enthusiasmus der Soldaten zu schaffen. Die führenden Offiziere vor der Katastrophe von 1806 bezogen kompromißlos Stellung, um die friderizianische Militärverfassung aufrecht zu erhalten. Der König war alles andere als ein willensstarker Herrscher, der bereit gewesen wäre, gegen die militärischen Autoritäten zu handeln, wenn er zu einer abweichenden Ansicht gelangte. Außerdem wollte auch er die Armee nur erhalten und eventuelle Schäden beseitigen, nicht aber etwas Neues schaffen.

Der Weg, das Heer evolutionär zu reformieren, war damit einstweilen abgeschnitten. Eine allgemeine Heeresreform war aber schon deshalb vor fast unüberwindbare Schwierigkeiten gestellt, weil sich jede tiefergreifende Änderung der Militärverfassung auf die Staatsverfassung ausgewirkt und eine Staatsreform bedingt hätte. Diese Erkenntnis drückte sich vielleicht nirgends besser aus als in den vielzitierten Worten Rüchels: „Die preußische Militärverfassung und Staatswirtschaft ist ein ehrwürdiges Original, rührt man ein Glied an, so erhält die ganze lange Kette einen Schlag.“ Zu einer Staatsreform, deren Bedürfnis spät und lange nicht so stark empfunden wurde, fehlten erst recht die Kräfte. Dennoch waren alle Überlegungen und Diskussionen nicht umsonst. Sie beweisen nicht nur der Nachwelt, daß es in Heer und Staat schon vor 1806 Männer gab, die erkannt hatten, wie notwendig eine tiefgreifende Reform der Militärverfassung war, sondern sie bereiteten auch der Tätigkeit der späteren Reformer den Weg und leiteten mehr als ein Jahrzehnt vor der Heeresreform das Werk der Erneuerung geistig ein. Wenn die Männer um Stein und Scharnhorst nach 1806 die Heeresreform aus staats- und verfassungspolitischen Gründen für noch notwendiger als aus rein militärischen Erwägungen erachteten, dann waren ihre Überlegungen nicht das Ergebnis des Schocks. Sie waren vielmehr die Ergebnisse der jahrelangen Beschäftigung mit dem Problem, daß Staats- und Militärverfassung in enger wechselseitiger Beziehung stehen und es deshalb notwendig ist, den Zusammenhang und die Übereinstimmung beider Bereiche zu bewahren. Das Reformwerk nach 1806, für das die militärische Niederlage den Weg frei machte und das erst durch den Anstoß von außen möglich wurde, umfaßte eine Gesamtneuorganisation des Staates mit einheitlichen Zielen für alle Zweige staatlichen Lebens. Diese Bezüge zeigten sich deutlich, als die Gesamtreform im Endergebnis scheiterte. Den Erfolgen der Heeresreform fehlte der Unterbau der Staatsreform, deshalb konnten sie später verfälscht oder sogar rückgängig gemacht werden. Andererseits war es aber die Folge der Allgemeinen Wehrpflicht als der einzigen wesentlichen Reform von Dauer, daß das Streben nach einer freieren Staatsverfassung nicht aufzuhalten war.

2. Die Heeresreform im Rahmen der Staatsreform

Der Friedensvertrag von Tilsit (9. Juli 1807) enthielt keine Bestimmungen über das preußische Heer. Napoleon erkannte sehr bald, daß damit ein politischer Fehler begangen worden war, den es zu beseitigen galt. Dieses Versäumnis gewährte andererseits der Staatsführung Preußens die Möglichkeit, die Armee trotz aller Schwierigkeiten, die für Gegenwart und unmittelbare Zukunft aus den Folgen des verlorenen Krieges und aus den harten Bedingungen des Tilsiter Friedens und der Königsberger Konvention (12. Juli 1807) erwuchsen, ein neues Heer zumindest im Bereich der geistigen Konzeption wieder aufzubauen und dabei allen Ideen nachzuspüren, die sich anboten. Preußen konnte zunächst in der Freiheit von vertraglichen Beschränkungen – gewissermaßen aus allen Möglichkeiten schöpfend, die sich dem neuen Staat boten – für eine bessere Zukunft planen.

Der Wiederaufbau der bewaffneten Macht stand unter dem Leitmotiv, daß der Staat jede Möglichkeit nutzen müsse, seine Unabhängigkeit und Freiheit wiederzugewinnen. Das war die unantastbare sittliche Forderung, die alle Gedanken und Pläne zur Heeresreform bestimmte. In dem Jahr, in dem die grundlegenden Reformzüge entworfen, diskutiert und festgelegt wurden, sahen sich die Reformer in der günstigen Lage, ihren Geist unbegrenzt durch napoleonische Einschränkungen entfalten zu können. Erst als ihre Ideen und Vorstellungen von einem neuen Heer ausgereift waren, wurde die Phantasie in die engen Bahnen eingezwängt, die die Pariser Konvention (8. September 1808) vorschrieb. Als dieser Vertrag die preußische Heeresstärke für zehn Jahre auf 42 000 Mann beschränkte (vgl. S. 163), waren bereits die entscheidenden Entschlüsse gefallen. Damit war die Gefahr gebannt, daß es schon einer „Vertragsverletzung" mit allen darin liegenden Schwierigkeiten gleichkam, wenn Reformziele erwogen wurden, die ins Große gingen und im Falle ihrer Verwirklichung französische Einsprüche herausfordern mußten. So konnte der König 1807 die Heeresreform einleiten, ohne daß sein formales Denken durch das Gefühl bedrückt wurde, eine vertragswidrige Handlung zuzulassen.

Preußen war bis zum Abschluß des Pariser Vertrages auch gar nicht fähig, ein Heer zu errichten, wie es in den Plänen für die Zukunft erwogen wurde. Mit der Katastrophe waren nämlich ebenfalls die materiellen Grundlagen der bewaffneten Macht (Waffen, Munition, Festungen usw.) größtenteils verlorengegangen. Das alles mußte unter schwierigen Bedingungen neu beschafft und aufgebaut werden. Österreichs deutsche Erhebung und der österreichisch-französische Krieg von 1809 veranlaßten die Regierung, die ernsthaft erwog, in den Kampf gegen Napoleon einzutreten, die Armee beschleunigt bis zur vertraglichen Höchstgrenze auszubauen und darüber hinaus weiter aufzurüsten. Die Höchststärke wurde dann beibehalten, in Krisenzeiten war es immer wieder notwendig, zusätzlich zu rüsten. Das alles kostete Geld. Es war das Verdienst der leitenden Minister – Stein, Altenstein, Hardenberg –, daß trotz bedrängender Finanznot die nötigen Geldmittel für den Haushalt des Heeres stets bereitstanden. Mit ihrem Verhalten befanden sie sich sehr oft im krassen Widerspruch zur Volksmeinung und zu den Ansichten ihrer engsten Berater. Im Herbst 1807 sah beispielsweise Staegemann, einer der Reformer aus dem Kreise um Stein, „das Heer in der gegenwärtigen Lage als ein kostbares Spielzeug" an, „das den Staat nur unnötig belaste". Im Jahre 1810 erklärte die Hardenbergsche Steuerkommission einstimmig, „der Wunsch der Nation wegen Verminderung der Armee ist so dringend wie allgemein" und verlangte bedeutende Abstriche am Militäretat. Vor allem aber forderte Napoleon Preußen mehrfach auf, seinen finanziellen Verpflichtungen gegenüber Frankreich dadurch nachzukommen, daß es seine bewaffnete Macht beschränke. Diese Einsprüche wurden von allen Ministerien übergangen. Sie waren sich gewiß, daß ihnen Friedrich Wilhelm III. darin zustimmte.

Das Heer erhielt die notwendigen Mittel. Sie betrugen beispielsweise 1810 für den ordentlichen Haushalt 7 038 000 Taler. In Krisenzeiten wurden noch höhere Summen bereitgestellt. Das beweist, daß die leitenden Staatsmänner in vollem Maße erkannten, welche Bedeutung die bewaffnete Macht, die durch die Heeresreform neu erstand, für Preußen hatte.

Als der Pariser Vertrag abgeschlossen wurde, waren von den Zukunftsplänen für die bewaffnete Macht nur erste Ansätze verwirklicht. Unter ihnen befanden sich aber zukunftweisende, wie das Gesetzeswerk vom 3. August 1808. Besonders in den Bestimmungen der Kriegsartikel und in der Neuregelung der Militärstrafen manifestierte sich ein Geist, der vielleicht gar nicht hätte durchbrechen können – zumindest aber nur unter wesentlich schwereren Voraussetzungen –, wenn die Vertreter Napoleons von vornherein in das Vertragswerk von Tilsit so harte militärische Bedingungen aufgenommen hätten, wie sie die Pariser Konvention brachte. Im übrigen sind es vor allem die Reformer als Persönlichkeiten und ihre Gedanken, die die Heeresreform bis zum heutigen Tage zu einem unvergänglichen Wert der deutschen Geschichte gemacht haben. Viele ihrer nach 1808 entwickelten Ideen hätten sie wohl nicht ohne die Zwangslage, in die sie durch die Einschränkungen des Pariser Vertrages versetzt wurden, durchsetzen können. Manche ihrer Werke wurden später umgedeutet oder ohne Rücksicht auf ihre Grundlagen verändert, und ebenso sind die von ihnen geschaffenen Institutionen teilweise anders weitergebildet worden, als es ihren Absichten entsprochen hatte. Aus ihren Entwürfen und Diskussionen sprechen sie aber noch heute zu uns. Nur hier läßt sich ihr Geist erschließen, nicht dagegen aus dem verschwommenen Bild, das in der militärischen Tradition heute vielfach als die Heeresreform Scharnhorsts weitergegeben wird.

Deutung und Beurteilung der Heeresreform bleiben stark durch die Unklarheit bestimmt, die dem Begriff „Reform“ anhaftet. Er bezog sich ursprünglich wesentlich auf Vergangenes, das als Vorbild für eine „Reformatio“, also eine Wiederherstellung, diente, wie sich beispielsweise in der Verwendung des Ausdrucks während der Reichsreformbestrebungen des 15. Jahrhunderts nachweisen läßt. Dieser restaurative Charakter schwächte sich in der Neuzeit nach und nach so ab, daß er heute kaum noch dem Begriff eigen ist. Unter Reform wurden in zunehmendem Maße Verbesserungen und Veränderungen im Sinne eines Umbaues des Reformbedürftigen zu einem moderneren Zustand begriffen. Beide Begriffsauffassungen scheinen in den Jahren nach 1806 verwandt worden zu sein. Damit erklären sich auch die merkwürdigen Parallelen in den Auffassungen, die vielleicht überhaupt nur die Zusammenarbeit zwischen Friedrich Wilhelm III. und Scharnhorst ermöglichten. Der König verstand unter Reform weitgehend die Wiederherstellung der alten Armee, allerdings nicht im Sinne einer Restauration, sondern einer Reorganisation. Sein Programm brachte er in dem Titel „Militär-Reorganisationskommission“ zum Ausdruck. Diese Reorganisation vertraute er aber Offizieren an, die in den Niederlagen von 1806 kein unglückliches Zusammenspiel von unfähiger Führung und Mißgeschick sahen, sondern unter schonungsloser Selbstkritik grundlegende Mängel im politischen und militärischen System als Ursache der Katastrophe erkannten, und die zugleich gewillt waren, vom Feind zu lernen, ohne ihn unbedingt nachzuahmen. Scharnhorst und sein Kreis sahen also im Reorganisationsauftrag eine Reformaufgabe im modernen Sinne des Begriffes.

a. Die Militär-Reorganisationskommission

Friedrich Wilhelm III. sah seine Hauptaufgabe darin zu verhindern, daß sich die Vorgänge von 1806/07 wiederholten. Er leitete auch persönlich und nach außen hin sichtbar die Heeresreform ein. Wenige Wochen nach der Niederlage von Jena und Auerstedt ergriff er die ersten Maßnahmen, vor allem auf organisatorischem und taktischem Gebiet (vgl. S. 178). In diesen Bereichen war er Fachmann. Wenige Tage nach Abschluß des Friedensvertrages berief er dann die „Militär-Reorganisationskommission" (MRK). Das war die eigentliche Geburtsstunde der preußischen Heeresreform. Der König wollte das Heer von vornherein nach einem einheitlichen Plan als Ganzes wieder aufbauen lassen.

Der König eröffnete die Tätigkeit der MRK, indem er den programmatischen Titel der Kommission bestimmte und Richtlinien dafür erteilte, wie sie arbeiten sollte. Daß die alte Militärverfassung als Grundlage der „Wiedergeburt" der preußischen Armee nicht „ganz" geeignet sei, hatte er bereits vor seiner engeren Zusammenarbeit mit Scharnhorst eingesehen. Schon die „Instruktion für die Generale bei der Armee in Ostpreußen" (23. 11. 1806) und besonders das Ortelsburger Publikandum (1. 12. 1806) lassen seinen Willen zu Reformen erkennen. Als ihre erste Aufgabe sollte die MRK die Mängel ermitteln, die zu den Niederlagen der alten Armee geführt hatten, und Vorschläge unterbreiten, in welchem „Geist" der Wiederaufbau des Heeres zu vollziehen sei. Als wichtigste Probleme sprach der König die Reorganisation des Offizierstandes und eine Umgestaltung der Kantonverfassung an. Die Vorlage zeigte, daß Friedrich Wilhelm III. an der Reorganisation starken Anteil zu nehmen gedachte, auch wenn er seine Vorschläge nicht unbeeinflußt verfaßt haben wird. Diesen Willen betonte er einige Monate später noch einmal, als er, unzufrieden mit der Arbeitsweise der MRK, in der Kabinettsordre vom 21. Dezember 1807 einen selbst entworfenen Arbeitsplan vorlegte. Als sich dann die MRK im Verlaufe ihrer weiteren Arbeit in zunehmendem Maße von den schlichten Reformgedanken des Königs entfernte und mit ihren Vorschlägen über die Grenzen hinausstieß, die Friedrich Wilhelm III. ursprünglich gesetzt hatte, zog er sich mehr auf die Beschäftigung mit Detailfragen zurück, um – wie es Stadelmann pointiert umschrieb – „bei einer gewissen hohenzollernschen Soldatenspielerei" zu enden. Mit ein Grund dafür mag auch gewesen sein, daß der König den Reformern niemals sein rückhaltloses Vertrauen schenkte. Bei der Reorganisation der Militärverwaltung zeigte es sich deutlich. Friedrich Wilhelm III. hatte sie nicht selbst angeregt, daher schob er die Vorschläge Steins und Scharnhorsts zunächst hinaus. Als er endlich den Reformern nachgab, behinderte er seinerseits die Arbeit des neuen Kriegsministeriums, indem er Klagen und Einwände der Reformgegner nicht abwies. Er genehmigte Ausnahmen von ministeriellen Befehlen und verkehrte unter Umgehung des Kriegsdepartements unmittelbar mit den militärischen Befehlshabern. Dennoch kann eine Gesamtbeurteilung feststellen, daß Friedrich Wilhelm III. „nach Maßgabe seiner Einsicht und Kraft in treuer Erfüllung der von seiner Mittelmäßigkeit als recht erkannten Pflicht an der Reformbewegung aktiv teilgenommen" hat.

Die MRK erwuchs aus einem Sonderauftrag, den Friedrich Wilhelm III. am 15. Juli 1807 dem Generalmajor v. Scharnhorst und dem Oberstleutnant Graf v. Lottum erteilte. Wenige Tage später, am 25. Juli, ernannte der König Scharnhorst formell zum Vorsitzenden der MRK. Zugleich vergrößerte er die Kommission und berief die Oberstleutnante v. Bronikowsky, v. Gneisenau und v. Massenbach. Auf Vorschlag Scharnhorsts erweiterte der König diesen Kreis am 14. August um den eben erst beförderten Major v. Grolman, wahrscheinlich in der Absicht, durch Grolman die Anschauungen der Subalternoffiziere vertreten zu sehen. Zu weiteren Mitgliedern ernannte er den Oberstleutnant v. Borstell, der jedoch infolge eines Konfliktes mit Scharnhorst bald wieder ausschied und durch den Oberstleutnant Graf v. Götzen ersetzt wurde, und am 31. Januar 1808 den Major v. Boyen. Mit Scharnhorst, Gneisenau, Boyen und Grolman traten Soldaten in führende Positionen des preußischen Heerwesens, deren Namen für alle Zeiten mit der Heeresreform verbunden bleiben werden. Zu diesem Kreis muß auch Clausewitz gezählt werden, der zwar der MRK nicht angehörte, aber als persönlicher Gehilfe Scharnhorsts wesentlichen Anteil an der Ausarbeitung der Reformen hatte.

Gerhard Scharnhorst (12. 11. 1755 – 28. 6. 1813), geadelt 1802, ein Bauernsohn aus Bordenau/Hannover, empfing entscheidende Jugendeindrücke auf der Militärschule des Grafen Wilhelm von Schaumburg-Lippe, der Festung Wilhelmstein im Steinhuder Meer. Im Jahre 1778 trat Scharnhorst in ein Dragonerregiment der hannoverschen Armee ein, die er 1801 als Oberstleutnant verließ. Bereits als Fähnrich wurde er ausgewählt, Unterricht zu halten. Im Jahre 1783 wechselte er zur Artillerie über und behandelte als Lehrer an der Artillerieschule zu Hannover Probleme seiner Waffe. Daneben entfaltete Scharnhorst eine fruchtbare Tätigkeit als sehr bald anerkannter Militärschriftsteller und Herausgeber von Fachzeitschriften und erhielt Verbindung mit Offizieren, die über militärische Probleme der Zeit diskutierten. Im ersten Koalitionskrieg zeichnete sich der Stabskapitän bei der Verteidigung von Menin 1794 aus, wurde zum Major ernannt und in den Generalquartiermeisterstab versetzt. Da er sich als Nichtadliger immer wieder benachteiligt fühlte und nach seiner Beförderung zum Oberstleutnant kaum noch weitere Aufstiegschancen besaß, ließ er sich für den Militärdienst in Preußen als Oberstleutnant beim Feldartilleriekorps gewinnen, nachdem ihm seine handfesten finanziellen und materiellen Forderungen zugesichert worden waren. Im Zuge der Neugestaltung des Generalstabes wurde Scharnhorst 1804 zum Generalquartiermeisterleutnant ernannt und an die Spitze der dritten Brigade des Quartiermeisterstabes gestellt, die den westlichen Kriegsschauplatz zu bearbeiten hatte. Seit 1804 Oberst, nahm er am Krieg von 1806/07 zunächst als Generalquartiermeister des Herzogs von Braunschweig an der Schlacht von Auerstedt teil und zog sich dann mit Blüchers Truppen nach Lübeck zurück. Im ostpreußischen Feldzug war er dem General v. L'Estocq zugeteilt. Der Erfolg von Preußisch-Eylau war zum wesentlichen Teil sein Verdienst. Am 17. Juli 1807 wurde Scharnhorst zum Generalmajor und bald darauf zum Vorsitzenden der MRK ernannt. Nach Errichtung des Kriegsministeriums war er bis zum 7. Juni 1810 Chef des Allgemeinen Kriegsdepartements, zeitweise außerdem unter anderem Chef des Ingenieur- und Pionierkorps, Generalinspekteur der Festungen und Chef des Generalstabs. Infolge französischer Intervention eines Teiles seiner Aufgabengebiete entbunden, behielt er noch eine Zeitlang insgeheim Einfluß auf die Leitung der Militärangelegenheiten. In dieser Zeit verwandten ihn der Monarch und der Staatskanzler Freiherr v. Hardenberg zu geheimen politischen Missionen in Petersburg und Wien. Erst 1813 trat Scharnhorst erneut offen als Generalquartiermeister hervor. Er verstarb als Generalleutnant am 28. Juni 1813 in Prag an den Folgen einer Verwundung, die er in der Schlacht von Großgörschen erlitten hatte. Er befand sich in diplomatischer Mission auf einer Reise nach Österreich, um den Anschluß des Kaiserreiches an die Gegner Napoleons herbeizuführen.

Scharnhorst, der sich Bildung und Wissen autodidaktisch angeeignet hatte, begann schon früh, sich mit militär- und kriegsgeschichtlichen Problemen der Französischen Revolution zu befassen. Von vornherein bewies er dabei „die völligste Unabhängigkeit der Meinung", was ihm später besonders nachgerühmt wurde. Sein scharfer Verstand war fähig, klar zu erkennen, welche Voraussetzungen und Bedingungen die Siege der Armeen des revolutionären Frankreichs und Napoleons ermöglicht hatten. Er zeigte sogar einen Weg, wie es möglich wäre, sich dieser Mittel zu bedienen, ohne zuvor eine Revolution durchstehen zu müssen. In den Diskussionen vor 1806 nahm er zu allen Problemen in der Art Stellung, daß er seine Ausführungen auf kritischen Untersuchungen aufbaute. Das war für seine Zeit eine neue Sicht- und Arbeitsweise. Mit Hilfe der Ergebnisse aus seinen pragmatisch-historischen Fragestellungen konnte er die Mängel des stehenden Heeres zugeben. Daneben konnte er aber auch die Auffassung vertreten, daß solche Mißstände keineswegs zu der Annahme berechtigten, die Armee des absolutistischen Staates sei dem Neuen von vornherein grundsätzlich unterlegen. Seiner Meinung nach konnte das Heer mit der Zeit Schritt halten und modern bleiben, wenn es nur den jeweiligen Anforderungen angepaßt wurde. Den Weg sah er in einer „Umschulung" der Offiziere. Darauf sollten vor allem die Bemühungen abgestellt werden und nicht auf eine Verbesserung der Militärverfassung von der Basis des gemeinen Soldaten her, wie es von vielen Seiten gefordert wurde. Ein tüchtiges Offizierkorps, für das er alle Voraussetzungen gegeben sah, hielt Scharnhorst für fähig, das stehende Heer auf dem Boden des absolutistischen Staates so zu reformieren, daß es allen Anforderungen der Zeit entsprach. In diesem Sinne wirkte er in preußischen Diensten als Lehrer an der Allgemeinen Kriegsschule und in der „Militärischen Gesellschaft", einer unter seiner maßgeblichen Beteiligung 1802 gegründeten Vereinigung von Offizieren, die in geschlossenen Veranstaltungen in freier Diskussion militärische Probleme der Zeit erörterten. Erst wenige Monate vor Ausbruch des Krieges mit Frankreich brach in Scharnhorst eine radikalere Anschauung durch. Er hatte zwar schon 1798 geschrieben, „man wird erst siegen können, wenn man gelernt hat, so wie die Jakobiner den Gemeingeist zu wekken", denn er erkannte, welche Hilfsquellen sich einer Nation erschlossen, wenn sie „sich ganz zum Kriege hergibt". Nach und nach reifte in ihm die Überzeugung, daß es notwendig sei, das ganze Volk zur Verteidigung des Vaterlandes heranzuziehen. Scharnhorst kam demnach aus realpolitischen Überlegungen dazu, die Allgemeine Wehrpflicht zu fordern. Er suchte sie zunächst über eine Miliz zu verwirklichen, deren wesentliche Aufgabe es sein sollte, neben dem stehenden Heer die Kampfkraft des Staates zu verstärken. Das war der Inhalt seiner Denkschrift vom April 1806, in der er für die drohende Auseinandersetzung mit Napoleon neben der Nationalmiliz auch forderte, den Nationalkrieg zu proklamieren, denn „nur dadurch, daß man die ganze Masse des Volkes bewaffnet, erhält ein Kleines eine Art von Gleichgewicht der Macht in einem Defensivkriege gegen ein Größeres, welches einen Unterjochungskrieg führt und angreift". An diese Gedanken schloß Scharnhorst nicht als Theoretiker oder gar als Doktrinär, sondern als Mann der Praxis und ganzer Soldat an, als ihm die Reorganisation des Heeres anvertraut wurde.

Seine Tätigkeit vor der Katastrophe hatte ihn für seine zukünftige Rolle gut und lange vorbereitet. Für seine neuen Aufgaben war er also besser ausgerüstet als Carnot. Andererseits hatte er es nicht notwendig, wie der französische „organisateur de la victoire“ im leeren Raum zu experimentieren. Mit dem offenen Blick für die Wirklichkeit, der sein Wesen kennzeichnete und sein Handeln bestimmte, trat Scharnhorst nicht nur als militärischer Fachmann, sondern auch als Politiker und Staatsmann, und auch nicht als Revolutionär, sondern als Reformer an seine Aufgabe heran. Er sah sie so: „Wäre es möglich, nach einer Reihe von Drangsalen, nach Leiden ohne Grenzen, aus den Ruinen sich wieder zu erheben, wer würde nicht gern alles daran setzen, um den Samen einer neuen Frucht zu pflanzen, und wer würde nicht gern sterben, wenn er hoffen könnte, daß sie mit neuer Kraft und Leben hervorginge! Aber nur auf einem Wege ... ist dies möglich. Man muß der Nation das Gefühl der Selbständigkeit einflößen, man muß ihr Gelegenheit geben, daß sie mit sich selbst bekannt wird, daß sie sich ihrer selbst annimmt; nur erst dann wird sie sich selbst achten und von anderen Achtung zu erzwingen wissen. Darauf hinzuarbeiten, dies ist alles, was wir können. Die alten Formen zerstören, die Bande des Vorurteils lösen, die Wiedergeburt leiten, pflegen und sie in ihrem freien Wachstum nicht hemmen, weiter reicht unser hoher Wirkungskreis nicht.“

Neidhardt v. Gneisenau (27. 10. 1760 – 24. 8. 1831), der wie Scharnhorst nicht aus Preußen stammte, war eine der Persönlichkeiten, die dem Führer der militärischen Reformer in den Jahren nach 1807 unermüdlich beiseite standen und ihn ergänzten. Nach bewegter Kindheit und Jugendzeit trat Gneisenau zunächst in die österreichische Armee ein, wechselte aber bald zu den Haustruppen des Markgrafen von Ansbach über. Dieser Dienst führte ihn auch nach Nordamerika. Seit 1786 Offizier des preußischen Königs, trat Gneisenau erst im Krieg von 1806 hervor, besonders durch die Verteidigung von Kolberg (1807). Als Reformer vertrat er radikalere Ideen als Scharnhorst. Durch einen Griff in das „Zeughaus der Revolution“ wollte Gneisenau in Preußen Kräfte entfachen, die das zur Selbstverantwortung erzogene Volk den Franzosen ebenbürtig an die Seite stellte. Mehrfach forderte er in Krisensituationen die Volksbewaffnung. Er besaß eine Sprache voller Überzeugungskraft, die er bei vielen Gelegenheiten, beispielsweise in seinem Aufsatz über die „Freiheit des Rückens“ (vgl. S. 135), in den Dienst der Reform stellte. In den Freiheitskriegen konnte Gneisenau als Stabschef Blüchers seine militärische Begabung glänzend beweisen (Herbstfeldzug 1813, Belle-Alliance 1815). Nach den Freiheitskriegen setzte er Preußen die Aufgabe, in Deutschland durch den dreifachen Primat der Waffen, der Wissenschaft und der Verfassung die Führung zu erlangen. Mit seinen politischen Ansichten machte er sich jedoch nur dem Hof suspekt. Gneisenau, der von 1816 bis 1830 nicht mehr im militärischen Bereich hervortrat, starb als Generalfeldmarschall und Oberbefehlshaber der Truppen während des polnischen Aufstandes von 1831.

Hermann v. Boyen (23. 6. 1771 – 15. 2. 1848) trat 1787 in die Armee ein. Als junger Offizier befaßte sich der Ostpreuße mit der Ethik Kants, durch die sein Wesen stark geprägt wurde. In Aufsätzen und Denkschriften, unter denen die „Über die Beförderung der Offiziere“ besonders instruktiv ist, legte Boyen seine Gedanken zur Verbesserung einzelner Einrichtungen des Militärwesens im Sinne der Aufklärung nieder. Dadurch lenkte er die Aufmerksamkeit Scharnhorsts auf sich, der ihn 1803 als auswärtiges Mitglied in die „Militärische Gesellschaft“ aufnahm und veranlaßte, daß Boyen 1808 in die MRK berufen wurde. Als Direktor der ersten Abteilung des Allgemeinen Kriegsdepartements sicherte Boyen nach dem „Rücktritt“ Scharnhorsts die Fortdauer der Reformen. Als Oberst nahm er im März 1812 seinen Abschied und ging nach Rußland.

Er überbrachte Friedrich Wilhelm III. 1813 das erste Bündnisangebot des Zaren und trat in preußische Dienste zurück. Am 3. Juni 1814 wurde er als Generalmajor zum Kriegsminister ernannt. Boyen legte mit dem Wehrgesetz vom 3. September 1814 und mit der Landwehrordnung vom 21. November 1815 die Militärverfassung auf die Allgemeine Wehrpflicht fest. Als sein Werk und insbesondere die Landwehr mit der Begründung angegriffen wurde, er „bewaffne die Revolution gegen Staat und Königtum", und er gezwungen werden sollte, es abzuändern, trat er am 22. Dezember 1819 als Kriegsminister zurück. Dieses Datum gilt als das Ende der Reformzeit. Zum zweiten Mal wurde Boyen unter Friedrich Wilhelm IV. 1841 als Kriegsminister berufen, als Generalfeldmarschall nahm er 1847 seinen Abschied.

Karl Wilhelm v. Grolman (30. 7. 1777 – 1. 6. 1843), dessen Familie zum bürgerlichen Patriziat Westfalens gehörte, trat 1791 in die Armee ein. Er zählte zu den Schülern Scharnhorsts vor 1806. Im Frühjahrsfeldzug von 1807 zeichnete er sich durch Tapferkeit und Übersicht besonders aus. In der MRK war Grolman Scharnhorsts „tüchtigste Stütze". Hierbei trat er mit Vorschlägen hervor, die schärfer und unerbittlicher abgefaßt waren als die Scharnhorsts. Gneisenau sagte von ihm, er huldige nur dem Verstande und ehre von den Gemütskräften nur die Willenskraft. Im Jahre 1809 wechselte Grolman in österreichische Dienste über, ab 1810 kämpfte er als Führer eines Fremdenbataillons in Spanien. In die preußische Armee trat er 1813 zurück und bewährte sich als Generalstabsoffizier. Seit 1814 Direktor des zweiten Departements im Kriegsministerium reorganisierte Grolman den Generalstab. Er kämpfte mit Boyen gegen die restaurativen Tendenzen und trat zusammen mit dem Minister zurück.

Carl v. Clausewitz (1. 6. 1780 – 16. 11. 1831) stand von allen Reformern Scharnhorst am nächsten. Er nannte ihn „Vater und Freund seines Geistes". Vor 1806 Schüler an der Allgemeinen Kriegsschule, erlebte er Krieg und Gefangenschaft als Adjutant des Prinzen August von Preußen, der ebenfalls den Reformern nahestand. Mitglied der MRK war Clausewitz nicht. Scharnhorst verwandte ihn von 1808 bis 1810 als seinen persönlichen Gehilfen, wobei Clausewitz am Reformwerk wesentlich beteiligt wurde. Von 1810 bis 1812 gehörte er dem Generalstab an und diente dem Kronprinzen als Lehrer für die sogenannten Kriegswissenschaften. Er zählte zu den Offizieren, die 1812 in russischen Dienst übertraten, – ein Entschluß, den er in seiner berühmten Bekenntnisschrift begründete. Friedrich Wilhelm III. übernahm ihn erst wieder 1814 in seine Dienste. Als Direktor der Allgemeinen Kriegsschule (1818–1830) verfaßte Clausewitz sein klassisches Werk „Vom Kriege". Er starb als Generalstabschef Gneisenaus ein Vierteljahr nach dem Feldmarschall ebenfalls an Cholera.

Der MRK gehörte auch der leitende Staatsminister Freiherr vom Stein an. Er hatte für sich das Recht beantragt, an den Sitzungen der MRK teilzunehmen, weil „die künftige Einrichtung des Militärwesens und die einstweilige Bestimmung des Militärs in den Finanzzustand, in die Politik und in die künftige Staatsverfassung so wesentlich" eingreifen würden, „daß es für die Sache selbst, also auch dem Militär" und ihm „wünschenswert" erschiene, an den Beratschlagungen der MRK teilzunehmen. Dieses Recht wollte Stein nicht beanspruchen, wenn die MRK Fragen der inneren Organisation der Armee behandele. Gerhard Ritter vertritt dazu die Auffassung, Stein habe sich dieses Recht erst „nachträglich, vielleicht auf Drängen seiner Mitarbeiter" gesichert. Ein solches Verhalten stände im Widerspruch zu Steins Interesse an der preußischen Militärverfassung und anderen militärpolitischen Fragen, das er vor 1806 mehrfach bewiesen hatte. Außerdem arbeitete der neue Minister sofort so eng mit Scharnhorst zusammen, daß auch deshalb kaum anzunehmen ist, daß Stein ursprünglich an der Heeresreform desinteressiert gewesen sei. Er nahm vielmehr jederzeit regen Anteil an der Tätigkeit des Heeresreformer und sorgte Anfang des Jahres 1808 dafür, daß Scharnhorst im Falle der Abwesenheit des Ministers bei den Kabinettsvorträgen stets anwesend sein konnte, „damit [man] die zukünftigen militärischen Einrichtungen bei allen vorkommenden Geschäften jedesmal berücksichtige und sich nicht durch einzelne subjektive Betrachtungen irre leiten lasse".

Auch Stein machte die gesamte Heeresreform davon abhängig, daß sich ein neues Verhältnis des Bürgers zur Regierung und zum Staate anbahne. Im Militärdienst sah er zugleich aber ein Mittel, die Nation politisch zu erziehen. Selbst der wichtigste Punkt der Heeresreform, die Allgemeine Wehrpflicht, ergab sich für Stein aus dem Bündnis zwischen Regierung und Nation. Nur so ist sein Ausspruch zu verstehen: „Ich halte es für ein tiefes Versinken in Egoismus, wenn man den Soldatenstand nicht für den ehrenvollsten hält zu jeder Zeit seines Lebens."

Stein verzichtete zum Bedauern militärischer Reformer auf die Stellung eines Premierministers oder Staatskanzlers, wie sie später Hardenberg einnahm. Daher konnte sich Gneisenau zunächst nicht vorstellen, wie das gesamte Reformwerk gelingen solle, ohne daß der leitende Staatsminister allen Zweigen der Staatsverwaltung übergeordnet sei. Diese politische Auffassung des Reichsfreiherrn von seinem Amt und sein Verhältnis zur Macht, die es ihm von vornherein unmöglich erscheinen ließen, „Vorgesetzter" eines zukünftigen Kriegsministers zu sein, erklären, warum er nur beratenden Einfluß auf die Neugestaltung der Armee beanspruchte. Er war sich – wie die Offiziere – der Notwendigkeit engen Zusammenspiels und Ineinandergreifens aller Reformen so bewußt und der kollegialen Zusammenarbeit mit den Militärs wohl so sicher, daß er auf institutionelle Sicherungen verzichten zu können glaubte. In den letzten Monaten seiner Ministerschaft schloß er sich den militärischen Reformern sogar in verstärktem Maße an, weil er in ihrem Kreise mehr Aufgeschlossenheit für seine Pläne fand als bei den meisten seiner unmittelbaren Mitarbeiter.

Die MRK – eine Kollegialbehörde – nahm spätestens am 5. August 1807 ihre Tätigkeit auf. Sie arbeitete intensiv bis Ende des Jahres 1808, dann löste sie sich allmählich auf und überließ ihre Aufgaben dem neugeschaffenen Kriegsministerium. In der MRK beteiligten sich Anhänger und Gegner Scharnhorsts aktiv daran, Reformvorschläge zu erarbeiten. Auch die konservativen Mitglieder wollten die Armee so verbessern, daß sich die Vorfälle von 1806/07 nicht wiederholten. Sie mußten aber sehr bald erkennen, daß der Kreis um Scharnhorst in der überlieferten Militärverfassung, die sie zu erhalten wünschten, die Wurzel allen Übels sah und sich das Ziel gesetzt hatte, sie zu reformieren. Der Gegensatz in der Frage nach dem Ausmaß der Reformen führte zu harten Auseinandersetzungen, die aber sachlichen Charakter bewahrten. Die Zeit, in der die Reformer, besonders Scharnhorst, persönlich verunglimpft wurden, brach erst später an. Zum Vorteil des Reformwerkes erhielten Scharnhorst und seine Freunde nach dem Eintritt des Grafen Götzen und Boyens in der Kommission die Mehrheit. Sie prägte das Gesicht der MRK im Jahre 1808 – die Zeit der kühnsten Gedanken, Diskussionen und Entwürfe und zugleich des entscheidenden Durchbruchs im Ablauf der gesamten Heeresreform.

Für ihre Ziele und ihre Tätigkeit warben die Reformer mit bewußter Öffentlichkeitsarbeit. Die Form von Propaganda, die sie in eigener Sache betrieben, hatte es bisher im militärischen Bereich kaum gegeben. Führende Reformer verfaßten gelegentlich Artikel, in denen sie versuchten, die Öffentlichkeit auf vorbereitete Maßnahmen hinzuweisen und erlassene Gesetze in ihrer Bedeutung zu erläutern. Diese Aufsätze und Rezensionen erschienen auch in außerpreußischen Zeitungen (vgl. S. 116 f.).

b. Das Kriegsministerium

Die Zusammenarbeit der zivilen und militärischen Reformer beruhte also in erster Linie auf ihrer Übereinstimmung in den Zielen der Staatsreform und auf dem freundschaftlichen Verhältnis, das die Mehrzahl dieser Männer trotz mancher sachlichen Differenzen untereinander verband. Die führenden Köpfe dieser Kreise hatten sich schon vor dem Zusammenbruch von 1806/07 gefunden. Seit 1805/06 führte sie vor allem der Kampf zusammen, den sie unter dem Eindruck der „Kabinetts(rats)politik", für die Immediatstellung verantwortlicher Fachminister gegen die Regierung durch das Kabinett eröffnet hatten. Dieser Kampf richtete sich gegen die Kabinettsräte ohne „gesetzliche Verfassung, Verantwortlichkeit, genaue Verbindung mit den Verwaltungsbehörden und Teilnahme an der Ausführung" (Stein, Mai 1806).

Im militärischen Bereich hatte sich das Kabinettssystem im „Vortragenden" oder „Expedierenden" Generaladjutanten manifestiert, einer Dienststelle, die 1787 institutionell verankert worden war. Sie mediatisierte die vier anderen koordinierten Gewalten, das Oberkriegskollegium, das 1787 neu eingerichtet wurde, das Militärdepartement des Generaldirektoriums, die Generalinspekteure der Truppen und die Gouverneure der großen Festungen. Im Jahre 1795 trat zu diesen Behörden noch die Immediat-Militär-Organisationskommission hinzu, die bis 1805 die eigentliche Spitze der Militärverwaltung bildete.

Den Generaladjutanten gab es in Preußen seit Friedrich II. Ursprünglich persönlicher militärischer Gehilfe des Königs ohne jedes feste Ressort, hatte er 1787 mit dem Recht und der Pflicht zum ständigen Vortrag beim König mit eigener Expedition institutionellen Charakter erhalten. Der Vortragende Generaladjutant – er war stets ein Infanterieoffizier, neben dem es noch einen Generaladjutanten der Kavallerie ohne Vortragsrecht gab – wurde damit zu der Stelle, über die alle militärischen Vorgänge und Eingaben, auch die sogenannten Immediatberichte, zur Kenntnis des obersten Kriegsherrn gelangten. Der Generaladjutant trug aber, wie im zivilen Bereich die Kabinettsräte, gegenüber allen anderen Instanzen keine Verantwortung für seinen „Rat", den er dem König als dessen wichtigster Gehilfe in allen militärischen Fragen erteilte. Nur vom Monarchen konnte er kontrolliert werden, dagegen nicht von einer außenstehenden, neutralen

Instanz; seine Machtstellung war unangreifbar, weil alle Entscheidungen im Namen des obersten Kriegsherrn ergingen. Damit war die Generaladjutantur eine Position, die Persönlichkeiten von Format zu einer Einfluß- und Machtbasis ersten Ranges hätten ausbauen können. Im Vergleich zu den Kabinettsräten, Männern wie Lombard und Beyme, waren jedoch die Generaladjutanten dazu nicht fähig. Sie waren dem König genehme, geistig und politisch aber unbedeutende Offiziere „ohne höhere militärische Kenntnisse", wie Scharnhorst sie 1809 charakterisierte. Da sie die Generaladjutantur nicht über die Stellung eines „Korrespondenzbüros des Königs" zu erheben verstanden, lähmte ihre Mittelmäßigkeit den gesamten Geschäftsverkehr und erstickte die Lust zur Initiative, beispielsweise die Beschäftigung mit Reformgedanken. Die Generaladjutantur behinderte „Einheit, Übersicht und Schnelligkeit; also das Wesentlichste zu einer guten Geschäftsführung" (Scharnhorst). Dennoch konnte sich der König auch nach der Katastrophe von 1806 nicht sofort entschließen, das Kabinettssystem zu ändern, weil er in ihm seine selbständige oberste Befehlsführung gewährleistet sah. Als eine Art Zwischenlösung übertrug er nach dem Rücktritt des Generaladjutanten Oberst v. Kleist (August 1807) den militärischen Vortrag und die Geschäfte des Vortragenden Generaladjutanten dem Grafen Lottum, einem Mitglied der MRK. Da der Gegensatz zwischen dem konservativen Graf Lottum und Scharnhorst bald aufflammte, verwob sich die Entscheidung über das Schicksal der unbesetzten Generaladjutantur nicht nur mit dem Problem, wie die Spitzengliederung neu gestaltet werden solle, sondern auch mit personellen Fragen. Der König entschied sich wieder für einen Mittelweg. Er löste die Generaladjutantur nicht formal auf, sondern teilte deren Aufgabenbereich zwischen Graf Lottum und Scharnhorst. Als sich Friedrich Wilhelm III. gezwungen sah, mit der neuen Einrichtung in der Zivilverwaltung auch eine neue Militär-Geschäftsverwaltung anzukündigen (15. Juli 1808), teilte er sämtliche Militärangelegenheiten auf zwei „Hauptdepartements" auf. Das eine, das Scharnhorst mit Vortragsrecht übertragen wurde, umfaßte „alle Gegenstände, die sich auf die Verfassung und das Kommando der Armee beziehen". Graf Lottum erhielt das andere Hauptdepartement, das die „ökonomischen Angelegenheiten der Armee" zu bearbeiten hatte. Beide Hauptdepartements erhielten das Recht des Immediatvortrages, fanden also ihre gemeinsame Spitze im König. Als das Kriegsministerium dann institutionell errichtet wurde, erhielt die 1. Division des Allgemeinen Kriegsdepartements die Aufgaben übertragen, die dem Vortragenden Generaladjutanten wesensmäßig unterstanden hatten, vor allem die Personalangelegenheiten. Die Generaladjutantur war damit auch formal aufgehoben.

Das Oberkriegskollegium trat mit Instruktion vom 25. Juni 1787 als eine Art Vorform eines Kriegsministeriums ins Leben. Es sollte den König, der sich nicht in der Lage sah, das gesamte Militärwesen persönlich zu leiten, entlasten. An seiner Spitze stand ein Präsidium von Ehrenvorsitzenden mit dem Feldmarschall Herzog von Braunschweig als Oberkriegspräsident und dem General der Infanterie v. Möllendorff als Vizeoberkriegspräsident. Die eigentliche Geschäftsführung der Kollegialbehörde lag in den Händen eines ersten und eines zweiten Kriegsministers. Die Aufgabenteilung dieser beiden sogenannten Kriegsminister ergab sich aus dem Arbeitsbereich der neuen Dienststelle. Sie darf nicht mit dem Wirkungs- und Verantwortungskreis des Kriegsministers seit der Reformzeit verwechselt werden.

Das Oberkriegskollegium war in sieben Departements aufgeteilt. An militärischen Behörden wurde ihm auch die Generalkriegskasse, die Geheime Kriegskanzlei und das Generalauditoriat unterstellt. Das Oberkriegskollegium gewann aber nicht die Stellung eines Kriegsministeriums, weil die überlieferten Immediatstellen die meisten ihrer Befugnisse behielten und sogar neue Immediatkommissionen eingerichtet wurden. Das Verhältnis zum Militärdepartement wurde mehrfach geändert. Vor allem aber besaß das Oberkriegskollegium keine Immediatstellung. Es sank gegen Ende des Jahrhunderts zu einer Dienststelle mit weitläufiger Organisation herab, deren bürokratische und pedantische Arbeitsweise nicht geeignet war, Reformideen den Weg zu bahnen.

Die Immediat-Militär-Organisationskommission wurde 1795 mit dem Auftrag eingesetzt, die Militärverfassung im Hinblick auf die polnischen Erwerbungen auszubauen und eine Reform des Heeres infolge der Erfahrungen des letzten Krieges vorzubereiten. Ihre Vorschläge gingen, wenn sie vom König genehmigt wurden, dem Oberkriegskollegium zu, das sie in die Praxis umsetzen sollte und das damit zu einer ausführenden Behörde wurde.

Als im Juli 1808 das Kabinettssystem im militärischen Bereich dadurch sein Ende fand, daß die Institution des „Vortragenden Generaladjutanten" formlos aufgehoben wurde, war bereits ein wesentlicher Schritt auf dem Wege zu einem Kriegsministerium getan. Jede Reform des Heeres, die tiefer gehen sollte, setzte voraus, daß die obersten Kommando- und Verwaltungsbehörden der Armee mit dem Ziel reformiert wurden, eine einheitliche und umfassende militärische Befehlsgewalt sicherzustellen. Stein und Scharnhorst strebten daher schon in den ersten Wochen ihrer Zusammenarbeit an, der Armee eine Spitzengliederung zu geben, die eine zentrale Führung und Verwaltung garantierte. Dazu wollten sie ein „Departement des Kriegsministers" als drittes Hauptdepartement errichten. Das war sehr schwer, denn Friedrich Wilhelm III. fürchtete, daß sein unmittelbarer Oberbefehl und damit sein persönliches Verhältnis zur Armee eingeschränkt werde, wenn ein Zentralorgan für das Militärwesen errichtet und vor allem wenn ein Fachminister ernannt wurde. Den militärischen Teil des „Organisationsplanes" Steins für die oberen Behörden des preußischen Staates vom 23. November 1807, der sich genau an den Vorschlag Scharnhorsts angelehnt und ein „Departement des Kriegsministers" mit zwei Abteilungen, eine für die Verfassung und das Kommando, die andere für die wirtschaftliche Verwaltung, vorgesehen hatte, lehnte er daher ab. Aber er konnte die Entscheidung nur hinausschieben. Letztlich mußte er sich doch dem Zwang beugen, der von der durch ihn selbst ausgelösten Staatsreform ausging. Die Reform der zivilen Zentral- und Provinzialverwaltungen forderte immanent, daß die Heeresverwaltung an die neuen Behörden angeglichen werde.

Das „Publikandum betr. die veränderte Verfassung der obersten Staatsbehörden" vom 16. Dezember 1808, das im Zusammenhang mit der Errichtung von fünf Fachministerien, nämlich „dem Minister des Innern, dem Minister der Finanzen, dem Minister der auswärtigen Angelegenheiten" und dem „Justizminister" auch von „dem Kriegsministerium" sprach, ließ erkennen, daß sich die Angleichung einem Abschluß näherte. Daß das Fachministerium für militärische Angelegenheiten jedoch eine Sonderstellung behalten würde, kündigte sich auch bereits an. Der König hatte sich wohl damit abgefunden, daß ein Kriegsministerium errichtet wurde, war aber nicht bereit, einen Kriegsminister zu ernennen. Die Kabinettsordre vom 25. Dezember 1808 betonte den königlichen Willen allerdings nicht mehr in so ausschließlicher Form. In ihr hatte Friedrich Wilhelm III. „die Vorschrift zur Einrichtung des Kriegsdepartements, welches die 5. Hauptabteilung des Staatsrats bildet" (= Kriegsministerium als fünftes der Fachministerien) erlassen. Mit einem Publikandum vom 18. Februar 1809 wurde der Öffentlichkeit bekanntgemacht, daß zumindest ein Kriegsministerium aufgebaut werde. Als „Kriegsdepartement" nahm es am 1. März 1809 seine Tätigkeit auf.

Das „Departement des Kriegsministers" arbeitete in der von Stein und Scharnhorst vorgeschlagenen Form eines zweigliedrigen Ministeriums. Von den anderen Ministerien unterschied es sich durch die Immediatstellung seines Ministers, auch wenn sie zunächst Theorie blieb, da der König keinen Kriegsminister ernannte. Das Recht des Immediatvortrags erhielten deshalb die Chefs der beiden Hauptabteilungen. Der Freiherr vom Stein hatte 1807 daran gedacht, den jüngsten Bruder des Königs, den Prinzen Wilhelm, mit diesem wichtigen Ministerium zu betrauen. Unter seiner Abschirmung sollte wohl Scharnhorst die Heeresreform durchführen. Die Bestallung des Prinzen oder auch Scharnhorsts wurde jedoch nicht vorgenommen, wahrscheinlich vor allem aus der bereits erwähnten persönlichen Sorge des obersten Kriegsherrn, er könne eine Machteinbuße erleiden. Ein weiterer Grund, Scharnhorst die Ministerschaft vorzuenthalten, ist möglicherweise im Anciennitätsdenken zu sehen.

Das Kriegsministerium behielt den selbständigen Militärvortrag auch, als Hardenberg Staatskanzler wurde. Der König forderte vom Kriegsdepartement „genaueste Übersicht des gesamten Militärwesens". Alle Immediateingaben sollten nur über das Kriegsdepartement zur Kenntnis des obersten Kriegsherrn gelangen, damit das Ministerium „für die Ordnung des Ganzen verantwortlich sein könne". Da zunächst der König gewissermaßen sein eigener Kriegsminister blieb, die allgemeinen Geschäfte des Ministers jedoch auch besorgt werden mußten, erhielt der Chef der ersten Hauptabteilung, des „Allgemeinen Kriegsdepartements", den Auftrag, das Kriegsdepartement in dem Aufgabenbereich des Kriegsministers zu vertreten. Zuerst nahm Scharnhorst diese Geschäfte wahr, seit Juni 1810 dann der Generalmajor v. Hake, wenn auch Scharnhorst noch bis in das Jahr 1812 weiterhin der eigentliche Leiter der wichtigsten militärischen Vorgänge blieb. Am 13. Dezember 1813 wurde General v. Rauch mit der Geschäftsführung beauftragt. Aber erst mit dem Generalmajor v. Boyen wurde am 3. Juni 1814 der Kriegsministerposten tatsächlich besetzt.

Die Chefs der beiden Hauptabteilungen – die zweite war das „Militär-Ökonomiedepartement" – wurden zu Mitgliedern des (nicht ins Leben getretenen) Staatsrats ernannt. Diesem Staatsrat sollte das Kriegsdepartement alle Angelegenheiten im Detail zur Kenntnis geben, die von den Militärsachen für die Verwaltung des Inneren von erheblicher Bedeutung sein konnten. Mit dem Minister der Finanzen und mit anderen Departements hatte das Kriegsministerium für die Angelegenheiten, die deren Ressorts berührten, Verbindung aufzunehmen. So durfte beispielsweise das Militär in Polizeiangelegenheiten nicht einseitig eingreifen. Dagegen mußte das Kriegsdepartement durch den Minister des Auswärtigen von allen Vorgängen unterrichtet werden, die für das Militär von Bedeutung sein konnten. Dazu rechneten beispielsweise auch die Berichte der Gesandten über das Militärwesen ihrer Gastländer.

Im militärischen Bereich war das Kriegsdepartement eine zentrale Institution, die in sich die Funktionen der Generaladjutantur, des Oberkriegskollegiums, des Militärdepartements im Generaldirektorium, der provinzialen Magazindepartements von Preußen und Schlesien und der Generalintendantur vereinigte. „Zum Geschäftskreis des Kriegsdepartements gehört alles", besagte die Vorschrift, „was auf das Militär, dessen Verfassung, Errichtung, Erhaltung und den von solchem zu machenden Gebrauch Bezug hat." Dem Kriegsdepartement unterstanden außerdem „die den verschiedenen Departements untergeordneten Zivilbehörden in eigentlichen Militärsachen", ferner der Generalkriegskommissar, das Generalauditoriat, die Militärerziehungsanstalten, die Militärmedizinalanstalten, die Kriegsmagazine, die Pulver- und Gewehrfabriken, die Invalideneinrichtungen und alle Behörden und Einrichtungen, die durch einen weiteren Ausbau des Militärwesens ins Leben gerufen wurden. Das gesamte Militär und alle Militärsachen waren also dem Kriegsministerium unterstellt mit einer Ausnahme. Im Kriegsfalle sollte das Verhältnis zwischen Kriegsdepartement und „kommandierendem General" durch eine Sonderregelung bestimmt werden. Von vornherein wurde allerdings festgesetzt, daß die „militärischen Dispositionen und Operationen" dem General allein überlassen blieben.

Die Zuständigkeit des Kriegsministeriums war demnach umfassend umschrieben. Ebenso ging die innere Organisation von einer Vorstellung aus, die für den weiteren Aufbau des preußisch-deutschen Militärwesens vorbildlich wurde, nämlich von der Trennung zwischen dem eigentlichen militärischen Aufgabenbereich, also Kommando und Verfassung der Armee, und allen Angelegenheiten, die mit dem Haushaltswesen und der Wirtschaftsverwaltung einer bewaffneten Macht zusammenhängen.

Die Spitze des Kriegsministeriums bildete der Kriegsminister. Für seinen Aufgabenbereich war ein eigenes Büro vorgesehen, das 1810 eingerichtet wurde. Die zwei Hauptabteilungen oder Spezialdepartements des Kriegsdepartements untergliederten sich in Unterabteilungen („Divisionen"). Das Allgemeine Kriegsdepartement umfaßte drei Divisionen, das Militär-Ökonomiedepartement hatte vier Unterabteilungen. Der Geschäftskreis der Divisionen umschloß folgende Hauptaufgaben:

I. Allgemeines Kriegsdepartement: Militärverfassung und Armeekommando (Chef ab Errichtung Generalmajor v. Scharnhorst, nach dessen Rücktritt Sommer 1810 Oberst v. Hake).
   1. Division: Personalsachen (im wesentlichen Übernahme des Aufgabenbereiches des früheren Vortragenden Generaladjutanten. Direktor war zuerst Major v. Grolman, ab 1. Mai 1809 Oberstleutnant v. Hake, ab 3. Februar 1810 Major v. Boyen, ab 11. März 1812 Major v. Thiele), von ihr war die Geheime Kriegskanzlei abhängig
   2. Division: Allgemeine Armeeangelegenheiten und Kommandosachen
   3. Division: Artillerie-, Ingenieur-, Festungs -und Waffenwesen

II. Militär-Ökonomiedepartement: Militärverwaltungssachen (Chef ab Errichtung Oberst Graf Lottum, ab 3. Februar 1810: Oberst v. Hake).
   1. Division: Militärkassenwesen
   2. Division: Militärverpflegungswesen

3. Division: Bekleidung und Ausrüstung
4. Division: Invalidenversorgung.

Außerdem war dem Militär-Ökonomiedepartement über die 1. Division die Generalmilitärkasse unterstellt und das Generalkriegskommissariat angeschlossen. Die Generalmilitärkasse, die frühere Generalkriegskasse, verlor ihre eigenen Einnahmen. Sie wurde zukünftig aus der Generalstaatskasse gespeist. Das bedeutete, daß das Militär um einen wichtigen Schritt institutionell in den Staat eingebaut wurde. Das Generalkriegskommissariat bearbeitete die wirtschaftlichen Vorbereitungen einer Mobilmachung.

Auf Vorschlag des neu ernannten Kriegsministers v. Boyen wurde die Organisation des Kriegsministeriums am 28. August 1814 abgeändert. Außer dem Ministerialbüro wurden fünf Departements eingerichtet:

1. das Allgemeine Kriegsdepartement
2. das Generalstabsdepartement
3. das Militärvortragsdepartement
4. das Militärökonomiedepartement
5. das Kriegskommissariatsdepartement.

Dem Kriegsminister wurden außerdem das Generalauditoriat und das Invalidendepartement unterstellt. Doch begann sich bereits wieder die Abspaltung wichtiger Teilbereiche des Militärwesens aus seinem Geschäftsbereich anzubahnen. Aus der 1. Division des Allgemeinen Militärdepartements, die mit den wesentlichen Aufgaben des früheren Vortragenden Generaladjutanten betraut war, wurde das 3. Departement der Neuordnung, das Militärvortragsdepartement, das 1824 die Bezeichnung „Abteilung für die persönlichen Angelegenheiten im Kriegsministerium" erhielt. Da zu seinem Aufgabenbereich aber auch die sogenannten „Immediatsachen" gehörten, war es eine Frage des persönlichen Verhältnisses zwischen Kriegsminister und Departementschef, wann sich diese Abteilung dem Minister entzog. Departements- und Immediatsachen ließen sich nicht immer säuberlich trennen. Die Entwicklung, die über eine Sonderstellung zum immediaten Militärkabinett hinführte, gehörte jedoch nur in ihrem Keim in die Reformzeit hinein.

Im Verlaufe des 19. Jahrhunderts mußte das Kriegsministerium noch eine weitere Einbuße hinnehmen: der Generalstab (vgl. S. 168 f.) erhielt ebenfalls eine selbständige Stellung. Während der Reformzeit, in der Gliederung von 1809, gehörte er als 2. Division zum Allgemeinen Kriegsdepartement, später als 2. Departement zum umorganisierten Kriegsministerium von 1814. Seine Bedeutung war aber schon zu dieser Zeit durch die Stelle unterstrichen, an der er in das Kriegsministerium eingeordnet wurde.

c. *Scharnhorsts Stellung im Reformwerk*

Scharnhorst schuf sich bereits während seiner Tätigkeit in der MRK, seiner ersten selbständigen hohen Stellung, die Grundlagen für seine weitere Arbeit in Preußen und für seine Vertrauensstellung beim König. Der Ausländer hatte es schwer, als Führer und darüber hinaus als geistiges Haupt der militärischen Reformer anerkannt zu werden. Andererseits mußte „wohl von außen kommen und innerlich frei sein von so vielerlei Bindungen des Gefühls und der Sitte, wer dieses preußische Heer umschöpfen wollte aus dem Geiste einer neuen Zeit heraus" (Stadelmann). Wenn Scharnhorst im ersten Reformjahr auch sehr bald vom Freiherrn vom Stein voll unterstützt wurde, so war damit der Erfolg noch keineswegs sichergestellt. Die Reorganisation des Heeres war nämlich stärker als die Reform des gesamten anderen Staatsbereiches an das volle Einverständnis des Königs gebunden und nur mit seinem Willen durchzuführen. Friedrich Wilhelm III. wachte unerbittlich darüber, daß seine ererbte Stellung als oberster Kriegsherr in keiner Weise angetastet wurde. Die meisten Reformen konnten ihm nur abgerungen werden, wenn Scharnhorst ihn zu überzeugen vermochte, wie sehr die einzelnen Maßnahmen seinem selbst ausgesprochenen Willen entsprächen und seine militärische Kommandogewalt verstärkten, und nur, weil Scharnhorst den König niemals mit dem ganzen Ausmaß dessen konfrontierte, was er sich zum Ziel gesetzt hatte. Er führte ihn vorsichtig, Schritt für Schritt, auf dem Wege der Reform voran. Nur so war Friedrich Wilhelm III. zu leiten, auf den auch während der ganzen Reformzeit Männer einwirkten, die sich allem Neuen widersetzten. Kein Reformer war dagegen gesichert, daß ihm der König das Vertrauen entzog oder daß das Werk mitten im Bau unterbrochen wurde. Allerdings fand Scharnhorst, nachdem er am 15. Juli 1808 Vortragsrecht erhalten hatte, als Soldat bei Friedrich Wilhelm leichter Zugang als etwa die Minister.

Das Vortragsrecht war besonders wichtig unter dem Ministerium Dohna-Altenstein nach dem Sturz des Freiherrn vom Stein. Scharnhorst gehörte diesem Ministerium an, ohne den Rang eines Ministers zu bekleiden. Schwierigkeiten entstanden durch seine Minderstellung nicht oder sie wurden dadurch aufgehoben, daß bei der Trennung von zivilem und militärischem Vortrag in Preußen der Vorrang als selbstverständlich bei den Belangen des Militärs lag. Diesen Vortrag durfte Scharnhorst täglich halten, während seine Ministerkollegen in der Ära Dohna-Altenstein auf wöchentliche Audienzen beschränkt waren. Er konnte außerdem die laufenden militärischen Sachen dem König durch einen Offizier vortragen lassen, also eine ihm vertraute Person, während der routinemäßige Geschäftsverkehr aller anderen Ministerien durch einen neutralen Kabinettsrat erledigt wurde. So blieb es auch, als Hardenberg 1810 das Staatskanzleramt übernahm. Der Staatskanzler erhielt zwar von allen Verfügungen in militärischen Angelegenheiten Kenntnis, soweit sie in die allgemeine Verwaltung oder unmittelbar in andere Ressorts eingriffen, der militärische Vortrag vor dem König fand aber statt, ohne daß Hardenberg hinzugezogen zu werden brauchte. Hardenberg, der im übrigen wie der Freiherr vom Stein und das Ministerium Dohna-Altenstein alle Maßnahmen der Heeresreform unterstützte, griff erst, nachdem Scharnhorst 1812 aus der – seit Sommer 1810 – geheimen Leitung des Kriegsministeriums ausgeschieden war, stärker in die militärischen Angelegenheiten ein. Zeitweise leitete er sie dann sogar.

d. Die Allgemeine Wehrpflicht

Das höchste Ziel ihrer Arbeit sahen die Reformer in dem Neuaufbau des Staates und, organisch damit zusammenhängend, in der Sicherung seiner Existenz. Preußen konnte aber nur gerettet werden, wenn es gelang, alle geistigen, moralischen und physischen Kräfte des Volkes für die Monarchie nutzbar zu machen. Wie wesentlich ihr Handeln von diesem Gedanken bestimmt wurde, zeigt sich deutlich bei den Bemühungen um die Allgemeine Wehrpflicht, das heißt hier um die gleichmäßige Verpflichtung aller waffenfähigen männlichen Einwohner, das Vaterland auf der Grundlage innerer Anteilnahme zu verteidigen und in dem Einsatz des Lebens für König und Vaterland eine Ehre zu sehen. In der Trennung von Volk und Armee sahen die Reformer den eigentlichen Grund für den Zusammenbruch von 1806. Diese Trennung aufzuheben, darauf kam es ihnen vor allem an, nicht auf eine Dienstpflicht im Heer. Wer das klar erkennt, wird auch verstehen, daß es den Reformern nicht schwer fiel, die Formen auszuwechseln, um nur den Kern zu erhalten.

Die Allgemeine Wehrpflicht mit dem Ziel, die innere Einheit zwischen Regierung, Heer und Nation herzustellen, war Mittelpunkt und Kernstück aller militärischen Reformen. Von ihrer Verwirklichung hing es ab, ob die Staatsreform gelang und ob die Wehrkraft Preußens ideell und materiell verstärkt wurde. Der Befreiungskrieg gegen Napoleon schien den Reformern wenig erfolgversprechend, wenn ihn der Staat ohne Mitwirkung des Staatsbürgers mit einem kleinen ständisch gesonderten stehenden Heer führte. Nur eine Armee, die auf der staatsbürgerlichen Idee, auf der positiven Haltung nicht nur des Offiziers, sondern vor allem auch der Mannschaft zum Staat aufgebaut war, hielten sie für fähig, die Aufgabe zu lösen. Daher stand die Allgemeine Wehrpflicht als d a s belebende Prinzip hinter allen Überlegungen und Maßnahmen der Reformer. Sie bestimmte jeden Einzelzug der Heeresreform, sie zog sich gewissermaßen als Leitfaden durch das gesamte Reformwerk.

Vorbilder – Grundlagen – Voraussetzungen

Die Allgemeine Wehrpflicht entwickelte sich nicht aus doktrinären Vorstellungen, sondern aus der Praxis. Deshalb reifte die neue Institution erst nach und nach zu der Form heran, in der sie 1814 endgültig und dauerhaft begründet wurde. Nachdem die Reformer aber einmal die Idee gedanklich klar herausgearbeitet und die Möglichkeiten, sie in die Praxis umzusetzen, sicher erfaßt hatten, hielten sie an ihr unverrückbar fest.

Der Kreis um Scharnhorst nahm für die Heeresreform Anregungen der Französischen Revolution auf, so wie es der Kreis um den Freiherrn vom Stein für die allgemeinen Reformen nach 1807 auch tat. Clausewitz schrieb 1808 im Auftrage Scharnhorsts in einer Rezension des Gesetzgebungswerkes vom August des Jahres für die Jenaische Allgemeine Literatur-Zeitung die Worte: „Die jetzige Aufhebung aller ehemaligen Einschränkungen, *aus eigenem freien Willen der Regierung*, und in der Überzeugung, daß es so dem Geiste und den Bedürfnissen des Volkes angemessen sei, beweist, daß nicht alle Früchte der Französischen Revolution verloren gegangen sind, und daß wir mitten unter Niederlagen und Umsturz doch wirklich fortschreiten." Auch Gneisenau gab seine Begegnung mit dem revolutionären Frankreich und dessen Einfluß auf seine Reformvorstellungen offen zu. Es waren vor allem die Fakten, die anregten, weniger das ideelle Gedankengut. Institutionen des revolutionären Frankreichs wurden nicht als unabdingbares Vorbild oder als eine für lebenswichtig befundene Notmaßnahme übernommen oder buchstabengetreu nachgeahmt, sondern entstanden gewissermaßen als spezifisch preußische Einrichtungen. Ihre Grundlage war der überkommene monarchische Militär- und Beamtenstaat, aufgelockert durch die Reformgesetzgebung, darunter für die Heeresreform besonders wichtig der so aufklärerisch formulierte Satz aus dem Oktoberedikt von 1807: „Nach dem Martinitage 1810 gibt es nur freie Leute."

In Preußen sahen die Reformer im Kantonsystem eine mögliche Basis der Allgemeinen Wehrpflicht, nur hatte die bisherige Militärverfassung ihrer Meinung nach den Hauptfehler, daß sie auf der Scheidung der privilegierten von den nichtprivilegierten Ständen und Bevölkerungsschichten beruhte. Jetzt sollte die Wehrpflicht nicht länger nur auf „militärischer Staatsräson" beruhen, sondern auch in der Liebe zu König und Vaterland eine wesentliche Grundlage finden und dabei zugleich zur Allgemeinen Wehrpflicht des einzelnen erhoben werden. Das setzte voraus, daß jedem Einwohner das Gefühl und Bewußtsein vermittelt wurde, im preußischen Staat ein Vaterland zu besitzen und damit einer Nation anzugehören. Da alle „Untertanen" des preußischen Königs angesprochen wurden, mußten die bisherigen Privilegien wie selbstverständlich fallen. Damit glaubten die Reformer, nicht etwa Ideen der Revolution zu übernehmen, sondern die altpreußische Kantonpflicht wieder auf ihre ursprüngliche Reinheit zurückzuführen. Es war also keine bloße Finte, wenn die Reformer ihre Vorschläge zur Allgemeinen Wehrpflicht dem König, der auf militärischem Gebiet sachkundig war, als einen Ausbau der überlieferten Wehrverfassung darstellten, und wenn sie der deutschen Öffentlichkeit zuriefen: „Bei der Wiederherstellung der preußischen Armee ist das Gesetz allgemeiner Verpflichtung zur Verteidigung des Staates, worauf sich eigentlich schon die bisherige preußische Kanton-Verfassung stützte, von allen einschränkenden Bedingungen befreit worden, welche bis zur französischen Revolution so sehr im Geiste der Zeit waren ..." Die Reformer waren subjektiv davon überzeugt, das Vorhandene zu vollenden, objektiv schufen sie jedoch etwas anderes. Sie deuteten eine überlieferte Institution aus ihrem Geist um und schufen damit etwas Neues.

Die neue preußische Armee behielt unverkennbare Grundzüge der friderizianischen Zeit bei. Die Verschmelzung des Alten mit dem Neuen war symptomatisch für das gesamte Reformwerk. Das traf auch für die Allgemeine Wehrpflicht zu, die aus einem in Frankreich in der Not angewandten Grundsatz zu einem sittlichen Prinzip umgewandelt wurde, das zukünftig alle Seiten des staatlichen Lebens bestimmen sollte. Treitschke sagte von ihr, sie habe die sittlichen und politischen Anschauungen der nachfolgenden preußischen Generationen beherrscht und tiefer in ihre Lebensgewohnheiten eingegriffen als alle wissenschaftlichen Entdeckungen oder technischen Erfindungen dieser Zeit. Preußen überlieferte der Welt der Neuzeit die Allgemeine Wehrpflicht als dauerhafte Institution.

Die Voraussetzungen für die Allgemeine Wehrpflicht wurden nach und nach geschaffen: Die Standesprivilegien und die Gliederung der Gesellschaft nach Geburtsständen wurden für aufgehoben erklärt und dabei die bisherige Gebundenheit des Berufes an die Gegebenheiten des Ständestaates durch die gewerbliche Freizügigkeit abgelöst, vor allem ein Teil der Bevölkerung aus noch vorhandenen persönlichen Abhängigkeiten befreit (Bauernbefreiung). Zugleich stellte sich die Aufgabe, den Befreiten gemeinsam mit den bisher abseits stehenden bürgerlichen Untertanen das Gefühl zu geben, Staatsbürger zu sein. Das Bündnis zwischen Regierung und Nation wurde auch hier zur Grundlage.

In ihren Diskussionen erörterten die Reformer weitere Wege zur Allgemeinen Wehrpflicht. Man überlegte, ob nicht etwa – wie in Frankreich – die Schule zur vormilitärischen Ausbildung herangezogen werden könne, um die Jugend früh mit dem Waffendienst und soldatischen Leben vertraut zu machen, oder ob auf den Mathematikunterricht erhöhter Wert gelegt werden könne, um die Grundlagen für gute Artilleristen und Ingenieure zu gewinnen. Die Schuldisziplin wollten sie nach militärischem Vorbild eingerichtet sehen und die Knaben durch Leibesübungen, Schwimmen und Fechten auf die Anforderungen vorbereiten, die an den Soldaten gestellt werden: Alles Ideen, die nicht durchzusetzen waren, obgleich ihnen der Freiherr vom Stein grundsätzlich zustimmte. Nur in ihrem engeren militärischen Bereich schufen sie die Grundlagen für das Jahrhundert.

Im militärischen Bereich kam es darauf an, die Mannschaften zu einem Soldatenstand zu erheben, dessen moralische Kraft auf der Liebe zu König, Nation und Vaterland beruhte und der seinem Dienst aus Ehr- und Pflichtgefühl nachkam, den Offizierstand zu reorganisieren und vor allem die Wehrpflicht öffentlich zu einer Ehrenpflicht jedes Staatsbürgers aufzuwerten. Der faktische Wert der Kantonpflichtigkeit, die keine Ehre gewesen war, sondern eine Last, die wie die Steuer auf die Masse der pflichtigen Untertanen umgelegt wurde, darf dabei für die Allgemeine Wehrpflicht nicht unterschätzt werden. Zunächst erwies es sich aber nur als eine starke Belastung für die neue Idee, daß sie mit der Kantonpflicht verknüpft werden konnte, weil sich die Bevölkerung der alten Institution und ihrer Umsetzung in den Alltag nur mit Abscheu erinnerte. Der Staatsbürger mußte davon überzeugt werden, daß es auf seinen Dienst ankam, denn jetzt war wichtig, daß *er* diente und sein Leben für die Allgemeinheit einsetzte.

Eine der ersten Maßnahmen, die öffentlich auf die Wandlung der Militärverfassung hinwies, war die Abschaffung des gesamten alten Werbesystems, vor allem der Auslandswerbung. Von den Ausländern, die „die Armee dem Namen nach vergrößert, dagegen ihre innere Kraft vermindert“ hatten, konnte nicht erwartet werden, daß sie den Staat aus Vaterlandsliebe verteidigten. Die Auslandswerbung mußte allerdings auch deshalb aufgehoben werden, weil sie unter den neuen politischen Gegebenheiten nicht mehr durchführbar war. Ausländer, die weiterdienen wollten, durften in der Armee bleiben. Am 18. März 1809 –

wenige Wochen vor Ausbruch des sich bereits deutlich abzeichnenden Krieges zwischen Österreich und Frankreich – wurde erneut erlaubt, deutsche Ausländer als Freiwillige anzunehmen. Damit schufen die Reformer eine Rechtsgrundlage, um die preußische Armee im Bedarfsfalle über die personellen Reserven des Staates hinaus um die Kräfte verstärken zu können, die sich von dem reformierten Heer und seiner neuen Idee vom Soldaten angesprochen fühlten.

Diskussionen und Entwürfe

Friedrich Wilhelm III. wollte die überlieferte Militärverfassung beibehalten und das Kantonsystem nur umändern, indem die Exemtionen eingeschränkt wurden. Scharnhorst aber wies in einer Denkschrift, die die MRK am 31. August 1807 dem König überreichte, einen neuen Weg. „Alle Bewohner des Staates sind geborne Verteidiger desselben", lautete die Grundidee seines „Vorläufigen Entwurfes der Verfassung der Reserve-Armee", – ein Gedanke, den er selbst als einen jener „ganz einfachen, jedem einleuchtenden Sätze" charakterisierte, die „jeder neuen Einrichtung ... zum Grunde liegen" müssen, „wenn sie zu großen Resultaten führen soll".

Scharnhorst hatte die Diskussion in der MRK um die Allgemeine Wehrpflicht bereits sehr früh eröffnet. Zunächst ging er dabei von einer Vorstellung aus, die nicht verwirklicht wurde. Neben das stehende Heer sollte die „Reserve-Armee", eine Miliz, treten. Die Zugehörigkeit zu den streng getrennten Bestandteilen der Gesamtstreitmacht wollte er von dem typisch bürgerlichen Kriterium des Besitzes bestimmt sehen. Jeder kriegsverwendungsfähige Mann zwischen 18 und 30 Jahren, der sich in Friedenszeiten selbst bewaffnen, kleiden und sich auf eigene Kosten im Gebrauch der Waffen üben konnte, hätte der Reservearmee angehört, alle anderen Männer dem stehenden Heer.

Der König stimmte jedoch dem Entwurf nicht zu, weil er ihn für inopportun hielt und daher meinte, die MRK habe wesentlichere Aufgaben zu erledigen. Für Friedrich Wilhelm III. war es ein Mobilmachungsproblem, ob die Reservearmee gebildet werde, und der Mobilmachungsfall schien ihm nicht akut zu sein. Daher wies er der Frage einer Reservearmee in seiner Kabinettsordre vom 21. Dezember 1807 in gereiztem Ton die vorletzte, dreiundzwanzigste Stelle unter den Gegenständen zu, die beraten werden sollten. Auch später weigerte er sich immer wieder, der Allgemeinen Wehrpflicht zuzustimmen, obgleich sie ihm als eine Erweiterung der bestehenden Militärverfassung dargestellt wurde. Nicht einmal die reine Zweckmäßigkeitserwägung, daß Preußen in seiner derzeitigen Lage nur ein kleines Heer unterhalten könne und daß deshalb „bloß die Miliz dem Staat im äußersten Fall von außen her einige Achtung zu verschaffen imstande" sei, überzeugte ihn. Scharnhorst gab jedoch nicht nach, obgleich auch aus dem Kreis um den Freiherrn vom Stein Einwände erhoben wurden. Die Bedenken Steins waren dabei nicht gegen die Wehrpflicht gerichtet, sondern gegen die Aufteilungsprinzipien für stehendes Heer und Reservearmee. Er befürchtete, daß sich das Schwergewicht von dem stehenden Heer auf die Reservearmee verlagern könne, weil jeder Wehrpflichtige sich bemühen werde, der Armee zu entgehen und in der Miliz zu dienen. Gerade das stehende Heer wünschte er zu reformieren und zunächst das Kantonsystem abzuändern, da „alle Bewohner des Staates zwischen 18 und 26 Jahren schuldig sind, in der Linienarmee nach Bestimmung des Loses zu dienen". Das waren Forderungen, die die militärischen Reformer zwangen, ihre Vorschläge klarer zu begründen, um dem König den Gedanken der Allgemeinen Wehrpflicht näher zu bringen und Bedenken, wie die des Freiherrn vom Stein, zu beseitigen.

Am 15. März 1808 überreichte die MRK Friedrich Wilhelm III. einen neuen „Vorläufigen Entwurf zur Verfassung der Provinzialtruppen". Die Bezeichnung „Reserve-Armee" war also durch einen anderen Ausdruck ersetzt worden, vielleicht um das Problem aus dem Mobilmachungskomplex zu lösen. Die MRK hatte Einzelheiten abgeändert, am Prinzip aber hielt Scharnhorst fest. Geschickt nahm er diesmal auf die Bedenken des Königs Rücksicht, indem er die Allgemeine Wehrpflicht als eine in Preußen altbewährte Institution hinstellte, der die Hohenzollernmonarchie ihren raschen Aufstieg und ihre Größe wesentlich zu verdanken habe. Die rechtliche Verpflichtung des Untertanen, im Heer zu dienen, sollte nur modifiziert und zweckmäßiger gestaltet werden.

Noch im Entwurf vom August 1807 scheint es Scharnhorst vor allem darauf angekommen zu sein, alle streitbaren Männer mit möglichst geringem finanziellem Aufwand zur Verteidigung des Staates heranzuziehen. Der Entwurf kann als die Vollendung überlieferter alter Grundsätze und als die Vervollständigung der bisherigen Kantonverfassung, insbesondere des Kantonreglements von 1792, ausgelegt werden, weil er darauf abzielte, die physische Wehrkraft des Staates zu stärken. Daß die im Herbst 1807 anlaufende Staatsreform auch den Wehrdienst mit hineinzog, wurde den Reformern vielleicht erst im Verlaufe der jetzt anhebenden Diskussionen klar. Wie trugen jedoch die Reformer, nachdem sie sich selbst über Wege und Ziele geeinigt hatten, ihre Ideen an die Nation heran, und war diese fähig, ihre Gedanken zu begreifen?

Für die Untertanen des preußischen Königs war der Anspruch, den die Allgemeine Wehrpflicht an jeden einzelnen stellte, etwas völlig Neues. Es ließ sich nicht nach gewohnter obrigkeitsstaatlicher Manier dekretieren. Einstweilen konnte dem Bürgertum, das bisher den Hauptteil der Eximierten stellte, einfach nicht zugemutet werden, seine Söhne in den immer noch verachteten Soldatenstand des stehenden Heeres einzureihen. Noch war der Soldat offiziell nicht als Mann von Ehre anerkannt, noch war das Stock- und Prügelsystem gesetzlich nicht abgeschafft. Das alles brachte erst das Gesetzeswerk vom August 1808. Wollten die Reformer das Bürgertum mit der Armee versöhnen, so durften sie es nur langsam an seine zukünftigen Pflichten heranführen. Die vielseitige Problematik schlug sich vielleicht am eindrucksvollsten in der Antwort nieder, welche die Reformer auf die Frage, „ob es besser sei, die zu den Provinzialtruppen bestimmte Mannschaft durch die stehende Armee gehen zu lassen oder sie ohne Vorbereitung zu formieren", in einer in ihrer Prägnanz und politischen Weitsicht wohl unübertreffbaren Form fanden. „Es scheint bei der jetzigen Lage der Dinge darauf anzukommen, daß die Nation mit der Regierung aufs Innigste vereiniget werde, daß die Regierung gleichsam mit der Nation ein Bündnis schließt, welches Zutrauen und Liebe zur Verfassung erzeugt und ihr eine unabhängige Lage wert macht. Dieser Geist kann nicht ohne einige Freiheit in der Herbeischaffung und Zubereitung der Mittel zur Erhaltung der Selbständigkeit stattfinden. Wer diese Gefühle nicht genießt, kann auf sie keinen Wert legen und sich nicht für sie aufopfern. Eine Nationalmiliz kann, wenn sie sich selbst erhält, bewaffnet, kleidet und übt, in jenem Geiste auftreten; sie wird ihn aber nie bekommen, wenn sie vorher durch die stehende Armee gehen muß, wenn ihre Selbständigkeit durch einen eingebildeten Druck gelähmt wird."

Im Rahmen der Staatsreform entsprach der Einsatz in der Miliz den neuen Aufgaben des Bürgers bei der Verwaltung der städtischen Gemeinden. Heeresreform und Staatsreform verfolgten gemeinsam das Ziel, den Bürger aktiv und verantwortlich am Staatsleben zu beteiligen. Zunächst erreichten die Reformer jedoch nur, daß in den Kriegsartikeln für Unteroffiziere und Soldaten vom 3. August 1808 und in der Verordnung wegen der Militärstrafen vom gleichen Tage (vgl. S. 132 ff.) auf die „allgemeine Militärkonskription" hingewiesen wurde, die „in der Folge junge Leute von guter Erziehung als gemeine Soldaten unter die Fahnen stellen wird". Programmatisch war damit die Allgemeine Wehrpflicht verkündet, zugleich aber weitverbreiteter Widerstand wachgerufen.

In allen Ständen und Schichten wurde die Allgemeine Wehrpflicht von der Mehrheit der Bevölkerung grundsätzlich abgelehnt. Landadel und Kaufmannschaft, Militärs und Beamte sahen in dieser Institution nichts anderes als eine Gefährdung der Kultur und der politischen Ordnung. Differenzierter waren die Einwände, die aus dem Kreise der politischen Reformer kamen. Die Mehrheit von ihnen bejahte grundsätzlich die Allgemeine Wehrpflicht, wollte sie aber nur im Kriegsfalle angewendet sehen. Andere verwässerten die Idee, wenn sie forderten, der Wehrpflichtige solle seiner formalen Pflicht dadurch nachkommen können, daß er einen Ersatzmann stellen dürfe. Symptomatisch für das tiefe Erschrecken des Bürgers ist die Stellungnahme Niebuhrs, des nachmaligen berühmten Historikers, als er in Holland während seiner Verhandlungen über eine Anleihe für Preußen im Gesetzgebungswerk des 3. August 1808 von dem Ziel einer Allgemeinen Wehrpflicht erfuhr: „Was ist das mit Eurer Militärverordnung? Wißt Ihr wohl, daß die viel Lärm im Ausland macht? und daß man klugheitshalber sagen muß, sie sei nur als eine theoretische Meditation anzusehen? Wahrlich, wahrlich, ich sage Euch, wäre das Ding bekannt gewesen, als ich herkam, kein Mensch hätte mich auch nur mit halbem Ohr angehört. Der gesunde Verstand der Holländer findet die Idee einer allgemeinen Konskription für unser zerrißnes, erschöpftes, ruiniertes Land ins Besondere so ungeheuer – indem man daraus auf die Wiederherstellung einer großen Armee schließt, und an sich so verderblich, indem bloß der Körper und nicht der Geist gezählt, und der

Gebildetste wie der Roheste und nur durch sein physisches Leben Geltende, dem Joche unter allen Umständen, nicht bloß unter Umständen, die die Waffen zum ersten aller Geschäfte erheben, zur Beute angeboten wird; daß es ihm scheint, daß nur Schwärmer die Idee, welche bei rohen Hauptleuten ausgebrütet ist, annehmen können ... Adieu Kultur, adieu Finanzen." Leidenschaftlich warnte ein anderer Reformer davor, jeden jungen Mann ohne Unterschied in das stehende Heer einzureihen, denn das sei das Grab der Kultur, der Wissenschaften, der Gewerbe, der bürgerlichen Freiheit und aller menschlichen Glückseligkeit. Der pommersche Landadel sah in der Allgemeinen Wehrpflicht das Ergebnis des französischen Schwindels von Freiheit und Gleichheit, der den Erbadel vernichten und damit dem Thron seine Stütze nehmen werde.

Alle Entwürfe wurden jedoch mit der Pariser September-Konvention hinfällig. Der französische Druck zwang zu dem Weg, den man bisher vermieden hatte, nämlich zu einer Verbindung von stehendem Heer und Allgemeiner Wehrpflicht. Die Brücke sollte das Krümpersystem schlagen.

Schon am 31. Juli 1807 hatte Scharnhorst angeregt, eine Reserve für den Mobilmachungsfall zu errichten und dazu von jeder Kompanie in den ersten drei Jahren jährlich 20 diensttüchtige Soldaten in die Kantone zu entlassen und Rekruten als Ersatz einzustellen. Am 25. September 1807 griff die MRK seinen Vorschlag auf. Der König stimmte ihm zu, ohne Schwierigkeiten zu machen. In den Kabinettsordres vom 6. August 1808 über die „Ausbildung einer Kriegsreserve" und vom 24. Dezember 1808 verfügte er, daß bei der Infanterie und Fußartillerie monatlich von jeder Kompanie fünf der ältesten ausgebildeten „Einländer" – darunter sind Angehörige der preußischen Staaten, nicht allgemein Deutsche zu verstehen – zu beurlauben und ebenso viele Rekruten neu einzustellen seien. Die Ausländer blieben bei der Truppe. Diese Bestimmungen wurden später auf die Kavallerie und Feldartillerie ausgedehnt. Das war zunächst nur eine Maßnahme, die aus Ersparnisgründen eingeführt wurde. Nach der Pariser September-Konvention wurde sie ein Mittel, den Vertrag zu umgehen und der Armee eine Reserve an ausgebildeten Mannschaften zu verschaffen. Wie groß die Zahl der Krümper war, die 1813 als Reserve zur Verfügung standen und es Preußen ermöglichten, mit bedeutenden Streitkräften an Linientruppen ins Feld zu ziehen, läßt sich nicht feststellen. Bis 1811 dürften etwa 30–35 000 Krümper entlassen worden sein.

Die Beurlaubten wurden an Sonn- und Festtagen zusammengezogen und weiter ausgebildet, eine der ersten Gelegenheiten, vor den Augen der Öffentlichkeit zu demonstrieren, daß sich das Militärwesen und besonders die Stellung des gemeinen Soldaten gewandelt habe.

Das Krümpersystem – das Wort „Krümper" war aus dem Sprachschatz des stehenden Heeres überliefert und bezeichnete die stille Reserve der Regimenter an überkompletten Urlaubern – erhöhte den Bestand an ausgebildeten Mannschaften allmählich, ohne das Heer zu vergrößern und ohne den Etat wesentlich zu belasten. Dafür zog es die gesamte Wirtschaft stark in Mitleidenschaft. Da die ausgebildeten Krümper wegen der zwanzigjährigen Dienstzeit nicht entlassen wurden, konnten sie jederzeit wieder einberufen werden – ein Zustand der Unsicherheit für den Pflichtigen wie für seinen Dienstherrn, der dadurch noch fühlbarer wurde, daß anhaltend Rekruten neu einberufen wurden. Die Folgen waren Klagen auf der einen, Beschwerden auf der anderen Seite und ein ständiges Anwachsen der Desertion. Der Gegensatz zwischen Kantonpflichtigen und Eximierten machte sich stärker bemerkbar als zu den Zeiten der alten Armee.

Am 20. Dezember 1808 schlug die MRK dem König erneut ein Konskriptionsregulativ vor, nämlich die Allgemeine Wehrpflicht im stehenden Heer mit kurzer Dienstzeit. Der Gedanke, die wehrpflichtigen Bürger in einer Sonderformation zusammenzufassen, schien aufgegeben. Alle Staatsbürger vom 20. bis zum 35. Lebensjahr sollten zu einer zweijährigen aktiven Militärzeit verpflichtet sein, einstweilen aber die tatsächlich Dienenden durch das Los bestimmt werden, weil die auf 42 000 Mann begrenzte Armee nicht alle Dienstpflichtigen aufnehmen konnte. Das französische Veto gegen jede Form einer Miliz hatte diese Lösung veranlaßt, für die mit dem Gesetzgebungswerk vom August 1808 bereits die notwendigen Voraussetzungen geschaffen waren. Selbst bei ihrer idealistischen Einstellung dürften die Reformer aber doch kaum übersehen haben, daß die Verkündung eines Gesetzes noch weit von der Umsetzung in die Wirklichkeit entfernt war. Diese Form der Allgemeinen Wehrpflicht setzte nämlich voraus, daß sich das Bürgertum bereits mit der Armee ausgesöhnt oder gar angefreundet hatte. Das konnte innerhalb so weniger Monate kaum erwartet werden. Der Vorschlag vom 20. Dezember war doch wohl nur als Provisorium gedacht. Er wurde nicht verwirklicht, veranlaßte aber weitere Diskussionen. Der König genehmigte, um die Schwierigkeiten der Kantonverfassung abzumildern, daß das bisherige System strenger Abschließung der Kantone aufgelockert würde. Bis zur Einführung der „allgemeinen Konskription" durften Kantonpflichtige, die sich freiwillig zum Dienst bei der Kavallerie oder Artillerie meldeten, ohne Rücksicht auf den Kanton, zu dem sie gehörten, angenommen werden.

Der Krieg zwischen Österreich und Frankreich und besonders der Sieg der Österreicher in der Schlacht von Aspern (21./22. Mai 1809) trieb die Entwicklung wieder voran. Preußen stand vor der Entscheidung, ob es auf die Seite der Österreicher treten wollte, wie es die Reformer sofort nach Ausbruch des Krieges gefordert hatten. Am 1. Juni 1809 wurde am Hof zu Königsberg der österreichische Erfolg bekannt. Zwei Tage später benannte der König eine Kommission, die unter Scharnhorsts Vorsitz untersuchen und vorschlagen sollte, „ob die allgemeine Konskription jetzt nach der gegenwärtigen Lage des Staats eingeführt werden könne und wie sie einzuführen sein würde". Der Kommission gehörten die Geheimen Staatsräte Theodor v. Schön und Oberst Graf v. Lottum, die Obersten v. Boguslawski, v. Massenbach und v. Gneisenau, der Kriegsrat v. Ribbentrop und der Major v. Boyen an. Schön wurde später durch die Staatsräte Friese und Hoffmann abgelöst. Die Reformer besaßen in der Kommission die Mehrheit.

Zur ersten Frage gab die Kommission in ihrem Immediatbericht vom 1. Juli 1809 kein spezielles Gutachten ab, sondern erklärte, mit der Materie nicht vertraut zu sein. Allgemein vertrat sie folgende Ansicht: Die Einführung der Allgemeinen Wehrpflicht ist nicht nur anzuraten, sondern eine dringende Notwendigkeit, wenn der Staat erhalten und seine Selbständigkeit gesichert werden soll. Nur auf diesem Wege können genügend Streitkräfte aufgestellt werden. Besonders wichtig ist, daß nach Einführung der Allgemeinen Wehrpflicht jeder Soldat davon überzeugt ist, daß „die erste Pflicht gegen König und Vaterland" weder durch Geld noch durch „Ansehen" abgelöst werden kann. Das Militär ist für die Allgemeine Wehrpflicht vorbereitet im Gegensatz zu anderen Institutionen des Staates, die noch „einiger Fortschritte" bedürfen, wie die Polizeigewalt der Gutsherren und die Patrimonial-Jurisdiktion. Diese sind aufzuheben, auf dem Lande ist eine staatliche Polizeiverwaltung einzurichten. Das waren Hinweise, die nicht nur noch einmal deutlich zeigten, wie eng Heeres- und Staatsreform zusammenhingen, sondern die auch klar herausstellten, daß jetzt die militärischen Reformer die Führung in der Reformpolitik übernommen hatten, nachdem der Freiherr vom Stein aus preußischem Dienst ausgeschieden war.

Der Immediatbericht stellte als den Sinn einer Allgemeinen Wehrpflicht heraus, daß jeder Staatsangehörige von seiner Pflicht überzeugt werde, das Vaterland zu verteidigen, wenn es in Gefahr ist. Wenn diese Überzeugung einmal lebendig und allgemein ist, werde es keines Zwanges zum Militärdienst mehr bedürfen. Die Bevölkerung war nach Meinung der Kommissionsmehrheit vollkommen darauf vorbereitet, daß die Allgemeine Wehrpflicht eingeführt werde. Ihr war 1808 in den Kriegsartikeln und in der Verordnung über die Militärstrafen die neue Institution angekündigt worden, sie hatte sich inzwischen davon überzeugt, daß mit der ehrenvollen Behandlung der Soldaten in der Armee ein neuer Geist eingezogen war. Es konnte daher keine ernsthaften, diskussionswerten Einwendungen geben. Die Kommission hielt jetzt den „angemessensten" Zeitpunkt für gekommen, die Allgemeine Wehrpflicht einzuführen. Sie sei das beste Mittel, „die Nation zu der vollen Überzeugung zu bringen, daß es die Pflicht jedes Untertanen ohne Ausnahme sei, sein Leben für seinen König und sein Vaterland einzusetzen".

Auch die Gegner der Reformer verwarfen die Allgemeine Wehrpflicht nicht mehr endgültig, wollten sie jedoch nicht im gegenwärtigen Zeitpunkt einführen und traten dafür ein, daß die Stellvertretung zugelassen werde. In ihrem Sinne verteidigte der Oberst v. Boguslawski die Stellvertretung mit dem Hinweis, nicht alle Staatsangehörigen seien gleich tauglich zum Militärdienst. Es schade also dem Heer, wenn es jeden Dienstpflichtigen annehmen müsse. Die „Konskription" solle erst eingeführt werden, wenn der Staat angegriffen werde oder wenn Preußen wieder in der Lage sei, ein Heer aufzustellen, das die Möglichkeiten der Allgemeinen Wehrpflicht auch ausschöpfen könne.

Dem Verlangen nach Zulassung der Stellvertretung konnten die Reformer nicht nachgeben, weil es zum Wesen der Allgemeinen Wehrpflicht gehörte, daß sie eine Stellvertretung ausschloß. In ihren Diskussionen und Entwürfen waren sie zu der Erkenntnis gelangt, daß weder militärische noch wirtschaftliche, sondern allein politisch-soziologische Gesichtspunkte ausschlaggebend sein durften, wenn Gesittung und Bildung eines vaterlandsliebenden Bürgertums dem stehenden Heer zugeführt und dadurch der überlieferte, bisher keineswegs endgültig gebrochene Geist der alten Armee gebannt und wenn verhindert werden sollte, daß der Soldat erneut zum Inbegriff der untersten sozialen Schicht wurde.

Die widerstreitenden Meinungen blieben dem König nicht unbekannt. Auch diesmal entschied er sich nicht. Erst im Dezember 1809 gab er den Immediatbericht an Scharnhorst mit der Bemerkung zurück, er sei nicht mit allen Punkten einverstanden. Die Kommission überarbeitete die Vorlage und verfaßte am 5. Februar 1810 einen neuen, diesmal einstimmigen Immediatbericht, dem sie einen „Entwurf zur Ausführung der Konskription in den preußischen Staaten“ beifügte. Sie forderte dringend, die Allgemeine Wehrpflicht einzuführen, und wies nachdrücklich darauf hin, daß die „noch bestehenden Kantongesetze“ zu den Veränderungen im Staatsleben und mit „dem Geiste der Zeit“ im Widerspruch ständen. Das Kantonsystem gebe allen Betroffenen Anlaß zu „unaufhörlichen Beschwerden“. Alle Reformen und jede Neuorganisation in der Armee seien im Hinblick darauf getroffen worden, daß die Allgemeine Wehrpflicht eingeführt werde. Werde diese Institution nicht ins Leben gerufen, dann müsse „die zu so vielen Hoffnungen berechtigende, neugebildete Armee“ eine Verfassung erhalten, die ihrem bisherigen Aufbau nicht entspräche. Das werde das Vertrauen in das Gesamtwerk der Reformen erschüttern, andernfalls aber müsse sich die Lage des Heeres unberechenbar verschlechtern.

In dem „Entwurf zur Ausführung der Konskription“ berief sich die Kommission nachdrücklich auf die Ankündigung der allgemeinen und gleichen Wehrpflicht in den Kriegsartikeln vom 3. August 1808. Das Los sollte entscheiden, wer im Frieden persönlich vier Jahre dienen mußte. Besitz und Bildung konnten jedoch dazu verhelfen, nach kurzer Rekrutenzeit beurlaubt und nur noch zu den großen Manövern erneut einberufen zu werden. Wer vom Los nicht betroffen wurde, sollte besonderen Bestimmungen unterworfen werden.

Als „Entgelt“ für den Wehrdienst kamen die Reformer dem Bürgertum sehr weit entgegen. In ihren Entwürfen war bereits die Institution verborgen, die nach 1814 als „Einjährig-Freiwilliger“ ein Charakteristikum der preußischen Allgemeinen Wehrpflicht wurde. Dem dienstpflichtigen Bürgersohn, der Besitz oder Bildung nachwies, wurde eine Sonderstellung eingeräumt. Seine Dienstzeit sollte nur wenige Monate betragen. Außerdem war ihm die Möglichkeit eröffnet, Offizier zu werden. Infolge seiner Bildung galt er als dem Adel gleichgestellt.

Die Kommission suchte dem König die Entscheidung zu erleichtern. Sie regte an, für die neue Institution die Bezeichnung Kantonpflicht beizubehalten und sie als bloße Erweiterung der bestehenden Verfassung auszugeben, also das Ziel zu verfolgen, „jene uralte preußische Verfassung in ihrer ersten Reinheit wieder herzustellen". Diese Absicht veranlaßte sie sogar zu der Behauptung, daß die jetzt in vielen Ländern eingeführte Konskription „eigentlich dem alten Kantonsystem nachgebildet" worden sei.

Diesmal widersprach niemand von seiten des Militärs. Auch die Masse der reformfeindlichen Offiziere hatte begriffen, daß die Wehrkraft des Staates nur mit Hilfe der Konskription gesichert werden konnte. Dagegen hielten einige Minister immer noch den Zeitpunkt für ungeeignet und forderten im Schriftwechsel mit der Kommission vor allem die Stellvertretung. Wieder gab die Kommission nicht nach. Am 5. April 1810 betonte sie, daß die Allgemeine Wehrpflicht nicht nur eingeführt werden solle, um dem Staat eine größere Masse an Soldaten zur Verfügung zu stellen, sondern um „die richtigeren Begriffe der gebildeten Stände, vor allem das Prinzip der Ehre, in die Reihen der Krieger [zu] verbreiten und so der Armee ein intelligentes Übergewicht [zu] geben".

Der Sturz des Ministeriums Dohna-Altenstein beendete einstweilen die Diskussion, zumal auch Scharnhorst offiziell aus dem Allgemeinen Kriegsdepartement ausschied. Ende November 1810 griff er das Wehrpflichtproblem wieder auf. In einem Immediatbericht forderte er noch einmal die Allgemeine Wehrpflicht ohne jede Stellvertretung, doch auch dieser letzte Vorstoß vor Ausbruch der Freiheitskriege scheiterte. Friedrich Wilhelm III. zögerte diesmal vor allem aus politischen Gründen, nicht mehr aus persönlicher Abneigung, zumal jetzt auch die Mehrzahl der hohen Militärs für die Allgemeine Wehrpflicht eintrat. Aber erst am 27. Januar 1812 wies er das Kriegsdepartement an, „alle vorbereitenden Einleitungen dazu in der Art zu treffen, daß eintretendenfalls ohne weiteres zur Ausführung geschritten werden kann". Das war schon zu einer Zeit, in der unter dem ständigen Druck der napoleonischen Politik auch die Masse der preußischen Bevölkerung einer allgemeinen Landesbewaffnung zugänglicher wurde.

Die Verwirklichung der Allgemeinen Wehrpflicht

Das Kantonreglement von 1792 blieb also während der ganzen Reformzeit bis zum Beginn der Freiheitskriege bestehen. Am 9. Februar 1813 hob der König die bisherigen Exemtionen von der Kantonpflichtigkeit für die Dauer des Krieges auf. Das war der erste Schritt auf dem Wege zur Allgemeinen Wehrpflicht. In der Verordnung wurde einleitend festgestellt, daß die Untertanen schon längst die Verbindlichkeit eines jeden waffenfähigen Bürgers anerkannt hätten, sein Vaterland zu verteidigen. Grundsätzlich ging der König also von der überlieferten Kantonverfassung aus, ersetzte sie aber nicht, sondern verbesserte sie, wie ihm Scharnhorst in den Jahren 1808 bis 1810 empfohlen hatte. Der Gedanke der Reformer seit 1808, *alle* Wehrpflichtigen im stehenden Heer zu erfassen, wurde also auch jetzt nicht verwirklicht. Jeder Einwohner zwischen dem vollendeten 17. und 24. Lebensjahr wurde – von wenigen besonders aufgeführten Ausnahmen abgesehen – wehrpflichtig, aber er erhielt für eine Woche Entscheidungsfreiheit gewährt, anstatt im stehenden Heer zu dienen, sich freiwillig zu den bereits am 3. Februar errichteten Jägerdetachements zu melden.

In der „Bekanntmachung in Betreff der zu errichtenden Jägerdetachements" vom 3. Februar 1813 verwirklichte Scharnhorst die Vorschläge, die er vor der Pariser September-Konvention vertreten hatte. Das besitzende und gebildete Bürgertum erhielt eigene Infanterie- und Kavallerieformationen, die zwar dem stehenden Heer angeschlossen wurden, aus deren Bezeichnung aber bereits abzulesen war, daß sie im Geist der Jäger des friderizianischen Heeres (vgl. S. 161) behandelt und als leichte Truppen eine freiere Stellung als die Linienverbände einnehmen sollten. Jeder der bisher eximierten Bürger, der in der Lage war, sich aus eigenen Mitteln zu kleiden und im Falle seiner Verwendbarkeit bei der Kavallerie beritten zu machen, wurde in einer seiner „Erziehung und übrigen Verhältnisse angemessenen Form zum Militärdienst" aufgefordert. Die Verordnung wurde damit begründet, daß die Streitmacht des Staates schnell und ohne großen Kostenaufwand vermehrt werden müsse. Hinter dieser öffentlichen Begründung verbarg sich jedoch mehr. Scharnhorst realisierte seine Absicht, das Bürgertum an das Heer heranzuführen. Nicht aus Zwang, sondern freiwillig sollte der Bürger für den Staat kämpfen. Zugleich wurde die freiwillige Meldung eine Voraussetzung für späteren Staatsdienst. Der Gedanke eines Bündnisses zwischen Regierung und Nation, repräsentiert durch das Bürgertum, wurde damit auf militärischem Gebiet letztlich doch noch verwirklicht.

Der Bündnisgedanke schlug sich noch in einer weiteren Form nieder. Nachdem in Ostpreußen eine Ständeversammlung bereits am 7. Februar 1813 als außerordentliche Landesbewaffnung eine Landwehr zu errichten beschlossen hatte, berief der König am 17. März 1813 im gesamten Königreich die Landwehr. Hier fand das Bündnis zwischen Regierung und Nation in der Losung „Mit Gott für König und Vaterland" seinen sinnfälligen Ausdruck. Die Landwehr war das eigentliche, das ideelle Kernstück der Heeresreform. In ihr war das gesamte Volk in das Bündnis aufgenommen, die Scheidung zwischen Armee und Volk vollends beseitigt. Der gebildete Bürger konnte zum Offizier gewählt werden.

Die Landwehr wurde unter der Oberleitung von vier Militärgouvernements in den Provinzen und Kreisen von den Ständen aufgestellt und ausgerüstet. Sie sollte vor allem die Heimat verteidigen, knüpfte also an das alte Defensionswesen an, trat aber gleichberechtigt neben das stehende Heer. Ihre Verbände konnten auch in die Linienarmee übernommen werden. Die Landwehroffiziere, die hinauf bis zum Kompanie- und Eskadronschef von den Kreisausschüssen bestimmt und dann vom König bestätigt wurden – für die höheren Dienstgrade stand den Ausschüssen nur ein für den Monarchen unverbindliches Vorschlagsrecht zu – waren den Offizieren des stehenden Heeres theoretisch gleichgestellt. Sie setzten sich in großer Zahl aus inaktiven Offizieren des alten Heeres zusammen, was sich zugunsten der Einsatzfähigkeit der Verbände auswirkte. Bereits am Frühjahrsfeldzug war die Landwehr beteiligt. In erster Linie sollte sie sich aus Freiwilligen zusammensetzen. Ihre Reihen wurden dann aus den wehrfähigen, meist aber nicht ausgebildeten Männern zwischen dem 17. und 40. Lebensjahr aufgefüllt, die das Los „ohne Rücksicht auf Stand und Bedienung" bestimmte. Die Landwehr basierte also auch auf der Allgemeinen Wehrpflicht. Eine Stellvertretung, wie sie noch die ostpreußische Verordnung zugelassen hatte, wurde nicht gestattet. Alle Männer bis zum 40. Lebensjahr, die nicht zur Linie einberufen waren oder sich nicht freiwillig zu den Jägerdetachements gemeldet hatten, waren landwehrpflichtig. Nur Gebrechliche und ein scharf begrenzter Personenkreis, beispielsweise Geistliche, Beamte und einzige Söhne als Ernährer der Familie, die für unabkömmlich erklärt wurden, waren von der Dienstpflicht befreit.

Die Landwehr-Verordnung kündigte einen Landsturm auf der Grundlage der allgemeinen Verteidigungspflicht jedes Einwohners an. Dieser Landsturm, der am 21. April 1813 angeordnet wurde, kam nicht zum Einsatz. Als allgemeines Volksaufgebot aller männlichen Personen vom 15. bis zum 60. Lebensjahr umfaßte er vor allem die Männer, die noch nicht oder nicht mehr landwehrpflichtig waren. Der Landsturm erhielt das Recht, sich seine Unteroffiziere und Leutnante, nach einer Frist von drei Monaten auch seine Hauptleute zu wählen. Das Führungsprinzip monarchischer Staatsauffassung schien hier völlig aufgegeben zu sein. Aber auch infolge des Kriegsbildes, das den Landsturm prägen sollte, stand er außerhalb der überlieferten Staatsidee. Als irreguläre Krieger, nichtuniformiert, sollten die Landsturmmänner nach den Vorstellungen Scharnhorsts und Gneisenaus die napoleonischen Truppen wie in der Vendée, in Spanien und Tirol bekämpfen. Das war eine Kampfesweise, die als außerordentliche Notmaßnahme vielleicht gerechtfertigt werden konnte, die aber außerhalb der Militärverfassung gestanden hätte und stark an Gedanken aus dem revolutionären Frankreich erinnerte. Deshalb wurde die Verordnung von breiten Kreisen scharf bekämpft. In neuen Verordnungen vom 17. Juli und 8. August 1813 wurde der Landsturm wesentlich abgeändert und verlor viel von seinem ursprünglichen Charakter. Mit den Wehrgesetzen von 1814/15 wandelte sich dann der Landsturm zu einer Institution, die grundverschieden war von der Form, die Scharnhorst und Gneisenau im Frühjahr 1813 vorgesehen hatten.

Der preußische Staat kämpfte 1813/14 mit Hilfe aller jener Kräfte, die zu erwecken sich die Reformer eingesetzt hatten. Freiwilligkeit und Allgemeine Wehrpflicht in der äußeren Form einer unbedingten Kantonpflichtigkeit waren zur Grundlage der Streitmacht des Staates erhoben. Das hatte das Bündnis zwischen Regierung und Nation ermöglicht. Die Nation, die zunächst nur durch das gebildete und besitzende Bürgertum verkörpert gesehen wurde, umfaßte schließlich das Gesamtvolk. Dazu war es nicht ohne Widerstand gekommen. Breite Kreise lehnten auch weiterhin die Allgemeine Wehrpflicht ab. Es bedeutete jedoch für sie keinen Sieg, als der König am 27. Mai 1814 mit einer Kabinettsordre „die Aufhebung der unbedingten Kantonpflichtigkeit ... betreffend" die Allgemeine Wehrpflicht zunächst aufhob. Schon am 3. September 1814 erging das neue Wehrgesetz, das endgültig die Allgemeine Wehrpflicht dekretierte. Es wurde ergänzt durch die Landwehrordnung vom 21. November 1815. Diese Gesetze, die durch andere Gesetze, Verordnungen, Verfügungen und Erlasse erweitert oder näher bestimmt wurden, waren die Grundlage der preußischen Militärverfassung während des folgenden halben Jahrhunderts.

Mit der gesetzlichen Verkündung der Allgemeinen Wehrpflicht gab es nicht mehr die Form des Soldatenstandes, die entscheidend das Wesen der alten Armee mitbestimmt hatte. Zukünftig setzte sich die Masse der Mannschaften nicht mehr aus geworbenen Berufssoldaten und Kantonpflichtigen zusammen, sondern aus allen militärdienstfähigen Staatsbürgern. Die Ableistung des Wehrdienstes wurde zu einem Durchgangsstadium im Leben des einzelnen, das wie die Schulpflicht nicht nur durch Leistungen für den Staat gekennzeichnet war, sondern auch durch Rechte. Damit stellte das Gesetzgebungswerk von 1814/15 den eigentlichen Abschluß der Heeresreform und gewissermaßen das Vermächtnis der Reformer dar. Es ist jedoch nicht zu übersehen, daß es nicht mehr ausschließlich der Geist der eigentlichen Reformjahre unter Scharnhorst war, der den König und seinen Staatskanzler bewog, dem Wehrgesetz zuzustimmen. Sie standen vor der Situation, Preußens Stellung für den bevorstehenden Wiener Kongreß zu stärken, auch militärisch, und dies trotz der schwierigen wirtschaftlichen und finanziellen Lage des Staates. Dazu schien die Einführung der Allgemeinen Wehrpflicht ein geeignetes Mittel zu sein, denn sie verschaffte auf relativ billigem Wege eine große Zahl von Soldaten.

Es waren also neben Haushaltssorgen vor allem Elemente der Außenpolitik, die es Boyen als dem neuernannten Kriegsminister ermöglichten, einen wesentlichen Bestandteil des Gedankengutes der Reformer in der preußischen Militärverfassung gesetzlich zu verankern. Dadurch wird die zukunftsweisende Bedeutung der preußischen Entscheidung keineswegs gemindert. Die Faktoren, die zur Verkündung der Allgemeinen Wehrpflicht führten, sind aber nicht nur ein Zeichen für den Primat der Politiker während der Staatskanzlerschaft Hardenbergs, sondern tragen auch dazu bei, Bezüge zwischen der Kabinettsordre vom 27. Mai 1814 und dem ersten Wehrgesetz vom 3. September 1814 aufzudecken. Mit der Aufhebung der unbedingten Kantonpflichtigkeit schien bereits die Entscheidung über die Allgemeine Wehrpflicht gefällt und damit ihr das Schicksal bestimmt worden zu sein, das später das königliche Verfassungsversprechen erleiden sollte. Davor retteten sie nicht die Überzeugungs- und Zugkraft der Ideen der Reformer, sondern politische Entscheidungen, die wegen der Entwicklung der Verhältnisse nach dem ersten Pariser Frieden notwendig wurden.

Die Allgemeine Wehrpflicht wurde den Interessen des gebildeten und besitzenden Bürgertums angepaßt, beispielsweise durch das Institut der Einjährig-Freiwilligen. Dieses Entgegenkommen gegenüber einer Schicht der Gesellschaft bürdete der Institution Probleme auf, die von den Reformern nicht gesehen wurden. Ihr Gesichtsfeld war auf das Bündnis zwischen Regierung und Nation eingeengt. Während Boyen für die Landwehr die Vorstellung vom Volk in

Waffen aufgriff, blieb die Linienarmee trotz Allgemeiner Wehrpflicht in den Bahnen eines stehenden Heeres absolutistischer Prägung stehen. Friedrich Wilhelm III. sah nur in ihr das zuverlässige Instrument seiner überlieferten königlichen Macht. Er ließ sie deshalb zu keiner Zeit in Frage stellen. Das aber schloß von vornherein aus, daß die Allgemeine Wehrpflicht als Institution über die Landwehr verwirklicht und dabei an ältere Milizvorstellungen angeknüpft werden konnte. Gerade die weitere Entwicklung der Landwehr offenbarte, daß die Staatsreform eigentlich mißglückt war. Die Militärverfassung mußte der absolutistischen Staatsverfassung angepaßt werden.

In den Augen der restaurativen Kräfte blieb die Allgemeine Wehrpflicht weiterhin eine Gefahr, aber es wirkte sich zugunsten der Institution aus, daß sie nicht nur aus ideellen Motiven ins Leben gerufen worden war, die selbst den gemäßigteren Vertretern der absolutistisch gesinnten Kreise suspekt bleiben mußten. Eine Volksbewaffnung auf der Grundlage des Landwehrgedankens, wie sie beispielsweise im „Katechismus für den deutschen Landwehrmann" von Ernst Moritz Arndt (1813) propagiert wurde, war eine akute Gefahr für den absolutistischen Staat und seine militärische Ordnung. Arndts Forderungen, daß der Geist des blinden Gehorsams verschwinden und über der militärischen Disziplin der nationale Gedanke stehen müsse, und daß sich der Landwehrmann nur für die großen nationalen, also für die deutschen, weniger für die preußischen Güter schlagen solle, drohten, das unmittelbare Verhältnis zwischen Monarchen und Heer zu lockern. Das waren nun zwar nicht Gedanken der Reformer, die immer und grundsätzlich für die uneingeschränkte Verfügungsgewalt der Krone über das Militär eingetreten waren und diese Gewalt durch manche Reformmaßnahme noch gestärkt hatten, sie wurden ihnen jedoch in der Folgezeit von den Vertretern der restaurativen und auch der gemäßigten absolutistischen Kräfte oft genug unterschoben.

e. Einzelzüge der Heeresreform

Der durch die Allgemeine Wehrpflicht hervorgerufene Wandel erfaßte vor allem die Stellung des Militärs im Rechtsleben. Der Soldat mußte aus der Position befreit werden, in die er in der Epoche des stehenden Heeres von Friedrich Wilhelm I. und Friedrich II. gedrängt worden war. Wenn die Wehrpflicht alle Schichten des Volkes umfassen sollte, mußten zuvor der Soldatenstand aus seiner bisherigen Deklassierung gelöst und der Soldat zur vollwertigen Persönlichkeit erhoben und als „Mann von Ehre" anerkannt werden. Die rechtliche und moralische Umorientierung spiegelt sich deutlich in der Abänderung der Kriegsartikel.

Die Reform der Kriegsartikel

Friedrich Wilhelm II. hatte die Kriegsartikel nach seinem Regierungsantritt erneuern lassen. In der Neufassung, verkündet am 18. November 1787, waren sie gegenüber den Kriegsartikeln von 1749 nur unwesentlich verändert. Die Mehrzahl hielt sich bis in den Wortlaut hinein an die Ausgabe von 1713. Erweitert worden waren vor allem die Strafen für Selbstverstümmelung, Selbstmordversuch und für mehrere nichtmilitärische Strafvergehen.

In seinem letzten Regierungsjahr ließ der König die Kriegsartikel erneut bearbeiten, weil die Einführung des Allgemeinen Landrechts bei den Militärgerichten (14. März 1797) erforderte, daß das militärische Strafrecht dem Gesetzbuch angepaßt wurde. Diese Neubearbeitung durch Georg Wilhelm Cavan, der von 1787 bis 1799 Generalauditeur war, wurde am 20. März 1797 verkündet und entsprach dem Zug des aufgeklärten Jahrhunderts, das Recht mit dem Ziel zu kodifizieren, alle Formen strafbarer Handlungen möglichst vollständig zu erfassen und den Richter an ein gesetzlich vorgeschriebenes Strafmaß zu binden. Die Kriegsartikel verbesserten denn auch spürbar die Strafzumessung, indem der Auditeur als Militärrichter und der Regimentschef als Gerichtsherr in der ihnen bisher durch die Kriegsartikel eingeräumten Möglichkeit, das Strafmaß nach eigenem Ermessen festzusetzen, stark beschränkt wurden. Die Strafen wurden dagegen nur unwesentlich gemildert, wenn auch die Anzahl der Vergehen, die als straffällig galten, gemindert war. Weiterhin blieben die Todesstrafe – Erschießen, Enthaupten, Erhängen und Rädern, weggefallen war nur das Verbrennen – für zahlreiche Delikte angedroht und die Grundform der Leibesstrafen, das Spießrutenlaufen, erhalten. Es änderte sich nichts an dem System, wenn bei diesen barbarischen Leibesstrafen unter dem Einfluß der Aufklärung auch das Strafmaß in einigen Fällen herabgesetzt war. Die Kriegsartikel beruhten weiterhin auf der Voraussetzung, der Soldat sei als prinzipiell widerspenstig anzusehen und könne deshalb nur durch Furcht vor Strafe zu Gehorsam und Disziplin angehalten werden.

Auch die Kriegsartikel von 1797 kannten nicht die Strafarten, die am häufigsten verhängt wurden: das Prügeln mit dem Stock und das Fuchteln mit dem Degen. Sie galten nämlich nicht als Strafen im Sinne des Gesetzes, sondern als Erziehungshilfen, also als ein Mittel der Disziplinargewalt, und konnten deshalb ohne richterliches Urteil von Offizier und Unteroffizier vollzogen werden. In der Prügelstrafe, oder besser gesagt im Prügeln, offenbarte sich das Wesen eines Heeres, das sich infolge der Zusammensetzung seines Mannschaftsstandes nicht leisten konnte, geringfügige Übertretungen oder auch nur reine Exerzierfehler mit dem Mittel der Disziplinarstrafgewalt zu ahnden, mit dem Arrest. Noch das Reglement von 1788 schrieb vor, daß die Offiziere selbst die „kleinsten Vergehungen des gemeinen Mannes" nicht durchgehen lassen durften, „um nicht durch eine unweislich oder unzeitig angewandte Gelindigkeit, den ohnehin zu leicht besorglichen Wachstum an Unordnung zu befördern", daß vielmehr „im Gegenteil eine weise und zu rechter Zeit gebrauchte Strenge, selbst bei kleinen Vergehungen" nützlich sei. Der Arrest konnte in der Praxis nur in beschränktem Umfange angewandt werden, weil sonst bei der scharfen Handhabung der Disziplin der diensttuende Stamm der Truppe so zusammengeschrumpft wäre, daß er seinem Garnison- und Wachdienst nicht hätte nachkommen können.

Das Prügeln und das Spießrutenlaufen, die sich oft vor den Augen der Öffentlichkeit abspielten, hatten dem Ansehen des Soldaten mit am stärksten geschadet. Der geprügelte Soldat erweckte beim Bürgertum Mitleid für den Mannschaftsstand, zugleich aber auch Verachtung eben wegen der menschenunwürdigen Behandlung. Sollte der Bürger der Armee nähergebracht werden, dann mußte zunächst das moralische, sittliche und gesellschaftliche Ansehen des Soldaten angehoben werden. Dazu war eine Voraussetzung, daß es verboten wurde zu prügeln und daß die Kriegsartikel ihres unmenschlichen Charakters entkleidet wurden.

Wie notwendig es war, das Strafensystem zu reformieren, erkannte auch Friedrich Wilhelm III. In seinen Arbeitsrichtlinien für die MRK forderte er, daß „mit den militärischen Strafen eine Änderung geschehen“ müsse. Er dachte sich die zukünftigen Kriegsartikel „ebenso strenge, aber weniger diffamierend“.

Als die MRK dem König am 6. April 1808 ihre Vorschläge für die zukünftigen Militärstrafen unterbreitete, die sie zusammen mit dem den Reformideen aufgeschlossenen Generalauditeur der Armee, Johann Friedrich v. Koenen (1805–1810) ausgearbeitet hatte, zeigte es sich, daß sie weit über die königlichen Vorstellungen hinausgehen wollte. Ihr Entwurf sah ein abgestuftes Strafensystem vor, das keine Prügel und keine Spießrutenstrafe, sondern nur Arreststrafen verschiedenen Grades, Festungshaft, Ausstoßung aus dem Militär und bei Kapitalverbrechen die Todesstrafe kannte. Stock und Spießrute sollten ausdrücklich aus dem Heere verbannt sein, weil „die öffentliche Meinung“ für den Soldaten, der sich eines Vergehens schuldig gemacht habe, jetzt allgemein „weniger entehrende Bestrafungsarten “als bisher fordere. Noch stärker verlange dies der „Zeitgeist“ auch deshalb, weil zukünftig die „höhern Stände“ von der Wehrpflicht erfaßt werden würden.

Der König billigte die Grundsätze, bestand jedoch auf einzelnen, bezeichnenden Änderungen. So ließ er die Arreststrafe dadurch verschärfen, daß die Dienstzeit der Straffälligen um die Haftzeit verlängert wurde. Darin stimmten ihm auch einzelne Reformer aus dem Kreise um den Freiherrn vom Stein zu. Andererseits lehnte Friedrich Wilhelm III. es ab, die von den Reformern vorgeschlagenen gesonderten Strafkompanien zu errichten. Der König besaß letztlich doch ein anderes Verhältnis zum Soldaten als die militärischen Reformer. Deshalb gab er nach, als beispielsweise hohe reformfeindliche Offiziere darauf drangen, daß ein Passus gestrichen werde, der den Vorgesetzten ausdrücklich verbot, den Untergebenen „tyrannisch“, „brutal“ oder „geringschätzig“ zu behandeln oder ihn mit „verächtlichen Schimpfworten“ zu belegen. Er ließ sich jedoch nicht dazu bestimmen, auf die neuen Kriegsartikel zu verzichten.

Die Kriegsartikel vom 3. August 1808 waren ein Wendepunkt in der Geschichte des Heeres. Sie glichen die Erziehungshilfen und die Militärstrafen dem bürgerlichen Rechtsempfinden an, da sie davon ausgingen, daß jeder Soldat eine persönliche Ehre besitze. Prügeln war in Zukunft streng verboten. Dienst-, Bekleidungs- und Exerzierfehler – Verfehlungen, deretwegen die Soldaten in der alten Armee geprügelt wurden, und zwar oft sehr leichtfertig – durften nur noch mit Nachexerzieren, Reinigungsaufgaben und Strafwachen, bei der Kavallerie auch mit Pferdeputzen und Aufenthalt im Stall, geahndet werden. Diese Sonderdienste galten als Erziehungsmaßnahmen, die nicht das Ehrgefühl verletzten. Offizieren, die gegen das Verbot, den Soldaten zu beleidigen oder gar zu züchtigen, verstießen, wurde strenge Bestrafung angedroht. Dem Offizier blieb jedoch das Notrecht eingeräumt, einen widerspenstigen Soldaten auf der Stelle zu töten, wenn das die Aufrechterhaltung der Disziplin unter Anlegung strengster Maßstäbe gebot. Von dem Verbot zu prügeln gab es allerdings eine Ausnahme, die bis 1848 beibehalten wurde: Derjenige Mann, der sich „wegen eines schweren und entehrenden Verbrechens oder wegen wiederholter Vergehungen und weil er durch die angewandten Mittel nicht hat gebessert werden können“ gewissermaßen selbst entehrte, konnte in die zweite Klasse des Soldatenstandes versetzt werden. In ihr durfte weiterhin nach festgesetzten Bestimmungen körperlich gezüchtigt werden. Völlig abgeschafft war das Spießrutenlaufen.

Im Gegensatz zu dem materiellen Strafrecht für Unteroffiziere und Mannschaften, wie es im 18. Jahrhundert kodifiziert worden war, unterschieden die Kriegsartikel deutlich zwischen „Dienstverbrechen“ und „gemeinen Verbrechen“. Gemeine Verbrechen, die als Überschreitungen der Strafgesetze, die mit den Dienstpflichten des Soldaten nicht in unmittelbarer Beziehung stehen, definiert wurden, sollten nach den allgemeinen Landesgesetzen bestraft werden. Im Strafrecht wurde damit die Trennung des militärischen Lebens vom Bereich des allgemeinen Staatslebens grundsätzlich und öffentlich aufgegeben. Gewisse Unterschiede blieben nur noch dort bestehen, wo die allgemeinen Landesgesetze nicht klar zwischen gewöhnlichen und ehrenrührigen Strafarten unterschieden, oder wo sich aus wesensbedingten Gründen andere Strafarten als notwendig erwiesen. So konnten gegen Soldaten in der Regel keine Geldstrafen verhängt werden, und als unvereinbar mit der Ehre des Soldatenstandes galten nicht nur körperliche Züchtigungen – wie sie das allgemeine Strafgesetz weiterhin mit Peitschenhieben und Stockprügel kannte –, sondern auch Zuchthausstrafen. Sie sollten nicht verhängt werden, bevor nicht der straffällige Soldat in die zweite Klasse des Soldatenstandes versetzt worden war. Ein Soldat durfte nur mit der in den Kriegsartikeln vorgesehenen dreistufigen Arreststrafe – „gelinder, mittlerer und strenger Arrest“ –, mit Festungsarrest, Festungsbaugefangenschaft oder mit der Todesstrafe bestraft werden. Für die leichteren Vergehen lag die Strafgewalt abgestuft bei Regimentskommandeur und Kompaniechef.

Dem neuen Geist – er war das eigentliche Anliegen der Reformer – entsprachen die grundsätzlichen Erklärungen, die der Verordnung vorangestellt waren. Noch deutlicher als das materielle Strafrecht ließen sie erkennen, welche Vorstellungen die Reformer vom neuen Soldaten besaßen und welches Ziel sie verfolgten: „Da künftig jeder Untertan des Staates ohne Unterschied der Geburt unter den noch näher zu bestimmenden Zeit- und sonstigen Verhältnissen zum Kriegsdienste verpflichtet werden soll und hiernach die Armee fast gänzlich aus Einländern bestehen wird, so erwarten S. K. M., überzeugt von dem Pflichtgefühle und der treuen Anhänglichkeit Höchstdero Untertanen, daß sie als Söhne des Vaterlandes ihren hohen Beruf und ihre Pflicht, dasselbe zu beschützen und zu verteidigen, sowohl bei ihrem Eintritte in den Soldatenstand als bei Leistung der ihnen in demselben obliegenden Dienste zum steten Augenmerke haben und sich zugleich beeifern werden, ihren Mitbürgern überall ein Muster ordentlichen, rechtschaffenen und tugendhaften Lebenswandels zu geben." Der König andererseits, der dem Soldaten nicht mehr wie bisher in den Kriegsartikeln als „Kriegsherr", sondern als „Landesherr" seinem Landeskind gegenübertrat, versprach, alle Unteroffiziere und Soldaten, die ihren Dienst pflichtgemäß versehen, „nach Maßgabe ihrer Fähigkeiten und Kenntnisse ohne Rücksicht auf ihre Geburt zu Offizieren bis zum höchsten Grade zu befördern und auch sonst auf alle andere Art, wie es in einzelnen Fällen nur immer geschehen kann, für sie vorzüglich zu sorgen". Das Ethos des neuen Soldaten war in dem Bündnis begründet, in dem er als Angehöriger der Nation mit der Regierung stand. Er ordnete sich von selbst, gewissermaßen in eigener Verantwortung, in die militärischen Forderungen nach Gehorsam und Manneszucht ein. Die Ehre war das tragende Moment des zukünftigen Soldaten, deshalb mußte sie den besonderen Schutz des Königs genießen.

Die MRK erwirkte außerdem beim König, daß eine Verordnung die Kriegs-Artikel erläuterte. Sie erging am gleichen Tage. In dieser „Verordnung wegen der Militärstrafen" vom 3. August 1808 befahl Friedrich Wilhelm III. nachdrücklich allen Offizieren und Behörden, nicht nur die neuen Kriegsartikel „auf das genaueste zu befolgen", sondern auch in deren Geist fortwährend zu handeln. Er machte die Kommandeure und Chefs dafür verantwortlich, daß ihre Untergebenen die Soldaten nicht mehr „auf eine rohe Art" behandelten oder sie mit Schimpfwörtern belegten: Ein Offizier, der glaubte, im Exerzierdienst nicht ohne Prügeln auszukommen, beweist nur, daß er zu dieser Aufgabe noch nicht fähig ist. Ihm selbst mangelt es also an der notwendigen Ausbildung. Der Offizier soll durch sein Vorbild wirken, denn er muß sich stets vergegenwärtigen, „Erzieher und Anführer eines achtbaren Teils der Nation zu sein". Es ist zu erwarten, daß ein Teil der zukünftigen gemeinen Soldaten, „junge Leute von guter Erziehung und feinem Ehrgefühl", pflichteifrig und voller Liebe ihren Dienst versehen und durch ihr Vorbild auch die weniger „gebildeten" Kameraden dazu so anhalten werden, daß „mit einer gelinden Behandlung Ordnung und Disziplin in der Armee wird erhalten werden können". Nur bei dem Soldaten, der auch nicht „durch zutrauliches Zureden und Verdeutlichung der ihm obliegenden Pflichten" dazu gebracht werden kann, seinen Dienst ordentlich zu versehen, sollen die Strafmöglichkeiten der Kriegsartikel angewandt werden. Ausdrücklich war darauf hingewiesen, daß die dafür zugestandenen Disziplinar- und Strafvollmachten ausreichend seien. Falls sie sich als wirkungslos erweisen sollten, galt es als sicher, daß daran der Offizier schuldig sei, weil er entweder die Strenge der Freiheitsstrafen falsch und unzeitig durch Nachsicht herabgemindert habe oder weil sein persönliches Verhalten nicht den Anforderungen an den Lebensstil eines Offiziers entsprochen habe. Die Persönlichkeit des Offiziers wurde also verantwortlich gemacht, wenn das Militärstrafsystem die Erwartungen nicht erfüllte.

Den Kriegsartikeln kam, im Gegensatz zu früher, nicht eine prävenierende, vom Verbrechen abhaltende, sondern eine bessernde Aufgabe zu. Aber auch die Disziplin sollte mit den Kriegsartikeln neuen Inhalt und Wert erhalten. Sie diente nicht mehr nur dem Ziele, die Mannschaften durch den Zwang, äußerliche Formalitäten zu erfüllen, von Verstößen gegen Zucht und Ordnung abzuhalten, sondern auch zur „Belebung des kriegerischen Geistes".

Zum Kampf um die Reformen gehörte naturgemäß auch die Propaganda, also etwa verkündende, werbende oder polemische Aufsätze in der Presse. Im Auftrage Scharnhorsts rezensierte Clausewitz das Gesetzgebungswerk vom 3. August 1808 im „Hamburgischen Correspondenten" und in zwei außerpreußischen Literaturzeitungen, die in ganz Deutschland gelesen wurden. Gneisenau und Boyen verfaßten Aufsätze, als der berühmteste unter ihnen gingen Gneisenaus Ausführungen über die „Freiheit der Rücken" in die Geschichte ein.

Der Aufsatz „Freiheit der Rücken" erschien am 9. Juli 1808 in der Königsberger Zeitschrift „Der Volksfreund". Gneisenau forderte den Leser auf, sich nicht allein mit dem Wort „Freiheit" zu beschäftigen, wie es zwei Jahrzehnte durch Europa töne, sondern sich auch mit der praktischen Freiheit, mit der „Freiheit der Rücken" zu befassen. Das Prügeln und das Spießrutenlaufen gelte in allen Ständen als empörende Beschimpfung, nur beim Militär werde sie für gerecht und notwendig angesehen. Zu einer Zeit, in der man auch in Preußen begreife, „daß es ein tiefes Versinken in Egoismus sei, wenn man die Waffenführung nicht für die ehrenvollste Beschäftigung zu jeder Zeit seines Lebens hält", werde es notwendig, die militärischen Strafarten der „fortgeschrittenen Bildung" anzupassen. Jede Nation ehre sich selbst und lasse deshalb nicht zu, was sie in den Augen anderer Völker herabsetze. Dazu zählte er die beiden Strafformen. Sie müßten abgeschafft, also die Freiheit der Rücken proklamiert werden, bevor die Allgemeine Wehrpflicht eingeführt werden könne. „Dünkt dies nicht möglich, nun so laßt uns Verzicht tun auf unsere Ansprüche an Kultur, und die Bewegungsgründe zum Wohlverhalten noch fernerhin im Holze aufsuchen, da wir sie in Ehrgefühl nicht zu finden vermögen."

Die Reform der Militärgerichtsbarkeit

Aber noch war die Reform der Militärjustizverfassung nicht völlig abgeschlossen. Die MRK hatte den Auftrag des Königs nicht nur darin gesehen, die Kriegsartikel und das Militärstrafwesen neu zu fassen, sondern auch in einer Reform der Militärjustizverfassung. Es war nämlich besonders der Militärgerichtsstand, der das überlieferte absolutistische stehende Heer als einen Stand eigenrechtlicher Prägung von den anderen Ständen im Staate geschieden hatte. Die Militärgerichtsbarkeit war nicht nur für den Soldaten zuständig, sondern auch für seine Familie und für seine Bediensteten in allen Rechtsverhältnissen, also für Fragen der bürgerlichen Gerichtsbarkeit, darunter Alimentationsprozesse unehelicher Kinder und Ehescheidungsprozesse, ebenso wie für strafbare Handlungen.

Die Militärgerichtsbarkeit war vom Bürgertum schon sehr lange hart kritisiert worden, und sogar der König hatte es schon vor 1806 als „ganz unangemessen" angesehen, daß beispielsweise „über eine Magd eines Soldaten wegen verheimlichter Schwangerschaft und Niederkunft Kriegsrecht gehalten werden mußte". Dennoch konnte die Reform der Militärgerichtsbarkeit erst ein Jahr nach der Verkündung der Kriegsartikel abgeschlossen werden. Das lag vor allem daran, daß sie nicht als ein wesentlich innerdienstliches Problem des Heeres behandelt werden konnte, sondern daß Militär- und Justizverwaltung in dieser Frage eng zusammenarbeiten mußten.

Die MRK schlug in ihrem Immediatbericht vom 18. Dezember 1807 vor, die Kriminaljustiz wie bisher nach Militärgesetzen handhaben zu lassen, dagegen alle anderen Sparten der Gerichtsbarkeit den Justizbehörden zu überantworten. Friedrich Wilhelm III. hatte Bedenken und schaltete die Juristen ein. So kam es zu einer Diskussion zwischen dem Generalauditeur v. Koenen und dem Kanzler Freiherr v. Schroetter, die deutlich werden ließ, daß zwischen beiden Auffassungen über das Ziel der Heeresreform grundsätzliche Unterschiede bestanden. Der Kanzler sah ihren „großen Zweck" in der „Verschmelzung des Militärs mit dem Zivil" und forderte, in Friedenszeiten die Militärgerichtsbarkeit in Zivil- und Kriminalfällen ganz aufzuheben und ihr nur die Dienstsachen und Dienstvergehen zu belassen; allein im Kriegsfalle sollte der Gerichtsstand anders geregelt werden. Denn der Militärgerichtsstand bilde eine „Scheidewand zwischen dem Bürger und dem Soldaten", die „beide Stände zu einem schädlichen esprit de corps anreizt", dabei den Soldaten isoliere und dem Gemeinzwecke des Staates widerspreche. Werde der Militärgerichtsstand beseitigt, dann sei ein „wesentlicher Schritt" innerhalb der Gesamtstaatsreform getan, und dieses Zieles wegen sollten „alle kleinlichen Rücksichten" fallen. Koenen ging davon aus, daß Soldat und Bürger letztlich zwei verschiedenen Ständen angehörten, daß es nur notwendig sei, bei dem Bürger ein gewisses Verständnis für die Belange des Heeres zu erwecken, um das Bündnis zwischen Regierung und Nation im Bereich der Armee zu verwirklichen. Er sah die Alltagspraxis, sie ließ ihn fordern, die Militärgerichtsbarkeit in dem Umfange beizubehalten, wie ihn die MRK vorgeschlagen hatte. Seiner Auffassung schloß sich auch der Großkanzler v. Beyme als Justizminister an. Trotzdem mußte der König, den die Gegensätze unsicher machten, mehrfach gedrängt werden, bis er sich entschied.

Friedrich Wilhelm III. hob mit Kabinettsordre vom 19. Juli 1809 den Militärgerichtsstand auf, außer in Kriminal- und Injuriensachen, für alle im Dienst befindlichen Offiziere, Unteroffiziere, Mannschaften und wirklichen Militärpersonen. Der Militärgerichtsbarkeit unterstanden außerdem weiterhin wohl noch die pensionierten Offiziere, dagegen nicht mehr die Familien und Bediensteten aller Soldaten. Unklarheiten über die Rechtspflege in Kriminal- und Injuriensachen beurlaubter und inaktiver Unteroffiziere und Soldaten wurden mit einer Verordnung vom 21. Februar 1811 so geregelt, daß die beurlaubten Unteroffiziere und Mannschaften der Militärgerichtsbarkeit unterstellt blieben, nicht aber die Krümper und inaktiven Soldaten.

Vorgesetzte Dienststelle aller Militärgerichte blieb das Generalauditoriat, das dem Allgemeinen Kriegsdepartement unterstellt war. Nach Koenens Tod (1810) leitete es bis 1829 der Generalauditor v. Braunschweig. Als seine Aufsichtsbehörde arbeiteten Justizminister und Kriegsminister zusammen.

Die Neuordnung des Militärjustizwesens vollzog sich so in allen seinen Bereichen als eine gewissermaßen „programmatische Äußerung" des absolutistischen Staates „über seinen Gestaltwandel auf militärischem Gebiet". Es erwies sich jedoch gleichzeitig sehr deutlich, daß auch die militärischen Reformer daran festhielten, im Militär einen eigenen Stand zu sehen. Zivil und Militär sollten sich einander nur annähern, nicht miteinander verschmelzen. Aber auch zur Erreichung dieses Zieles lagen die Voraussetzungen wenig günstig. Es war beispielsweise nicht zu verwirklichen, wenn der alte Offizierstand wie bisher der bestimmende Faktor im Heer blieb. Aber selbst dann, wenn die Reformen nur im Militärwesen dauerhafte Geltung erhalten sollten, mußte das bestimmende Element in der Armee auf neue Grundlagen gestellt werden.

f. Heeresreform und Offizierkorps

Das Offizierkorps alter Prägung gefährdete als eine reale restaurative Macht das Reformwerk, wenn es unverändert übernommen wurde. Beseitigen konnten es die Reformer nicht, weil dazu in Preußen trotz der Katastrophe von 1806 die politischen Voraussetzungen fehlten. Mit dem Königtum blieb der Adel, mit dem Adel blieb dessen Einfluß auf den Offizierstand erhalten. Die Reformer konnten sich deshalb nur das Ziel setzen, den Offizierstand sittlich zu erneuern und den Offizier in einer „moralischen Wiedergeburt" innerlich zu wandeln, ohne völlig mit der friderizianischen Überlieferung zu brechen. Ihnen schwebte jedoch mehr vor, als nur eine Verbesserung der Beurteilungsmethoden und eine Erweiterung und Intensivierung der Aufgaben. Sie wollten einen neuen Offiziertyp schaffen, den gebildeten Fachmann und soldatischen Führer, der durchdrungen war von der Idee des Bündnisses zwischen Regierung und Nation. Erst wenn der Offizier dazu erzogen war, selbständig zu denken und frei zu urteilen, war er auch geeignet, die neue Armee zu führen. Es war wohl ein sehr wichtiges und zugleich das schwerste Vorhaben innerhalb der Reform, diesen Offiziertyp als verbindlich durchzusetzen.

Die Selbstreinigung des Offizierkorps

Dazu war es vor allem nötig, eine neue Form der Offiziergänzung zu finden und das Verhältnis der Offiziere zur Armee, also zum gemeinen Soldaten, zu ändern. Zuvor mußte jedoch als Voraussetzung der überlieferte Offizierstand von den Elementen gereinigt werden, die ihm den Vorwurf eingetragen hatten, im Kriege von 1806/07 versagt und auf den Staat Unglück, Schmach und Schande gehäuft zu haben. Die Kapitulationen kampffähiger Truppen im offenen Felde und der bedeutendsten Festungen, die nicht ernsthaft belagert worden waren, sowie das Verhalten einzelner Offiziere, die sich als unfähig, pflichtvergessen, ehrlos oder feige gezeigt hatten, mußten untersucht und bestraft werden. Sühne und Reinigung bedeuteten aber noch nicht Erneuerung. Es war vielmehr ein Vorgang innerhalb des alten Offizierkorps. Reformer arbeiteten bei dieser Aufgabe zusammen mit Offizieren, die sonst jede Neuerung ablehnten oder gar bekämpften. Dem korporativen Charakter der sogenannten Selbstreinigung des preußischen Offizierkorps ist es zuzuschreiben, daß sie bis auf den heutigen Tag als eine Tat gewertet wurde, die dem Stand zur hohen Ehre gereichte. Dabei wurde nur zu gerne übersehen, wie stark es doch ein notwendiger Akt der Selbsterhaltung und eigentlich ein frühes Zeichen der aufdämmernden Restauration war. Selbstverständlich diente der Prozeß auch als öffentliche Demonstration für den Willen des Königs, allen Ereignissen nachspüren zu lassen, die das Ansehen der Armee und besonders des Offizierstandes geschädigt hatten.

Den ersten Anstoß zur Reinigung des Offizierstandes gab das Ortelsburger „Publicandum wegen Abstellung verschiedener Mißbräuche bei der Armee" vom 1. Dezember 1806. Der König befahl, daß alle Kapitulationen und Desertionen kriegsgerichtlich untersucht würden. Wie ernst Friedrich Wilhehm III. diese Dinge nahm, zeigte sich in seinen Richtlinien für die Reorganisation der Armee. Ehre, Glaubwürdigkeit, Tüchtigkeit und Ansehen sollten wieder das Offizierkorps bestimmen. Daher sah er die Überprüfung aller Offiziere als erste Aufgabe der MRK an. Wer sich als unwürdig gezeigt hatte, sollte aus dem Korps unerbittlich ausgestoßen werden. Darüber hinaus sollte auch jeder Offizier streng zur Rechenschaft gezogen werden, dessen Verhalten während des Krieges überhaupt als nicht einwandfrei diskutiert wurde. Diese Aufgabe übertrug der König einer Immediat-Untersuchungskommission.

Die „Kommission zur Untersuchung der Kapitulationen und sonstigen Ereignisse des letzten Krieges", berufen mit der Instruktion vom 27. November 1807, trat erstmals am 6. Dezember 1807 zusammen. Den Vorsitz führten zwei Brüder des Königs, die Prinzen Heinrich und Wilhelm. Als Mitglieder gehörten ihr bekannte Offiziere an, darunter die Reformer Gneisenau und Grolman und der Generalauditeur Koenen. Ihre Arbeitsrichtlinien entwarf die MRK unter Beteiligung des Königs. Die Kommission war ein Untersuchungsorgan mit weitgehenden Vollmachten, jedoch kein Kriegsgericht mit Strafgewalt. Sie hatte die Ursachen zu erforschen, die zu den „unglücklichen Ereignissen" von 1806/07 geführt hatten, und alle Offiziere zu ermitteln, die sich ihren Aufgaben nicht gewachsen gezeigt oder ihre Dienstpflichten verletzt hatten. Es sollten aber auch ebenso alle Offiziere benannt werden, die sich persönlich besonders ausgezeichnet hatten.

Die Immediat-Untersuchungskommission faßte ihre Aufgabe rein militärisch auf, fragte also nicht nach politischen Gesichtspunkten. Sie überprüfte die Führung während der Operationen und im Gefecht und beschäftigte sich mit den Offizieren, die dafür verantwortlich waren, daß Truppen und Festungen kapituliert hatten. Selbst gegen einen bereits verstorbenen General, den ehemaligen Gouverneur von Magdeburg, wurde ein Verfahren durchgeführt. Die Ermittlungen über das Verhalten der einzelnen Truppenoffiziere delegierte die Kommission auf die Regimentstribunale, also auf Ehrengerichte, die auf ihren Vorschlag innerhalb jedes Offizierkorps eingesetzt wurden. Die Untersuchungsergebnisse der Tribunale wurden dann von der Kommission begutachtet und mit eigenem Schlußvotum dem König zur Entscheidung ebenso vorgelegt wie ihre Ermittlungen über die Kapitulationen. Die Kommission stellte fest und begründete, ob eine Kapitulation als „ehrenvoll“ oder noch „durch entschuldigende Umstände gerechtfertigt“ anzusehen sei oder ob sich die verantwortlichen Offiziere „einer Pflichtverletzung schuldig“ gemacht hatten. Sie schlug dem König dann vor, dem Offizier ein „Zeugnis des Wohlverhaltens“ auszustellen, womit der Offizier das Recht zugesprochen erhielt, wieder verwendet werden zu können oder mit Pension seinen Abschied zu nehmen. Anderenfalls entließ der König ihn ohne Abschied und mit Verlust des Gnadengehalts. Ein kriegsgerichtliches Verfahren schlug die Kommission nur in den schwerwiegendsten Fällen vor. Friedrich Wilhelm III. wollte jede Willkür ausschalten und entschied Verfahren, die den Spruch eines Kriegsgerichts erforderten, nicht persönlich. Ebenso lehnte er auch ein summarisches Kriegsgerichtsverfahren ab, wie es die Kommission gewünscht hatte, um die militärstrafrechtlichen Prozesse beschleunigt abzuschließen. Er übertrug jeden einzelnen Fall einem ordentlichen Kriegsgericht.

Als 1812 der Krieg gegen Rußland ausbrach, waren sämtliche Festungskapitulationen, ein Teil der Kapitulationen im offenen Felde und das Verhalten der Führer in den Schlachten und Gefechten vom Herbst 1806 untersucht und die Ergebnisse der Regimentstribunale überprüft. In der Truppe war damit das Verhalten jedes Offiziers offiziell geklärt, und es war entschieden, ob er wiederverwendet werden durfte. Von den 7 096 Offizieren, die das Offizierkorps bei Beginn des Krieges von 1806 zählte, mußten 208 Offiziere – 17 Generale, 50 Stabsoffiziere und 141 Subalternoffiziere – wegen ihres Verhaltens während des Krieges ausscheiden. Sieben Todesurteile wurden ausgesprochen, von denen der König jedoch nur eines bestätigte.

Das bestätigte Todesurteil betraf den ehemaligen Kommandanten von Küstrin, Oberst v. Ingersleben. Er entzog sich der Strafe durch die Flucht ins Ausland. Aber auch dort fand er, obgleich er den Namen eines Barons v. Fischer annahm, „schnöde Verachtung, ja sogar Beschimpfung“.

Die Zahl der ausgestoßenen Offiziere war also höher als die der 190 Offiziere, die während des Krieges gefallen oder an den Folgen von Verwundungen gestorben waren. Nach dem ersten Frieden von Paris (30. Mai 1814) begnadigte der König die Offiziere, die sich noch in Festungshaft befanden. Damit war die Aktion der Reinigung offiziell abgeschlossen.

Die Sicherung gegen eine Wiederholung der Vorgänge von 1806 übertrugen die Reformer dem Korps. In eigener Regie hatte es zukünftig die Korpsehre selbst zu schützen. Damit wandelte sich der Ehrbegriff, die Ehre des Korps stand über der individuellen Ehre und schloß diese mit ein. Das zeigte sich in der „Verordnung wegen der Bestrafung der Offiziere" vom 3. August 1808, die das Disziplinarwesen innerhalb des Offizierstandes neu ausrichtete. Es wurde verboten, Offiziere wegen kleinster Vergehen und Unachtsamkeiten durch einen Unteroffizier und zwei Mann in den Arrest abführen zu lassen, wie es bisher üblich war. Die Bestrafung eines Offiziers sollte die Ehre unangetastet lassen. Die Spannweite der abgestuften Strafen reichte vom Verweis ohne Zeugen bis zum Offizierarrest. Entfernung aus dem Offizierstand als die schwerste Strafe drohte dem, der sich nicht den Gesetzen des Dienstes und der Korporation einfügte.

Die Entscheidung, ob sich ein Offizier eines ehrenrührigen Verhaltens schuldig gemacht habe, wurde den mit der Verordnung vom 3. August 1808 neu eingerichteten Ehrengerichten übertragen, zu denen sich jedes Offizierkorps konstituieren konnte. Schon auf Verlangen eines einzelnen Offiziers mußte es einberufen werden. Diese Offiziersehrengerichte konnten mit drei Viertel der Stimmen ein Mitglied des Korps „des Avancements für unfähig" erklären, bis es seinen Lebenswandel gebessert habe. Der Beschuldigte besaß das Gegenrecht, eine neue Untersuchung zu beantragen, die von einem anderen Offizierkorps geführt wurde. Die Offiziere eines Regimentes sollten sich zur Ehre des Korps „wechselseitig untereinander sorgsam bewachen", die älteren Offiziere ihre jüngeren Kameraden rechtzeitig vor ehrenrührigem Tun warnen, die pünktliche Ausführung jeder Aufgabe sollte als Ehrensache betrachtet und der Ruf des ganzen Korps als ein Teil der Ehre jedes Mitgliedes angesehen werden. Der König sprach die Hoffnung aus, es würde immer seltener notwendig werden, Offiziere durch Vorgesetzte zu bestrafen, wenn ein neues Ehrgefühl im Denken der Offiziere Platz greife.

Trunksucht, „unanständige Verbindungen" mit „liederlichen und gemeinen Weibspersonen", gesellschaftlicher Umgang mit Leuten von schlechtem Ruf, der Besuch „gemeiner Örter", die Sucht, „aus dem Spiel ein Gewerbe zu machen", der Mangel an Subordinationsgefühl und schuldiger Achtung vor Offizieren höheren Ranges und jedes Verhalten, das „auf andere Art eine niedere Denkungsart verrät", verstießen nach der Verordnung von 1808 gegen die Standesehre. Das alles waren Begriffe, die der Ehrvorstellung des 18. Jahrhunderts oder genauer, die den Forderungen der Kriegsherren an ihre Offiziere entsprachen. Sie blieben im 19. Jahrhundert in Geltung, jetzt aber mehr als Forderung des Korps an seine Mitglieder. Dem entsprach, daß mit der gesetzlichen Grundlage von 1808 die Offiziere auch das Recht erhielten, autonom zu entscheiden, was als Verstoß gegen die Standesehre galt. Dieses ständische Korporationsrecht konnte auch dazu benutzt werden, aus politischen oder anderen Gründen unerwünschte Mitglieder über das ehrengerichtliche Urteil auszumerzen, da ihre Zugehörigkeit zum Korps nicht mit der Ehre, das hieß mit dem korporativen

Standesgeist, vereinbar sei. Der so „ausgestoßene" Offizier quittierte aus eigener Initiative den Dienst oder er wurde vom König verabschiedet. Die Verordnung wurde also später gelegentlich in einer Weise ausgelegt, die von den Reformern kaum gewünscht worden war.

Die Selbstreinigung des Offizierkorps hatte nicht das Übel beseitigt, unter dem das Korps allgemein litt: die Überalterung. Sie war nach Meinung der Reformer eine wesentliche Ursache der Niederlagen von 1806.

Von den 142 Generalen, die die Armee 1806 in den Krieg geführt hatten, zählten 4 über 80, 13 über 70 und 62 über 60 Lebensjahre. Von den 540 Stabsoffizieren der Fußtruppen waren 7 über 70, 110 über 60 und 187 über 50 Jahre alt. Etwas günstiger lagen die Verhältnisse bei der Kavallerie, die unter 227 Stabsoffizieren 25 Offiziere über 60 Jahre und 129 über 50 Jahre zählte. Bei der Artillerie waren von 39 Stabsoffizieren 4 über 70 und 22 über 60 Jahre alt. Ähnlich sah es bei den Pionieren aus. Unter den Kapitänen und Rittmeistern befanden sich noch 2 Offiziere, die das 70. Lebensjahr überschritten hatten, 25, die über 60 Jahre alt waren, und 168, die über 50 Jahre zählten. Von den 261 Leutnanten der Artillerie war einer über 70 Jahre alt, 5 hatten das 60. Lebensjahr, 9 das 50. und 7 das 40. Jahr überschritten.

Der König stellte der MRK deshalb die Frage: „Könnte es wohl geraten sein, bei Wiederherstellung der Armee dieses Heer von invaliden Generalen, Stabs- und andern Offizieren, die teils physisch, teils moralisch oder an beiden zugleich invalide sind, wieder nach ihrem ehemaligen Rang und Würden einzusetzen?"

Die Verkleinerung des Heeres zwang dazu, die Zahl der Offiziere zu vermindern. Im September 1808 dienten von den Offizieren, die dem Heer schon bei Beginn des Krieges 1806/07 angehört hatten, nur noch 1 791 aktiv in der Armee. Ehrenvoll ausgeschieden waren 4 594 Offiziere, nämlich 86 Generale, 584 Stabsoffiziere und 3 924 Hauptleute und Subalternoffiziere. Vor allem die älteren Offiziere der verschiedenen Ränge wurden, zumeist mit gemindertem Sold, in den Wartestand versetzt und erlebten in den nächsten Jahren vielfach bittere, ärmliche Zeiten. Erst die Freiheitskriege machten es möglich, wieder einen Teil von ihnen in den aktiven Dienst zu überführen. An den Feldzügen ab 1813 nahmen 3 898 Offiziere teil, die schon 1806 dem Offizierkorps angehört hatten. In ihrer Masse waren es Subalternoffiziere. Mehr als alles andere beweisen diese Zahlen, daß die Reformer gar nicht versuchen konnten, ein vollkommen neues Offizierkorps aufzubauen.

Der Weg zum neuen Offizier

Die Verjüngung des Offizierkorps war nur e i n e der Maßnahmen, die verhüten sollten, daß sich die Vorgänge von 1806 wiederholten. Daneben versuchten die Reformer, dem neuen, angestrebten Offiziertyp die gesetzlichen Grundlagen zu schaffen. Sie änderten die Voraussetzungen für den Eintritt in das Offizierkorps und sie versuchten, die Anciennität als Beförderungsgrundsatz zu beseitigen.

Die MRK hatte sich mit der Frage Friedrich Wilhelms III. zu beschäftigen, ob „mit dem Eintritt der Unadeligen nicht eine Abänderung zu treffen sein und solche mehr zugelassen werden müssen". Bis 1806 hatte die Struktur des Staates nicht gestattet, den Offiziersersatz grundsätzlich neu zu regeln. Jetzt gingen die Reformer davon aus, daß bisher alle Talente und Kenntnisse des größten Teils der Nation für die Armee verlorengegangen seien, weil nur ein Stand das Vorrecht besaß, die Offizierstellen zu besetzen. Der Adlige habe es gar nicht für notwendig angesehen, sich militärische Talente zu erwerben, weil ihn seine Geburt und eine lange Lebensdauer zu den höchsten militärischen Posten emportrugen. Darin sah die MRK dann auch den Grund, warum die Offiziere in ihrer Bildung so weit hinter allen anderen Ständen zurückstanden und weshalb die Armee als ein Staat im Staate angesehen worden sei, den die übrigen Stände haßten und zum Teil verachteten. Gneisenau übernahm es, die Öffentlichkeit darauf vorzubereiten, daß die Basis des Offizierstandes über den Adel als den bisherigen Träger hinaus um alle die Kräfte erweitert werden sollte, die durch Begabung, Bildungsstand und Können für die Aufgaben des Offiziers geeignet waren.

„Es ist dem erleuchteten Monarchen nicht entgangen," schrieb Gneisenau 1808 in einer Königsberger Zeitung, „daß alle Kräfte geweckt und jeder Kraft ein ihr angemessener Wirkungskreis gegeben werden müsse. Die Geburt gibt kein Monopol für Verdienste; räumt man dieser zu viele Rechte ein, so schlafen im Schoße einer Nation eine Menge Kräfte unentwickelt und unbenutzt, und der aufstrebende Flügel des Genies wird durch drückende Verhältnisse gelähmt. Währenddem ein Reich in seiner Schwäche und Schmach vergeht, folgt vielleicht in seinem elendesten Dorfe ein Cäsar dem Pfluge, und ein Epaminondas nährt sich karg von dem Ertrage seiner Hände. Man greife daher zu dem einfachen und sicheren Mittel, dem Genie, wo immer es sich auch befindet, eine Laufbahn zu öffnen und die Talente und Tugenden aufzumuntern, von welchem Range und Stande sie auch sein mögen. Man schließe ebenfalls dem Bürgerlichen die Triumphpforte auf, durch die das Vorurteil nur den Adligen einziehen lassen will. Die neue Zeit braucht mehr als alte Titel und Pergamente, sie braucht frische Tat und Kraft; dies hat der Monarch erwogen, indem er die Talente aller Stände zu gleichen Ansprüchen an Militärbeförderungen berechtigte und ein Verfahren aufhob, dem nur das Herkommen und Nepotismus, keineswegs aber irgendein Gesetz das Wort redeten."

Am 6. August 1808 wurde die Offizierlaufbahn mit dem berühmten „Reglement über die Besetzung der Stellen der Portepéefähnriche und über die Wahl zum Offizier bei der Infanterie, Kavallerie und Artillerie" theoretisch allen Staatsbürgern erschlossen, die bestimmte Voraussetzungen erfüllten: „Einen Anspruch auf Offizierstellen sollen von nun an in Friedenszeiten nur Kenntnisse und Bildung gewähren, in Kriegeszeiten ausgezeichnete Tapferkeit und Überblick. Aus der ganzen Nation können daher alle Individuen, die diese Eigenschaften besitzen, auf die höchsten Ehrenstellen im Militär Anspruch machen. Aller bisher stattgehabte Vorzug des Standes hört beim Militär ganz auf, und jeder hat gleiche Pflichten und gleiche Rechte."

Als Gemeiner und nicht mehr als Gefreitenkorporal trat der Offizierbewerber in die Armee ein. Um Portepéefähnrich zu werden und damit offiziell die Offizierlaufbahn einzuschlagen, mußte er Kenntnisse und Bildung in einer Prüfung vor besonders eingerichteten Examinationskommissionen in Königsberg, Berlin, Breslau und Stargard nachweisen. Der Portepéefähnrich hatte das Offizierexamen abzulegen, bevor er zum Offizier ernannt wurde. Die Prüfung, mehr noch ein System von Prüfungen, war damit zum Kriterium für die zukünftige Auswahl der Offiziere erhoben. Zugleich war das Privileg des Adels, kraft Geburt ein „Anrecht" auf die Offizierstellen zu besitzen, beseitigt. An die Stelle der Herkunft sollte die bürgerliche Bildung treten, der Offizierbewerber zukünftig nach seinem Charakter und seinem Können, das heißt nach seiner Leistung bewertet werden. Das Wissen war jedoch nicht über das Können gestellt, denn nicht nur „Kenntnissen und Wissenschaften", wie es an einer anderen Stelle des Reglements heißt, zeichneten den „brauchbaren Offizier" aus, sondern auch „Geistesgegenwart, schneller Blick, Pünktlichkeit und Ordnung im Dienst und anständiges Betragen". Es schwebte also den Reformern nicht als Ideal vor, einen nur gebildeten und damit einseitig ausgerichteten Offiziertyp zu fördern, sondern die Vorstellung, daß ein höchstmöglicher Bildungsstand die beste Voraussetzung für ein Leistungsdenken sei, wie sie es im Offizierstand durchsetzen wollten. Wer sich in Jugendjahren die bürgerliche Bildung angeeignet hatte, besaß die „wissenschaftlichen", das heißt die wissensmäßigen Grundlagen, um den Anforderungen der militärischen Aus- und Weiterbildung und dem sich mit steigendem Range vergrößerenden Aufgabenkreis gerecht zu werden. Damit setzten die Reformer allerdings ein Ziel, das als für ihre Zeit übersteigert beurteilt werden muß. Zukünftig sollte nur der zum Offizier gewählt werden können, der die im Reglement vorgeschriebenen „Erfordernisse" und „Haupteigenschaften" besaß.

Die Offizierwahl, die neu geschaffen wurde, war ebenfalls als ein Mittel gedacht, bei der Besetzung einer vakanten Offizierstelle das Leistungsprinzip einzuführen. Vorschläge, die Offiziere von den Untergebenen wählen zu lassen – wie sie aus dem Kreise der Staatsreformer erhoben worden waren –, lehnten die militärischen Reformer ab. Das Reglement ordnete an, daß sämtliche Leutnante des Regiments aus allen Portepéefähnrichen die drei „vorzüglichsten" wählen, die sie „am würdigsten halten, im Offizierkorps einzutreten". Die drei Gewählten mußten vor einer Kommission in Berlin ihre Kenntnisse nachweisen. Bestanden sie diese Offizierprüfung, dann wählten sämtliche Hauptleute den „vorzüglichsten" heraus, der von dem Kommandeur und allen Stabsoffizieren dem König zur Ernennung vorgeschlagen wurde.

Die Offizierwahl blieb bis in das 20. Jahrhundert erhalten. Den Charakter einer Wahl nach dem Leistungsprinzip verlor sie jedoch sehr bald. Sie nahm die Form einer Beurteilung an, da sie später ausschließlich bestätigen sollte, ob der Portepéefähnrich würdig sei, in das Offizierkorps des Regimentes aufgenommen zu werden. Mit Rücksicht darauf wurden von vornherein in der Regel nur Angehörige des Adels, des Großgrundbesitzes und des gebildeten und besitzenden Bürgertums als Offizieranwärter angenommen, so daß sich im Laufe der Zeit eine Schicht herausbildete, die als offizierfähig galt. Das entscheidende Moment für die Aufnahme in den Offizierstand war nicht der Nachweis von „Kenntnissen und Bildung", sondern die Offizierfähigkeit. Die Offizierwahl war zur Ausdrucksform eines neuen genossenschaftlich-ständischen Geistes im Offiziertum und zu einem Mittel geworden, die Integrität des Korps zu wahren.

Die Kenntnisse, die gefordert wurden, um zum Portepéefähnrich ernannt zu werden, waren für unsere Begriffe sehr minimal. Sie entsprachen nicht einmal dem Abschluß der heutigen Grundschulausbildung. Einen höheren Kenntnis- und Bildungsgrad setzte die Offizierprüfung voraus, ohne daß auch hier mehr Wissen verlangt wurde, als für die militärischen Aufgaben allein erforderlich war. Dennoch beschwor das Reglement den erbitterten Widerstand weiter Kreise des Adels herauf. Er begriff, daß die Forderung nach „Kenntnissen und Bildung" auch ein politisches Mittel war, das dazu diente, einen grundsätzlich neuen Offiziertyp, den soldatischen Führer einer Armee von Staatsbürgern, zu schaffen. Ein solcher Offiziertyp gefährdete die überlieferte Stellung des Adels an ihrer Wurzel. Wollte er seine Rolle als staatstragender Stand, wie sie noch im Allgemeinen Landrecht 1794 gesetzlich bestätigt worden war, nicht verlieren, dann mußte er seine Position in der bewaffneten Macht mit allen Mittel behaupten. „Wenn Ew. K. Hoheit mir und meinen Kindern ihr Recht nehmen, worauf beruhen denn die Ihrigen?" fragte in Verteidigung des „ererbten Anspruches" auf das ausschließliche Standesvorrecht des Adels, die Offizierstellen zu besetzen, der spätere Feldmarschall Graf Yorck v. Wartenburg (1759–1830) den Prinzen Wilhelm, der den Ideen der Reformer nahestand. Dieses „Anrecht" hätte der Adel aufgegeben, wenn er grundsätzlich anerkannte, daß seine Mitglieder unter denselben Bedingungen in den Offizierstand eintreten sollten wie die Söhne des Bürgertums. Aus seiner Sicht waren es nicht gleiche, sondern erschwerte Bedingungen, unter denen er sich in einem Examen mit den Bürgerlichen messen sollte. Diesen Zwang, sich einer Prüfung unterwerfen zu müssen, sah er als tiefsten Einbruch bürgerlicher Lebensauffassung in den Bereich adligen Herrentums an. In seinem Widerstand wurde der Adel außerdem noch dadurch bestärkt, daß er mit der Betonung seines Rechtes zugleich, wenn auch nur leiser ausgesprochen, seine wirtschaftliche Versorgung verteidigte, für die er die Offizierstellen rechtmäßig beanspruchen zu dürfen glaubte. Ein Erfolg blieb ihm nicht versagt. Der Adel konnte zwar nicht das Reglement ganz beseitigen, aber er verhinderte, daß es sich so auswirkte, wie es sich die Reformer erhofft hatten. Auch zukünftig wurde nicht nur der Bewerber Offizier, der möglichst umfangreich gebildet war und zugleich die anderen Voraussetzungen des Reglements vom 6. August 1808 erfüllte, sondern neben dem weiterhin vorrangig angenommenen Adligen wurde der bürgerliche Anwärter bevorzugt, der den in ihrer Masse adligen Offizierkorps genehm war. Die Reformer hatten also nur erreicht, daß die Offizierlaufbahn auch dem vom Korps ausgewählten Bürgerlichen eröffnet wurde, und daß der Adlige gezwungen war, sich ein Mindestmaß an Bildung anzueignen.

Der Adel kämpfte jedoch nicht nur um die bevorrechtigte Besetzung der Offizierstellen, also gegen seine prinzipielle Gleichstellung mit dem Bürgertum beim Eintritt in die Offizierlaufbahn, sondern grundsätzlich gegen jede Reform am überlieferten Offizierbild. Er lehnte daher auch neue Grundsätze für das Beförderungswesen ab.

Reform Beförde wesens

Die Reformer wollten durchsetzen, daß nicht mehr die geleisteten Dienste, sondern nur die in Gegenwart und Zukunft zu leistenden Aufgaben Laufbahn und Aufstieg des Offiziers bestimmten. Sie sahen also in einer Reform des Beförderungswesens das Mittel, den Offizierstand möglichst weitgehend ihren Forderungen an die Zukunft anzupassen und die Grundsätze des Reglements vom 6. August 1808 auf die gesamte Laufbahn jedes Offiziers auszudehnen.

Die Beförderung der Offiziere wurde bisher von der Anciennität bestimmt. Allerdings war das Anciennitätsprinzip niemals unbedingt eingehalten worden und auch nicht unangefochten geblieben. Vor 1806 hatte die Kritik die Anciennität jedoch nicht grundsätzlich in Frage gestellt, sondern nur ihre Ausschließlichkeit. Das sollte jetzt anders werden. Nach Meinung der Reformer hatte die Katastrophe von 1806/07 bewiesen, welche verheerenden Folgen das Anciennitätsprinzip in sich barg. Dennoch war es nur ein kleiner Kreis innerhalb der Reformer, der der Anciennität möglichst jeden Einfluß auf die Beförderung entziehen wollte. Die Mehrheit wünschte, sie nur durch Korrektive und Ausnahmemöglichkeiten eingeschränkt oder ergänzt zu sehen. Auch sogar Clausewitz bezeichnete die Anciennität als „ein wahres Palladium des Offizier-Standes".

Die MRK, bestimmt von den radikalen Reformern, versuchte, den König zu bewegen, die Anciennität als Beförderungsgrundsatz aufzugeben. Sie griff zunächst die Beförderungsverhältnisse innerhalb der Generalität auf, weil sich die Nachteile des bisherigen Beförderungssystems hier am stärksten gezeigt hatten und weil deshalb zu erwarten war, daß sich Friedrich Wilhelm III. hier am ehesten zu Neuerungen bereitfinden würde. Ihre Vorschläge für die Beförderung zum General und innerhalb der Generalität brachten ein konsequent entwickeltes Leistungsprinzip: Bei der Besetzung der Kommandeurstellen und für die Beförderung zum General sollten keine Dienstalter-„Ansprüche" mehr berücksichtigt werden. Der König konnte nach „Allerhöchster Intention" – das hieß durch Auswahl nach dem Leistungsprinzip – den jüngsten Stabsoffizier bis zum Generalmajor, den jüngsten Generalmajor zum Generalleutnant befördern. Unter den Generalmajoren und Generalleutnanten gab es keine Anciennität mehr. Der König konnte dem jüngsten General den Befehl über alle Dienstrangälteren erteilen. In Friedenszeiten sollten überhaupt nur wenige Generale ernannt werden, denn erst im Kriege wäre zu erkennen, wer zu höherer Truppenführung fähig und geeignet sei. Aber auch dann noch sollten die höheren Führereigenschaften in steter neuer Qualifizierung nachgewiesen werden.

So weitgehenden Forderungen versagte sich aber der König. Mit der Kabinettsordre vom 30. November 1808 gestand er lediglich zu, daß zukünftig die Anciennität innerhalb einer Rangklasse der Generale unberücksichtigt bleiben sollte, wenn der König ein Kommando überträgt. Außerdem bestimmte eine Kabinettsordre vom 10. März 1809, daß die Regimentskommandeure ohne Rücksicht auf die Anciennität ausgewählt werden sollten. Für den Aufstieg der Subalternoffiziere, für die Beförderung zum Stabsoffizier und für das weitere Avancement blieb es beim Anciennitätsprinzip. Der schwierigen Aufgabe, der breiten Schicht der niederen Offizierdienstgrade gerecht zu werden und gleichzeitig den Forderungen nach einem jungen, überdurchschnittlich leistungsfähigen höheren Führerkorps nachzukommen, hatten sich die Reformer noch gar nicht zugewandt. Sie konnten deshalb auch nicht weiter ihr Ziel verfolgen, das Leistungsprinzip für das Offizierkorps so durchzusetzen, daß der Werdegang des Offiziers mit der Einstellungsprüfung auf „Kenntnisse und Bildung" begann und daß sich der Offizier dann im Laufe seiner Dienstzeit stets neu qualifizieren mußte.

Die Einführung des Leistungsprinzips setzte voraus, daß Ausbildungsanstalten geschaffen wurden, die Kenntnisse und Wissenschaften vermittelten. Der Anstoß zur Reform des Militärerziehungs- und Bildungswesens ging nicht vom König aus. Friedrich Wilhelm III. verschloß sich aber nicht den Anregungen Scharnhorsts, der sich zunächst den Kadettenanstalten zuwandte. Sie hatten bisher dazu gedient, einen Teil des Adelsnachwuchses notdürftig auf den Offizierdienst vorzubereiten. Infolge des verlorenen Krieges und der Gebietsabtretungen war ihre Zahl bereits verkleinert. Ein Teil der Reformer hätte diese „unvollkommen eingerichteten Kadettenhäuser", die auch der Freiherr vom Stein hart kritisierte, als „Pflanzstätten des überlebten exklusiven Standesgeistes" gerne aufgehoben. Pensionate an den höheren Schulen sollten an ihre Stelle treten. Der König hielt jedoch an der Institution fest. Mit Kabinettsordre vom 20. März 1809 bestimmte er, daß das Kadettenkorps aus 4 Kompanien bestehen solle. Neben den adligen sollten auch bürgerliche Zöglinge zugelassen werden, jedoch nur Söhne von Offizieren. Die Kadetten, die im 12. Lebensjahr eintraten, sollten auf das Examen zum Portepéefähnrich vorbereitet werden. Bestanden sie die Prüfung, dann traten sie mit vollendetem 17. Lebensjahr in die Armee ein und zwar die, die bereits zu Portepéeunteroffizieren ernannt waren, als Offiziere, die übrigen als Portepéefähnriche. Seit dem 2. Oktober 1811 gab es nur noch die Anstalt in Potsdam, wohin das Stolper Institut verlegt worden war. Auch jetzt erfaßten die Kadettenanstalten nur einen geringen Teil des Offiziernachwuchses. Alle anderen Offizieranwärter mußten die geforderten Kenntnisse durch Hauslehrer oder in der Schule erwerben.

Zur Vorbereitung auf das Offizierexamen wurden mit Kabinettsordre vom 3. Mai 1810 in Königsberg, Breslau und Berlin „Kriegsschulen für die Portepéefähnriche" eingerichtet, während alle Militäranstalten, die bisher Offiziere – meist getrennt nach Waffengattungen – ausgebildet hatten, aufgehoben wurden. Jetzt umfaßte der neunmonatige Lehrgang alle Portepéefähnriche des Einzugsbereiches. – Die École militaire wurde durch die Kriegsschule für Offiziere ersetzt, die am 15. Oktober 1810 ihren Unterricht aufnahm. Diese „Militärakademie", wie Scharnhorst die neue Institution in einem Entwurf genannt hatte, wurde 1816 in „Allgemeine Kriegsschule", 1858 in „Kriegsakademie" umbenannt. Als Zentralstelle der Offizierbildung sollte sie helfen, das Waffendenken zu überwinden und gegenseitige Kenntnis der einzelnen Waffengattungen zu vermitteln. Ihre Ausbildungsvorschriften erwiesen erneut, daß Scharnhorst nicht das Gedächtnis schulen wollte, sondern Verstand und kritische Urteilskraft. Zunächst erhielten 50 Offiziere in einem dreijährigen Kursus eine Spezialausbildung mit dem Ziel, ihre Fähigkeiten zu entwickeln. Die Kriegsschule diente außerdem dazu, den Artillerie- und Ingenieuroffizieren ihr Fachwissen zu vermitteln. Alle Schulen und Prüfungskommissionen wurden dem Generalleutnant v. Diericke unterstellt, einem Mann, der sich schon lange vor 1806 um die Bildung der Offiziere verdient gemacht hatte. Das Aufsichtsrecht über die Schulen erhielt Scharnhorst als „Kurator und allgemeiner Direktor der Kriegsschulen".

g. Bürgertum und Nationalheer

Das Bürgertum hatte dem stehenden Heer ablehnend oder gar feindlich gesinnt gegenübergestanden. Diese Abneigung basierte nicht auf festen Vorstellungen vom Wesen oder Unwesen des Militärs, wie sie die Staatsidee des aufgeklärten Absolutismus für die Institution des stehenden Heeres und für das Verhältnis von Staats- und Militärverfassung des absolutistischen Staates konstruiert hatte. Die Abneigung war vielmehr zunächst von einer allgemeingehaltenen Verneinung des Krieges mit allen daraus sich ergebenden Folgerungen sowie von volkswirtschaftlichen und moralischen Einwendungen getragen. Als im Bürgertum als Drittem Stand das politische Denken erwachte, trat den erwähnten Grundmotiven eine neu begründete Aversion des Bürgers gegen das stehende Heer als gegen ein Machtinstrument des Fürsten hinzu. Das Heer wurde jetzt allgemein als Träger des absolutistischen Staates, als stärkste Stütze und zugleich das Machtmittel des Herrschers angesehen, durch das er seine Willkür nicht nur aufrechterhalten, sondern in allen Lebensbereichen sogar noch steigern konnte, – eine Auffassung, die dadurch besonders gefördert wurde, daß die Führung der Armee dem Adelsstand vorbehalten, dem Bürger aber normalerweise der Zugang zu dieser staatstragenden Schicht verwehrt war.

Die geistigen Waffen für den Kampf gegen das stehende Heer hatten dem Bürgertum die großen französischen Aufklärer, besonders Voltaire und die Enzyklopädisten sowie die Physiokraten geliefert. Auch die deutschen Aufklärer, beispielsweise Lessing, Klopstock und vor allem Kant, leisteten Beiträge. Justus Möser, der sich aus seinem historischen Begreifen der Institutionen heraus gegen die stehenden Heere aussprach, fand weniger Widerhall. Die meisten der Philosophen und geistigen Wegbereiter des aufgeklärten Bürgertums hatten sich meist theoretisch mit der Funktion und dem Wesen des Militärs im Staatsleben auseinandergesetzt und gingen von einer erarbeiteten eigenständigen Meinung aus, wenn sie das stehende Heer kritisierten oder ablehnten. Sie basierten auf einer Vorstellung, die vielfach den reinen Verteidigungskrieg als einzig ethisch gerechtfertigte Form kriegerischen Geschehens zuließ. Das zum Angriffskrieg bereitstehende Heer war in ihren Augen eine Institution, die die Staaten zerrüttete, die Völker arm machte und die Menschen entsittlichte.

Das Bürgertum setzte mit seiner Kritik viel oberflächlicher, aber auch praktischer an. Es sah zunächst nur, daß es durch die Belange der Armee persönlich belastet wurde. Daß es auch eine Landesverteidigung geben mußte, wollte der Bürger oft gar nicht wahrhaben. Aus seiner Sicht war jeder Krieg ein Verbrechen, weil er als Kabinetts- und Eroberungskrieg gewöhnlich aus „Herrscherzwisten" entstand, die vom Zaun gebrochen wurden, um Ehrgeiz und Machtgelüste zu befriedigen. Das gebildete Bürgertum dachte weltbürgerlich und verurteilte jede Form zwischenstaatlicher Differenz. Vielfach war es dem Bürger gleichgültig, welchem Staat er zugehörte. Seine weltbürgerliche Einstellung erklärt, weshalb er nicht einmal einen Verteidigungskrieg anerkannte.

Mit Erstaunen wurde vom Bürgertum vermerkt, wie das stehende Heer aus dem Offizierstand und von früheren Offizieren kritisiert wurde. Man fühlte sich in seiner Auffassung bestätigt, entnahm aber der zum Heer positiv eingestellten Kritik der Offiziere nur die negativen Materialien, um das absolutistische Heer nach 1789 noch schärfer und teilweise sogar in aller Öffentlichkeit anzugreifen. Als sich das revolutionäre Frankreich erfolgreich den Heeren der absolutistischen Fürsten widersetzte, steigerten sich die Angriffe unter dem Eindruck des Versagens der absolutistischen Kriegsinstrumente bis zur Gehässigkeit. Das Neue, das sich für die Franzosen mit der „levée en masse" zu bilden begann, bewirkte in Preußen nur, daß sich besonders die Kritik über die Absonderung des Militärstandes von den übrigen Ständen verstärkte, ohne daß das Bürgertum seinerseits bereit war, militärische Pflichten zu übernehmen. Wenn sich der Bürger intensiver mit Problemen der Landesverteidigung beschäftigte, geschah es nicht in einer nüchternen Auseinandersetzung mit den Fakten, sondern in einer Wunschwelt, die von unklaren Milizvorstellungen beherrscht war.

Für den Bürger war der Soldat also nur der Angehörige eines unproduktiven Standes, dessen Müßiggängertum für alle arbeitenden Einwohner des Staates ohne Einschränkung eine unnütze Last bedeutete, dessen Dasein einer geistigen Höherentwicklung der Menschheit den Weg erschwerte, und der nur als Förderer von Immoral und sinnlosem Luxus anzusehen war. Als weitere Motive der Ablehnung lassen sich Hohn und Verachtung für die „Soldatenspielerei" nachweisen, aber auch humanitäre Beweggründe. Sie stellten sich, obgleich man den gemeinen Soldaten verachtete, zwangsläufig ein, wenn der Bürger erlebte, wie die Mannschaften in aller Öffentlichkeit behandelt wurden. Der Bürger, der den Mannschaftsstand als „Sklavenstand" bedauerte, wandte sich deshalb gegen dessen „Sklavenhalter", den Offizierstand.

Zwischen Offizierstand und Bürgertum gab es bis zur Reform keine Ebene, auf der sich beide Stände finden konnten. Das Militär fühlte sich als erster und wichtigster Stand. Da es sich vom Bürgertum angegriffen sah, und zwar oft in gehässiger Form, oder gar verachtet wußte, betonte es sichtbar seine Herrenstellung, mitunter sogar in schroffer, manchmal ausgesprochen verletzender Weise. Der Bürger war sich seiner steigenden wirtschaftlichen Bedeutung bewußt, der kein Zuwachs an sozialer und politischer Stellung im Staate entsprach. Als Minderberechtigter polemisierte er mit seinen gezielten Angriffen gegen den Offizier – weniger gegen dessen militärische Aufgaben – etwa weil er aus einer pazifistischen Haltung heraus das Militär grundsätzlich ablehnte – vielmehr gegen dessen gesellschaftliche und vor allem verfassungsmäßige Vorrechte. Er bekämpfte also im Offizier den jederzeit auffallenden, ausgeprägten Vertreter des Adels. Wenn der Bürger dabei speziell gegen das Privileg des Adels auf die Offizierstellen zu Felde zog, geschah es weniger aus dem Wunsch heraus, ebenfalls dem König als Offizier dienen zu dürfen, als aus prinzipieller Abneigung gegen den Adel. Am Offizierberuf zeigten nur vereinzelte Angehörige des Bürgertums Interesse. Den überlieferten Vorrang des Adels empfand der gebildete und besitzende Bürger auf der Basis neuer Vorstellungen von der gesellschaftlichen Ordnung als unberechtigt. Adel und Bürgertum standen sich als zwei Kräfte innerhalb des Staates gegenüber, die sich gegenseitig bekämpften, teilweise sogar haßten. Ihr Gegensatz nahm zeitweise staatsgefährdende Züge an, besonders nach dem Ausbruch der Französischen Revolution.

Es war zwar nicht die Regel, daß der Bürger einem Offizier „schon ein Dutzend Schritte vorher auswich, um ihm nicht Gelegenheit zu geben, seine Bravour an ihm zu beweisen und ihm den Seitenweg zu zeigen, den er zu gehen habe", oder daß sich in Breslau höchste Beamte von einem General mit „er" und „Esel" titulieren lassen mußten, aber dennoch sah sich das aufsteigende Bürgertum zu seiner Erbitterung im öffentlichen Leben überall benachteiligt, beispielsweise zivilrechtlich besonders in Injuriensachen. Eine Militärperson, die einen Bürger beleidigte, wurde von dem für sie zuständigen Militärgericht fast immer begünstigt. Dagegen war „jedes ungleiche, gegen eine Militärperson rasch ausgesprochene Wort ... als Antastung eines Heiligtums ausgezeichnet" und mußte nach einem Edikt von 1788 durch den Zivilrichter hart bestraft werden. Daneben waren es vor allem Haltung und Auftreten des Offiziers in der nichtmilitärischen Welt, über die sich das Bürgertum noch in der Reformzeit an die Epoche vor 1806 erinnerte. „Durch seine Stimme und durch das Geklirre seiner Sporen" kündige sich der Offizier schon von weitem an, hieß es in einem Artikel, der dem preußischen Militär sonst günstig gesinnt war. Selbst ein Mann wie der General v. Blücher, der wenig später zu einer der volkstümlichsten und verehrtesten Gestalten der preußischen Geschichte wurde, setzte sich mit aller Kraft seiner Person dafür ein, die besondere Stellung des Militärs im Staate auch in Äußerlichkeiten zu betonen. Erinnerungen an solches Auftreten, an die Haltung und an das Benehmen der Offiziere wirkten noch lange nach. Das macht verständlich, warum es dem Bürgertum nach 1807 so schwerfiel, seine Abneigung gegenüber dem Militär zu überwinden und besonders seine tiefeingewurzelten Vorurteile gegen den Offizierstand zu beseitigen.
Das und viele andere Züge erklären aber auch die Stellung des Bürgertums zum stehenden Heer vor 1806, besonders seine Feindseligkeit gegenüber dem Offizierstand, und machen der Nachwelt erst verständlich, warum die Öffentlichkeit nach der Katastrophe des preußischen Staates von 1806 nicht nur die Schuld an den Ereignissen dem Offizier aufgebürdet hatte, sondern auch aus welchem Grunde die Niederlagen als Triumphe des Zeitgeistes und die Demütigung des adligen Offizierstandes vom Bürger demonstrativ begrüßt wurden.

Die Reformer sahen eine Aufgabe darin, den Gegensatz und Zwiespalt zwischen Bürger und Offizier zu beseitigen. Daher bemühten sie sich, die Offiziere davon zu überzeugen, daß ein besseres Verhältnis zum Bürgertum notwendig sei, und der König machte es allen höheren Militärbefehlshabern zur Pflicht, darüber zu wachen, daß die Offiziere den Angehörigen anderer Stände mit „Bescheidenheit und Achtung" entgegentreten sollten.

Im Kreise der politischen Reformer gab es zahlreiche Stimmen, die „über den Geist unserer Militairs, der oberen und unteren Offiziere" klagten, denn „der alte verderbte Geist lebt fort und durch keine Ahndung und ernstliche Maßregel wird demselben begegnet". Auch wenn sie in ihrer Aussagekraft nicht überschätzt werden, zeigen sie, daß sich im Offizierstand der alte Geist auch dann nicht ausrotten ließ, wenn allseitig guter Wille vorhanden war.

Die Masse des Bürgertums beharrte erst recht in ablehnender Haltung. Das ist verständlich für eine Zeit, die dem Bürger weiterhin die hohen Kosten des Militärs und vor allem die Lasten aufbürdete, die das Service- und Einquartierungswesen mit sich brachte, obgleich er selbst voller wirtschaftlicher und existenzieller Sorgen lebte. Außerdem bemühte sich das Bürgertum zunächst nur wenig, sich mit dem Phänomen geistig auseinanderzusetzen, daß infolge der neuen Organisation der Armee dem Soldaten vor allem im Vergleich zur Zeit vor 1806 eine wesentlich andere Stellung als politische Kraft im Staat eingeräumt wurde. Dem Vaterlandsverteidiger standen Rechte zu, die der Soldat früher nicht gekannt hatte, und er erhob Ansprüche, die ihm bis 1806 nicht zugebilligt worden waren. Das wollte das Bürgertum nicht sehen. Nur bei seinen intellektuellen Vertretern brach vereinzelt in Ansätzen, vor allem unter dem Druck der politischen Not, die Erkenntnis durch, daß sich Militär und Bürgertum einander annähern müßten. Hier fanden auch die Gesetze vom 3. August 1808 durchaus positiven Widerhall und wurden als ein Zeichen dafür beurteilt, daß das Militär dem Geist der Zeit entgegenkomme. Aber auch dem wohlmeinenden Bürger blieb nicht verschlossen, daß der Erlaß eines Gesetzes noch nicht seine echte Erfüllung bedeutete. Er sah zum Beispiel, daß die ärgsten Auswüchse der Militärgerichtsbarkeit zwar aufgehoben wurden, daß aber neben der Strafgerichtsbarkeit auch die Beleidigungsfälle den Militärgerichten vorbehalten blieben. Weil es aber gerade die bisherige Behandlung von Injuriensachen gewesen war, die zu besonderen Klagen Anlaß gegeben hatte, schien ihm die Reform das wesentliche Ziel „nicht erreicht" zu haben. Ähnlich lagen die Dinge auf dem Gebiet des Beförderungswesens, besonders nachdem Scharnhorst aus der Leitung des Kriegsdepartements ausgeschieden war. Damals schrieb der spätere Oberpräsident Sack an den Freiherrn vom Stein, der „Grundsatz, daß der Militär-Stand inklusive des Adels in die Nation zurücktreten und das Verdienst allein zum Eintreten und Avancieren berechtigen sollte, ist ganz verlassen".

Was das Reformwerk nicht erreichte, bewirkte der Druck Napoleons. Langsam begriff der Bürger, daß die Not des Staates auch seine Not war und daß er eine neue Einstellung zur Landesverteidigung gewinnen müsse. Allerdings war der vaterländische Geist, den die Reformer in ihrer idealistischen Einstellung immer vorausgesetzt hatten, im Jahre 1813 in der Nation noch nicht so kräftig entwickelt, um die Reformgesetze auch von unten zu tragen. Das erkannten die Reformer rechtzeitig. Scharnhorst vertrat die Ansicht, daß „ein Staat den Ausgang eines Daseinskampfes nicht von dem guten Willen seiner Mitbürger abhängig machen dürfe". Die Maßnahmen des Frühjahres 1813 waren eine Mischung von Freiwilligkeit und Zwang.

Freiwilligkeit war möglich, sie war das Zeichen, unter dem sich die Angehörigen der bisher eximierten Stände in den Jägerdetachements zusammenfanden. Diese Formationen – sie waren nicht identisch mit den Freikorps, in denen vor allem ausländische, also nichtpreußische Freiwillige kämpften, wie beispielsweise im Freikorps Lützow – rief Scharnhorst ins Leben, um „das Interesse aller Familien an den Krieg zu ketten". Vor allem aber hatten die Jägerdetachements auch eine politisch-propagandistische Bedeutung, während andererseits die Kriegstüchtigkeit der Armee kaum durch sie gestärkt wurde. Wer sich nicht freiwillig innerhalb der gesetzlichen Frist von etwa einer Woche meldete, konnte zwangsweise zur Landwehr einberufen werden. Freiwilligkeit und Zwang bedingten also einander mit dem Ziel, die bewaffnete Macht als Mittel der Politik zu stärken. Der vielberufene Geist des nationalen Aufbruchs ging von dem kriegerischen Erleben der Jägerdetachements aus. Von ihnen sprang der zündende Funke auf die Landwehr und sogar auf die Linie über und entflammte ein gewisses Gefühl des nationalen Freiheitskampfes. In der Linie wurde diese Entwicklung durch das Hauptquartier der Schlesischen Armee gefördert. Im Kreise um Blücher und Gneisenau fanden sich während der Freiheitskriege zahlreiche Männer zusammen, die den Geist der Reformzeit vertraten. In ihnen sah die sich sammelnde Restaurationspartei zu ihrem Schrecken an der Spitze der Armee, des wirksamsten Mittels der Krone, einen Hort von Jakobinern.

Zahlreiche Momente bewirkten, daß das Heer in der öffentlichen Meinung zum Symbol des nationalen Freiheitskampfes wurde. Die Armee schien die Führung des erwachenden nationalen Willens zu übernehmen, ihre Generale, insbesondere der „Marschall Vorwärts" (Blücher), erlangten eine Volkstümlichkeit bisher unbekannten Ausmaßes. Es konnte sogar den Anschein haben, daß das Heer des Königs von Preußen nicht mehr ein willenloses Werkzeug in der Hand seines Herrn, sondern eine Macht war, die ihrem obersten Kriegsherrn ihren Willen aufzwang. Das war eine Vorstellung, die zusammen mit dem Erlebnis des Freiheitskampfes dem bisher verachteten Soldat-Sein in den Augen des Bürgertums einen neuen Sinn und tieferen Gehalt verlieh. Diese Vorstellung wurde sogar zu einer geschichtsbildformenden Kraft. Aber sie war nur bedingt begründet.

Die Heeresreform hatte nämlich kaum erreicht, die Armee mit nationaler Begeisterung zu erfüllen. Noch die Linientruppen, die zu Beginn der Freiheitskriege ins Feld rückten, standen und kämpften vornehmlich unter dem Zwang der militärischen Gesetze. Den Mannschaften, die sich aus ehemaligen Berufssoldaten, also alten Söldnern, aus dienenden Kantonisten und aus einberufenen Krümpern zusammensetzten, waren in ihrer Masse die begeisterte Stimmung eines Freiheitskampfes fremd. Nichtbefolgung der Einberufung und Desertion im Felde gab es wie ehedem, und das nicht nur bei den Linientruppen. Aber auch der Mehrheit der Offiziere fehlte eine nationale Aufbruchsidee. Sie folgten dem Befehl ihres Königs, der für sie noch immer der oberste Kriegsherr und nicht in erster Linie der Landesherr war. Sie waren begierig, die Schmach von 1806/07 abzuwaschen, Preußens und die eigene Ehre wiederherzustellen und den Druck des napoleonischen Systems von sich abzuwenden, aber sie sahen sich, ihre Soldaten und den Krieg nur als ein Mittel der monarchischen Staatsführung.

Das Heer bleibt Mittel der Krone

Die Heeresreform, gekrönt durch das abschließende Gesetzeswerk von 1814/15, hatte die Armee in wesentlichen Teilen ihrer Verfassung und in vielen kleinen Einzelheiten neu gebildet. Sie wandelte jedoch nicht das Verhältnis von Krone und Offizier. Auch blieb die Kommandogewalt des Königs unangetastet. Da in dem Heer der Allgemeinen Wehrpflicht jeder einzelne Staatsbürger durch den Fahneneid dem König persönlich zu Treue und Gehorsam verpflichtet wurde, war der Monarch nicht nur der oberste Kriegsherr der neben dem Volk stehenden Armee. Er verfügte vielmehr unbedingt über den Teil des Volkes, der unter Waffen stand, und darüber hinaus über alle von der Wehrpflicht erfaßten „Untertanen". Ihren sichtbaren Ausdruck fanden diese neuen persönlichen und militärischen Bande zwischen Staatsoberhaupt und Staatsbürger im Eid des Soldaten, der nicht mehr dem König als oberstem Kriegsherrn, sondern als Landesherrn geschworen wurde.

Das Militär blieb wie vor 1806 als unpolitische Kraft ein unbeschränktes Mittel und zugleich die stärkste politische Gewalt in der Hand der Krone. Es war also weiterhin als das unbedingt zuverlässige Machtmittel des absolutistischen Monarchen der Garant des monarchischen Prinzips und ein wesentlicher Ordnungsfaktor des Staates. Das betraf in erster Linie die Linientruppen, die völlig nach Belieben des Herrschers, der in militärischen und auch politischen Fragen weiterhin absolutistische Entscheidungsfreiheit besaß, verwendet werden konnten. An diesem Rechtszustand änderten auch die Reformer nichts. Er war ihnen so geläufig, daß Scharnhorst 1807 vorschlug, über diejenigen Regimenter, die durch die Landabtretungen ihren ganzen Kanton verloren, mit den neuen Landesherren wegen ihrer gänzlichen Übernahme einschließlich der Offiziere zu verhandeln. Ebenso befürwortete Scharnhorst im Frühjahr 1808 einen spanischen Antrag, 3 000 bis 4 000 Mann Infanterie und Kavallerie einschließlich einiger höherer Offiziere auf Zeit in die Dienste König Karls IV. zu übernehmen. Auch den Reformern waren noch Vorstellungen geläufig, die wenige Jahre später oder erst recht im Zeitalter der Nationalstaaten verurteilt wurden.

Die Freiheitskriege waren ein Umbruch, aber er war nicht so tiefgreifend, wie er von manchen Zeitgenossen und Nachfahren eingeschätzt wurde. Der Volksheld Blücher war kein Revolutionär und auch kein Vertreter nationaler und freiheitlicher Ideen im Sinne des Liberalismus, sondern Offizier des Königs von Preußen. Als solcher war er sogar ein typischer Vertreter des Standes, überzeugt von der selbstverständlichen Vorrangstellung des Militärs in Preußen. In seinen Augen war die Armee das beste und zuverlässigste Mittel in der Hand des Königs, der es leider nicht zu seinem Nutz und Frommen verwandte, sondern den Vorstellungen des nichtmilitärischen Staatskanzlers und seiner „Federfuchser" unterordnete. Aber auch Blücher gehorchte, wenn der König gegen seine Forderungen oder Wünsche entschied. Für Gneisenau trifft das ebenso zu. Das hinderte ihre Gegner nicht, die Reformer über ihren Tod hinaus mit bitterem Haß zu bedenken.

G. Armee und Kriegführung

1. Organisation und Ausrüstung

a. Frankreich

Wesentliche Anregungen zur Weiterentwicklung des Militärs als eines Apparates, als eines Instrumentes des Staates, gingen von Frankreich aus. Die französische Armee wurde zum Vorbild der meisten europäischen Heere, obgleich auch in ihr die führenden Männer vielfach nur Gedanken in die Tat umsetzten, die in der Theorie schon vor 1789 vertreten worden waren. Das galt im Bereich von Aufbau und Organisation der bewaffneten Macht vor allem für die Einführung der Armee-Division als permanenter Verband.

Die Forderung, in einem Truppenverband alle Waffengattungen dauerhaft zu vereinigen, wurde in der französischen Militärtheorie seit der Mitte des 18. Jahrhunderts erhoben. In seinem Werk Essai génerale de tactique hatte Guibert 1770 angeregt, das Heer nicht mehr ständig als Einheit zu behandeln, sondern in Divisionen einzuteilen. Seine Anregung wurde aufgegriffen, aber die Ordonnanzen von 1776, 1778 und 1788 wirkten sich nicht weiter auf die Struktur der Armee aus. Die sogenannten Armee-Divisionen, vor allem als administrative Heereskörper vorgesehen, sollten sich aus je ein bis zwei Brigaden Kavallerie und mehreren Brigaden Infanterie zusammensetzen. Das revolutionäre Frankreich teilte dann 1793 die Armee in Divisionen als taktische Kampfverbände auf, jedoch entstanden festere Formen erst etwa ab 1797.

Die Grundlage der Division bildete bei der Linieninfanterie der taktische Verband des Bataillons, das sich aus einer Grenadier- und acht Füsilierkompanien zusammensetzte und eine Gesamtsollstärke von etwa 800, zeitweise sogar von knapp 1 100 Soldaten aufwies. Damit war es größer als die normalen Bataillone des stehenden Heeres absolutistischer Prägung, aber auch erheblich selbständiger.

Das traf ebenso für die leichte Infanterie zu, die seit 1794 ähnlich organisiert war. Sie verfügte in jedem Bataillon über eine Elitekompanie, die Carabiniers hießen. Linieninfanterie und leichte Infanterie glichen sich im Laufe der Zeit auch sonst einander weiter an. Im Jahre 1805 ließ Napoleon zunächst bei den Bataillonen der leichten Infanterie, später auch bei der Linie, eine zweite Elitekompanie errichten. Sie wurden Voltigeurs genannt und setzten sich überwiegend aus in jeder Hinsicht beweglichen kleinen Leuten zusammen.

Im Jahre 1793/94 vereinigte Carnot je zwei Freiwilligenbataillone mit einem Linienbataillon zu einer Halbbrigade, eine Verbandsbezeichnung, die an die Stelle der „aristokratisch-royalistischen“ Einrichtung des Regiments trat. Erst Napoleon gab den Halbbrigaden den alten Namen und ihren Kommandeuren den Titel des colonel zurück. Zwei Halbbrigaden wurden unter einem General zu einer Brigade zusammengefaßt. Zwei solcher Infanteriebrigaden – in Ausnahmefällen konnten es auch mehr sein – wurden mit Reiterei und Artillerie in einer Division vereinigt. Das grundsätzlich Neue war dabei, daß dieser Verband, der durch seine Zusammensetzung zu selbständigen Aktionen befähigt war, dauerhaft zusammenblieb. Außerdem verfügte der Divisionskommandeur über Offiziere mit Generalstabsfunktionen. Auch das war neu.

In der königlichen Armee hatte es nur einen kleinen „Generalstab" bei der Führung des Heeres gegeben, dessen Arbeitsweise dem preußischen Generalquartiermeisterstab glich. Carnot ordnete den Divisionen und allen höheren Verbänden qualifizierte Offiziere mit Generalstabsaufgaben bei. Sie dienten nicht nur dazu, die militärisch-fachlich teilweise ungebildete Generalität zu unterstützen, sondern vor allem auch der Aufgabe, die Technisierung des Militärwesens zu bewältigen. Der Kommandeur der Division unterstand dem Befehlshaber der Armee, der zur Leitung seines aus mehreren Divisionen zusammengestellten Heereskörpers ebenfalls einen „Generalstab" besaß.

Die Division gewann unter Napoleon einen anderen Charakter. Es hatte sich als notwendig erwiesen, die stärkemäßig anwachsenden Heere zu untergliedern. Die Aufgabe, als größerer Heereskörper zu selbständigem Einsatz befähigt zu sein, ging auf die Armeekorps über, während sich die Divisionen zu Infanterie- und Kavalleriedivisionen wandelten.

Die Infanteriedivision setzte sich in der berühmten „Grande-Armee" von 1805 bei einer Stärke von etwa 5 600 bis 9 000 Mann aus sechs bis elf Bataillonen Infanterie, zwei Kompanien Artillerie mit insgesamt zwölf Geschützen und einer Abteilung technischer Truppen zusammen. Über Kavallerie verfügte sie im Frieden nicht. Im Felde wurde ihr jedoch in der Regel ein halbes Regiment leichte Kavallerie zugeteilt. Jede Division konnte in zwei Brigaden aufgeteilt werden. Dem Divisionskommandeur waren deshalb neben einem Generalstabschef und zwei Generalstabsoffizieren auch zwei Brigadegenerale zugeteilt.

Die Kavallerie war ebenfalls in Brigaden und Divisionen zusammengefaßt. Zwei bis drei Brigaden zu je zwei Regimentern bildeten eine Kavalleriedivision, die eine durchschnittliche Stärke von 2 000 bis 3 000 Reitern besaß. Jede Division verfügte über reitende Artillerie, durchschnittlich eine Batterie mit drei bis vier Geschützen. Ihr Stab entsprach dem der Infanteriedivision. Die schweren Kavalleriedivisionen – Carabiniers, Kürassiere, zeitweise auch Dragoner – wurden seit 1805 in einem Kavalleriekorps, der sogenannten Kavalleriereserve, zusammengefaßt. Die leichten Kavalleriedivisionen – Chasseurs und Husaren – traten zu den Armeekorps.

Die Armeekorps wurden 1805 zu einer dauerhaften Institution erhoben, ohne daß deshalb zukünftig alle höheren Verbände – Brigaden, Divisionen, Korps – stets gleichmäßig und bleibend formiert waren. Ihre Zusammensetzung und Stärke hingen wesentlich davon ab, welche Aufgabe ihnen übertragen wurde und welche Fähigkeiten der kommandierende General besaß. So schwankte die Stärke im Feldzug von 1805 zwischen 14 000 und 40 000 Soldaten. Der zahlenmäßige Unterschied beruhte auf der Anzahl der Infanteriedivisionen, schwankend zwischen zwei und vier. Die Stärke der leichten Kavalleriedivision, die vier Regimenter zählte, der Artilleriemannschaftsreserve und des Artillerieparks war bei allen Korps gleich. Über korpseigenen Train verfügten die Armeekorps nicht. Diese Aufgabe sollten Landesfahrzeuge übernehmen. Der Korpsstab umfaßte etwa 160 bis 170 Personen. Dem kommandierenden General stand ein Divisionsgeneral als Generalstabschef, ein weiterer Divisionsgeneral und zwei bis drei Brigadegenerale sowie höhere Artillerieoffiziere zur Verfügung. Sein Generalstab zählte 10 bis 18 Offiziere. Zu einem Armeekorps wuchs sich allmählich auch die kaiserliche Garde aus, deren Stärke 1805 noch eine Division betrug.

In der Bewaffnung änderte sich gegenüber dem königlichen Heer nichts wesentlich. Die Infanterie führte teilweise das Steinschloßgewehr, das 1777 eingeführt worden war, teilweise aber auch ein Gewehr, das im Jahre I (1792/93) der Truppe zur Verfügung gestellt wurde und das schlechter war als das Gewehr von 1777. Bei dem Modell von 1777 betrug die höchste Feuergeschwindigkeit fünf Schuß in der Minute, ohne daß gezielt wurde. Die wirksame Schußweite reichte nicht über 200 bis 250 Meter hinaus. Die Artillerie besaß bis 1803 bei der Feldartillerie vierpfündige, achtpfündige und zwölfpfündige Kanonen sowie sechszöllige Feldhaubitzen. Ab 1803 wurden die vierpfündigen Kanonen, weil sie zu geringe Wirkung besaßen, und die achtpfündigen Kanonen, weil sie zu schwer waren, abgeschafft. An ihre Stelle traten sechspfündige Kanonen. Die größte Schußweite betrug bei den Zwölfpfündern 1 800 Meter, bei den Vierpfündern 1 200 Meter, jedoch lagen die eigentlichen wirkungsvollen und entscheidenden Schußweiten für den Kugelschuß unter 600 Meter Entfernung und für den Kartätschenschuß innerhalb 300 Meter.

Vorwiegend der Praxis der revolutionären Soldaten entsprachen die Vereinfachung des truppeneigenen Trosses und neue Formen der Logistik, insbesondere das Requisitionssystem.

Der große Fuhrpark des stehenden Heeres absolutistischer Prägung war vor allem durch das Wesen der Armee als einer Söldnertruppe, die bestimmte Anforderungen stellte und zugleich straff zusammengehalten werden mußte, und durch das Magazinalsystem bedingt. Als unmittelbare Folge der Revolution verloren die Offiziere den Anspruch, im Felde unter wesentlich günstigeren Bedingungen zu leben als die Mannschaften. Dem Offizier stand, wenn er nicht wegen seiner Gefechtsaufgaben beritten sein mußte, ein Reitpferd nicht mehr zu. Ebenfalls besaß er nicht mehr das Recht, seine Bagage auf Packpferden mit sich zu führen. Seine notwendigen Gebrauchsgegenstände trug er wie die Soldaten in einem Tornister bei sich. Offizier und Mann verloren ihre Zelte. Die Truppe verbrachte die Nacht notfalls unter freiem Himmel, wenn sich keine Gelegenheit bot, sie in Ortschaften einzuquartieren. Das alles waren Maßnahmen, die den Troß stark reduzierten und die Armee wesentlich beweglicher machten.

Zur Beweglichkeit und größeren Handlungsfreiheit trug zusammen mit der Divisionsgliederung und der Einschränkung des truppeneigenen Trosses auf das Allernotwendigste auch das Requisitionssystem bei. Die Schwierigkeit, das überlieferte Verpflegungs- und Nachschubwesen bei der schlechten Finanzlage und der verworrenen innenpolitischen Situation aufrecht zu erhalten, und die Folgen des verkleinerten Trosses und der größeren Leichtigkeit beim Marsch erzwangen zunächst eine Notlösung, die sich dann zu systematischem Gebrauch bei der Verpflegungsbeschaffung ausweitete. Die Truppen machten sich in starkem Maße von Magazinen und lebensnotwendigen Nachschublinien frei, indem sie ihren Bedarf aus dem Lande bezogen, das sie besetzt hielten. Der Krieg ernährte wieder den Krieg. Das Requisitionsverfahren ließ sich jedoch nur bei anhaltender erfolgreicher offensiver Kriegführung anwenden und setzte voraus, daß der Gegner sein Land beim Rückzug nicht verheerte. Außerdem trug das Requirieren stark dazu bei, daß die Disziplin im Heer weit unter ein erforderliches Mindestmaß absank. Deshalb griff vor allem Napoleon als Kaiser darauf zurück, große Magazine einzurichten. Er verwandte viele Mühe auf das Nachschub- und Verpflegungswesen, ohne jedoch das Requisitionssystem aufzugeben, aber es gelang ihm nicht, das Versorgungs- und Transportproblem befriedigend zu lösen. Die Versorgung mit Verpflegung und Futtermitteln lag in den Händen von privaten Unternehmern und Gesellschaften, mit denen Lieferungsverträge abgeschlossen wurden. Für den Transport wurden erst 1807 Trainbataillone eingerichtet. Bis dahin lag auch die Bespannung der Armeefahrzeuge bei Privatfirmen. Ebenso mangelhaft blieb die Kriegswirtschaft, die weitgehend von privaten Unternehmern gelenkt wurde und zu zahlreichen unlauteren Machenschaften und Spekulationen Anlaß bot.

b. Die Rheinbundstaaten

Auch in Organisation, Ausrüstung und Ausbildung unterschieden sich die Rheinbundstaaten untereinander nach Ausmaß und Bedeutung der Übernahme französischer Formen und Institutionen. Die meisten, besonders aber die kleinen und kleineren unter ihnen, konnten sich nur schwer und selten dem „Wunsch" Napoleons entziehen, ihre Truppen der kaiserlichen Armee anzugleichen. Ein gutes Beispiel dafür bietet das Militärwesen des Großherzogtums Baden.

Seit 1803 hatte Prinz Ludwig die badischen Truppen unter Vermittlung übernommener hessen-kasselscher Offiziere nach vorwiegend preußischem Vorbild zu reorganisieren begonnen. Die Militärverwaltung wurde von dem kollegialisch organisierten „Kriegskollegium" wahrgenommen, das 1803 aus der erweiterten Kriegskommission hervorging. Regiments-, beziehungsweise Kompaniewirtschaft und Beurlaubungssystem bestimmten die Truppenverwaltung. Das „innere Gefüge" des Militärs wurde durch die übernommenen preußischen Kriegsartikel geprägt, denn es gab kein badisches Militärrecht. Der Ausbildung lagen preußische Exerzier- und Dienstvorschriften zugrunde, die infolge ihrer Vermittlung durch Hessen vielfach als hessische Vorbilder angesehen wurden. Soziale Stellung und wirtschaftliche Lage der Soldaten waren schlecht. In den Kasernen wohnten ledige und verheiratete Soldaten mit ihren Frauen gemeinsam in einem Zimmer, denn nur manchmal war es möglich, „der Moralität wegen“ mehrere Verheiratete allein zusammenzulegen. Es gab bis 1804 kaum Hinterbliebenenfürsorge. Dann wurde eine Militärwitwenkasse eingerichtet, während invalide und alte Soldaten notdürftig im Invalidenkorps versorgt wurden. Verbesserungen auf diesem Gebiet brachte erst das Reorganisationswerk von 1812, das sich an die neue Militärverfassung und die Angleichung des badischen Militärwesens an das französische Vorbild anschloß.

Die Anpassung der badischen Truppen begann 1806 damit, daß der Zopf abgeschafft wurde. In den Jahren 1808/09 wurde dann ein neues badisches Reglement ausgearbeitet, dessen Grundlage die französischen Felddienst-, Exerzier- und Garnisondienstvorschriften bildeten. Außerdem übernahmen die Truppen Gewehrgriffe, Trommelsignale und Märsche der kaiserlichen Armee und die Offiziere die Schulterstücke der napoleonischen Offiziere. Zur gleichen Zeit wurden die Infanterieregimenter auf einen Stand von zwei Bataillonen zu je sechs Kompanien – eine Grenadier-, vier Musketier- und eine Voltigeurkompanie – gebracht, die Kompanie zu 141 Mann, so daß jedes Regiment einschließlich des Stabes 1 711 Köpfe zählte. Im Zuge der Angleichung trat außerdem 1808 an die Stelle des Kriegskollegiums als Verwaltungsbehörde das Kriegsministerium, das jetzt eines der fünf Ministerialdepartements im Rahmen der Zentralverwaltung des Großherzogtums darstellte. Die Führung der Truppen lag beim Generalkommando der Armee. Die Kompaniewirtschaft wurde erst 1812 außer Kraft gesetzt, zunächst aber nur für die am Feldzug gegen Rußland beteiligten Truppen. Erst 1813 wurde sie endgültig aufgegeben.

Das badische Beispiel zeigt, daß Napoleon vor allem in den Bereichen des Militärwesens auf Anpassung an das französische Vorbild und auf Übernahme französischer Formen drang, in denen die kaiserlichen Truppen bei ihrer Zusammenarbeit mit Verbänden der Rheinbundstaaten unmittelbar in Berührung kamen und auf denen die Strategie des Kaisers beruhte, besonders also in Organisation und Taktik. Bewaffnung und Ausrüstung erfuhren in der Epoche keinen so grundlegenden Wandel, daß Napoleon auf ihre unbedingte Angleichung hätte dringen müssen. Einzelne Rheinbundkontingente führten jedoch auch französische Waffen, oft allerdings nur aus Nachschubgründen. Am wenigsten interessierte sich der Rheinbundprotektor für die Militärverwaltung seiner Bundesgenossen. Es genügte ihm, daß er über kampffähige Truppen verfügen konnte. Aber gerade auf dem Gebiet der Militärverwaltung mußten sich die Rheinbundfürsten der Entwicklung zur Rationalisierung und zum Zentralismus anschließen. Selbst im Königreich Sachsen wurde die Heeresverwaltung einschließlich des Verpflegungs- und Bekleidungssystems völlig geändert und mit der Aufhebung der Kompaniewirtschaft ein wesentlicher Teil der überlieferten Wirtschaftsverfassung beseitigt.

Eine ähnliche Entwicklung wie in Baden läßt sich bei anderen Rheinbundstaaten beobachten. Noch am stärksten entzogen sich die süddeutschen Königreiche dem Zwang der Anpassung, besonders Württemberg. Die Reorganisationsmaßnahmen König Friedrichs I. zeigen andererseits, daß sich das Militärwesen dem Neuaufbau eines Staates anpassen mußte. Die militärischen Reformen sind als Ausdruck der spätabsolutistischen Regierungsweise des Herrschers oder seines leitenden Ministers zu erklären. Das zeigte sich beispielsweie darin, daß Friedrich I. schon 1806 ein Kriegsministerium errichtete und sich in seiner Militärgesetzgebung stärker als bisher der ausgedienten Soldaten annahm. Den Veteranen der Armee wurden besondere Ehrenvorrechte zuerkannt – ein Weg zum sozialen Aufstieg des Soldaten. Vor allem aber wurde die Altersversorgung, die auch in Württemberg sehr im argen gelegen hatte, verbessert. Nachdem der Fürst 1801 bestimmt hatte, daß alle Soldaten, die vor dem Feinde verwundet oder dienstuntauglich geworden seien, bis zu ihrem Lebensende volle Löhnung, Brot und eine Uniform erhalten und den aktiven Soldaten gleichgestellt bleiben sollten, erkannte er in der Konskriptionsordnung von 1806 einen Anspruch auf Versorgung nach 25jähriger vorwurfsfreier Militärdienstzeit an. Im Jahre 1807 regelte er dann die Versorgung von Angehörigen und Hinterbliebenen der Soldaten. Andererseits hinderte gerade die absolutistische Grundhaltung den König daran, von dem überlieferten militärischen Straf- und Disziplinarsystem abzugehen. Friedrich I. hob weder 1806 noch im Zusammenhang mit der Konskriptionsordnung von 1809 die Stockprügel als Disziplinarmittel und das Spießrutenlaufen als Strafart auf. Sie beruhten auf den Kriegsartikeln von 1763, die nach preußischem Vorbild geschaffen worden waren. Erst 1817/18 wurde dieses System im Rahmen der Heeresreorganisation unter König Wilhelm I. beseitigt.

Napoleon respektierte die Eigenwilligkeit des württembergischen Königs, weil ihm das Königreich Truppen zur Verfügung stellte, die tapfer und treu in seinen Armeen kämpften. Ähnliche Feststellungen lassen sich für Bayern treffen, wenn auch König Max I. Joseph kein so eigenwilliger Herrscher wie Friedrich I. war. Er entzog sich beispielsweise nicht völlig den Forderungen des Rheinbundprotektors, nach Spanien Truppen abzustellen, sondern entsandte Trainsoldaten. Bereits 1806 übernahm das bayerische Heer an Stelle des bisherigen, nach österreichischem Vorbild geschaffenen Generalstabs den Truppengeneralstab nach französischem Muster und auch in vielem anderen richtete sich die Armee teils freiwillig, teils dem Druck nachgebend nach dem französischen Vorbild. Bayern lernte, wie die anderen Rheinbundstaaten, viel vom Militärwesen Frankreichs.

c. Preußen

Das „friderizianische" Heer (1786–1806)

Der Zeitraum von 1786 bis 1806 war in Preußen von dem Versuch gekennzeichnet, das friderizianische Heer zu vervollkommnen und zugleich zu modernisieren. Die Bemühungen schlugen sich besonders bei der Infanterie nieder, und zwar im organisatorischen Bereich. Weil sich keine Ideallösung finden ließ, nahmen die Umorganisationen den Charakter von Experimenten an. Das schloß nicht aus, daß die Armee von 1806 im Rahmen der überlieferten Struktur besser war als zu Lebzeiten des großen Königs.

Zuerst veränderte Friedrich Wilhelm II. kurz nach seinem Regierungsantritt die Formation der Linieninfanterie. Bis 1799 setzten sich außer der Garde alle Regimenter aus einem Grenadier- und zwei Musketierbataillonen zusammen, jedes Bataillon zu vier Kompanien. Die Kriegsstärke eines Regimentes betrug mit 56 Offizieren, 144 Unteroffizieren, 45 Spielleuten, 1 800 Mannschaften und 3 Artillerieunteroffizieren mit 51 Artilleristen für die Regimentsartillerie 2 099 Kombattanten. Dazu traten mit den Train- und Artillerieknechten sowie dem Unterstab noch etwa 200 Mann, so daß die Gesamtsollstärke im Kriege knapp 2 300 Köpfe zählte. Davon waren bei Unteroffizieren und Mannschaften 1 128 Einländer und 912 Ausländer. Außerhalb der Exerzierzeit waren von jeder Kompanie bei einer Stärke von 170 Unteroffizieren und Mannschaften 77 Mann beurlaubt. Außerdem durfte die Kompanie noch weitere 20 bis 30 Mann als Freiwächter abgeben.

Friedrich Wilhelm III. bildete die Formation der Linieninfanterie – hauptsächlich aus Ersparnisgründen – erneut um. Seit 1799 setzte sich jedes Infanterieregiment wie vor 1787 aus zwei Musketierbataillonen zu je fünf Kompanien und zwei Grenadierkompanien zusammen. Ebenfalls wie vor 1787 bildeten die vier Grenadierkompanien von zwei Regimentern ein Bataillon, das nun aber dauernd zusammenblieb. Das Grenadierbataillon wurde wieder zur Elitetruppe erhoben. 614 ausgesuchte Einländer standen 160 Ausländern gegenüber. Seine Kriegsstärke betrug 801 Kombattanten und 66 Nichtkombattanten. Dementsprechend besaß das Regiment nur noch eine Kriegsstärke von 1 660 Kombattanten und 156 Nichtkombattanten, wobei 760 Ausländer und 832 Einländer waren. Kurz vor Ausbruch des Krieges von 1806/07 befahl dann Friedrich Wilhelm III., die Infanterieregimenter um ein drittes Musketierbataillon zu vermehren. Dazu sollten die bisherigen „3. Bataillone“, die früheren Depotbataillone, in Feldtruppen umgewandelt werden. Die Maßnahme wurde nicht mehr durchgeführt. Ebenso wie die weitere Herabsetzung der Ausländer bewies diese Anordnung jedoch, daß sich der oberste Kriegsherr der Schwäche der überlieferten Heeresverfassung bewußt war, es aber keine Möglichkeit gab, die Armee ohne Bruch mit der streng geachteten friderizianischen Tradition auf den Kampf gegen das Neue einzustellen.

Schon Friedrich II. hatte erkannt, daß die Linieninfanterie allein nicht alle Aufgaben erfüllen konnte, die der Krieg an die Infanterie stellte. Die Grundlagen zu einer leichten Infanterie hatte er gelegt, der dennoch bestehende Mangel wurde 1787 durch die Errichtung von 20 selbständigen sogenannten Füsilierbataillonen zu je vier Kompanien zu beheben versucht. Ihre Kriegsstärke betrug 680 Kombattanten, davon 19 Offiziere, und 56 Nichtkombattanten. In der Kompanie kamen auf 90 Einländer 75 Ausländer. Die Füsiliere waren hauptsächlich für Gefechte im Walde und im Bergland, für Marschsicherungen und Vorpostendienste sowie für den kleinen Krieg vorgesehen. Sie entwickelten sich zu einer Truppe, die bei aller grundsätzlichen Verhaftung in der Lineartaktik in den Revolutionskriegen vortreffliche Dienste leistete, zumal sie von einem überdurchschnittlich guten Offizierkorps geführt wurde. Zahlreiche berühmte Offiziere gingen aus ihm hervor, beispielsweise Gneisenau und Yorck.

Die Truppe, die den Anforderungen der Zeit am besten entsprach, war das von Friedrich II. gegründete Regiment Fußjäger, das zehn Kompanien hatte und 1802 auf eine Kriegsstärke von 2 152 Mann einschließlich 145 Nichtkombattanten erhöht wurde. Der Andrang zu dieser Truppe, die ursprünglich den ausgelernten Jägerberuf voraussetzte und in der ein Geist herrschte, der sich deutlich von dem der Linieninfanterie unterschied – es wurde beispielsweise nicht geprügelt –, war groß. Im Kriege wurde das Regiment in kleineren Gruppen, einzelnen Kompanien oder Abteilungen mehrerer Kompanien den Heereskörpern zugewiesen, in denen die Jäger als Scharfschützen und im Tirailleurgefecht eingesetzt wurden.

Einer so vielfachen Umordnung in Aufbau und Organisation war die Kavallerie nicht unterworfen. Kürassiere und Dragoner glichen sich mehr und mehr in ihrer Verwendungsart einander an, nachdem die Dragoner 1787 die Bajonette und die Kürassiere 1790 die Kürasse abgelegt hatten. Bei den Kürassier- und Dragonerregimentern betrug die Kriegsstärke 841 Kombattanten und 51 Nichtkombattanten, bei den Husaren 1544 Kombattanten und 51 Nichtkombattanten. Auch bei der Kavallerie wurden allmählich die Einländerzahlen erhöht.

In ihrer inneren Verfassung zeigte die Reiterei Mängel. Sie sank von der Höhe herab, die sie unter Seydlitz eingenommen hatte, weil die Ausbildungszeit verkürzt wurde und die Pferde möglichst geschont werden sollten. Die Überalterung der Offiziere wirkte sich bei dieser Waffengattung besonders ungünstig aus. Ihr enttäuschendes Verhalten im Feldzug von 1806 war jedoch vor allem durch ihren zersplitterten Einsatz bedingt.

Die Artillerie – weiterhin aufgeteilt in Regiments-, Feld- und Festungsartillerie – erfuhr ebenfalls keine wesentlichen Veränderungen. Wichtigste Neuerung war neben einer Verminderung der Geschütztypen, daß die Geschützzahl aller Batterien von zehn auf acht einschließlich zwei Haubitzen herabgesetzt wurde. Die reitende Artillerie wurde besonders ausgebaut. 1791 hatten drei Kompanien bestanden, 1806 umfaßte sie zehn Kompanien, die seit 1805 in einem Regiment zusammengefaßt waren, und damit ein Fünftel der gesamten Feldartillerie mit fast einem Drittel aller Batterien. Auf jede Kompanie kamen bei 152 Einländern nur 30 Ausländer. Zur Ausbildung wurden 1791 zu Berlin und 1797 zu Königsberg und Breslau Artillerieakademien eingerichtet. 1806 besaß die Armee eine gut ausgebildete und zahlreiche reitende Artillerie, eine mit zu schwerem Material ausgerüstete und schlecht bespannte Feldartillerie, deren Ausbildungsstand ebenfalls gut war, und eine schlecht organisierte und mangelhaft ausgebildete Regimentsartillerie.

Jede Batterie der Feldartillerie war seit 1796 in drei Divisionen, das heißt Züge, untergliedert, zwischen denen im Einsatz 50 bis 60 Schritte Zwischenraum bestanden. Zwischen den Geschützen einer Division war ein Abstand von 12 bis 20 Schritten. Die Haubitzen standen auf den beiden Flügeln der Batterie. Die Batterie ging bis zur wirksamen Kartätschweite divisionsweise vor, so daß das Feuer nicht unterbrochen wurde. Ihr Ziel war vor allem Infanterie oder Kavallerie.

Die Regimentsartillerie war wenig wert. Die Bataillonsgeschütze hatten Mühe, der vorgehenden Infanterie auf ebenem Gelände zu folgen. Zum Richten blieb kaum Zeit. Im Feldzuge von 1806 wirkte sich aber vor allem verhängnisvoll aus, daß die Artillerie nicht im Sinne zusammengefaßter Artillerievorbereitung eingesetzt wurde, sondern auf die Divisionen aufgesplittert, und daß keine Reserveartillerie abgestellt war.

Wenige Wochen vor Beginn des Krieges wurde die Armee auf Anregung Scharnhorsts in Divisionen umgegliedert, dabei aber im Gegensatz zur napoleonischen Heeresorganisation auch die schwere Kavallerie und die Artillerie auf die Divisionen ganz aufgeteilt.

Bewaffnung und Ausrüstung der drei Hauptwaffengattungen sowie des Ingenieurkorps, des Mineurkorps, der Garnisontruppenteile und Invalidenkompanien erfuhren keine wesentlichen Neuerungen. Im Bereich der Logistik wurde ebenso wenig geändert.

Nach dem Mobilmachungsplan vom Jahre 1800 erforderte das Bäckerei-, Proviant-, Kassen-, Registratur- und Lazarettfuhrwesen bei einer Kriegsstärke der Feldarmee von 187 801 Kombattanten und 26 914 Nichtkombattanten, abgesehen von dem truppeneigenen Troß, der beispielsweise für ein Infanterieregiment 137 Knechte und 287 Pferde benötigte, 34 073 Knechte und 55 796 Pferde.

Anregungen, die Friedrich Wilhelm III. kurz vor Ausbruch des Krieges von 1806 mit dem Ziel gab, den Train des Heeres dadurch herabzusetzen, daß neben anderen Maßnahmen den Regimentern die Zelte und den Offizieren die Reit- und Packpferde abgenommen werden sollten, scheiterten am Widerspruch der Generalität und des Oberkriegskollegiums. Derartige Maßnahmen schienen der Behörde „ganz gegen den eigentlichen Geist der preußischen Armee zu sein".

Eine Verbesserung wurde nur im Bereich des Invaliden- und Versorgungswesens erreicht, das Friedrich Wilhelm II. kurz nach seinem Regierungsantritt auf neue, gesetzliche Grundlagen stellte. Es war ein bedeutender Fortschritt, daß der Staat in dem Reglement für die Auslandswerbung von 1787 und im Kantonreglement von 1792 seine Verpflichtung anerkannte, für alle Invaliden aufzukommen. Unteroffiziere und Mannschaften erhielten einen Anspruch auf Altersversorgung.

Eine begrenzte Zahl ausgedienter Soldaten konnte wie bisher im niederen Staatsdienst untergebracht, in handwerkliche Berufe oder neugeschaffene Siedlerstellen eingewiesen werden. Für die Masse wurden Invalidenkompanien und Invalidenhäuser eingerichtet. Auf diese Weise fanden alle Invaliden des Unteroffizier- und Mannschaftsstandes eine knappe, die wichtigsten Lebensbedürfnisse aber so deckende Altersversorgung, daß die Bettelei der Invaliden verboten werden konnte. Auch allen Soldatenwitwen auskömmliche Pensionen zu zahlen, sah sich der König allerdings nicht in der Lage. Er verbesserte jedoch die Lage der Familien dienender Soldaten, indem sogenannte Kindererziehungsgelder eingeführt und Garnison- und Regimentschulen eingerichtet wurden.

Auch für die Offiziere bedeutete die Altersversorgung keinen Gnadenakt mehr, der ausschließlich von der Entscheidung des Königs abhing. Das „Patent wegen Versorgung und Pensionierung invalider Offiziere" vom 2. Februar 1789 brachte eine gesetzliche Regelung. Offizierpensionen wurden allerdings nur gewährt, wenn in einem Zeugnis nachgewiesen wurde, daß der Offizier bedürftig war. Die Pension galt also als Ausnahme. Alle noch beschränkt dienstfähigen Offiziere sollten bei den Invalidenkompanien untergebracht werden. Daneben blieb die Zivilversorgung bestehen. Für die Offizierwitwen wurde am 1. Juli 1792 eine Offizierwitwenkasse gestiftet. Im Bereich des Invaliden- und Versorgungswesens wurden damit Grundlagen geschaffen, die nach 1807 im wesentlichen von den Reformern zunächst unverändert beibehalten werden konnten.

Die reformierte Armee

In der Doppelschlacht von Jena und Auerstedt erlitt das Heer friderizianischer Prägung zwei Niederlagen, die zur Katastrophe der bewaffneten Macht und des Staates führten. Nacheinander kapitulierten fast alle Truppen und Festungen, die sich westlich der Oder befanden. Dem König verblieben nur die Verbände, die zur Zeit der Schlacht die Oder noch nicht nach Westen überschritten hatten. Das waren in ihrer Masse Regimenter, die in Ostpreußen standen, und die Truppen, die in Schlesien kämpften. In Ostpreußen fochten die Preußen bis zum Frieden an der Seite der Russen. Diese Verbände bildeten dann den Kern der Armee, die reformiert und neu organisiert wiederaufgebaut wurde. Alle Regimenter, die in eine Kapitulation verwickelt waren, wurden nach dem Willen des Königs aufgelöst, auch wenn sie sich zuvor ausgezeichnet hatten.

Die Pläne der MRK hatten zunächst vorgesehen, die Armee in einer Stärke von sechs gemischten Divisionen wiederaufzubauen. Die Divisionen sollten in drei Armeekorps – ein Preußisches, ein Märkisch-Pommersches und ein Schlesisches – zusammengefaßt werden. Das Ziel konnte infolge der Pariser Konvention vom 8. September 1808 nicht weiter verfolgt werden. In dem Vertrag verpflichtete sich Preußen, vom 1. Januar 1809 ab auf die Dauer von zehn Jahren nicht mehr als 42 000 Soldaten zu unterhalten, und zwar 22 000 Mann Infanterie, 8 000 Mann Kavallerie, 6 000 Mann Artillerie und Pioniere und 6 000 Mann Garde. Außerdem schrieb die Konvention vor, daß sich die Infanterie in zehn Regimenter und die Kavallerie in 32 Eskadronen aufteilen müsse. Zugleich verbot sie, weitere Soldaten auf außerordentlichem Wege auszuheben oder eine Miliz zu bilden. Infolge dieser Bestimmungen mußten die bereits neu formierten Truppen wiederum umorganisiert werden. Das geschah, nachdem die Konvention gegen den Willen der Reformer ratifiziert worden war, auf der Grundlage eigenhändiger Aufzeichnungen des Königs.

Gemäß einer Kabinettsordre vom 16. November 1808 gliederte sich die Armee in sechs aus Infanterie und Kavallerie gemischte Brigaden – die Ostpreußische, die Westpreußische, die Pommersche, die Brandenburgische, die Niederschlesische und die Oberschlesische. Den Brigaden übergeordnet waren die Generalkommandos oder Generalgouverneure der Provinzen. Zu ihrem Aufgabenbereich gehörte es auch, die Verbindung zwischen Militär- und Landesbehörden aufrechtzuerhalten.

Jede Brigade – sie entsprach infolge ihrer Untergliederung in Infanterie- und Kavalleriebrigaden der französischen Division – wurde von einem Brigade-General befehligt, dem zwei besondere sogenannte Brigadiers der Infanterie und Kavallerie unterstanden, insofern nicht der Brigade-General für seine Waffengattung die Funktionen eines Brigadiers mit versorgte. Brigade-General und Brigadier waren also Dienststellungen. Der Brigade-General wurde 1813 in Brigade-Chef, die Brigadiers in Brigade-Kommandeure umbenannt. Der Brigade-General war nicht nur für Führung und Ausbildung seines Verbandes zuständig, sondern beaufsichtigte auch Kantonangelegenheiten, Wirtschaftsführung und Versorgung seiner Truppen. Ihm wurden zwei, den Brigadiers je ein Generalstabsoffizier beigeordnet.

Jede Brigade umfaßte im Frieden im allgemeinen zwei Infanterieregimenter und ein Grenadierbataillon, also sieben Infanteriebataillone, und drei Kavallerieregimenter mit insgesamt 12 Eskadronen. Die Garden standen außerhalb dieser Ordnung. Je zwei Brigaden wurden in einer Militärprovinz zusammengefaßt. Zu jeder Militärprovinz gehörte eine Artilleriebrigade – die Preußische, die Brandenburgische und die Schlesische –, die sich aus 12 Kompanien Fuß- und drei Kompanien reitender Artillerie zusammensetzte. Von der Fußartillerie dienten fünf Kompanien zur Besetzung der Feldartillerie, die restlichen sieben Kompanien waren für die Festungsartillerie vorgesehen. Die Festungsartillerie verlor damit ihre bisherige Sonderstellung. Jede Brigade verfügte über eine sechspfündige reitende Batterie und eine sechspfündige Fußbatterie und zwei Brigaden über eine Reserve von je einer sechs- und zwölfpfündigen Fußbatterie und einer sechspfündigen reitenden Batterie. Die Regimentsartillerie wurde abgeschafft.

Jedes Infanterieregiment sollte ohne Offiziere unter den Bedingungen der Pariser Konvention 2 100 Mann stark sein. Es gliederte sich im allgemeinen in 3 Bataillone mit insgesamt 14 Kompanien, nämlich 2 Grenadier-, 8 Musketier- und 4 Füsilierkompanien. Dazu trat eine Depotkompanie, die später als Garnisonskompanie bezeichnet wurde. Sie zählte nicht zu den Feldtruppen. Die Musketierkompanien waren in zwei Bataillonen, die Füsilierkompanien in einem Bataillon zusammengefaßt. Die Füsilierbataillone, zeitweise auch leichte Bataillone genannt, besaßen im Rahmen des Regiments ziemliche Selbständigkeit, besonders wegen ihrer speziellen Felddienstausbildung. Die Grenadierkompanien von je zwei Regimentern waren zu einem Grenadierbataillon zusammengefaßt. Jede Kompanie setzte sich aus 12 Unteroffizieren, 3 Spielleuten und 135 Gemeinen zusammen, besaß also eine Stärke von 150 Mann. Das frühere Beurlaubungssystem entfiel zeitweise weitgehend. Da sich aber der Etat, der am 20. November 1807 auf 5 Offiziere, 15 Unteroffiziere, 3 Spielleute und 170 Gemeine festgelegt worden war, um 3 Unteroffiziere und 35 Mann verringerte, hatten die Kompanien auf Grund einer Kabinettsordre vom 3. April 1809 diese Zahl einexerzierter Leute als „Kriegsaugmentation" zum ständigen Ersatz in den Kantonen bereitzuhalten.

Auch das Feldjägerregiment war aufgelöst worden. An seine Stelle traten das Gardejägerbataillon und ein Feldjägerbataillon. Jedes Jägerbataillon zählte 500 Jäger.

Jedes Kavallerieregiment bestand ohne Offiziere aus 500 Reitern. Es unterteilte sich in vier Eskadrons, jede Eskadron zu 12 Unteroffizieren, 3 Trompetern und 110 Reitern. Die Kriegsaugmentation betrug 25 Mann einschließlich 3 Unteroffizieren. Jede Eskadron verfügte über sechs Offiziere.

Die Artillerie gliederte sich im Frieden in Kompanien, im Felde in Batterien. Kompanie und Batterie deckten sich bei der reitenden Artillerie, dagegen nicht bei der Fußartillerie. Jede Kompanie der Fußartillerie bestand aus 130 Unteroffizieren und Mannschaften, bei der reitenden Artillerie aus 150 Mann einschließlich der Unteroffiziere. Jede Artilleriebrigade verfügte über 65 Offiziere bei der Fußartillerie und 16 Offiziere bei der reitenden Artillerie. Zu einer Kompanie gehörten fünf Offiziere. An Geschützen zählte eine sechspfündige Batterie sechs sechspfündige Kanonen und zwei siebenpfündige Haubitzen, eine zwölfpfündige Batterie sechs zwölfpfündige Kanonen und zwei zehnpfündige Haubitzen. Die sechspfündige Fußbatterie benötigte 116 Bombardiere und Kanoniere, die reitende sechspfündige Batterie 132 Mann. Die zwölfpfündige Batterie brauchte 184 Bombardiere und Kanoniere. Eine Artilleriekompanie sollte künftig nicht mehr auf zwei Batterien verteilt werden, sondern als Einheit zusammenbleiben. Die Artillerie besaß keine Fuhrknechte mehr, sondern stellte das Fahrpersonal aus ihren Reihen. Die Fahrer waren also Soldaten geworden. Die Artillerie erhielt jedoch Handwerkskompanien, die in eigenen Werkstätten arbeiteten. Ebenfalls zur Artillerie zählte die Gewehr-Handwerkskompanie. Die Handwerkskompanien trugen erheblich dazu bei, den Mangel an Waffen, Munition und Ausrüstungsgegenständen zu beheben.

Im Ingenieurkorps wurden seit 1809 die Dienstzweige der Ingenieure, Mineure, Sappeure und Pontoniere vereinigt. Das Korps sollte sich in drei Brigaden – die Preußische, die Brandenburgische und die Schlesische – untergliedern, von denen jede zwei Pionierkompanien umfassen sollte, jede zur Hälfte mit Sappeuren und zu einem Viertel mit Mineuren und Pontonieren besetzt. Die Brigaden mußten jedoch aus Ersparnisgründen zunächst auf insgesamt drei Kompanien zu je 123 Mann beschränkt werden.

Die Garden setzten sich in der vorgeschriebenen Stärke von 6 000 Mann aus 3 400 Infanteristen und 1 600 Kavalleristen zusammen.

Die Bewaffnung veränderte sich nicht wesentlich. Für die Infanterie wurde zwar ein neues Gewehrmodell eingeführt, dessen Lauf ein etwas geringeres Kaliber aufwies als das alte Gewehr. Das Kaliber der Kugel blieb jedoch dasselbe. Es ermöglichte, französische, russische und österreichische Patronen zu verwenden. Vor allem aber wurde das Schloß verbessert und der Schaft mit einem gekrümmten Kolben und ausgeschnittener Backe versehen. Das ermöglichte, bequemer als bisher das Gewehr anzuschlagen und erleichterte es sehr, die Infanterie im gezielten Feuer auszubilden. Schießversuche zeigten denn auch, daß ein genaueres Zielen möglich wurde und daß sich daraufhin die Schußergebnisse besserten. Feuergeschwindigkeit und Schußweite änderten sich gegenüber der friderizianischen Zeit jedoch nicht. Die Ausstattung mit Gewehren blieb lange sehr mannigfaltig, es war nicht einmal eine ausreichende Zahl vorhanden. Noch 1810 führten 18 Bataillone preußische Gewehre alter Art, vier Bataillone waren mit englischen, ein weiteres je mit französischen, schwedischen und österreichischen Gewehren ausgestattet und nur 15 Bataillone waren bereits mit dem neuen Gewehr ausgerüstet. Zeitweise wurde sogar erwogen, ob nicht einzelne Truppenteile nur mit Piken bewaffnet werden sollten.

Auch bei der Artillerie änderte sich wenig. Alte Geschütze wurden umgegossen, die Lafetten verbessert, die Batterien und Kanonen beweglicher gemacht und die Munitionswagen besser fahrbar gestaltet, dagegen nicht Reichweite und Wirkungsgrad der Artillerie erhöht. Die sechspfündige Kanone als die Grundlage der Artillerie zeigte im Rollschuß bis auf 1 600 Schritt (1 200 m), im Bogenschuß bis auf 1 200 Schritt (900 m) gute Wirkung. Ihre beste Kartätschwirkung reichte bis etwa 500 Schritt.

Das Troß- und Bagagewesen wurde bedeutend verringert. Die Offiziere verloren ihre Packpferde, die Subalternoffiziere der Infanterie ihre Reitpferde, – eine Maßnahme, die nicht nur damit begründet wurde, daß es notwendig sei, den Troß zu vermindern, sondern daß es auch geboten sei, die Kluft zwischen Offizieren und Mannschaften sichtbar zu verringern. Jede Infanteriekompanie besaß nur noch ein Packpferd, das Bataillon einen vierspännigen Gepäckwagen. Das wurde dadurch möglich, daß die Truppen ihre Zelte abgeben mußten und statt dessen mit Mänteln ausgerüstet wurden. Die Zahl der Knechte wurde bei der Infanterie um die Hälfte, die der Pferde um ein Sechstel vermindert. Brot- und Mehlwagen wurden vom truppeneigenen Troß getrennt und in „Brot"- und „Mehlfuhrwesenkolonnen" mit der Feldbäckerei und einem „fliegenden Pferdedepot" zu einer Trainkompanie für jede Brigade zusammengefaßt.

Der organisatorische und strukturelle Umbau der Armee erstreckte sich auf fast alle Bereiche militärischen Lebens. Äußerlich wurde er vor allem darin sichtbar, daß das Heer neue Uniformen erhielt. Mit ihrer Gestaltung befaßte sich der König intensiv. Zuerst verschwand der Zopf, 1811 wurde auch das Pudern der Haare zur Parade abgeschafft. Die neue Uniform wurde stark von der russischen angeregt, doch drückte sich in ihr auch die Änderung der Mode aus, wie sie die Französische Revolution und das Empire mit sich heraufgeführt hatten. Sie war weitgehend von der Brauchbarkeit bestimmt und einfacher im Vergleich zu früher. Weniger sichtbar für die Öffentlichkeit, jedoch von grundlegender Bedeutung war, daß Heeresverwaltung, Wirtschaftsverfassung und Haushaltswesen des Militärs dem Ziel der Heeresreform angepaßt und weitgehend völlig umgestaltet wurden. Die Neuordnung setzte bei der Stellung der Regimentschefs ein. Die Würde eines Regimentschefs sank zu einem formalen Ehrentitel ab. Die Führung von Offizierkorps und Truppe lag zukünftig allein beim Regimentskommandeur, der aber nicht die überlieferte wirtschaftliche Selbständigkeit des bisherigen Chefs gewann. Die Eigenwirtschaft der Regiments- und Kompaniechefs wurde vielmehr mit der Kompaniewirtschaft abgeschafft. Zukünftig erhielt die Staatskasse die Löhnung Beurlaubter, indem das Institut der Freiwächter, der Stadt- oder Landbeurlaubten zugunsten des Kompaniechefs aufgehoben wurde. Die kleinen Montierungsstücke besorgte fortan statt des Kompaniechefs das Regiment in truppeneigenen Handwerkerstätten, in denen gelernte Schneider unter den Soldaten ihren Dienst ableisteten. Die Kompaniechefs verloren außerdem ihr Eigentumsrecht an den Gewehren. Das Wirtschafts- und Rechnungswesen bei den Truppen übernahmen an Stelle der allmählich ausscheidenden Regimentsquartiermeister zu Offizieren ernannte ehemalige Feldwebel oder nur noch garnisondienstfähige Offiziere als Rechnungsführer, die 1854 zu Zahlmeistern umbenannt wurden, und die Kriegskommissariate unter der Kontrolle des Kriegsministeriums. Alle Instanzen unterlagen einer scharfen Aufsicht. Das Service- und Einquartierungswesen blieb dagegen zunächst außerhalb des Geschäftsbereiches der Militärverwaltung. Es wurde in den Städten von den Servicedeputationen der Magistrate, bei den Provinzialinstanzen von den Regierungen bearbeitet. Erst nach den Freiheitskriegen übernahm die Militärverwaltung auch diese Aufgaben.

Für die finanziellen Verluste bei Wegfall der Kompaniewirtschaft wurden die Kompaniechefs dadurch entschädigt, daß ihre Gehälter dem bisher erzielten durchschnittlichen Einkommen angepaßt wurden. Während Minister und Generalleutnant etwa auf der gleichen Gehaltsstufe standen, wurden Stabsoffiziere und Kompaniechefs in Preußen vergleichsweise höher besoldet als in den anderen Armeen. Schlecht blieb dagegen die wirtschaftliche Lage der Subalternoffiziere, besonders kritisch die der Unteroffiziere und Mannschaften.

Bis zum Jahre 1799 hatte der Musketier Löhnung in derselben Höhe bezogen wie im Jahre 1740, nämlich monatlich zwei Taler. In diesem Jahre verbesserte Friedrich Wilhelm III. seine Situation etwas, indem er die Brotverpflegung einführte und den Sold der Unteroffiziere erhöhte. Aber die Maßnahmen reichten nicht aus, den gemeinen Soldaten unabhängig von einem Nebenverdienst zu machen. Besonders die verheirateten Soldaten waren darauf angewiesen, sich außerhalb der Dienstzeit vor allem mit Wollespinnen oder Tagelöhnerdiensten einen bescheidenen Zusatzverdienst zu verschaffen. Infolge der Reformmaßnahmen nach 1807 wurde der Soldat nun alle zehn Tage gelöhnt. Die Friedensbrotverpflegung blieb bestehen. Außerdem erhielt die Truppe die sogenannte Viktualienzulage. Sie diente dem gemeinschaftlichen Einkauf von Lebensmitteln und zur Unterhaltung truppeneigener Kochanstalten.

Der Staat war vor allem zu arm, um weitere Verbesserungen durchzuführen. Es wird allerdings auch an Verständnis für die Lage der Mannschaften gemangelt haben. Die Behörden zogen nur die Folgerungen, die sich auf Grund der neuen rechtlichen Stellung des Soldaten nicht mehr umgehen ließen. Beispielsweise gewährte eine Verordnung vom 18. März 1811 endlich auch den Unteroffizieren und Mannschaften sowie ihren Ehefrauen das Recht, gleich allen anderen Staatsbürgern über ihre Kapitalien nebst Zinsen zu verfügen. Erst jetzt wurden, mit gewissen Einschränkungen auf Armatur- und Montierungsstücke, die Bestimmungen des Allgemeinen Landrechts aufgehoben, daß niemand etwas rechtsgültig von einem Soldaten kaufen könne. Gleichzeitig nutzte der Staat alle Vorteile, die ihm aus den Reformmaßnahmen erwuchsen. So hatten die Soldatenfrauen und ihre Kinder das Militär stark belastet. Im Dezember 1809 befanden sich bei den Truppen noch 14 455 Frauen und 17 248 Kinder. Jetzt erklärte eine Kabinettsordre vom 28. November 1809, daß es „mit dem Geist der neuen Organisation der Armee“ nicht mehr „vereinbar“ sei, die Soldatenfrauen und Kinder zu berücksichtigen. Den Verheirateten sollte das „einmal Zugebilligte“ nicht entzogen werden, aber jeder Soldat, der zukünftig heirate, werde weiterhin als unverheiratet betrachtet werden, also kein Service für die Ehefrauen und kein Kindergeld erhalten und sein Status nicht mehr anerkannt werden, wenn die Truppe die Garnison wechsle. Andererseits bekannte sich der Staat jetzt öffentlich dazu, daß es zu seinen Pflichten gehöre, für Witwen und Waisen der Gefallenen zu sorgen. Vorhandenes Privatvermögen sollte allerdings berücksichtigt werden, – eine Einschränkung, zu der wie in vielen anderen Fällen die schwierige Finanzlage zwang. Die Reformer sahen dabei die Haushaltsfragen erst in zweiter Linie. Für sie war eine Verordnung, wie die über den Fortfall des Service- und Kindergeldes, eine Maßnahme, deren Folgen zunächst die Armee beweglicher machten.

Der Generalstab

Es war nicht leicht, die neuen Grundsätze zu verwirklichen. Viele Offiziere begriffen gar nicht den Sinn der Reform, andere sträubten sich aus ideologischen Gründen dagegen, die reine Lineartaktik aufzugeben. Die Reformer mußten also Wege finden, die ihnen garantierten, daß im Kriegsfalle die neue Taktik überhaupt angewandt werden konnte. Mancher Weg wurde bereits besprochen. Ein weiterer führte über den Generalstab. Ihm übertrugen die Reformer als eine seiner wesentlichen Aufgaben, die Kommandeure höherer Verbände und die Generalität zu beraten, um sie in die Lage zu versetzen, nach den neuen Grundsätzen zu führen.

Der Generalstab ging aus einer Gruppe von Offizieren hervor, die unter der Bezeichnung des Generalquartiermeisterstabes in der „Suite“ Friedrichs des Großen Dienst leisteten und vom König besonders ausgebildet wurden. Ihre Tätigkeit war untergeordneter Art. Im Frieden bestand sie darin, militärisch wichtige Positionen aufzunehmen, im Kriege Straßen und Lager auszuwählen, Kolonnen zu führen und einzuweisen und besonders auch im Erkundungs- und Adjutantendienst. Der Generalquartiermeisterstab, der zeitweise sehr klein war, erhielt 1787 eigene Uniform.

Mit der Instruktion vom 26. November 1803 wurde der Generalquartiermeisterstab reorganisiert. Nunmehr setzte er sich aus drei Brigaden zusammen, die für die drei verschiedenen „Kriegstheater" zuständig waren, nämlich östlichen, südlichen und westlichen Kriegsschauplatz. Neben einem Generalquartiermeister und den drei Brigadechefs, den Generalquartiermeisterleutnanten, gliederte er sich in Quartiermeister, Quartiermeisterleutnante und Adjoints, aus denen sich der Nachwuchs rekrutieren sollte. Durch mündliche und schriftliche Prüfungen wurden die fähigsten Offiziere aus der Armee ermittelt, darunter Boyen. Die Leitung der westlichen Brigade erhielt Scharnhorst. Die Brigaden sollten im Frieden während des Sommers ihre Bereiche bereisen, um sich genaue Kenntnis „aller selbst nur einigermaßen merkwürdigen Stellungen in sämtlichen preußischen Staaten" zu erwerben und diese in Denkschriften niederzulegen, die als Unterlagen für Operationspläne und den Kriegsfall gedacht waren. Da jeder der drei Generalquartiermeisterleutnante seine eigenen, von den anderen sehr abweichende Vorstellungen vom „Wesen der Kriegskunst" verfolgte, vertrat der Generalquartiermeisterstab bis in den Krieg von 1806/07 keine einheitliche militärische Grundauffassung und konnte sich daher auch nicht weiter durchsetzen.

Die Reorganisation des Heeres brachte Scharnhorst an die Spitze des Generalstabes, zunächst als Generalquartiermeisterleutnant, seit der Errichtung des Kriegsministeriums dann als „erster Offizier vom Generalstabe". Es war eine Stellung, die mit dem Posten des Chefs des Allgemeinen Kriegsdepartements gekoppelt war. Die Bezeichnung „Chef des Generalstabes", die sich seit 1810 auch in Kabinettsordres findet, war kein eigentlicher Diensttitel. Als Scharnhorst 1812 auch aus dem Generalstab ausschied, wurde am 16. März 1812 der Oberstleutnant v. Rauch zum Generalquartiermeisterleutnant ernannt. Die Stelle des Generalquartiermeisters erhielt Scharnhorst erst am 12. März 1813 anläßlich seiner Beförderung zum Generalleutnant. Sein Nachfolger wurde Gneisenau. Am 29. August 1814 trat Grolman als Direktor des zweiten Departements an die Spitze des Generalstabes.

Der Generalstab setzte sich aus dem Generalquartiermeister und zwei bis drei Quartiermeistern sowie drei bis fünf Quartiermeisterleutnanten (Stabsoffizieren) und durchschnittlich zwölf Adjoints (Hauptleuten) zusammen. Diese Offiziere arbeiteten im Kriegsministerium, bei den Gouverneuren der Militärprovinzen und bei den Brigaden. Gemäß einer Kabinettsordre vom 29. Dezember 1809 sollten sie im Frieden zeitweise auch wieder im Truppendienst eingesetzt werden, und zwar nacheinander bei allen drei Waffengattungen. Auf den von Scharnhorst neugeschaffenen Grundlagen baut der Generalstab moderner Prägung auf.

2. Die Kriegführung

a. Revolution und Kriegsbild

In den Jahren zwischen dem Siebenjährigen Krieg und den Revolutionskriegen wurde das Kriegsbild von der Lineartaktik mit ihrer Manövrierkunst im Zeichen der systematischen Manövrierstrategie bestimmt. Dem Zeitalter des

Rationalismus entsprach die Vorstellung einer Kriegführung, die auf einer methodischen Anwendung von Regeln und Grundsätzen aufbaute. Die Methoden beruhten auf einer Theorie, deren Gesetze dem Bereich von Geometrie und Mathematik entstammten und deren Wesen in einem entsprechenden „System" gesehen wurde. Die übersteigerte Bewertung mechanischer Formeln in der Exerzier- und Manövrierkunst führte in den letzten Jahrzehnten des 18. Jahrhunderts zu einer sinnentleerten Künstelei. Diese Überspitzung der niederen Taktik, mit der sich Theoretiker und Praktiker vorzugsweise befaßten – ihre bekanntesten Vertreter waren die preußischen Generale v. Saldern und v. Tempelhoff – ließ die Strategie unter der Vorherrschaft des mathematisch-geometrischen Denkens in abstrakte, für die praktische Kriegführung unbrauchbare Grundsätze ausarten. Es galt beispielsweise als eine wesentliche Aufgabe der Kriegskunst, die Rolle des Zufalls weitgehend einzuschränken. Hervorragende Verfechter dieses verknöcherten Kriegsbildes waren die preußischen Generale v. Moellendorff, v. Rüchel, v. Grawert und der Herzog Ferdinand von Braunschweig. Ihr Einfluß und das Wirken anderer Männer, wie Massenbach und Meinert, trug wesentlich dazu bei, daß die Lineartaktik entartete.

Methodische Kriegführung und Lineartaktik bedingten einander auch dadurch, daß die stehenden Heere absolutistischer Struktur ein Instrument der Politik waren, dessen Verlust nicht leicht zu ersetzen war. Als sehr wichtige Aufgabe des Feldherrn wurde es angesehen, mit den beschränkten Mitteln der bewaffneten Macht haushälterisch umzugehen, um die eigenen Kräfte zu erhalten. Das hatte zur Folge, daß sich das Kriegsgeschehen vornehmlich auf den Kampf um geographische Punkte und Positionen, um Festungen und Magazine beschränkte und daß nicht die Schlacht, sondern geschicktes Manövrieren auf der Grundlage mathematisch genau berechneter Bewegungen mit dem Ziel, den Gegner abzudrängen, als höchster Ausdruck der Kriegskunst galt. Begriffe, wie Operationslinie und Basis, die im Zeichen der systematischen Kriegführung geprägt wurden, haben sich bis heute erhalten.

Das Kriegsbild des absolutistischen Zeitalters wurde keinesfalls durch die militärischen Wandlungen, die die Französische Revolution mit sich heraufführte, blitzschnell zerstört. Noch in den letzten Jahren des 18. Jahrhunderts erschienen kriegstheoretische Werke, deren Inhalt vom Geist der methodischen Kriegführung bestimmt war. In der Praxis bedienten sich bis zum Ende der Epoche Generale aller Heere ihrer Grundsätze. Ihr berühmtester und erfolgreichster Vertreter war der Herzog von Wellington, dessen Truppen von 1809 bis 1814 den Rückhalt der englisch-spanisch-portugiesischen Allianz auf der Pyrenäischen Halbinsel bildeten.

Aber nicht einmal in Frankreich entstand sofort ein neues Kriegsbild. Noch 1792 trug die französische Regierung dem Herzog von Braunschweig an, den Oberbefehl über ihr Heer zu übernehmen, und bewies damit, wie wenig sie ahnte, daß die Revolution eine neue Epoche des Militärwesens heraufführte. Noch war das revolutionäre Bürgertum so in dem alten Kriegsbild befangen, daß es sich der Künste des Feldherrn versichern wollte, der als der bedeutendste lebende General der Zeit galt. Erstaunlicher ist es schon, daß berühmte Generale trotz der taktischen Neuerungen des Tirailleurgefechts und des Kolonnenstoßes in den strategischen Anschauungen des politisch überwundenen Zeitalters verharrten und sogar hofften, ihre revolutionären Armeen fähig machen zu können, dem Gegner mit den Methoden der von ihm vertretenen überlieferten Kriegskunst entgegenzutreten. Noch im zweiten Koalitionskrieg zeigten sich Jourdan und Moreau auf dem deutschen Kriegsschauplatz an die Kriegführung der Vergangenheit gebunden, während zur gleichen Zeit in Italien Napoleon demonstrierte, welche Möglichkeiten das revolutionäre Militärwesen barg.

b. Die Wandlungen in Strategie und Taktik

Ihre ersten Erfolge und Siege verdankten die Franzosen nicht einer neuen strategischen Konzeption und auch weniger ihrer neuen, zunächst nur unter dem Zwang des revolutionären Militärwesens herausgebildeten, die gegnerischen Truppen allerdings frappierenden Taktik, sondern vornehmlich ihren Massenheeren. Sie wirkten sich seit dem Herbst 1793 nachhaltig auf das kriegerische Geschehen aus. Ihre Übermacht, der die uneinige Koalition nicht mit gleichen Mitteln begegnen konnte, wurde infolge der „levée en masse" zu einem Dauerzustand. Entscheidend war also die Militärverfassung. Sie bewirkte, daß eine neue Taktik entwickelt wurde, die dann ihrerseits mit einem neuen Kriegsbild eine andere Strategie als bisher heraufführte. Aber es war erst das militärische Genie Napoleons, das die Möglichkeiten auswertete, die von der Französischen Revolution geschaffen worden waren.

Die bewaffnete Macht des revolutionären Frankreichs trat 1792 mit einer Dienst- und Exerziervorschrift in den Krieg ein, die am 1. August 1791 erlassen worden war. Die Bedeutung dieses „Réglement concernant l'exercise et les manœuvres de l'Infanterie" fand ihre Bestätigung darin, daß es 1801/02 ins Deutsche und später in weitere Sprachen übersetzt wurde. Das klingt schon deshalb seltsam, weil die Kampfführung der französischen Heere des Zeitalters landläufig mit den Schlagworten Tirailleursystem und Kolonnenstoß gekennzeichnet ist, die Bestimmungen des Reglements sich aber äußerlich im Rahmen der Lineartaktik zu halten scheinen. Unbegreiflich aber ist zunächst, daß die französische Armee selbst erst 1831 ein neues Reglement erhielt. Der Widerspruch löst sich dadurch auf, daß im Reglement von 1791 wesentliche Elemente der neuen Taktik keimhaft angelegt waren, die auch ohne Dienstvorschrift weiterentwickelt werden konnten. Das betraf das Schützengefecht des Tirailleursystems, noch stärker aber den schlachtentscheidenden Stoß tiefgestaffelter Kolonnen.

Das Tirailleursystem wurde nicht als neue Form der Infanterietaktik bewußt und absichtlich reglementmäßig eingeführt, sondern war eine Kampfesweise, die sich aus dem Zwang ergab, die Freiwilligenbataillone und besonders dann seit 1794 die gemischten Halbbrigaden einschließlich des ungeschulten Ersatzes aus der „levée en masse" mit Aussicht auf Erfolg einzusetzen. Die republikanischen Heere bemühten sich zunächst, an der überlieferten Taktik festzuhalten. Das erwies sich sehr schnell als unmöglich. Denn alle Soldaten, die nicht in den Linientruppen gedient hatten, besaßen nur mangelhafte militärische Disziplin und ebensowenig die technisch-exerziermäßige Ausbildung im Sinne von Theorie und Praxis des absolutistischen Zeitalters. Deshalb zeigten sie sich unfähig, in der starren, mechanischen Lineartaktik zu fechten. Es kam hinzu, daß der Soldat der Revolution wohl auch nicht mehr bereit war, als wesenloses Glied in der Heeresmaschine zu dienen. Die Revolutionssoldaten, stark enthusiasmiert und selbstbewußt, brauchten eine natürliche, den revolutionären und freiheitlichen Idealen entsprechende Kampfart.

In dieser Situation werteten die revolutionären militärischen Führer, teilweise wohl unbewußt, die Fechtweise des „Kleinen Krieges" aus, die im 18. Jahrhundert neben der Lineartaktik zu einer eigenen Form kriegerischer Auseinandersetzung ausgebildet und beispielsweise von der kaiserlich-österreichischen Grenzinfanterie, landläufig Kroaten und Panduren genannt, von den Freibataillonen der Preußen und von französischer leichter Infanterie als Hilfswaffengattungen angewandt worden war. In noch stärkerem Umfang hatten die Nordamerikaner während ihres Unabhängigkeitskrieges so gefochten. Der Kleine Krieg wurde als die „spezifische Kriegs- und Kampfesform der Revolutionäre, da er ihrer Mentalität im Wesen gleich- oder entgegenkommt" von den Franzosen „irgendwie als wesensverwandt, als artgemäß empfunden" und deshalb eine „Identität von revolutionärer Kampfesführung und Kleinem Krieg hergestellt auf dem Wege der natürlichen Annäherung und naheliegenden Adoption" (Hahlweg). Die Franzosen gewannen mit der zerstreuten Fechtweise des Kleinen Krieges, die sie gewissermaßen auf den großen Krieg übertrugen, einen sehr wichtigen Ausgangspunkt für ihre Kriegführung gegen die stehenden Heere absolutistischer Prägung.

Für die zerstreute Gefechtsweise waren die Truppen des revolutionären Frankreichs vorzüglich geeignet, zumal sie sich auch hierbei keinesfalls streng an die Bestimmungen der Reglements für die leichte Infanterie und ähnliche Truppengattungen hielten. Die Bataillone rückten in Linienformation in den Kampf, entließen dann aber einen Teil der Soldaten zum Einzelgefecht. Die Einzelkämpfer stießen vor die Frontlinie und eröffneten nach Kampfweise der Plänkler das Gewehrfeuer. Vor jedem feindlichen Angriff wichen die aufgelösten Schützenschwärme zurück, um im günstigen Zeitpunkt wieder vorzugehen. Die Auflösung der Linearformation konnte so weit gehen, daß fast das ganze Bataillon vor der eigentlichen Frontlinie kämpfte. Das war eine Kampfesweise, die dem streng nach den Regeln der Lineartaktik fechtenden Feind große Ungelegenheit bereitete, und gegen die sich die Führer zunächst wenig erfolgreich zu wehren wußten. Allerdings darf die Wirkung des Tirailleurfeuers mit dem glatten Steinschloßvorderladergewehr nicht überschätzt werden. Das gezogene Gewehr – die von den Jägern geführte Büchse, die treffsicherer schoß, jedoch längere Ladezeit benötigte – stand nicht in ausreichender Zahl zur Verfügung, weil es bei der alten Gewohnheit schnelle, wenn auch ungezielte Salven zu schießen, nicht benötigt worden war. Wenn sich außerdem der Feind einmal mit dem Tirailleursystem eingehender beschäftigt hatte, dann wurden ihm dessen Schwächen offensichtlich. Ließ er den tiraillierenden Angreifer zunächst ein schwächeres Treffen überrennen und dann die siegestrunkenen Scharen auf ein starkes zweites Treffen auflaufen, mit dem er zum Gegenstoß ansetzte, dann konnten die aufgelöst angreifenden Haufen leicht in die Flucht geschlagen werden. Der Kampf war dann meist verloren, weil die Tirailleure an den schwachen Resten, die die ursprüngliche Frontlinie bildeten, keinen Rückhalt fanden. Diese Erfahrung führte zur Verbesserung des Tirailleursystems durch seine Verbindung mit der Kolonnentaktik. Die wesentliche Veränderung der Infanterietaktik ist darum auch nicht im Tirailleurgefecht zu sehen, sondern in der Herauslösung der Schlacht aus der bisherigen lineartaktischen Gebundenheit.

Die Idee der Kolonnentaktik hatten französische Militärtheoretiker seit der Mitte des 18. Jahrhunderts entwickelt, und in den Jahren zwischen dem Siebenjährigen Krieg und den Revolutionskriegen war viel über Vorzüge und Nachteile von Linie und Kolonne diskutiert worden. Dennoch scheint die Kolonnentaktik, auch tactique française genannt, weniger im bewußten Rückgriff auf die Theorie in die Praxis übernommen als vornehmlich aus den Anforderungen des Alltags geboren worden zu sein. Allerdings sah bereits das Reglement von 1791 einige Kolonnenformationen vor, darunter auch eine Bataillonskolonne nach der Mitte. Die Führer der revolutionären Armee waren gezwungen, mit ihren Truppen zumindest die notwendigsten Gefechtsbewegungen zu üben. Sie griffen auf das Reglement von 1791 zurück, aber sie verbanden es mit dem Tiraillieren und entwickelten dabei aus den vorhandenen Elementen das System des Zusammenwirkens von Tirailleurgefecht, Linienfeuer und Kolonne. Das Empfinden dafür, daß hier etwas Neues entstand, scheint dabei gar nicht aufgekommen zu sein. Durch die Praxis entstand die neue Infanterietaktik, die sich als sehr anpassungsfähig erwies. In ihr besaß die Kolonne nicht nur den Vorteil wesentlich stärkerer Stoßkraft als die Formation der drei- oder sogar zweigliedrigen Linie, sondern sie konnte sich auch im Gelände besser und schneller bewegen und leichter verbergen. Ihre Basis war das Bataillon als selbständiger Verband, der alle Grundarten der neuen Taktik anwenden konnte: Verbindung des Tirailleurkampfes mit dem geschlossenen Gefecht, Kolonnenstoß und geschlossenes Viereck zur Abwehr von Kavallerieangriffen.

Seit 1796 trat die neue Kampfform voll ausgebildet auf. Zum Gefecht stellten sich die zwei Brigaden einer Division nebeneinander auf. Jede Brigade führte die eine ihrer Halbbrigaden in das erste Treffen. Dieses entwickelte sich zur Linie und eröffnete den Kampf nach dem Tirailleursystem. Die andere Halbbrigade folgte, die drei Bataillone hintereinander, in dicht aufgeschlossenen

Pelotonkolonnen. Sollte sie eingesetzt werden, so konnte sie entweder in dieser Form zum Angriff mit dem Ziel eines Durchbruchs ansetzen, sie konnte sich aber auch zu drei Bataillonskolonnen öffnen, indem das zweite und dritte Bataillon rechts und links neben das erste Bataillon traten. Theoretisch bestand sogar die Möglichkeit, die Bataillonskolonnen zur Linie weiterzuentwickeln, doch wurde sie schon deshalb kaum ausgenutzt, weil den Soldaten die dazu notwendige Übung fehlte. Die Kampfform ließ sich systematisch ausbauen. So konnte ein drittes Treffen von Bataillonskolonnen hinter die Lücken treten, die zwischen den Kolonnen des zweiten Treffens klafften. Anderenfalls übernahm die Divisionskavallerie den Schutz der Zwischenräume, insbesondere auch an der Nahtstelle zwischen den zwei Brigaden.

Die Grundlagen der neuen Taktik wurden im ersten Koalitionskrieg gefunden. Napoleon erweiterte sie, indem er einerseits vorschrieb, in welchem Verhältnis jedes Bataillon den Tirailleurkampf mit dem geschlossenen Gefecht verbinden sollte, andererseits aber das System auf den An- und Aufmarsch von Armeekorps und Armeen zur Schlacht ausdehnte. Besonders nach dem Frieden von Amiens (1802) wurde die spätere Grande-Armee in großen Lagern zusammengefaßt und geübt. Die Führung erlangte dabei durch die Gliederung der Armee in selbständige, aus allen Waffen gemischte, nebeneinander aus der Tiefe fechtende Divisionen und Korps eine bisher nicht vorstellbare Bewegungsfreiheit. Hinzu kamen die gegenüber der Lineartaktik wesentlich elastischeren Formen. Damit war die Möglichkeit gegeben, nicht nur das Gelände, sondern auch die geistigen Kräfte von Offizier und Mann für die Schlacht zu nutzen.

Außerdem trat zum Kolonnenstoß noch ein weiteres Mittel der Schlachtenentscheidung hinzu: die Artillerievorbereitung. Wie die Ideen für eine Gliederung der Armee in Divisionen und die Taktik des Kolonnenstoßes, so reichten auch die Vorstellungen von einer stärkeren offensiven und selbständigen Verwendung der Artillerie in der Schlacht, besonders der Konzentrierung starker Artilleriemassen unter einheitlicher Führung durch einen Artillerieoffizier an den entscheidenden Punkten des Kampfes und zur Vorbereitung des Infanterieangriffes, in die Zeit des Ancien Régime zurück. In der Praxis war die Artillerie trotz der Tätigkeit Gribeauvals (1715–1789), dem die französische Artillerie nach dem Siebenjährigen Krieg eine umfassende Reorganisation und eine wesentliche Verbesserung der Geschütze verdankte, nur als Hilfswaffe der Infanterie angesehen worden. Dies änderte sich erst im Verlauf der Revolution, vor allem infolge der Bedeutung, die der ehemalige Artillerieoffizier Napoleon Bonaparte seiner Waffe verlieh. Die leichten Bataillonsgeschütze wurden abgeschafft, die Feldartillerie dagegen so beweglich gemacht, daß sie nicht mehr wie bisher – wegen ihrer Unbeholfenheit – vor Beginn der Schlacht an Punkten aufgestellt wurde, die vorher festgesetzt waren und dann dort verbleiben mußte, sondern daß sie nach den Erfordernissen verwendet werden konnte. Jetzt war es möglich, die Artillerie überraschend einzusetzen und die Front des Feindes durch konzentriertes Feuer massierter Geschütze auf eine schwache Stelle für einen nachfolgenden Angriff der Infanterie reif zu machen. Es war die Artillerievorbereitung, die ein wesentliches Kennzeichen napoleonischer Schlachtentaktik wurde. Für diesen Einsatz gab Napoleon der Artillerie die materiellen und personellen Voraussetzungen.

Die Kriegführung Napoleons

Napoleon suchte in seinen politisch und militärisch weitgehend vorbereiteten Feldzügen die Schlacht mit dem Ziel, die bewaffnete Macht des Feindes zu vernichten. Der taktischen Entscheidung in der Schlacht ordnete Napoleon alles unter, aber er war immer bemüht, nur zu kämpfen, wenn er hohe Erfolgsaussichten besaß. Krieg und Politik standen bei ihm in engem Zusammenhang. Militärische Erfolge nutzte er politisch aus, um auf diplomatischem Felde das zu vollenden, wofür er auf dem Schlachtfelde die Grundlagen geschaffen hatte. Das zeigte sich bereits in seinem ersten Feldzug von 1796.

Auf dem italienischen Kriegsschauplatz entwickelte Napoleon alle die Elemente, die seine Kriegführung bestimmten. Rastloses Tätigsein, Schnelligkeit, Kühnheit und vor allem Energie zeichneten sein Handeln aus. Es zielte darauf ab, rasch Entscheidungen herbeizuführen. Diesem Ziel diente 1796 die Operation, die er mit einem Durchbruch zwischen den zwei Heeren der österreichisch-sardischen Koalition einleitete, um mit seiner Armee die getrennten Gegner nacheinander zu schlagen. Durchbruch oder Umgehung wurden zu wesentlichen Phänomenen seiner Strategie und Taktik. Im Gegensatz zur alten systematischen Kriegführung vermied er es, seine Truppen auf zwei oder noch mehr Operationslinien aufzuteilen. Er konzentrierte sie im gegebenen Zeitpunkt an der entscheidenden Stelle, achtete jedoch darauf, daß sich die Korps nicht unmittelbar am Feind vereinigten. Während des Feldzuges und in der Schlacht delegierte er taktische Funktionen an Unterführer. Dazu wurden die Divisionen und Korps zu Verbänden ausgebaut, die selbständig operieren konnten.

Seine Schlachten waren nicht mehr darauf angelegt, mit dem ersten Angriff die Entscheidung herbeizuführen. Sie begannen meist auf der Breite der gesamten Front, denn tiraillierende Infanterie kannte kaum noch ungangbares Gelände und dementsprechend auch keine unangreifbaren Stellungen. Der Kampf wurde in seinem Ablauf aus der Tiefe genährt und hingehalten und dabei wurde von Phase zu Phase entschieden, wo und wie die Schlacht weitergeführt werden sollte. Ergab sich die Möglichkeit, dann versuchte Napoleon die Schlacht durch Umfassen des Gegners zu entscheiden, ohne dadurch seine Kräfte in gefahrbringender Weise zu teilen. Vor allem aber hielt er stets starke Reserven zurück, mit denen er im entscheidenden Augenblick den letzten, zugleich meist kraftvollsten und heftigsten Angriff führte, der den Sieg eintrug. Er wurde unverzüglich ausgenutzt, und Napoleon bemühte sich, seine Schlachten aus Positionen zu führen, die es ihm ermöglichten, nach dem Sieg die Rückzugslinie des Feindes zu gewinnen.

Um den geschlagenen Gegner auf seinem Rückzug völlig zu vernichten, setzte

Napoleon seine Truppen zur strategischen Verfolgung an. Auch das war für die methodische Kriegführung ein neues Phänomen, denn im 18. Jahrhundert war, wenn überhaupt, nur taktisch verfolgt worden. Als eine der größten Leistungen der napoleonischen Armee gilt die konsequente Verfolgung des geschlagenen preußischen Heeres nach der Doppelschlacht bei Jena und Auerstedt.

Die neue Kriegführung war nur möglich, weil die Französische Revolution mit ihrer Staats- und Militärverfassung die Voraussetzungen und Grundlagen für die Massenheere geschaffen hatte. So konnten Verluste in der Schlacht leicht ausgeglichen und immer wieder Ersatz für die Abgänge bereitgestellt werden, die auch den französischen Armeen durch Desertion entstand. Auch bei ihnen gab es nämlich im Auf und Ab der Kriege Fahnenflucht und andere Auflösungserscheinungen, aber sie gerieten dennoch nicht in die Gefahr, dadurch wesentlich an Kampfkraft einzubüßen. Die Masse der französischen Soldaten blieb bei den Fahnen, nicht nur aus Furcht vor Strafe, oder später infolge ihrer Bindung an die Person des „Kriegsgottes" Napoleon, sondern auf Grund der moralischen Kräfte, wie Vaterlandsliebe, National- und Ehrgefühl, die die Revolution in ihnen erweckt hatte.

Erschwert wurde die Kriegführung dagegen zunächst erheblich durch die äußerst mangelhafte Disziplin, die den revolutionären Machthabern in Paris und ihren Zivilkommissaren bei den Armeen nur recht war, weil solche Grundübel einen dem Regime gefahrvollen Machtzuwachs der militärischen Führer verhinderten. Ohne die Möglichkeit, mit der Disziplin eine wesentliche Voraussetzung erfolgreichen Kampfeinsatzes zu schaffen, mußten die Generale dem Feind entgegentreten. In Paris nahm man darauf keine Rücksicht. Die militärischen Befehlshaber standen nur vor der Wahl, entweder zu siegen oder auf das Schafott zu steigen. Erst Napoleon gelang es, Gehorsam in der Armee wiederherzustellen. Die disziplinierten Truppen der Grande-Armee ermöglichten dann die Marschleistungen, mit denen der Kaiser seine Feinde beispielsweise im Feldzug von 1805 überraschte und eine österreichische Armee bei Ulm zur Kapitulation zwang. Bis herab zu den Soldaten breitete sich die Ansicht aus, Napoleon besiege seine Feinde mit den „Beinen" seiner Truppen. Die Bedeutung, die der Kaiser der Notwendigkeit rascher Truppenverschiebungen zumaß, unterstrich er auch dadurch, daß er überall in seinem Einflußbereich feste Kunststraßen erbauen ließ. Tief in das Feindesland einzudringen war jedoch erst möglich, seitdem sich die Franzosen von dem Magazinalversorgungssystem frei gemacht hatten und ihre Bedürfnisse aus dem Gebiete des Feindes deckten, zumindest in den Tagen des Vormarsches. Allerdings erlaubten es auch wieder erst ihre Massenheere, weite Gebiete des feindlichen Landes zu besetzen.

Preußen

Französische Revolution und neue Kriegführung bedingten einander erheblich. Napoleons Erfolge basierten auf Voraussetzungen, die seinen Gegnern fehlten. Das zeigt sich besonders deutlich in Preußen.

Die preußische Militärverfassung bis 1806 gehörte noch zum Ancien Régime. Die Führung der Armee lag in den Händen von Offizieren, die in ihren entscheidenden Vorstellungen von Strategie und Kriegführung durch ihre Zugehörigkeit zur Armee Friedrichs des Großen bestimmt waren. Teilweise befaßten sie sich eifrig mit theoretischen Problemen der Kriegskunst, aber nur im Rahmen der starren Lineartaktik. Aus den Revolutionskriegen wurden kaum Folgerungen gezogen. Sie galten als Entartungserscheinungen, die vorübergehen würden. Revuen und Manöver fanden deshalb in der gleichen Weise statt wie in friderizianischer Zeit. Sie waren stets bis in die Einzelheiten vordisponiert, so daß taktische Urteilsfähigkeit und Entschlußkraft nicht geübt wurden. Die höheren Führer gewöhnten sich daran, für jede Einzelheit einen Befehl abzuwarten. Diese Erziehung zeitigte im Kriege von 1806 schwerwiegende Folgen.

Die Lineartaktik wurde verfeinert und in manchen Einzelheiten verbessert. Dazu gehörte im Infanteriedienst, dem der König sein besonderes Interesse zuwandte, das Gewehrfeuer. Der im Feuergefecht nicht durchführbare Grundsatz, daß nur auf Kommando geschossen werden sollte, wurde offiziell aufgegeben. Die Truppe durfte, nachdem befohlen war, das Feuer zu eröffnen, und nach je einer Salve des ersten und zweiten Gliedes zum Einzelschießen übergehen. Schießausbildung mit scharfen Patronen fand bei der Linieninfanterie auch weiterhin nicht statt. Nur Füsiliere und Jäger schossen nach Scheiben. Sie wurden auch in Kampfformen ausgebildet, mit denen sie im Tirailleurgefecht den Franzosen Widerpart leisten und die geschlossenen Linien der Musketiere vor dem Feuer feindlicher Tirailleure schützen konnten. Dagegen lehnte die überwiegende Mehrheit der Generale die Übernahme des Tirailleurgefechtes für die Linieninfanterie mit der Begründung ab, das Tiraillieren nähre „den natürlichen Hundsfott, der, wenn wir aufrichtig sein wollen, doch in uns allen steckt, und diesen muß man zu unterdrücken suchen". Der Tirailleur verliere „durch die Gewohnheit seiner Fechtart den Mut, welcher zum geschlossenen Gefecht erfordert wird". Linieninfanterie dürfe n i e tiraillieren, wenn sie nicht ihre Brauchbarkeit als Linientruppe einbüßen sollte.

Unausgesprochen stand hinter dieser Abwehr die Erkenntnis, daß die preußische Militärverfassung die Tirailleurtaktik nicht zuließ. Die zehn mit gezogenen Gewehren ausgerüsteten und für den Patrouillendienst und zerstreutes Gefecht bestimmten Schützen, die sich seit 1787 in jeder Kompanie befanden, sollten die feindlichen Tirailleure bekämpfen, wenn keine Füsiliere greifbar waren. Für eine solche Aufgabe war ihre Zahl zu gering. Vorschläge, das dritte Glied im Tiraillieren auszubilden – wie sie Scharnhorst vertrat und der General Fürst Hohenlohe für einige Regimenter seit 1803 verwirklichte –, setzten sich in der Armee nicht durch. Die Infanterie trat den Franzosen also 1806 mit einer rückständigen Gefechtsausbildung entgegen. Die Überlegenheit der napoleonischen Infanterie war aber in taktischer Hinsicht nicht so groß, daß sie von vornherein den Sieg bedingte. Vor allem darf die Wirkung ihrer Tirailleure nicht überschätzt werden. Sie leiteten den Kampf nur ein, den Sieg verdankten auch die Franzosen dem Einsatz geschlossener Verbände und vor allem ihrer Führung. Sie war moderner ausgebildet und wendiger als die preußische.

Wie notwendig es war, die taktischen Mängel zu beseitigen, die sich bei Jena und Auerstedt offenbart hatten, erkannte auch Friedrich Wilhelm III. Noch im November 1806, unmittelbar nach den Niederlagen, arbeitete er zwei Denkschriften aus, in denen er auf das zerstreute Gefecht und die Kolonne als Angriffsform hinwies. Diese Neuerungen wurden am 23. November 1806 in der „Instruktion für die Generale bei der Armee in Ostpreußen", abgefaßt in Osterode, erstmals verkündet. Wenige Tage später forderte der König mit dem Publikandum über die „Abstellung verschiedener Mißbräuche bei der Armee" vom 1. Dezember 1806, das Troß- und Bagagewesen zu reformieren. An die Stelle des Magazinalsystems sollte das Requisitionssystem treten.

Die Prinzipien, die der König für die Reform der Taktik aufgestellt hatte, dienten der MRK als Arbeitsgrundlage für die neuen Ausführungsbestimmungen. Zur Ausarbeitung der neuen Reglements ernannte der oberste Kriegsherr spezielle Kommissionen. Zahlreiche Denkschriften, Aufsätze und Entwürfe, die dem König und der MRK eingereicht wurden, bewiesen, wie stark das Interesse an diesem Teil der Heeresreform war. Andererseits war die MRK so sehr mit anderen Aufgaben überlastet, daß sich die Bearbeitung der befohlenen Instruktionen und erst recht neuer Reglements für die Übungen der Truppen nach den neuen taktischen Gesichtspunkten lange hinauszögerten.

Am 27. März 1809 erging zunächst eine Instruktion über die Verwendung des dritten Gliedes der gesamten Infanterie beim Tiraillieren. Ihr folgten am 16. Juli 1809 die Instruktion zum Exerzieren der Infanterie und am 17. Juli 1809 die wichtigste Instruktion über die Schlacht- und Fechtordnung der Brigaden. Außerdem wurde eine besondere Instruktion für das Scheibenschießen am 2. Mai 1810 erlassen. Alle diese Instruktionen wurden dann in dem neuen „Exerzierreglement für die Infanterie der Kgl. Preuß. Armee" vom 15. Januar 1812 und in den Reglements für die anderen Waffengattungen zusammengefaßt. Von ihnen blieb besonders das Reglement für die Infanterie, abgesehen von einzelnen Umarbeitungen, bis 1888 gültig.

Im Grundsatz zielte die neue Ausbildung darauf ab, den überbewerteten exerziermäßigen Drill des friderizianischen Heeres weitgehend zugunsten von Übungen zurückzudrängen, die der Vorbereitung auf den reinen Kriegseinsatz dienten. Die Armee sollte moralisch und technisch auf den Kampf so gut wie möglich vorbereitet werden. Feld- und Schießausbildung wurden vorrangig betrieben, der Wachdienst in der Garnison dagegen bedeutend eingeschränkt.

Die Linie blieb eine der Grundformationen des Gefechtes. Sie wurde durch die Kolonnenformation erweitert, bei der das Bataillon in Kompaniebreite mit schlagendem Tambour zum Angriff antrat. Während der Freiheitskriege kämpfte die preußische Infanterie bei sparsamster Schützenentwicklung vor allem aus der Tiefe, weil bei der bajonettkampfbereiten Angriffskolonne das entscheidende Gewicht lag, nicht bei dem Feuergefecht des Schützen mit seinem glatten Vorderladergewehr. Auf die Tiefengliederung wiesen die Instruktionen daher nachdrücklich hin.

Die Tirailleurausbildung wurde allerdings keineswegs vernachlässigt. Bei der Infanterie wurden das dritte Glied und 20 bis 30 weitere Schützen als Ersatzleute im Schützendienst ausgebildet. Die Schützen, die gewandtesten Männer in der Kompanie, erhielten die besten Gewehre. Grundsätzlich sollten jedoch nie mehr Schützen zum Tirailleurgefecht übergehen, als es die Stärke des Feindes und das Gelände erforderten.

Bei der gesamten Infanterie wurden neben dem Kolonnenstoß und dem Tiraillieren auch das Schießen nach der Scheibe in den Mittelpunkt der Ausbildung gestellt. Jeder Infanterist mußte jährlich eine festgesetzte Zahl von Schüssen über verschiedene Entfernung – bis zu 400 Schritt – auf eine Scheibe abgeben, die sechs Fuß hoch und vier Fuß breit war. Die besten Schützen wurden prämiiert.

Beim Felddienst waren es vor allem Feldwachen und Vorposten, Aufklärung und Sicherung, Vorhut- und Nachhutaufgaben, Marschsicherung und Überfall, Angriffs- und Verteidigungsformationen sowie Biwakieren und Schanzarbeiten, die während des ganzen Jahres nicht mehr auf dem Exerzierplatz, sondern unter kriegsmäßigen Bedingungen geübt wurden. Größtenteils waren sie nicht nur neu in das Ausbildungsprogramm aufgenommen worden, sondern wurden auch unter ein neues Erziehungsziel gestellt. Offiziere, Unteroffiziere und auch der einzelne Mann sollten zu selbständigem Denken und Handeln erzogen werden. Ebenso war es Ziel der Reformen, dem Manöver den Charakter einer Revue zu entziehen, es also stärker auf „das Wesentliche des Felddienstes als auf allzu große Pünktlichkeit der niederen Taktik" auszurichten. Das setzte allerdings voraus, daß die übernommenen alten Offiziere und Unteroffiziere sorgfältig dazu angehalten wurden, den überlieferten Mechanismus in der Ausbildung abzulegen – eine Sorge, der die Reformer viel Aufmerksamkeit zuwandten. Aus diesem Grunde erhielt beispielsweise die leichte Infanterie zeitweise selbständige Kommandeure und 1810 mit dem Generalmajor v. Yorck einen eigenen Generalinspekteur. Seine Instruktionen erlangten weitreichende Bedeutung. Als den besten leichten Infanteristen bezeichnete die Instruktion von 1809 den Soldaten, der am wenigsten Maschine ist. Bei Übungen im zerstreuten Gefecht müsse alles Formelle wegfallen. Yorck forderte sogar, die leichten Truppen sollten sich an den amerikanischen „Rifflemännern" ein Vorbild nehmen.

Auch für die anderen Waffengattungen ergingen nach vorläufigen Instruktionen zusammenfassende Reglements. Das der Kavallerie war stark dem Reglement der Infanterie angepaßt. Der Einsatz der Reiterei sollte sich vor allem nach dem Verlauf des Infanteriekampfes richten. Attacken wurden auf eine Entfernung von 600 bis 800 Schritt eingeübt, jedoch fehlten Vorschriften darüber, wie größere Kavalleriekörper zu verwenden seien. Des Reglements für die Artillerie nahm sich Scharnhorst intensiv an. An die Artillerieoffiziere ließ er hohe Anforderungen stellen. Die Portepéefähnriche wurden nach bestandener Offizierprüfung zunächst nur zu Offizieren von der Armee ernannt. Nach drei Jahren mußten sie eine weitere Prüfung bestehen, bevor sie sich Artillerieoffiziere nennen durften. Ein letztes Examen sollten sie ablegen, bevor sie zum Kapitän befördert wurden – auch dann, wenn sie im Kriege bereits eine Batterie geführt hatten. Im Dienstreglement der Artillerie standen Vorschriften über die Bedienung der Geschütze und die Aufgaben der einzelnen Batterie im Vordergrund, beispielsweise sollten zukünftig jährlich Schießübungen stattfinden. Dagegen befaßte sich das Reglement nicht mit der Zusammenfassung mehrerer Batterien, wie sie in der napoleonischen Armee so erfolgreich geübt wurde.

Im Rahmen ihrer Möglichkeiten schufen also die Reformer die Voraussetzungen dafür, mit Aussicht auf Erfolg gegen Napoleon zu kämpfen. Sie bestand nur, wenn Preußen Bundesgenossen fand. Ein Krieg ohne Verbündete mußte infolge der ungleichen Kräfteverteilung zur Niederlage führen. Die Beseitigung der Unzulänglichkeiten, die bei den vorangegangenen Koalitionen gegen Frankreich aufgetreten waren und zu politischen und militärischen Mißerfolgen geführt hatten, entbanden die preußische Führung nicht von der Aufgabe, der einheitlich geführten politischen und militärischen Macht Napoleons, der auch seine Bundesgenossen streng eingeordnet waren, eine Koalition entgegenzustellen. Dieses Problem durchdachte vor allem Scharnhorst. Er sah in Preußen den Träger der neuen Koalition, dessen politischer Wille die zukünftigen Verbündeten mit sich reißen sollte. Militärisch meinte er, die Aufgaben der Koalitionskriegführung am besten durch einen gemeinsamen Generalstab lösen zu können. Das war nicht zu verwirklichen. So war es 1813 zunächst vor allem seine Persönlichkeit, die die Armeen der Bündnispartner von Kalisch, Russen und Preußen, durch geschicktes Verhalten zum gemeinsamen Handeln brachte und dann wesentlich dazu beitrug, die Koalition auf Österreich auszudehnen. Nach seinem Tode wurde das Zusammenspiel der Koalitionsarmeen vor allem durch die Anwesenheit der verbündeten Monarchen und ihrer leitenden Minister im Hauptquartier des alliierten Oberfehlshabers bewirkt.

Einen militärischen Führer, der Napoleon kongenial war, fand die Koalition in Gneisenau. Als Generalstabschef der Schlesischen Armee war er es, der dem Kaiser der Franzosen mit den Formen der neuen Kriegführung entgegentrat und die anderen Befehlshaber der koalierten Armeen veranlaßte, ihm zumindest notgedrungen zu folgen. Sein Kriegsbild war auf den geistigen Grundlagen aufgebaut, die der Gesamtstaatsreform in Preußen mit ihrem Bündnis zwischen Regierung und Nation zu Grunde lagen. Er ließ sich auf seinem Wege auch nicht beirren, als die Massendesertion von Angehörigen der Landwehr während der Operationen vor der Völkerschlacht bei Leipzig zeigte, daß die Gedanken und Ziele der Reformer keineswegs bereits die Masse des Volkes erfaßt hatten. Der Erfolg bestätigte Mit- und Nachwelt, daß er das Wesen der neuen Kriegführung erkannt hatte und deshalb seine Zeitgenossen zwingen mußte, ihm zu folgen. Das galt nicht nur für die Landwehrmänner, die zu Tausenden wieder eingefangen und in die zweite Klasse des Soldatenstandes versetzt wurden, um mit verkehrt angezogener Dienstbekleidung durch die Reihen ihrer Kameraden geführt und mit Hunger und Stockschlägen bestraft zu werden, sondern das galt, wenn auch in anderer Beziehung, ebenso für die Generale und Heerführer der koalierten Armeen. Dagegen blieb es Gneisenau erspart zu erleben, daß sich seine Vorstellungen von einem Volksaufstand nicht realisieren ließen. Um die Pläne zu verwirklichen, mit denen Gneisenau 1808, 1811 und 1813 hervortrat, fehlten im preußisch-deutschen Bereich die Voraussetzungen, die von 1793 bis 1796 in der Vendée, in Tirol 1809 und vor allem in Spanien von 1808 bis 1814 den Volkskrieg getragen hatten.

c. *Volkserhebung – Volksaufstand – Volkskrieg*

Volkserhebungen als Kriegsmittel bei Auseinandersetzungen zwischen Staaten galten auch nach ungeschriebenem völkerrechtlichem Brauch immer noch als unzulässig. Aus der Sicht absolutistischer Staatsauffassung bedrohten sie nicht nur den Feind, sondern auch die eigene gesamte staatliche Ordnung. Sie wurden von den Regierungen mehr gefürchtet als ein verlorener Kabinettskrieg, denn sie entfesselten Kräfte, die sich der Kontrolle durch die staatlichen Organe entzogen und das Chaos heraufführten. Napoleon bezeichnete deshalb den Aufstand der Tiroler und die Volkserhebung der Spanier als Insurrektionen und stempelte sie damit zu einem illegalen Akt gegen die legitime Obrigkeit und ihre Ordnung. Tatsächlich aber war zumindest der Kampf der Spanier gegen die Truppen Napoleons eine Auseinandersetzung zwischen Staaten, denn die bekämpfte Gewalt war eine landesfremde Macht.

In Spanien hatten sich einsichtige Führer des Aufstandes von vornherein bemüht, den Kampf gegen die Franzosen nicht mit Feldschlachten, sondern in der Form des Parteigänger- oder Detachementkrieges, des sogenannten „Kleinen Krieges“ zu führen, der in den absolutistischen Heeren Sache der leichten Truppen war. Es war dann aber nicht diese Kampfart, aus der sich der wirkungsvolle Volkskrieg gegen die napoleonischen Truppen entwickelte. Er erwuchs auf der Grundlage eines „revolutionären Krieges“, in dem Volkskräfte, die größtenteils militärisch unausgebildet waren, mit den Mitteln, die sie persönlich besaßen oder sich verschaffen konnten, im Rahmen der Möglichkeiten, die sich ihnen anboten, den regulären Streitkräften Napoleons entgegentraten. Diese Kampfesweise wird seit dem Unabhängigkeitskrieg der Spanier weitgehend mit dem Terminus „Guerilla“ bezeichnet. Die Antriebskräfte des Guerillakampfes lagen nicht im militärischen Bereich, sondern waren vor allem religiöser, ideologischer, politischer, sozialer und persönlicher Natur, wurden also vorwiegend von geistigen Motiven getragen. Die Guerillakämpfer entstammten in ihrer Masse den unteren Bevölkerungsschichten, doch standen auch Geistliche, Offiziere und Soldaten in ihren Reihen. Der entsetzlich harte, grausame Zug, der dem Guerillakampf eigen war und unter dem Freund und Feind litten, wurde vielfach vom Verbrechertum hineingetragen, das sich zu den Unabhängigkeitskämpfern gesellte und nicht leicht auszurotten war.

Der Guerillakampf wurde von der spanischen Zentralregierung sehr frühzeitig legitimiert. Sie versuchte ohne größeren Erfolg, ihn durch Gesetze zu regulieren. Jedoch spielte sich der Guerillakampf auch nicht völlig ungeordnet und bar jeder Steuerung seitens der höheren militärischen Führung ab. Oft arbeiteten die Guerillaeinheiten mit regulären Truppen, in den letzten Kriegsjahren auch mit der Armee des Herzogs von Wellington zusammen. Sie waren nicht die Macht, an der Napoleon auf der Pyrenäischen Halbinsel scheiterte, aber sie fügten seinen Streitkräften unentwegt erhebliche Verluste und großen Schaden zu und trugen auch dadurch zum Gewinnen des Krieges bei, daß sie die Franzosen zwangen, ihre Truppen in viele kleine Kampfgruppen aufzusplittern. Dadurch fehlte ihren Generalen im entscheidenden Zeitpunkt die zahlenmäßige Überlegenheit gegenüber der spanisch-englisch-portugiesischen Allianz.

In Preußen gewann die Konzeption, die Monarchie könne sich im Kriegsfalle mit Hilfe eines Volkskrieges einem Angreifer über einen längeren Zeitpunkt hin widersetzen, Anhänger, seitdem der erste erfolgreiche Widerstand der Spanier gegen französische Truppen bekannt wurde. Erfahrungen des spanischen Volkskrieges konnte Gneisenau bei seinen Volkserhebungsplänen von 1808 aber schon deshalb nicht verwerten, weil noch keine Einzelheiten bekannt waren. Dadurch unterschieden sich seine Vorschläge von 1808 wesentlich von denen des Jahres 1811 und dem Landsturm von 1813. Es waren zunächst die Pläne von 1811, für die er die Vorgänge auf der Pyrenäischen Halbinsel auswertete, wobei die Spanier vornehmlich als Lehrbeispiel dafür dienten, wie der Volksaufstand nicht gemacht werden durfte. Erst recht wurden für den Landsturm von 1813 alle Erfahrungen berücksichtigt, die Spanien bot. Nur ein Faktor konnte diesmal nicht eingesetzt werden – aber gerade er war es, der den Spaniern ihre Erfolge eingebracht hatte: die Selbständigkeit der Nation, im entscheidenden Zeitpunkt aus innerem Antrieb und ohne von außen dirigiert zu werden, für die Freiheit einzutreten. In Preußen erklärte die Verordnung über den Landsturm vom 21. April 1813 jeden spontanen Volksaufstand für Meuterei. Nur Personen, die gesetzlich dafür vorgesehen waren, durften den Landsturm aufbieten. Ihm waren damit von vornherein weitgehend die irrationalen Kräfte entzogen, die die Volksaufstände in der Vendée und in Spanien bestimmt hatten.

Der Landsturm von 1813, der nur vereinzelt aufgeboten wurde und kaum zum Einsatz gelangte, war ein Kompromiß, dem Scharnhorst und Gneisenau zugestimmt hatten, um die Idee des Volkskrieges zu retten und dem Freiheitskampf für den äußersten Notfall alle Hilfsquellen zu erschließen. Der Volksaufstand wurde dabei institutionalisiert und in eine Form gepreßt, die es nicht gestattet, Landsturm und Guerilla einander gleichzusetzen. Die Reformer aber, besonders Gneisenau, ließ ihr idealistisches Wollen in den Untertanen des preußischen Königs Eigenschaften vermuten, die sie bei den Spaniern sahen – oder sehen wollten. Das setzte sie dem Risiko aus, für Preußen ein falsches Kriegsbild mit allen möglichen Folgen zu entwerfen. Der spanische Unabhängigkeitskrieg war also nicht der Anstoß, wie 1808, oder Lehrbeispiel, wie 1811, sondern auch Gefahr. Sie wurde nicht akut. Der Volkskrieg – sieht man von einigen kleineren Insurrektionen und dem Kampf der Tiroler von 1809 ab, der sich aber auch nicht mit dem Guerillakampf vergleichen läßt – blieb ein Phänomen der Kriegführung, das im deutschen Bereich nicht auftrat.

H. Zusammenfassung

Die Zeit von 1789 bis 1815 ist zweifellos als eine in sich geschlossene Epoche anzusehen. Aber sie ist zugleich auch eine Ausnahmezeit, deren phasenhafter Charakter sich darin zeigt, daß die Mehrheit der Gewalten des absolutistischen Zeitalters nicht spurlos hinweggefegt wurde, sondern sich in den Stürmen der Revolution halten und am Ende der Epoche wieder durchsetzen konnte. Das heißt aber nicht, daß schon die Zeitgenossen diese Eigenart ihres Zeitalters erkannten. Viele meinten zunächst, einen geschichtlichen Wendepunkt mitzuerleben, der eine spätere Restauration der absolutistischen Herrschaftsweise mit ihren Ausdrucksformen in allen Lebensbereichen auszuschließen schien.

Allerdings brachte die revolutionäre Bewegung das äußerlich dauerhafte Gefüge des absolutistischen 18. Jahrhunderts weitgehend ins Wanken. Vorausgegangen war der politischen Umwälzung eine Revolution der Ideen und des Geistes, die die gewaltsame Umgestaltung der staatlichen Ordnung vorbereitet hatten. Geistige Kräfte und politische Bewegung bedingten dann einander so stark, und zwar wesentlich stärker als in den vergangenen Jahrhunderten, daß diese Wechselwirkung zu einem Kennzeichen des Zeitalters wurde. Die Grundgedanken des 18. Jahrhunderts, Rationalismus und Aufklärung, gelangten mit der Französischen Revolution und der Herrschaft Napoleons in ungeahntem Maße zu politischer Einwirkung und Wirksamkeit.

Das politische Geschehen in Frankreich entfesselte aber auch die nationale Idee, die sich zu einem gefährlichen Gegner ihrer ursprünglichen französischen Verkünder und Vollstrecker entwickelte. Von den Revolutionären ins übrige Europa hineingetragen, verband sie sich mit den Kräften, die der einseitigen Herrschaft der Vernunft den Kampf ansagten. In einem gesamteuropäischen Vorgang wurde die Vorherrschaft des philosophischen Rationalismus mit seiner Denkweise und Lebensführung zunächst geistig gebrochen und dann mit Napoleon ihr bedeutendster politischer Exponent gestürzt. Dabei wandte sich der deutsche Geist radikaler als Westeuropa neuen Vorstellungen und Wesensbegriffen zu – eine Entscheidung, die zur Folge hatte, daß die Ideenentwicklung in Deutschland einen anderen Verlauf nahm als in seinen westlichen Nachbarländern. Die nationale Idee selbst löste die individualistische Haltung und den Kosmopolitismus des 18. Jahrhunderts ab und schuf den Nationalstaat. Zu seinen Gunsten verzichtete der Bürger auf persönliche Rechte und ordnete sich den Belangen der Gesamtheit unter.

Gerade im Bereich des Militärischen läßt sich zeigen, daß die Epoche aber auch als eine Periode des Umbruchs anzusehen ist, die großartige Gelegenheiten und reiche Möglichkeiten bot, das Leben der Staaten und Völker entscheidend zu ändern. Dabei enthüllt sich, daß einerseits die Vertreter auch dieser revolutionären Zeit bei weitem nicht alle Ansätze zu einer entscheidenden Neuorientierung konsequent verfolgten – was der Nachwelt sichtbar ist, erkannten sie teilweise gar nicht –, andererseits aber Reformmaßnahmen auf die Dauer wirkungslos blieben, weil die Anhänger des Alten stark genug waren, sie abzufangen oder verpuffen zu lassen.

Die militärische Entwicklung vollzog sich in zwei Schwerpunkten, in Frankreich und in Preußen. In Frankreich zerstörte die Revolution Verfassung und Institutionen, Anschauungen und Überlieferungen der ruhmreichen Armee der Bourbonen. Das geschah teils als eine natürliche Folge, teils unter dem Zwang der Verhältnisse, aber es vollzog sich zunächst nicht im Zeichen einer neuen Wehrkonzeption. Sie fehlte dem Bürgertum. Es verpaßte aus Verständnislosigkeit für die politische Grundweisheit, daß Staatsform und Militärwesen einander bedingen, die Gelegenheit, seiner Revolution notwendige Existenzgrundlagen zu schaffen. Seine wehrpolitische Kurzsichtigkeit trug wesentlich dazu bei, daß es die Führung des Staates verlor. Aber auch die neuen Machthaber fanden erst mit Carnot die Persönlichkeit, die im Bereich des Militärwesens energievoll neue Wege beschritt und das Schwergewicht in der militärischen Entwicklung zunächst Frankreich übertrug. Carnot schuf die Grundlagen für die Massenheere, die das militärische Gesicht der Epoche prägten.

Die Massenheere und die von ihnen heraufgeführte Umwandlung und Umwertung der Kriegskunst erschienen den Vertretern der stehenden Heere des absolutistischen Zeitalters vielfach als etwas völlig Neues, zumal sie von einer neuen geistigen Einstellung des Soldaten zu seinen Aufgaben bestimmt waren. In Wirklichkeit hatte das revolutionäre Militärwesen keineswegs mit den soldatischen Anschauungen des königlichen Heeres absolut gebrochen. Es griff manchen Gedanken auf, der vor 1789 geäußert worden war. Das trifft beispielsweise gerade bei der Artillerie zu, aus der bezeichnenderweise mit Napoleon die Persönlichkeit hervorging, die in der kaiserlichen Armee eine bewaffnete Macht schuf, in der sich die zukunftsweisenden, positiven Errungenschaften des revolutionären Soldatentums mit bewußt wiederaufgenommenen traditionellen Werten des stehenden Heeres verbanden. Diese Grundlagen blieben dem französischen Militärwesen auch nach dem Sturz des Kaisers trotz restaurativer Tendenzen erhalten.

Die kaiserliche Armee war es dann, die den Rheinbundstaaten zum Vorbild diente. Erst die Siege und die Diplomatie Napoleons zwangen nämlich die Mittel- und Kleinstaaten, die den Reichsdeputationshauptschluß und das Ende des Heiligen Römischen Reiches deutscher Nation überlebt hatten und vielfach nach bedeutenden territorialen Vergrößerungen in die Confédération du Rhin aufgenommen wurden, bewußt zu den Entscheidungen der Epoche Stellung zu nehmen. Im militärischen Bereich sahen sich die meisten Rheinbundfürsten durch ihre Verträge mit dem Kaiser der Franzosen gezwungen, ihr Heerwesen in einem Ausmaße zu verstärken, das ihrem überlieferten landesherrlichen Denken bisher ferngelegen hatte. Nur wenige Herrscher ergriffen freudig die Gelegenheit, sich eine bewaffnete Macht als Mittel ihrer Politik zu schaffen. Ihr Exponent war König Friedrich I. von Württemberg. Die Mehrheit der Fürsten kam ungern den militärischen Verpflichtungen nach. Dafür waren nationale Motive nur vereinzelt ausschlaggebend, wesentlich dagegen die Belastung durch den Militärhaushalt und die Ablehnung des Militärdienstes seitens der Untertanen. Diese Unterschiede waren dem Kaiser nicht unbekannt und er richtete seine Politik auf sie aus. Während er sich beispielsweise aller Einwirkungen, erst recht aller Eingriffe in das württembergische Heerwesen enthielt, veranlaßte er zahlreiche Rheinbundstaaten, ihr Militärwesen dem französischen Vorbild anzugleichen. Das alles trug dazu bei, daß die Soldaten der Rheinbundstaaten, auch wenn sich die Kontingente nur noch aus konskribierten Landeskindern zusammensetzten, eher den unpolitischen Söldnern des Frühabsolutismus glichen als den von Patriotismus getragenen französischen oder preußischen Soldaten ihrer Zeit.

Die Mehrheit der übernommenen oder an französische Verhältnisse angeglichenen Institutionen wurde nach dem Zusammenbruch der Vorherrschaft Napoleons wieder beseitigt. Zu den wenigen Einrichtungen, die erhalten blieben, gehörten die moderne Gliederung der Armeen, Institutionen wie der Generalstab, und vor allem die Konskription. Sie bestimmte als bedingte allgemeine Wehrpflicht die Militärverfassungen der meisten Staaten des Deutschen Bundes und behauptete sich bis in die zweite Hälfte des Jahrhunderts neben der allgemeinen und gleichen Wehrpflicht, die Preußen mit seiner Wehrgesetzgebung von 1814/15 schuf.

Mit der geistigen Fundierung der Allgemeinen Wehrpflicht in den Diskussionen der Reformer und mit ihrer gesetzlichen Verankerung verlagerte sich seit der Heeresreform das Schwergewicht der militärischen Entwicklung von Frankreich nach Preußen. Dieser Staat übermittelte dem 19. Jahrhundert eine der Ideen der Epoche, die die Geschichte bis in die jüngste Zeit wesentlich beeinflußten. Die Entscheidung über das Gesetzeswerk von 1814/15 fiel allerdings nicht so sehr auf Grund der ideellen Motive, die in den Überlegungen der Reformer stark angeklungen waren, und erst recht nicht infolge der Ursachen, die ihr später aus nationaler oder liberaler Sicht zugeschrieben wurden, sondern vor allem aus Zweckmäßigkeitserwägungen und infolge von Entschlüssen, die der Tagespolitik entsprangen. Wesentlich ausschlaggebend war die Erkenntnis, daß der verschuldete und wirtschaftlich schwer mitgenommene Staat ein starkes stehendes Heer leichter auf der Grundlage der Allgemeinen Wehrpflicht erhalten konnte als auf der Basis der friderizianischen Heeresaufbringung.

Deutlicher und besser als bei den Rheinbundstaaten lassen sich am Beispiel Preußens die Wechselbeziehungen zwischen Staatsverfassung und Militärverfassung, zwischen Staatsreform und Heeresreform, zwischen Politik und bewaffneter Macht erkennen.

Vor 1806 scheiterten in Preußen tiefgreifende militärische Reformen daran, daß es am Willen fehlte, die Staatsverfassung ebenfalls umzugestalten. Es mangelte nicht nur an Einsicht bei den ausschlaggebenden Männern, sondern auch an den politischen Voraussetzungen überhaupt. Erst die Not erzwang beides. Dem Reformwerk kam dann jedoch zugute, daß die Zeit der Vorreform Gelegenheit zur vielschichtigen Diskussion und geistigen Vorbereitung geboten hatte. Sie hatte Scharnhorst erkennen lassen, wie sehr der Aufbau eines neuen Heeres von einem im politischen Bereich reformierten Staat abhängig war. Sollte die Armee nicht mehr auf der ständischen, sondern auf der staatsbürgerlichen Idee begründet sein, mußte zuerst das Staatsbürgertum als tragende Schicht geschaffen werden. Es sollte auf dem Wege über ein Bündnis zwischen Regierung und Nation am Schicksal des Staates interessiert und beteiligt werden. Zugleich mußte damit der Staat auch bürgerlichen Vorstellungen erschlossen werden. Das war eine Folgerung, der die bisher staatstragenden Kräfte entgegentraten, vor allem in der Armee.

Die überlieferte Ständeordnung hatte die bürgerlichen Prinzipien Bildung und Tüchtigkeit nicht als Maßstäbe anerkannt. Besonders scharf waren diese Grundsätze im Heer als adelsfeindlich abgelehnt worden. Aber gerade in ihrer Einführung in den militärischen Bereich sahen die Reformer ein wesentliches Mittel, im Bürgertum Zustimmung zu der Notwendigkeit und Verständnis für das Wesen der bewaffneten Macht zu erwecken und andererseits die Soldaten mit neuem, zeitgemäßem Geist zu erfüllen. Sie wollten der bürgerlichen Auffassung Geltung verschaffen, daß jede Stellung nun unabhängig von Geburt und ererbten „Ansprüchen" nach Leistung und Können besetzt und zugleich als Lohn für vollbrachte Arbeit angesehen werden solle. Damit brachen sie mit einer Tradition, die sich dann aber doch zumindest im militärischen Bereich später wieder durchsetzte. Die nachfolgende Epoche zeigte, daß es den Reformern nicht gelungen war, der gedanklichen Auseinandersetzung mit den anstehenden Problemen die Verwirklichung ihrer Erkenntnisse folgen zu lassen.

Darin liegt das wesentliche Kennzeichen des Zeitalters und eine wichtige Komponente im Schicksal der Heeresreform in Preußen. Die Bedeutung des militärischen Reformwerkes liegt mehr in der Diskussion und geistigen Klärung der Probleme als in ihrer Durchsetzung in die Praxis. Dabei spielte die nationale Idee nicht die Rolle, die ihr von der späteren nationalen Geschichtsschreibung zudiktiert wurde. Die Reformer erzielten zwar Erfolge, aber es gelangen ihnen kaum entscheidende Durchbrüche, die nicht rückgängig gemacht oder umgedeutet werden konnten.

Die Reformer waren keine Revolutionäre, aber auch keine originellen Schöpfer. Sie wollten weder an der Existenz des stehenden Heeres rütteln noch beabsichtigten sie, die Armee unabhängig vom Zeitgeist aufzubauen. Sie übernahmen auch nicht einfach Ideen oder fremde Institutionen, sondern versuchten, alles Neue den besonderen Bedürfnissen Preußens und dem Charakter seiner Bewohner anzupassen. Die Jahre der Heeresreform schienen dem äußeren Eindruck nach ihnen allein zu gehören. In Wirklichkeit waren sie gezwungen, die Eigentümlichkeiten der Monarchie und die Persönlichkeit Friedrich Wilhelms III. in erheblichem Maße zu berücksichtigen, wenn sie das Reorganisationswerk in der Hand behalten wollten. Es entglitt ihnen, als sie nicht klar genug erkannten, daß eine Armee, die nicht nur *ein* Mittel königlicher Exekutive war, wie andere Institutionen des Staates auch, sondern als das zuverlässige Instrument des absolutistischen Herrschers gegolten hatte und nach dem Willen des Königs auch bleiben sollte, ihren Aufgaben als bewaffnete Macht absolutistischer Überlieferung nur nachkommen konnte, wenn sie stärker als andere Bereiche vom Monarchen unmittelbar abhängig blieb. Der Versuch, auch die innere Struktur des Heeres und vor allem sein Offizierkorps tiefgreifend zu ändern, entschied das Schicksal des Reformwerkes in der Restauration. In Preußen brach keine „neue Zeit" an. Die Monarchie der Hohenzollern blieb bis in die Mitte des Jahrhunderts absolutistisch, ein Staat, für dessen Militärwesen die Epoche von 1789 bis 1815 und besonders die Heeresreform keine entscheidende Wende bedeuteten. In das nationalstaatliche Zeitalter trat Preußen mit einer Armee ein, die wohl auf der Allgemeinen Wehrpflicht beruhte, die aber ganz offensichtlich eine königliche Armee geblieben war mit bewußt absolutistischen Zügen.

II

Rainer Wohlfeil

Vom Stehenden Heer des Absolutismus zur Allgemeinen Wehrpflicht (1789-1814)

Anhang: Bibliographie

Redaktionell bearbeitet von Gert Sandhofer

A. Das Zeitalter

1. Die politische Entwicklung

Aus der umfangreichen Literatur zur allgemeinen Geschichte von 1789–1814 vermitteln folgende Werke einen guten Überblick und führen zugleich durch Literaturhinweise weiter: Hans HERZFELD, *Die moderne Welt, 1789-1945, T. 1, Die Epoche der bürgerlichen Nationalstaaten, 1789–1890, Braunschweig* [4]*1964 = Geschichte der Neuzeit, Bd 3, 1;* die Beiträge von Fritz WAGNER, Hellmuth RÖSSLER, Jean BOURDON und André FUGIER zum Abschnitt *Die Revolutionen, das napoleonische Zeitalter und die Befreiungskriege, in: HistM, Bd 9, Bern 1960;* Richard NÜRNBERGER, *Das Zeitalter der Französischen Revolution und Napoleons, in: PropW, Bd 8, Berlin 1960,* und vor allem Willy ANDREAS, *Das Zeitalter Napoleons und die Erhebung der Völker, Heidelberg 1955.* Neben den Darstellungen in den Handbüchern zur deutschen Geschichte, nämlich Max BRAUBACH, *Von der Französischen Revolution bis zum Wiener Kongreß, in: Gebhardt, Bd 3, Stuttgart* [8]*1960,* und Kurt v. RAUMER, *Deutschland um 1800, Krise und Neugestaltung 1789-1815, in: Just, Bd 3, Abschn. 1, Konstanz 1959 ff.,* wird zur speziellen deutschen Geschichte noch auf Franz SCHNABEL, *Deutsche Geschichte im neunzehnten Jahrhundert, Bd 1, Die Grundlagen, Freiburg i. Br.* [5]*1959,* und Ernst Rudolf HUBER, *Deutsche Verfassungsgeschichte seit 1789, Bd 1, Stuttgart 1957,* verwiesen.

Die Amerikanische Revolution

Besonders zwei Arbeiten von Robert Roswell PALMER, *The Age of the Democratic Revolution, A political History of Europe and America, 1760-1800, Bd 1 ff., Princeton 1959 ff.,* und *Der Einfluß der amerikanischen Revolution auf Europa, in: PropW, Bd 8, Berlin 1960,* stellen die Rückwirkungen der Amerikanischen Revolution auf Europa heraus. Die Rolle einer Persönlichkeit bei der Vermittlung dieser Einflüsse untersucht Louis GOTTSCHALK, *Lafayette between the American and the French Revolution, Chicago 1950.*

Die Französische Revolution

Sehr gute Überblicke vermitteln Georges LEFEBVRE, *La Révolution Française, Paris* [5]*1963 = Peuples et civilisations, Bd 13,* und Martin GÖHRING, *Geschichte der großen Revolution, Bd 1 ff., Tübingen 1950 ff.*

Eine Zusammenfassung in handbuchartiger Form bietet Georges LEFEBVRE, *Napoléon, Paris* [4]*1953 = Peuples et civilisations, Bd 14.* Sehr breit angelegt ist die Darstellung aus konservativer Sicht von Louis MADELIN, *Histoire du Consulat et de l'Empire, 16 Bde, Paris 1937–1954.* Als deutsche Biographie des Kaisers kann noch immer August FOURNIER, *Napoleon I., eine Biographie, 3 Bde, Wien* [4]*1922*, empfohlen werden.

Die Erhebung der Völker

Den Einfluß des spanischen Unabhängigkeitskrieges auf die Deutsche Erhebung untersucht Rainer WOHLFEIL, *Spanien und die Deutsche Erhebung 1808–1814, Wiesbaden 1965.* Eine Darstellung der sogenannten Deutschen Erhebung Österreichs in „großdeutscher Sicht" bietet Hellmuth RÖSSLER, *Österreichs Kampf um Deutschlands Befreiung, 2 Bde, Hamburg* [2]*1945.* Weitere Literaturhinweise im Abschn. III, Militärverwaltung und Heeresaufbringung in Österreich. Die preußische Geschichte hat durch Friedrich MEINECKE, *Das Zeitalter der deutschen Erhebung (1795–1815), Göttingen* [6]*1957 = Kleine Vandenhoeck-Reihe, Bd 46–47*, eine klassische Darstellung gefunden. Zu ihrer Ergänzung und zugleich zur Überprüfung, wie stark ihre Thesen dem Geschichtsbild der Epoche vor dem Ersten Weltkrieg verhaftet sind [erste Auflage bereits 1906], können, neben dem Geleitwort von Siegfried A. KAEHLER, an neueren Arbeiten in erster Linie dienen: Gerhard RITTER, *Stein, eine politische Biographie, Stuttgart* [3]*1958;* Hans HAUSSHERR, *Erfüllung und Befreiung, Der Kampf um die Durchführung des Tilsiter Friedens 1807–1808, Hamburg 1935;* Hans HAUSSHERR, *Die Stunde Hardenbergs, Hamburg 1943.* Zur Konvention von Tauroggen bietet die Untersuchung von Walter ELZE, *Der Streit um Tauroggen, Breslau 1926*, einen umfangreichen Schriftennachweis. Die Ausführungen zum Terminus „Freiheits- oder Befreiungskriege" beruhen auf Studien des Verfassers.

2. Die geistigen Triebkräfte

Außer o. a. Literatur ist als grundlegende Arbeit Friedrich MEINECKE, *Weltbürgertum und Nationalstaat, Stuttgart* [8]*1962 = Friedrich Meinecke, Werke, Bd 5*, unter Berücksichtigung der Einleitung von Hans HERZFELD heranzuziehen.

B. Die Revolutionen und das Militärwesen

1. Revolution und Unabhängigkeitskrieg in der neuen Welt

Die Ausführungen zur amerikanischen Militärgeschichte beruhen einschließlich der Zitate besonders auf Walter MILLIS, *Amerikanische Militärgeschichte in ihren politischen, wirtschaftlichen und sozialen Zusammenhängen, Köln 1958,* [ungekürzte amerikanische Ausg.: *Arms and Men, A Study of American Military History, New York 1956*]. Als Darstellungen können empfohlen werden: Christopher WARD, *The War of the Revolution, 2 Bde, New York 1952,* und der Überblick von Fritz WAGNER, *Der nordamerikanische Unabhängigkeitskrieg und die Anfänge der Vereinigten Staaten von Nordamerika, in: HistM, Bd 9, Bern 1960.* Washington wird als Soldat und vor allem in seiner militärgeschichtlichen Bedeutung gewürdigt von Ludwig RÜDT v. COLLENBERG, *Washington, in: Schöpfer und Gestalter der Wehrkraft, Berlin 1935.* Die grundlegende Biographie über Steuben ist von John McAuley PALMER, *General v. Steuben, Berlin 1938.*

2. Französische Militärgeschichte im Zeichen der Französischen Revolution und der napoleonischen Vorherrschaft

Für den Zeitraum des Abschnittes gibt es bisher keine Darstellung der französischen Militärgeschichte, die in ihrer Konzeption diesem Handbuch entspricht. Werke wie Jean COLIN und F. REBOUL, *Histoire militaire et navale, Paris 1925 = Histoire de la nation française, Bd 7;* Joseph REVOL, *Histoire de l'armée française, Paris 1929;* Maxime WEYGAND, *Histoire de l'armée française, Paris ²1953,* [deutsche Ausg.: *Die Geschichte der französischen Armee, Berlin 1939*], und Charles de GAULLE, *La France et son armée, Paris 1945,* behandeln zwar breit die Zeit von 1789–1814, wenden sich aber vornehmlich heeres-, truppen- und kriegsgeschichtlichen Fragen zu. Mit der Stellung der Armee im Jahre 1789 befassen sich in speziellen Untersuchungen Albert DURUY, *L'armée royale en 1789, Paris 1888,* dessen Ausführungen über das französische Offizierkorps teilweise überholt sind durch den Aufsatz von Louis HARTMANN, *Les officiers de l'armée royale à la veille de la Révolution, in: RH, Jg 34, 1909, Bd 100, S. 241–268,* und *Bd 101, S. 38–79,* und Georges BOURDEAU, *L'affaire de Nancy – 31 août 1790, in: AnnEst, Jg 12, 1898, S. 280–292.*

Die angeführten Gesetze sind gedruckt bei Eugen v. FRAUENHOLZ, *Das Heerwesen des XIX. Jahrhunderts, München 1941 = Entwicklungsgeschichte des deutschen Heerwesens, Bd 5,* und bei Eugène DÉPREZ, *Les volontaires nationaux (1791–1793), Étude sur la formation et l'organisation des bataillons d'après les archives communales et départementales, Paris 1908.* Die Bedeutung von Persönlichkeiten erhellen die, allerdings modernen Ansprüchen nicht genügenden, Biographien über Dubois-Crancé von Th. JUNG, *L'armée et la Révolution, Dubois-Crancé (Edmond-Louis-Alexis)... 1747–1814, 2 Bde, Paris 1884,* und über La Tour du Pin von Lucien de CHILLY, *Le premier ministre constitutionnel de la guerre La Tour du Pin, les origines de l'armée nouvelle sous la Constituante, Paris 1909.* Einige Gedanken und der Ausdruck „Schutztruppe der Revolution" sind dem o. a. Werk von M. GÖHRING entnommen. Die grundlegende Arbeit über Wesen und Bedeutung der berühmten Freiwilligen von 1791 ist: Camille ROUSSET, *Les volontaires 1791–1794, Paris [3]1874.*

Die Wehrpflicht

Die wichtigsten Akten zur Geschichte der Wehrpflichtgesetze von 1793 enthält, in Ergänzung zu FRAUENHOLZ und DÉPREZ, die Sammlung *Recueil des actes du Comité de salut public avec la correspondance officielle des représentants en mission et le registre du conseil exécutif provisoire, 6 Bde, Paris 1889–1893,* hrsg. von François Alphonse AULARD. Schilderung und Zitat zu den Ereignissen vom 10. August 1793 folgen dem bereits erwähnten Werk von M. GÖHRING. Grundlegend für Carnot ist die Biographie von Marcel REINHARD, *Le Grand Carnot, 2 Bde, Paris 1950–1952.* Wichtige Materialien zu seiner Tätigkeit enthält die *Correspondance générale de Carnot, 4 Bde, Paris 1892–1897,* hrsg. von Etienne CHARAVAY. Unter den deutschsprachigen Titeln zu Carnot ist der Vergleich von Eckart KEHR, *Carnot und Scharnhorst, in: Menschen, die Geschichte machten, Bd 2, Wien [2]1933,* trotz seiner Kürze, wegen der von der konventionellen Sicht beider Männer abweichenden Beurteilung lesenswert. In dem Abriß von Bernhard v. EGGELING, *Carnot, in: Schöpfer und Gestalter der Wehrkraft, Berlin 1935,* und in den Untersuchungen von Robert WARSCHAUER, *Studien zur Entwicklung der Gedanken Lazare Carnots über Kriegführung 1784–1793, Berlin, Phil. Diss. 1937,* und Alexander STEIN, *Carnot als Organisator des französischen Heeres, Leipzig, Phil. Diss. (masch.) 1922,* stehen dem Leser Titel in deutscher Sprache zur Verfügung, bei deren wissenschaftlichem Gebrauch auch das Werk von M. REINHARD heranzuziehen ist. Diese Biographie liegt der Darstellung im wesentlichen zugrunde. Carnots Arbeitsweise wird beleuchtet durch zwei neuere Biographien über zwei seiner Mitarbeiter, Georges BOUCHARD, *Un organisateur de la vic-*

toire, Prieur de la Côte-d'Or, membre du comité de salut public, Paris 1946, und HERLAUT, *Le colonel Bouchotte, ministre de la guerre en l'an II, 2 Bde, Paris 1946.*

Bürgertum und Nationalheer

Außer den angeführten Arbeiten enthält einige Hinweise für die Zeit vor 1815 das Buch von Raoul GIRARDET, *La Société militaire dans la France contemporaine 1815–1939, Paris 1953.*

Das Offizierkorps

Das französische Offizierkorps ist bisher nicht in einer ihm besonders gewidmeten Monographie behandelt worden, jedoch gehen alle angeführten Arbeiten auf seine Problematik ein und bieten Material zu weiterer Beschäftigung. Zusätzlich kann noch herangezogen werden mit seinen zwei letzten Kapiteln Émile G. LÉONARD, *L'armée et ses problèmes au XVIIIe siècle, Paris 1958.*

Das Militär als politische Kraft

Außer in den für die Jahre der Republik aufschlußreichen Werken von Richard COBB, *Les armées révolutionnaires instrument de la terreur dans les Départements, avril 1793 – floréal an II, 2 Bde, Paris 1961–1963,* und Jacques GODECHOT, *Les commissaires aux armées sous le Directoire, Contribution à l'ètude des rapports entre les pouvoirs civils et militaires, Paris 1937,* finden sich weitere Hinweise bei Jean-Paul CHARNAY, *Société militaire et suffrage politique en France depuis 1789, Paris 1964,* und in den o. a. Werken.

C. Die Reichskriegsverfassung im Zeitalter der Volksbewaffnung

Reichskriegsverfassung und Reichskriegswesen sind bis zum Untergang des Heiligen Römischen Reiches im Handbuchabschn. I, 1648–1789, behandelt. Dort werden auch die Literaturhinweise gegeben. Die beispielhafte Darstellung folgt der Studie von Anton ERNSTBERGER, *Reichsheer und Reich, ein Reformvorschlag 1794–1795, in: Gesamtdeutsche Vergangenheit, Festgabe für Heinrich Ritter v. Srbik, München 1938.* Johannes SCHICK, *Der Reichstag zu Regensburg im Zeitalter des Baseler Friedens 1792–1795, Dillingen 1931, Bonn, Phil. Diss. 1931,* geht auf die militärischen Reformpläne nur am Rande ein. Mit den Ideen zur Volksbewaffnung befassen sich Wilhelm WENDLAND, *Versuche einer allgemeinen Volksbewaffnung in Süddeutschland während der Jahre 1791 bis 1794, Berlin 1901 = HStEB, H. 24*, und Otto HEINL, *Heerwesen und Volksbewaffnung in Vorderösterreich im Zeitalter Josefs II. und der Revolutionskriege, Freiburg i. Br. 1941 = Veröff. d. Alemannischen Inst. Freiburg i. Br., Bd 5, Freiburg, Phil. Diss. 1939*. Einen biographischen Abriß über Meyern gab zuletzt Hellmuth RÖSSLER, *Geist, Volk und Staat, Wilhelm Friedrich von Meyern 26. 1. 1759 – 13. 5. 1829, in: Fränkischer Geist – deutsches Schicksal, Kulmbach 1958 = Die Plassenburg, Bd 4*. Literatur zur Volksbewaffnung in Österreich s. Abschn. III, Militärverwaltung und Heeresaufbringung in Österreich. Außer HEINL ist wichtig Reinhold LORENZ, *Volksbewaffnung und Staatsidee in Österreich (1792–1797), Wien 1926*, unter Berücksichtigung der kritischen Besprechung durch Hans ROTHFELS, in: *HZ, Bd 138, 1928, S. 138 ff.*

D. Das Militärwesen der Rheinbundstaaten

1. Der Rheinbund

Eine Monographie über den Rheinbund gibt es nicht. Zu seiner Beurteilung zeigt Erwin HÖLZLE, *Das Napoleonische Staatssystem in Deutschland, in: HZ, Bd 148, 1933, S. 277–293*, neue Ansätze auf, behandelt jedoch militärgeschichtliche Fragen nur nebenbei. Auf die militärpolitischen Vorstellungen Napoleons von der Confédération du Rhin geht ein Rainer WOHLFEIL, *Untersuchungen zur Geschichte des Rheinbundes 1806–1813, in: ZGORh, Bd 108, 1961, S. 85–108*. Die Truppen der Rheinbundstaaten behandelt Jean SAUZEY, *Les Allemands sous les aigles françaises, Essai sur les Troupes de la Confédération du Rhin 1806–1814, 6 Bde, Paris 1902–1912*, vornehmlich unter truppen- und uniformkundlichen Gesichtspunkten.

2. Die großen Bundesstaaten

Das Königreich Westfalen und die Großherzogtümer Berg und Frankfurt

Fritz LÜNSMANN, *Die Armee des Königreichs Westfalen 1807–1813, Berlin 1935, Greifswald, Phil. Diss. 1935*, vermittelt einen nützlichen Überblick. Hugo

BACH, *Das kurhessische Heer als militärisches und politisches Machtinstrument 1803–1866, Marburg, Phil. Diss. (masch.) 1951,* behandelt die Rheinbundzeit nur am Rande. Für das Großherzogtum Frankfurt befaßt sich das material- und faktenreiche Buch von Guillaume BERNAYS, *Schicksale des Großherzogthums Frankfurt und seiner Truppen, Berlin 1882,* vor allem mit kriegsgeschichtlichen Fragestellungen. Hinzuweisen ist außerdem auf das o. a. Werk von J. SAUZEY, *Bd 1, Le Régiment de Francfort, Paris 1902.*

Das Königreich Bayern

Eduard KREUZER, *Die staatsrechtliche Entwicklung des bayerischen Heerwesens von 1799 bis 1868 im Rahmen der bayerischen Verfassungsgeschichte, Düren 1932, Erlangen, Jur. Diss. 1932,* behandelt sein Thema vornehmlich unter juristischen Fragestellungen. Die Abhandlung von Eugen FRANZ, *Das bayerische Heer von Kurfürst Maximilian I. bis zum Jahre 1866, in: Linnebach,* bietet einen sehr kurzen, aber brauchbaren Überblick. In Grundprobleme der Militärgeschichte Bayerns dringt ein Eugen v. FRAUENHOLZ, *Die Eingliederung von Heer und Volk in den Staat in Bayern 1597–1815, München 1940 = Münchener hist. Abh., R. 2, H. 14.* Oskar BEZZEL, *Geschichte des Königlich Bayerischen Heeres unter König Max I. Joseph von 1806 (1804) bis 1825, München 1933 = Gesch. d. bayerischen Heeres, Bd 6, T. 1,* bietet eine umfangreiche Materialsammlung und eine sehr brauchbare Zusammenstellung militär- und kriegsgeschichtlicher Fakten, behandelt aber in seiner Darstellung den Stoff nur unter militärischen Gesichtspunkten und daher vielfach einseitig. Sehr materialreich und grundlegend als erste soziologische Untersuchung ist Karl DEMETER, *Das deutsche Offizierkorps in seinen historisch-soziologischen Grundlagen, Berlin 1930,* in neuer Auflage unter dem Titel *Das deutsche Offizierkorps in Gesellschaft und Staat 1650–1945, Frankfurt/M. 1962.* Dieses Werk liegt den Ausführungen über die Offizierkorps der Rheinbundstaaten zugrunde.

Das Königreich Württemberg

Zur württembergischen Militärgeschichte liegen zwar zahlreiche Einzelbeiträge vor, aber es fehlt für den Zeitraum von 1789–1814 eine befriedigende Gesamtdarstellung. Paul SAUER, *Das württembergische Heer in der Zeit des Deutschen und des Norddeutschen Bundes, Stuttgart 1958,* behandelt die Zeit vor 1815 nur sehr kurz. Karl PFAFF, *Geschichte des Militärwesens in Württemberg von der ältesten bis auf unsere Zeit und der Verhandlungen darüber zwischen der Regierung und den Landständen, Stuttgart 1842,* und L. I. v. STADLINGER, *Geschichte des württembergischen Kriegswesens von der frühesten bis zur neuesten Zeit, Stuttgart 1856,* sind in ihren Fragestellungen veraltet, bieten aber mehr

Material als MÜLLER-LOEBNITZ, *Die württembergische Armee, in: Linnebach,* und das vorwiegend truppen- und kriegsgeschichtlich ausgerichtete Heft von Karl-Hermann Frhr. v. BRAND, *2000 Jahre schwäbisch-alemannisches Soldatentum, Karlsruhe 1956.* Heinz KRAFT, *Die Württemberger in den Napoleonischen Kriegen, Stuttgart 1953,* ist vorwiegend kriegsgeschichtlich orientiert. Otto BREITENBÜCHER, *Die Entwicklung des württembergischen Militärversorgungswesens nach dem dreißigjährigen Krieg bis zum Jahr 1871, Tübingen, Jur. Diss. 1936,* sei als Beispiel einer guten Untersuchung genannt.

Das Großherzogtum Baden

Wilhelm PFLÜGER, *Badische Heeresverfassung von der Vereinigung der badischen Markgrafschaften im Jahre 1771 bis zu dem Regierungsantritt des Großherzogs Ludwig im Jahre 1818, Freiburg i. Br., Phil. Diss. (masch.) 1922;* Karl DÖRNER, *Die badische Heeresverfassung von 1806 bis zur Konvention mit Preußen, Heidelberg, Jur. Diss. 1937;* Reinhard MIELITZ, *Das badische Militärwesen und die Frage der Volksbewaffnung von den Jahren des Rheinbundes bis zur 48er Revolution, Freiburg i. Br., Phil. Diss. (masch.) 1956,* sind Darstellungen, die sich ergänzen und als gute Grundlage für eine Bearbeitung badischer Militärgeschichte dienen können.

Das Königreich Sachsen

O. SCHUSTER und F. A. FRANCKE, *Geschichte der Sächsischen Armee von deren Errichtung bis auf die neueste Zeit, Bd 2, Leipzig 1885,* genügt zwar modernen Ansprüchen an eine militärgeschichtliche Monographie und heutigen Fragestellungen nicht, ist aber noch nicht durch neuere Darstellungen ersetzt worden. Als Materialsammlung besitzt das Werk darüber hinaus deshalb besonderen Wert, weil die mitteldeutschen Archive kaum zugänglich sind.

3. Die übrigen Bundesstaaten

Es ist schwierig, für die Mittel- und Kleinstaaten im Zeitraum von 1789–1814 militärgeschichtliche Literatur zu empfehlen. Einige Bücher, deren Titel der Thematik entsprechen, sind nicht einmal als Materialsammlung zu verwenden, andere sind durch neuere Untersuchungen zur politischen Geschichte in Darstellung und Ergebnissen so überholt, daß sie nur zusammen mit diesen Arbeiten benutzt werden können. Zu weiterer Unterrichtung kann zuerst das o. a. Werk von J. SAUZEY, *Bd 6, Les Soldats de Hesse et de Nassau, Paris 1912,* und *Bd 4, Le Régiment des Duchés de Saxe, Paris 1908,* dienen. Für das Großherzogtum

Hessen-Darmstadt sind für tiefergehende Beschäftigung Abhandlungen wie Hanswerner EBLING, *Die hessische Politik in der Rheinbundzeit, 1806–1813, Mainz, Phil. Diss. (masch.) 1952*, und Dagobert KARENBERG, *Die Entwicklung der Verwaltung in Hessen-Darmstadt unter Ludewig I. (1790–1830), Darmstadt 1964, Mainz, Phil. Diss. 1961*, heranzuziehen, weil hier in den einschlägigen Abschnitten die Verflechtung von Militärwesen und Staat deutlich wird. Das fehlt für das Herzogtum Nassau in der sonst brauchbaren Monographie von R. KOLB, *Unter Nassaus Fahnen, Geschichte des Herzoglich Nassauischen Officiercorps 1803–66, Wiesbaden 1903*. Auch eine Untersuchung aus jüngster Zeit, wie August WORINGER, *Geschichte des Fürstlich Isenburgischen Militärs 1806–1816, in: ZVHessG, Bd 64, 1953, S. 79–118*, befaßt sich vorwiegend mit truppenkundlichen Fragen.

E. Das Militärwesen Österreichs im Zeichen der Volksbewaffnung

Für Literaturhinweise s. Abschn. III, Militärverwaltung und Heeresaufbringung in Österreich. Als Grundlage der Ausführungen dienten die o. a. Werke von Otto HEINL, Reinhold LORENZ und Hellmuth RÖSSLER.

F. Preußen

Jede weitere Beschäftigung mit der Militär- und Kriegsgeschichte Preußens wird durch die für sie besonders großen Verluste an Archivalien und anderen Quellen beeinträchtigt. Über die gedruckten Quellensammlungen hinaus erhalten daher einzelne Werke und Abhandlungen den Wert von Materialsammlungen und müssen angeführt werden, auch wenn sie in ihrem darstellenden Teil heutigen Fragestellungen nicht entsprechen oder gar nicht zu empfehlen sind. Es ist jedoch nicht die Aufgabe dieser Bibliographie, die in den angeführten Büchern benutzten Quellen einzeln zu benennen. Die wichtigsten gedruckten Quellen- und Materialsammlungen für den Zeitraum von 1786–1814 sind Eugen v. FRAUENHOLZ, *Das Heerwesen in der Zeit des Absolutismus, München 1940 = Entwicklungsgeschichte des deutschen Heerwesens, Bd 4,* und *Das Heerwesen des XIX. Jahrhunderts, München 1941 = Entwicklungsgeschichte des deutschen Heerwesens, Bd 5,* sowie *Von Valmy bis Leipzig, Quellen und Dokumente zur Geschichte der preußischen Heeresreform, Hannover 1955,* hrsg. von Georg ECKERT. Als Darstellungen mit dem besonderen Wert von Materialsammlungen müssen hier die bereits in der allgemeinen Bibliographie besprochenen Werke von Curt JANY, *Geschichte der Königlich Preußischen Armee bis zum Jahre 1807, Bd 3, Berlin 1929,* und *Die Königlich Preußische Armee und das Deutsche Reichsheer 1807 bis 1914, Berlin 1933 = Gesch. d. Königlich Preußischen Armee, Bd 4,* sowie speziell zur Militärverfassung und zum Kriegsrecht G. W. C. CAVAN, *Das Krieges- oder Militär-Recht, wie solches jetzt bei der Königlich Preußischen Armee besteht, 2 Bde, Berlin 1801,* genannt werden. Empfehlenswerte Gesamtdarstellungen sind Eberhard KESSEL, *Die preußische Armee 1640–1866, in: Linnebach,* und Johannes ULLRICH, *Das deutsche Volksheer im 19. Jahrhundert, in: Die Deutsche Soldatenkunde, Bd 1, Leipzig 1937.* Anregend und interessant durch den ausländischen Gesichtspunkt ihrer Autoren, allerdings nicht frei von zu kritischen, den Verhältnissen in Preußen nicht gerecht werdenden Wertungen und von einer fehlerhaften Wiedergabe gesicherter Fakten, sind die Bücher von William O. SHANAHAN, *Prussian Military Reforms 1786–1813, New York 1945,* und Gordon A. CRAIG, *Die preußisch-deutsche Armee 1640–1945, Staat im Staate, Düsseldorf 1960.* Von den zahlreichen Abhandlungen über das preußische Offizierkorps sind die kritischen Beiträge von Hans DELBRÜCK, *Der preußische Offizierstand, in: Hist. u. pol. Aufsätze, Berlin ²1907,* mit einigen vortrefflichen, in der Darstellung verwandten Formulierungen, und von Felix PRIEBATSCH, *Geschichte des preußischen Offizierkorps, Breslau 1919,* zu empfehlen. Eine in ihren Wertungen zeitgebundene Auffassung vertritt APEL, *Der Werdegang des preußischen Offizierkorps bis 1806 und seine Reorganisation, Oldenburg i. O. 1911,* die auch bei Eleftherios SOSSIDI, *Die staatsrechtliche Stellung des Offiziers im absoluten Staat und ihre Abwandlungen im 19. Jahrhundert, Berlin 1939 = Rechtswiss. Studien, H. 80,* nicht völlig fehlt. Justus IDE, *Die Entwicklung der preußischen Armee als Verfassungsbestandteil vom Tode Friedrich II. bis zur Gründung des Norddeutschen Bundes, Kiel, Jur. Diss. 1936,* läßt manchmal eine stärkere Berücksichtigung des historischen Standpunktes wünschen. Das gilt auch von Hans NIEBLER, *Die Gestaltung des militärischen Oberbefehls in Brandenburg-Preußen vom Großen Kurfürsten bis zum Zusammenbruch Preußens 1806, München, Jur. Diss. 1937.* Neu gestellt und fortgeführt hat die Fragestellung Friedrich HOSSBACH, *Die Entwicklung des Oberbefehls über das Heer in Brandenburg, Preußen und im Deutschen Reich von 1655–1945, Würzburg 1957.* Hans HELFRITZ, *Geschichte der Preußischen Heeresverwaltung, Berlin 1938,* kann über die solide Darstellung hinaus als Quellensammlung zur gesamten Militärverwaltung herangezogen werden.

1. Das „friderizianische“ Heer von 1786–1806

Staat und Militär

Ausgezeichnete Überblicke bieten Fritz HARTUNG, *Deutsche Verfassungsgeschichte vom 15. Jahrhundert bis zur Gegenwart, Stuttgart* ^{7}*1959*, und die unter A 1 erwähnte Verfassungsgeschichte von Ernst Rudolf HUBER, von denen Gedanken und vereinzelte Formulierungen übernommen wurden. Nicht frei von Apologetik und in zeitbedingter Sicht geschrieben ist Colmar Frhr. v. d. GOLTZ, *Von Roßbach bis Jena und Auerstedt, Berlin* ^{2}*1906*. Von „Staat im Staate“ vor 1806 sprach die MRK in ihrem Immediatbericht vom 25. September 1807. Das abfällige Urteil über Preußen fällte Ernst Moritz ARNDT, *Geist der Zeit, T. 1, Altona 1806*, noch vor Jena und Auerstedt.

Reformbestrebungen im Zeichen der Aufklärung

Grundlegend für die gesamte geistige Auseinandersetzung der bewaffneten Macht mit dem Gedankengut der Aufklärung von der Zeit vor der Französischen Revolution bis hinein in die Jahre der Heeresreform ist Reinhard HÖHN, *Revolution – Heer – Kriegsbild, Darmstadt 1944*. Unter den von HÖHN ausgewerteten Werken der „Theoretiker“ sind besonders wichtig Georg Heinrich v. BERENHORST, *Betrachtungen über die Kriegskunst, über ihre Fortschritte, ihre Widersprüche und ihre Zuverläßigkeit, 3 Bde, Leipzig Bd 1* ^{2}*1798, Bde 2 u. 3 1798–99; Nothwendige Randglossen zu den Betrachtungen über einige Unrichtigkeiten in den Betrachtungen über die Kriegskunst, über ihre Fortschritte, ihre Widersprüche und ihre Zuverläßigkeit, Leipzig 1802;* Adam Heinrich Dietrich v. BÜLOW, *Geist des neuern Kriegssystems hergeleitet aus dem Grundsatze einer Basis der Operationen auch für Laien in der Kriegskunst faßlich vorgetragen von einem ehemaligen Preußischen Offizier, Hamburg 1799; Lehrsätze des neuern Krieges oder reine und angewandte Strategie aus dem Geist des neuern Kriegssystems hergeleitet von dem Verfasser des Geistes des neuern Kriegssystems und des Feldzuges von 1800, Berlin 1805; Neue Taktik der Neuern wie sie seyn sollte, 2 Bde, Leipzig 1805;* Friedrich v. d. DECKEN, *Betrachtungen über das Verhältniß des Kriegsstandes zu dem Zwecke der Staaten, Hannover 1800*. Zur Person Berenhorsts sind zu benutzen Rudolf BAHN, *Georg Heinrich von Berenhorst, der Verfasser der „Betrachtungen über die Kriegskunst“, Halle a. S., Phil. Diss. 1911*, und die Aufsätze von Eberhard KESSEL, *Georg Heinrich von Berenhorst, ein anhaltinischer Theoretiker und Geschichtsschreiber der Kriegskunst am Ende des 18. Jahrhunderts, in: SuA, Bd 9, 1933*, und *Berenhorst und Friedrich der Große, in: AKG, Bd 39, 1957, S. 378–382*. Für Bülow ist heranzuziehen *Militärische und vermischte Schriften von Heinrich Dietrich von Bülow, in einer*

Auswahl mit Bülow's Leben und einer kritischen Einleitung, Leipzig 1853, herausgegeben von Eduard BÜLOW und Wilhelm RÜSTOW. – Die Darstellung schließt sich eng an HÖHN an, übernimmt Ergebnisse und Begriffe, wie Zwang zum Dienst (HÖHN, S. 14), Zwang im Dienst (S. 18), Bündnis zwischen Aufklärung und absolutistischem Staat (S. 419), arteigene Bildung (S. 424) oder Bündnis zwischen Regierung und Nation (S. 563), und Formulierungen, vor allem zur Auseinandersetzung der Aufklärung mit dem Stehenden Heer vor und nach der Französischen Revolution in der Theorie (S. 71–321) und in der Praxis (S. 321–467), in freier Wiedergabe oder als Zitat (HANDBUCH S. 89, 90, 91, 96, 135, 136 und 137), folgt jedoch seinen Thesen und Ansichten nicht unbedingt. Bei weiterer Bearbeitung des Themas ist daher das Werk immer heranzuziehen. Die Bedeutung des Milizgedankens für die Reformvorschläge bis 1807 untersucht Albrecht LAMPE, *Der Milizgedanke und seine Durchführung in Brandenburg-Preußen vom Ausgang des 16. Jahrhunderts bis zur Heeresreform nach 1807, Berlin, F. Univ., Phil. Diss. (masch.) 1951.*

2. Die Heeresreform im Rahmen der Staatsreform

Das von Rudolf VAUPEL herausgegebene grundlegende Quellenwerk *Die Reorganisation des Preußischen Staates unter Stein und Hardenberg, T. 2, Das Preußische Heer vom Tilsiter Frieden bis zur Befreiung 1807–1814, Bd 1, Leipzig 1938 = PPrStA, Bd 94, N. F. Abt. 1,* reicht nur bis Ende 1808. Ergänzend ist heranzuziehen die Besprechung des Werkes durch Eberhard KESSEL, *Das erste Jahr der Preußischen Heeresreform 1807–08, in: WuW, Jg 20, 1939, S. 784–792,* weil sie auf Material beruht, das heute nicht mehr greifbar ist. Das Manuskript zu Bd 2 befindet sich im Nachlaß Vaupel des Bundesarchivs Koblenz. Für die Jahre nach 1808 liegen die wichtigsten Gesetze und Verordnungen gedruckt vor in der *Sammlung der für die Königlichen Preußischen Staaten erschienenen Gesetze und Verordnungen von 1806 bis zum 27sten Oktober 1810, Berlin 1822,* und in der *Gesetz-Sammlung für die Königlich-Preußische Staaten, Berlin 1810 ff.* Wichtige Materialien enthalten außerdem die durch v. SCHERBENING und v. WILLISEN herausgegebene Abhandlung *Die Reorganisation der Preußischen Armee nach dem Tilsiter Frieden, 2 Bde, Berlin 1862–1866 = MWBl*B *1854–1855 und 1862-1866,* eine Arbeit, die als Darstellung veraltet ist, und ferner Eugen v. FRAUENHOLZ (vgl. S. 200). Eine Zusammenstellung von Memoiren der Zeitgenossen enthält Karl LINNEBACH, *Denkwürdigkeiten der Befreiungskriege, Berlin 1912 = Veröff. d. Dt. Bibliogr. Ges.*

Auch über die Heeresreform gibt es noch keine Monographie. Max LEHMANN, *Scharnhorst und die preußische Heeresreform, Berlin 1935 = Kriegsgesch. Bücherei, Bd 8,* enthält nur einen Wiederabdruck des betreffenden Kapitels aus der zweibändigen Biographie des Autors, ist aber wegen seiner guten Einführung lesenswert. Weitere Abrisse bieten Werner GEMBRUCH, *Das Reform-*

werk Scharnhorsts, in: WWR, Jg 1958, S. 627–642; Bernhard SCHWERTFEGER, *Die Neugestaltung der Preußischen Armee in den Jahren 1807 bis 1812, in: MWBl[B], Jg 1909, S. 445–476;* Wilhelm DILTHEY, *Die Reorganisatoren des preußischen Staates (1807–1813), in: Gesammelte Schriften, Bd 12, Stuttgart ²1960.* DILTHEY stellt besonders die geistesgeschichtlichen Zusammenhänge der Reformbewegung dar und ordnet die Heeresreform in den Gesamtkomplex der Reformen unter Stein und Hardenberg ein. SCHWERTFEGER beschränkt sich dagegen zu stark auf die militärischen Vorgänge. Den Versuch, die Reformen in ihren Abhängigkeiten darzustellen, unternahm in zwei zusammenhängenden Aufsätzen Kurt HESSE, *Der Wiederaufbau des preußischen Staates nach 1806, in: WuW, Jg 12, 1931, S. 249–269,* und *Scharnhorst und die militärische Reorganisation, in: WuW, Jg 12, 1931, S. 441–466.* Als unersetzliche Materialsammlungen sind wichtig, die o.a. Werke von C. JANY (s. S. 200) und *Das Preußische Heer der Befreiungskriege, 3 Bde, Berlin 1912–1914,* hrsg. vom GR. GENERALSTAB, KRIEGSGESCH. ABT. Für die Darstellung wurden außerdem benutzt die Arbeiten von H. HAUSSHERR und G. RITTER (s. S. 192) sowie R. HÖHN (vgl. S. 201). Die Ausführungen über den „Reformbegriff" beruhen auf Studien des Verfassers.

Die Militär-Reorganisationskommission

Abweichend von Alfred HERRMANN, *Friedrich Wilhelm III. und sein Anteil an der Heeresreform bis 1813, in: HV, Bd 11, 1908, S. 484–516,* gelangt Rudolf STADELMANN zu seiner auf S. 103 wiedergegebenen Auffassung, die der *HZ, Bd 160, 1939, S. 366* (Besprechung zu VAUPEL) entnommen ist.

Scharnhorst

Eine modernen Ansprüchen und dem heutigen Stand der Forschung entsprechende Biographie Scharnhorsts liegt nicht vor. Jede Beschäftigung mit Scharnhorst sollte ausgehen von Carl v. CLAUSEWITZ, *Ueber das Leben und den Charakter von Scharnhorst, in: Historisch-politische Zeitschrift, Bd 1, 1832, S. 175–222,* mit etwas berichtigtem Text neu herausgegeben in der *Kriegsgesch. Bücherei, Bd 1, Berlin 1935.* Das Werk von Max LEHMANN, *Scharnhorst, 2 Bde, Leipzig 1886–87,* ist immer noch ein Standardwerk für jeden, der sich genauer mit dem führenden Kopf der Reformer befassen will. Aufschlußreiche aber eigenwillige Gedanken finden sich bei Rudolf STADELMANN, *Scharnhorst, Schicksal und Geistige Welt, ein Fragment, Wiesbaden 1952.* Dieses Buch, das manche überspitzten Formulierungen enthält, behandelt nur den Lebensweg des Reformers bis 1806. Stadelmanns Kritik an M. Lehmann ist keineswegs immer berechtigt. Eine Auseinandersetzung mit M. Lehmann führt STADELMANN auch in seinem Aufsatz *Das Duell zwischen Scharnhorst und Borstell im Dezember 1807, in: HZ, Bd 161, 1940, S. 263–276.* In Anlehnung an Stadelmann geschrieben ist Siegfried FIEDLER, *Scharnhorst, Geist und Tat, München 1958.* Das Buch zeichnet sich durch eine umfassende Bibliographie aus. Reinhard HÖHN, *Scharnhorsts Vermächtnis, Bonn 1952,* sollte nicht ohne Kenntnis der Besprechung von Walther HUBATSCH, *Rudolf Stadelmann: Scharnhorst – Reinhard Höhn: Scharnhorsts Vermächtnis, in: GGA, Jg 208, 1954, S. 18–34,* benutzt werden, in der Hubatsch außerdem einleitend Hinweise zur Problematik einer Geschichte der Reformzeit und besonders zu einer Scharnhorst-Biographie gibt. Die von Höhn in dem besprochenen Buch vertretenen Thesen aktualisieren das Scharnhorstbild wesentlich stärker als seine Ausführungen in *Revolution – Heer – Kriegsbild* (s. S. 201). Ihre Beurteilung erfordert umfassende Kenntnis der Reformzeit. Sehr eigenwillig abgefaßt ist der bereits erwähnte Vergleich von Eckart KEHR, *Carnot und Scharnhorst* (s. S. 194). Wie differenziert die Auffassungen von Scharnhorst sogar innerhalb des geläufigen Scharnhorstbildes sind, beweisen die beiden Aufsätze von Karl LINNEBACH, *Scharnhorst, in: Schöpfer und Gestalter der Wehrkraft, Berlin 1935,* und Hans MEIER-WELCKER, *Gerhard von Scharnhorst (1755–1813), in: Große Soldaten der europäischen Geschichte, Frankfurt/M., 1961.* Mit der diplomatischen Tätigkeit des Generals befaßt sich Wilhelm ROHR, *Scharnhorsts Sendung nach Wien Ende 1811 und Metternichs Politik, in: FBPG, Bd 43, 1930, S. 76–128.* Die wichtigsten Quellensammlungen sind: *Scharnhorst, Ausgewählte militärische Schriften, Berlin 1881 = Militärische Klassiker des In- und Auslandes, Bd 5,* hrsg. durch C. Frhr. v. d. GOLTZ; *Scharnhorsts Briefe, Bd 1, Privatbriefe, München 1914,* hrsg. von Karl LINNEBACH; Max LEHMANN, *Vier Denkschriften Scharnhorst's aus dem Jahre 1810, in: HZ, Bd 58, 1887, S. 55–105.*

Gneisenau

Die Biographie von Georg Heinrich PERTZ, ab Band 4 fortgeführt von Hans DELBRÜCK, *Das Leben des Feldmarschalls Grafen Neithardt von Gneisenau, 5 Bde, Berlin 1864–1880,* ist als Quellensammlung von bleibendem Wert. Als Darstellung ist sie überholt durch Hans DELBRÜCK, *Das Leben des Feldmarschalls Grafen Neidhardt von Gneisenau, 2 Bde, Berlin* [4]*1920.* Weitere Materialien enthalten die Bücher *Aus der Zeit der Noth 1806 bis 1815, Schilderungen zur Preußischen Geschichte aus dem brieflichen Nachlasse des Feldmarschalls Neidhardt von Gneisenau, Berlin 1900,* hrsg. von Albert PICK; *Briefe des Generals Neidhardt von Gneisenau 1809–1815, Gotha 1913,* hrsg. von Julius v. PFLUGK-HARTTUNG; *Gneisenau, ein Leben in Briefen, Leipzig 1939,* hrsg. von Karl GRIEWANK. Vorwiegend kriegsgeschichtliche Gedanken verfolgt Friedrich v. COCHENHAUSEN, *Gneisenau, der Überwinder Napoleons, Hamburg* [3]*1943.* Die politischen Ideen analysiert Gerhard RITTER, *Gneisenau und die deutsche Freiheitsidee, Tübingen 1932 = Philosophie u. Geschichte, Bd 37,* dessen Werk *Staatskunst und Kriegshandwerk, das Problem des „Militarismus" in Deutschland, Bd 1, München* ²*1959,* außerdem heranzuziehen ist.

Boyen

Als grundlegende Biographie dient Friedrich MEINECKE, *Das Leben des Generalfeldmarschalls Hermann von Boyen, 2 Bde, Stuttgart 1896–1899.* Boyens Memoiren wurden herausgegeben von Friedrich NIPPOLD, *Erinnerungen aus dem Leben des General-Feldmarschalls Hermann von Boyen, 3 Bde, Leipzig 1889–1890.* Die Memoiren sind nur in der von NIPPOLD herausgegebenen 1. Aufl. zu benutzen. Zur ersten Orientierung leistet nützliche Dienste Johannes ULLRICH, *Generalfeldmarschall Hermann von Boyen, Berlin 1936.* Weitere Literaturhinweise s. Abschn. IV, 1815–1890.

Grolman

E. v. CONRADY, *Leben und Wirken des Generals der Infanterie und kommandierenden Generals des V. Armeekorps Carl von Grolman, 3 Bde, Berlin 1894–1896,* entspricht zwar nicht den modernen Anforderungen an eine Biographie, bietet aber eine unersetzliche Materialsammlung. Neue Unterlagen hat verwertet Eberhard KESSEL, *Grolman und die Anfänge des Preußischen Generalstabes, in: MWR, Jg 9, 1944, S. 120–129.*

Clausewitz

Werner HAHLWEG bereitet eine Clausewitz-Edition vor, deren Material auch wichtige Unterlagen zur Erkenntnis der Tätigkeit des Reformerkreises um Scharnhorst bieten wird. Als Herausgeber des Werkes *Vom Kriege, Bonn* ¹⁶*1952,* hat HAHLWEG in dessen Einleitung und später unter dem Titel *Carl von Clausewitz, Soldat – Politiker – Denker, Göttingen 1957; Carl von Clausewitz, in: Klassiker der Kriegskunst, Darmstadt 1960,* und *Carl von Clausewitz (1780 bis 1831), in: Große Soldaten der europäischen Geschichte, Frankfurt/M. 1961,* biographische Abrisse von Clausewitz gegeben. Mit dessen Persönlichkeit beschäftigt sich auch Eberhard KESSEL, *Carl von Clausewitz, Herkunft und Persönlichkeit, in: WuW, Jg 18, 1937, S. 700–706 u. S. 763–774.* Die wichtigsten Quellensammlungen sind: Carl von CLAUSEWITZ, *Strategie aus dem Jahr 1804 mit Zusätzen von 1808 und 1809, Hamburg 1937,* die Urfassung seines Werkes „Vom Kriege", hrsg. von Eberhard KESSEL; Karl SCHWARTZ, *Leben des Generals Carl von Clausewitz und der Gräfin Marie von Clausewitz, . . . mit*

Briefen, Aufsätzen, Tagebüchern und anderen Schriftstücken, 2 Bde, Berlin 1878; Karl u. Marie v. Clausewitz, ein Lebensbild in Briefen und Tagebuchblättern, Berlin ²1917, hrsg. von Karl LINNEBACH; *Carl von Clausewitz, Politische Schriften und Briefe, München 1922,* hrsg. von Hans ROTHFELS. Eine ideengeschichtliche Studie bietet Hans ROTHFELS, *Carl von Clausewitz, Politik und Krieg, Berlin 1920.*

Freiherr vom Stein

Wolfgang DÖRING, *Die Entwicklung der wehrpolitischen Ideen des Freiherrn vom Stein, in: WaG, Jg 6, 1940, S. 15–43,* ist ergänzend zu G. RITTER (s. S. 192) heranzuziehen. Ritters These (vgl. S. 107) findet sich auf S. 210 seiner Stein-Biographie.

Das Kriegsministerium

Rudolf SCHMIDT-BÜCKEBURG, *Das Militärkabinett der preußischen Könige und deutschen Kaiser, seine geschichtliche Entwicklung und staatsrechtliche Stellung 1787–1918, Berlin 1933,* ist die grundlegende, ältere Studien einschließende Arbeit über die Generaladjutantur und ihre Nachfolgeinstitutionen. Das Werk, *Das Königl. Preußische Kriegsministerium 1809 – 1. März – 1909, Berlin 1909,* hrsg. vom KRIEGSMINISTERIUM, ist als Materialsammlung unersetzlich, in seiner Darstellung jedoch nicht frei von zeitbedingten Tendenzen und Rücksichtnahmen.

Scharnhorsts Stellung im Reformwerk

Außer der Literatur zu Scharnhorst (s. S. 203 f) befassen sich mit dieser Problematik HAUSSHERR (s. S. 192) und HÖHN (s. S. 201).

Die Allgemeine Wehrpflicht

Wichtig sind neben der o. a. Literatur die grundlegenden Aufsätze von Max LEHMANN, *Zur Geschichte der preußischen Heeresreform von 1808, in: HZ, Bd 126, 1922, S. 436–457; Preußen und die allgemeine Wehrpflicht im Jahre 1809, in: HZ, Bd 61, 1889, S. 96–109; Preußen und die allgemeine Wehrpflicht im Jahre 1810, in: HZ, Bd 69, 1892, S. 431–461.* Ernst-Rudolf HUBER, *Volksheer und Verfassung, ein Beitrag zu der Kernfrage der Scharnhorst-Boyenschen Reform, in: ZgesStWss, Bd 97, 1937, S. 213–257,* ist in einzelnen Thesen der nationalsozialistischen Ideologie verhaftet. Erich HÜBINGER, *Graf Wilhelm zu Schaumburg-Lippe und seine Wehr, die Wurzeln der allgemeinen Wehrpflicht in Deutschland, Heidelberg, Phil. Diss. 1937*, bewertet die Bedeutung des Lehrers von Scharnhorst und seiner Einrichtungen zur Landesdefension für das Institut der Allgemeinen Wehrpflicht zu hoch. Heribert HÄNDEL, *Der Gedanke der allgemeinen Wehrpflicht in der Wehrverfassung des Königreichs Preußen bis 1819 insbesondere ein Beitrag zur Frage des Einflusses der Französischen Revolution auf die Scharnhorst-Boyensche Reformgesetzgebung nach 1807, Frankfurt/M. 1962 = WWR*^B *19*, greift die Diskussion zwischen M. Lehmann und E. v. Meier über die Einflüsse der Französischen Revolution auf die Reformer wieder auf, isoliert aber das Problem. Zu seiner Verwendung des Begriffes „Allgemeine Wehrpflicht" und zur Begriffsklärung überhaupt ist wichtig Siegfried A. KAEHLER, der in: *GGA, Jg 203, 1941, S. 508–521*, Eugen v. FRAUENHOLZ, *Entwicklungsgeschichte des deutschen Heerwesens, 5 Bde, München 1935–1941*, bespricht. R. HÖHN (s. S. 201), S. 563–618, befaßt sich mit der Wehrverfassung, vor allem im Hinblick auf die Bedeutung und Auswirkung des Bündnisses zwischen Regierung und Nation. Die Zitate auf S. 116 und 117 sind den Besprechungen der Kriegsartikel vom 3. August 1808 in der *Jenaischen Allg. Lit.-Zeitung, Nr. 238 vom 11. Oktober 1808, Sp. 65–68*, und in der *Allg. Lit.-Zeitung, Nr. 323 vom 2. November 1808, Sp. 547–550*, entnommen.

Einzelzüge der Heeresreform

Spezialuntersuchungen über die Reform der Kriegsartikel und der Militärgerichtsbarkeit liegen nicht vor. Heranzuziehen sind, außer den Quellenwerken (s. S. 200 u. 202 f), die Arbeiten von H. HELFRITZ (s. S. 200) und R. HÖHN (s. S. 201), der mehrfach zitiert wird und dessen Ausführungen die Darstellung stellenweise folgt.

Heeresreform und Offizierkorps

Quellensammlung und grundlegende Darstellung, allerdings nicht völlig frei von Apologie, ist: *1806, Das Preußische Offizierkorps und die Untersuchung der Kriegsereignisse, Berlin 1906*, hrsg. vom GR. GENERALSTAB, KRIEGSGESCH. ABT. Die Beurteilung des Obersten v. Ingersleben durch die Öffentlichkeit spiegelt wider *Der Europäische Beobachter, Jg 1808, Nr. 42*. Mit der Reform des Beförderungswesens befassen sich ausführlich die *Untersuchungen zur Geschichte des Offizierkorps, Anciennität und Beförderung nach Leistung, Stuttgart 1962*, hrsg. vom MGFA =BMilG, Bd 4. Auf die Reform des Bildungs- und Erziehungswesens geht am Rande ein: W. NOTTEBOHM, *Hundert Jahre militärischen Prüfungsverfahrens, Die Königlich Preußische Ober-Militär-Prüfungskommission*

1808–1908, Berlin 1908. Wichtig ist die Quellensammlung *Offiziere im Bild von Dokumenten aus drei Jahrhunderten, Stuttgart 1964,* hrsg. vom MGFA = BMilG, Bd 6.

Bürgertum und Nationalheer

Grundlegende neuere Untersuchung: Emil OBERMANN, *Soldaten Bürger Militaristen, Militär und Demokratie in Deutschland, Stuttgart 1958.* Die Beispiele wurden zeitgenössischen Denkschriften, der Zeitschrift *Minerva, Jg 1809,* und dem edierten Briefwechsel der Reformer entnommen.

G. Armee und Kriegführung

1. Organisation und Ausrüstung

Frankreich

Außer der o. a. Literatur (s. S. 193 ff) ist als deutschsprachige Darstellung zu nennen Alexander STEIN, *Carnot als Organisator des französischen Heeres, Leipzig, Phil. Diss. (masch.) 1922.* Eine entscheidende Phase der französischen Rüstungswirtschaft stellt dar: Camille RICHARD, *Le Comité de Salut public et les fabrications de guerre sans la Terreur, Paris 1922.*

Rheinbundstaaten und Preußen

Literatur s. S. 196 ff.
Grundlage ist das o. a. Werk von C. JANY (s. S. 200). Literaturhinweise zum Generalstab s. Abschn. IV, 1815–1890.

2. Die Kriegführung

Revolution und Kriegsbild

Zum Kriegsbild der Stehenden Heere absolutistischer Prägung wird auf die Literatur zum Abschn. I, 1648–1789, verwiesen. Mit der geistigen Auseinandersetzung um das Kriegsbild befaßt sich R. HÖHN (s. S. 201).

Die Wandlungen in Strategie und Taktik

Als Grundlage dienen Rudolf v. CAEMMERER, *Die Entwicklung der strategischen Wissenschaft im 19. Jahrhundert, Berlin 1904,* und Eberhard KESSEL,

Die Wandlung der Kriegskunst im Zeitalter der Französischen Revolution, in: HZ, Bd 148, 1933, S. 248–276. Als Ergänzung ist Eberhard KESSEL, *Zeiten der Wandlung, Hauptepochen abendländischer Geschichte, Darmstadt ²1953,* heranzuziehen, weil der Autor darin seine oben erwähnten kriegsgeschichtlichen Ausführungen in den allgemeinen Zusammenhang einordnet. Robert WARSCHAUER, *Studien zur Entwicklung der Gedanken Lazare Carnots über Kriegführung 1784–1793, Berlin, Phil. Diss. 1937,* bietet einen guten Einblick in die Anfänge der revolutionären Kriegführung. Eine andere Phase der revolutionären Kriegführung behandelt Werner HAHLWEG, *Preußische Reformzeit und revolutionärer Krieg, Frankfurt/M. 1962 = WWR^B 18.* Eine verständliche Darstellung des Tirailleursystems findet sich bei Wilhelm RÜSTOW, *Geschichte der Infanterie, Bd 2, Gotha 1858.*

Die Kriegführung Napoleons

Über die Strategie und Kriegführung Napoleons sind zahlreiche Studien geschrieben worden. Robert S. QUIMBY, *The Background of Napoleonic Warfare, The Theory of Military Tactics in Eighteenth-Century France, New York 1957,* wird dem Obertitel nicht gerecht, weil nur die Infanterietaktik behandelt wird. Die Bedeutung des ersten Feldzuges für die Kriegführung Napoleons schildert Hermann v. KUHL, *Bonapartes Erster Feldzug 1796, der Ausgangspunkt moderner Kriegführung, Berlin 1902.* Die bibliographisch oft angeführte Darstellung der gesamten Feldzüge Napoleons von Maximilian Graf YORCK v. WARTENBURG, *Napoleon als Feldherr, 2 Bde, Berlin ⁴1902–1904,* ist aus rein militärischer Sicht geschrieben und in ihrer Beurteilung vielfach einseitig, so daß sie nur von Kennern benutzt werden sollte. Den Versuch, die gegensätzliche Strategie im zweiten Koalitionskrieg herauszuarbeiten und zu kommentieren, unternimmt A. B. RODGER, *The War of the second coalition 1798–1801, A Strategic Commentary,* Oxford *1964.* Einen sehr kurzen Abriß der Führungsgrundsätze und Strategie Napoleons bietet Walter NEMETZ, *Napoleon Bonaparte, in: Klassiker der Kriegskunst, Darmstadt 1960.* Hermann GIEHRL, *Der Feldherr Napoleon als Organisator, Betrachtungen über seine Verkehrs- und Nachrichtenmittel, seine Arbeits- und Befehlsweise, Berlin 1911,* und Joseph J. MATHEWS, *Napoleon's Military Bulletins, in: The Journal of Modern History, Bd 22, 1950, S. 137–144,* sind lesenswerte Studien zu Randproblemen.

Preußen

Reinhard SAUTERMEISTER, *Die taktische Reform der preußischen Armee nach 1806, Tübingen, Phil. Diss. 1935,* vermittelt einen verständlichen Einblick in die Taktik. In seinem sachlichen Teil kann auch Heinz HELMERT, *Die Kriegs-*

kunst der preußischen Armee am Vorabend des Befreiungskrieges, in: Das Jahr 1813, Berlin (Ost) 1963, S. 17–46, empfohlen werden, jedoch leidet die Abhandlung unter der ideologischen Sichtweise des Verfassers. In die strategischen Vorstellungen und Führungsgrundsätze Scharnhorsts führt die Auswahl ein, die bei Karl DEMETER, *Scharnhorst, in: Klassiker der Kriegskunst, Darmstadt 1960,* zusammengestellt ist. Zum Problem der bisher wenig untersuchten Koalitionskriegführung gibt es den Aufsatz von Reinhard HÖHN, *Scharnhorsts Gedanken zum Koalitionskrieg, in: Vielvölkerheere und Koalitionskriege, Darmstadt 1952, S. 88–99 = Schriftenreihe der Auslandswiss. Ges., H. 1.*

Volkserhebung – Volksaufstand – Volkskrieg

Mit Wesen und Wirksamkeit des Guerillakampfes in Spanien und einem Versuch, zur Klärung der Terminologie Volkserhebung – Volksaufstand – Volkskrieg beizutragen, befaßt sich R. WOHLFEIL (s. S. 192). Zum Vergleich der französischen, preußischen oder spanischen bewaffneten Macht mit der englischen Armee ist heranzuziehen Richard GLOVER, *Peninsular Preparation, The Reform of the British Army 1795–1809, Cambridge 1963.* Einige Denkschriften der preußischen Reformer über ihre Erhebungspläne veröffentlichte zuerst Friedrich THIMME, *Zu den Erhebungsplänen der deutschen Patrioten im Sommer 1808, in: HZ, Bd 86, 1901, S. 78–110.* Die Denkschriften Gneisenaus sind geschlossen gedruckt in: A. W. A. Neithardt von GNEISENAU, *Denkschriften zum Volksaufstand von 1808 und 1811, Berlin 1936 = Kriegsgesch. Bücherei, Bd 10.* Die Untersuchungen von Maximilian BLUMENTHAL, *Der Preußische Landsturm von 1813, Berlin 1900,* und Alfred FRANKE, *Das Landsturm-Edikt vom 21. April 1813 und seine Durchführung in Schlesien, Breslau, Phil. Diss. 1923,* verdeutlichen die Schwäche dieser Institution. Eine positivere Ansicht verficht R. HÖHN (s. S. 201). Die Fragestellung, wie weit das Volk an der Vorbereitung der Freiheitskriege und aus eigenem Entschluß an ihrer Durchführung beteiligt war, wird von Karl Ulrich MEURER, *Die Rolle nationaler Leidenschaft der Massen in der Erhebung von 1813 gegen Napoleon, Freiburg i. Br., Phil. Diss. (masch.) 1954,* und von Heinz HEITZER, *Insurrectionen zwischen Weser und Elbe, Volksbewegungen gegen die französische Fremdherrschaft im Königreich Westfalen (1806–1813), Berlin (Ost) 1959,* gegensätzlich beantwortet. HEITZER legt für seine These, die im Titel bereits zum Ausdruck kommt, ein reichhaltiges Material vor. Es reicht aber nicht aus, seine ideologisch gebundene Auffassung zu beweisen. So ist der Ansicht Meurers beizupflichten, daß die Rolle nationaler Leidenschaft der Massen geringer war als sie die deutsche Geschichtsschreibung lange gesehen hat.

Abkürzungen

Abh.	Abhandlungen
Abschn.	Abschnitt
Abt.	Abteilung
allg.	allgemein
Ausg.	Ausgabe
Bd, Bde	Band, Bände
Bibliogr., bibliogr.	Bibliographie, bibliographisch
Diss.	Dissertation
Frhr.	Freiherr
Ges.	Gesellschaft
Gesch., gesch.	Geschichte, geschichtlich
gr.	groß
H.	Heft
hist.	historisch
Hrsg., hrsg.	Herausgeber, herausgegeben
Inst.	Institut
Jg	Jahrgang
jur.	juristisch
Lit.	Literatur
(masch.)	maschinengeschrieben
MGFA	Militärgeschichtliches Forschungsamt
N. F.	Neue Folge
phil.	philosophisch
Pol., pol.	Politik, politisch
Publ.	Publikationen
R.	Reihe
Sp.	Spalte
T.	Teil
Veröff., veröff.	Veröffentlichungen, veröffentlicht
Wiss., wiss.	Wissenschaft, wissenschaftlich

Sigelverzeichnis

AKG	Archiv für Kulturgeschichte
AnnEst	Annales de l'Est
BMilG	Beiträge zur Militär- und Kriegsgeschichte
FBPG	Forschungen zur brandenburgischen und preußischen Geschichte
Gebhardt	Bruno Gebhardt, Handbuch der Deutschen Geschichte, 8. Aufl., hrsg. von Herbert Grundmann
GGA	Göttingische Gelehrte Anzeigen
Handbuch	Handbuch zur deutschen Militärgeschichte 1648–1939
HistM	Historia Mundi, ein Handbuch der Weltgeschichte
HSt^{EB}	Historische Studien, veröff. von E. Ebering
HV	Historische Vierteljahrsschrift
HZ	Historische Zeitschrift
Just	Handbuch der Deutschen Geschichte, neu hrsg. von Leo Just
Linnebach	Deutsche Heeresgeschichte, hrsg. von Karl Linnebach
MWBl	Militärwochenblatt
MWBl^{B}	Beihefte zum Militärwochenblatt
MWR	Militärwissenschaftliche Rundschau
PPrStA	Publikationen aus den Preußischen Staatsarchiven
PropW	Propyläen Weltgeschichte, eine Universalgeschichte, hrsg. von Golo Mann
RH	Revue Historique
SuA	Sachsen und Anhalt. Jahrbuch
WaG	Die Welt als Geschichte
WuW	Wissen und Wehr
WWR	Wehrwissenschaftliche Rundschau
WWR^{B}	Beihefte zur Wehrwissenschaftlichen Rundschau
ZgesStWss	Zeitschrift für die gesamte Staatswissenschaft
ZGORh	Zeitschrift für die Geschichte des Oberrheins
ZVHessG	Zeitschrift des Vereins für hessische Geschichte und Landeskunde

III

Militärverwaltung und Heeresaufbringung in Österreich bis 1806

von

Jürg Zimmermann

Inhalt (III)

A. Die politische Struktur

Die gesonderte Behandlung wichtiger Probleme der österreichischen Militärgeschichte neben dem Abschnitt zur Militärgeschichte des Absolutismus ist weniger darin begründet, daß die Monarchie des Hauses Habsburg-Lothringen ein politisch-dynastisches Gebilde übernationalen Gepräges war, eine Großmacht, deren Universal- und Hausmachtpolitik sich vielfach nicht mit den Interessen des Römischen Reiches Deutscher Nation deckte. Vielmehr liegt der Grund darin, daß sich an ihr beispielhaft Bedeutung und Auswirkung politischer Strukturen auf Wesen und Gestaltung der bewaffneten Macht eines großen Staates darstellen lassen. Es sind daher vor allem die Heeresaufbringung, Finanzierung und Verwaltung der einzelnen Heereskörper und das Offizierkorps, die in diesem Abschnitt ihre gesonderte Betrachtung finden.

Die „Österreichische Monarchie" – eine Bezeichnung, die sich etwa seit Anfang des 18. Jahrhunderts nachweisen läßt – war in der frühen Neuzeit eine durch ihren übernationalen Charakter geprägte Ansammlung einer Anzahl von Erbländern und Königreichen, die nur durch die Dynastie politisch lose miteinander verbunden waren. Sie lassen sich in drei Herrschaftskomplexe aufgliedern: Österreich, Böhmen und Ungarn.

Ein Territorium „Österreich" gab es nicht, sondern nur österreichische Länder. Zu ihnen zählten Niederösterreich („Österreich unter der Enns"), Oberösterreich („Österreich ob der Enns"), Steiermark, Kärnten, Krain, Tirol und die vorderösterreichischen Lande (Elsaß, Sundgau, Breisgau und kleinere Besitzungen). Die „Herrschaften vor dem Arlberg" (Vorarlberg) bildeten unter habsburgischer Dynastie kein eigenes Land, sondern unterstanden Innsbruck. Diese Summe sogenannter Erbländer, in denen das Haus Habsburg seit 1282 nach und nach zur Herrschaft gelangt war, ließ sich im Mittelalter und noch im 16. Jahrhundert leicht teilen.

Die mittelalterlichen Teilungen umfaßten den Zeitraum von 1379 bis 1493. Dann schloß Kaiser Maximilian I. (1493–1519), mit dem eine neue Epoche der österreichischen Geschichte, das Hinausgreifen über den österreichischen Bereich im engeren Sinn, begann, alle Erbländer in einer Hand zusammen. Sein Enkel Ferdinand I. (1521/22–1564), der sich in die burgundisch-spanisch-österreichische Erbmasse des Gesamthauses mit seinem Bruder, Kaiser Karl V., geteilt hatte, begründete dann die österreichische Linie des Hauses Habsburg. Er besaß aber lediglich ein zusammengesetztes Staatsgebilde, dessen Einheit nur in seiner Person begründet war. In der Zeit der Reichsreform wurden innerhalb dieses Erbländerkomplexes die Länder Österreich unter und ob der Enns, Steiermark, Kärnten und Krain als „niederösterreichische" Lande, die Länder Tirol, Vorarlberg und die „vorderösterreichischen" Besitzungen zu beiden Seiten des oberen Rheins und seiner Nebentäler (Aare, Neckar) und an der oberen Donau und die an Kärnten und Krain im Süden grenzenden Landschaften als „oberösterreichische" Lande zusammengefaßt.

Von diesen Begriffen sind die Ländergruppen zu trennen, die in der zweiten Epoche der Teilungen von 1564 bis 1665 gebildet wurden. Sie brachte drei selbständige Herrschaftsbereiche: *Niederösterreich*, das sich aus Österreich unter der Enns und Österreich ob der Enns zusammensetzte, und dessen Landesherren, die Kaiser Maximilian II. (1564–1576), Rudolf II. (1576–1612) und Matthias (1612–1619), die Krone des Heiligen Römischen Reiches und die Königskronen von Böhmen und Ungarn trugen; *Innerösterreich*, das die Länder Steiermark, Kärnten, Krain, Görz und Istrien umfaßte; *Tirol*, mit dem die Vorlande bis zum Oberrhein verbunden waren (Oberösterreich). Nach dem Aussterben der Hauptlinie vereinigte der seit 1590 in Graz regierende Landesherr von Innerösterreich als Kaiser Ferdinand II. (1619–1637) seine Herzogtümer mit der niederösterreichischen Ländergruppe. Tirol konnte erst sein Enkel, Kaiser Leopold I. (1658–1705), im Jahre 1665 diesem Herrschaftskomplex wieder eingliedern. Um neue Teilungen zu verhindern, hatte aber bereits Ferdinand II. in seinem Testament vom 10. Mai 1621 und in einem Kodizill vom 8. August 1635 die habsburgischen Erbländer zur unteilbaren erblichen Gesamtmonarchie mit dem Recht der Nachfolge des Erstgeborenen erklärt.

Unteilbarkeit, Primogenitur und Zusammenfassung aller Erbländer in einem Herrschaftskomplex bedeuteten jedoch noch nicht, daß damit das Problem der Struktur der habsburgischen Monarchie gelöst war. Ferdinand II. schuf nur Voraussetzungen für die politische und geistige Einheit „Österreich", um deren Verwirklichung die Zentralregierung mit den regionalistisch, oftmals sogar noch partikularistisch eingestellten Ständen der Länder und ihren meist ständisch geprägten Regierungen bis tief in das 18. Jahrhundert hinein ringen mußte. Landschaft und regionale Ständevertretung besaßen noch lange die Bedeutung einer politischen Lebensgemeinschaft, die den Interessen der Gesamtmonarchie widersprach. Die selbständigen Ländergruppen lösten sich allerdings im Laufe der Entwicklung so auf, daß die einzelnen Länder in direkte Auseinandersetzung mit dem Kaiserhof eintraten, der seit Matthias endgültig seinen Sitz in Wien nahm. Dabei läßt sich besonders bei den Herrschaftskomplexen Böhmen und Ungarn beobachten, wie die Nebenländer beider Kronen direkten Anschluß an den Herrscher suchten, ganz im Gegensatz und aus Sorge vor dem Herrschaftsanspruch der böhmischen und ungarischen Stände, die als „staatstragende Nationen" den zentralisierenden Bestrebungen des Hauses Habsburg erheblichen Widerstand entgegensetzten.

Innerhalb der Erbländer stieß also das monarchisch-absolutistische Prinzip auf einen überlieferten Regionalismus. Diese Staatsauffassung allmählich in einem föderalistischen Staatsgebilde aufzufangen, war möglich, weil die ursprünglichen Herzogtümer und Grafschaften Gemeinsamkeiten besaßen, wie etwa die deutsche Sprache. Dieser Gemeinsamkeit entbehrten allerdings die Herrschaftskomplexe Böhmen (Königreich Böhmen mit seinen Nebenländern Mähren, Schlesien und den Lausitzen) und Ungarn (bis gegen Ende des 17. Jahrhunderts nördliche und westliche Randgebiete des überlieferten Königreiches Ungarn mit seinen historisch begründeten Ansprüchen auf das „regnum tripartitum" – Königreiche Kroatien, Slawonien, Dalmatien – und das Fürstentum Siebenbürgen), die seit 1526 durch Personalunion im Hause Habsburg den österreichischen Ländern verbunden waren. Darüber hinaus hatten Kaiser Maximilian II. und seine Erben sogar noch versucht, auch das fremdsprachige Königreich Polen mit dem ihm seit der Union von Lublin (1569) in Realunion verbundenen Großfürstentum Litauen dem habsburgischen Machtbereich einzugliedern.

Die Machterhöhung des deutschen Zweiges der habsburgischen Dynastie durch das jagellonische Erbe, vorbereitet zuletzt unter Maximilian I. in den Verträgen von 1515, hatte sich nach dem Tode König Ludwigs II. von Böhmen und Ungarn, der im Kampf gegen die Türken nach der Schlacht bei Mohács (29. August 1526) umkam, nicht kampflos vollzogen. Die böhmischen Stände hatten auf dem Recht freier Königswahl bestanden, sich dann aber bei relativer Eigenstaatlichkeit König Ferdinand I. und seinen Nachfolgern untergeordnet. Das Verhältnis zwischen dem Träger der Wenzelskrone und den Ständen verschlechterte sich aber zu Beginn des 17. Jahrhunderts infolge der konfessionellen Gegensätze und der Auswirkungen des „Bruderzwistes im Hause Habsburg". Dadurch gewannen die Stände in allen Ländern der böhmischen Krone stark an Einfluß, besonders in Böhmen selbst. Hier forderte die vorwiegend protestantische Opposition schon 1615/16, daß ein reines Wahlkönigtum gesetzlich begründet werde, und führte dann 1618 mit der Absetzung des bereits 1617 gekrönten Ferdinands II. eine ernsthafte Krise für das Haus Habsburg herbei. Der Kaiser wurde jedoch des böhmischen Aufstandes Herr. Der militärische Sieg in der Schlacht am Weißen Berge (8. November 1620) ermöglichte ihm, die politischen Rechte und ständischen Freiheiten stark einzuschränken und die verfassungsmäßigen Institutionen im zentralistisch-absolutistischen Sinne umzugestalten. Landtag, Steuerbewilligungsrecht und Steuerverwaltung blieben zwar bestehen, wenn sie auch später von einem ständischen Ausschuß wahrgenommen wurden, Böhmen, Mähren und Schlesien – die Lausitzen wurden 1635 an das Kurfürstentum Sachsen abgetreten – waren aber für den habsburgischen Absolutismus keine ernsthaften Gegner mehr. Gerichtswesen, Gesetzgebung und Verwaltung lagen seit der „Verneuerten Landesordnung" für Böhmen (1627) und Mähren (1628) verfassungsmäßig in der Hand der Herrscher. Von diesen Ländern gingen daher auch beim Aufbau des stehenden Heeres keine großen Schwierigkeiten aus.

Anders entwickelte sich das Verhältnis zum Herrschaftskomplex Ungarn. Nur eine Minderheit hatte 1526 Ferdinand I. zum König gewählt. Er und seine Nachfolger behaupteten sich mühsam im Kampf mit einheimischen Gegenkönigen und vor allem gegen die osmanische Monarchie der Türken. Sogar von den Ständen Restungarns wurden den Habsburgern wiederholt große Schwierigkeiten bereitet, und ein beachtlicher Teil der Nation blieb dem Träger der Stephanskrone gegenüber immer ablehnend gesinnt. Die Magyaren betonten ihr Wahlkönigtum und wollten keinen habsburgischen Anspruch auf Erbfolge anerkennen. Sie bestanden auf der Selbständigkeit ihres Reiches und dem Mitspracherecht ihrer

Ständeversammlungen in allen Angelegenheiten, und sie vertraten die Auffassung, den Kampf gegen die Türken allein tragen zu können. Daher wollten sie möglichst wenige kaiserliche Truppen in das Königreich eingeführt sehen, doch hinderte sie das dann nicht, sich über die unzureichende Landesverteidigung zu beklagen. Darüber hinaus zerrissen auch hier konfessionelle Gegensätze das Land, wobei die gegenreformatorische Zielsetzung der Dynastie zur Verschärfung des Zwiespalts beitrug und zugleich die Zahl ihrer Gegner vermehrte. Kaiser Rudolf II. scheiterte daher, als er mit konfessionspolitischen und sogar absolutistischen Tendenzen hervortrat.

Erst nach dem Sieg des Grafen Montecuccoli über die Türken bei St. Gotthard an der Raab (1. August 1664) und dem anschließenden Frieden von Eisenburg (Vasvár) versuchte erneut ein Habsburger, Ungarn unter Mißachtung nationaler und ständischer Privilegien auf die Stufe der Länder der Wenzelskrone herabzudrücken und eine Verwaltungs- und Glaubenseinheit herbeizuführen. Die Magyaren reagierten auf die Zentralisierungsbestrebungen Leopolds I. mit dem großen Aufstand von 1669 bis 1671. Er konnte niedergeschlagen werden, doch war damit der Widerstand keineswegs gebrochen. Er manifestierte sich im Kriege der sogenannten Kuruzzen (= Kreuzfahrer), deren Führer Graf Emmerich Tököly die den Ungarn 1681 zum Zwecke des Ausgleichs eingeräumten verfassungsrechtlichen und religiösen Zugeständnisse verwarf und durch sein Verhalten den Türkenkrieg von 1683 bis 1699 mit heraufführte. Die unleugbare Tatsache, daß die kaiserlichen Söldner im Kuruzzenkrieg unter der ungarischen Bevölkerung ärger hausten als die Türken, trug wesentlich zur Entstehung des „deutsch"-ungarischen Antagonismus bei. Denn ein „Deutscher" war für die Einheimischen jeder kaiserliche Söldner, woher er in Tat und Wahrheit auch immer stammen mochte.

Der Türkenkrieg, der mit der erfolgreichen Verteidigung von Wien durch den Grafen Ernst Rüdiger Starhemberg und dem Sieg in der Schlacht am Kahlenberge (12. September 1683) begann und mit dem Sieg des Prinzen Eugen bei Zenta (11. September 1697) und dem Frieden von Karlowitz 1699 endete, brachte mit der Vertreibung der Türken aus Ungarn eine Wende der Verhältnisse im Südosten mit sich. Die Herrschaft über Ungarn war jetzt für das Haus Habsburg gesichert, die ungarischen Stände erkannten auf dem Reichstag zu Preßburg 1687 die Erblichkeit der Stephanskrone im Mannesstamme der Dynastie an. Die habsburgische Monarchie stieg im Kampf um Ungarn, in Abwehr und Angriff gegen die Türken, zur europäischen Großmacht auf. Ihre Ausdehnung wuchs im zweiten Jahrzehnt des 18. Jahrhunderts noch durch das Erbe der spanischen Linie vor allem in den Niederlanden und Italien, so daß sie dadurch in fast ganz Europa angreifbar wurde. Der staatsrechtliche Begriff „Österreich" wurde unterdessen auch auf die Länder der Wenzels- und der Stephanskrone ausgedehnt.

Die österreichische Monarchie erhielt ihr Staatsgrundgesetz mit der „Sanctio pragmatica" vom 19. April 1713. Diese Verfügung war vor allem eine Erbfolgeordnung, hervorgerufen durch die Gefahr eines Aussterbens der Dynastie in der männlichen Linie. In Erläuterung des „Pactum mutuae cessionis et successionis" von 1703, eines geheimen Staatsaktes, in dem Kaiser Leopold I. während des Kampfes um den Anspruch seines Hauses auf die spanische Monarchie die Thron- und Erbfolgerechte seiner Söhne Joseph und Karl und deren Nachkommen geregelt hatte, setzte Kaiser Karl VI. (1711–1740) ergänzend fest, daß im Falle des Erlöschens des Mannesstammes das Erbrecht zunächst bei seinen Töchtern und erst danach bei den Töchtern seines verstorbenen Bruders, Kaiser Joseph I. (1705–1711), liegen sollte. Den Charakter eines Grundgesetzes erhielt die Sukzessionsordnung dadurch, daß in ihr die unteilbare Union aller habsburgischen Länder festgesetzt wurde. Der Defensivgedanke spielte beim Zustandekommen der Pragmatischen Sanktion die entscheidende Rolle. Auch nach dem Zusammenbruch der osmanischen Weltmacht sollte die Verbindung mit den übrigen Völkern des Donauraums in erster Linie zum Zwecke der gemeinsamen Verteidigung aufrechterhalten werden. Die Palatinalkonferenz, die im Jahre 1712 über die Bedingungen der Annahme der weiblichen Erbfolge verhandelte, nannte unter den von ihr aufgestellten Punkten die Anwesenheit einer stärkeren und zum Teil aus Ungarn bestehenden Militärmacht im Königreich Ungarn. Als der Kaiser keine Hoffnung mehr auf einen männlichen Erben besaß, erneuerte er 1720 die Pragmatische Sanktion und bemühte sich, alle Territorien des Hauses Österreich und die europäischen Staaten auf die Erbfolge seiner ältesten Tochter Maria Theresia zu verpflichten. Bis 1724 stimmten die Stände aller seiner Länder einschließlich Ungarns der Nachfolgeordnung zu und bestätigten damit zugleich die Union. Die ungarische Pragmatische Sanktion ging in einem wesentlichen Punkte über die rein dynastischen Interessen hinaus: sie enthielt das Versprechen des Herrschers, daß er die Rechte und Privilegien des Adels bestätigen und bewahren werde (Miskolczy). Große Schwierigkeiten bereitete es dagegen, die Anerkennung der Erbfolgeordnung seitens anderer Herrscherhäuser und Regierungen durchzusetzen, obgleich Kaiser Karl VI. dieses Zieles wegen eine vorsichtige Außenpolitik einschlug. Sein Verzicht auf manchen Erfolg und Vorteil war umsonst, denn Maria Theresia (1740–1780) mußte sofort um ihr Erbe und den Bestand der österreichischen Monarchie kämpfen. Die Ereignisse zu Beginn ihrer Herrschaft bewiesen jedoch auch, daß die Union aller Territorien der Dynastie keine Fiktion mehr war. Die österreichische Gesamtstaatsidee erwies sich als eine Kraft, die alle habsburgischen Herrschaftsbereiche auch ohne die integrierende Macht einer österreichischen Krone und ohne Rückhalt an der bisher die Länder bindenden Würde des deutschen Kaisertums zusammenhielt.

Die österreichische Gesamtstaatsidee, die im Hause Habsburg jahrhundertelang neben der deutschen Reichsidee ihren Platz fand und im Zusammen- oder Widerspiel mit ihr die Politik der Kaiser mitprägte, war seit Maximilian I. entwickelt worden und auch in der zweiten Epoche der Teilungen nicht mehr völlig untergegangen. Von der Kaiserkrone ging wesentlich der Anreiz aus, den unmittelbaren Machtbereich des Herrschers aus einem Konglomerat mittelalterlicher Territorien zu einer höheren Einheit weiterzubilden, die als geschlossene Hausmacht den deutschen Territorialstaaten überlegen war und sowohl zur

Durchsetzung der Ansprüche des Kaisertums im Reich als auch vor allem den habsburgischen Familieninteressen in Europa dienen konnte. Der Gedanke österreichischer Eigenstaatlichkeit gelangte aber erst im 18. Jahrhundert endgültig zum Siege.

Zum Entstehen der österreichischen Staatsidee trugen entscheidend die Verwaltungsinstitutionen und der Ausschußlandtag bei, die Maximilian I. einrichtete oder ausbaute. Ihre weitere Geschichte muß hier in den wesentlichen Ereignissen nicht nur als Gradmesser der Struktur- und Verfassungsentwicklung dargestellt werden, sondern vor allem als Grundlage eines der Probleme des Abschnittes über die österreichische Militärgeschichte, nämlich der Frage, ob vornehmlich und wie stark Aufbau und Ausbau der Zentralregierung und zentralistischen Verwaltungsorganisation von den Bedürfnissen nach einer bewaffneten Macht und ihrer Entstehung bestimmt waren. Oder mit anderen Worten: verkörperte in der österreichischen Monarchie, wie in Preußen, nach der Dynastie das stehende Heer den Gesamtstaat?

Bereits Maximilian I. hatte oberhalb der kollegialen Regierungsbehörden für die beiden Ländergruppen der niederösterreichischen und oberösterreichischen Lande den Regimenten für die politische und Justizverwaltung und den Schatz- oder Raitkammern als Finanzverwaltung einen Hofrat als oberste Verwalwaltungs- und Justizstelle und eine Hofkammer zur Kontrolle der Kammern der Ländergruppen und zur Verwaltung der Gelder für die Zentrale eingerichtet. Beide Zentralbehörden wurden von Ferdinand I. institutionell gefestigt, der Hofrat 1559 zum Reichshofrat erweitert. Bis 1537 war er auch für die Länder der böhmischen und der ungarischen Krone zuständig. Infolge der Vermehrung seines Herrschaftsbereiches schuf sich Ferdinand I. außerdem einen Geheimen Rat, in dem die wichtigsten Staatsangelegenheiten behandelt wurden. Für alle Kanzleigeschäfte bediente er sich als Landesherr, als deutscher König und als Kaiser der Reichskanzlei. Auf die Besetzung des Reichsvizekanzlerpostens gewann jedoch der Kurfürst von Mainz als Reichserzkanzler Einfluß. Das konnte der Entwicklung einer österreichischen Gesamtstaatsidee abträglich werden, wenn auch andererseits die Reichskanzlei böhmische und ungarische Angelegenheiten mit bearbeitete.

Dennoch ging erst Ferdinand II. einen entscheidenden Schritt weiter. Er gliederte 1620 aus der Reichskanzlei eine österreichische Hofkanzlei aus, verlegte 1621 die innerösterreichische Hofkanzlei nach Wien und löste aus dem Reichshofrat einen Hofrat heraus, wodurch eine zentrale Verwaltungsbehörde geschaffen und die Einflußmöglichkeiten des Reichsvizekanzlers auf österreichische Angelegenheiten stark beschnitten wurden. Der Hofkanzler als Leiter der nunmehr wichtigsten Zentralstelle der habsburgischen Länder, die 1654 in eine nach dem Kollegialitätsprinzip geordnete, verwaltende und beschließende Behörde umgewandelt wurde, war als einziges ständiges Mitglied des Geheimen Rats Mittelpunkt aller Verwaltungstätigkeit außer in finanziellen und militärischen Angelegenheiten. Im Jahre 1665 wurde auch die Innsbrucker Hofkanzlei nach Wien überführt. Für die Länder der Wenzelskrone war schon im Verlauf der

Neuordnung nach dem böhmischen Aufstand die böhmische Hofkanzlei als zukünftig oberste Verwaltungs- und Gerichtsbehörde nach Wien verlegt worden.

Die Aufgaben, die von der österreichischen Hofkanzlei für den Bereich der Stephanskrone wahrgenommen worden waren, wurden 1673 der ungarischen Hofkanzlei mit Sitz in Wien übertragen. Allerdings wurde sie in ihrem zentralisierenden Geschäftsbestreben vom einheimischen Adel, der die lokalen Verwaltungs- und Gerichtsbehörden fast ausschließlich beherrschte, eingeschränkt. Seit 1723 entstand ihr im Statthaltereirat ein Konkurrent. Ebenso wurden im 18. Jahrhundert eine italienische und eine niederländische Hofkanzlei eingerichtet. Der überlieferte Regionalismus der Länder spiegelte sich in der Organisation der Wiener Zentralregierung wider.

Der monarchische Staatsbildungsprozeß schritt also nur sehr langsam voran und erlitt noch manchen Rückschlag. So scheiterte auf dem Wiener Generallandtag von 1655 der Plan, durch Vereinigung der Landtage alle österreichischen Länder zu einer höheren Einheit zusammenzufassen. Dieser Generallandtag leitete aber zugleich einen neuen Abschnitt in der Zentralisierung der Verwaltung ein. Im Jahre 1665 wurde die Geheime Konferenz eingerichtet, die für alle wichtigen politischen Angelegenheiten zuständig war. Sie bestand mit einer kurzen Unterbrechung bis 1749. In diesem Jahre wurden auch die österreichische und die böhmische Hofkanzlei im Rahmen der Theresianischen Staatsreform unter Leitung des Grafen Haugwitz durch das neugegründete „Directorium in Publicis et Cameralibus“ als Zentralstelle für die Verwaltung des Inneren und der Finanzen ersetzt (vgl. S. 77 f.).

Die Reformen des Grafen Haugwitz (vgl. S. 73 ff.) wurden durch die Niederlagen im Erbfolgekrieg ausgelöst. Haugwitz dienten vielfach preußische Verwaltungsmethoden als Vorbild. Bedingt durch die Struktur der Monarchie betraf die Staatsreform jedoch nur die böhmisch-österreichischen Länder. Sie richtete sich besonders gegen die überlieferte ständische Verfassung und betraf zunächst das Behörden- und Finanzwesen in den Mittelinstanzen. Soweit die Reformmaßnahmen die Voraussetzungen für eine Neuordnung des Militärwesens in allen seinen Bereichen und Grundlagen schufen, wird auf sie ausführlicher eingegangen werden (vgl. S. 78 ff.). In den Zentralbehörden wurden Justiz und Verwaltung getrennt, die Zuständigkeit des „Directorium in Publicis et Cameralibus“ allerdings schon 1760 wieder eingeschränkt. Das Direktorium lebte als „k. k. vereinigte böhmisch-österreichische Hofkanzlei“ weiter. Die ursprüngliche österreichische Hofkanzlei hatte bereits 1742 ihren Vorrang gegenüber der böhmischen und ungarischen Hofkanzlei verloren, als sie ihre bisherigen außenpolitischen Aufgaben und die Bearbeitung der Angelegenheiten des Erzhauses an die neu errichtete Haus-, Hof- und Staatskanzlei abtreten mußte. Die Bedeutung dieser Maßnahme zeigte sich, als im Jahre 1753 mit Graf Wenzel von Kaunitz-Rietberg (1711–1794) ein selbständig denkender und handelnder Diplomat die Leitung der neuen Hofstelle übernahm und bald einen maßgeblichen Einfluß auf die Geschicke der Monarchie gewann. An die Stelle der erloschenen Geheimen Konferenz trat 1760 ein beratender oberster Staatsrat ohne Vollzugsgewalt. Ihm gehörten alle Präsidenten zentraler Behörden an, den Vorsitz führte der Herrscher.

Die Theresianische Staatsreform leitete also die böhmisch-österreichischen Länder auf den Weg zu einem zentralistisch regierten Staat. Aber schon die angeführten vielfältigen Reformversuche, die sich auch in anderen Verwaltungsbereichen aufzeigen ließen, verdeutlichen, wie schwierig es war, zentralistische Bestrebungen zu verfolgen. Als Kaiser Joseph II. (1765/80–1790) die Politik der Zentralisierung und gleichzeitigen Vereinfachung der staatlichen Verwaltung unter dem Einfluß aufklärerischer und naturrechtlicher Gedanken in verstärktem und zugleich übereiltem Maße mit dem Ziel von Verfassungsänderungen fortzuführen sich bemühte, scheiterte er. Vor allem von den österreichischen Niederlanden und von Ungarn ging der erbitterte Widerstand aus, der seinen Nachfolger Kaiser Leopold II. (1790–1792) zwang, die Reformmaßnahmen in gemäßigteren Formen weiterzuführen und beispielsweise in Ungarn die vorjosephinische Verfassung wiederherzustellen. Die österreichische Monarchie ließ sich nicht in einen zentralistischen Einheitsstaat umwandeln, sie blieb vielmehr ein Staatsgebilde, dessen Struktur von dem „urwüchsigen Selbstbewußtsein der Nationalitäten" bestimmt war, „die sich gleichermaßen auf altverbriefte Rechte wie auf den modernen Freiheitsgedanken beriefen" (Hubatsch).

Parallel zum Aufbau zentraler Institutionen, von denen der Hofkriegsrat als ein wesentlicher Träger der Bestrebungen nach einem zentralistisch aufgebauten Staatsgebilde monarchisch-absolutistischer Gestalt an anderer Stelle behandelt werden wird (vgl. S. 67 ff.), wurde in den meisten Erbländern die politische Entmachtung der Stände eingeleitet. Sie hing eng mit der erfolgreichen Durchsetzung gegenreformatorischer Ziele und dem Zusammenbruch des böhmischen Aufstandes (1620) zusammen. Ferdinand I. und seine Nachfolger hatten nämlich nicht zu hindern vermocht, daß sich Adel und Städte dem lutherischen Bekenntnis anschlossen und sich unter geschickter Ausnutzung der politischen Schwierigkeiten der Landesherren, besonders der Türkengefahr und der Auseinandersetzungen innerhalb der Dynastie, rechtliche Sicherungen verschafften. Zwei Höhepunkte protestantischer Ständemacht waren die „Religionsassecuranz" von 1571 für den evangelischen Adel Niederösterreichs und die Ergebnisse der Verhandlungen zwischen Erzherzog Karl und den innerösterreichischen Ständen auf dem Generallandtag in Bruck an der Mur (1578); allerdings wurden die hier gemachten Zugeständnisse infolge des entschiedenen Drängens zur Rekatholisierung von seiten der Erzherzöge Karl (1564–1590) und Ferdinand, des späteren Kaisers, bald hinfällig. Die Landesherren stellten die Protestanten vor die Wahl, entweder zum alten Glauben zurückzukehren oder auszuwandern. Damit erzielten sie bereits bis 1604 große Erfolge. Als der Kaiser 1628 die Lutheraner zwang, sich zu entscheiden, verließen über 700 Adlige Innerösterreich. In der Mehrzahl zogen die Flüchtlinge in außerösterreichische Gebiete des Reiches. An ihre Stelle traten fremde Adelsgeschlechter, darunter zahlreiche romanische Familien. Zu dieser Zeit hatten die nieder- und oberösterreichischen Stände bereits die Folgen der zahlreichen Beteiligung protestantischer Adliger am böhmischen Aufstand verspürt. Als „Rebellen“ waren zwar nur 31 Edelleute geächtet worden, aber zahlreiche andere gingen freiwillig außer Landes, darunter bedeutende Familien. Auch hier rückten in ihre Güter und Rechte neue Männer ein, und zwar neben denen, die in der Staatskrise als Offiziere, Beamte, Heereslieferanten und Geldgeber zu Ferdinand II. gehalten hatten, auch Abkömmlinge von Adelsgeschlechtern aus vieler Herren Länder. Sie vermischten sich mit den alten Familien, so daß sich in den altösterreichischen Erbländern eine neue Adelsschicht bildete. Insbesondere in Böhmen selbst aber führte der Zusammenbruch der Ständemacht zu einer tiefgreifenden Umschichtung im Herrschaftsbesitz. Es bildeten sich große grundherrschaftliche Komplexe, die durch den Ankauf kleinerer Rittergüter weiter anwuchsen.

Auf die Bedeutung und Auswirkung der Umschichtung des Adels für das Militärwesen wird noch ausführlicher eingegangen werden (vgl. S. 128 ff.), hier ist festzuhalten, daß die Ablösung des autochthonen Adels eine spürbare Schwächung der Macht der Stände mit sich brachte. Steuerbewilligung und landeseigene Verwaltungsaufgaben verblieben ihnen, politische Entscheidungen aber traf von nun an die Wiener Hofburg. Die regionalen Landtage trugen jedoch weiterhin erheblich dazu bei, zentralisierende Bestrebungen zu hemmen. Ihre Widerstandskraft wurde allerdings dadurch geschwächt, daß der neue Adel erheblich stärker als die abgelösten Geschlechter vom Glanz der Residenz angelockt und dadurch zur Mitarbeit in den obersten Zentralstellen gewonnen wurde. Er suchte vor allem den Hof- und Verwaltungsdienst, weniger das militärische Leben. Gegen seine weiterhin vertretenen Herrschaftsansprüche, die sich hinter der ständischen Verfassung verbargen, nahm die Dynastie in der Theresianischen Staatsreform Stellung. Die Macht der Stände wurde auch in den Ländern weitgehend gebrochen, ihr noch vorhandener Einfluß stark eingeschränkt. Den letzten Schritt, die Aufhebung der Vorrechte des Adels in jeder Form, vollzog Joseph II. im Rahmen seines in vielen Zügen gescheiterten Reformwerkes.

Mit dem Sieg über den böhmischen Aufstand und die protestantische ständische Opposition hatte die absolutistische Herrschaftsepoche der habsburgischen Dynastie voll eingesetzt. Infolge der Struktur der Monarchie unterschied sie sich bis in das 18. Jahrhundert hinein deutlich von dem absolutistischen Staat der Hohenzollern. Dieser Unterschied mußte sich zwangsläufig auch im Bereich des Militärwesens niederschlagen. Greifbar wird er in bestimmten Sonderformen – so in der für Mitteleuropa einmaligen Erscheinung der „Militärgrenze“ –, ebenso in der in manchen Zügen anderweitigen Heeresaufbringung und vor allem in dem unerhört komplizierten und schwer überschaubaren Verwaltungsmechanismus und der damit eng zusammenhängenden Finanzierung der bewaffneten Macht. Das Offizierkorps als die verbindende Klammer zwischen Staat und Armee zeigte in seiner politischen und sozialen Struktur Eigenheiten, die es in gleicher Weise von den Verhältnissen im preußischen Militärstaat stark abhoben.

B. Überlieferte Wehrformen und Ansätze zu neuen Wehrverfassungen

Das Heer- und Kriegswesen der österreichischen Erbländer unterschied sich bis in das 17. Jahrhundert nicht wesentlich von den Wehrformen, die in anderen Territorien des Heiligen Römischen Reiches vorherrschten. Allerdings bewirkten die von 1438 bis 1740 ununterbrochen bestehende Verbindung des Hauses Habsburg mit der deutschen Königs- beziehungsweise römisch-deutschen Kaiserkrone und die Aufgaben, die besonders den innerösterreichischen Ländern aus der ständigen Bedrohung durch das osmanische Reich erwuchsen, daß hier die Entwicklung zum stehenden Heer besonders vorangetrieben wurde. Um diesen Vorgang zu verdeutlichen, ist es notwendig, bis in das 15. Jahrhundert zurückzugehen. Dabei können nicht alle österreichischen Länder gleichmäßig behandelt, sondern nur einzelne beispielhaft herausgestellt werden.

1. Lehensaufgebot, Landesaufgebot und Söldnertum in den österreichischen Herzogtümern

a. Das 14. und 15. Jahrhundert

Die unter dem Namen des österreichischen Landrechts erhaltenen beiden Rechtsaufzeichnungen – ihr gemeinsamer Grundstock entstand spätestens 1237 – enthalten die Bestimmung, daß im Falle eines feindlichen Angriffs auf das Land jeder Mann verpflichtet sei, mit seinem Herrn die Heerfahrt mitzumachen. Wer zu Hause blieb, mußte einen bestimmten Betrag als Heersteuer entrichten. Zwar ist über die Bestimmung dieser Steuer im Landrecht nichts ausgesagt, doch darf als sicher angenommen werden, daß sie zur Anwerbung von Stellvertretern verwendet wurde. Bei auswärtigen Unternehmungen waren lediglich die eigenen Ritter und Knechte des Herzogs verpflichtet, ihrem Herrn überallhin zum Angriff zu folgen. So kam es, daß sich der Landesfürst sein Heer fast ausschließlich auf Grund von Dienstverträgen bilden mußte. Die Mannschaft, die der Vertragspartner zu stellen hatte, wurde seit der Mitte des 14. Jahrhunderts in zunehmendem Maße durch Anwerbung „einschildiger" Ritter aufgebracht. Aus letzteren entwickelten sich im Laufe des 14. Jahrhunderts jene Berufskrieger, welche im 15. Jahrhundert zusammen mit gemeinen Söldnern von Hauptleuten durch „Bestellungen" haufenweise in Sold genommen wurden. Im lehensrechtlich aufgebauten mittelalterlichen Reichsheer fand der Soldritter seinen rechtlich vollgültigen Platz spätestens mit den Reichsmatrikeln von 1422, 1426 und 1431, in denen die Verpflichtung der Reichsstände für die Kriegszüge gegen die Hussiten festgesetzt wurde.

Einstellung und Haltung des lehensfolgepflichtigen Adels in der Zeit der Hussitenkriege lassen sich aus einem von Wilhelm Erben angestellten Vergleich zweier österreichischer Aufgebotsordnungen erschließen. Die von den Ständen des österreichischen Herzogtums im Einvernehmen mit Herzog Albrecht V., dem nachmaligen König Albrecht II. (1438–1439), erlassene Aufgebotsordnung von 1431 verrät das Bestreben des Adels, sich aus Anlaß seines persönlichen Auszugs ein erweitertes Erbrecht an den landesfürstlichen Lehen zu sichern. Die im darauffolgenden Jahre ohne Teilnahme des Herzogs, vielleicht nach eigenmächtigem Zusammentritt der Stände, auf dem niederösterreichischen Landtag zustande gekommene Aufgebotsordnung bestand darauf, daß alle Zugeständnisse des versammelten Adels – der übrigens nur für einen Monat zu dienen gedachte – freiwillig und seinen alten Rechten nicht abträglich seien. Der Adel verlangte, der Herzog müsse „Vorsorgbriefe" ausstellen, in denen anerkannt werde, daß alle Dienste und Steuern, welche die Herren, Ritter und Knechte oder auch deren Leute dem Herzog früher geleistet hätten und jetzt neuerlich zusagen würden, aus freien Stücken und nicht von Rechts wegen geleistet und deshalb für die Zukunft nicht verbindlich seien.

Im Jahre 1432 verlangten die Stände überdies, daß der Herzog für den „täglichen", das heißt über vier Wochen dauernden Klein- und Grenzkrieg, tausend Reiter – bei denen es sich um Söldner handeln mußte – von seinen Nutzen und Renten mit finanzieller Beihilfe seitens der Prälaten, Städte und Gäste „stetiglich" unterhalte:

„Item, von des tegleichen kriegs wegen ist beredt warden daz unser gnediger herr der herzog von sein nuczen und renten stettichleich halt tausent wërleich zu rossen. darinn sol sein genad zu hilf nëmen sein preletten und priesterschaft, sein stët und der gest gütter in dem land gelegen, also das die tausent allain zu tegleichem chrieg dem land ze nücz gepraucht und damit züsagüng gewërt wërt und auch die veint mit prant und andern beschedigungen werden angriffen auf das höchst und pëst so man müg und nicht darüber züsagung von veinten aufnehmen in chainer weis."

In der Tat ließ Albrecht V. die ihm verpfändeten böhmisch-mährischen Städte und Märkte und mehrere österreichische Grenzplätze mit besoldeten Besatzungen versehen. Auf diese Weise erleichterte sich der Adel die ihm obliegenden Lasten. Daß er den unbeliebten und wenig einträglichen Grenzdienst gerne den Söldnertruppen überließ, versteht sich von selbst.

Neben den Söldnern trat in der Zeit der Hussitenkriege das Landesaufgebot in Erscheinung. Die Aufgebotsordnung von 1432 erwähnt ausdrücklich die Mannschaft der Städte und die aus der Aushebung eines Mannes von jedem zehnten Bauernhof bestehende eigentliche Landwehr.

Die Kriegführung der folgenden Zeit wurde durch das Hussitenaufgebot nachhaltig beeinflußt. Nach dem Wortlaut eines Vermerkzettels aus dem Jahre 1450, der den Beschluß der Stände zu einem Kriege gegen Ungarn enthält, sollten in Österreich ob und unter der Enns 1 200 wehrhafte Reiter unter Führung eines obersten Hauptmanns aufgebracht und über die March nach Ungarn geführt werden. Falls aber die Ungarn über die Grenze nach Österreich einrückten, erfolgte ein allgemeines Aufgebot des zehnten Mannes „in der von den Hussitenkriegen her bekannten Weise“. Das Landesaufgebot und vor allem die geworbenen Söldner trugen bis zum Aufkommen der stehenden Truppen die Hauptlast der Kriegführung und des Besatzungsdienstes.

b. Das 16. Jahrhundert

Die Abkehr von der Tradition, die Streitmacht des Reiches und Österreichs – wenn schon nicht in der praktischen Heeresaufbringung, so doch mindestens in der Theorie – vorrangig auf das ritterliche Lehenswesen zu stützen, bedeutete aber keineswegs den Verzicht auf persönlichen Zuzug des Adels. Vor allem dann, wenn der Kaiser oder einer seiner Söhne persönlich ins Feld zog, hatten die Herren und Landleute sowie die „Nobilitierten“ samt ihrem Gefolge aufzusitzen und so zahlreich als möglich zuzuziehen. Persönliche Zuzüge erfolgten noch 1566, 1595, 1601, 1605, ja – nach Montecuccoli – 1647 beim Entsatz von Eger, doch war ihr militärischer Wert gering. In den meisten Fällen war der Adel gerne bereit, seine Dienstpflicht durch finanzielle Leistungen – beispielsweise Beistellung eines gerüsteten Reiters als Stellvertreter – abzulösen, sei es, weil er sich – dem kriegerischen Leben entwöhnt – der neuzeitlichen Reitertruppe militärisch nicht gewachsen fühlte, sei es, daß seit der rechtlichen Gleichstellung des ritterlichen Söldners mit dem Lehensmann im Kriegsdienst viele Adlige bereits als Söldner im Reiterdienst standen.

Zum Landesaufgebot rechneten während des 16. und zu Beginn des 17. Jahrhunderts in den Erbländern das Aufgebot des 30. (20., 10. oder 5.) Mannes, die „Gültrüstung zu Fuß“ und die sogenannten „Gültpferde“.

Nach Maßgabe des jährlichen Einkommens aus Grund und Boden und aus den Geld- und Naturalleistungen der Untertanen und der daraus resultierenden Steuerleistung („Gült“) konnten die steuerpflichtigen „Gültenbesitzer“, das heißt Grundherren, zur Stellung, Ausrüstung und Verpflegung von Fußknechten (Büchsenschützen) und vor allem von Berittenen oder auch zur Entrichtung eines „Wart- und Rüstgeldes“ herangezogen werden. Das Wartgeld war eine Entschädigung für diejenigen, welche sich zum Auszug „bereit halten“ mußten, das Rüstgeld wahrscheinlich ein Beitrag zur Herstellung der Armatur. Das Wart- und Rüstgeld hatten die Herrschaften selbst zu tragen, dagegen belasteten das Büchsenschützengeld und später die Rekruten- und Remontierungsbeiträge fast ausschließlich die Untertanen (vgl. S. 58 f.).

Alle diese Einrichtungen erwiesen sich jedoch in der Regel als unbrauchbar. Insbesondere waren sie den Anforderungen der Grenzverteidigung der innerösterreichischen Herzogtümer Steiermark, Kärnten und Krain und in Österreich unter der Enns nicht gewachsen. Als nach dem Fall der wichtigen Festung Wihitsch (1592) steirische und kroatische Aufgebote gegen die Türken geführt wurden, erlitten sie eine katastrophale Niederlage. Daher wurde das Landesaufgebot in der militärischen Praxis in zunehmendem Maße durch neuzeitliche

Wehrinstitutionen, geworbene Fußtruppen und leichte Reiter, verdrängt. Die Stände zogen die Anwerbung von Söldnern jedoch nicht zuletzt auch deshalb vor, weil ihnen die Bewaffnung der Untertanen nicht geheuer erschien und sie keine Arbeitskräfte der Bebauung des Bodens entziehen wollten. Hinzu kommt, daß sich nicht nur die Söldner, sondern auch die Kontingente des Landesaufgebots zu Fuß wüste Ausschreitungen gegenüber der einheimischen Bevölkerung zuschulden kommen ließen. Die Grenzbefestigungen mußten außerdem dauernd besetzt bleiben, zumal sich das Aufgebot der Gültreiter viel zu langsam vollzog. Aus Sparsamkeit oder Geldnot wurde erst dann mobilisiert, wenn ein feindlicher Einfall unmittelbar bevorstand. Die notwendige Stabilität der Grenzbesatzungen findet in steiermärkischen Quellen des ausgehenden 16. Jahrhunderts in der Form ihren Ausdruck, daß sie als „ordinari" Kriegsvolk bezeichnet werden, im Gegensatz zu dem für den „offenen" Krieg geworbenen „extraordinari" Volk – ein Unterschied, der sich auch im Steuerwesen deutlich niederschlug. Neben den „ordinari" Steuern, die von den Ländern regelmäßig zur Erhaltung des ihnen zugewiesenen Grenzabschnitts bewilligt wurden, gab es die „extraordinari" Steuern, die für die Anwerbung von Kriegsvolk zum „offenen" Krieg bestimmt waren (vgl. S. 46).

Der Ersatz des persönlichen, lehensrechtlich begründeten Zuzugs, des Landesaufgebots und der Gültpferde durch Geldsteuern oder Werbung von Söldnern in bestimmten Fällen läßt sich am besten an einigen Beispielen aufzeigen.

Bereits das Tiroler Landlibell Maximilians I. von 1511 (vgl. S. 23 f.) gestattete den beiden oberen Ständen die Ablösung ihres Kontingents durch Geld. Auf dem Ausschußlandtage zu Wien 1556 kamen dann Niederösterreich, Steiermark und Krain überein, statt des 30. Mannes einen geworbenen Büchsenschützen, statt der Gültpferde geworbene leichte Reiter ins Feld zu stellen. Bemerkenswert ist die Proposition zum niederösterreichischen Landtag von 1596: Der Kaiser begehrte neben der dreifachen Gült zur Grenzerhaltung anstatt der Gültpferde 1 200 deutsche Pferde unter drei Fahnen sieben Monate lang, anstatt des persönlichen Zuzugs – an dessen Stelle die Stände im Vorjahre 2 000 Husaren bewilligt hatten – die Übernahme von bereits vorhandenen 500 wallonischen Reitern in landständische Bezahlung, anstatt des 30. Mannes die Unterhaltung von 3 000 Knechten, und zwar von bereits vorhandenen 500 Wallonen zu Fuß und weiteren 2 500 deutschen Knechten sieben Monate lang; nichtsdestoweniger hatte aber jedermann, wenn der Kaiser persönlich ziehen oder das Generalaufgebot im ganzen Lande „aufmahnen" sollte, mit allen Seinen zu Roß und zu Fuß aufs beste „auf zu sein". Die Werbung der erwähnten Truppen beanspruchte der Kaiser für sich, die Stände hatten lediglich die Zahlungen und Musterungen vorzunehmen. Die Stände bewilligten neben der doppelten Gült die Unterhaltung von 1 300 Reitern und 1 500 Knechten zu Fuß. Wie sich im kollektiven Bereich die Stände in bestimmten Fällen von der Verteidigungspflicht loskaufen konnten, so wurde auch im individuellen Bereich vielfach darauf verzichtet, den Mann zum Dienst mit der Waffe zu zwingen. Als nämlich 1602 das Aufgebot des 30. Mannes erlassen wurde, war es den Untertanen freigestellt, taugliche Ersatzmänner zu schicken.

Ähnlich entwickelten sich die Verhältnisse im Herzogtum Steiermark. Gemäß den Beschlüssen des steirischen Landtags vom März 1564 war die für Kriegszwecke veranschlagte Leistung eine vierfache: 1. 150 000 Gulden an Steuern, 2. die Gültpferde,

3. das Aufgebot des 30. Mannes oder 2 000 Büchsenschützen, 4. allenfalls der persönliche Zuzug. Die Kontingente der von den Grundherren zu stellenden Gültpferde und Büchsenschützen wurden verteilt und von jedem einzelnen Besitzer aufgeboten. Im Jahre 1565 vollzog sich die Stellung der Gültpferde und Büchsenschützen nach den von der Landschaft ausgegebenen Vorschriften. Dagegen wurde wenige Jahre später der Modus der Einzelstellung verlassen, die Grundherren zahlten nurmehr den auf sie entfallenden Betrag und die Landschaft warb eine entsprechende Zahl von Truppen. In den Jahren 1595 bis 1604 wurden die Gültpferde des Herzogtums regelmäßig durch die Beistellung von 300 Arkebusieren auf vier Monate abgelöst, 1605 und später jedoch die Gültpferde noch einige Male wieder aufgeboten. Im Verlaufe des 17. Jahrhunderts verschwand die steirische Gültrüstung endgültig.

Oberösterreich verpflichtete sich 1579, im Notfalle anstatt des 30. Mannes zwei Fähnlein geworbener Knechte aufzustellen und erst im Falle noch größerer Feindesnot, oder wenn sich die Anwerbung der beiden Fähnlein als unmöglich erweisen sollte, den 30. Mann aufzubieten. In der Folge stellte Oberösterreich statt der Gültpferde 200 gerüstete Pferde und für den 30. Mann ein Kontingent von 1 000 Knechten, allerdings nicht regelmäßig. Die an Stelle des 30. Mannes zu erlegende Steuer hieß in Oberösterreich Rüstgeld oder Hausgeld. Ähnlich wurde auch in Böhmen das Aufgebot durch Geldsteuern abgelöst. Wenn auf Grund der Defensionspflicht extraordinari Volkshilfen bewilligt wurden, stand es den Grundbesitzern frei, statt ihrer Untertanen andere waffenkundige Männer ins Feld zu stellen.

Diese Entwicklung mag mit ein Grund dafür gewesen sein, daß es in diesen österreichischen Ländern trotz mannigfacher Bemühungen und zum Teil vielversprechender Ansätze nicht zum Aufbau von Defensionswerken mit Ausschußtruppen kam, wie sie sich seit der Wende vom 16. zum 17. Jahrhundert in zahlreichen deutschen Territorien finden, auch in der Grafschaft Tirol.

2. Aufgebot, Söldner- und Defensionswesen in Tirol

Die Landesfürsten von Tirol verwendeten für ihre Kriege seit dem Beginn des 14. Jahrhunderts neben den durch das Lehensrecht verpflichteten Vasallen, deren Aufgebot den Anforderungen der Kampfführung nicht mehr genügte, durch Soldzahlungen geworbene Ritter und Knechte, ferner Mannschaften der Städte und Gerichte. Wie sehr bereits im 14. Jahrhundert der Kriegsdienst der Lehensleute an Wert eingebüßt hatte, zeigt eine Bestimmung der Verfassung („Landesfreiheit") von 1406. Herren und Ritter waren verpflichtet, einen Monat lang ohne Sold, aber in der Verpflegung des Landesfürsten und nur innerhalb der Landesgrenzen der Lehensfolge nachzukommen. Wenn sie länger oder außerhalb des Landes benötigt wurden, sollte sie der Graf wie andere Ritter halten, das heißt mit entsprechendem Sold.

Über die Zusammensetzung eines Aufgebots in der ersten Hälfte des 15. Jahrhunderts unterrichtet ein Rechnungsheft, das Hans Spreng im Auftrage des Ulrich Matsch, des Hauptmanns an der Etsch oder Landeshauptmanns von Tirol, während eines Krieges zwischen dem Herzog Friedrich und dem Bischof von Chur über die Kosten der Belagerung der Feste Fürstenburg oberhalb Mals führte. Es verzeichnet

55 „edle Leut“, Adlige, die auf Grund ihrer Lehenspflicht im Feld standen; von diesen führte jeder einen bis fünf, der Landeshauptmann selbst zwanzig Knechte mit sich, so daß sich eine Gesamtzahl von 194 Rittern und Knechten ergab, die auf Kosten des Landesherrn verpflegt wurden. Hinzu kamen 15 Mann, die diese Verpflegung zu besorgen hatten. Ferner hatte der Landeshauptmann 68 „Soldner“ in Dienst genommen, meist Nichtadlige, welche nur zu einem Teil aus Tirol, zum anderen Teil aus Schwaben oder auch aus andern Gegenden stammten. Dann vermerkt die Rechnung, daß neben den Rittern, Knechten und Söldnern die Aufgebote sämtlicher Gerichte Südtirols und eines nordtirolischen Gerichts vor Fürstenburg gezogen seien, daß aber während der Belagerung diese „Gerichtsleut“ den Rückmarsch angetreten und nur eine kleine Streitmacht im Felde belassen hätten. Letztere umfaßte immerhin noch 542 Mann.

Die von den Gerichten gestellten und im angeführten Beispiel vor Fürstenburg belassenen Mannschaften wurden bezeichnenderweise „Knechte“ oder „Söldner“ genannt. Es unterliegt wohl keinem Zweifel, daß die von den Städten und Gerichten aufgebrachten Kontingente in den meisten Fällen aus Freiwilligen bestanden, aus kriegerischen Elementen, die sich im Falle eines Zuzugs gegen entsprechende Bezahlung zur Verfügung stellten. Aus den Jahren 1456 und 1461 stammende Akten bezeugen, daß beispielsweise in der Stadt Innsbruck die zum Auszug verpflichteten Bürger einen Ersatzmann stellen konnten. Ähnliche Nachrichten sind in zahlreichen Fällen überliefert. Überdies machte sich zu Beginn des 16. Jahrhunderts die Tendenz bemerkbar, die Leistung von Kriegsdienst statt durch Stellung von Ersatzleuten durch Geld abzulösen. Als im Jahre 1509 die Stände auf dem Landtag zu Bozen Maximilian I. ein Mannschaftskontingent zum Kriege gegen Venedig bewilligten, scheint es bereits als selbstverständlich betrachtet worden zu sein, daß in zahlreichen Fällen an Stelle von Knechten Geldbeträge zur Verfügung gestellt wurden. Der Landesherr hatte gegen diese Regelung nichts einzuwenden. Vielmehr wurde die Ablösung durch Geld in der Instruktion Maximilians für die Musterung in Nefis vom 26. Februar 1510 ausdrücklich gestattet. Ähnlich lauteten die Bestimmungen des bekannten Tiroler Landlibells vom Jahre 1511.

Das Tiroler Landlibell von 1511, ein von Maximilian I. mit dem Landtag vereinbartes Gesetz, legte die seit langem bestehende Wehrpflicht der Stände Tirols erstmals schriftlich in allen Einzelheiten fest. Die Bischöfe, die Prälaten und der Adel, die Städte und Gerichte (oder Landgemeinden) und die neuerworbenen Landesteile (Herrschaften Lienz und Pustertal, Landgerichte und Städte Rattenberg, Kufstein und Kitzbühel) hatten „auf das Aufgebot oder die Aufmahnung“ des Landesfürsten oder des Landeshauptmannes im Falle eines feindlichen Angriffes eine in vierfach abgestufter Höhe 5 000 bis 20 000 Mann umfassende „Macht“ zu stellen. (Tatsächlich sind in der Folge nur die Städte und Gerichte ihren Verpflichtungen nachgekommen.) Jeder Landstand sollte die vorgeschriebene Zahl „Knechte“ oder Söldner „bestellen, wo er sie erlangen mag“. Wenn die Stifter und der Adel „Mangel an Knechten“ haben sollten, könnten sie den Städten und Gerichten den entsprechenden Geldbetrag übergeben und diesen die Bestellung der fehlenden Söldner überlassen. Rigorosere Bestimmungen fanden Anwendung, wenn bei besonders drängender Feindesnot der Landsturm aufgeboten wurde. In einem solchen Falle sollten bis zum Eintreffen der „Macht“ oder des „Zuzuges“ aus dem ganzen Lande in den nächstbedrohten Gegenden auf den Glockenstreich hin alle, die nach ihrem Alter zur Wehr „geschickt" waren, also nicht nur die „angesessenen Leute", die Bürger und Bauern mit Haus- und Grundbesitz, sondern auch die ledigen Dienstleute, Knechte und Handwerker, mit den Städten und Gerichten, darinnen sie wohnten, „auf sein und zuziehen" bei Strafe der Landesverweisung.

Das Landlibell nahm ausdrücklich auf die in der Landesfreiheit von 1406 enthaltene Bestimmung Bezug, wonach die Landstände nur einen Monat lang und nur bis an die Gemerke oder Konfinen (vgl. S. 28) des Landes zu dienen verpflichtet waren. Bezog sich in der Landesfreiheit von 1406 der Vorbehalt nur auf die Herren, Ritter und Knechte, so nunmehr auch auf die anderen Stände, Städte und Gerichte, Bürger und Bauern. Wenn der Tiroler Landesfürst für Kriege außerhalb des Landes Mannschaften stellen wollte, mußte er sie durch freie Werbung aufbringen. Diese Bestimmung führte dazu, daß dem geworbenen Söldner während des 16. Jahrhunderts auch in Tirol eine gewichtige Rolle zufiel, zumal die in den Jahren 1526, 1531, 1542, 1556, 1562 und 1605 neu erlassenen Zuzugsordnungen bezüglich der Art der Aushebung der Mannschaft gegenüber dem Landlibell von 1511 keine grundlegenden Neuerungen brachten. Nach dem Wortlaut der Ordnungen von 1526 und 1556 sollten zum Schutze der am meisten bedrohten Viertel des Landes einige „Fähnlein Knechte", auf längere Zeit geworbene Landsknechte, bereitgestellt und nur im Bedarfsfalle bis zu 2 000 „wehrliche" Männer aus dem „Landvolk", den eingesessenen Bauern, eingesetzt werden. Bei den Kämpfen um die Ernberger Klause bei Reutte im Jahre 1546 gegen die Schmalkaldner bestand die Tiroler Streitmacht aus einigen Freifähnlein, das heißt aus geworbenen Landsknechten, und dem ebenfalls in Fähnlein eingeteilten Aufgebot des „Landvolkes" der Städte und Gerichte.

Die im ausgehenden 16. und beginnenden 17. Jahrhundert in verschiedenen Territorien unternommenen Versuche, zur Verteidigung der Länder die Untertanen in vermehrtem Maße heranzuziehen, um die teuren und unzuverlässigen Söldner entbehrlicher zu machen, wirkten auch auf Tirol ein und führten hier zu einer von den betreffenden Einrichtungen der übrigen österreichischen Länder abweichenden Entwicklung des Defensionswesens und der Wehrverfassung überhaupt. Gleich nach seinem Regierungsantritt (1602) ließ sich Erzherzog Maximilian heimlich über die hessische Defensionsordnung des Landgrafen Moritz unterrichten. Im Jahre 1604 wurde in allen Vierteln des Landes Tirol eine allgemeine Musterung durchgeführt, 1605 auf dem Landtage eine neue Landesverteidigungsordnung beschlossen und vom Erzherzog veröffentlicht. Neu sind darin die Bestimmungen über die Ausbildung der Mannschaft. Genaue Instruktionen – hier wird das hessische Vorbild deutlich – regelten die Abrichtung des in Fähnlein eingeteilten Landvolks durch besoldete Hauptleute, die den dem Landadel entnommenen Viertelhauptleuten zur Seite gestellt wurden. Die Feuerwaffe erhielt ein für die damalige Zeit bemerkenswertes Übergewicht über die blanke Waffe.

Obwohl es dem Erzherzog gelang, die Tiroler Landschaft von der Notwendigkeit finanzieller Beihilfe zu überzeugen und die Stände Tirols in den folgenden

Jahren beträchtliche Geldmittel zur Deckung der Kosten des neuen Defensionswerkes bewilligten, scheinen die Verteidigungseinrichtungen in der Praxis nicht so verwirklicht worden zu sein, wie es die theoretischen Anforderungen vermuten lassen. Im Jahre 1636 wurde unter Erzherzogin Claudia von Medici eine Reform durchgeführt, die, nachdem sie 1647 durch Bestimmungen über den in der Zuzugsordnung von 1605 nicht erwähnten Landsturm und die Bildung freiwilliger Jäger- und Schützenkompanien ergänzt worden war, bis 1664 in Kraft blieb. An die Stelle der Zuzüge traten vier „Land-Miliz-Regimenter“ von insgesamt 8 000 Mann. Nach jeweils drei Jahren fand ein Wechsel der Mannschaft statt, Stellvertretung war erlaubt.

Im Zusammenhang der Bemühungen um die Ausgestaltung des Tiroler Defensionswesens verfaßte bereits in der Zeit um 1620 der Hauptmann und oberste Mustermeister des Pustertales, Paul Troyer, eine kurze „Instruktion zum Exerzieren der Militien“. Ein anderer Tiroler, der kaiserliche Generalwachtmeister Johann Jakob v. Wolkenstein, hinterließ eine aus dem Jahre 1650 stammende handschriftliche Anweisung zum Exerzieren. Im Jahre 1653 erschien ein „Handbüchel zum Exercieren“ erstmals im Druck. Verfasser und Herausgeber war der Oberstleutnant und Kriegsrat Franz Girardi v. Castell.

Offenbar sind während der Regierung des Erzherzogs Sigismund Franz (1662–1665) unter dem Druck der Klagen über die Kosten der Bewaffnung und der Besoldung der Hauptleute und Befehlshaber und der Beschwerden über das lästige Exerzieren mindestens einige Bestimmungen der Defensionsordnung aufgegeben worden.

3. Landesaufgebot und Landsrettung in den österreichischen Vorlanden

Aber nicht nur in Tirol war ein Defensionswerk aufgebaut worden. Als Landsrettungswerk findet sich das Defensionswesen auch in den durch ihre exponierte, seit dem Ausbruch des Gegensatzes zwischen den Häusern Habsburg und Valois-Bourbon besonders gefährdete Lage gekennzeichneten Vorlanden.

Die seit Anfang des 15. Jahrhunderts in einem landständischen Körper verbundenen österreichischen Herrschaften im Oberelsaß und Sundgau und im benachbarten Breisgau und Schwarzwald kannten im 14. und 15. Jahrhundert das Aufgebot von Mannschaften aus den Stadt- und Landgemeinden zu einem zeitlich begrenzten Waffendienst als Fußvolk neben dem zahlenmäßig viel geringeren Aufgebot der lehenspflichtigen Ritter.

Im Jahre 1507 legten die Landstände des österreichischen Breisgaus und Elsaß Maximilian I. eine Ordnung für die Verteidigung ihres Landes vor. Bei Gefahr sollten die von den Ständen bestellten Hauptleute die Landstände mahnen, „daß sie ... auf seien“, das heißt zum Kriegszuge sich erheben. Zur „halben Macht“ hatten der Adel und die Stifte jeden zweiten Mann ihrer Reisigen oder Reiter, die Städte jeden dritten und „die auf dem Lande", das heißt die Landgemeinden, jeden zweiten Mann aus ihrer wehrfähigen Mannschaft für das Fußvolk zu stellen. Die „ganze Macht" war das Aufgebot aller Wehrfähigen. Zur Vorbereitung des Aufgebots sollten „in den Städten und auf dem Lande" Musterungen abgehalten werden. Alle, die körperlich nicht behindert waren, sollten persönlich ausziehen und keine Stellvertreter bestellen.

Die Ordnung von 1507 wurde 1529 erneuert. Ob ihren Bestimmungen tatsächlich nachgekommen wurde, ist nicht bekannt. Bekannt wurden dagegen die Landsrettungen, die in den Jahren 1517, 1528, 1537 und 1542 von den Reichsständen für das gesamte Elsaß aufgerichtet und erneuert wurden. Weitere gemeinsame Landsrettungen scheiterten an den neuen konfessionellen Gegensätzen. Die vorderösterreichische Regierung in Ensisheim sah sich daher wieder auf die Kräfte der Vorlande beschränkt, als König Heinrich II. von Frankreich die lothringischen Städte Metz, Toul und Verdun 1552 auf Grund des ihm von Moritz von Sachsen eingeräumten Reichsvikariats besetzte und sich dadurch die französische Bedrohung des österreichischen Elsaß und des Breisgaus verstärkte.

Im Jahre 1553 vereinbarten die Regierung und die Landstände des österreichischen Elsaß und des Breisgaus eine Landsrettung für das Oberelsaß. Die vom Elsaß nach Westen führenden Pässe sollten bei einem Angriff von den Aufgeboten der nächstgelegenen Herrschaften, Ämter und Städte – „wohlgerüsten Kriegsknechten unter ihren Haupt- und anderen Befehlsleuten" oder „Untertanen" schlechthin – zur Abwehr besetzt werden. Außer dem Aufgebot des Elsaß war auch das des Breisgaus zur Verteidigung der elsässischen Westgrenze vorgesehen. Die Zahl der von den einzelnen Herrschaften und Städte zu stellenden Mannschaften war nicht festgelegt. Ein Geldvorrat von bis zu 10 000 Gulden sollte die Finanzierung der Rüstungen sicherstellen. Auch in diesem Falle fehlen Angaben, ob und wieweit die Landsrettung in Wirksamkeit getreten ist.

Die Landsrettung von 1553 war vorbildlich für einen 1572 zwischen dem Ober- und Unterelsaß abgeschlossenen „Schirmverein", der 1580 erneuert wurde unter Hinweis darauf, daß er schon manche feindliche Anschläge auf das Land vereitelt habe. Eine nochmalige Verlängerung scheiterte am Mißtrauen der evangelischen Reichsstände gegenüber Erzherzog Ferdinand II. von Österreich. Dagegen ordnete dieser damals für seine Erbländer „an beiden Gestaden des Rheins, Elsaß und Breisgau" eine Erneuerung des Landesaufgebots an. Es sollten 20 Fähnlein aufgestellt und durch eine Musterung jeder dritte Mann aus der wehrfähigen Bevölkerung der Stadt- und Landgemeinden hierzu ausgewählt werden. Sein Nachfolger in der Regierung der vorder- und oberösterreichischen Lande, Erzherzog Max, wiederholte im Jahre 1604 diese Anordnung für die Vorlande. Sein Vetter und Nachfolger, Erzherzog Leopold V., soll 1626 zum letztenmal einen „Schirmverein" für das gesamte Elsaß zustande gebracht haben. Nach seinem Tode im Jahre 1632 wurde das Elsaß von den Schweden, dann von den Franzosen größtenteils besetzt. Eine Erhebung der oberelsässischen Bauern gegen die Schweden wurde 1633 niedergeschlagen.

Defensionswesen und Landsrettung versagten also auch hier in den Kämpfen des Dreißigjährigen Krieges. Wo sich Ausschußtruppen und Landesaufgebote einem Feind stellten, dessen Verbände sich aus Söldnern zusammensetzten, unterlagen sie der stärkeren Kampfkraft ihrer Gegner. Auch die Fürsten aus dem Hause Habsburg führten ihre Kriege mit Soldtruppen und gingen darüber hinaus bereits dazu über, daraus stehende Truppen beizubehalten (vgl. S. 47 f.). Nur an der Südostgrenze des habsburgischen Herrschaftsbereiches richteten sie weitgehend unabhängig von der allgemeinen Entwicklung des Militärwesens eine Grenzverteidigung auf, die aus spätmittelalterlicher Wurzel eigenständig erwuchs und sich über mehr als drei Jahrhunderte den militärischen und kriegsmäßigen Gegebenheiten anzupassen vermochte: die Militärgrenze.

C. Die Militärgrenze

1. Anfänge

Über 350 Jahre lang, von 1522 bis 1881, bestand längs der Südgrenze von Kroatien eine unmittelbar von den österreichischen Militärbehörden verwaltete, vornehmlich durch Abkömmlinge christlicher Flüchtlinge aus den Balkanländern besiedelte Zone (Militärgrenze, Konfin, Vojna Krajina). Wegen ihrer einmaligen Bedeutung für die Militärgeschichte der Neuzeit soll diese Institution ausführlicher und für den gesamten Zeitabschnitt bereits hier geschlossen behandelt werden. Das Kapitel hat die neueste Arbeit zur Geschichte der kroatisch-slawonischen Militärgrenze: Gunther Erich Rothenberg, The Austrian Military Border in Croatia, 1522–1747, stark mitverwertet.

Die Militärgrenze wurde als Schutzwall gegen die Verwüstungszüge der Türken errichtet. Als erster hatte der ungarische König Matthias Corvinus (1458-1490) versucht, eine Grenzverteidigung gegen die Türken einzurichten, indem er an Tausende von Flüchtlingen, meist griechisch-orthodoxen Glaubens, die vor den Türken aus Serbien und Bosnien nach Ungarn und dem mit dem Königreich Ungarn seit 1102 in Personalunion verbundenen Königreich Kroatien geflüchtet waren, Land verteilte und ihnen versprach, daß er religiöse Toleranz üben werde. Als Gegenleistung hatten die Ansiedler die Grenzwache zu übernehmen.

Sein Nachfolger, König Ladislaus II. von Böhmen und Ungarn (1490–1516), löste die Militärkolonien wie die anderen von Matthias geschaffenen Einrichtungen auf. Ladislaus' Sohn, König Ludwig II. (1516–1526), war nicht in der Lage, dem 1521 wieder aufgenommenen Angriff der Türken ernsthaften Widerstand entgegenzusetzen. Im Jahre 1521 fiel Belgrad, türkische Streifscharen drangen 1521 und 1522 durch Kroatien nach Krain und der Steiermark vor. Dadurch wurden die österreichischen Erbländer unmittelbar gefährdet. Ihr Landesherr, Erzherzog Ferdinand (1521/22–1564), der Schwager König Ludwigs, griff die Anregungen der innerösterreichischen Stände auf, daß der kroatische Raum zwischen Unna und Kulpa durch Garnisonen gesichert und starke Befestigungen in Fiume und Möttling (Metlika) angelegt werden sollten. Er entsandte, einer am 22. März 1522 vorgetragenen Bitte des kroatischen Adels folgend, Truppen und Kriegsmaterial nach Kroatien. Auch ein vom Reichstag bewilligtes Kontingent traf dort ein. Gegen Ende des Jahres 1522 bewilligte der Reichstag noch einmal 4 000 Mann auf sechs Monate. Sie sollten Garnisonen in Nordungarn und – auf Bitten der Kroaten – Stützpunkte in Kroatien und vorgeschobene Posten in Bosnien besetzen. Es gelang den von Ferdinand gestellten Grenzbesatzungen – die Reichstruppen trafen nicht ein –, während der folgenden Jahre einen größeren türkischen Durchbruch zu verhindern.

Obwohl durch das österreichische Eingreifen in Kroatien die landesherrlichen Rechte des Königs von Ungarn nicht aufgehoben wurden, gewann Erzherzog

Ferdinand in Kroatien beträchtlichen Einfluß. In seinem Streben nach Unabhängigkeit bestärkt, weigerte sich der kroatische Adel im Jahre 1526, zum ungarischen Heer zu stoßen. Am 29. August verlor König Ludwig II. von Ungarn die Schlacht bei Mohács gegen die Türken und ertrank auf der Flucht. Um die ungarische Krone kämpften Erzherzog Ferdinand und der von der Mehrheit des nationalen Adels unterstützte siebenbürgische Woiwode Johann Zapolya. Hierbei stellten sich die kroatischen Stände auf die Seite des Habsburgers und wählten ihn am 1. Januar 1527 zum König von Kroatien. Ferdinand verpflichtete sich, in Kroatien und Krain weiterhin ausreichende Kräfte gegen die Türken zu unterhalten. Schwieriger war die Lage in Slawonien, das mit Ungarn als Provinz vereinigt war. Sein führender Magnat, der ehrgeizige Graf Christoph Frankopan, hatte zunächst Ferdinand seine Dienste angeboten, sich dann aber Zapolya zugewandt. Die Auseinandersetzungen um das ungarische Königtum verwoben sich mit dem Kampf gegen das osmanische Reich und den Kriegen König Franz I. von Frankreich (1515–1547) und seines Nachfolgers gegen das Haus Habsburg.

Im Verlauf der folgenden Jahre gelang es den Türken, ihren Herrschaftsbereich in Bosnien, Dalmatien, Kroatien und Slawonien beträchtlich zu erweitern, 1529 belagerten sie sogar zum erstenmal Wien. Sultan Suleiman II. (1520–1566), der Große genannt, erkannte 1532 Ferdinands Herrschaft über einen schmalen Landstreifen in Nordungarn und in den nördlichen Teilen von Slawonien und Kroatien an, aber ungeachtet aller Waffenstillstandsverträge lief der Kleinkrieg in den Grenzgebieten weiter. König Ferdinand sah sich daher gezwungen, eine ständige Verteidigungsorganisation aufzubauen. Da es finanziell nicht möglich war, dauernd starke Söldnergarnisonen an der Grenze zu unterhalten, griff er zu der von Matthias Corvinus bereits vorgezeichneten Lösung und ließ längs der Grenze eine Kette von befestigten Dörfern, Blockhäusern, Wachttürmen und Verhauen anlegen, die von Militärkolonisten bewohnt, beziehungsweise durch eine verhältnismäßig geringe Zahl von Söldnern bewacht wurden. Diese Lösung war finanziell tragbar und hatte überdies den Vorzug, daß durch die Verleihung bestimmter Privilegien die Militärkolonisten und damit der wichtige Landstreifen entlang der türkischen Grenze dem Einfluß des unbeständigen kroatisch-ungarischen Adels entzogen und den österreichischen Militärbehörden unmittelbar unterstellt werden konnten. Die Schaffung eines Gegengewichtes für den magyarischen Nationalismus lag damals noch nicht in den Plänen der Wiener Regierung. Später aber diente die Grenze, wie der österreichische Feldmarschall Prinz Joseph Friedrich zu Sachsen-Hildburghausen (vgl. S. 38) im Jahre 1737 schrieb, „nicht allein als ein antemurale contra Turcam, sed etiam contra Hungarum in casu rebellionis“ (nicht allein als Schutzwall gegen die Türken, sondern auch – im Falle einer Rebellion – gegen Ungarn).

Als sich Ferdinands Truppen nach ihrem Eingreifen im Jahre 1522 in Kroatien festsetzten, wurde eine Anzahl von „Uskoken“ (serbisch: Flüchtlinge) genannter bosnischer Familien rund um deren Garnisonen angesiedelt. Sie kämpften während der Auseinandersetzungen zwischen Johann Zapolya und Ferdinand an der Seite des Habsburgers. In den folgenden Jahren ließen sich Uskoken in wachsender Zahl im Bereiche der Grenze nieder, so in der Bergkette um Sichelburg westlich von Agram und an der Küste des Quarnero (Golf des Adriatischen Meeres). Die älteste bekannte Urkunde stammt aus dem Jahre 1535 (5. Juni). Als Gegenleistung für ständigen Militärdienst erhielten die Uskoken von Ferdinand Landparzellen als erbliche Lehen. Für die ersten 20 Jahre waren sie von allen Abgaben befreit, danach hatten sie dem Erzherzog lediglich ein Pachtgeld zu entrichten. Im übrigen waren sie von den üblichen Lehensverpflichtungen befreit und ausschließlich den österreichischen Militärbefehlshabern unterstellt. Eine weitere Militärkolonie wurde in Oberslawonien südöstlich von Agram 1538 aus einer Gruppe von „Servianer" oder „Rascianer" genannten Flüchtlingen errichtet. Ferdinand gab ihnen Land zwischen der unteren Časma und Drave [?] und verlieh ihnen ein Privilegium (5. September), das ihren besonderen militärischen Status klar herausstrich.

So waren um 1538 zwei militärische Siedlungszonen entstanden. Die ausgedehntere – sie wird in den Quellen „Krabatische Gränitz" (Kroatische Grenze) genannt – erstreckte sich von den südlichsten durch die österreichischen Besatzungen längs der Unna gehaltenen Posten nach Norden zu den Uskokensiedlungen westlich von Agram. Die zweite, südöstlich der Linie Agram – Warasdin gelegene Zone wird allgemein die „Windische Gränitz" (Slawonische Grenze) genannt. Die Siedler und Soldaten der militärischen Siedlungen erhielten den Namen „Grenzer" (Graničari).

Das Scheitern kroatischer Versuche, ein eigenes Aufgebot ins Leben zu rufen, trug dazu bei, daß die Einrichtung der „Grenze" zunehmende Bedeutung erlangte. Ferdinand war sichtlich bestrebt, die Kontrolle über die Grenzstreitkräfte in Händen zu behalten und sie nicht dem unbeständigen kroatischen Adel zu überlassen. Im Jahre 1530 übernahm Hans Katzianer, Generalkapitän von Innerösterreich, das Oberkommando über die Grenzbesatzungen, nach ihm Niklas Jurissich (1538). Im Jahre 1540 ernannte Kaiser Karl V. den Krainer Landverweser Bartholomäus v. Rauber zum ersten „hauptman über die Uskhokhen". Auf Rauber folgte 1543 Hans Wernegh Freiherr von Sonnegh. Zu den Pflichten der Hauptleute gehörte es, dafür zu sorgen, daß die wegen ihrer Wildheit gefürchteten Uskoken nicht im eigenen Lande Ausschreitungen begingen. Im übrigen leisteten die Uskoken so gute Dienste, daß Ferdinand die Zahl der ungefähr 500 deutschen Söldner nicht zu erhöhen brauchte.

Mit der Bestellung des Krainer Edelmannes Hans Ungnad, der bereits 1540 zum obersten Feldhauptmann der niederösterreichischen Erbländer und der windischen und kroatischen Länder ernannt worden war, zum ersten „Grenzobristen" („Obrister veldthauptmann an den Windischen vnd Crabatischen gränczen") schuf Ferdinand I. 1553 das erste übergeordnete, von den innerösterreichischen Militärbehörden unabhängige Grenzkommando. Es umfaßte die gesamte Grenzverteidigung von der Adria („Meer Gränitz") bis zur Drave. Von größter Bedeutung war, daß sich in der Praxis die zivile Verwaltung den militärischen Anforderungen unterzuordnen hatte und der Grenzobrist die Weisungen des Banus (Gouverneurs) von Kroatien nicht zu befolgen brauchte, sondern lediglich zur Zusammenarbeit in gemeinsamen Angelegenheiten angewiesen wurde.

Seit der Länderteilung nach dem Tode Kaiser Ferdinands I. (1564) lastete die Verantwortung für die Militärgrenze auf Kaiser Maximilian II. (1564–1576) und dessen Nachfolgern als Reichsoberhäupter und als Könige von Ungarn und Kroatien und auf Erzherzog Karl II. von Innerösterreich (1564–1590) und Karls Sohn Ferdinand (1590–1637), in dessen Person die 1564 getrennten beiden Ländergruppen 1619 wieder vereinigt wurden. In diesen 55 Jahren der Trennung verbanden nur noch dünne, manchmal kaum merkbare Fäden Innerösterreich mit der kaiserlichen Regierung. Daß die militärische Verbindung nicht zerriß, war eine Folge der türkischen Gefahr, die beide Ländergruppen bedrohte.

2. Verwaltung und Aufbau der Grenze im 16. und 17. Jahrhundert

Der an der Grenze stets andauernde Kleinkrieg erforderte ununterbrochene Anstrengungen. Nach der Teilung kamen Maximilian und die innerösterreichischen Stände überein, daß der Kaiser jährlich 60 000 Gulden für die Kosten der Grenze beisteuern solle. Den Rest von rund 250 000 Gulden hatten die innerösterreichischen Stände zu tragen. Es ist verständlich, daß unter diesen Umständen in Innerösterreich die Überzeugung wuchs, daß die Leistungen und Interessen dieser Länder einen Anspruch auf stärkere Beteiligung an der politischen Kontrolle über die Grenze begründeten. Im Jahre 1575 verlangten die innerösterreichischen Stände auf dem Landtag zu Bruck an der Mur, daß Erzherzog Karl die Leitung der Verteidigung der kroatischen und slawonischen Grenzgebiete selbst in die Hand nehmen solle. Für Österreich ungünstig verlaufende militärische Ereignisse in Kroatien verliehen ihren Empfehlungen zusätzliches Gewicht. Am 17. Januar 1577 erneuerte der Grazer Ausschußtag sein Begehren erfolgreich. Auf einer im Sommer 1577 in Wien abgehaltenen Konferenz wurden alle mit der Grenzverteidigung und einem allfälligen Wechsel in der Leitung zusammenhängenden Fragen besprochen. Im September erklärte sich Kaiser Rudolf II. (1576–1612) bereit, Erzherzog Karl die Administration der beiden Grenzdistrikte und damit den militärischen Oberbefehl an der Militärgrenze zu übergeben. Der innerösterreichische Landesherr zögerte jedoch, weil er mit seinen Ständen in heftigen konfessionspolitischen Streit verwickelt war. Erst unter dem Druck der Türkengefahr übernahmen die Stände auf dem Generallandtag in Bruck 1578 nach wichtigen Zugeständnissen des Landesherrn in religiösen Fragen die Grenzerhaltung als dauernde Verpflichtung und bewilligten zu diesem Zweck eine jährliche Summe von 548 205 Gulden.

Im „Brucker Libell“ vom 1. März 1578 verbürgte sich der Erzherzog dafür, daß die bewilligten Subsidien ausschließlich zum Schutz der Grenze verwendet würden. Die Stände sicherten sich außerdem das Recht der Ernennung der Offiziere mit Ausnahme des nunmehr „General-Obrist“ genannten Grenzobristen. Erst ein knappes Jahrhundert später ging das Ernennungsrecht der höheren Chargen an den Grazer Hofkriegsrat über. Schließlich erklärte Karl feierlich, daß alle getroffenen Abmachungen in keiner Weise die alten Privilegien der Stände schmälerten.

Der Kaiser übertrug daraufhin mit Instruktion vom 25. Februar 1578 die Verwaltung der Grenze Erzherzog Karl als „Grenzadministrator“. Als Stellvertreter des Kaisers erhielt er umfangreiche Befugnisse. Nur über Krieg und Frieden entschied der Kaiser. Der „Ban von Windischland und Kroatien“ wurde mit den ihm unterstehenden Aufgeboten der beiden Lande in Kriegsangelegenheiten an Erzherzog Karl gewiesen. Die ungarischen und kroatischen Stände stimmten zu, wenn auch widerstrebend. Der kroatische Sabor (Landtag) betonte dabei, daß das Übereinkommen rein militärischen Charakter habe, und verweigerte dem österreichischen Befehlshaber das Recht, sich in die inneren Angelegenheiten des Landes einzumischen.

Einen ersten Schritt zur Reorganisation der militärischen Einrichtungen Innerösterreichs und der Grenze unternahm Erzherzog Karl im Januar 1578 mit der Errichtung einer eigenen zentralen Militärbehörde in Graz, dem Hofkriegsrat. Dieser unterschied sich insofern von der gleichnamigen Behörde in Wien, als seine Mitglieder den Ständen angehörten und einen Teil ihres Gehalts von den Landschaften bezogen. Die Aufgabe des innerösterreichischen Hofkriegsrats war es vor allem, die Militärgrenze und die Organisation der Grenzverteidigung zu überwachen und sich mit der Lösung der dabei auftretenden personellen und finanziellen Fragen zu befassen. Die Errichtung dieser zentralen Militärbehörde neben dem Wiener Hofkriegsrat zeigt, wie selbständig sich Innerösterreich fühlte. Sie erhielt ihre tiefere Begründung aber auch in der Tatsache, daß viele militärische Aufgaben der gesamtösterreichischen Grenzverteidigung gegen die Türken nur aus unmittelbarer Kenntnis der Verhältnisse gelöst werden konnten.

Zu den weiteren Reorganisationsmaßnahmen gehörte, daß die Soldrückstände beglichen, mit der Einführung der kaiserlichen Kriegsartikel ein Moralkodex für die Grenztruppen aufgestellt und ihre Mannszucht verbessert wurden. Im Jahre 1579 begann der Bau einer neuen, am Zusammenfluß der Kulpa und Korana gelegenen Festung (Karlstadt, Karlovac). Auch förderten die Behörden weiterhin die Niederlassung von Flüchtlingen. Beibehalten blieb die administrative Trennung der Grenze in zwei größere Distrikte, den kroatischen oder Karlstädter (auch: kroatische und Meergrenze) und den slawonischen oder Warasdiner Distrikt. Die Meergrenze wurde nach Süden bis zu dem Dörfchen Bag (Carlopago) erweitert.

Die Entwicklung der militärischen Einrichtungen Innerösterreichs blieb jedoch nicht unbeeinflußt von den konfessionellen Auseinandersetzungen, die zwischen den Erzherzögen Karl und Ferdinand als Exponenten der Gegenreformation und den evangelischen Ständen ausgetragen wurden. Die Stände erwiesen sich dabei als die schwächere Partei, denn sie waren nicht in der Lage, den schrittweisen Abbau ihrer Privilegien zu verhindern. Zwar drohten sie Erzherzog Karl mit dem Entzug der für die Militärgrenze geleisteten Hilfen und setzten ihre Drohung wohl auch in die Tat um, doch ließen der andauernde Grenzkrieg, der seit 1591 den Umfang eines regelrechten türkischen Angriffs erreichte, und der 1593 offiziell ausbrechende Türkenkrieg die weitere Anwendung dieses Druckmittels als den eigenen Interessen zuwiderlaufend und damit zu gewagt erscheinen. Im übrigen konnte die Lage im Bereiche der Militärgrenze nur durch die Ansiedlung einer weiteren großen Zahl von Militärkolonisten konsolidiert werden. Nach 1595 siedelte Graf Herberstein, Oberst der slawonischen Grenze, mehrere tausend Familien serbischer Abstammung („Wlachen") rund um Petrinja und in den angrenzenden Teilen Nordslawoniens an. Sie bildeten den Grundstock für einen vorgeschobenen Grenzdistrikt an der Kulpa, aus dem die spätere „Banalgrenze" (vgl. S. 36) hervorging. Kaiser Rudolf II. stattete sie im Februar 1597 mit dem üblichen Privilegium aus.

Nach dem Frieden von Zitva-Torok (11. November 1606) entschädigten sich die innerösterreichischen Stände für den Verlust ihrer religiösen Freiheiten und die Verletzung der Bestimmungen des Brucker Libells, indem sie die Militärgrenze personell und finanziell für ihre Zwecke auszubeuten begannen. Kaiser Ferdinand II. übertrug ihnen sogar nach 1620, als er von den ersten Ereignissen des Dreißigjährigen Krieges voll beansprucht wurde, wichtige Befugnisse im Bereiche der Grenze mit dem Ergebnis, daß „die Karlstädter Grenze nahezu zur Versorgungsanstalt Krainer und Kärntner Landeskinder" wurde. In der dem Adel vorbehaltenen „Kompanie zu Karlstadt" sicherte sich dieser Stand eine Stätte für Sinekuren. Aus der Besoldung und Versorgung der Grenztruppen entwickelte sich ein einträgliches Handelsgeschäft. Zur Annäherung zwischen dem Kaiser und den innerösterreichischen Ständen hatte allerdings auch beigetragen, daß von kroatischer und ungarischer Seite Ansprüche auf die Verwaltung der Militärgrenze erhoben wurden.

Die kroatischen Stände betrachteten das Bestehen einer – nach ihrer Auslegung – „militärisch verwalteten Zone auf kroatischem Boden" als unberechtigten Eingriff in ihre Rechte. Sie forderten die Wiederherstellung der Kontrollrechte des Banus und des Sabor und verbanden sich mit den Ungarn im Bestreben, die Grenzer ihrer Privilegien zu berauben und sie auf den Status herrschaftlicher Untertanen hinabzudrücken. Bereits 1593 und dann wieder im Jahre 1608 forderten sie, daß die Herrschaft des Banus im Bereiche der Militärgrenze wiederhergestellt und alle österreichischen Offiziere und Garnisonen zurückgezogen würden („Banus denique habeat suam authoritatem plenariam, tam in Confiniis Croatiae quam Slavoniae ..."). Gleichzeitig allerdings erwartete wohl der Sabor, daß die innerösterreichischen Stände ihre finanziellen Beiträge zugunsten der neuen kroatisch-ungarischen Grenze weiterhin entrichteten – ein Ansinnen, das schroff abgewiesen wurde. Die Militärgrenze, so äußerten sich die innerösterreichischen Stände, sei mit „ihrer untertanen harten schwitz und schwaiss, guet und pluet" geschaffen worden. Die Kroaten erneuerten dann im Frühjahre 1620 ihre Forderungen, weil sie hofften, daß der Aufstand in Böhmen den Kaiser zur Nachgiebigkeit zwingen würde. Sie stießen abermals auf die gemeinsame Front von innerösterreichischen Ständen und Ferdinand II. Gleichzeitig versicherten auch die durch die kroatischen Vorstöße beunruhigten Grenzer dem Kaiser ihre unbedingte Ergebenheit. Er bestätigte im Jahre 1627 ihren besonderen Status und ihre Privilegien (Befreiung von der Grundhörigkeit, den Steuern und Zollgebühren). Aber auch diese kaiserliche Entscheidung hielt den katholischen Bischof von Agram, der die griechisch-orthodoxen Grenzer als Schismatiker betrachtete, nicht davon ab, 1628 erneut die Auflösung des Warasdiner Distrikts zu fordern. Die Grenzer erklärten dagegen, daß sie sich lieber in Stücke hauen ließen, als daß sie sich von ihren deutschen Befehlshabern trennten und dem Bischof von Agram oder dem kroatischen Adel unterwürfen.

Die Streitigkeiten um die politische Herrschaft über die Militärgrenze veranlaßten den Kaiser, ein umfassendes neues Grenzstatut zu erlassen. Diese „Statuta Valachorum" vom 14. April 1630, ein Ausdruck der absolutistischen Zentralisationsbestrebungen Ferdinands II., wurden am 5. Oktober 1630 ausgefertigt. Sie betrafen zunächst lediglich die in die Kapitanate (Kreishauptmannschaften) Kopreiniz, Kreuz und Ivanić eingeteilte Warasdiner Grenze, wurden aber bald auch auf die Karlstädter Grenze ausgedehnt und blieben für über 100 Jahre das Grundgesetz der Grenze. Der überwiegend militärische Charakter der Grenze kam in den Statuta klar zum Ausdruck. Die nationale und soziale Struktur der Grenzbevölkerung wurde unter Übergehung der politischen Ansprüche der kroatischen Stände bewußt geschützt und gleichzeitig militärisch nutzbar gemacht. In fünf Abschnitten handelten die Statuta von den Magistraten, der Gerichtsbarkeit, vom Güterbesitz, privaten und öffentlichen Vergehen und vom Kriegsdienst.

Die kleinste Zelle war die in der Verwaltungssprache „Grenzhaus" genannte Hausgemeinschaft, Hauskommunität oder Zadruga, eine unter den slawischen Völkern allgemein verbreitete Einrichtung. Die Häuser, das Land, das Vieh und die größeren Geräte befanden sich im gemeinsamen Besitz von Großfamilien, welche in einem gemeinsamen Haushalt unter einem erwählten Patriarchen zusammenlebten. Mehrere solcher Hausgemeinschaften bildeten eine Gemeinde und hatten nach den früheren Bestimmungen ihre eigenen Magistrate (knezovi, knezii, Knesen) und ihre eigenen militärischen Befehlshaber (vojvode, vojvodae, Wojwoden) gewählt. Die Wojwoden und Knesen behielten ihre Stellung mit der Auflage bei, daß die Gemeinde fortan lediglich dem Generalobristen Vorschläge unterbreiten konnte, falls die Stelle eines Wojwoden neu zu besetzen war, und die Wahl der Knesen durch den Generalobristen bestätigt werden mußte. In jedem Kapitanat bestand ein aus acht Assessoren zusammengesetztes Kapitanatsgericht unter dem Vorsitz eines Kapitanatsrichters. Die Wahl dieses Gerichts erfolgte alljährlich durch die Knesen und zwei oder drei Gemeindevorsteher oder Geschworene eines jeden Dorfes. Bei Landfriedensbruch und in anderen Fällen, bei denen die Todesstrafe Anwendung fand, waren die Delinquenten den Militärbehörden zu übergeben. Dagegen urteilte das Kapitanatsgericht in leichteren Fällen (Diebstahl, Streitigkeiten und Ruhestörungen). Die Institution der Kapitanatsrichter wurde allerdings 1667 nach einer Modifikation der Statuta aufgehoben, weil sich die Richter gegenüber den Militärbehörden oft unbotmäßig verhalten hatten. Die Verhaftung der Verbrecher war in jedem Falle Sache der Knesen. Daneben hatten die Knesen militärisch-administrative Obliegenheiten. Sie führten ein Haus- und Familienregister, in dem die gesamte männliche Bevölkerung vom 17. Jahre an, ferner der Umfang und die Beschaffenheit der Landlose, mit denen die Hausgemeinschaften belehnt waren, sorgfältig verzeichnet werden mußten. Außerdem bürgten sie dafür, daß jeder Patriarch die über siebzehnjährigen männlichen Mitglieder seiner Hausgemeinschaft mit ausreichender Nahrung und sonstigen Bedürfnissen versah. Alle Männer waren vom 18. Lebensjahre an zu aktivem Militärdienst verpflichtet und mußten von ihrer Zadruga ausgerüstet und verpflegt werden. Die um Sold oder irgendwelche Vergünstigungen dienenden Grenzer unterstanden der Militärgerichtsbarkeit und waren nach den für die übrigen besoldeten Truppen geltenden Kriegsgesetzen „in allen Fällen zum Gehorsam und treuer Erfüllung ihrer Standespflichten" verhalten. Wenn sie alarmiert wurden, hatten sich die Grenzer auf den ihnen zugewiesenen Musterplätzen feldmarschmäßig ausgerüstet zu sammeln. Die meisten Ausrüstungsgegenstände hatten sie sich selbst zu besorgen, die Regierung lieferte die Waffen und Munition. So sollten 6 000 bis 7 000 Mann innerhalb weniger Stunden zur Verfügung stehen.

Die Grenzer, die früher lediglich zum Kampf gegen die Türken und zur Verteidigung der von ihnen bewohnten Gebiete verpflichtet gewesen waren, konnten nunmehr zum Kampfe gegen alle Feinde des Kaisers aufgeboten und verwendet werden. Allerdings wurde festgesetzt, daß sie in Gebieten, die von Türken besetzt waren, erst nach vierzehn Tagen, andernfalls bereits nach einer Woche Sold erhalten sollten. Daneben waren die Grenzer verpflichtet, sich alljährlich am Bau und der Bewachung von Verteidigungsanlagen „in den Wäldern und Ebenen zwischen der Drave und der Save" zu beteiligen.

Das Statut wurde ursprünglich nur für die Wlachen des slawonischen Distrikts ausgefertigt, betraf aber bald die gesamte Militärgrenze in Kroatien. Seit dieser Zeit wird der slawonische Distrikt gemeinhin das „Warasdiner Generalat", der kroatische Distrikt das „Karlstädter Generalat" genannt. Die Organisation blieb unverändert. Die zwei, von je einem Obristen befehligten Distrikte, wurden durch den im Generalsrang stehenden Grenzobristen oder Generalobristen kommandiert, dessen Hauptquartier sich in Karlstadt befand. Die innerösterreichischen Stände kamen weiterhin gemäß den 1578 festgelegten und seit 1620 modifizierten Bedingungen für die Kosten der Grenze auf.

Gegen das Statut erhob sich sofort Widerspruch von seiten der kroatischen und ungarischen Stände. Kaiser Ferdinand III. (1637–1657) kam ihnen insofern entgegen, als er im März 1639 und im Dezember 1643 anordnete, daß im Warasdiner Distrikt und in der Gegend um Zengg eine Siebung der Grenzer durchzuführen sei. Diejenigen Siedler, welche nicht in den Genuß der Bestimmungen der Statuta von 1630 oder früher erteilter Privilegien kämen, sollten sich der Jurisdiktion des ansässigen Adels unterwerfen. Seine Anordnungen wurden jedoch nie in die Tat umgesetzt. Sie fanden nicht die Zustimmung der lokalen militärischen Befehlshaber und wurden daher negiert. Außerdem ließen die offene Feindschaft des siebenbürgischen Fürsten Rákóczy II. und später die türkische Offensive des Jahres 1663 die Dienste der Grenzer unentbehrlich werden. Aus politischen und militärischen Gründen wurden sie also gegen die Ansprüche der landeseigenen Stände geschützt, eine kluge Maßnahme, die sich in der Zeit der Magnatenverschwörung auswirkte. Die Grenzer verschlossen sich, obwohl ihr

Verhältnis zu den Befehlshabern durchaus nicht ungetrübt war, den Verlockungen des ungarischen und kroatischen Adels und blieben auf der Seite des Kaisers.

Die Grenze wurde im Verlauf des 1683 erneut ausbrechenden Türkenkrieges weit nach Süden vorgeschoben. Die Grenzer nahmen daran aktiven Anteil, zumal ihre wachsende Zahl den Erwerb weiterer Landstriche forderte. In zahlreichen Fällen entwickelten sich die Operationen sogar aus eigenständigen Kriegszügen der Grenzer. So leiteten 65 Grenzerfamilien auf eigene Faust die Unternehmen ein, die schließlich zur Vertreibung der Türken aus den Komitaten Lika und Corbavia führten. In der Gegend um Petrinja ergriff der Banus von Kroatien, Graf Erdödy, die Initiative. Im Jahre 1685 versammelte er das kroatische Aufgebot, warb Freiwillige unter den Karlstädter Grenzern und begann einen langsamen Vormarsch nach Süden. Nach fast zehnjährigen Kämpfen befand sich die ganze Kette von Stützpunkten bis zur Unna in seinen Händen. Im Jahre 1696 ernannten ihn die kroatischen Stände zum Generalkapitän der neuerworbenen Gebiete, die unter der Kontrolle der kroatischen Stände ähnlich wie die Militärgrenze besiedelt werden sollten. Die kroatische Verwaltung wurde 1704 durch den Wiener Hofkriegsrat und den Kaiser bestätigt. Auf diese Weise entstand ein dritter Militärdistrikt, die nach dem Banus benannte „Banal Gränitz", eine Schöpfung der kroatischen Stände.

Das bedeutendste Ereignis aber war die Ansiedlung von über 30000 serbischen Familien griechisch-orthodoxer Konfession, die sich im Jahre 1690, nachdem der Versuch einer allgemeinen Erhebung der christlichen Balkanvölker gegen die Türken gescheitert war, nach Ungarn und Kroatien flüchteten. Die kaiserlichen Behörden wiesen ihnen in den verwüsteten und entvölkerten Gebieten Südungarns und Slawoniens neue Heimstätten an. Einige hundert Familien verstärkten den alten Warasdiner Distrikt im Norden. Die den Türken abgerungenen Gebiete wurden Neoacquistica (Neuerwerbungen) genannt, nach dem Kriegsrecht als kaiserlicher Besitz betrachtet und unter Ausschaltung der ungarischen Hofkanzlei – und damit der ungarischen Stände – anfänglich ausschließlich durch die Wiener Militärbehörden verwaltet. Später wurde die finanzielle Administration des Neulandes der „neoacquistischen" Kommission, einer der Kameralhauptkommissionen, in die sich seit 1714 die Hofkammer aufgliederte (vgl. S. 73), übertragen. Für die übrigen Belange blieb weiterhin der Hofkriegsrat zuständig. Die ausschließliche Zuständigkeit von Hofkriegsrat und Hofkammer für die Neoacquistica entsprach der von den führenden Staatsmännern am Wiener Hof, insbesondere von Prinz Eugen von Savoyen, getragenen absolutistischen Tendenz, die überdies auch bei der Begünstigung der Serben eine Rolle spielte (Walter). Im Jahre 1691 verlieh der Kaiser den Siedlern ähnliche Privilegien wie den übrigen Grenzern und sicherte ihnen kirchliche und politische Autonomie zu.

Das gesamte Grenzgebiet vom Anschluß an die Banalgrenze (Grenze im Bereich des Banus von Kroatien) bei Jasenovacz bis nach Siebenbürgen wurde 1702 in zwei Generalate unterteilt, deren eines – das slawonische – die sogenannte

Save- und Donaugrenze von Jasenovacz bis zum Titler Plateau einschließlich, das andere die Theiss- und Marosgrenze umfaßte, welche sich von der Theissmündung bei Titel der Theiss und dem Maros entlang über Szént-Miklos, Nagy Lak und Arad bis Sólemos erstreckte (Szegediner Generalat). Mehrere Stationen lagen auf dem linken Marosufer, also im Banat.

Den Besitz des von Prinz Eugen eroberten Banats bestätigte der Friede von Passarowitz (1718). Erster Gouverneur des Banats war ein gebürtiger Lothringer, General der Kavallerie Graf Claudius Florimund Mercy (1716-1734), der in den ihm anvertrauten Gebieten ein großartiges Kolonisationswerk vollbrachte. Die innere Verwaltung des Landes besorgte zunächst das Generalkriegskommissariat, dann die Banater Landes-Administration, eine militärisch-kameralische Behörde. Das Banat war von Ungarn abgesondert und wurde von der Wiener Hofkammer bis 1778 als Kron- und Kammerdomäne verwaltet. Die Errichtung der eigentlichen Banater Militärgrenze begann erst Ende der 1760er Jahre.

Während der 40 Jahre zwischen dem Frieden von Karlowitz (1699) und der Thronbesteigung der Maria Theresia (1740) wurden im Zusammenhang der habsburgischen Zentralisationspolitik zahlreiche Versuche unternommen, den oft unerfreulichen Zuständen im Warasdiner und im Karlstädter Generalat entgegenzuwirken. Diesen Bemühungen war jedoch kein Erfolg beschieden, solange der Hofkriegsrat in Graz (vgl. S. 32) und damit die Stände Innerösterreichs ihren Einfluß geltend machten. Die 1705 angeordnete Unterstellung des innerösterreichischen Hofkriegsrats unter den Hofkriegsrat in Wien verbesserte die Verhältnisse keineswegs. Die Stände Innerösterreichs waren stets bemüht, Eingriffe der Wiener Behörden im Bereiche der Grenze zu verhindern. Sobald die Türkengefahr vorüber war, wurde die Grenze wieder zu einer Versorgungsanstalt für den innerösterreichischen Adel, der an die Stelle von Offizieren trat, die aus anderen österreichischen Ländern, aus dem Reichsgebiet, aus Italien und anderen europäischen Gebieten stammten.

3. Reformen unter Karl VI. und Maria Theresia

Neue Schwierigkeiten bereitete der kroatische Sabor, der wiederum versuchte, die Militärgrenze unter seine Kontrolle zu bekommen. Die Kroaten, die – wie die Grenzer – loyal gegen Rákóczy gekämpft und 1712 als erste die Anerkennung der weiblichen Erbfolge angeboten und beschlossen hatten, erzielten jedoch mit ihren Bemühungen keinen Erfolg. Im Türkenkrieg von 1716 bis 1718 leisteten die Grenzer einmal mehr wertvolle Dienste. Ihre Privilegien wurden deshalb im Jahre 1717 erneut bestätigt. Andere Schwierigkeiten riefen die kaiserlichen und innerösterreichischen Behörden selbst herbei, als sie sich nach dem Türkenkrieg anschickten, die religiöse Autonomie der Grenze zu beseitigen. Der Konflikt entbrannte vor allem im Warasdiner Distrikt. Es gab jedoch am Hofe eine Partei, die dem Wirken der religiösen Eiferer Einhalt zu gebieten versuchte und unter der Führung des Prinzen Eugen als Hofkriegsratspräsidenten immer wieder auf militärische Reformen drängte. Aber erst nach schweren Unruhen in der Lika wurde eine „Universal Militär Einrichtungs Kommission" unter dem Grafen Caspar Ferdinand von Cordova eingesetzt, die sich mit einer Reform der Grenze, im besonderen des Warasdiner Generalats, befassen sollte. Sie wurde dieser Aufgabe nicht gerecht.

Im polnischen Erbfolgekrieg (1733–1735) zeigte es sich, daß Cordova die Probleme der Grenze nicht zu meistern gewußt hatte. Er hatte es unterlassen, die konfessionellen Probleme zu berücksichtigen. Nachteilig wirkte sich auch aus, daß er die völlig unzureichende Besoldung der Grenzer im aktiven Dienst nicht angehoben, sondern ihre Vergütung weiter herabgesetzt hatte. Die Folge war, daß sich unter den Grenztruppen, die erstmals ohne Werbung außerhalb der Monarchie – in Italien – eingesetzt werden sollten, eine starke Mißstimmung bemerkbar machte. Um die Gemüter zu beruhigen, versprachen die Befehlshaber unter anderem, daß die Klagen durch kaiserliche Beauftragte untersucht und die Besoldungen verbessert, die Einkünfte der hohen Offiziere zugunsten der niederen Chargen beschnitten und daß der griechisch-orthodoxen Kirche durch die Abwesenheit der Grenztruppen keine Nachteile erwachsen würden. Die Versprechungen wurden dann aber nicht eingelöst. Innerösterreichische Behörden setzten sogar ihren konfessionspolitischen Kampf gegen die griechisch-orthodoxe Kirche fort. Die unterdessen in Italien stehenden Grenztruppen meuterten erneut und forderten unter Drohungen ihre Entlassung.

Die kaiserliche Regierung beauftragte den nachmaligen Feldmarschall Prinz Joseph Friedrich von Sachsen-Hildburghausen mit der Inspektion der Grenze. Seine Ankunft verhinderte im Warasdiner Distrikt, daß der schwelende Aufstand ausbrach. Die Institution der Militärgrenze war infolge kurzsichtiger Politik und schlechter Verwaltung, insbesondere der innerösterreichischen Stände, gefährdet. Scharf wandte sich der Prinz, dessen Ideen und Werk für alle Grenzabschnitte vorbildlich wurden, gegen die innerösterreichische Kriegsstelle, welcher er „intrigen und quertreibereien" vorwarf. Sie halte die „granitz mehr für eine Steyrische monarchie als kays. granitz" und behandle die bei dem rechtmäßigen Herrn erschienenen Kläger als Rebellen. Die Stände sollten nunmehr streng überwacht, zu pünktlicher Bezahlung ihrer Subsidien und Lieferung des Nachschubs angehalten und ihr Stellenbesetzungsrecht beschnitten werden. Da die Türkengefahr als weitgehend beseitigt galt, sollten die Krieger der Militärgrenze zur Verstärkung der stehenden Armee herangezogen werden. Als Voraussetzung für ihre Verwendung im Rahmen der Feldarmee schlug der Prinz eine Neueinteilung der Grenztruppen in Bataillone nach österreichischem Muster vor. Darüber hinaus wollte er die ganze Grenzzone „militarisieren" und alle Anwohner, ob sie nun unter den Waffen dienten oder nicht, einem Militärgesetz von drakonischer Strenge unterstellen. Die neuen Grenzstatuten und der Artikelbrief, die der Prinz zunächst für den Warasdiner Distrikt ausgearbeitet hatte, wurden 1737 von Kaiser Karl VI. (1711–1740) gebilligt.

Die Statuten enthielten eingehende Bestimmungen über die Behörden, die Gerichte, den Grundbesitz, private und öffentliche Vergehen, über Maß und Gewicht, die öffentliche Sicherheitspolizei, über das Kriegswesen. Das Verfügungsrecht über den Grundbesitz wurde gegenüber den Statuten von 1630 stark eingeschränkt. Die Einrichtung der Kapitanatsrichter und Assessoren (vgl. S. 34) wird nicht mehr erwähnt. Hildburghausen machte keinen Versuch zu ihrer Wiedereinführung, da er beabsichtigte, auch die Gerichtsbarkeit über die nicht „Einrollierten" in die Hände der Regimentskommandanten zu legen.

Der Prinz von Sachsen-Hildburghausen hatte sofort mit der Aufstellung von zwei Grenzinfanterieregimentern von je 4 000 Mann und fünf Husarenkompanien zu 100 Mann begonnen. Die Durchführung der Reformen wurde aber durch den Türkenkrieg (1736–1739) und den Widerstand der innerösterreichischen Stände verhindert. Erst die Theresianischen Reformen schufen die Voraussetzungen für seine ungehinderte Tätigkeit. In Graz trat am 1. Januar 1744 an die Stelle des innerösterreichischen Hofkriegsrats eine von Wien eindeutig abhängige „Militär-Oberdirektion", auch „Innerösterreichisches Militär-Direktorium und Generalkommando" genannt. Der Prinz wurde zum „Militär-Ober-Director und commandierenden General in denen innerösterreichischen Landen, wie auch beiden Warasdiner und Carlstädter Generalaten" bestellt und führte in dieser Eigenschaft die Reformen zunächst im Warasdiner (1745), dann auch im Karlstädter Distrikt durch. Die überflüssigen „deutschen" Kompanien wurden aufgelöst, das Stellenbesetzungsrecht der Stände wurde stark beschnitten, neue Kriegsartikel und die neue Organisation in Bataillone, im Bereiche der Grenze das Regiment eingeführt. Nachdem er seine Reformen durchgeführt hatte, reichte Hildburghausen am 19. März 1749 seinen Abschied ein. Die Leitung des Karlstädter und des Warasdiner Generalats wurde darauf zwei dem Wiener Hofkriegsrat unmittelbar untergeordneten Generalkommandos übertragen. Die ökonomischen Angelegenheiten der beiden Generalate besorgte das Generalkriegskommissariat.

Das „Regiment" war weniger eine taktische als eine administrative Einheit. Jedes Regiment ergänzte sich aus dem Bezirk, in dem es beheimatet war. Alle Kinder wurden bei der Geburt in die Musterrollen ihres Regiments eingetragen. Die spätere Form der österreichischen Militärkonskription (vgl. S. 106 ff.) und Ergänzungsbezirkseinteilung war damit in gewisser Beziehung im Bereiche der Grenze bereits vorgezeichnet. Es wurde üblich, die Grenzer in drei Aufgebote einzuteilen. Bei der Mobilisation marschierte das erste Aufgebot aus, das zweite bezog Posten längs der Grenze, das dritte hielt die Grenzsiedlungen besetzt. Im Jahre 1747 wurden die Grenzregimenter „regulierte" Regimenter und damit den regulären Regimentern der k.k. Linienarmee gleichgestellt.

Im Warasdiner Distrikt gab es fortan zwei Infanterieregimenter und fünf, später zwei, Warasdiner Husarenkompanien. Die Infanterieregimenter wurden 1749 territorial getrennt und bestanden als „Kreutzer" beziehungsweise „St. Georger Grenz-Infanterie-Regiment" weiter. Im Karlstädter Distrikt wurden vier Infanterieregimenter und acht Husarenkompanien errichtet. Das Regiment Guicciardi (nachher „Likaner Grenz-Infanterie-Regiment") wurde in sechs Bataillone, die Regimenter Herberstein (nachher „Otočaner Grenz-Infanterie-Regiment"), Dillis („Oguliner Grenz-Infanterie-Regiment") und Petazzi („Sluiner Grenz-Infanterie-Regiment") in je vier Bataillone eingeteilt. Weitere Regimenter entstanden in den folgenden Jahren in den anderen Distrikten der Militärgrenze. Die seit 1747 in Unterslawonien bestehenden drei Bezirke (Neu-)Gradisca, Brod und Peterwardein stellten drei Regimenter, 1749 wurden in der dem Banus Grafen Batthyány direkt unterstehenden Banalgrenze zwei „Banal-Regimenter" errichtet. Im Siebenjährigen Krieg leisteten die Grenzregimenter wiederum so ausgezeichnete Dienste, daß Kaiserin Maria Theresia (1740–1780) nach Kriegsende zusätzliche Regimenter errichten ließ, so im Bereiche der Banater Grenze, ferner in Siebenbürgen, wo seit dem Jahre 1766 eine Militärgrenze bestand. Nur bildeten in Siebenbürgen die Regimentsbezirke keine selbständigen Territorialgebiete, sondern waren in die Komitate eingebaut. Als die militärische Organsation der gesamten Militärgrenze abgeschlossen war, zählte sie insgesamt 17 Grenzinfanterieregimenter sowie ein Husarenregiment. Alle sonstigen Husaren- und Dragonerformationen waren aufgelöst worden.

Die Wichtigkeit der Grenztruppen für das Militärwesen der österreichischen Monarchie läßt sich gut an Hand von Zahlen ablesen. Im Jahre 1740 stellte die Grenzmiliz 39 000 Mann zu Fuß und 6 000 zu Pferd, also über 45 000 Mann ins Feld, nämlich:

Karlstädter und Banalisten	20 416	Mann
Warasdiner	8 534	„
Save-Grenzer	10 704	„
Syrmische-Grenzer	990	„
Donau-Grenzer	1 733	„
Theiss-Grenzer	1 916	„
Maros-Grenzer	1 292	„
	45 585	Mann

Wenn berücksichtigt wird, daß zu dieser Zeit das stehende österreichische Heer ungefähr 110 000 Mann zählte, ist die militärische Bedeutung der Grenze sehr hoch zu veranschlagen, selbst wenn nach den verschiedenen Grenzstatuten immer nur ein Drittel oder die Hälfte der verfügbaren Truppen zugleich ausmarschierte. Es kommt hinzu, daß im Bereich der Grenze alle Rekrutierungssorgen entfielen und außerdem zusätzliche 20 000 Mann zum Schutze der Grenze im Lande selbst zur Verfügung standen. Tatsächlich nahmen dann auch jährlich viele tausend Grenzer am Österreichischen Erbfolgekrieg teil. Nach Wrede hatten die Karlstädter und die Warasdiner Grenze die bedeutendsten Leistungen aufzuweisen. Sie entsandten pro Jahr durchschnittlich je 3 000 bis 4 000 Mann auf die verschiedenen Kriegsschauplätze.

Die Tatsache, daß Maria Theresia in gleicher Weise auf die Unterstützung durch die ungarischen Stände einerseits und die Grenzer andererseits angewiesen war und gleichzeitig über die diametral gegensätzlichen Forderungen der Magyaren und der Grenzer (Raizen) befinden sollte, kennzeichnet ihre schwierige Situation. Auf der einen Seite drangen die ungarischen Stände darauf, daß die Neoacquistica – das Land, das einmal tatsächlich von den Türken in Besitz genommen oder doch ihnen dienstpflichtig gewesen war – ausnahmslos dem Stephansreich wiedereinverleibt würden, auf der anderen Seite durften die Raizen für ihren kämpferischen Einsatz mit gutem Recht zumindest die Bestätigung und – wie es in den Akten heißt – die „Manutenierung" der ihnen verliehenen Freiheitsrechte erwarten. Maria Theresia fand eine, wenn auch nicht unproblematische Lösung in der Aufrichtung einer von ihr „allein abhängenden hofcommission" für die politische und die Finanzverwaltung im Banat, in Slawonien und in den siebenbürgischen Grenzgebieten, die 1747 zu einem „independenten hofmittel" mit dem Titel einer „Hofdeputation in Banaticis, Transsylvanicis et Illyricis" erhoben wurde (vgl. S. 73).

Im Jahre 1741 hatte Maria Theresia den Magyaren die Wiedereinverleibung der Theiss-Maroser Militärgrenze zubilligen müssen (vgl. S. 72). Die Durchführung der Auflösung und Entmilitarisierung der betreffenden Gebiete dauerte fast zehn Jahre und fällt in der Hauptsache in die Jahre 1750 und 1751. Die Grenzer betrachteten die Auflösung ihres Gebiets als eine Verletzung ihrer Privilegien. Vor die Wahl gestellt, sich entweder für den zivilen Status unter ungarischer Verwaltung oder für den Grenzerstand und damit für die Umsiedlung zu erklären, entschieden sie sich in der Mehrzahl für die letztere Möglichkeit. Bei der Durchführung der Umsiedlung auftretende Verzögerungen erbitterten sie derart, daß sie sich aus freien Stücken aufmachten, ins Banat eindrangen oder gar russischen Werbern folgten.

Mit der gesetzlichen Regelung des Gerichtswesens im Warasdiner und im Karlstädter Generalat wurde auch eine Fassung der Rechte der Grenzbevölkerung an Grund und Boden verbunden. Im Jahre 1754 erschienen in Wien die „Militärgränzrechte". Ihren Hauptbestandteil bildete das Boden- und Erbrecht. „Alle Grundstücke in den Generalaten und anderen Gränz-Districten sind Militärgränzlehen, welche den Gränzeinwohnern frei zu genießen statt des Soldes dergestalt verliehen werden, daß sie davon nach ihren Kräften und den allerhöchsten Anforderungen Militärdienst in und außer Landes verrichten sollen." Der Grenzer war somit allgemein Träger eines kaiserlichen Lehens. Die Militärdienst- und Grenzerpflicht haftete am Grund und Boden. Grund und Boden durfte im Bereiche der Grenze nur derjenige besitzen, der imstande war, Militärdienste zu leisten, und andererseits war grundsätzlich nur derjenige, der Grund und Boden besaß, zu Militärdiensten verpflichtet. Das Lehen wurde als ein Soldaequivalent betrachtet. Die Größe der Güter erfuhr eine verbindliche Regelung, ebenfalls die daran haftende Gestellungspflicht. Ein Grenzhaus, das ein volles oder weniger als ein volles Lehen besaß, mußte einen Mann stellen, ein Grenzhaus mit mehreren Lehen entsprechend mehr, doch hatte ein „Infanteriebesitz" höchstens drei, ein „Husarenbesitz" höchstens zwei Mann zu stellen. Personen, die nicht der Militärgerichtsbarkeit unterstanden, durften in der Grenze kein unbewegliches Gut besitzen. Umfassende Bestimmungen sollten Bodenzersplitterung und -belastung wie auch die Häufung von Grundbesitz verhindern. Den gesamten Grundstücksverkehr leitete der Staat durch seine Finanzverwaltung.

Die ursprünglich nur für die Warasdiner und Karlstädter Grenze gedachten

„Gränzrechte" von 1754 wurden 1769 auch in der Banalgrenze und in der slawonischen Grenze und 1778 in der banatischen Grenze eingeführt. Eine einheitliche Regelung war damit jedoch nicht erzielt, da sich einerseits die Einführung in den neuen Grenzdistrikten nicht ungehindert vollzog und andererseits sich verschiedene Gewohnheitsrechte zu behaupten vermochten. Die siebenbürgische Grenze wurde von dieser Lehensregelung nicht berührt.

Zur weiteren Militarisierung des Grenzlandes trug wesentlich das am 11. Oktober 1755 erlassene „System-Regulament" des Grafen Neipperg bei, welches die Einrichtung der Knesen (vgl. S. 34) überhaupt aufhob und die bisher von den Knesen gehandhabte niedere Justiz- und Polizeigewalt und die Gemeindeverwaltung den Ober- und Unteroffizieren übertrug. Das System wurde bald für alle Grenzbezirke vorbildlich. Im Jahre 1764 wurden auch die Wirtschafts- und die Finanzverwaltung (Ökonomie-Verwaltung) und die Schulverwaltung im Karlstädter Generalat der Militäradministration unterstellt.

Eine wichtige Neuerung schuf Maria Theresia 1765 im sogenannten Generalgrenzinspektorat, welches die Aufgabe hatte, die Verwaltung in sämtlichen Grenzgebieten unter ein einheitliches Kommando zu bringen. Der Generalgrenzinspektor unterstand dem Wiener Hofkriegsrat, bei dem sich in der Folge die Einrichtung einer besonderen Grenzabteilung herausbildete. Der Generalgrenzinspektor besaß eine umfassende Macht, denn ihm unterstanden nicht nur die militärischen, sondern auch die gesamten zivilen Angelegenheiten, die von besonderen Kommissionen unter Leitung einer Hauptkommission und unter der unmittelbaren Führung des Inspektors wahrgenommen wurden.

4. Die Entwicklung bis zum Grundgesetz von 1807

In den Jahren 1782/83 bereiste der Oberst des Deutsch-Banater Grenzregiments, Freiherr von Geneyne, im Auftrage Kaiser Josephs II. das Gebiet der Grenze. Gestützt auf den Bericht des Freiherrn ordnete der Kaiser verschiedene Verbesserungen an. Insbesondere sollten durch die Aufstellung einer von den militärischen Befehlsstellen getrennten selbständigen Kantons- oder Werbebezirksverwaltung die Truppenoffiziere von Verwaltungsaufgaben entlastet werden. Der Freiherr von Geneyne erhielt den Auftrag, die Reformen versuchsweise zunächst beim Deutsch-Banater Regimente durchzuführen. Geneyne schritt darauf zur Gliederung des Regimentsbezirks in drei Kantone. Am Anfang seiner Tätigkeit standen die Konskription (vgl. S. 106 ff.), Vermessung, Verteilung der Landlose und Anlage eines Grundbuches. Auch bei den übrigen Regimentern wurden Vorkehrungen zur Einführung der neuen Ordnung getroffen. Verschiedene der von Geneyne vorgeschlagenen Neuerungen stießen jedoch auf den Widerstand des Kommandierenden Generals von Slawonien und des Banater Generalkommandos. Im Auftrage Kaiser Josephs II. wurde darauf eine neue Verfassung ausgearbeitet, die unter der Bezeichnung „Kantonsverfassung" oder

„Kantons-System" am 14. Februar 1787 mit Rechtswirksamkeit für die gesamte Grenze mit Ausnahme der siebenbürgischen vom 1. Mai 1787 erschien.

Nach der Kantonsverfassung waren in jedem Regimentsbezirk die militärischen Angelegenheiten von den zivilen getrennt. Jeder Regimentsbezirk bildete für die zivilen Angelegenheiten einen Kanton. Die Grenztruppen unterstanden dem Regimentskommando, die zivile Bevölkerung dem Kanton. Jeder Kanton zerfiel entsprechend der taktischen Regimentsgliederung (zwei Bataillone und zwei Landesverteidigungsdivisionen) in zwei Distrikte und jeder Distrikt wiederum in zwei Bezirke; jeder Bezirk umfaßte drei Feldkompanien. An der Spitze des Kantons stand ein Stabsoffizier und an der Spitze eines Distrikts der Distriktskommandant, ein Hauptmann. Der Bezirkskommandant war für gewöhnlich ein Hauptmann oder ein Kapitänleutnant. Diese Verwaltungsoffiziere, die später auch Ökonomieoffiziere hießen, weil sie sich mit den Angelegenheiten der Ökonomie, der Schule, Justiz und überhaupt der ganzen Verwaltung zu befassen hatten, unterstanden nicht der Befehlsgewalt der Regimentskommandanten, sondern bildeten eine eigene Beamtenhierarchie. Die Obersten wurden in ihrem Wirkungskreis auf die rein militärischen Angelegenheiten beschränkt.

Das josephinische „Kantons-System" bewährte sich aber nicht. Das Nebeneinander der Befehlsstellen und Organisationen, häufige Reibereien zwischen den Regiments- und Kantonsbehörden, der Umstand, daß die Kantonsoffiziere mit den Truppenoffizieren einen „Konkretualstatus" mit gemeinschaftlichem Avancement bildeten, führten dazu, daß nach Drohungen der in den Revolutionskriegen eingesetzten Grenzer das Kantonssystem am 1. November 1800 durch Kaiser Franz II. aufgehoben und die Zivilverwaltung wieder ganz den Regimentskommandos unterstellt wurde, wobei allerdings die „Branche" der Verwaltungsoffiziere bestehen blieb.

Die „Grundgesetze für die Carlstädter, Warasdiner, Banal, Slawonische und Banatische Militärgrenze" vom 7. August 1807, die auf den „Militärgränzrechten" von 1754 aufbauten, schufen die erste einheitliche gesetzliche Ordnung im Bereich der „regulierten" Grenze, also ausschließlich der siebenbürgischen. Ihr Urheber und Förderer war Erzherzog Karl als Präsident des Hofkriegsrats (vgl. S. 88 f.), auf dessen Befehl die eingehenden Studien und Beratungen erfolgten, die der Veröffentlichung der Gesetze vorangingen. In sieben Hauptstücken wurden das Bodenrecht, die Frage der Wahl nichtbäuerlicher Berufe, das Recht der Hauskommunion, der Militärdienst, der Arbeitsdienst und die steuerlichen Angelegenheiten behandelt. Alle liegenden Güter waren „wahre Militärlehen", an denen der Kaiser als Landesherr das oberste Eigentumsrecht (ius dominii altum et eminens) und als eigentlicher Lehensherr das Obereigentum, die Grenzer dagegen ein immerwährendes erbliches Nutzeigentum besaßen. Die militärische Dienstpflicht blieb im alten Umfange erhalten. Es sollte jedoch nur ein Teil der Mannschaft zum aktiven Dienst ausgehoben werden („Einrollierte"), während dem anderen Teil die Wirtschaftsführung vorbehalten blieb. Den Grenzhäusern oblag auch wie bisher die Pflicht, ihre Dienstmänner beim Kordons- und inneren Militärdienst zu verpflegen. Die Hauskommunion wurde zur verfassungsmäßigen Grundlage des gesamten Grenzlandes gemacht.

„Dieses Communions-System ist der Grundpfeiler, auf welchem die Militär-Verfassung ruhet. Ohne dieses System wäre es nicht möglich, in einem Districte, welcher nach seiner Volkszahl in den deutsch-erbländischen Provinzen lediglich zur Completirung von drei Regimentern hinreichen würde, siebzehn Regimenter ins Feld zu stellen" (Stapfer, Kommentar zum Grundgesetz).

Der Anteil der Grenze an den napoleonischen Kriegen läßt einmal mehr die Bedeutung dieser Einrichtung erkennen. Im Jahre 1805 stellte die Grenze nicht weniger als 48 000 Mann sowohl auf dem italienischen als auch auf dem deutschen Kriegsschauplatz, 1809 sogar 100 000 Mann. Die Bedeutung der Grenze lag aber nicht allein darin, daß sie der bewaffneten Macht der Habsburger wertvolle Soldaten zum Einsatz auf allen Kriegsschauplätzen zur Verfügung stellte, sondern ebensosehr in ihrer Aufgabe als wirtschaftlicher und sanitärer Sicherheitskordon im Südosten des habsburgischen Herrschaftsbereiches. Die Grenze wurde von militärischen Behörden verwaltet, die nicht nur als einseitige Vertreter militärischer Anforderungen, sondern mit Hilfe einer vielseitig interessierten Bürokratie auch als Vermittler zeitgenössischer Kultur und Zivilisation auftraten. Eines ihrer Verdienste ist der Aufbau einer Schulorganisation. Allerdings wurden die wenigen griechisch-orthodoxen Schulen der Serben vom Staat nicht unterstützt. In der Gesamtheit hob sich aber der Bildungsgrad der Grenzbevölkerung allmählich zu beachtlicher Höhe. Im 19. Jahrhundert wurde das Schicksal der Militärgrenze entscheidend von den politischen Auseinandersetzungen mit den Ungarn bestimmt, bis sie nach dem österreichisch-ungarischen „Ausgleich" von 1867 auf Betreiben der Magyaren aufgehoben werden mußte.

D. Die Entwicklung zum stehenden Heer

In den Jahrhunderten der Türkenabwehr war die Militärgrenze auch in den Zeitabschnitten ständig bedroht, in denen nicht offener Kriegszustand herrschte. Das osmanische Reich verfügte nämlich in den Janitscharen (Infanterie) und den Spahis (Kavallerie) über stehende, das ganze Jahr hindurch einsatzbereite Truppen. Außerdem litt die Grenze besonders stark unter den zeitweise fast pausenlosen Streifzügen irregulärer türkischer Streitkräfte. So mußten die „Granitzhäuser" ständig besetzt bleiben. Schon bevor sich die Grenze zu einer festen Institution ausbildete, forderte daher der Humanist Aventinus, ein Schüler des „Erzhumanisten" Konrad Celtes, im Jahre 1529 und in einer zweiten undatierten Schrift die Errichtung von Militärkolonien nach römischem Vorbild. Andere Pläne sahen die Lösung in ständigen Übungen des landständischen Adels, Angehöriger der Ritterorden und der Untertanen an der Grenze. Sie verquickten also Grenzkriegs- und Defensionswesen. Es tauchte aber auch der Gedanke an stehende Truppen auf, eine Lösung, die also zunächst im Zusammenhang mit der Grenze erwogen wurde. Allmählich wurde dann aber auch ein dauernd unterhaltenes Heer unabhängig von der Grenze gefordert.

1. Projekte und Versuche zur Aufstellung stehender Truppen vor dem Dreißigjährigen Krieg

Wie Eugen Heischmann gezeigt hat, wurden schon vor dem Dreißigjährigen Kriege während fast eines Jahrhunderts Stimmen laut, welche die bestehende Heeresverfassung als mangelhaft und reformbedürftig bezeichneten. Fast alle der von Heischmann angeführten Quellen stimmen darin überein, daß das jährliche Abdanken der geworbenen Truppen unverhältnismäßig hohe Geldsummen bei recht bescheidenem Wirkungsgrad verschlinge. Es wurde daher bald angestrebt, die einmal geworbenen Söldner nicht mehr zu entlassen, sondern ständig zu unterhalten.

Einen wesentlichen Fortschritt auf dem Weg zur Errichtung stehender Truppen bedeutete ein anonymer und undatierter, wahrscheinlich vom Obersten Hofmarschall Dr. Georg Gienger 1558 verfaßter „Anschlag der Türggen hilf im reich und erblanden auf drei jahr", der die – zeitlich allerdings begrenzte – Erhaltung eines „harrigen" Heeres ausdrücklich außerhalb der Grenzbesatzungen vorsah. Einen weiteren Schritt nach vorn machte ein salzburgisches Gutachten von 1596, dessen unbekannter Autor im Gegensatz zu der allgemein vorherrschenden Ansicht, daß der Türkenkrieg nur defensiv geführt werden könne, für eine offensive Kriegführung eintrat und die Bildung eines vom Kaiser unabhängigen, den Ständen eidlich verpflichteten Reichsheeres forderte, das bis zum Abschluß eines dauerhaften Friedens zu unterhalten wäre. Ein vom 14. Februar 1601 datierter Vorschlag zur „introducirung einer beständigen miliz“ des Freiherrn Hoyos von Stixenstein, der als Hofmarschall des Erzherzogs Ernst niederländische Verhältnisse kennengelernt hatte, lautete auf kontinuierliche Unterhaltung von 30000 Mann aus den Kontributionen des Reiches und der Erbländer. Die Grenzbesatzungen sollten abgeschafft werden und an ihre Stelle im Winter 20000 Mann der „milita continua“ treten. Im Spätherbst 1601 verlangte Karl von Liechtenstein die „stettige und continuirliche“ Unterhaltung des Kriegsvolkes ohne zeitliche Begrenzung. Auch er unterschied scharf zwischen dem „ordinari volk“ – den Grenzbesatzungen – und dem „extraordinari volk“ – den Soldtruppen als Vorläufern des stehenden Heeres (vgl. S. 21). Durch eine ständige Unterhaltung des „extraordinari“ Kriegsvolks könnten die durch Musterungen, Durchzüge, Abdankungen, Garten der Knechte und Plünderungen entstehenden gewaltigen Schäden verhütet werden.

Die bisher genannten und zahlreiche weitere Schriften und Gutachten waren nur für einen beschränkten Personenkreis bestimmt. Durch öffentliche Druckschriften erfuhr der Gedanke, ständig Truppen zu unterhalten, eine weitere Verbreitung. Im achten Teil seines in den vierziger Jahren des 16. Jahrhunderts entstandenen „Kriegsbuches“ kam Markgraf Albrecht von Brandenburg-Ansbach auf die besonderen Anforderungen des Türkenkrieges zu sprechen und stellte unter Hinweis auf römische Vorbilder die Frage, „ob auch nit besser wäre, durch alle stände die legiones als regiment zu erhalten und sie in steter übung und mit gewisser und sonderlicher speise gewöhnet, als in anliegenden nöthen einen jeglichen anzunehmen“. In ähnlicher Weise vertrat Nikolaus Gablman in seiner im Feldlager zu Gran 1595 verfaßten Schrift „Mansfeldiana Militia Hungara“ die Auffassung, daß die Schaffung eines tüchtigen, geordneten und „beharrigen“ Heeres Voraussetzung für einen erfolgreichen Kampf gegen die Türken sei. Ebenso griff Johann Jacobi von Wallhausen, bekannt als militärischer Schriftsteller und Direktor der von Graf Johann VII. von Nassau-Dillenburg in Siegen begründeten, allerdings nur kurzlebigen Kriegsschule, in seiner 1615 zu Oppenheim verlegten „Kriegskunst zu Fuss“ die Frage des kontinuierlichen Heeres auf. Die gartenden Knechte erpreßten nach seiner Darstellung in einem Monat von den Bauern mehr Bargeld, als sie in zwei Monaten vor dem Feind verdienten. Wallhausen forderte, daß ständig zwölf, sechzehn oder zwanzig Regimenter unterhalten werden sollten.

Die Verwirklichung dieser Vorschläge und anderer Pläne scheiterte vor allem an mangelnden finanziellen Mitteln. Während vieler Jahrzehnte bemühten sich die Kaiser fast ständig erfolglos, von den Reichs- und Landständen langfristige Steuern zur Erhaltung eines „beharrigen Kriegsvolkes“ – „beharrige Hilfen“ – bewilligt zu erhalten. Die Stände wehrten sich, dem Reichsoberhaupt oder dem Landesherrn zu einem Machtinstrument zu verhelfen, das sich im Zeitalter des werdenden Absolutismus und harter konfessioneller Auseinandersetzungen auch gegen sie verwenden ließ. Sie bewilligten dem Kaiser zwar in Erinnerung an die Romfahrten der deutschen Kaiser „Romzüge“ – die Beistellung oder Besoldung von 4 000 Reitern und 20 000 Knechten auf sechs Monate – oder eine bestimmte Anzahl von „Römermonaten", also den für den Unterhalt der Truppen monatlich erforderlichen Sold. Aber diese auf die Territorien verteilte Steuer trug immer weniger ein, weil die Ansätze dieselben blieben, die Besoldungen dagegen ständig erhöht werden mußten und die Reichsstände außerdem versuchten, die Erfüllung ihrer Verpflichtungen zu umgehen. Den „gemeinen Pfennig", eine ergiebigere „allgemeine" Steuer, von der nicht nur die Untertanen, sondern auch die von der Reichsmatrikel Eximierten betroffen wurden, bewilligte zum letztenmal 1551 der Reichstag zu Augsburg. Die österreichischen Landstände gewährten zwar ziemlich regelmäßig, meist alljährlich, die „ordinari" Steuer für die Erhaltung des ihnen zugewiesenen Grenzabschnitts, doch konnte der Landesherr nicht über sie verfügen. Die Bezahlung der Grenzer lag nicht in seinen Händen, sondern bei den „Verordneten" der Länder. Als 1571 an die niederösterreichischen Stände das Begehren gestellt wurde, die Bezahlung der Grenzer einem kaiserlichen Kriegszahlmeister zu überlassen, lehnten sie ab in der Erkenntnis, daß der Kaiser „die Bezahlung des Kriegswesens von gemeiner Landschaft hinweg gegen den Hof ziehen wolle". Die zur Anwerbung und Besoldung von Kriegsvolk für den „offenen" Krieg bestimmten „extraordinari" Steuern wurden, wie im Reiche, nicht ein für allemal, sondern nur von Fall zu Fall bewilligt. Außerdem sicherten sich die Landstände, im Gegensatz zu den Reichsständen, die sich nicht weiter um die Verwendung der einmal bewilligten Gelder kümmerten, in den meisten Fällen die „Geld-Disposition", also die Vornahme der Musterungen und Zahlungen.

Trotz der ablehnenden Haltung, welche die Reichs- und Landstände in der Frage des stehenden, neben den Grenztruppen zu erhaltenden Heeres einnahmen, ist bereits für die zweite Hälfte des 16. Jahrhunderts mehrfach sicher bezeugt, daß Truppen im Winter nicht abgedankt, sondern unter den Fahnen behalten wurden. Vom Beginn des Türkenkrieges 1592 bis in die Zeit des Dreißigjährigen Krieges verging kein Jahr, in dem nicht auch in der ereignisärmeren Zeit zwischen zwei Sommerfeldzügen Söldner im Dienste der Habsburger verblieben. Darüber hinaus gab es während dieser Zeit bereits mehrere Truppenkörper, die sogar eine Reihe von Jahren ununterbrochen dienten.

Vermutlich bildeten sich während dieser Zeit Einrichtungen heraus, die später von Wallenstein aufgegriffen und weiterentwickelt wurden. In den Beschwerden der ungarischen Reichstage unter Rudolph II. heißt es im Jahre 1602, daß die Gespanschaften von Preßburg und Neutra gezwungen würden, 10 000 Mann „deutsche" und wallonische Truppen unentgeltlich mit Speise und Trank zu versehen (strictissimo suae Mtis mandato cibo et potu gratis nutrire coguntur). In den ersten Monaten des Jahres 1621 stellte der General der kaiserlichen Armee, Graf Buquoy, eine Ordonnanz zu Händen des mährischen Statthalters aus. Sie bestimmte, „was [in den Quartieren] auf das Kriegsvolk zu geben" sei und überließ dabei den Quartiergebern die Wahl, ob sie das Geforderte in Geld oder Naturalien entrichten wollten. In einem Erlaß des mährischen Statthalters vom 5. November 1621, der auf Grund einer kaiserlichen Ordonnanz vom 16. September desselben Jahres ausgefertigt wurde, wird angeordnet, daß dem Soldaten neben dem Brot zwei Drittel des Soldes in bar gereicht werden sollten und daß das benötigte Geld einer dem Lande bereits auferlegten „allgemeinen“ Kontribution zu entnehmen sei. Diese Kontribution war keine Landessteuer gewöhnlicher Art, sondern vom Statthalter nach Verständigung mit etlichen „fürnehmen Herrn [und] Inwohnern“ den vier Ständen auferlegt worden.

Erst der Dreißigjährige Krieg und der Einsatz des „militärischen Unternehmers“ Wallenstein für Ferdinand II. verhalfen dem Kaiser nach der Ermordung dieses Söldnerführers zu einer größeren Anzahl stehender Truppen.

2. Das Wallensteinische Heer in seiner Bedeutung für die Stärkung der landesherrlichen Militärgewalt

Es ist verständlich, daß sich die österreichischen Landesfürsten schon früh gegen die vorwiegend ständische Organisation des Militärwesens aus politischen und militärischen Gründen wehrten. So forderte bereits 1526 Erzherzog Ferdinand in der Instruktion, die er seinen Kommissären zum steiermärkischen Landtag vom 29. Dezember 1526 erteilte, von diesem ausdrücklich statt Truppen bares Geld, und zwar 26 000 Gulden, nicht nur zum Zuge wider die Türken, sondern auch „zur Austilgung des Weyda [Zapolya] und anderer Widerwärtiger“. Er begründete seinen Anspruch damit, daß das Landesaufgebot weit teurer zu stehen käme als die Anwerbung anderer Mannschaft und außerdem weniger rasch bereitgestellt sei. Auch in der Grazer Landtagsproposition von 1528 forderte Ferdinand Hilfe, die „auf gelt gestelt [sei] und nit auf volk“. Sobald einmal die Stände dazu übergingen, an Stelle des Landesaufgebots geworbene Truppen oder die zur Anwerbung von Söldnern benötigten Beträge zur Verfügung zu stellen, war es das Hauptanliegen der Landesherren, daß ihnen die sogenannte „Kriegs-Disposition“, das ist die Werbung und Abdankung der Truppen und damit die Ausfertigung der Bestallungsurkunden, überlassen werde. Dagegen zeigten sie sich im allgemeinen damit einverstanden, daß den Ständen die „Geld-Disposition“ verblieb. Allerdings lassen sich auch schon landesfürstliche Vorstöße gegen diese ständischen Rechte feststellen.

Im Jahre 1555 behielt sich König Ferdinand I. gegenüber den steirischen Ständen die „Aufnehmung und Urlaubung“ landschaftlichen Kriegsvolks vor. Die gleiche Auffassung vertrat er auf dem Ausschußlandtag von 1556. Ein ähnliches Begehren stellte Kaiser Rudolf II. 1596 an die niederösterreichischen Stände. Im Jahre 1599 erließ er am 20. Januar in Prag ein Mandat mit der Ermahnung, ihm die ganze „Direktion“ des Kriegswesens, das heißt die Bestallung der Befehlshaber, Werbung, Musterung, Reformierung und Abdankung der Truppen zu überlassen, wie solches in den anderen Königreichen und Ländern und im Reiche geschehe. Die Stände anerkannten, daß die „Disposition bezüglich der Kriegsdisziplin“ dem Feldherrn gebühre, hingegen Werbung, Musterung, Bezahlung, Abdankung und Bewehrung wie bisher Sache der Verordneten sei. Im Zusammenhang mit einer kaiserlichen Forderung nach „beharriger“ Hilfe auf dem niederösterreichischen Landtag von 1604 verzichteten jedoch die Stände zum erstenmal auf die Gepflogenheit, die bewilligten Truppenkontingente selbst anzuwerben, und überließen die Verwendung der extraordinari Kontributionen probeweise dem Kaiser für ein Jahr.

Die angeführten Beispiele zeigen, wie fließend die Übergänge zwischen „ständischen" und „landesfürstlichen" Truppen waren. Bei dieser Auseinandersetzung ging es letztlich um die Frage, wem die mit ständischer Beihilfe geworbenen Truppen zu gehorchen hätten. Die von den niederösterreichischen Ständen geworbenen Kontingente leisteten zwar den Treueid auf den Kaiser, aber die Obristen verweigerten trotz Eidesleistung vielfach den Gehorsam, indem sie sich darauf beriefen, von der Landschaft bestallt zu sein. In der Steiermark schworen sogar die Knechte von vornherein allein der Landschaft und dem vom Landtag vorgeschlagenen und durch den Landesfürsten bestätigten Landesobristen und nur die Reiter fallweise auch dem Landesherrn. Erst ab 1620 wurde der Fürst regelmäßig im Eid angeführt.

Daß das Aufgebot lediglich innerhalb der Grenzen des Landes „zur Rettung desselben" verwendet werden durfte und diese Regel nur in seltenen Fällen durchbrochen wurde, bedeutete in Anbetracht der geringen militärischen Tauglichkeit des Landvolks keine entscheidende Schwächung der militärischen Schlagkraft des Landesherrn bei seinen auswärtigen Unternehmungen. Daß aber die Verwendung der aus ständischen Mitteln geworbenen Söldner für Kriege außerhalb des Landes auch an die Zustimmung der Stände gebunden sein sollte, weil das an Stelle der Gültpferde und des Aufgebots geworbene Kriegsvolk lediglich zur Verteidigung des Landes verpflichtet sei, mußte die Landesherren in ihrem Bestreben nach Ausbau der Militärhoheit und Eindämmung des ständischen Einflusses bestärken. Der entscheidende Anstoß dazu ging von den Ereignissen zu Beginn des Dreißigjährigen Krieges aus.

Mit dem Ausbruch der böhmischen Empörung von 1618 erreichte die seit langem prekäre Lage der von ständischen Bewilligungen abhängigen habsburgischen Finanzen ihren Höhepunkt. Den Sieg in der Schlacht am Weißen Berg verdankte der Kaiser wesentlich den Anstrengungen seiner Bundesgenossen, den Truppen der katholischen Liga unter Tilly. Die ober- und niederösterreichischen, vor allem aber die böhmischen Stände hatten ihre Truppen zum Kampf gegen das habsburgische Herrscherhaus aufgeboten. Es war für Ferdinand II. ein großes Glück, daß die Böhmen den Ausbau ihres Heeres, von dem ihr Schicksal abhing, mit erstaunlicher Nachlässigkeit betrieben hatten. Die Vorschläge des Oberösterreichers Tschernembl, der insbesondere vom böhmischen Adel vermehrte Leistungen forderte, zur Abschaffung der Leibeigenschaft riet – „denn der gemeine Mann würde für seine Freiheit lieber sterben" – und die im böhmischen Heere herrschende Korruption geißelte, fanden keine Beachtung. Der weitere Verlauf des Krieges machte dann dringend die Aufstellung eines bedeutenden kaiserlichen Heeres erforderlich. Doch fehlten dazu die Mittel. Der Kaiser nahm daher 1625 das Angebot Wallensteins an, aus Vorschüssen und auf seinen Kredit ein Heer aufzustellen. Um dieses Heer zu unterhalten, durfte Wallenstein in den eroberten Landschaften Kontributionen ausschreiben.

Die Persönlichkeit Wallensteins, seine Bedeutung für die Militärgeschichte, das Wesen, die Finanzierung, die Wirtschaftsführung und die Organisation seines Heeres werden im Abschnitt über die „Militärgeschichte des Absolutismus" behandelt. Hier ist nur festzuhalten, daß es diesem militärischen Großunternehmer besonders 1630 und 1632 (Göllersdorfer Vertrag) gelang, durch freie Werbung ohne ständische Mitwirkung in wenigen Monaten ein schlagfertiges Heer ins Feld zu stellen. Große spanische Subsidienzahlungen spielten dabei mindestens zeitweise eine ausschlaggebende Rolle. Werbeherr war nunmehr, statt wie früher der Feldobrist, der Kaiser beziehungsweise Wallenstein als dessen Generalissimus. Die von Wallenstein zur Anwerbung der Regimenter mit Patenten versehenen Obersten traten zu ihm beziehungsweise zum Kaiser in ein ähnliches Verhältnis wie früher der Hauptmann zum Oberst.

Die Patente, durch die Oberste und Hauptleute zur Vornahme von Werbungen ermächtigt wurden, scheint Wallenstein in einzelnen Fällen schon 1626 eigenmächtig erteilt zu haben. Im Jahre 1627 war es offenbar die Regel, daß Wallenstein die Patente ausstellte. In einer Beschwerdeschrift vom 3. November 1627 beklagen sich die Kurfürsten, daß Wallenstein „eigenen Gefallens" Patente zur Anwerbung von einem bis vier Regimentern auf einmal ausgebe. Anläßlich der Verhandlungen über die Absetzung Wallensteins (1630) fiel auf dem Regensburger Kurfürstentag die Bemerkung, es sei „reichskundig", daß Wallenstein „denen Obristen Patenten, im Reich aller Orten nach Belieben zu werben, under seinem Namen ausgeben ... Exempla seien vorhanden, daß, wann i. M. Patente ausgeteilt, er's hoch empfunden habe".

Nach dem Tode Wallensteins blieb der Kaiser Werbeherr. In die Regimenter, die „auf dem Fuße" als stehende Truppen beibehalten wurden, reihte der Kaiser die auch weiterhin von den Ständen gestellten Kontingente ein und entzog sie dadurch deren Einfluß.

Die Existenz des Wallensteinischen Heeres hatte aber Kaiser Ferdinand II. schon 1627 erlaubt, einen entscheidenden Schlag zugunsten der landesherrlichen Militärhoheit gegen die ständischen Rechte zu führen. Wie gleichzeitig Kardinal Richelieu in Frankreich, verbot auch er im Artikel XII der „verneuerten Landesordnung" für Böhmen, Truppen ohne königliche Genehmigung zu werben. Das „ius belli ac armorum" stand im Königreich, gemäß einer Erklärung Ferdinands II. vom 11. Juni 1635, nur noch „absolute" dem Landesherrn zu. Ferdinand II. war eben in dem „durch das Schwert eroberten" Böhmen ein „Princeps legibus solutus" im echten Sinne, für den keine positiv-rechtlichen Bindungen mehr bestanden, seitdem sich die Böhmen durch ihre Rebellion ihrer alten Rechte und Privilegien begeben hatten.

Mit dem böhmischen Beispiel war ein Einbruch in die überlieferten Rechte der Stände erzielt worden. Sie waren jedoch nicht die einzigen Kräfte, die dem Fürsten die Militärhoheit streitig machten. Die Gefahr, die von Wallenstein ausging, konnte der Kaiser bannen. Aber neben diesem militärischen Großunternehmer gab es zahlreiche Söldnerführer, die als Generale und Obersten über die Regimenter das militärische Leben weitgehend bestimmten. In die Rechte dieser Regimentsinhaber einzugreifen, hatten die Landesherren schon vor dem Dreißigjährigen Krieg im Zusammenhang mit ihren Bemühungen um die Ausbildung der staatlichen Verwaltungs- und Hoheitsrechte versucht. Sie hatten dabei nur geringe Erfolge erzielt.

So scheiterten beispielsweise Bestrebungen, die auf Einführung der „Bankbezahlung", regelmäßige Entlöhnung der Knechte durch kaiserliche Kommissäre, abzielten, weil die Regierungen nicht in der Lage waren, die erforderlichen Gelder stets rechtzeitig zur Verfügung zu halten. Nach wie vor mußten die Obersten den Knechten ihrer Regimenter das „Fürlehen" (die Abschlagzahlung) aus „eigenem Beutel reichen" lassen, wobei sie davon ausgingen, daß sie bei der Abrechnung ein Vielfaches des investierten Kapitals vom Kriegsherrn zurückerstattet erhalten würden. Auch das Recht der Obersten auf „Bewehrung" konnte lange nicht eingeschränkt werden. Noch bis weit ins 18. Jahrhundert hinein beschafften manche Inhaber kaiserlicher Regimenter „ex propriis" Waffen, Ausrüstung und Monturen für ihre Regimenter. Dem Kaiser gelang es nur, sich das Recht anzueignen, an die Spitze frei gewordener Regimenter Befehlshaber seiner Wahl zu stellen. Immerhin war damit das privatrechtliche Verhältnis zwischen Oberst und Regiment gelockert und die Überleitung der Truppen in ein öffentlich-rechtliches Verhältnis zum Landes- und Kriegsherrn angebahnt. Das Recht der Ernennung der Offiziere des Regiments stand ursprünglich dem Obersten allein zu. Auch in dieser Hinsicht machten sich Reformbestrebungen geltend, indem der Kaiser auf die Besetzung freigewordener Unterbefehlshaberstellen Einfluß zu nehmen suchte. Zuerst wurde im 17. Jahrhundert das Ernennungsrecht der Oberstleutnante an die Zustimmung des Kaisers gebunden, dann überhaupt dem Kaiser vorbehalten.

3. Rechtsverhältnisse und Rechtsordnungen

Bestallungen, Kapitulationen, die kaiserlichen Werbepatente der Obersten, das Disziplinarpatent vom Jahre 1681 mit dem Nachtrag vom Jahre 1684, die Verpflegungsordonnanz vom Jahre 1697 mit dem Nachtrag vom Jahre 1699, die Reglements, vor allem aber die Kriegsartikel, waren die Formen gesetzlicher Bestimmungen, welche die Rechtsverhältnisse im kaiserlichen Heere des 17. und beginnenden 18. Jahrhunderts bestimmten.

Im Jahre 1499 erließ der damalige Landeshauptmann von Tirol, Leonhard v. Völs, erstmals eine Feldordnung oder einen Artikelbrief für die tirolischen Truppen. Inhaltlich ähnlich war der Artikelbrief für die tirolischen Knechte, welche die Tiroler Landschaft 1529 über Ermahnung des Königs Ferdinand zum Kriege gegen die Türken auf drei Monate unter einem eigenen Feldobristen nach Ungarn sandte. Um dieselbe Zeit gewann in Schwaben, wo sich seit den Zeiten

Maximilians I. ein Teil der männlichen Bevölkerung regelmäßig zum Kriegsdienst anwerben ließ, der Artikelbrief für das Fußvolk jene feste Form, die sich nicht nur im Reiche, sondern überall, wo deutsche Landsknechte in Verwendung standen, rasch ausbreitete. Der Artikelbrief war einerseits das Vertragsinstrument, welches zwischen dem Kriegsherrn und seinen Söldnern aufgerichtet wurde, andererseits das Reglement, die Grundlage der Disziplin. Als nach den Vorschlägen des Freiherrn Lazarus von Schwendi (1522–1584) unter Maximilian II. ein neues kaiserliches Kriegsrecht erlassen wurde, fand der Artikelbrief 1570 in abgewandelter Form Aufnahme in den Reichsabschied. Bis zum Jahre 1673 blieb er das Grundgesetz und nahezu die einzige gesetzliche Norm für die kaiserlichen Fußtruppen. In den Garnisonen der Militärgrenze behielt er sogar bis in den Anfang des 18. Jahrhunderts Gültigkeit.

Ein Reiterrecht entstand erst Jahrzehnte später. Die Zusätze knüpften hier nicht wie beim Fußvolk an die Eidesformel, sondern an die Bestallung an. Der erste Ansatz ist in den Reiterbestallungen zu Beginn des Schmalkaldischen Krieges (Bestallung des Markgrafen Albrecht Alcibiades von Brandenburg durch Karl V. vom Jahre 1546) zu erblicken. Eine weitere Entwicklung erfuhr das Reiterrecht durch die vom Heidelberger Bund zu Heilbronn beschlossene Kriegsordnung, die vom Augsburger Reichstag 1555 als Grundlage der Heeresverfassung für Fußvolk und Reiterei der Reichskreise angenommen wurde. Der vom fränkischen Kreisobersten Georg Ludwig von Seinsheim dem fränkischen Kreise überreichte und von diesem am 14. Januar 1568 angenommene Entwurf vereinte erstmals Bestallung und Artikelbrief und war jedenfalls die Vorlage der 1570 auf Veranlassung Schwendis in die Speyrer Reichstagsproposition aufgenommenen „der kaiserlichen Majestät und des heiligen Reiches Reiterbestallung". Zu Beginn des Dreißigjährigen Krieges wurde der Reiterartikelbrief von der Bestallung getrennt. Davon abgesehen, blieb er bei der kaiserlichen Kavallerie allgemein bis 1673, im Bereiche der Militärgrenze bis ins 18. Jahrhundert hinein in Kraft.

Der verschiedene Ursprung von Fußvolk und Reiterei aus dem städtischen Söldnerdienst beziehungsweise aus dem Lehenswesen wurde in den Artikelbriefen insofern deutlich, als beispielsweise beim Fußvolk der Oberst des einzelnen Regiments Gerichtsherr war, bei der Reiterei dagegen der Feldmarschall als Kommandant der gesamten Reiterei. Beim Fußvolk war also allein der Unterschied des militärischen Amts ausschlaggebend, bei der Reiterei mit ihrem stark adligen Einschlag blieben die Standesunterschiede gewahrt. Die Herren und Junker fochten wohl in Reih und Glied mit ihren Knechten, doch behaupteten sie ihre Rechte gegenüber der von ihnen gestellten Mannschaft. Streitigkeiten zwischen den Junkern und ihren Knechten kamen nicht vor das Reitergericht, denn darunter hätte die Disziplin gelitten, sondern wurden durch freundschaftliche Vermittlung des Obersten und Rittmeisters auf disziplinarischem Wege verglichen oder entschieden. Mit bemerkenswerter Festigkeit hielt man gerade in der kaiserlichen Armee an dieser unterschiedlichen Auffassung der beiden Truppengattungen, die selbstverständlich auch den Dienst sehr verschieden gestalten mußte, fest.

Am längsten entbehrte im kaiserlichen Heere wie auch anderwärts die Artillerie fester Ordnungen. Einheitliche Regeln für die ganze in österreichischen Diensten stehende Artillerie konnten erst dadurch entstehen, daß die Artillerie mit dem Fußvolk und der Reiterei auf eine gemeinsame Rechtsgrundlage gestellt und der ganzen Armee gemeinsame Kriegsartikel gegeben wurden. Dieser Schritt erfolgte 1673. In diesem Jahre verordnete der Hofkriegsrat nicht nur das Exerzieren „nach deutscher Art", sondern die gesamten unmittelbaren kaiserlichen Kriegsvölker wurden unter gemeinsame Kriegsartikel gestellt. Den Anlaß dazu gab wahrscheinlich das wiederholte Zusammenwirken kaiserlicher Truppen mit Reichstruppen. Vor allem in Norddeutschland hatten Kriegsherren allgemein verbindliche Kriegsartikel unter dem Einfluß von holländischen und schwedischen Mustern meist schon während des Dreißigjährigen Krieges eingeführt. Sie dienten nunmehr den Kaiserlichen von 1673 als Vorlage. Ihre Einführung war ein bedeutender Akt bei der Stärkung der Militärhoheit.

4. Militärverwaltung

a. Der Hofkriegsrat

Der Anspruch auf die Militärhoheit und die Notwendigkeit, stehende Truppen auch im Frieden zu unterhalten, zwangen die kaiserliche Regierung, eine zentrale Militärverwaltung aufzubauen und den Haushalt des Militärwesens sicherzustellen.

Bezeichnenderweise standen seit der Zeit Maximilians I. alle Pläne und Ansätze zur Bildung militärischer Zentralorgane im Zeichen der Bestrebungen, der Bedrohung von seiten der Türken durch eine wirksame Grenzverteidigung zu begegnen. Der von Ferdinand I. im Jahre 1556 errichtete „stete" Kriegsrat, aus dem sich der Hofkriegsrat als ständige Hofstelle entwickelte, wurde wiederholt mit eindringlichen Worten zur aufmerksamsten Überwachung der Ostgrenze verpflichtet. Die Instruktion von 1615 bezeichnete als Hauptaufgabe des Hofkriegsrats wiederum die Organisation der Grenzverteidigung gegen die Türken. Auf neuerschienene und zugleich dem Hofkriegsrat bekanntgemachte Verordnungen wurde ausdrücklich verwiesen. Die Einhaltung dieser und der alten Grenzordnungen war sorgfältig zu überwachen. Gleichzeitig wurden die Befugnisse der „Grenzobersten" (vgl. S. 30) zugunsten des Landesherrn und des Hofkriegsrats eingeschränkt.

Nach dem Wortlaut seiner ersten Ordnung hatte der Hofkriegsrat als „oberste Militär-Verwaltungsbehörde, Stab und Kanzlei des kaiserlichen Oberbefehls und militärisches Kabinett des Herrschers" (Regele) für die Aufbringung, Ausrüstung und – beispielsweise durch Anlage von Proviantmagazinen – für die

Verpflegung des Kriegsvolks, ferner für den Unterhalt des Kriegsmaterials, namentlich in den Grenzorten und der Stadt Wien, zu sorgen. Die höheren Beamten der Militärverwaltung – der oberste niederösterreichische Zeugmeister, der Superintendent der (Militär-)Gebäude in Wien, der oberste Proviantmeister, der Arsenalverwalter, der oberste Mustermeister, der Schiffmeister und der Kriegszahlmeister – wurden mitsamt ihren Untergebenen angewiesen, „in allen ihre Amtsverwaltung berührenden Sachen sich bei ermeltem Kriegsrat Bescheid zu erholen". In einer vermutlich 1610 oder 1611 verfaßten Instruktion werden alle „zum Feld-, Grenz- und Kriegswesen gehörigen höhern Ämter" dem Hofkriegsrat ausdrücklich unterstellt. Der oberste Zeugmeister erscheint dabei nicht mehr für Niederösterreich allein, sondern „in unserm königreich Hungern und unsern niederösterreichischen landen" bestellt. Durch die Instruktion vom 10. Februar 1650 (bestätigt am 9. August 1668 von Kaiser Leopold I.) wurde der Hofkriegsrat zum erstenmal fest in vier Abteilungen gegliedert, indem je einer der Hofkriegsräte die Angelegenheiten der Zeughäuser und der Artillerie, das Proviantwesen, das Rekruten- und Remontenwesen und das militärische Bauwesen zugewiesen erhielt.

Der Hofkriegsrat war als eine alle habsburgischen Länder umfassende Behörde gegründet worden. Dieses Ziel wurde jedoch nur zu gewissen Zeiten erreicht.

Einen beträchtlichen Einfluß vermochte der Hofkriegsrat in Österreich ob und unter der Enns, Böhmen und namentlich auch in Restungarn auszuüben. Magyarische Forderungen, die auf Errichtung einer selbständigen Militärverwaltung für Ungarn abzielten, wurden nicht berücksichtigt. Dem mit der Beaufsichtigung und Förderung der Grenzverteidigung beauftragten Wiener Hofkriegsrat eröffnete sich gerade in Ungarn ein ausgedehntes Arbeitsfeld.

Während der ganzen Zeit der Herrschaft der Habsburger über das westliche Ungarn bis zur Wiedereroberung der von den Türken besetzten ungarischen Gebiete durch Prinz Eugen bestand im Westen und Nordwesten Ungarns ebenfalls eine Militärgrenze, an deren Unterhalt die böhmischen und niederösterreichischen Länder wie auch die Ungarn beteiligt waren. Sowohl Böhmen-Mähren als auch Niederösterreich unterhielten im Bereich der Grenze ständige Garnisonen. In den Reihen der Besatzungstruppen gab es zahlreiche Deutsche, die von Österreich oder aus Reichshilfen besoldet wurden. Auch einheimische ungarische Truppen leisteten Dienst in den Grenzbefestigungen oder konnten dazu herangezogen werden. Die Verwaltung aller dieser Grenzeinrichtungen fiel in den Zuständigkeitsbereich des Wiener Hofkriegsrats. Wie mächtig die zentralen Militärbehörden und die ihnen nachgeordneten Stellen in Ungarn waren, ergibt sich allein schon aus der Tatsache, daß die Festungskommandanten mit Erfolg bestrebt waren, sich ganze Bezirke rund um die Festungen zu unterwerfen. Diese Burgbezirke schieden faktisch aus der Komitatsverwaltung aus (Wessely).

Dagegen entzog die Länderteilung nach dem Tode Ferdinands I. (1564) die innerösterreichischen Länder, die kroatisch-slawonische Militärgrenze, Tirol und die österreichischen Vorlande fast völlig der Einflußnahme des Wiener Hofkriegsrats. In Graz entstand 1578 ein innerösterreichischer Hofkriegsrat (vgl. S. 32). Die Militärangelegenheiten Tirols wurden von den Behörden der dort regierenden Erzherzöge – dem oberösterreichischen Geheimen Rat, der Regierung und Kammer – selbständig besorgt, ohne daß – wie in Graz – sogleich eine besondere Kriegsstelle errichtet worden wäre. Nach der Vereinigung der getrennten Linien des Hauses in den Jahren 1619 und 1665 blieben die Kriegsstellen gleich anderen Behörden vorderhand nebeneinander bestehen.

Nur die inner- und hernach die oberösterreichische Hofkanzlei wurden nach Wien gezogen und dort mit der niederösterreichischen zu einer Gesamtkanzlei vereinigt, deren Abteilungen auch das inner- und das oberösterreichische Kammer- und Kriegswesen zugewiesen erhielten. Dies bedeutete, daß der Wiener Hofkriegsrat mit Graz und Innsbruck über die innerösterreichische Abteilung der österreichischen Hofkanzlei verkehren mußte. Neben dem innerösterreichischen Hofkriegsrat erhielt der Grazer Geheime Rat bedeutende militärische Aufgaben. Nach der Instruktion von 1639 sollte ihm der Kriegsrat lediglich als beratendes und ausführendes Organ zur Seite stehen. Auch die 1675 erneuerte Instruktion für den Grazer Hofkriegsrat stellte fest, daß die Hofkriegsräte den innerösterreichischen Geheimen Räten als den Immediatrepräsentanten des Kaisers unterstellt seien. Umfängliche Befugnisse im Bereiche der Militärverwaltung hatte auch die innerösterreichische Hofkammer. Es ist verständlich, daß Prinz Eugen als Hofkriegsratspräsident bestrebt war, diese verworrenen Verhältnisse zu vereinfachen (vgl. S. 68).

Problematisch gestaltete sich von Anfang an das Verhältnis des Hofkriegsrats zur Hofkammer, die zu ihrer Entlastung gerne die finanzielle Selbständigkeit des Hofkriegsrats herbeigeführt hätte. Dazu kam es jedoch nicht. Die Kriegsräte durften laut Ordnung von 1556 lediglich Zahlungsaufträge bis zum Betrage von 150 Gulden an das Kriegszahlmeisteramt erlassen, höhere Beträge waren der Hofkammer anzuzeigen und von dieser im Einvernehmen mit dem Herrscher zu leisten. Zur Erteilung von Auskünften in finanziellen Angelegenheiten und zur Vermittlung des Verkehrs der beiden Behörden sollte jeweils ein Hofkammerrat in den Kriegsrat abgeordnet werden.

b. Kriegskommissare, Generalkriegskommissariat und Deputation

„Generalkriegskommissäre“ wurden in Österreich seit dem Beginn des 17. Jahrhunderts verschiedentlich ernannt. Während des Dreißigjährigen Krieges bestanden in Böhmen und den übrigen vom Kriege berührten Erbländern Generalkriegskommissariate, die sich mit der Einquartierung der kaiserlichen Truppen, der Nahrungsmittelbeschaffung, der Kontrolle der Musterungen, Werbungen, Rekrutierungen und der Frage der Bestände zu befassen hatten. Während jedoch in Brandenburg-Preußen die Zurückdrängung der Ständemacht den Aufbau von „Kommissariatsbehörden“ ermöglichte, in denen die den Ständen abgerungene Militär- und Steuerverwaltung schließlich mit der Domänenverwaltung, dem Camerale, verbunden wurde, fehlten in der österreichischen Monarchie vorerst die Voraussetzungen für derartige Einrichtungen. In den nach 1683 zurückeroberten Teilen Ungarns erschienen Kriegskommissare und Kammerkommissare, jedoch getrennt. Der von Wiener Absolutisten vertretene Standpunkt, die den Türken „mit dem Schwert" abgenommenen Gebiete seien nach dem Kriegsrecht als kaiserlicher Besitz zu betrachten und absolut zu regieren, konnte sich nicht durchsetzen (Brunner). Die Komitate und die ständische Selbstregierung wurden in Ungarn wiederhergestellt. Einzig im Süden konnte in der erweiterten „Militärgrenze" ein im wesentlichen dem Hofkriegsrat und damit dem Kaiser unmittelbar unterstehender Militärbezirk eingerichtet werden (vgl. S. 36).

Das Generalkriegskommissariat als ständige Behörde wird zum erstenmal in der Hofkriegsratsordnung von 1650 erwähnt. Ursprünglich war das Obrist-Mustermeisteramt Kontrollbehörde für die Wirtschaftsführung bei den Regimentern. Das Generalkriegskommissariat übernahm dessen Kontrollaufgabe und erlangte später durch die ihm zufallende Ausarbeitung der Feldzugsbudgets, schließlich des gesamten Militärbudgets, des „Generalordnungsstaates", erhebliche Bedeutung, blieb aber, wie Haussherr festgestellt hat, eine bloße Militär-Intendanturbehörde ohne Befugnisse gegenüber den Steuerträgern. Seine Stellung war ziemlich unklar. Zwar unterstellten die Hofkriegsratsordnungen von 1650 und 1668 das Generalkriegskommissariat dem Hofkriegsrat, jedoch scheint das Amt als Rechnungsbehörde von Anfang an zwischen Hofkriegsrat und Hofkammer gestanden zu haben. Als Präsident des Hofkriegsrats bemängelte Montecuccoli 1670 sogar ausdrücklich die Unterstellung des Generalkriegskommissariats unter die Hofkammer als einen „Zustand, der ... den Argwohn nährt, daß Dasjenige, was man für die Miliz [hier: das Militär] bewilligte, von der Kammer zu anderen Zwecken verwendet werde". Die Hofkammerordnung von 1681 legte fest, daß das Kommissariat „ratione militaris" dem Hofkriegsrat, „ratione oeconomiae" der Hofkammer untergeordnet sei. In der Deputationsordnung vom Dezember 1697 wurde der Vorstand des Kommissariats in gewisser Hinsicht bereits den Vorständen der Hofkammer, des Hofkriegsrats und der beiden Hofkanzleien gleichgestellt. Die Entwicklung fand unter Maria Theresia mit der Erhebung des Generalkriegskommissariats zu einem „Hofmittel" am 28. Dezember 1746 ihren Abschluß (vgl. S. 70 f.).

Die Deputation wurde unter Leopold I. 1697 errichtet. Sie setzte sich aus den Vorständen des Hofkriegsrats, der Hofkammer, des Generalkriegskommissariats und der beiden Hofkanzleien zusammen und sollte durch ihre koordinierende Tätigkeit die rechtzeitige Bereitstellung der für den Unterhalt des Heeres und der militärischen Einrichtungen erforderlichen Summen ermöglichen. Zu ihren hauptsächlichen Obliegenheiten gehörte es, nach Anhörung des Berichts der Hofkammer alljährlich die Höhe der fast ausschließlich für militärische Zwecke bestimmten Kontribution (direkten Steuer) und der von den einzelnen Ländern zu entrichtenden Beiträge festzusetzen; behandelt wurden auch die Kontributionsbeiträge Ungarns, Siebenbürgens, später der Niederlande und Mailands, obwohl diese Länder in der Deputation nicht vertreten waren. Zu den Obliegenheiten der Deputation gehörten ferner Fragen des Rekruten- und Remontenwesens und die Beschwerden der Länder über Vorgänge bei der direkten Besteuerung.

c. Fragen der Finanzierung

Die Deputation war die Behörde, die den Haushalt der stehenden Truppen sicherstellen sollte. Damit wird die Geschichte der Finanzierung des kaiserlichen Heeres als ein Zentralproblem der österreichischen Militärgeschichte angeschnitten. Es muß ausführlicher behandelt werden, weil erst die Kenntnis der finanziellen Schwierigkeiten Entwicklung und Wesen der bewaffneten Macht der Habsburger verstehen läßt. Ausgezeichnete Soldaten stellten sich dem Kaiser immer zur Verfügung, wenn nur die Haushaltsmittel vorhanden waren, sie zu bezahlen.

Zunächst sei festgehalten, daß in Österreich die ständische Verfassung bis ins 18. Jahrhundert nicht zerstört worden ist. Sogar nach der Katastrophe der böhmischen Stände im Jahre 1620 hat Ferdinand II., für den gegenüber den böhmischen Ständen keine positiv-rechtlichen Bindungen mehr bestanden, seitdem sich die Böhmen durch ihre Rebellion ihrer alten Rechte und Privilegien begeben hatten, dem neuen böhmischen Landtag, der seine Existenz reinem Königsrecht verdankte, das Besteuerungsrecht zugesprochen. Auch den oberösterreichischen Ständen versprach der Kaiser, die Steuern nur auf den Landtagen zu begehren. Allerdings konnten die Stände die zur Bewältigung der dringendsten Aufgaben benötigten Summen nicht mehr verweigern. Schwerer fiel ins Gewicht, daß die Stände ihre Positionen in der mittleren und unteren Landesverwaltung auch nach 1620 in vollem Umfang halten konnten. Der Landesfürst war einfach nicht in der Lage, in der ersten und zweiten Instanz den ständischen Beamten durch den landesfürstlichen zu ersetzen.

Im Haushaltswesen wurde seit dem 16. Jahrhundert zwischen den Einnahmen aus dem landesfürstlichen Kammergute, dem „Camerale", und den von den Ständen der Königreiche und Länder bewilligten Hilfsgeldern, den „Subsidien" oder „Kontributionen", unterschieden. Im Laufe des 17. Jahrhunderts wurde es zur Regel, die Ausgaben für das „Civile" – den Hofstaat und die Verwaltung – aus den Einnahmen der Kammer, die Ausgaben für militärische Zwecke, das „Militare", aus den meist alljährlich oder in Form von „Recessen" auf mehrere Jahre bewilligten Hilfsgeldern der Stände, dem „Contributionale", zu bestreiten. Die Hofkammerordnung von 1681 unterscheidet scharf zwischen „Camerale" und „militärischem Quantum" und ordnet den Einlauf der Eingänge aus ersterem dem Hof-, aus letzterem dem Kriegszahlamt zu.

Seit 1544 werden unter dem Personal der Hofkammer statt eines Hofzahlmeisters deren zwei genannt. Der zweite Zahlmeister hatte vermutlich die für Kriegszwecke bewilligten Gelder in Empfang zu nehmen und wurde in der Hofkammerordnung von 1568 geradezu Kriegszahlmeister genannt. Besondere Kassen für das Kriegswesen sollen erst nach dem Tode Kaiser Ferdinands I. eingeführt worden sein.

Die zur Deckung der Militärausgaben bestimmte direkte Steuer, die Kontribution, floß aus der Besteuerung von Grund und Boden. Sie belastete aber auch die städtische Bevölkerung, denn viele Bürger besaßen ländlichen Grundbesitz. Außerdem war man bemüht, den städtischen Erwerb bei der Zumessung der Kontribution zusätzlich in den Anschlag miteinzubeziehen. Die Bewilligungen standen oft in einem direkten Verhältnis zur Bedrohung des einzelnen Landes durch auswärtige Feinde. So bemerkte einmal ein venezianischer Diplomat, daß die Kräfte Ferdinands I. je nach dem Grade der Gefahr für die Erbländer von seiten des osmanischen Reiches schwankten. Für die Stände war die Bewilligung von Steuern ein politisches Druckmittel. Außerdem stellten sie sich, am schärfsten in Böhmen, auf den Standpunkt, der Fürst habe lediglich das Recht, mit ihrer Bewilligung Steuern von den Grundholden und allenfalls noch von den Städten und Märkten einzufordern, ihr eigener Subsidienbeitrag hingegen sei als freiwillige Leistung zu betrachten. Die Einteilung in grundherrlichen Besitz (Dominikalbesitz), der erst unter Maria Theresia besteuert wurde, und bäuerlichen Besitz (Rustikalbesitz), der steuerpflichtig war und noch unter Maria Theresia höher besteuert wurde als der Dominikalbesitz, hatte grundlegende Bedeutung.

Große Schwierigkeiten verursachte die Aufteilung der Kriegskontributionen nach Ländern. Erst im 17. Jahrhundert gelangte man für die böhmischen und österreichischen Länder zu einem festen Verteilungsschlüssel. Der in zwei Konferenzen des Jahres 1682 gefaßte Beschluß, daß die Kontributionen der böhmischen und österreichischen Länder sich wie $11^3/_4 : 6^1/_4$ verhalten sollten, blieb bis in die Zeiten Maria Theresias in Kraft, wurde jedoch keineswegs immer eingehalten.

Die Grundlagen der Steuerbemessung wichen in den einzelnen Ländern und zu verschiedenen Zeiten stark voneinander ab, weil den Ständen nicht nur die Bewilligung, sondern auch die den Ertrag stark beeinflussende Verteilung und Einhebung des „Contributionale" überlassen war. Die Katastrierung, die Aufzeichnung der herrschaftlichen und bäuerlichen Liegenschaften, wurde dementsprechend nicht von der Hofkammer, sondern von den Hofkanzleien im Verein mit den Ständen der Länder vorgenommen.

In Tirol stand das Steuerwesen in einer besonders engen Verbindung mit der Wehrverfassung. Das Landlibell Kaiser Maximilians I. von 1511 (vgl. S. 23 f.) wurde zum Grundgesetz der Steuerverfassung für Jahrhunderte, indem die Gestellungspflicht der einzelnen Stände zum Landesaufgebot in Form der sogenannten Steuerknechte als Steuereinheiten den außerordentlichen Geldhilfen für Kriegszwecke zugrunde gelegt wurde. Das Land sollte 5 000 Knechten einen Monatssold von je vier Gulden geben können. Entsprechend den Bestimmungen des Libells entfielen auf die oberen Stände einschließlich der Bistümer Trient und Brixen 1 800, auf die Städte und Gerichte oder Landgemeinden 2 400, auf sämtliche Stände des erst kurz vorher zu Tirol gelangten

Pustertales 500, auf die Städte und Gerichte des bisher bayerischen Unterinntales 300 Knechte. Innerhalb jeder Gruppe erfolgte die weitere Aufteilung nach Maßgabe des Grund- und Gültenbesitzes, und zwar bildete beim Prälaten- und Adelsstande die mittels Selbsteinschätzung erhobene kapitalisierte grundherrliche Rente die Besteuerungsgrundlage, bei den unteren Ständen der städtische und ländliche Besitz nach Feuerstätten, wobei allerdings unter dieser technischen Steuereinheit nicht mehr eine wirkliche Herdstätte, sondern eine Werteinheit des Grundbesitzes zu verstehen war. Auf dieser Grundlage kam 1512 eine Art von Kataster zustande. Allerdings wurde die Zahl von 5 000 Steuerknechten nicht erreicht. Hervorzuheben ist, daß das geschilderte Steuersystem alle Stände belastete. Seit 1537 wurden die außerordentlichen Steuern häufig auch für ordentliche Ausgaben bewilligt. Als die Stände im Jahre 1573 die Schulden des Landesherrn, Erzherzog Ferdinands II., übernahmen und die erste förmliche Grundsteuer ausschrieben, wurde der Kataster neu angelegt und die nunmehr stabile ordentliche Landsteuer wiederum auf 5 000 Steuerknechte umgelegt, deren Anzahl sich jedoch durch die beim Grundbesitz eingetretenen Veränderungen verminderte. Zur Wiederherstellung der vollen Zahl von 5 000 Knechten wurde unter Kaiser Karl VI. (1711-1740) eine Reform des Steuerwesens begonnen und unter seinen Nachfolgern fortgesetzt.

In den nieder- und innerösterreichischen Ländern beruhte die Besteuerung auf dem „Gültanschlage". Unter der „Gült" ist im allgemeinen das Einkommen der Herren und Landleute, des Klerus und der Freisassen aus Grund und Boden, namentlich aber aus den Geld- und Naturalleistungen der Untertanen, zu verstehen. Der selbstbewirtschaftete Grundbesitz der Herren, mit Ausnahme der Weinberge, war steuerfrei. Die Gült als Steuereinheit umfaßte einen bestimmten Prozentsatz der Erträgnisse des Grundbesitzes. Ein Prozent des entsprechenden Kapitalwertes wurde unter dem Namen „taxierte Gült" in Pfund angegeben, wobei ein Pfund Pfennige einem Gulden gleichkam. Die Steuereinheit betrug ursprünglich die Hälfte der taxbaren Gült, stieg aber dann auf das Doppelte – das heißt, es mußte für jedes Pfund taxbare Gült eine Steuer von zwei Gulden entrichtet werden. Die Grundlage für die Steuerbemessung bildete das Gültbuch. In Steiermark, Kärnten und Krain wurde ein Gültbuch 1495 angelegt, in den übrigen niederösterreichischen Ländern im Jahre 1513; es blieb bis zur Zeit Maria Theresias die Grundlage für die Bemessung der Landsteuer. Im Gültbuch waren der grundherrliche Besitz und daneben das kapitalisierte steuerpflichtige Einkommen von Dominikalgütern, also nicht das Einkommen selbst, sondern der Kapitalswert desselben, eingetragen. Die Eintragungen beruhten auf Selbstbekenntnissen. Ursprünglich hatten dabei die Grundherren die Steuerlast selbst zu tragen. Sie erwirkten aber schon im Innsbrucker Ausschußlandtag von 1518 die landesfürstliche allgemeine Ermächtigung, „die gemeinen Leute nach jedes Landes Gelegenheit in ziemliches Mitleiden zu ziehen". Diese Pflicht der Untertanen entwickelte sich in den einzelnen Ländern verschieden. Beispielsweise war in der Steiermark für die Verteilung der ordentlichen Steuerlast zunächst die Aufteilung zwischen dem Einkommen der Herren aus fixen Geldzinsen der Untertanen und jenem aus Naturalzehnten und Erbpachtweingärten maßgebend. Für das erstere hatten die Untertanen die Steuer zu tragen, für das letztere grundsätzlich die Herren. Seit 1607 aber ruhte der größte Teil der Gesamtsteuerlasten auf den Untertanen.

In Mähren wurde 1531 die Besteuerung nach Gültpferden (vgl. S. 20) eingeführt, indem die Stände als Türkenhilfe beschlossen, daß die Herrschafts- und Freihofbesitzer von je 2 000 Gulden Besitzwert ein Pferd ausrüsten und überdies von je 1 000 Gulden noch einen Gulden Steuer bezahlen sollten. Auf dem 1542 zu Prag abgehaltenen Generalkongreß der ständischen Vertreter wurde die Verpflichtung zur Gestellung ausgerüsteter Mannschaft durch eine Geldsteuer ersetzt und vorläufig auf sechs Jahre eine allgemeine Vermögenssteuer bewilligt, wozu sämtliche Grundstücke eingeschätzt wurden. Die Herrschaften hatten $^1/_{100}$ des Wertes als Steuer zu entrichten, die Untertanen $^1/_{60}$.

Nach einem Unterbruch von 20 Jahren – nach 1567 lag das bewohnte Haus der Steuerbemessung zugrunde – wurde 1587 wieder auf die Besteuerung nach Gültpferden zurückgegriffen. Auch nachdem 1622 die Steuer als ordentliche Kontribution stabilisiert worden war, blieb – von einem kurzen Unterbruch abgesehen – die alte Besteuerung nach Gültpferden bis 1659 in Kraft.

In Böhmen war nach dem Dreißigjährigen Kriege die Robotfähigkeit Besteuerungsgrundlage. Die Größe des Grund und Bodens fiel überhaupt nicht ins Gewicht. Je nachdem ein Bauer der Grundobrigkeit mit vier Stück oder einer geringeren Anzahl Zugvieh die Robot verrichten konnte, wurde die Einteilung in Ganz-, Halb- und Viertelbauern oder Chaluppen vorgenommen. Ein neuer Kataster, der zwar den Grundbesitz des Steuerpflichtigen, nicht aber die Güte der Felder berücksichtigte, wurde unter dem Obristen Kanzler Franz Ulrich Grafen Kinsky in Angriff genommen. Die Zeit Karls VI. brachte eine verfeinerte Neugestaltung des Katasters, die unter Maria Theresia ihren Abschluß fand.

Unter diesen Voraussetzungen wird verständlich, daß es den mit der zentralen Verwaltung des Finanzwesens der habsburgischen Länder beauftragten Behörden nicht gelingen konnte, die Ausgaben für die anwachsenden stehenden Truppen auf normalem Wege zu decken. Die Einnahmen aus den Kontributionen genügten seit der zweiten Hälfte des 17. Jahrhunderts nicht mehr annähernd den Forderungen, die der im Zusammenhang mit einem fast ununterbrochenen Kriegszustand steigende Militärhaushalt stellte. Die jährlichen Militärausgaben sanken während des Spanischen Erbfolgekrieges (1701–1714), als kaiserliche Heere am Rhein, in Italien und in Spanien gegen Frankreich und in Ungarn gegen Aufständische kämpften, niemals unter 20 Millionen Gulden ab, überstiegen vielmehr durchschnittlich die Summe von 25 Millionen Gulden. Diesen militärischen Bedürfnissen standen veranschlagte Einnahmen von sieben bis acht Millionen Gulden aus den Kontributionen gegenüber, die wahrscheinlich nicht einmal vollständig einliefen. Dazu kamen von Fall zu Fall Römermonate und Beiträge der Reichsritterschaft, Anleihen der Länder und auswärtiger Mächte, Subsidien, ferner die von den erbländischen Juden jährlich zu entrichtenden Toleranzgelder. Die Einnahmen aus dem Kammergut genügten normalerweise gerade zur Deckung der Kosten von Hofstaat und Verwaltung. Die Monarchie war daher in hohem Maße auf die Subsidien ihrer Verbündeten angewiesen. Daneben stellten manche Regimentsinhaber bedeutende Summen zur Verfügung (vgl. S. 136). Die erste Hälfte des 18. Jahrhunderts war wegen der unbefriedigenden pekuniären Verhältnisse im Bereich des Finanzwesens von sehr verschiedenartigen Projekten, Versuchen und Reformen bestimmt, die für die bewaffnete Macht Sparmaßnahmen mit sich brachten und den Aufbau eines der österreichischen Monarchie angemessenen starken stehenden Heeres behinderten.

E. Die Verwaltung des stehenden Heeres bis zur Theresianischen Staatsreform

1. Montecuccoli und Prinz Eugen

Der Übergang von stehenden Truppen zum stehenden Heer vollzog sich im Verlaufe einer Entwicklung, die sich nicht in Daten oder einschlägigen Fakten erfassen läßt. Nach Beendigung des Dreißigjährigen Krieges waren einige Infanterie- und Kavallerieregimenter nicht wie bisher üblich abgemustert, sondern „auf dem Fuße" belassen worden. Die bald danach rasch aufeinanderfolgenden Kriege in Ost und West während der Regierungszeiten der Kaiser Leopold I. (1658–1705) und Joseph I. (1705–1711) und in den ersten Herrschaftsjahren Kaiser Karls VI. (1711–1740) sowie die auch im Frieden gefährdete politische Lage des habsburgischen Herrschaftsbereiches im Zeitalter der Kabinettskriege trugen vor allem zu einer Verstärkung der stehenden Truppen bei, so daß Karl VI. auch in den Friedensjahren nach 1718 über ein relativ großes stehendes Heer verfügte.

Dieses stehende Heer war also nicht das zielbewußt und folgerichtig aufgebaute Werk der habsburgischen Herrscher, wie es sich beispielsweise in Brandenburg-Preußen beobachten läßt, sondern eine Folge der politischen und kriegsbedingten Forderungen, die an die werdende Großmacht der Habsburger herantraten. Es war außerdem nicht das persönliche Werk der Kaiser, die, mit Ausnahme Josephs II., im Gegensatz zu den Hohenzollern, keine besonderen Neigungen zum Militärwesen besaßen. Der Charakter ihrer Armee wurde vielmehr stark von einigen großen Soldaten geprägt, die jedoch infolge der Struktur dieses stehenden Heeres und besonders seiner höchsten Kommandobehörden auch nicht die allein ausschlaggebenden Kräfte waren. Unter den Fahnen der habsburgischen Herrscher dienten zu allen Zeiten bedeutende Feldherren und Offiziere, die das Wesen der Armee mitbestimmten. Unter ihnen ragen der Graf Montecuccoli und vor allem Prinz Eugen von Savoyen besonders hervor.

Graf Raimund Montecuccoli (1609–1680) entstammte einem alten Adelsgeschlecht, das im Zeitalter der Ottonen aus Hochburgund ins Modenesische eingewandert war. Er begann 1625 oder 1626 unter seinem Onkel Ernesto, einem General in kaiserlichen Diensten, seine militärische Laufbahn. Teilnehmer an allen großen Schlachten des Dreißigjährigen Krieges, mehrfach verwundet, gefangengenommen und wieder ausgelöst, klomm Montecuccoli rasch die militärische Stufenleiter empor. Seit 1635 Oberst, geriet er verwundet in schwedische Kriegsgefangenschaft. Er nutzte sie zur Niederschrift seiner ersten kriegstheoretischen Werke „Delle battaglie" (Über die Schlachten) und „Trattato della guerra" (Abhandlung über den Krieg). Nach seiner Befreiung wurde der Generalfeldwachtmeister im Winter 1642/43 in den Dienst von Modena berufen. Hier bewährte er sich als Feldmarschall in einem Krieg gegen den Kirchenstaat. Doch schon 1644 trat Montecuccoli wieder in kaiserliche Dienste zurück und wurde nach dem Dreißigjährigen Krieg auch in diplomatischen Missionen verwendet. Als Oberbefehlshaber des zugunsten Polens eingesetzten kaiserlichen Auxiliarkorps nahm er am Nordischen Kriege teil und wurde anschließend zum Geheimen Rat und Kommandanten der Raaber Grenze ernannt. Im Kriege gegen die Türken errang er mit einem Heer aus österreichischen, französischen und Reichstruppen 1664 den Sieg bei St. Gotthard an der Raab (Mogersdorf). Zum Generalleutnant und 1668 auch zum Präsidenten des Hofkriegsrats ernannt, vereinigte er bis zu seinem Tode in seiner Person die beiden höchsten Kriegsämter der Monarchie. In dem Kriege von 1672 bis 1678 nahm er als Feldherr kaiserlicher Truppen an den Feldzügen gegen Frankreich bis 1675 teil.

Die Bedeutung der Schlacht bei St. Gotthard an der Raab und die Leistung und Feldherrenkunst Montecuccolis wurden im 19. Jahrhundert angezweifelt. Nun hat aber Rudolf Kindinger kürzlich gezeigt, daß es Montecuccoli gelungen war, den Großwesir Achmed Köprülü zu zwingen, die Schlacht in einer für die Türken sehr ungünstigen Lage anzunehmen. In der Manövrierkunst aber lag in dieser Epoche der Kriegführung die eigentliche Feldherrenleistung.

Daneben entwickelte Montecuccoli eine umfassende Tätigkeit als Heeresorganisator. So wird es nicht zuletzt als sein Verdienst beurteilt, daß der Kaiser nach 1648 stehende Truppen beibehielt. Die Notwendigkeit eines stehenden Heeres ist von Montecuccoli stets betont worden. Im Jahre 1668 äußerte er im Zusammenhang mit der Frage der Grenzverteidigung, daß ein Mann auf keinen Fall zugleich Bauer, Handwerker und Soldat sein könne, da jeder dieser Berufe einen Menschen voll in Anspruch nehme. Die Söldner wollte er regelmäßig bezahlt und in Kasernen untergebracht sehen. Als General-Feld-, Land- und Haus-Zeugmeister reorganisierte er die Artillerie. Auch war er der erste, der sein Regiment auf eigene Kosten mit Musketen aus Italien versah, deren kombiniertes Schloß sowohl ein Feuern mit dem Feuerstein als auch mit der veralteten Lunte erlaubte. Ferner verringerte Montecuccoli die Zahl der Pikeniere. Neben seiner praktischen Tätigkeit steht das schriftstellerische Wirken Montecuccolis. Drei Entwicklungsphasen sind deutlich erkennbar. Die erste umfaßte die Jahre 1640 bis 1642 und wurde bereits erwähnt. Von 1649 bis 1654 verfaßte er die Zusammenfassung „Dell'arte militare“ und überarbeitete die Abhandlung „Delle battaglie“. In die dritte Periode von 1665 bis 1670 fallen die „Aforismi dell'arte bellica“, deren erster Band von den Prinzipien des Krieges im allgemeinen handelt und die letzte Synthese der Gedanken Montecuccolis darstellt. Im zweiten und dritten Band legte er die im Türkenkrieg angewandten Prinzipien dar.

Drei Jahre nach dem Tode des Grafen Montecuccoli trat ein anderer Ausländer in den Dienst des Hauses Habsburg, der in mehr als fünfzigjähriger militärischer und politischer Tätigkeit wesentlich mithalf, die österreichische Monarchie zu schaffen: Prinz Eugen von Savoyen. Dabei tragen die Verbindungen dieses Feldherrn und Staatsmannes zu den drei Habsburgern, denen er diente, einen „merkwürdig unpersönlichen Zug“, wie Max Braubach gezeigt hat. In Leopold I. sah der Prinz wohl den verehrten Protektor, was ihn aber nicht hinderte, an der Person des Kaisers scharfe Kritik zu üben. Auch mit Joseph I. verband Eugen keine wirkliche Freundschaft. Dasselbe gilt für das Verhältnis zu Karl VI., das kühl und in späteren Jahren vielleicht sogar durch gegenseitige Abneigung bestimmt war, obwohl der Kaiser und Eugen in fast ununterbrochenem Gedankenaustausch standen. Es waren nicht die Personen, für die der Savoyer seine Kraft, seine Fähigkeiten, selbst die Mittel der Geheimdiplomatie einsetzte. Die Konsolidierung der Macht des Hauses Österreich war ihm erstes Anliegen, war sein eigentliches politisches Ziel. Auf den festen Fundamenten des geschlossenen Blocks habsburgischer Territorien im Südosten Europas sollte nach den mit „Staatsräson" bezeichneten Grundsätzen die Großmacht Österreich errichtet, das Donaureich an den Balkan, nach Oberitalien und Bayern vorgeschoben und damit militärisch gesichert werden.

Prinz Eugen von Savoyen (18. Oktober 1663 – 20./21. April 1736), Sohn des einem Nebenzweig des regierenden Hauses Savoyen entstammenden Herzogs Eugen Moritz von Savoyen-Carignan, Grafen von Soissons, und der Olympia Mancini, einer Nichte des Kardinals Mazarin und Spielgefährtin Ludwigs XIV., verließ im Jahre 1683 Frankreich und begab sich – wie zuvor schon sein Bruder Ludwig Julius – in den Dienst Kaiser Leopolds I., mit dem er als Urenkel einer Tochter Philipps II. verwandt war. Als Volontär im Heere des Herzogs Karl von Lothringen nahm er an der Befreiung Wiens in der Schlacht am Kahlenberge vom 12. September 1683 und an der Verfolgung der Türken durch Ungarn teil. Noch im Dezember wurde ihm das Dragonerregiment Graf Kufstein verliehen. Im Jahre 1685 zum Generalfeldwachtmeister befördert, zeichnete sich Eugen 1686 bei der zweiten Belagerung von Ofen, 1687 in der Schlacht bei Mohács und 1688 als Feldmarschalleutnant bei der erfolgreichen Belagerung von Belgrad aus. Im Jahre 1689 kämpfte er zum erstenmal gegen französische Truppen, zunächst am Rhein, 1690 dann als Kommandant eines Korps in Piemont. Sein Kampfauftrag trug insofern politischen Charakter, als er seinen Vetter, den Herzog Viktor Amadeus von Savoyen, einen Bundesgenossen der Habsburger, in dessen Kampf gegen überlegene französische Kräfte zu unterstützen hatte. Hier lernte Eugen die Technik und Kunst der Überraschung, des Überfalls, des Krieges „à la hussard". Als der Herzog zum Gegner übertrat, zögerte Eugen keinen Augenblick, gegen ihn Front zu machen: „Ce qui est de bien sûr, est que je ferai connaître à toute l'Europe que ni le sang ni les intérêts de ma maison ne me feront balancer un seul moment mon honneur, mon devoir." („Soviel steht fest – und ich werde es ganz Europa bekanntgeben –, daß mich weder meine Abstammung noch das Interesse meines Hauses auch nur einen Augenblick in meiner Pflicht und meiner Ehre werden wankend machen.")

Auf Empfehlung des Hofkriegsratspräsidenten und einstigen Verteidigers von Wien, Ernst Rüdiger Graf Starhemberg (1638–1701), wurde Prinz Eugen 1697 mit dem Oberbefehl auf dem ungarischen Kriegsschauplatz betraut. Seit 1693 Feldmarschall, schlug er mit der durch ihn reorganisierten Armee die Türken 1697 vernichtend beim Übergang über die Theiss bei Zenta. Er fand dann während des Spanischen Erbfolgekrieges Gelegenheit, sich in Oberitalien, Süddeutschland und Flandern in der Kunst der Koalitionskriegführung zu bewähren. Ein „Kabinettstück hinsichtlich richtigen Zusammenwirkens der außenpolitischen und militärischen Kriegsführung" war die Schlacht bei Höchstädt am 13. August 1704, weil es dem Prinzen gelang, seinen Verbündeten, den englischen Feldherrn Marlborough, der ursprünglich nicht gewillt war, eine entscheidende Schlacht zu wagen, mit sich zu reißen. Zugleich beeinflußte er jetzt als Mitglied des Geheimen Rats seit 1700, vor allem aber als Präsident des Hofkriegsrats seit 1703 – er hatte seine Ernennung dem Kaiser „gewissermaßen abgetrotzt" – und als Vorsitzender der Geheimen Staatskonferenz zuweilen maßgeblich die Politik der Monarchie, besonders nach dem Tode Josephs I. und des böhmischen Kanzlers Graf Wratislaw, seines „alter ego" in der Wiener Konferenz. Aber auch sein politischer Einsatz vermochte ebensowenig wie seine Siege auf dem Schlachtfeld die zu weitgespannten Kriegsziele des Wiener Hofes zu realisieren. Erfüllt von der Idee der Reichsbarriere am Oberrhein hatte der Prinz versucht, das Elsaß oder mindestens Straßburg zurückzugewinnen. Damit scheiterte er ebenso wie mit seinem Vorschlag, die Monarchie der Habsburger durch bayerische Gebiete im Austausch gegen die spanischen Niederlande zu erweitern und damit ihre Großmachtstellung zu konsolidieren.

Im zweiten Türkenkriege besiegte Prinz Eugen ein türkisches Heer 1716 bei Peterwardein, eroberte im selben Jahre nach sechswöchiger Belagerung die Festung Temesvár und 1717 nach siegreicher Schlacht Belgrad. Seine militärischen Erfolge konnte er hier auf politischem Gebiet untermauern, indem er sich wesentlich dafür einsetzte, daß die Militärgrenze infolge eines großzügigen Kolonisationswerkes zu einer der „größten abendländischen Leistungen Österreichs“ und zur „großartigsten Grenzorganisation der Weltgeschichte“ wurde. In seinem letzten Feldzug, den der körperlich und geistig alt gewordene Feldherr 1734/35 im Kampf um die polnische Erbfolge am Rhein führen mußte, konnte er die Zahl seiner kriegerischen Erfolge nicht mehr erhöhen.

Wenn man alle die Schwierigkeiten überblickt, mit denen das kaiserliche Heer zu kämpfen hatte, dann stellt sich die Frage nach dem „Geheimnis der Siege“ des Prinzen Eugen. Erschwerten und verzögerten doch die chronische Finanznot und geringe Kreditfähigkeit der habsburgischen Monarchie, die Schwerfälligkeit der Behörden, die Bindung der Regierung an die Zustimmung der mächtigen Landstände bei der Ausschreibung der Kontribution und der Aushebung von Rekruten und die, besonders in Ungarn sehr ausgeprägten, partikularen Tendenzen die Aufbringung und regelmäßige Ergänzung der kaiserlichen Regimenter so sehr, daß die Heere, die dem Prinzen zur Verfügung standen, den gegnerischen an Zahl oftmals unterlegen waren. Am 11. Juli 1701 schloß Nicolas de Catinat, französischer Oberkommandierender in Italien, den Bericht an seinen König mit den Worten: „Wir sind gezwungen, Sire, die Schritte abzuwarten, welche die Feinde machen wollen.“ Prinz Eugen hatte seine im Etschtal versammelten Truppen in mühsamen Gebirgsmärschen nach Legnago an der unteren Etsch geführt, damit die starke Stellung der Franzosen am Monte Baldo zwischen Gardasee und Etsch umgangen, den weit überlegenen Feind zur Verzettelung seiner Kräfte gezwungen und am 9. Juli eine französische Heeresgruppe bei Carpi geschlagen. Solche Beweglichkeit des Denkens, solche Beweglichkeit auf dem Schlachtfeld, die Energie, der Einfallsreichtum, die auf wirkliche Entscheidung zielenden Entschlüsse des Prinzen waren manchen der in den Vorstellungen methodisch-bedächtiger Kriegführung befangenen Zeitgenossen unheimlich. Einen „Hasardeur“ nannte man den Prinzen zuweilen in Wien, seine Unternehmungen „Kroatenritte“. Am Kampftage aber verstand er es, den Gang der Dinge zu beobachten, sich sein gesundes Urteil zu bewahren, um im entscheidenden Augenblick mit geballter Kraft gegen die schwache Stelle des Feindes loszuschlagen. Moritz von Sachsen sagte von ihm, daß er „in hohem Maße“ diese Gabe besessen habe, die „die sublimste des Metiers ist, und die am meisten ein großes Genie beweist“.

Die militärgeschichtliche Bedeutung des Prinzen Eugen beruht nicht nur auf seinem weithin bekannten Feldherrentum mit seinen glänzenden Siegen, sondern auch auf seiner Tätigkeit als Organisator und Reformer des stehenden Heeres. Sie vollzog sich auf der Grundlage der überkommenen Militärverwaltung und wurde maßgeblich von der schlechten Finanzlage der österreichischen Monarchie bestimmt.

2. Finanzwesen und Finanzverwaltung in der ersten Hälfte des 18. Jahrhunderts

Die finanzielle Lage der Monarchie war zu Beginn des 18. Jahrhunderts – verglichen beispielsweise mit derjenigen des Königreichs Frankreich – sehr ungünstig. Bis zum Jahre 1703 versorgte Samuel Oppenheimer als Gläubiger der Hofkammer die kaiserliche Armee mit Proviant und Kriegserfordernissen. Der Tod dieses Armeelieferanten bot Gelegenheit, über seinen Nachlaß den Konkurs zu verhängen, obwohl kurz vorher ein kaiserliches Patent die Richtigkeit aller seiner Forderungen anerkannt hatte. Dies bewirkte, daß Österreich jeden Kredit verlor.

Samuel Oppenheimer war ein Vertreter jener Gruppe von „Hofjuden“, die im Finanz- und Haushaltswesen zahlreicher Monarchien der absolutistischen Epoche unentbehrlich waren. Aus Worms stammend, hatte er sich als pfälzischer Armeelieferant bewährt, bevor er zum kaiserlichen „Kriegsfaktor“, später „Oberkriegsfaktor“ ernannt wurde.

Es fehlte nicht an Versuchen, den ärarischen Kredit zu heben und privates Kapital zu Staatsanleihen heranzuziehen. Dabei trat die Absicht zutage, das Kreditwesen von der Hofkammer unabhängig zu machen und eigene Anstalten – Banken – zur Befriedigung der finanziellen Bedürfnisse des Staates zu gründen. Doch gelang es einzig der im Jahre 1705 gegründeten Wiener Stadtbank, Privatleute für die Einlage ihrer Kapitalien zu gewinnen und dem Staat dauernd größere Summen zur Verfügung zu stellen, beispielsweise drei Millionen Gulden für den Sommerfeldzug des Jahres 1716. Die Verwaltung der Bank führte der Stadtmagistrat, die Oberaufsicht hatte die „Ministerialbankdeputation“.

Die Organisation der Hofkammer zu verbessern und ihren Einflußbereich zu erweitern, war eines der Mittel, durch die versucht wurde, die finanzielle Sicherstellung der Monarchie zu erreichen. Es muß ausführlicher besprochen werden, denn seine wechselvolle Geschichte innerhalb weniger Jahre zeigt beispielhaft, wie kompliziert die Grundlagen waren, die ein geordnetes Militärwesen zur Voraussetzung hatte.

Bald nach dem Regierungsantritt Kaiser Josephs I. wurde nicht nur die viel zu hohe Zahl der Kammerräte vermindert, sondern es wurden auch die innerösterreichische Kammer in Graz und die tirolische in Innsbruck, welche die landesfürstlichen Aufträge bisher aus der österreichischen Hofkanzlei erhalten hatten, mit der Hofkammer vereinigt. Damit war ein territorial geschlossener Wirkungsbereich der Hofkammer hergestellt. Sie bearbeitete in der Praxis auch die finanziellen Angelegenheiten der Länder der ungarischen Krone, obgleich die ungarischen Stände zu keiner Zeit der Unterordnung der Preßburger Kammer unter die Hofkammer zustimmten. Da es nicht mehr möglich war, die verschiedenen Finanzangelegenheiten „gremialiter“ – im Plenum des Kammerrats – zu behandeln, erschien 1713/14 eine neue Geschäftseinteilung. Alle Aufgaben sollten fortan nach Sachgebieten in acht neu geschaffenen Abteilungen, den „Kameralhauptkommissionen“, behandelt werden. Unter den Kommissionen befand sich eine für das „oeconomicum militare“. Sie überdauerte die folgenden Jahre, die einschneidende Veränderungen des ganzen Systems der Finanzverwaltung mit sich brachten. Im Jahre 1717 wurde die Kammer neu gegliedert. Von den nunmehr sechs Kommissionen hatte die erste, die Haupthofkommission, die „Hofwirtschaft“ und das „Reichscamerale“ mit den ständig geringer werdenden finanziellen Leistungen des Reiches zu besorgen. Der zweiten, der Hauptmilitärkommission, oblag das „oeconomicum militare“. Sie hatte die Gelder für die Erhaltung des Heeres und die Anschaffung von Kriegsmaterial aus den Kontributionen der Länder beizubringen. Als im Jahre 1718 die Zahl der Kameralhauptkommissionen von sechs auf zwölf erhöht wurde, erhielt die „neoacquistische“ Kommission die Finanzverwaltung in den durch die Friedensschlüsse von Karlowitz (1699) und Passarowitz (1718) erworbenen Gebieten zugewiesen. Dies bedeutet, daß die Versuche der ungarischen Stände, Einfluß auf die Verwaltung der so außerordentlich wichtigen Grenzgebiete zu gewinnen, einstweilen gescheitert waren. Allerdings gelang es der Hofkammer auf die Dauer nicht, ihre Stellung gegenüber den Ansprüchen der ungarischen Stellen ungeschmälert zu erhalten.

Kaiser Karl VI. hatte zur Verbesserung der finanziellen Lage der Monarchie Sparmaßnahmen angeordnet. Sie erwiesen sich zu Beginn des Österreichischen Erbfolgekrieges als ebenso verfehlt wie die unter ihm durchgeführten Reformen der noch immer unzureichenden Verwaltung. Der Spanische Erbfolgekrieg, der Schutz der italienischen Erwerbungen, der Türkenkrieg, die Versuche, die Bürgschaft auswärtiger Mächte für die Pragmatische Sanktion zu gewinnen, der Polnische Thronfolgekrieg, ein zweiter Türkenkrieg und nicht zuletzt die Freigebigkeit des Kaisers hatten gewaltig gesteigerte Ausgaben gebracht. Aber die fortdauernde Abhängigkeit der Wiener Regierung von den ständischen Bewilligungen und vom ständischen Einhebeapparat verhinderte eine Erhöhung der Militärkontributionen. Die Bindung an die Zustimmung der Stände und die Rücksichtnahme auf einige durch die indirekten Steuern hart betroffene Bevölkerungsschichten ließen nicht zu, daß die mittelbaren Leistungen gesteigert wurden. Die Staatsschuld stieg daher von rund 60½ Millionen Gulden im Jahre 1711 auf ungefähr 101 Millionen im Jahre 1740. Die Ereignisse von 1740/41 überraschten eine Monarchie, deren finanzielle Lage sehr schlecht war. „Nicht Mehr alss etliche 1 000 gulden waren allhier in denen Cassen, der inn- und ausländische Credit fast völlig zu Boden“, schrieb Maria Theresia später. Die vorhandenen Summen hätten nicht einmal gereicht, „die gegen Preußen destinirte wenige Regimenter mobil zu machen“.

Maria Theresia schob mit der Auflösung des die gesamte Finanzverwaltung krönenden obersten Rats, der „Finanzconferenz“, und der Aufhebung der als staatlich geleitete Bank gegründeten „Bancalität“ das ganze verwickelte Finanzsystem Karls VI. beiseite. Die Hofkammer besorgte zunächst allein die Finanzgeschäfte. Ihr wurden 1746 das „Generalkameralzahlamt“ und auch das

„Hofkriegszahlamt“, die in der Bancalität vereinigt gewesen waren, unterstellt. Als am 28. Dezember 1746 das Generalkriegskommissariat zur Hofstelle erhoben und der Kriegszahlmeister an den Generalkriegskommissar gewiesen wurde, war das insofern ein Rückschritt, als damit die mühsam zustande gebrachte Einheit des Kassenwesens wiederum zerschlagen wurde. In der Hofkammer, die seit dem Jahre 1745 in vier Abteilungen gegliedert war, wurden die Militärangelegenheiten in der zweiten Abteilung bearbeitet. Im selben Jahre war die „neoacquistische“ Kommission aufgehoben und ihr Wirkungskreis an die „Hofdeputation in Banaticis, Transsylvanicis et Illyricis“ (vgl. S. 73) übertragen worden.

Unterdessen hatte die Geschichte der zentralen Finanzverwaltung der österreichischen Monarchie zutage treten lassen, daß eine entscheidende Verbesserung der finanziellen Lage nicht durch reine Verwaltungsmaßnahmen, sondern nur durch eine Reform der Staatsverfassung zu erreichen war. An diese Aufgabe konnte Maria Theresia jedoch nicht während ihrer ersten Regierungsjahre unter der Not des Österreichischen Erbfolgekrieges herangehen. Sie mußte vielmehr erleben, daß in einigen Fällen die Stände die bedrängte Lage ihrer Landesherrin in eigennütziger Weise ausnutzten, um die Krone in Abhängigkeit zu halten.

3. Die Militärverwaltung im Zeitalter des Prinzen Eugen

Nach dem Tode Montecuccolis (1680) waren die in seiner Person vereinten beiden Kriegsämter, das Generalleutnantsamt und die Präsidentschaft des Hofkriegsrats, wieder getrennt worden. Zwischen dem Herzog Karl von Lothringen als dem Generalleutnant des Kaisers und dem Markgrafen Hermann von Baden als Hofkriegsratspräsidenten kam es jedoch zu Spannungen, die erst dadurch beseitigt werden konnten, daß der Markgraf 1688 als kaiserlicher Prinzipalkommissar an den Reichstag nach Regensburg versetzt wurde. An seine Stelle trat im Hofkriegsrat der Graf Ernst Rüdiger von Starhemberg (1638–1701), bekannt als Verteidiger Wiens gegen die Türken (1683). Die Präsidentenstelle erhielt Starhemberg allerdings erst 1692 nach dem Tode des Markgrafen. Sein Nachfolger wurde Heinrich Franz, Reichsfürst von Mansfeld und Fondi, der aber schon 1703 durch den Prinzen Eugen ersetzt wurde.

Prinz Eugen erhielt mit dieser Ernennung entscheidenden Einfluß auf die Entwicklung und Verwendung der bewaffneten Macht der Habsburger und trat zugleich in eine entscheidende Stelle der Zentralverwaltung der österreichischen Monarchie ein. Er erweiterte sehr bald den Einflußbereich des Hofkriegsrats, indem er 1705 Kaiser Joseph I. veranlaßte, die Unterstellung des innerösterreichischen Hofkriegsrats in Graz (vgl. S. 32) und der seit Beginn des Spanischen Erbfolgekrieges bestehenden Kriegsstelle in Innsbruck unter den Wiener Hofkriegsrat anzuordnen. Bis zu diesem Zeitpunkte führte der Instanzenweg zur Person des Herrschers über die österreichische Hofkanzlei. Die Verhältnisse blieben aber weiterhin unklar. Offenbar wußten die betroffenen Stellen und die Hofkanzlei die Ausführung immer wieder hinauszuschieben. Der neue Hofkanzler Sinzendorf war sogar bestrebt, die Kompetenz seiner Kanzlei auf Kosten des Hofkriegsrats auszudehnen. So sah sich Kaiser Karl VI. 1722 veranlaßt, festzustellen, daß die Grazer Kriegsstelle nicht unabhängig sei und nur über den Wiener Hofkriegsrat mit ihm verkehren dürfe. Er beschnitt bei dieser Gelegenheit das Stellenbesetzungsrecht der innerösterreichischen Stände, die über die Grazer Behörde ihren Einfluß auf die Militärgrenze aufrechtzuerhalten versuchten (vgl. S. 31 f.). Das seit 1707 dauernd eingerichtete „Militärdirektorium und Generalkommando in den Ober- und Vorderösterreichischen Landen" unterstand dem obersten Vertreter des Kaisers für die gesamte Verwaltung in diesen Gebieten, so daß das „Militare" von der Zivilverwaltung nicht eigentlich getrennt war. Im Jahre 1739 verfügte der Kaiser, daß der Militärdirektor dem Wiener Hofkriegsrat unterstellt sein und dem oberösterreichischen Geheimen Rat, der obersten Verwaltungsbehörde in Innsbruck, nur als besonderes Mitglied angehören sollte. Die innerösterreichische Kriegsstelle wurde erst unter Maria Theresia aufgehoben und an ihrer Stelle das „Innerösterreichische Militär-Direktorium und Generalkommando" errichtet.

Auch dem Prinzen Eugen gelangen im übrigen keine entscheidenden Fortschritte zur Reform der Militärverwaltung. Der Hofkriegsrat sträubte sich gegen die weit in die Einzelheiten des Dienstes hineinreichende Einflußnahme der Hofkammer, dagegen klagte letztere über eigenmächtiges Vorgehen des Hofkriegsrats, der sie dauernd vor vollendete Tatsachen stelle. Nach Beendigung des Türkenkrieges (1716–1718) wurde die Tatsache, daß der Hofkriegsrat die „alleinige Disposition in militaribus" gehabt habe, einmal ganz offen als Hauptursache für die Erschöpfung des Aerars bezeichnet. Der Hofkriegsrat hatte alle seine Erfordernisaufsätze dem Kaiser vorgelegt und nach erfolgter Genehmigung nie mehr irgendwelche Einsparungen zugelassen.

Eine neue Geschäftsverteilung erhielten allerdings im Vergleich zu den Ordnungen von 1650 und 1668 die Referate oder Expeditionen des Hofkriegsrats. Noch unter Kaiser Leopold I. und dem Präsidium des Grafen Mansfeld (1701–1703) waren vier Referate eingerichtet worden. Das erste befaßte sich mit den eigentlichen militärischen Verwaltungsgeschäften, ein Sonderreferat „in Hungaricis et Turcicis" mit Ungarn und seinen Nebenländern, der Türkei, „tatarischen", persischen, polnischen und russischen Angelegenheiten, ein weiteres Sonderreferat mit der Artillerie. Die Militärgerichtssachen (Judicialia) wurden dem vierten Referate zugewiesen. Prinz Eugen reichte 1710 und 1713 einige Reformvorschläge ein. Von 1710 bis 1714 wurde das innerösterreichische Militare als fünftes Referat vom ersten getrennt und den übrigen angegliedert. Die im Frieden von Passarowitz (1718) der Pforte abgenommenen und im Friedensschluß von 1739 wieder zurückgegebenen walachischen und serbisch-bosnischen Gebiete, die sogenannten „neoacquistica", wurden als unmittelbar dem Kaiser untergebene Territorien unter die gemeinsame Verwaltung von Hofkriegsrat und Hofkammer gestellt, die hierfür eine Kommission von Kriegs- und Kammerräten, die „neoacquistische" Kommission, bildeten.

Während die Deputation (vgl. S. 56) mit unverändertem Wirkungskreis bestehen blieb, erging für das Generalkriegskommissariat (vgl. S. 56) auf Antrag des Prinzen am 23. April 1713 eine neue Instruktion. Aber auch sie beseitigte nicht die Unklarheiten seiner Stellung. Es unterstand weiterhin in dem, „was das pure militare betrifft", dem Hofkriegsrat und „in Sachen, welche in das oeconomicum militare einlaufen", der Hofkammer. Die wichtigste Aufgabe des Generalkriegskommissariats blieb die Aufstellung des Militärbudgets, des sogenannten „Generalanordnungsstaates". Wie unklar die Kompetenzen zwischen ihm und der Hofkammer aufgeteilt waren, läßt sich besonders aus einzelnen Bestimmungen der Hofkammerordnung von 1717 ablesen. Die Regimenter mußten beispielsweise die Tabellen über ihren Stand an die Hofkammer einreichen. Die Notwendigkeit einer Reform der Militärverwaltung blieb auch unter dem Hofkriegsratspräsidium des Prinzen Eugen bestehen. Als sie endlich aufgegriffen wurde, geschah dies noch vor der sogenannten Theresianischen Staatsreform von 1749.

4. Die Reform der Militärverwaltung während des Österreichischen Erbfolgekrieges

Während des Österreichischen Erbfolgekrieges wurde eine Reform des Hofkriegsrats in die Wege geleitet. Sie ließ sich nicht länger umgehen, wenn diese Zentralbehörde beim unmittelbar bevorstehenden großen Werk des Wiederaufbaus und der Reorganisation der militärischen Einrichtungen der Monarchie seiner Aufgabe gewachsen sein sollte.

Der Hofkriegsrat litt in seiner Wirksamkeit nicht nur unter seinen vielfachen Bindungen nach außen, unter der Konkurrenz des Generalkriegskommissariats und der Deputation als äußeren Hemmnissen, sondern auch unter zahlreichen Mängeln und Unzulänglichkeiten des inneren Dienstbetriebes. In einem Gutachten vom 7. September 1740 beklagte sich sein Vizepräsident, der Feldmarschall Ludwig Andreas Graf Khevenhüller, vor allem über die Art der Geschäftsbehandlung. Die Führung der Geschäfte des Hofkriegsrats lag nicht in den Händen der Militärs, sondern nahezu ausschließlich bei zivilen Räten. Wie die Ratsgremien der anderen Zentralstellen war auch er in eine Herrenbank und eine Ritter- und Gelehrtenbank geschieden. Die Herrenbank setzte sich fast ausschließlich aus Inhabern höchster militärischer Grade zusammen. Ihnen standen elf „räthe ausserm herrenstand" gegenüber, sämtlich Beamte, von denen einige neben ihrem Hofkriegsratstitel auch noch den eines „geheimen Referendars" innehatten. Diese Beamten scheinen im wesentlichen die Geschäfte besorgt und dabei oft recht eigenmächtig und nicht immer uneigennützig gehandelt zu haben. Sie waren vor allem deshalb in diese Position gelangt, weil die Mehrheit der militärischen Ratsmitglieder jeglicher Kanzleiarbeit abgeneigt war.

Ein erster Reformversuch im Frühjahr 1741 brachte keine umwälzenden Veränderungen mit sich. Die von Khevenhüller wahrscheinlich zu Unrecht so sehr getadelte „Referendarswirtschaft" wurde beibehalten und nur die Selbständigkeit der Referendare eingeschränkt. Das technische Kenntnisse erfordernde Fortifikationsbauwesen sollte ihnen weitgehend entzogen und einem General als Inspektor unterstellt werden.

Erst Maria Theresias Bemühungen um Reformen des Behördenapparates wirkten sich tiefer auf den Hofkriegsrat aus. Im Jahre 1742 wurden ihm zunächst zugunsten der neu errichteten Staatskanzlei (vgl. S. 15) die russischen Angelegenheiten entzogen, 1753 auch die türkischen. Der Reorganisation der Generalkommandos und der Einrichtung einer Militäroberdirektion über die innerösterreichischen Länder fiel 1743 die innerösterreichische Kriegsstelle zum Opfer (vgl. S. 32),1744 verlor das ober- und vorderösterreichische Militärdirektorium einen Teil seiner Aufgaben infolge der Ernennung des Fürsten Joseph Wenzel von Liechtenstein zum Obrist-Land- und Haus-Zeugmeister; diesem wurde nämlich „die Absicht und Besorgung" nicht nur der „gesamten Feld-Artillerie, sondern auch über alle Haupt- und Filial-Zeughäuser in den hungarischen und böhmischen, wie auch ober-, vorder-, dann inner- und unterösterreichischen Erbkönigreichen und Landen inclusive der beiden Warasdiner und Carlstädter Generalate nebst der Lombardei anvertraut und aufgegeben".

Im Jahre 1745 wurde dann mit der Instruktion vom 23. März der Hofkriegsrat reformiert. Die Neuordnung brachte wenig Änderungen in den Einzelheiten der Geschäftsbehandlung, erweiterte aber entscheidend die Vollmachten des Präsidenten und überließ Maria Theresia selbst starke Einflußmöglichkeiten. Ihr blieb nicht nur die Genehmigung der wichtigen Angelegenheiten vorbehalten, sondern sie unterfertigte jetzt auch alle bedeutenderen Ausgänge persönlich. Nur minderwichtige Entscheidungen durften „nomine consilii" gezeichnet werden. Im übrigen stand die Neuordnung im Zeichen einer Konzentration der Verantwortlichkeit auf einem kleinen Kreis von Personen. Der weite Aufgabenbereich des Hofkriegsrats wurde nicht eingeschränkt, jedoch das Personal verringert, insbesondere die Zahl der Räte des Herrenstandes von 25 auf 3 herabgesetzt. Die eigentlichen Militaria wurden trotz der Klagen Khevenhüllers weiterhin von Beamten, nämlich drei Referendaren mit ihrem Unterpersonal, bearbeitet. Nur dem Militärjustizrat waren außer den Beamten drei Generale zugeteilt. Die Referendare unterstanden unmittelbar dem Präsidenten. Zwischen dem Präsidenten und der Herrscherin stand ihr Gemahl Franz Stephan, seit 1738 mit dem Amt des Generalleutnants betraut. Wie weit sich die neue Ordnung durchsetzte, ist nach dem derzeitigen Stand der Forschung nicht bekannt.

Abgeschlossen wurde die Reform der Militärverwaltung durch eine Reorganisation des Generalkriegskommissariats, das in den Rang einer unmittelbaren Hofstelle erhoben wurde (Instruktion vom 28. Dezember 1746). Der Generalkriegskommissar erhielt das Recht des Immediatvortrages. Von seiten der Hofkammer blieb die Verselbständigung des Kommissariates nicht unangefochten. Die Kaiserin beharrte jedoch unnachgiebig auf der neuen Ordnung. Sie sah es als notwendig an, dem Generalkriegskommissariat mehr Autorität zu verleihen, denn es war in der Vergangenheit bei den Truppen, deren „oeconomicum" es zu befürsorgen hatte, auf passiven Widerstand, sogar auf grobe Unbotmäßigkeit gestoßen.

In den Aufgabenbereich der neuen Hofstelle fiel die jährliche Abhaltung zweier „ordinari oder haubtmusterungen" aller Truppenkörper einschließlich Zeug- und Proviantabteilungen (§ 3), die Überprüfung der Geldwirtschaft bei Kompanien und Regimentern, die Ausarbeitung der Entwürfe für Rekrutierung und Remontierung, die Musterung der neugeworbenen und der zu entlassenden Mannschaften (§ 4), die Evidenz der Stände (§§ 5, 6), die Kontrolle der von den Obersten verliehenen Offizierstellen, um dem strengen Verbot des Chargenverkaufes Achtung zu verschaffen (§ 8), das gesamte Löhnungswesen im Krieg und Frieden von der Bereitstellung der dazu notwendigen „fundi" – im Einvernehmen mit der Hofkammer – bis zur pünktlichen Soldzahlung für den einzelnen Mann, wie überhaupt die Versorgung der Armee mit Geld (§§ 11, 12), das Militärrechnungswesen – das Kriegszahlamt mit seinen Unterstellen unterstand dem Kommissariat – bis zur endgültigen Berichtigung durch die Hofkammer (§§ 13–16), das ganze Proviant- und Fuhrwesen (§§ 17–22), das „schiff- und brückenwesen" (§ 24), die Nachschaffungen an „munition, schanz- und anderen zeugsnothdurften" (§ 25), die Aufnahme der Beute an Kriegsmaterial und Lebensmitteln sowie das Gefangenenwesen in einem Türkenkrieg (§ 26) und die Vorsorge für die Einquartierung der Armee und die Verrechnung der dabei auflaufenden Kosten (§§ 27, 28). Gleichzeitig wurde der Verpflegungs- und Marschdienst der Truppen neu geregelt. Im Jahre 1746 wurde eine neue „Bagage-Ordnung" erlassen. In engem Zusammenhang mit ihr steht die „Marschordnung" vom 28. Dezember 1747. Im Jahre 1748 erschien in den Erbländern und 1751 in Ungarn ein „Bequartierungs- und Verpflegungsnormale". Eine Neubearbeitung der Bagageordnung erschien 1759 im Druck. Die marschierenden Truppen hatten nur Obdach, Lagerstroh und Brennholz zu verlangen. Auch der ordonnanzmäßige Vorspann war unentgeltlich zu leisten. Sonst mußte alles bezahlt werden. Die Verpflegung der Truppen erfolgte durch „Zuschub" aus Magazinen.

Hofkriegsrat und Generalkriegskommissariat hatten mit der Beseitigung zahlreicher überflüssiger und daher hemmender Ämter und Beamten und mit der Straffung und Konzentrierung des Geschäftsganges, wodurch die Reformen dieser Jahre vor allem gekennzeichnet waren, eine Organisation erhalten, die es ermöglichte, den neuen Aufgaben gerecht zu werden, die als Folgen der Theresianischen Staatsreform erwuchsen.

F. Die Theresianische Staatsreform und die Militärverwaltung bis 1809

1. Die Theresianische Staatsreform

a. Die Verwaltungsreform der Südostgebiete 1745

Als Kaiserin Maria Theresia nach dem Tode ihres Gemahls die Besorgung des Heerwesens ihrem Sohn Joseph übergab, schrieb sie an den Grafen Sylva-Tarouca: „Dieser Zweig der Regierung war der einzige, der mich innerlich bewegte. Ich habe ihn aufgegeben; alles andere wird mich nichts mehr kosten."

Die Ereignisse des Österreichischen Erbfolgekrieges, im besonderen der Jahre 1740/41, gaben den Anstoß zu einer entscheidenden Wendung in der Geschichte der „Monarchia Austriaca" und damit auch der österreichischen Militärgeschichte. Bei Ausbruch des Erbfolgekrieges zeigte es sich, daß die Staatskassen leer waren und die Armee zerfallen, so daß es dem Staatsapparat nicht gelingen konnte, die reichen Hilfsquellen des großen Raumes rechtzeitig zu mobilisieren. Der traditionelle Länderpatriotismus und der Eigennutz der Stände erschwerten die Heeresaufbringung, kurz, die Herrscherin stand „ohne Geld, ohne Credit und ohne Armee" einer bedrohlichen Koalition gegenüber. Die bitteren Erfahrungen der folgenden Kriegsjahre ließen die Notwendigkeit einer Staats- und Verwaltungsreform noch schärfer hervortreten. Durch die „Theresianische Staatsreform" von 1749 wurden die Voraussetzungen für eine geregelte, vom guten Willen der Stände weitgehend unabhängige Aufbringung und Ergänzung des stehenden Heeres und Finanzierung der militärischen Bedürfnisse geschaffen.

Die Reformen der politischen Verwaltung hielten sich während des Österreichischen Erbfolgekrieges in engen Grenzen. Welchen Schwierigkeiten sie wegen ihrer Verknüpfung mit Verfassung, ständischen Vorrechten und militärischen Fragen der Regierung bereiteten, zeigte die Neuordnung der Verwaltung der Südostgebiete.

Im Jahre 1741 hatte Maria Theresia unter dem Druck der Verhältnisse den Magyaren die Wiedereinverleibung der Theiss-Maroser Militärgrenze und der Distrikte von Temes, Syrmien und Unterslawonien zubilligen müssen. Dieser Landtagsschluß berührte stark die Interessen des Heeres, denn er löste unter den im Banat, in der Batschka und in Slawonien siedelnden Serben, den „Raizen", die der Monarchie im Erbfolgekrieg als leichte Truppen wichtige Dienste leisteten, beträchtliche Unruhe aus. Obwohl ihre von Leopold I. gewährten, von Joseph I. und Karl VI. bestätigten Privilegien von Maria Theresia 1743 erneuert wurden, beschloß ein 1744 mit Erlaubnis der Königin in Karlowitz abgehaltener „Raizischer National-Congress" eine stattliche Reihe von „Gravamina" (Beschwerden). Er forderte nicht nur feierliche Publikation der Privilegien und ihre Aufnahme in den Schluß des nächsten ungarischen Reichstags, sondern empfahl auch der Königin, einen oder zwei ihrer Minister mit der „Beschützung und Vorstehung des serbischen Volkes" zu betrauen. Der Hofkriegsrat, der um seine guten Soldaten bangte, trat für weitgehende Zugeständnisse an die Serben ein, während die Hofkammer eine prinzipiell vermittelnde Linie einnahm, allerdings eine Erweiterung der serbischen Sonderrechte entschieden verneinte. Die ungarischen und die kroatischen Behörden lehnten dagegen alle Forderungen der Raizen scharf ab. Besonders stark war der Widerstand, der von der ungarischen Hofkanzlei ausging. Maria Theresia löste die Aufgabe, indem sie eine besondere Behörde schuf und damit gleichzeitig bestehende andere Schwierigkeiten beseitigte.

Im Jahre 1745 wurde die bisherige Zentralstelle für die Organisation und Verwaltung der Südostgebiete der Monarchie, die „neoacquistische commission", die innerhalb der Hofkammer arbeitete und in der auch der Hofkriegsrat ständig vertreten war, angesichts der in mancher Beziehung auseinanderstrebenden Interessen dieser beiden an der Verwaltung der „neoacquistischen" Gebiete beteiligten Zentralstellen mit Handschreiben Maria Theresias vom 24. Juli durch eine von der Kaiserin „allein abhangende hofcommission" unter dem Präsidium des Grafen Ferdinand Kollowrat ersetzt. Der neuen Kommission wurde die gesamte politische und die Finanzverwaltung im Banat und in Slawonien, ab 2. Dezember 1745 auch in den siebenbürgischen Grenzgebieten übertragen. Nur das „purum militare" und das Rechnungs- und Kassenwesen blieben Hofkriegsrat und Hofkammer vorbehalten. Im Jahre 1747 wurde dann die Hofkommission ausdrücklich zu einem „independenten hofmittel" erhoben und erhielt den Titel einer „Hofdeputation in Banaticis, Transsylvanicis et Illyricis". Zwei weitere Jahre später wies ihr Maria Theresia eigene Hilfsämter zu und löste sie vollständig von der Hofkammer. Gegen diese Regelung erhob die ungarische Kanzlei auch weiterhin grundsätzlichen Einspruch, konnte sich aber nicht durchsetzen.

b. Von der ständischen zur landesfürstlichen Verwaltung

Die Reformziele des Grafen Haugwitz

Die Ergebnisse der Reformperiode von 1745/46 bewiesen, daß eine bloße Verwaltungsreform nicht genügte, um das Kernproblem des Staates im 18. Jahrhundert, den landesfürstlich-ständischen Dualismus zu beseitigen. Bevor nicht der ständische Beamte durch den landesfürstlichen ersetzt und die mittlere und untere Verwaltung, insbesondere die Aufteilung und Einhebung der Steuern dem Landesherrn vorbehalten waren, blieb der Zwiespalt zwischen den Erfordernissen des modernen Machtstaates und der grundsätzlich unveränderten Steuerleistung der ständestaatlichen Epoche weiterhin bestehen, war die geordnete Aufbringung und Finanzierung eines stehenden Heeres nicht gewährleistet. Eine entscheidende Wende brachte erst die Staatsreform von 1749, die unzertrennlich verbunden ist mit dem Namen des Grafen Friedrich Wilhelm von Haugwitz.

Graf Friedrich Wilhelm von Haugwitz (1700–1765) war der älteste Sohn des in sächsischen Diensten stehenden Generals Graf Georg Karl von Haugwitz. Seit ungefähr 1725 im österreichischen Staatsdienst in der schlesischen Landesverwaltung tätig, fiel er durch seinen Fleiß auf. Er wurde mit der Leitung des neuen Kontributionssystems beauftragt, das noch Karl VI. in Schlesien einführen wollte. Nach dem preußischen Einfall, vor dem Haugwitz nach Wien ausgewichen war, wurde er 1742 zum Präsidenten des königlichen Amtes in Troppau in Rumpfschlesien ernannt.

Die Gedanken und Ziele des Grafen Haugwitz sind in den für Maria Theresia bestimmten, 1743 im Hinblick auf die erhoffte Wiedergewinnung Schlesiens und unter dem Eindruck der Erfolge der preußischen Verwaltung im eroberten Schlesien verfaßten „Notatis“ niedergelegt: Nach preußischem Vorbild sollten die politische und die gesamte Finanzverwaltung nicht nur in Schlesien, sondern auch in der Zentrale in der Hand einer Behörde vereinigt und damit der alte Antagonismus zwischen der unter ständischem Einfluß stehenden Hofkanzlei und der Hofkammer, die verwaltungs- und verfassungsmäßige Scheidung zwischen ständischen Bewilligungen und landesfürstlichen Einnahmen beseitigt werden. Nach Auffassung des Grafen Haugwitz war dieses Ziel ohne Verletzung der von Maria Theresia bestätigten ständischen Freiheiten zu erreichen, wenn die von den Ständen weiterhin aus freien Stücken bewilligten Beiträge „nicht mehr vor ihre, derer Stände, sondern als königliche Steuergelder“ angesehen und von Staats wegen bewirtschaftet würden. Die Kosten der Verstaatlichung der Steuerbehörden bedingten natürlich „um ein Merkliches“ erhöhte Steuerforderungen, dies um so mehr, als der Staat von nun ab auch die Verpflegung, Unterbringung und Bekleidung der Truppen in eigener Regie übernehmen sollte (vgl. S. 103 f.). Dafür waren bisher die Stände in Gegenverrechnung mit ihrer Kontributionsleistung aufgekommen, wobei sie zum Schaden des Staates zumeist ein ausgezeichnetes Geschäft gemacht hatten. (Allerdings hatte bereits früher das Generalkriegskommissariat die Verpflegung zeitweise in eigener Regie durchgeführt.) Was er hier für Schlesien empfahl, machte Haugwitz fünf Jahre später im wesentlichen unverändert zur Grundlage der Reform des ganzen Staates.

Zunächst gelang es Haugwitz nur, seine Pläne in Rumpfschlesien durchzusetzen. Mit Patent vom 12. März 1744 wurde die gesamte Steuerverwaltung im österreichischen Schlesien verstaatlicht. Ab 1747 hatte Haugwitz dann als landesfürstlicher Untersuchungskommissar in Krain und Kärnten Gelegenheit, neue Landesstellen, die „alle Cameral-, Commercial- und politischen Vorfallenheiten ohne Ausnahm“ zu besorgen hatten, zu errichten und den Ständen die letzte Mitwirkung beim Steuergeschäft zu entziehen.

Die neu errichteten Landesstellen waren unter Ausschaltung der den Ländern Krain und Kärnten bisher übergeordneten Grazer Mittelbehörden den Wiener Hofstellen unmittelbar untergeben. In Wien aber bestand der überlieferte Dualismus von Hofkanzlei und Hofkammer. Graf Haugwitz setzte durch, daß auch in Wien, wie in Krain und Kärnten, die zentrale politische und die Finanzverwaltung in einem Amte zusammengefaßt wurden. Es wurde für die „zwei revidirte Länder Cärnten und Crain ex gremio der Cammer und Canzlei ein besonderes Departement provisorio modo bestellt", die „Hofcommission in cärnthnerischen und crainerischen Angelegenheiten". Sie erfüllte, „vor die Sicherstellung des neuen Systematis in all und jeden Stücken responsable", voll die in sie gesetzten Erwartungen, bis sie dann in den neuen Institutionen aufging, die in den Jahren 1748/49 geschaffen wurden.

Die Kaiserin entschloß sich, die Vorschläge des Grafen Haugwitz, dessen System bereits in drei Ländern seine Probe bestanden hatte, wie die Steigerung der Militärbewilligungen bewies, in einem alle anderen Provinzen außer Ungarn, den Niederlanden und den italienischen Besitzungen umfassenden „Hauptsystem" zu verwirklichen.

Steuerleistung der Stände

Als noch die Auseinandersetzung um die neue Ordnung in Kärnten und Krain auf ihrem Höhepunkt stand, hatte Haugwitz auftragsgemäß einen „Plan zur Unterhaltung von 108 000 Mann" entworfen. Er berechnete, daß ein Friedensstand von 108 000 Mann jährlich eine Summe von rund 14 Millionen Gulden erfordere. Befreiung der Verwaltung von ständischen Einflüssen und vermehrte Steuerleistungen der Grundherren müßten eine entsprechende Steigerung der bisher ungenügenden Einnahmen mit sich bringen. Im denkwürdigen Kronrat vom 29. Januar 1748 prallten die Meinungen des Grafen Haugwitz und seiner einzigen Verbündeten – der Kaiserin – und der Gegner des neuen Systems aufeinander. Nachdem die Kaiserin den Plänen von Haugwitz zugestimmt und die ersten Durchführungsbestimmungen erlassen hatte, sah sich ihr Gemahl veranlaßt, die Gegner zu ermahnen, es möchte jeder seine Pflicht und Schuldigkeit tun und seine eigene Meinung zurückstellen.

Eine der schwierigsten Aufgaben war es, die Stände zu bewegen, die wesentlich höheren Steuerlasten des neuen Systems zu übernehmen und sie gleichzeitig in „Rezessen" auf eine Reihe von Jahren zu bewilligen.

Die Verhandlungen, die Haugwitz zunächst für Mähren in Brünn und dann in Prag für Böhmen führte, hatten unerwartet raschen Erfolg. Auch die Beratungen mit den Vertretern Schlesiens kamen nach kurzer Zeit zu glücklichem Abschluß. Bedeutende Schwierigkeiten mußte Haugwitz bei den Ständen Niederösterreichs in Kauf nehmen, bis hier im September 1748 ein zehnjähriger Rezeß zustande kam. In Österreich ob der Enns ergaben sich ebenfalls unliebsame Verzögerungen, aber auch hier gelang einen Monat später der angestrebte Abschluß. Den hartnäckigsten Widerstand leisteten die innerösterreichischen Länder. In Steiermark, Krain, Görz und Gradiska ließen sich dann wenigstens dreijährige Verträge erreichen. In Kärnten aber, wo die Stände forderten, daß die erhöhten Lasten auf die untertänigen Bauern abgewälzt würden, sah sich Maria Theresia gezwungen, die neue Einrichtung kraft landesfürstlicher Machtvollkommenheit (iure regio) einzuführen und die Abgaben ohne ständische Einwilligung einzuheben

(Sequestration). Tirol und die Vorlande ließen sich nicht gleichschalten. Während in Tirol wenigstens eine leidliche Erhöhung des Kontributionsquantums, allerdings ohne mehrjährige Verpflichtung durchgesetzt wurde, bewilligten die Vorlande zwar einen zwölfjährigen Rezeß, gestanden aber nur eine bescheidene Jahressumme zu. Ein guter Erfolg krönte die Bemühungen in Siebenbürgen und im Temescher Banat. Von einem Versuch, auch in Ungarn eine Änderung herbeizuführen, sah die Kaiserin aus politischer Klugheit ab. Die Reform hatte erreicht, daß Mähren 1 856 000, Böhmen 5 270 000, österreichisch Schlesien 245 000, Niederösterreich 2 008 000, Oberösterreich 1 004 000, Steiermark 1 248 000, Krain 430 000, Görz und Gradiska 36 000 und Kärnten 637 000 Gulden bezahlen mußten. Dafür wurden alle bisherigen Naturalleistungen der Länder für Militärzwecke bis auf die Lasten für die Einquartierung aufgehoben und einige Gegenleistungen gewährt. Offenbar kam die neue Regelung rasch zur Durchführung. So wurde noch im Jahre 1748 die unmittelbare Verpflegung der Grenzer durch die innerösterreichischen Stände aufgehoben. Im Jahre 1758 gelang es dann, neue Dezennalrezesse mit erhöhten Kontributionssummen abzuschließen.

Die Verwaltungsreform

Waren auch die Verhandlungen mit den Ständen der einzelnen Länder erfolgreich verlaufen, so mißlang doch zunächst der Versuch, die gesamten Agenden des neuen Systems in einer eigenen Zentralstelle zusammenzufassen. Die organisatorische Umstellung konnte fürs erste nur auf der Ebene der Länder durchgeführt werden. Im Sommer und Herbst 1748 wurden neue, nicht mehr wie die alten Landesbehörden den Zentralstellen, sondern dem Landesfürsten direkt unterstellte Verwaltungsbehörden eingerichtet, die zunächst Gegenstände der Militärverwaltung und das direkte und indirekte Steuerwesen bearbeiten sollten. Diese sogenannten Deputationen waren im Range den alten Landesstellen gleichgeordnet und wurden in ihrem Wirkungskreis gegen alle von deren Seite zu erwartenden Eingriffe geschützt. Zug um Zug brachten die Deputationen, an deren Stelle später die Repräsentationen und Kammern traten, die Besorgung aller politischen und Kammersachen an sich. Die alten Landesstellen wurden immer mehr auf die Rechtspflege beschränkt.

Eine wichtige Veränderung nahm Maria Theresia auch bei den Lokalbehörden vor, indem 1748, um den Länderdeputationen eine durchgreifende Wirksamkeit nach unten zu sichern, die Kreisämter („Landesältestenämter" im österreichischen Schlesien) geschaffen wurden. Die Kreishauptleute (in Tirol „Viertelshauptleute") hatten sich in erster Linie mit militärischen Aufgaben, beispielsweise der Beschaffung von Quartieren für die Truppen, zu befassen. Im Bereiche der Wenzelskrone, wo die Kreisämter bereits bestanden, wandelten sie sich in bezug auf die Militärangelegenheiten zu landesfürstlichen und wurden so zu gemischten Behörden, die dann in zunehmende Abhängigkeit von der Regierung gerieten.

Nach dem Aufbau der Deputations- und Kreisamtsverfassung in den Ländern wurde eine entsprechende Umgestaltung der Zentralverwaltung dringend notwendig. Die von den Länderdeputationen einlaufenden Berichte kamen in Gremien zur Behandlung, denen Maria Theresia und Franz präsidierten. Sie gewannen bald den Charakter eines regelmäßig funktionierenden zentralen Organs, das als „Hauptdeputation“ bezeichnet wurde. Die Hauptdeputation war wie die Länderdeputation bloß als vorübergehende Zwischenstufe gedacht, der die endgültige Zusammenfassung aller politischen und Finanzangelegenheiten der österreichischen und böhmischen Länder in einer Behörde folgte. Am 2. Mai 1749 wurden die österreichische und die böhmische Hofkanzlei aufgehoben, Böhmen seiner Eigenstaatlichkeit entkleidet und die Hofkammer in ihrem Wirkungsbereich auf die Hofausgaben, auf das indirekte Steuerwesen Ungarns und auf die Verwaltung der Eingänge aus dem Heiligen Römischen Reiche beschränkt. An ihre Stelle trat in den böhmisch-österreichischen Erbländern als neue Zentralstelle für die politische und die Finanzverwaltung das „Directorium in Publicis et Cameralibus“, dessen Präsidium Haugwitz erhielt. Als oberste Stelle über der gesamten politischen und Finanzverwaltung sollte die „Konferenz in internis“ fungieren, für die das Direktorium die Materien vorzubereiten hatte. Sie war keine Behörde, sondern ein Rat ohne Vollzugsgewalt, in dem der Landesherr den Vorsitz führte und entschied. Sie verlor jedoch bald jegliche Bedeutung. Alle Justizaufgaben wurden einer besonderen Behörde anvertraut.

Graf Haugwitz gelang es also, in kurzer Zeit eine Behördenorganisation einzurichten, wie sie Preußen seit der Zeit des Großen Kurfürsten langsam aufgebaut hatte. Sein Reformwerk war jedoch von vornherein dadurch belastet, daß durch die Zusammenfassung der böhmischen und österreichischen Länder zu einem von Wien aus gelenkten, wenn auch noch föderalistisch aufgelockerten österreichischen Staat, der Gegensatz zu Ungarn vertieft wurde.

Überdies wurde die Vielzahl der Aufgaben mit der Zeit dem Direktorium zum Verhängnis. Zu seiner Überlastung trug wohl am meisten die im Dezember 1757 durchgeführte Einverleibung des Generalkriegskommissariats bei. Sie erwies sich als ein Fehlschlag. Das Direktorium und die Repräsentationen in den Ländern, denen die Kommissariatsgeschäfte ebenfalls zugeteilt wurden, hatten nun zusätzlich mannigfache kleinere und größere Aufgaben der Militärverwaltung zu übernehmen. Die Verwirrung steigerte sich noch dadurch, daß kurz nach der Eingliederung des Generalkriegskommissariats auch die Invalidenhofkommission zu einem Teil der fast schon allumfassenden Zentralstelle geworden war.

Im Jahre 1760 verlor das „Directorium in Publicis et Cameralibus“ seinen weiten Wirkungskreis. Die Opposition gegen diese Zentralbehörde wurde vom Staatskanzler Graf Kaunitz geführt, der in der Furcht, Österreich werde auch den dritten Krieg um Schlesien verlieren, die im Felde eingetretenen Rückschläge und die gefährliche Erschöpfung der Monarchie dem Direktorium zur Last legte. Es gelang ihm, die Schaffung eines Staatsrates als eines über allen Hofstellen stehenden, ausschließlich beratenden Organs durchzusetzen. Dem Direktorium wurden die Angelegenheiten der Finanzverwaltung entzogen und wieder unter drei Zentralbehörden – die Hofkammer, die Generalkasse und die Hofrechenkammer – verteilt. Die neue „k. k. vereinigte böhmisch-österreichische Hofkanzlei“ trat das Erbe des Direktoriums an.

Die entscheidenden Ergebnisse der Reform des Grafen Haugwitz, nämlich die weitgehende Ausschaltung der Stände und die Union der böhmischen mit den österreichischen Erbländern, wurden nicht angetastet. Sein Werk bleibt ein Markstein in der österreichischen Militärgeschichte, wie allein schon die Steigerung der für militärische Zwecke bestimmten Einnahmen beweist. In den böhmischen Ländern und in Ober-, Nieder- und Inneröstereich wurden zum Beispiel die Militärbewilligungen von 6 Millionen Gulden im Jahre 1739 auf 10 Millionen im Jahre 1763 gesteigert. Die Militärverwaltung war der Sorge um die von den Ständen zu bewilligenden Mittel mindestens bis zu einem gewissen Grade enthoben. „Bey jedem Staat macht die Gründung eines regulären Finanzsystems eine Epoche in der Militärgeschichte", bemerkte einmal der österreichische Militärschriftsteller J. W. v. Bourscheid in seinem „Kours der Tactik und der Logistik". Maria Theresia und dem Grafen Haugwitz gebührt das Verdienst, in Österreich den entscheidenden Schritt getan zu haben.

Die erwähnte Inkorporation des Generalkriegskommissariats in das Direktorium war ein Eingriff in die vor Beginn der Reformen des Grafen Haugwitz neugeordnete Militärverwaltung. Weil er einen engeren Zusammenhang zwischen politischem und militärischem Bereich herbeiführte, muß er näher betrachtet werden.

c. Die Militärverwaltung bis zur Aufhebung des „Directorium in Publicis et Cameralibus"

Als sich im Bereich der Militärverwaltung nach Beginn des Siebenjährigen Krieges Schwierigkeiten bei der Eintreibung der Kontributionen einstellten, vor allem in Ungarn, übernahm das „Directorium in Publicis et Cameralibus" allmählich die Aufgaben des Generalkriegskommissariats. Dieses hatte infolge der Reformen des Grafen Haugwitz einen erheblichen Machtzuwachs zu verzeichnen gehabt. Zu seinen Aufgaben gehörte jetzt auch die Belieferung der für die Kriegführung wichtigen Magazine. Außerdem trug die Unterstellung der bisher der Hofkammer angegliederten Kriegsbuchhalterei zur Stärkung seiner Stellung bei. Im Oktober 1757 waren nun zunächst in Ungarn, wo die Kontributionsgelder nicht wie in den böhmisch-österreichischen Erbländern in ehemals ständische, jetzt landesfürstliche Generalsteuerämter, sondern in die Komitatsperzeptoratskassen und von dort in die Kriegskassen eingingen, die Kriegskassenbeamten statt an das Generalkriegskommissariat an das Direktorium gewiesen worden. In den böhmisch-österreichischen Erbländern wurden die Repräsentationen und Kammern zu Zwischeninstanzen zwischen dem Direktorium und den dortigen Kriegskassen bestellt. Etwas später erhielt das Direktorium die dem Generalkriegskommissariat noch verbliebenen Geschäfte zugewiesen. Sie wurden in einer kriegskommissariatischen Kommission behandelt, bis diese im Dezember 1757 aufgehoben und ihre Aufgaben dem Direktorium unmittelbar übertragen wurden.

Auch in den Ländern wurde die Gesamtheit der Militärintendantur aus dem Einflußbereich des „Militaris" herausgelöst und mit der politischen Verwaltung aufs engste verknüpft. Beispielsweise wurden in den böhmisch-österreichischen Erbländern, in Siebenbürgen und im Banat die hier bisher arbeitenden Oberkriegskommissäre und Kriegskommissäre durch zwei jeder Landesstelle zugeteilte „commissariatssubalterne", die innerhalb der Repräsentationen die diesen nunmehr überwiesenen „commissariatica" zu referieren hatten, ersetzt.

d. Die Reform der Militärverwaltung unter Daun und Lacy

Die Umbildung des Hofkriegsrats unter Daun

Die unzulängliche Führung der Geschäfte des Generalkriegskommissariats durch das Direktorium in der Zeit des Siebenjährigen Krieges trug zu einer neuen Reform bei. Graf Haugwitz selbst befürwortete 1760/61 eine Überweisung der Kommissariatsgeschäfte an den Hofkriegsrat und erkannte damit öffentlich an, daß die Angliederung dieses Geschäftskreises an das Direktorium ein Mißgriff gewesen war. Im Zuge einer ersten provisorischen Neuregelung wurde am 3. Februar 1761 das „militar-wirtschaftswesen" vom Direktorium abgetrennt und für die in Wien, in Ungarn und in den österreichischen Erbländern anfallenden Kommissariatsgeschäfte eine „unmittelbare commissariat- und proviantische hofcommission" errichtet. Beim Feldheer und in Böhmen und Mähren wurde im selben Monat ein der Kaiserin unmittelbar unterstellter „general-director in commissariaticis et provianticis" ernannt und diesem die „auf- und obsicht" in allen einschlägigen Geschäften übertragen. Ausschließlich „in sachen . . ., die sich nur ad statum notitiae eigneten, dann in buchhalterischen anliegenheiten" hatte er „mit der allhier aufgestellten militar-oeconomie-hofcommission die correspondenz zu unterhalten und das erforderliche gute einvernehmen . . . zu pflegen". Zehn Monate später wurde der Präses der Hofkommission, Graf Johann Chotek, zum Generalkriegskommissar ernannt. Bevor jedoch das Generalkriegskommissariat wieder eingerichtet wurde, erfuhr der Hofkriegsrat eine Reorganisation.

Von den grundlegenden Veränderungen im Gefüge der Zentralbehörden infolge der Reformen des Grafen Haugwitz war der 1745 neugeordnete Hofkriegsrat weitgehend unberührt geblieben. Nur die bereits in der Hofkriegsratsinstruktion von 1745 ausgesprochene Trennung der Justizsachen von den übrigen Militärangelegenheiten war 1753 stärker betont worden, indem für den Militärjustizrat an Stelle des bisher als Präsident fungierenden Hofkriegsratspräsidenten ein unmittelbar unter der Kaiserin stehender eigener Präsident bestellt und damit die letzte Verbindung zwischen dem Hofkriegsrat und dem Militärjustizrat zerschnitten wurde. Im Hofkriegsrat selbst wurden an die Stelle der 1745 eingerichteten drei Materienreferate ein Departement für „Hungarn et annexae provinciae", eines für „die welschen und niederländischen Staaten", eines für das „artilleriewesen" und ein viertes für die „teutschen Erblande" gesetzt.

Die Anregung zur Neuordnung des Hofkriegsrats ging 1761 von Feldmarschall Graf Daun aus.

Leopold Joseph Maria Graf von Daun, Fürst von Thiano (1705–1766), Sohn eines österreichischen Feldmarschalls, war ursprünglich zum geistlichen Stande bestimmt, wurde dann aber, seiner Neigung folgend, Soldat. Er beteiligte sich ehrenvoll am Polnischen Erbfolgekrieg und am Türkenkrieg und wurde noch unter Karl VI. zum Feldmarschalleutnant ernannt. Im Österreichischen Erbfolgekrieg focht er auf verschiedenen Kriegsschauplätzen und bestätigte, ohne besonders aufzufallen, den Ruf seiner Zuverlässigkeit.

Nach dem Aachener Frieden (1748) wurde Daun von Maria Theresia mit der Reorganisation des Heeres betraut – eine Aufgabe, die ihm zum erstenmal Gelegenheit bot, seine bedeutenden organisatorischen Fähigkeiten unter Beweis zu stellen. Bereits 1749 führte er die ersten, für alle Regimenter verbindlichen Reglements ein, so daß „die Militar-Zucht, Exercitien ... durch die weissliche mühsame Bemühung des Feldzeugmeisters Daun perfectioniret" werden konnten. Daun ist unzweifelhaft auch der Urheber des wichtigen „Militar Feld-Regulaments" von 1759. Als Generaldirektor leitete er die Wiener Neustädter Militärakademie (gegründet 1752) und die Wiener Ingenieurakademie (gestiftet 1754).

Am 18. Juni 1757 errang Feldmarschall Daun, der mit seinen Truppen alljährliche „Campements" (Truppenzusammenzüge) nach preußischem Muster veranstaltet hatte, bei Kolin den ersten Sieg über Friedrich II. Als erster erhielt er das Großkreuz des aus diesem Anlaß gestifteten Militär-Maria-Theresien-Ordens (Stiftungstag: 18. Juni) und wurde nach der Niederlage des Prinzen Karl von Lothringen bei Leuthen mit dem Oberbefehl über die Hauptarmee betraut. Er sank jedoch bald in der Gunst der öffentlichen Meinung, die seiner zögernden Kriegführung die Schuld daran gab, daß Preußen nicht besiegt wurde. Im Jahre 1760 kam es zu einer offenen Krise, als Frankreich seine Abberufung verlangte und Laudon (vgl. S. 83) als Nachfolger vorgeschlagen wurde. Maria Theresia ersetzte ihren Generalissimus jedoch nicht. Nach dem Hubertusburger Frieden widmete sich Daun, seit 1760 als Mitglied des neugegründeten Staatsrates und seit 1762 als Präsident des Hofkriegsrates, erneut organisatorischen Aufgaben im Bereich des Heeres und der Militärverwaltung. Er starb am 5. Februar 1766. Im Tagebuch des kaiserlichen Obersthofmeisters, Fürst Johann Joseph Khevenhüller-Metsch, findet sich eine gerechte und klug abwägende Beurteilung seiner Persönlichkeit: „Seine gutte Eigenschafften waren: eine große Application, Liebe seines Métiers und der Discipline militaire (welche er bei Antrettung des Commando sehr verdorben gefunden und durch seinen unermüdlichen Fleiß wieder hergestellt hat), ungemaine Vorsichtigkeit, die zum öfftern nur gar zu weit getriben, die wahre valeur und die so seltene Sang-froid im stärckesten Feuer und ein persönliches zartes Attachement für die Kaiserin. Die Fähler hingegen, die mann ihme ausgestellet, bestunden: in einer ihm angebohrnen und von erstbemelt-übertribenen Circumspectionsgeist herzuleitenden Unentschlossenheit, welcher also die ihme in verschiedenen Gelegenheiten nicht ohne allen Unrecht vorgeworffene Zauderung und Langsammkeit zuzuschreiben ist, wordurch ihme die schon würcklich in Händen gehabte Vortheile meistens wieder entgangen sind, zumahlen er mit einem solchen Feind zu thun gehabt, dessen vorzügliche Qualitet eben im opposito und in dem Celeritetsgeist bestanden; ... Quid quid sit, wann der Verstorbene nichts anderes vor sich hätte, als die Action bei Kolin und den Entsatz von

Olmütz, enfin daß er der erste gewesen, welcher über den König von Preußen gesieget, so wurde sein Nahmen bei der Nachwelt die Unsterblichkeit verdienen." Friedrich der Große hat an Daun drei Dinge geschätzt und sich zum Muster genommen: die Wahl der Lager, die vorzügliche Verteilung der Artillerie und daß Daun sich nie zur Schlacht zwingen ließ.

Am 25. Januar 1761 umriß Daun in einem Vortrag seine Vorstellungen von der Aufgabe des Hofkriegsrats. An erster Stelle nannte er die Weiterbildung der Offiziere: „Sowohl generals, als officiers" seien „durch allerley avantages und belohnungen anzuleiten und zu encouragiren, daß sie auch in friedenszeiten hiernach auf die kriegswissenschaften studiren, der lectur militarischer, mathematischer und historischer bücher sich widmen." Daneben sollte der Hofkriegsrat „im stande seyn, kriegs-, operations- und vestungspläne zu verfassen und vorzuschreiben". Er habe für die Auffüllung der Bestände zu sorgen und sich über „gegründete cognition von der lage aller gränzen und von der situation deren landen des eigenen staats" auszuweisen. Zu seinen weiteren Aufgaben zählte Daun die Organisation eines Kundschafterdienstes in Kriegs- und Friedenszeiten, Beaufsichtigung des „artillerie-, minir- und geniewesens" und des „ponton- und brückenstandes", die Instandhaltung der Zeughäuser, die Sorge für die Heranbildung eines tüchtigen „nachzügls" bei den technischen Truppen, für die Ordnung beim Train- und Bagagewesen und wirksame Maßnahmen gegen die Fahnenflucht. Abschließend forderte der Feldmarschall dann, „dass ein ... kriegscollegium, welches solchergestalten als die kriegsschule, als der vorspruchs-, leitungs-, führungs- und schirmungs-ort, sowie der gerichtshof zur commandirung, excolirung [Weiterbildung], erheb-, belohn- und bestrafung des ganzen kriegsstaats einer monarchie zu betrachten und anzusehen" sei, „nicht aus leuten von der feder ... bestehen" könne, sondern aus „alten erfahrnen, kriegsverständigen und klugen generalen ... zusammengesetzt" werden müsse. Den Hofkriegsrat wollte Daun in drei Hauptzweige gliedern, nämlich in den eigentlich militärischen, das „militare quoad publica oder das militare an und vor sich selbsten", in die Kriegsobergerichtsbarkeit, das „militare justitiale", und in die Militärwirtschaft, das „militare oeconomicum".

Am 30. Januar 1762 wurde Feldmarschall Graf Daun zum Hofkriegsratspräsidenten ernannt. Die von ihm vorgeschlagenen personellen und organisatorischen Veränderungen konnte er jetzt im wesentlichen durchführen. Bei der ersten Abteilung, dem Hofkriegsrat „in publicis", erhielten die „würcklichen hofkriegsräthe aus dem militarstande" die „volle activität in allen hofkriegsrätlichen anliegenheiten" eingeräumt. Der Militärjustizrat, seit 1753 weitgehend selbständig, wurde als zweite Abteilung dem Hofkriegsrat wieder einverleibt. Als dritte Abteilung wurde nun das Generalkriegskommissariat eingerichtet, das mit „stand und gebühr", seinen eigentlich militärischen Funktionen, dem Hofkriegsrat und mit dem „empfang" – man verstand darunter alles, „was in das cassawesen einschlägt, die natural-lieferungen, anstossungen der contracte und das rechnungswerk" – der Hofkammer, der Generalkasse und der Hofrechenkammer als den drei Hofstellen für die Finanzverwaltung unterstellt wurde. Die Einverleibung in den Hofkriegsrat erfolgte dabei in der Weise, daß in ihm die „commissariatica“ abgehandelt werden sollten. Den Sitzungen sollten der Generalkriegskommissar als „capo des oeconomici militaris“ mit Stimmrecht (voto decisivo), der Kommissariatskanzleidirektor und die Kommissariatsräte mit Informationsrecht (voto informativo) beiwohnen. Wenn sich Hofkriegsrat und Generalkriegskommissar nicht einigten, lag die Entscheidung bei der Kaiserin. Das Problem der Abgrenzung der Geschäftskreise der Finanzstellen und des Generalkriegskommissariats verursachte noch manche Schwierigkeiten und konnte – mindestens in der Praxis – nicht restlos befriedigend gelöst werden.

Das Reformwerk Launs war also in zweifacher Hinsicht bedeutungsvoll, einmal durch die Zusammenfassung der gesamten Militärverwaltung in einer Zentralstelle und unter einem Chef und dann dadurch, daß die Militärs in rein militärischen Angelegenheiten zu entscheiden hatten.

Reformen unter Lacy

Der Feldmarschall erreichte aber nicht sein letztes Ziel, nämlich die unangefochtene Vereinigung von Militärverwaltung, Militärjustiz und Kriegführung im Hofkriegsrat. Sie durchzusetzen blieb eine theoretische Forderung an seinen Nachfolger, den Feldmarschall Graf Lacy.

Franz Moritz Graf Lacy (1725–1801) war von 1766 bis 1774 Präsident des Hofkriegsrats. Er entstammte einer ursprünglich normannischen, dann irischen Familie. Sein Vater war russischer Feldmarschall und Gouverneur von Livland. Nach dem Besuch der Ritterakademie in Liegnitz und der Ingenieurschule in Wien trat Lacy 1743 als Fähnrich in die österreichische Armee ein. Im Siebenjährigen Krieg erwarb er sich das Vertrauen des Feldmarschalls Graf Daun und erhielt 1758 unter Beförderung zum Feldmarschalleutnant seine Ernennung zum Chef des von Daun im selben Jahre errichteten Generalquartiermeisterstabes.

Die Entschlüsse Dauns, dessen methodisch-bedächtige Art der Kriegführung er sich aneignete, beeinflußten Lacy verschiedentlich. So trug er beispielsweise wesentlich zur Gefangennahme des preußischen Korps unter Graf Finck bei Maxen bei, war andererseits aber auch mitschuldig an den Niederlagen bei Liegnitz und Torgau. Seine verdienstvollste Tätigkeit entfaltete er erst nach dem Siebenjährigen Kriege als Heeresorganisator. Maria Theresia hatte gerade ihn dazu ausersehen, weil sie „einen jungen Mann“ brauchte, „der weder aristokratische noch nationale Grundsätze besaß“. Lacy wurde zunächst Generalinspektor der Infanterie – die Generalinspektorate wurden wahrscheinlich auf seine Anregung hin errichtet –, dann als Feldmarschall nach Graf Daun Präsident des Hofkriegsrats. Später war er Staats- und Konferenzminister. Dank der Gunst der Kaiserin und Josephs II. nahm er an wichtigen außenpolitischen, strategischen und operativen Entscheidungen teil, wobei sein Rat nicht immer glücklich war. Im Bayerischen Erbfolgekriege (1778–1779) errang er mit seinem berühmt gewordenen „Befestigungssystem“ wenigstens einen Abwehrerfolg. Dagegen erwies sich die von ihm angeordnete Kordonaufstellung im Türkenkrieg 1788–1791 als verfehlt; das Feldzugsjahr 1788 endete mit einem völligen Mißerfolg. Erst das Eingreifen Laudons brachte eine Wendung zugunsten Österreichs.

Gideon Ernst Freiherr von Laudon (1717–1790), als Sproß einer alten schottischen Familie in Livland geboren, begann seine militärische Laufbahn 1732 in Rußland. Versuche, in englischen und preußischen Dienst aufgenommen zu werden, scheiterten. In Österreich erhielt er 1744 zunächst eine Hauptmannstelle im Pandurenkorps Trencks, später in einem Grenzregiment. Im Siebenjährigen Krieg zeichnete er sich zunächst als „Parteigänger" aus. Seit 1758 Feldmarschalleutnant, bewies er gegen Friedrich II. bei Kunersdorf seine Meisterschaft in der Führung großer Verbände. Auf Grund weiterer Erfolge stieg er so hoch in der Gunst der öffentlichen Meinung, daß vielfach gefordert wurde, Graf Daun durch ihn zu ersetzen. Auch nach dem Siebenjährigen Krieg trat der bescheidene Laudon zurück, besonders hinter Graf Lacy, dem engen Freund Kaiser Josephs II. Erst der Türkenkrieg seit 1788 gewährte ihm noch einmal bedeutenden Wirkungsbereich. Als Feldmarschall eroberte er 1789 Belgrad. Aber nicht als Feldherr, sondern vor allem als Meister des Kleinkrieges lebte er in der Erinnerung weiter. Seine Schulung in dieser Kampfart hatte Laudon bei den Grenzern erhalten, deren besonderer Kampfwert auf der guten Schulung im aufgelösten und zerstreuten Gefecht beruhte. Laudon war aber mehr als ein „Parteigänger". Seine operative Begabung ist über jeden Zweifel erhaben. Besonderen Wert legte Laudon auf den Nachtkampf. Bei Landshut (23. Juni 1760) gelang es ihm, das preußische Korps des Generals Fouqué durch einen nächtlichen Angriff zu vernichten. Am 1. Oktober 1761 nahm er die starke preußische Festung Schweidnitz durch Handstreich in der Dunkelheit. Als es der vereinten österreichisch-russischen Armee 1761 gelungen war, die Preußen im Lager von Bunzelwitz einzuschließen, plante Laudon die völlige Vernichtung des Gegners durch einen Nachtangriff auf das preußische Lager. Der Abmarsch der russischen Truppen vereitelte die Durchführung des Planes.

Zur Reform der Militärverwaltung schlug Lacy vor, daß die bisher gesondert behandelten Angelegenheiten aus dem Bereich des Generalkriegskommissariats in den gewöhnlichen Ratssitzungen des Hofkriegsrats erledigt und damit die Ökonomie der bewaffneten Macht durch die oberste Behörde der Militärverwaltung direkt geleitet werden sollte. Obgleich die Hofrechenkammer widersprach, ordnete der Kaiser daraufhin an, daß die nach dem Rücktritt des Grafen Chotek erledigte Stelle des Generalkriegskommissars nicht mehr zu besetzen und das Generalkriegskommissariat unter Beibehaltung des Personals dem Hofkriegsratspräsidium unterzuordnen sei. In Kassenangelegenheiten, Bewirtschaftung und Kontrakten blieb das Kommissariat jedoch an die Hofkammer, die Hofrechenkammer und das Generalkassendirektorium gewiesen. Die Umgestaltung war bis zum Dezember 1766 weitgehend abgeschlossen. Im Jahre 1776 wurde dann noch das bis dahin bestehende Hauptverpflegungsamt aufgelöst und als Referat dem Hofkriegsrat zugeteilt. Die Vermittlung der Naturalverpflegung an die Truppe sowie die Konservierung der Vorräte wurden eigens eingerichteten Proviantämtern im Verband der Generalkommandos übertragen.

Damit war die Geschäftsführung vereinfacht und klarer gestaltet. An der Spitze der Militärverwaltung stand der Hofkriegsrat. Ihm nachgeordnet waren Generalkommandos in wechselnder Zahl, denen in den Hauptstädten der einzelnen Länder Militärkommandos unterstanden. Es waren dies: Generalkommando Wien für Ober-, Nieder- und Vorderösterreich mit Militärkommando in Linz; Generalkommando Graz für Innerösterreich und Tirol mit Militärkommandos in Laibach, Klagenfurt und Innsbruck; Generalkommando Prag für Böhmen; Generalkommando Brünn für Mähren und Schlesien mit Militärkommando in Troppau; Generalkommando Lemberg für Galizien und Lodomerien; Generalkommando Ofen für Ungarn; Generalkommando Hermannstadt für Siebenbürgen; Generalkommando Temesvár für das Temeser Banat (bis 1783); Generalkommando Peterwardein (seit 1783, vorher Esseg) für die slawonische Grenze; Generalkommando Agram (seit 1776, vorher Warasdin) für die Banal-, Karlstädter- (seit 1786) und Warasdiner Grenze (seit 1783); Generalkommando Mailand für Italien und Generalkommando Brüssel für die Niederlande.

Organisation und Aufgabenbereich der Generalkommandos waren bis in die Kanzleieinteilung hinein dem Hofkriegsrat weitgehend angeglichen. Sie gliederten sich in drei Zweige, nämlich in die Feldkriegskanzlei für die militärischen und politischen Geschäfte, in das Kriegskommissariat für die Geld- und Gebührensachen und Kontrollaufgaben und in ein „iudicium delegatum militare" für das Justizwesen unter einem Stabsauditor. Den Generalkommandos unterstanden die Regimenter und die anderen militärischen Dienststellen.

2. Die Militärverwaltung nach den Theresianischen Reformen bis 1809

a. Joseph II. und Leopold II.

Mit Kaiser Joseph II. (1765–1790) gelangte in der österreichischen Monarchie nach dem Tode Maria Theresias im Jahre 1780 ein Herrscher zur Regierung, der unter allen habsburgischen Landesherren der Neuzeit durch sein besonderes persönliches Interesse am Militärwesen gekennzeichnet war. Unter seiner Herrschaft wurde die Uniform hoffähig, stieg das gesellschaftliche Ansehen der aus bürgerlichen und kleinbürgerlichen Kreisen stammenden Offiziere. Joseph kümmerte sich auch um die materielle Versorgung seiner Offiziere. Stipendien, die den Besuch von Unterrichtsanstalten ermöglichten, wurden vornehmlich an Offizierkinder verliehen, die ebenso bei der Aufnahme in Waisenhäuser in erster Linie zu berücksichtigen waren. Städtische Behörden mußten pensionierte Offiziere zu Magistraten wählen. Dennoch trafen jene Kritiker – sie stammten besonders aus Beamtenkreisen –, die den Kaiser beschuldigten, das Militär in ungerechtfertigter Weise zu bevorzugen, mit ihren Anschuldigungen und Vorwürfen nicht den Kern der Sache. Joseph II. wollte nicht einen Militärstaat errichten, für ihn war vielmehr die Schaffung und Erhaltung eines schlagkräftigen Heeres in erster Linie eine Staatsnotwendigkeit, der er sich mit dem gleichen Eifer widmete wie beispielsweise der Organisation der Verwaltung, den Kirchenreformen, der Förderung des Handels und des Gewerbes. „Chaque partie m'intéresse également; je ne suis pas plus attaché au militaire qu'à la finance."

Der Kaiser verbesserte die materielle Lage und soziale Stellung des Militärs vor allem deshalb, weil er den Angehörigen der bewaffneten Macht die Erfüllung ihrer Pflichten und Obliegenheiten nach Möglichkeit erleichtern wollte.

Es unterliegt keinem Zweifel, daß Joseph II., im Gegensatz zu seinem vielbewunderten Vorbild Friedrich II., kein befähigter Heerführer war. Aus reinem Pflichtbewußtsein stellte er sich an die Spitze seiner Armeen, weil der Monarch dort zugegen sein mußte, wo es sich um das Wohl des Staates handelte. Die sächsischen und preußischen Gesandten berichteten oft, wie ungern und dennoch gewissenhaft der Kaiser seinen Pflichten als Heerführer nachkam.

Die zehnjährige Alleinherrschaft Kaiser Josephs II. stand unter dem Zeichen von Reformen in allen staatlichen Bereichen. Sie riefen überall Widerstände hervor; in Ungarn hatten insbesondere die Zertrümmerung der ständischen Selbstverwaltung (vgl. S. 16) und die Einführung des Deutschen als Amtssprache schwerwiegende Folgen, wie Julius Miskolczy gezeigt hat.

Seit dieser Zeit wurde nämlich in Ungarn der Gesamtstaatsgedanke mit dem landesfürstlichen Absolutismus und mit der Germanisation in Zusammenhang gebracht. Der Preßburger Reichstag des Jahres 1790 stand im Zeichen einer vom niederen Adel getragenen ständisch-nationalen Bewegung; eine neue Verfassung wurde ausgearbeitet. In den Entwürfen hieß es, daß Joseph II. durch die Verletzung der in der Pragmatischen Sanktion enthaltenen Bestimmungen den „Faden des Erbrechts unterbrochen" habe, weshalb die ungarische Nation (lies: Stände) befugt sei, mit der Dynastie einen neuen Vertrag abzuschließen. Darin war ein besonderes nationales Heer vorgesehen, dessen Angelegenheiten ein Militärkommando unter dem Vorsitz des Palatins unabhängig vom Hofkriegsrat geführt hätte. Die Frage war, ob sich das ungarische Militär für die ständische Sache gewinnen lassen werde.

Sicher ist, daß die Offiziere des Husarenregiments Graeven eine Eingabe verfaßten, die eine Reihe von Klagepunkten enthielt: Die ungarischen Offiziere fühlten sich wegen ständiger Hintenansetzung verletzt; der gemeine Soldat werde durch die Roheit der fremden Offiziere oft zur Desertion gezwungen, darum seien bei den ungarischen Regimentern ausschließlich ungarische Offiziere zu verwenden; durch die Einführung der ungarischen Kommando- und Dienstsprache könnte die Kampfbereitschaft der ungarischen Soldaten wesentlich gesteigert werden.

In seiner Eingabe an den Herrscher forderte der Vorsitzende des ungarischen Reichstages die Schaffung eines vom Hofkriegsrat unabhängigen ungarischen Kommandos und die ausschließliche Verwendung ungarischer Offiziere bei den ungarischen Regimentern. Letztere sollten in Friedenszeiten in der Heimat untergebracht werden.

In den Beschlüssen der Komitate an der Donau heißt es ferner: Das ungarische Militär sei auf den König *und* das Vaterland zu vereidigen. Ohne Einwilligung des Reichstages dürfe es nicht außer Landes geführt werden, dagegen müsse das fremde Militär nach Kriegsende unverzüglich das Land verlassen. Jedes ungarische Regiment solle ungarische Inhaber haben. Ferner verlangten die Stände die Einführung der ungarischen Kommando- und Dienstsprache und eine geeignete ungarische Uniform, die samt den Waffen in den einheimischen Fabriken herzustellen war; zur Förderung der militärischen Erziehung sollte eine „der neustädtischen ähnliche“ Schule in Buda errichtet werden.

Zu vollem Recht stellt Miskolczy also fest, daß die Forderungen der Ungarn auf militärischem Gebiet nicht erst nach dem „Ausgleich“ von 1867 auftauchten, sondern auf ältere Zeiten zurückgingen; als Nachfolger Josephs II. hatte sich Leopold II. mit ihnen auseinanderzusetzen. Wenn die Idee der Gesamtmonarchie aus der Krise von 1790 unbesiegt hervorging, so war dies dem staatsmännischen Geschick Leopolds II., der Furcht der ungarischen Stände vor einem sich abzeichnenden Bauernaufstand und dem von Leopold klug ausgenützten serbisch-ungarischen Antagonismus (Serbenkongreß von Temesvár) zu verdanken.

Kaiser Leopold II. (1790–1792) hatte als Großherzog von Toskana im Sinne der Lehren der Aufklärer und der Physiokraten regiert. In einem 1793 in Leipzig erschienenen Büchlein „Parallele zwischen Leopold II. und Albrecht II.“ feierte ihn der Verfasser Josef Wackerbarth im Hinblick auf seine Herrschaftsführung in Toskana als Friedensfürsten: „Leopold beobachtete in ihnen [den Soldaten] die Schädlichkeit so vieler geschäftsloser Menschen, welche den Staat nicht nur äußerst drücken, sondern ihm auch noch gegen ihren Willen sogar zur Last fallen. Was konnte also bei dem weisesten der Fürsten natürlicher sein, als sie einzuschränken ... Toskana konnte bequem 30 000 streitbare Männer ernähren, Leopold verringerte diese Zahl bis auf 300 und gebrauchte sie ebenfalls nur zum Bewachen der Tore.“ Diese Abneigung gegen das Militär ließ sich aber nicht in einem Staatsgebilde durchhalten, wie es die österreichische Großmacht war. Es war daher wohl nicht ein Ausdruck des Verzichts auf das Machtmittel eines stehenden Heeres, wenn Leopold kurz nach seinem Regierungsantritt in Tirol und Ungarn die von Joseph eingeführte verhaßte Konskription beseitigte, sondern diese Maßnahme geschah vornehmlich aus Gründen der Staatsklugheit. Allerdings befahl der neue Kaiser auch eine weitgehende Reduktion des Militärwesens, wodurch er sofort den Widerspruch des Feldmarschalls Lacy heraufbeschwor. Wenige Monate vor seinem Tode berief dann der Kaiser eine Kommission von Generalen unter dem Vorsitz seines ältesten Sohnes und Nachfolgers Franz, die Mängel aufdecken, Verbesserungsvorschläge ausarbeiten und geeignete Reformen vorbereiten sollte. Daß Leopold II. im militärischen Bereich wahrscheinlich einen neuen Weg beschreiten wollte, zeigte sich darin, daß Lacy übergangen und die Kommission vorwiegend aus Anhängern Laudons zusammengesetzt wurde. Bemerkenswert war auch, daß sich unter den Verhandlungsgegenständen die Fragen befanden, „ob das dermalige Cantons-Conscription- und Beurlaubungssystem beyzubehalten sey“ und „ob man den Inländern Capitulation accordieren solle oder nicht und auf wie lange ...“ Die kurze Regierungszeit Leopolds ermöglicht es aber nicht, ein Bild von den militärischen Vorstellungen dieses Fürsten als Herrn einer Großmacht zu zeichnen. Es läßt sich nur feststellen, daß mit seinem Wirken die später von seinem Sohn Erzherzog Karl vorgenommenen Reformen in der Heeresergänzung, beispielsweise die Beschränkung der Dienstzeit durch eine Kapitulation, in gewisser Beziehung bereits vorwegentwickelt zu sein scheinen.

b. Die erste Periode der Reformen Erzherzog Karls 1801–1805

Bei seinem Regierungsantritt übernahm Kaiser Franz II. (1792–1835) eine Militärverwaltung, die im wesentlichen noch auf den Grundlagen beruhte, die in der Theresianischen Epoche geschaffen worden waren. Das zeigt das Beispiel des Hofkriegsrats.

Der Hofkriegsrat erhielt von Franz II. die Kompetenzen „in Illyricis", die er für kurze Zeit an die von Leopold II. zur Unterstützung der ungarländischen Nationalitäten am 20. Februar 1791 gegründete, kurzlebige „illyrische Kanzlei" abgegeben hatte, am 3. August 1792 mit dem Einverständnis der magyarischen Nationalisten zurück. Im Jahre 1795 schlug dann der nachmalige Hofkriegsratspräsident und Feldmarschall Graf Friedrich Moritz Nostitz-Rieneck eine Reform vor, die nach Abschluß des Krieges gegen Frankreich durchgeführt werden sollte. Sie sah eine Verteilung der Geschäfte auf vier Abteilungen vor, nämlich Militärjustiz, Militärökonomie, Militärdienst und Militärgrenze, neben denen noch je ein eigenes Referat für die „publico-militaria" und für die Kanzleidirektion bestehen sollten. Sie scheint jedoch nur unvollkommen verwirklicht worden zu sein und keinen bedeutenden Fortschritt gebracht zu haben.

Das „militardienst-departement", das Nostitz selbst führen wollte, war zweifellos die wichtigste Abteilung. Es hatte sich – „besonders in den dermaligen kriegszeiten" – mit allem, „was auf kriegsoperationen, die dahin einschlagende pläne, entwürfe und dispositionen bezug nahm" –, aber auch mit allem, „was pure militaria in ansehung der friedensländer betraf", zu befassen. In dieser Abteilung durften grundsätzlich „zivilräthe kein referat führen", hier sollte auch „ausser den übrigen hofkriegsräthen, die der präsident aus seinem in selbe setzenden vertrauen dazuzuziehen finden werde, vorzüglich ein general, welcher generalstabs-kenntnisse besitze, ferner ein general vom artelleriekorps und einer vom ingenieur-corps angestellet werden", um „an der seite des präsidenten eine hinlängliche masse von kenntnissen aller zum dienste gehörigen besonderen branchen zu versammeln".

Nach dem Friedensschluß von Campo Formido (1797) setzte der Kaiser eine Militärhofkommission ein, die über eine neue Gliederung des Heeres, über die Verbesserung der Bewaffnung und Ausrüstung, über die Vereinfachung der taktischen Formen, über die Organisation des Trains, des Verpflegungs- und Sanitätswesens und auch über die Verbesserung der Moral im Heere beraten sollte. An ihren Vorschlägen übte der Reichsgeneralfeldmarschall Erzherzog Karl scharfe Kritik.

Erzherzog Karl (1771–1847), dritter Sohn des Großherzogs Leopold von Toskana, des nachmaligen Kaisers Leopold II., und jüngerer Bruder des Kaisers Franz II., zeigte von früher Jugend an eine ausgesprochene Vorliebe für das Militär. Er war ein Vertreter der Aufklärung, der von sich selber später in seiner Autobiographie schrieb, er sei als Kind zur strengen Erfüllung seiner Pflichten angehalten worden; dabei hätten weder Eltern noch Erzieher sein Zutrauen oder seine Liebe zu gewinnen gewußt. So habe er sich einen abstrakten Begriff von Grundsätzen und Pflichten gebildet und sein ganzes Streben dahin gerichtet, diese auf das Genaueste nach einem Ideal von Vollkommenheit zu erfüllen, das für den Menschen unerreichbar sei. Dieser Berechnung habe er alle Gefühle eines unverdorbenen Herzens unterworfen, die daher weder geübt noch in seiner ferneren Laufbahn weiter entwickelt worden seien.

Als Generalfeldwachtmeister und Kommandant einer Brigade im Korps des Fürsten Hohenlohe-Kirchberg nahm Erzherzog Karl am Feldzug von 1792 in die Champagne teil und erkannte dort sehr bald, daß der Kampf gegen die Französische Revolution nicht mit Hilfe eines Feldzuges zu entscheiden und dementsprechend die Zielsetzung des Krieges verfehlt war. Im Frühjahrsfeldzug des Jahres 1793 zeichnete er sich bei Aldenhoven und Neerwinden aus. Karl wurde zum Generalstatthalter der Niederlande ernannt, doch beschränkte sich seine Rolle darauf, die Krone zu repräsentieren. Im Frühjahr 1794 führte der Erzherzog als Feldzeugmeister das Reservekorps der Armee, bis mit der Niederlage von Fleurus (26. Juni) die habsburgische Herrschaft in den Niederlanden endgültig zusammenbrach. Er wurde infolge seines labilen Gesundheitszustandes, der mißtrauischen Eifersucht seines kaiserlichen Bruders und der Hofintrigen im Jahre 1795 mit keinem neuen Kommando betraut. Diese Zeit der Muße nutzte Karl zur Abfassung seiner militärischen Erstlingsschrift „Über den Krieg gegen die Neufranken", der bereits 1793 und 1794 die Aufsätze „Vorgeschichte des französischen Krieges", Le siège de Lille, la bataille de Mons et la retraite par Aix-la-Chapelle vers le Rhin" und „La bataille de Fleurus" vorausgegangen waren. Die Arbeit zeigte, daß Karl das Wesen der neuen französischen Taktik, vor allem ihr emotionales Element, den nationalen Enthusiasmus, nicht klar erkannt hatte. Dennoch traten bereits alle wesentlichen Elemente seiner späteren Lehren von der Bedeutung der überwiegenden Macht und des entscheidenden Punktes im Kriege hervor. Er verwarf das Kordonsystem und lehnte die Ermattungsstrategie und den langwierigen Kampf um Festungen ab.

Im Frühjahr 1796 erhielt Karl die höchste militärische Würde des Heiligen Römischen Reiches. Als Reichsgeneralfeldmarschall befreite er Süddeutschland von den eingedrungenen französischen Armeen durch seine Erfolge bei Amberg und Würzburg, Emmendingen und Schliengen. Der Feldzug des Jahres 1796 blieb für ihn der Feldzug seines Lebens. An ihm hat er später die Grundsätze der Strategie erläutert. Im folgenden Jahre kämpfte er mit einer unterlegenen, geschlagenen Armee erfolglos gegen Napoleon Bonaparte. Der Erzherzog wurde daher zur Rheinarmee zurückversetzt und nach dem Friedensschluß zum Gouverneur und Generalkapitän des Königreichs Böhmen ernannt. Aber schon zu Beginn des zweiten Koalitionskrieges (1799–1802) griff Franz II. wieder auf seinen Bruder zurück, der allgemein als ebenbürtiger Gegner der erfolgreichen Revolutionsgenerale galt. Erzherzog Karl schlug 1799 mehrmals französische Armeen, dennoch ging der Feldzug infolge der mangelhaften Zusammenarbeit zwischen Heer- und Staatsführung verloren. Ende März 1800 verließ der Erzherzog die Armee und begab sich auf sein Gut Bečwar in Böhmen. Am 17. Dezember dieses Jahres übernahm er das Kommando der bei Hohenlinden geschlagenen österreichischen Armee und unterzeichnete am 25. Dezember den Waffenstillstand. Erst nach der Beendigung der Kampfhandlungen gewann der nunmehr Dreißigjährige maßgeblichen Einfluß, indem er am 9. Januar 1801 als Nachfolger des Generals Graf Ferdinand Tige (1796–1801) zum Präsidenten des Hofkriegsrats ernannt wurde.

Erzherzog Karl bekleidete von 1801–1805 die Ämter des Präsidenten des Hofkriegsrats und des Kriegs- und Marineministers und vereinigte damit in sich die Leitung des gesamten Verteidigungswesens der österreichischen Monarchie. In dieser Zeit nahm er eine Machtstellung ein, wie sie vor ihm nur noch Wallenstein und vor allem Prinz Eugen innegehabt hatten. Seine Position suchte der Erzherzog dazu auszunutzen, das Militärwesen zu reformieren. Er stützte sich dabei auf die Versicherung seines kaiserlichen Bruders, in seiner Eigenschaft als Kriegspräsident sei Karl allein vom Kaiser abhängig. Alles sollte „nur zwischen ihnen" verhandelt werden. Eine vom Kaiser kurz zuvor zur Besorgung der Geschäfte der Armeen in Deutschland und Italien aufgestellte Hofkriegs- und Armeekommission, zu deren Wirkungskreis die Beschleunigung der erforderlichen Verstärkungen an Mann und Pferd, die Sicherstellung der Verpflegung und des Fuhrwesens sowie der erforderlichen Geldmittel gehörten, wurde daher bereits am 15. Januar 1801 aufgehoben. Ihre Aufgaben fielen an den Hofkriegsrat zurück.

Zu den engsten Mitarbeitern Karls gehörte als Vorstand der von ihm errichteten Präsidialkanzlei der begabte, als Persönlichkeit aber umstrittene Faßbender.

Johann Mathias v. Faßbender (1764–1808) war mit 24 Jahren Professor des deutschen Staatsrechtes und der deutschen Reichsgeschichte an der Universität seiner Vaterstadt Trier. Nach der Besetzung Triers durch die Franzosen übernahm er eine Stelle bei der Reichskriegskanzlei. Dank seiner Gewandtheit als Unterhändler erwarb er sich Ende 1798 die besondere Gunst Erzherzog Karls, der ihn 1799 nicht nur als dirigierenden Hofrat der kaiserlichen Reichskriegskanzlei und des Reichskriegskommissariats zu sich nahm, sondern auch zu seinem Geheimsekretär ernannte. Am 5. April 1801 wurde Faßbender zum Präsidialhofrat beim Hofkriegsrat, am 3. September desselben Jahres zum Wirklichen Staats- und Konferenzrat ernannt und beauftragt, den Sitzungen des Hofkriegsrats beizuwohnen.

Die Präsidialgeschäfte gewannen einen außerordentlichen Umfang, weil die Artillerie, das Geniewesen und der Generalquartiermeisterstab aus der unmittelbaren Zuständigkeit des Hofkriegsrats herausgenommen und unter die Oberleitung des Erzherzogs gestellt wurden, und weil sich Karl außerdem die Einsicht in sämtliche Geschäftszweige und die Entscheidung in allen wichtigeren Fällen vorbehielt. Die Verselbständigung von Artillerie, Geniewesen und Generalquartiermeisterstab war ein Ergebnis der Bemühungen des Erzherzogs, den Einfluß der „Civilhofräthe" im Hofkriegsrat endgültig einzuschränken. Wie er in einem Vortrag vom 4. April 1801 ausführte, wollte er die „militärische Direktion" wiederherstellen und eine sachkundige Verwaltung gewährleisten, indem er alle Geschäfte, die sich auf die Organisation, Vorbereitung, Übung, Verwendung und Führung der Armee bezogen, Militärpersonen zur unmittelbaren Bearbeitung übertrug und den beim Hofkriegsrat beschäftigten Hofräten „in allen jenen Arbeiten, wo zugleich militärische Dienstkenntniss, Erfahrung und militärische Combination erforderlich ist", einen General als Korreferenten zuteilte.

In einer Instruktion vom 12. April 1801 erhielt Faßbender den Auftrag, eine Instruktion für den Hofkriegsrat und eine neue „kanzleymanipulation" abzufassen. Ferner sollte er, um der herrschenden Verwirrung im militärischen Rechnungswesen zu steuern, einen Organisationsplan für die Hofkriegsbuchhalterei und Instruktionen über die Einrichtung der Verpflegungsmagazinsrechnungen, zur Vereinfachung des Rechnungswesens der Regimenter und für das Rechnungswesen der Ökonomiekommissionen ausarbeiten, kurz, „ein vollständiges gesetzbuch über die verschiedenen zweige der militäradministration" schaffen.

Das Programm zeigt, welchen Zweigen der Militärverwaltung Erzherzog Karl besondere Aufmerksamkeit zu widmen gedachte. In seinem Rechenschaftsbericht „über die Administration des Kriegs-Departements [von 1801–1805]" weist er darauf hin, daß es ihm gelungen sei, die Regimentskommandanten „durch die heilsamen Reformen bei der Hofkriegs-Buchhaltung" mindestens bis zu einem gewissen Grade von den Aufgaben der „ausgedehnten, höchst verwickelten und äusserst verworrenen Oekonomie-Verwaltung des Regimentes" zu entlasten. Karl war überzeugt, daß „Bravour, Studium des Kriegswesens und der allmächtige Hebel des Ehrgefühles" allmählich verschwinden müßten, „wenn alles dieses nur Nebensache und das administratorische Rechnungswesen Hauptsache wird".

Am 7. Januar 1803 wurde unter Verwertung der bisher gesammelten Erfahrungen eine neue Organisation und Geschäftseinteilung des Hofkriegsrats eingeführt. Die bisher selbständigen Departements wurden in drei Gremien für militärische, politisch-ökonomische und rechtliche Sachen eingeteilt und jedes Gremium wiederum nach der Natur der Gegenstände in besondere Departements oder Direktionen untergliedert. Das Militärgremium bestand aus dem Militärdepartement – zuständig für Infanterie und Kavallerie – unter persönlicher Leitung des Erzherzogs, der Artilleriedirektion unter Feldmarschall Graf Colloredo und der Geniedirektion unter Erzherzog Johann (vgl. S. 118). Das politisch-ökonomische Gremium setzte sich aus den Referaten für Rekrutierung, Remontierung, Montursachen, Verpflegung, Versorgung, Sanitätswesen, Kriegskommissariat, Kassenwesen und Militärgrenze zusammen. Alle Angelegenheiten, die nur in den Arbeitsbereich einer Abteilung gehörten, waren von deren Vorstand und Referenten zu bearbeiten. Gegenstände, die den Geschäftskreis mehrerer Departements betrafen, sollten in Gremialsitzungen, Angelegenheiten, die alle Gremien berührten, in Plenarsitzungen behandelt und entschieden werden. In den Sachen, die höherer Entscheidung bedurften oder ihr vorbehalten waren, mußte dem Kriegsminister Vortrag gehalten werden. Er erledigte sie oder trug grundsätzliche Fragen dem Kaiser vor. Diese Organisation wurde dann mit Zirkularreskript vom 3. März 1803 auf die Generalkommandos mit Ausnahme der Militärgrenze übertragen. Dabei wurden die Verpflegungsämter der Provinzen als unmittelbare Departements eingegliedert.

Im Kampfe zwischen den alten Räten des Hofkriegsrats und den Neuerern um Erzherzog Karl gelang es nie, die Opposition der Reformgegner zu brechen. Die Kluft zwischen Erzherzog Karl und seinen Gegnern wurde sogar noch entscheidend vertieft, als mit dem Ende August 1801 nach den Vorschlägen des Erzherzogs eingerichteten Staats- und Konferenzministerium ein eigenes Kriegs- und Marineministerium entstand. Karl verfolgte damit das Ziel, das Militärwesen in lebendigere Verbindung als bisher mit dem gesamten Staat, insbesondere mit der Außen- und Innenpolitik und mit dem Finanzwesen zu bringen. Am 12.9. wurde er zum Kriegs- und Marineminister ernannt. Der Hofkriegsrat, der nunmehr nur noch über den Erzherzog-Kriegsminister an den Kaiser gelangen konnte, verlor den Rang einer Immediatsstelle und sah sich zu einer „exekutiven Mittelstelle zwischen Ministerium und Generalkommanden" (Walter) herabgesetzt.

In einem breit angelegten Vortrage vom 24. Juli 1801 hatte Erzherzog Karl dargelegt, daß der Staatsrat (vgl. S. 77) schon bei seiner Gründung zwei „hauptgebrechen" mit auf den Weg bekommen habe, an denen „alle nachherige versuche der weiteren ausbildung scheitern mussten". Das eine sei „die gäntzliche ausschliessung des kriegsdepartements und jenes der auswärtigen angelegenheiten von dem geschäftskreise des staatsrathes". Das andere „gebrechen" liege im völligen Mißverstehen der wesentlichen Aufgabe des Staatsrats. Anstatt ein „verbindungspunkt" zu werden, „in welchem die resultate der ganzen staatsverwaltung sich konzentriren und im allgemeinen übersehen lassen", sei der Staatsrat zu einer bloßen Revisionsinstanz für Hof- und Länderstellen geworden, seien „die mitglieder des staatsraths ... durch die kurrenten arbeiten so sehr beschäftiget und angestrengt worden", daß es ihnen unmöglich gewesen sei, „sich zu irgend einer grösern, das ganze umfassenden idee zu erheben". Karl schlug vor, daß alle grundsätzlichen Probleme der Verwaltung in eingehenden jährlichen Rechenschaftsberichten aller Verwaltungszweige zur Sprache gebracht werden sollten. „Dieser administrationsbericht müsse für die politischen und eigentlichen regierungsbranchen ohngefehr das seyn, das leisten, was der generalstat für das comptabilitätsfach sei, ein ausführliches compte rendu im eigentlichen strengen sinn des wortes." Offenbar wurden aber solche Administrationsberichte nur von dem Karl unmittelbar unterstehenden Hofkriegsrat versucht, konnten sich aber auch hier nicht einbürgern.

Ein weiterer Vorschlag Karls zielte auf die Errichtung eines „konferenzministeriums" ab, „welches unter dem allerhöchsten vorsitze des Kaisers selbst als die quelle und der centralleitpunkt aller verbesserungen ... betrachtet werden müsste" und in drei Departements für die auswärtigen, für die inneren Angelegenheiten und für die Kriegs- und Marinesachen, jedes unter dem Vorsitz eines Ministers, zu gliedern wäre.

Der Kaiser folgte den Anregungen Karls. Am 31. August 1801 ergingen die konstitutiven Handschreiben an Erzherzog Karl, der zum Kriegs- und Marineminister ernannt, an Graf Kollowrat, der zum Staats- und Konferenzminister für die inländischen Geschäfte bestellt, und an Graf Colloredo, dem die Ernennung des Grafen Trauttmansdorff, als derzeitigen Vorstehers der Staatskanzlei, zum Staats- und Konferenzminister der auswärtigen Geschäfte mitgeteilt wurde. Der Kaiser sprach die Hoffnung aus, in dem neugeschaffenen Staats- und Konferenzministerium, „bei welchem unter seinem vorsitze die geschäfte aller departements als in dem letzten und obersten zentralleitpunkte zusammentreffen würden", die für notwendig erkannte Konzentration aller wichtigen Gegenstände der Monarchie erreichen zu können. Die Minister im neugeschaffenen Ministerium gehörten eindeutig der Sphäre der Exekutive an, während der alte Staatsrat, der am 6. September aufgehoben wurde, die bis dahin einzige, für die Verwaltung einen „vereinigungspunkt" darstellende Körperschaft, in allen Wandlungen seines vierzigjährigen Bestehens stets lediglich ein beratendes Organ des Herrschers geblieben war. Die Staatsgeschäfte wurden jedoch nur für kurze Zeit durch das Staats- und Konferenzministerium geleitet. Ausschlaggebend war die unüberwindliche Abneigung des Kaisers gegen mündliche Verfahren. Nach und nach wurden die Minister und Staatsräte wieder einzeln berufen oder es mußten die Vorträge der Hofstellen wie früher dem Kaiser mit Resolutionsentwürfen schriftlich vorgelegt werden. Im Jahre 1806 bildete der Kaiser dann auf Vorschlag des Staats- und Konferenzrates Baldacci das Staats- und Konferenzministerium um. Sein Aufgabenkreis umfaßte von jetzt an nicht mehr die gesamte, sondern nur noch die innere Verwaltung des Staates. Im Sommer 1808 wurde es überhaupt aufgehoben und der alte Staatsrat wiederhergestellt.

Das Schicksal der vom Erzherzog aufgerichteten Militärverwaltung hing eng mit dem außenpolitischen Kurs der Monarchie zusammen. Die Kriegspartei am Wiener Hofe war eifrig bemüht, Karl als entschiedenen Gegner eines neuen Waffenganges gegen Napoleon aus der Führung des Hofkriegsrats zu verdrängen, weil sie dieser Institution zur Durchführung ihrer überhasteten Aufrüstung bedurfte. Es gelang ihr, den Kaiser auf ihre Seite zu ziehen. Seit Ende 1804 übte Franz auf Karl zunehmenden Druck aus. In einem Brief vom 29. Januar 1805 verlangte er dann ausdrücklich, daß ein selbständiger Hofkriegsrat unter einem besonderen Präsidium aufgestellt werde, der „ohne Carls Zutun zum Besten des Staates und des Dienstes" zu arbeiten und – im Kriegsfall – „alles jenes zu leisten im Stande sei, was das wohl des Staates fordere". Der Erzherzog wurde aufgefordert, die doppelte Eigenschaft eines Hofkriegsratspräsidenten und eines Kriegsministers aufzugeben und sich einzig und allein auf das Ministerium zu beschränken. Der Hofkriegsrat sollte wieder in der Form hergestellt werden, daß er, so wie alle Hofstellen, nicht mehr einem besonderen Minister als Chef unterstehe, sondern direkt dem Kaiser seine Berichte und Protokolle vorlege. Erzherzog Karl kämpfte zäh um seine Schlüsselstellung. Am 13. Februar schlug er Erzherzog Johann, mit dem er sich ausgezeichnet verstand, zu seinem Nachfolger im Präsidium des Hofkriegsrats vor, stieß aber auf Ablehnung. Mitte März resignierte Karl. Der Kaiser teilte ihm am 18. März 1805 mit, daß er wieder einen gesonderten Hofkriegsratspräsidenten anzustellen beabsichtige, der wie „von jeher" die zentrale Leitung und Aufsicht über alle Geschäfte übernehmen sollte, die in sämtlichen Departements des Hofkriegsrats einschließlich des Marinedepartements anlägen. Das Marinedepartement wurde dabei dem Militärgremium als viertes Departement zugeteilt. Alle Vorträge waren wieder unmittelbar an den Kaiser zu richten, der sie „nach erforderniss der sache" dem Erzherzog zur Erstattung seines Gutachtens mitteilen wollte. „Aus einem wirksamen wurde der Erzherzog nun ein blos begutachtender Minister", kommentierte Karl seinen neuen Geschäftsbereich. Als Präsident des Hofkriegsrats löste ihn der Feldzeugmeister Graf Max Baillet von Latour (1805–1806) ab. Damit war die alte Geschäftsführung wiederhergestellt. Der Tätigkeitsbereich des Erzherzogs wurde außerdem noch durch die Ernennung des Generals Mack zum Generalquartiermeister eingeschränkt.

Der dritte Koalitionskrieg gegen Napoleon brachte Österreich Mißerfolge (Niederlagen bei Ulm, 17. Oktober 1805, und Austerlitz, 2. Dezember 1805), die durch den Sieg des Erzherzogs Karl bei Caldiero (Oktober 1805) und die tapfere Verteidigung des Tiroler Passes Strub (2. und 3. November 1805) nicht aufgewogen wurden. Nach dem ungünstigen Friedensschluß zu Preßburg (26. Dezember 1805) erklärte sich Erzherzog Karl, der sich in seiner pessimistischen Auffassung bestätigt sah, anfangs Januar 1806 erneut bereit, „zu dienen", verlangte vom Kaiser Franz jedoch die Stellung, die allein seine Arbeit fruchtbar machen könne. Die Monarchie hielt er nur noch dann für rettbar, wenn die ganze „Geschäftsleitung" umfassend erneuert werde. Er sei in seiner Wirksamkeit als Kriegsminister völlig gelähmt, wenn seine Tätigkeit mit dem Geschäftsbereich eines unabhängigen Hofkriegsrats kollidiere und er außerdem keinen Einfluß auf die wirtschaftlichen Belange nehmen könne. Daher forderte er, daß der Hofkriegsrat, der sich seiner Natur nach nur mit der ökonomischen Kriegsverwaltung befassen könne, eine dem Kriegsminister oder dem obersten Befehlshaber der Armee untergeordnete Behörde sein müsse, deren Präsident für seine gesamte Geschäftsführung dem obersten Chef des Militärwesens, also ihm, verantwortlich sei.

Der Kaiser war zunächst keineswegs gewillt, die Vorschläge Karls zu befolgen; vielmehr plante er, Karl zum Generalissimus der gesamten Wehrmacht zu ernennen. In dieser Eigenschaft sollte der Erzherzog im Kriege die Armeen führen, im Frieden dem Kaiser als der erste Berater in allen militärischen und damit zusammenhängenden politischen und finanziellen Angelegenheiten zur Verfügung stehen. Dagegen sollte der Hofkriegsrat seine derzeitige Selbständigkeit beibehalten. Schließlich sah sich aber Franz – nicht zuletzt unter dem Druck der öffentlichen Meinung – gezwungen, die Vorschläge des Erzherzogs, die dieser am 31. Januar 1806 noch einmal darlegte, in vollem Umfange zu erfüllen. Zu dieser Entscheidung trug wahrscheinlich maßgeblich der neu ernannte Außenminister und eigentliche Leiter der kaiserlichen Regierung, Graf Johann Philipp Stadion, bei. Am 10. Februar 1806 beauftragte Kaiser Franz seinen Bruder Karl, das Militärwesen der Monarchie in die Verfassung zu bringen, daß es der „Volksmenge und der Lage der Finanzen angemessen, durch Ordnung und Bildung ausgezeichnet und eine zuverlässige Schutzwehr der Erbländer sei". Der Kaiser stellte Erzherzog Karl als Generalissimus an die Spitze seiner sämtlichen Truppen und übertrug ihm zugleich die oberste Leitung der ganzen Kriegsmacht in Friedenszeiten. Allerdings mußte der Generalissimus in allen belangreicheren Gegenständen die Entscheidung seines kaiserlichen Bruders einholen. Dem Hofkriegsrat und allen übrigen Militärbehörden war er übergeordnet. In einer eingehenden Instruktion setzte Franz das Verhältnis des Erzherzogs zu sich und zum Hofkriegsrat und dessen Befugnisse fest.

Der Hofkriegsrat behielt seine aus dem Jahre 1803 stammende Einteilung in drei Gremien, nämlich das militärische, politisch-ökonomische und Justizgremium. Ersteres umfaßte das bisherige Militärdepartement, das nunmehr die Bezeichnung „Militär-Direction“ erhielt und dem auch der Generalquartiermeisterstab einverleibt wurde, die Artillerie- und die Geniedirektion, endlich das Grenzdepartement unter dem neuen Namen „Grenz-Direction“. Diese vier Direktionen unterstanden unmittelbar dem Generalissimus. Der gesamte Hofkriegsrat diente Erzherzog Karl als ausführendes Organ. Erzherzog Johann, der die Leitung der Geniedirektion beibehielt, wurde seinem Bruder als „Adlatus“ an die Seite gegeben. An die Stelle des Hofkriegsratspräsidenten Graf Baillet von Latour trat später der Feldzeugmeister Graf Wenzel Colloredo-Waldsee (1806–1809).

In den folgenden Jahren führte der Erzherzog eine Reihe von Reformen in der Armee durch. Im Gegensatz zu früher fanden seine Maßnahmen jetzt die volle Unterstützung des leitenden Ministers Graf Stadion. Allerdings wurde für die Militärreform entscheidend, daß Erzherzog Karl und Graf Stadion nicht die innere Übereinstimmung hinsichtlich des letzten Zieles aller Reformmaßnahmen erreichten, wie sie in Preußen bei der Zusammenarbeit Scharnhorsts mit dem Reichsfreiherrn vom Stein erzielt werden konnte. Das lag vor allem daran, daß Karl und Stadion eine verschiedene Auffassung vom Verhältnis zwischen Regierung, Volk und Wehrdienst besaßen (vgl. S. 121 f.). Außerdem kämpfte der Erzherzog wieder um Zeitgewinn, um die notwendigen militärischen Maßnahmen gründlich durchführen zu können. Wiederum sah die vor allem durch die Brüder der Kaiserin Maria Ludovika verkörperte Kriegspartei in ihm das Hindernis, das erst beseitigt werden mußte, wenn sie ihr Ziel erreichen wollte. Auch der Kaiser bereitete ihm Schwierigkeiten, indem er erneut von Karl den Verzicht auf die Unterordnung des Hofkriegsrats verlangte. Diesmal zwang aber der Erzherzog mit der Drohung, sich ins Privatleben zurückzuziehen, von Graf Stadion unterstützt, den Kaiser zum Nachgeben. Dagegen gelang es ihm nicht, gegen die Männer aufzukommen, die nicht zuletzt wegen der durch die andauernden Rüstungen angespannten Finanzlage Österreichs die Auseinandersetzung mit dem französischen Kaiser baldmöglichst herbeiführen wollten.

Österreich verlor auch den Krieg von 1809. Auf den Sieg Karls gegen Napoleon bei Aspern war seine Niederlage bei Wagram gefolgt. Der Kaiser entzog seinem Bruder zunächst die Stellung des Generalissimus, weil „die Erfahrung in dem gegenwärtigen Feldzuge hinlänglich gezeigt habe, daß es unmöglich sei, eine große Armee zu kommandieren, zugleich aber auch alle übrigen auf so verschiedenen entfernten Punkten aufgestellten Armeen zu leiten und selbst auch noch hiezu einen Teil der Kriegsministerialgeschäfte zu besorgen“.

Der Erzherzog beantwortete den kaiserlichen Entschluß damit, daß er am 23. Juli alle seine militärischen Aufgaben niederlegte. Nach seinem Ausscheiden gab Kaiser Franz auch dem Hofkriegsrat wieder die Verfassung, die er zu Lacys Zeiten gehabt hatte. Er war wie die anderen Hofstellen ein Gremium, in dem die

Angelegenheiten aller Abteilungen – das Militärdepartement wurde den übrigen gleichgestellt – beraten und über sie mit Stimmenmehrheit entschieden wurde. Mit dem im Jahre 1801 eingerichteten Kriegsministerialbüro verschwand im Dezember 1814 die letzte Erinnerung an die Reformzeit.

Der „k. k. Hofkriegsrat" blieb als oberste Behörde der Militärverwaltung bis zum Jahre 1848 bestehen. Über seine Zusammensetzung und Geschäftsverteilung lassen sich auf Grund der heute bekannten Forschungsergebnisse keine verbindlichen Aussagen machen.

Der nachmalige k. u. k. Feldzeugmeister Freiherr von Mollinary berichtet in seinen Memoiren („Sechsundvierzig Jahre im österreichisch-ungarischen Heere"): „Nach dem Kriege verordnete ein Handbillet des Kaisers, dass der Chef des Generalquartiermeisterstabes dem Gremium des Hofkriegsrates angehören, ‚als Referent für alle Militaria gelten und die betreffenden Ausfertigungen durch Offiziere des ihm unterstehenden Corps besorgen lassen' solle. Diese Verfügung gefiel jedoch den sieben Hofräten nicht, welche, als Departementsvorstände und Referenten für den politisch-ökonomischen Teil gewohnt waren, sämtliche Armeeangelegenheiten zu leiten. Es gelang ihnen auch bald, die angeführte kaiserliche Verfügung rückgängig zu machen und dadurch den Einfluss des Generalquartiermeisterstabes auf die wichtigsten Agenden der Armee während weiterer vierzig Jahre zu beseitigen. Nur die Behandlung der Personalien aktiver Offiziere wurde Offizieren zugestanden und aus solchen ein Militärdepartement errichtet. Der Vorstand durfte jedoch kein höherer als ein Oberst sein, damit im Gremium den Hofräten, die Generalsmajorrang hatten, der Vorrang gewahrt bliebe. Die rein militärischen Interessen erhielten nur allmählich eine sachgemässe Vertretung: in den Dreissigerjahren durch Errichtung der ‚Militärsektion beim Staatsrate', später durch Aufstellung einer ‚Zentralmilitärkanzlei beim Hofkriegsrate', zu deren Vorständen Generale berufen waren. In den Jahren 1841–1844 war die Zahl der Hofräte bis auf fünfzehn gestiegen, auch die der Sekretäre und Konzipisten bedeutend vermehrt worden, dagegen war der Status der Offiziere nahezu unverändert geblieben. Nur hie und da war ein Militär als Spezialist eingeteilt worden ... Die Hofräte sowie ihr Konzeptspersonal waren auf Universitäten gebildete und durchschnittlich auch fähige Männer. Es fehlten ihnen aber jene militärischen Kenntnisse, die zur zweckmässigen Besorgung der Geschäfte nötig gewesen wären."

G. Die Heeresaufbringung

1. Vom Dreißigjährigen Krieg bis zur Theresianischen Staatsreform

Konnte schon an der Geschichte der Militärverwaltung deutlich gemacht werden, wie sehr deren Entwicklung und Problematik durch die Struktur der Habsburger Monarchie bestimmt waren, so trifft dies in noch weit höherem Maße für die Heeresaufbringung und -ergänzung zu. Seit der zweiten Hälfte des 16. Jahrhunderts hatten sich die Landesfürsten in zunehmendem Maße bemüht, Verfügungsgewalt über die von den Ständen gestellten Söldnerkontingente zu erlangen. Der Sieg in der Schlacht am Weißen Berge (1620) bedeutete in seinen Folgen einen wesentlichen Durchbruch zur landesherrlichen Militärhoheit. Die ersten stehenden Truppen brachten die Habsburger erneut einen Schritt weiter, indem sie die mit ständischer Beihilfe geworbenen oder von den Ständen gestellten Kontingente in die „auf dem Fuße" beibehaltenen Regimenter einreihten und so dem Einfluß der Stände entzogen. Im Verlaufe des Dreißigjährigen Krieges bildeten sich dann die Formen heraus, die die nachfolgenden Jahrzehnte bestimmten.

Seit den letzten Jahren des Dreißigjährigen Krieges erfolgte die Aufbringung der Mannschaft bei Neubildung und Ergänzung der kaiserlichen Regimenter zum Teil durch die von den Ständen aus den Kontributionen finanzierte direkte Werbung im Auftrage der Obersten („Regiments-Werbung"), teils durch Zuweisung der von den Ständen der Erbländer geworbenen Rekruten an die Truppe („ständische Werbung", „Gestellung"). Damit glich die Heeresaufbringung im wesentlichen derjenigen Preußens vor Erlaß des Kantonreglements. Für die Erbländer ermittelte das Generalkriegskommissariat auf Grund der von den Regimentern nach Abschluß der Operationen gegen Ende des Jahres gemachten Angaben die Gesamtzahl der erforderlichen Rekruten und den Bedarf an Werbegeldern und teilte das Ergebnis dem Hofkriegsrat und der Hofkammer mit. Die Rekrutenkontingente und Quoten wurden dann – seit 1697 durch die Deputation – auf die einzelnen Länder und von diesen auf die Städte, Herrschaften und Gemeinden verteilt.

Die Regimentswerbung erfolgte teils in den Erbländern, teils im „Reiche", das heißt in den außerösterreichischen Territorien des Reiches („Reichswerbung"). Hier war sie – außer in den Reichsstädten – an die Zustimmung der einzelnen Fürsten gebunden. Jedes Regiment entsandte einen oder mehrere Werbeoffiziere, denen Unteroffiziere und Schreiber beigegeben wurden. Das Werbegeld für die Infanterie betrug beispielsweise nach 1697 pro Kopf 45–50 Gulden oder 30–35 Reichstaler. Davon sollten Montur und Seitengewehr des Rekruten, das Handgeld und die Reise vom Werbeplatz zum Regiment bezahlt werden. Da aber von der Gesamtsumme der Werbegelder auch der Unterhalt und die Reise des Werbekommandanten und seines Personals zu bestreiten waren, bestand die

Gefahr, daß die Rekruten in ihren Gebühren verkürzt und unter Umständen ungenügend bekleidet und verpflegt zu den Regimentern gesandt wurden. Bereits 1697 wurde es als notwendig erachtet, die unzureichenden Werbegelder zu ergänzen. Während der Dauer des Marsches zu den Regimentern erhielten die Rekruten fortan eine tägliche Löhnung, von der ein bestimmter Betrag für die Beschaffung der Kleidung abzuziehen war. Die Regimentswerbung war insofern mit einem schweren Nachteil behaftet, als die für die Rekrutierung erforderlichen Summen gegen Jahresende benötigt wurden, die Kontributionen um diese Zeit im allgemeinen aber noch nicht zur Verfügung standen. So lag es nahe, die Stände für die Aufbringung der Rekruten verantwortlich zu machen.

Im allgemeinen zogen die Truppenkommandanten die Stellung von „Landrekruten“ der Zuweisung von Rekrutengeldern vor, wenn nicht die Regimentsinhaber die benötigten Summen zur Verfügung stellten, wie dies bei Neuaufstellungen häufig der Fall war. Im Jahre 1705 beabsichtigte daher der Hofkriegsrat, die Werbegelder den Regimentern zu entziehen und die Beistellung der Rekruten durch die Länder zur Norm zu erheben. Prinz Eugen wandte sich dagegen und wies darauf hin, daß die Länder, namentlich aber Tirol und Innerösterreich, bei allen an sie gestellten Forderungen Schwierigkeiten bereiteten und ihre Zustimmung an allerhand Bedingungen knüpften. Es fehlte eben der landesfürstliche Behördenapparat, der den Gang der Rekrutierung beeinflussen oder sie überhaupt übernehmen konnte.

Die Verhandlungen zwischen den Ständen und den Regimentern mußten direkt geführt werden. Selbst wenn die Stände ihre Schuldigkeit taten und die Rekrutenstellung schon im Monat Mai beendet war, standen die Kontingente auf den „Assentplätzen“ der Erbländer verstreut und mußten, um zu den Regimentern zu gelangen, noch lang dauernde Fußmärsche zurücklegen. Die „Bonification“, die den Ständen gutzuschreibende Vergütung der Rekruten und Remonten, war ein dauernder Zankapfel. Unangenehm machte es sich auch bemerkbar, daß die Stände in vielen Fällen ihre Kontingente durch „Reichswerbung“ aufbrachten. Im Dezember 1717 beschwerten sich beispielsweise die auf Werbung befindlichen Offiziere des Regiments Bayreuth darüber, daß die österreichischen Landstände „ein viertel Stunde vor ihnen“ auf Reichsboden werben ließen und ihnen dabei die Leute durch ein größeres Handgeld abwendig machten.

Um einen Ausweg aus diesen Schwierigkeiten zu weisen, setzte – nach Khevenhüller – der Hofkriegsrat am 30. Januar 1722 fest, „auf was Art die Regimenter künfftig sich recroutirn und remontiren sollen, ohne daß Länder, Creyß, Stände und Cantzleyen damit Mühe, Beschwehrung und Kosten hätten ...“ Die Regimenter sollten fortan nicht nach Maßgabe des Effektiv-, sondern des Sollbestandes nach dem kaiserlichen Fuße bezahlt, aus dem Überschuß Rekrutierungskassen errichtet und „an Ort, wo die Regimenter liegen, sichere Leute“ angenommen werden. Es handelte sich also um einen Versuch, das Rekrutierungsgeschäft unter Ausschaltung der Landstände möglichst in der Hand des Hofkriegsrats als oberster Militärbehörde zu vereinigen. In den „Observations-Puncten vor den Quartier-Meister“ heißt es ausdrücklich, daß sich die Kavallerieregimenter „ohne von denen Ländern einige Leute oder Pferd zu empfangen ... selbsten auf erfolgenden Befehl und Determinirung des Werb-Gelds zu recroutiren und remontiren" hätten. Die Rekrutierungskassen sollten bei der Musterung durch die Ober- und Kriegskommissare überprüft werden. Diesem Versuch scheint jedoch kein nachhaltiger Erfolg beschieden gewesen zu sein. Die Voraussetzungen für eine geregelte, von den Bewilligungen der Landstände weitgehend unabhängige Aushebung von Rekruten schuf vielmehr erst die Theresianische Staatsreform von 1749. Einstweilen wurde es den Hauptleuten gestattet – vermutlich nach preußischem Vorbild –, eine zunächst beliebige, später eine festgesetzte Zahl ihrer Leute für neun bis zehn Monate im Jahr zu beurlauben und mit den Einsparungen eine Rekrutierungskasse zu begründen.

Besonders im Falle eines Türkenkrieges wurden Kontingente deutscher Reichsfürsten als Miettruppen geschlossen in die kaiserliche Armee eingereiht. Beispielsweise erklärte sich Herzog Leopold von Lothringen im Jahre 1715 bereit, zwei Regimenter zur Verfügung zu stellen; sein Bruder, der Kurfürst von Trier, besorgte ihre Aufstellung. Zu Beginn des Jahres 1717 wurden mit einzelnen Reichsständen Kapitulationen abgeschlossen. Der Fürstbischof von Würzburg verpflichtete sich, für seine Türkensteuer 1 000 Mann zu stellen. Am 7. und 17. April wurden Truppenkapitulationen mit dem Markgrafen Friedrich Wilhelm von Brandenburg-Ansbach und mit dem Landgrafen von Hessen-Kassel abgeschlossen. Die beiden Fürsten verpflichteten sich, für zehn beziehungsweise drei Jahre je ein Infanterieregiment mit 17 Kompanien zu stellen. Kurfürst Max Emanuel von Bayern überließ dem Kaiser für drei Jahre drei Infanterieregimenter und ein Dragonerregiment. Die vier Regimenter gingen in kaiserliche Verpflegung über, außerdem verpflichtete sich das Aerar, dem Kurfürsten für jeden ausfallenden Mann 20, für jeden Reiter 35 und für jedes Pferd 50 Reichstaler zu bezahlen und die Besoldung der Regimentsobristen und des Kommandanten Marquis Maffei zu übernehmen. Im Frühjahr 1718 überließ der Kurfürst von Sachsen und König von Polen dem Kaiser zwei Infanterieregimenter und ein Dragonerregiment (Pruckner). Mietverträge bestanden noch unmittelbar vor Beginn der Französischen Revolution mit dem Fürstbischof von Würzburg und Bamberg, ferner mit dem als General der Kavallerie in der Armee dienenden Fürsten von Anhalt-Zerbst.

2. Die Heeresaufbringung in Ungarn

Gegen Ende des Jahres 1740 rückten die ersten preußischen Regimenter in Schlesien ein, die Westgrenze Österreichs war durch die Gegnerschaft des in seinen Ansprüchen von Spanien und dann auch von Frankreich unterstützten Bayern bedroht, und seit Frühsommer 1741 erschienen auch die italienischen Provinzen durch den mit Sicherheit zu erwartenden Angriff der bourbonischen Mächte schwer gefährdet. Maria Theresia konnte dieser vielfachen Bedrohung neben der Freundschaft Englands und der Generalstaaten lediglich ein durch Vernachlässigung, finanzielle Schwierigkeiten und unzulängliche organisatorische Maßnahmen in seinem Kampfwert stark gemindertes Heer entgegenstellen, das dringend der Ergänzung und Auffrischung bedurfte. Die außerordentlich schwierige Lage erforderte unbedingt einen umfänglichen Beitrag der Länder der ungarischen Krone und der Grenzgebiete (vgl. S. 72), da die böhmisch-österreichischen Erbländer kaum die Auffüllung und Ergänzung der schwachen Bestände der „deutschen" (das heißt sich aus den böhmisch-österreichischen Erbländern und den außerösterreichischen Territorien des Reiches rekrutierenden) Regimenter zu gewährleisten vermochten. Dieser ungarische Beitrag muß auch deshalb ausführlicher behandelt werden, weil über seine Bedeutung und seinen militärischen Wert vielfach falsche Vorstellungen bestehen.

Die Stände des Königreiches Ungarn hatten sich erst 1715 bereit erklärt, stehende Truppen als eine „regulata militia" zu unterhalten (Gesetz Nr. VIII/1715). Eine bestimmte Anzahl von Regimentern sollten vom König im Lande oder auch auswärts angeworben und vom Königreich besoldet und verpflegt werden. Die Stände behielten sich jedoch vor, über die erforderlichen Mittel von Fall zu Fall zu entscheiden. Durch diese Neuerungen wurden ausschließlich die Bauerngemeinden belastet. Sie hatten für die Aufbringung der erforderlichen Anzahl von Rekruten zu sorgen. Der Adlige durfte nicht gezwungen werden, in den stehenden Regimentern Dienst zu leisten.

Die Methoden der Rekrutengestellung waren verschieden. Es gab die „freiwillige", die obligatorische und die Stellung durch Auslosung. Bis zu den vierziger Jahren des 18. Jahrhunderts ernannten die Komitate „Werbungskommissare", die von Dorf zu Dorf reisten und nach Verhandlungen mit den Magistraten die Anzahl der von den einzelnen Gemeinden zu stellenden Rekruten festsetzten. Nach dem Österreichischen Erbfolgekrieg wurde die Größe der Kontingente ohne Verhandlungen vorgeschrieben.

Bei ihrem Regierungsantritt standen Maria Theresia an regulären ungarischen Truppen drei Infanterie- und acht Husarenregimenter zur Verfügung. Dagegen war in der „Insurrection" und der „Portal-Miliz" ein reiches Kräftereservoir zur Auffüllung der regulären Verbände vorhanden.

Das „Insurrection" genannte, aus der Zeit der Hussiten- und Türkeneinfälle stammende ungarische Lehensaufgebot setzte sich ursprünglich, dem Namen (insurgere = aufsitzen) entsprechend, ausschließlich aus Reitern, seit dem 16. Jahrhundert je zur Hälfte aus Reiterei und Fußvolk zusammen. Der Personal-Insurrektion als einer durch die Möglichkeit der Stellvertretung gemilderten Pflicht zur persönlichen Heerfolge unterlagen der gesamte Adel und die Geistlichen. Der Insurrektion verdankte der Adel seine bis 1848 währende Steuerfreiheit. Dabei wurden aber im Verlaufe des 18. Jahrhunderts in zahlreichen Fällen die Bauern gezwungen, an Stelle der Adligen in der „adeligen" Insurrektion zu dienen. Ferner hatten alle Herrschaftsbesitzer, gleichviel ob es sich um Adlige, Geistliche oder nur juristische Personen handelte, nach der Anzahl der untertänigen Bauernhöfe (nach den Toren gezählt und daher metonymisch als „Porten" bezeichnet) eine bestimmte Anzahl von „Portalisten" als Lehensmiliz zu Fuß oder zu Pferd gerüstet ins Feld zu stellen und zu verpflegen. Eine Chronik des 16. Jahrhunderts unterscheidet zwischen ungarischen Reitern oder „Husaren" und Fußknechten oder „Haiduken". Falls das Aufgebot jenseits der Grenzen verwendet wurde, hatte der König sämtliche weiteren Kosten zu bestreiten. Magnaten und Prälaten, die als Grundherren mindestens 50 Portalisten beizustellen hatten, konnten ihre Mannschaft unter einem eigenen Banner, dem „banderium", beisammenhalten. Schwächere Kontingente des kleinen

Adels und der Geistlichkeit mit geringerem Grundbesitze sammelten sich in den „Komitats-Banderien", die in unregelmäßige Kompanien unter den von den Gespanschaften ernannten Offizieren, den „Komitats-Kapitänen", eingeteilt wurden (Verfügung vom Jahre 1601). Gelegentlich findet sich eine Anzahl Kompanien zu „Brigaden" vereinigt.

Im Jahre 1609 wurde mit der Begründung, das „von so vielfältigen Drangsalen des Krieges und innerem Aufruhr zerrüttete und erschöpfte Land" sei „nicht nur zur Verteidigung der Grenzen, sondern selbst zur Bestreitung anderer minder kostspieliger und doch notwendiger Lasten kaum vermögend" (Gesetz-Art. LXIII), festgesetzt, daß vier Bauernhöfe oder zwölf Kleinhäusler als je eine „Porta" gezählt werden sollten. Später wurde die Insurrektion jedoch in ihrem ursprünglichen Umfange wiederhergestellt. Den Frei- und Bergstädten, aber auch bestimmten Personen geistlichen und weltlichen Standes, war nach Maßgabe ihrer Einkünfte ein Beitrag in Geld auferlegt, der zur Ausrüstung von „Insurgenten" verwendet wurde.

Der Reichstagsbeschluß von 1715 über die Aufstellung stehender Truppen (Gesetz Nr. VIII/1715) berührte nicht die Insurrektionspflicht des Adels, der Geistlichkeit und der privilegierten Städte. Die Übergänge zwischen den regulären Truppen und der Insurrektion waren nicht zuletzt aus diesem Grunde fließend. Im Jahre 1744 wurde beispielsweise im Eisenburger Komitat lebhafte Klage gegen die Gewohnheit geführt, die ungarischen Insurrektionssoldaten irreguläre Truppen zu nennen: „Warum wolle man verlangen, dass ein ungarischer Pandur, der sich noch jedem Feinde furchtbar gemacht habe, denselben Vorschriften folgen solle wie ein Grenadier?"

In Siebenbürgen bestand gleicherweise die Insurrektionspflicht. Im Notfall sollten außerdem Rekruten für fremde Regimenter durch freie Werbung aufgebracht werden. Die „Siebenbürger Sachsen" hatten nach den Bestimmungen des „Andreanischen National-Privilegiums" in Kriegsfällen 500 Mann zu stellen.

Ein freiwilliges Aufgebot in den Ländern der ungarischen Krone wurde bereits in einer geheimen Konferenz am 24. Oktober 1740 in Betracht gezogen, darüber hinaus aber beschlossen, baldmöglichst den ungarischen Reichstag einzuberufen und von ihm Gestellung von weiteren Truppen zu erbitten. Das Kommando über sämtliche Truppen in Ungarn erhielt Feldmarschall Graf Johann Pálffy gewissermaßen als Stellvertreter der Königin mit unbeschränkter Vollmacht übertragen. Er rief am 26. Januar 1741 die geistlichen und weltlichen Stände von 15 Komitaten und den Distrikt der Jazygen und Kumanen zur Gestellung von Berittenen auf.

Bevor sich das berittene freiwillige Aufgebot versammelte, hatten ungarische Magnaten und einzelne Komitate bereits auf eigene Kosten für die Armee in Schlesien bestimmte Husaren-Abteilungen („National-Husaren", „ungarische Husaren-Frei-Kompanien" oder „berittene Insurgenten") ausgerüstet, die zuerst meist zur Verstärkung der regulären Husarenregimenter dienten, später als selbständige Abteilungen verwendet wurden.

Graf Pálffys Versuch, ein freiwilliges berittenes Aufgebot zu sammeln, erbrachte nicht den erhofften Erfolg, denn die Zahl der Freiwilligen blieb weit hinter seinen Erwartungen zurück. An Stelle von 8 000 Mann, die er mit vier regulären Kavallerieregimentern zu einem Korps von 12 000 Berittenen vereinigen wollte, gelangten in zahlreichen Komitaten lediglich von Kirchenfürsten und Magnaten auf eigene Kosten bewaffnete kleine Reiterabteilungen zur Aufstellung. Die insgesamt ungefähr 400 „National-Husaren" eingerechnet, erreichte das gesamte, auf freiwilliger Basis ausgehobene und für die Armee in Schlesien bestimmte berittene ungarische Aufgebot nur etwa 2 100 Reiter. Außerdem trafen die ersten Kompanien erst am 30. Mai 1741 im Lager bei Neiße ein. Schon Ende Oktober kehrten die Freiwilligen, die infolge fehlender Mannszucht unliebsames Aufsehen erregt hatten, wieder in ihre Heimat zurück.

Unterdessen war am 18. Mai 1741 in Preßburg der Reichstag eröffnet worden. Aber erst am 13. September waren die Verhandlungen so weit gediehen, daß der Palatin die Aufstellung von 30 000 Mann Infanterie und das Aufgebot der verfassungsmäßigen Insurrektion beantragen konnte. Der Reichstag setzte die ursprünglich bewilligten 30 000 Infanteristen auf 21 622 Mann herab und verringerte die Zahl der Infanterieregimenter von dreizehn auf sechs.

Die Aufstellung der verfassungsmäßigen Insurrektion schritt äußerst langsam voran. In einem Schreiben der Königin Maria Theresia vom 31. Dezember 1741 an den Feldmarschall Prinz von Sachsen-Hildburghausen hieß es dazu: „Der in dem Landtags-Articul zur Mannschaftsstellung vorhergesehene termin ist bereits zu Ende, deme ohngeachtet nicht mehr als etliche hundert theils zur Armee nach Böhmen, theils zum Khevenhüllerschen Corps abgeschickte Portalisten bishero zum Vorschein gekommen; von den übrigen Insurgenten zu Pferd ist von denen wenigsten Comitaten noch einmahl zu wissen gewesen, was an Mannschaft und Pferden vorhanden, wan selbe aufbrechen und wan die übrige nachfolgen werden; . . ." Darüber hinaus gaben die „selbst aufsitzenden" Insurgenten, Adlige oder ihre Stellvertreter, durch mangelnde Disziplin und ihren Widerstand gegen eine Verwendung außer Landes Anlaß zu Beschwerden. Nur die Portalisten, meist ungarische Bauern- und Bürgersöhne, erwiesen sich als ein recht brauchbares Element. Sie zählten schließlich über 7 400 Berittene.

Auch die Aufstellung der sechs ungarischen Infanterieregimenter vollzog sich mühsam. Bis zum Mai 1742 waren die Regimenter (Bethlen, Haller, Szimay, Andrássy, Ujvâry und Forgâch) zu ungefähr zwei Dritteln ihres Bestandes gestellt. Das Jahr 1742 verging, ohne daß die bewilligten 21 622 Mann erreicht wurden. Es fehlten nach dem letzten vorhandenen Ausweise vom 12. Dezember 1742 nicht weniger als 3 690 Mann. Damit standen nach Berechnungen von Alexich gegen Ende des Jahres 1742 unter den Waffen: 17 932 Mann Infanterie, abzüglich 3 055 Deserteure, somit 14 877 Mann Infanterie; 13 699 Reiter, unter diesen 1 543 Edelleute; zusammen also 28 576 Mann. Davon gelangten im Jahre 1742 zu den kämpfenden Armeen oder wurden selbständig vor dem Feinde verwendet:

— bei der Hauptarmee in Böhmen und Mähren: 9 Bataillone der neuen ungarischen Regimenter mit einem Stand von 5 400 Mann, 381 Portalisten, Jazygen und Kumanen,
— an der mährisch-ungarischen Grenze: 1 809 Insurgenten,
— beim Korps Khevenhüller in Bayern und Oberösterreich: 6 Bataillone der

neuen ungarischen Regimenter mit 3 600 Mann und 1 056 Insurgenten des Preßburger und Neutraer Komitats,

— zur Auffüllung und Verstärkung der regulären Husarenregimenter: 7 400 Portalisten.

Die Gesamtzahl der wirklich zur Verwendung gelangten Truppen des ungarischen Aufgebots vom Jahre 1741 betrug dementsprechend im Jahre 1742 etwa 9 000 Mann Infanterie und 10 646 Reiter.

Zum zweitenmal wurde die ungarische Insurrektion am 18. August 1744 aufgerufen. Wiederum entsprach das Gesamtergebnis in keiner Weise den Erwartungen von 25 000 Mann. Fast ein halbes Jahr nach dem Aufruf der Königin war die in Schlesien stehende Insurrektion erst 9 182 Mann stark und wurde kaum noch zahlreicher.

Die ausführlicher geschilderten Ergebnisse des ungarischen Beitrages zur Heeresaufbringung unter Maria Theresia werfen die Frage auf, welche politischen, staatsrechtlichen und militärischen Folgerungen daraus gezogen wurden. Die Königin hatte die Unterstützung seitens der ungarischen Stände 1741 und 1744 durch bedeutende Zugeständnisse an die „avitische" Verfassung Ungarns erkauft. Daß der ungarische Reichstag aus der bedrängten Lage der Königin Kapital zu schlagen suchte, ist nicht weiter verwunderlich. Manche Begehren waren durchaus nicht unbegründet oder übertrieben. Verständlich sind insbesondere die Wünsche, die darauf abzielten, der drückenden Willkür der Militärbehörden – beispielsweise der Einwirkung der Festungskommandanten und ihrer Untergebenen auf Personen, die nicht unter militärischer Jurisdiktion standen – ein Ende zu machen und die Ämter im Lande, hauptsächlich aber die kirchlichen Pfründen, nicht Fremden zuteil werden zu lassen. In diesem Zusammenhange ist von Bedeutung, daß der ungarischen Forderung, die bisher vom kaiserlichen Generalkriegskommissariat geleiteten Kontributionskassen für die Erhaltung der regulären Armee sollten zukünftig nur von ungarischen Beamten verwaltet und dem Palatin sowie der königlichen Statthalterei untergeordnet sein, entsprochen wurde, da die Landeskommission in Ungarn, der die Geschäfte des Generalkriegskommissariats übertragen wurden, diesen nationalen Behörden ohnehin unterstand. Bedenklicher war die in beiden Tafeln des Reichstags zutage tretende Eigensucht des Adels und das unverhüllte Streben, Ungarns Sonderstellung weiter auszubauen und in noch höherem Maße als bisher einen privilegierten Staat im Staate zu schaffen. Dieses Ziel wurde denn auch mindestens bis zu einem gewissen Grade erreicht. Seit dem Jahre 1741 hat die Herrscherin keine ernsthaften Versuche mehr unternommen, die althabsburgische Zentralisationspolitik auf die östliche Hälfte der Monarchie auszudehnen. Zum besseren Verständnis des ungarischen Verhaltens darf aber nicht unerwähnt bleiben, daß die ungarische Pragmatische Sanktion in den Augen der Ungarn dadurch den Charakter eines Vertrages besaß, daß der Herrscher in einem separaten Artikel versprochen hatte, die Rechte, Freiheiten und Privilegien der Stände in der Zukunft zu bewahren. Dies bedeutete nach ständischer Auffassung die Unabhängigkeit der

Ungarn. Es zeigte sich im Österreichischen Erbfolgekrieg – einem rein dynastischen Krieg –, daß Ungarn zwar im Prinzip gewillt war, seinen sich aus der Pragmatischen Sanktion ergebenden militärischen Verpflichtungen nachzukommen und damit die Sache der Dynastie und der Gesamtmonarchie zu seiner eigenen machte, daß sich aber andererseits die ungarische Nation nicht mit dem Gedanken befreunden konnte, daß sie integrierender Bestandteil einer größeren Gemeinschaft geworden war (Miskolczy).

Zur gleichen Zeit wie in Ungarn wurde auch in Kroatien und Siebenbürgen die Insurrektion aufgeboten. Die kroatische Insurrektions-Miliz diente im ersten Schlesischen Kriege in der Stärke von 3 000 Mann zu Fuß und 400 Mann zu Pferd in Italien. Die Leistungen Siebenbürgens beschränkten sich auf die Verstärkung der regulären siebenbürgischen Regimenter. Im Jahre 1745 wurden aus der siebenbürgischen Insurrektion das Husarenregiment Szent-Kereszty (1 000 Mann) und ein sogenanntes „Sachsen-Bataillon“ (500 Mann) formiert.

3. Theresianische Staatsreform und Heeresaufbringung

Zwischen den Anforderungen der Heeresaufbringung und der Theresianischen Staatsreform von 1748/49 besteht ein ursächlicher Zusammenhang. In einer persönlich ausgearbeiteten Vorlage „Militär- und Kameralsystem“ führte der Urheber und tätigste Beförderer der Reform, Graf Haugwitz, aus, der Verlust Schlesiens sei nur infolge des Mangels an Truppen eingetreten. Böhmen und Mähren würden auch bald verlorengehen, wenn nicht stets eine genügende Truppenmacht zum Schutze dieser Gebiete bereitgestellt sei. Die Mittel zur Erhaltung der Truppen könnten aber nur dann aufgebracht und das Heer rasch verwendet werden, wenn auch die Grundherren zu größeren Steuerleistungen herangezogen würden, und wenn die Verfügung über das Militärwesen nicht mehr den Ständen, sondern ausschließlich der Regierung eingeräumt sei. Seinen Vorschlägen – Reform des Steuerwesens und Befreiung des Heerwesens von ständischem Einfluß – stimmte Maria Theresia zu. Berechnungen ergaben, daß eine Armee von 108 000 Mann stehender Truppen hinreichend wäre, den Staat, dem aus Ungarn und der Militärgrenze im Notfalle noch zahlreiche „unregelmäßige“ Truppen zu Gebote ständen, zu schützen. Gemäß den in der Folge mit allen Ländern, mit Ausnahme von Tirol, Ungarns und der österreichischen Niederlande abgeschlossenen „Rezessen“ wurden die Stände von allen Naturalleistungen für die Mannschaft und die Pferde befreit.

In dem mit den Ständen von Niederösterreich auf dem Landtag vom 14. Juni 1748 zustande gekommenen zehnjährigen Rezeß erklärt die Kaiserin, „dass die treugehorsamsten Stände mit dem Militari nicht das geringste zu thun haben, sondern sowohl der Beitrag, als die Brot- und Pferdeportiones, nicht minder der Service, die Etappen für fremde oder auch eigene Truppen im Marsche, die Vorspanne *sammt der Recrutir- und Remontirung* und was derselben mehrer Erforderniss ist, von Unsern kais. königlichen

Aerario, ohne mindeste Concurrenz des Landes besorgt, mithin von dem Lande nichts als das leere Obdach und dieses nur in so lang, als nicht ordentliche Kasernen errichtet sein werden, prästirt werden solle".

Die Kosten der Aushebung oder Werbung, der Remonten, der Ausrüstung und der Verpflegung der Truppen hatte zukünftig die zentrale Finanzverwaltung zu begleichen. Mit all diesen Aufgaben, die bis 1748 Sache der Landtagsausschüsse waren, befaßten sich nunmehr landesherrliche, im Falle der Kreisämter gemischte Behörden.

Hatte der Versuch der Kaiserin, den Ständen lediglich die Bereitstellung einer erhöhten und auf einen Zeitraum von mehreren Jahren bewilligten Kontribution zu überlassen und die Ergänzung der Regimenter mit Hilfe der Behörden, Grundherrschaften und städtischen Korporationen vorzunehmen, in den böhmisch-österreichischen Erbländern politisch weitreichende Konsequenzen, so sah sich die Herrscherin im Hinblick auf die Praxis der Mannschaftsergänzung in ihren Erwartungen getäuscht. Die österreichische Heeresaufbringung war in der Zeit nach der Theresianischen Staatsreform durch eine gewisse Unsicherheit gekennzeichnet. Dies ist nicht weiter verwunderlich. Der Aufbau der neuen Behördenorganisation erforderte Zeit, außerdem mußten, da dringend benötigte statistische Unterlagen fehlten, zuerst Volkszählungen vorgenommen werden (vgl. S. 107). Bis diese Voraussetzungen erfüllt waren, kam der Regimentswerbung erhöhte Bedeutung zu. Nach einer Bestimmung vom Jahre 1752 sollten sich die k. k. Regimenter „mittelst eigener Werbung ergänzen ..., und zwar die deutschen [Infanterie-] Regimenter in ihren Stationen, die ungarischen National-Infanterie-Regimenter in Ungarn und Siebenbürgen, die drei italienischen Regimenter in der österreichischen Lombardei und Friaul, die deutschen Kavallerie-Regimenter aber, der alt hergebrachten Observanz gemäss, in gesamten deutschen Erbländern, wo sie wollen, jedoch nur in der Stille und unter der Hand". Später wurde mit dem Patent vom 4. August 1753 der Versuch unternommen, in den Erbländern eine ständige („perpetuierliche") „Komplettierungs-Mannschaft" in der Stärke von 24 000 Mann zu unterhalten, also eine Reserve, die in der Heimat verbleiben und periodisch einexerziert werden sollte und dazu bestimmt war, in Friedenszeiten die stehenden Regimenter aufzufüllen, in Kriegszeiten die Verluste der Armee zu decken. Allem Anschein nach blieb jedoch diese Form der Heeresergänzung auf dem Papier stehen, so daß in der Praxis des Siebenjährigen Krieges die alte Zweiheit von freiem Werbegeschäft und Landrekrutenstellung fortbestand.

4. Die Heeresaufbringung nach dem Siebenjährigen Krieg

a. Die Neuregelung der „Reichswerbung" im Jahre 1765

Die „Reichswerbung" (Werbung in den außerösterreichischen Territorien des Reiches), die bis zum Untergang des Heiligen Römischen Reiches ihre überragende Bedeutung behielt, wurde am 4. Juni 1765 neu geregelt. Während bisher nur 15 Infanterieregimenter Werberayons im Reichsgebiet zugeteilt erhalten hatten, wurde nunmehr allen 37 „deutschen" Infanterieregimentern, ferner dem Tiroler Feld- und Landregiment und dem Regiment Plunquet, das sich seit seiner Errichtung durch den Markgrafen von Bayreuth vornehmlich aus Vorderösterreich rekrutierte, je ein Werberayon im Reichsgebiet zugewiesen. Ein Teil der im Reiche geworbenen Mannschaft war für die „deutschen" Kavallerieregimenter bestimmt.

Eine Ausnahme bildeten die beiden Carabinierregimenter, die ihre Abgänge nach Weisung des Hofkriegsrats aus den gesamten „deutschen" Erbländern mit Ausnahme von Krain, Görz und Gradiska deckten. Die Husarenregimenter wurden mit ihrer Komplettierung beziehungsweise Werbung an den Bereich des einen oder anderen sich aus Ungarn (seinen Nebenländern) ergänzenden Infanterieregiments gewiesen. Die später errichteten Ulanenregimenter ergänzten sich ausschließlich aus dem Bereich von Galizien.

Mit der Verkleinerung der einzelnen Werberayons infolge der neuen Regelung konnte einem Hauptübelstand des früheren Systems abgeholfen werden. Reichsfürsten, die zugleich Inhaber von kaiserlich-königlichen Regimentern waren, wurden aufgefordert, die Werbung nach Kräften zu unterstützen, und erhielten für ihre Regimenter außer dem ihnen in einem der Reichskreise zugewiesenen Rayon noch einen zweiten auf ihrem eigenen Gebiet.

Es waren dies die Regimenter Bayreuth (Freiherr von Beck Nr. 47), Deutschmeister (Nr. 4), Baden-Durlach (König der Belgier Nr. 27) und Baden-Baden (1809 als Nr. 23 aufgelöst). Außerdem erhielt noch das Regiment Königsegg (Warasdiner Regiment Freiherr von Giesl Nr. 16) außer seinem Rayon in Schwaben einen weiteren im Territorium des Bischofs von Münster, der ein Bruder des Inhabers war.

Jeder Geworbene mußte sich in einer Kapitulation mindestens auf sechs Jahre verpflichten. Von Rekruten für die Artillerie und die technischen Truppen wurde mit Rücksicht auf die schwierige Ausbildung eine lebenslängliche Dienstverpflichtung gefordert.

Mit der Leitung der Reichswerbung wurde ein General als „Reichs-Werbungs-Director" mit Amtssitz in Frankfurt am Main betraut, als erster der Generalmajor und spätere Feldmarschalleutnant Joseph Freiherr von Ried. Er warb außerdem reichsdeutsche Familien für die Ansiedlung in der Banater Militärgrenze. Die Reichswerbung hatte infolge der Unberechenbarkeit der Partikulargewalten und der Konkurrenz anderer Staaten mit mannigfachen

Schwierigkeiten zu kämpfen. Insbesondere Preußen suchte die Tätigkeit österreichischer Werbeoffiziere mit allen Mitteln zu erschweren. Trotzdem lieferte die Werbung auf Reichsboden der österreichischen Armee ein ansehnliches Rekrutenkontingent. Vom Jahre 1765 bis zum Ende des Jahres 1790 wurden 118 909 Reichsdeutsche für die Infanterie, 3 294 für die Kavallerie angeworben.

b. Die „Konskription"

Die Reichswerbung reichte bei weitem nicht aus, den Ersatz des Heeres zu decken. Durch Werbung innerhalb der österreichischen Monarchie wurden auch nicht genügend Rekruten dem Heer zugeführt. Die Unzweckmäßigkeit der Mannschaftsgestellung durch die Stände war offensichtlich. Aus allen diesen Gründen ging die Regierung dazu über, die Konskription als Mittel der Heeresaufbringung anzuwenden. Der Terminus „Konskription" tauchte also schon in dieser Zeit auf, nicht erst, wie manchmal angenommen wird, im Gefolge der Französischen Revolution.

Die einschlägige österreichische Literatur erwähnt allgemein, daß in der zweiten Hälfte des 18. Jahrhunderts mindestens zeitweise in den meisten Ländern der Monarchie „konskribiert" worden sei und daß sich die österreichische Armee seit 1771 (so Wrede) teilweise mittels der (Militär-)Konskription ergänzt habe. Der Terminus ist auch nicht erst nachträglich von der österreichischen Verwaltung, den militärischen Fachschriftstellern und der Geschichtschreibung aufgegriffen und rückwirkend verwendet worden, sondern stammt aus der Zeit. Allerdings wurde in Österreich unter „Konskription" nicht dasselbe verstanden wie später in Frankreich, wo der Ausdruck bald eine bedingte allgemeine Wehrpflicht bezeichnete. Im theresianischen und josephinischen Österreich besaß der Terminus eine doppelte Bedeutung. Unter der Konskription im weiteren Sinne wurde eine statistische Aufnahme der gesamten Bevölkerung verstanden, dagegen bedeutete die Konskription im engeren Sinne des Wortes eine Einreihung bestimmter Teile der Bevölkerung unter die militärdienstpflichtigen Personen. Wer in die Rubrik der „zu anderen Staats-Notdürften Anwendbaren" eingetragen wurde, mußte damit rechnen, ins Heer eingereiht zu werden. („Die Conscription ist die Aufnahme der Volksmenge überhaupt und der Qualification des Einzelnen insbesondere, mit Rücksicht, die Armee, ohne Nachtheil des Nährstandes, beständig vollzählig zu erhalten." „Conscriptions- und Rekrutierungssystem" vom 25. Oktober 1804, Erster Abschnitt, § 1.)

An der Durchführung der Konskription hatten alle Zweige der im Ausbau begriffenen staatlichen Verwaltung, ganz besonders aber die Militärverwaltung, ein starkes Interesse. Eine Statistik mindestens der erwachsenen männlichen Bevölkerung mußte erstellt werden, bevor fest abgegrenzte Aushebungsdistrikte an die einzelnen Regimenter verteilt werden konnten. Am Theresianum in Wien wirkte damals der bekannte Staatswissenschaftler Johann Heinrich Gottlob v. Justi, der in seinen Werken über die Staatswirtschaft die theoretischen Grundlagen für die Zählungen niederlegte. Die Durchführung der Konskription beanspruchte lange Zeit und vollzog sich auf verschiedene Weise und mit verschiedenartiger Zielsetzung. Unter der Regierung Maria Theresias wurden zunächst einmal in den Jahren 1753 bis 1769 sogenannte „Seelenkonsignationen“ durchgeführt.

Am Anfang der „Seelenkonsignationen“ steht das Reskript vom 13. Oktober 1753. Aufnahmebehörden waren nach seinem Wortlaut ausschließlich die Seelsorger. Ein weiteres Reskript vom 27. Oktober 1753 ordnete eine vollständige Landesbeschreibung über 38, jedes Landgut betreffende Fragepunkte an. Zu einer Durchführung der in diesen beiden Reskripten angeordneten Volkszählungen scheint es nicht gekommen zu sein. Ihre Bedeutung liegt hauptsächlich in dem Einfluß, den sie auf die Gesetzgebung des folgenden Jahres hatten. Unter ausdrücklicher Berufung auf das Reskript vom 27. Oktober 1753 wurde nämlich auf Grund eines Vortrages des Grafen Haugwitz das Reskript vom 7. Januar 1754 an die Länder-Repräsentationen erlassen, in dem es heißt, daß „zur größeren Leichtigkeit und aus mehreren für den a. h. Dienst und selbst zu des Publici Diensten die Anzahl der treugehorsamsten Untertanen verlässlich zu wissen, in den gesamten deutschen Erblanden durch die Obrigkeiten und Magistrate alljährlich mit Anfang eines jeden Jahres eine verlässliche Seelen-Konsignation oder Konskriptions-Tabelle nach dem zu diesem Behufe entworfenen Schema verfasst werde“. Die Durchführung der Seelenkonsignation galt also ausdrücklich als Sache der weltlichen Behörden. Die Geistlichen hatten gemäß Reskript vom 16. Februar 1754 parallel mit den weltlichen Behörden zu arbeiten (Doppelzählung). Den Abschluß der ersten gesetzgeberischen Epoche bildete das Hofdekret vom 2. März 1754 über die Häuserbeschreibung, das heißt eine Zählung der bewohnten Gebäude. Im selben Jahre wurde auf diese Weise für Böhmen, Mähren, Schlesien, Niederösterreich, Oberösterreich, Steiermark, Kärnten, Krain, Görz und Gradiska, Tirol mit Vorarlberg eine Bevölkerung von 6 134 558 Seelen festgestellt. Die Auswahl der Altersgruppen läßt unschwer erkennen, daß militärische Gesichtspunkte bereits eine bedeutende Rolle spielten. Die Gruppe der Zwanzig- bis Vierzigjährigen war als eine Einheit zusammengefaßt, die Fünfzehn- bis Zwanzigjährigen und die Vierzig- bis Fünfzigjährigen wurden als kleine Gruppen ausgeschieden, während darunter und darüber wieder nur die Summen aufgeführt waren. Im Jahre 1755 wurde beispielsweise bekanntgegeben, „dass die auf das Königreich Böhmen nach dem Hauptdivisor ausgefallenen 2 081 Köpfe Rekruten, nebst denen, so von jeden 150 Häusern zu stellen kommen, zur Übernahme festgestellt seien“. Sechs Jahre danach, 1761, wurde die Zählung wieder aufgenommen, 1762 das Seelenkonsignationswesen neu organisiert und dabei der Grundsatz der Gleichförmigkeit der weltlichen und geistlichen Zählung aufgegeben. Der wichtigste Unterschied gegenüber der geistlichen Zählung nach den Normen vom 16. Februar 1754 bestand darin, daß der Standpunkt der reinen Zählung verlassen und Elemente aus dem Gebiete der Bevölkerungsbewegung aufgenommen wurden. Was die weltliche Zählung betrifft, so war die Konsignationsgesetzgebung der Jahre 1761 und 1762 von dem Bestreben gekennzeichnet, auch Einblicke in die Siedlungsverhältnisse sowie in die ständische und zum Teil berufliche Gliederung der Bevölkerung zu gewinnen. Nach dem Dekret vom 11. Dezember 1763 wurde der Standpunkt der Zählung der Bevölkerung als Bestandesmasse auch für die Aktion der weltlichen Behörden verlassen und die Bewegung der Bevölkerung zum Gegenstande der Aufzeichnung anläßlich der Seelenkonsignation gemacht. Zählungen nach dem nunmehrigen Stande der Gesetzgebung scheinen nicht stattgefunden zu haben.

Überwog bei diesen „politisch-kirchlichen Seelenkonsignationen“ noch das volkswirtschaftliche und politische Interesse an der Volkszahl, so wurde es bei den späteren Zählungen, den „politisch-militärischen Seelenbeschreibungen", von den Maßnahmen zum Zwecke der Heeresergänzung überlagert.

Am Anfang der „politisch-militärischen Seelenbeschreibungen" oder „Seelenkonskriptionen" steht das Patent für die böhmischen, nieder- und innerösterreichischen Erbländer vom 10. März 1770:

„Nachdem Wir missfällig vernommen, dass während letzterem Krieg verschiedene Untertanen von ihrem Gewerbe, Gründen, Weibern und Kindern unter den Soldatenstand hinweggenommen, oder wegen gewaltsamer Rekrutenstellung auf vielfältige Art gedrücket und gekränkt worden, Uns aber nichts mehr am Herzen liegt, als die nötige Kriegsmacht in solcher Mass unterhalten zu können, dass der Bürger und Fabrikant bei seiner Hantierung und Gewerbe, der Bauer aber bei seinem Grunde ruhig verbleiben, die einzigen Söhne, auch einzigen Tochter-Männer, die Kommerzial-Werkmeister, Gesellen und Jungen, oder immer sonst der Agrikultur, dem Handwerk, denen Fabriken, Manufakturen, und Kommerzio nötig, dabei ungestört belassen werden möge.

So haben Wir für nötig befunden, eine allgemeine Seelen Beschreibung zu veranlassen, um alsdann ein Mittel festzusetzen, wie anstatt der bisherigen, dem Untertan zur Last gefallenen Rekrutierung, wovon niemand sicher wäre, auf eine andere jedermänniglich unschädliche, ja heilsame, und selbst dem Rekruten angenehme Art, da er durch die eingeführte Beurlaubung die meiste Zeit des Jahrs, wann er will, bei dem Seinigen verbleiben, und in seinem Geburts Ort einen Verdienst sich erwerben kann, der Wehrstand zum allgemeinen Schutz sicher gestellt werden könnte.

Zu diesem Ende hat diese allgemeine Beschreibung von kreisämtlichen Kommissarien, und Militär-Offizieren gemeinschaftlich zu geschehen, und ist zugleich auch die Konskription des Zug Viehes, und die Nummerierung der Häuser auf die von uns vorgeschriebene Art und Weis vorzunehmen ..."

Das Patent führte also eine doppelte Konskription „ex parte civili" und „ex parte militari" ein, wobei einige Länder „militariter" und „civiliter", andere dagegen nur „civiliter" konskribiert wurden. Das wurde bisher von der österreichischen Militärgeschichtschreibung nicht beachtet. Zu den erstgenannten Ländern rechneten Böhmen, Mähren, Schlesien, Niederösterreich, Oberösterreich, Steiermark, Kärnten, Krain, Gradiska, zu den letzteren Görz, Triest, Istrien, Tirol, Vorarlberg, Vorderösterreich, Galizien, die Bukowina, Ungarn, Siebenbürgen, Kroatien-Slawonien, die Militärgrenze, Italien und die Niederlande. Wenn also in einigen Quellen oder Darstellungen von „konskribierten" und „nicht konskribierten" Ländern gesprochen wird, so dürften unter den erstgenannten die „militariter" und „civiliter" konskribierten, unter den letzteren die nur „civiliter" konskribierten zu verstehen sein.

An der Einführung der politisch-militärischen Seelenbeschreibung war der Hofkriegsratspräsident Feldmarschall Graf Lacy (vgl. S. 82) entscheidend beteiligt. Er hatte 1769 den Länderbehörden dargelegt, die Konskription bedeute nicht, daß die gesamte Bevölkerung zu Soldaten gemacht werde, sondern sei nur eine Zählung. Nach seinen Vorschlägen sollte die „Beschreibung" aller Untertanen männlichen Geschlechts ohne Unterschied von Alter und Beruf in allen Erbländern mit Ausnahme von Tirol, der Niederlande und Ungarns im engsten Einvernehmen der Landesverwaltungen und Generalkommandos nach einer vorangehenden Numerierung der Häuser stattfinden. Die seit 1770 vorbereitenden administrativen Arbeiten wie Seelenbeschreibungen und Häusernumerierung ermöglichten, daß im Frühjahr 1771 die Einteilung in die Werbebezirke und Kompaniedistrikte und die Errichtung der Militärbücher aus den Konskriptionstabellen angeordnet und später sämtlichen 37 „deutschen“ Infanterieregimentern in den „militariter“ und „civiliter“ konskribierten Erbländern ständige Werbebezirke zugewiesen werden konnten. Aus den Werbebezirken der „deutschen“ Infanterieregimenter in Böhmen, Mähren, Schlesien, Österreich ob und unter der Enns und den deutschsprachigen Gegenden der Steiermark und Kärntens oder aus den Regimentern selbst ergänzten sich auch die „deutschen“ Kavallerieregimenter. Nachdem bei der ersten Teilung Polens (1772) Galizien an Österreich gefallen war, erhielten 18, im Jahre 1782 alle 37 „deutschen“ Infanterieregimenter je einen Aushilfswerbebezirk in dem 1773 „civiliter“ konskribierten Galizien.

Wurde in den Jahren von 1770 bis 1776 im größeren Teil des österreichischen Staatsgebiets „civiliter“, im kleineren Teil überwiegend „militariter“ konskribiert, wobei die Konskription auch die Fremden und, zumindest „ex parte civili“, auch die Frauen erfaßte, so versuchte seit 1777 Joseph II., ein einheitliches, von ausgesprochen militärischen Gesichtspunkten bestimmtes Zählungswesen einzuführen. In der Konskriptionsgesetzgebung des Jahres 1777 wurden Militär- und Zivilkonskription enger verbunden und die Art des Vorgehens geändert. Zwei Jahre später ordnete der Kaiser die „Evidenzhaltung“, also die ständige Fortführung der Populationsbücher an.

Die Kirchenbücherextrakte und sonstigen Untertanenlisten, aus denen die Konskriptionsoffiziere und -kommissare bisher die partikularen Hausbeschreibungen bei der Vornahme der Konskription selbst zu verfassen hatten, entfielen. Die Abfassung der Individualfamilien- und Hausbogen und ihre Zusammenfassung zu „Populationsbüchern“ besorgte die Ortsobrigkeit, die Populationsbücher waren von den Beauftragten der Militär- und Zivilbehörden anläßlich der Visitationsreisen lediglich auf ihre Richtigkeit zu prüfen und allenfalls zu korrigieren. Eines der doppelt zu erstellenden Populationsbücher blieb im Besitze der örtlichen Behörde, das andere wurde der zuständigen Kompanie übergeben.

Das oft erwähnte „Conscriptions- und Werb-Bezirks-System“ von 1781 knüpfte an ein Zirkular vom 30. August 1779 für die Steiermark an, das als Neuerung die Bezirkskommissare eingeführt hatte, „nachdem vor notwendig befunden worden, zur besseren Konzentrierung derer Werbbezirksgeschäfte auch politischerseits das ganze Land in gewisse Bezirke, und zwar nach denen Pfarren, einzuteilen ...“ Grundlagen der politisch-militärischen Einteilung waren demnach die Pfarren.

Nach den Bestimmungen des „Conscriptions- und Werb-Gezirkssystems“ für Niederösterreich (Kriegsarchiv Wien, „Memoires“ XXIV, Nr. 51) hatten die Werbebezirksoffiziere alljährlich von Ende Februar bis Ende Mai eine „Visitation“ oder „Localrevision“ der Werbebezirke vorzunehmen. Zu dieser Revision hatten die Vertreter der

Zivilbehörden ihre laufend berichtigten Populationsbücher mitzubringen. Solche Bücher befanden sich nunmehr auch bei den Bezirkskommissaren und nicht nur, wie früher, bei den Ortsobrigkeiten. Anhand der zivilen Exemplare berichtigten die Werbebezirksoffiziere die sich im Besitze des Militärs befindlichen Doppel der Populationsbücher. Dann wurden die „Ortschaftssummarien" und aus diesen die „Kompaniebezirkssummarien" im Doppel verfaßt und ein Exemplar dem betreffenden Regiment, das andere dem Kreisamt zugestellt. Diese verfaßten die Summarien über den Regimentsbezirk und übersandten sie dem Generalkommando beziehungsweise der politischen Landesstelle. Die Angaben der Generalkommandos und der Landesstellen ermöglichten es dem Hofkriegsrat und der böhmisch-österreichischen Hofkanzlei, sich ein Bild über den jeweiligen Bevölkerungsstand zu machen. Der Viehbestand wurde alljährlich bei der Revision der Werbebezirke neu aufgenommen (nur Pferde, Zug- und Mastochsen). Das Zirkular weist im weiteren darauf hin, daß die den 37 „deutschen" Infanterieregimentern zugewiesenen Werbebezirke noch sehr ungleich seien. Aus diesem Grunde sei die Einteilung durch die Generalkommandos im Einvernehmen mit den politischen Landesstellen zu berichtigen. Dasselbe habe mit den 16 Kompaniebezirken eines jeden Regimentsbezirks zu geschehen. Diese Korrekturen könnten zur Folge haben, daß nicht überall ein Infanterieregiment einen Kreis oder ein Viertel, wie sie nach der politischen Landeseinteilung bestünden, zum Werbebezirk bekomme.

Zu den Charakteristiken der josephinischen Gesetzgebung gehörten insbesondere die mit dem Konskriptionswesen in Verbindung gebrachten, aber doch nur militärischen Rücksichten entsprungenen Beschränkungen der persönlichen Freiheit nicht nur bezüglich der Freizügigkeit, sondern auch bezüglich der Eheschließung und des Abschlusses von Arbeits- und Dienstverträgen. Die Dienstpflicht erfaßte vor allem die untersten, besitzlosen Schichten, soweit sie nicht auf Grund eines besonderen Status mindestens zeitweilig eximiert waren. Befreit waren nach den Bestimmungen des „Individuellen Haus- und Familienbogens", wie er durch die Konskriptionsgesetzgebung des Jahres 1777 geschaffen wurde, die Geistlichkeit und der Adel, Beamte und Honoratioren, die Bürger in den Städten und die „Professionisten" auf dem Lande, die Bauern, soweit sie mindestens ein Viertelbauerngut bewirtschafteten, die nächsten Erben dieser Bürger und Bauern und einige andere, gesondert bezeichnete Berufe.

In Ober- und Niederösterreich, Böhmen, Mähren und Schlesien, Innerösterreich und Galizien, also in den Gebieten, auf die sich das Patent von 1777 bezog, konnte die josephinische Konskription ohne nennenswerte Schwierigkeiten durchgeführt werden. Entscheidend war dabei wohl, daß mit Ausnahme Galiziens alle diese Gebiete bereits „militariter" konskribiert waren. Dagegen begegnete sie, als sie 1784 in Tirol, Vorarlberg und Ungarn und später auch in Vorderösterreich eingeführt wurde, ernsthaftem, allerdings sehr verschiedenartig motiviertem Widerstand.

In Tirol war noch jeder Versuch, das wenig überzeugende Defensionswesen durch eine sich aus Tirol ergänzende stehende Truppe zu ersetzen, gescheitert. Das seit 1745 als einziges dauernd unterhaltene „Tiroler Feld- und Landregiment" erfreute sich keiner Beliebtheit und ergänzte sich weitgehend durch die Reichswerbung. Nunmehr sollte sich das Regiment gleich den übrigen „deutschen" Regimentern zu zwei Dritteln aus Landeskindern und nur zu einem Drittel aus Ausländern zusammensetzen und der jährliche Abgang ausgehoben werden. Der Herd des Widerstandes gegen die josephinische Konskription lag in den formell immer noch reichsunmittelbaren, faktisch aber längst vom Tiroler Landesfürsten beherrschten Fürstbistümern Trient und Brixen, mit denen seit langem ein Rezeß bestand, der sie in Notzeiten zur Verteidigung, sonst aber zu keinerlei Rekrutenstellung verpflichtete. Unter Leopold II. wurde die josephinische Konskription in Tirol wieder abgeschafft.

Der Widerstand des ungarischen Adels gegen die Konskription muß in einem größeren Zusammenhang gesehen werden. Der Doktrinarismus der josephinischen Verwaltungsgrundsätze schien zunächst die ungarischen Selbständigkeitsbestrebungen zu unterstützen. Mit verschiedenen organisatorischen Maßnahmen erreichte Kaiser Joseph II. das ihm vorschwebende Ideal eines gleichen Verwaltungsaufbaues diesseits wie jenseits der Leitha, allerdings um den hohen Preis, daß jetzt die Länder der Stephanskrone nicht nur staatsrechtlich, sondern auch administrativ einen von den anderen Erbländern deutlich geschiedenen, in sich geschlossenen Staat bildeten. Die von den Magyaren scheinbar so leicht und unerwartet errungenen Vorteile wurden auf einen Schlag zunichte gemacht, als der Kaiser 1785 die Komitatsverfassung – die ständische Selbstverwaltung – zertrümmerte. Die ganze Administration, die Polizei und die Finanzen befanden sich nunmehr in den Händen ausschließlich von der Regierung ernannter Kommissare. Die ihnen unterstellten Vizegespane behielten zwar ihren früheren Titel, wurden aber statt gewählter Obrigkeiten Kronbeamte (Walter). Gegen dieses fremdsprachige Beamtentum, gegen die Militärkonskription als behördliche Maßnahme kämpfte der einheimische Adel. Zudem wurden – nicht zum erstenmal – Stimmen laut, welche eine „Nationalisierung" der ungarischen Truppen forderten. In einer 1790 erschienenen Streitschrift „Hungaria graviter aegra" heißt es: „Das ungarische Königreich blieb ohne Macht und Schutz. Die heimischen Soldaten befanden sich fast immer außerhalb der Grenzen ihres Vaterlandes, unter dem Oberbefehl fremder Generale und ohne Anwartschaft auf Beförderung. Ihr Eid legte ihnen nur Pflichten gegen den König und nicht gegen das Königreich auf." Der ungünstige Verlauf der Türkenkriege und die Gefahr eines Aufstands in Ungarn zwangen Kaiser Joseph II., seine in Ungarn vollzogenen Reformen, auch die militärischen, wieder aufzuheben und die Militärkonskription – die letzten Zählungen hatten 1787 stattgefunden – abzuschaffen. Die Rekruten wurden in Ungarn weiterhin durch Stellung oder sehr viel häufiger durch Werbung aufgebracht.

Auch in Vorderösterreich stieß das josephinische Konskriptionssystem – das Kantons- oder Werbebezirkssystem war 1787 eingeführt worden – auf Widerstand. Die erste Stelle, die gegen die Neueinführung Einwände erhob, war die Regierung in Freiburg im Breisgau. Sie erklärte, aus Mangel an Personal die gemeinschaftlichen Untersuchungs- und monatlichen Militärkommissionen nicht abhalten zu können. Als Begründung wurde angeführt, daß in Vorderösterreich unter Maria Theresia keine Kreisämter aufgestellt worden seien, wie in den übrigen Erbländern. Der Einwand war berechtigt. Daß Kreisämter fehlten, ist beispielsweise daraus zu ersehen, daß die vorderösterreichischen Stände bis zum Jahre 1788 die Versorgung und Einquartierung der Truppen zu übernehmen hatten. Die Beschwerden der Stände wurden von der Regierung mit zustimmenden Bemerkungen nach Wien weitergeleitet. Im besonderen forderten die Stände die Gewährung von Kapitulationen an die konskribierten Untertanen der Vorlande. Die Gärung im Hauensteinischen und die Unruhen in der Ortenau vom August 1789 standen in direktem Zusammenhang mit der Durchführung der Militärkonskription. Im September 1789 wurde den vorderösterreichischen Rekruten eine achtjährige Kapitulation bewilligt, unter Leopold II. die landständische Rekrutenstellung wiederhergestellt. Die Stände hatten unter der Oberaufsicht und Leitung der Regierung und Kammer die Aufgaben der in Vorderösterreich nicht vorhandenen Kreisämter zu übernehmen. Wenn sie in Notzeiten ihren Aufgaben nicht rasch genug gerecht wurden, setzte man sich einfach über sie hinweg.

Nicht durchgeführt wurde die josephinische Konskription in den österreichischen Niederlanden, wo sich die Regimenter aus der gesamten Provinz ergänzten, und in Italien; dort ergänzte sich das Regiment Belgiojoso Nr. 44 vorwiegend aus dem Mailändischen, Caprara Nr. 48 aus dem Mantuanischen.

Zwischen dem preußischen Kanton- und dem österreichischen Militärkonskriptionssystem bestehen – wenn man von der Rolle des landsässigen Adels absieht – mannigfache Übereinstimmungen. Gemäß einer Verordnung vom 9. Mai 1763 sollte den aus den deutschen und ungarischen Erbländern gebürtigen Untertanen keine Kapitulation mehr erteilt, „sondern dieselben zu beständigen Kriegsdiensten angenommen werden". Bezeichnenderweise enthält auch die erste umfassende Denkschrift Lacys zu diesem Thema vom 19. Juli 1764 einen Angriff auf die Kapitulation von Inländern, das heißt auf die bisher sowohl bei der durch freie Werbung aufgebrachten Mannschaft als auch bei den Landrekruten übliche zeitlich befristete Dienstverpflichtung des einzelnen Mannes. Kaiser Joseph II. forderte Ende 1765 ausdrücklich die Einführung von „Kantonen", worunter er wahrscheinlich die Errichtung von Werbebezirken oder die Verteilung von Werbebezirken an die Regimenter nach vorangegangener Militärkonskription verstand. Seine Forderung wiederholte er in einem zweiten Memorandum vom 28. Dezember 1766. Als Grundlage diente ihm eine Ausarbeitung Lacys über die Bedürfnisse des Heeres. Die Kaiserin riet hinsichtlich der Einführung der Kantone zu äußerster Vorsicht, damit nicht angestammte Rechte, die der Souverän zu berücksichtigen verpflichtet sei, verletzt würden. Hingegen folgte sie Lacys Vorschlägen bezüglich lebenslänglicher Dienstpflicht, Abschied gegen Stellung von Ersatzleuten und Möglichkeit der Beurlaubung. Im Jahre 1769 betonte Lacy, daß die Ausgehobenen damit rechnen könnten, nach einer angemessenen Ausbildungszeit wieder nach Hause beurlaubt zu werden. Diejenigen aber, welche die fallweise Ergänzung auf den Kriegsfuß decken und in den Regimentslisten als zur Verfügung bereit geführt werden sollten, würden ohne vorangehende Ausbildung auf unbestimmte Zeit beurlaubt.

Vergleicht man die Vorschläge mit den Verhältnissen in Brandenburg-Preußen (vgl. Abschnitt I), dann entsprachen die den k. k. Regimentern nach 1771 zugewiesenen Werbe- oder Ergänzungsbezirke den preußischen Kantonen. Wie in der Monarchie der Hohenzollern wurden auch in den der josephinischen Konskription unterworfenen Provinzen Österreichs die bäuerlichen Untertanen vor der Werbung gesetzlich gesichert. Seit 1780 war die Regimentswerbung konskribierter Untertanen untersagt. Fortan erstreckte sich die inländische Werbung in den konskribierten Provinzen auf freiwillig sich stellende Eximierte und auf Ausländer, die sich im Inland aufhielten.

Wie in Preußen setzten sich auch in Österreich mindestens die Kompanien der „deutschen" Regimenter zu bestimmten Teilen aus Ausländern und Inländern zusammen. Gemäß einem hofkriegsrätlichen Reskript vom Jahre 1779 (Formanek, ebenso im „Stand und Verpflegsregulament der ganzen k. k. Armee" vom 18. April 1785) hatte eine Füsilierkompanie eine Friedensstärke von 160 Mann, darunter sollten sich 60 geworbene Ausländer befinden. Von den Inländern standen im Frieden nur ungefähr drei Fünftel im aktiven Dienst, die übrigen wurden nach ihrer Ausbildungszeit beurlaubt („Unbestimmtbeurlaubte aus dem dienstleistenden Stande"). Neben diesen Beurlaubten gab es andere, die „aus der Massa der zum Militärstande gewidmeten Menschen des Werbgezirks unter die Unbestimmtbeurlaubte gesetzet werden". Letztere sollten nach den Bestimmungen des „Conscriptions- und Werbgezirkssystems" für Niederösterreich vom Jahre 1781 „künftig nicht mehr assentiret, sondern blos visitiret, und gemessen werden". Aus ihren Reihen wurde alljährlich der „sich ergebende Abgang an innländischer Mannschaft auf den Friedenfuß nicht nur für gesammte Werbgezirks-Infanterieregimenter, sondern auch für die deutsche Kavallerie, Artillerie, und übrige Korps ... ersetzet", doch war es den Ländern erlaubt, an Stelle der Beurlaubten „Tabackschwärzer, Wildprätschützen, und andere in geringen – die Infamie nicht nach sich ziehenden Verbrechen befangene, der Flucht verdächtige, anderwärts ohne Paß betretene, oder als Vagabunde eingebrachte Unterthanen ... ad militiam abzugeben". „So bald auf die angezeigte Art, und Weise, den Regimentern der gesammte Abgang an Innländern auf den Friedenstand aus den Unbestimmtbeurlaubten ersetzet worden ist, wird gemeinschäftlich zwischen dem Militär, und dem Politico, ohne hiezu erst den Befehl von dem Hofkriegsrathe, und von der böheimisch-österreichischen Hofkanzley abzuwarten, die Einleitung zur Ergänzung der Unbestimmtbeurlaubten, und deren Aushebung aus den Werbgezirken ... getroffen ..." Die Aufteilung der erforderlichen Mannschaft auf die Kreise und Bezirke und auf die Dominien und Obrigkeiten wurde nach dem Verhältnis „der zum Wehrstande angemessenen Menschen" durch die Landesstellen und Generalkommandos beziehungsweise durch die Kreisämter und Werbebezirksregimenter vorgenommen. Mittels der sogenannten Widmungsrollen machten die Dominien und Obrigkeiten den Kompaniebezirkskommandanten die Namen und Anschriften (Häusernummern) der „zur nächsten Rekrutenstellung ausgewählten Individuen" bekannt. Letztere wurden dann auf Befehl der Kompaniekommandanten abgeholt, visitiert und gemessen und anschließend wieder auf „Unbestimmtenurlaub" nach Hause geschickt.

Nach den Bestimmungen von 1779/85 waren für den Kriegsfall pro Kompanie über den Friedensstand von 160 Mann hinaus weitere 40 Inländer auf unbestimmte Zeit beurlaubt. Abgänge an Ausländern durften nicht durch Inländer, sondern nur durch Wiederverpflichtung oder Neuanwerbung von Landesfremden ausgeglichen werden. Gemäß dem „Capitulations-Normale" von 1777 waren ausschließlich Ausländer einer Kapitulation auf Zeit fähig. Die Militärpflichtigkeit (Stellungspflicht) der Inländer erstreckte sich bei der Infanterie und Kavallerie vom 17. bis zum 40. Lebensjahre. Die eigentliche Militärdienstzeit jedes assentierten inländischen Soldaten währte lebenslänglich. Eine Ausnahme bildeten beispielsweise die vorderösterreichischen Rekruten, denen 1789 das Recht eingeräumt wurde, nur auf acht Jahre zu kapitulieren. Diese Regelungen hatten zur Folge, daß sich zahlreiche österreichische Untertanen freiwillig der Reichswerbung stellten, weil sie dort eine Kapitulation und ein höheres Handgeld erhielten.

Die Mobilisation des Heeres wurde durch das System der Beurlaubungen sehr stark verzögert. Ein vom Hofkriegsrat ausgearbeiteter „Entwurf zur Mobilmachung" vom Jahre 1782 besagt, daß ein Linienregiment, das lediglich mit seinem vorhandenen Mannschaftsstande ausrückte, vom Augenblick, da die entsprechende Anordnung des Hofkriegsrats erging, bis zum Marschantritt 19 Tage benötigte, da es allein schon 16 Tage dauerte, bis der Befehl von Wien über die Generalkommandos an die Truppe gelangte. Falls aber zunächst noch die Urlauber einberufen wurden, dauerte es 48 bis 90 Tage, bevor ein Regiment marschfertig war.

Mit diesem sich teils auf der Basis der freien Werbung, teils durch Stellung seitens der Stände und teils durch das dem preußischen Kantonsystem verwandte josephinische Konskriptionssystem rekrutierenden Heer trat die österreichische Monarchie 1792 in die Revolutionskriege ein. In den zehn Jahren seit Einführung des „Conscriptions- und Werb-Bezirks-Systems" von 1781 hatten allerdings die Aufhebung der Leibeigenschaft und die damit verbundene Gründung kleiner Bauerngüter, die unbeschränkte Heiratsbewilligung und die vermehrte Landflucht, ferner die Verluste der Türkenkriege die Zahl der Dienstpflichtigen erheblich vermindert. Darüber hinaus aber sahen sich die Militärbehörden bald vor ein neues Problem gestellt: die Volksbewaffnung.

5. Die Heeresaufbringung im Zeichen der Volksbewaffnung

a. Probleme der Volksbewaffnung bis 1797

Die Idee einer modernen, nicht nur zur Ergänzung des stehenden Heeres gedachten Volksbewaffnung wurde in Österreich sehr früh aufgegriffen. Bereits gegen das Ende der achtziger Jahre des 18. Jahrhunderts forderte der in österreichischen Diensten stehende Franke Wilhelm Friedrich v. Meyern (1759–1829) in seinem Roman „Dya-Na-Sore" ein „Nationalheer", das sich aus einem auf der Basis zweijähriger Dienstpflicht beruhenden „Feldheer", aus einer zum Schutze der heimischen Provinzen aufzustellenden „Landwehr" und dem „Landsturm" zur Verteidigung des eigenen Herdes zusammensetzen sollte (vgl. Abschnitt II, S. 57 f.). Der vorderösterreichische Regierungspräsident Freiherr Joseph von Sumeraw, eine verantwortungsfreudige Persönlichkeit, beschäftigte sich dann wenige Jahre später angesichts der Bedrohung der habsburgischen Besitzungen durch Heere der Französischen Revolution ebenfalls mit Volksbewaffnungsplänen. Er fand eine günstige Atmosphäre vor, denn dank der aufgeklärten und ausgesprochen bauernfreundlichen Regierungsweise Josephs II. hatten sich im Bauerntum Vorderösterreichs starke Abwehrkräfte gegen die Revolution gebildet. Außerdem konnte Sumeraw auf das Vertrauen der Wiener Zentralregierung und seit dem Frühjahr 1793 auf die Unterstützung des kaiserlichen Oberbefehlshabers am Oberrhein, Graf Dagobert Wurmser, zählen. General Wurmser rief am 25. März 1793 den „Landmann am Rhein“ auf, sich zu bewaffnen und gemeinsam mit dem Militär die Grenze zu verteidigen.

Der erste Anstoß zu einer, wenn auch räumlich beschränkten „levée en masse“ in Österreich ging also von einem Beamten und einem kaiserlichen General aus (vgl. Abschnitt II, S. 57 ff.). In der zweiten Hälfte des Jahres 1793 und zu Beginn des folgenden Jahres wurde dann von österreichischer Seite eine Volksbewaffnung größeren Ausmaßes, nämlich eine allgemeine Bewaffnung der Grenzbevölkerung oder sogar sämtlicher Reichsuntertanen, vorgeschlagen. Die Unzulänglichkeiten der Reichsverfassung und vor allem preußischer Widerstand ließen jedoch den österreichischen Versuch scheitern, reichspatriotische Gesinnung weiter Kreise der Bevölkerung militärisch auszunutzen. Nur in einzelnen Landschaften, darunter im österreichischen Breisgau, wurden die Volksbewaffnungspläne weiter verfolgt. Wie schon 1793, wurde auch 1794 und 1795 der breisgauische Landsturm für Aufgaben wie Bewachung zeitweilig aufgeboten. Während des französischen Vormarsches im Jahre 1796 wurden zahlreiche Landsturmmannschaften in Gefechte und Scharmützel verwickelt. Im allgemeinen bestanden sie die Feuerprobe mit Tapferkeit. Aber erst seit dem Rückzuge der Franzosen durch Schwaben, den Schwarzwald und den Breisgau bot sich die Möglichkeit, das Volksaufgebot in ganzer Breite einzusetzen. Eine umfassende Abwehrbewegung stand am Ende einer Entwicklung, die vom Versuch eines allgemeinen Aufgebots („freiwillige Bewaffnung des Landmannes“, „Volksbewaffnung“, „Defensionsdienst“, „Landaufgebot“) zu einer festeren Milizform („Landmiliz“, „Landsturm“) seit 1794 geführt hatte.

In Wien verfaßte zu dieser Zeit der schweizerische Historiker Johannes v. Müller (1752–1809), der schon 1775–1777 in seinen „Fragmenten von dem Kriegswesen“ (gedruckt 1819) eine schweizerische „Nationalarmee“ gefordert hatte, seine Schrift „Gefahren der Zeit“. Gegen eine „Nation“, worin ein Wort eine ganze Generation waffne, schrieb Müller, sei das alte Soldatenhandwerk unnütz geworden. Ein Heer ohne Begeisterung, das sich von allen Seiten mit Verwünschungen und Friedensrufen umgeben sehe, werde nichts ausrichten. Die Idee des wehrhaften Volkes müsse noch viel weitere Kreise ziehen. Nicht die Angelegenheit etlicher minderer Leute allein dürfe die Kriegführung von nun an sein. „Alsdann wird Friede sein, wenn des Kaisers Majestät an der Spitze der ersten Zehnmalhunderttausende von Österreich, ihrer Edlen und Ritter, des ersten Dritteils der streitbaren Mannschaft ihrer Städte und Länder, der Ausschüsse aller Departements und Gerichte, der freudigen Jugend ihrer Universitäten, Innungen und Stiftungen auf der Grenze, die der Feind vor dem Kriege hatte, ihm bezeugen werden: bis hieher sollst du tun, was du willst, aber nicht einen Fussbreit weitergehen!" Auch Wilhelm Friedrich v. Meyern kehrte nach Österreich zurück und setzte sich für die Verwirklichung seiner Ideale vom wehrhaften Staatsvolk im Rahmen und in Anlehnung an die bestehenden politischen Verhältnisse ein. Er vertrat also den Plan einer patriotischen Volksbewaffnung.

Aus solchem Geist heraus wurde ein Freikorps errichtet, zumal die Nachrichten von den Siegen Erzherzog Karls bei Amberg und Würzburg noch die Begeisterung steigerten, die schon in weiten Kreisen der Bevölkerung herrschte. Dieses „Korps der Wiener Freiwilligen" zog auf den italienischen Kriegsschauplatz und legte bald Proben soldatischer Tüchtigkeit ab. Auch Teile der Tiroler Bevölkerung standen unterdessen im Kampf gegen französische Truppen. Die allgemeine Bewaffnung des Tiroler Landvolks war von Kaiser Franz am 22. Mai 1796 genehmigt worden. Der Einsatz der Tiroler Schützenkompanien im November 1796 überzeugte auch das Militär vom Wert dieser Volksbewaffnung. In Vorarlberg dagegen wurden die Verteidigungsvorkehrungen – zwei, notfalls drei „Ausschüsse" sollten aufgestellt, der Grenzschutz vor dem Ausmarsch der Miliz durch freiwillig gebildete Schützenkompanien übernommen werden – durch den Einmarsch der Franzosen frühzeitig unterbunden, doch nahmen Kontingente der oberen Gerichte aktiven, erfolgreichen Anteil am Kampfgeschehen.

Als dann im Frühjahr 1797 die italienische Armee der Franzosen unter Führung Napoleons auf Wien marschierte, griff die Regierung auch in Wien und Niederösterreich zu dem Mittel, Freiwillige zu enrollieren und zu bewaffnen. Die Bevölkerung folgte meistens willig, weite Kreise sogar begeistert, ihren Maßnahmen. So stellten sich beispielsweise in Wien Gruppen von Gewerbetreibenden, die Handlungsdiener und -gehilfen und vor allem die studierende Jugend in großer Zahl zum Dienst in den neu aufzustellenden Formationen. Im Kampf gegen das revolutionäre Frankreich mischten sich josephinische und revolutionäre Elemente zu einem aktiven Staatspatriotismus. Der Präliminarfriede von Leoben (18. April 1797) beendete die Bemühungen um eine Volksbewaffnung in Niederösterreich. Die Idee trug jedoch über den kurzfristigen Erfolg hinaus zur Ausbildung der Staatsnation erheblich bei.

b. Die Reformer

Die weitere Entwicklung der Volksbewaffnung in Österreich mündet in das allgemeine Heeresreformwerk ein. Daher war es von entscheidender Bedeutung, daß und wie sich politisch und militärisch führende Persönlichkeiten der Monarchie dieser Frage annahmen. Drei Männer seien als Beispiel angeführt, Erzherzog Karl als Soldat, Erzherzog Johann als politisch und militärisch denkende Persönlichkeit und Graf Stadion als Staatsmann.

Erzherzog Karl war Aufklärer, kein nationaler Romantiker. Das zeigte sich deutlich in seinem Verhältnis zur Idee der Volksbewaffnung. Pläne für eine Miliz interessierten ihn, weil sich aus ihr Ersatz an Mannschaften für das stehende Heer ziehen ließ. Das stehende Heer war ihm Selbstzweck, das Volk sah er als eine Kraftreserve an, die ausgeschöpft werden mußte, wenn es notwendig war. Aber gerade weil es ihm an Verständnis für die nationalen Werte einer Volksbewaffnung mangelte, blieben seine Reformen in technischen Maßnahmen stecken.

Seine Einstellung zur Volksbewaffnung wurde schon deutlich in dem Erlaß, mit dem er als Generalgouverneur der österreichischen Niederlande im Einvernehmen mit den Ständen die Bewaffnung des Landvolks anordnete, nachdem französische Truppen im Herbst 1793 wieder in Belgien eingedrungen waren und die Armee Koburg geschlagen hatten: „Da ein grosser Theil der französischen Armée aus bewaffneten Bauern bestehet, so haben wir geglaubt, bewaffnete Bauern könnten ihnen in den Orten, so wir durch unsere Armée nicht genugsam decken können, genugsam Widerstand leisten ... Alle Bauern in denen Dörfern an den Gränzen vom Meer bis an Menin, welche die Waffen werden ergreifen wollen, werden Gewöhre und Patronentaschen bekommen, und man wird den Orth bestimmen, wo sich die Bauern ... begeben sollen, sobald die Glocken werden geläuthet werden. Nur bei Annäherung des Feindes wird die Sturmglocke geläuthet werden und nachdem sich der Feind wird zurückgezogen haben, wird man dem Bauern wieder erlauben, sich nach Haus zurück zu begeben."

Die Volksbewaffnung wurde also lediglich aus Gründen der Zweckmäßigkeit, als Aushilfe angeordnet. Einen größeren militärischen Wert hat Erzherzog Karl später der militärisch organisierten und einer periodischen Ausbildung unterworfenen Landwehr zuerkannt, zumal die Leistungen einiger Landwehrbataillone im Kriege von 1809 ihm Achtung abnötigten. Im übrigen nahm der Erzherzog an, das Auftreten von Massenheeren sei nur eine vorübergehende Zeiterscheinung.

Unter den sogenannten „Aphorismen" Karls finden sich für die Zeit nach den Freiheitskriegen folgende Gedanken: „Die übermäßig zahlreichen Armeen sind eine Plage der Menschheit und veranlassen den Untergang der Staaten. Drei Motive sind es, welche uns wieder zu kleineren zurückführen werden.
1. Die gänzliche Erschöpfung der Völker.
2. Das Genie eines Feldherrn, welcher mit einem schwächeren Heere das zahlreichere dadurch zu bemeistern wissen wird, daß er das seinige leichter gut ordnen und führen kann, als der Gegner seine Mehrzahl.
3. Die Zertrümmerung der großen Staaten in kleinere. Letzteres Ereigniss ist jetzt (1816) näher als Mancher glaubt: weil Europas bedeutendere Monarchien, mit Ausnahme von Frankreich, aus ganz heterogenen Teilen zusammengesetzt sind, deren Regierung, aus den ohnmächtigeren und kleineren unter ihnen hervorgehend, die stärkeren beherrschen und zusammenhalten soll."

Erzherzog Karl vertrat diese Auffassung durchaus nicht allein. Preußen als der einzige Staat, der 1814 die „Allgemeine Wehrpflicht" einführte, bildete eine Ausnahme, nicht die Regel. Massenheere wurden erst im Zuge der nationalen Einigungskämpfe der zweiten Jahrhunderthälfte wieder eingesetzt. Karl räumte ein, daß die moralische Kraft, die sich bei der den Volkskrieg ausrufenden Partei erhebe, von der anderen, nämlich von den Staaten, die sich auf blind ihre Pflicht erfüllende Soldaten stützten, nicht unbeachtet gelassen werden dürfe. Er vertrat auch die Meinung, daß in diesem Fall der militärische Sieg erst durch die Wendung der feindlichen öffentlichen Meinung vollendet werden müsse. Aber in der Eröffnung eines Volkskrieges sah er eine Maßnahme, die höchstens auf Nebenkriegsschauplätzen wie Tirol angewendet werden dürfe, oder ein Mittel, das nur als letzter Ausweg der Verzweiflung verantwortbar sei.

Stärker als Erzherzog Karl wollte sich sein jüngerer Bruder Johann auf die deutsche Bevölkerung der österreichischen Monarchie stützen. Bereits seit seinen Bildungsjahren beschäftigte er sich mit dem Problem der Volksbewaffnung.

Erzherzog Johann (1782–1859) ist in seinen Vorstellungen von einer Volksbewaffnung nachhaltig von einigen seiner Erzieher beeinflußt worden, die aus Gebirgsländern stammten. Schon früh zeigte er eine Vorliebe für die Schweiz. In Johannes v. Müller lernte er 1798 einen temperamentvollen Verfechter der Volksbewaffnung kennen. Entscheidend für seine Auffassung wurde außerdem das Vorbild Tirols, das er 1800 noch mit seinen überlieferten Institutionen kennenlernte. Seit dieser Zeit beschäftigte sich Johann eingehend mit der Geschichte der Tiroler Wehrverfassung. Die Frucht seiner Studien war die erste Niederschrift seiner Ideen über die Stellung der Regierung zum Volk und über Volksbewaffnung: Die Soldaten sollten ohne Rücksicht auf Stand und Stellung ausgehoben, die Besten der Ausgehobenen nicht in das überkommene stehende Heer eingereiht, sondern zu „Volkslegionen" zusammengefaßt werden.

Nach den Niederlagen im dritten Koalitionskrieg, in dessen Verlauf Erzherzog Johann sich bemüht hatte, in Tirol und Vorarlberg die Landmiliz, die Schützenkompanien und den „Bezirks- und Landsturm" zu organisieren, legte er seine politisch-militärischen Vorstellungen Ende Dezember 1805 in zwei Denkschriften nieder. Darin räumte er ein, daß die mißliche Finanzlage eine Verkleinerung des Heeres nahelege. Trotzdem trat er angesichts der außenpolitischen Lage für eine starke Armee ein. Beiden Forderungen – Sparmaßnahmen und Vergrößerung der Armee – glaubte er gerecht werden zu können, wenn man das Volk mit militärischem Geist erfüllte und es an den Verteidigungsaufgaben beteilige. Nach seiner Meinung sollte die Armee in Form einer Kaderarmee weiter bestehen. Von den Regimentern waren bei jeder Kompanie nur die Offiziere, Unteroffiziere und eine beschränkte Anzahl Mannschaften im Dienst zu belassen. Dazu bildeten alle streitbaren Männer zwischen 18 und 30 Jahren – ohne Unterschied des Standes – in jedem Regimentsbezirk eine Miliz, die von entlassenen Berufssoldaten und Offizieren schon in Friedenszeiten ausgebildet werden sollte. Im Kriege wären die Milizen eine unerschöpfliche Quelle von Soldaten für das Heer, außerdem könnten sie jederzeit für die Verteidigung der Heimat eingesetzt werden. Seine Pläne wurden im Reserveinstitut, an dessen Aufbau er ebenso wie an der Errichtung der Landwehr von 1808 entscheidenden Anteil hatte, bis zu einem gewissen Grade verwirklicht. Voraussetzung für den Erfolg solcher Maßnahmen aber war, wie der Erzherzog deutlich erkannte, daß die Armee nicht mehr wie bisher außerhalb des Volkes lebte.

Erzherzog Johann war es, der die Idee einer Volksbewaffnung in die Jahre der Ministerschaft des Grafen Stadion weitertrug. Stadion – Leiter der auswärtigen Angelegenheiten der österreichischen Monarchie seit dem 25. Dezember 1805 und maßgebender Ratgeber des Kaisers – strebte während seiner Ministerschaft an, das infolge des verlorenen Krieges von 1805 stark geschwächte Kaiserreich innerlich zu stärken. Als Außenminister stellte er die Innenpolitik gleichrangig neben die Außenpolitik, weil er mit innenpolitischen Mitteln die Voraussetzungen für eine nachfolgende aktive, von Aussichten auf Erfolg getragene Außenpolitik schaffen wollte. Für ihn schlossen sich Armee und Volksbewaffnung ebensowenig gegenseitig aus wie für Erzherzog Johann. Die Armee blieb dem Außenminister immer der größte Garant einer starken Selbstbehauptung. Energisch warnte er vor einer Herabsetzung ihrer Stärke. Aber die Armee genügte Stadion nicht. Nationale Innenpolitik bedeutete ihm vor allem Volksbewaffnung, das heißt er bemühte sich, alle unter der österreichischen Kaiserkrone lebenden Völker in das übernationale österreichische Heer unter Einführung der allgemeinen Volksbewaffnung einzubeziehen.

Mit einem Aufruf des Kaisers vom 22. Januar 1806 bekannte sich die österreichische Regierung eineinhalb Jahre vor Preußen zu den Kräften des Volkes: „Die Staatsverwaltung hat mehr als jemahls grosse und schwere Pflichten zu erfüllen, sie wird sie erfüllen, aber sie hat auch mehr als jemals die höchsten Rechte auf die Mitwirkung aller Volksklassen zu dem wohltätigen Zwecke, die inneren Kräfte des Staats durch Verbreitung der wahren Geistes Kultur, durch Belebung der Nazional Industrie in allen ihren Zweigen, durch Wieder Herstellung des öffentlichen Kredits zu erhöhen ...“

c. Das Reformwerk

Reform der Heeresaufbringung und -ergänzung

Im Zuge vielfältiger Reformen setzte Erzherzog Karl zunächst gegen mannigfache Widerstände durch, daß durch das Patent vom 4. Mai 1802 der lebenslängliche Militärdienst in den „konskribierten“ Provinzen aufgehoben und den vom Los betroffenen Soldaten eine Kapitulation auf 10 Jahre bei der Infanterie, den Pontonieren und beim Fuhrwesen, auf 12 Jahre bei der Kavallerie und auf 14 Jahre bei der Artillerie und den zum Geniewesen gehörenden Truppen gewährt wurde. Die Neuerung entsprach einer dringenden Notwendigkeit. Wie Erzherzog Karl berichtet, wurden beispielsweise 1802 in den „konskribierten“ Erbländern nicht weniger als 27 000 junge Männer als „absent, unwissend wo“ in den Listen geführt; sie hatten aus Furcht vor der lebenslänglichen Dienstdauer ihren angestammten Wohnsitz verlassen. Der Soldat war nun nicht mehr nur Soldat und damit vom zivilen Leben weitgehend abgetrennt, sondern kehrte für immer in seinen Beruf zurück, wenn er seine Dienstzeit beendet hatte. Insofern dabei Verkürzung der Dienstzeit und allgemeine Anhebung des Mannschaftsstandes und seines Ansehens eine größere Volksverbundenheit der bewaffneten Macht mit sich brachten, hat Erzherzog Karl sie den Soldaten auch zukommen lassen wollen. Im wesentlichen auf diesem Dienstpflichtgesetz basierte die für Österreich ob und unter der Enns, Böhmen, Mähren, Schlesien, Innerösterreich und Galizien, erlassene „Conscriptions- und Rekrutierungsvorschrift“ vom 25. Oktober 1804, die an Neuem vor allem Vorschriften für eine genauere Aufnahme und Klassifizierung der Bevölkerung brachte. Im Jahre 1811 wurde dann die Kapitulationszeit für Inländer auf einheitlich 14 Jahre festgesetzt.

Die Konskription im Konskriptionsbezirk (Werbebezirk), der nun die Nummer des betreffenden Regiments trug, besorgten fortan nicht mehr die Kompaniekommandanten, sondern eigens hierzu bestimmte Offiziere des Regiments mit einem Konskriptionsrevisor an der Spitze, wie dies bereits früher der Fall gewesen war, wenn das Regiment nicht im Werbebezirk garnisonierte. Die Stellungspflicht erstreckte sich auf die Zeit vom vollendeten 17. bis zum zurückgelegten 40. Lebensjahr. In erster Linie sollten die Altersklassen zwischen 18 und 26 Jahren durch das Los ausgehoben werden. Geistliche, Adlige, die Beamten und wirtschaftlich wichtige Schichten blieben eximiert. Ein weiterer Teil der Dienstpflichtigen galt wie bisher als „zeitlich Befreite".

Der Wehrdienst blieb also in der österreichischen Monarchie eine Last, die vor allem auf die unteren Volksschichten abgewälzt wurde. Allerdings führte diese Lösung der Heeresaufbringung hier zu keinen Ersatzschwierigkeiten, weil genügend Menschen unter der Herrschaft des Hauses Habsburg lebten. Außerdem wurde die Reichswerbung beibehalten, fand allerdings mit dem Preßburger Frieden von 1805 und dem Untergang des Reiches im Jahre 1806 ihr Ende. An ihrer Stelle wurde von 1808 bis 1817 längs der Nordgrenze der österreichischen Erbländer die „Konfinenwerbung" eingeführt. Diskussionen, die zuvor über die Frage geführt wurden, ob überhaupt noch Exemtionen stattfinden oder ob alle Untertanen mit Ausnahme der Geistlichkeit einer allgemeinen Wehrpflicht unterworfen werden sollten, besaßen also nur „akademischen" Charakter.

General Zach hatte bereits im Jahre 1796 die Einführung der allgemeinen Wehrpflicht vorgeschlagen: „Keine Gnade, keine Vorzüge für den, der nicht Soldat war. Also kein Dorfrichter und kein Gouverneur, kurz kein Amt für den, der nicht seine erste Pflicht, die Vaterlandsverteidigung, erfüllt hat." (Zit. b. Horsetzky.)

Die Reformen stellten die österreichische Militärverfassung nicht auf eine völlig neue Grundlage, sondern verbesserten sie nur. Von größerer Bedeutung ist, daß es nicht gelang, das in den „konskribierten" Provinzen gültige Prinzip der Heeresaufbringung auf die Gesamtmonarchie auszudehnen. Einmal mehr zeigte es sich, daß aus dem komplizierten Staatsaufbau der Monarchie dem Ausbau einheitlicher militärischer Einrichtungen fast unüberwindliche Schwierigkeiten erwachsen konnten. Besonders Erzherzog Karl war daran gelegen, durch Einführung des Konskriptionssystems die Ergänzung des ungarischen Teiles der Armee für Krieg und Frieden endgültig sicherzustellen. Die Erfüllung seiner Vorschläge wurde jedoch vom ungarischen Reichstag an Bedingungen geknüpft, auf die mit Rücksicht auf die Interessen des Gesamtreichs nicht vorbehaltlos eingegangen werden konnte. Die ungarischen Stände verweigerten daraufhin ihre Zustimmung zu dem neuen Wehrgesetz. Über das Aufgebot der Insurrektion und die Stärke des Rekrutenkontingents mußte weiterhin von Fall zu Fall verhandelt werden. Die ungarischen Rekruten wurden wie bisher vom Lande gestellt oder geworben. Die Einführung der Kapitulation brachte darüber hinaus einen Ausfall an ungarischer Mannschaft.

Erzherzog Karl war über die Nachgiebigkeit des Kaisers höchst ungehalten. „Es handelte sich hier", schrieb er an Franz II., „um die Begründung eines neuen Fundamentalgesetzes für die ganze Zukunft. Es kam hiebei vorzüglich darauf an, ob der König von Ungarn in der Ausübung des ihm zustehenden ‚Juris belli et pacis' fernerhin freie Hände behalten oder an die Einwilligung der Stände gebunden werden sollte." Der König habe in allem nachgegeben „und sich von den Ständen ganz abhängig gemacht". „Um die Komplettierung der ungarischen Regimenter zu erhalten, wird der König sich jedesmal neue lästige Bedingnisse gefallen lassen müssen." Die stürmischen Verhandlungen auf dem Reichstag von 1807 zeugten dann für die Richtigkeit seiner Voraussage. Bedeutenden Schwierigkeiten begegnete die Heeresaufbringung auch in Siebenbürgen, wo, wie Erzherzog Karl in einer Denkschrift vom 12. April 1804 feststellte, „über die Ergänzung der Truppen noch gar nicht konstituiert" war.

Diskussion über Miliz- und Volksbewaffnungspläne seit 1806

Im Gegensatz zu früher wurden die Reformarbeiten Erzherzog Karls seit 1806 von dem neuernannten Außenminister, Graf Johann Philipp Stadion, voll unterstützt. Stadion hatte bei seiner Amtsübernahme nach dem verlorenen Krieg von 1805 gegen starken Widerstand der Kreise, denen es wichtiger schien, die zerrütteten Finanzen zu sanieren als die Schlagkraft des Heeres zu erhalten, durchgesetzt, daß der Heeresstand vorläufig erhalten blieb. Er forderte jedoch vom Beginn seiner Ministerschaft an, daß man sich energisch mit dem Problem der Volksbewaffnung befasse. Ihm stimmte der Kaiser bei, der sich von einer Volksbewaffnung erhoffte, das Heer vermindern und den Militäretat senken zu können. Er ließ die Landesgouverneure im April 1806 befragen, wie die Stimmung der Bevölkerung zu derartigen Maßnahmen sei. Der Bescheid lautete so günstig, daß Franz I. am 31. Juli 1806 vorschlug, das stehende Heer teilweise durch ein Volksheer zu ersetzen. Er berief eine Kommission unter Erzherzog Johann, die Pläne für eine solche Miliz, deren Zweckmäßigkeit und Vorteile prüfen sollte. Nach den preußischen Niederlagen bei Jena und Auerstedt befahl der Kaiser sogar noch, die Milizberatungen zu beschleunigen. Als aber die Kommission am 29. April 1807 ihre Beratungen beendet hatte, stellte Erzherzog Johann fest, daß sich die bisherigen Vorstellungen nutzbringend kaum verwirklichen lassen würden. Trotz desselben Kostenaufwandes wie für die Linienarmee sei es nicht möglich, für das stehende Heer Ersatz zu schaffen. Die Kommission schlug in Abänderung der Volksbewaffnungspläne vor, für jedes Regiment drei Reservebataillone zu errichten, das heißt die Aufstellung einer Reservearmee von 82 000 Mann. Damit fand die Diskussion für ein Jahr ihr Ende.

Die Volksbewaffnungspläne riefen sofort den Widerspruch Erzherzog Karls hervor, der – wie die kaiserliche Generalität – dieser Idee mißtrauisch gegenüberstand. Er hielt sie für wertlos und fürchtete vor allem, daß die Belange der Linienarmee geschmälert würden. Seine ganze Arbeitskraft und Liebe gehörte dem stehenden Heer, dessen Gesicht er für die kommenden Jahrzehnte prägte. Seine Reformen entsprachen jedoch seinem von Aufklärung und Josephinismus geprägten zentralistischen Staats- und Heeresbild. Bei allen Verbesserungen verblieb die Armee strukturell in den Formen des 18. Jahrhunderts. Das stehende

Heer Österreichs wurde keine nationale Armee, die Volk, Heimat und Kaiser verteidigte. Sie behielt vielmehr den Charakter einer übernationalen Linienarmee, die nur für den Monarchen als obersten Kriegsherrn kämpfte.

Erzherzog Karls Auffassung vom Zweck der bewaffneten Macht und ihrer Stellung in der Monarchie trat wohl am deutlichsten im Dienstreglement für die Infanterie von 1806/07 hervor: „Die öffentliche Sicherheit von Außen und Innen ist der erhabene Zweck seines [des Soldaten] Daseins. Liebe zu Gott und seinem Monarchen; ein gesitteter Lebenswandel; Geschicklichkeit in Verrichtung seiner Dienste; Gehorsam, Treue, Wachsamkeit und Standhaftigkeit in Ausführung seiner Pflichten, Herzhaftigkeit und Tapferkeit vor dem Feinde sind seine Tugenden." Das Dienstreglement kannte keine Begriffe wie Volk, Vaterland und Nation. Es wies nur vereinzelt auf die Bindung des Soldaten an den Staat hin.

Das Militärwesen wurde also auf eine Staatsanschauung festgelegt, die dem Heer im Zeitalter des Nationalismus keinen gesicherten Halt zu geben vermochte. Daß dieser Weg nicht eingeschlagen werden konnte, hatte knapp zwei Jahrzehnte zuvor der Mißerfolg der josephinischen Reformen aufgezeigt.

Die Reformen Erzherzog Karls waren vom aufgeklärten Ideengut des vorrevolutionären 18. Jahrhunderts bestimmt. Ihre Hauptzüge bestanden vor allem in der organisatorischen Vereinheitlichung des Heeres, in der Verbesserung der Disziplin und in der Bildung der Armee – dazu gehörten die Beschränkung der adligen Patronage, Bemühungen um ein durch Charakter und Bildung ausgezeichnetes Offizierkorps, Einrichtung von Militärschulen verschiedener Art, organisatorische Veränderungen in Heer und Militärverwaltung, die Festlegung der Reformideen in Reglements, Lehrbüchern, Lehrplänen und Dienstnormen sowie zur Unterstützung der Bildung die Gründung der „Österreichischen militärischen Zeitschrift". In den Kriegsartikeln von 1808 manifestierte sich dieser Geist. „Die erste Bildung eines jungen Soldaten, nachdem er den Eid abgelegt ... besteht darin, daß man ihm eine moralische Erziehung und einen wahren Begriff von dem Ehrenstand beibringt, zu dem er sich begeben hat." Gedanken wie der, daß das menschliche Verhältnis der Soldaten untereinander durch gegenseitige Achtung bestimmt sein müsse, sind ebenfalls Zeichen der aufgeklärten Geisteshaltung. Gegenseitige Achtung und der Esprit de corps sollten die Angehörigen eines Regiments zu einer Gemeinschaft mit den Offizieren zusammenschweißen, für die der Kampf für den Kaiser als obersten Kriegsherrn höchste Verpflichtung war. Auch die von Erzherzog Karl als „Triebfeder aller Handlungen" jedes Soldaten und tragendes Fundament seiner Idee vom Wesen des Soldaten herausgestellte Ehre („Ein Kriegsmann muß ein Ehrenmann sein.") war kein der Aufklärung wesensfremdes Element. Schon seiner menschlichen Würde wegen, die von den Aufklärern so stark betont wurde, mußte auch jedem Soldaten das Recht auf persönliche Ehre eingeräumt werden. Wie schwierig es aber war, diese Ehrauffassung mit der Grundstruktur des Heeres zu verbinden, welche Bruchstellen zwischen der Vorstellung vom Kriegsmann als Mann von Ehre und dem übernationalen Heer bestanden, zeigte sich darin, daß der Erzherzog die Prügelstrafe bedeutend einschränken, nicht aber aufheben konnte.

Erzherzog Karl gehörte aber zu jenen Schülern des gescheiterten Kaisers, die trotz seiner bitteren Erfahrungen keine neuen Linien zu weisen wußten, die vielmehr sein Ziel über andere Bahnen erreichen wollten. Hierin unterschied er sich von den preußischen Reformern. Karl stand den führenden aufgeklärten Offizieren der preußischen Armee vor 1806, Männern wie Scholten und Diericke, näher als Scharnhorst und Gneisenau. Darin lagen wesentliche Ursachen für den Unterschied der österreichischen Heeresreform zu der preußischen. Die Ansätze zu einer Reform des preußischen Heeres, wie sie sich vor 1806 in Diskussion und Praxis zeigten, hätten vielleicht ohne die Katastrophe des friderizianischen Heeres einen ähnlichen Weg nehmen können, wie Österreich ihn unter Erzherzog Karl einschlug. Die Zusammengehörigkeit von Staats- und Heeresreform nach dem Zusammenbruch Preußens wiesen die preußischen Reformen in neue Bahnen. Allerdings machten sich dabei in manchen Bereichen trotzdem österreichische Einflüsse maßgeblich bemerkbar, so von 1812 bis 1905 in den Truppenausbildungsvorschriften der preußisch-deutschen Armee.

Daß vielleicht auch in Österreich andere Wege hätten beschritten werden können, zeigen die Vorschläge des Erzherzogs Johann. Seine Anregung, den Kaiser zum Führer der einzelnen Nationen innerhalb der Monarchie zu erklären und dann die Soldaten unter seiner Führung für ihre Heimat, ihr Vaterland kämpfen zu lassen, war einer der Wege, die kein Verständnis bei Erzherzog Karl fanden. Welche Möglichkeiten sich eröffnet hätten, zeigte die Landwehr von 1808 auf, in der dieses Prinzip verfolgt wurde.

Den Anstoß, der die Entwicklung wieder vorantrieb, brachten im Frühjahr 1808 die spanischen Ereignisse. Napoleon nutzte eine innerspanische Revolution, die einen Thronwechsel mit sich brachte, dazu aus, die Bourbonendynastie auch in Spanien der Herrschaft zu berauben. Diese Vorgänge riefen besonders am Wiener Hof starke Bestürzung hervor. Der Schock und die von Graf Stadion bewußt hochgespielte Sorge vor einem ähnlichen Schicksal Österreichs ließen plötzlich eine Verstärkung der Wehrkraft in den Vordergrund treten.

Eine große Denkschrift Stadions vom 13. April 1808 forderte, daß die Truppen zusammengezogen und mobil gemacht und durch die von Erzherzog Johann vorgeschlagenen Reservebataillone oder auf andere Weise vermehrt werden sollten. Die von Erzherzog Karl vertretene und von Stadion im letzten Winter befürwortete Staatskonferenz sollte endlich errichtet werden. Die Minister des Kriegswesens, des Äußern, des Innern und der Finanzen müßten „mit einem und dem nämlichen Sinn und Willen, mit gleicher gemeinschaftlich verabredeter, sich wechselseitig unterstützender Tätigkeit vorangehen“, sie müßten aber vor allem das Recht und die Pflicht haben, die Ausführung ihrer Beschlüsse mit rücksichtsloser Entschlossenheit selbst vorzunehmen, ohne daß irgendwelche anderen Amtsstellen sich einmischten.

Der Kaiser folgte fast in allen Punkten Stadions Vorschlägen. Zwar wurde der dauernde Ministerrat noch nicht verwirklicht, dagegen die von Stadion als unbedingt notwendig geforderte Konferenz der leitenden Minister zur Vorbereitung der wichtigsten Notmaßnahmen am 21. April einberufen.

Bereits am 12. Mai – die politischen Stellen waren die treibenden Kräfte – erging das kaiserliche Patent, das die Errichtung von zwei Reservebataillonen für jedes „deutsche" Infanterieregiment und entsprechenden Reserven für die Kavallerie anordnete. Es sei hier besonders hervorgehoben, daß die österreichische „Armee-Reserve" zum Vorbild für das preußische Krümpersystem wurde.

Für jedes der 46 „deutschen" Infanterieregimenter wurden zwei Reservebataillone zu 700 und 600 Mann gebildet, die aus den der Stellungspflicht unterliegenden waffenfähigen Männern der deutschen Erbländer ausgelost wurden. Bei jedem Regimentsdepot der Kavallerie befand sich ein Remontendepot. Die Zahl der Remonten war für die leichten Regimenter mit 96, bei den schweren mit 60 Pferden festgesetzt. Zum Regimentsdepot gehörte ferner die zur Errichtung einer Reserveeskadron erforderliche Mannschaft.

Die Ausbildung der Reserven, im ersten Jahre vier, in den folgenden Jahren drei Wochen, erfolgte bei den Depotdivisionen. „Aus diesen Reserven wird der in den Regimentern von Zeit zu Zeit sich erhebende Abgang ersetzt, die länger in der Reserve befindlichen werden vor den später in die Reserve assentierten den Regimentern einverleibt; bei gleichem Dienstalter wird der Übertritt zu dem Regiment durch das Los bestimmt. Die einfache Folge dieser Anstalt ist, daß der Mann, ehe er als wirklicher Soldat zu dem Regiment kommt, durch einige Jahre als Reservemann geübt worden ist, daß daher bei dem künftig ausbrechenden Kriege die Vermehrung der Mannschaft nicht mehr, wie ehemals, aus ungeübten Leuten bestehet."

Die innere Verwaltung sicherte sich eine entscheidende Mitwirkung bei der Bildung der Reserve. Um der Landwirtschaft nicht die nötigen Arbeitskräfte zu entziehen, sollte die Einberufung der Mannschaft zu den Reserveübungen den Chefs der einzelnen Länderverwaltungen überlassen bleiben.

Als dann die Nachricht eintraf, daß die spanischen Bourbonen auf den Thron verzichtet hätten, forderte der Kaiser am 28. Mai von Erzherzog Johann, der mit seiner Denkschrift vom 17. Mai erneut die Volksbewaffnungsidee aufgegriffen hatte, einen Gesetzesentwurf für die Errichtung eines noch umfassenderen Verteidigungsmittels, die Landwehr. Wieder wurde Johann zum Leiter der Kommission ernannt, die über die Durchführung der notwendigen Maßnahmen beraten sollte. Zur Kommission gehörten von seiten des Militärs die Generäle Mayer von Heldensfeld und Bellegarde, die Erzherzöge Ferdinand und Maximilian, der Hofrat Lehmann, Sekretär Erzherzog Karls, und als Vertreter der Verwaltung die Chefs der böhmisch-österreichischen Provinzen. Fast alle Kommissionsmitglieder waren ausgesprochene Anhänger der neuen Idee, nur General Mayer und Hofrat Lehmann verkörperten den Widerstand der militärischen Fachkreise. Am 9. Juni 1808 wurde die Errichtung einer allgemeinen Landwehr beschlossen.

Der Landwehr gehörten gemäß den Zirkularverordnungen vom 18. Juni alle wehrfähigen Männer zwischen 18 und 45 Jahren an, die der allgemeinen Heeresdienstpflicht unterlagen, soweit sie nicht schon im Heer dienten oder für die Reservebataillone ausgelost waren. Besonders sollte auf die „zeitlich Befreiten", die ausgedienten Soldaten, dazu auf alle Dienstpflichtigen zurückgegriffen werden, die wegen geringfügiger körperlicher Fehler bisher vom Militärdienst zurückgestellt waren. Alle Männer zwischen 45 und 50 Jahren waren in Kriegszeiten als Bürgerkorps zur Erhaltung der inneren Sicherheit und Ordnung, zur Unterstützung des Militärs und zu Wachen, Transporten und Begleitmannschaften zu verwenden. Die Landwehr wurde kreisweise in Bataillone von 800 bis 1 200 Mann eingeteilt, die einen Stabsoffizier als Kommandanten und einige Subalternoffiziere während der Ausbildung erhielten. Ihre Führer sollten Gutsbesitzer, Honoratioren und altgediente Leute sein, die Leitung lag bei den Chefs der staatlichen Provinzialverwaltungen und den für jedes Land ernannten Landwehrorganisatoren, meist landwehrfreudigen Erzherzögen. Die Ausbildung erfolgte an Sonn- und Feiertagen, einmal im Monat fanden größere Übungen statt, wobei der Ort so zu wählen war, daß kein Mann mehr als drei Stunden Marsch zurückzulegen hatte. Die Bataillone waren alljährlich in den Formierungsstationen während 21 Tagen einzuüben.

Der Aufruf zur Bildung der Landwehr wurde von der Bevölkerung begeistert begrüßt. Mißhelligkeiten ergaben sich allerdings dadurch, daß die Führung der Landwehr nicht beim Kriegsministerium lag. Erzherzog Karl achtete bei der Zuteilung von Offizieren, bei der Versorgung mit Uniformen und bei anderen Gelegenheiten darauf, daß die Interessen der Armee keine Beeinträchtigung erfuhren, doch beseitigte das gute Einvernehmen zwischen Karl und Johann manche Hindernisse. Mit der Zeit wurde dann auch Erzherzog Karl immer stärker von der Idee der Landwehr überzeugt. Vollends erkannte er ihre Leistungen im Kriege von 1809 an, in dessen Verlauf sich zahlreiche Landwehrbataillone bewährten.

Nach dem Krieg von 1809 blieben von den Landwehrbataillonen nur die Kader übrig. Die Landwehrpflicht und die Einrichtung der Reserve, die 1812 reorganisiert wurde, bestanden allerdings vorerst noch weiter. In den Kriegsjahren 1813 bis 1815 zogen insgesamt 50 Landwehrbataillone, und zwar bei jedem „deutschen" Linieninfanterieregiment ein Landwehrbataillon als viertes Bataillon ins Feld, während ein zweites als fünftes Bataillon des Regiments zum Dienst innerhalb der Grenzen der Monarchie bestimmt wurde. Die Landwehr, die sich seit 1813 nicht mehr kreisweise, sondern in den Werbebezirken der sich aus Böhmen, Ober- und Niederösterreich, dann Innerösterreich ergänzenden Regimenter formierte, wurde jetzt als Verstärkung der Streitkräfte des stehenden Heeres betrachtet und nicht mehr als eine eigenständige, nur zur Landesverteidigung bestimmte Truppe. Die Rekrutierungsvorschrift vom 4. August 1827 hob die Reserve auf. Im Jahre 1831 wurden die 1. Landwehrbataillone dauernd einberufen und verblieben als 4. Bataillon der betreffenden Regimenter dauernd aktiviert, behielten jedoch die Benennung „1. Landwehrbataillon" bei. Die Bataillone durften im In- und Auslande verwendet werden und wurden aus kriegsdiensttauglicher Mannschaft formiert. Die ältere Landwehrmannschaft wurde den 2. Landwehrbataillonen zugeteilt, die nur zu Garnisondiensten herangezogen werden sollten und wie bisher nicht aktiv blieben. An den Kriegsereignissen der Jahre 1848/49 nahmen sämtliche 1. Landwehrbataillone aktiven Anteil. Die 2. Landwehrbataillone gelangten aus finanziellen Erwägungen nicht zur Aufstellung.

Reserve und Landwehr waren im wesentlichen Institutionen des böhmisch-österreichischen Teils der Monarchie, wenn auch beispielsweise der Landwehr

Slowenen und Polen angehörten. Sie zogen 1809 als „Österreicher" in den Kampf, um „Deutschland zu befreien" und „das Reich wiederherzustellen". Für sie wurden die Landwehrlieder auch in slawische Sprachen übersetzt.

Gegenüber dem ungarischen Reichsteil wurde ein anderer Kurs eingeschlagen. Als der ungarische Palatin Joseph, ebenfalls ein Bruder des Kaisers, im Juni 1808 dem Kaiser nahelegte, man möchte den Anlaß der von den Ungarn gewünschten feierlichen Krönung der jungen Kaiserin Maria Ludovika zur Königin von Ungarn dazu benützen, um bei den versammelten Ständen eine Verstärkung der ungarischen Wehrkraft durchzusetzen, sprach sich Erzherzog Karl dagegen aus. Er befürchtete nämlich, daß wieder die alte Forderung der Ungarn auf eine von der übernationalen Armee unabhängige, allein den ungarischen Sonderinteressen dienende ungarische Nationalarmee vorgebracht würde. Auch Graf Stadion wandte sich gegen den Vorschlag des Palatins. Der Kaiser war jedoch entschlossen, an Ungarn, Siebenbürgen und das Banat ebenfalls um Hilfe zu appellieren, nachdem die Stände Kroatiens im Juni 1808 von sich aus die Errichtung einer Insurrektion angeboten hatten. Damit hatte er einen gewissen Erfolg. Zwar gelang es nicht, wie er gehofft hatte, die Einrichtung der Reserve auch in Ungarn einzuführen, die Insurrektion gleich der Landwehr zu einer dauernden Einrichtung zu machen und die regelmäßige Ergänzung der stehenden ungarischen Infanterieregimenter sicherzustellen. Immerhin aber erteilten die ungarischen Stände ihrem König auf dem Reichstag zu Preßburg 1808 das Recht, während der nächsten drei Jahre eine Insurrektion von 60 000 Mann aufzubieten, ohne einen Reichstag einzuberufen. Vorher konnte der ungarische König das Aufgebot einer Insurrektion von den Ständen nur auf einem eigens zu diesem Zwecke einberufenen Reichstag verlangen. Die Stellvertretung wurde abgeschafft. Außerdem wurden zur Vermehrung der ungarischen Regimenter 20 000 Rekruten bewilligt. Sollte all dies während eines Krieges nicht genügen, würden auf einem für kurze Zeit einzuberufenden Reichstag weitere Hilfsmittel zu Verfügung gestellt. Als Gegenleistung bewilligte Franz die Errichtung einer ungarischen Kriegsakademie (Ludoviceum). Wenn dann auch die praktische Durchführung der Insurrektion, wie schon 1741/42 und 1744, hinter den Versprechungen zurückblieb, so war doch der Reichstagsbeschluß von 1808 eine in der damaligen Zeit bemerkenswerte Kundgebung ungarischer Solidarität.

Zu diesem Erfolg trug die Tätigkeit des Palatins Joseph nicht wenig bei. Mit der Zustimmung des Kaisers arbeitete er eine Schrift aus, die unter die Mitglieder des Reichstags verteilt wurde. In den „Freymüthigen Gedanken eines hungarischen Patrioten über die Verbesserung des Defensions-Systems seines Vaterlandes" warf er die Frage auf, ob es nicht an der Zeit, ja vielleicht der letzte günstige Augenblick sei, die Defensionsanstalten Ungarns zu verbessern. Sollten Vorurteile, altes Herkommen, ängstliche Besorgnisse jeden Fortschritt verhindern? Durfte Ungarn angesichts der allgemeinen Opferfreudigkeit zurückstehen? Durch Aufstellung eines Teiles oder der gesamten Nationalkraft müsse für das stehende Heer eine Reserve geschaffen werden, welche im Falle des Glückes dasselbe siegreich fördern, bei einer Niederlage jedoch als Stützpunkt dienen könne. Der nächste Krieg sei, wenn das Vaterland nicht zu Grunde gehen solle, in seinem ganzen Sinn als Nationalkrieg zu führen. Wenn es der Wille der Vorsehung mit sich bringe, daß Ungarn falle und aufhöre, selbständig zu sein, solle es sich durch ehrenvolle Verteidigung seiner Verfassung und seines Nationalruhmes die Achtung seiner Zeitgenossen und eine glorreiche Erinnerung in der Nachwelt sichern.

In ihrer Mehrheit erfüllten also die einzelnen Reichsteile die Erwartungen, die Graf Stadion in sie gesetzt hatte. Im besonderen Maße traf dies für die Tiroler zu, die seit dem Preßburger Frieden von 1805 zum Königreich Bayern gehörten. Ihre Erhebung ist mehrfach mit der spanischen verglichen worden. Sie trugen auch gewisse gemeinsame Züge, beispielsweise das konservativ-religiöse und das monarchisch-dynastische Moment. Die drei Schlachten am Berg Isel wurden „Mit Gott für Kaiser und Vaterland" geschlagen. Der Kampf der Tiroler richtete sich dabei weniger gegen die Franzosen als gegen die Bayern, den zentralisierenden bürokratisch-aufgeklärten Staat des Grafen Montgelas. Das dynastische Denken der Tiroler sah im bayerischen Königshaus eine aufgezwungene Obrigkeit, von der sie sich zugunsten des angestammten Landesherrn zu befreien wünschten. Diesen Parallelen zu Spanien stand jedoch der wesentliche Unterschied entgegen, daß der Tiroleraufstand keine elementare und spontane Volkserhebung, sondern eine insbesondere von Erzherzog Johann und seinem Kreis von langer Hand und mit Wissen und Zustimmung der Wiener Regierung sorgfältig vorbereitete Aktion war, die allerdings günstige Voraussetzungen vorfand. Bei der intensiven propagandistischen „Betreuung" waren auch spanische Materialien verwendet worden, so daß die Kunde vom heldenmütigen Vorbild der Spanier bis in die entlegensten Alpentäler gedrungen war. Wichtiger als Propagandaschriften aber war es in Tirol ebenso wie in den österreichischen Ländern, geeignete Träger und Vermittler der Idee zu finden. Ihr Geist bestimmte den Wert einer Volksbewaffnung. Die Levée en masse benötigte der Führer nicht weniger als ein stehendes Heer.

H. Das Offizierkorps

1. Nationale und soziale Zusammensetzung

Auch in der österreichischen Armee verdienen Offizier und Offizierkorps gesonderte Beachtung. Das Offizierkorps basierte hier jedoch auf anderen sozialen und nationalen Voraussetzungen als im stehenden Heer der Hohenzollern. Die preußische Form der Verbindung von größtenteils landsässigem Adel und Offizier blieb bis in die zweite Hälfte des 19. Jahrhunderts eine fast einzigartige Erscheinung. Im Vergleich hierzu war der Anteil des autochthonen österreichischen Adels an der Gesamtheit des national buntgemischten Offizierkorps der Habsburger gering. Neben dem kleinen Soldatenadel (Neuadel) dienten das Bürgertum und vor allem sogar das Kleinbürgertum im österreichischen Offizierkorps. Allerdings war auch in der bewaffneten Macht der Habsburger-Monarchie die Besetzung der hohen und höchsten militärischen Chargen ein Vorrecht des Adels. Dies gilt bis zu einem gewissen Grade auch für die Zeit Josephs II., der doch ein grundsätzlicher Gegner aller Geburtsprivilegien war.

Auf Grund einer Untersuchung von Preradovich über die soziale und nationale Herkunft der 157 österreichischen Feldmarschälle des 18. Jahrhunderts (ernannt wurden 160, drei jedoch nur ehrenhalber) ergibt sich, daß noch immer die Romanen in dieser Führungsschicht stark vertreten waren. Sie stellten mit 36 Marschällen, die vor allem aus Spanien und Neapel stammten, 23 Prozent dieser Gruppe. Im Vergleich zum 17. Jahrhundert – unter den 37 Feldmarschällen während des Dreißigjährigen Krieges sind nicht weniger als 12 Romanen zu finden – hatte sich ihr Anteil jedoch vermindert. Verhältnismäßig sehr schwach vertreten waren die Slawen mit sieben Marschällen (4 Prozent). Böhmen stellte fünf, Polen und Kroatien je einen Feldmarschall. Die ruhmreiche militärische Tradition Kroatiens begründete eben weit weniger der Adel als der einfache Soldat der Militärgrenze, der indes bestenfalls den Rang eines Stabsoffiziers erreichen konnte. Dagegen erreichten die Iren, Schotten und Waliser die verhältnismäßig hohe Zahl von sechs Marschällen, aus Dänemark stammte Graf Uhlfeld. Die Ungarn (Magyaren) waren mit der beachtenswerten Zahl von 14 Männern vertreten. Aus dem deutschsprachigen Österreich hingegen stammten lediglich 16 Feldmarschälle (10 Prozent). Sämtliche Länder, mit Ausnahme Tirols, lassen sich in dieser Gruppe nachweisen. Verhältnismäßig am stärksten vertreten war das kleine Kärnten. Diesen insgesamt 80 Vertretern der verschiedensten Nationen oder habsburgischen Länder standen nicht weniger als 76 Feldmarschälle gegenüber, die aus den nichthabsburgischen Teilen des damaligen römisch-deutschen Kaiserreiches stammten, und ein Deutschschweizer. Sie machten 48 Prozent des gesamten Kreises aus.

In der Liste der Präsidenten des Hofkriegsrates kommen etliche romanische Namen vor, wie Graf Collalto, Fürst Gonzaga und Graf Montecuccoli im 17. Jahrhundert, Prinz Eugen von Savoyen in der ersten Hälfte des 18. Jahrhunderts. Auf den einer ursprünglich normannischen, dann irischen Familie entstammenden Grafen Lacy folgten der ungarische Reitergeneral Graf Hadik, der Waliser Graf Wallis und Graf Tige als Vertreter eines aus Lothringen nach Österrreich eingewanderten Geschlechts.

Die Frage, warum sich in Österreich die preußische Verbindung von landsässigem Adel und Offizier nicht durchsetzen konnte, ist nicht leicht zu beantworten. Offenbar schlossen hier wie auch in Bayern und Württemberg völlig andersartige Verhältnisse die preußisch-ostelbische Lösung von vornherein aus. Der autochthone Adel in den österreichischen Ländern und in Böhmen war bis zum Beginn des 17. Jahrhunderts eine „tragfähige Führungsschicht mit prägender Kraft" (Preradovich), wurde dann aber als Vorkämpfer des Protestantismus und Vertreter ständischer Adelsmacht in erster Linie durch die politischen Auswirkungen der Gegenreformation aus dem Militärwesen verdrängt und in der Zeit von der Mitte des 17. bis zur Mitte des 19. Jahrhunderts durch Edelleute aus allen Gebieten Europas abgelöst. Die gegenreformatorischen Maßnahmen wandelten erheblich die Struktur des Adels und des Bürgertums. An die Stelle der ausgewanderten neugläubigen Adligen traten nicht selten Angehörige romanischer Familien. Sie trugen dazu bei, daß sich eine neue, eine österreichische Aristokratie bildete, deren Schwergewicht in den Ländern der böhmischen Krone lag. Sie suchte weniger den Militär- als den Hof- und Staatsdienst. Daher war dem Versuch Maria Theresias, durch die Errichtung der für minderbemittelte Adlige und Offiziersöhne bestimmten militärischen Pflanzschulen zu Wiener Neustadt und auf der Laimgrube zu Wien dem einheimischen Adel den Weg ins österreichische Offizierkorps neu zu ebnen, kein Erfolg beschieden. Beispielsweise stellten von den im 19. und 20. Jahrhundert noch mehr als 60 blühenden österreichischen Uradelsgeschlechtern in den Jahren 1752 bis 1897 nur 28 Familien insgesamt 77 Zöglinge zur Neustädter Militärakademie. Von ihnen erreichten nur sieben die Generalscharge.

Die bunte Mischung vieler Nationalitäten im österreichischen Offizierkorps, und zwar in allen Chargen, brachte kaum Nachteile mit sich. Noch galt die persönliche Verpflichtung – der Eid – gegenüber dem Kriegsherrn, wie sie sich in der Zeit des Söldnertums gebildet hatte, weit mehr als eine konfessionelle oder gar nationale Bindung. Gerade aus der österreichischen Militärgeschichte wird deutlich, jedenfalls deutlicher als aus der preußischen oder französischen, daß der Soldat und vor allem der Offizier nicht einer Nation angehörte, sondern einem übernationalen Stand. Die freiwillig in der österreichischen Armee dienenden Vertreter so zahlreicher europäischer Nationen und Stämme leisteten dem Haus Habsburg treue Dienste. Sie fühlten sich als „Österreicher" im weiteren Sinne des Wortes. Der andauernde reiche Zustrom von Freiwilligen aller Länder bewirkte sogar, daß das österreichische Militärwesen beim Ausbruch der Französischen Revolution nicht so sehr in Tradition erstarrt war wie die preußische Armee.

Sämtliche österreichischen Feldmarschälle des 18. Jahrhunderts waren Adlige. Von den 76 reichsdeutschen Heerführern waren 32 Mitglieder von zehn verschiedenen Dynastien. Ebenfalls hochadliger, aber nicht durchwegs dynastischer Abkunft waren neun sogenannte Standesherren. Somit entstammten 41 der reichsdeutschen Feldmarschälle dem Hochadel, während die übrigen 35 und der Deutschschweizer Bürkli von Hohenburg Geschlechtern des niederen Adels angehörten. Die deutschsprachigen Österreicher waren mit einigen wenigen Ausnahmen Vertreter der ältesten Geschlechter. Auch die ungarischen Feldmarschälle entstammten den ersten Familien des Landes.

Feststellungen, die sich für den Kreis der Feldmarschälle treffen lassen, erlauben aber keinesfalls Rückschlüsse auf die soziale Struktur des gesamten österreichischen Offizierkorps. Bei den niedereren Chargen ergibt sich ein wesentlich anderes Bild. Hier war das bürgerliche Element ebenso zahlreich vertreten wie der Adel. Die Bestimmungen über die Besetzung der Offizierstellen und der Brauch des Stellenkaufs ließen eine breitere Basis für den Offiziersersatz zu als etwa in Preußen, wo die Auffassung vorherrschte, daß ein nichtadliger Offizier die klare Trennung der Stände „verwische". Im Jahre 1727 berichtete der englische Resident in Wien, Saint Saphorin, an seine Regierung, daß der kleine Adel („la petite noblesse") und das gebildete Bürgertum („la bourgeoisie à bonne éducation") der österreichischen Armee die besten Offiziere stellten. Außerdem stand tüchtigen, im Kriege bewährten Unteroffizieren die Offizierlaufbahn offen. Wenn die militärische Laufbahn dieser aus dem Mannschaftsstand über das Unteroffizierkorps aufsteigenden Offiziere auch meist beim Hauptmann endete, so gab es auch Ausnahmen, – vor allem bei den technischen Truppen. Johann Christoph Börner, der Reorganisator der kaiserlichen Artillerie unter Prinz Eugen, diente sich vom Schuhmacherlehrling bis zum Generalfeldzeugmeister empor.

Nobilitierungen waren ungleich häufiger als in Preußen und ermöglichten den Aufstieg in höhere und höchste Chargen. Ein Reskript des Hofkriegsrats vom 12. Januar 1757 bestimmte, daß jeder Offizier, „so auch von der Fortune sein Aufkommen hat", nach zurückgelegten dreißig Dienstjahren das Ritterstandsdiplom ohne Kosten ausgefertigt erhalte, wenn er das Zeugnis seines Wohlverhaltens beibringe. Die Bestimmung wurde am 16. April dahin abgeändert, daß der Offizier nicht das Ritterstands-, sondern das Adelsstands- und Nobilitätsdiplom „ebenfalls mit Nachsicht der Taxe, jedoch gegen Nachzahlung der Nebenauslagen" erhalte. In den Adelsstand erhoben wurden ferner auf Ansuchen die Besitzer sämtlicher Grade des 1757 gestifteten Militär-Maria-Theresien-Ordens. Mit diesen Neuerungen förderte die Kaiserin das Entstehen eines neuen niederen Adels.

Eingehende Untersuchungen über die soziale Zusammensetzung der Offizierkorps einzelner Regimenter fehlen. Aufschlußreich ist eine Arbeit von Preradovich über „Südslawen als Inhaber des österreichischen Militär-Maria-Theresien-Ordens". Unter den insgesamt 196 im Zeitraum von 1758–1779 (I.–XIII. Promotion) ausgezeichneten Trägern dieser höchsten Tapferkeitsauszeichnung befanden sich elf Südslawen (Serben und Kroaten). Von ihnen entstammten vier nachweisbar altadligen Familien (35 Prozent). Josef Graf Draskovich (Uradel) erwarb den Theresien-Orden als General. Von den elf ausgezeichneten Südslawen erreichten acht die Generalscharge (70 Prozent). Unter den 519 Theresien-Rittern der Jahre 1788–1816 (XIV.–CXLV. Promotion) befanden sich 30 Südslawen. Von diesen entstammten neun nachweisbar altadligen Familien (30 Prozent). Acht erhielten die Auszeichnung als Generale, 18 der Ausgezeichneten erreichten die Generalscharge (60 Prozent).

2. Die Bedeutung der Obrist-Inhaber und Obrist-Regiments-Kommandanten

In der österreichischen Armee herrschten im 17. und 18. Jahrhundert andere Rechtsverhältnisse als beispielsweise in Brandenburg-Preußen. Die Befugnisse der Obersten waren im wesentlichen auf der gleichen Entwicklungsstufe stehengeblieben, wie sie in den deutschen Armeen vor Einführung der stehenden Heere bestanden hatten. Der Regimentsinhaber wurde noch bis weit ins 19. Jahrhundert hinein als Eigentümer des Regiments in einem sehr ursprünglichen Sinne angesehen. Als sich in der zweiten Hälfte des 17. Jahrhunderts die Fälle häuften, daß die nunmehr sogenannten „Obrist-Inhaber", zu Generalen befördert und anderweitig verwendet, auf die Kommandoführung und die Verhältnisse in den Regimentern keinen direkten Einfluß mehr nehmen konnten, die Regimenter daher meist unter dem Kommando des Oberstleutnants ins Feld rückten, begann Kaiser Leopold I. über den Hofkriegsrat neben den Inhabern „Obrist-Regiments-Commandanten" zu ernennen. Dazu konnten bereits in der Oberstencharge stehende Offiziere genommen werden, die infolge von Reduktionen anderweitig untergebracht werden mußten. Sie wurden den Regimentern zugeteilt, „aggregiert", und führten das Kommando, wenn der Inhaber befördert wurde oder sonst abwesend war. Hierbei wurde zwischen dem „wirklichen Obristen oder Inhaber" und dem „zweiten, angesetzten, zeitlichen oder Titular-Obristen" unterschieden. Es war aber auch möglich, daß ein Oberstleutnant aufrückte. Diese Offiziere hatten zeitweise die Möglichkeit, sich durch ein „Obristen-Reservations-Decret" die Beförderung in den entsprechenden Rang zu sichern.

Dem Obrist-Regiments-Kommandanten übertrug der Inhaber nach eigenem Ermessen einen Teil seiner Rechte. Die Charge gewann an Bedeutung, als es zur Regel wurde, freigewordene Regimenter an Persönlichkeiten zu geben, die bereits eine höhere Charge bekleideten. Angehörige regierender Häuser pflegten, wenn sie Regimenter für den kaiserlichen Dienst errichteten, einen Obrist-Regiments-Kommandanten zu ernennen.

In der von Leopold I. mit dem Markgrafen Christian Ernst von Brandenburg-Bayreuth, einem k. k. und Reichsfeldmarschall, abgeschlossenen Kapitulation vom Januar 1701 über Errichtung eines Regiments zu Fuß heißt es:

„16. Wollen Wür Vnss auch nit entgegen sein lassen, das Ihro Lbd: gedachtes Regiment Neben einen Obrist-Leüthenandt vnd Major durch einen Obristen Commandiren lassen, Iedoch das solcher ohne Vnsern entgeldt oder aggravio Vnssers aerarij weder in Besoldung, noch comiss Brod dahin gesetzt, wie auch durch Vnsser gewehnliches Patent zu Würckhlicher Dienstleistung fähig gemacht werde." Das heißt: Der Kaiser behielt sich das Recht vor, den durch den Inhaber ernannten und auf eigene Kosten besoldeten und verpflegten „Titular"-Obristen durch eigenes Patent „in die Wirklichkeit zu versetzen" (vgl. S. 133).

Schon in den Jahrzehnten vor dem österreichischen Erbfolgekrieg wurde es im Vergleich zur zweiten Hälfte des 17. Jahrhunderts seltener, daß der Inhaber eines Regiments zugleich Regimentskommandant war. Während des Österreichischen

Erbfolgekrieges und nach dem Aachener Frieden von 1748 bildete es die Ausnahme. Die Reglements, die Lacy 1769 für die Infanterie und Kavallerie erließ, räumten dann dem Regimentskommandanten, der in den Reglements als „die Haupttriebfeder, wodurch die andern in Bewegung gebracht werden", bezeichnet wurde, die ihm zukommende Stellung als Oberhaupt des Regiments ein. Der Inhaber eines Regiments rückte also immer stärker in den Hintergrund, auch in dem Recht auf Stellenbesetzung und Beförderung.

3. Stellenbesetzung und Beförderung

Die Generals- und Oberstenstellen wurden im allgemeinen nach dem Range und Dienstalter vom Kaiser auf Vorschlag des Hofkriegsrats und der im Felde kommandierenden Generale verliehen.

„Nach einem vom Hofkriegsrathe erstatteten Referate, daß der Commandant des in der Lombardie sich befindenden Bayreuth'schen Regimentes zu Fuss, Obrist von Gravenreuth, ... nach Vorschlag des General-Lieutenants Prinzen Eugen, zum General-Wachtmeister könne befördert werden, wurde die allerhöchste Entschließung im Monate Juli [1718] ausgefertigt."

Nach der ergänzten Instruktion für den Hofkriegsrat vom Jahre 1650 gehörten in den Wirkungskreis des Hofkriegsrats in der Epoche des Prinzen Eugen Vorschläge zur Ernennung der Feldherren und ihrer Hilfsorgane, der Festungskommandanten und Regimentsinhaber, Beförderung der Generale, der Obersten und der außerhalb der Regimenter stehenden Stabsoffiziere. In allen diesen Angelegenheiten behielt sich jedoch der Kaiser die letzte Entscheidung vor.

Die Regimentsinhaber bei der Infanterie und Kavallerie besaßen in zahlreichen Fällen bis weit ins 18. Jahrhundert hinein die Befugnis, alle Chargen in ihrem Regimente vom Fähnrich bis zum Oberstleutnant einschließlich „ohne das geringste interesse, bey Verlust der charge" zu vergeben, ein Recht, das sich in anderen Armeen längst der Kriegsherr vorbehalten hatte. Es galt auch als legitimer Brauch, besonders tüchtige Offiziere aus anderen Regimentern abzuwerben und sie gewissermaßen als Einschub auf eine freigewordene höhere Stelle im eigenen Regiment zu setzen. Das geschah nicht selten mit kaufmännischen Absichten. Khevenhüller rechtfertigte solche Vorgänge mit der wohl offiziösen Auffassung, daß es für das Regiment eine Ehre bedeute, „wann ein Officier zu einem andern Regiment mit Avancement in Regard seiner Meriten begehret wird". Diese Regelungen hatten durchaus ihre Berechtigung. In einem Reglement von 1739 hieß es, daß „dieses darum" geschehe, „weilen Se. Kayserliche Majestät befinden, daß jedes Regiment seine Officiers besser, als der Hof ... kenne, ingleichen damit die vacante Officiers-Stellen also gleich wieder ersetzt, und die lange Zeit erspahret werde, die da vorbey gienge, bevor auf die Vorschlagung vom Hof die Antwort kommt, welches zuweilen üble Consequentien haben könnte, vornehmlich zu einer Zeit, die nicht wohl zulässet, daß solche Stellen lang unersetzter bleiben".

In der Praxis waren die Verhältnisse so vielfältig, daß sich zur Stellenbesetzung und Beförderung fast keine allgemeingültigen Feststellungen treffen lassen. Schon 1672 behielt sich der Landesherr in einer Kapitulation mit dem Oberstleutnant Antonio Graf von Caraffa die Vergabe sämtlicher Offizierstellen vor. Dagegen finden sich noch im Anfang des 18. Jahrhunderts Kapitulationen, die dem Inhaber bei der Stellenbesetzung volle Handlungsfreiheit einräumten. Entscheidend waren wohl in solchen Fällen Stellung und Rang des vertragschließenden Inhabers. Dies trifft zum Beispiel für den General der Kavallerie Graf Alexander Károlyi de Nagy-Károly zu, der im Jahre 1734 ein Husarenregiment errichtete. Er war bereits 1703 Obergespan des Szatmárer Komitats und dann einer der bedeutendsten Führer der Aufständischen gewesen, 1711 aber wieder zu den Kaiserlichen übergetreten und hatte sich große Verdienste um das Zustandekommen des Friedens von Szatmár erworben, nach dessen Abschluß er zum Feldmarschalleutnant ernannt worden war.

Die Kaiser und der Hofkriegsrat waren allerdings bestrebt, die selbstherrliche Stellung der Regimentsinhaber nach Möglichkeit einzudämmen. Bei Beförderungen von Stabsoffizieren und auch von Hauptleuten zu Stabsoffizieren lag die Entscheidung wohl fast in jedem Falle beim Hofkriegsrat. Stand es den Regimentsinhabern frei, „Titular"-Chargen zu verleihen – „Officiere mit Titeln ohne der Wirklichkeit zu gradiviciren" –, so behielt sich der Hofkriegsrat das Recht vor, solche Offiziere „in die Wirklichkeit zu versetzen".

Die von den Inhabern ernannten Titularoffiziere erhielten also lediglich den Charakter des Dienstgrades, den Titel und bestimmte Ehrenvorrechte verliehen, ihre Dienststellungen, die wirklichen Dienstrechte blieben davon unberührt. Nach Khevenhüller „kan auch der würckliche Obrister Titulares machen, mit dieser Limitation, daß er zu denen Staabs Compagnien einen mit dem Titul als Hauptmann setzen könne, ob er schon keine oder nur Lieutenants oder andere Gage habe; darbey zu merckcn, dass solche wohl bey dem Regiment den Rang haben, bey der Armée aber kein würcklicher Hauptmann nicht schuldig ist, ihme den Rang zu lassen, dann solche wie Capitain Lieutenants ausser Regiments angesehen seyn, die Capitain-Lieutenants ihnen jedoch nachgehen".

Bei den meisten im Laufe der ersten Jahre des Österreichischen Erbfolgekrieges neu errichteten Regimentern und bei den Freikorps behielt sich Maria Theresia die Ernennung und Beförderung der Offiziere eine Zeit hindurch vor. Bei jeder Vakanz mußte ein „Terna"-Vorschlag (Dreier-Vorschlag) durch den im Felde kommandierenden General und den Hofkriegsrat eingesandt werden. Der Hofkriegsrat teilte dann den Entscheid der Kaiserin mit. So wurden Stellenbesetzung und Beförderung auch bei den Grenzern und allen anderen Truppen vorgenommen mit Ausnahme des „Feld-Artillerie-Haupt-Corpo", dessen Kommandant Beförderungen bis einschließlich zum Hauptmann selbst vornehmen und sonst das ihm zustehende Vorschlagsrecht ausüben konnte. Nach einem Reskript des

Hofkriegsrats vom 1. April 1766 stand dann dem Regimentsinhaber nur noch das Recht der Stellenbesetzung bis zum Hauptmann oder ersten Rittmeister einschließlich zu. Die Stabsoffiziere wurden fortan im allgemeinen durch den Hofkriegsrat befördert.

Am Ende des 18. Jahrhunderts übte der Kaiser das Beförderungsrecht für die Stellen von der Stabsoffiziercharge aufwärts aus. Die übrigen Chargengrade verlieh bei der Infanterie und Kavallerie der Regimentsinhaber, bei der Artillerie der Generalartilleriedirektor, bei den Grenztruppen der Hofkriegsrat nach einem von den Stabsoffizieren des Regiments unterzeichneten Terna-Vorschlag.

Sobald Truppenkörper oder Teile derselben aufgelöst werden mußten, wurden die durch die Reduktion überzähligen Offiziere anderen Regimentern zugeteilt, „aggregiert". So erhielt beispielsweise 1721 das Regiment Bayreuth von den aufgelösten Regimentern zwei Leutnante und zwei Fähnriche. Es konnte dabei vorkommen, daß bereits in den Kapitulationen zugesichert wurde, daß die im Falle einer Reduktion oder Auflösung des Regiments überzähligen Offiziere anderweitig aggregiert würden. Solche Zuteilungen oder Einschübe waren eines der Mittel in der Hand des Hofkriegsrats, die Verfügungsgewalt der Regimentsinhaber über die Besetzung der Offizierstellen zu beschneiden. Aggregierte mußten oder sollten wenigstens bei ihrer neuen Truppe in die frei werdenden Stellen gleichen Ranges unter voller Gebühr einrücken, „accomodirt" werden, während sie in der Zeit, da sie lediglich aggregiert waren, mit ganzem oder halbem Gehalt den chargenmäßigen Dienst zu leisten hatten. Gegen solche Zuteilungen, die sich der Kriegsherr in gewissen Kapitulationen ausdrücklich vorbehielt, hatte das Offizierkorps im allgemeinen nichts einzuwenden. Unzufriedenheit erweckten dagegen die „aus höchsten gnaden" oder durch den Hofkriegsrat verfügten Einschübe junger, adliger, jedoch nicht kriegserfahrener Offiziere in die Stabsoffizierstellen der Regimenter. Maria Theresia ließ deshalb 1748 erklären, in Zukunft sollten Aggregationen nicht mehr erteilt werden, „um den meritierten Officiers den Weg zu ihrem Avancement nicht abzuschneiden".

Die mittels eines Hofkriegsrats- oder Regimentsbefehls ausgesprochene Beförderung oder Verleihung einer Charge erhielt erst durch die „Vorstellung" dienstliche Wirkung. Die Vorstellung fand bei allen wirklichen Chargen des Offizierstandes und des kleinen Stabes vor versammelter Truppe, bei den Titular- und aggregierten Chargen bei der Parole statt.

Nach der Errichtung der militärischen Pflanzschulen zu Wiener Neustadt und auf der Laimgrube zu Wien (vgl. S. 138 f.) konnten die Regimentsinhaber auch bei der Besetzung der Fähnrichstellen nicht mehr nach Belieben verfahren. Zunächst war seit 1752 jede dritte Fähnrichstelle in den Infanterie- und Kavallerieregimentern für die Zöglinge der Militärakademie bestimmt. In einem Reskript vom 1. April 1766 befahl dann der Hofkriegsrat, daß von erledigten Fähnrichstellen die erste mit einem Fahnenkadetten, die zweite nach Belieben des Regimentsinhabers, die dritte mit einem „ordinari"-Kadetten (Sohn eines „mit dem

Degen dienenden" Offiziers), die vierte wieder vom Inhaber und die fünfte erneut mit einem Fahnenkadetten zu besetzen sei.

Einbrüche in die Rechte und Befugnisse der Regimentsinhaber wurden also nach und nach erzielt. Allen Maßnahmen der Zentralgewalt blieb jedoch ein durchschlagender Erfolg solange versagt, wie die Möglichkeit und der Brauch des Stellenkaufs fortbestanden.

4. Stellenkauf

Bis weit ins 18. Jahrhundert hinein bestand in Österreich die Möglichkeit, Regimenter und Kompanien käuflich zu erwerben. Fünfzigtausend rheinische Gulden bezahlte am 16. November 1693 Oberst Franz Josef Graf Sereni dem bisherigen Inhaber Philipp Jacob de la Porte für dessen Dragonerregiment. Im Jahre 1748 wurde der bisherige hannoversche Fähnrich Baron Künsberg von einem Regimentsinhaber zunächst zum Titular-Hauptmann ernannt. Auf dieser Grundlage kaufte Künsberg die Kompanie eines nicht mehr kriegsdiensttauglichen Hauptmanns und wurde auf diese Weise wirklicher Hauptmann. Das waren Fälle normalen Stellenkaufs, für die sich weitere Beispiele aufführen lassen.

Es konnten aber auch einzelne Chargen durch Entrichtung einer Geldsumme erlangt werden. Auf Grund eines privaten Übereinkommens, „Convention" genannt, war es einem Offizier möglich, seine Charge zu verkaufen oder sogar seine bevorstehende Beförderung zu veräußern. An dieses Verfahren war jedoch die Bedingung geknüpft, daß Nichtoffiziere nur eine Fähnrichs- oder Unterleutnantsstelle, Offiziere dagegen ausschließlich die nächsthöhere Charge erwerben durften. Das faktische Kommando war damit noch nicht erworben. Es fiel unter allen Umständen dem zu, der nach der Anciennität im Regiment dafür an der Reihe war. Für jede Konvention mußte eine besondere Bewilligung erwirkt werden. Sie wurde stets an die Bedingung geknüpft, daß durch den Stellenkauf nicht nur der Dienst gewinne, sondern auch die Offiziere des Regiments in ihren gerechten Ansprüchen nicht verkürzt würden. Außerdem war darauf zu achten, daß der Käufer sich durch die Bezahlung der Abfindungssumme nicht in Schulden stürzte. Jede beantragte Konvention wurde daher bekanntgegeben und den Offizieren oder sonst Anspruchsberechtigten des Regiments zu gleichen Bedingungen angeboten. Wies jemand sogar eine größere Berechtigung auf diese Charge nach, so erhielt er den Vorrang. Der Verkäufer entsagte allen Pensionsansprüchen und verpflichtete sich, niemals gegen das Erzhaus Österreich zu dienen.

Schon im 17. Jahrhundert wurde versucht, das oft kritisierte Verfahren des Stellenkaufs einzuschränken. Eines der ersten bekannten Verbote stammt aus dem Jahre 1689. In einem Brief vom 6. Juli 1703 kennzeichnete der Markgraf von Baden im Hinblick auf das Versagen der Tiroler Festungskommandanten beim bayerischen Einfall mit aller Schärfe die herrschenden Zustände: „Gott gebe, dass dieses fürderhin zur Warnung dienen möge und solche importanten Orte meritierten und experimentierten Offizieren erteilt werden mögen..." Seit 1703 versuchte Prinz Eugen, den Stellenhandel zu unterdrücken. Er erwirkte von Kaiser Leopold ein Patent, laut dessen Bestimmungen der Stellenkauf mit Dienstentlassung des Verkäufers wie auch des Käufers geahndet wurde. Im Bestreben, seinen Grundsätzen Geltung zu verschaffen, schreckte der Prinz nicht vor energischen Maßnahmen zurück. Als eine von ihm angeordnete Untersuchung ergab, daß in dem Dragonerregiment des Feldmarschalls Graf Trauttmansdorff ein Obristwachtmeister für seine Stelle sowohl an seinen Vorgänger als auch an Trauttmansdorff Geld gegeben hatte, der Inhaber überhaupt „mit allen Chargen zu trafikieren" pflegte, ließ er den Obristwachtmeister kassieren und bat den Kaiser, dem Feldmarschall sein Regiment zu nehmen. Im Jahre 1706 scheint Prinz Eugen die Absetzung Trauttmansdorffs tatsächlich durchgesetzt zu haben. Im Jahre 1708 wurden die den Stellenkauf betreffenden Anordnungen erneuert und von Karl VI. bei seinem Regierungsantritt bestätigt. Dauerhafte Wirkung erzielte Prinz Eugen jedoch nicht. Die ständigen finanziellen Krisen der Monarchie brachten es eben mit sich, daß die Regimentsinhaber mindestens bis zur Theresianischen Staatsreform in vielen Fällen die Gläubiger der Hofkammer oder auch der Universalbancalität waren und blieben. Der Stellenkauf war eines der Mittel, durch die sich die Inhaber für ihre finanziellen Einbußen schadlos zu halten versuchten. Von diesem Standpunkt aus betrachtet, erscheint der Verkauf von Offizierstellen keineswegs als eine unehrenhafte Handlung, weil ja das Motiv der Bereicherung wegfiel.

Obwohl während des späteren 18. Jahrhunderts vom Herrscher und Hofkriegsrat verschiedentlich Vorstöße gegen den Stellenhandel erfolgten, wurde er bis 1848 nicht völlig unterdrückt. Er konnte vielmehr zeitweise mit ausdrücklicher obrigkeitlicher Genehmigung betrieben werden. Die Klagen richteten sich auch weniger gegen den reinen Stellenkauf, der manchem Offizier eine nachfolgende sorgenfreie Existenz ermöglichte, sondern gegen die Verletzung der Grundsätze der Anciennität und die Methoden, die oftmals zur Aufbringung der Kaufsumme angewendet wurden.

5. Offizierkorps und Anciennität

Das Fortbestehen der Inhaberrechte, Einschübe, Aggregierungen und Stellenkäufe bewirkten, daß sich im Offizierkorps der kaiserlichen Armee anders als in dem national und sozial so viel homogeneren preußischen das Anciennitätsprinzip bei der Stellenbesetzung und Beförderung nicht durchsetzte. Im allgemeinen waren die maßgeblichen Persönlichkeiten der Auffassung, daß bei der Beförderung sowohl das Verdienst als auch der Rang (die Anciennität) zu berücksichtigen seien. Weder das eine noch das andere Prinzip sollte ausschließliche Anwendung finden. Beispielsweise billigte Prinz Eugen Anfang November 1703 Vorschläge Guido Starhembergs auf Beförderung tapferer und leistungsstarker Soldatenführer als „Exempel" dafür, daß man sich dabei auch keineswegs an die Anciennität binden lassen wolle. In einem Schreiben an den Hofkriegsrat vom Jahre 1705 bemerkte er: „Ich weiss gar wohl, dass ein und andere älter sind; allein wenn der jüngere, welcher die Okkasion gehabt, sich insonderheit zu signalisieren, allezeit auf des älteren Promotion, und wenn die Reihe an ihn kommt, warten sollte, so wäre es demselben mehr diskonsolierlich als eine Konsolation." Kaiser Karl VI. und Maria Theresia erklärten wiederholt, daß nicht „um das Geld oder Anverwandtschaft untüchtige junge Leute altdienenden Officieren sollten vorgezogen werden, so der Ruin des Militaris ist", sondern daß nur Verdienste und Rang bei der Beförderung maßgebend sein dürften. Karl VI. scheint einmal angeordnet zu haben, daß die Regimentsinhaber bei der Beförderung der Offiziere ausschließlich Ordnung und Rang zu berücksichtigen hätten. Maria Theresia hob diese Verfügung teilweise wieder auf, weil sie den Eifer der Offiziere abschwäche und weil nicht jeder, der nach der Anciennität zur Beförderung heranstehe, auch wirklich für die höhere Charge geeignet sei, besonders zum Stabsoffizier. In ihrer Regierungszeit wurden häufig Offiziere für Tapferkeit in der Schlacht bevorzugt befördert.

Die Anwendung eines reinen Anciennitätsprinzips wäre zweifellos von der Masse der Offiziere als die gerechteste Lösung empfunden worden. In zahlreichen Fällen wurden sie beim Hofkriegsrat vorstellig, wenn sie das Gefühl hatten, daß dieses Prinzip durch eigenmächtiges Vorgehen des Regimentsinhabers oder auch des Hofkriegsrats verletzt worden sei. So beschwerten sich 1748 zwei Leutnante im Namen sämtlicher Offiziere eines Infanterieregiments über die vielfältige „Präterierung" durch fremde Offiziere, die der Inhaber im Regimente eingesetzt hatte, und baten, daß zukünftig „in Ordnung" befördert werde. Daß die Beförderung nach der Anciennität von manchem Regimentsinhaber gering gewertet wurde, beruhte vielfach auf der Ansicht, daß die Hauptleute kriegserfahrene und brave Offiziere in einem Alter sein sollten, in dem sie Anstrengungen eines Feldzuges gut überstehen konnten. Die Anciennität berücksichtige diese Momente jedoch nicht. Diese Auffassung schlug sich in einem Reglement von 1747 nieder, in dem gefordert wurde, daß der Oberst „bey Herren Ober- und Unter-Officiers ... in der Recommendation und Avancirung nach denen Meriten/ Wohlverdiensten/ und Capacität gehen" müsse.

Joseph II. vertrat andere Beförderungsgrundsätze als Karl VI. und Maria Theresia. Bereits in einer Denkschrift des Jahres 1765 hatte er die Auffassung vorgetragen, daß „ein Mann von Genie und Verdienst ... vorwärts geschoben und schnell befördert werden" solle, damit er noch in jungen Jahren dem Staate im großen nützlich sein könne. Beim Avancement sollte allein das Verdienst ausschlaggebend sein, das Herkommen aus fürstlichen Häusern den Aufstieg des Offiziers nicht mehr begünstigen. Die Vorstellungen des Kaisers fanden ihren Niederschlag in den von Lacy ausgearbeiteten Reglements für die Infanterie und

Kavallerie von 1769. Die Regimentsinhaber hatten streng darauf zu achten, daß nur das Verdienst bei der Beurteilung und Beförderung der Offiziere maßgebend sei. Der Beurteilung der Offiziere dienten die 1762 eingeführten Konduitenlisten, die dem Hofkriegsrat übersandt werden mußten.

6. Bildung und Ausbildung

Ein Beförderungswesen, das nicht grundsätzlich auf der Anerkennung des Anciennitätsprinzips beruhte wie in Preußen, erforderte Kriterien, nach denen Verdienst und Fähigkeit beurteilt werden konnten. Bildung und Ausbildung des einzelnen Offiziers ließen sich dazu heranziehen. Der Bildungsstand war allerdings im allgemeinen nicht höher als in anderen Armeen.

Staatliche militärische Bildungs- und Erziehungsanstalten von einiger Bedeutung gab es in Österreich bis zur Mitte des 18. Jahrhunderts kaum. Die vorhandenen Institute wurden zu einem großen Teil durch Privatpersonen oder durch die Stände finanziert und wiesen nicht ausschließlich militärischen Charakter auf. Eine Stiftung von Johann Conrad Richthausen, Freiherrn und Edlen von Chaos, mit deren Mitteln 1670 auf der Laimgrube zu Wien das „Chaos-Stift" errichtet werden konnte, war ursprünglich für „unerzogene Hausarme", Kinder und Waisen bestimmt. Erst eine spätere Stiftung ermöglichte es, ihr eine Ingenieurschule anzugliedern. Militärische Lehrgegenstände wurden beispielsweise auch an der gegen Ende des 17. Jahrhunderts zu Wien von den Ständen errichteten Niederösterreichischen Landschaftsakademie unterrichtet. Sie ging 1748/49 in der von Herzogin Theresia von Savoyen errichteten Savoyischen Ritterakademie auf. Staatliche Anstalten waren die 1708 in Liegnitz von Kaiser Joseph I. errichtete Ritterakademie und die von Karl VI. auf Anregung Prinz Eugens 1717 gegründete, unter der Jurisdiktion und Oberdirektion des Hofkriegsrats stehende, kaiserliche Ingenieurschule zu Wien, eine freie Hochschule für kriegstechnische Studien. Ihre Bedeutung für die kaiserliche Armee darf aber nicht überschätzt werden. Aus den Berichten Prinz Eugens läßt sich nämlich entnehmen, daß nur wenige Zöglinge als Fähnriche ins Heer eintraten. Die Masse der Knaben, die auf den Offizierberuf vorbereitet wurden, war zur Ausbildung also auf Hauslehrer oder die städtischen Schulen angewiesen, die allgemein zur Verfügung standen. Besondere Bildungsnachweise wurden von den Fähnrichen bei ihrem Eintritt in ein Regiment nicht gefordert.

Die Regierung Maria Theresias kündete auch im Erziehungswesen den Anbruch einer neuen Zeit an. Der Begründung der Institution der Grundschule

(Volksschule) lag bereits der Gedanke einer allgemeinen Schulpflicht zugrunde. An der Spitze des gesamten Unterrichtswesens stand seit 1760 als leitende Behörde eine Studienhofkommission. Sie war zuerst eine Abteilung des Directoriums in Publicis et Cameralibus, später der Hofkanzlei. Die im Zeichen gemäßigt aufklärerischer Tendenzen stehenden Reformen kamen nicht zuletzt auch dem militärischen Erziehungs- und Bildungswesen zugute. Zahlreiche Einrichtungen, die für die Vor- und Weiterbildung von Offizieren aller Waffen bestimmt waren, wurden neu gegründet oder von der staatlichen Verwaltung übernommen. Unter diesen erlangte die Militärakademie zu Wiener Neustadt (seit 14. März 1769: „Theresianische Militärakademie") große Bedeutung.

Es ist kein Zufall, daß der Urheber und tätigste Förderer der Theresianischen Staatsreform, ein Kenner der preußischen Verhältnisse, Graf Wilhelm von Haugwitz, an der Gründung dieser Anstalt maßgebend beteiligt war. Auf einer Reise durch Kärnten und Krain stellte Haugwitz im Jahre 1747 fest, daß sich der junge Adel „aus Mangel anderer besserer éducation und occupation auf das Jagen, Fischen und dergleichen" verlege. Er schlug deshalb der Herrscherin vor, „interimaliter" aus dem Adelsnachwuchs beider Länder ein Kadettenkorps zu bilden und die Möglichkeit der künftigen Errichtung eines „Totum", eines Kadettenkorps aus allen Ländern, zumindest aber den österreichischen Erbländern in Betracht zu ziehen. Wie in Preußen sollte der einheimische Adel bewußt zum kaiserlich-königlichen Dienste im Heere herangezogen werden. Allerdings bestanden wohl von vornherein nur geringe Hoffnungen, daß der landsässige Adel in weitem Umfange die Möglichkeit nutzen würde, seine Söhne im Kadetten- und anschließend im Offizierkorps unterzubringen. Von Anfang an war deshalb vorgesehen, auch Offizierkinder zum Besuch zuzulassen. Maria Theresia gab gleichzeitig mit ihrem Entschluß, auf eigene Kosten eine Militärakademie zu errichten, im Jahre 1751 bekannt, daß eine der beiden je 100 Mann starken Neustädter Kompanien aus Adligen, die andere aus Kindern von „Oberoffizieren" bestehen solle.

Den Nachwuchs für das Kadettenkorps lieferte eine „nachwachsende Pflanzschule", der adlige Knaben und Offizierkinder im Alter von sieben bis dreizehn Jahren „in denen zu obigem Ende diensamen Anfangsgründen gehörig angewiesen" wurden. Der Adel bezeugte jedoch keine Lust, seine Söhne auf die beim Chaos-Stift auf der Laimgrube zu Wien errichtete Militärpflanzschule zu schikken. Die Kaiserin bestimmte daher bereits am 9. September 1752, daß nur Kinder von Offizieren aufzunehmen seien. Im Jahre 1754 erhielt die Schule ihr Statut, das bis zu ihrer Vereinigung mit der Neustädter Militärakademie von 1769 galt. Danach durften die Stände Nieder-, Ober- und Innerösterreichs und der Länder der Wenzelskrone nach Maßgabe der von ihnen geleisteten finanziellen Beiträge eine Anzahl von Anwärtern auf Stiftungsplätze präsentieren. Zusätzlich wurden von Maria Theresia vier Militärstiftungsplätze errichtet.

Die „Adeliche Militär-Akademie", die 1755 gegründet wurde, erlangte nur so geringe Bedeutung, daß die Ansicht vertreten werden konnte, sie sei wegen mangelnder Beteiligung überhaupt nicht in Erscheinung getreten. Diese Schule, die für begüterte, darunter auch ausländische Zöglinge bestimmt war, bestand bis 1769. Ihr Besuch legte dem Schüler keinerlei Verpflichtungen für seine spätere Berufswahl auf.

Die seit 1760 bestehende Institution der ungarischen Leibgarde sollte es jungen ungarischen, kroatischen und siebenbürgischen Adligen ermöglichen, sich in Sprachen, Wissenschaften, Leibesübungen, Sitten und Umgang zu bilden, um sich für den Staatsdienst in militärischem oder in bürgerlichem Berufe vorzubereiten. Eine ähnliche Einrichtung war die 1782 geschaffene galizisch-lodomerische Leibgarde. Als sie bereits 1790 wieder aufgehoben wurde, erhielten die galizischen Adligen 40 Plätze an der Wiener Neustädter Militärakademie.

Die ungarische Leibgarde erwies sich bald als eine Pflanzstätte kultureller Bestrebungen. Mit 18 Jahren kam Georg Bessenyei (1747-1811) zur ungarischen Nobelgarde nach Wien und lernte dort gleich anderen Gardisten den Geist der Wiener französisch ausgerichteten Aufklärung kennen, erlernte die französische und die deutsche Sprache und machte sich die Erkenntnis zu eigen, daß der einzelne und das Volk nur durch Wissen glücklich gemacht werden könnten und daß die Kenntnisse mit Hilfe der Muttersprache verbreitet werden müßten. Er und seine Freunde, die „Generation von 1765", wollten ihrem Lande und der Humanität dadurch dienen, daß sie Ungarn mit der neuen Philosophie vertraut machten. Englische und französische Bücher wurden in ihre bisher vernachlässigte Muttersprache übersetzt. Der Tätigkeit der aufgeklärten und in mancher Hinsicht kosmopolitisch eingestellten Generation von 1765 war es zu verdanken, daß Ungarisch zu einer modernen Sprache geworden ist.

Als die Ingenieurschule im Chaos-Stift und die von Kaiser Karl VI. begründete kaiserliche Ingenieurschule nicht mehr genügten, wurden die beiden Anstalten zu einem kaiserlichen Institut vereinigt. Der Adel besuchte die in Gumpendorf untergebrachte neue Ingenieurschule nur in geringer Zahl. Beispielsweise betrug am 1. März 1760 die Zahl der Schüler 136. Darunter befanden sich 31 Ingenieure, 49 Anfänger und 56 Studenten im Alter von sieben bis einunddreißig Jahren, unter ihnen Söhne von Kleinbürgern, wie einem Lederer, einem Weber und einem Schneider, von Bauern und Tagelöhnern. Die Schule wurde 1760 dem Geniekorps unterstellt, 1778 umgestaltet und fortan als Ingenieurakademie bezeichnet. Gleichzeitig bezog sie die Räume der ehemaligen Savoyischen Ritterakademie auf der Laimgrube. Zum Gedeihen der Anstalt trug wesentlich bei, daß am 24. November 1779 eine „Systemal-Anordnung" getroffen wurde, nach der in das Ingenieurkorps niemand mehr aufgenommen werden sollte, der nicht in der Ingenieurakademie die „Geniewissenschaften" studiert und sein Können in einer Prüfung nachgewiesen habe. An der Akademie wurde allerdings nicht Militärbauwesen gelehrt. Im Rahmen mathematischer Vorlesungen wurde es an der 1746 von Maria Theresia zum Zwecke der Ausbildung höherer Beamter gegründeten Theresianischen Ritterakademie vorgetragen.

Eine Korpsschule der Artillerie wurde 1744 durch den verdienten Reorganisator der kaiserlichen Artillerie, Wenzel Fürst von und zu Liechtenstein (1696 bis 1772), im Dorfe Bergstadl bei Budweis errichtet. Offiziere, begabte Unteroffiziere und Kanoniere sollten dort in den Fächern unterrichtet werden, die für einen Artillerieoffizier unentbehrlich sind. An die Stelle der Korpsschule trat 1778 ein zu Wien errichtetes Artillerielyceum, das 1786 nach der Errichtung des Bombardierkorps als Bombardierkorpsschule dessen Kommandanten unterstellt wurde. Daneben bestanden die aus den früheren Brigadeschulen hervorgegangenen Elementar- und Regimentsschulen, welche die Anwärter auf Unteroffizier- und Offizierstellen für das Bombardierkorps vorzubereiten hatten.

Eine Vorbereitung für den Heeresdienst fand sowohl im Militärwaisenhaus für Offizierkinder zu Pettau (später Tyrnau) als auch in den laut Verordnung vom 9. Mai 1782 bei den 50 österreichischen und ungarischen Infanterieregimentern errichteten Soldatenknabenerziehungshäusern statt.

c. Das Bildungswesen zur Zeit des Erzherzogs Karl

Erst im Zuge der Reformen Erzherzog Karls wurden nach den Bemühungen Maria Theresias neue Wege zur Ausbildung und Bildung der Offiziere und des Nachwuchses beschritten. In Böhmen, Mähren und Österreich ließ der Erzherzog insgesamt vier Kadettenschulen mit je 124 Zöglingen errichten. (Aktenmäßig nachweisbar sind allerdings nur die Aufstellungsorte Olmütz, Theresienstadt und Cilli.) Daneben erhielten die sogenannten Regimentserziehungshäuser mehr Mittel, um einen fähigen Offiziernachwuchs heranzubilden. Ein weiterer Ausdruck der Bemühungen Karls, die Bildung des Offizierkorps zu heben, waren die von den Mitarbeitern des Erzherzogs ausgearbeiteten Lehrbücher, Lehrpläne und Dienstnormen, ferner die zum Teil aus der Feder des Erzherzogs stammenden „Grundsätze der höheren Kriegskunst für die Generäle der österreichischen Armee“, „Taktische Beispiele als Anhang zu den Grundsätzen der hohen Kriegskunst“, „Beiträge zum praktischen Unterricht im Felde für die Offiziere der österreichischen Armee“. Auf die „Grundsätze der höheren Kriegskunst“ machte in einem Schreiben vom 30. August 1810 der General v. Scharnhorst den sächsischen General Heinrich Wilhelm v. Zeschau aufmerksam. Überdies wurde im Jahre 1808 die „Oesterreichisch-militärische Zeitschrift“ gegründet. Redaktion und Herausgabe dieser Vierteljahrsschrift vertraute Erzherzog Karl dem 1801 von ihm errichteten, vom Archiv des Hofkriegsrats abgetrennten und mit fachkundigen Offizieren besetzten Kriegsarchiv an. Die Zeitschrift wurde 1811 in ein halbamtliches Organ umgewandelt („Neue militärische Zeitschrift“, später wieder „Oesterreichische militärische Zeitschrift“).

I. Zusammenfassung

Das österreichische Militärwesen zeigt im Laufe seiner neuzeitlichen Entwicklung ein eigenes Gesicht. Die Unterschiede zu den deutschen Territorien, vor allem zu Preußen, sind zwar nicht fundamental, aber sie sind doch deutlich bemerkbar. Es sind auch im wesentlichen nicht andere Faktoren, die auf Form und Wesen des österreichischen Militärapparates einwirken, sie sind nur anders in Umfang, Dauer und Intensität. Zunächst einmal hat die besondere Geschichte der Habsburger-Monarchie – Entstehen, Struktur, völkische Zusammensetzung und später die Staatsidee – auch der bewaffneten Macht ihren Stempel aufgeprägt. Das lange und langsame Zusammenwachsen der habsburgischen Länder, der schwer zu überwindende Widerstand der alten Gewalten gegen Umbrüche und Reformen haben der Entwicklung des Militärwesens eine Kontinuität bewahrt, die in den deutschen Territorien kaum zu finden ist. Es behielt noch lange nach der Errichtung stehender Truppen den Charakter bei, den es in der Zeit des freien Söldnertums und unter dem maßgeblichen Einfluß der Stände der einzelnen Länder gewonnen hatte. Beispiele dafür sind die Stellung und Bedeutung der Obrist-Inhaber und die ständische Rekrutierung, die „Gestellung" von „Landrekruten", als ein Mittel der Heeresaufbringung. Noch einschneidender wirkte sich auf die Entwicklung zum stehenden Heer das Steuerbewilligungsrecht der landständischen Vertretungen aus. Erst mit der Theresianischen Staatsreform wurden entscheidende Schritte getan, um den Einfluß der ständischen Mächte zu überwinden und dem Monarchen die Gewalt über das Heer zu garantieren. Kaiser Joseph II. jedoch scheiterte, da er bei seinen Bestrebungen nach Zentralisation auf allen Gebieten staatlichen Lebens das Maß des Möglichen überschritt. Sein Nachfolger mußte manchen der regionalistisch-föderalistischen Forderungen der Länder nach Wiederherstellung früherer Verfassungszustände nachgeben. Im Bereich des Militärwesens konnte aber die unterdessen doch erreichte relative Einheitlichkeit erhalten werden. Die Monarchie trat in das 19. Jahrhundert und in das Zeitalter der Nationalstaaten mit einem stehenden Heer ein, dessen Angehörige – gleichgültig ob sie aus den österreichischen Erbländern oder aus dem Reich, aus Böhmen, Kroatien, Galizien oder einem anderen slawischen Land, aus Ungarn, Italien oder aus dem Ausland stammten – im Kaiser von Österreich den obersten Kriegsherrn sahen.

Als zweites kommt hinzu, daß die Herrscher bis 1806 die Krone des Heiligen Römischen Reiches trugen und daß die Monarchie darüber hinaus bis in die Mitte des 18. Jahrhunderts die unbestrittene deutsche Vormacht war. Das Kaisertum wirkte wie ein Magnet. Es zog Deutsche aus allen Teilen des Reiches zum Dienst für das Haus Habsburg in allen Lebensbereichen an, also auch für das Militär- und Kriegswesen. Ein hoher Prozentsatz an Offizieren und Mannschaften der österreichischen Truppen stammte aus dem Reich, besonders aus dem Südwesten und Westen. Hier war die Masse des Reichsadels ansässig, dessen Vertreter vornehmlich in der Armee des Kaisers dienten, wenn sie überhaupt als Offiziere ihr Unterkommen suchten. Wie Angeli richtig bemerkt, entsprachen allerdings die Kenntnisse und Fähigkeiten der Mitglieder des in der österreichischen Armee dienenden Reichsadels in manchen Fällen nicht den Anforderungen der von ihnen bekleideten hohen und höchsten Chargen. In den südwestlichen und westlichen Territorien des Reiches war auch die Masse der Soldaten beheimatet, die dem stehenden Heer der Habsburger auf dem Wege über die Reichswerbung zugeführt wurden. Das Motiv für den Eintritt in das Militär war wohl immer weniger Abenteuerlust als der Zwang, sich eine Existenzmöglichkeit verschaffen zu müssen. Der Entschluß, gerade nach Österreich zu gehen, entsprang einer untergründigen Mischung aus Reichspatriotismus und Anhänglichkeit an den Kaiser. Der ständige Strom deutscher Menschen aus allen Ständen, der bis zum Untergang des Römischen Reiches Deutscher Nation anhielt, bewirkte, daß ein Teil der bewaffneten Macht Österreichs in seinem Charakter deutsch blieb. Dagegen verkörperten beispielsweise die Grenzer das slawische, die sich aus Ungarn rekrutierenden Formationen das magyarische Element innerhalb der kaiserlich-königlichen Armee.

Nicht zuletzt wirkte sich drittens auf Zusammensetzung und Wesen des österreichischen stehenden Heeres aus, daß es als Armee einer Großmacht auf fast allen bedeutenden Kriegsschauplätzen Europas kämpfte. Waffenbrüderschaft oder feindliche Begegnung mit französischen und englischen, schwedischen und polnischen, italienischen, preußischen und russischen Truppen und die jahrhundertelange kriegerische Auseinandersetzung mit den Türken öffneten das Militär nicht nur fremden Einflüssen, sondern führten ihm auch zahlreiche Ausländer zu. Deutlich wird dieser Zustrom allerdings nur im Offizierkorps.

Das österreichische Offizierkorps besaß infolge seiner sozial und ständisch nicht abgeschlossenen und seiner gewissermaßen europäischen Zusammensetzung alle Voraussetzungen für seine vielfältigen Aufgaben in einer Monarchie, die sich von den österreichischen Niederlanden bis Südungarn und von Schlesien bis Italien erstreckte. Seine Aufgeschlossenheit und Elastizität bewahrten es davor, so in Tradition zu erstarren wie das adelständische preußische Offizierkorps. Zweifellos verfügte es nicht über dessen Schlagkraft, glich aber diesen Nachteil voll aus. Ein Kennzeichen seines Wesens war es, daß der österreichische Offizier Treue zu seinem obersten Kriegsherrn mit politischem Denken zu verbinden wußte. Diese Eigenschaften gaben dem Korps die Kraft, auch empfindliche Rückschläge oder gar schwere Niederlagen ohne ideellen Substanzverlust zu überstehen. Ohne wie in Preußen erster Stand im Staate und auch ohne Lieblingskind der meisten Herrscher zu sein und am Wiener Hofe eine Vorzugsstellung zu genießen, war das übernationale Offizierkorps eine der wichtigsten Stützen und Bürgen der übernationalen Monarchie.

Das Offizierkorps war in Österreich allerdings nicht der Faktor, der allein das Wesen der bewaffneten Macht prägte. Auch der einfache Soldat war mehr als nur ein wesen- und seelenloses Teilchen im Räderwerk der Heeresmaschine; dies gilt insbesondere für die sehr eigenwilligen Grenzer und die ungarischen Soldaten. Offizier und Mannschaften bildeten auch von ihrer geistigen Einstellung her gemeinsam das stehende Heer, das bis in das 18. Jahrhundert hinein die Macht des Kaisers und der Dynastie verkörperte. Erst mit der Ausbildung einer eigenen österreichischen Staatsidee wurde auch dieses Militärwesen zu einem, allerdings nicht neben dem Herrscher ausschließlichen Symbol der Monarchie. Es stellte nur eine Kraft neben anderen dar, auf die sich die Habsburger stützten. Daher war auch Österreich, wenn es richtig ist, daß in der Epoche des absolutistischen Fürstentums die überlieferte ständische Gesellschaft und die Staaten von militaristischen Zügen durchdrungen und dadurch in ihrem Wesen so gewandelt wurden, daß Preußen unter diesem Vorzeichen als „das klassische Musterland des Militarismus“ (Otto Hintze) im Europa des Ancien Régime angesehen werden darf, keine eigentliche Militärmacht. Das Verhältnis des österreichischen stehenden Heeres zum Staat war dadurch gekennzeichnet, daß die bewaffnete Macht nie versuchte, sich über die ihr gezogenen Schranken hinwegzusetzen und eine ihr nicht zukommende Stellung zu usurpieren (Allmayer-Beck).

J. Bibliographie

III

Jürg Zimmermann

Militärverwaltung und Heeresaufbringung in Österreich bis 1806

A. Die politische Struktur

Als Einführung in die politische Geschichte der Donaumonarchie und zuverlässiger Wegweiser durch das umfangreiche Schrifttum empfiehlt sich die von der Südostdeutschen Historischen Kommission herausgegebene neubearbeitete Auflage des Werkes von Karl und Mathilde UHLIRZ, *Handbuch der Geschichte Österreich-Ungarns, Bd 1, Graz ²1963*. In Verbindung mit einer knappen historischen Darstellung gibt es zu jedem Abschnitt eine Orientierung über Quellen und Literatur. Für die Zeit nach 1526 muß bis zum Erscheinen weiterer Bände auf die erste Ausgabe, Karl UHLIRZ, bearb. von Mathilde UHLIRZ, *Handbuch der Geschichte Österreichs und seiner Nachbarländer Böhmen und Ungarn, 4 Bde, Graz 1927–1944*, sowie auf die Literaturangaben anderer Übersichtswerke zurückgegriffen werden. Über die deutschen Erbländer der österreichischen Monarchie informieren die Beiträge von Georg Wilhelm SANTE, *Die historischen Räume im Überblick*, und Karl LECHNER, *Österreich*, in der von Georg Wilhelm SANTE herausgegebenen *Geschichte der deutschen Länder, Territorien – Ploetz, Bd 1, Die Territorien bis zum Ende des alten Reiches, Würzburg 1964*. Weiter wurden benutzt: Hans PIRCHEGGER, *Geschichte und Kulturleben Österreichs von 1493–1792, Wien ⁵1960 = Geschichte und Kulturleben Österreichs, Bd 2;* Hugo HANTSCH, *Die Geschichte Österreichs, 2 Bde, Wien Bd 1 ⁴1959 und Bd 2 ³1962;* Erich ZÖLLNER, *Geschichte Österreichs, von den Anfängen bis zur Gegenwart, München ²1963;* Emil FRANZEL, *Der Donauraum im Zeitalter des Nationalitätenprinzips 1789–1918, München 1958 = Dalp-Taschenbücher, Bd 343*, und Georg STADTMÜLLER, *Geschichte Südosteuropas, München 1950 = Gesch. der Völker und Staaten.* Die Untersuchung von Julius MISKOLCZY, *Ungarn in der Habsburger-Monarchie, Wien 1959 = Wiener hist. Studien, Bd 5*, trägt wesentlich zum Verständnis des ungarischen Standpunktes bei.

Pragmatische Sanktion

Mit den Auswirkungen der Pragmatischen Sanktion auf die Glieder der Habsburger-Monarchie befassen sich vier wertvolle Einzeluntersuchungen, die in der Zeitschrift *Der Donauraum, 9. Jg, 1964*, erschienen sind, nämlich: Hans LENTZE, *Die Pragmatische Sanktion und das Werden des österreichischen Staates, S. 3–14;* Nikolaus GRASS, *Die Pragmatische Sanktion und Tirol, S. 15–17;* Moricz CZIKANN-ZICHY, *Die Pragmatische Sanktion in der ungarischen Geschichte, S. 18–25*, und Stjepan BÚC, *Kroatien und die Pragmatische Sanktion, S. 26–28.*

Eine gute Einführung in diesen Fragenkomplex gibt Otto BRUNNER, *Land und Herrschaft, Grundfragen der territorialen Verfassungsgeschichte Österreichs im Mittelalter, Wien* ^{4}*1959*, in dem Abschnitt *Die Länder in der Österreichischen Monarchie, S. 441–463.* Hermann Ignaz BIDERMANN, *Geschichte der österreichischen Gesamt-Staats-Idee 1526–1804, 2 Bde, Innsbruck 1867–1889*, ist zwar veraltet, bietet aber sehr viel Material.

Die gründlichste Untersuchung zur Geschichte der Reformation und Gegenreformation ist noch immer Johann LOSERTH, *Die Reformation und Gegenreformation in den innerösterreichischen Ländern im 16. Jahrhundert, Stuttgart 1898.*

B. Überlieferte Wehrformen und Ansätze zu neuen Wehrverfassungen

Die *Geschichte der k. u. k. Wehrmacht, Die Regimenter, Corps, Branchen und Anstalten von 1618 bis Ende des 19. Jahrhunderts, Bd 5, Wien 1903 = Suppl. zu d. Mitt. d. k. u. k. Kriegsarchivs*, bearb. von Alphons Frhr. v. WREDE, vermittelt zwar einen Überblick über die Geschichte der Landesverteidigung und ihrer Einrichtungen in den Ländern der Donaumonarchie, ist aber nicht immer fehlerfrei.

1. Lehensaufgebot, Landesaufgebot und Söldnertum in den österreichischen Herzogtümern

Das bereits erwähnte Buch von Otto BRUNNER (s. S. 147) bringt auf S. 58 ff. eine Zusammenfassung sowie reichhaltige Literaturangaben über die Söldner und auf S. 301 ff. zur Wehrpflicht. Weiter wurden benutzt: Die beiden Aufsätze von Wilhelm ERBEN, *Das Aufgebot Herzog Albrecht V. von Oesterreich gegen die Husiten, in: MIÖG, 23. Bd, 1902, S. 256–272*, und *Zur Geschichte des österreichischen Kriegswesens im 15. Jahrhundert, in: MHMus, 1903, H. 2, S. 1–29;* Ernst v. FRISCH, *Der Übergang vom Lehendienst zum Solddienst in Österreich, ein Beitrag zur Heeresgeschichte des 14. Jahrhunderts, Wien 1907.* Die Darstellung der Verhältnisse im 16. Jahrhundert beruht im wesentlichen auf der grundlegenden Untersuchung von Eugen HEISCHMANN, *Die Anfänge des stehenden Heeres in Österreich, Wien 1925 = Deutsche Kultur, Hist. R., Bd 3.* Wohl am gründlichsten erforscht sind die Verhältnisse in Innerösterreich und zwar durch die Arbeiten von Johann LOSERTH, *Innerösterreich und die militärischen Maßnahmen gegen die Türken im 16. Jahrhundert, Studien zur Geschichte der Landesdefension und der Reichshilfe, Graz 1934 = FVVSteierm, Bd 11, H. 1;* Anton MELL, *Grundriß der Verfassungs-und Verwaltungsgeschichte des Landes Steiermark, Graz 1929;* die beiden Aufsätze von Artur STEINWENTER, *Die Wehrmaßnahmen des steirischen Landtages gegen die Türken und Hajduken 1605, in: ZSteierm, 16. Jg, 1918, S. 51–157*, und *Das Reiterrecht der steirischen Gültpferdrüstung 1606, in: ZSteierm, 13. Jg, 1915, S. 1–116;* Hans v. ZWIEDINECK-SÜDENHORST, *Das steirische Aufgebot von 1565, in: MSteierm, H. 25, 1877, S. 87–102.* Wenig übersichtlich, aber als einziger Beitrag zu diesem Thema unentbehrlich, ist die Arbeit von Alfred H. LOEBL, *Die Landesverteidigungsreform im ausgehenden 16. Jahrhundert im Zeichen des sinkenden dualistischen Staatsbegriffes, in: AÖG, Bd 96, 1907, S. 39–97.* Der Aufsatz von Gerhard OESTREICH, *Zur Heeresverfassung der deutschen Territorien von 1500–1800, in: Forschungen zu Staat und Verfassung, Festgabe für Fritz Hartung, Berlin 1958, S. 419–439,* stellt die Bedeutung des Landesaufgebots in Nieder- und Innerösterreich etwas zu stark heraus.

2. Aufgebot, Söldner- und Defensionswesen in Tirol

Ein großer Teil dieses Abschnitts beruht auf der umfassenden, aus den Quellen erarbeiteten Darstellung von Otto STOLZ, *Wehrverfassung und Schützenwesen in Tirol von den Anfängen bis 1918, Innsbruck 1960*, aus dem Nachlaß hrsg. von Franz HUTER. Hier wird auch das Rechnungsheft des Hans Spreng (vgl. S. 22 f.) erwähnt. Wichtige militärgeschichtliche Fakten finden sich bei Otto STOLZ, *Geschichte des Landes Tirol, Bd 1, Innsbruck 1955*. Eine gute Kurzdarstellung der Militärgeschichte Tirols enthält Oswald REDLICH, *Das Werden einer Großmacht, Österreich von 1700–1740, Brünn ^{3}1942 = Geschichte Österreichs, Bd 7*. Zu empfehlen ist, obwohl schwer zugänglich, Wilhelm ERBEN, *Der Ursprung des Tiroler Landesverteidigungswesens = Beil. z. Münchner Allgemeinen Zeitung, Jg 1904, Nr. 200 und 201.*

Tiroler Söldnerwesen

Hierzu wurde die aufschlußreiche Arbeit von Franz BERGER, *Zur Geschichte der Tiroler Landesverteidigung im Jahre 1510, in: MHMus, 1907, S. 121–137*, benutzt.

Tiroler Landlibell von 1511

Die neueste Veröffentlichung hierzu ist Franz HUTER, *450 Jahre Tiroler Wehrverfassung, Das Landlibell von 1511, ein Wahrzeichen und Mahnmal der Wehrfähigkeit und Wehrfreiheit, in: Tiroler Heimat, Jb. f. Gesch. u. Volkskd., Bd 25, 1962, S. 137–142*. Für die spätere Zeit wurde benutzt Oswald v. GSCHLIESSER, *Zur Geschichte des stehenden Heeres in Tirol bis zur bayrischen Besetzung 1805, in: Veröff. d. Mus. Ferdinandeum, Bd 31, 1951, S. 229–249.*

3. Landesaufgebot und Landsrettung in den österreichischen Vorlanden

Benutzt wurde vorwiegend Otto STOLZ, *Die Landsrettungen für Oberelsaß und Breisgau aus dem 16. Jahrhundert, in: Jb. f. Elsaß-Lothringen, Bd 20, 1942, S. 181–199*. Ferner wurde herangezogen Oskar REGELE, *Zur Militärgeschichte Vorderösterreichs, in: Vorderösterreich, Bd 1, Freiburg i. Br. 1959, S. 117–130.*

C. Die Militärgrenze

Rupert v. SCHUMACHER, *Das Schrifltum über die österreichische Militärgrenze, in: DALV, 6. Jg., 1942, S. 207–240,* bietet ein reichhaltiges, in den bibliographischen Angaben leider nicht ganz zuverlässiges Schrifttumsverzeichnis zur Geschichte der Militärgrenze. Die Eigenart der österreichischen Militärgrenze wird durch einen Vergleich mit der russischen Landmiliz herausgestellt bei Alan D. FERGUSON, *Russian Landmilitia and Austrian Militärgrenze, in: SOF, Bd 13, 1954, S. 139–158.* Wesentliche Teile dieses Abschnitts beruhen auf Gunther Erich ROTHENBERG, *The Austrian Military Border in Croatia 1522–1747, Urbana 1960 = Illinois Studies in the Social Sciences, Bd 48.* Die kritische Bibliographie (S. 128–146) verdient besondere Erwähnung. Eine gute Bibliographie enthält auch die Arbeit von Rudolf KISZLING, *Die Kroaten, der Schicksalsweg eines Südslawenvolkes, Graz 1956,* in der die Geschichte der Militärgrenze ausführlich dargestellt wird. Hinweise auf die Grenzeinrichtungen im westlichen Ungarn enthält Kurt WESSELY, *Die österreichische Militärgrenze, Der deutsche Beitrag zur Verteidigung des Abendlandes gegen die Türken, Kitzingen a. M. 1954 = Schriftenr. Göttinger Arbeitskreis, H. 43.* Weiteres Material zur Entwicklung der Militärgrenze sowie zu ihrer Verfassung bringt Ludwig JEDLICKA, *Das Milizwesen in Österreich, in: WWR, 9. Jg, 1959, S. 378–390.* Sehr materialreich ist Franz VANIČEK, *Specialgeschichte der Militärgrenze, 4 Bde, Wien 1875,* und daher trotz ihres Alters noch immer sehr brauchbar.

1. Anfänge

Über die Anfänge der Militärgrenze unterrichtet der grundlegende Aufsatz von Gunther Erich ROTHENBERG, *The Origins of the Austrian Military Frontier in Croatia and the Alleged Treaty of 22 December 1522, in: The Slavonic and East European Review, 38. Bd, 1960, S. 493–498.*

2. Verwaltung und Aufbau im 16. und 17. Jahrhundert

Als zuverlässige Einzeluntersuchung liegt vor: Artur STEINWENTER, *Die Übernahme der Grenzverteidigung in Kroatien durch den Beherrscher Innerösterreichs (1578), in: ZSteierm, 20. Jg, 1924, S. 43–59.*

3. Reformen unter Karl VI. und Maria Theresia

Die wichtigsten Quellen zur Geschichte der Militärgrenze, darunter auch in Band 20 die Denkschrift des Prinzen von Sachsen-Hildburghausen, sind abgedruckt in der Sammlung *Acta historiam confinii militaris croatici illustrantia = Monumenta spectantia historiam Slavorum meridionalium, Bde 15, 16 und 20, Agram 1884–1889*. Für die spätere Zeit wurden die Arbeiten von Ilse GÜRTLER, *Die Auflösung der Siebenbürgischen Militärgrenze, Wien, Phil. Diss. (masch.) 1947*, und Josef WOLF, *Die Banater Militärgrenze, ihre Auflösung und Einverleibung in das Königreich Ungarn, Innsbruck, Phil. Diss. (masch.) 1947*, benutzt.

D. Die Entwicklung zum stehenden Heer

Ein unentbehrliches Hilfsmittel zur Bearbeitung aller Themen auf dem Gebiet der österreichischen Militärgeschichte ist das *Inventar des Kriegsarchivs Wien, 2 Bde, Wien 1953 = Publ. d. Österr. Staatsarchivs, Serie 2, 8*. Klassische Werke über die Entwicklung des stehenden österreichischen Heeres sind: *Geschichte der k. u. k. Wehrmacht, Die Regimenter, Corps, Branchen und Anstalten von 1618 bis Ende des 19. Jahrhunderts, 5 Bde, Wien 1898–1905 = Suppl. zu MKrA*, bearb. von Alphons Frhr. v. WREDE und Anton SEMEK; Hermann MEYNERT, *Geschichte der k. k. österreichischen Armee, ihrer Heranbildung und Organisation sowie ihrer Schicksale, Thaten und Feldzüge von der frühesten bis auf die neuere Zeit, 4 Bde, Wien 1852–1854*; Franz Müller, *Die kaiserl. königl. österreichischen Armee seit Errichtung der stehenden Kriegsheere bis auf die neueste Zeit, 2 Bde, Prag 1845*. Zu empfehlen ist auch der neuere Sammelband *Unser Heer, 300 Jahre österreichisches Soldatentum in Krieg und Frieden, Wien 1963*. Als Einführung für den Laien brauchbar, für wissenschaftliche Zwecke weniger geeignet, ist Herbert v. PATERA, *Unter Österreichs Fahnen, Graz 1960*.

1. Projekte und Versuche zur Aufstellung stehender Truppen vor dem Dreißigjährigen Krieg

Herangezogen und mehrfach zitiert wurde im wesentlichen Eugen HEISCHMANN (s. S. 148).

2. Das Wallensteinische Heer in seiner Bedeutung für die Stärkung der landesherrlichen Militärgewalt

Weitgehend auf Quellenstudium aufgebaut ist die Untersuchung von Fritz REDLICH, *The German Military Enterpriser and his Work Force, Bd 1, Wiesbaden 1964 = VSWG[B] 47*. Die Literatur über Wallenstein ist kaum zu überschauen. Als Einführung sind geeignet Georg WAGNER, *Wallenstein, der böhmische Condottiere, ein Lebensbild, Wien, 1958 = Bergland, Österreich-R., Bd 59–61*, und Wilhelm WOSTRY, *Wallenstein, in: GrD, Bd 1, Berlin 1956, S. 514–532*.

Die Eindämmung des ständischen Einflusses

Die übersichtliche Darstellung der Ereignisse in Böhmen von Hans STURMBERGER, *Aufstand in Böhmen, der Beginn des Dreißigjährigen Krieges, München 1959 = Janus-Bücher, Bd 13*, behandelt ausführlich die Rolle der böhmischen, ober- und niederösterreichischen Stände.

Als substanzreiche Arbeit ist zu empfehlen Anton ERNSTBERGER, *Hans de Witte, Finanzmann Wallensteins, Wiesbaden 1954 = VSWG^{B} 38.* Noch immer unentbehrlich sind die Aufsätze von Wolfgang MICHAEL, *Wallensteins Vertrag mit dem Kaiser im Jahre 1632, in: HZ, Bd 88, 1902, S. 385–435,* und Moriz RITTER, *Das Kontributionssystem Wallensteins, in: HZ, Bd 90, 1903, S. 193–249,* sowie die Dissertation von Victor LOEWE, *Die Organisation und Verwaltung der Wallensteinschen Heere, Freiburg i. Br., Phil. Diss. 1895.*

3. Rechtsverhältnisse und Rechtsordnungen

Fritz REDLICH, *De praeda militari, Looting and booty 1500–1815, Wiesbaden 1956 = VSWG^{B} 39,* enthält wertvolle Hinweise auf die Rechtsordnungen in den kaiserlichen und österreichischen Heeren und reiche Quellen und Literaturangaben. Für die Darstellung benutzt wurden im wesentlichen Wilhelm ERBEN, *Kriegsartikel und Reglements als Quellen zur Geschichte der k. und k. Armee, in: MHMus, 1902, S. 1–200,* der o. a. Aufsatz von Artur STEINWENTER über das Reiterrecht (s. S. 148) und Burkhard v. BONIN, *Grundzüge der Rechtsverfassung in den deutschen Heeren zu Beginn der Neuzeit, Weimar 1904.*

4. Militärverwaltung

Als Einführung eignet sich Ernst Carl HELLBLING, *Österreichische Verfassungs- und Verwaltungsgeschichte, ein Lehrbuch für Studierende, Wien 1956 = Rechts- und Staatswissenschaften, Bd 13,* dem ein umfangreiches, bibliographisch nicht ganz zuverlässiges Literaturverzeichnis beigefügt ist. Ein klassisches Werk von bleibendem Wert sind die von Heinrich KRETSCHMAYR bearbeiteten und vollendeten Bände von Thomas FELLNER, *Die österreichische Zentralverwaltung, I. Abt., Von Maximilian I. bis zur Vereinigung der österreichischen und böhmischen Hofkanzlei 1749, Bd 1: Geschichtliche Übersicht, Bd 2: Aktenstücke 1491–1681, Bd 3: Aktenstücke 1683–1749, Wien 1907 = VKGÖ, Bde 5–7.*

Der Hofkriegsrat

Die Entwicklung und Organisation des Hofkriegsrats ist gründlich erforscht, doch über die Praxis seiner Arbeit ist noch immer wenig bekannt. Als neueste Darstellung wurde benutzt Oskar REGELE, *Der österreichische Hofkriegsrat 1556–1848, Wien 1949 = MÖStA, Erg. Bd I, I.* Friedrich FIRNHABER, *Zur Geschichte des österreichischen Militärwesens, Skizze der Entstehung des Hof-*

kriegsrathes, in: Archiv f. Kunde österr. Geschichtsquellen, Wien 1864, S. 91–178, behält seinen Wert als Quellensammlung. Die dort (S. 165 ff.) gedruckte „Instruction für den Hof-Kriegsrath" gilt nur für den innerösterreichischen Hofkriegsrat zu Graz.

Über die Einzelheiten der Einflußnahme des Hofkriegsrats auf Restungarn ist wenig bekannt. Einige wichtige Hinweise enthält die bereits erwähnte Schrift von Kurt WESSELY (s. S. 150). Gut erforscht sind dagegen die Verhältnisse in Innerösterreich durch drei Arbeiten von Viktor THIEL: *Zur Geschichte der innerösterreichischen Kriegsverwaltung, in: ZSteierm, 10. Jg, 1914, S. 159–170; Die innerösterreichische Zentralverwaltung 1564–1749, 1. Die Hof- und Zentralbehörden Innerösterreichs 1564–1625, in: AÖG, Bd 105, 1917, S. 1–210; Die innerösterreichische Zentralverwaltung 1564–1749, 2. Die Zentralbehörden Innerösterreichs 1625–1749, in: AÖG, Bd 111, 1930, S. 497–670.*

Otto BRUNNER (s. S. 147) beschäftigt sich in seiner gedankenreichen und grundlegenden Arbeit auch mit dem Problem der Kriegskommissariate und der Kommissariatsbehörden in Preußen und Österreich. Hans HAUSSHERR, *Verwaltungseinheit und Ressorttrennung vom Ende des 17. bis zum Beginn des 19. Jahrhunderts, Berlin 1953,* stellt in Übereinstimmung mit Brunner fest, daß das österreichische Generalkriegskommissariat, im Gegensatz zu den preußischen Kriegskommissariaten, nur eine Militärintendanturbehörde ohne Befugnisse gegenüber den Steuerträgern war.

Dieser Abschnitt beruht vorwiegend auf der geschichtlichen Übersicht von Thomas FELLNER (s. S. 153). Für Tirol ist die bereits genannte Arbeit von Otto STOLZ über die dortige Wehrverfassung (s. S. 149) herangezogen. Die Verhältnisse in Mähren behandelt Franz v. MENSI, *Österreichische Finanzgeschichte bis zum Tode Kaiser Josefs II., in: Hdb. d. ges. österr. öfftl. Rechtes, Bd 2, Wien 1906, S. 36–62.* Über Böhmen finden sich einige Angaben bei Adolf BEER, *Das Finanzwesen der Monarchie, in: Österreichischer Erbfolgekrieg 1740–1748 (Gesch. d. Kämpfe Österreichs), Kriege unter der Regierung der Kaiserin – Königin Maria Theresia, Bd 1, T. 1, Wien 1896, S. 197–295.*

E. Die Verwaltung des stehenden Heeres bis zur Theresianischen Staatsreform

1. Montecuccoli und Prinz Eugen

Montecuccoli

Zur Einführung in Leben und Werk Montecuccolis eignet sich besonders Kurt PEBALL, *Raimund Fürst Montecuccoli 1609–1680, Gedanken zum Leben und Werk eines großen österreichischen Feldherrn, in: ÖMZ, 2. Jg, 1964, S. 301–305.* Diese Kurzbiographie berücksichtigt alle wesentlichen Gesichtspunkte und nennt auch die wichtigste Literatur. Weiter wurden herangezogen: Ferdinand STÖLLER, *Feldmarschall Raimund Graf Montecuccoli 1609–1680, in: Gestalter der Geschicke Österreichs, Innsbruck 1962 = Stud. d. Wiener Kath. Akademie, Bd 2;* Piero PIERI, *Raimondo Montecuccoli, in: Klassiker der Kriegskunst, Darmstadt 1960, S. 134–149,* mit Würdigung des literarischen Werkes Montecuccolis; Rudolf KISZLING, *Feldmarschall Raimund Fürst Montecuccoli, in: WWR, 1959, S. 719–723;* Piero PIERI, *La formazione dottrinale di Raimondo Montecuccoli, in RIHM, 1951, H. 10, S. 92–115.* Die von der Wissenschaft lange Zeit sehr unterschiedlich bewertete Schlacht bei St. Gotthard an der Raab wird erneut gewürdigt von Kurt PEBALL, *Die Schlacht bei St. Gotthard-Mogersdorf 1664, Wien 1964 = Militärhist. Schriftenr., H. 1,* und Georg WAGNER, *Sieg und Sieger von St. Gotthard-Mogersdorf 1664, in: Bericht über d. 7. österr. Historikertag in Eisenstadt ... 1962, Wien 1963 = Veröff. d. Verb. österr. Geschichtsvereine, Bd 15, S. 76–109.*

Prinz Eugen von Savoyen

Für die Militärgeschichte des beginnenden 18. Jahrhunderts ist Prinz Eugen die überragende Erscheinung. Die Beschäftigung mit seinem Leben und Werk führt an die wesentlichen Probleme dieser Zeit heran. Das neue Standardwerk, die Biographie von Max BRAUBACH, *Prinz Eugen von Savoyen, eine Biographie, 5 Bde, München 1963–65,* die auf jahrzehntelangen Quellen- und Literaturstudien beruht, dürfte für lange Zeit die abschließende Darstellung und Würdigung des Feldherrn und Staatsmannes sein. Bereits der erste Band bringt ein umfangreiches Quellen- und Literaturverzeichnis und ist damit unentbehrlich für das weitere Studium. Als Grundlage der Darstellung diente der Aufsatz von Max BRAUBACH, *Prinz Eugen und das 18. Jahrhundert, in: HZ, Bd 179, 1955, S. 273–296,* der die Forschungen Braubachs zusammenfaßt und dem mehrere Formulierungen entnommen wurden. Vom selben Verfasser wurden benutzt: *Prinz Eugen von Savoyen, ein Vortrag zu seinem 200. Todestag, in: HZ, Bd 154,*

1936, S. 17–31; Prinz Eugen von Savoyen, in: NDB, Bd 4, Berlin 1959, mit zahlreichen Literaturangaben; *Eugen von Savoyen, in: Große Soldaten der europäischen Geschichte, Frankfurt/M. 1961, S. 149–171.* Eine gute Kurzbiographie ist Ludwig JEDLICKA, *Prinz Eugen von Savoyen, 1663–1736, in: Gestalter der Geschicke Österreichs, Innsbruck 1962 = Stud. d. Wiener Kath. Akademie, Bd 2.* Das Sonderheft der Österreichischen Militärischen Zeitschrift, *Prinz Eugen von Savoyen zur 300. Wiederkehr seines Geburtstages gewidmet, ÖMZ, 1963*, enthält zahlreiche wichtige Beiträge namhafter Fachwissenschaftler. Zur Klärung weiterer Einzelfragen werden empfohlen: *Feldzüge des Prinzen Eugen von Savoyen, nach den Feld-Acten und anderen authentischen* Quellen, *21 Bde, Wien 1876–1892*, mit der militärischen Korrespondenz des Prinzen, in die allerdings auch drei der gefälschten Briefe Sartoris Aufnahme gefunden haben; Eberhard RITTER, *Politik und Kriegführung, ihre Beherrschung durch Prinz Eugen 1704, Berlin 1934 = SHistS, Bd 10;* Heinrich Ritter v. SRBIK, *Vom politischen Denken des Prinzen Eugen von Savoyen, in: Aus Österreichs Vergangenheit, Salzburg 1949, S. 7–42*, wobei allerdings gegenüber Srbiks Interpretation einige Vorbehalte angemeldet werden müssen; Max BRAUBACH, *Die Geheimdiplomatie des Prinzen Eugen von Savoyen, Köln 1962 = AbhNRW, Bd 22;* Johann Heinrich BLUMENTHAL, *Prinz Eugen als Präsident des Hofkriegsrates 1703–1713, in: Der Donauraum, 9. Jg, 1964, S. 29–41.* Schließlich sei noch auf eine amerikanische Studie verwiesen, Paul R. SWEET, *Prince Eugene of Savoy and Central Europe, in: AHR, Bd 57, Okt. 1951, S. 47–62*, zeigt, wie sehr das Bild des Prinzen Eugen von der Herkunft der Biographen abhängig ist und wie unterschiedlich die Beurteilung war.

2. Finanzwesen und Finanzverwaltung in der ersten Hälfte des 18. Jahrhunderts

Das Problem des jüdischen Kredits und die Rolle Samuel Oppenheimers werden unvoreingenommenen gewürdigt bei Heinrich BENEDIKT, *Finanzen und Wirtschaft unter Karl VI., in: Der Donauraum, 9. Jg, 1964, S. 42–59.* Eine gelungene Schilderung der schwierigen Finanzlage der Monarchie gibt Gertrude PRUCKNER in der leider ungedruckten, überwiegend aus Akten erarbeiteten Studie *Der Türkenkrieg 1716–1718, seine Finanzierung und militärische Vorbereitung, Wien, Phil. Diss. (masch.) 1946.* Die Entwicklung der zentralen Finanzverwaltung und die behördlichen Reformversuche finden ihre Darstellung in der geschichtlichen Übersicht von Thomas FELLNER (s. S. 153). Das Thema wird dann weitergeführt von Friedrich WALTER, *Die österreichische Zentralverwaltung, 2. Abt., Von der Vereinigung der österreichischen und böhmischen Hofkanzlei bis zur Einrichtung der Ministerialverfassung 1749–1848, Bd 1, 1. Halbbd, Geschichte der österreichischen Zentralverwaltung in der Zeit Maria Theresias 1740–1780, Wien 1938 = VKGÖ, Bd 32.*

3. Die Militärverwaltung im Zeitalter des Prinzen Eugen und ihre Reform während des Erbfolgekrieges

Max BRAUBACH stellt im zweiten Band seiner Prinz-Eugen-Biographie fest, eine eingehende Untersuchung über Entwicklung, Organisation und Tätigkeit des Hofkriegsrats stehe noch aus. Er sei sich bewußt, über Eugens Wirken als Präsident nur lückenhafte Hinweise geben zu können. Einen Abriß der Geschichte des Hofkriegsrats enthalten die beiden oben erwähnten Bände von Thomas FELLNER (s. S. 153) und Friedrich WALTER (s. S. 156). Die Geschichte der Grazer Kriegsstelle ist gut dargestellt im zweiten Teil der o. a. Untersuchungen von Viktor THIEL (s. S. 154). Einige Hinweise zur Geschichte der Militärverwaltung in Tirol enthält die Studie über die Wehrverfassung von Otto STOLZ (s. S. 149). Für die Reform der Militärverwaltung während des Österreichischen Erbfolgekrieges wurde ausschließlich Friedrich WALTER herangezogen und zitiert.

F. Die Theresianische Staatsreform und die Militärverwaltung bis 1809

1. Die Theresianische Staatsreform

Zum Verständnis der Staatsreform ist eingehende Kenntnis der militärischen und politischen Ereignisse unerläßlich. Darüber unterrichtet die offizielle Darstellung *Österreichischer Erbfolgekrieg 1740–1748 (Gesch. d. Kämpfe Österreichs), Kriege unter der Regierung der Kaiserin – Königin Maria Theresia, Bd 1, T. 1, Wien 1896*. Die Ausführungen über die Staatsreform beruhen im wesentlichen auf den Forschungsergebnissen, die Friedrich WALTER in seiner Arbeit über die Zentralverwaltung (s. S. 156) niedergelegt hat. Daraus wurden verschiedene Formulierungen übernommen. Leider beschränken sich die bisher veröffentlichten Untersuchungen auf die Zentralstellen, so daß über die Tätigkeit der mittleren und unteren Behörden wenig zu erfahren ist. Beispielsweise fehlen Aufschlüsse über die Tätigkeit der Kreisämter. Zur Darstellung wurden zusätzlich noch zwei Arbeiten von Friedrich WALTER herangezogen: *Die Theresianische Staatsreform von 1749, München 1958*, eine kurze Darstellung der wesentlichen Probleme; *Kaiserin Maria Theresia (1717–1780), in: Gestalter der Geschicke Österreichs, Innsbruck 1962 = Stud. d. Wiener Kath. Akademie, Bd 2*. Das umfangreiche Werk von Alfred ARNETH, *Geschichte Maria Theresia's, 10 Bde, Wien 1863–1879*, ist noch immer brauchbar. Die Verwaltungsreform der Südostgebiete im Jahre 1745 und die Frage des serbisch-magyarischen Antagonismus sowie dessen Bedeutung für die österreichische Militärgeschichte wurden gründlich untersucht von Friedrich WALTER und Harold STEINACKER, *Die Nationalitätenfrage im alten Ungarn und die Südostpolitik Wiens, München 1959 = Buchr. d. Südostdt. Hist. Kommission, Bd 3*. Aus eingehender Kenntnis der ständischen und landesfürstlichen Verwaltung entstand das Werk von Ignaz BEIDTEL, *Geschichte der österreichischen Staatsverwaltung 1740–1848, 2 Bde, Innsbruck 1896–1898*. Die Persönlichkeit des Grafen Haugwitz ist bisher noch zu wenig gewürdigt worden. Einige Aufschlüsse gibt der Beitrag über Haugwitz in Friedrich WALTER, *Männer um Maria Theresia, Wien 1951, S. 39–65*. Hinweise auf die Zustände in der k. k. Armee zur Zeit der Theresianischen Staatsreform vermittelt der von Carl HINRICHS herausgegebene Band *Friedrich der Große und Maria Theresia, Diplomatische Berichte von Otto Christoph Graf v. Podewils, Berlin 1937*. Zur Geschichte der Militärverwaltung bis zur Aufhebung des „Directorium in Publicis et Cameralibus" berichtet gleichfalls das erwähnte Werk Friedrich WALTERS (s. S. 156).

Herangezogen wurde Friedrich WALTER, *Feldmarschall Leopold Joseph Graf Daun 1705–1766 und Feldmarschall Gideon Ernst Freiherr von Laudon 1717–1790, in: Gestalter der Geschicke Österreichs, Innsbruck 1962 = Stud. d. Wiener Kath. Akademie, Bd 2;* Heinrich BENEDIKT, *Daun, in: NDB, Bd 3, Berlin 1957.* Die umfangreiche neuere Biographie über den Grafen Lacy von Edith KOTASEK, *Feldmarschall Graf Lacy, ein Leben für Österreichs Heer, Horn 1956,* bietet zugleich Aufschlüsse über die Entwicklung der Behördenorganisation und der Armee. Als Ergänzung dient Edith KOTASEK, *Die Privatkorrespondenz des Feldmarschalls Graf Lacy mit Maria Theresia und Joseph II., in: MÖStA, Bd 4, Wien 1951, S. 167–183.* Über Laudon ist, da eine umfassende Biographie noch fehlt, nur wenig bekannt. Die populäre Darstellung von W. Edler v. JANKO, *Laudons Leben, Wien 1869,* vermittelt einen gewissen Überblick, genügt aber den wissenschaftlichen Anforderungen nicht. Heranzuziehen ist die Kurzbiographie von Alfred v. ARNETH, *Laudon, in: ADB, Bd 18, Leipzig 1883, S. 25–35.* Auf den oben erwähnten Beitrag Friedrich WALTERS wird gleichfalls verwiesen.

2. Die Militärverwaltung nach den Theresianischen Reformen

Joseph II. und Leopold II.

Zahlreiche wertvolle Angaben zur österreichischen Militärgeschichte unter Joseph II. enthält Paul v. MITROFANOV, *Joseph II., seine politische und kulturelle Tätigkeit, Wien 1910.* Die Korrespondenz Josephs II. benutzte François FEJTÖ, *Joseph II., Kaiser und Revolutionär, Stuttgart 1956.* Zahlreiche Hinweise auf die Problematik der ungarischen Militärgeschichte unter Joseph II., die sich aus den ungarischen Wünschen nach größerer Autonomie ergibt, bringt Julius MISKOLCZY (s. S. 146). Auch die im Wiener Kriegsarchiv bearbeitete Darstellung von Oskar CRISTE, *Kriege unter Kaiser Josef II., nach den Feldakten und anderen authentischen Quellen, Wien 1904,* ist heranzuziehen. Hinweise auf die Einstellung Leopolds II. gegenüber dem Militär geben Reinhold LORENZ, *Volksbewaffnung und Staatsidee in Österreich (1792–1797), Wien 1926 = Deutsche Kultur, Hist. R.*, Bd 4, (s. a. Abschn. II, Vom Stehenden Heer des Absolutismus zur Allgemeinen Wehrpflicht, S. 196) und Oswald v. GSCHLIESSER, *Das Zeitalter der Koalitions- und Befreiungskriege, in: Unser Heer, Wien 1963, S. 169–214.*

Die Darstellung der Entwicklung des für die österreichische Militärgeschichte so wichtigen Hofkriegsrats wird fortgeführt von Friedrich WALTER, *Die österreichische Zentralverwaltung, 2. Abt., Von der Vereinigung der österreichischen und böhmischen Hofkanzlei bis zur Einrichtung der Ministerialverfassung 1749–1848, Bd 1, 2. Halbbd, Die Geschichte der österreichischen Zentralverwaltung 1780–1848, T. 2, Die Zeit Franz' II. (I.) und Ferdinands I., 1792 bis 1848, Wien 1956 = VKGÖ, Bd 42.* Ergänzend ist der zugehörige Aktenband, *2. Abt., Bd 5, Aktenstücke 1792–1848, Wien 1956 = VKGÖ, Bd 43,* zu benutzen.

Erzherzog Karl

Die neueste maßgebliche Biographie, die auch ein umfassendes Quellen- und Literaturverzeichnis enthält, ist von Johann Christoph ALLMAYER-BECK, *Erzherzog Carl (1771–1847), in: Große Österreicher, Bd 14, Zürich 1960, S. 27–42.* ALLMAYER-BECK betont, daß die Politik des Erzherzogs sich an dynastischen Interessen orientierte, und fragt, ob man ihn, wie es bei BIBL geschah, wirklich einen beharrlichen Kämpfer für Deutschlands Ehre nennen darf. Die Biographie von Viktor BIBL, *Erzherzog Karl, der beharrliche Kämpfer für Deutschlands Ehre, Wien 1942,* ist in den Punkten, die einer zeitbedingten Tendenz entsprechen, abzulehnen. Neue Kurzbiographien verfaßten Walter NEMETZ, *Erzherzog Karl, in: Klassiker der Kriegskunst, Darmstadt 1960, S. 285–303,* und Ludwig JEDLICKA, *Erzherzog Carl, der Sieger von Aspern (1771–1847), in: Gestalter der Geschicke Österreichs, Innsbruck 1962 = Stud. d. Wiener Kath. Akademie, Bd 2.* Als umfassende Biographie ist *Oskar CRISTE, Erzherzog Carl von Österreich, 3 Bde, Wien 1912,* im wesentlichen noch zutreffend. Moriz Edler v. ANGELI, *Erzherzog Carl von Österreich als Feldherr und Heeresorganisator, 5 Bde, Wien 1896–1897,* kann ergänzend benutzt werden, ist allerdings nicht frei von Fehlern. Beispielsweise bestreitet der Verfasser fälschlich, der Erzherzog sei zugleich Kriegsminister und Hofkriegsratspräsident gewesen. Von besonderem Wert ist heute Eduard WERTHEIMER, *Geschichte Österreichs und Ungarns im ersten Jahrzehnt des 19. Jahrhunderts, 2 Bde, Leipzig 1884–1890,* da für diese Arbeit die Bestände des zum größten Teil verlorengegangenen Erzherzog-Albrecht-Archivs verwertet wurden. Über den Hofkriegsrat unter Erzherzog Karl berichten Joachim Ritter v. KLEYLE, *Reform des österreichischen Kriegswesens durch Erzherzog Carl im Jahre 1801 ff., in: Sbb. d. kaiserl. Ak. d. Wissn., Phil.-hist. Classe, Bd 2, 1849, S. 338–357,* und Eduard WERTHEIMER, *Erzherzog Carl als Präsident des Hofkriegsrathes 1801–1805, in: AÖG, Bd 66, 1885, S. 277–314.* Über die zweite Reformperiode Erzherzog Karls von 1806–1808 und seine Wiedereinsetzung unterrichtet Walter Consuelo LANGSAM, *Count Stadion and Archduke Charles, in: JCEA, Bd 6, 1946, Nr. 2, S. 147–151.*

G. Heeresaufbringung

1. Vom Dreißigjährigen Krieg bis zur Theresianischen Staatsreform

Die Darstellung des Rekrutierungssystems der kaiserlichen Armee beruht hauptsächlich auf Ludwig Andreas Graf v. KHEVENHÜLLER, *Observations-Puncten, welche ... bey dem Ihme ... anvertrauten Dragoner-Regiment vorgeschrieben, Wien ³1748*. Die zahlreich erschienenen Regimentsgeschichten unterschiedlicher Güte bringen viel Material. Als gute Darstellung ist Jaromir FORMANEK, *Geschichte des k. k. Infanterie-Regiments Nr. 41, 2 Bde, Tschernowitz 1886–1887*, zu empfehlen. Eine übersichtliche Abhandlung über die Rekrutierung der kaiserlichen Armee findet sich in *Feldzüge des Prinzen Eugen von Savoyen, I. Ser., Bd I, Wien 1876, S. 267–271 (s. S. 156)*. Gertrude PRUCKNER (s. S. 156) und Walter HUMMELBERGER, *Das kaiserliche Heer zur Zeit Prinz Eugens, in: ÖMZ, 1963, S. 271–282*, vermitteln weitere Erkenntnisse.

2. Die Heeresaufbringung in Ungarn

Neben dem oben erwähnten Werk über die *Feldzüge des Prinzen Eugen* finden sich wichtige Hinweise über Rekrutenstellung, Einquartierung und Dienstleistungen bei Laszlo REVESZ, *Der osteuropäische Bauer, seine Rechtslage im 17. und 18. Jahrhundert unter besonderer Berücksichtigung Ungarns, Bern 1964*. Die Heeresaufbringung in Ungarn zur Zeit des Österreichischen Erbfolgekrieges behandelt ALEXICH, *Die freiwilligen Aufgebote aus den Ländern der ungarischen Krone im ersten Schlesischen Krieg, T. 1, Das Aufgebot der ungarischen Insurrection und croatischer Freicorps 1741, T. 2, Die Preßburger Landtagsbeschlüsse und die allgemeine Insurrection in Ungarn 1741–42, in: MKrA, N. F., Bd 4, Wien 1889, S. 113–193,* und *Bd 5, Wien 1891, S. 109–207*. Zum Verständnis der ungarischen Einstellung sollte auf Julius MISKOLCZY (s. S. 146) nicht verzichtet werden.

3. Theresianische Staatsreform und Heeresaufbringung

Zu diesem Thema finden sich einige Unterlagen in den beiden Bänden von Ignaz BEIDTEL (s. S. 158).

4. Die Heeresaufbringung nach dem Siebenjährigen Krieg

„Reichswerbung" und „Konskription"

Über die Reichswerbung orientiert die *Geschichte der k. u. k. Wehrmacht, Bd I, Wien 1898* (s. S. 152). Die klassischen Werke zur Geschichte der k. k. Wehrmacht sind nicht geeignet, über die Konskription Klarheit zu schaffen. Eine sehr wesentliche Hilfe bedeuteten dagegen: Alfred GÜRTLER, *Die Volkszählungen Maria Theresias und Josef II. 1753–1790, Innsbruck 1909;* Hans PIRCHEGGER, *Die Pfarren als Grundlage der politisch-militärischen Einteilung der Steiermark, in: AÖG, Bd 102, 1913, S. 1–81;* Manfred STRAKA, *Die Seelenzählung des Jahres 1754 in der Steiermark, in: ZSteierm, 51. Jg, 1960, S. 95–117.* Der Text des Patents vom 10. März 1770 ist unter der Nr. 1178, S. 170 f., veröffentlicht in der *Sammlung aller k. k. Verordnungen und Gesetze vom Jahre 1740–1780, Bd 6, Wien 1780,* ebenso bei GÜRTLER.

Zur josephinischen Konskription

Über die Widerstände bei der Durchführung der Konskription berichten Paul v. MITROFANOV (s. S. 159), Edith KOTASEK (s. S. 159), Oswald v. GSCHLIESSER (s. S. 149) und Otto HEINL, *Heereswesen und Volksbewaffnung in Vorderösterreich im Zeitalter Josefs II. und der Revolutionskriege, Freiburg i. Br 1941 = Veröff. d. alemannischen Inst., H. 5,* sowie Friedrich WALTER und Harold STEINACKER (s. S. 158).

5. Die Heeresaufbringung im Zeichen der Volksbewaffnung

Hellmuth RÖSSLER, *Österreichs Kampf um Deutschlands Befreiung, Die deutsche Politik der nationalen Führer Österreichs 1805–1815, 2 Bde, Hamburg ²1945,* gibt eine grundlegende Darstellung der „Deutschen Erhebung Österreichs" in „großdeutscher Sicht". Auf die Literatur zur Erhebung der Völker im Abschnitt II, Vom Stehenden Heer des Absolutismus zur Allgemeinen Wehrpflicht, S. 192, wird verwiesen. Die Ausführungen über die Volksbewaffnung bis 1797 stützen sich auf Reinhold LORENZ (s. S. 159). Den Kampf der Tiroler schildert Franz KOLB, *Das Tiroler Volk in seinem Freiheitskampf 1796–1797, Innsbruck 1957.*

Die wichtigste Literatur über Erzherzog Karl wurde bereits genannt (s. S. 160). Auch die Studie von Reinhold LORENZ, *Erzherzog Carl als Denker, in: Das Bild des Krieges im deutschen Denken, Bd 1, Stuttgart 1941, S. 235–276*, ist heranzuziehen. Eine Zusammenstellung der Literatur über Erzherzog Johann bringt A. A. KLEIN, *Sammelbericht: Erzherzog-Johann-Literatur aus dem steirischen Gedenkjahr 1959, in: ZSteierm, 51. Jg, 1960, S. 167–171*. Als gut fundierte Biographie erscheint jetzt Viktor THEISS, *Leben und Wirken Erzherzog Johanns, Bd 1 ff., Graz 1960 ff. = Forschungen z. gesch. Landeskd. d. Steierm., Bd 17 ff.* Eine verläßliche Kurzbiographie ist Viktor THEISS, *Erzherzog Johann, der steirische Prinz, Graz 1950*. Viele bisher mitgeschleppte Nachrichten, besonders über die militärischen Jugendjahre und die Reichsverweserzeit, werden dort berichtigt. Wichtig sind weiter Hans KRAMER, Oswald v. GSCHLIESSER und Georg MUTSCHLECHNER, *Erzherzog Johann und Tirol, Innsbruck 1959 = Schlern-Schriften, Nr. 201*, mit umfangreichem Literaturverzeichnis. Ferner: Wilhelm LEITNER, *Erzherzog Johann, General-Direktor des Genie- und Fortifikationswesens, Graz, Phil. Diss. (masch.) 1949*.

Das Reformwerk

Gute einleitende Kapitel enthalten Adolf v. HORSETZKY, *Kriegsgeschichtliche Übersicht der wichtigsten Feldzüge seit 1792, Wien [7]1913*, und *Kriege unter der Regierung des Kaisers Franz (Gesch. d. Kämpfe Österreichs), Krieg gegen die Französische Revolution 1792–1797, Bd 1, Wien 1905*. Die „Conscriptions- und Rekrutierungsvorschrift" von 1804 ist gedruckt bei Eugen v. FRAUENHOLZ, *Das Heerwesen des XIX. Jahrhunderts, München 1941 = Entwicklungsgesch. d. deutschen Heerwesens, Bd 5*. Eine Darstellung der Sonderregelung in Ungarn gibt Oskar CRISTE (s. S. 160). Insurrektion und Rekrutengestellung sowie die Haltung der Ungarn schildert Eduard WERTHEIMER (s. S. 160).

Aufstand in Tirol

Eine gute Zusammenfassung und Biographie enthält Hans KRAMER, *Die Bedeutung des Krieges von 1809 für Österreich, besonders für Tirol, in: Österr. in Gesch. und Literatur, 3. Jg, 1959, S. 65–82*. Benutzt wurden weiter von Hans KRAMER, *Rund um die Erhebung Tirols im Jahre 1809, Brixen 1958*, und *Andreas Hofer, Brixen [4]1959 = An der Etsch und im Gebirge, Bd 9*. Über die Literatur orientiert ferner Hans HOCHENEGG, *Biographie zur Geschichte des Tiroler Freiheitskampfes von 1809, Innsbruck 1960 = Tiroler Bibliogr., H. 1, Beih. z. Tiroler Heimat*.

H. Das Offizierkorps

1. Nationale und soziale Zusammensetzung

Als Einführung dient die neue Ausgabe des Standardwerkes von Karl DEMETER, *Das deutsche Offizierkorps in Gesellschaft und Staat 1650–1945, Frankfurt/M.* [4]*1965.* Die besonderen österreichischen Verhältnisse wurden erarbeitet aus Otto BRUNNER, *Adeliges Landleben und europäischer Geist, Leben und Werk Wolf Helmhards von Hohberg (1612–1688), Salzburg 1949,* und Nikolaus v. PRERADOVICH, *Die Führungsschichten in Österreich und Preußen (1804–1918), Wiesbaden 1955 = VIEurG, Bd 11.*

Nationale Herkunft des adligen Offiziers

Zugrunde gelegt wurde eine Untersuchung von Nikolaus v. PRERADOVICH, *Die österreichischen Feldmarschälle des 18. Jahrhunderts, in: Die Aula, Monatsschrift österr. Akademikerverbände, Jg 4, H. 9, 1954, S. 17 f.* Von demselben Verfasser erschien *Südslawen als Inhaber des österreichischen Militär-Maria-Theresien-Ordens, München 1954 = SOF, Bd 13.*

2. Die Bedeutung der Obrist-Inhaber und Obrist-Regiments-Kommandanten

Neben zahlreichen Reglements und Regimentsgeschichten und dem Werk über die *Feldzüge des Prinzen Eugen von Savoyen (s. S. 156)* stützt sich die Darstellung auf die *Untersuchungen zur Geschichte des Offizierkorps, Anciennität und Beförderung nach Leistung, Stuttgart 1962 = BMilG, Bd 4,* hier besonders auf den Beitrag von Hans BLACK, *Die Grundzüge der Beförderungsordnungen, S. 65–151.*

3. Stellenbesetzung und Beförderung

Wertvolle Aufschlüsse enthalten KOSTKA, *Observationes militares, Wien* [2]*1738,* KHEVENHÜLLER (s. S. 161) und die bereits erwähnten *Untersuchungen zur Geschichte des Offizierkorps.*

4. Stellenkauf

Einzelne Hinweise bringen Eugen v. FRAUENHOLZ, *Prinz Eugen und die kaiserliche Armee, München 1932 = Münchener hist. Abh., 2. R.: Kriegs- und Heeresgeschichte, H. 1*, und Max BRAUBACH, *Prinz Eugen von Savoyen, Bd 2*, (s. S. 155).

5. Offizierkorps und Anciennität

Herangezogen wurden wieder die *Untersuchungen zur Geschichte des Offizierkorps* und zahlreiche Regimentsgeschichten.

6. Bildung und Ausbildung

Über den Bildungsgang österreichischer Offiziere vermittelt J. HIRTENFELD, *Der Militär-Maria-Theresien-Orden und seine Mitglieder, 2 Bde, Wien 1857*, zahlreiche Aufschlüsse. Gute Zusammenfassungen geben B. POTEN, *Geschichte des Militär-Erziehungs- und Bildungswesens in den Landen deutscher Zunge, Bd 3: Österreich, Berlin 1893 = Monumenta Germaniae Paedagogica, Bd 15*, und Josef Ritter RECHBERGER v. RECHKRON, *Das Bildungswesen im österreichischen Heere vom Dreißigjährigen Kriege bis zur Gegenwart, in: MKrA, 3. Jg, 1878, S. 1–80 u. 145–282.*

Gründungen unter Maria-Theresia

Aus der reichhaltigen Literatur über die Militärakademie zu Wiener Neustadt seien hervorgehoben: Chr. Jg. LEITNER v. LEITNERTREU, *Ausführliche Geschichte der Wiener-Neustädter Militär-Akademie, 2 Bde, Hermannstadt 1852*, Oskar REGELE, *Ein Beitrag zur Schulgeschichte Österreichs 1752–1952, Gedenkschrift zur 200-Jahrfeier der ehem. Theresianischen Militärakademie, Wien 1952.* Die Bedeutung der ungarischen Leibgarde würdigen Julius MISKOLCZY, *Ungarn in der Habsburger-Monarchie, Wien 1959 = Wiener hist. Stud., Bd 5*, und Hans KOHN, *Die Idee des Nationalismus, Ursprung und Geschichte bis zur Französischen Revolution, Hamburg 1962.* Friedrich GATTI, *Geschichte der k. u. k. Technischen Militär-Akademie, 2 Bde, Wien 1901–1905*, geht auf die Ingenieurschule zu Gumpendorf und die Ingenieurakademie ein.

Das Bildungswesen zur Zeit des Erzherzogs Karl

Bedeutung und Auswirkung der Reformen des Erzherzogs würdigt Werner HAHLWEG, *Clausewitz, Österreich und die preußische Heeresreform 1807–1812, in: Landesverteidigung, ÖMZ, 1962, S. 83–88.*

I. Zusammenfassung

Die Eigenart des österreichischen Heeres und seiner Stellung zum Staat charakterisiert Johann Christoph ALLMAYER-BECK, *Prinz Eugens Erbe, in: ÖMZ, 1963, S. 267–270.*

Für das einleitende Kapitel und die abschließende Zusammenfassung der Darstellung wurden Vorarbeiten von Rainer Wohlfeil benutzt.

Die Bibliographien zu den Abschnitten II und III wurden von den Autoren zusammengestellt und von Gert Sandhofer bearbeitet.

Abkürzungen

Abh.	Abhandlungen
Abschn.	Abschnitt
Abt.	Abteilung
Ak.	Akademie
Ausg.	Ausgabe
Bd, Bde	Band, Bände
bearb.	bearbeitet
Beih.	Beiheft
Beil.	Beilage
Bibl., bibliogr.	Bibliographie, bibliographisch
Diss.	Dissertation
dt.	deutsch
Erg.	Ergänzung
ges.	gesamt
Gesch., gesch.	Geschichte, geschichtlich
H.	Heft
Hdb.	Handbuch
hist.	historisch
Hrsg., hrsg.	Herausgeber, herausgegeben
Inst.	Institut
Jb.	Jahrbuch
Jg	Jahrgang
kath.	katholisch
(masch.)	maschinengeschrieben
Mitt.	Mitteilungen
Mus.	Museum
N. F.	Neue Folge
öfftl.	öffentlich
Österr., österr.	Österreich, österreichisch
phil.	philosophisch
Publ.	Publikationen
R.	Reihe
Sbb.	Sitzungsberichte
Schriftenr.	Schriftenreihe
Stud.	Studien
Suppl.	Supplement
T.	Teil
Verb.	Verband
Veröff., veröff.	Veröffentlichungen, veröffentlicht
Volkskd.	Volkskunde
Wiss., wiss.	Wissenschaft, wissenschaftlich

Sigelverzeichnis

AbhNRW	Wissenschaftliche Abhandlungen der Arbeitsgemeinschaft für Forschung des Landes Nordrhein-Westfalen
ADB	Allgemeine deutsche Biographie
AHR	American Historical Review
AÖG	Archiv für österreichische Geschichte
BMilG	Beiträge zur Militär- und Kriegsgeschichte
DALV	Deutsches Archiv für Landes- und Volksforschung
FVVSteierm	Forschungen zur Verfassungs- und Verwaltungsgeschichte der Steiermark
GrD	Die großen Deutschen, Deutsche Biographie, Neue Ausgabe, hrsg. von Hermann Heimpel u. a.
HZ	Historische Zeitschrift
JCEA	Journal of Central European Affairs
MHMus	Mitteilungen des k. u. k. Heeresmuseums
MIÖG	Mitteilungen des Instituts für österreichische Geschichtsforschung
MKrA	Mitteilungen des k. u. k. Kriegsarchivs
MÖStA	Mitteilungen des Österreichischen Staatsarchivs
MSteierm	Mitteilungen des historischen Vereines für Steiermark
NDB	Neue deutsche Biographie
ÖMZ	Österreichische militärische Zeitschrift
RIHM	Revue internationale d'histoire militaire
SHistS	Schriften der kriegsgeschichtlichen Abteilung im Historischen Seminar der Friedrich-Wilhelm-Universität Berlin
SOF	Südostforschungen
VIEurG	Veröffentlichungen des Instituts für Europäische Geschichte
VKGÖ	Veröffentlichungen der Kommission für neuere Geschichte Österreichs
VSWG	Vierteljahrschrift für Sozial- und Wirtschaftsgeschichte
VSWG^{B}	Beiheft zur Vierteljahrschrift für Sozial- und Wirtschaftsgeschichte
WWR	Wehrwissenschaftliche Rundschau
ZSteierm	Zeitschrift des historischen Vereines für Steiermark